"十二五"國家重點圖書出版規劃項目
2011—2020年國家古籍整理出版規劃重點項目
國家古籍整理出版專項經費資助項目

海外中文古籍總目

Catalogue of Pre-1912 Chinese Books in the Bodleian Library

英國牛津大學博德利圖書館
中文古籍目錄

〔英〕何大偉（David Helliwell）編

上冊

中華書局

圖書在版編目(CIP)數據

英國牛津大學博德利圖書館中文古籍目録/(英)何大偉編. —北京:中華書局,2024.12. —(海外中文古籍總目). —ISBN 978-7-101-16988-1

Ⅰ.Z838

中國國家版本館 CIP 數據核字第 2024D3B254 號

書　　名	英國牛津大學博德利圖書館中文古籍目録(全二册)
編　　者	〔英〕何大偉(David Helliwell)
叢 書 名	海外中文古籍總目
責任編輯	李芃蓓
裝幀設計	劉　麗
責任印製	管　斌
出版發行	中華書局
	(北京市豐臺區太平橋西里 38 號　100073)
	http://www.zhbc.com.cn
	E-mail:zhbc@zhbc.com.cn
印　　刷	北京建宏印刷有限公司
版　　次	2024 年 12 月第 1 版
	2024 年 12 月第 1 次印刷
規　　格	開本/787×1092 毫米　1/16
	印張 51　插頁 16　字數 980 千字
國際書號	ISBN 978-7-101-16988-1
定　　價	950.00 元

海外中文古籍總目·總序

中華文明悠久燦爛，數千年來留下了極爲豐富的典籍文獻。這些典籍文獻滋養了中華民族的成長和發展，也廣泛地傳播到世界各地，不僅對周邊民族產生了深刻影響，更對世界文明的融合發展做出了卓越貢獻。可以說，中華民族創造的輝煌文化，不僅是中華文明的重要組成部分，更是全人類的共同文化遺產，需要我們共同保護、傳承、研究和利用。而要進行這一工作，首先需要對存世典籍文獻進行全面的調查清理，編纂綜合反映古典文獻流傳和存藏情況的總目錄。

由全國古籍整理出版規劃領導小組（簡稱"古籍小組"）主持編纂、歷時十七年最終完成的《中國古籍總目》就是這樣一部古籍總目錄。它"全面反映了中國（大陸及港澳臺地區）主要圖書館及部分海外圖書館現存中國漢文古籍的品種、版本及收藏現狀"，著錄了約二十萬種中國古籍及主要版本，是迄今爲止對中國古籍流傳與存藏狀況的最全面最重要的總結。但是，限於當時的條件，《中國古籍總目》對於中國大陸地區以外的漢文古籍的調查、搜集工作，"尚處於起步階段"，僅僅著錄了"港澳臺地區及日本、韓國、北美、西歐等地圖書館收藏的中國古籍稀見品種"（《中國古籍總目·前言》），并没有全面反映世界各國各地區存藏中國古籍的完整狀況。

對於流傳到海外的中國古籍的搜集和整理，始終是我國學界魂牽夢繞、屢興未竟的事業。清末以來幾代學人迭次到海外訪書，以書目提要、書影、書錄等方式將部分收藏情況介紹到國内。但他們憑個人一己之力，所訪古籍終爲有限。改革開放以來，黨和政府對此極爲重視。早在1981年，黨中央就明確提出"散失國外的古籍資料，也要通過各種辦法爭取弄回來或複製回來"（中共中央《關於整理我國古籍的指示》，1981年9月17日）。其時"文革"結束不久，百業待興，這一高瞻遠矚的指示還僅得到部分落實，難以規模性地全面展開。如今，隨着改革開放事業的快速發展，國際間文化交流愈加密切，尤其是《中國古籍總目》的完成和中華古籍保護計劃的實施，爲落實這一指示提供了堅實的基礎，可以說，各項條件已經總體具備。在全球範圍内調查搜集中國古籍、編纂完整反映中國古籍流傳存藏現狀的總目錄，爲中國文化的傳承、研究提供基礎性數據，已經成爲黨和政府以及學術界、出版界的共識。

據學界的初步調研，海外所藏中國古籍數量十分豐富，總規模超過三百萬册件，而尤以亞洲、北美洲、歐洲收藏最富，南美洲、大洋洲、非洲也有少量存藏。海外豐富的中國古籍藏量以及珍善本的大量存在，爲《海外中文古籍總目》的編纂提供了良好的基礎。而且，海外收藏中國古籍的機構有的已經編製了館藏中國古籍善本目錄、特藏目錄或聯合目錄，關於海外中國古籍的提要、書志、叙錄等文章專著也不斷涌現，這對編纂工作無疑具有很高的參考價值。然而，目前不少海外圖書館中國古籍的存藏、整理、編目等情況却不容樂觀。絕大多數圖書館中文館員數量極其有限，無力系統整理館藏中文古籍；有的甚至没有中文館員；有的中國古籍祇能被長期封存，處於自然消耗之中，更遑論保護修復。啓動《海外中文古籍總目》項目，已經刻不容緩。

長期以來，我們一直關注着海外中國古籍的整理編目與出版工作。2009年《中國古籍總目》項目甫告竣工，在古籍小組辦公室的領導下，編纂出版《海外所藏中國古籍總目》的計劃便被提上日程，并得到中共中央宣傳部、新聞出版總署的高度重視，被列入《"十二五"國家重點圖書出版規劃》《2011—2020年國家古籍整理出版規劃》。經過細緻的調研考察和方案研討，在"十三五"期間，項目正式定名爲《海外中文古籍總目》，并被列爲"十三五"古籍整理出版工作的五大重點工作之一。中華書局爲此組織了專業團隊，專門負責這一工作。

《海外中文古籍總目》是《中國古籍總目》的延續與擴展，旨在通過團結中國國内和世界各地相關領域的專家學者，組成編纂團隊，吸收最新研究成果進行編目，以全面反映海外文獻收藏單位現存中文古籍的品種、版本及收藏現狀。在工作方法與編纂體例上，《海外中文古籍總目》與傳統的總目編纂有着明顯的區别和創新。我們根據前期的調研結果，結合各海外藏書機構的情況和意見，借鑒中華古籍保護計劃的有益經驗，確定了"先分館編輯出版，待時機成熟後再行統合"的整體思路。同時，《海外中文古籍總目》在分類體系、著錄標準、書影採集等方面都與全國古籍普查登記工作高度接軌，確保能夠編纂出一部海内外標準統一、體例一致、著錄規範、内容詳盡的古籍總目。

編纂《海外中文古籍總目》，可以基本摸清中國大陸以外地區的中文古籍存藏情況，爲全世界各領域的研究者提供基礎的數據檢索途徑，爲系統準確的古籍整理出版工作提供可靠依據，爲中國與相關各國的文化交流活動提供新的切入點和立足點。同時，我們也應該認識到，中國的古籍資源既是中國的，也是世界的，整理和保護這些珍貴的人類文明遺產，是每一個人的共同責任和使命。

2017年1月，中共中央辦公廳、國務院辦公廳印發了《關於實施中華優秀傳統文化傳承發展工程的意見》，其中明確提出"堅持交流互鑒、開放包容，積極參與世界文化的對話交流，不斷豐富和發展中華文化"的基本原則，并將"實施國家古籍保護工程，加強中華文化典籍整理編纂出版工作"列爲重點任務之一。遙想當年，在兵燹戰亂之中，前輩學人不惜生命捍衛先人留下的典籍。而今，生逢中華民族實現民族復興的偉大時代，我們有責任有義務完成這一幾代學人的宏願。我們將努力溝通協調各方力量，群策群力，與海内外各藏書機構、學界同仁一起，踏踏實實、有條不紊地將《海外中文古籍總目》這一項目繼續開展下去，儘快完成這樣一個動態的、開放的、富於合作精神的項目，使之早日嘉惠學林。

中華書局編輯部
2017年2月

鳴　謝

這次能完成這部書目,源於一連串的機遇,其中竟没有任何部分是我所能掌控的。

我在1976年春天抵達牛津。龍彼得(Piet van der Loon)是當時的漢學教授。他對中國目錄學有很透徹的認識,這頓時啟發了我。在我剛剛擔任中文部主任的時候,他提供了許多幫助。此後,在接下來的四十年裏,我從世界各地的讀者身上學到了很多,尤其是來自中國和日本的讀者。他們爲我舉其一隅,我則千方百計竭力做到以三隅反。

牛津大學奧利爾學院(Oriel College)的校友顧尼閣先生(Nicholas Coulson)是圖書館的贊助人。由於他的支持,還有新加坡陳振傳基金會的慷慨資助,我得以在我擔任中文部主任的最後數年全心投入到鑒定和編目工作之中,著録所有牛津大學的中國古籍館藏以及其他特藏材料。我設計了一個網站,讓人可綜覽這些文獻材料。我把這個網站命名爲"Serica"。

這個網站後來引起了中華書局王軍先生的關注。當時,中華書局正在蒐訪海外各地所藏1912年前刊刻的中文古籍,希望爲此編製書目。王軍先生認爲,只要我作適度的選擇和修改,網站的內容或可對中華書局的這項計劃有所助益。於是,他在2016年訪問牛津期間,邀請我從事這項工作。

如同其他任務一樣,完成這項工作花費的時間比原來想像的要長得多。再者,我的稿件在體例上也有不少地方須加以編訂和整理。這讓中華書局的同仁花耗了不少心力。先是張昊先生,他不僅梳理了書目的內容,同時還辨識了許多收藏家的印章。此後,李芃蓓女士也爲這部書目付出了許多時間。另外,首都圖書館的王玥琳女士仔細地翻檢了我們的初稿。她在我的書目中發現了許多錯舛,指出了許多內容不清晰的地方,其中有的只是手民之誤,有的則是更爲嚴重的疏失。

在牛津大學擔任圖書館員,我始終受益於中文組各位老師對我的鼓勵和支持。

其中，專門講授古代漢語和中國中古史的許明德教授替我翻譯了本書的序言。只因他們對我的幫助，我才可爲中華書局完成這部書目。

對於上述每一個人、每一個機構，特此謹致上由衷的謝忱。

何大偉（David Helliwell）

2023年8月　牛津

Acknowledgements

Only a succession of favourable circumstances, none of them in my control, has enabled me to produce this catalogue.

When I arrived in Oxford in the spring of 1976, Piet van der Loon was Professor of Chinese, and he immediately inspired me with his profound knowledge of Chinese bibliography and gave me much help in the early years of my curatorship of our Chinese collections. Thereafter, throughout the following four decades, I learned much from my readers, especially those from China and Japan. They have all held up one corner, and I have tried my best to return with the other three.

As a result of generous financial support from Nicholas Coulson, an alumnus of Oriel College and benefactor of the Library, and the Tan Chin Tuan Foundation in Singapore, I was able to devote the final years of my career exclusively to the task of completing the identification and cataloguing of all Oxford's pre-modern Chinese holdings and other materials considered to be special. A website was designed to give an overview of them, and the project was called "Serica".

The website caught the attention of Wang Jun 王軍 of Zhonghua Shuju, who saw that with appropriate selection and modification the data could make a contribution to the Company's project to document all foreign holdings of pre-1912 Chinese books, and during a visit to Oxford in 2016 he honoured me with an invitation to do this work.

Like many such tasks, it has taken me longer to accomplish than first thought. Furthermore, my manuscript has required much editing and reshaping by the staff of Zhonghua Shuju, firstly Zhang Hao 張昊, who also transcribed many of the collectors' seals, and then Li Pengbei 李芃蓓. The final draft was carefully examined by Wang Yuelin 王玥琳 of Shoudu Tushuguan, who identified a number of errors and ambiguities in my work, some simply the result of careless mistyping, others more serious.

As a librarian I have always benefited from the encouragement and support of Oxford's Chinese Faculty, and never more than now, when Ming Tak Ted Hui 許明德, Professor of Classical Chinese and Medieval China, translated my introduction and thus enabled me to complete my work for Zhonghua Shuju.

To all these people and organisations I owe my most sincere thanks.

David Helliwell

Oxford

August 2023

序　言

1602年，托馬斯·博德利爵士（Sir Thomas Bodley）創立了博德利圖書館。從這時候起，博德利圖書館一直在蒐集中國典籍。很少有中國國外的圖書館有能與之媲美的歷史。我們可參照的大概是日本在同一年創建了紅葉山文庫。即使是中國現存最古老的藏書樓——赫赫有名的寧波天一閣——也僅僅建於1561年。換句話說，兩者不過相距41年而已。

不過，博德利圖書館畢竟與天一閣不同。先是四百年前牛津蒐集到的中國典籍寥寥無幾，而且當時也沒人能閱讀這些書籍。假如這些書籍沒有附圖，當時的人甚至無法知道究竟書的哪一面朝上。

十七世紀

荷蘭商人與居住在爪哇島一帶（現時的印度尼西亞）的海外華人群體通商。他們最早把中國的典籍帶到歐洲，只是當時他們並沒有把這些視爲書籍，反而把它視爲難得的寶物，視之爲從遠方找來的奇珍異寶。他們會把這些珍寶帶到阿姆斯特丹，在那邊的拍賣會上出售。

最能詳細說明這一點的材料，大概是一篇題寫在中國典籍上的記錄。這條材料是西方最早在中國書籍上留下的題記之一。它出現在《新刊二十四孝故事》（Sinica 41）的封面之上，它以荷蘭文書寫，寫成的時間是1603年。它告訴我們這本書"附有一個中國的小盒子、林林總總的貝殼和兩張中國白紙"。這顯然是在描寫各式各樣的珍寶。這些貝殼無疑是在印尼的熱帶海岸上蒐集回來的。那些有能力購買這些珍寶的人，可以把這些中國典籍買來放進他們的"珍奇櫃"（cabinets of curiosities）之中。所謂"珍奇櫃"，其實就是人們小型的個人收藏空間。當時的歐洲人不僅會把來自東方的珍寶收進這些空間，同時也會訪求一些非洲和美洲出產的寶物。畢竟，當時歐洲與這些地區的接觸已變得越來越頻繁。

不過，博德利並沒有把這些中國書籍視爲奇珍，反而把它們看成自己新建圖書館的館藏，因爲他相信未來的學者一定能翻閱這些書籍。他從富有的捐助者手中找來了資金，接著大概是從倫敦的經銷商那裏，買來了他們從阿姆斯特丹的拍賣會上競投回來的中國典籍。隨著十七世紀繼續向前推進，圖書館通過別人的捐獻或遺贈而蒐集到更多的中國典籍。正因如此，博德利圖書館現在藏有許多由中國流入歐洲的圖籍。這類館藏的數量遠遠超越其他圖書館。這些書籍很多都是零本，大概是由於荷蘭商人經常會把書拆開出售，以賺取最大的利潤。也有可能是因爲他們從中國書商手上買回來的書籍本來就殘缺不全，畢竟即使是本來在中國一文不值的碎頁殘紙，到了阿姆斯特丹以後，也會成爲價值不菲的珍品。

　　博德利蒐集的這些中國書籍，大多都是由晚明時期建陽和金陵書坊刊刻的。東印度公司所遇到的那些中國商人，大概是這些書籍原來所預設的讀者。他們相當富有，也曾接受一定程度的教育，但卻絕對不是士人。這些書籍的主題包括儒家經籍中的四書、制舉用書、醫書、字書和通俗文學作品（包括小説、戲曲、時調）。當時沒有中國士人會蒐集這類版本，因此它們在中國尤其罕見。《新刻相臺分章旁註四書正文》（Sinica 2）特別能説明這些特點。在博德利圖書館有收入館藏的確定日期的中文典籍中，這本書是最早進入圖書館的作品。僅僅在圖書館創立後兩年，這本書就成了博德利圖書館的藏書。在這本書的封底，我們可以看到博德利親手所寫的題記（但這題記上下顛倒了）："諾森伯蘭伯爵亨利‧珀西（Henry Percy）所贈，贈於1604年。"（"Donum Henrici Percy Comitis Northumbriae. Ao. 1604."）［圖1］

　　1603年，博德利利用珀西捐贈給圖書館的資金來購買這部作品。這個版本非常粗劣，即使是書題文字都有錯訛。而且，這部刻本殘缺不全，全書六卷中圖書館僅有三卷。但在牛津，這絕對是寶物。如同其他許多收進圖書館的中國典籍一般，人們把它珍而重之地放進一個上鎖的櫃子裏。正因如此，這現在變成了絕無僅有的海内外孤本，推進了我們對於晚明商業印刷的認識。哪怕只是一點點，它都爲我們研究晚明書商作出了寶貴的貢獻。

　　相比於上文介紹的這部書，《新刻京本全像插增田虎王慶忠義水滸全傳》（Sinica 121）要更加殘缺。這是《水滸傳》現存的一個獨特版本所留下來的一頁。這個本子的其他部分，現在分別可從斯圖加特的符騰堡州立圖書館（Württembergische Landesbibliothek）（卷二至七，有缺）、哥本哈根的丹麥皇家圖書館（Det Kongelige Bibliotek）（卷十五至十九，有缺）和巴黎的法國國家圖書館（Bibliothèque Nationale de France）（卷二十、二十一，有缺）中找到。值得注意的是，2019年，温徹斯特的一家書商在網上出售了同一本子的五卷（卷九至十三）。［圖2］

　　在這些早期進入博德利圖書館的館藏之中，《重修政和經史證類備用本草》（Sinica 18）是分佈最廣的一部作品。我們起碼可以在八個歐洲的圖書館中找到這個本子的《本草》，而且這八個圖書館所藏都不是完整無缺的。這個本子後來還在美國留下了蹤影，因爲德國漢學家柯恆儒（Julius Heinrich Klaproth, 1783—1835）原來藏有這部《本草》的其中一些部分，而他的收藏後來流傳到美國，成爲了沃克人類創意史圖書館（the Walker Library of the History of Human Imagination，位於康涅狄格州的里奇菲爾德）的館藏。〔圖3〕

《鼎雕趙狀元四書課兒提醒約解》（Sinica 25）是用來教授四書的課本，書後有很精美的牌記。這部典籍託名於明代士人趙秉忠（1573—1626）。這無疑都是書商爲了牟利而作的舉措，因爲趙秉忠是萬曆二十六年（1598）殿試的一甲第一名進士（狀元）。〔圖4〕

博德利圖書館在頭十年蒐集所得的珍品並不只有刊本，同時圖書館還收有兩部抄本。事實上，這兩部抄本可以稱得上是中國現存抄本中最重要的兩部作品。先是《順風相送》（MS.Laud Or.145）。向達（1900—1966）在1935年11月到1936年12月訪問牛津。袁同禮（1895—1965）安排了他的訪問，讓他可以幫忙整理圖書館館藏的目錄。《順風相送》正是向達當時發現的作品，後來他把這部典籍介紹給其他中國學者。圖書館一般把《順風相送》稱之爲The Laud rutter（勞德航海指南），原因是這本書是由坎特伯雷大主教、牛津大學校監威廉·勞德（William Laud）所捐贈的。勞德的書大多是在1635到1641年間收進圖書館之中。《順風相送》是一部海道針經，大概是晚明抄錄的一部前代流傳的著作。由於這本書是目前最早提到"釣魚嶼"（也就是釣魚島）的作品，因此這部抄本很受人關注。〔圖5〕

相比於《順風相送》，明末製作的《東西洋航海圖》（MS.Selden supra 105）大概更加令人矚目。這地圖原來沒有標題，但中文一般會以"東西洋航海圖"來稱呼它。英語習慣把它稱爲Selden map of China（塞爾登中國地圖）。同樣地，這名字也與捐贈者有關。這幅地圖原來屬於倫敦律師約翰·塞爾登（John Selden），到1659年即進入了圖書館之中。在這350年間，這幅地圖一直無人問津。直到2008年1月，美國學者貝瑞葆（Robert Batchelor）到訪牛津，人們才發現這幅地圖的重要性。貝瑞葆留意到這地圖並不只有中國，同時也包括了整個南中國海和其他周邊國家。他同時留意到圖上有從泉州通往世界各地的航道和羅盤方位。因此，這幅圖不只獨一無二，同時它也關鍵地證明了在官方施行海禁政策的當時，事實上中國一直對外開放。

1687年，改信天主教的沈福宗跟隨佛拉蒙的耶穌會傳教士柏應理（Philip Couplet）到訪牛津。沈福宗翻檢了圖書館所藏的中文典籍，以羅馬字母拼寫書題，並以拉丁語把這些書籍的内容介紹給托馬斯·海德（Thomas Hyde, 1639—1703）。海德是博德利圖書館的館員。他把沈福宗對每本書的描述記錄下來，後來他將這些内容彙集到愛德華·伯納德（Edward Bernard, 1638—1697）的《英格蘭與愛爾蘭所藏稿鈔本圖籍總目（附字母檢索）》（*Catalogi librorum manuscriptorum Angliae et*

Hiberniae in unum collecti, cum indice alphabetico）。牛津在1697年刊印了這部目錄學的鉅著。雖然有些圖書館所藏的中文書籍沈福宗還是沒看到，但這部目錄在著錄博德利圖書館所藏的中國典籍方面，無疑是最翔實的參考書。我們甚至可以說，它爲十七世紀英格蘭和愛爾蘭所藏的中國典籍留下了最周詳的記錄。［圖6］

到了十七世紀下半葉，人們對於珍奇櫃中的珍品不再有那麼大的興趣。因此，與十七世紀上半葉相比，當時進口的書籍數量也隨之而減少了。在這些進口的書籍中，最有意思的莫過於南明的大統曆。1670年，東印度公司因爲鄭經（1642—1681）的邀請而在臺灣設立商館。這部曆書正是由當時東印度公司的商人帶回英國的。對於統治中原的清室來說，這些曆書絕對是要禁燬的出版物。如此一來，這些作品也就只流傳在英國的圖書館中。我們看到其中最晚近的曆書是《大明永曆三十一年（1677）歲次丁巳大統曆》（Sinica 88, 清廷於1683年攻克鄭氏）。這部曆書原來屬伊萊亞斯·阿什莫爾（Elias Ashmole）所有，後來他將其捐給博德利圖書館。他的許多藏品也促成了牛津大學阿什莫林博物館（Ashmolean Museum）的成立。［圖7］

十八世紀

雖然十七世紀牛津早已對中國文獻有一定興趣，但只有到了約兩個世紀以後，牛津才有人能真正閱讀博德利及其後來者的收藏。可以說，十八世紀最大的特點，恰恰在於它幾乎完全沒有輸入任何中文典籍，即使當時英國與東亞的交流正變得更加頻繁。事實上，英國還是從中國進口了一些印刷物，只是它進口的是牆紙，而不是書籍。

不過，1834年，圖書館收到了弗蘭西斯·杜西（Francis Douce, 1757—1834）遺贈的大量收藏，其中就有一些中國的印刷物。杜西是著名的學者、收藏家和目錄學家。這批捐贈大概是博德利圖書館收到的最重要的饋贈之一。我們從杜西捐獻的物品中，找到了一些可追溯到十八世紀的最珍貴、最有意思的中國印刷物。杜西中國館藏只有二十多件藏品，其中大多都是附有插圖的書籍。我們很可以理解這種偏向，畢竟杜西和他同時代的人都沒法閱讀中文，只能透過圖畫揣摩這些典籍的意思。

在杜西遺贈的中國書籍中，最罕見和有趣的莫過於品相精良的*Douce Chin.b.2*，也就是1735年增修本《視學》。《視學》由年希堯（1671—1738）所著。1715年，耶穌會傳教士、建築師和畫家郎世寧（Giuseppe Castiglione, 1688—1766）來華。年希堯從他身上學到了西方的透視法，並把所學著成《視學》一書。郎世寧後來率領其他傳教士畫師設計了圓明園中的"西洋樓"，讓乾隆皇帝欣喜不已。［圖8］

同樣珍貴的還有圍棋的棋譜《圍棋近譜》（Douce Chin.d.2）。［圖9］

從1604年我們明確知道第一次有中國典籍進入博德利圖書館的館藏，到1834年圖書館得到杜西的遺贈，我們得到不少別具價值的善本。儘管如此，這些館藏並不足以讓人可以認認真真地研究中國。到了十九世紀，隨著新教傳教士對於有機會改信天主的民眾有更濃厚的興趣，更希望了解這些人的文化，圖書館的中國館藏也有了相應的轉變。無論從書籍的性質，還是從質量去看，人們在十九世紀中葉以後捐贈或售賣給圖書館的典籍都有了顯著的變化。

十九世紀

博德利圖書館第一個接收到的重要收藏來自埃德温·埃文斯（Edwin Evans）。1856年，圖書館購入了埃文斯的收藏。埃文斯的父親伊文士牧師（Reverend John Evans）隸屬於倫敦傳道會（London Missionary Society）。他在1834年到馬六甲主持英華書院，直到1840年，伊文士牧師在擔任校長期間因感染霍亂病逝。根據圖書館的資料，當時購入的書籍共有1123冊，但假如我們要追蹤埃文斯的收藏，現在我們能從館藏中準確分辨出來的數量大概只有一半，其中八十三種文獻蓋有他的印章戒指，我們可從紅色的印章中看到E.E.兩字。爲了完成他們在中國的任務，傳教士必須純熟地使用當地的語言，務求可以順利地與他們所在地區的群體溝通。作爲傳教士的兒子，小埃文斯在一個説中文的環境下長大，因此他很容易就能學會漢語。他收藏的數十部通俗小説，正可以説明他閱讀中文的能力。我們在這些小説中找到一些以鉛筆書寫的筆記，其中提到了埃文斯在什麽時候、在什麽地方閱讀這些作品。譬如説，《新刻異説反唐演傳》（Sinica 220）就寫有"1850年6月18日讀畢。E.E.。馬六甲"（Finished June 18th 1850. E.E. Malacca）一句。[圖10]

對於博德利圖書館的中文館藏史來説，收購埃文斯的書籍無疑是一個轉折點。因爲在此之前，人們對圖書館所收藏的這些典籍内容一無所知；但在此之後，人們對此肯定有更明確的認識。

伊文士牧師辭世以後，接任英華書院校長一職的是理雅各（James Legge，1815—1897）。從1840年到1858年，理雅各都在主持英華書院。後來，到了1875年，理雅各成爲了牛津大學基督聖體學院（Corpus Christi College）的研究員，並在1876年獲任爲牛津的第一任漢學講座教授。同年，克拉倫登出版社（Clarendon Press）出版了由艾約瑟（Joseph Edkins, 1823—1905）所撰的中文館藏目錄。艾約瑟與理雅各一樣也是倫敦傳道會的傳教士。同樣，二人在成年以後，幾乎一直都留在中國。艾約瑟從1873到1876年回到了英國，並在這段時間編撰了上面提到的中文館藏目錄。或許因爲他留在牛津的時間非常短暫，這部目錄並不完備，書前沒有序言，書内羅列的也只有299種材料。許多早年收進博德利圖書館的中文典籍都沒有收錄進來。不過，這部目錄以英語解釋了每項材料的内容。艾約瑟制作的目錄説明了牛津在什麽時候聘用第一任漢學講座教授，同時也説明了圖書館的館藏至少包括了一些漢學研究必備的基本古籍。舉例來說，我們現在看到圖書館藏有一套權威版本的《十三經注疏》（Sinica 364）。這套儒家經籍是廣東在1871年刊印的本子，他們所依據的底本是乾隆時期的殿本。[圖11]

此外，圖書館裏還藏有一套《康熙字典》（Sinica 392）、一套《史記》（Sinica 188），即使這不一定是最精良的版本。同時，館裏還有一套不完整的明代類書《三才圖會》（Sinica 180）。這部《三才圖會》原來是埃文斯的藏書。

艾約瑟的目錄收錄了道光年間福建刊刻的十九部民謠（Sinica 270-288），以及太平天國的四種刊物。根據這部目錄，我們知道當時圖書館收藏了二十六種刊本和兩種據刊本複製而來的抄本。這些本子大概都是在太平天國時期刊印或謄寫的。另外，我們還可看到三十種複本（Sinica 1091(1)-1105(4), MS.Chin.d.15/1-2）。這些藏品最大一部分是由外交官阿禮國爵士（Sir Rutherford Alcock）所贈。阿禮國爵士在太平天國起義時派駐上海（儘管更讓人熟悉的是他在1858年到日本設立第一個英國公使館，並在1860年成爲第一個成功登上富士山的外國人）。這些與太平天國相關的印刷品非常罕見，目前我們僅僅能在牛津、劍橋、大英圖書館、柏林國家圖書館、萊頓大學漢學院圖書館，以及澳大利亞國家圖書館中找到相關的材料。值得留意的是，牛津所藏的材料沒有不同時見於劍橋和大英圖書館的，相反，這兩所圖書館都藏有牛津所缺少的材料。可以說，如同在十七世紀，十九世紀牛津所藏的珍稀中國文獻，有些是中國本土不屑一顧的通俗作品，有些則因政治上的因素而無法在本土蒐集。[圖12]

儘管牛津大學在1876年設立了漢學教授一職，但這並不代表校方重視漢學研究。理雅各獨自在牛津工作，幾乎沒有學生。直到二十世紀五十年代中期，博德利圖書館在蒐集中文典籍方面仍然是比較隨意的。理雅各負責管理這些藏書。當中國的典籍進入圖書館，他會接續艾約瑟目錄中的順序，爲每種材料編一個流水號。在一份異常粗糙的文件中，他羅列了這些典籍。這份文件標題很簡單，標的就是Chinese books（中文書籍）。我們可在這文件上看到一些奇怪的紙片。理雅各的這份文件，連同那些紙片，現在都被裝訂在一起，變成了一部手抄本。圖書館爲它標上了MS.Chin.c.47的書號。[圖13]

理雅各的清單起首開列了由羅倫斯·沙德韋爾（Lawrence Shadwell）在1877年捐贈的四十部著作。沙德韋爾並不是傳教士，相反他是一位軍官，曾在1842年派駐香港。他的藏書許多都是品質較粗劣的印本，常常也有殘缺不全的情況。但我們可以看出，有些比較熟悉中國書籍的人偶爾還是會給他一點建議。在沙德韋爾的贈書中，比較特別的大概是1840年在廣東印刷的一部局戲《陞官圖》（Sinica 440/2）。[圖14]

精通醫學的傳教士雒魏林（William Lockhart, 1811—1896）在1879年向圖書館捐贈了超過六十種著作，除了上文提及的一些太平天國的印刷品，其餘大多都是碑帖拓本。這裏我們可列舉兩種藏品：先是清刊的《淳化閣帖》（Sinica 465），這套法帖以織錦硬面裝訂，版本精緻綢麗；另外，我們還可看到1799年常州天寧寺所刊《五百羅漢像》拓本的殘卷（Sinica 475）。這些都是不可多得的收藏。[圖15]

十九世紀圖書館所得最重要的中文收藏莫過於1882年從偉烈亞力（Alexander Wylie, 1815—1887）手上購入的藏書。假如說，二十六年前埃文斯的藏書讓博德利圖書館的中國館藏翻倍，偉烈亞力的收藏一下子又讓圖書館的館藏再翻了一倍。許多漢學家知道偉烈亞力，都跟他1876年在上海出版《中國文獻錄》（Notes on Chinese Literature）有關。在這部文獻錄裏，偉烈亞力精闢地闡釋了"四庫"中的各類著作。西方學者透過這部作品認識到中國書目的性質和範圍。這部文獻錄的重要性，至今仍沒有辦法被完全取代。

偉烈亞力在序言中提到，他所描寫的書籍大都經過實際目驗。我們幾乎可以確定他在書寫這部文獻錄時都在使用自己個人的藏書。作為在歐洲嚴肅地研究中國目錄學的先驅，偉烈亞力無可避免也蒐集了一些無關痛癢的中國書籍，但憑藉他準確的判斷和見識，他在上海還是以有限的資源蒐羅了一個比較周備的收藏，其中還包括一些相當罕見的典籍。這些書籍現在都變成了博德利圖書館重要的古代中文藏品。

明人徐光啓（1562—1633）加入天主教會。他以西學著稱，但較少人知道他的經學著作。偉烈亞力的藏書中就有徐光啓研治《詩經》的著述。這部作品並不見於其他地方，目前只有博德利圖書館收有這部善本。[圖16]

偉烈亞力的藏書中還有一部別具特色的道教抄本。這部抄本是一部講述驅魔技術的秘籍，由於書前的數頁都已散佚，所以我們只能按照書根上的標題重新擬訂書名。我們無法確定這部抄本的製作時間和地點，但這有可能是明代嘉靖年間內府抄寫的本子。[圖17]

二十世紀

上文提到圖書館蒐求回來的中文典籍，固然都應該收錄到本書之中。不過，許多重要的善本其實要在1912年以後才進入博德利圖書館。這段時間圖書館收到最特別的捐贈，莫過於1913到1922年間埃德蒙·巴恪思爵士（Sir Edmund Trelawny Backhouse, 1873—1944）的藏書。巴恪思爵士是博德利圖書館館史上最具爭議的人物，同時也是休·崔佛-羅珀（Hugh Trevor-Roper, 1914—2003）《北京的隱士》（*A Hidden Life: The Enigma of Sir Edmund Backhouse*. London, 1976）一書的主角。

巴恪思藏書是博德利圖書館館史上收到最慷慨的一次捐贈。這些收藏品讓牛津搖身一變，瞬間擁有了遠東以外其中一批最豐富、最精良的中國古籍刊本。二十世紀初，中華民國成立，清朝滅亡，巴恪思爵士當時正在北京。他所捐贈的書籍，正是當時他以貴族身分在北京訪求回來的圖書。假若我們對比一下，我們會發現他的收藏與十九世紀的基督教傳教士截然不同。畢竟傳教士的資金來源非常有限。

巴恪思非常富有，而且他也有人脈可以在上流社會穿梭。恰恰在政局動盪的時候，清朝的貴族失去了自己的財富，同時圖書館的館藏也散落在不同地方。正因如此，巴恪思成功蒐集了許多歐洲從來沒有看到過的版本。他的收藏包括許多明、清時期質量上乘的本子，其中許多本子的來源也是赫赫有名。這爲我們研究中國傳統印刷和書籍生產提供了很完備的材料。而且，以往歐洲圖書館一般會以西方的方式重新裝訂他們所蒐集到的中國古書，但博德利圖書館並沒有這樣做。因此，巴恪思的收藏和圖書館裏的其他中國古籍大多都保留了原來的裝幀設計。它們是供學者研究中國古籍物質特性的絕佳資源。

巴恪思館藏中有五十多部來自明、清宮廷的内府刊本，其中我們可找到兩部明初刊印的儒家經籍《五倫書》。其中一部《五倫書》上印有一方很重要的印章。那是潞王朱常淓（1608—1646）的印。明清鼎革以後，朱常淓在1646年被斬於北京。[圖 18]

另外，巴恪思館藏中還有一部著述也有很顯赫的來源。那就是清内府刊刻的類書《分類字錦》。這個版本印刷精良，書上還有康熙皇帝第十七子果親王胤禮（1697—1738）的印章。[圖 19]

到了1939年，隨著榮譽學院的建立，牛津才正式有了常規的漢語教學。當時第一屆中文專業的畢業生是戴乃迭（Gladys Tayler, 1919—1999）。她在牛津大學上課時邂逅了同學楊憲益（1915—2009），並和他成爲了夫婦。二人在1940年畢業後，隨即到了中國定居。雖然經歷了這麼多年的蒐集，博德利圖書館確實藏有很珍貴的版本，但這館藏還不足以應付教學的需要，而且館内的書籍基本上都是閉架的資料，並不容許人們把書籍借出。

1947年10月，美國傳教士之子德效騫（Homer Hasenplug Dubs, 1892—1969）獲牛津聘任爲教授。其後，吳世昌（1908—1986）也於同年加入了牛津。這兩位學者看到了圖書館的情況，於是他們開始著手建立一套能用於漢學研究的藏書。這套藏書後來就變成了學系的圖書館。當時他們訪求的書籍，一般都是由吳世昌挑選的，而這也是牛津第一次有系統地收購中文書籍。這些收購回來的典籍許多都是叢書和金石學的著述。我們可以從中看出當時漢學研究的偏向和喜好，事實上，直到二十世紀六十年代，牛津漢學所關心的一直是中國的經典。這些中文書籍據說是從北京修綆堂中採購回來的，它們在送到牛津之前已換上了西式的裝幀。

在接下來的數十年間，這些書陸陸續續轉移到了博德利圖書館。最近，在2017年，大部分的叢書也成爲了博德利圖書館的館藏。這些書籍現在成爲了圖書館中文特藏的一部分，不但數量很多，同時也極具價值。由於這裏許多藏書都是民國初年的版本，因此並不符合本書收錄的範圍。儘管如此，它們的價值還是很值得重視。

博德利圖書館最近一次收到大批古籍，是來自龍彼得（Piet van der Loon, 1920—2002）的遺贈。這次遺贈大概是最後一次中國古籍大量流入博德利圖書館。龍彼得於1972到1987年在牛津擔任漢學教授。他在2002年辭世，而圖書館則於2003年初得到了他的遺贈。

龍彼得的藏書可放滿250米的書架，當時很多人相信他擁有歐洲最大型的私人中文藏書。這些古籍質量上乘，恰恰說明了它們擁有者的學識。這些藏書包括了近2000種文獻，圖書館把這些藏書納入了特藏之中。

我們可以從這些藏書看到龍彼得在人生各個階段的學術趣味。他早年對於先秦兩漢有很大的興趣，在博士階段研治《國語》，後來又開展了對《管子》流播的研究。後來，他的興趣轉到了通俗文學和宗教之上。縱觀他的學術生涯，龍彼得一直對於中國目錄學和金石學有很濃厚的興趣。他常常提醒學生，鑒別不同的書籍，獲取可靠的版本，是任何以文本為基礎的漢學研究的起點。

龍彼得收藏了三種明代刊印的《國語》，其中一種即使不是孤本，也是很罕見的版本。他在一則附在書裏的紙條上留下了自己的筆記，提到這部《國語》可能是1502年大名府刊本，不過也可能是更晚近的本子。［圖20］

龍彼得的收藏中還有一種《金石圖》。雖然這個版本並不是特別罕見，但它的製作方法還是非常可觀。這部古籍裏新收的文字以一般的方式刊印出來，但是他們會按照原來吉金和石碑來複製出一個縮小的模型，繼而為這些模型作拓本，並把這些縮小了的拓本剪下來，貼到相應的書頁之上。［圖21］

現在

從圖書館開始蒐集圖籍，一直到二十世紀中葉龍彼得建立他的藏書，獲取文本的唯一方法一般都是購買實體書籍，不論我們取得的是刊本，還是稿抄本。事實上，這正是為什麼龍彼得會嘗試建立自己的收藏。不過，到了今天，我們已不必這樣訪求圖籍，取而代之的是一系列現代技術——首先是縮微膠卷，然後是光盤；而隨著數位化和網絡的發展，這兩者也都已經過時了。當然，數位化甚至也威脅到了我們所知道的圖書館的存亡。

無論如何，博德利圖書館還是持續有中文古籍增入館藏之中。

其中一個來源正是圖書館本身。在一些極具歷史價值的西方館藏中，我們偶爾會發現一些來自中國的文獻材料。譬如上文提到南明頒佈的《大統曆》（Sinica 88）正是最近才被發現的。有時，有些材料已被忽視了數個世紀。

十多年前，由於圖書館要把位於布羅德街（Broad Street）的新圖書館大樓拆卸重建，改建為韋斯頓圖書館（Weston Library），因此大樓內的一切都要先被清空。就在這個過程中，我們有了一次最讓人振奮的發現。2010年夏，圖書館在清空大樓的過程中發現了三套完整的針灸圖。這三套材料共有十二幅圖，時間可追溯到乾隆時期。我們沒有任何資料說明它們如何來到圖書館之中，也無法確定它們進入圖書館的時間。其實，這樣的針灸圖並不罕見，許多圖書館或許都會收藏一兩幅這樣的掛圖。但要一次擁有三套完整的針灸圖，這卻是非同尋常的情況。［圖 22］

目前中國不允許人們把古籍善本帶出本國，我們當然很可以理解這個規定。但有時，我們還是會看到有人販賣那些已經流散在海外的古籍。作爲負責中文館藏的館長，我在訪求中國古籍時，留意的往往不是其文本價值。因爲，正如上文所提到的，我們不再需要用這樣的方法來閱讀書籍的内文。我考慮的是這些古籍能不能進一步說明中國在製作古書方面的歷史，以及其多變的樣態。一個很好的例子是1989年我在東京的舊書店買回來的古書。那是雍正四年（1726）以銅活字印行的《欽定古今圖書集成》中的一冊。雖然整套《欽定古今圖書集成》共有5000多冊，但僅僅是一冊就可以闡明它的樣貌。［圖 23］

圖書館獲取古書的第三個途徑就是通過公衆的捐贈和販售。這些書籍很多時候都來自某些家庭，他們的家人或在早年出訪中國，或與其他中國人有過交易。有時我們會從這一途徑獲得一些令人驚訝的珍品。譬如說，我們在2001年購入了一部佛經。雖然這部佛經並非全帙，但是書内附有大量插圖，而且時代很早，說得上是博德利圖書館館藏中最早的刊本之一。［圖 24］

近至2021年，博德利圖書館收到了由牛津校友、劍橋大學日語教授彼得·科尼基（Peter Kornicki）所贈的許多日本古籍。其中，我們可看到23種漢籍和刻本，有些本子相當罕見。

其他館藏

博德利圖書館與其他許多圖書館一樣，收藏了不少特殊的中國文獻。這些材料並不屬於本書收錄的範圍，因此我並沒有把它們放進書中。這些材料主要是基督教傳教士的作品。這些作品既有宗教的作品，同時也有較通俗的著述。正如上文所述，傳教士在中國傳教，其實與牛津在整個十九世紀和二十世紀上半葉的中文館藏建設息息相關。

在十九世紀末，博德利圖書館兩次獲得了大批傳教士刊印的藏品。我們幾乎可以肯定，圖書館是通過偉烈亞力而拿到這些材料，但現存館内的檔案似乎沒有相關的記錄。這兩批藏品來自兩次大型的國際博覽會，一次是在1876年於美國費城舉辦，另一次則是在1884年於英國倫敦舉行。圖書館在購入這些材料以後，我們擁有的跟基督教教義相關的材料總數已達2000冊。撇除重複的材料，圖書館裏至少有1500種不同的文獻，其中很多都是本世紀上半葉出版的小冊子，形成了特別豐富的收藏。

這些傳教士的作品極具價值，原因遠遠超出其對基督教教義的闡發。這些作品有的以地方方言寫成，有的則包括了傳教士在佈道過程中的見聞，可以讓人一窺當時中國流行的宗教和社會習俗。綜合所有這些材料，我們可以看到當時中國傳統的版刻正逐漸被西方的印刷術所取代，尤其當傳教士正在規避地方的禁令，勉力提高出版的效率。博德利圖書館所蒐集的十九世紀中國基督教的傳教刊物本身即構成了一個特殊的收藏。這些館藏的價值日益得到認可。其他地方不太有可以與之匹敵的館藏。

另外，本書把收錄的時間下限定在1912年。事實上，圖書館裏還有許多有著古代文獻特色的藏品，它們都在1912年以後刊行。這包括德效騫和吳世昌所蒐集到的許多叢書和著述。除了傳統的漢學以外，龍彼得一生鍾情於通俗文學，因此他的收藏中又包括了三類數量龐大的材料：（一）接近五百部閩南歌曲。這些曲本主要來自廈門、上海和臺灣，刊行的時間則是二十世紀的前二十年；（二）二十世紀上半葉所刊行的粵劇。這類材料數量與閩南歌曲相當，大概也接近五百部；（三）由香港和廣東一帶蒐集回來的木魚書，連同原來已在博德利圖書館的館藏，圖書館現在有大概四百部木魚書。

在這個快捷的時代，我們或可上網瀏覽圖書館的館藏。不過，只有通過印刷和出版，我們才能在確定的時間點上，為我們所擁有的藏書留下永恆不滅的記錄。因此，我期望未來目錄的後續各卷也將會把這些館藏記錄下來，供人參閱。

Catalogue of pre-1912 Chinese books in the Bodleian Library: introduction

DAVID HELLIWELL

The Bodleian Library has been collecting Chinese books continuously since its foundation by Sir Thomas Bodley in 1602. In this respect, very few foreign libraries have a history of comparable length. The Momijiyama Bunko in Japan was founded in exactly the same year, and even the oldest existing library in China itself, the famous Tianyige in Ningbo, was established only forty-one years earlier in 1561.

But there the similarity ends. The Chinese books that came to Oxford four centuries ago were few in number, and nobody could read them. Unless they were illustrated, nobody even knew which way up they should be.

The seventeenth century

The earliest books had been brought to Europe by Dutch merchants trading with overseas Chinese communities in what is now Indonesia, not as books, but as curiosities, the strange products of a distant land. They were then sold at auctions in Amsterdam.

The most eloquent testimony of this is found in what is one of the earliest western inscriptions on any Chinese book. It is in Dutch and is dated 1603. It appears on the front cover of *Sinica 41* and informs us that the book came "with a little Chinese box, various sea-shells, and two sheets of white Chinese paper". This is evidently a description of a job-lot of curiosities, the sea-shells having doubtless been gathered on the tropical shores of Indonesia.

The books were bought by those who could afford them to put into their "cabinets of curiosities", that is, small personal collections of rare objects from not only the East but also Africa and the Americas, with which contact was becoming increasingly frequent.

Bodley however collected them not as curiosities, but as books for his new library, in the knowledge that in future, scholars would be able to read them. They were in all probability acquired from London dealers, who in turn had obtained them from the auctions in Amsterdam, using money provided by rich donors. More entered the Library with the major collections that were donated or bequeathed to it as the seventeenth century progressed, so that the Bodleian Library now holds by far the largest collection of these early imports of Chinese books into Europe.

Most of them are incomplete. This could be because the Dutch merchants split them up and sold the volumes separately to maximise their profit, or it could be that they had bought incomplete copies from the Chinese booksellers, as even a single printed leaf – worthless in China – was an object of value once it reached Amsterdam.

For the most part these books were the products of the late-Ming commercial printing industry in Jianyang and Jinling. They were designed for people like the Chinese merchants encountered by the East India company traders – prosperous, and to some extent educated, but certainly not scholars. They were on subjects such as the basic *Four books* of the Confucian canon, model answers to examination questions, medical works, word-books, and popular literature including novels, plays, and songs. They are editions of the type that no Chinese scholar would collect, and are therefore rare even in China.

Sinica 2 is a very good example of these points, and is the Library's first datable accession of a Chinese book, made only two years after the Library's foundation. It bears an inscription – upside down – in Bodley's own hand on the back flyleaf: "Donum Henrici Percy Comitis Northumbriae. Ao. 1604." ("The gift of Henry Percy, Earl of Northumberland, in the year 1604"). [Plate 1]

Bodley had bought the book with money that Percy had given to the Library in 1603. The edition is very downmarket, with textual errors even in the title. And the copy is incomplete, with only three of the six *juan* present. But in Oxford, it was a treasure, and like all the other Chinese books that entered the Library at this time, it was kept securely in a locked cupboard, so that it is now a unique surviving printed copy. As such, if only in a small way, it makes a valuable contribution to our knowledge of commercial printers in the late Ming.

Even more fragmentary is *Sinica 121*, a single leaf of a unique surviving copy of an edition of the *Shuihuzhuan*, of which other parts are in the Württembergische Landesbibliothek (Stuttgart), Det Kongelige Bibliotek (Copenhagen), and the Bibliothèque Nationale de France (Paris). Remarkably, in 2019 five *juan* of the same copy were sold online by a bookseller in Winchester. [Plate 2]

The most widely distributed work among these early accessions is *Sinica 18*, an edition of the *Bencao* of which parts are found in no fewer than eight different European libraries – none of these eight libraries has a complete copy. One part, formerly in the possession of the German sinologist Julius Heinrich Klaproth (1783-1835) has even found its way to the United States of America and is now in the Walker Library of the History of Human Imagination (Ridgefield, Connecticut). [Plate 3]

Sinica 25, with its magnificent *paizi*, is a textbook for youngsters on the *Four Books*, attributed to the Ming scholar Zhao Bingzhong 趙秉忠, doubtless as a means of generating sales, as he was the top graduate in the imperial examinations of 1598. [Plate 4]

In addition to the printed books, there are two manuscripts in this first century of Chinese book collecting that are among the Library's greatest treasures, and which are indeed two of the most important Chinese manuscripts in existence.

The first is *MS.Laud Or.145, Shunfeng xiangsong*, which was discovered and introduced to Chinese scholars by Xiang Da 向達 during his stay in Oxford from November 1935 until December 1936. His visit had been arranged by Yuan Tongli 袁同禮 to enable him to catalogue the Chinese collection. This book is known locally as *The Laud rutter* after its donor, William Laud, Archbishop of Canterbury and Chancellor of the University, whose books came to the Library between 1635 and 1641. It is a manual of sea routes and compass bearings, probably a late Ming copy of an earlier text, and is best known for containing the earliest mention of the Diaoyu islands. [Plate 5]

Even more famous is the late Ming map *MS.Selden supra 105*. There is no title on the map, but it has been given the Chinese name *Dongxiyang hanghai tu*. In English it is named the *Selden map of China*, again after its donor, the London lawyer John Selden. For three and a half centuries after its acquisition in 1659, the importance of this map was unrecognised. But in January 2008 it was examined by the visiting American scholar Robert Batchelor, who noticed that the map was not simply of China, but of the entire South China Sea and the countries that surrounded it. He also noticed the shipping lines and compass bearings that led from Quanzhou to all parts of the known world. The document is thus not only unique, but is of the utmost importance in showing that at a time when China was officially closed to the world, in reality it was wide open.

The Catholic convert Shen Fuzong 沈福宗 visited Oxford with the Flemish Jesuit missionary Philip Couplet in 1687. He examined the Chinese books that were in the Library, romanised their titles, and explained their contents in Latin to Thomas Hyde, Bodley's Librarian. His descriptions were written down, and later incorporated into Edward Bernard's *Catalogi librorum manuscriptorum Angliae et Hiberniae in unum collecti, cum indice alphabetico*, a stupendous bibliographical work that was published in Oxford in 1697. Although there are a few works in the Library that Shen Fuzong did not see, this catalogue is a definitive source for the Chinese books that were not only in the Bodleian Library, but also elsewhere in England and Ireland in the seventeenth century. [Plate 6]

By the latter half of the seventeenth century, curiosities had become less curious, so that far fewer books were imported than in the first half of the century. Of these, the most interesting are copies of the Southern Ming calendar that were brought to England by merchants of the East India Company, which had been invited to set up a trading post on Taiwan in 1670 by Zheng Jing 鄭經. These calendars were obviously illegal on the Chinese mainland, and only survive in English libraries. The latest is *Sinica 88*, the calendar for 1677 (the regime of the Zheng family was finally defeated by the Qing in 1683), which was given to the Bodleian by Elias Ashmole, the founder of Oxford's Ashmolean Museum. [Plate 7]

The eighteenth century

After the initial interest in Chinese material during the seventeenth century, it was to be almost two centuries before there was anyone in Oxford capable of reading the acquisitions of Bodley and his successors, and the eighteenth century is notable only for its near total absence of Chinese accessions at a time of increasing intercourse with East Asia. Printed matter was indeed imported from China, but it was wallpaper, not books.

However, in the extensive collection bequeathed to the library in 1834 by the scholar, antiquarian and bibliophile Francis Douce (1757-1834), which is one of the greatest gifts the Library has ever received, there is a small number of Chinese printed works of the utmost interest and rarity dating mostly from the eighteenth century. The Douce Chinese collection, numbering only some twenty items, consists almost entirely of illustrated books, which is understandable in view of the fact that neither he nor his contemporaries could read them and only had the vaguest idea what they were.

The rarest and most interesting is *Douce Chin.b.2*, one of the finest surviving copies of the 1735 edition of *Shi xue*. This is a work by Nian Xiyao 年希堯 on Western perspective that he had learned from the Jesuit painter and architect Guiseppe Castiglione, who had come to China in 1715, and who with his colleagues would later delight the Qianlong emperor with their perspective work on the so-called "Western Mansions" of Yuanming Yuan. [Plate 8]

Also rare is the illustrated manual of *weiqi* strategies, *Douce Chin.d.2*. [Plate 9]

Although some of the Chinese books that were acquired in the period from the first dated accession of 1604 to the Douce bequest of 1834 are now of exceptional value, the collection as a whole was by no means capable of sustaining the serious study of China. But when the nineteenth-century Protestant missionaries began to take an interest in the civilisation of their prospective converts, the nature and quality of the Chinese collections began to change markedly as the books they collected were given or sold to the Library from the middle of the century onwards.

The nineteenth century

The first significant collection to be acquired was that of Edwin Evans, which was purchased in 1856. Edwin was the son of John Evans, an affiliate of the London Missionary Society who was principal of the Anglo-Chinese College in Malacca from 1834 until his death from cholera in 1840. According to the Library records, a total of 1123 *ce* were purchased, but only half that number can be identified in the present collection with certainty, the eighty-three editions that bear the red imprint of his signet ring: E.E.

In order to achieve their objectives in China, the missionaries had to be fluent speakers of the languages of the communities in which they operated, and as the son of a missionary, the young Edwin Evans would have had the advantage of growing up in a Chinese-speaking environment. Evidence of his literacy is provided by several dozen popular novels in his collection, some of which bear pencilled notes of when and where he read them – *Sinica 220*, for example, which he inscribed "Finished June 18th 1850. E.E. Malacca". [Plate 10]

The acquisition of Evans' books is a turning point in the history of the Library's

Chinese collections, because before it, there was no real knowledge of what was being collected; after it, there certainly was.

John Evans' successor as principal of the Anglo-Chinese College was James Legge, who occupied the position from 1840 to 1858. In 1875 Legge became a Fellow of Corpus Christi College, and in 1876 was appointed Oxford's first Professor of Chinese. In the same year, a printed catalogue of the Chinese collection by Joseph Edkins was published by the Clarendon Press. Edkins, like Legge, was also an affiliate of the London Missionary Society and spent almost all his adult life in China. He compiled his catalogue during the course of an extended visit to England between 1873 and 1876. But perhaps because his visit to Oxford was short, the catalogue is an unsatisfactory work, having no introduction, and listing only 299 items, omitting many that had been in the Library for centuries; on the other hand, there are useful English explanations of each work.

The contents of his catalogue show that when the first professor was appointed, the Library had at least some of the basic texts that one would expect to find in a serious sinological collection. For example, for the first time there was now an authoritative edition of the *Thirteen Classics* of the Confucian canon, *Sinica 364,* the "Canton" edition of 1871, which was a faithful reproduction of the Palace edition of the Qianlong period. [Plate 11]

There was also a copy of *Kangxi zidian (Sinica 392)*; an edition of the *Shiji (Sinica 188*), if not a particularly good one; and an incomplete copy of the Ming dynasty encyclopaedia *Sancai tuhui* that had belonged to Edwin Evans *(Sinica 180)*.

The Edkins catalogue includes nineteen popular songbooks printed in Fujian in the Daoguang period which are probably unique (*Sinica 270-288*), as well as four publications of the Taiping rebels. Of these, the Library has a collection of twenty-six printed editions and two manuscript copies of printed editions, presumably more or less contemporary with them, with a further thirty duplicates (*Sinica 1091(1)-1105(4), MS.Chin.d.15/1-2*). The biggest single part of the collection was given by Sir Rutherford Alcock, a diplomat who was serving in Shanghai at the time of the Taiping Rebellion (although he is better known for setting up the first British legation in Japan in 1858, and being the first foreigner to climb Mt Fuji, in 1860). These extremely rare materials are found only in Oxford, Cambridge, the British Library, the Staatsbibliothek zu Berlin, the Sinologisch Instituut (Leiden), and the National Library of Australia; Oxford has no Taiping publications that are not also found in Cambridge or the British Library, but both these libraries have examples that are not found in Oxford. And so in the nineteenth century, as in the seventeenth, some of the rarest Chinese materials in Oxford are those that were either too downmarket or too dangerous to be collected in China itself. [Plate 12]

The foundation of the chair in 1876 was by no means an indication that the study of Chinese had been taken seriously by the University. Legge worked alone in Oxford, and had few if any students, and Chinese book collecting at the Bodleian continued to be done casually until the mid-1950s. Legge took charge of it, and as books entered the Library, he assigned a running number to each acquisition, continuing the sequence in the Edkins catalogue. He listed them in a surprisingly crude document entitled simply *Chinese books*, on what appear to be odd scraps of paper which were then bound up into a codex now shelfmarked *MS.Chin.c.47*. [Plate 13]

The list opens with forty books given by Lawrence Shadwell in 1877. Shadwell was not a missionary, but an army officer who had been sent to serve in Hong Kong in 1842. His collection contains many inferior printed editions, often incomplete, but showing occasional signs that someone who knew about Chinese books might have advised him from time to time. Among them is what is probably a unique surviving example of the board game *Shengguantu* printed in Canton in 1840 (*Sinica 440/2*). [Plate 14]

Over sixty books were given by the medical missionary William Lockhart in 1879. They include some of the Taiping publications mentioned above, but most are calligraphic albums or ink-squeezes of inscriptions. These include two examples of unusual interest: a sumptuous edition of *Chunhuage tie* bound in boards covered with brocade (*Sinica 465*), and a fragmentary copy of the *Wubai luohan xiang* engraved at Tianningsi in Changzhou in 1799 (*Sinica 475*). [Plate 15]

But the most significant collection of Chinese books acquired in the nineteenth century was that of Alexander Wylie which the Library purchased in 1882, and which doubled the size of the existing collection, just as the books of Edwin Evans had done twenty-six years earlier. Wylie is best known to sinologists through his *Notes on Chinese literature* (Shanghai, 1867), a masterly exposition of the works that constitute the "Four Treasuries" which was a major revelation to western scholars of the nature and extent of Chinese bibliography, and which has still not been entirely superseded.

Wylie states in his preface that he has described most of the books from actual examination, and his own library must almost certainly have been used to that end. Inevitably, as one of the pioneers of serious Chinese bibliographical study in Europe,

Wylie collected a number of works of little consequence; but through informed and judicious purchasing in Shanghai with modest resources, he formed a collection which is generally well balanced, includes a number of items of considerable rarity, and which still constitutes an important part of the Library's holdings of pre-modern Chinese books.

There is an exposition of the *Shijing* by the well-known Christian convert Xu Guangqi 徐光啟 which does not appear to be recorded elsewhere. [Plate 16]

And there is also an extraordinary Daoist manuscript which is a secret manual of exorcism techniques. The item lacks its opening pages, so the title has been taken from the bottom edge of the textblock. Its date and place of manufacture has not been determined, but it is possible that it was produced in the palace during the Jiajing period. [Plate 17]

The twentieth century

The Chinese books acquired thus far by definition qualify for inclusion in this catalogue. But very substantial acquisitions of pre-modern imprints were made after 1912, of which the most outstanding is the collection given between 1913 and 1922 by Sir Edmund Trelawny Backhouse, one of the more colourful figures in the Library's history, and the subject of the book *A Hidden Life: The Enigma of Sir Edmund Backhouse* by Hugh Trevor-Roper (London, 1976).

The Backhouse Collection is one of the most generous gifts in the Library's history, and at the time of its donation gave Oxford one of the finest collections of Chinese printed editions outside the Far East. It is an aristocratic collection put together in Peking by Sir Edmund Backhouse in the early twentieth century as the Qing Dynasty gave way to the Republic, and is strikingly dissimilar to the Protestant missionary collections of the nineteenth century which had been financed on a shoestring.

Backhouse was rich and moved in privileged circles at a time of dynastic upheaval when fortunes were being lost and libraries dispersed. He was therefore able to acquire editions of a type that had never been seen in Europe before. His collection contains Ming and Qing Dynasty editions of the highest quality, many of them with a very distinguished provenance, thus providing material for the study of all aspects of traditional Chinese printing and book production. And unlike many of the traditional Chinese books that European libraries acquired in previous generations, these and most of the other pre-modern Chinese books in the Bodleian were never rebound in Western style, so that they also constitute an excellent resource for the study of the Chinese book as an object.

Among the fifty or more Ming and Qing Palace editions in the Backhouse collection there are for example two copies of the early Ming Confucian work *Wulunshu*, one of which bears the impressive seals of Zhu Changfang 朱常淓, Prince of Lu 潞, who was executed in Peking in 1646 following the Qing conquest. [Plate 18]

Another work with a distinguished provenance is the Qing Dynasty Palace edition of the classified phrase book *Fenlei zijin*. This is an early impression of outstanding quality, and bears the seal of Yinli 胤禮, Prince Guo 果 (1697-1738), the 17th son of the Kangxi Emperor. [Plate 19]

The regular teaching of Chinese in Oxford only began with the foundation of the honours school in 1939, and the first Chinese graduate was Gladys Tayler, who met and married Yang Xianyi 楊憲益 when they were both students; both went to live in China following their graduation in 1940. But fine as the Bodleian collection had now become, it was not a suitable teaching collection, and was both closed-access and non-lending.

So when Homer Hasenplug Dubs, the son of American missionaries, was appointed professor in October 1947, to be joined later that year by Wu Shichang 吳世昌, these two scholars began to assemble a sinological collection for what eventually became the Faculty Library. The titles were selected mostly by Wu Shichang, and were Oxford's first systematic purchases of Chinese books. Among them were many collectaneous works (*congshu*) and works on epigraphy, reflecting the interests of contemporary sinological scholarship, which remained solidly classical until the 1960s. The books are said to have been obtained from Xiugengtang 修鯁堂 in Peking, and were given western bindings before despatch to Oxford.

Over a period of several decades, many of these books have been gradually transferred to the Bodleian Library, the majority of the *congshu* as recently as 2017. They now constitute a large and valuable part of the Library's Chinese special collections, although many of them date from the early decades of the Republican Period and do not therefore qualify for inclusion in this catalogue.

The most recent, and what will almost certainly prove to be the last substantial intake of pre-modern Chinese books formed part of the collection bequeathed by Piet van der Loon, Professor of Chinese from 1972 to 1987, which was received at the beginning of 2003 following his death in 2002.

His collection occupied over 250 metres of shelving, and at the time was believed to be the largest collection of Chinese books in private ownership in Europe. It is of the highest quality, evidencing the scholarship of its owner, and includes almost 2,000 editions which it was considered appropriate to place in the Library's special collections.

The collection reflects the scholarly interests of Piet van der Loon at the various stages of his life, starting with his interest in early China and *Guoyu* studies as a doctoral student and his research into the transmission of the *Guanzi*, to his later interests in popular literature and religion. He was intensely interested in Chinese bibliography and epigraphy throughout his entire career, always teaching his students that the identification and acquisition of reliable editions should be the starting point for any text-based sinological enquiry.

He collected three Ming editions of *Guoyu*, of which one is rare if not unique. He says in a manuscript note kept with the book that it is possibly the Damingfu 大名府 edition of 1502, but may be earlier. [Plate 20]

There is also an edition of bronze and stone inscriptions which although not particularly rare, is extraordinary in its method of production. The new text of the book has been blockprinted in the usual way, but the text of the inscriptions has been reproduced by making miniature copies of the original object, and then taking ink-squeezes from them, trimming them, and pasting them on to the leaves of the book. [Plate 21]

The present

From the beginning right up to the mid-twentieth century when Piet van der Loon was making his collection, the only practical way to get access to a text was by the acquisition of a physical copy, whether printed or manuscript. Indeed, that was the very reason why he built up his collection. But now, a succession of modern technologies has gradually made that unnecessary – first microforms, then compact discs, both now rendered obsolete by the development of online digitisation which even threatens the very existence of libraries as we know them.

But one way or another, pre-modern books continue to be added to the collections. One source is the Library itself. From time to time, Chinese materials are found in historic western collections, such as the Southern Ming calendar illustrated above (*Sinica 88*), which has only recently been discovered. Sometimes these materials have lain unnoticed for several centuries.

The most exciting discovery was made when the New Library building in Broad Street was being emptied prior to its complete rebuilding as the Weston Library. Then, in the summer of 2010, three complete sets of acupuncture charts were discovered, twelve in all, dating to the Qianlong period. There is no evidence of how or when they came to the Library. They are not unique, and many libraries have a few of these charts, but to have three complete sets is extraordinary by any standards. [Plate 22]

Understandably it is no longer permitted to take pre-modern books out of China, but those that are already abroad are sometimes offered for sale by dealers. As Curator of Chinese Collections, I attempted to acquire pre-modern books not for their textual value, for as already mentioned that is no longer necessary, but to illustrate the history and variety of traditional Chinese book production.

A good example of this is a single fascicle of the Imperial Encyclopaedia printed from bronze moveable type in 1726, which I found in an old book shop in Tokyo in 1989. The complete work has more than five thousand volumes; one is enough to show what it looks like. [Plate 23]

A third source of pre-modern books is members of the public who occasionally give them or offer them for sale to the Library. Sometimes these books have come from members of their family who have had dealings with China in earlier times, and sometimes they are very surprising, like the incomplete, richly illustrated Buddhist work which we bought in 2001, and which is one of the very earliest printed works in the whole Library. [Plate 24]

And among the fine collection of pre-modern Japanese books given to the Library as recently as 2021 by Peter Kornicki, an Oxford alumnus and Professor of Japanese at Cambridge University, are 23 Japanese editions of Chinese works, some of them of considerable rarity.

Other parts of the collection

In common with most other libraries, the Bodleian considers much Chinese material to be special that does not qualify for inclusion in the present catalogue. Chief among these are the works, both religious and secular, of the Protestant missionaries themselves. As is already evident from what has been noted above, the Protestant mission is a thread which runs through Oxford's entire Chinese establishment throughout the nineteenth century and into the first half of the twentieth.

The Library acquired two large collections of missionary publications towards the end of the nineteenth century, almost certainly through the agency of Alexander Wylie, although evidence of this is lacking in the Library records. These collections are the contents of the great International Exhibitions at Philadelphia in 1876 and London in 1884, which added to the titles already in the Library brought its corpus of doctrinal works to near 2,000 volumes, representing at least 1,500 different titles. The collection is particularly rich in tracts published during the first half of the century.

The missionary works have an interest which goes far beyond their value as expositions of Christian doctrine: some are written in local dialects, others provide glimpses of the popular Chinese religious and social customs which the missionaries encountered in the course of their work; all illustrate the process whereby traditional Chinese block-printing was gradually superseded by Western typography as the missionaries strove to circumvent local prohibitions and improve the efficiency of their publishing. The Bodleian's Chinese Protestant missionary publications of the nineteenth century constitute a special collection whose importance is increasingly recognised and which is scarcely matched elsewhere.

Secondly, there are many publications of a pre-modern nature which were published after the cut-off date of 1912. These include many of the *congshu* and other works acquired by Dubs and Wu Shichang.

As well as traditional sinology, throughout his life Piet van der Loon was also intensely interested in popular literature, of which his bequest includes three large collections: almost 500 popular songs from the Southern Min region (*minnan gequ*) produced mostly in Xiamen, Shanghai, and Taiwan in the first two decades of the twentieth century; a similar number of Canton operas (*yueju*) dating from the first half of the twentieth century; and so-called "wooden-fish books" (*muyushu*) from the Hong Kong and Canton region which together with those already in the collections amount to some 400 titles.

In this age of instant, online access to the contents of libraries, it is still true that only by printing and publishing can a permanent and unchanging record be made of our collections as they stand at a definite point in time. It is therefore my hope that subsequent volumes of this catalogue will record these parts, too.

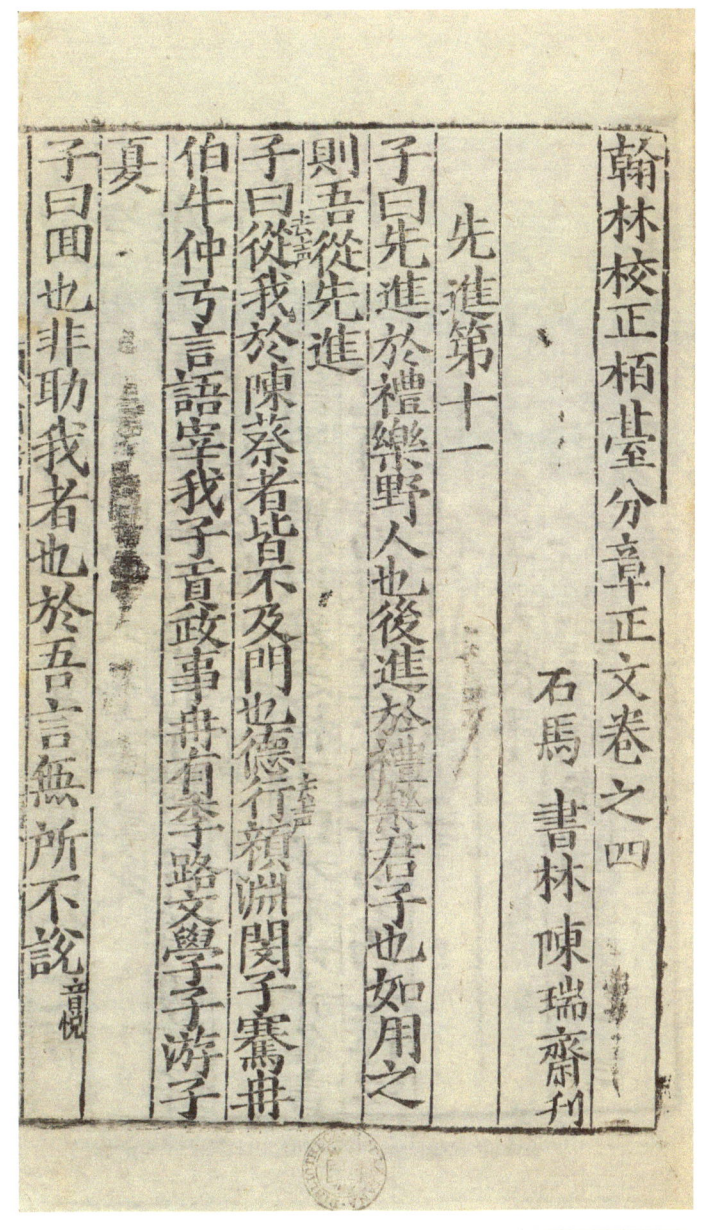

圖1. 新刻相臺分章旁註四書正文　明萬曆建陽書林陳心齋刻本（Sinica 2）

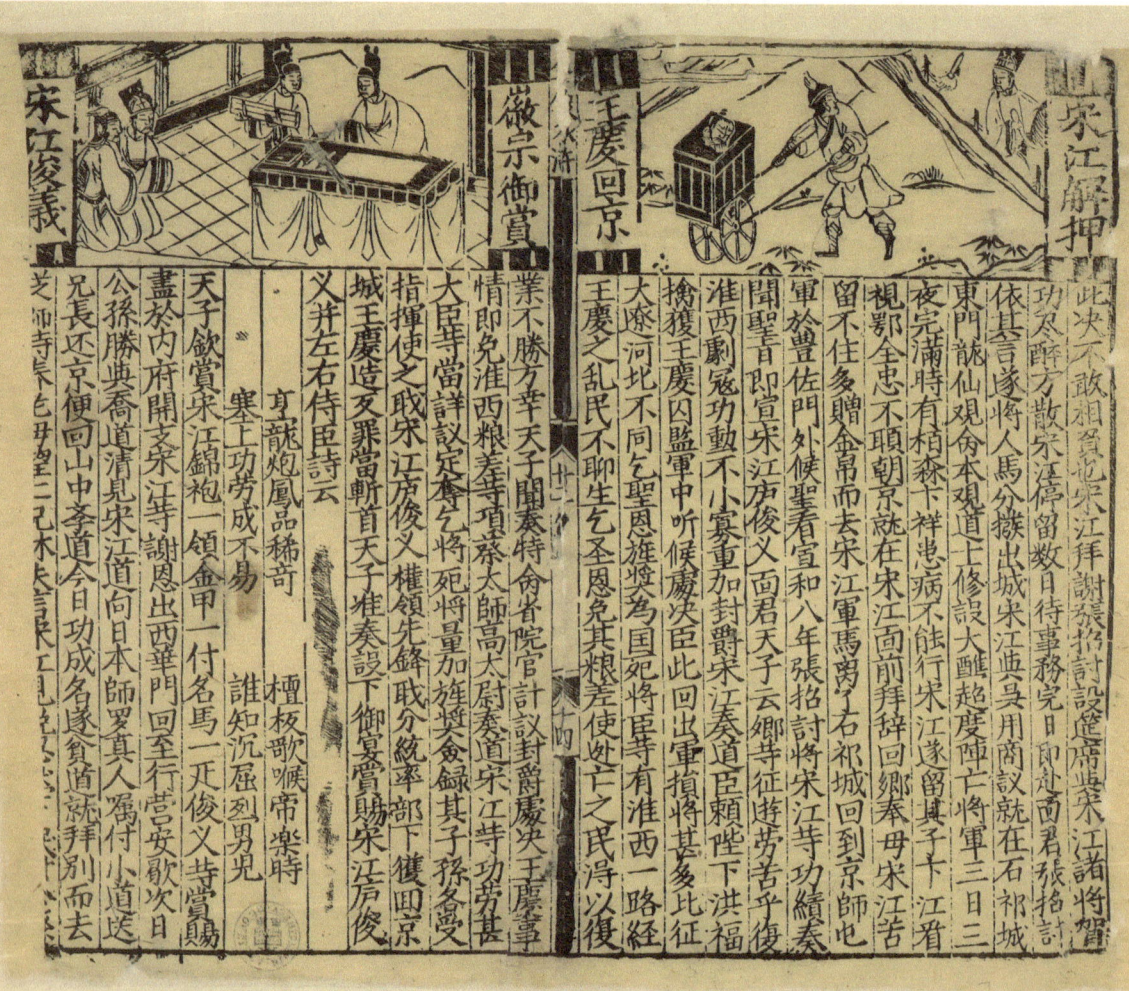

圖2. 新刻京本全像插增田虎王慶忠義水滸全傳（殘卷二十二葉十四） 明萬曆
建陽書林刻本（Sinica 121）

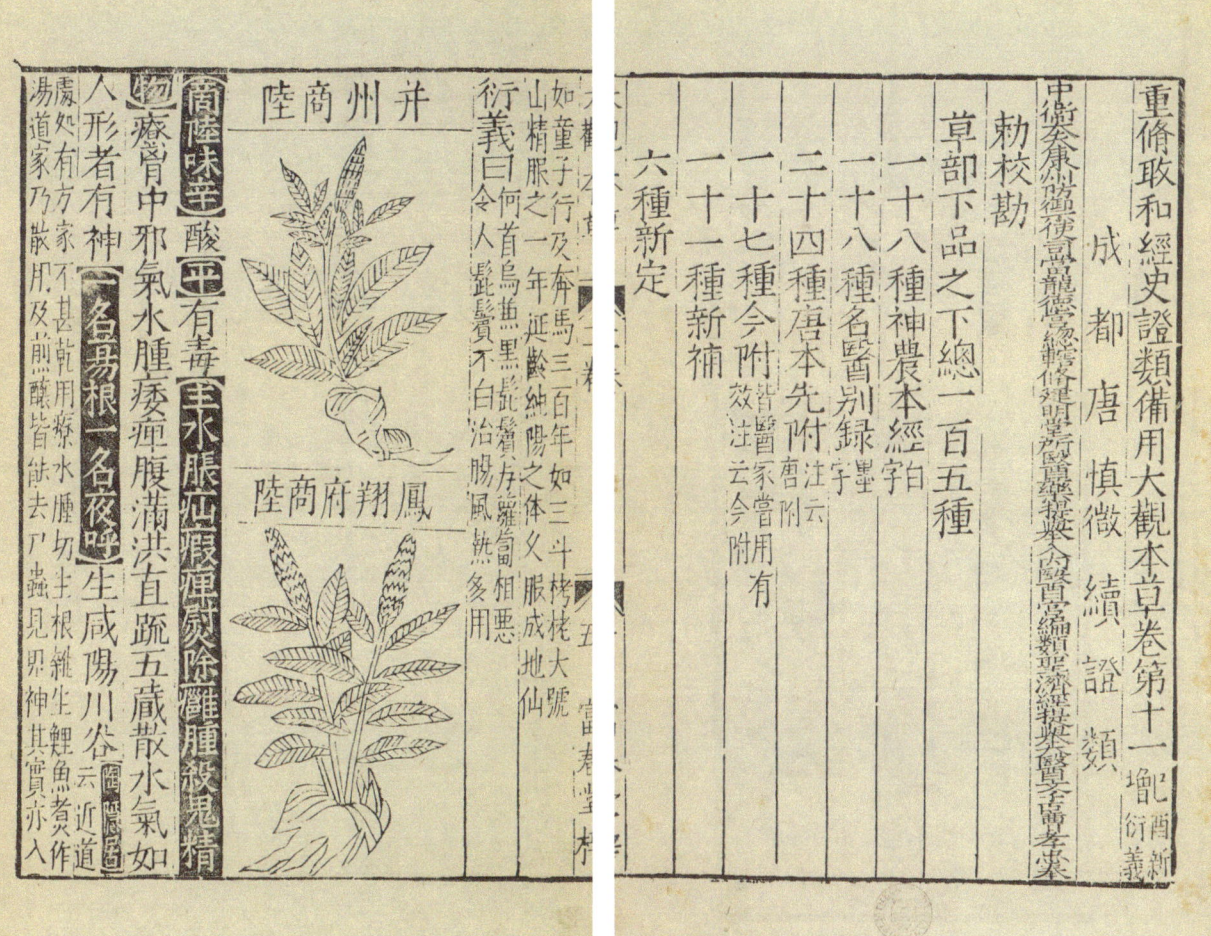

圖3. 重修政和經史證類備用本草　明萬曆九年[1581]金陵書林富春堂刻本
(Sinica 18)

圖4. 鼎雕趙狀元四書課兒提醒約解　明萬曆四十一年[1613]建陽書林自新齋余泰垣刻本（Sinica 25）

福建往琉球

太武放洋用甲寅針七更船取烏坵用甲卯針正南東
墻開洋用乙辰取小琉球頭又用乙辰取木山北風東湧開洋
用甲卯取彭家山用甲卯及單卯取釣魚嶼南風東湧放洋用
乙辰針取小琉球頭至彭家花瓶嶼在內正南風梅花開洋用
乙辰取小琉球用單乙取釣魚嶼南邊用甲卯針取赤坎嶼用艮
針取枯美山南風用單辰四更看好風單甲十一更取古巴山
即馬齒山是麻山赤嶼用甲卯針取琉球國為妙
不入港欲往日本對琉球山豪霸港可開洋琉球放洋用單丁
針四更船取椅山外過單癸針二更半是葉壁山離椅山了單
癸四更取流橫山又用丑癸五更取田家地用丑癸三更半取
萬嵜通七島山邊用單寅針五更取野故山內過船離野故山
用艮針二更半船取但尔山又單艮四更取酉南山平港口其
水望東流十分緊單寅十更船取噁慈子里美山其山用單艮
二更單寅三更沿度奴烏佳眉山用癸針三更船若是船開單
子一更取是麻山邊南邊有沉礁名傲長旗東邊過船單五一
更船是正路用子針四更船取大山門中傍西邊門過船用單
丑是兵庫港為妙

THOMÆ BODLEII. 149

2779. F. 6. Ejusdem *Homiliæ* in Epist. ad *Galatas, Ephes. Philip. Coloss.* ambas, *Thes.* ambas, *Timoth. Titum, Philem. Hebræos.* Cod. totus excusus Editione Græca Gilberti Veronensis.

2780. G. 7. Ejusdem ad varios Epistolæ.
  2. *Constantii* Epistola ad *Matrem*, 113.
    2. Ad *Sororem*, 114.
    3. Ad *Valerium*, & *Diophantem*, 116.
    4. Ad *Castum*, 118.
    5. Ad *Cyriacum*, 118.
  3. *Sermones* varii, &c.
  4. *Homiliæ* 55. in Acta Apostolorum. Homiliæ sunt excusæ Græco-Latine ex Interpretatione *Erasmi* Roterodami.
  5. *Homiliæ* 16. in Epistolam ad Philippenses, Græce, quarum Catalogum in principio Codicis habes.

2781. H. 8. *Chrysostomi* opuscula variæ.
  1. Περὶ μετανοίας, p. 1.
  2. Commentarius in Isaiam, p. 12. &c.

2782. Cod. K. 9. Continet Tractatus varios, v. g.
  1. Εἰς τὸ μυστικὸν δεῖπνον ᾗ σωτηρίαν Ἰούδα, 1.
  2. Εἰς τάφιμ ᾗ ἀνάςασιν Χριςᾶ, p. 17.
Ultimus tract. est de Vita *Georgii* Alexandrini, pag. 779.

2783. L. 10. Cod. totus MS. multos continet Tractatus. v. g. 1. Εἰς τὸ, οἶδαμεν ὅτι τοῖς ἀγαπῶσι τ̀ Θεὸν πάντα συνεργεῖ, p. 1. &c.
Sequitur M. N. & sic deinceps ad finem Alphabeti; Continentque tantum reliqua *Chrysostomi* Opera Ætonæ impressa, 1622.

LIBRI SINENSES.

2784. 1. *Confucii* lib. Ta-hio, scil. ea pars quæ docet de Chung-Yung, i. e. Medio quotidie utendo & tenendo, lib. primus & secundus.
2785. 2. *Confucii* lib. tertius dictus Luen-yu, i. e. Quæst. & Resp.
2786. 3. *Confucii* lib. 3. & 4. dictus Sic-shu, de Philosophia.
2787. 4. Libri Y-kia-ge-muen pars 1. de morbis particularibus.
2788. 5. Ejusdem libri pars tertia.
2789. 6. Ejusdem libri pars quinta.
2790. 7. Libri Tai-su, pars 5. continens Epistolas doctas & antiquas de variis rebus Philosophicis.
2791. 8. Poëma Sinense de laude Palatii alicujus Magnatis.
2792. 9.
2793. 10. } Ejusdem Poëmatis alia exemplaria tria.
2794. 11.
2795. 12. Dialogus de Corporis partibus interioribus pars 1. & 2.
2796. 13. Ejusdem libri pars 3, 4, & 5.
2797. 14. Ejusdem libri pars 6, 7, & 8.
2798. 15. Ejusdem libri pars 12, 13, & 14.
2799. 16. Ejusdem libri pars 15, 16, 17.
2800. 17. Ejusdem libri pars 19, 20, 21, 22, 23, 24.
2801. 18. Ejusdem libri rursus pars 21.
2802. 19. Ejusdem libri rursus pars 21.
2803. 20. Ejusdem libri pars 22, 23, 24.
2804. 21. Lib. Me-kuè , de Pulsuum scientia, libri 1. pars ἀκέφαλος incipiens à folio 22.
2805. 22. Ejusdem libri pars 2. & 3.
2806. 23. Libri Y-kièn, seu speculi Medicinæ pars 4. Agit de Medicamentorum probatissimorum seu infallibilium compositione.
2807. 24. Ejusdem libri pars 6.
2808. 25. Ejusdem libri pars 7.
2809. 26. Libri Y-fang, seu Medicarum compositionum pars 1, & 2.
2810. 27. Libri Hai-pien, seu Dictionarii Sinensis magni & antiqui pars 1. & 2.
2811. 28. Ejusdem Dictionarii pars 18.
2812. 29. Ejusdem Dictionarii pars iterum 18.
2813. 30. Ejusdem Dictionarii pars 20.

2814. 31. Lib. dictus Pen-çao, i. e. Lib. Herbarum & Medicamentorum simplicium, agens de Materia Medica in genere : sc. hoc tomo continetur libri summarium & Prolegomena, & quoque liber 1.
2815. 32. Ejusdem libri pars 2.
2816. 33. Ejusdem libri pars 3, & 4.
2817. 34. Ejusdem libri pars 5.
2818. 35. Ejusdem libri pars 6.
2819. 36. Ejusdem libri pars 7, & 8.
2820. 37. Ejusdem libri pars 11. est sc. *Herbarium*.
2821. 38. Alius diversi libri dicti Pen-çao de materia medica pars 5. per alium Auctorem.
2822. 39. Libri Van-ping-hoi-chuen, seu de tempore quo omnes morbi redire solent pars 3.
2823. 40. Ejusdem libri pars 6.
2824. 41. Libri Ven-chang, seu Pulchri libri, de Thematibus seu compositionibus & exercitiis studiosorum gradum ambientium, pars 1.
2825. 42. Ejusdem libri pars 2.
2826. 43. Ejusdem libri pars 3.
2827. 44. Ejusdem libri pars 4.
2828. 45. Ejusdem libri pars aliqua imperfecta.
2829. 46. Libri Yo-sing, seu de natura simplicium medicamentorum, Summarium & Prolegomena, & quoque partis primæ principium.
2830. 47. Ejusdem libri pars 1, & 2.
2831. 48. Ejusdem libri pars 4, & 5.
2832. 49. Ejusdem libri pars 7. & 8.
2833. 50. Alius diversi libri Yo-sing, seu de natura simplicium, pars 5. per alium Auctorem.
2834. 51. Libri dicti Men-çu de Philosophia naturali pars 1.
2835. 52. Ejusdem libri pars 2.
2836. 53. Comœdia dicta Cing-hoa, Auctore Lo.
2837. 54. Liber Shi, seu Poëma de variis rebus & capitibus.
2838. 55. Lib. Ça-çu, Exhibens in omni materiæ genere Characteres aliquot Sinenses maxime necessarios pro institutione Puerorum.
2839. 56. Lib. Meu-ye seu Formularium Epistolarum.
2840. 57. Lib. Siao-ul-leang-fang, seu de medicina Puerorum.
2841. 58. Lib. Tan-ki-sin-sang, de universa medicina, Auctore Tan-ki, à quo ipse liber eodem nomine vocatur. Hic tomus continet totius libri summarium & Prolegomena generalia.
2842. 59. Ejusdem libri summarium.
2843. 60. Ejusdem libri pars 1.
2844. 61. Ejusdem libri rursus pars 1.
2845. 62. Ejusdem libri pars 2, 3, 4.
2846. 63. Ejusdem libri pars 5, 6, 7.
2847. 64. Ejusdem rursus libri pars 5, 6, 7.
2848. 65. Ejusdem libri pars 11.
2849. 66. Ejusdem libri pars 18. 19.
2850. 67. Ejusdem libri pars 22.
2851. 68. Ejusdem libri pars 24.
2852. 69. Comœdia.
2853. 70. Liber Meng-çu, de Philosophia naturali. Ejusdem subjecti sed alius auctoris liber occurrit in Arch. A. 51. & inter Laud. K. 90.
Libri *Sinenses* impressi à numero 1. Ad 70. inter quos Lexici Sinensis aliquot partes Sinice explicati, Herbarium, & Comici plurimi.
2854. 71. *Novum Testamentum* Armenice, Impress. *Amst.* 1668.
2855. 72. *Biblia* Sacra Armenice ; Impress. 1666.
2856. 73. Rich. *Greenham*'s Works with Additions, *Lond.* 1605.
2857. 74. Liber *Precum* antiquus, Elegantissimis Picturis illuminatus, Fol. MS.
2858. 75. *Hieroglyphica Mexicana.*
2859. 76. Liber continens *Habitus Turcarum* Picturis delineatos.
2860. 77. *Alcoranus,* Arabice, vocalibus notatus.
2861. 78. *Shaster,* seu liber Creationis, qui Indorum Religi-

Libri in Arch. A. Bodl.

圖6. Edward Bernard: *Catalogi librorum manuscriptorum Angliae et Hiberniae in unum collecti, cum indice alphabetico.* Oxford, 1697. (G 1.7 Th.Seld.)

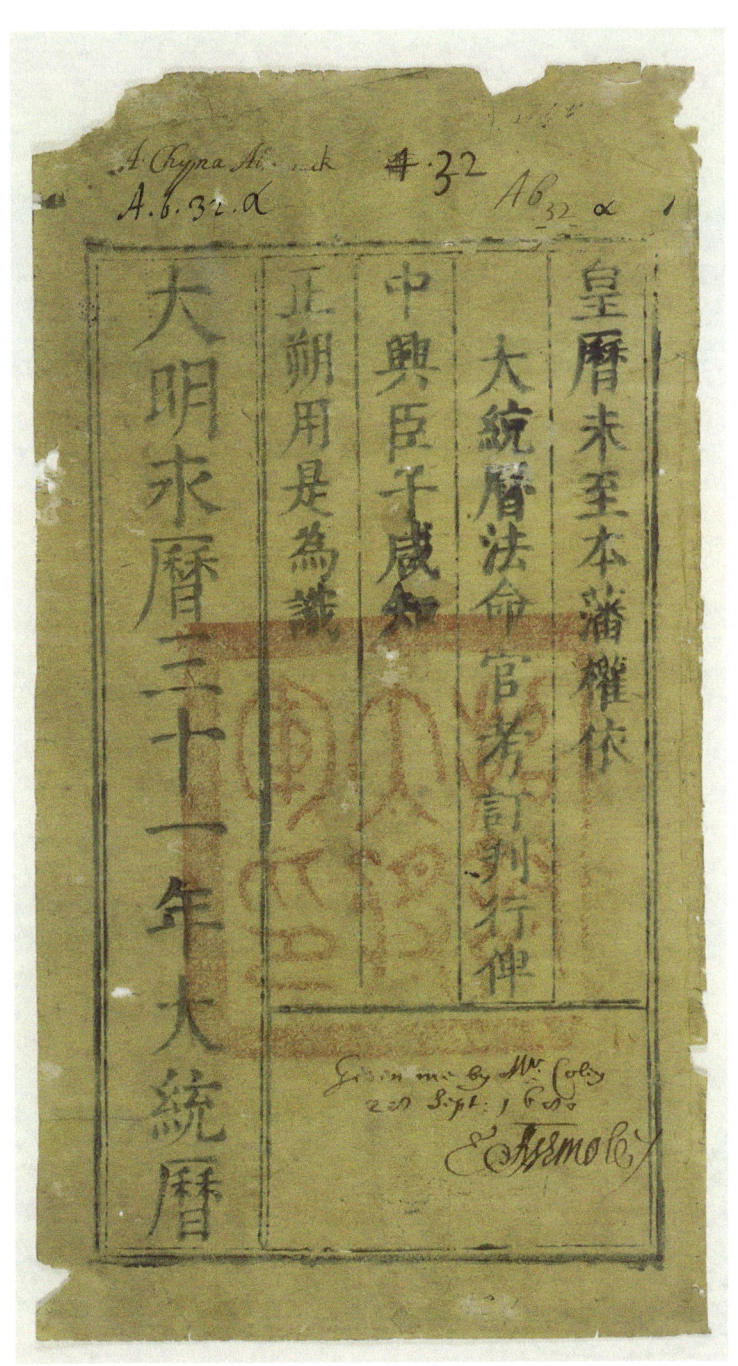

圖7. 大明永曆三十一年歲次丁巳大統曆　南明永曆刻藍印本（Sinica 88）

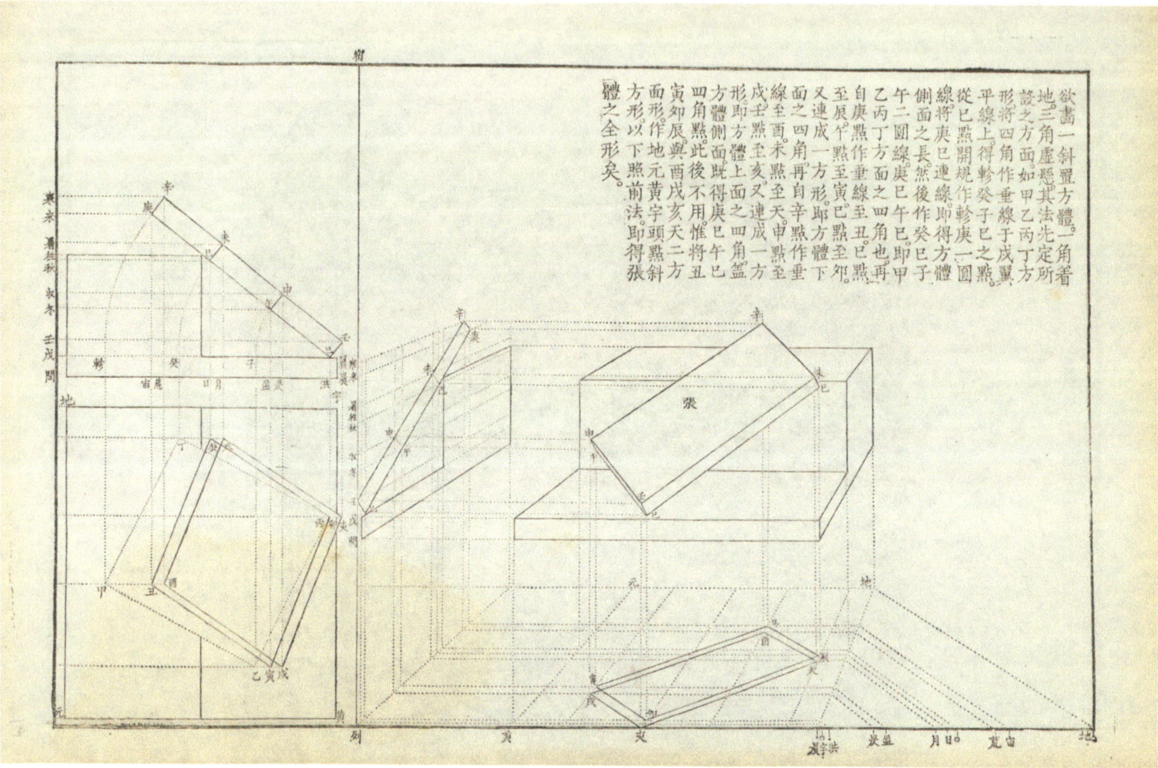

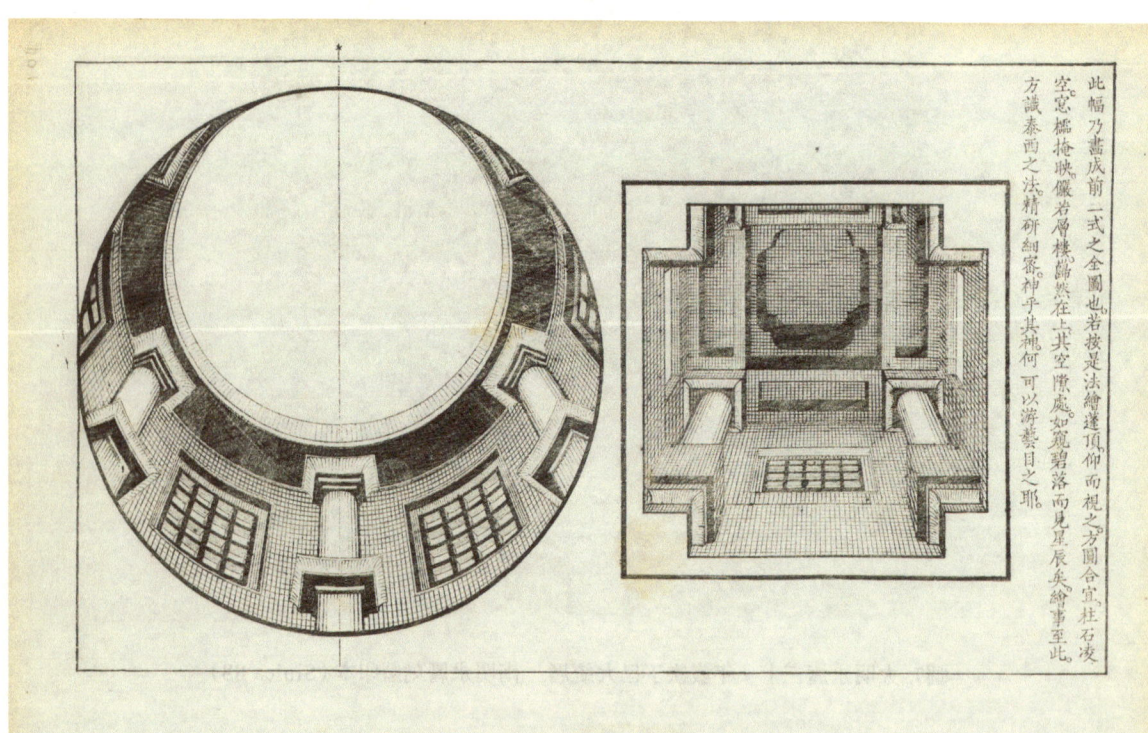

圖8. 視學 清雍正七年[1729]刻十三年[1735]增修本(Douce Chin.b.2)

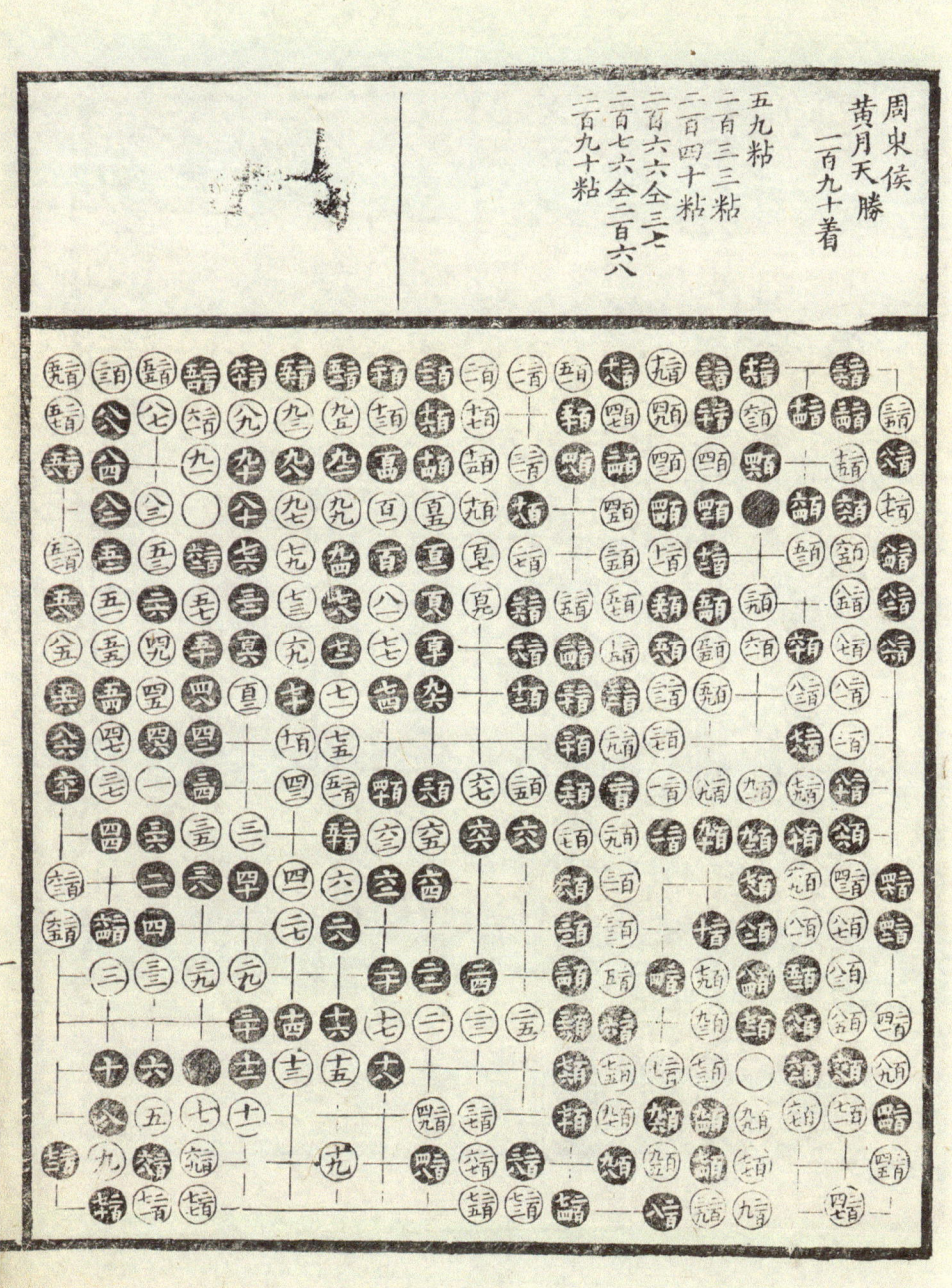

圖9. 圍碁近譜　清康熙五十五年[1716]序刻本（Douce Chin.d.2）

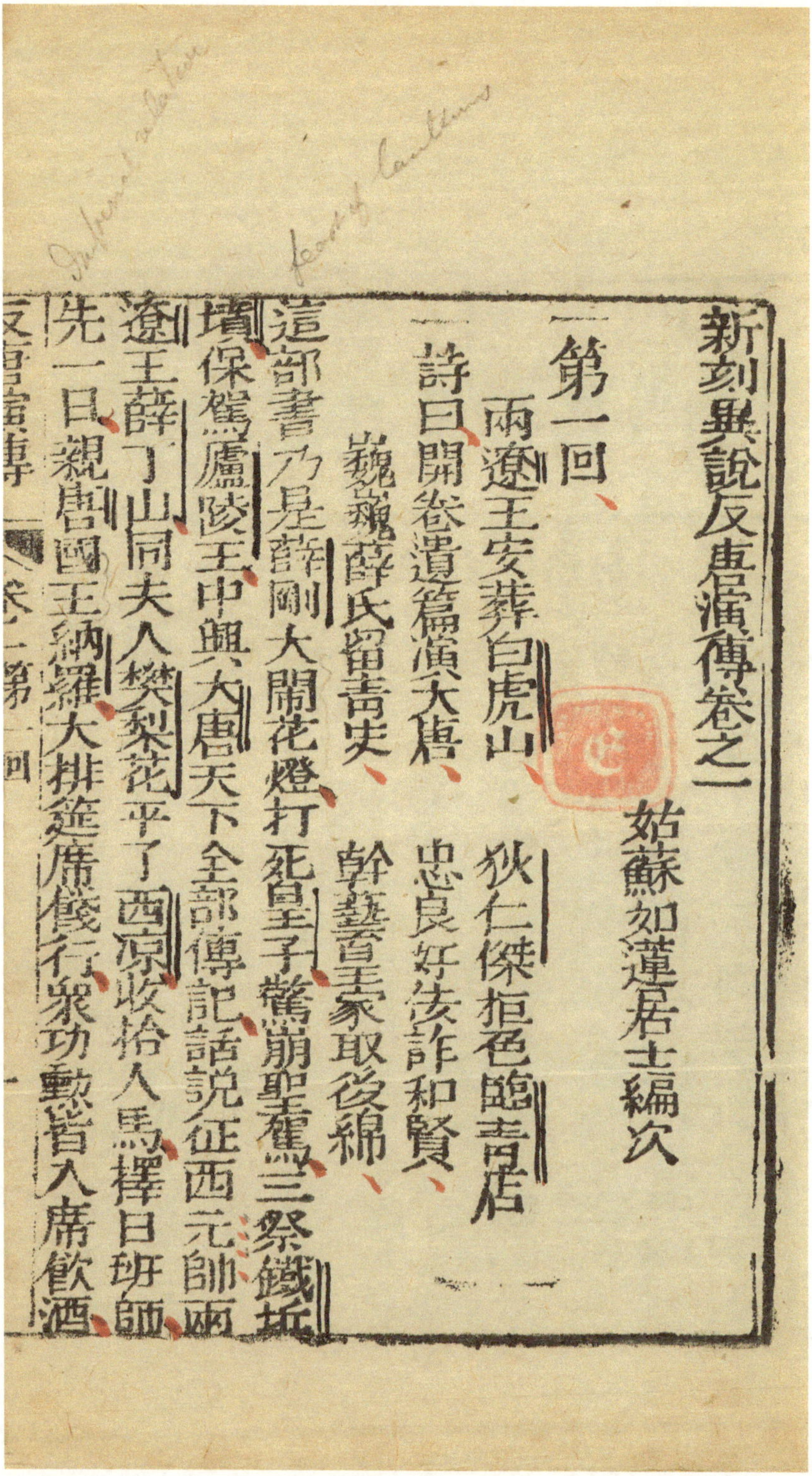
新刻異說反唐演傳卷之一
姑蘇如蓮居士編次
第一回
兩遼王安葬白虎山　狄仁傑拒色臨青店
詩曰
開卷遺篇演大唐　忠良奸佞詐和賢
巍巍薛氏留青史　幹蠱首王家取後綿
這部書乃是薛剛大鬧花燈，打死皇子，驚崩聖駕，三祭鐵坵墳，保駕廬陵王中興大唐天下。全部傳記話說征西元帥兩遼王薛丁山同夫人樊梨花平了西凉，收拾人馬，擇日班師。先一日，親唐國王納羅大排筵席，餞行衆功勳，皆入席飲酒
反唐演傳　卷之一　第一回　一

圖10. 新刻異說反唐演傳　清乾隆六十年［1795］刻本（Sinica 220）

周易注疏卷一

魏王弼注　唐陸德明音義　孔穎達疏

上經 乾

☰☰ 乾下
　　 乾上

乾元亨利貞。【音義】乾，渴然反，依字作乾，下乙乾從且。【疏】正義曰：乾者，此卦之名。謂之乾者，《說卦》云：乾，健也。言天之體以健為用。聖人作《易》本以教人，欲使人法天之用，不法天之體，故名乾，不名天也。天者定體之名，乾者體用之稱。故《說卦》云：乾，健也。言天之體以健為用。此乾卦本以象天，天乃積諸陽氣而成天，故此卦六爻皆陽畫成卦也。此既象天，何不謂之天，而謂之乾者，天者定體之名，乾者體用之稱。故《說卦》云：乾，健也。言天之體以健為用。聖人作《易》本以教人，欲使人法天之用，不法天之體，故名乾，不名天也。

乾　乾下乾上　此八純卦象卦者，卦也，掛也，言懸掛物象以示於人，故謂之卦。但二畫之體雖象三才，未得成卦，必三畫以象三才，寫天地雷風水火山澤之象，乃得成卦也。故《繫辭》云：八卦成列，象在其中矣。是也。但初有三畫，雖有萬物之象，於萬物變通之理猶有未盡，故更重之，使六畫成卦也。此乾卦是陽畫成卦，故謂之乾。天者定體之名也。

乾隆四年校刊

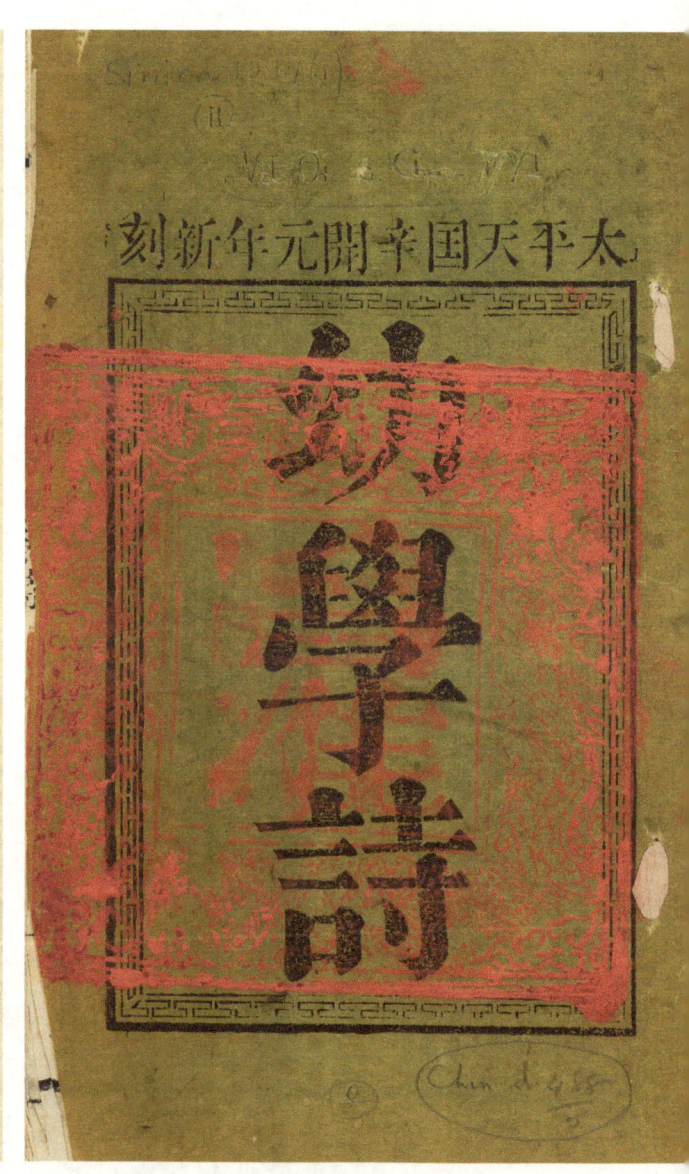

圖12. 幼學詩 太平天國元年 [1851] 刻本 (Sinica 1097/1)

Chinese books

300. 康熙字典. The K'ang-hsi Dictionary. A reprint, by imperial direction, in 1827. The work was ordered by the second Emperor of the present dynasty in 1709, and published with a Preface by him in 1716. 40 volumes. Complete. Ser. 295.

301. Another copy of the same edition of the Dictionary. In 32 volumes, but imperfect, wanting vol. 26, which contained the radicals from 170 (阜) to 180 (音), and the characters under them.

302. 繡像第一才子書. The Book of the best Romance writers illustrated with portraits. This is the 三國志, or History of the Three States. The same as 62. A reprint of 1820. This is not the "History of the Three States," which forms part of the "24 Histories"; but a historical novel, written by Lo Kwan-chung (羅貫中), of the Yüan dynasty (A.D. 1280-1367). The proper name of it is 三國志演義. In 20 vols. (vol. 8 wanting)

303. 四書正文. Correct Text of the Four Books from the text printed in Peking from copper types. Very accurate, punctuated, and having the tones marked, where necessary, with very brief notes. A reprint in Canton province, where the blocks are kept in the Fu-wăn (福文) Establishment Fu-shan. No state. Same as 23 & 45. 4 volumes.

in Catalogue,

圖13. James Legge: *Chinese books*. MS, late 19th c. (MS.Chin.c.47)

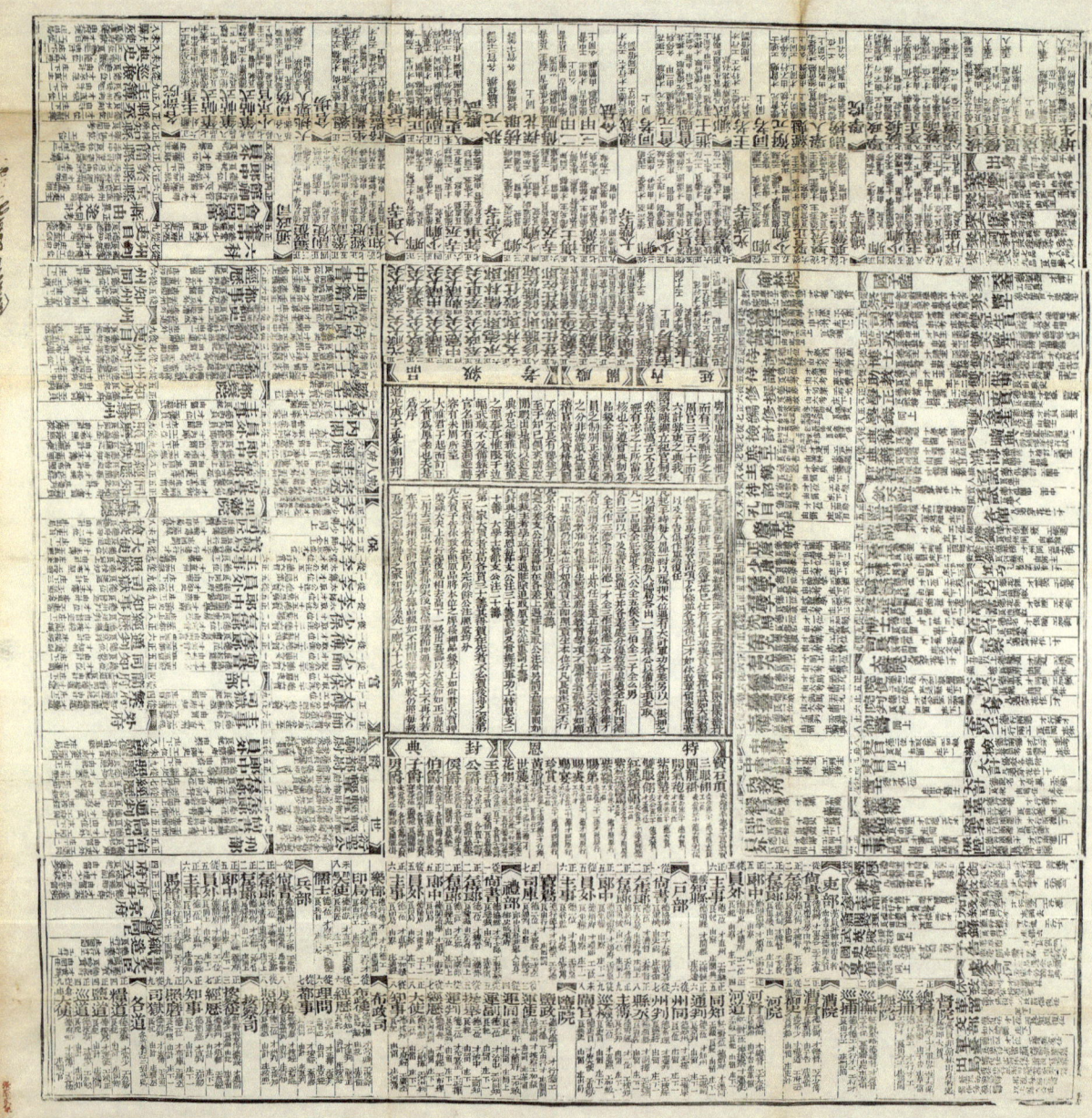

圖14. 陞官圖　清道光二十年[1840]廣東刻本（Sinica 440/2）

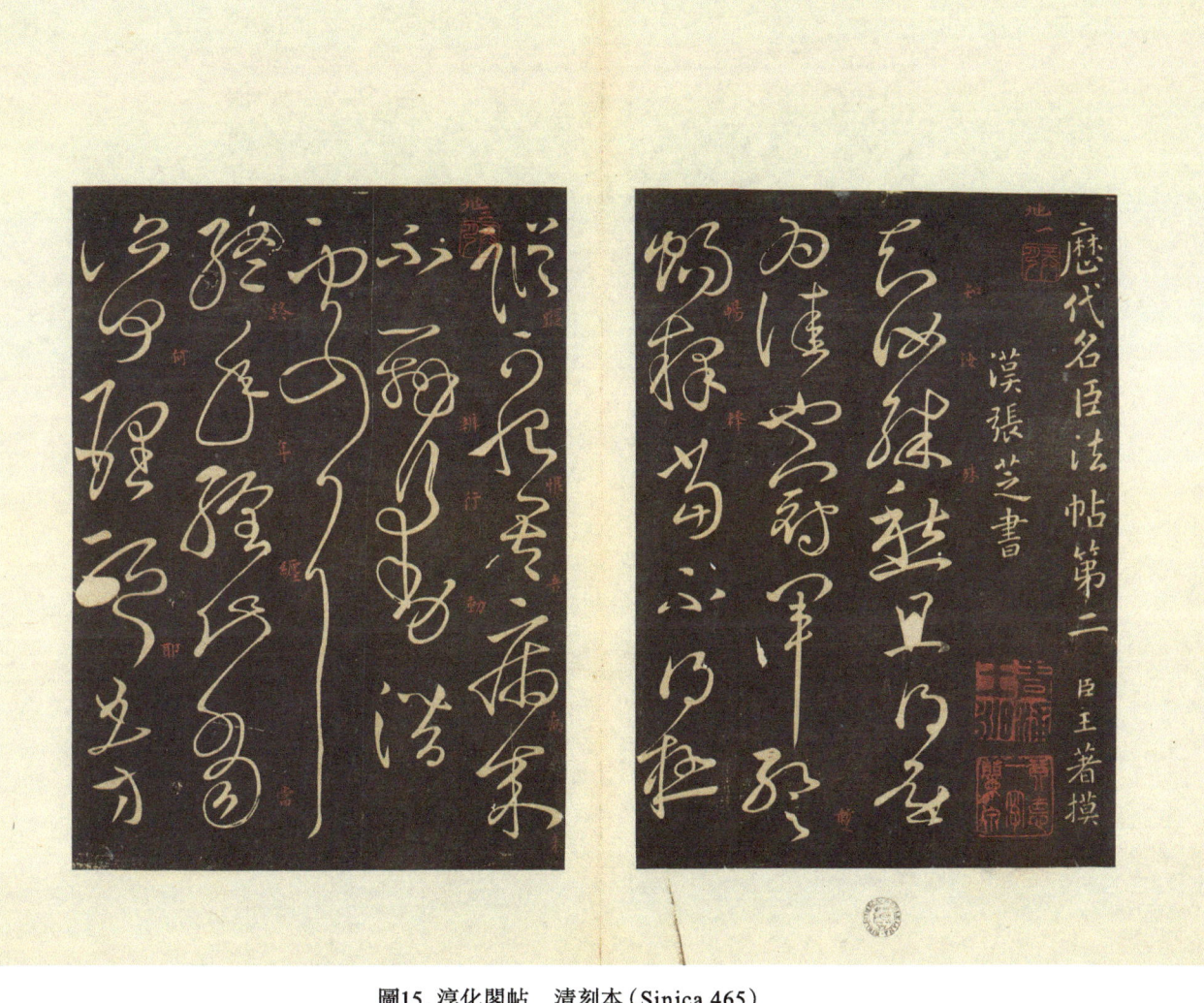

圖15. 淳化閣帖　清刻本（Sinica 465）

徐文定公詩經傳稿 國風

上海徐光啟著　後學王光承評　徐時勉

　　　　　　　　　　　孫爾黙輯　曾孫以嘉較

維葉萋萋　二句　　　　　　　　　徐光啟

詩念葛生之景而不忘其昨見焉夫黃鳥之飛正葛生之候也念及於萋之之葛而于飛之景豈能遂忘於心乎后妃葢謂夫人目欣于所過〔神味清逸典〕

快然自得亦不知其可念也〔江左諸賢氣骨相化〕

愴然思之始有不能為懷者矣又况事關于職業者乎我思在昔屬當

初夏青陽告謝百昌遂其向榮朱明届期庶類宣其閶闔維今之經緯起謹

杍柚皆昔之弱質柔枝也黛色參差争茂于清和之候維今之織維經　〔破題〕

　先是于〔入題庭〕毎似意洗命丹〔承題〕疵頂喫醒　余文定公傳稿國風一　淵源堂

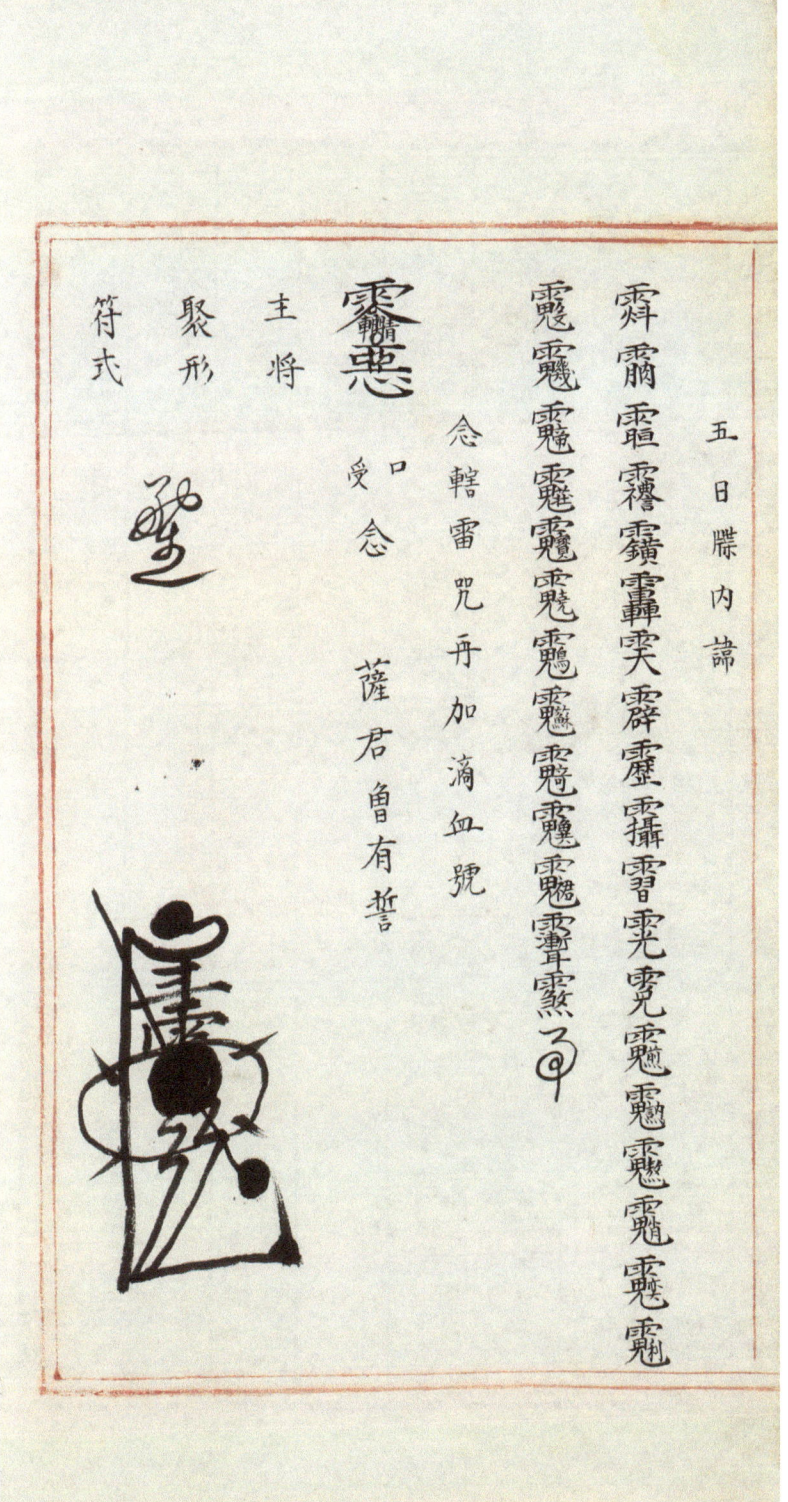

圖17. 符籙秘訣　明嘉靖內府朱絲欄抄本（MS.Chin.c.24）

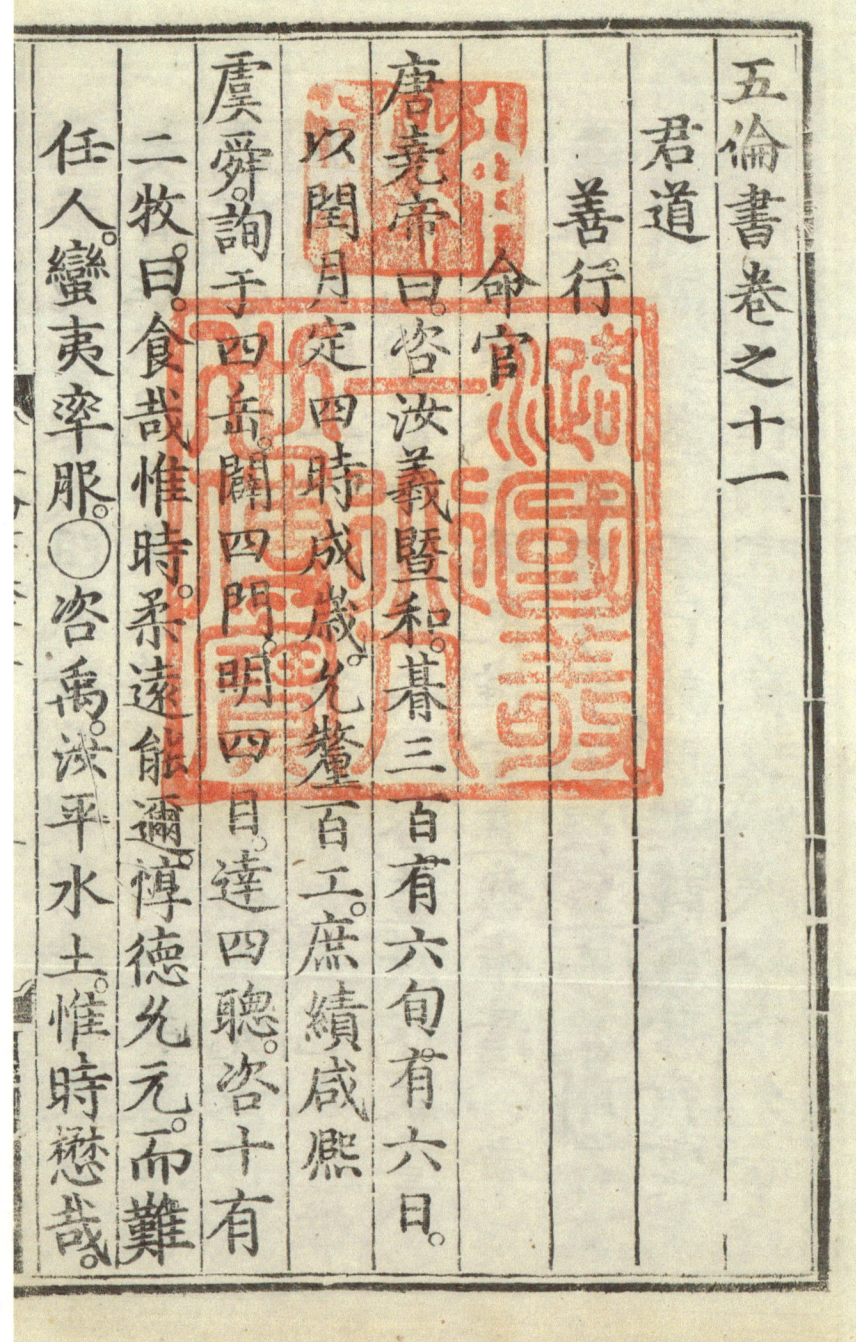

圖18. 五倫書　明正統十二年[1447]內府刻重修本（Backhouse 421）

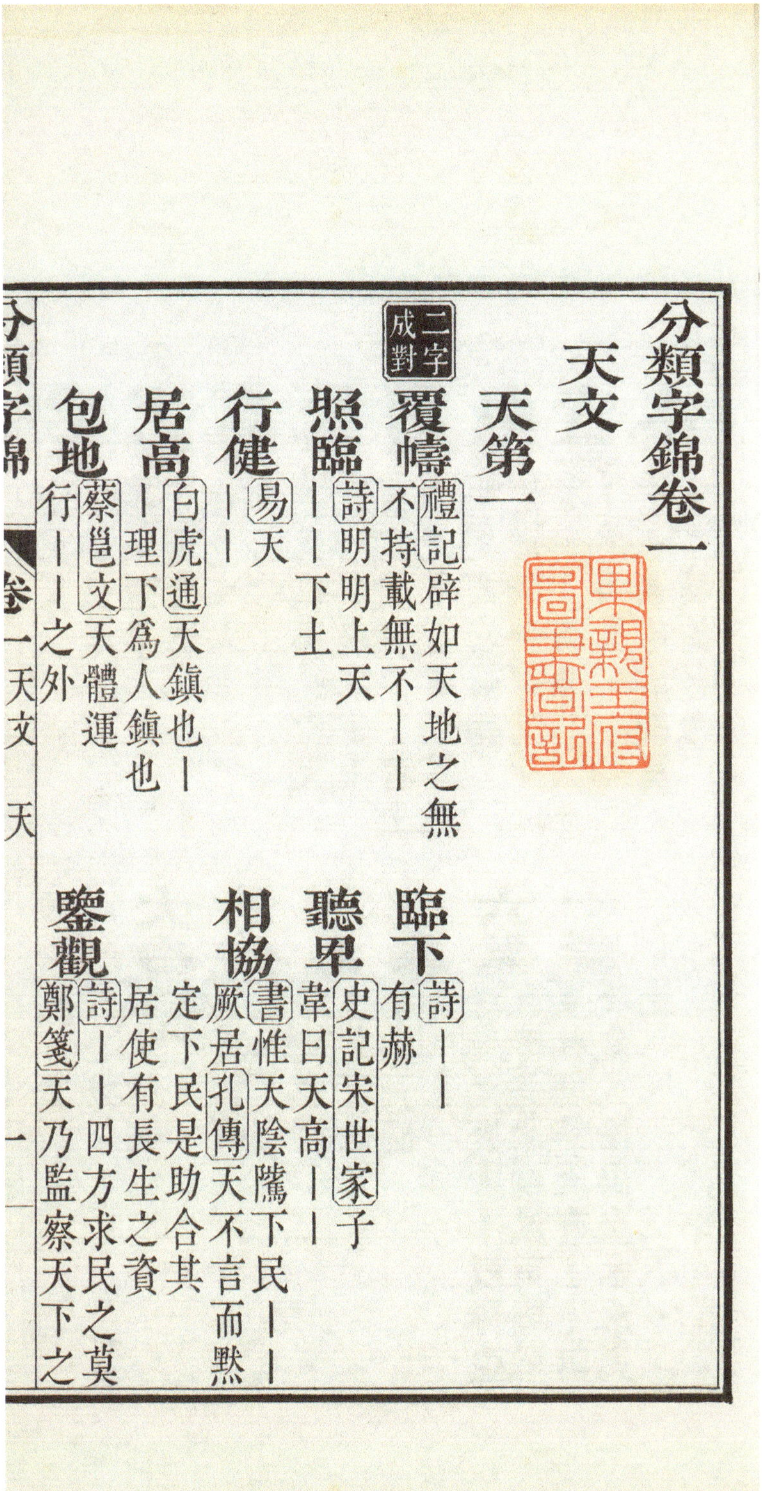

分類字錦卷一

天文

天第一

二字成對

覆幬 禮記辟如天地之無不持載無不｜｜

照臨 詩明明上天｜｜下土

行健 易天｜｜

居高 白虎通天鎮也｜｜理下爲人鎮也

包地 蔡邕文天體運行｜｜之外

臨下 詩｜｜有赫

聽卑 史記宋世家子韋曰天高｜｜

相協 書惟天陰騭下民｜｜厥居孔傳天不言而默定下民是助合其居使有長生之資

鑒觀 詩｜｜四方求民之莫鄭箋天乃監察天下之

分類字錦 卷一 天文 天 一

圖19. 分類字錦　清康熙六十年［1721］内府刻本（Backhouse 217）

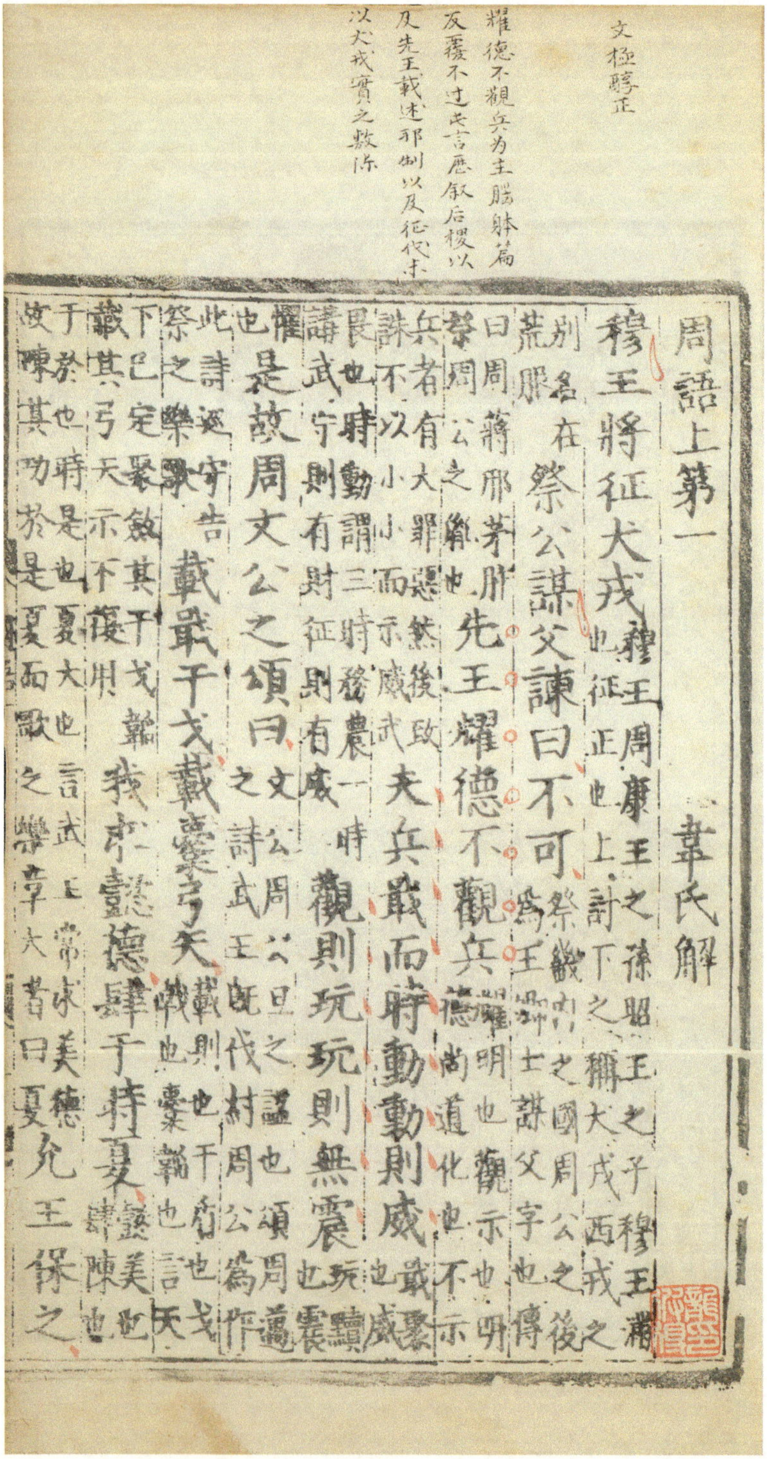
文極醇正
耀德不觀兵為主腦肺篇反覆不过此言歷叙后稷以及先王載述邪制以及征伐末以犬戎賓之數語

周語上第一　　韋氏解

穆王將征犬戎穆王周康王之孫昭王之子穆王滿也征正也上討下之稱犬戎西戎之別名在荒服祭公謀父諫曰不可祭畿內之國周公之後為王卿士謀父字也傳曰周藩邢茅胙祭周公之胤也先王燿德不觀兵燿明也觀示也明德尚道化也不示兵者有大罪惡然後致誅不以小小而示威武夫兵戢而時動動則威戢聚也時動謂三時務農一時講武守則有財征則有威觀則玩玩則無震玩黷也震懼也是故周文公之頌曰文公周公旦之謚也頌周頌時邁也此詩武王既伐紂周公為作載戢干戈載櫜弓矢載則也干楯也戈戟也櫜韜也言天下已定斂其干戈韜其弓矢示不復用我求懿德肆于時夏懿美也肆陳也于於也時是也夏大也言武王常求美德故陳其功於是夏而歌之樂章大者曰夏允王保之

圖20. 國語　明刻黑口本（Sinica 4502）

大厦有屾十鼓共和元年三百二十有二字自東自西自南自北拜手摩挲謹聲雷瀉於赫千秋同文一統視屾石鼓陳常于時夏

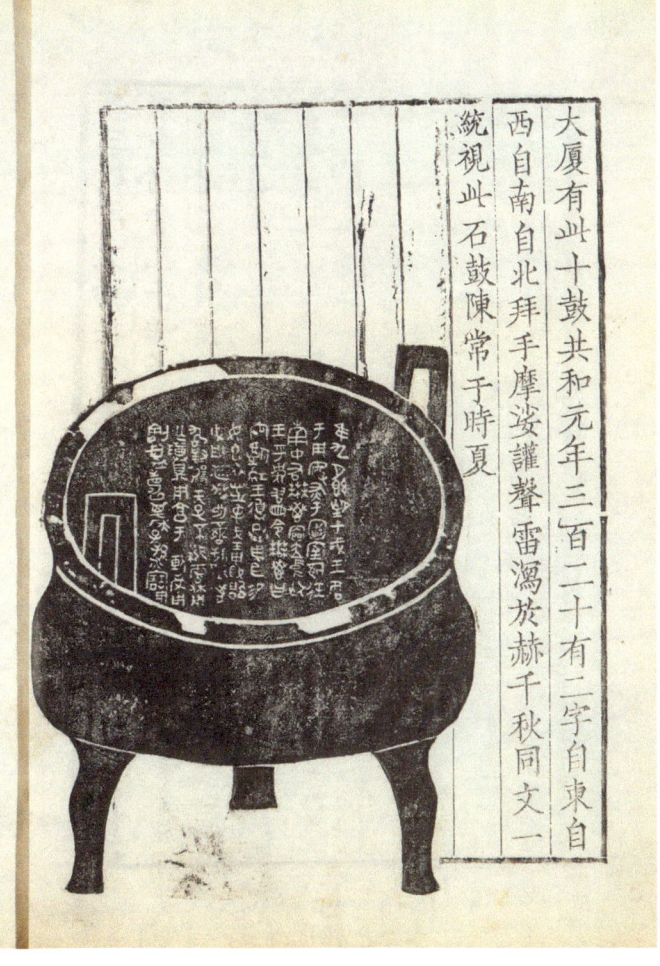

古鼎銘之作豈虛也哉記曰銘者論譔其先祖之德善功烈勳勞慶賞聲名列於天下而酌之祭器自成其名焉以祀其先祖者也余悲考古圖諸書所載三代尊彝盤敦之器與刻文或不傳欲志金石以續來古得焦山周鼎銘不載世歲考其文有曰司徒南仲疑亦宣王時物也銘文與集古錄毛伯敦相類周人器物銘多用此體舊傳屾鼎為故明京口某氏家藏嚴相欲之不可因嫁禍而奪之嚴氏敗鼎歸江南其氏捨諸焦山佛寺於戲鼎之存止與遷其繫於人也深矣贊曰

圖21. 金石圖　清乾隆八年[1743]序刻本暨拓本（Sinica 4677）

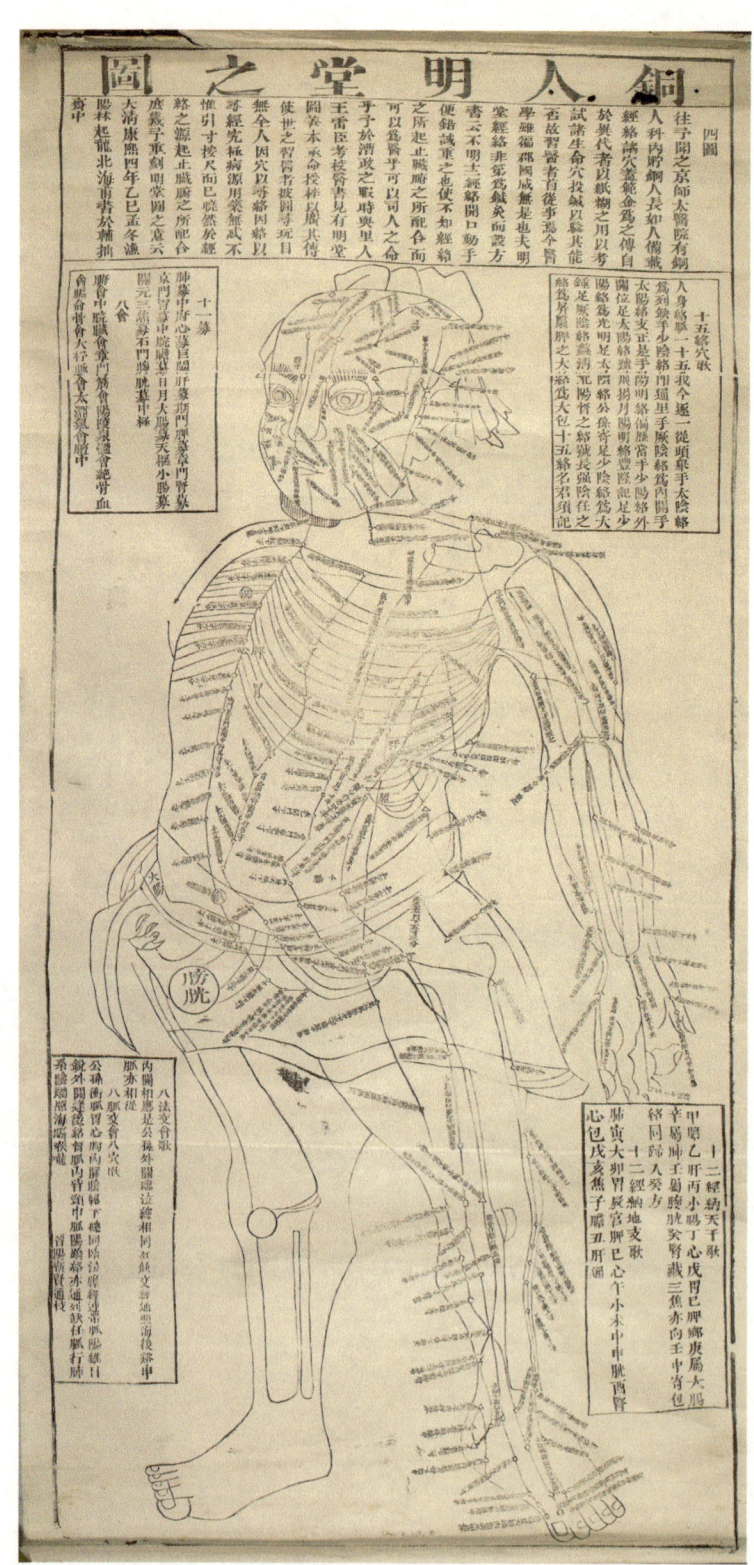

圖22. 銅人明堂之圖　清乾隆覆刻康熙四年[1665]林起龍刻本（Sinica 6334）

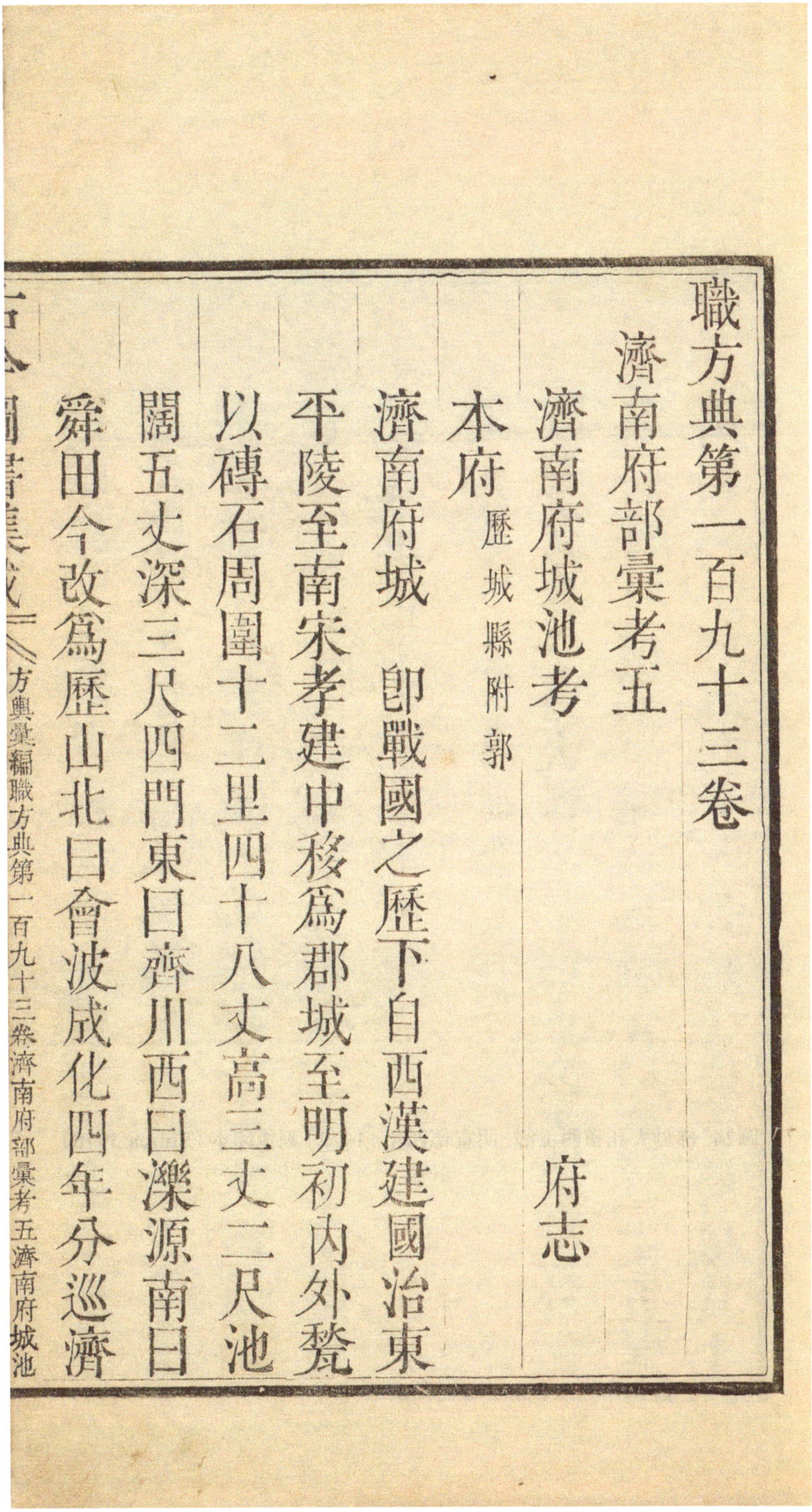

職方典第一百九十三卷

濟南府部彙考五

濟南府城池考　府志

本府　歷城縣附郭

濟南府城　即戰國之歷下自西漢建國治東平陵至南宋孝建中移爲郡城至明初內外甃以磚石周圍十二里四十八丈高三丈二尺池闊五丈深三尺四門東曰齊川西曰濼源南曰舜田今改爲歷山北曰會波成化四年分巡濟

古今圖書集成　方輿彙編職方典第一百九十三卷濟南府部彙考五濟南府城池

圖23. 欽定古今圖書集成　清雍正四年［1726］內府銅活字印本（Sinica 3060）

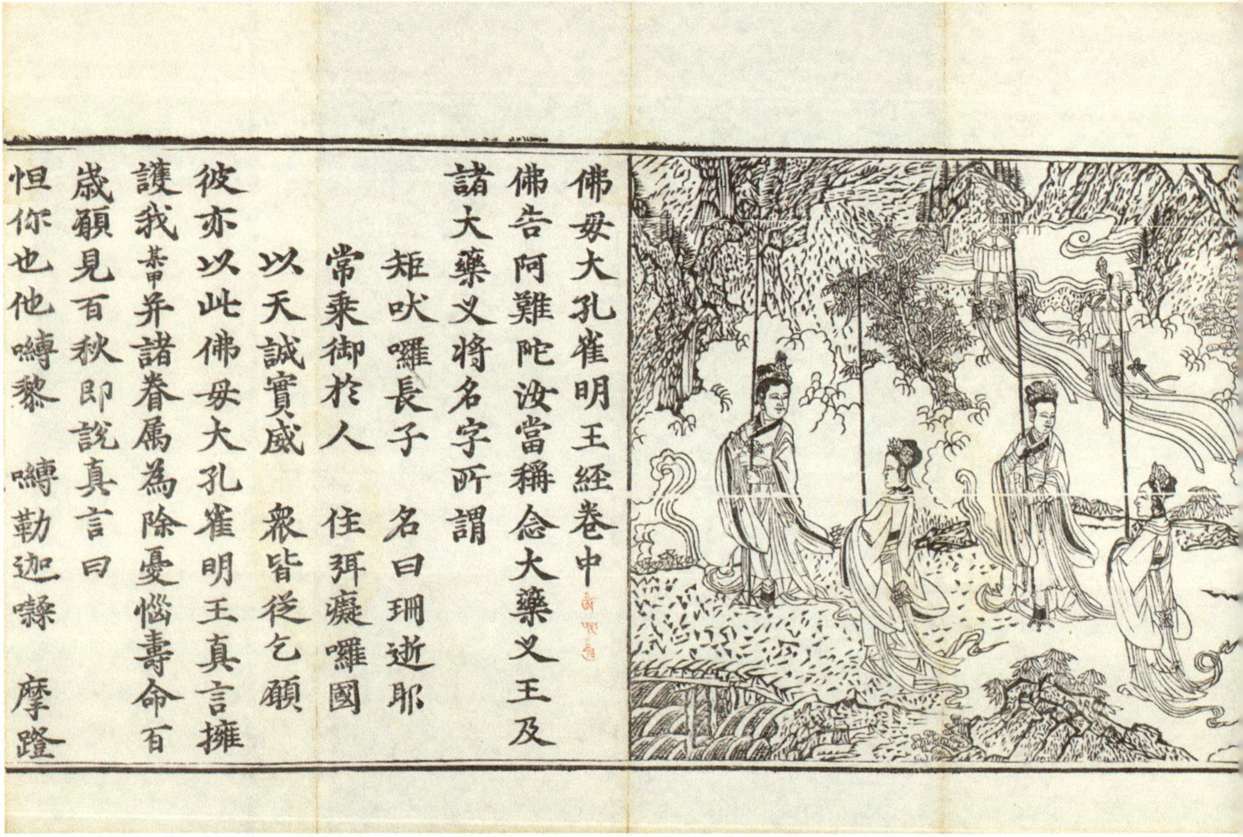

佛母大孔雀明王經卷中
佛告阿難陀汝當稱念大藥叉王及
諸大藥叉將名字所謂
矩吠囉長子　名曰珊逝耶
常乘御於人　住牂牁囉國
以天誠實感　衆皆從乞願
彼亦以此佛母大孔雀明王真言擁
護我苦草幷諸眷屬為除憂惱壽命百
歲願見百秋即說真言曰
怛你也他嚩黎　嚩勒迦隸　摩蹬

圖24. 佛母大孔雀明王經. 明宣德四年 [1429] 刻後印本（Sinica 3978）

編 例

一、本書目共收録英國牛津大學博德利圖書館所藏中文古籍2745種。

二、書目按經部、史部、子部、集部、類叢部、新學類、日本刻本、朝鮮刻本及其下屬類目分類編排。類目設置及條目排序參照《全國古籍普查登記手册》之《漢文古籍分類表》和《漢文古籍目録分類款目組織規則》,並結合本館實際情況作適當變通。

三、書目按書名項、著者項、版本項、稽核項、版式項、附注項、藏印項順序著録,後加編者按語。

1.書名項:包括書名及卷次。書名一般以卷端所題爲據。卷次包括卷數、卷首、卷末、附録等。殘本在書名項著録原書卷數,在按語中標明現存卷數及卷次。

2.著者項:包括朝代(國别)、著者姓名、並列著者姓名及著作方式。一般著録本名,主要據書中所署,書中無署且無考者缺省。著者姓名取通用名字,一般不取字號、別稱。清及以前的著者,著録朝代名;域外著者,著録國名。

3.版本項:包括刻印或抄寫时代、地域、版刻類型等。年份確切者括注公元紀年,干支紀年轉换爲相應的朝代年號紀年;年代不詳者,則著録某朝或某朝某代抄本、刻本。

4.稽核項:著録裝幀形式、册數、圖表,包括現裝和原裝。

5.版式項:著録書籍高度等情況。

6.附注項:著録内封、牌記頁、卷端、卷末等内容,大多僅記録原書所載文字内容。

7.藏印項:著録書中現有藏書家、名人學者所鈐書印,以反映其流傳情況。藏印文字不能識别者以"□"代之。

8.按語:著録古籍存缺卷信息,行格、字數、書口等情況,以及编者考證所得信息。

四、款目下列館藏索书號。

五、書目一般采用規範繁體字。避諱字一般改回本字。

六、書目後附書名索引和著者名索引，按筆畫順序编排。

七、本館所藏西人所著中文古籍（含天主教、東正教、耶穌教、歷史、地理、政治、語法、格致、算學、天文、工程、兵工、地質、植物、音樂、化學、醫學、通書、雜誌等類）爲一專藏，暫不收入本書目。

目 録

經 部

叢編類 …………………………… 2	分篇之屬 ………………………… 38
易類 ……………………………… 29	逸禮之屬 ………………………… 38
類編之屬 ……………………… 29	三禮總義類 ……………………… 38
正文之屬 ……………………… 29	通論之屬 ……………………… 38
傳説之屬 ……………………… 29	名物制度之屬 ………………… 38
書類 ……………………………… 31	通禮之屬 ……………………… 39
正文之屬 ……………………… 31	雜禮之屬 ……………………… 39
傳説之屬 ……………………… 31	樂類 ……………………………… 40
文字音義之屬 ………………… 33	類編之屬 ……………………… 40
分篇之屬 ……………………… 33	春秋左傳類 ……………………… 40
專著之屬 ……………………… 33	經文之屬 ……………………… 40
詩類 ……………………………… 33	傳説之屬 ……………………… 40
經文之屬 ……………………… 33	春秋公羊傳類 …………………… 41
傳説之屬 ……………………… 34	專著之屬 ……………………… 41
三家詩之屬 …………………… 35	春秋穀梁傳類 …………………… 42
文字音義之屬 ………………… 35	傳説之屬 ……………………… 42
周禮類 …………………………… 35	春秋總義類 ……………………… 42
傳説之屬 ……………………… 35	類編之屬 ……………………… 42
分篇之屬 ……………………… 36	傳説之屬 ……………………… 42
專著之屬 ……………………… 36	專著之屬 ……………………… 43
儀禮類 …………………………… 36	孝經類 …………………………… 43
傳説之屬 ……………………… 36	傳説之屬 ……………………… 43
文字音義之屬 ………………… 37	文字音義之屬 ………………… 44
禮記類 …………………………… 37	專著之屬 ……………………… 44
傳説之屬 ……………………… 37	四書類 …………………………… 44
大戴禮記類 ……………………… 37	中庸之屬 ……………………… 44
傳説之屬 ……………………… 37	論語之屬 ……………………… 44
	孟子之屬 ……………………… 45
	總義之屬 ……………………… 45

群經總義類	52
石經之屬	52
群經之屬	52
文字音義之屬	53
授受源流之屬	53
小學類	53
類編之屬	53
文字之屬	55
音韻之屬	63
訓詁之屬	65
讖緯類	70
類編之屬	70
易緯之屬	72

史　部

叢編類	74
紀傳類	80
正史之屬	80
別史之屬	85
編年類	87
通代之屬	87
斷代之屬	91
紀事本末類	92
類編之屬	92
通代之屬	93
斷代之屬	93
雜史類	93
類編之屬	93
通代之屬	97
斷代之屬	99
外紀之屬	103
載記類	103
史表類	104

通代之屬	104
史抄類	104
通代之屬	104
斷代之屬	105
史評類	105
史學之屬	105
史論之屬	105
詠史之屬	105
傳記類	105
總傳之屬	105
別傳之屬	110
日記之屬	111
科舉錄之屬	112
職官錄之屬	112
政書類	112
類編之屬	112
通制之屬	113
儀制之屬	116
邦計之屬	118
邦交之屬	119
軍政之屬	119
律令之屬	120
掌故瑣記之屬	124
公牘檔冊之屬	124
太平天國政書之屬	125
職官類	128
官制之屬	128
官箴之屬	128
詔令奏議類	129
詔令之屬	129
奏議之屬	132
時令類	133
地理類	133
類編之屬	133

總志之屬	158	道家類	209
方志之屬	160	類編之屬	209
專志之屬	162	老子之屬	209
雜誌之屬	163	莊子之屬	210
水利之屬	165	其他道家之屬	211
山川之屬	165	墨家類	211
遊記之屬	166	兵家類	212
外紀之屬	166	類編之屬	212
防務之屬	169	兵法之屬	212
輿圖之屬	169	操練之屬	213
金石類	173	武術技巧之屬	213
類編之屬	173	法家類	213
總志之屬	176	法家之屬	213
金之屬	179	農家農學類	214
錢幣之屬	180	醫家類	215
璽印之屬	181	類編之屬	215
石之屬	182	醫經之屬	217
甲骨之屬	184	傷寒金匱之屬	218
陶之屬	184	診法之屬	218
目錄類	184	針灸之屬	219
類編之屬	184	本草之屬	219
通論之屬	185	方論之屬	220
總錄之屬	185	溫病之屬	221
書志之屬	187	外科之屬	221
專錄之屬	189	婦產科之屬	221
版本之屬	190	兒科之屬	221
		養生之屬	221
		綜合之屬	222

子　部

叢編類	192	雜家類	223
儒家儒學類	198	雜學之屬	223
類編之屬	198	雜説之屬	224
儒家之屬	199	雜著類	224
儒學之屬	200	雜考之屬	224
		雜品之屬	227

雜纂之屬 …………………… 227
　　雜記之屬 …………………… 228
　小説家類 ……………………… 229
　　雜事之屬 …………………… 229
　　異聞之屬 …………………… 229
　　瑣語之屬 …………………… 230
　　諧謔之屬 …………………… 230
　天文曆算類 …………………… 230
　　類編之屬 …………………… 230
　　天文之屬 …………………… 236
　　曆法之屬 …………………… 238
　　算書之屬 …………………… 241
　術數類 ………………………… 245
　　數學之屬 …………………… 245
　　占候之屬 …………………… 245
　　堪輿之屬 …………………… 245
　　占卜之屬 …………………… 245
　　陰陽五行之屬 ……………… 246
　　雜術之屬 …………………… 246
　藝術類 ………………………… 246
　　類編之屬 …………………… 246
　　書畫之屬 …………………… 246
　　篆刻之屬 …………………… 255
　　樂譜之屬 …………………… 256
　　棋弈之屬 …………………… 257
　　遊藝之屬 …………………… 257
　譜錄類 ………………………… 258
　　類編之屬 …………………… 258
　　器物之屬 …………………… 258
　　飲食之屬 …………………… 259
　　花草樹木之屬 ……………… 259
　宗教類 ………………………… 259
　　道教之屬 …………………… 259
　　佛教之屬 …………………… 263

　　民間宗教之屬 ……………… 271
　　伊斯蘭教之屬 ……………… 271

集　部

　楚辭類 ………………………… 274
　別集類 ………………………… 274
　　漢魏六朝別集之屬 ………… 274
　　唐五代別集之屬 …………… 275
　　宋別集之屬 ………………… 276
　　元別集之屬 ………………… 277
　　明別集之屬 ………………… 277
　　清別集之屬 ………………… 278
　總集類 ………………………… 284
　　類編之屬 …………………… 284
　　通代之屬 …………………… 291
　　斷代之屬 …………………… 295
　　郡邑之屬 …………………… 297
　　氏族之屬 …………………… 299
　　酬唱之屬 …………………… 300
　　題詠之屬 …………………… 300
　　尺牘之屬 …………………… 300
　　謠諺之屬 …………………… 301
　　課藝之屬 …………………… 301
　詩文評類 ……………………… 304
　　詩評之屬 …………………… 304
　　文評之屬 …………………… 304
　詞類 …………………………… 305
　　類編之屬 …………………… 305
　　別集之屬 …………………… 314
　　總集之屬 …………………… 314
　　詞話之屬 …………………… 314
　曲類 …………………………… 314
　　雜劇之屬 …………………… 314

傳奇之屬	315
散曲之屬	315
俗曲之屬	316
曲選之屬	318
彈詞之屬	318
寶卷之屬	319
曲譜之屬	321
小説類 321
彙編之屬	321
話本之屬	322
文言之屬	322
短篇之屬	323
長篇之屬	324

類叢部

類書類 336
| 通類之屬 | 336 |
| 專類之屬 | 343 |
叢書類 346
雜纂之屬	346
輯佚之屬	473
郡邑之屬	511
家集之屬	531
自著之屬	534

新學類

史志	580
政治法律	580
工藝	580
財經	580
光學	581
報章	581
議論	584

日本刻本

經部 586
叢編類	586
周禮類	586
三禮總義類	586
春秋左傳類	586
春秋穀梁傳類	587
四書類	587
小學類	587
史部 588
紀傳類	588
史抄類	589
傳記類	589
政書類	589
職官類	590
地理類	590
子部 590
儒家儒學類	590
兵家類	591
農家農學類	591
醫家類	592
雜家類	593
雜著類	593
天文曆算類	593
術數類	593
藝術類	594
譜錄類	594
宗教類	594
集部 598
別集類	598
小説類	598

類叢部	598	儒家儒學類	600
類書類	598	天文曆算類	600
		宗教類	600

朝鮮刻本

		書名筆畫索引	601
子部	600	著者筆畫索引	717

經部

叢編類

十三經古注 / (明)金蟠, (明)葛鼐校
明崇禎十二年[1639]永懷堂刻清同治八年[1869]浙江書局重修本
洋裝11冊(原線裝49冊);25釐米
Sinica 6159
詳目：
- 周易：九卷 / (三國魏)王弼, (晉)韓康伯注；(唐)陸德明音義
- 周易略例：一卷 / (三國魏)王弼撰；(唐)邢璹注
- 書經：二十卷 / (漢)孔安國傳；(唐)陸德明音義
- 毛詩：二十卷 / (漢)毛亨傳；(漢)鄭玄箋；(唐)陸德明音義
- 儀禮：十七卷 / (漢)鄭玄注；(唐)陸德明音義
- 周禮：四十二卷 / (漢)鄭玄注；(唐)陸德明音義
- 禮記：四十九卷 / (漢)鄭玄注；(唐)陸德明音義
- 春秋左傳：三十卷 / (晉)杜預集解；(唐)陸德明音義
- 春秋公羊傳：二十八卷 / (漢)何休解詁；(唐)陸德明音義
- 春秋穀梁傳：二十卷 / (晉)范寧集解；(唐)陸德明音義
- 爾雅：十一卷 / (晉)郭璞注；(□)□□音
- 論語：二十卷 / (三國魏)何晏集解
- 孝經：九卷 / (漢)鄭玄注
- 孟子：十四卷 / (漢)趙岐注

十三經註疏
明崇禎古虞毛氏汲古閣刻本
線裝56冊;29釐米
存三種
有"紫雲山房""汲古閣""世沾天□""知止堂""清明館藏"印記
Sinica 2660
詳目：
- 春秋左傳註疏：六十卷 / (晉)杜預注；(唐)陸德明音義；(唐)孔穎達疏
  明崇禎十一年[1638]刻本
- 春秋公羊註疏：二十八卷 / (漢)何休註；(唐)陸德明音義；(唐)徐彥疏
  明崇禎七年[1634]刻本
- 春秋穀梁註疏：二十卷 / (晉)范寧註；(唐)陸德明釋文；(唐)楊士勛疏
  明崇禎八年[1635]刻本

五經旁訓：五種附二種 / (明)高其昌刪定
明崇禎十四年[1641]序武林藜照閣刻本
線裝10冊;26釐米
Sinica 100
詳目：
- 易經旁訓：三卷
- 書經旁訓：四卷
- 詩經旁訓：四卷
- 禮記旁訓：六卷
- 春秋旁訓：四卷
附
- 孝經旁訓：一卷

·忠經旁訓：一卷

通志堂經解：一百三十九種/（清）納蘭性德編

清同治十二年［1873］粵東書局刻本（菊阪精舍藏板）

線裝480冊；27釐米

Backhouse 256

詳目：

易

- 子夏易傳：十一卷/（春秋）卜商撰
- 易數鈎隱圖：三卷.遺論九事：一卷/（宋）劉牧撰
- 橫渠先生易說：三卷/（宋）張載撰
- 易學：一卷/（宋）王湜撰
- 紫巖居士易傳：十卷/（宋）張浚撰
- 漢上易傳：十一卷.周易卦圖：三卷.周易叢說：一卷/（宋）朱震撰
- 易璇璣：三卷/（宋）吳沆撰
- 周易義海撮要：十二卷/（宋）李衡撰
- 易小傳：六卷/（宋）沈該撰
- 復齋易說：六卷/（宋）趙彥肅撰
- 古周易：一卷/（宋）呂祖謙等撰
- 童溪王先生易傳：三十卷/（宋）王宗傳撰
- 易裨傳：一卷外篇一卷/（宋）林至撰
- 易圖說：三卷/（宋）吳仁傑撰
- 易學啟蒙通釋：二卷圖一卷/（宋）胡方平撰
- 周易玩辭：十六卷/（宋）項安世撰
- 東谷鄭先生易翼傳：二卷/（宋）鄭汝諧撰
- 三易備遺：十卷/（宋）朱元昇撰
- 丙子學易編：一卷/（宋）李心傳撰
- 易學啟蒙小傳：一卷.古經傳：一卷/（宋）稅與權撰
- 水村易鏡：一卷/（宋）林光世撰
- 晦庵先生朱文公易說：二十三卷/（宋）朱鑑輯
- 大易緝說：十卷/（元）王申子撰
- 周易輯聞：六卷.易雅：一卷.筮宗：一卷/（宋）趙汝楳撰
- 周易傳義附錄：十四卷首一卷/（宋）董楷撰
- 學易記：九卷首一卷/（元）李簡撰
- 讀易私言：一卷/（元）許衡撰
- 俞氏易集說：十三卷/（宋）俞琰撰
- 周易本易附錄纂註：十五卷/（元）胡一桂撰
- 周易發明啟蒙翼傳：三卷外編一卷/（元）胡一桂撰
- 周易本義通釋：十二卷.輯錄雲峰文集易義：一卷/（元）胡炳文撰
- 易纂言：十二卷首一卷/（元）吳澄撰
- 周易本義集成：十二卷首一卷/（元）熊良輔撰
- 周易經傳集程朱解附錄纂註：十四卷首一卷末一卷/（元）董真卿撰 又名《周易會通》
- 易圖通變：五卷/（宋）雷思齊撰
- 易象圖說：內篇三卷外篇三卷/（元）張理撰
- 大易象數鈎深圖：三卷/（元）張理撰
- 周易參義：十二卷/（元）梁寅撰
- 合訂刪補大易集義粹言：八十卷/（清）納蘭性德撰

書

- 書古文訓：十六卷／（宋）薛季宣撰
- 三山拙齋林先生尚書全解：四十卷／（宋）林之奇撰
- 程尚書禹貢論：二卷後論一卷.禹貢山川地理圖：二卷／（宋）程大昌撰
- 尚書說：七卷／（宋）黃度撰
- 增修東萊書說：三十五卷圖說一卷／（宋）呂祖謙撰；（宋）時瀾修定
- 書疑：九卷／（宋）王柏撰
- 書集傳或問：二卷／（宋）陳大猷撰
- 杏溪傅氏禹貢集解：二卷／（宋）傅寅撰
- 尚書詳解：十三卷／（宋）胡士行撰
- 尚書表注：二卷／（宋）金履祥撰
- 尚書纂傳：四十六卷／（元）王天與撰
- 書蔡氏傳輯錄纂註：六卷首一卷／（元）董鼎撰
- 書纂言：四卷／（元）吳澄撰
- 書蔡氏傳旁通：六卷／（元）陳師凱撰
- 尚書句解：十三卷／（元）朱祖義撰
- 書集傳纂疏：六卷首一卷／（元）陳櫟撰
- 尚書通考：十卷／（元）黃鎮成撰
- 王耕野先生讀書管見：二卷／（元）王充耘撰
- 定正洪範集說：一卷首一卷／（元）胡一中撰

詩
- 毛詩指說：一卷／（唐）成伯璵撰
- 詩本義：十五卷.鄭氏詩譜補亡：一卷／（宋）歐陽修撰
- 李迂仲黃實夫毛詩集解：四十二卷首一卷／（宋）李樗，（宋）黃櫄講義
- 毛詩名物解：二十卷／（宋）蔡卞撰
- 詩說：一卷／（宋）張耒撰
- 詩疑：二卷／（宋）王柏撰
- 詩傳遺說：六卷／（宋）朱鑑撰
- 詩補傳：三十卷篇目一卷／（宋）范處義撰
- 詩集傳名物鈔：八卷／（元）許謙撰
- 詩經疑問：七卷附編一卷／（元）朱倬撰；（宋）趙惪撰附編
- 詩解頤：四卷／（明）朱善撰

春秋
- 春秋尊王發微：十二卷／（宋）孫復撰
- 春秋皇綱論：五卷／（宋）王晳撰
- 春秋劉氏傳：十五卷／（宋）劉敞撰
- 春秋權衡：十七卷／（宋）劉敞撰
- 劉氏春秋意林：二卷／（宋）劉敞撰
- 春秋年表：一卷
- 春秋名號歸一圖：二卷／（後蜀）馮繼先撰
- 春秋臣傳：三十卷／（宋）王當撰
- 西疇居士春秋本例：二十卷／（宋）崔子方撰
- 木訥先生春秋經筌：十六卷／（宋）趙鵬飛撰
- 石林先生春秋傳：二十卷／（宋）葉夢得撰
- 止齋先生春秋後傳：十二卷／（宋）陳傅良撰
- 春秋集解：三十卷／（宋）呂祖謙撰
- 左氏傳說：二十卷／（宋）呂祖謙撰
- 春秋左氏傳事類始末：五卷附錄一卷／（宋）章沖撰
- 春秋提綱：十卷／（元）陳則通撰
- 春秋王霸列國世紀編：三卷／（宋）李琪撰

- 春秋通說：十三卷/（宋）黃仲炎撰
- 春秋集註：十一卷綱領一卷/（宋）張洽撰
- 春秋或問：二十卷/（宋）呂大圭撰
- 春秋五論：一卷/（宋）呂大圭撰
- 則堂先生春秋集傳詳說：三十卷綱領一卷/（宋）家鉉翁撰
- 春秋類對賦：一卷/（宋）徐晉卿撰
- 春秋諸國統紀：六卷/（元）齊履謙撰
- 春秋本義：三十卷首一卷/（元）程端學撰
- 春秋或問：十卷/（元）程端學撰
- 春秋集傳：十五卷/（元）趙汸撰；（明）倪尚誼補
- 春秋屬辭：十五卷/（元）趙汸撰
- 春秋師說：三卷附錄二卷/（元）趙汸撰
- 春秋左氏傳補注：十卷/（元）趙汸撰
- 春秋諸傳會通：二十四卷首一卷/（元）李廉撰
- 春秋集傳釋義大成：十二卷首一卷/（元）俞皋撰
- 清全齋讀春秋編：十二卷/（元）陳深撰
- 春秋春王正月考：一卷辨疑一卷/（明）張以寧撰

三禮
- 新定三禮圖：二十卷/（宋）聶崇義撰
- 東巖周禮訂義：八十卷首一卷/（宋）王與之撰
- 鬳齋考工記解：二卷/（宋）林希逸撰
- 儀禮圖：十七卷旁通圖一卷.附儀禮本經：十七卷/（宋）楊復撰
- 禮記集說：一百六十卷/（宋）衛湜撰
- 禮經會元：四卷/（宋）葉時撰
- 太平經國之書：十一卷首一卷/（宋）鄭伯謙撰
- 夏小正戴氏傳：四卷/（宋）傅崧卿注
- 儀禮集說：十七卷/（元）敖繼公撰
- 儀禮逸經傳：一卷/（元）吳澄撰
- 經禮補逸：九卷附錄一卷/（元）汪克寬撰
- 禮記陳氏集說補正：三十八卷/（清）納蘭性德撰

孝經
- 孝經：一卷/（唐）玄宗李隆基注；（宋）司馬光指解；（宋）范祖禹說
- 孝經大義：一卷/（元）董鼎撰
- 晦庵先生所定古文孝經句解：一卷/（元）朱申撰
- 孝經：一卷/（元）吳澄校定

論語
- 南軒先生論語解：十卷/（宋）張栻撰
- 論語集說：十卷/（宋）蔡節撰

孟子
- 南軒先生孟子說：七卷/（宋）張栻撰
- 孟子集註集疏：十四卷/（宋）蔡模撰
- 孟子音義：二卷/（宋）孫奭撰

四書
- 大學纂疏：一卷.中庸纂疏：一卷.論語纂疏：十卷.孟子纂疏：十四卷/（宋）趙順孫撰
- 大學集編：一卷.中庸集編：一卷.論語集編：十卷.孟子集編：十四卷/（宋）真德秀撰

・大學通：一卷.中庸通：一卷.論語通：十卷.孟子通：十四卷/（元）胡炳文撰
・大學章句或問通證：一卷.中庸章句或問通證：一卷.論語集註通證：二卷.孟子集註通證：二卷/（元）張存中撰
・四書纂箋：二十八卷/（元）詹道傳撰
・四書通旨：六卷/（元）朱公遷撰
・四書辨疑：十五卷/（元）陳天祥撰
・大學集説啓蒙：一卷.中庸集説啓蒙：一卷/（元）景星撰

總經解

・經典釋文：三十卷/（唐）陸德明撰
・公是先生七經小傳：三卷/（宋）劉敞撰
・六經奧論：六卷首一卷/（宋）鄭樵撰
・六經正誤：六卷/（宋）毛居正撰
・熊先生經説：七卷/（元）熊朋來撰
・十一經問對：五卷/（元）何異孫撰
・五經蠡測：六卷/（明）蔣悌生撰

又一部

Backhouse 532

又一部

洋裝97冊；26釐米
有"北京經濟專門學校藏書之印""北京同學會寄贈圖書"印記
Sinica 6041

御纂七經/（清）□□輯
清道光十八年[1838]重刻本
線裝179冊：圖；28釐米
Backhouse 260
詳目：

・御纂周易折中：二十二卷首一卷/（清）康熙五十四年[1715]李光地等奉敕撰
・御纂周易述義：十卷/（清）乾隆二十年[1755]傅恒等奉敕撰
・欽定書經傳説彙纂：二十四卷首二卷書序一卷/（清）雍正八年[1730]王頊齡等奉敕撰
・欽定詩經傳説彙纂：二十一卷首二卷詩序二卷/（清）雍正五年[1727]王鴻緒等奉敕撰
・御製三禮義疏/（清）乾隆十三年[1748]允祿等奉敕撰
　。欽定周官義疏：四十八卷首一卷
　。欽定儀禮義疏：四十八卷首二卷缺十三卷（卷十二至二十四）
　。欽定禮記義疏：八十二卷首一卷
・欽定春秋傳説彙纂：三十八卷首二卷/（清）康熙六十年[1721]王掞等奉敕撰

御纂七經/（清）□□輯
清同治六年至九年[1867—1870]浙江書局刻本
洋裝30冊（原線裝120冊）；26釐米
Sinica 2839
詳目：

・御纂周易折中：二十二卷首一卷/（清）康熙五十四年[1715]李光地等奉敕撰
・欽定書經傳説彙纂：二十四卷首二卷書序一卷/（清）雍正八年[1730]王頊齡等奉敕撰
・欽定詩經傳説彙纂：二十一卷首

二卷詩序二卷/（清）雍正五年[1727]王鴻緒等奉敕撰
- 欽定春秋傳說彙纂:三十八卷首二卷/（清）康熙六十年[1721]王掞等奉敕撰
- 欽定三禮義疏/（清）乾隆十三年[1748]允祿等奉敕撰
  ◦ 欽定周官義疏:四十八卷首一卷
  ◦ 欽定儀禮義疏:四十八卷首二卷
  ◦ 欽定禮記義疏:八十二卷首二卷

五經四書讀本:九種/（清）□□輯
清雍正北京國子監刻本
存五種
線裝25冊；28釐米
Backhouse 36
詳目:
- 周易:四卷/（宋）朱熹本義
- 書經:六卷/（宋）蔡沈集傳
- 詩經:八卷/（宋）朱熹傳
- 禮記:十卷/（元）陳澔集說
- 春秋:三十卷/（宋）胡安國傳

五經四書讀本:九種/（清）□□輯
清雍正北京國子監刻本
存四種
線裝5冊；27釐米
有"閑情逸致""願學而未能"印記
Backhouse 229
詳目:
- 大學:一卷/（宋）朱熹章句
- 中庸:一卷/（宋）朱熹章句
- 論語:十卷/（宋）朱熹集注
- 孟子:七卷/（宋）朱熹集注

十三經注疏附考證/（清）張廷玉等輯校
清同治十年[1871]廣東書局刻本
線裝120冊；29釐米
據清乾隆四年[1739]武英殿刻本重刻
Sinica 364
詳目:
- 周易注疏:十三卷附考證/（三國魏）王弼，（晉）韓康伯注；（唐）陸德明音義；（唐）孔穎達疏.周易略例:一卷附考證/（三國魏）王弼撰；（唐）陸德明音義；（唐）邢璹注
- 尚書注疏:十九卷附考證/（漢）孔安國傳；（唐）陸德明音義；（唐）孔穎達疏
- 毛詩注疏:三十卷附考證/（漢）毛亨傳；（漢）鄭玄箋；（唐）陸德明音義；（唐）孔穎達疏
- 周禮注疏:四十二卷附考證/（漢）鄭玄注；（唐）陸德明音義；（唐）賈公彥疏
- 儀禮注疏:十七卷附考證/（漢）鄭玄注；（唐）陸德明音義；（唐）賈公彥疏
- 禮記注疏:六十三卷附考證/（漢）鄭玄注；（唐）陸德明音義；（唐）孔穎達疏
- 春秋左傳注疏:六十卷附考證/（晉）杜預注；（唐）陸德明音義；（唐）孔穎達疏
- 春秋公羊傳注疏:二十八卷附考證/（漢）何休撰；（唐）陸德明音義；（唐）徐彥疏

- 春秋穀梁傳注疏：二十卷附考證/（晉）范甯集解；（唐）陸德明音義；（唐）楊士勛疏
- 論語注疏：二十卷附考證/（三國魏）何晏集解；（唐）陸德明音義；（宋）邢昺疏
- 孝經注疏：九卷附考證/（唐）玄宗李隆基注；（唐）陸德明音義；（宋）邢昺校
- 爾雅注疏：十一卷附考證/（晉）郭璞注；（唐）陸德明音義；（宋）邢昺疏
- 孟子註疏：十四卷附考證/（漢）趙岐注；（宋）孫奭音義并疏

萬充宗先生經學五書/（清）萬斯大撰
清乾隆萬福刻本（辨志堂藏板）
線裝3冊（原6冊）；25釐米
有"東園圖書記"印記
Sinica 2873
詳目：
- 學禮質疑：二卷
清乾隆二十四年[1759]刻本
- 禮記偶箋：三卷
清乾隆二十四年[1759]刻本
- 儀禮商：二卷附錄一卷
清乾隆二十六年[1761]刻本
- 周官辨非：一卷
清乾隆二十六年[1761]刻本
- 學春秋隨筆：十卷
清乾隆二十六年[1761]刻本

萬充宗先生經學五書/（清）萬斯大撰
清刻本
洋裝1冊（原線裝6冊）；24釐米
據清乾隆萬福刻本覆刻
有"書業德記發兌"印記
Sinica 6095
詳目：
- 學禮質疑：二卷
- 禮記偶箋：三卷
- 儀禮商：二卷附錄一卷
- 周官辨非：一卷
- 學春秋隨筆：十卷

鄭氏佚書：二十三種/（漢）鄭玄撰；（清）袁鈞輯
清光緒十四年[1888]浙江書局刻本
線裝10冊；24釐米
Sinica 4808
詳目：
- 易注：九卷
- 尚書注：九卷
- 尚書中候注：一卷
- 尚書大傳注：一卷/（清）袁堯年校補
- 尚書五行傳注：一卷/（清）袁堯年校補
- 尚書略說注：一卷/（清）袁堯年校補
- 詩譜：三卷
- 三禮目錄：一卷
- 喪服變除：一卷
- 魯禮禘祫義：一卷
- 答臨碩難禮：一卷
- 箴膏肓：一卷
- 釋廢疾：一卷
- 發墨守：一卷
- 春秋傳服氏注：十二卷/（漢）服虔撰
- 孝經注：一卷

- 論語注：十卷
- 孔子弟子目錄：一卷
- 駁五經異義：十卷/（清）袁堯年補輯
- 六藝論：一卷
- 鄭志：八卷/（三國魏）鄭小同編
- 鄭記：一卷
- 鄭君紀年：一卷/（清）陳鱣撰；（清）袁鈞訂正

重刊宋本十三經註疏附校勘記/（清）阮元撰校勘記，（清）盧宣旬摘錄校勘記

清嘉慶二十年[1815]南昌府學刻本
線裝186冊；30釐米
Backhouse 164
詳目：

- 周易兼義：九卷附音義一卷周易注疏校勘記九卷釋文校勘記一卷/（三國魏）王弼，（晉）韓康伯注；（唐）陸德明音義；（唐）孔穎達正義
- 附釋音尚書注疏：二十卷附校勘記二十卷/（漢）孔安國傳；（唐）陸德明音義；（唐）孔穎達疏
- 附釋音毛詩注疏：七十卷附校勘記七十卷/（漢）毛亨傳；（漢）鄭玄箋；（唐）陸德明音義；（唐）孔穎達疏
- 附釋音周禮注疏：四十二卷附校勘記四十二卷/（漢）鄭玄注；（唐）陸德明音義；（唐）賈公彥疏
- 儀禮疏：五十卷附校勘記五十卷/（漢）鄭玄注；（唐）賈公彥疏
- 附釋音禮記注疏：六十三卷附校勘記六十三卷/（漢）鄭玄注；（唐）陸德明音義；（唐）孔穎達疏
- 附釋音春秋左傳注疏：六十卷附校勘記六十卷/（晉）杜預注；（唐）陸德明音義；（唐）孔穎達疏
- 監本附釋音春秋公羊注疏：二十八卷附校勘記二十八卷/（漢）何休撰；（唐）陸德明音義；（□）□□疏
- 監本附釋音春秋穀梁注疏：二十卷附校勘記二十卷/（晉）范寧集解；（唐）陸德明音義；（唐）楊士勛疏
- 論語注疏解經：二十卷附校勘記二十卷/（三國魏）何晏集解；（宋）邢昺疏
- 孝經注疏：九卷附校勘記九卷/（唐）玄宗李隆基注；（宋）邢昺校定
- 爾雅注疏：十卷附校勘記十卷/（晉）郭璞注；（宋）邢昺校定；（□）□□音
- 孟子注疏解經：十四卷附校勘記十四卷/（漢）趙岐注；（宋）孫奭疏並撰音義

皇清經解：一百七十四種/（清）阮元輯

清道光九年[1829]廣東學海堂刻咸豐十年[1860]補刻本
線裝364冊；25釐米
Backhouse 295
詳目：

- 左傳杜解補正：三卷/（清）顧炎武撰
- 音論：一卷/（清）顧炎武撰
- 易音：三卷/（清）顧炎武撰

- 詩本音：十卷/（清）顧炎武撰
- 日知錄：二卷/（清）顧炎武撰
- 四書釋地：一卷續一卷又續一卷三續一卷/（清）閻若璩撰
- 孟子生卒年月考：一卷/（清）閻若璩撰
- 潛邱劄記：二卷/（清）閻若璩撰
- 禹貢錐指：二十卷例略圖一卷/（清）胡渭撰
- 學禮質疑：二卷/（清）萬斯大撰
- 學春秋隨筆：十卷/（清）萬斯大撰
- 毛詩稽古編：三十卷/（清）陳啟源撰
- 仲氏易：三十卷/（清）毛奇齡撰
- 春秋毛氏傳：三十六卷/（清）毛奇齡撰
- 春秋簡書刊誤：二卷/（清）毛奇齡撰
- 春秋屬辭比事記：四卷/（清）毛奇齡撰
- 經問：十四卷補一卷/（清）毛奇齡撰
- 論語稽求篇：七卷/（清）毛奇齡撰
- 四書賸言：四卷補二卷/（清）毛奇齡撰
- 詩說：三卷附錄一卷/（清）惠周惕撰
- 湛園札記：一卷/（清）姜宸英撰
- 經義雜記：十卷/（清）臧琳撰
- 解春集：二卷/（清）馮景撰
- 尚書地理今釋：一卷/（清）蔣廷錫撰
- 易說：六卷/（清）惠士奇撰
- 禮說：十四卷/（清）惠士奇撰
- 春秋說：十五卷/（清）惠士奇撰
- 白田草堂存稿：一卷/（清）王懋竑撰
- 周禮疑義舉要：七卷/（清）江永撰
- 深衣考誤：一卷/（清）江永撰
- 春秋地理考實：四卷/（清）江永撰
- 群經補義：五卷/（清）江永撰
- 鄉黨圖考：十卷/（清）江永撰
- 儀禮章句：十七卷/（清）吳廷華撰
- 觀象授時：十四卷/（清）秦蕙田撰
- 經史問答：七卷/（清）全祖望撰
- 質疑：一卷/（清）杭世駿撰
- 注疏考證：六卷/（清）齊召南撰
  ○ 尚書注疏考證：一卷
  ○ 禮記注疏考證：一卷
  ○ 春秋左傳注疏考證：二卷
  ○ 春秋公羊傳注疏考證：一卷
  ○ 春秋穀梁傳注疏考證：一卷
- 周官祿田考：三卷/（清）沈彤撰
- 尚書小疏：一卷/（清）沈彤撰
- 儀禮小疏：八卷/（清）沈彤撰
- 春秋左傳小疏：一卷/（清）沈彤撰
- 果堂集：一卷/（清）沈彤撰
- 周易述：二十一卷/（清）惠棟撰
- 古文尚書考：二卷/（清）惠棟撰
- 春秋左傳補註：六卷/（清）惠棟撰
- 九經古義：十六卷/（清）惠棟撰
- 春秋正辭：十一卷.春秋舉例：一卷.春秋要指：一卷/（清）莊存與撰
- 鍾山札記：一卷/（清）盧文弨撰
- 龍城札記：一卷/（清）盧文弨撰
- 尚書集注音疏：十三卷.尚書經師系表：一卷/（清）江聲撰
- 尚書後案：三十一卷/（清）王鳴盛撰
- 周禮軍賦說：四卷/（清）王鳴盛撰
- 十駕齋養新錄：三卷餘錄一卷/（清）錢大昕撰
- 潛研堂文集：六卷/（清）錢大昕撰
- 四書考異：三十六卷/（清）翟灝撰

經部

- 尚書釋天：六卷/（清）盛百二撰
- 讀書脞錄：二卷續編二卷/（清）孫志祖撰
- 弁服釋例：八卷/（清）任大椿撰
- 釋繒：一卷/（清）任大椿撰
- 爾雅正義：二十卷/（清）邵晉涵撰
- 宗法小記：一卷/（清）程瑤田撰
- 儀禮喪服文足徵記：十卷/（清）程瑤田撰
- 釋宮小記：一卷/（清）程瑤田撰
- 考工創物小記：四卷/（清）程瑤田撰
- 磬折古義：一卷/（清）程瑤田撰
- 溝洫疆理小記：一卷/（清）程瑤田撰
- 禹貢三江考：三卷/（清）程瑤田撰
- 水地小記：一卷/（清）程瑤田撰
- 解字小記：一卷/（清）程瑤田撰
- 聲律小記：一卷/（清）程瑤田撰
- 九穀考：四卷/（清）程瑤田撰
- 釋草小記：一卷/（清）程瑤田撰
- 釋蟲小記：一卷/（清）程瑤田撰
- 禮箋：三卷/（清）金榜撰
- 毛鄭詩考正：四卷/（清）戴震撰
- 杲溪詩經補注：二卷/（清）戴震撰
- 考工記圖：二卷/（清）戴震撰
- 戴東原集：二卷/（清）戴震撰
- 古文尚書撰異：三十二卷/（清）段玉裁撰
- 毛詩故訓傳：三十卷/（清）段玉裁撰
- 詩經小學：四卷/（清）段玉裁撰
- 周禮漢讀考：六卷/（清）段玉裁撰
- 儀禮漢讀考：一卷/（清）段玉裁撰
- 說文解字注：十五卷/（清）段玉裁撰
- 六書音均表：五卷/（清）段玉裁撰
- 經韻樓集：六卷/（清）段玉裁撰
- 廣雅疏證：十卷/（清）王念孫撰；（清）王引之述
- 讀書雜志：二卷/（清）王念孫撰
- 春秋公羊通義：十二卷敘一卷/（清）孔廣森撰
- 禮學卮言：六卷/（清）孔廣森撰
- 大戴禮記補注：十三卷/（清）孔廣森撰
- 經學卮言：六卷/（清）孔廣森撰
- 溉亭述古錄：二卷/（清）錢塘撰
- 羣經識小：八卷/（清）李惇撰
- 經讀考異：八卷/（清）武億撰
- 尚書今古文注疏：三十九卷/（清）孫星衍撰
- 問字堂集：一卷/（清）孫星衍撰
- 儀禮釋官：九卷/（清）胡匡衷撰
- 禮經釋例：十三卷/（清）凌廷堪撰
- 校禮堂文集：一卷/（清）凌廷堪撰
- 劉氏遺書：一卷/（清）劉台拱撰
- 述學：二卷/（清）汪中撰
- 經義知新記：一卷/（清）汪中撰
- 大戴禮記正誤：一卷/（清）汪中撰
- 曾子注釋：四卷/（清）阮元撰
- 十三經注疏校勘記：二百四十八卷/（清）阮元撰
  ○ 周易校勘記：九卷略例校勘記一卷釋文校勘記一卷
  ○ 尚書校勘記：二十卷釋文校勘記二卷
  ○ 毛詩校勘記：七卷釋文校勘記三卷
  ○ 周禮校勘記：十二卷釋文校勘記二卷
  ○ 儀禮校勘記：十七卷釋文校勘記

一卷
○禮記校勘記：六十三卷釋文校勘記四卷
○春秋左傳校勘記：三十六卷釋文校勘記六卷
○春秋公羊傳校勘記：十一卷釋文校勘記一卷
○春秋穀梁傳校勘記：十二卷釋文校勘記一卷
○論語校勘記：十卷釋文校勘記一卷
○孝經校勘記：三卷釋文校勘記一卷
○爾雅校勘記：六卷釋文校勘記二卷
○孟子校勘記：十四卷音義校勘記二卷
・考工記車制圖解：二卷/(清)阮元撰
・積古齋鐘鼎彝器款識：十卷/(清)阮元撰
・疇人傳：九卷/(清)阮元撰
・揅經室集：七卷/(清)阮元撰
・撫本禮記鄭注考異：二卷/(清)張敦仁撰
・易章句：十二卷/(清)焦循撰
・易通釋：二十卷/(清)焦循撰
・易圖略：八卷/(清)焦循撰
・孟子正義：三十卷/(清)焦循撰
・周易補疏：二卷/(清)焦循撰
・尚書補疏：二卷/(清)焦循撰
・毛詩補疏：五卷/(清)焦循撰
・禮記補疏：三卷/(清)焦循撰
・春秋左傳補疏：五卷/(清)焦循撰
・論語補疏：二卷/(清)焦循撰
・周易述補：四卷/(清)江藩撰
・拜經日記：八卷/(清)臧庸撰
・拜經文集：一卷/(清)臧庸撰
・瞥記：一卷/(清)梁玉繩撰
・經義述聞：二十八卷/(清)王引之撰
・經傳釋詞：十卷/(清)王引之撰
・周易虞氏義：九卷/(清)張惠言撰
・周易虞氏消息：二卷/(清)張惠言撰
・虞氏易禮：二卷/(清)張惠言撰
・周易鄭氏義：二卷/(清)張惠言撰
・周易荀氏九家義：一卷/(清)張惠言撰
・易義別錄：十四卷/(清)張惠言撰
・五經異義疏證：三卷/(清)陳壽祺撰
・左海經辨：二卷/(清)陳壽祺撰
・左海文集：二卷/(清)陳壽祺撰
・鑑止水齋集：二卷/(清)許宗彥撰
・爾雅義疏：二十卷/(清)郝懿行撰
・春秋左傳補注：三卷/(清)馬宗璉撰
・春秋公羊經何氏釋例：十卷/(清)劉逢祿撰
・公羊春秋何氏解詁箋：一卷/(清)劉逢祿撰
・發墨守評：一卷/(清)劉逢祿撰
・穀梁廢疾申何：二卷/(清)劉逢祿撰
・左氏春秋考證：二卷/(清)劉逢祿撰
・箴膏肓評：一卷/(清)劉逢祿撰
・論語述何：二卷/(清)劉逢祿撰
・燕寢考：三卷/(清)胡培翬撰
・研六室雜著：一卷/(清)胡培翬撰
・春秋異文箋：十三卷/(清)趙坦撰
・寶甓齋札記：一卷/(清)趙坦撰
・寶甓齋文集：一卷/(清)趙坦撰
・夏小正疏義：四卷釋音一卷異字記

一卷/(清)洪震煊撰
・秋槎雜記:一卷/(清)劉履恂撰
・吾亦廬稿:四卷/(清)崔應榴撰
・論語偶記:一卷/(清)方觀旭撰
・經書算學天文考:一卷/(清)陳懋齡撰
・四書釋地辨證:二卷/(清)宋翔鳳撰
・毛詩紬義:二十四卷/(清)李黼平撰
・公羊禮說:一卷/(清)凌曙撰
・禮說:四卷/(清)凌曙撰
・孝經義疏:一卷/(清)阮福撰
・經傳攷證:八卷/(清)朱彬撰
・甓齋遺稿:一卷/(清)劉玉麐撰
・說緯:一卷/(清)王崧撰
・經義叢鈔:三十卷/(清)嚴杰輯
・國朝石經攷異:一卷/(清)馮登府撰
・漢石經攷異:一卷/(清)馮登府撰
・魏石經攷異:一卷/(清)馮登府撰
・唐石經攷異:一卷/(清)馮登府撰
・蜀石經攷異:一卷/(清)馮登府撰
・北宋石經攷異:一卷/(清)馮登府撰
・三家詩異文疏證:二卷/(清)馮登府撰
・尚書札記:四卷/(清)許鴻磐撰
　　清同治九年[1870]續刻本

皇清經解:一百七十三種/(清)阮元輯
　　清光緒十七年[1891]上海鴻寶齋石印本
　　線裝24冊;20釐米
　　Sinica 6748
　　詳目:
・左傳杜解補正:三卷/(清)顧炎武撰
・音論:一卷/(清)顧炎武撰

・易音:三卷/(清)顧炎武撰
・詩本音:十卷/(清)顧炎武撰
・日知錄:二卷/(清)顧炎武撰
・四書釋地:一卷續一卷又續一卷三續一卷/(清)閻若璩撰
・孟子生卒年月考:一卷/(清)閻若璩撰
・潛邱劄記:二卷/(清)閻若璩撰
・禹貢錐指:二十卷例略圖一卷/(清)胡渭撰
・學禮質疑:二卷/(清)萬斯大撰
・學春秋隨筆:十卷/(清)萬斯大撰
・毛詩稽古編:三十卷/(清)陳啟源撰
・仲氏易:三十卷/(清)毛奇齡撰
・春秋毛氏傳:三十六卷/(清)毛奇齡撰
・春秋簡書刊誤:二卷/(清)毛奇齡撰
・春秋屬辭比事記:四卷/(清)毛奇齡撰
・經問:十四卷補一卷/(清)毛奇齡撰
・論語稽求篇:七卷/(清)毛奇齡撰
・四書賸言:四卷補二卷/(清)毛奇齡撰
・詩說:三卷附錄一卷/(清)惠周惕撰
・湛園札記:一卷/(清)姜宸英撰
・經義雜記:十卷/(清)臧琳撰
・解春集:二卷/(清)馮景撰
・尚書地理今釋:一卷/(清)蔣廷錫撰
・易說:六卷/(清)惠士奇撰
・禮說:十四卷/(清)惠士奇撰
・春秋說:十五卷/(清)惠士奇撰
・白田草堂存稿:一卷/(清)王懋竑撰
・周禮疑義舉要:七卷/(清)江永撰
・深衣考誤:一卷/(清)江永撰

・春秋地理考實：四卷/(清)江永撰
・群經補義：五卷/(清)江永撰
・鄉黨圖考：十卷/(清)江永撰
・儀禮章句：十七卷/(清)吳廷華撰
・觀象授時：十四卷/(清)秦蕙田撰
・經史問答：七卷/(清)全祖望撰
・質疑：一卷/(清)杭世駿撰
・注疏考證：六卷/(清)齊召南撰
　○尚書注疏考證：一卷
　○禮記注疏考證：一卷
　○春秋左傳注疏考證：二卷
　○春秋公羊傳注疏考證：一卷
　○春秋穀梁傳注疏考證：一卷
・周官祿田考：三卷/(清)沈彤撰
・尚書小疏：一卷/(清)沈彤撰
・儀禮小疏：八卷/(清)沈彤撰
・春秋左傳小疏：一卷/(清)沈彤撰
・果堂集：一卷/(清)沈彤撰
・周易述：二十一卷/(清)惠棟撰
・古文尚書考：二卷/(清)惠棟撰
・春秋左傳補註：六卷/(清)惠棟撰
・九經古義：十六卷/(清)惠棟撰
・春秋正辭：十一卷.春秋舉例：一卷.春秋要指：一卷/(清)莊存與撰
・鍾山札記：一卷/(清)盧文弨撰
・龍城札記：一卷/(清)盧文弨撰
・尚書集注音疏：十三卷.尚書經師系表：一卷/(清)江聲撰
・尚書後案：三十一卷/(清)王鳴盛撰
・周禮軍賦說：四卷/(清)王鳴盛撰
・十駕齋養新錄：三卷餘錄一卷/(清)錢大昕撰
・潛研堂文集：六卷/(清)錢大昕撰
・四書考異：三十六卷/(清)翟灝撰

・尚書釋天：六卷/(清)盛百二撰
・讀書脞錄：二卷續編二卷/(清)孫志祖撰
・弁服釋例：八卷/(清)任大椿撰
・釋繒：一卷/(清)任大椿撰
・爾雅正義：二十卷/(清)邵晉涵撰
・宗法小記：一卷/(清)程瑤田撰
・儀禮喪服文足徵記：十卷/(清)程瑤田撰
・釋宮小記：一卷/(清)程瑤田撰
・考工創物小記：四卷/(清)程瑤田撰
・磬折古義：一卷/(清)程瑤田撰
・溝洫疆理小記：一卷/(清)程瑤田撰
・禹貢三江考：三卷/(清)程瑤田撰
・水地小記：一卷/(清)程瑤田撰
・解字小記：一卷/(清)程瑤田撰
・聲律小記：一卷/(清)程瑤田撰
・九穀考：四卷/(清)程瑤田撰
・釋草小記：一卷/(清)程瑤田撰
・釋蟲小記：一卷/(清)程瑤田撰
・禮箋：三卷/(清)金榜撰
・毛鄭詩考正：四卷/(清)戴震撰
・杲溪詩經補注：二卷/(清)戴震撰
・考工記圖：二卷/(清)戴震撰
・戴東原集：二卷/(清)戴震撰
・古文尚書撰異：三十二卷/(清)段玉裁撰
・毛詩故訓傳：三十卷/(清)段玉裁撰
・詩經小學：四卷/(清)段玉裁撰
・周禮漢讀考：六卷/(清)段玉裁撰
・儀禮漢讀考：一卷/(清)段玉裁撰
・說文解字注：十五卷/(清)段玉裁撰
・六書音均表：五卷/(清)段玉裁撰
・經韻樓集：六卷/(清)段玉裁撰

- 廣雅疏證：十卷/（清）王念孫撰；（清）王引之述
- 讀書雜志：二卷/（清）王念孫撰
- 春秋公羊通義：十二卷敘一卷/（清）孔廣森撰
- 禮學卮言：六卷/（清）孔廣森撰
- 大戴禮記補注：十三卷/（清）孔廣森撰
- 經學卮言：六卷/（清）孔廣森撰
- 溉亭述古錄：二卷/（清）錢塘撰
- 羣經識小：八卷/（清）李惇撰
- 經讀考異：八卷/（清）武億撰
- 尚書今古文注疏：三十九卷/（清）孫星衍撰
- 問字堂集：一卷/（清）孫星衍撰
- 儀禮釋官：九卷/（清）胡匡衷撰
- 禮經釋例：十三卷/（清）凌廷堪撰
- 校禮堂文集：一卷/（清）凌廷堪撰
- 劉氏遺書：一卷/（清）劉台拱撰
- 述學：二卷/（清）汪中撰
- 經義知新記：一卷/（清）汪中撰
- 大戴禮記正誤：一卷/（清）汪中撰
- 曾子注釋：四卷/（清）阮元撰
- 十三經注疏校勘記：二百四十八卷/（清）阮元撰
  ○ 周易校勘記：九卷略例校勘記一卷釋文校勘記一卷
  ○ 尚書校勘記：二十卷釋文校勘記二卷
  ○ 毛詩校勘記：七卷釋文校勘記三卷
  ○ 周禮校勘記：十二卷釋文校勘記二卷
  ○ 儀禮校勘記：十七卷釋文校勘記一卷
  ○ 禮記校勘記：六十三卷釋文校勘記四卷
  ○ 春秋左傳校勘記：三十六卷釋文校勘記六卷
  ○ 春秋公羊傳校勘記：十一卷釋文校勘記一卷
  ○ 春秋穀梁傳校勘記：十二卷釋文校勘記一卷
  ○ 論語校勘記：十卷釋文校勘記一卷
  ○ 孝經校勘記：三卷釋文校勘記一卷
  ○ 爾雅校勘記：六卷釋文校勘記二卷
  ○ 孟子校勘記：十四卷音義校勘記二卷
- 考工記車制圖解：二卷/（清）阮元撰
- 積古齋鐘鼎彝器款識：十卷/（清）阮元撰
- 疇人傳：九卷/（清）阮元撰
- 揅經室集：七卷/（清）阮元撰
- 撫本禮記鄭注考異：二卷/（清）張敦仁撰
- 易章句：十二卷/（清）焦循撰
- 易通釋：二十卷/（清）焦循撰
- 易圖略：八卷/（清）焦循撰
- 孟子正義：三十卷/（清）焦循撰
- 周易補疏：二卷/（清）焦循撰
- 尚書補疏：二卷/（清）焦循撰
- 毛詩補疏：五卷/（清）焦循撰
- 禮記補疏：三卷/（清）焦循撰
- 春秋左傳補疏：五卷/（清）焦循撰
- 論語補疏：二卷/（清）焦循撰

- 周易述補：四卷/（清）江藩撰
- 拜經日記：八卷/（清）臧庸撰
- 拜經文集：一卷/（清）臧庸撰
- 瞥記：一卷/（清）梁玉繩撰
- 經義述聞：二十八卷/（清）王引之撰
- 經傳釋詞：十卷/（清）王引之撰
- 周易虞氏義：九卷/（清）張惠言撰
- 周易虞氏消息：二卷/（清）張惠言撰
- 虞氏易禮：二卷/（清）張惠言撰
- 周易鄭氏義：二卷/（清）張惠言撰
- 周易荀氏九家義：一卷/（清）張惠言撰
- 易義別錄：十四卷/（清）張惠言撰
- 五經異義疏證：三卷/（清）陳壽祺撰
- 左海經辨：二卷/（清）陳壽祺撰
- 左海文集：二卷/（清）陳壽祺撰
- 鑑止水齋集：二卷/（清）許宗彥撰
- 爾雅義疏：二十卷/（清）郝懿行撰
- 春秋左傳補注：三卷/（清）馬宗槤撰
- 春秋公羊經何氏釋例：十卷/（清）劉逢祿撰
- 公羊春秋何氏解詁箋：一卷/（清）劉逢祿撰
- 發墨守評：一卷/（清）劉逢祿撰
- 穀梁癈疾申何：二卷/（清）劉逢祿撰
- 左氏春秋考證：二卷/（清）劉逢祿撰
- 箴膏肓評：一卷/（清）劉逢祿撰
- 論語述何：二卷/（清）劉逢祿撰
- 燕寢考：三卷/（清）胡培翬撰
- 研六室雜著：一卷/（清）胡培翬撰
- 春秋異文箋：十三卷/（清）趙坦撰
- 寶甓齋札記：一卷/（清）趙坦撰
- 寶甓齋文集：一卷/（清）趙坦撰
- 夏小正疏義：四卷釋音一卷異字記一卷/（清）洪震煊撰
- 秋槎雜記：一卷/（清）劉履恂撰
- 吾亦廬稿：四卷/（清）崔應榴撰
- 論語偶記：一卷/（清）方觀旭撰
- 經書算學天文考：一卷/（清）陳懋齡撰
- 四書釋地辨證：二卷/（清）宋翔鳳撰
- 毛詩紬義：二十四卷/（清）李黼平撰
- 公羊禮說：一卷/（清）凌曙撰
- 禮說：四卷/（清）凌曙撰
- 孝經義疏：一卷/（清）阮福撰
- 經傳攷證：八卷/（清）朱彬撰
- 甓齋遺稿：一卷/（清）劉玉麐撰
- 說緯：一卷/（清）王崧撰
- 經義叢鈔：三十卷/（清）嚴杰輯
- 國朝石經攷異：一卷/（清）馮登府撰
- 漢石經攷異：一卷/（清）馮登府撰
- 魏石經攷異：一卷/（清）馮登府撰
- 唐石經攷異：一卷/（清）馮登府撰
- 蜀石經攷異：一卷/（清）馮登府撰
- 北宋石經攷異：一卷/（清）馮登府撰
- 三家詩異文疏證：二卷/（清）馮登府撰

附正訛記：一卷

十一經音訓/（清）楊國楨撰

清光緒三年［1877］湖北崇文書局刻本

洋裝6冊（原線裝26冊）；29釐米

Sinica 6094

詳目：

- 易經音訓：不分卷
- 書經音訓：不分卷
- 詩經音訓：不分卷

·周禮音訓：不分卷
·儀禮音訓：不分卷
·禮記音訓：不分卷
·春秋左傳音訓：不分卷
·春秋公羊傳音訓：不分卷
·春秋穀梁傳音訓：不分卷
·孝經音訓：不分卷
·爾雅音訓：不分卷

五經體註/（清）□□編
清嘉慶道光間坊刻本
線裝24册；27釐米
Magd.Coll.Chin.5
詳目：
·易經大全會解：四卷本文四卷/
（清）來爾繩纂輯；（清）朱采治，
（清）朱之澄編訂
清青黎閣、五雲樓刻本
·重訂詩經衍義合參體註大全：八
卷本文八卷/（清）黄坤五手定；
（清）江晉雲輯著
清永安堂、同翰堂、五雲樓刻本（聯
墨堂藏板）
·新刻書經體註：六卷本文六卷/（清）
顧且庵鑒定；（清）范翔參訂
清嘉慶二十年[1815]永安堂刻本
·全本禮記體註：十卷本文十卷/
（清）范翔原定；（清）徐且參
訂；（清）徐瑄補輯
清百尺樓刻本
芸經堂發兌
·春秋體註大全合參：四卷本文四卷/
（清）范翔鑒定；（清）周熾纂輯
清五雲樓刻本

古經解彙函：三十種續附十種/（清）鍾謙鈞等輯
清光緒十四年[1888]上海蜚英館石印本
線裝20册；20釐米
Sinica 6745
詳目：
·鄭氏周易注：三卷補遺一卷/（漢）
鄭玄撰；（宋）王應麟撰集；
（清）惠棟增補；（清）孫堂重校
並輯補遺
·陸氏周易述：一卷/（三國吳）陸績
撰；（明）姚士麟輯；（清）孫堂
增補
·周易集解：十七卷/（唐）李鼎祚撰
·周易口訣義：六卷/（唐）史徵撰
·易緯八種/（漢）鄭玄注
  ○易緯乾坤鑿度：二卷
  ○易緯乾鑿度：二卷
  ○易緯稽覽圖：二卷
  ○易緯辨終備：一卷
  ○易緯通卦驗：二卷
  ○易緯乾元序制記：一卷
  ○易緯是類謀：一卷
  ○易緯坤靈圖：一卷
·尚書大傳：三卷附序錄一卷辨譌一
卷/（漢）伏勝撰；（漢）鄭玄注；
（清）陳壽祺輯校並撰序錄辨僞
·韓詩外傳：十卷附校注拾遺一卷
/（漢）韓嬰撰；（清）周廷寀校
注；（清）周宗杭輯校注拾遺
·毛詩草木鳥獸蟲魚疏：二卷/（三國
吳）陸璣撰；（清）丁晏校正
·春秋繁露：十七卷附録一卷/（漢）

董仲舒撰；(清)盧文弨校
・春秋釋例：十五卷/(晉)杜預撰；
　　　(清)莊述祖,(清)孫星衍校
・春秋啖趙集傳纂例：十卷/(唐)陸
　　　淳撰
・春秋微旨：三卷/(唐)陸淳撰
・春秋啖趙二先生集傳辯疑：十卷/
　　　(唐)陸淳撰
・論語集解義疏：十卷/(三國魏)何
　　　晏集解；(南朝梁)皇侃義疏
・論語筆解：二卷/(唐)韓愈,(唐)
　　　李翱撰
・鄭志：三卷補遺一卷/(漢)鄭玄撰；
　　　(三國魏)鄭小同編；(清)王復
　　　輯；(清)武億校
小學彙函
・輶軒使者絕代語釋別國方言：十三
　　　卷校正補遺一卷/(漢)揚雄撰；
　　　(晉)郭璞注；(清)盧文弨校
・釋名：八卷/(漢)劉熙撰；(清)吳
　　　志忠校
・廣雅：十卷/(三國魏)張揖撰；
　　　(隋)曹憲音
・匡謬正俗：八卷/(唐)顏師古撰
・急就篇：四卷/(漢)史游撰；(唐)
　　　顏師古注；(宋)王應麟補注
・説文解字：十五卷/(漢)許慎撰；
　　　(宋)徐鉉等校定
・説文解字繫傳：四十卷校勘記三卷
　　　/(南唐)徐鍇撰；(清)祁寯藻撰
　　　校勘記
・説文解字篆韻譜：五卷附錄一卷/
　　　(南唐)徐鍇撰
・大廣益會玉篇：三十卷/(南朝梁)

　　　顧野王撰；(宋)陳彭年等重修
・干祿字書：一卷/(唐)顏元孫撰
・五經文字：三卷/(唐)張參撰
・新加九經字樣：一卷/(唐)唐玄度撰
・大宋重修廣韻：五卷/(宋)陳彭年
　　　等重修
・廣韻：五卷/(宋)陳彭年等重修
續附
・五經異義疏證：三卷/(清)陳壽祺撰
・古文尚書：十卷逸文二卷/(宋)
　　　王應麟撰；(清)江聲撰逸文；
　　　(清)孫星衍補
・魯詩故：三卷/(漢)申培撰
・齊詩傳：二卷/(漢)后蒼撰
・韓詩故：二卷內傳一卷詩說一卷/
　　　(漢)韓嬰撰
・薛君韓詩章句：二卷/(漢)薛漢撰
・月令問答：一卷.月令章句：一卷/
　　　(漢)蔡邕撰
・字林考逸：八卷/(清)任大椿撰
・倉頡篇：三卷/(清)孫星衍學
・原本玉篇：一卷/(南朝梁)顧野王撰

古經解彙函：三十種/(清)鍾謙鈞等輯
清光緒十五年[1889]湘南書局刻本
線裝68冊；26釐米
Backhouse 339
詳目：
・鄭氏周易注：三卷補遺一卷/(漢)
　　　鄭玄撰；(宋)王應麟撰集；
　　　(清)惠棟增補；(清)孫堂重校
　　　並輯補遺
・陸氏周易述：一卷/(三國吳)陸績
　　　撰；(明)姚士麟輯；(清)孫堂

增補
- 周易集解：十七卷/(唐)李鼎祚撰
- 周易口訣義：六卷/(唐)史徵撰
- 易緯八種/(漢)鄭玄注
  - 易緯乾坤鑿度：二卷
  - 易緯乾鑿度：二卷
  - 易緯稽覽圖：二卷
  - 易緯辨終備：一卷
  - 易緯通卦驗：二卷
  - 易緯乾元序制記：一卷
  - 易緯是類謀：一卷
  - 易緯坤靈圖：一卷
- 尚書大傳：三卷附序錄一卷辨譌一卷/(漢)伏勝撰；(漢)鄭玄注；(清)陳壽祺輯校並撰序錄辨偽
- 韓詩外傳：十卷附校注拾遺一卷/(漢)韓嬰撰；(清)周廷寀校注；(清)周宗杬輯校注拾遺
- 毛詩草木鳥獸蟲魚疏：二卷/(三國吳)陸璣撰；(清)丁晏校正
- 春秋繁露：十七卷附錄一卷/(漢)董仲舒撰；(清)盧文弨校
- 春秋釋例：十五卷/(晉)杜預撰；(清)莊述祖，(清)孫星衍校
- 春秋啖趙集傳纂例：十卷/(唐)陸淳撰
- 春秋微旨：三卷/(唐)陸淳撰
- 春秋啖趙二先生集傳辯疑：十卷/(唐)陸淳撰
- 論語集解義疏：十卷/(三國魏)何晏集解；(南朝梁)皇侃義疏
- 論語筆解：二卷/(唐)韓愈，(唐)李翱撰
- 鄭志：三卷補遺一卷/(漢)鄭玄撰；(三國魏)鄭小同編；(清)王復輯；(清)武億校

小學彙函
- 輶軒使者絕代語釋別國方言：十三卷校正補遺一卷/(漢)揚雄撰；(晉)郭璞注；(清)盧文弨校
- 釋名：八卷/(漢)劉熙撰；(清)吳志忠校
- 廣雅：十卷/(三國魏)張揖撰；(隋)曹憲音
- 匡謬正俗：八卷/(唐)顏師古撰
- 急就篇：四卷/(漢)史游撰；(唐)顏師古注；(宋)王應麟補注
- 說文解字：十五卷/(漢)許慎撰；(宋)徐鉉等校定
- 說文解字繫傳：四十卷校勘記三卷/(南唐)徐鍇撰；(清)祁寯藻撰校勘記
- 說文解字篆韻譜：五卷附錄一卷/(南唐)徐鍇撰
- 大廣益會玉篇：三十卷/(南朝梁)顧野王撰；(宋)陳彭年等重修
- 干祿字書：一卷/(唐)顏元孫撰
- 五經文字：三卷/(唐)張參撰
- 新加九經字樣：一卷/(唐)唐玄度撰
- 大宋重修廣韻：五卷/(宋)陳彭年等重修

重刻張氏澤存堂本
- 廣韻：五卷/(宋)陳彭年等重修

重刻明內府本

皇清經解續編：二百一十二種/(清)王先謙輯

清光緒十四年[1888]南菁書院刻本

線裝545冊；24釐米
子目次序改編
有"黎陽王氏子子孫孫永保""臣世熙印""黎陽王氏世守珍藏"等印記
Sinica 2769
詳目：
·經説略：二卷/（清）黃以周撰
·經述：三卷/（清）林頤山撰
·經傳小記：一卷/（清）劉台拱撰
·劉貴陽經説：一卷/（清）劉書年撰
·禮堂經説：二卷/（清）陳喬樅撰
·巢經巢經説：一卷/（清）鄭珍撰
·開有益齋經説：五卷/（清）朱緒曾撰
·頑石廬經説：十卷/（清）徐養原撰
·實事求是齋經義：二卷/（清）朱大韶撰
·讀書偶識：十卷坿一卷/（清）鄒漢勛撰
·過庭録：五卷/（清）宋翔鳳撰
·癸巳類稿：六卷/（清）俞正燮撰
·癸巳存稿：四卷/（清）俞正燮撰
·漢孳室文鈔：二卷/（清）陶方琦撰
·隸經文：四卷/（清）江藩撰
·隸經賸義：一卷/（清）林兆豐撰
·達齋叢説：一卷/（清）俞樾撰
·讀書叢録：一卷/（清）洪頤煊撰
·九經誤字：一卷/（清）顧炎武撰
·易圖明辨：十卷/（清）胡渭撰
·易圖條辨：一卷/（清）張惠言撰
·易例：二卷/（清）惠棟撰
·易漢學：八卷/（清）惠棟撰
·卦本圖攷：一卷/（清）胡秉虔撰
·周易釋爻例：一卷/（清）成孺撰
·周易互體徵：一卷/（清）俞樾撰
·虞氏易消息圖説：一卷/（清）胡祥麟撰
·虞氏易候：一卷/（清）張惠言撰
·周易虞氏略例：一卷/（清）李鋭撰
·虞氏易事：二卷/（清）張惠言撰
·虞氏易言：二卷/（清）張惠言撰
·周易爻辰申鄭義：一卷/（清）何秋濤撰
·卦氣解：一卷/（清）莊存與撰
·讀易漢學私記：一卷/（清）陳壽熊撰
·尚書餘論：一卷/（清）丁晏撰
·尚書略説：二卷/（清）宋翔鳳撰
·尚書譜：一卷/（清）宋翔鳳撰
·書古微：十二卷/（清）魏源撰
·晚書訂疑：三卷/（清）程廷祚撰
·書序述聞：一卷/（清）劉逢禄撰
·大誓答問：一卷/（清）龔自珍撰
·尚書㦄譜：二卷/（清）成孺撰
·詩古微：十七卷/（清）魏源撰
·毛詩説：一卷/（清）陳奐撰
·毛詩傳義類：一卷/（清）陳奐撰
·詩譜攷正：一卷/（清）丁晏撰
·毛詩譜：一卷/（漢）鄭玄撰；（清）胡元儀輯
·釋毛詩音：四卷/（清）陳奐撰
·毛詩鄭箋改字説：四卷/（清）陳喬樅撰
·鄭氏箋攷徵：一卷/（清）陳奐撰
·白鷺洲主客説詩：一卷/（清）毛奇齡撰
·詩名物證古：一卷/（清）俞樾撰
·續詩傳鳥名：三卷/（清）毛奇齡撰
·詩聲類：十二卷/（清）孔廣森撰
·詩聲分例：一卷/（清）孔廣森撰

- 讀儀禮記：二卷/（清）張惠言撰
- 讀儀禮錄：一卷/（清）曾國藩撰
- 儀禮學：一卷/（清）王聘珍撰
- 儀禮釋宮增註：一卷/（清）江永撰
- 儀禮釋例：一卷/（清）江永撰
- 周禮學：二卷/（清）王聘珍撰
- 求古錄禮說：十五卷補遺一卷/（清）金鶚撰
- 禮說略：三卷/（清）黃以周撰
- 禮經通論：一卷/（清）邵懿辰撰
- 鄭君駁正三禮考：一卷/（清）俞樾撰
- 學禮管釋：十八卷/（清）夏炘撰
- 天子肆獻祼饋食禮纂：二卷/（清）任啓運撰
- 禘說：二卷/（清）惠棟撰
- 禘祫問答：一卷/（清）胡培翬撰
- 郊社禘祫問：一卷/（清）毛奇齡撰
- 喪服會通說：四卷/（清）吳嘉賓撰
- 昏禮重別論對駁義：二卷/（清）劉壽曾撰
- 九族考：一卷/（清）俞樾撰
- 大小宗通繹：一卷/（清）毛奇齡撰
- 喪禮經傳約：一卷/（清）吳卓信撰
- 士昏禮對席圖：一卷/（清）俞樾撰
- 深衣釋例：三卷/（清）任大椿撰
- 釋服：二卷/（清）宋綿初撰
- 玉佩考：一卷/（清）俞樾撰
- 車制攷：一卷附田賦考/（清）錢坫撰
- 釋穀：四卷/（清）劉寶楠撰
- 攷工記攷辨：八卷/（清）王宗涑撰
- 輪輿私箋：二卷圖一卷/（清）鄭珍撰；（清）鄭知同繪圖
- 羣經宮室圖：二卷/（清）焦循撰
- 朝廟宮室考立圖：一卷/（清）任啓運撰
- 春秋大事表：六十六卷輿圖一卷首一卷/（清）顧棟高撰
- 春秋名字解詁補義：一卷/（清）俞樾撰
- 駁春秋名字解詁：一卷/（清）胡元玉撰
- 春秋朔閏異同：二卷/（清）羅士琳撰
- 春秋釋：一卷/（清）黃式三撰
- 春秋決事比：一卷/（清）龔自珍撰
- 春秋日南至譜：一卷/（清）成孺撰
- 春秋占筮書：三卷/（清）毛奇齡撰
- 春秋長曆：十卷/（清）陳厚耀撰
- 公羊問答：二卷/（清）凌曙撰
- 公羊逸禮攷徵：一卷/（清）陳奐撰
- 春秋公羊傳厤譜：十一卷/（清）包慎言撰
- 穀梁大義述：三十卷/（清）柳興恩撰
- 穀梁禮證：二卷/（清）侯康撰
- 春秋穀梁傳時月日書法釋例：四卷/（清）許桂林撰
- 羣經平議：三十五卷/（清）俞樾撰
  ○ 周易平議：二卷
  ○ 尚書平議：四卷
  ○ 周書平議：一卷
  ○ 毛詩平議：四卷
  ○ 周禮平議：二卷
  ○ 考工記世室重屋明堂考：一卷
  ○ 儀禮平議：二卷
  ○ 大戴禮記平議：二卷
  ○ 小戴禮記平議：四卷
  ○ 春秋公羊傳平議：一卷
  ○ 春秋穀梁傳平議：一卷
  ○ 春秋左傳平議：三卷

- ○春秋外傳國語平議：二卷
- ○論語平議：二卷
- ○孟子平議：二卷
- ○爾雅平議：一卷
- 東塾讀書記：十卷/（清）陳澧撰
- 羣經義證：八卷/（清）武億撰
- 十三經詁答問：六卷/（清）馮登府撰
- 五經小學述：二卷/（清）莊述祖撰
- 先聖生卒年月日考：二卷/（清）孔廣牧撰
- 周易姚氏學：十六卷/（清）姚配中撰
- 周易述補：五卷/（清）李林松撰
- 周易稗疏：四卷/（清）王夫之撰
- 周易舊疏考正：一卷/（清）劉毓崧撰
- 易經異文釋：六卷/（清）李富孫撰
- 周易攷異：二卷/（清）宋翔鳳撰
- 尚書古文疏證：九卷原缺卷三/（清）閻若璩撰
- 尚書今古文集解：三十一卷附校勘記一卷/（清）劉逢祿撰；（清）劉葆楨，（清）劉翰藻撰校勘記
- 今文尚書經說攷：三十八卷首一卷/（清）陳喬樅撰
- 尚書歐陽夏侯遺說攷：一卷/（清）陳喬樅撰
- 尚書舊疏考正：一卷/（清）劉毓崧撰
- 尚書大傳輯校：三卷/（清）陳壽祺撰
- 禹貢鄭注釋：二卷/（清）焦循撰
- 禹貢說：一卷/（清）倪文蔚撰
- 禹貢班義述：三卷/（清）成孺撰
- 禹貢圖：一卷/（清）陳澧撰
- 禹貢錐指正誤：一卷/（清）丁晏撰
- 禹貢鄭氏略例：一卷/（清）何秋濤撰
- 詩書古訓：十卷/（清）阮元撰
- 毛詩傳箋通釋：三十二卷/（清）馬瑞辰撰
- 詩毛氏傳疏：三十卷/（清）陳奐撰
- 毛詩後箋：三十卷/（清）胡承珙撰；（清）陳奐補
- 毛詩攷證：四卷/（清）莊述祖撰
- 毛詩周頌口義：三卷/（清）莊述祖撰
- 齊詩遺說攷：十二卷/（清）陳壽祺撰；（清）陳喬樅述
- 齊詩翼氏學：四卷/（清）迮鶴壽撰
- 齊詩翼氏學疏證：二卷/（清）陳喬樅撰
- 魯詩遺說攷：十二卷/（清）陳壽祺撰；（清）陳喬樅述
- 韓詩遺說攷：十二卷/（清）陳壽祺撰；（清）陳喬樅述
- 詩經四家異文攷：五卷/（清）陳喬樅撰
- 詩經稗疏：四卷/（清）王夫之撰
- 詩經異文釋：十六卷/（清）李富孫撰
- 詩地理徵：七卷/（清）朱右曾撰
- 儀禮古今文疏義：十七卷/（清）胡承珙撰
- 儀禮古今文異同疏證：五卷/（清）徐養原撰
- 儀禮正義：四十卷/（清）胡培翬撰；（清）楊大堉補
- 儀禮私箋：八卷/（清）鄭珍撰
- 儀禮管見：十七卷/（清）褚寅亮撰
- 儀禮經注疏正譌：十七卷/（清）金曰追撰
- 儀禮圖：六卷/（清）張惠言撰
- 鄭氏儀禮目錄校證：一卷/（清）胡匡衷撰

經　部

- 周禮注疏小箋：五卷/（清）曾釗撰
- 周官故書攷：四卷/（清）徐養原撰
- 周官説：二卷/（清）莊存與撰
- 周官説補：三卷/（清）莊存與撰
- 周官記：五卷/（清）莊存與撰
- 禮記訓義擇言：八卷/（清）江永撰
- 禮記鄭讀攷：六卷/（清）陳壽祺撰；（清）陳喬樅述
- 禮記鄭讀考：一卷/（清）俞樾撰
- 禮記偶箋：三卷/（清）萬斯大撰
- 禮記異文箋：一卷/（清）俞樾撰
- 禮記天算釋：一卷/（清）孔廣牧撰
- 春秋古經説：二卷/（清）侯康撰
- 春秋稗疏：二卷/（清）王夫之撰
- 春秋左傳詁：二十卷/（清）洪亮吉撰
- 春秋左傳異文釋：十卷/（清）李富孫撰
- 左傳舊疏考正：八卷/（清）劉文淇撰
- 春秋左傳賈服注輯述：二十卷/（清）李貽德撰
- 左通補釋：三十二卷/（清）梁履繩撰
- 春秋左氏古義：六卷/（清）臧壽恭撰
- 春秋左氏傳補注：十二卷/（清）沈欽韓撰
- 春秋左氏傳地名補注：十二卷/（清）沈欽韓撰
- 公羊義疏：七十六卷/（清）陳立撰
- 穀梁補注：二十四卷首一卷/（清）鍾文烝撰
- 公羊禮疏：十一卷/（清）凌曙撰
- 春秋公羊傳異文釋：一卷/（清）李富孫撰
- 春秋穀梁傳異文釋：一卷/（清）李富孫撰
- 論語正義：二十四卷附錄一卷/（清）劉寶楠撰；（清）劉恭冕述
- 論語古注集箋：二十卷/（清）潘維城撰
- 論語説義：十卷/（清）宋翔鳳撰
- 論語孔注辨僞：二卷/（清）沈濤撰
- 論語魯讀攷：一卷/（清）徐養原撰
- 論語鄭義：一卷/（清）俞樾撰
- 何休注訓論語述：一卷/（清）劉恭冕撰
- 續論語駢枝：一卷/（清）俞樾撰
- 論語稗疏：一卷/（清）王夫之撰

即四書稗疏二
- 孟子稗疏：一卷/（清）王夫之撰

即四書稗疏三
- 孟子趙注補正：六卷/（清）宋翔鳳撰
- 孟子音義攷證：二卷/（清）蔣仁榮撰
- 孟子四攷：四卷/（清）周廣業撰
  ○ 孟子逸文考：一卷
  ○ 孟子異本考：一卷
  ○ 孟子古注考：一卷
  ○ 孟子出處時地考：一卷
- 大學古義説：二卷/（清）宋翔鳳撰
- 學庸稗疏：一卷/（清）王夫之撰

即四書稗疏一
- 鄉黨正義：一卷/（清）金鶚撰
- 孝經徵文：一卷/（清）丁晏撰
- 孝經問：一卷/（清）毛奇齡撰
- 爾雅匡名：二十卷/（清）嚴元照撰
- 爾雅古義：二卷/（清）錢坫撰
- 爾雅補郭：二卷/（清）翟灝撰
- 爾雅釋地：四篇注一卷/（清）錢坫撰
- 爾雅經注集證：三卷/（清）龍啓瑞撰
- 説文聲類：十六卷．説文聲類出入

- 表：一卷/（清）嚴可均撰
- 說文聲讀表：七卷/（清）苗夔撰
- 說文諧聲譜：九卷/（清）張成孫撰
- 說文解字音均表：十八卷首一卷/（清）江沅撰
- 大戴禮注補：十三卷附錄一卷/（清）汪炤撰
- 春秋繁露注：十七卷/（清）凌曙撰
- 國語發正：二十一卷/（清）汪遠孫撰
- 國語補校：一卷/（清）劉台拱撰
- 夏小正分箋：四卷/（清）黃模撰
- 夏小正異義：二卷/（清）黃模撰
- 小爾雅訓纂：六卷/（清）宋翔鳳撰
- 白虎通疏證：十二卷/（清）陳立撰
- 逸周書雜志：四卷/（清）王念孫撰
- 逸周書集訓校釋：十卷逸文一卷/（清）朱右曾撰
- 明堂大道錄：八卷/（清）惠棟撰
- 古書疑義舉例：七卷/（清）俞樾撰

皇清經解續編：二百零七種/（清）王先謙輯

清光緒十五年[1889]上海蜚英館石印本

線裝32冊；20釐米

Sinica 6749

詳目：
- 九經誤字：一卷/（清）顧炎武撰
- 周易稗疏：四卷/（清）王夫之撰
- 詩經稗疏：四卷/（清）王夫之撰
- 春秋稗疏：二卷/（清）王夫之撰
- 四書稗疏：三卷/（清）王夫之撰
- 春秋占筮書：三卷/（清）毛奇齡撰
- 續詩傳鳥名：三卷/（清）毛奇齡撰
- 白鷺洲主客說詩：一卷/（清）毛奇齡撰
- 郊社禘祫問：一卷/（清）毛奇齡撰
- 大小宗通繹：一卷/（清）毛奇齡撰
- 孝經問：一卷/（清）毛奇齡撰
- 禮記偶箋：三卷/（清）萬斯大撰
- 尚書古文疏證：九卷（原缺卷三）/（清）閻若璩撰
- 易圖明辨：十卷/（清）胡渭撰
- 春秋長曆：十卷/（清）陳厚耀撰
- 儀禮釋宮增註：一卷/（清）江永撰
- 儀禮釋例：一卷/（清）江永撰
- 禮記訓義擇言：八卷/（清）江永撰
- 春秋大事表：六十六卷輿圖一卷首一卷/（清）顧棟高撰
- 天子肆獻祼饋食禮纂：二卷/（清）任啓運撰
- 朝廟宮室考竝圖：一卷/（清）任啓運撰
- 易例：二卷/（清）惠棟撰
- 易漢學：八卷/（清）惠棟撰
- 明堂大道錄：八卷/（清）惠棟撰
- 禘說：二卷/（清）惠棟撰
- 晚書訂疑：三卷/（清）程廷祚撰
- 卦氣解：一卷/（清）莊存與撰
- 周官記：五卷/（清）莊存與撰
- 周官說：二卷/（清）莊存與撰
- 周官說補：三卷/（清）莊存與撰
- 儀禮管見：十七卷/（清）褚寅亮撰
- 爾雅補郭：二卷/（清）翟灝撰
- 鄭氏儀禮目錄校證：一卷/（清）胡匡衷撰
- 深衣釋例：三卷/（清）任大椿撰
- 詩聲類：十二卷.詩聲分例：一卷/

(清)孔廣森撰
・經傳小記：一卷/(清)劉台拱撰
・國語補校：一卷/(清)劉台拱撰
・逸周書雜志：四卷/(清)王念孫撰
・爾雅古義：二卷/(清)錢坫撰
・爾雅釋地：四篇注一卷/(清)錢坫撰
・車制攷：一卷附田賦考/(清)錢坫撰
・羣經義證：八卷/(清)武億撰
・釋服：二卷/(清)宋綿初撰
・孟子四攷/(清)周廣業撰
　。孟子逸文考：一卷
　。孟子異本考：一卷
　。孟子古注考：一卷
　。孟子出處時地考：一卷
・毛詩攷證：四卷/(清)莊述祖撰
・毛詩周頌口義：三卷/(清)莊述祖撰
・五經小學述：二卷/(清)莊述祖撰
・詩書古訓：十卷/(清)阮元撰
・春秋左傳詁：二十卷/(清)洪亮吉撰
・左通補釋：三十二卷/(清)梁履繩撰
・周易述補：五卷/(清)李林松撰
・易圖條辨：一卷/(清)張惠言撰
・虞氏易事：二卷/(清)張惠言撰
・虞氏易言：二卷/(清)張惠言撰
・虞氏易候：一卷/(清)張惠言撰
・儀禮圖：六卷/(清)張惠言撰
・讀儀禮記：二卷/(清)張惠言撰
・書序述聞：一卷/(清)劉逢祿撰
・尚書今古文集解：三十一卷校勘記一卷/(清)劉逢祿撰；(清)劉葆楨，(清)劉翰藻撰校勘記
・卦本圖攷：一卷/(清)胡秉虔撰
・尚書大傳輯校：三卷/(清)陳壽祺撰
・禹貢鄭注釋：二卷/(清)焦循撰

・羣經宮室圖：二卷/(清)焦循撰
・隸經文：四卷/(清)江藩撰
・說文聲類：十六卷．說文聲類出入表：一卷/(清)嚴可均撰
・周易攷異：二卷/(清)宋翔鳳撰
・尚書略說：二卷/(清)宋翔鳳撰
・尚書譜：一卷/(清)宋翔鳳撰
・大學古義說：二卷/(清)宋翔鳳撰
・論語說義：十卷/(清)宋翔鳳撰
・孟子趙注補正：六卷/(清)宋翔鳳撰
・小爾雅訓纂：六卷/(清)宋翔鳳撰
・過庭錄：五卷/(清)宋翔鳳撰
・毛詩傳箋通釋：三十二卷/(清)馬瑞辰撰
・毛詩後箋：三十卷/(清)胡承珙撰；(清)陳奐補
・儀禮古今文疏義：十七卷/(清)胡承珙撰
・讀書叢錄：一卷/(清)洪頤煊撰
・爾雅匡名：二十卷/(清)嚴元照撰
・周官故書攷：四卷/(清)徐養原撰
・儀禮古今文異同疏證：五卷/(清)徐養原撰
・論語魯讀攷：一卷/(清)徐養原撰
・頑石廬經說：十卷/(清)徐養原撰
・周禮學：二卷/(清)王聘珍撰
・儀禮學：一卷/(清)王聘珍撰
・易經異文釋：六卷/(清)李富孫撰
・詩經異文釋：十六卷/(清)李富孫撰
・春秋左傳異文釋：十卷/(清)李富孫撰
・春秋公羊傳異文釋：一卷/(清)李富孫撰
・春秋穀梁傳異文釋：一卷/(清)李

富孫撰
- 夏小正分箋：四卷/（清）黃模撰
- 夏小正異義：二卷/（清）黃模撰
- 春秋左氏古義：六卷/（清）臧壽恭撰
- 春秋左氏傳補注：十二卷/（清）沈欽韓撰
- 春秋左氏傳地名補注：十二卷/（清）沈欽韓撰
- 儀禮經注疏正譌：十七卷/（清）金曰追撰
- 周易虞氏略例：一卷/（清）李銳撰
- 論語孔注辨偽：二卷/（清）沈濤撰
- 國語發正：二十一卷/（清）汪遠孫撰
- 說文諧聲譜：九卷/（清）張成孫撰
- 春秋穀梁傳時月日書法釋例：四卷/（清）許桂林撰
- 求古錄禮說：十五卷補遺一卷/（清）金鶚撰
- 鄉黨正義：一卷/（清）金鶚撰
- 說文解字音均表：十七卷首一卷/（清）江沅撰
- 儀禮正義：四十卷/（清）胡培翬撰；（清）楊大堉補
- 禘祫問答：一卷/（清）胡培翬撰
- 實事求是齋經義：二卷/（清）朱大韶撰
- 十三經詁答問：六卷/（清）馮登府撰
- 左傳舊疏考正：八卷/（清）劉文淇撰
- 春秋朔閏異同：二卷/（清）羅士琳撰
- 春秋左傳賈服注輯述：二十卷/（清）李貽德撰
- 喪禮經傳約：一卷/（清）吳卓信撰
- 詩毛氏傳疏：三十卷/（清）陳奐撰
- 釋毛詩音：四卷/（清）陳奐撰
- 毛詩說：一卷/（清）陳奐撰
- 毛詩傳義類：一卷/（清）陳奐撰
- 鄭氏箋攷徵：一卷/（清）陳奐撰
- 公羊逸禮攷徵：一卷/（清）陳奐撰
- 周禮注疏小箋：五卷/（清）曾釗撰
- 大戴禮注補：十三卷附錄一卷/（清）汪詔撰
- 癸巳類稿：六卷/（清）俞正燮撰
- 癸巳存稿：四卷/（清）俞正燮撰
- 尚書餘論：一卷/（清）丁晏撰
- 禹貢錐指正誤：一卷/（清）丁晏撰
- 詩譜攷正：一卷/（清）丁晏撰
- 孝經徵文：一卷/（清）丁晏撰
- 齊詩翼氏學：四卷/（清）迮鶴壽撰
- 公羊禮疏：十一卷/（清）凌曙撰
- 公羊問答：二卷/（清）凌曙撰
- 春秋繁露注：十七卷/（清）凌曙撰
- 周易姚氏學：十六卷/（清）姚配中撰
- 春秋公羊傳厤譜：十一卷/（清）包慎言撰
- 論語古注集箋：二十卷/（清）潘維城撰
- 虞氏易消息圖說：一卷/（清）胡祥麟撰
- 大誓答問：一卷/（清）龔自珍撰
- 春秋決事比：一卷/（清）龔自珍撰
- 輪輿私箋：二卷圖一卷/（清）鄭珍撰；（清）鄭知同繪圖
- 儀禮私箋：八卷/（清）鄭珍撰
- 巢經巢經說：一卷/（清）鄭珍撰
- 禹貢圖：一卷/（清）陳澧撰
- 東塾讀書記：十卷/（清）陳澧撰
- 春秋古經說：二卷/（清）侯康撰
- 穀梁禮證：二卷/（清）侯康撰

經部 27

- 説文聲讀表：七卷/（清）苗夔撰
- 學禮管釋：十八卷/（清）夏炘撰
- 開有益齋經說：五卷/（清）朱緒曾撰
- 穀梁大義述：三十卷/（清）柳興恩撰
- 春秋釋：一卷/（清）黃式三撰
- 攷工記攷辨：八卷/（清）王宗涑撰
- 逸周書集訓校釋：十卷逸文一卷/（清）朱右曾撰
- 詩地理徵：七卷/（清）朱右曾撰
- 喪服會通說：四卷/（清）吳嘉賓撰
- 讀儀禮錄：一卷/（清）曾國藩撰
- 論語正義：二十四卷附錄一卷/（清）劉寶楠撰；（清）劉恭冕述
- 釋穀：四卷/（清）劉寶楠撰
- 今文尚書經說攷：三十八卷首一卷/（清）陳喬樅撰
- 尚書歐陽夏侯遺說攷：一卷/（清）陳喬樅撰
- 三家詩遺說考/（清）陳壽祺撰；（清）陳喬樅述
  ○ 魯詩遺說攷：十二卷
  ○ 齊詩遺說攷：十二卷
  ○ 韓詩遺說攷：十二卷
- 毛詩鄭箋改字說：四卷/（清）陳喬樅撰
- 詩經四家異文攷：五卷/（清）陳喬樅撰
- 齊詩翼氏學疏證：二卷/（清）陳喬樅撰
- 禮堂經說：二卷/（清）陳喬樅撰
- 禮記鄭讀攷：六卷/（清）陳壽祺撰；（清）陳喬樅述
- 爾雅經注集證：三卷/（清）龍啓瑞撰
- 公羊義疏：七十六卷/（清）陳立撰
- 白虎通疏證：十二卷/（清）陳立撰
- 禮經通論：一卷/（清）邵懿辰撰
- 周易爻辰申鄭義：一卷/（清）何秋濤撰
- 禹貢鄭氏略例：一卷/（清）何秋濤撰
- 書古微：十二卷/（清）魏源撰
- 詩古微：十七卷/（清）魏源撰
- 讀書偶識：十卷坿一卷/（清）鄒漢勛撰
- 劉貴陽經說：一卷/（清）劉書年撰
- 穀梁補注：二十四卷首一卷/（清）鍾文烝撰
- 周易舊疏考正：一卷/（清）劉毓崧撰
- 尚書舊疏考正：一卷/（清）劉毓崧撰
- 讀易漢學私記：一卷/（清）陳壽熊撰
- 孟子音義攷證：二卷/（清）蔣仁榮撰
- 達齋叢說：一卷/（清）俞樾撰
- 周易互體徵：一卷/（清）俞樾撰
- 九族考：一卷/（清）俞樾撰
- 詩名物證古：一卷/（清）俞樾撰
- 士昏禮對席圖：一卷/（清）俞樾撰
- 禮記異文箋：一卷/（清）俞樾撰
- 禮記鄭讀考：一卷/（清）俞樾撰
- 玉佩考：一卷/（清）俞樾撰
- 鄭君駁正三禮考：一卷/（清）俞樾撰
- 春秋名字解詁補義：一卷/（清）俞樾撰
- 論語鄭義：一卷/（清）俞樾撰
- 續論語駢枝：一卷/（清）俞樾撰
- 羣經平議：三十五卷/（清）俞樾撰
  ○ 周易平議：二卷
  ○ 尚書平議：四卷
  ○ 周書平議：一卷
  ○ 毛詩平議：四卷

。周禮平議：二卷
。考工記世室重屋明堂考：一卷
。儀禮平議：二卷
。大戴禮記平議：二卷
。小戴禮記平議：四卷
。春秋公羊傳平議：一卷
。春秋穀梁傳平議：一卷
。春秋左傳平議：三卷
。春秋外傳國語平議：二卷
。論語平議：二卷
。孟子平議：二卷
。爾雅平議：一卷
· 古書疑義舉例：七卷/（清）俞樾撰
· 禹貢說：一卷/（清）倪文蔚撰
· 周易釋爻例：一卷/（清）成孺撰
· 尚書曆譜：二卷/（清）成孺撰
· 禹貢班義述：三卷/（清）成孺撰
· 春秋日南至譜：一卷/（清）成孺撰
· 何休注訓論語述：一卷/（清）劉恭冕撰
· 禮記天算釋：一卷/（清）孔廣牧撰
· 先聖生卒年月日考：二卷/（清）孔廣牧撰
· 禮說略：三卷/（清）黃以周撰
· 經說略：二卷/（清）黃以周撰
· 漢孳室文鈔：二卷/（清）陶方琦撰
· 昏禮重別論對駁義：二卷/（清）劉壽曾撰
· 隸經賸義：一卷/（清）林兆豐撰
· 毛詩譜：一卷/（漢）鄭玄撰；（清）胡元儀輯
· 駁春秋名字解詁：一卷/（清）胡元玉撰
· 經述：三卷/（清）林頤山撰

希鄭堂叢書第一集：七種/（清）潘任撰
清光緒二十年[1894]木活字印本
洋裝1冊（原線裝5冊）；28釐米
版心題名《虞山潘氏叢書》
Sinica 6726
詳目：
· 鄭君粹言：三卷/（漢）鄭玄撰；（清）潘任編
· 孝經鄭注攷證：一卷
· 周禮札記：一卷
· 雙桂軒答問：一卷
· 希鄭堂經義：一卷
· 說文粹言疏證：二卷
· 博約齋經說：三卷

皮氏經學叢書：九種/（清）皮錫瑞撰
清光緒思賢書局刻本
線裝14冊；27釐米
Sinica 4668
詳目：
· 經學通論：五卷
清光緒三十三年[1907]刻本
· 經學歷史：一卷
清光緒三十二年[1906]刻本
· 古文尚書冤詞平議：二卷
清光緒二十二年[1896]刻本
· 尚書中候疏證：一卷
清光緒二十五年[1899]刻本
· 王制箋：一卷
清光緒三十四年[1908]刻本
· 鄭志疏證：八卷.鄭記攷證：一卷.附答臨孝存周禮難疏證：一卷
清光緒二十五年[1899]刻本
· 聖證論補評：二卷

清光緒二十五年[1899]刻本
·六藝論疏證:一卷/(清)皮錫瑞撰
清光緒二十五年[1899]刻本
·魯禮禘祫義疏證:一卷/(清)皮錫瑞撰
清光緒二十五年[1899]刻本

易類

類編之屬

漢魏二十一家易注/(清)孫堂輯
    清嘉慶四年[1799]平湖孫氏映雪草堂刻本
    洋裝1冊(原線裝8冊);25釐米
    有"鬻及借人爲不孝"等印記
    Sinica 6189
    詳目:
·子夏易傳:一卷/(春秋)卜商撰
·孟喜周易章句:一卷/(漢)孟喜撰
·京房周易章句:一卷/(漢)京房撰
·馬融周易傳:一卷/(漢)馬融撰
·荀爽周易注:一卷/(漢)荀爽撰
·鄭康成周易注:三卷補遺一卷/(漢)鄭玄撰;(宋)王應麟輯;(清)惠棟增補;(清)孫堂校並輯補遺
·劉表周易章句:一卷/(漢)劉表撰
·宋衷周易注:一卷/(漢)宋衷撰
·陸績周易述:一卷/(三國吳)陸績撰;(明)姚士麟輯;(清)孫堂增補
·董遇周易章句:一卷/(三國魏)董遇撰
·虞翻周易注:十卷/(三國吳)虞翻撰
·王肅周易注:一卷/(三國魏)王肅撰
·姚信周易注:一卷/(三國吳)姚信撰
·王廙周易注:一卷/(晉)王廙撰
·張璠周易集解:一卷/(晉)張璠撰
·向秀周易義:一卷/(晉)向秀撰
·干寶周易注:一卷/(晉)干寶撰;(清)孫堂補
·蜀才周易注:一卷/(三國蜀)范長生撰
·翟玄周易義:一卷/(□)翟玄撰
·九家周易集注:一卷
·劉瓛周易義疏:一卷/(南朝齊)劉瓛撰

正文之屬

易經:[滿漢對照]:四卷
    清刻本
    洋裝1冊(原線裝4冊);28釐米
    Sinica 3014

又一部
    存三卷(卷二至四)
    洋裝1冊(原線裝3冊);26釐米
    Sinica 2943

傳說之屬

費氏古易訂文:十二卷/(漢)費直撰;(清)王樹柟輯
    清光緒十七年[1891]新城王氏文莫室刻本
    線裝4冊;28釐米
    Sinica 4883

易經：八卷/（宋）程頤傳
    清光緒九年[1883]江南書局刻本
    存四卷（卷一至四）
    線裝2冊；27釐米
    封面題名《周易經傳》
    Sinica 2556

周易義海撮要：十二卷/（宋）李衡撰
    清康熙十九年[1680]刻通志堂經解本
    線裝4冊；27釐米
    Backhouse 275

新刻官板周易本義：四卷首一卷/（宋）朱熹撰
    明嘉靖建陽書林張閩嶽新賢堂刻本
    洋裝3冊；27釐米
    Sinica 59
又一部
    存一卷（下經卷二）
    1冊
    Sinica 114

周易本義：四卷/（宋）朱熹撰
    清乾隆七年[1742]怡府明善堂刻五經四子書本
    線裝2冊；27釐米
    Sinica 3739

周易本義：四卷/（宋）朱熹撰
    清嘉慶二十三年[1818]芥子園刻本
    線裝3冊；27釐米
    Sinica 134

周易本義：四卷/（宋）朱熹撰
    清光緒十二年[1886]刻本（富文堂藏板）
    洋裝1冊（原線裝4冊）；24釐米
    Backhouse 689

周易本義：十二卷首一卷末一卷/（宋）朱熹撰；（宋）呂祖謙音訓
    清光緒十九年[1893]江南書局刻本
    線裝2冊；27釐米
    Sinica 2557

周易傳義大全：二十四卷/（明）永樂十三年[1415]胡廣等奉敕撰
    明刻本
    線裝28冊；35釐米
    Backhouse 518

周易古今文全書：二十一卷/（明）楊時喬撰
    明萬曆刻本
    存九卷（論例二卷、古文二卷、易學啟蒙五卷）
    線裝32冊；28釐米
    版心題"周易全書"
    有"乾隆御覽之寶"印記
    Backhouse 276

周易古今文全書：二十一卷/（明）楊時喬撰
    明萬曆刻本，有修補
    存六卷（論例二卷、古文二卷存卷一、傳易考二卷、龜卜考一卷）
    線裝20冊；27釐米
    版心題"周易全書"
    Sinica 2642

御纂周易折中：二十二卷首一卷/（清）康熙五十四年[1715]李光地等奉敕撰
  清內府刻本
  線裝12冊；30釐米
  有"體元主人""稽古右文之章"印記
  Backhouse 329

又一部
  線裝10冊
  有"體元主人""稽古右文之章"印記
  Backhouse 394

御纂周易折中：二十二卷首一卷/（清）康熙五十四年[1715]李光地等奉敕撰
  清刻本
  線裝12冊；25釐米
  Sinica 463

御纂周易折中：二十二卷首一卷/（清）康熙五十四年[1715]李光地等奉敕撰
  清刻本
  洋裝2冊（原線裝12冊）；28釐米
  Sinica 2926

周易函書約存：十五卷首三卷約注十八卷別集十六卷.卜法詳考：四卷/（清）胡煦撰；（清）胡季堂校
  清乾隆三十八年[1773]胡氏葆璞堂刻本
  線裝30冊；27釐米
  有"小隱山房""陸氏藏書""瀛仙評點"印記
  Backhouse 31

周易人事疏證：八卷/（清）章世臣輯
  清宣統二年[1910]同文書館鉛印本
  線裝8冊；27釐米
  Sinica 6838

書類

正文之屬

御製繙譯書經：[滿漢對照]：六卷/（清）高宗弘曆敕撰
  清刻本
  線裝5冊；25釐米
  Backhouse 320

傳說之屬

尚書大傳：四卷補遺一卷續補遺一卷考異一卷/（漢）伏勝撰；（漢）鄭玄注；（清）盧見曾補遺；（清）盧文弨續補遺並考異
  清刻本
  線裝2冊；25釐米
  Sinica 6092

三山拙齋林先生尚書全解：四十卷（原缺卷三十四）/（宋）林之奇撰
  清康熙十九年[1680]刻通志堂經解本
  線裝10冊；26釐米
  Backhouse 253

書經：六卷/（宋）蔡沈集傳
  清嘉慶十年[1805]刻本
  線裝4冊；29釐米
  有"俞大縝印"印記

Sinica 2606

書經：六卷/（宋）蔡沈集傳；（清）聖祖玄燁案
 清嘉慶十六年［1811］揚州十笏堂刻御案五經本
 線裝4冊；26釐米
 Sinica 571

書：六卷/（宋）蔡沈集傳
 清嘉慶二十三年［1818］金陵芥子園刻本
 線裝4冊；27釐米
 牌記題"浙江李氏訂本金陵芥子園梓"
 Sinica 133

書經：六卷首一卷末一卷/（宋）蔡沈集傳
 清光緒七年［1881］金陵書局刻本
 線裝4冊；27釐米
 Sinica 2555

尚書考異：六卷/（明）梅鷟撰
 清嘉慶十九年［1814］蘭陵孫星衍刻本
 線裝2冊；26釐米
 有"定遠胡氏珍藏書畫""□□手定""衛天鵬印""莊游""舊知學新""□□道人"印記
 Sinica 3092

尚書考異：六卷/（明）梅鷟撰
 清光緒十八年［1892］浙江書局刻本
 線裝4冊；25釐米

Sinica 6091

日講書經解義：十三卷/（清）康熙十九年［1680］庫樂納等奉敕撰
 清刻本（文選樓藏板）
 線裝12冊；25釐米
 Backhouse 165

欽定書經傳說彙纂：二十一卷首二卷書序一卷/（清）雍正八年［1730］王項齡等奉敕撰
 清刻本
 線裝24冊；28釐米
 據清內府刻本覆刻
 Sinica 6161

尚書商誼：三卷/（清）王樹柟撰
 清光緒十一年［1885］序新城王氏文莫室刻本
 缺一卷（卷二）
 線裝1冊；29釐米
 Sinica 4682

尚書大傳疏證：七卷札記一卷/（清）皮錫瑞撰
 清光緒二十二年［1896］善化皮氏師伏堂刻師伏堂叢書本
 線裝3冊；26釐米
 Sinica 4578

今文尚書考證：三十卷/（清）皮錫瑞撰
 清光緒二十三年［1897］善化皮氏師伏堂刻師伏堂叢書本
 線裝4冊；31釐米

Sinica 4691

尚書孔傳參正：三十六卷/（清）王先謙撰

清光緒三十年［1904］長沙王氏虛受堂刻本

線裝6冊；28釐米

Sinica 4609

欽定書經圖說：五十卷/（清）光緒二十九年［1903］孫家鼐、李希聖等奉敕修纂

清光緒三十一年［1905］外交部石印本

線裝16冊：圖；33釐米

Backhouse 328

又一部

Sinica 2728

文字音義之屬

尚書隸古定釋文：八卷/（清）李遇孫撰

清嘉慶九年［1804］跋刻本

線裝1冊；26釐米

Sinica 4597

分篇之屬

禹貢本義：一卷/（清）楊守敬撰

清光緒三十二年［1906］楊守敬鄂城刻本

線裝1冊；30釐米

Sinica 4681

專著之屬

尚書古文疏證：八卷（原缺卷三）/（清）閻若璩撰．附朱子古文書疑：一卷/（清）閻詠輯

清乾隆十年［1745］閻氏眷西堂刻本

線裝10冊；25釐米

Sinica 599

尚書釋天：六卷/（清）盛百二撰

清乾隆三十九年［1774］任城書院刻本

線裝2冊；25釐米

Sinica 876

詩類

經文之屬

閔家三訂正韻監本分章節明句讀詩經正文：一卷圖一卷/（明）顏茂猷校正；（明）閔齊伋重訂

清佛山明德堂刻本

線裝1冊：圖；23釐米

Sinica 2107

監本詩經全文

清乾隆（？）大良光祿堂刻本

存二卷（卷四、五）

洋裝（原線裝）1冊；23釐米

版心或題《五經》

Sinica 3040

御製繙譯詩經：［滿文］：八卷/（清）順治十一年［1654］敕撰

清抄本

線裝4冊；24釐米

MS.Backhouse 12

詩經：[滿漢對照]：八卷/(清)□□譯
　　清乾隆三十三年[1768]刻本
　　存四卷(卷三至六)
　　線裝2冊(原4冊)；27釐米
　　Sinica 3013

傳說之屬

附釋音毛詩注疏：七十卷附校勘記七十卷/(漢)毛亨撰；(漢)鄭玄箋；(唐)陸德明音義；(唐)孔穎達疏；(清)阮元撰校勘記；(清)盧宣旬摘錄校勘記
　　清光緒十八年[1892]湖南寶慶務本書局刻重刊宋本十三經注疏本
　　存三十九卷(卷一至三十九)
　　線裝7冊；24釐米
　　Backhouse 214

詩經集傳：八卷/(宋)朱熹撰
　　明萬曆建陽書林集義堂黃義宇刻本
　　存三卷(卷六至八)
　　線裝1冊；26釐米
　　Sinica 111

詩經集傳：八卷/(宋)朱熹撰
　　明萬曆坊刻本
　　存一卷(卷六第七至二十葉)
　　洋裝(原線裝)1冊；15×15釐米
　　Sinica 122

詩經集傳：八卷/(宋)朱熹撰
　　清嘉慶十年[1805]刻本
　　線裝4冊；29釐米
　　有"俞大縝印"印記
　　Sinica 2607

詩經集傳：八卷/(宋)朱熹撰
　　清嘉慶二十三年[1818]金陵芥子園刻本
　　線裝4冊；27釐米
　　牌記題"古吳李氏校訂金陵芥子園梓"，卷末題"金陵芥子園訂本"
　　Sinica 136

詩經集傳：八卷/(宋)朱熹撰
　　清刻本(書業堂藏板)
　　洋裝1冊(原線裝3冊)；22釐米
　　封面題名《重訂監本詩經》
　　Sinica 2974

詩經集傳：八卷.詩序辨說一卷/(宋)朱熹撰
　　清光緒二十二年[1896]金陵書局刻本
　　線裝5冊；27釐米
　　Sinica 2554

詩經朱傳：八卷/(宋)朱熹集傳；(清)孫慶甲校述
　　清光緒十八年[1892]京口善化書局刻本
　　線裝6冊；24釐米
　　有"俞大縝印"印記
　　Sinica 2604

詩傳大全：二十卷圖一卷/(明)永樂十三年[1415]胡廣等奉敕撰

明刻本
线装8册: 图; 33釐米
有"慕齋鑑定""宛平王氏家藏"印記
Backhouse 226

徐文定公詩經傳稿: 四卷/(明)徐光啟撰;(清)徐時勉,(清)王光承評;(清)徐爾默編;(清)徐以嘉校
清康熙十二年[1673]序淵源堂刻本
線裝1册; 25釐米
Sinica 586

欽定詩經傳說彙纂: 二十一卷首二卷詩序二卷/(清)雍正五年[1727]王鴻緒等奉敕撰
清内府刻本
線裝24册: 圖; 30釐米
Backhouse 327

御纂詩義折中: 二十卷/(清)乾隆二十年[1755]傅恒等奉敕撰
清道光長蘆鹽運使如山刻本
線裝6册; 31釐米
Backhouse 374

三家詩之屬

韓詩外傳: 十卷補逸一卷校注拾遺一卷/(漢)韓嬰撰;(清)周廷寀校注;(清)趙懷玉輯補逸;(清)周宗杭輯校注拾遺
清光緒五年[1879]定州王氏謙德堂刻畿輔叢書本
線裝2册; 27釐米

Sinica 4564

文字音義之屬

詩本音: 十卷/(清)顧炎武撰
清福建侯官林春祺福田書海銅活字印音學五書本
線裝10册; 27釐米
Sinica 531

周禮類

傳說之屬

周禮注疏: 四十二卷/(漢)鄭玄注;(唐)陸德明音義;(唐)賈公彥疏
明崇禎元年[1628]古虞毛氏汲古閣刻十三經註疏本
線裝16册; 23釐米
Sinica 2657

周禮: 六卷/(漢)鄭玄注;(唐)陸德明音義
清光緒二十年[1894]金陵書局刻本
線裝6册; 27釐米
Sinica 6089

周禮注疏刪翼: 三十卷/(明)王志長撰
清秀水王氏芥子園重刻本
線裝10册; 27釐米
Sinica 591

周禮節訓: 六卷/(清)黃叔琳輯;(清)姚培謙重定

清道光十年[1830]重刻本(金閶步月樓藏板)
　　線裝2冊；25釐米
　　Sinica 598

周禮三家佚注：一卷/(清)孫詒讓輯
　　清光緒二十年[1894]刻本
　　線裝1冊；27釐米
　　Sinica 4699

分篇之屬

考工記：二卷/(明)郭正域批點
　　明萬曆吳興閔齊伋刻三經評註朱墨印本
　　線裝2冊；27釐米
　　Sinica 2655

專著之屬

周禮政要：四卷/(清)孫詒讓著
　　清光緒三十年[1904]上海書局石印本
　　線裝2冊；21釐米
　　封面題名《評點周禮政要》
　　Sinica 6066

儀禮類

傳說之屬

儀禮經傳通解：三十七卷續二十九卷/(宋)朱熹撰；(宋)黃榦，(宋)楊復撰續
　　清禦兒呂氏寶誥堂重刻白鹿洞原本
　　線裝26冊；26釐米
　　Sinica 4603

儀禮經傳注疏參義：內編二十三卷外編五卷/(清)姜兆錫撰
　　清乾隆元年[1736]寅清樓刻本
　　線裝12冊；27釐米
　　Sinica 592

檀氏儀禮韻言塾課藏本：二卷/(清)檀萃撰
　　清嘉慶十九年[1814]刻本
　　存一卷(卷上)
　　線裝1冊；24釐米
　　Sinica 569

儀禮正義：四十卷/(清)胡培翬撰；(清)楊大堉補
　　清咸豐二年[1852]沔陽陸建瀛刻同治七年[1868]陸光祖修補本
　　線裝20冊；26釐米
　　目錄後有"蘇州湯晉苑局刊印"字樣
　　Sinica 6101

儀禮正義：四十卷/(清)胡培翬撰；(清)楊大堉補
　　清刻本
　　存二十卷(卷一至二十)
　　線裝10冊；26釐米
　　Backhouse 436

禮經校釋：二十二卷附禮經纂疏序一卷/(清)曹元弼撰
　　清光緒十八年[1892]吳縣曹氏刻本

線裝12冊；28釐米
Sinica 4606

文字音義之屬

儀禮識誤：三卷/（宋）張淳撰
清乾隆杭州刻武英殿聚珍版叢書本
線裝1冊；23釐米
Sinica 597

禮記類

傳說之屬

禮記注：二十卷釋文四卷附撫本禮記鄭注考異二卷/（漢）鄭玄撰；（唐）陸德明釋文；（清）張敦仁考異
清嘉慶十一年[1806]陽城張氏影宋刻本
線裝6冊；31釐米
據宋淳熙四年[1177]撫州公使庫本影刻
Sinica 4567

禮記：十卷/（元）陳澔集說
清嘉慶十六年[1811]刻本
線裝10冊；27釐米
金閶多文堂發兌
Backhouse 183

禮記：十卷/（元）陳澔集說
清道光十八年[1838]刻本（同安堂藏板）
線裝10冊；27釐米
Sinica 135

禮記：十卷/（元）陳澔集說
清光緒十九年[1893]江南書局刻本
線裝10冊；27釐米
Sinica 2558

禮記集說大全：三十卷/（明）永樂十三年[1415]胡廣等奉敕撰
明刻本
線裝18冊；36釐米
Backhouse 561

欽定禮記義疏：八十二卷首一卷/（清）乾隆十三年[1748]鄂爾泰等奉敕撰
清內府刻本
線裝83冊：圖；30釐米
Backhouse 582

大戴禮記類

傳說之屬

大戴禮記：十三卷/（漢）戴德撰；（北周）盧辯注；（清）盧見曾校
清乾隆二十五年[1760]德州盧氏雅雨堂刻本
線裝4冊；28釐米
Sinica 4605

大戴禮記：十三卷/（漢）戴德撰；（北周）盧辯注
清宣統三年[1911]貴池劉氏刻玉海堂景宋叢書本

線裝2冊；33釐米
據元至正本影刻
Sinica 4526

大戴禮記補注：十三卷序錄一卷/（清）孔廣森撰
清乾隆五十九年[1794]曲阜孔氏刻䈎軒孔氏所著書本
線裝2冊；27釐米
Sinica 4604

大戴禮記補注：十三卷序錄一卷/（清）孔廣森撰
清同治十三年[1874]淮南書局刻本
線裝4冊；28釐米
Sinica 6090

大戴禮記解詁：十三卷目錄一卷/（清）王聘珍撰
清光緒十三年[1887]廣雅書局刻本
線裝4冊；30釐米
Sinica 4637

又一部
線裝3冊
有"京師廣東學堂書藏"印記
Sinica 6126

校正孔氏大戴禮記補注：十三卷/（清）王樹枏撰
清光緒五年[1879]定州王氏謙德堂刻畿輔叢書本
線裝2冊；27釐米
Sinica 3084

又一部

Sinica 4598

分篇之屬

夏小正正義：一卷/（清）王筠撰
清光緒五年[1879]福山王懿榮刻天壤閣叢書本
線裝1冊；25釐米
Sinica 4595

夏小正通釋：一卷/（清）梁章鉅撰
清光緒十三年[1887]浙江書局刻本
線裝1冊；24釐米
Sinica 4594

逸禮之屬

孔子三朝記：七卷/（清）洪頤煊撰
清嘉慶十六年[1811]刻本
線裝1冊；23釐米
Sinica 4599

三禮總義類

通論之屬

讀禮通考：一百二十卷/（清）徐乾學撰
清光緒七年[1881]江蘇書局刻本
線裝32冊；28釐米
Backhouse 259

名物制度之屬

群經宮室圖：二卷/（清）焦循撰

清道光江都焦氏半九書塾刻本
線裝2冊；25釐米
Sinica 601

通禮之屬

禮書綱目：八十五卷首三卷/（清）江永撰
清嘉慶十五年[1810]刻本（留真堂藏板）
線裝22冊；27釐米
有"真州吳氏有福讀書堂藏書""星渚干元仲珍藏書籍""元仲珍藏"印記
Sinica 2802

五禮通考：二百六十二卷首四卷總目二卷/（清）秦蕙田撰
清光緒六年[1880]江蘇書局刻本
線裝100冊；28釐米
Backhouse 258
又一部
Sinica 6038

五禮通考：二百六十二卷總目二卷/（清）秦蕙田撰
精抄本
洋裝20冊（原線裝80冊）；31釐米
朱絲欄
有"徐渭仁印""紫珊""紫珊所得善本"印記
MS.Chin.d.67

五禮通考：二百六十二卷首四卷總目二卷/（清）秦蕙田撰.讀禮通考：一百二十卷/（清）徐乾學撰
清刻本
線裝80冊；27釐米
有"壽莊藏書留子孫讀即不能讀勿借勿鬻宅茲書田保無儉年禮耕義種啓後承先"印記
Sinica 383

雜禮之屬

朱子家禮：八卷首一卷/（宋）朱熹撰；（明）丘濬輯
清康熙四十年[1701]刻本
線裝4冊；27釐米
有"古講堂藏書"印記
Sinica 387

朱子家禮：八卷首一卷/（宋）朱熹撰；（明）丘濬編.四禮初稿：四卷/（明）宋纁撰.四禮約言：四卷/（明）呂維祺撰
清光霽堂刻本
線裝6冊：圖；24釐米
Backhouse 504

文公家禮儀節：八卷/（明）丘濬撰
明萬曆三十六年[1608]常州府推官錢時刻本
線裝10冊：圖；31釐米
Backhouse 594

文公家禮儀節：八卷首一卷/（明）楊慎輯.四禮約言：四卷/（明）呂維祺撰.四禮初稿：四卷/（明）宋纁撰
清刻本
線裝8冊：圖；25釐米

Sinica 6107

又一部
　　線裝6冊
　　有"大文堂自在江浙蘇閩揀選古今書籍發兌印"字樣
　　Sinica 2578

呂氏四禮翼：八卷/（明）呂坤撰；（清）朱軾評點
　　清康熙五十八年[1719]序高安朱氏刻本
　　線裝1冊；26釐米
　　Sinica 3110

家禮帖式集成：四卷/（清）陳鳴盛撰
　　清道光二十二年[1842]序刻本
　　洋裝1冊（原線裝2冊）；18釐米
　　Sinica 2644

樂類

類編之屬

樂律全書：十五種/（明）朱載堉撰
　　明萬曆鄭藩刻本
　　線裝20冊：圖；35釐米
　　Backhouse 412
　　詳目：
　　·律呂精義內篇：十卷
　　·律呂精義外篇：十卷
　　·靈星小舞譜：一卷
　　·小舞鄉樂譜：一卷
　　·二佾綴兆圖：一卷
　　·六代小舞譜：一卷
　　·樂學新說：一卷
　　·算學新說：一卷
　　·律學新說：四卷
　　·操縵古樂譜：一卷
　　·旋宮合樂譜：一卷
　　·鄉欽詩樂譜：六卷
　　·聖壽萬年曆：二卷
　　·萬年曆備考：三卷
　　·律曆融通：四卷附錄一卷

春秋左傳類

經文之屬

春秋左傳：十七卷/（春秋）左丘明撰
　　清道光三年[1823]刻本（會文堂藏板）
　　線裝10冊；27釐米
　　封面題名《春秋左傳讀本》
　　Sinica 137

傳說之屬

春秋經傳集解：三十卷/（晉）杜預撰
　　明刻本
　　線裝32冊；31釐米
　　據元相臺岳氏荊溪家塾本覆刻
　　有"存石草堂""漱六藝之芳潤"印記
　　Backhouse 237

春秋經傳集解：三十卷/（晉）杜預撰
　　明刻本
　　線裝32冊；27釐米
　　據元相臺岳氏荊溪家塾本覆刻

佚名朱筆評點
有"王氏珍藏""寶沙堂陳氏收藏印""廉普過眼""延陵西姜氏家藏圖書記""許自昌印""道生重生"印記
Backhouse 163

春秋左傳：五十卷/（晉）杜預撰，（宋）林堯叟註；（唐）陸德明音義；（明）鍾惺，（明）孫鑛，（明）韓范評點
清嘉慶二十一年［1816］重刻本（吳郡山淵堂藏版）
洋裝2冊（原線裝12冊）；26釐米
Sinica 2944

春秋左傳綱目杜林詳註：十四卷/（明）張岐然撰
清刻本（尚德堂藏板）
線裝12冊；25釐米
Backhouse 104/1

春秋左傳杜注：三十卷首一卷/（清）姚培謙撰
清乾隆十一年［1746］吳郡小鬱林陸氏刻本
線裝12冊；28釐米
朱筆評點
Sinica 573

春秋左傳杜注：三十卷首一卷/（清）姚培謙撰
清光緒九年［1883］江南書局刻本
線裝10冊；27釐米
Sinica 2559

讀左補義：五十卷首二卷/（清）姜炳璋輯；（清）毛埭，（清）毛墡校
清乾隆三十八年［1773］毛昇刻本（同文堂藏板）
線裝16冊；25釐米
Backhouse 46

春秋公羊傳類

專著之屬

春秋繁露：十七卷/（漢）董仲舒撰；（明）王道焜閱
明末刻本
線裝4冊；26釐米
讀書坊張大紳發行
有"罙庵""鐵保私印"印記
Sinica 2654

春秋繁露義證：十七卷首一卷攷證一卷/（漢）董仲舒撰；（清）蘇輿學
清宣統二年［1910］長沙刻本
線裝4冊；28釐米
Sinica 3067
又一部
Sinica 4550

春秋董氏學：八卷附傳一卷/（清）康有爲撰
清光緒十九年［1893］南海康氏刻萬木草堂叢書本
洋裝1冊（原線裝4冊）；26釐米
Sinica 3147

春秋穀梁傳類

傳說之屬

春秋穀梁傳：二十卷/（晉）范寧集解；（唐）陸德明音義
  清光緒二十一年[1895]金陵書局刻本
  線裝2冊；27釐米
  Sinica 3025

春秋穀梁經傳補注：二十四卷首一卷末一卷/（清）鍾文烝撰
  清光緒二年[1876]嘉善鍾氏信美室刻本
  線裝3冊；30釐米
  Sinica 6127

春秋總義類

類編之屬

毛氏春秋三種/（清）毛士撰
  清同治光緒刻1991年北京中國書店印本（殘損版以影印本補配）
  線裝23冊；29釐米
  Sinica 3708
  詳目：
   ·春秋三子傳：六卷首一卷
   清同治十一年[1872]深澤王氏刻
   ·春秋諸家解：十二卷總論一卷
   清同治十一年[1872]深澤王氏刻
   ·春秋三傳駁語：公穀駁語六卷左氏駁語四卷總論一卷
   清光緒八年[1882]深澤王氏刻

傳說之屬

春秋啖趙二先生集傳辯疑：十卷/（唐）陸淳撰
  清同治十二年[1873]粵東書局刻古經解彙函本
  洋裝1冊（原線裝2冊）；27釐米
  Sinica 6327

春秋胡傳：三十卷/（宋）胡安國撰
  明正統十二年[1447]司禮監刻本
  線裝4冊；31釐米
  Backhouse 520

春秋胡傳：三十卷/（宋）胡安國撰
  明刻本
  線裝8冊；30釐米
  據後印明內府本覆刻
  Backhouse 510

春秋胡傳：三十卷/（宋）胡安國撰
  清乾隆五十五年[1790]金陵芥子園刻本
  線裝6冊；27釐米
  卷末題"金陵芥子園李氏訂梓"
  Sinica 138

春秋王霸列國世紀編：三卷/（宋）李琪撰
  清康熙十九年[1680]刻通志堂經解本
  線裝2冊；28釐米
  Sinica 3024

經 部 | 43

清全齋讀春秋編：十二卷/（元）陳深撰
　　清同治十二年［1873］粵東書局刻通志堂經解本
　　線裝2冊；30釐米
　　Sinica 3023

春秋諸傳會通：二十四卷/（元）李廉撰
　　清同治十二年［1873］粵東書局刻通志堂經解本
　　線裝5冊；30釐米
　　Sinica 3022

春秋傳說薈要：十二卷/（清）□□輯；（清）聖祖玄燁案
　　清嘉慶十六年［1811］揚州十笏堂刻御案五經本
　　線裝4冊；26釐米
　　Sinica 572

欽定春秋傳說彙纂：三十八卷首二卷/（清）康熙六十年［1721］王掞等奉敕撰
　　清內府刻本
　　線裝24冊；30釐米
　　Backhouse 326

春秋四傳：三十八卷
　　清雍正四年［1726］懷德堂刻本
　　線裝12冊；27釐米
　　有"懷德堂圖書"等印記
　　Backhouse 400

專著之屬

春秋地名考略：十四卷/（清）高士奇撰
　　清刻本
　　線裝8冊；27釐米
　　有"古杭董醇"印記
　　Backhouse 248

春秋大事表：五十卷輿圖一卷附錄一卷/（清）顧棟高撰
　　清乾隆十三年至十四年［1748—1749］錫山顧氏萬卷樓刻本
　　線裝20冊；29釐米
　　Backhouse 215
又一部
　　存四十四卷（卷一至六之下、七之三至四十四）
　　後印本
　　線裝17冊；26釐米
　　Sinica 183

孝經類

傳說之屬

孝經鄭氏注：一卷/（漢）鄭玄撰；（清）嚴可均輯
　　清光緒二十九年［1903］大關唐鴻學刻本
　　線裝1冊；31釐米
　　Sinica 4680

孝經註疏：九卷/（唐）玄宗李隆基註；（宋）邢昺校
　　明崇禎二年［1629］古虞毛晉汲古閣刻十三經註疏本

线装1册；24釐米
有"子孙永保云烟家藏书记""大日方氏图书之章""五教馆"等印记
Sinica 2661

孝经注疏：九卷/（唐）玄宗李隆基注；（宋）邢昺校
清重刻汲古阁十三经注疏本（绿荫堂藏板）
线装1册；25釐米
Sinica 600

御注孝经：一卷/（唐）玄宗李隆基撰
清道光二十二年[1842]重刻本（羊城味经堂藏板）
洋装（原线装）1册；22釐米
题名据封面著录；版心题《孝经注》
Sinica 2978

御注孝经：一卷/（清）世祖福临撰
清顺治十三年[1656]内府刻本
线装1册；28釐米
半叶七行，行十六字
Backhouse 643a
又一部
Backhouse 643b

孝经旁训：一卷
清末广州石经堂书局石印本
线装1册；20釐米
Sinica 3946

文字音义之属

翻译孝经：[满汉对照]：一卷/（清）世宗胤禛敕撰
清咸丰六年[1856]内府重刻本
线装1册；31釐米
Backhouse 41

专著之属

孝经学：七卷/（清）曹元弼撰
清末活字印本
线装1册；29釐米
Sinica 4695

四书类

中庸之属

中庸注：一卷/（清）康有为撰
清光绪二十七年[1901]中国图书公司铅印演孔丛书本
洋装（原线装）1册；26釐米
Backhouse 695

论语之属

论语注疏解经：十卷札记一卷/（三国魏）何晏集解；（宋）邢昺疏；（清）刘世珩撰札记
清光绪三十年[1904]贵池刘氏玉海堂刻玉海堂景宋丛书本
线装2册；34釐米
据元元贞本影刻

Sinica 4525

論語：十卷/（宋）朱熹集注
  清光緒三十二年[1906]上海商務印書館鉛印四書集註本
  精裝（原線裝）1冊；25釐米
  Sinica 6575

論語集註本義匯參：二十卷首一卷/（清）王步青輯
  清刻四書朱子本義匯參本
  線裝4冊；25釐米
  存七卷（卷二至八）
  版心下有"敦復堂課本"字樣
  有"孫世忠印"印記
  Sinica 2561

鄉黨圖考：十卷/（清）江永撰
  清乾隆五十二年[1787]致和堂刻本
  線裝4冊；26釐米
  Backhouse 89

孟子之屬

增補蘇批孟子：二卷附年譜一卷/（宋）蘇洵撰；（清）趙大浣增補
  清同治四年[1865]刻朱墨印本（芸居樓藏板）
  線裝2冊；25釐米
  有"北村藏書"印記
  Sinica 3027

增補蘇批孟子：二卷附年譜一卷/（宋）蘇洵撰；（清）趙大浣增補
  清同治四年[1865]刻朱墨印本
  線裝2冊；27釐米
  Sinica 3029

孟子讀法附記：十四卷/（清）周人麒撰
  清乾隆四十九年[1784]跋刻本
  線裝6冊；28釐米
  Sinica 3758

孟子外書：四卷/（宋）熙時子注；（清）李調元校
  清乾隆刻函海後印本
  線裝1冊；24釐米
  Sinica 4698

總義之屬

傳說

四書章句集註/（宋）朱熹撰
  明萬曆鰲峯堂刻本
  存七卷（大學章句一卷、中庸章句一卷、論語集註卷一至五有缺）
  線裝2冊；26釐米
  Sinica 1

大學章句：一卷.大學或問：一卷.中庸章句：一卷.中庸或問：一卷.論語集註：十卷.孟子集註：十四卷/（宋）朱熹撰
  明刻本
  線裝16冊；33釐米
  Backhouse 29

四書章句集註：二十六卷/（宋）朱熹撰
  清雍正內府刻本

線裝12冊；34釐米
據宋淳祐本仿刻
Backhouse 129

監本四書：十九卷/（宋）朱熹章句集注
清嘉慶十年［1805］刻本
線裝6冊；28釐米
題名據封面著錄
Sinica 574

四書：六卷/（宋）朱熹章句集注
清道光十七年［1837］刻本（芸香堂藏板）
洋裝3冊（原線裝6冊）；23釐米
Sinica 2969

狀元四書：十九卷四書圖一卷四書字辨一卷/（宋）朱熹章句集注
清道光十九年［1839］上洋求古齋刻本
存十二卷（大學一卷、中庸一卷、論語十卷）
線裝3冊：像；30釐米
Sinica 422

四書章句集註：十九卷/（宋）朱熹撰
清光緒十二年［1886］湖北官書處重刻本
線裝6冊；30釐米
Backhouse 76

四書章句集註：十九卷/（宋）朱熹撰
清光緒二十年［1894］金陵書局刻本
線裝6冊；27釐米

Sinica 2553

裹如堂四書集註：十九卷/（宋）朱熹撰
清中後期裹如堂刻本
線裝6冊；28釐米
封面題"永安堂刊行"
Magd.Coll.Chin.3

四書讀本：十九卷附句讀頓連字畫音切/（宋）朱熹章句集注
清末天津煮字山房刻本
線裝6冊；25釐米
題名據封面著錄
Sinica 3125

光華堂四書監本：十九卷/（宋）朱熹章句集注
清光華堂刻本
存二卷（大學一卷、中庸一卷）
線裝1冊；25釐米
書名據封面著錄
Sinica 3100

四書或問：三十九卷/（宋）朱熹撰
清敬書堂刻本
缺三卷（中庸三卷）
線裝10冊；18釐米
Sinica 170

裹如堂四書真本：六卷/（宋）朱熹章句集注
清刻本（同文堂藏板）
洋裝1冊（原線裝6冊）；23釐米
題名據封面著錄

經部 | 47

Sinica 2968

四書全注：七卷/（宋）朱熹撰.附鄉黨要典便覽：一卷.詩韻音義辨異：一卷
　　清刻本
　　線裝2冊；8釐米
　　袖珍本
　　Sinica 2101
　　又一部
　　Sinica 2102
　　又一部
　　Sinica 2103
　　又一部
　　Sinica 2104
　　又一部
　　Sinica 2105

學庸：二卷/（宋）朱熹章句集注
　　清光緒五年[1879]山西濬文書局刻本
　　線裝1冊；27釐米
　　題名據封面著錄
　　Sinica 3967

四朋居新訂四書講意存是/（宋）朱熹集注；（明）周文德撰
　　明末坊刻本
　　存五卷（論語卷一至五）
　　線裝1冊；27釐米
　　有佚名朱、藍筆評點
　　Sinica 70

四書章句集註：十九卷/（宋）朱熹撰；（清）儲欣評
　　清初刻本（臨桂毓蘭書屋謝氏家塾藏板）
　　線裝6冊；32釐米
　　Backhouse 244

四書離句集註：十九卷/（宋）朱熹撰；（清）楊立先校
　　清嘉慶二十三年[1818]聚錦堂聚繡堂刻本
　　線裝13冊；27釐米
　　題名據封面著錄
　　Sinica 162

四書正體：十九卷/（宋）朱熹章句；（清）呂世鏞校定
　　清霞漳文林堂刻本
　　線裝6冊；20釐米
　　Sinica 157

四書集註大全：三十八卷/（明）永樂十三年[1415]胡廣等奉敕撰
　　明內府刻本
　　線裝20冊；36釐米
　　書名據凡例著錄
　　Backhouse 413

周會魁校正四書大全：十八卷/（明）胡廣,（明）楊榮等奉敕纂修；（明）周士顯校正
　　明萬曆坊刻本
　　缺二卷（卷七、十）
　　線裝18冊；27釐米
　　又名《周會魁刪定四書大全》
　　Sinica 68
　　又一部

存六卷（卷一、三、十二、十四、十五、十八）
線裝6冊
Sinica 69

又一部
存一卷（卷十二）
洋裝（原線裝）1冊；28釐米
Sinica 52

又一部
存一卷（卷十四）
線裝1冊；25釐米
Sinica 43

又一部
存一卷（卷十七）
洋裝（原線裝）1冊；27釐米
Corpus Christi College Library MS 205

四書集註大全：三十九卷/（明）永樂十三年［1415］胡廣等奉敕撰；（清）陸隴其增輯；（清）席永恂，（清）王前席校
清康熙三十七年［1698］序刻本（嘉會堂藏板）
線裝20冊；26釐米
書簽有"書業德記發兌"印記
Sinica 2576

新刻相臺分章旁註四書正文：六卷/（明）蘇濬校
明萬曆建陽書林陳心齋刻本
存三卷（卷四至六）
線裝1冊；22釐米
書名據卷五著錄
Sinica 2

新刻皇明正韻京本提章分節四書白文：六卷/（明）蘇濬校；（明）李廷機訂
明末刻本
存一卷（卷三上論）
線裝1冊；25釐米
Sinica 81

新刊京本分章圈點四書正文：六卷/（明）田一儁校正；（明）林偕春圈點
明萬曆建陽書林明雅堂秀泉江氏刻本
存二卷（卷四論語下、卷五孟子上，有缺）
線裝1冊；27釐米
Sinica 71

鼎雕趙狀元四書課兒提醒約解：六卷/（明）趙秉忠撰
明萬曆二十七年［1599］建陽書林自新齋余泰垣刻本
存一卷（卷六）
線裝1冊；28釐米
Sinica 26

鼎雕趙狀元四書課兒提醒約解：六卷/（明）趙秉忠撰
明萬曆四十一年［1613］建陽書林自新齋余泰垣刻本
存二卷（卷五、六，卷五有缺）
線裝1冊；28釐米
Sinica 25

鼎雕趙狀元四書課兒提醒約解：六卷/（明）趙秉忠撰

明萬曆建陽書林自新齋余良木刻本
存三卷（卷一至三）
洋裝（原線裝）1冊；28釐米
Sinica 53

鐫提章分節鄒魯正韻四書正文：六卷
明萬曆坊刻本
存一卷（下孟卷之六）
洋裝（原線裝）1冊：圖；26釐米
New College Library MS 324

增補四書精繡圖像人物備考：十二卷/（明）陳仁錫撰
清乾隆二十三年［1758］重刻本（槐蔭堂藏板）
線裝6冊；26釐米
有"克什克騰蒙古巴魯特氏"印記
Backhouse 247

四書徵：十二卷/（明）王夢簡撰
明末刻本
存二卷（下孟卷十一、十二，缺卷十一第一葉）
洋裝（原線裝）1冊；28釐米
Rawl.8°.1113

鐫項仲昭先生重訂四書同然解/（明）孔貞運纂輯；（明）項煜重訂
明刻本（雙峰堂藏板）
存四卷（大學一卷、中庸一卷、論語一卷、上論一卷）
洋裝（原線裝）1冊；24釐米
St John's Coll.Chin.1

義豐堂較正監韻分章分節四書正文：六卷/（明）顏茂猷校正
清乾隆五年［1740］義豐堂刻本
存二卷（大學一卷、中庸一卷）
洋裝（原線裝）1冊；23釐米
封面題名《監本四書》
Sinica 3039

省城元新堂較正監韻分章分節四書正文：六卷/（明）顏茂猷校正
清蔭槐堂刻本
存一卷（上論一卷）
線裝1冊；25釐米
Sinica 3167

璧經堂較正監韻分章分節四書正文：六卷/（明）陳豸校正
清光緒十四年［1888］省成璧經堂刻本
存二卷（大學一卷、中庸一卷）
線裝1冊；25釐米
封面題名《裏如堂四書正文》
Sinica 3099

福文堂較正監韻分章分節四書正文：六卷/（明）陳豸校正
清佛山福文堂刻本（粵東佛山鎮福文堂藏板）
線裝4冊；26釐米
封面題名《裏如堂四書正文》
卷末有題記"馬岡馮卓立承刊""板藏粵東佛山鎮福文堂發兌"
Sinica 404

連雲閣較正監韻分章分節四書正文：六卷/（明）陳豸，（明）顏茂猷校正
 清道光二十二年[1842]福文堂刻本（富文堂藏板）
 線裝5冊；24釐米
 封面題名《裏如堂四書正文》
 Sinica 353

裏如堂較正監韻分章分節四書正文：六卷/（明）陳豸，（明）顏茂猷校正
 清省城醉經樓刻本
 洋裝3冊（原線裝6冊）；24釐米
 中庸、論語、孟子題名《省城醉經樓較正監韻分章分節四書正文》
 Sinica 2965

日講四書解義：二十六卷/（清）康熙十六年[1677]喇沙里等奉敕撰
 清內府刻本
 線裝26冊；25釐米
 Backhouse 180

日講四書解義：[滿文]：二十六卷/（清）康熙十六年[1677]喇沙里等奉敕撰
 清內府刻本
 存十四卷（存卷一至三、七、十一、十二、十四至十七、十九、二十一、二十二、二十六）
 線裝14冊；36釐米
 Sinica 2911

五車樓重訂纂序四書說約集註定本：十九卷/（清）蔡方炳，（清）黃驥纂
 清康熙三十四年[1695]書林文雅堂刻本
 線裝5冊；24釐米
 Sinica 98

四書或問語類集解釋註大全：四十一卷/（清）朱良玉纂輯
 清雍正六年[1728]序古吳致和堂刻本
 線裝32冊；25釐米
 書名據封面著錄；版心題名《四書釋註大全》
 Sinica 2577

四書改錯：二十二卷/（清）毛奇齡撰
 清嘉慶十六年[1811]學圃刻本
 線裝6冊；30釐米
 Sinica 603

酌雅齋四書體註合講：十九卷圖考一卷/（清）翁復編
 清道光元年[1821]重刻本（酌雅齋藏板）
 線裝6冊：圖；32釐米
 封面題名《銅板四書遵註合講》
 永安堂發兌
 Magd.Coll.Chin.1

四書體註合講：十九卷圖考一卷/（清）翁復編
 清道光二十一年[1841]刻本（酌雅齋藏板）
 線裝6冊：圖；32釐米
 封面題名《銅板四書遵注合講》
 廣德經堂發兌

Sinica 144

酌雅齋四書遵註合講：十九卷圖考一卷／（清）翁復編
  清光緒二十六年［1900］浙蘭慎言堂刻本
  線裝6冊：圖；29釐米
  板心下有"慎言堂""聚奎文社校本"字樣
  Sinica 2569

御製繙譯四書：［滿漢對照］：六卷／（清）鄂爾泰等譯
  清刻本
  線裝6冊；28釐米
  Sinica 3015

新訂四書補註備旨：十卷／（明）鄧林撰；（清）杜定基增訂
  清道光十二年［1832］聯益堂刻本
  線裝6冊；28釐米
  Magd.Coll.Chin.2

新訂四書補註備旨：十卷／（明）鄧林撰；（清）杜定基增訂
  清光緒二十三年［1897］重刻本（兩儀堂藏板）
  線裝6冊；25釐米
  Sinica 2562

新訂四書補註備旨：十卷／（明）鄧林撰；（清）杜定基增訂
  清刻本
  線裝5冊；27釐米
  Sinica 2907

四書經註集證：十九卷／（清）吳昌宗撰
  清嘉慶三年［1798］江都汪廷機刻本
  線裝15冊；24釐米
  有"安昌毛氏藏書之印"印記
  Backhouse 233

四書味根錄：三十七卷／（清）金澂撰
  清道光十七年［1837］刻棨花吟館珍藏本
  缺三卷（論語卷一至三）
  線裝15冊；17釐米
  Sinica 596

繪圖四書速成新體讀本：二十一卷／（清）王有宗等合演校訂
  清光緒三十一年［1905］上海彪蒙書室石印本
  線裝28冊：圖；26釐米
  Sinica 2552

專著

四書釋地補：一卷續補一卷又續補一卷三續補一卷／（清）閻若璩撰；（清）樊廷枚校補
  清嘉慶二十一年［1816］梅陽海涵堂刻本（敬藝堂藏板）
  線裝4冊；26釐米
  有"率真"印記
  Backhouse 143

群經總義類

石經之屬

石經考文提要：十三卷/（清）彭元瑞撰
　　清嘉慶四年[1799]德清許宗彥刻本
　　線裝2冊；27釐米
　　Sinica 924

唐石經校文：十卷/（清）嚴可均撰
　　清嘉慶九年[1804]跋刻四錄堂類集本（歸安吳氏二百蘭亭齋藏板）
　　線裝3冊；30釐米
　　Sinica 4541

石經彙函：十種/（清）王秉恩輯
　　清光緒十六年[1890]四川尊經書局刻本
　　洋裝2冊（原線裝16冊）；27釐米
　　Sinica 6098
　　詳目：
　　·石經考：一卷/（清）顧炎武撰
　　·石經考異：二卷/（清）杭世駿撰
　　·漢石經殘字考：一卷/（清）翁方綱撰
　　·魏三體石經遺字考：一卷/（清）孫星衍撰
　　·唐石經校文：十卷/（清）嚴可均纂
　　·後蜀毛詩石經殘本：一卷/（清）王昶撰
　　·北宋汴學二體石經記：一卷/（清）丁晏撰
　　·石經考文提要：十三卷/（清）彭元瑞撰
　　·石經補攷：十一卷/（清）馮登府纂
　　·儀禮石經校勘記：四卷/（清）阮元撰

群經之屬

六經圖考：六卷/（宋）楊甲撰；（宋）毛邦翰補；（清）潘宷鼎重訂
　　清康熙元年[1662]序禮耕堂刻本
　　線裝6冊：圖；30釐米
　　Sinica 605

經義考：三百卷（原缺卷二百八十六、二百九十九、三百）/（清）朱彝尊撰
　　清康熙四十年[1701]序秀水朱氏曝書亭刻乾隆二十年[1755]德州盧見曾續刻本
　　線裝64冊；28釐米
　　有"致和堂藏書"等印記
　　Backhouse 131

經義考：三百卷（原缺卷二百八十六、二百九十九、三百）/（清）朱彝尊撰
　　清光緒二十三年[1897]浙江書局刻本
　　線裝50冊；27釐米
　　Sinica 2794

六經圖：二十四卷/（清）鄭之僑撰
　　清乾隆九年[1744]潮陽鄭氏述堂刻本
　　線裝12冊：圖；29釐米
　　Backhouse 296

經書算學天文考：一卷/（清）陳懋齡撰

　　清嘉慶二年[1797]錢塘姜遂登刻本

　　線裝2冊；24釐米

　　Sinica 857

經傳繹義：五十卷/（清）陳燁撰

　　清嘉慶九年[1804]校字齋刻本

　　洋裝4冊（原線裝24冊）：圖；26釐米

　　Sinica 6157

經義圖：不分卷/□□撰

　　清中期刻本

　　線裝1冊：圖；27釐米

　　Sinica 302

漢碑徵經：一卷/（清）朱百度撰

　　清光緒十五年[1889]廣雅書局刻本

　　線裝1冊；30釐米

　　Sinica 4684

漢碑經義輯略：二卷/（清）淳于鴻恩撰

　　清光緒二十八年[1902]濟南刻君錫所著書本

　　線裝2冊；25釐米

　　Sinica 4714

漢碑引經攷：六卷.漢碑引緯攷：一卷/（清）皮錫瑞撰

　　清光緒三十年[1904]刻本

　　線裝5冊；26釐米

　　Sinica 4708

文字音義之屬

經典釋文：三十卷考證三十卷/（唐）陸德明撰；（清）盧文弨考證

　　清光緒十五年[1889]湘南書局刻本

　　線裝14冊；26釐米

　　Backhouse 13

十三經注疏校勘記識語：四卷/（清）汪文臺撰

　　清光緒三年[1877]江西書局刻本

　　線裝2冊；27釐米

　　Sinica 4607

授受源流之屬

儒林宗派：十六卷/（清）萬斯同撰

　　清宣統三年[1911]上海國學扶輪社鉛印張氏適園叢書本

　　線裝2冊；26釐米

　　Sinica 6061

小學類

類編之屬

小學類編：九種附一種/（清）李祖望編

　　清咸豐光緒間江都李氏半畝園刻光緒彙印本

　　線裝8冊；24釐米

　　有"西""廣州市立中山圖書館藏""廣東圖書館所藏書籍之印""宣統元年移置廣雅書局""廣雅書局藏書樓圖籍""曾藏袁文□家""廣雅書院經籍金

石書畫之印""龍氏收藏"印記

Sinica 4805

詳目：

・惠氏讀說文記：十五卷/（清）惠棟撰

清咸豐二年［1852］刻本

・說文校議：三十卷/（清）嚴可均，（清）姚文田撰；（清）孫星衍商訂

清咸豐二年［1852］刻本

・說文苔問：一卷/（清）錢大昕撰

清咸豐二年［1852］刻本

・說文經字攷：一卷/（清）陳壽祺撰

清咸豐二年［1852］刻本

・六書說：一卷/（清）江聲撰

清咸豐元年［1851］刻本

・說文釋例：二卷/（清）江沅撰

清咸豐元年［1851］刻本

・說文舊音：一卷/（清）畢沅撰

清咸豐元年［1851］刻本

・爾雅古注斠：三卷/（清）葉蕙心撰

清光緒二年［1876］刻本

・附蘭如詩鈔：一卷/（清）葉蕙心撰

清光緒二年［1876］刻本

・小學鉤沈：十九卷/（清）任大椿撰；（清）王念孫校正．附三蒼攷逸補正：一卷/（清）任兆麟撰

清光緒十年［1884］刻本

小學鉤沈續編：四十八種附補遺一卷/（清）顧震福輯

清光緒十八年［1892］山陽顧氏刻本

缺二種

線裝4冊；28釐米

Sinica 4666

詳目：

・倉頡篇

・倉頡解詁

・三倉

・三倉解詁/（晉）郭璞撰

・凡將篇/（漢）司馬相如撰

・古文官書/（漢）衛宏撰

・古文奇字

・勸學篇/（漢）蔡邕撰

・通俗文/（漢）服虔撰

以上合一卷

・埤倉：一卷/（三國魏）張揖撰

・古今字詁/（三國魏）張揖撰

・聲類/（三國魏）李登撰

・辨釋名/（三國吳）韋昭撰

・韻集/（晉）呂靜撰

・雜字解詁/（三國魏）周成撰

・周成難字/（三國魏）周成撰

以上合一卷

・字苑/（晉）葛洪撰

・字指/（晉）李彤撰

・音譜/（南朝宋）李槩撰

・纂文/（南朝宋）何承天撰

・纂要/（南朝梁）元帝蕭繹撰

・文字集畧/（南朝梁）阮孝緒撰

・字畧

以上合一卷

・廣倉/（三國魏）樊恭撰

・字統/（北魏）楊承慶撰

・韻畧/（北齊）陽休之撰

・證俗音/（北齊）顏之推撰

・文字指歸/（隋）曹憲撰

・陸詞切韻/（隋）陸法言撰

- 孫愐切韻/（唐）孫愐撰
- 郭知玄切韻/（唐）郭知玄撰
- 王仁照切韻/（唐）王仁照撰
- 祝尚丘切韻/（唐）祝尚丘撰
- 東宮切韻/（日本）菅原是善撰
- 釋氏切韻/（唐）□□撰
- 裴務齊切韻/（唐）裴務齊撰
- 麻杲切韻/（唐）麻杲撰
- 李審言切韻/（唐）李審言撰
- 蔣魴切韻/（唐）蔣魴撰
- 切韻

以上合一卷
- 字書：三卷
- 字體
- 異字苑
- 字類
- 字諟
- 聲譜

以上五種與《字書》卷下合一卷

文字之屬

說文

說文解字：十五卷/（漢）許慎撰；（宋）徐鉉等奉敕校定
  明末虞山毛氏汲古閣刻本
  線裝10冊；29釐米
  有朱、墨筆評點
  有"林簽"印記
  Sinica 2770

說文解字：十五卷/（漢）許慎撰；（宋）徐鉉等奉敕校定

  清同治十年［1871］刻本
  線裝8冊；28釐米
  Sinica 2586

六書分類：十二卷/（清）傅世垚撰
  清康熙四十四年［1705］聽松閣刻本（寶仁堂藏板）
  線裝12冊；26釐米
  有"飲酒彈琴聽詩讀畫"印記
  Backhouse 103

六書分類：十二卷/（清）傅世垚撰
  清康熙四十四年［1705］聽松閣刻後印本
  線裝14冊；25釐米
  有"恪（？）謹""申長珍印"印記
  Backhouse 479

說文解字注：三十卷六書音韻表五卷/（清）段玉裁撰
  清嘉慶二十年［1815］刻本（經韻樓藏板）
  線裝16冊；29釐米
  Sinica 535

說文解字注：三十卷六書音韻表五卷汲古閣說文訂一卷/（清）段玉裁撰
  清同治十一年［1872］湖北崇文書局刻本
  洋裝6冊（原線裝18冊）；29釐米
  Sinica 6110

說文解字注：三十卷六書音韻表五卷/（清）段玉裁撰

清光緒三年[1877]成都尊經書院刻本
　　線裝24冊；28釐米
　　Backhouse 14

汲古閣說文訂：一卷/(清)段玉裁撰
清嘉慶二年[1797]吳縣袁廷檮五硯樓刻本
　　線裝1冊；29釐米
　　Sinica 535a

說文解字義證：五十卷/(清)桂馥撰
清同治九年[1870]湖北崇文書局刻本
　　線裝32冊；26釐米
　　Sinica 2810

苗氏說文四種/(清)苗夔撰
清道光咸豐間壽陽祁寯藻漢磚亭刻本
洋裝1冊(原線裝6冊)；28釐米
Sinica 3712
詳目：
・說文聲訂：二十八卷
清道光二十一年[1841]刻本
・說文聲讀表：七卷
清道光二十二年[1842]刻本
・說文建首字讀：一卷
清咸豐元年[1851]刻本
・毛詩韻訂：十卷
清咸豐元年[1851]刻本

王氏說文三種/(清)王筠撰
清同治四年[1865]安邱王氏刻本
洋裝6冊(原線裝29冊)；27釐米

Sinica 6021
詳目：
・說文解字句讀：三十卷補正三十卷
・說文繫傳校錄：三十卷
・說文釋例：二十卷
附文字蒙求：四卷
清道光刻本

說文釋例：二十卷/(清)王筠撰
清道光十七年[1837]安邱王氏刻本
　　線裝5冊；27釐米
　　Backhouse 1

說文解字句讀：三十卷補正三十卷/(清)王筠撰
清道光三十年[1850]安邱王氏刻咸豐王彥侗補刻本
　　線裝14冊；28釐米
　　Backhouse 92

說文通訓定聲：十八卷檢韻一卷說雅一卷古今韻準一卷/(清)朱駿聲撰
清道光二十八年[1848]序黟縣學舍刻同治九年[1870]朱孔彰臨嘯閣修補本
　　線裝24冊；24釐米
　　Sinica 3169

說文通訓定聲：十八卷檢韻一卷說雅一卷古今韻準一卷行述一卷附補遺十八卷/(清)朱駿聲撰
清道光二十八年[1848]序黟縣學舍刻同治九年[1870]朱孔彰臨嘯閣修補本
　　線裝24冊；25釐米
　　有"此君軒書籍印""此君軒"等

印記

    Sinica 3182

說文通訓定聲：十八卷分部檢韻一卷說雅一卷古今韻準一卷.朱氏羣書：六種/（清）朱駿聲撰；（清）朱孔彰編

    清光緒八年［1882］補刻合印本（臨嘯閣藏板）

    線裝24冊；25釐米

    Sinica 6022

    朱氏羣書詳目：

- 說文通訓定聲補遺：十八卷
- 夏小正補傳：一卷
- 儀禮經注一隅：二卷
- 春秋左傳識小錄：二卷
- 小爾雅約注：一卷
- 離騷賦補注：一卷

唐寫本說文解字木部箋異：一卷/（清）莫友芝撰

    清同治二年［1863］刻本

    線裝1冊；31釐米

    Sinica 4770

說文通檢：十四卷首一卷末一卷/（清）黎永椿編

    清同治十二年［1873］廣州富文齋刻本

    線裝2冊；25釐米

    Sinica 3129

說文通檢：十四卷首末各一卷/（清）黎永椿編

    清光緒二年［1876］湖北崇文書局刻本

    洋裝1冊（原線裝2冊）；27釐米

    Sinica 6185

說文審音：十六卷/（清）張行孚撰

    清光緒二十四年［1898］刻本（芳郭里通隱堂藏板）

    洋裝1冊（原線裝3冊）；25釐米

    版心下或有"漸西村舍"字樣

    Sinica 6188

說文審音：十六卷/（清）張行孚撰

    清光緒二十四年［1898］刻（芳郭里通隱堂藏板）1982年北京中國書店印本（殘損版以影印本補配）

    線裝4冊；29釐米

    版心下或有"漸西村舍"字樣

    Sinica 3200

字書

急就篇：四卷/（漢）史游撰；（唐）顏師古注；（宋）王應麟補注

    清同治十二年［1873］粵東書局刻小學彙函本

    線裝2冊；27釐米

    Sinica 4774

千字文：一卷/（南朝梁）周興嗣撰

    清同文堂刻本

    毛裝1冊；25釐米

    封面題名《同文堂會元千字文》

    Sinica 3107

千字文釋義：一卷/（南朝梁）周興嗣撰；

（清）汪嘯尹纂輯；（清）孫謙益參注；
（清）葉方書；（清）徐建勳校
  清道光五年[1825]博古堂刻本
  線裝1冊；25釐米
  Sinica 419

千字文集註：一卷/（南朝梁）周興嗣撰；
（清）蔣守誠集註
  清道光二十四年[1844]刻本（文德堂藏板）
  洋裝（原線裝）1冊；23釐米
  Sinica 251

千字文句釋：一卷/（南朝梁）周興嗣撰；
（清）□□句釋
  清光緒十八年[1892]粵東省城以文堂刻本
  洋裝（原線裝）1冊；26釐米
  Sinica 3103

千字文句釋：一卷/（南朝梁）周興嗣撰；
（清）□□句釋
  清光緒二十六年[1900]羊城聚賢堂刻本
  洋裝（原線裝）1冊；25釐米
  Sinica 3114

大廣益會玉篇：三十卷/（南朝梁）顧野王撰；（唐）孫強補；（宋）陳彭年等奉敕重修
  清康熙四十五年[1706]揚州詩局刻本
  線裝6冊；23釐米
  Sinica 530

大廣益會玉篇：三十卷校刊札記一卷/（南朝梁）顧野王撰；（唐）孫強補；（宋）陳彭年等奉敕重修；（清）鄧顯鶴撰校刊札記
  清道光三十年[1850]新化鄧氏邵州東山精舍刻本
  線裝4冊；30釐米
  據澤存堂本摹刻
  Backhouse 102

佩觿：三卷/（北周）郭忠恕撰
  清光緒十年[1884]長洲蔣鳳藻鐵華館刻本
  線裝2冊；30釐米
  據澤存堂本影刻
  Backhouse 227

汗簡：七卷/（北周）郭忠恕撰；（清）鄭珍箋正
  清光緒十五年[1889]廣雅書局刻本
  線裝4冊；30釐米
  Sinica 4778

漢隸字源：六卷碑目一卷附字一卷/（宋）婁機撰
  明末毛氏汲古閣刻本
  線裝12冊；31釐米
  Sinica 4529

隸韻：十卷隸韻攷證二卷碑目一卷碑目攷證一卷/（宋）劉球撰；（清）翁方綱撰隸韻攷證；（清）秦恩復撰碑目攷證
  清嘉慶十五年[1810]江都秦氏石研齋刻本

經　部

線裝8冊；29釐米

Sinica 2832

又一部

　　30釐米

　　Sinica 4537

增訂金壺字攷：四卷古體假借字一卷/（宋）釋適之撰；（清）郝在田輯

　　清光緒元年[1875]刻本

　　線裝1冊；27釐米

　　Backhouse 645

翰林重考字義韻律大板海篇心鏡：二十卷/（明）劉孔當校

　　明萬曆二十四年[1596]建陽書林葉天熹刻黑口本

　　存三卷（卷二、三、十八）

　　線裝2冊；27.2釐米

　　Sinica 14

翰林重考字義韻律大板海篇心鏡：二十卷/（明）劉孔當校

　　明萬曆二十四年[1596]建陽書林葉天熹刻黑口後印本

　　存二卷（卷十三、十四）

　　線裝2冊；26.2釐米

　　Sinica 73

翰林重考字義韻律大板海篇心鏡：二十卷/（明）劉孔當校

　　明萬曆二十四年[1596]建陽書林葉天熹刻白口後印本

　　存二卷（卷十八、二十）

　　線裝2冊；27.3釐米

Sinica 15

字彙：十二集首一卷末一卷附韻法直圖一卷韻法橫圖一卷/（明）梅膺祚撰

　　雲林鳳閣堂刻本

　　線裝14冊；24釐米

　　Sinica 97

正字通：十二集三十六卷/（明）張自烈撰；（清）廖文英校

　　清康熙九年[1670]序弘文書院刻本

　　線裝18冊；25釐米

　　Sinica 533

正字通：十二集三十六卷/（明）張自烈撰；（清）廖文英校

　　清康熙二十四年[1685]秀水吳源起清畏堂刻後印本

　　線裝30冊；26釐米

　　Backhouse 211

篆字彙：十二集/（清）佟世南編

　　清康熙三十年[1691]序多山堂刻本（佐聖堂藏板）

　　線裝6冊；25釐米

　　卷末題"順德/羅儝子書/楊文貴鎸"

　　Sinica 187

康熙字典：十二集三十六卷補遺一卷備考一卷/（清）康熙五十五年[1716]張玉書等奉敕撰

　　清嘉慶刻本

　　線裝32冊；18釐米

　　Magd.Coll.Chin.15

康熙字典：十二集三十六卷補遺一卷備考一卷/（清）康熙五十五年[1716]張玉書等奉敕撰
清刻本
線裝40冊；28釐米
St John's Coll.Chin.5

康熙字典：十二集三十六卷補遺一卷備考一卷/（清）康熙五十五年[1716]張玉書等奉敕撰
清刻本
線裝40冊；18釐米
Sinica 392

康熙字典：十二集三十六卷補遺一卷備考一卷/（清）康熙五十五年[1716]張玉書等奉敕撰
清刻本
線裝40冊；18釐米
Backhouse 529
又一部
17釐米
Sinica 401

康熙字典：十二集三十六卷補遺一卷備考一卷/（清）康熙五十五年[1716]張玉書等奉敕撰
清刻本
洋裝5冊（原線裝30冊）；28釐米
Sinica 2927

康熙字典：十二集三十六卷補遺一卷備考一卷/（清）康熙五十五年[1716]張玉書等奉敕撰

清刻本
缺一卷（戌集中）
線裝32冊；20釐米
Sinica 402

康熙字典：十二集三十六卷補遺一卷備考一卷/（清）康熙五十五年[1716]張玉書等奉敕撰
清光緒十四年[1888]上海圖書集成印書局鉛印本
線裝12冊；20釐米
有"權□遠印"印記
Sinica 6173

康熙字典：十二集三十六卷補遺一卷備考一卷/（清）康熙五十五年[1716]張玉書等奉敕撰；（清）王引之等校
清道光七年[1827]內府刻本
線裝40冊；30釐米
Backhouse 38
又一部
27釐米
有"恭勤之孫"印記
Backhouse 606

康熙字典：十二集三十六卷補遺一卷備考一卷/（清）康熙五十五年[1716]張玉書等奉敕撰；（清）王引之等校
清刻本
線裝40冊；26釐米
據清道光七年[1827]內府刻本重刻
Sinica 2572

康熙字典：十二集三十六卷補遺一卷備

考一卷/(清)康熙五十五年[1716]張玉書等奉敕撰;(清)王引之等校
    清刻本
    線裝40冊;17釐米
    有道光七年[1827]內府重刊本序
    Sinica 529

鐘鼎字源:五卷/(清)汪立名撰
    清康熙五十五年[1716]錢塘汪氏一隅草堂刻本
    線裝4冊;29釐米
    Backhouse 478

隸辨:八卷/(清)顧藹吉撰
    清乾隆八年[1743]元都黃晟刻本
    線裝8冊;28釐米
    有"綜覈名實""嘉猷印""別號順菴""嘉猷字顯卿""吳下許生""許季子""顯卿收父"印記
    Sinica 6018

草字彙:十二卷/(清)石梁撰
    清宏道堂刻本
    線裝6冊;26釐米
    有"舒亭"等印記
    Backhouse 441

草字彙:十二卷/(清)石梁撰
    清刻本(同文會藏板)
    線裝6冊;24釐米
    Sinica 534

倉頡篇:三卷附一卷/(清)孫星衍學.倉頡篇續本:一卷/(清)任大椿學.倉頡篇補本:一卷/(清)陶方琦學.字林考逸:八卷附錄一卷/(清)任大椿學.字林考逸補本:一卷附錄一卷/(清)陶方琦學
    清光緒十六年[1890]江蘇書局刻本
    線裝6冊;24釐米
    Sinica 4803

字林考逸:八卷附錄一卷/(清)任大椿學.字林考逸補本:一卷附錄一卷/(清)陶方琦學
    清光緒十六年[1890]江蘇書局刻1987年江蘇廣陵古籍刻印社重印本(殘損版以影印本補配)
    線裝3冊;27釐米
    Sinica 3219

隸篇:十五卷續十五卷再續十五卷/(清)翟雲升撰
    清道光十八年[1838]東萊翟氏刻本
    線裝10冊;31釐米
    Sinica 4530

字學舉隅:不分卷/(清)龍光甸,(清)龍啟瑞撰
    清道光二十四年[1844]刻本(抱香湖畔人家藏板)
    線裝1冊;28釐米
    Sinica 532

十三經集字摹本:不分卷/(清)萬青銓撰
    清刻本
    有缺
    線裝6冊;24釐米
    Backhouse 234

增補幼學須知雜字大全：二卷/□□撰
　　清中期佛山近文堂刻本
　　線裝2冊：圖；22釐米
　　書名據下卷著錄；版心題名《霞園廣集雜字》，封面題名《東園雜字》
　　Sinica 3051

玉堂增補雜字：一卷/□□撰
　　清中期花對堂刻本
　　洋裝（原線裝）1冊：圖；23釐米
　　書名據版心著錄；封面題名《增補玉堂雜字》
　　Douce Chin.e.1

字學三種/（清）傅雲龍編
　　清同治十三年[1874]德清傅氏味腴山館刻本
　　線裝1冊；26釐米
　　Backhouse 644
　　詳目：
　　・干祿字書：一卷/（唐）顏元孫撰
　　・俗書證誤：一卷/（隋）顏愍楚撰
　　・字書誤讀：一卷/（宋）王雱撰

名原：二卷/（清）孫詒讓撰
　　清光緒三十一年[1905]瑞安孫氏刻本
　　洋裝（原線裝）1冊；28釐米
　　Sinica 6055

重文：二卷補遺一卷/（清）丁午撰
　　清光緒八年[1882]錢唐丁氏刻田園裯箸本
　　線裝1冊；25釐米
　　Sinica 2564

倉頡篇：三卷/（清）陳其榮輯
　　清光緒十八年[1892]石埭徐士愷觀自得齋刻本
　　線裝1冊；25釐米
　　Sinica 4870

新刻啟蒙同聲字音註釋捷徑：一卷/（清）施十洲編集
　　清刻本
　　線裝1冊；24釐米
　　Sinica 553

新鐫幼學雜字：一卷
　　清末王同文刻本
　　線裝1冊：圖；19釐米
　　Sinica 6440

杜塾九訂方言插註雜字：不分卷/□□撰
　　清末刻本
　　有缺
　　線裝1冊；24釐米
　　書品劣
　　Sinica 3995

改正繪圖字學良知：二卷/□□撰
　　香港五桂堂石印本
　　線裝2冊：圖；21釐米
　　書名據版心著錄；封面題名《石印繪圖字學良知》
　　Sinica 5778

繡刻對相雜字：一卷/□□撰

仙城翰聚堂刻本
毛裝1冊:圖;22釐米
封面題名《繡刻圖像雜字全書》
Sinica 108

篆法

崇德堂刻本
存十二葉
精裝(原線裝)1冊;26釐米
書名據板心著錄
Sinica 303

音韻之屬

古今韻會舉要:三十卷首一卷/(元)黃公紹撰;(元)熊忠舉要

明嘉靖十五年[1536]李舜臣刻十七年[1538]劉儲秀修補本
線裝10冊;31釐米
有"大司成章""琅邪王士禎貽上氏一字曰阮亭""國子監印""懷古田舍"印記
Backhouse 527

洪武正韻:十六卷/(明)洪武八年[1375]樂韶鳳等奉敕撰

明嘉靖四十年[1561]劉以節刻本
線裝5冊;31釐米
Backhouse 406

洪武正韻:十六卷/(明)洪武八年[1375]樂韶鳳等奉敕撰

明刻本
線裝5冊;30釐米
Sinica 539

韻書五種/(明)釋直空編

明正德金臺衍法寺釋覺恒刻本
線裝12冊;39釐米
有"孫碧榆氏收藏書畫印""河東之家""景賢堂藏書印"等印記
Backhouse 117
詳目:
· 大明正德乙亥重刊改併五音類聚四聲篇:十五卷/(金)韓道昭撰
· 大明正德乙亥重刊改併五音集韻:十五卷/(金)韓道昭撰
· 新編篇韻貫珠集:八卷.真指玉鑰匙門法:一卷/(明)釋真空撰
· 新編經史正音切韻指南:一卷/(元)劉鑑撰
· 新增篇韻拾遺并藏經字義:一卷.等韻指掌圖:一卷/(明)釋真空撰

古今詩韻釋義:五卷/(明)陳世寶訂正;(明)龔大器參補

明萬曆九年[1581]金陵書肆周前山刻本
存一卷(卷一)
線裝1冊;26釐米
Sinica 4881

洪武正韻彙編:四卷/(明)周家棟撰

明萬曆三十年[1602]序刻本
線裝4冊;28釐米
Sinica 538

戚參軍八音字義便覽：四卷/（明）戚繼光撰．太史林碧山先生珠玉同聲：四卷/（清）林文英撰
  清乾隆十四年[1749]晉安編福州日新堂刻本
  線裝1冊；23釐米
  封面題名《日新堂戚林八音合訂》
  Sinica 558

五方元音：二卷/（清）樊騰鳳原本；（清）年希堯增補
  清刻本
  存一卷（卷下）
  線裝1冊；23釐米
  Backhouse 653

類音：八卷/（清）潘耒撰
  清康熙五十一年[1712]吳江潘氏遂初堂刻本
  線裝4冊；28釐米
  Sinica 537

新鐫彙音妙悟全集：不分卷/（清）黃謙撰
  清光緒二十九年[1903]福州集新堂刻本
  線裝1冊；22釐米
  封面題名《詳註彙音妙悟》
  Sinica 4892

新鐫彙音妙悟全集：不分卷/（清）黃謙撰
  清光緒三十一年[1905]廈門會文書莊石印本
  線裝1冊；20釐米
  封面題名《增補彙音妙悟》

  Sinica 4891

別俗正音彙編大全：二卷/（清）張玉成撰
  清嘉慶二十五年[1820]一貫堂書林刻本
  洋裝（原線裝）1冊；19釐米
  卷下、板心題名《正音彙編》，封面題名《南北官話彙編大全》
  Sinica 165

集韻考正：十卷/（清）方成珪撰
  清光緒五年[1879]孫詒讓詒善祠塾刻本
  線裝10冊；27釐米
  有"成都學道堂茹古堂經售"印記
  Sinica 3159

增補彙音：六卷
  清道光九年[1829]刻本（廈門文德藏板）
  線裝6冊；15釐米
  封面題名《增補十五音》
  Sinica 308

詩韻含英：十八卷/（清）劉文蔚編
  清道光十二年[1832]刻本（會文堂藏板）
  線裝4冊；18釐米
  Sinica 150

正音撮要：四卷/（清）高靜亭撰
  清道光十四年[1834]刻本（學華齋藏板）
  線裝4冊；17釐米

省城味經堂發兌
Sinica 405a

又一部
封面殘缺
Sinica 163

又一部
缺一卷（卷一）
線裝3冊；18釐米
Sinica 405b

詩韻合璧：五卷/（清）湯文潞撰．虛字韻藪：一卷/（清）潘維城編
清光緒十一年[1885]善成堂刻本
線裝6冊；20釐米
Backhouse 62

英話註解：一卷/（清）張寳楚等撰
清咸豐十年[1860]文藝堂刻本（守拙軒藏板）
線裝1冊；30釐米
Sinica 701

較正官音仕途必需雅俗便覽：三卷/（清）張錫捷撰
清同治泉郡輔仁堂刻本
線裝1冊：圖；20釐米
封面、版心題名《官音便覽》
Sinica 4890

字類標韻：六卷/（清）華綱原本；（清）王乃棠重校
清光緒元年[1875]肆江王氏刻本
線裝2冊；27釐米
Backhouse 693

彙集雅俗通十五音：八卷/（清）謝秀嵐撰
清光緒二十六年[1900]福省集新堂刻朱墨印本
線裝9冊；15釐米
Sinica 4815

訓詁之屬

爾雅

爾雅注疏：十一卷/（晉）郭璞注；（宋）邢昺疏；（□）□□音
清光緒二十二年[1896]書業德刻本
線裝6冊；25釐米
Sinica 2579

爾雅音圖：三卷/（晋）郭璞注；（清）姚之麟繪；（清）曾燠編
清嘉慶六年[1801]南城曾燠藝學軒刻本
線裝3冊；37釐米
據宋繪圖抄本摹刻
Backhouse 58

爾雅音圖：三卷/（晋）郭璞注；（清）姚之麟繪；（清）曾燠編
清嘉慶六年[1801]南城曾燠藝學軒刻後印本
線裝1冊；36釐米
據宋繪圖抄本摹刻
Sinica 675

爾雅郭注義疏：二十卷/（清）郝懿行撰
清同治四年[1865]郝聯蓀、郝聯薇校刻郝氏遺書本

線裝8冊；28釐米
Backhouse 212

爾雅直音：二卷/（清）孫侃撰
清道光十七年[1837]福經堂刻本
線裝2冊；27釐米
Sinica 151

爾雅郭注佚存補訂：二十卷/（清）王樹柟撰
清光緒十八年[1892]新城王氏文莫室刻本
線裝6冊；28釐米
Sinica 4781

群雅

廣雅補疏：四卷/（清）王樹柟撰
清光緒十五年[1889]序新城王氏文莫室刻本
線裝1冊；31釐米
Sinica 4771

字詁

經籍籑詁：一百六卷補遺一百六卷/（清）阮元撰
清嘉慶四年[1799]序揚州阮氏琅嬛僊館刻本
線裝64冊；23釐米
Sinica 2817

經籍籑詁：一百六卷補遺一百六卷/（清）阮元撰
清光緒九年[1883]上海點石齋石印本
線裝5冊；17釐米

據原刻本剪貼製版縮印
Sinica 3748

經籍籑詁：一百六卷補遺一百六卷/（清）阮元撰
清光緒上海漱六山莊石印本
洋裝4冊（原線裝12冊）；18釐米
有"王崇武""止屏""王崇武藏書"印記
Sinica 6356

經籍籑詁：一百六卷補遺一百六卷/（清）阮元撰
清刻本
線裝80冊；18釐米
Backhouse 333

普通百科新大辭典/（清）黃人編輯
清宣統三年[1911]上海國學扶輪社鉛印本
線裝15冊；20釐米
Backhouse 463

新編百科文科大詞典樣本
上海國學扶輪社石印本
線裝1冊；23釐米
Backhouse 705
又一部
Backhouse 706

方言

輶軒使者絕代語釋別國方言箋疏：十三卷/（漢）揚雄記；（晉）郭璞注；（清）錢繹箋疏

清光緒十六年[1890]仁和王文韶紅蝠山房校刻本
　　洋裝1冊（原線裝6冊）；25釐米
　　Sinica 6588

輶軒使者絕代語釋別國方言箋疏：十三卷附校勘記十三卷/（漢）揚雄記；（晉）郭璞注；（清）錢繹箋疏；（清）何翰章撰校勘記
　　清光緒十六年[1890]廣雅書局刻本
　　線裝4冊；30釐米
　　Sinica 4779

加訂美全八音：四卷/（清）鍾德明撰
　　清光緒三十二年[1906]刻本（福靈堂藏板）
　　線裝1冊；17釐米
　　Sinica 4814

滿蒙藏文

三合便覽：[滿蒙漢對照]：不分卷/（清）敬齋編；（清）富俊補
　　清乾隆四十五年[1780]刻本
　　線裝12冊；27釐米
　　Sinica 2587

三合便覽：[滿蒙漢對照]：不分卷/（清）敬齋編；（清）富俊補
　　清乾隆四十五年[1780]刻修補本
　　線裝12冊；25釐米
　　Backhouse 87

清文備考：[滿漢對照]：十卷/（清）戴轂撰
　　清康熙六十一年[1722]刻本
　　存一卷（卷五）
　　線裝1冊；30釐米
　　Douce Chin.d.1

滿漢成語對待：[滿漢對照]：四卷/（清）□□撰
　　清康熙聽松樓刻本（五雲堂藏板）
　　線裝4冊；25釐米
　　有"五雲堂藏板"印記
　　Backhouse 262

清文彙書：[滿漢對照]：十二卷/（清）李延基撰
　　清嘉慶十五年[1820]四合堂刻本
　　線裝12冊；27釐米
　　三槐堂書坊發行
　　Backhouse 111

又一部
　　缺一卷（卷五）
　　11冊；25釐米
　　Backhouse 120

滿漢字清文啟蒙：[滿漢對照]：四卷/（清）舞格撰
　　清雍正八年[1730]序三槐堂刻本
　　線裝4冊；24釐米
　　Backhouse 134

又一部
　　27釐米
　　Backhouse 265

滿漢字清文啟蒙：[滿漢對照]：四卷/（清）舞格撰
　　清刻本

線裝1冊；23釐米
存一卷（卷二）
Sinica 2509

滿漢清文成語：[滿漢對照]：不分卷/（清）董佳明鐸訂
　　清乾隆二年[1737]刻本（騎河樓文瑞堂藏板）
　　線裝4冊；25釐米
　　Backhouse 488

清文典要：[滿漢對照]：四卷/（清）秋芳堂主人撰
　　清光緒四年[1878]刻本（文淵堂藏板）
　　線裝4冊；21釐米
　　墨筆批校
　　Backhouse 40

一學三貫清文鑑：[滿漢對照]：四卷/（清）屯圖撰
　　清乾隆十一年[1746]刻本（靜宜齋藏板）
　　線裝4冊；28釐米
　　Backhouse 371

御製增訂清文鑑：[滿漢對照]：三十二卷總綱八卷補編四卷補編總綱一卷/（清）乾隆三十六年[1771]傅恒等奉敕撰
　　清刻本
　　線裝48冊；29釐米
　　Backhouse 251

御製增訂清文鑑：[滿漢對照]：三十二卷總綱八卷補編四卷補編總綱一卷/（清）乾隆三十六年[1771]傅恒等奉敕撰
　　清刻本
　　存十卷（卷二十二至二十六、補編四卷、補編總綱一卷）
　　線裝10冊；29釐米
　　Backhouse 611

御製滿珠蒙古漢字三合切音清文鑑：[滿蒙漢對照]：三十一卷/（清）乾隆四十五年[1780]阿桂等奉敕撰
　　清刻本
　　線裝32冊；31釐米
　　Backhouse 52

御製四體清文鑑：[滿蒙藏漢對照]：三十二卷/（清）高宗弘曆敕撰
　　清內府刻本
　　線裝36冊；28釐米
　　Backhouse 200

欽定遼金元史語解：[滿漢對照]：四十六卷/（清）乾隆三十六年[1771]敕撰
　　清道光四年[1824]內府重刻本
　　線裝16冊；29釐米
　　Backhouse 48

滿漢話條：[滿漢對照]：不分卷.蒙語指南：[蒙漢對照]：不分卷/（清）□□撰
　　清乾隆五十二年[1787]紹衣堂抄本
　　線裝2冊；27釐米
　　MS.Backhouse 8

滿漢六部成語：[滿漢對照]：六卷/（清）

□□撰
 清道光二十二年［1842］文英堂刻本
 線裝6冊；23釐米
 有朱筆批校
 Backhouse 171

清文指要：［滿漢對照］：三卷續二卷/（清）□□撰
 清刻清乾隆五十四年［1789］續刻本（雙峰閣藏板）
 線裝4冊；22釐米
 Backhouse 325

清文指要：［滿漢對照］：三卷續二卷/（清）□□撰
 清嘉慶十四年［1809］重刻本（三槐堂藏板）
 線裝4冊；24釐米
 Backhouse 174

清文補彙：［滿漢對照］：八卷/（清）宜興撰
 清嘉慶七年［1802］刻本
 線裝8冊；27釐米
 Backhouse 193

又一部
 26釐米
 有"崇雅堂家藏印""澹香書屋"印記
 Backhouse 612a

又一部
 24釐米
 Backhouse 612b

又一部
 28釐米
 Backhouse 612c

三合語錄：［滿蒙漢對照］：不分卷/（清）智信撰；（清）富俊蒙譯；（清）德勒克校改
 清道光九年［1829］序刻本
 線裝4冊；28釐米
 本書爲滿蒙漢文合璧《壹百條》
 Sinica 3012

蒙文晰義：［蒙漢對照］：一卷.蒙文法程：一卷.三合便覽正訛：一卷補遺一卷/（清）賽尚阿編
 清道光二十八年［1848］序刻本
 線裝4冊；27釐米
 Backhouse 119

又一部
 30釐米
 Backhouse 166

清文接字：［滿漢對照］：一卷/（清）嵩洛峰撰
 清光緒十四年［1888］京都三槐堂刻本
 線裝1冊；27釐米
 Backhouse 302a

清語摘鈔：［滿漢對照］：四卷/（清）□□撰
 清光緒十五年［1889］京都三槐堂刻本
 線裝4冊；27釐米
 Backhouse 287
 詳目：

・衙署名目：一卷
・官銜名目：一卷
・公文成語：一卷
・摺奏成語：一卷

欽定蒙文彙書：［滿蒙漢對照］：十六卷/（清）賽尚阿原稿；（清）光緒十七年［1891］松森等奉敕重編
  清內府刻本
  線裝17冊；35釐米
  Backhouse 240

滿漢字彙：［滿漢對照］：不分卷/（清）□□撰
  清抄本
  線裝4冊；30釐米
  MS.Backhouse 6

四字雜成：［滿漢對照］：不分卷.二字雜然：不分卷.三字雜然：不分卷/（清）□□撰
  清抄本
  線裝6冊；17釐米
  MS.Backhouse 4

讖緯類

類編之屬

古微書：七十二種/（明）孫瑴編
  清嘉慶二十一年［1816］禹航陳世望對山問月樓刻本
  線裝4冊；28釐米
  Sinica 618

詳目：
尚書緯
・尚書考靈曜：二卷
・尚書帝命驗：一卷
・尚書中候：一卷
・尚書五行傳
・尚書璇璣鈐
・尚書刑德放
・尚書運期授
・尚書帝驗期
・中候握河紀
・中候考河命
・中候摘洛戒
・中候雜篇
 。中候運行
 。中候洛予命
 。中候摘洛戒
 。中候義明
 。中候敕省圖
 。中候稷起
 。中候準讖哲
附洪範緯
以上合一卷
春秋緯
・春秋元命包：二卷
・春秋演孔圖
・春秋合誠圖
以上合一卷
・春秋文耀鉤
・春秋運斗樞
以上合一卷
・春秋感精符
・春秋考異郵
以上合一卷

- 春秋潛潭巴
- 春秋說題辭

以上合一卷

- 春秋漢含孳
- 春秋佐助期
- 春秋保乾圖
- 春秋握誠圖
- 春秋內事

以上合一卷

- 春秋命曆序：一卷

易緯

- 易通卦驗
- 易坤靈圖
- 易稽覽圖
- 易通統圖
- 易通驗氕圖

以上合一卷

- 易河圖數
- 易筮類謀
- 易九厄讖
- 易辨終備
- 易萌氣樞
- 易中孚傳
- 易運期

以上合一卷

禮緯

- 禮含文嘉：一卷
- 禮稽命徵：一卷
- 禮斗威儀：一卷

樂緯

- 樂叶圖徵：一卷
- 樂動聲儀：一卷
- 樂稽耀嘉：一卷

詩緯

- 詩含神霧：一卷
- 詩推度災
- 詩氾曆樞

以上合一卷

論語緯

- 論語比考讖
- 論語撰考

以上合一卷

- 論語摘輔象
- 論語摘衰聖
- 論語陰嬉讖

以上合一卷

孝經緯

- 孝經援神契：三卷
- 孝經鉤命決
- 孝經中契
- 孝經左契
- 孝經右契
- 孝經威嬉拒

以上合一卷

- 孝經內事圖：一卷

河圖緯

- 河圖括地象
- 河圖始開圖
- 河圖絳象

以上合一卷

- 河圖稽耀鉤
- 河圖帝覽禧
- 河圖挺佐輔
- 河圖握矩記
- 河圖雜緯篇
  ○ 河圖祕徵
  ○ 河圖帝通紀
  ○ 河圖著命

○河圖真紀鉤
○河圖要元篇
○河圖考靈曜
○河圖提劉篇
○河圖稽命徵
○河圖會昌符
以上合一卷
·河圖玉版
·龍魚河圖
以上合一卷
洛書緯
·洛書靈准聽:一卷
·洛書甄曜度
·洛書摘六辟

·洛書錄運法
·河洛讖
　○孔子河洛讖
　○錄運期讖
　○甄曜度讖
以上合一卷

易緯之屬

易緯略義: 三卷/(清)張惠言撰
清光緒廣雅書局刻本
線裝1冊; 29釐米
Sinica 4879

史部

叢編類

二十四史
 清同治八年[1869]嶺南陳焯之莋古堂刻本
 線裝960冊；29釐米
 據清內府刻本重刻
 Backhouse 315
 詳目：
 ・史記：一百三十卷附考證/（漢）司馬遷撰；（南朝宋）裴駰集解；（唐）司馬貞索隱；（唐）張守節正義
 ・前漢書：一百二十卷附考證/（漢）班固撰；（唐）顏師古注
 ・後漢書：一百二十卷附考證/（南朝宋）范曄撰；（唐）李賢注；（晉）司馬彪撰志；（南朝梁）劉昭注志
 ・三國志：六十五卷附考證/（晉）陳壽撰；（南朝宋）裴松之注
 ・晉書：一百三十卷音義一卷附考證/（唐）太宗李世民撰；（唐）何超撰音義
 ・宋書：一百卷附考證/（南朝梁）沈約撰
 ・南齊書：五十九卷附考證/（南朝梁）蕭子顯撰
 ・梁：五十六卷附考證/（唐）姚思廉奉敕撰
 ・陳書：三十六卷附考證/（唐）姚思廉奉敕撰
 ・魏書：一百十四卷附考證/（北齊）魏收奉敕撰
 ・北齊書：五十卷附考證/（唐）李百藥奉敕撰
 ・周書：五十卷附考證/（唐）令狐德棻等奉敕撰
 ・隋書：八十五卷附考證/（唐）魏徵，（唐）長孫無忌等奉敕撰
 ・南史：八十卷附考證/（唐）李延壽撰
 ・北史：一百卷附考證/（唐）李延壽撰
 ・舊唐書：二百卷附考證/（後晉）劉昫等奉敕撰
 ・唐書：二百二十五卷釋音二十五卷附考證/（宋）歐陽修，（宋）宋祁奉敕撰；（宋）董衝釋音
 ・舊五代史：一百五十卷附考證/（宋）薛居正等奉敕撰
 ・五代史：七十四卷附考證/（宋）歐陽修撰；（宋）徐無黨注
 ・宋史：四百九十六卷附考證/（元）脫脫等奉敕撰
 ・遼史：一百十五卷附考證/（元）脫脫等奉敕撰.附欽定遼史語解：十卷/（清）乾隆三十六年[1771]敕撰
 ・金史：一百三十五卷附考證/（元）脫脫等奉敕撰.附欽定金史語解：十二卷/（清）乾隆三十六年[1771]敕撰
 ・元史：二百十卷附考證/（明）宋濂，（明）王禕等奉敕撰.附欽定元史語解：二十四卷/（清）乾隆三十六年[1771]敕撰
 ・明史：三百三十二卷目錄四卷/

（清）乾隆四年[1739]張廷玉等奉敕撰

二十四史

清同治光緒間五省官書局刻本
缺一種（遼史）
線裝477冊；30釐米
據汲古閣刻本等重刻
Backhouse 492
詳目：

·史記：一百三十卷/（漢）司馬遷撰；（南朝宋）裴駰集解
清光緒四年[1878]金陵書局刻本
據汲古閣刻本重刻

·漢書：一百卷/（漢）班固撰；（唐）顏師古注
清同治八年[1869]金陵書局刻本
據汲古閣刻本重刻

·後漢書：九十卷續漢志三十卷/（南朝宋）范曄撰；（唐）李賢注；（晉）司馬彪撰志；（南朝梁）劉昭注志
存六十七卷（《後漢書》卷一至六十七）
清同治八年[1869]金陵書局刻本
據汲古閣刻本重刻

·三國志：六十五卷/（晉）陳壽撰；（南朝宋）裴松之注
清同治九年[1870]金陵書局刻本
據汲古閣刻本重刻

·晉書：一百三十卷音義三卷/（唐）太宗李世民撰；（唐）何超撰音義
清同治十年[1871]金陵書局刻本
據汲古閣刻本重刻

·宋書：一百卷/（南朝梁）沈約撰
清同治十一年[1872]金陵書局刻本
據汲古閣刻本重刻

·南齊書：五十九卷/（南朝梁）蕭子顯撰
清同治十一年[1872]金陵書局刻本
據汲古閣刻本重刻

·梁書：五十六卷/（唐）姚思廉奉敕撰
清同治十三年[1874]金陵書局刻本
據汲古閣刻本重刻

·陳書：三十六卷/（唐）姚思廉奉敕撰
清同治十一年[1872]金陵書局刻本
據汲古閣刻本重刻

·魏書：一百十四卷/（北齊）魏收奉敕撰
存六十五卷（卷一至六十五）
清同治十一年[1872]金陵書局刻本
據汲古閣刻本重刻

·北齊書：五十卷/（唐）李百藥奉敕撰
清同治十三年[1874]金陵書局刻本
據汲古閣刻本重刻

·周書：五十卷/（唐）令狐德棻等奉敕撰
清同治十三年[1874]金陵書局刻本
據汲古閣刻本重刻

·隋書：八十五卷附考異/（唐）魏徵，（唐）長孫無忌等奉敕撰；（清）薛濤撰考異
存五十四卷（卷三十二至八十五）
清同治十年[1871]淮南書局刻本
據汲古閣刻本重刻

·南史：八十卷/（唐）李延壽撰
清同治十一年[1872]金陵書局刻本
據汲古閣刻本重刻

・北史：一百卷／（唐）李延壽撰
清同治十一年［1872］金陵書局刻本
據汲古閣刻本重刻
・舊唐書：二百卷／（後晉）劉昫等奉
敕撰
清同治十一年［1872］浙江書局刻本
據懼盈齋本重刻
・唐書：二百二十五卷／（宋）歐陽修，
（宋）宋祁奉敕撰
清同治十二年［1873］浙江書局刻本
據汲古閣刻本重刻
・舊五代史：一百五十卷附考證／
（宋）薛居正等奉敕撰
清同治十一年［1872］湖北崇文書局
刻本
據殿本重刻
・五代史：七十四卷／（宋）歐陽修撰；
（宋）徐無黨注
清同治十一年［1872］湖北崇文書局
刻本
據汲古閣刻本重刻
・宋史：四百九十六卷／（元）脫脫等
奉敕撰
清光緒元年［1875］浙江書局刻本
據殿本重刻
・金史：一百三十五卷附考證／（元）
脫脫等奉敕撰
清同治十三年［1874］江蘇書局刻本
據殿本重刻
・元史：二百十卷附考證／（明）宋濂，
（明）王褘等奉敕撰
存一百四十九卷（卷一至一百四十九）
清同治十三年［1874］江蘇書局刻本
據殿本重刻

・明史：三百三十二卷目錄四卷／
（清）張廷玉等奉敕撰
存二百二卷（卷一至一百十八、
一百七十五至二百五十八）
清光緒三年［1877］湖北崇文書局
刻本
據殿本重刻
附
・遼史拾遺：二十四卷遼史紀年表
一卷西遼紀年表一卷／（清）厲鶚
撰；（清）汪遠孫撰年表
清光緒元年［1875］江蘇書局刻本
・遼史拾遺補：五卷／（清）楊復吉撰
清光緒三年［1877］江蘇書局刻本
・元史氏族表：三卷／（清）錢大昕
撰．元史藝文志：四卷／（清）錢大
昕撰
清江蘇書局刻本
・欽定遼史語解：十卷／（清）乾隆
三十六年［1771］敕撰
清光緒四年［1878］江蘇書局刻本
・欽定金史語解：十二卷／（清）乾隆
三十六年［1771］敕撰
清光緒四年［1878］江蘇書局刻本
・欽定元史語解：二十四卷／（清）乾
隆三十六年［1771］敕撰
清光緒四年［1878］江蘇書局刻本

二十四史
清光緒十年［1884］上海同文書局石
印本
線裝711冊；20釐米
據清乾隆四年［1739］內府刻本縮印
Sinica 4816

詳目：
- 史記：一百三十卷/（漢）司馬遷撰；（南朝宋）裴駰集解；（唐）司馬貞索隱；（唐）張守節正義
- 前漢書：一百二十卷/（漢）班固撰；（唐）顏師古注
- 後漢書：一百二十卷/（南朝宋）范曄撰；（唐）李賢注；（晉）司馬彪撰志；（南朝梁）劉昭注志
- 三國志：六十五卷/（晉）陳壽撰；（南朝宋）裴松之注
- 晉書：一百三十卷音義一卷/（唐）太宗李世民撰；（唐）何超撰音義
- 宋書：一百卷/（南朝梁）沈約撰
- 南齊書：五十九卷/（南朝梁）蕭子顯撰
- 梁書：五十六卷/（唐）姚思廉奉敕撰
- 陳書：三十六卷/（唐）姚思廉奉敕撰
- 魏書：一百十四卷/（北齊）魏收奉敕撰
- 北齊書：五十卷/（唐）李百藥奉敕撰
- 周書：五十卷/（唐）令狐德棻等奉敕撰
- 隋書：八十五卷/（唐）魏徵，（唐）長孫無忌等奉敕撰
- 南史：八十卷/（唐）李延壽撰
- 北史：一百卷/（唐）李延壽撰
- 舊唐書：二百卷/（後晉）劉昫等奉敕撰
- 唐書：二百二十五卷釋音二十五卷/（宋）歐陽修，（宋）宋祁奉敕撰；（宋）董衝釋音
- 舊五代史：一百五十卷/（宋）薛居正等奉敕撰
- 五代史：七十四卷/（宋）歐陽修撰；（宋）徐無黨注
- 宋史：四百九十六卷/（元）脫脫等奉敕撰
- 遼史：一百十六卷/（元）脫脫等奉敕撰
- 金史：一百三十五卷/（元）脫脫等奉敕撰
- 元史：二百十卷/（明）宋濂，（明）王褘等奉敕撰
- 明史：三百三十二卷目錄四卷/（清）乾隆四年[1739]張廷玉等奉敕撰

二十四史

清光緒二十九年[1903]五洲同文書局石印本

洋裝143冊（原線裝711冊）；21釐米

據清乾隆四年[1739]內府刻本縮印

Sinica 6040

詳目：
- 史記：一百三十卷/（漢）司馬遷撰；（南朝宋）裴駰集解；（唐）司馬貞索隱；（唐）張守節正義
- 前漢書：一百二十卷/（漢）班固撰；（唐）顏師古注
- 後漢書：一百二十卷/（南朝宋）范曄撰；（唐）李賢注；（晉）司馬彪撰志；（南朝梁）劉昭注志
- 三國志：六十五卷/（晉）陳壽撰；（南朝宋）裴松之注
- 晉書：一百三十卷音義一卷/（唐）太宗李世民撰；（唐）何超撰音義
- 宋書：一百卷/（南朝梁）沈約撰

- 南齊書：五十九卷/（南朝梁）蕭子顯撰
- 梁書：五十六卷/（唐）姚思廉奉敕撰
- 陳書：三十六卷/（唐）姚思廉奉敕撰
- 魏書：一百十四卷/（北齊）魏收奉敕撰
- 北齊書：五十卷/（唐）李百藥奉敕撰
- 周書：五十卷/（唐）令狐德棻等奉敕撰
- 隋書：八十五卷/（唐）魏徵，（唐）長孫無忌等奉敕撰
- 南史：八十卷/（唐）李延壽撰
- 北史：一百卷/（唐）李延壽撰
- 舊唐書：二百卷/（後晉）劉昫等奉敕撰
- 唐書：二百二十五卷釋音二十五卷/（宋）歐陽修，（宋）宋祁奉敕撰；（宋）董衝釋音
- 舊五代史：一百五十卷/（宋）薛居正等奉敕撰
- 五代史：七十四卷/（宋）歐陽修撰；（宋）徐無黨注
- 宋史：四百九十六卷/（元）脫脫等奉敕撰
- 遼史：一百十六卷/（元）脫脫等奉敕撰
- 金史：一百三十五卷/（元）脫脫等奉敕撰
- 元史：二百十卷/（明）宋濂，（明）王褘等奉敕撰
- 明史：三百三十二卷目錄四卷/（清）乾隆四年[1739]張廷玉等奉敕撰

二十四史

清光緒三十四年[1908]上海集成圖書公司鉛印本

線裝400册；20釐米

Backhouse 205

詳目：
- 史記：一百三十卷附考證/（漢）司馬遷撰；（南朝宋）裴駰集解；（唐）司馬貞索隱；（唐）張守節正義
- 前漢書：一百二十卷附考證/（漢）班固撰；（唐）顏師古注
- 後漢書：一百二十卷附考證/（南朝宋）范曄撰；（唐）李賢注；（晉）司馬彪撰志；（南朝梁）劉昭注志
- 三國志：六十五卷附考證/（晉）陳壽撰；（南朝宋）裴松之注
- 晉書：一百三十卷音義一卷附考證/（唐）太宗李世民撰；（唐）何超撰音義
- 宋書：一百卷附考證/（南朝梁）沈約撰
- 南齊書：五十九卷附考證/（南朝梁）蕭子顯撰
- 梁書：五十六卷附考證/（唐）姚思廉奉敕撰
- 陳書：三十六卷附考證/（唐）姚思廉奉敕撰
- 魏書：一百十四卷附考證/（北齊）魏收奉敕撰
- 北齊書：五十卷附考證/（唐）李百藥奉敕撰
- 周書：五十卷附考證/（唐）令狐德棻等奉敕撰

- 隋書：八十五卷附考證/（唐）魏徵，（唐）長孫無忌等奉敕撰
- 南史：八十卷附考證/（唐）李延壽撰
- 北史：一百卷附考證/（唐）李延壽撰
- 舊唐書：二百卷附考證/（後晉）劉昫等奉敕撰
- 唐書：二百二十五卷釋音二十五卷附考證/（宋）歐陽修，（宋）宋祁奉敕撰；（宋）董衝釋音
- 舊五代史：一百五十卷附考證/（宋）薛居正等奉敕撰
- 五代史：七十四卷附考證/（宋）歐陽修撰；（宋）徐無黨注
- 宋史：四百九十六卷附考證/（元）脫脫等奉敕撰
- 遼史：一百十六卷附考證/（元）脫脫等奉敕撰
- 金史：一百三十五卷附考證/（元）脫脫等奉敕撰
- 元史：二百十卷附考證/（明）宋濂，（明）王褘等奉敕撰
- 明史：三百三十二卷目錄四卷/（清）乾隆四年［1739］張廷玉等奉敕撰

七家後漢書/（清）汪文臺輯

清光緒八年［1882］太平崔國榜等刻本

線裝3冊；24釐米

Sinica 4023

詳目：
- 謝承後漢書：八卷/（三國吳）謝承撰
- 薛瑩後漢書：一卷/（三國吳）薛瑩撰
- 司馬彪續漢書：五卷/（晉）司馬彪撰
- 華嶠後漢書：二卷/（晉）華嶠撰
- 謝沈後漢書：一卷/（晉）謝沈撰
- 袁山松後漢書：一卷/（晉）袁山松撰
- 張璠漢紀：一卷/（晉）張璠撰

附
- 失氏名後漢書：一卷

又一部

洋裝1冊（原線裝6冊）

Sinica 6164

史學叢書：四十三種/（清）□□輯

清光緒二十八年［1902］上海煥文書局點石齋石印本

洋裝5冊（原線裝32冊）；16釐米

Sinica 6355

詳目：
- 史記志疑：三十六卷/（清）梁玉繩撰
- 史表功比說：一卷/（清）張錫瑜撰
- 史記天官書補目：一卷/（清）孫星衍撰
- 楚漢諸侯疆域志：三卷/（清）劉文淇撰
- 史漢駢枝：一卷/（清）成孺撰
- 人表攷：九卷附錄一卷/（清）梁玉繩撰
- 漢書辨疑：二十二卷/（清）錢大昭撰
- 漢書注校補：五十六卷/（清）周壽昌撰
- 後漢書補表：八卷/（清）錢大昭撰
- 補續漢書藝文志：一卷/（清）錢大昭撰
- 後漢書辨疑：十一卷/（清）錢大昭撰
- 後漢郡國令長攷：一卷/（清）錢大昭撰

- 續後漢書辨疑：九卷/（清）錢大昭撰
- 後漢書注補正：八卷/（清）周壽昌撰
- 後漢書注又補：一卷/（清）沈銘彝撰
- 後漢書補注續：一卷/（清）侯康撰
- 三史拾遺：五卷/（清）錢大昕撰
- 補三國疆域志：二卷/（清）洪亮吉撰
- 補三史藝文志：一卷/（清）金門詔撰
- 三國志辨疑：三卷/（清）錢大昭撰
- 三國志攷證：八卷/（清）潘眉撰
- 三國志旁證：三十卷/（清）梁章鉅撰
- 三國職官表：三卷/（清）洪飴孫撰
- 三國志補注續：一卷/（清）侯康撰
- 補三國藝文志：四卷/（清）侯康撰
- 宋遼金元四史朔閏攷：二卷/（清）錢大昕撰；（清）錢侗增補
- 晉書校勘記：五卷/（清）周家祿撰
- 東晉疆域志：四卷/（清）洪亮吉撰
- 補晉兵志：一卷/（清）錢儀吉撰
- 晉宋書故：一卷/（清）郝懿行撰
- 補梁疆域志：四卷/（清）洪齮孫撰
- 魏書校勘記：一卷/（清）王先謙撰
- 新舊唐書互證：二十卷/（清）趙紹祖撰
- 宋州郡志校勘記：一卷/（清）成孺撰
- 宋史藝文志補：一卷/（清）黃虞稷,（清）倪燦撰；（清）盧文弨錄
- 補宋書刑法志：一卷/（清）郝懿行撰
- 補宋書食貨志：一卷/（清）郝懿行撰
- 補遼金元藝文志：一卷/（清）倪燦撰；（清）盧文弨錄
- 十六國疆域志：十六卷/（清）洪亮吉撰
- 補五代史藝文志：一卷/（清）顧櫰三撰
- 讀史舉正：八卷/（清）張燧撰
- 諸史拾遺：五卷/（清）錢大昕撰
- 諸史考異：十八卷/（清）洪頤煊撰

紀傳類

正史之屬

史記：一百三十卷/（漢）司馬遷撰；（南朝宋）裴駰集解

　　清光緒二十四年［1898］上海點石齋石印本

　　線裝6冊；20釐米

　　Sinica 2532

史記：一百三十卷/（漢）司馬遷撰；（南朝宋）裴駰集解

　　清宣統元年［1909］上海商務印書館影印本

　　線裝24冊；27釐米

　　據宋刻本等影印

　　封面題名《影宋百衲本史記》

　　Sinica 4729

史記：一百三十卷/（漢）司馬遷撰；（南朝宋）裴駰集解；（唐）司馬貞索隱；（唐）張守節正義

　　明嘉靖四年［1525］金臺汪諒刻本

　　線裝40冊；32釐米

　　Backhouse 625

史記：一百三十卷/（漢）司馬遷撰；（南朝宋）裴駰集解；（唐）司馬貞索隱；（唐）張守節正義

明末程正揆校刻本（金閶書業堂藏板）
　　線裝32冊；26釐米
　　有"書業""書業鼎記圖印"印記
　　Backhouse 292

史記：一百三十卷/（漢）司馬遷撰；（南朝宋）裴駰集解；（唐）司馬貞索隱；（唐）張守節正義
　　清同治九年[1870]金陵書局刻本
　　線裝20冊；30釐米
　　Backhouse 350

史記：一百三十卷/（漢）司馬遷撰；（南朝宋）裴駰集解；（唐）司馬貞索隱；（唐）張守節正義
　　清同治九年[1870]金陵書局刻後印本
　　線裝20冊；29釐米
　　Sinica 4511

史記：一百三十卷/（漢）司馬遷撰；（明）鍾惺批評
　　刻本
　　線裝8冊；27釐米
　　據大來堂本重刻
　　有"竹蔭草廬""靜庵"印記
　　Sinica 718

史記：一百三十卷首一卷/（漢）司馬遷撰；（明）徐孚遠，（明）陳子龍測義
　　重刻本（敬書堂藏板）
　　線裝26冊；26釐米
　　Sinica 188

史記：一百三十卷首一卷/（漢）司馬遷撰；（明）徐孚遠，（明）陳子龍測義
　　重刻本
　　線裝32冊；25釐米
　　瑞成堂發兌
　　Sinica 719

史記索隱：三十卷/（唐）司馬貞撰
　　明末毛氏汲古閣刻本
　　線裝2冊；28釐米
　　Sinica 4516

史記評林：一百三十卷首一卷/（明）凌稚隆編
　　明天啟崇禎間刻本
　　線裝30冊；29釐米
　　Backhouse 586

史記菁華錄：六卷/（清）姚苧田撰
　　清光緒九年[1883]廣州翰墨園刻朱墨印本
　　線裝6冊；29釐米
　　據吳興姚氏扶荔山房本覆刻
　　Backhouse 60
又一部
　　31釐米
　　有墨筆批校
　　Sinica 3936

史記菁華錄：六卷/（清）姚苧田撰
　　清光緒十年[1884]上海蜚英館石印本
　　線裝6冊；20釐米
　　據吳興姚氏扶荔山房本縮印

Backhouse 184

校刊史記集解索隱正義札記：五卷/（清）張文虎撰
    清同治十一年[1872]金陵書局刻本
    線裝4冊；27釐米
    Sinica 4517

歸方評點史記合筆：六卷.附震川大全集載評點史記例意：一卷.劉海峯氏論文偶記：一卷/（清）王拯纂
    清同治五年[1866]馬平王氏廣州刻本
    線裝4冊；26釐米
    Sinica 3148

前漢書：一百卷/（漢）班固撰
    明嘉靖德藩最樂軒刻本
    線裝23冊；30釐米
    缺一卷（卷十九下）
    Sinica 720

漢書補注：一百卷/（漢）班固撰；（唐）顏師古注；（清）王先謙補注
    清光緒二十六年[1900]王氏虛受堂刻本
    線裝32冊；31釐米
    Sinica 2745
    又一部
    28釐米
    Sinica 2796
    又一部
    29釐米
    Sinica 4508

漢書引經異文錄證：六卷/（清）繆祐孫學
    線裝2冊；24釐米
    清光緒十一年[1885]刻本
    Sinica 4518

後漢書：一百二十卷/（南朝宋）范曄撰；（唐）李賢注；（晉）司馬彪撰志；（南朝梁）劉昭注志
    明浙汜陳祖苞刻本
    線裝14冊；28釐米
    Sinica 721

後漢書注又補：一卷/（清）沈銘彝撰
    清光緒十四年[1888]廣雅書局刻本
    線裝1冊；29釐米
    Sinica 3165

兩漢刊誤補遺：十卷附錄一卷/（宋）吳仁傑撰
    清同治真州張氏廣東刻榕園叢書乙集本
    線裝2冊；20釐米
    Sinica 4022

漢書疏證：三十六卷.後漢書疏證：三十卷/（清）沈欽韓撰
    清光緒二十六年[1900]浙江書局刻本
    線裝40冊；24釐米
    Sinica 4027

前漢書注攷證：一卷.後漢書注攷證：一卷/（清）何若瑤撰
    清光緒二十年[1894]廣雅書局刻本

線裝1冊；29釐米
封面題名《兩漢書注攷證》
Sinica 3164

三國志：六十五卷/（晉）陳壽撰；（南朝宋）裴松之注
清同治十年[1871]成都書局刻本
線裝14冊；31釐米
據內府本覆刻
Backhouse 77

三國志：六十五卷/（晉）陳壽撰；（南朝宋）裴松之注
清光緒十一年[1885]上海同文書局石印本
線裝24冊；20釐米
據內府本縮印
有"六如居士""鳳山藏書"等印記
Backhouse 235

三國志辨疑：三卷/（清）錢大昭撰
清光緒十五年[1889]廣雅書局刻本
線裝1冊；29釐米
Sinica 6036

晉書：一百三十卷音義一卷/（唐）太宗李世民撰；（唐）何超撰音義
元大德刻明南京國子監遞修本
線裝40冊；31釐米
Backhouse 615

宋書：一百卷/（南朝梁）沈約撰
宋紹興刻元明遞修本
線裝40冊；30釐米
有"惺菴主人收藏"等印記
Backhouse 392

宋書：一百卷/（南朝梁）沈約撰
明萬曆二十二年[1594]南京國子監刻清順治十六年[1659]修補本
線裝48冊；29釐米
有"仁和蔡氏滋齋珍藏"等印記
Backhouse 468

宋書：一百卷/（南朝梁）沈約撰
明崇禎七年[1634]毛氏汲古閣刻本（有抄配）
線裝32冊；26釐米
有"雲間聞人卓山氏藏書"印記
Sinica 725

梁書：五十六卷/（唐）姚思廉奉敕撰
明萬曆三年[1575]南京國子監刻清順治康熙間遞修本
線裝8冊；27釐米
Sinica 722

北齊書：五十卷/（唐）李百藥奉敕撰
明萬曆十六年[1588]南京國子監刻清順治康熙間遞修本
線裝8冊；27釐米
Sinica 724

周書：五十卷/（唐）令狐德棻等奉敕撰
明萬曆十六年[1588]南京國子監刻清順治康熙間遞修本
線裝8冊；27釐米
Sinica 723

隋書：八十五卷/（唐）魏徵，（唐）長孫無忌等奉敕撰
　　明崇禎八年［1635］毛氏汲古閣刻本（有抄配）
　　線裝20冊；26釐米
　　Sinica 726

南史：八十卷/（唐）李延壽撰
　　明崇禎十三年［1640］毛氏汲古閣刻本（有抄配）
　　線裝13冊；26釐米
　　Sinica 728

南北史補志：十四卷/（清）汪士鐸撰
　　清光緒四年［1878］淮南書局刻本
　　線裝6冊；31釐米
　　Sinica 2763

唐書：二百卷/（後晉）劉昫等奉敕撰
　　明嘉靖十七年［1538］聞人銓吳郡刻本
　　線裝40冊；28釐米
　　有"寶孝劼（？）藏宋元明本印""佞漢齋""桐城姚氏小紅鵝館收藏""姚押（花押）""臣汝功印""鄧氏謙□""東昌鄧汝功印""青芝""桐城姚伯印氏藏書記""時軒""鄧印汝敏""遜修""芷澤子""志不在溫飽""鄧汝功印""青芝山人""鄧汝功""青芝""止園"等印記
　　Backhouse 540

唐書：二百二十五卷/（宋）歐陽修，（宋）宋祁奉敕撰
　　清同治十二年［1873］浙江書局刻本
　　洋裝7冊（原線裝40冊）；27釐米
　　Sinica 6114

唐書：二百二十五卷釋音二十五卷/（宋）歐陽修，（宋）宋祁撰；（宋）董衝釋音
　　元大德刻明清遞修本
　　線裝96冊；29釐米
　　Backhouse 388
又一部
　　線裝44冊；27釐米
　　Sinica 727

五代史記：七十四卷/（宋）歐陽修撰；（宋）徐無黨注
　　明萬曆四年［1576］南京國子監刻本（有抄配）
　　線裝6冊；27釐米
　　Sinica 729

宋史：四百九十六卷/（元）脫脫等奉敕撰
　　明成化十六年［1480］朱英刻明清遞修本
　　包背裝120冊；29釐米
　　Backhouse 404

遼史：一百十六卷/（元）脫脫等奉敕撰
　　明嘉靖八年［1529］南京國子監刻本（有抄配）
　　線裝16冊；28釐米
　　Sinica 732

遼史：一百十六卷/（元）脫脫等奉敕撰
　　明萬曆三十四年［1606］北京國子監刻本

線裝12冊；39釐米
有"枕經閣""懷青家藏"印記
Backhouse 508

遼史：一百十五卷/（元）脫脫等奉敕撰
清光緒二十九年[1903]上海點石齋石印本
洋裝1冊（原線裝6冊）；21釐米
Sinica 6074

金史：一百三十五卷/（元）脫脫等奉敕撰
明嘉靖八年[1529]南京國子監刻本（有抄配）
線裝28冊；31釐米
Sinica 731

金史：一百三十五卷/（元）脫脫等奉敕撰
清光緒二十九年[1903]上海點石齋石印本
洋裝2冊（原線裝8冊）；21釐米
Sinica 6075

元史：二百十卷/（明）宋濂，（明）王禕等奉敕撰
明洪武三年[1370]內府刻明清遞修本（以清乾隆四年[1739]內府刻本補配）
線裝47冊；28釐米
Sinica 733

元史：二百十卷/（明）宋濂，（明）王禕等奉敕撰
清光緒二十九年[1903]上海點石齋石印本

洋裝3冊（原線裝14冊）；21釐米
Sinica 6073

明史：三百三十二卷目錄四卷/（清）乾隆四年[1739]張廷玉等奉敕撰
清內府刻本
線裝112冊；32釐米
Backhouse 314

別史之屬

路史：九卷後紀十三卷餘論十卷發揮六卷國名記八卷/（宋）羅泌撰；（宋）羅苹注；（明）喬可傳校
明末五桂堂刻本
線裝16冊；25釐米
據明萬曆三十九年[1611]喬氏寄寄齋本覆刻
Sinica 2696

重訂路史全本：前集九卷後紀十四卷國名記八卷發揮六卷餘論十卷/（宋）羅泌撰；（宋）羅苹注
清乾隆嘉慶間西山堂刻本
線裝24冊；25釐米
Sinica 2874

逸周書管箋：十卷疏證一卷提要一卷集說一卷撼訂三卷/（晉）孔晁注；（清）丁宗洛箋
清道光十年[1830]海康丁氏迂園刻本
線裝4冊；25釐米
Sinica 4576

逸周書：二十二卷首一卷末一卷/（晉）孔晁注；（清）陳逢衡補注
  清道光五年［1825］江都陳氏修梅山館刻本
  線裝8冊；30釐米
  Sinica 4540

汲冢周書輯要：一卷/（清）郝懿行撰
  清光緒八年［1882］東路廳署刻本
  線裝1冊；28釐米
  Sinica 4558

周書斠補：四卷/（清）孫詒讓撰
  清光緒二十六年［1900］瑞安孫氏籀廎署檢刻本
  線裝1冊；27釐米
  Sinica 4563

王會篇箋釋：三卷/（清）何秋濤撰
  清光緒十七年［1891］江蘇書局刻本
  線裝3冊；25釐米
  Sinica 6345

續後漢書：九十卷札記四卷/（元）郝經撰；（元）苟宗道注；（清）郁松年撰札記
  清道光二十一年［1841］上海郁氏刻宜稼堂叢書本
  洋裝4冊（原線裝24冊）；25釐米
  Sinica 6123

弘簡錄：二百五十四卷/（明）邵經邦撰. 續弘簡錄元史類編：四十二卷/（清）邵遠平撰
  清康熙二十七年至三十八年［1688—1699］邵遠平刻後印本
  線裝100冊；29釐米
  Backhouse 536

又一部
  線裝80冊；25釐米
  Sinica 716

大金國志校證：四十卷/（宋）宇文懋昭撰
  清嘉慶二年［1797］常熟席鑑掃葉山房刻本
  線裝2冊；30釐米
  Sinica 734

潛菴先生擬明史稿：二十卷/（清）湯斌撰；（清）田蘭芳評
  清同治九年［1870］蘇廷魁等刻本
  線裝12冊；26釐米
  封面題名《湯文正公史藁》
  Sinica 3153

明史藁：三百十卷目錄三卷史例議二卷/（清）王鴻緒奉敕編撰
  清雍正敬慎堂刻本
  線裝80冊；27釐米
  版心下鐫"敬慎堂"，"慎"字剜去末筆
  有"王印崇武"印記
  Sinica 2771

南天痕：二十六卷附錄一卷/（清）凌雪撰
  清宣統二年［1910］復古社鉛印本
  線裝6冊；26釐米
  Backhouse 61

編年類

通代之屬

資治通鑑:二百九十四卷通鑑釋文辯誤十二卷/(宋)司馬光撰;(元)胡三省音註並撰釋文辯誤
    元刻明遞修本
    線裝100册;27釐米
    Backhouse 539

資治通鑑:二百九十四卷通鑑釋文辯誤十二卷/(宋)司馬光撰;(元)胡三省音註並撰釋文辯誤
    清嘉慶二十一年[1816]鄱陽胡克家刻本
    線裝102册;30釐米
    據元刻本影刻
    Backhouse 284

資治通鑑目録:三十卷/(宋)司馬光撰
    清同治八年[1869]江蘇書局刻本
    線裝12册;30釐米
    據宋刻本仿刻
    Backhouse 425

司馬温公稽古録:二十卷/(宋)司馬光撰
    清同治十一年[1872]湖北崇文書局刻本
    線裝3册;29釐米
    Backhouse 426

資治通鑑外紀:十卷目録五卷/(宋)劉恕撰
    清嘉慶十六年[1811]長洲吳銓璜川書塾刻本
    線裝8册;29釐米
    有"林之望印"印記
    Backhouse 423

少微通鑑節要:五十卷外紀四卷/(宋)江贄撰
    明正德九年[1514]內府刻本
    線裝20册;32釐米
    有"廣運之寶"印記
    Backhouse 456

少微通鑑節要:五十卷外紀四卷/(宋)江贄撰
    明正德九年[1514]內府刻本(有抄配)
    缺四卷(外紀四卷)
    卷一至十七爲抄配
    線裝24册;31釐米
    有"求放心室""李""習正之印""時尒珍賞""筱亭""廣運之寶"等印記
    Backhouse 195

資治通鑑釋文:三十卷/(宋)史炤撰
    清刻本
    線裝6册;25釐米
    Backhouse 427

資治通鑑綱目:五十九卷/(宋)朱熹撰
    明成化九年[1473]內府刻本
    包背裝30册;36釐米
    Backhouse 140

資治通鑑綱目：五十九卷/（宋）朱熹撰
　　明嘉靖十三年[1534]江西按察司刻本
　　線裝60冊；30釐米
　　有"帶經堂印"印記
　　Backhouse 541

續資治通鑑綱目：二十七卷/（明）商輅等撰
　　明成化十二年[1476]內府刻本
　　線裝13冊；35釐米
　　有"明善堂珍藏書畫印記""遼海祝氏藏書"印記
　　Backhouse 141

續資治通鑑綱目：二十七卷/（明）商輅等撰
　　清光緒七年[1881]山東書局刻本
　　缺五卷（卷一至五）
　　線裝4冊；29釐米
　　Backhouse 449

歷代通鑑纂要：九十二卷/（明）李東陽等撰
　　朱絲欄抄本
　　線裝103冊；34釐米
　　Backhouse 507

人代紀要：三十卷/（明）顧應祥編
　　明嘉靖三十七年[1558]黃扆長興校刻本
　　線裝18冊；29釐米
　　有"嶽英珍藏"印記
　　Backhouse 422

資治通鑑節要續編：三十卷/（明）張光啟撰
　　明正德九年[1514]內府刻本
　　包背裝20冊；32釐米
　　有"廣運之寶""趙氏家藏""攤書嶽印多""雲明研軒主人""劉氏惟喆珍藏""今山文獻""趙國慶印""放眼萬卷書中""大學文淵閣士章""惟吉藏書""仁圃藏書""子孫保之""子孫保之""中憲大夫章"等印記
　　Backhouse 450

資治通鑑綱目全書：四種/（明）□□編
　　明萬曆二十八年[1600]蘇州知府朱燮元等刻本
　　線裝107冊；29釐米
　　Backhouse 385
　　詳目：
　　·資治通鑑綱目：五十九卷/（宋）朱熹撰；（宋）尹起莘發明；（元）劉友益書法；（元）汪克寬考異；（元）徐文昭考證；（元）王幼學集覽；（明）陳濟正誤；（明）馮智舒質實
　　·訂正通鑑綱目前編：二十五卷/（宋）金履祥撰；（明）南軒訂正
　　·續資治通鑑綱目：二十七卷/（明）商輅等奉敕撰；（明）周禮發明；（明）張時泰廣義
　　·資治通鑑綱目續編卷之末：一卷/（明）陳棨撰

資治通鑑綱目全書：四種/（明）□□編；（明）陳仁錫評

明末刻本

存三種

線裝123冊；26釐米

Backhouse 334

詳目：

・資治通鑑綱目：五十九卷/（宋）朱熹撰；（宋）尹起莘發明；（元）劉友益書法；（元）汪克寬考異；（元）徐文昭考證；（元）王幼學集覽；（明）陳濟正誤；（明）馮智舒質實

缺九卷（卷二十一至二十九）

・資治通鑑綱目前編：二十五卷/（明）南軒撰

・續資治通鑑綱目：二十七卷/（明）商輅等奉敕撰；（明）周禮發明；（明）張時泰廣義

通鑑綱目：四種/（明）□□編；（明）陳仁錫評

清康熙四十年［1701］王公行刻本（郁郁堂藏板）

存三種

線裝120冊；26釐米

書名據各編版心、全書封面著錄；書簽題名《重刻資治通鑑綱目》

Sinica 2570

詳目：

・資治通鑑綱目前編：二十五卷/（明）南軒撰

・資治通鑑綱目：五十九卷/（宋）朱熹撰

・續資治通鑑綱目：二十七卷/（明）商輅等奉敕撰

通鑑綱目：四種/（明）□□編；（明）陳仁錫評

清嘉慶十三年［1808］刻本

線裝101冊；19釐米

書名據各編版心、全書封面著錄

全書封面題"竹園書林藏板"、各編封面題"同人堂藏板"

Sinica 160

詳目：

・資治通鑑綱目前編：二十五卷/（明）南軒撰

・資治通鑑綱目：五十九卷/（宋）朱熹撰

・續資治通鑑綱目卷之末：一卷/（明）陳桱撰

・續資治通鑑綱目：二十七卷/（明）商輅等奉敕撰

資治通鑑綱目全書：四種/（明）□□編；（明）陳仁錫評

清同治三年［1864］刻本（漁古山房珍藏本）

線裝50冊；19釐米

Backhouse 462

詳目：

・資治通鑑綱目：五十九卷/（宋）朱熹撰；（宋）尹起莘發明；（元）劉友益書法；（元）汪克寬考異；（元）徐文昭考證；（元）王幼學集覽；（明）陳濟正誤；（明）馮智舒質實

存三十一卷（卷一至十五、四十四至五十九）

・資治通鑑綱目前編：二十五卷/

（明）南軒撰

缺二卷（卷一、二）

- 續資治通鑑綱目：二十七卷/（明）商輅等奉敕撰；（明）周禮發明；（明）張時泰廣義

  存十二卷（卷七至九上、十九至二十七）

- 資治通鑑綱目續編卷之末：一卷/（明）陳桱撰

御批資治通鑑綱目：五十九卷/（宋）朱熹撰；（宋）尹起莘發明；（元）劉友益書法；（元）汪克寬考異；（元）徐文昭考證；（元）王幼學集覽；（明）陳濟正誤；（明）馮智舒質實；（清）聖祖玄燁批

清康熙四十六年[1707]揚州詩局刻本

線裝38冊；26釐米

Sinica 683

御批資治通鑑綱目全書：一百九卷/（清）聖祖玄燁撰；（清）宋犖等奉敕編

清康熙四十六年至四十九年[1707—1710]揚州詩局刻本

存一百四卷

線裝49冊；26釐米

Backhouse 338

詳目：

- 御批資治通鑑綱目前編：十八卷舉要三卷/（宋）金履祥撰.附御批資治通鑑綱目前編外紀：一卷/（明）陳桱撰

  缺四卷（卷十五至十八）

- 御批資治通鑑綱目：五十九卷/（宋）朱熹撰；（宋）尹起莘發明；（元）劉友益書法；（元）汪克寬考異；（元）徐文昭考證；（元）王幼學集覽；（明）陳濟正誤；（明）馮智舒質實

- 御批續資治通鑑綱目：二十七卷/（明）商輅奉敕等撰；（明）周禮發明；（明）張時泰廣義

增補綱鑑輯要：四十卷/（明）袁黃撰.附御撰資治通鑑綱目三編：二十卷綱鑑補卷末一卷/（清）張廷玉等奉敕撰

清光緒十三年[1887]玉尺山房刻本

線裝30冊；23釐米

Sinica 2741

綱鑑甲子圖/（清）年希堯撰

清康熙四十四年[1705]刻本

1張；112×57釐米

背抄"Table chinoise des empereurs de la Chine"

Sinica 352

玉山樓綱鑑易知錄：九十二卷.明鑑易知錄：十五卷/（清）吳乘權等撰

清康熙五十年[1711]序刻本

線裝40冊；18釐米

Sinica 161

尺木堂綱鑑易知錄：九十二卷/（清）吳乘權撰.附御撰資治通鑑綱目三編：二十卷/（清）張廷玉等奉敕撰

清刻本（尺木堂藏板）

線裝34冊；26釐米

Magd.Coll.Chin.16

尺木堂綱鑑易知錄：九十二卷/（清）吳乘權撰
    清刻本
    存三卷（卷九至十一）
    洋裝（原線裝）1冊；26釐米
    Sinica 351

御批歷代通鑑輯覽：一百二十卷/（清）傅恒等奉敕撰
    清同治十一年[1872]湖北崇文書局刻本
    線裝60冊；30釐米
    Backhouse 271

御批歷代通鑑輯覽：一百二十卷/（清）傅恒等奉敕撰
    清光緒三十一年[1905]上海商務印書館鉛印本
    線裝40冊；20釐米
    Sinica 6823

續資治通鑑：二百二十卷/（清）畢沅撰
    清嘉慶鎮洋畢氏桐鄉馮氏刻同治八年[1869]江蘇書局修補本
    線裝60冊；30釐米
    Backhouse 285

讀通鑑綱目條記：二十卷首一卷/（清）李述來撰
    清嘉慶刻本（蒔薌閣藏板）
    線裝6冊；25釐米
    有"古潭州袁臥雪廬收藏"印記

Sinica 3028

斷代之屬

憲章錄：四十六卷/（明）薛應旂編
    明萬曆初年刻本
    線裝18冊；27釐米
    有佚名朱筆評點
    Backhouse 607

明紀：六十卷/（清）陳鶴撰；（清）陳克家補
    清同治十年[1871]江蘇書局刻本
    線裝20冊；30釐米
    Backhouse 267

明通鑑：九十卷目錄二十卷前編四卷附編六卷/（清）夏燮撰
    清同治十二年[1873]宜黃官廨刻本
    線裝48冊；30釐米
    Backhouse 108

東華錄：三十二卷/（清）蔣良騏編
    清道光八年[1828]刻本（小本合益堂藏板）
    存三卷（卷一至三）
    線裝3冊；15釐米
    京都琉璃廠同仁堂發兌
    Magd.Coll.Chin.13

東華錄：三十二卷/（清）蔣良騏編
    清刻本
    線裝16冊；25釐米
    Sinica 2673

東華錄:三十二卷/(清)蔣良騏編.附貳臣傳:十二卷.逆臣傳:四卷/(清)國史館編
  清同治十一年[1872]聚錦堂刻本
  線裝16冊;24釐米
  Backhouse 381

皇清開國方略:三十二卷首一卷/(清)乾隆五十一年[1786]阿桂等奉敕撰
  清内府刻本
  線裝32冊;37釐米
  Backhouse 116

東華全錄:天命四卷天聰崇德十八卷順治三十六卷康熙一百十卷雍正二十六卷乾隆一百二十卷嘉慶五十卷道光六十卷/(清)王先謙編.東華續錄:咸豐六十九卷/(清)潘頤福編
  清光緒十三年[1887]刻本(京都善成堂藏板)
  線裝140冊;25釐米
  Backhouse 230

東華續錄:同治一百卷/(清)王先謙編
  清光緒二十五年[1899]上海公記書莊石印本
  線裝24冊;20釐米
  Backhouse 218
  又一部
  洋裝5冊
  Sinica 6072

東華續錄:光緒二百二十卷/(清)朱壽朋撰
  清宣統元年[1909]上海圖書集成公司鉛印本
  線裝64冊;20釐米
  Backhouse 161

紀事本末類

類編之屬

歷朝紀事本末七種/(清)陳如升,(清)朱記榮輯
  清光緒十四年[1888]上海書業公所鉛印本
  缺一種(三藩紀事本末二十二卷)
  線裝48冊;20釐米
  Sinica 3941
  詳目:
  ·左傳紀事本末:五十三卷/(清)高士奇撰
  ·通鑑紀事本末:二百三十九卷/(宋)袁樞撰;(明)張溥論正
  ·宋史紀事本末:一百九卷/(明)馮琦撰;(明)陳邦瞻增訂;(明)張溥論正
  ·西夏紀事本末:三十六卷首二卷/(清)張鑑撰
  ·元史紀事本末:二十七卷/(明)陳邦瞻撰;(明)張溥論正
  ·明史紀事本末:八十卷/(清)谷應泰撰

紀事本末彙刻:八種/(清)廣雅書局編
  清光緒廣雅書局刻本
  洋裝41冊(原線裝137冊);27釐米
  Sinica 6087

詳目：
· 左傳紀事本末：五十三卷/（清）高士奇撰

清光緒二十六年［1900］刻本

· 通鑑紀事本末：二百三十九卷/（宋）袁樞撰；（明）張溥論正

清光緒十三年［1887］刻本

· 通鑑長編紀事本末：一百五十卷/（宋）楊仲良撰

清光緒十九年［1893］刻本

· 宋史紀事本末：一百九卷/（明）馮琦撰；（明）陳邦瞻增訂；（明）張溥論正

清光緒十三年［1887］刻本

· 遼史紀事本末：四十卷/（清）李有棠撰

清光緒二十六年［1900］刻本

· 金史紀事本末：五十二卷/（清）李有棠撰

清光緒二十七年［1901］刻本

· 元史紀事本末：二十七卷/（明）陳邦瞻撰；（明）張溥論正

清光緒十三年［1887］刻本

· 明史紀事本末：八十卷/（清）谷應泰撰

清光緒十三年［1887］刻本

通代之屬

通鑑紀事本末：四十二卷/（宋）袁樞撰

宋刻元明遞修本

線裝42冊；33釐米

Backhouse 465

繹史：一百六十卷世系圖一卷年表一卷/（清）馬驌撰

清康熙九年［1670］序刻本

線裝24冊；29釐米

Backhouse 526

斷代之屬

明朝紀事本末：八十卷/（清）谷應泰撰

清順治刻後印本

線裝24冊；25釐米

書名據目錄著錄；封面題《明鑑紀事本末》；卷一卷端、版心挖去書名首二字；卷三卷端題《通鑑紀事本末》，首二頁版心有"通鑑紀事"字樣；

有"王崇武""止屏""王崇武藏書"印記

Sinica 6115

雜史類

類編之屬

勝朝遺事：初編六卷二編八卷/（清）吳彌光原本；（清）宋澤元重訂

清光緒九年［1883］山陰宋氏懺花盦刻本

洋裝4冊（原線裝16冊）；19釐米

Sinica 6168

詳目：

初編卷一

· 洪武聖政記/（明）宋濂撰

· 明初禮賢錄/（明）□□撰

· 天潢玉牒/（明）解縉撰

・龍興慈記/（明）王文禄撰
・蔖勝野聞/（明）徐禎卿撰
・平漢錄/（明）宋濂撰
・平吳錄/（明）吳寬撰
初編卷二
・北平錄/（明）□□撰
・平夏錄/（明）黃標撰
・平胡錄/（明）陸深撰
・靖難功臣錄/（明）朱當㴐撰
・備遺錄/（明）張芹撰
・平定交南錄/（明）丘濬撰
・北征錄/（明）金幼孜撰
・北征後錄/（明）金幼孜撰
・北征記/（明）楊榮撰
初編卷三
・宣爐注/（清）冒襄撰
・否泰錄/（明）劉定之撰
・正統北狩事蹟/（明）□□撰
・北使錄/（明）李實撰
・天順日錄/（明）李賢撰
・聖駕臨雍錄/（明）周洪謨撰
・武宗外紀/（清）毛奇齡撰
初編卷四
・大禮議辨/（清）毛奇齡撰
・諭對錄/（明）張孚敬撰
・倭變事略/（明）采九德撰
初編卷五
・靖海紀略/（明）鄭茂撰
・病榻遺言/（明）高拱撰
・星變志/（明）□□撰
・鈐山堂書畫記/（明）文嘉撰
初編卷六
・碧血錄/（明）黃煜撰
・甲申傳信錄/（清）錢䫆撰

二編卷一
・三朝聖諭錄/（明）楊士奇輯錄
・瀛涯勝覽/（明）馬歡撰
・彭文憲公筆記/（明）彭時撰
二編卷二
・閒中今古錄/（明）黃溥撰
・病逸漫記/（明）陸釴撰
・琅琊漫抄/（明）文林撰
・水東日記/（明）葉盛撰
・近峰記略/（明）□□撰
・留青日札/（明）田藝蘅撰
二編卷三至卷四
・今言類編：二卷/（明）鄭曉撰
二編卷五
・錦衣志/（明）王世貞撰
・觚不觚錄/（明）王世貞撰
・鳳洲筆記/（明）王世貞撰
二編卷六
・奇聞類紀/（明）施顯卿撰
・幸存錄/（明）夏允彝撰
二編卷七
・復社紀事/（清）吳偉業撰
・肜史拾遺記/（清）毛奇齡撰
二編卷八
・後鑒錄：一卷/（清）毛奇齡撰

荊駝逸史：四十九種/（清）陳湖逸士編
清刻本
洋裝6冊（原線裝48冊）；26釐米
Sinica 6341
詳目：
・三朝野紀：七卷（原缺卷五、六）/
　（明）李遜之撰
・東林事略：三卷/（明）吳應箕撰

- 啟禎兩朝剝復錄：三卷/（明）吳應箕撰
- 熹朝忠節死臣列傳：一卷/（明）吳應箕撰
- 甲申忠佞記事：一卷/（清）錢邦芑撰
- 甲申紀變實錄：一卷/（清）錢邦芑撰
- 北使紀略：一卷/（明）陳洪範撰
- 汴圍濕襟錄：一卷/（明）白愚撰
- 所知錄：三卷/（清）錢澄之撰
- 聖安本紀：六卷/（清）顧炎武撰
- 江陰城守紀：二卷/（清）韓菼撰
- 荊溪盧司馬殉忠實錄：一卷/（明）許德士撰
- 袁督師計斬毛文龍始末：一卷/（明）李清撰
- 入長沙記：一卷/（明）丁大任撰
- 粵中偶記：一卷/（明）華復蠡撰
- 航澥遺聞：一卷/（明）汪光復撰
- 平蜀紀事：一卷/（清）虞山遺民著
- 李仲達被逮紀畧：一卷/（明）蔡士順撰
- 念陽徐公定蜀紀：一卷/（明）文震孟撰
- 攻渝紀事：一卷/（明）徐如珂撰
- 遇變紀畧：一卷/（明）聾道人撰
- 四王合傳：一卷/（清）□□撰
- 江變紀畧：二卷/（清）徐世溥撰
- 東塘日劄：二卷/（清）朱子素撰
- 滄洲紀事：一卷/（清）程正揆撰
- 倣指南錄：一卷/（明）康范生撰
- 甲行日注：八卷/（明）葉紹袁撰
- 恩卹諸公志畧：二卷/（明）孫慎行撰
- 孫高陽前後督師畧跋：一卷/（明）蔡鼎撰
- 閩游月記：二卷/（明）華廷獻撰
- 風倒梧桐記：二卷/（清）何是非撰
- 揚州十日記：一卷/（明）王秀楚撰
- 庚寅十一月初五日始安事畧：一卷/（明）瞿元錫撰
- 平閩記畧：一卷/（清）□□撰
- 開國平吳事畧：一卷/（清）南園嘯客撰
- 人變述畧：一卷/（明）黃煜撰
- 全吳記畧：一卷/（明）楊廷樞撰
- 歷年城守記：一卷/（清）王度撰
- 明亡述畧：二卷/（清）鎖綠山人撰
- 劉公旦先生死義記：一卷/（明）吳下逸民撰
- 僞官據城記：一卷/（清）王度撰
- 懿安事畧：一卷/（清）賀宿撰
- 江陵紀事：一卷/（清）□□撰
- 孫愷陽先生殉城論：一卷/（明）蔡鼎撰
- 永曆紀事：一卷/（明）丁大任撰
- 平定耿逆記：一卷/（清）李之芳撰
- 錢氏家變錄：一卷/（清）錢孺飴撰
- 兩粵夢遊記：一卷/（明）馬光撰
- 平臺紀畧：一卷/（清）藍鼎元撰

明季稗史彙編：十六種/（清）留雲居士編
清刻本
洋裝3冊（原線裝16冊）；24釐米
封面有"都城琉璃廠留雲居士排字本"字樣
有"任邱宗氏""敬述堂藏書"印記
Sinica 6047
詳目：
- 烈皇小識：八卷/（明）文秉撰

・聖安皇帝本紀：二卷/（清）顧炎武撰
・行在陽秋：二卷/（明）劉湘客撰
・嘉定屠城紀略：一卷/（清）朱子素撰
・幸存錄：二卷/（明）夏允彝撰
・續幸存錄：一卷/（明）夏完淳撰
・求野錄：一卷/（明）鄧凱撰
・也是錄：一卷/（明）鄧凱撰
・江南聞見錄：一卷/（明）□□撰
・粵游見聞：一卷/（明）瞿共美撰
・賜姓始末：一卷/（清）黃宗羲撰
・兩廣紀略：一卷/（明）華復蠡撰
・東明聞見錄：一卷/（明）瞿共美撰
・青燐屑：二卷/（明）應廷吉撰
・吳耿尚孔四王合傳：一卷/（清）□□撰
・揚州十日記：一卷/（明）王秀楚撰

明季稗史彙編：十六種/（清）留雲居士編
清刻本
存六種
線裝1冊；26釐米
Sinica 433
詳目：
・求野錄：一卷/（明）鄧凱撰
・也是錄/（明）鄧凱撰
・江南聞見錄：一卷/（明）□□撰
・粵游見聞：一卷/（明）瞿共美撰
・賜姓始末：一卷/（清）黃宗羲撰
・兩廣紀略：一卷/（明）華復蠡撰

明季稗史彙編：十六種/（清）留雲居士編
清光緒二十二年［1896］上海圖書集成印書局鉛印本
線裝6冊；20釐米

Backhouse 322
詳目：
・烈皇小識：八卷/（明）文秉撰
・聖安本紀：二卷/（清）顧炎武撰
・行在陽秋：二卷/（明）劉湘客撰
・嘉定屠城紀略：一卷/（清）朱子素撰
・幸存錄：二卷/（明）夏允彝撰
・續幸存錄：一卷/（明）夏完淳撰
・求野錄：一卷/（明）鄧凱撰
・也是錄：一卷/（明）鄧凱撰
・江南聞見錄：一卷/（明）□□撰
・粵游見聞：一卷/（明）瞿共美撰
・賜姓始末：一卷/（清）黃宗羲撰
・兩廣紀略：一卷/（明）華復蠡撰
・東明聞見錄：一卷/（明）瞿共美撰
・青燐屑：二卷/（明）應廷吉撰
・吳耿尚孔四王合傳：一卷/（清）□□撰
・揚州十日記：一卷/（明）王秀楚撰

痛史：二十種/（清）樂天居士編
清宣統三年至民國元年［1911—1912］上海商務印書館鉛印本
線裝31冊；20釐米
Backhouse 613
詳目：
・福王登極實錄：一卷/（明）文震亨撰.附過江七事/（清）陳貞慧撰.金陵紀略：一卷附南征紀一卷/（清）□□撰
・哭廟紀略：一卷/（清）□□撰
・丁酉北闈大獄記略：一卷/（清）信天翁撰
・莊氏史案/（清）□□撰.附秋思草

史部 | 97

堂遺集：一卷/（清）陸莘行撰
·研堂見聞雜記：一卷/（清）王家禎撰
·思文大紀：八卷/（明）□□撰
·弘光實錄鈔：四卷/（清）黃宗羲撰
·淮城紀事：一卷/（明）□□撰.附揚州變略：一卷/（明）□□撰.京口變略：一卷/（明）□□撰
·崇禎長編：二卷/（明）□□撰
·浙東紀略：一卷/（清）徐芳烈撰
·嘉定縣乙酉紀事：一卷/（清）朱子素撰
·江上孤忠錄：一卷/（清）趙曦明撰.附孤忠後錄：一卷/（明）祝純嘏撰
·啓禎記聞錄：八卷/（明）葉紹袁撰
·海上見聞錄：二卷/（清）阮旻錫撰
·蜀記：一卷/（清）□□撰
·鹿樵紀聞：三卷/（清）吳偉業撰
·隆武遺事：一卷/（清）□□撰
·客滇述：一卷/（明）顧山貞撰
·守鄖紀略：一卷/（清）高斗樞撰.附大梁守城記：一卷/（清）周在浚撰
·國變難臣鈔：一卷/（明）□□撰.附崇禎甲申燕都紀變實錄：一卷/（清）錢邦芑撰.甲申三月忠逆諸臣紀事：一卷/（清）錢邦芑撰.紀錢牧齋遺事：一卷/（清）□□撰

紀載彙編：十種/（清）□□輯
清刻本
線裝4冊；25釐米
封面有"都城琉璃廠排字本"字樣
有"王崇武藏書"印記
Sinica 3144

詳目：
·燕都日記：一卷/（明）馮夢龍原本；（明）莫鰲山人增補
·東塘日劄：一卷/（清）朱子素撰
·閩事紀畧：一卷/（明）華廷獻撰
·戴重事錄：一卷/（清）章學誠撰
·金壇獄案：一卷/（清）計六奇撰
·董心葵事記：一卷/（明）□□撰
·江上遺聞：一卷/（清）沈濤撰
·安龍紀事：一卷/（明）江之春撰
·過墟志：二卷/（清）墅西逸叟撰
·辛丑紀聞：一卷/（清）□□撰

通代之屬

國語：二十一卷/（三國吳）韋昭解
明嘉靖刻本
線裝10冊；27釐米
有"查映山讀書記""長白敷槎氏堇齋昌齡圖書印""聽雨樓查氏有圻珍賞圖書"、"棟亭曹氏藏書""頤公（？）""拜石園珍賞""龍氏收藏"印記
Sinica 4519

國語：二十一卷/（三國吳）韋昭解.附國語補音：三卷/（宋）宋庠撰
明刻黑口本
線裝12冊；31釐米
有"七略軒藏書記""龍印彼得"印記
Sinica 4502

國語：二十一卷/（三國吳）韋昭解；（宋）宋庠補音

明萬曆巴郡張一鯤刻本（有抄配）
線裝10冊；27釐米
Sinica 4501

國語：二十一卷/（三國吳）韋昭解；（宋）宋庠補音
清嘉慶十一年［1806］姑蘇書業堂刻本
線裝6冊；25釐米
Backhouse 353

國語：二十一卷/（三國吳）韋昭解.附校刊明道本韋氏解國語札記：一卷/（清）黃丕烈撰
清嘉慶五年［1800］吳門黃氏讀未見書齋刻本
線裝2冊；29釐米
據宋天聖明道本覆刻
Sinica 4538

國語：二十一卷/（三國吳）韋昭解.附校刊明道本韋氏解國語札記：一卷/（清）黃丕烈撰.國語明道本攷異：四卷/（清）汪遠孫撰
清同治八年［1869］湖北崇文書局刻本
線裝5冊；30釐米
據清嘉慶五年［1800］黃氏仿宋刻本影刻
有"京師大學堂藏書樓鈐冊圖章"印記
Backhouse 373

國語：二十一卷/（三國吳）韋昭解.附校刊明道本韋氏解國語札記：一卷/（清）黃丕烈撰.國語明道本攷異：四卷/（清）汪遠孫撰
清光緒二年［1876］成都尊經書院刻民國三十一年［1942］修補重印本
線裝5冊；28釐米
Sinica 4539

國語校注本三種/（清）汪遠孫撰
清道光二十六年［1846］錢唐汪氏振綺堂刻本
線裝6冊；30釐米
Sinica 4513
詳目：
・國語三君注輯存：四卷/（清）汪遠孫輯
・國語發正：二十一卷
・國語明道本攷異：四卷
又一部
洋裝1冊（原線裝6冊）；25釐米
Sinica 6083

國語補音：三卷/（宋）宋庠撰.附國語補音札記：一卷/（清）錢保塘撰
清光緒二年［1876］成都尊經書院刻本
線裝1冊；27釐米
Sinica 4561

國語正義：二十一卷/（清）董增齡撰
清光緒六年［1880］章氏式訓堂刻朱印本
線裝8冊；25釐米
有"顧頡剛藏書之記"印記

Sinica 4512

戰國策：十卷/（宋）鮑彪注
明萬曆九年［1581］巴郡張一鯤刻本
線裝14冊；28釐米
卷一首頁有清光緒七年［1881］孔廣陶題識
Backhouse 569

戰國策：十七卷/（清）張星徽評點
清雍正五年［1727］序刻本（春暉堂藏板）
線裝6冊；25釐米
封面題名《國策評林》
半葉九行，行二十五字，單魚尾，版心上有"天下要書"、下有"塞翁亭"字樣
Sinica 3727

國語國策合注
清乾隆三十年［1765］刻本（文盛堂藏板）
線裝10冊；25釐米
Sinica 590
詳目：
- 國語：二十一卷/（三國吳）韋昭解；（宋）宋庠補音
- 戰國策：十卷/（宋）鮑彪校注

重校國語國策合編
清光緒二十一年［1895］寶善堂刻本
線裝10冊；24釐米
Backhouse 224
詳目：
- 國語：二十一卷/（三國吳）韋昭解．附校刊明道本韋氏解國語札記：一卷/（清）黃丕烈撰
- 戰國策：三十三卷/（漢）高誘注．附重刻剡川姚氏本戰國策札記：三卷/（清）黃丕烈撰

國語國策
清光緒二十八年［1902］新化三味書室刻本
線裝16冊；26釐米
Backhouse 530
詳目：
- 國語：二十一卷/（三國吳）韋昭解．附校刊明道本韋氏解國語札記：一卷/（清）黃丕烈撰．國語明道本攷異：四卷/（清）汪遠孫撰
- 戰國策：三十三卷/（漢）高誘注．附重刻剡川姚氏本戰國策札記：三卷/（清）黃丕烈撰

華夷考異：不分卷/（明）□□撰
明萬曆抄本
毛裝1冊（原3冊）；26釐米
書名據書衣著錄
有明崇禎間佚名朱筆、墨筆評點
MS.Chin.d.21

斷代之屬

吳越春秋：十卷逸文一卷札記一卷/（漢）趙曄撰；（元）徐天祐音注；（清）徐乃昌輯逸文並撰札記
清光緒三十二年［1906］南陵徐氏刻隨盦徐氏叢書本

線裝4冊；30釐米
據元大德本影刻
Sinica 4534

貞觀政要：十卷/（唐）吳兢撰
　　明成化十二年[1476]崇府刻本
　　線裝10冊；32釐米
　　有"劉""燕庭藏書""崇府圖書"印記
　　Backhouse 610

校正元聖武親征錄：一卷/（元）□□撰；（清）何秋濤校正.附元聖武親征錄刊誤：一卷/（清）沈曾植撰
　　清光緒二十年[1894]桐廬袁昶小漚巢刻1984年北京中國書店印本
　　線裝1冊；29釐米
　　板心、封面題名《何斠元聖武親征錄》
　　Sinica 2721

元朝秘史：十五卷/（元）□□撰；（清）李文田注
　　清光緒二十二年[1896]桐廬袁昶漸西村舍刻1984年北京中國書店印本
　　線裝4冊；29釐米
　　Sinica 2713

建文書法儗：前編一卷正編二卷附編二卷/（明）朱鷺撰
　　明萬曆刻本
　　線裝8冊；27釐米
　　有"長白敷槎氏堇齋昌齡圖書印""楝亭曹氏藏書""北平謝氏藏書印"

印記
Backhouse 489

吾學編：六十九卷/（明）鄭曉撰
　　明萬曆二十七年[1599]鄭心材重刻本（有補配）
　　線裝36冊；28釐米
　　《皇明大政記》卷一至四以明隆慶元年[1567]海鹽鄭氏原刻本補配
　　有"居俟軒"等印記
　　Backhouse 448

明宮史：八卷/（明）劉若愚撰
　　清宣統二年[1910]上海國學扶輪社鉛印本
　　線裝2冊；26釐米
　　Backhouse 490

倭寇始末：一卷/（明）□□撰
　　抄本
　　線裝1冊；25釐米
　　MS.Chin.d.30

明季北略：二十四卷.明季南略：十八卷/（清）計六奇撰
　　清刻本
　　線裝24冊；27釐米
　　封面題"都城琉璃廠半松居士排字本"
　　有"小琴如意"印記
　　Backhouse 144

明季北略：二十四卷.明季南略：十八卷/（清）計六奇撰

清刻本

洋裝5冊(原線裝20冊);25釐米

封面題"都城琉璃廠半松居士排字本"

有"王印崇武"印記

Sinica 6178

明季北略:二十四卷.明季南略:十八卷/(清)計六奇撰

清光緒十三年[1887]上海圖書集成印書局石印本

線裝10冊;16釐米

Backhouse 365

虎口餘生記:一卷/(清)邊大綬撰

刻本

線裝1冊;28釐米

Sinica 4002

滇事總錄:二卷/(清)莊士敏撰

清光緒十六年[1890]湖北崇文書局刻本

線裝1冊;27釐米

有"王崇武藏書"印記

Sinica 3171

聖武記:十四卷/(清)魏源撰

清道光二十二年[1842]刻道光二十四年[1844]第二次重訂本(古微堂藏板)

線裝12冊;26釐米

Sinica 714

聖武記:十四卷/(清)魏源撰

清刻本

線裝12冊;20釐米

Backhouse 125

皇朝武功紀盛:四卷/(清)趙翼撰

清乾隆五十七年[1792]湛貽堂刻本

洋裝(原線裝)1冊;26釐米

Sinica 263

嘯亭雜錄:八卷續錄二卷/(清)昭槤撰

清光緒二十七年[1901]上海掃葉山房石印本

線裝4冊;20釐米

Backhouse 485

戡靖教匪述編:十二卷/(清)石香村居士撰

清道光六年[1826]序京都琉璃廠刻本

線裝2冊;20釐米

Sinica 167

平定猺匪述略:二卷/(清)周存義撰

清道光十四年[1834]刻本

洋裝(原線裝)1冊;21釐米

Sinica 254

金陵癸甲摭談:一卷/(清)□□撰

清咸豐五年[1855]刻本

線裝1冊;22釐米

Sinica 467

又一部

洋裝

Sinica 704

金陵癸甲摭談：一卷/(清)□□撰
  清咸豐六年[1856]刻本(大觀書屋藏板)
  線裝1冊；25釐米
  Sinica 713

金陵癸甲摭談：一卷/(清)□□撰
  清光緒三十二年[1906]上海國粹學報館鉛印國粹叢書第三集本
  精裝(原平裝)1冊；21釐米
  有"王崇武""王崇武藏書"印記
  Sinica 6606

粵匪南北滋擾紀略：一卷/(清)姚憲之編
  清咸豐五年[1855]跋刻本(京都琉璃廠藏板)
  線裝2冊；22釐米
  封面題名《粵匪紀略》
  Sinica 712

江南鐵淚圖新編：一卷附編一卷/(清)余治撰
  清咸豐刻本
  線裝2冊：圖；24釐米
  封面有"蘇城元妙觀內得見齋刷印"字樣
  Sinica 705

江南鐵淚圖新編：一卷/(清)余治撰
  清咸豐刻本
  線裝1冊：圖；25釐米
  Backhouse 630

江南北大營紀事本末：二卷/(清)杜文瀾撰
  清同治八年[1869]金山錢氏文富樓鉛印本(五版)
  線裝1冊；25釐米
  Sinica 708

平定粵匪紀略：十八卷附記四卷/(清)杜文瀾撰
  清同治九年[1870]刻本(善成堂藏板)
  線裝10冊；17釐米
  Sinica 703

蕩平髮逆圖記：二十二卷首一卷/(清)杜文瀾纂
  清光緒鉛印暨石印本
  線裝4冊：圖；17釐米
  Sinica 6191

平定關隴紀畧：十三卷/(清)易孔昭等撰
  清光緒十三年[1887]刻本
  線裝8冊；31釐米
  Sinica 2865

湘軍志：十六卷/(清)王闓運撰
  清刻本
  線裝4冊；28釐米
  書名據版心著錄
  有"俞大縝印"印記
  Sinica 2608

湘軍記：二十卷/(清)王定安撰
  清光緒十五年[1889]江南書局刻本
  線裝12冊；29釐米
  Sinica 2715

豫軍紀略：十二卷/（清）尹耕雲等纂
　　清光緒上海申報館鉛印本
　　線裝6冊；18釐米
　　Sinica 3824

李秀成供：一卷/（清）李秀成撰
　　清刻本
　　線裝1冊；19釐米
　　Sinica 711

鴉片戰爭雜稿：不分卷/（清）□□編
　　清朱絲欄抄本
　　線裝8冊；24釐米
　　MS.Chin.d.11

張文襄幕府紀聞：二卷/（清）辜鴻銘撰
　　清宣統二年[1910]鉛印本
　　線裝2冊；27釐米
　　Backhouse 709
　　又一部
　　Sinica 4012
　　又一部
　　Sinica 4013

近世中國秘史：二編/（清）捫蝨談虎客編
　　清宣統二年[1910]上海廣智書局鉛印本（六版）；貳編宣統三年[1911]鉛印本（十版）
　　精裝1冊（原平裝2冊）；22釐米
　　Backhouse 669

春冰室野乘：一卷/（清）李岳瑞撰
　　清宣統三年[1911]上海廣智書局鉛印本

精裝（原平裝）1冊（208頁）；23釐米
Backhouse 680

外紀之屬

朝鮮近世史：二卷/（日本）林泰輔編修；（清）劉世珩校譯
　　清光緒二十九年[1903]上海鴻寶書局石印時務叢書本
　　線裝2冊：地圖；26釐米
　　卷端下題《五洲韱編譯時務叢書》
　　有"王崇武"印記
　　Sinica 6842

載記類

十六國春秋：一百卷/（北魏）崔鴻撰
　　清乾隆四十一年[1776]序仁和汪日桂欣託山房刻本
　　線裝20冊；28釐米
　　Sinica 717

十六國春秋：一百卷/（北魏）崔鴻撰
　　清乾隆四十六年[1781]序竹素山房刻本
　　線裝16冊；30釐米
　　Backhouse 201

南唐書：十八卷/（宋）陸游撰；（清）湯運泰注.附唐年世總釋：一卷.州郡總音釋：一卷/（清）湯運泰撰
　　清道光二年[1822]青浦湯氏綠籤山房刻本
　　線裝8冊；26釐米

Sinica 730

十國春秋：一百十四卷拾遺一卷備考一卷/（清）吳任臣撰；（清）周昂撰拾遺備考

  清乾隆五十八年[1793]海虞周氏此宜閣校刻本

  線裝24冊；25釐米

  Backhouse 74

史表類

通代之屬

廿一史四譜：五十四卷/（清）沈炳震鈔

  清同治十年[1871]武林吳氏清來堂刻本

  線裝16冊；26釐米

  有"蘭園"印記

  Sinica 6045

歷代沿革表：三卷/（清）段長基編輯；（清）段摺書參註

  清嘉慶二十年[1815]小酉山房刻本

  洋裝2冊（原線裝6冊）；29釐米

  Sinica 3175

歷代帝王年表：十四卷/（清）齊召南撰；（清）阮福續．附帝王廟諡年諱譜：一卷/（清）陸費墀撰

  清道光四年[1824]儀徵阮氏小琅嬛僊館刻本

  線裝4冊；25釐米

  Sinica 388

歷代帝王年表：十四卷/（清）齊召南撰；（清）阮福續．附帝王廟諡年諱譜：一卷/（清）陸費墀撰

  清光緒二十八年[1902]山東書局石印本

  線裝4冊；24釐米

  Backhouse 517

帝王廟諡年諱譜/（清）陸費墀撰

  清刻本

  線裝1冊；27釐米

  據清道光四年[1824]儀徵阮氏小琅嬛僊館刻本覆刻

  Sinica 432

歷代帝王世系圖/（清）□□撰

  清宣統二年[1910]陸軍部刷印處石印本

  線裝1冊：27釐米

  Sinica 6577

史抄類

通代之屬

慈溪黃氏日抄分類古今紀要：十九卷/（宋）黃震撰

  明正德十三年[1518]書林龔氏明實書堂刻本

  線裝6冊；26釐米

  半葉十二行

  有佚名手抄眉批、題

  Backhouse 155

全史論贊：八十二卷/（明）項篤壽編
　　明嘉靖四十五年［1566］嘉禾項氏萬卷樓刻本
　　線裝24冊；27釐米
　　有"玉涵秘篋""孔昭""燕緒眼福""乙雲山人""紫瑜""家住姑蘇臺（？）下""草廬吳氏""莫宿郎官""臣起潛印""子魚真賞""紫瑜""真趣""子魚所藏""子魚經眼""玉涵寶藏""子魚""吳印起潛"等印記
　　Backhouse 572

史要：七卷/（清）任啟運撰；（清）吳兆慶纂注；（清）吳麟徵增注
　　清光緒七年［1881］跋刻1992年北京中國書店重印本（殘損版以影印本補配）
　　線裝4冊；29釐米
　　Sinica 3710

斷代之屬

宋史文抄：三十八卷/（明）戴羲撰
　　明末刻本
　　線裝16冊；31釐米
　　Backhouse 401

史評類

史學之屬

史通削繁：四卷/（唐）劉知幾撰；（清）浦起龍注；（清）紀昀削繁
　　清光緒元年［1875］刻本（凱江李氏家塾藏板）
　　線裝4冊；26釐米
　　Backhouse 28

史論之屬

東萊先生音註唐鑑：二十四卷/（宋）范祖禹撰；（宋）呂祖謙注
　　明刻本
　　線裝6冊；29釐米
　　有"詩禮周孔韜略吳孫""光第私印"印記
　　Backhouse 576

詠史之屬

擬明史樂府：一卷/（清）尤侗撰；（清）尤珍注
　　清刻本
　　洋裝（原線裝）1冊；25釐米
　　有"王崇武"等印記
　　Sinica 6611

傳記類

總傳之屬

歷代

歷代君鑒：五十卷/（明）代宗朱祁鈺撰
　　明景泰四年［1453］內府刻本
　　線裝20冊；34釐米
　　有"廣運之寶"印記
　　Backhouse 393

新鍥評林旁訓薛湯二先生家藏酉陽搜古
人物奇編：十八卷首一卷/(明)薛應旂纂
輯；(明)湯賓尹評閱；(明)朱焯註釋
　　存一卷(卷五)
　　明萬曆建陽書林劉舜臣刻本
　　線裝1冊；25釐米
　　Sinica 106

聖賢像贊：三卷/(明)呂維祺編
　　明崇禎五年[1632]序刻本
　　線裝4冊：圖；25釐米
　　Sinica 3737

歷代名人年譜：十卷/(清)吳榮光撰
　　清咸豐二年[1852]序刻1992年北京
中國書店印本(殘損版以影印本補配)
　　線裝10冊；29釐米
　　Sinica 3718

碧血錄：六卷/(清)莊仲方箸論；(清)陳
彝繪圖；(清)張壽寫字
　　清宣統二年[1910]跋天津醒華日報
石印本
　　線裝6冊：圖；26釐米
　　有"李""承運""津門李氏潤生珍
藏金石書畫記""潤生珍藏"印記
　　Sinica 3128

斷代

本朝京省人物考：一百十五卷/(明)過庭
訓撰
　　明天啟二年[1622]刻本
　　線裝48冊；27釐米
　　有"北海孫氏萬卷樓圖書""孫氏萬

卷樓印"印記
　　Backhouse 420

宗室王公功績表傳：五卷/(清)乾隆
二十九年[1764]允祕等奉敕撰
　　清內府刻本
　　線裝6冊；38釐米
　　Backhouse 99

國朝先正事略：六十卷/(清)李元度纂
　　清刻本
　　線裝24冊；25釐米
　　據清同治五年[1866]平江李氏循陔
草堂本覆刻
　　Sinica 3155

國朝先正事略：六十卷/(清)李元度纂
　　清光緒十三年[1887]上海點石齋重
校石印本
　　線裝8冊；21釐米
　　Sinica 6076

家乘

京兆族譜：十卷/(清)龔懋源撰
　　清乾隆五十三年[1788]序集鳳堂
刻本
　　線裝2冊；32釐米
　　Sinica 802

上海朱氏族譜：六卷/(清)朱澄儉撰
　　清道光十九年[1839]序刻本
　　線裝4冊；32釐米
　　Sinica 801

姓名

尚友錄：二十二卷/（明）廖用賢編纂
明天啟元年[1621]刻清康熙重印本（漱潤堂藏板）
線裝12冊；28釐米
有"備前岡山若林正晁圖書之記""文昌堂"印記
Backhouse 288

尚友錄：二十二卷補遺一卷/（明）廖用賢編纂；（清）張伯琮補輯
清康熙正業堂刻乾隆修補本（浙蘭林天祿齋藏板）
線裝10冊；25釐米
封面題名《增補尚友錄》
總目首葉版心下有"正業堂"三字；卷末有"浙蘭林天祿齋藏板"；封面有"潋水天祿齋藏板"字樣
Sinica 147

史姓韻編：六十四卷/（清）汪輝祖撰
清光緒十年[1884]慈谿馮祖憲耕餘樓鉛印本
線裝16冊；20釐米
Sinica 3750

史姓韻編：二十四卷/（清）汪輝祖撰
清光緒二十九年[1903]上海文瀾書局石印本
線裝8冊；20釐米
Sinica 3749

歷代同姓名錄：二十三卷/（清）劉長華撰
清光緒五年[1879]刻本（藜照軒藏板）
線裝6冊；26釐米
Sinica 6049

增廣尚友錄統編：二十二卷/（清）應祖錫編輯
清光緒二十八年[1902]上海鴻寶齋石印本
線裝12冊；20釐米
Sinica 6319

君臣

註釋評點古今名將傳：十七卷圖一卷附錄一卷/（明）陳元素撰
明天啟三年[1623]序刻本
線裝17冊：圖；27釐米
Backhouse 457

宋名臣言行錄：五集/（清）洪瑩編
清道光元年[1821]歙洪瑩刻二十二年[1842]丹徒包良訓修補本
線裝12冊；25釐米
Backhouse 585
詳目：
· 前集 五朝名臣言行錄：十卷/（宋）朱熹撰
· 後集 三朝名臣言行錄：十四卷/（宋）朱熹撰
· 續集 皇朝名臣言行續錄：八卷/（宋）李幼武撰
· 別集 四朝名臣言行錄：上十三卷下十三卷/（宋）李幼武撰
· 外集 皇朝道學名臣言行錄：十七卷/（宋）李幼武撰

百將圖傳：二卷/（清）丁日昌撰
  清同治九年［1870］江蘇書局刻本
  線裝4冊：圖；26釐米
  Sinica 6010

中國六大政治家
  清宣統二年［1910］上海廣智書局鉛印本
  精裝（原平裝）1冊；23釐米
  Sinica 6608
  詳目：
  ·第一編 管子.附中國法理學發達史論/（清）梁啟超述
  ·第二編 商君/（清）麥孟華述

儒林

新刻七十二賢像贊：二卷/（明）胡文煥校
  明末刻本
  線裝1冊：圖；27釐米
  Sinica 686

理學宗傳：二十六卷/（清）孫奇逢撰
  清光緒六年［1880］浙江書局刻本
  線裝12冊；24釐米
  有"錦官堂藏書印"印記
  Sinica 3085

明儒學案：六十二卷/（清）黃宗羲撰
  清乾隆四年［1739］慈谿鄭性刻光緒八年［1882］馮全垓修補本（慈谿二老閣藏板）
  洋裝7冊（原線裝20冊）；25釐米
  Sinica 6102

宋元學案：一百卷首一卷/（清）黃宗羲原本；（清）黃百家纂輯；（清）全祖望修定；（清）王梓材等校.附宋元學案攷畧：一卷/（清）馮雲濠等撰
  清光緒五年［1879］龍汝霖等長沙刻本
  線裝40冊；25釐米
  Sinica 3035

學案小識：十四卷首一卷末一卷/（清）唐鑑撰
  清光緒十年［1884］黃膺刻本
  線裝12冊；27釐米
  據四砭齋原本重刻
  Sinica 3083

歷代儒學存真錄：十卷/（清）田僾撰
  清咸豐七年［1857］晚悔書屋刻1993年北京中國書店印本（殘損版以影印本補配）
  線裝4冊；29釐米
  Sinica 3726

技藝

無聲詩史：七卷/（明）姜紹書編
  清宣統二年［1910］上海瑞記書局石印本
  線裝6冊；19釐米
  Sinica 3926
  又一部
  Sinica 6368

歷代畫史彙傳：七十二卷首一卷總目三卷附錄二卷/（清）彭蘊璨編

清光緒八年［1882］掃葉山房刻本
線裝24冊；20釐米
Backhouse 514

又一部
卷三十五以下係別本補配
Backhouse 487

忠孝

孝悌圖：二卷／（清）李文耕撰
清道光二十五年［1845］刻本（頤吉堂藏板）
線裝1冊：圖；24釐米
Sinica 696

旌孝錄：四卷／（清）韓明焜編
清咸豐九年［1859］刻本
線裝4冊；27釐米
書名據版心著錄
Sinica 3104

百孝圖説：四卷／（清）俞葆真編
清同治十年［1871］河間俞氏刻本
線裝2冊：圖；29釐米
Sinica 3094

元祐黨人傳：十卷／（清）陸心源撰
清光緒十五年［1889］序刻本
線裝3冊；25釐米
Sinica 2858

二十四孝：一卷／□□撰
清乾隆四十八年［1783］序刻本
線裝1冊：圖；22釐米
目錄後有"受業姪錦達梓行／學院前心簡齋刻"字樣
Sinica 2976

二十四孝：一卷／□□撰
清末刻1993年北京中國書店重印本
線裝1冊：圖；25釐米
Sinica 3760

中國古代二十四孝全圖
清末鉛印暨彩繪本
折裝1冊：圖；22釐米
英文題名The Twenty Four Cases of Filial Piety
Sinica 6068

列女

列女傳：十六卷／（漢）劉向撰；（明）汪道昆增輯；（明）仇英繪圖
明萬曆汪氏刻清乾隆四十四年［1779］鮑廷博知不足齋重印本
線裝16冊：圖；30釐米
Sinica 3738

新刊古列女傳：七卷／（漢）劉向編撰.新刊續列女傳：一卷／□□撰
清道光五年［1825］揚州阮福刻本
線裝4冊：圖；25釐米
據宋建安余氏本摹刻
Sinica 4575

列女傳：八卷／（漢）劉向撰；（清）梁端校注
清道光十七年［1837］錢唐汪氏振綺堂刻同治十三年［1874］補刻本

線裝2冊；27釐米
Sinica 3132

婦人集：一卷補一卷/（清）陳維崧撰；（清）冒褒注；（清）冒丹書補
　　清道光二十六年[1846]刻海山仙館叢書本
　　線裝1冊；20釐米
　　Sinica 588

釋道

列仙傳校正本：二卷傳讚一卷/（漢）劉向撰；（清）王照圓校．夢書：一卷/（清）王照圓輯
　　清嘉慶十七年[1812]序刻本
　　線裝1冊；26釐米
　　Sinica 4885

廣列仙傳：七卷/（明）張文介輯．王雲陽仙傳：一卷/（明）王世貞撰
　　明萬曆十一年[1583]序刻本
　　洋裝1冊（原線裝4冊）；25釐米
　　Sinica 2945

西天竺藏板三教源流搜神大全：七卷/（明）□□撰
　　清刻本
　　線裝3冊：圖；24釐米
　　封面題名《三教源流聖帝佛帥搜神大全》
　　Sinica 2952

別傳之屬

新刊聖蹟圖：一卷/（明）張楷撰
　　清同治十三年[1874]刻本
　　線裝1冊：圖；31×42釐米
　　書名、版本時間據《新刊聖蹟圖記》著錄
　　Sinica 6582

聖蹟圖：不分卷/（明）張楷撰
　　刻本
　　線裝1冊：圖105頁；27.8×51.3釐米
　　封面題名《聖蹟之圖》篆字
　　內有明萬曆二十年[1592]張應登撰《聖圖殿記》
　　Sinica 386

孔子年譜：一卷/（清）江永著
　　清道光二十七年[1847]萍鄉文晟刻本
　　線裝1冊；26釐米
　　Backhouse 51

關聖帝君聖蹟圖誌全集：五卷/（清）盧湛撰
　　清道光二年[1822]上洋壽恩堂刻本
　　線裝5冊：圖；28釐米
　　Sinica 195
又一部
　　缺一卷（卷一）
　　線裝4冊
　　Sinica 747b
又一部
　　存一卷（卷二）

線裝1冊
Sinica 747a

鄂國金佗粹編: 二十八卷續編三十卷/ (宋)岳珂撰
清光緒九年[1883]浙江書局刻1986年江蘇廣陵古籍刻印社重印本(殘損版以影印本補配)
線裝14冊; 27釐米
Sinica 3234

曾文正公榮哀錄: 一卷/(清)□□編
清同治十一年[1872]刻本
線裝1冊; 27釐米
書名據書簽著錄; 封面題名《榮哀錄》
Sinica 581

求闕齋弟子記: 三十二卷/(清)王定安撰
清光緒二年[1876]都門刻本(龍文齋藏板)
洋裝4冊(原線裝16冊); 26釐米
有"胡惠宣印"印記
Sinica 2856

十五家年譜叢書/(清)楊希閔編
清光緒刻1962年揚州廣陵古籍刻印社重印本(揚州市古舊書店藏板)
線裝16冊; 29釐米
Sinica 3191
詳目:
· 漢徐徵士年譜: 一卷
· 漢諸葛忠武侯年譜: 一卷
· 晉陶徵士年譜: 一卷
· 唐李鄴侯年譜: 一卷
· 唐陸宣公年譜: 一卷
· 歐陽文忠公年譜: 一卷.附伯和仲純叔弼三子事略: 一卷
· 宋韓忠獻公年譜: 一卷
· 王文公年譜考略節要: 四卷附存二卷/(清)蔡上翔原本; (清)楊希閔節錄並輯附存
· 曾文定公年譜: 一卷.附曾文肅曾文昭二公事略: 二卷
· 黃文節公年譜: 一卷附詩派一卷
· 李忠定公年譜: 一卷
· 陸文安公年譜: 二卷
· 吳聘君年譜: 一卷
· 胡文敬公年譜: 一卷
· 明王文成公年譜節鈔: 二卷/(明)錢德洪原本; (清)楊希閔節鈔

合肥相國七十賜壽圖: 不分卷.附壽言不分卷/(清)□□編
清光緒十八年[1892]石印本
線裝6冊: 圖; 29釐米
Backhouse 18

李鴻章: 一卷/(清)梁啟超著
清光緒二十七年[1901]序石印本
線裝1冊(46頁): 圖; 20釐米
又名《中國四十年來大事記》
洋裝
Sinica 3933

日記之屬

曾文正公手書日記: 不分卷/(清)曾國藩撰

清宣統元年[1909]上海中國圖書公司石印本
    線裝40冊；27釐米
    Backhouse 138
又一部
    洋裝8冊（原線裝40冊）
    Sinica 2582

科舉錄之屬

江南闈墨：咸豐辛亥恩科不分卷/（清）□□編
    清刻本
    線裝1冊；25釐米
    Sinica 555

湖南貢卷癸丑科：不分卷/（清）馬維乾撰
    清咸豐三年[1853]刻本
    線裝1冊；27釐米
    書名據版心著錄
    有"方潤華印""方樹福堂敬贈"印記
    Sinica 5980

光緒二十八年壬寅補行庚子恩科並辛丑正科江西鄉試題：第壹、貳、叁場/（清）光緒二十八年[1902]官撰
    清刻本
    3張；58×90, 58×87, 54×86釐米
    Sinica 3043

職官錄之屬

總錄

大清搢紳全書：乙巳秋季四卷
    清道光二十五年[1845]文輝堂刻本
    線裝4冊；17釐米
    缺第3冊
    Sinica 436

大清搢紳全書：戊申春季四卷
    清光緒三十三年[1907]榮祿堂刻本
    線裝4冊；16釐米
    Backhouse 219

大清搢紳全書：庚戌春季四卷.附大清中樞備覽：庚戌春季二卷
    清宣統二年[1910]榮祿堂刻本
    線裝6冊；16釐米
    Sinica 2783

政書類

類編之屬

三通
    清咸豐九年[1859]崇仁謝氏刻本
    洋裝80冊（原線裝320冊）；31釐米
    Sinica 6037
    詳目：
    ·通典：二百卷/（唐）杜佑撰
    ·通志：二百卷/（宋）鄭樵撰
    ·文獻通考：三百四十八卷/（元）馬端臨撰

九通/（清）□□編
    清光緒八年至二十二年[1882—1896]浙江書局刻本
    線裝1012冊；29釐米

史　部 | 113

Backhouse 616
詳目：
・通典：二百卷考證一卷/（唐）杜佑撰
　清光緒二十二年[1896]刻本
・欽定續通典：一百五十卷/（清）乾隆三十二年[1767]嵇璜等奉敕纂
　清光緒十二年[1886]刻本
・皇朝通典：一百卷/（清）乾隆三十二年[1767]嵇璜等奉敕纂
　清光緒八年[1882]刻本
・通志：二百卷考證三卷/（宋）鄭樵撰
　清光緒二十二年[1896]刻本
・欽定續通志：六百四十卷/（清）乾隆三十二年[1767]嵇璜等奉敕纂
　清光緒十二年[1886]刻本
・皇朝通志：一百二十六卷/（清）乾隆三十二年[1767]嵇璜等奉敕纂
　清光緒八年[1882]刻本
・文獻通考：三百四十八卷考證三卷/（元）馬端臨撰
　清光緒二十二年[1896]刻本
・欽定續文獻通考：二百五十卷/（清）乾隆十二年[1747]嵇璜等奉敕纂
　清光緒十三年[1887]刻本
・皇朝文獻通考：三百卷/（清）乾隆十二年[1747]嵇璜等奉敕纂
　清光緒八年[1882]刻本

九通/（清）□□編
　清光緒二十七年[1901]上海圖書集成局鉛印本
　線裝300冊；20釐米

Backhouse 17
詳目：
・通典：二百卷考證一卷/（唐）杜佑撰
・欽定續通典：一百五十卷/（清）乾隆三十二年[1767]嵇璜等奉敕纂
・皇朝通典：一百卷/（清）乾隆三十二年[1767]嵇璜等奉敕纂
・通志：二百卷考證三卷/（宋）鄭樵撰
・欽定續通志：六百四十卷/（清）乾隆三十二年[1767]嵇璜等奉敕纂
・皇朝通志：一百二十六卷/（清）乾隆三十二年[1767]嵇璜等奉敕纂
・文獻通考：三百四十八卷考證三卷/（元）馬端臨撰
・欽定續文獻通考：二百五十卷/（清）乾隆十二年[1747]嵇璜等奉敕纂
・皇朝文獻通考：三百卷/（清）乾隆十二年[1747]嵇璜等奉敕纂

又一部
線裝292冊；21釐米
Sinica 3741

通制之屬

唐會要：一百卷/（宋）王溥撰
　清中後期活字印本
　線裝32冊；30釐米
　Sinica 715

通志：二百卷/（宋）鄭樵撰
　元大德刻明清遞修本
　線裝80冊；38釐米
　Backhouse 535

文獻通考：三百四十八卷/（元）馬端臨撰
　　明嘉靖三年［1524］內府刻本
　　包背裝100冊；32釐米
　　有"廣運之寶"印記
　　Backhouse 281

文獻通考：三百四十八卷/（元）馬端臨撰
　　明嘉靖三年［1524］內府刻遞修本（有抄配）
　　線裝100冊；33釐米
　　有"定國手校"印記
　　Backhouse 537

文獻通考：三百四十八卷/（元）馬端臨撰
　　明刻本（映旭齋藏板）
　　線裝120冊；26釐米
　　Backhouse 238

大元聖政國朝典章：六十卷.大元聖政典章新集至治條例：不分卷/（元）□□撰
　　清光緒三十四年［1908］修訂法律館刻1982年北京中國書店重印本
　　線裝25冊；29釐米
　　Sinica 3205

元典章校補
　　清光緒三十四年［1908］至民國刻1957年北京古籍出版社重印本
　　線裝25冊；29釐米
　　書名據書籤著錄
　　中國書店發行
　　Sinica 6802
　　詳目：
　　　・大元聖政國朝典章：六十卷.大元聖政典章新集至治條例：不分卷/（元）□□撰
　　　　清光緒三十四年［1908］修訂法律館校刻1957年北京古籍出版社重印本
　　　・沈刻元典章校補：札記六卷闕文三卷表格一卷/陳垣撰
　　　　民國二十年［1931］國立北京大學研究所刻1957年北京古籍出版社重印本
　　　・元典章校補釋例：六卷/陳垣撰
　　　　民國二十三年［1934］北平國立中央研究院歷史語言研究所刻1957年北京古籍出版社重印本

大明會典：二百二十八卷/（明）萬曆十五年［1587］申時行等奉敕重修
　　明刻本
　　線裝96冊；29釐米
　　有"汪文央印""明貴池汪氏"印記
　　Backhouse 255

大明會典：二百二十八卷/（明）萬曆十五年［1587］申時行等奉敕重修
　　明天啟元年［1621］張京元等南昌刻本
　　線裝12冊；27釐米
　　有缺
　　書品劣
　　Sinica 611

續文獻通考：二百五十四卷/（明）王圻撰
　　明萬曆三十一年［1603］曹時聘等刻本
　　線裝60冊；27釐米
　　Sinica 684

文獻通考詳節：二十四卷/（清）嚴虞惇撰
    清乾隆二十九年[1764]刻本（繩武堂藏板）
    線裝8冊；25釐米
    Sinica 685

欽定大清會典：一百卷/（清）乾隆中允祹等奉敕纂
    清江南刻本
    線裝24冊；18釐米
    Sinica 3858

欽定大清會典：八十卷事例九百二十卷/（清）嘉慶二十三年[1818]托津等奉敕撰
    清刻本
    線裝401冊；29釐米
    Backhouse 243

欽定大清會典：一百卷事例一千二百二十卷圖二百七十卷/（清）光緒二十五年[1899]崑岡等奉敕撰
    清光緒三十四年[1908]商務印書館石印本
    線裝160冊；20釐米
    Backhouse 309

欽定大清會典：一百卷事例一千二百二十卷圖二百七十卷/（清）光緒二十五年[1899]崑岡等奉敕撰
    清末外務部石印本
    線裝495冊；30釐米
    Backhouse 162
又一部
    樣本1冊
    Backhouse 162*

明會要：八十卷/（清）龍文彬纂
    清光緒廣雅書局刻本
    洋裝5冊（原線裝20冊）；25釐米
    Sinica 6136

三國會要：二十二卷首一卷/（清）楊晨撰
    清光緒二十六年[1900]江蘇書局刻本
    洋裝1冊（原線裝6冊）；25釐米
    Sinica 6084

九通通：二百四十八卷/（清）劉可毅撰
    清光緒二十八年[1902]武進劉氏石印本
    洋裝11冊（原線裝60冊）；20釐米
    Sinica 6104

二十四史九通政典類要合編：三百二十卷/（清）黃書霖撰
    清光緒二十八年[1902]約雅堂石印本
    洋裝12冊（原線裝60冊）；20釐米
    Sinica 6298
又一部
    存一百一十二卷（卷一二九至一三七、一四三至一七六、二二七至二三三、二三七至二三九、二四六至二七四、二八〇至二九二、三〇四至三二〇）
    線裝24冊
    Sinica 3945

皇朝政典類纂：五百卷目錄六卷/（清）席裕福等編
　　清光緒二十九年[1903]上海圖書集成局鉛印本
　　線裝120冊；20釐米
　　Backhouse 250

正三通目錄：十二卷.欽定續三通目錄：十四卷.皇朝三通目錄：十四卷/（清）席裕福撰
　　清光緒二十九年[1903]上海圖書集成局石印本
　　線裝12冊；20釐米
　　Sinica 6827

皇朝續文獻通考：三百二十卷/（清）劉錦藻撰
　　清光緒三十一年[1905]烏程劉氏堅匏盦鉛印本
　　線裝88冊；27釐米
　　Backhouse 110

儀制之屬

通禮

國學禮樂錄：二十卷/（清）李周望，（清）謝履忠編
　　清康熙五十八年[1719]北京國子監刻本
　　線裝6冊：圖；28釐米
　　Backhouse 222
又一部
　　26釐米
　　Backhouse 391

南巡盛典：一百二十卷/（清）乾隆三十一年[1766]高晉等奉敕編
　　清內府刻本
　　線裝48冊：圖；30釐米
　　御製序爲朱印
　　有"乾隆宸翰""惟精惟一"印記
　　Backhouse 319

八旬萬壽盛典：一百二十卷首一卷/（清）乾隆五十四年[1789]阿桂等奉敕撰
　　清乾隆五十七年[1792]內府聚珍版木活字印本
　　存四卷（卷七十七至八十）
　　線裝2冊：圖；30釐米
　　Sinica 3701

大清通禮：五十四卷/（清）嘉慶二十四年[1819]穆克登額等奉敕續撰
　　清道光四年[1824]內府刻本
　　線裝16冊；28釐米
　　Backhouse 113

盛京典制備考：八卷首一卷/（清）崇厚等編
　　清光緒二十五年[1899]上海雙順泰刻本
　　缺二卷（卷二、三）
　　線裝6冊；26釐米
　　Sinica 2588

雜禮

大清通禮品官士庶人喪禮傳：二卷/（清）劉人熙撰
　　清光緒十一年[1885]都門刻本

線裝2冊；28釐米
Sinica 3095

專志

歷代建元考：二卷總論一卷前編一卷外編四卷類考一卷/（清）鍾淵映撰
　　清嘉慶海虞張海鵬編刻墨海金壺本
　　線裝2冊；25釐米
　　Sinica 879

紀元通攷：十二卷/（清）葉維庚撰
　　清同治十年[1871]葉彥侯刻1986年北京中國書店重印本
　　線裝4冊；29釐米
　　Sinica 2850

歐亞紀元合表/（清）張璜著
　　清光緒三十年[1904]上海慈母堂鉛印本
　　精裝1冊：表格；24釐米
　　Sinica 6845

國朝貢舉考略：三卷.明貢舉考略：二卷/（清）黃崇蘭撰
　　清道光元年[1821]刻本（涇邑雙桂齋藏板）
　　線裝2冊；24釐米
　　Sinica 608

欽定國子監則例：四十五卷/（清）道光二年[1822]汪廷珍等奉敕續撰
　　清刻本
　　線裝6冊；25釐米

Sinica 647

聖廟祀典圖考：五卷首一卷.附聖蹟圖：一卷.孟子聖蹟圖：一卷/（清）顧沅撰
　　清道光六年[1826]吳門顧氏賜硯堂刻本
　　線裝6冊：圖；16釐米
　　Sinica 6001

文廟通考：六卷首一卷/（清）牛樹梅撰
　　清同治十一年[1872]浙江書局刻本
　　線裝2冊；27釐米
　　有"自强齋藏書印""臣鳳山"印記
　　Backhouse 57

文廟上丁禮樂備考：四卷/（清）劉坤一撰
　　清同治九年[1870]江右乙藜齋刻本
　　線裝4冊：圖；30釐米
　　Sinica 2674

欽定學堂章程：不分卷/（清）光緒二十九年[1903]張之洞奉敕撰
　　清光緒三十二年[1906]上海會文學社鉛印本
　　線裝6冊；20釐米
　　Backhouse 54c

奏定學堂章程：不分卷/（清）光緒二十九年[1903]張之洞奉敕撰
　　清末北京官書局鉛印本
　　線裝5冊；26釐米
　　Backhouse 368

邦計之屬

通紀

校邠廬抗議：二卷/(清)馮桂芬撰
　　清光緒十年[1884]豫章刻本
　　線裝2冊；29釐米
　　Sinica 2863

賦稅

崇文門商稅衙門現行稅則：一卷/(清)光緒三十四年[1908]官撰
　　清末刻本
　　線裝1冊；27釐米
　　Backhouse 45

俸餉

籌餉事例：不分卷/(清)戶部奉敕撰
　　清咸豐元年[1851]江蘇布政司衙門刻本
　　線裝4冊；24釐米
　　Sinica 610

漕運

江蘇海運全案：十二卷/(清)賀長齡等撰
　　清道光六年[1826]刻本
　　線裝12冊；29釐米
　　Backhouse 472

鹽法

兩廣鹽法志：二十四卷首一卷/(清)李侍堯等纂修
　　清乾隆二十七年[1762]刻本
　　存九卷(卷一至九)
　　洋裝1冊(原線裝4冊)；26釐米
　　Sinica 3178

兩廣鹽法外志：六卷/(清)梁國治等纂修
　　清乾隆二十八年[1763]官刻本
　　存二卷(圖、卷四)
　　洋裝(原線裝)2冊：圖；26釐米
　　Sinica 3179

荒政

洋輔元堂賒棺局徵信錄：一卷/(清)輔元堂編
　　清道光十七年[1837]輔元堂刻本
　　線裝1冊；26釐米
　　Sinica 691

同仁堂徵信錄：一卷/(清)同仁堂編
　　清道光十七年[1837]同仁堂刻本
　　線裝1冊；27釐米
　　Sinica 690

同仁堂徵信錄：一卷/(清)同仁堂編
　　清道光二十年[1840]同仁堂刻本
　　線裝1冊；26釐米
　　Sinica 418

救荒良方：不分卷/(清)高伯揚撰
　　清道光二十年[1840]蘇州三槐堂刻本
　　線裝1冊；23釐米
　　Sinica 882

宣統元年江蘇高淳金壇溧陽宜興荊溪蛟雨災區工賑圖說/(清)劉芬等撰
　　清宣統元年[1909]上海石印本

邦交之屬

中西事務紀要：二十四卷/(清)夏燮撰
　　清光緒二十三年[1897]上海書局石印本
　　線裝6冊；15釐米
　　Backhouse 366

中西事務紀要：二十四卷/(清)夏燮撰
　　清抄本
　　缺二卷(卷二十三、二十四)
　　線裝5冊；29釐米
　　MS.Backhouse 9

奏定通商章程稅則：一卷.奏定解支禁革事宜條款：一卷.善後條約：一卷.摘錄通商稅則：一卷.奏覆禁革事宜摺稿：一卷.奏定啡嘲蘭哂國貿易條約：一卷.奏定亞美理駕合衆國貿易條約：一卷/(清)道光二十三年[1843]官撰
　　清刻本
　　線裝1冊；27釐米
　　Sinica 473

又一部
　　後印
　　28釐米
　　Sinica 526

約章成案匯覽：甲篇十卷乙篇四十二卷/(清)北洋洋務局輯
　　清光緒三十一年[1905]上海點石齋石印本
　　缺一卷(甲篇卷一)
　　線裝46冊；20釐米
　　書品劣
　　Sinica 3934

酌定廣州福州廈門寧波上海五口與英吉利國通商章程十五條咨送查核：不分卷/(清)□□撰
　　清抄本
　　線裝1冊；24釐米
　　MS.Chin.d.18

軍政之屬

水陸摘要：八種/(清)□□撰
　　清道光八年[1828]抄本
　　毛裝1冊；16釐米
　　MS.Chin.f.2
　　詳目：
　　・六十花甲子神名
　　・嘉慶八年議定千把外額公幫分教三營總略
　　・文武各官相見儀注
　　・接喜詔儀注
　　・榮任儀注
　　・米艇成規
　　・福建監造商捐船隻
　　・福建監造商捐船大號同安船
　　・改造同安船
　　・營造釣船成規

治安八議/(清)華珍撰
　　清咸豐三年[1853]序刻本

線裝1冊；25釐米
Sinica 706
詳目：
· 勦賊議：一卷
· 保圩圖說：一卷
· 急占地利：一卷
· 務寬言路：一卷
· 用兵異宜：一卷
· 衛家捕盜：一卷
· 練兵籌餉：一卷
附
· 上許中丞書

保甲書輯要：四卷/（清）徐棟原編；（清）丁日昌重校
清同治七年［1868］浙江書局刻本
線裝1冊；27釐米
Sinica 2659

律令之屬

刑制

駁案新編：三十二卷/（清）全士潮等輯.附駁案續編：七卷/（清）□□輯
清光緒上海圖書集成局鉛印本
線裝11冊；20釐米
封面、書簽題名《駁案彙編》
Sinica 6799

續增駁案新編：三十二卷/（清）□□編
清嘉慶京都刻本
線裝12冊；19釐米
書名據總目著錄
封面有題記云"乾隆四十八年至嘉慶十八年按律依類編輯"
Sinica 415

刑案匯覽：六十卷首一卷末一卷拾遺備考一卷續增十六卷/（清）祝慶祺輯.附新增刑案匯覽：十六卷首一卷/（清）徐氏輯
清咸豐二年［1852］棠樾文淵堂刻本
附錄清光緒十六年［1890］紫英山房刻本
缺一卷（卷三十五）
線裝87冊；19釐米
Sinica 6797

刑案匯覽：六十卷首一卷末一卷拾遺備考一卷續增十六卷/（清）祝慶祺輯.附新增刑案匯覽：十六卷首一卷/（清）徐氏輯
清光緒上海圖書集成局鉛印本
線裝40冊；20釐米
Sinica 3921

大清律例刑案彙纂集成：四十卷.督捕則例附纂：二卷/（清）任彭年重編
清同治十年［1871］刻本（繡谷大文堂藏板）
線裝24冊；26釐米
Sinica 2891

通行章程：四卷/（清）道光光緒間官撰
清光緒二十年［1894］京都榮錄堂續刻本
線裝4冊；26釐米
封面題名《刑部奏定新章》
Sinica 6808

大清現行刑律：三十六卷首一卷.禁煙條

例: 一卷.秋審條款: 一卷/(清)宣統二年[1910]修訂法律館編修
    清宣統二年[1910]修訂法律館鉛印本
    線裝12冊; 25釐米
    Sinica 3731
又一部
    Sinica 6820

修正刑律案語: 二編/(清)□□撰
    清宣統二年[1910]修訂法律館鉛印本
    線裝6冊; 20釐米
    Sinica 6795

大清現行刑律講義: 八卷/(清)吉同鈞纂
    宣統二年[1910]法部律學館石印本
    線裝8冊; 25釐米
    Sinica 6817

律例

故唐律疏義: 三十卷/(唐)長孫無忌等奉敕撰
    清光緒十六年[1890]京師刻本
    線裝12冊; 26釐米
    有"昆明潘氏所藏""花農"等印記
    Sinica 6807

故唐律疏義: 三十卷/(唐)長孫無忌等奉敕撰.附律音義: 一卷/(宋)孫奭等撰.宋提刑洗冤集錄: 五卷/(宋)宋慈撰
    清光緒十七年[1891]江蘇書局刻本
    線裝8冊; 28釐米
    Sinica 2792

故唐律疏義: 三十卷/(唐)長孫無忌等奉敕撰.附律音義: 一卷/(宋)孫奭等撰.宋提刑洗冤集錄: 五卷/(宋)宋慈撰
    清光緒十七年[1891]江蘇書局刻1984年江蘇廣陵古籍刻印社重印本
    線裝10冊; 26釐米
    Sinica 2718

大清律集解附例: 三十卷附一卷圖二卷/(清)順治三年[1646]官撰
    清康熙四十五年[1706]刻朱墨印本
    線裝10冊; 31釐米
    有"梅耶藏書""沈曾植印""廣道意齋收藏圖籍印""梅耶"印記
    Sinica 6803

欽定戶部則例: 一百二十六卷/(清)于敏中等奉敕撰
    清乾隆五十六年[1791]序刻本(江蘇布政司衙門藏板)
    線裝24冊; 26釐米
    Sinica 412

大清律例統纂集成: 四十卷末一卷.督捕則例附纂: 二卷/(清)姚潤纂輯
    清道光四年[1824]刻本
    線裝24冊; 26釐米
    封面題名《大清律例新增統纂集成》
    封面有"板藏安昌鎮姚宅書存浙省清河坊三餘堂書坊發兌"字樣
    Sinica 6818

大清律例統纂集成: 四十卷末一卷.督捕則例附纂: 二卷/(清)姚潤纂輯

清道光十年[1830]刻本
線裝28冊；28釐米
封面題名《大清律例重訂統纂集成》
封面有"醉經樓發兌"字樣
Magd.Coll.Chin.4

大清律例統纂集成：四十卷.督捕則例附纂：二卷/(清)姚潤纂輯
清光緒十三年[1887]刻本
洋裝7冊（原線裝27冊）；27釐米
封面題名《大清律例增修統纂集成》
封面有"浙省大街清河坊北首聚文堂發兌"字樣
Sinica 6134

大清律例統纂集成：四十卷.督捕則例附纂：二卷/(清)姚潤纂輯
清光緒三十一年[1905]上海文淵山房鉛印本
線裝24冊；20釐米
封面題名《大清律例增修統纂集成》
Sinica 6798

大清律例會通新纂：四十卷/(清)姚潤原纂；(清)胡璋增輯
清光緒元年[1875]刻本
線裝24冊；26釐米
Sinica 3845

名法指掌新例增訂：四卷/(清)沈辛田輯
清咸豐十年[1860]粵東刻本
線裝4冊；24釐米
Sinica 6814

欽定吏部四司則例：四種/(清)□□編
清道光京都書坊刻本
線裝24冊；19釐米
Sinica 414
詳目：
・欽定吏部文選司則例：四種
　◦欽定吏部銓選滿洲官員品級考：四卷
　◦欽定吏部銓選滿洲官員則例：五卷
　◦欽定吏部銓選漢官品級考：四卷
　◦欽定吏部銓選漢官則例：八卷
・欽定吏部稽勳司則例：十三卷
・欽定吏部驗封司則例：六卷
・欽定吏部考功司則例：四十七卷首一卷

欽定六部處分則例：五十二卷/(清)道光中官撰；(清)沈賢書，(清)孫爾耆校勘
清咸豐六年[1856]刻本
線裝24冊；19釐米
書名據版心著錄；封面、書簽題名《欽定增修六部處分則例》
有"鐵嶺曾芷田收藏金石書畫印"印記
Sinica 6800

律例便覽：八卷諸圖一卷/(清)蔡嵩年，(清)蔡逢年撰.處分則例圖要：六卷/(清)蔡逢年撰
清同治十一年[1872]刻朱墨印本
線裝6冊；24釐米
Sinica 6809

大清律例彙輯便覽：四十卷.督捕則例附纂：二卷.五軍道里表：二卷.三流道里表：二卷/（清）同治九年[1870]刑部纂
　　清同治十二年[1873]浙杭讀律山館刻本
　　　線裝32冊；31釐米
　　　凡例、封面題名《大清律例彙輯備覽》
　　　Sinica 6810

大清律例彙輯便覽：四十卷.督捕則例附纂：二卷.五軍道里表：二卷.三流道里表：二卷/（清）同治九年[1870]刑部纂
　　清光緒三年[1877]刑部刻本
　　　精裝9冊（原線裝32冊）；30釐米
　　　凡例、封面題名《大清律例彙輯備覽》
　　　善成堂發兌
　　　Sinica 3729

大清律例彙輯便覽：四十卷.督捕則例附纂：二卷.五軍道里表：二卷.三流道里表：二卷/（清）同治九年[1870]刑部纂
　　清光緒十八年[1892]刻本
　　　線裝33冊；28釐米
　　　凡例、封面題名《大清律例彙輯備覽》
　　　Backhouse 336

讀律一得歌：四卷/（清）宗繼增撰
　　清光緒十六年[1890]江蘇書局刻本
　　　線裝2冊；24釐米
　　　Sinica 6821

大清光緒新法令：十三類附錄不分卷/（清）商務印書館編譯所編
　　清宣統元年[1909]鉛印本
　　　線裝20冊；21釐米
　　　Backhouse 6

大清法規大全：憲政部七卷首一卷實業部十五卷首一卷旗藩部二卷首一卷交通部五卷首一卷吏政部二十三卷首一卷法律部十三卷首一卷軍政部十二卷首一卷禮制部九卷首一卷外交部十三卷首一卷財政部十四卷首一卷民政部十五卷首一卷教育部三十一卷首一卷/（清）宣統中政學社編
　　清宣統上海政學社石印本
　　　缺五卷（法律部卷一至五）
　　　線裝40冊；20釐米
　　　Sinica 6794

大清律例：四十七卷.律例館校正洗冤錄：四卷.三流道里表：不分卷.督捕則例：二卷/（清）乾隆三十三年[1768]官撰
　　清刻本
　　　精裝5冊（原線裝24冊）；28釐米
　　　Sinica 3730

秋審比校條款：五卷/（清）□□撰
　　清瓶花書屋校刻本
　　　線裝1冊；27釐米
　　　Sinica 525

新刻法筆新春：二卷/（清）□□撰
　　清刻本
　　　線裝2冊；22釐米

封面題名《刑臺秦鏡》
Sinica 429

治獄
折獄龜鑑：八卷/（宋）鄭克撰
　　清光緒八年［1882］刻本（署内藏板）
　　線裝4冊；25釐米
　　Sinica 6815

判牘
奉天司法紀實：四編/（清）王家儉等編輯；（清）朱延齡等校勘
　　清宣統元年［1909］陪京印書館排印本
　　平裝4冊；23釐米
　　有"楊繼玉印"印記
　　Sinica 6822

法驗
洗冤錄詳義：四卷首一卷/（清）許槤撰
　　清光緒二年［1876］吳縣潘祖蔭滂喜齋刻本
　　線裝4冊；27釐米
　　Backhouse 65

寶鑑編補註：一卷/（清）升泰撰
　　清光緒六年［1880］序刻本
　　線裝1冊；26釐米
　　Sinica 6812

掌故瑣記之屬
石渠餘紀：六卷/（清）王慶雲撰
　　清末民國刻本
　　線裝6冊；30釐米
　　Sinica 2864

石渠餘紀：六卷/（清）王慶雲撰
　　清末刻1980年代北京中國書店重印本
　　線裝6冊；29釐米
　　Sinica 3979

皇朝掌故彙編：内編六十卷首一卷外編四十卷首一卷/（清）張壽鏞等編
　　清光緒二十八年［1902］求實書社鉛印本
　　洋裝12冊（原線裝60冊）；20釐米
　　Sinica 6121

公牘檔册之屬
丙辰粵事公牘要畧：不分卷/（英國）包令編
　　清咸豐六年［1856］大英香港總署刻本
　　線裝1冊；20釐米
　　Sinica 616

光緒二十六年十二月十三日［1901年2月1日］奉上諭各省匪徒……膳黃
　　清内府刻朱墨印本
　　1張；90×266釐米
　　Sinica 6568

湖北省驛站程途里數限行公文時刻册：不分卷/（清）嘉慶七年［1802］官撰
　　清刻本

史 部 | 125

線裝2冊；27釐米

書名據書簽著錄；版心題名《湖北程限》

Sinica 646

太平天國政書之屬

天父上帝言題皇詔：一卷
 太平天國三年［1853］刻本
 毛裝1冊；23釐米
 Sinica 1091/1
又一部
 Sinica 1091/2
又一部
 洋裝（原毛裝）1冊；26釐米
 Sinica 1091/3

天父下凡詔書：一卷
 太平天國二年［1852］刻甲本
 毛裝1冊；26釐米
 Sinica 1094/1
又一部
 Sinica 1094/2

天父下凡詔書：一卷
 太平天國二年［1852］刻乙本
 毛裝1冊；24釐米
 Sinica 1094/3
又一部
 Sinica 1094/4

天命詔旨書：一卷
 太平天國二年［1852］刻甲本
 毛裝1冊；26釐米
 Sinica 1092/1

天命詔旨書：一卷
 太平天國二年［1852］刻乙本
 毛裝1冊；26釐米
 Sinica 1092/2
又一部
 Sinica 1092/3

天命詔旨書：一卷
 太平天國二年［1852］刻丙本
 毛裝1冊；24釐米
 Sinica 1092/4
又一部
 Sinica 1092/5
又一部
 Sinica 1092/6

准頒行詔書：一卷
 太平天國二年［1852］刻甲本
 毛裝1冊；26釐米
 Sinica 1098/1

准頒行詔書：一卷
 太平天國二年［1852］刻乙本
 毛裝1冊；24釐米
 Sinica 1098/2
又一部
 Sinica 1098/3

創世傳：一卷
 太平天國三年［1853］刻本
 線裝1冊；27釐米
 封面題名《舊遺詔聖書》

Sinica 1095

天條書：一卷
　　太平天國二年[1852]刻甲本
　　毛裝1冊；26釐米
　　Sinica 1093/1
又一部
　　書品劣
　　Sinica 1093/2
又一部
　　Sinica 1093/3

天條書：一卷
　　太平天國二年[1852]刻乙本
　　毛裝1冊；24釐米
　　Sinica 1093/4
又一部
　　Sinica 1093/5

太平詔書：一卷
　　太平天國二年[1852]刻甲本
　　毛裝1冊；27釐米
　　Sinica 1101/1
又一部
　　Sinica 1101/2

太平詔書：一卷
　　太平天國二年[1852]刻乙本
　　毛裝1冊；24釐米
　　Sinica 1101/3
又一部
　　Sinica 1101/4

太平禮制：一卷
　　太平天國元年[1851]刻本
　　毛裝1冊；26釐米
　　Sinica 1100/1

太平禮制：一卷
　　太平天國二年[1852]刻甲本
　　毛裝1冊；26釐米
　　Sinica 1100/2

太平禮制：一卷
　　太平天國二年[1852]刻乙本
　　毛裝1冊；24釐米
　　Sinica 1100/3
又一部
　　Sinica 1100/4

太平軍目：一卷
　　太平天國二年[1852]刻本
　　毛裝1冊；27釐米
　　Sinica 1102/1
又一部
　　23釐米
　　Sinica 1102/2
又一部
　　23釐米
　　Sinica 1102/3

太平條規：一卷
　　太平天國二年[1852]刻本
　　毛裝1冊；25釐米
　　Sinica 1104/1
又一部
　　26釐米
　　Sinica 1104/2

史　部 | 127

又一部
　　Sinica 1104/3
又一部
　　Sinica 1104/4
又一部
　　洋裝（原毛裝）1冊
　　Sinica 1104/5

太平天國癸丑三年新曆：一卷
　　太平天國三年［1853］刻本
　　毛裝1冊；26釐米
　　又名《太平天國癸好三年新曆》
　　Sinica 1099/3
又一部
　　Sinica 1099/1
又一部
　　Sinica 1099/2
又一部
　　24釐米
　　Sinica 1099/4
又一部
　　24釐米
　　Sinica 1099/5
又一部
　　24釐米
　　Sinica 1099/6

三字經：一卷
　　太平天國三年［1853］刻甲本
　　毛裝1冊；25釐米
　　Sinica 1105/1
又一部
　　26釐米
　　Sinica 1105/2

三字經：一卷
　　太平天國三年［1853］刻乙本
　　毛裝1冊；23釐米
　　Sinica 1105/3
又一部
　　Sinica 1105/4

三字經：一卷
　　清末抄本
　　毛裝1冊；25釐米
　　據太平天國三年［1853］刻本抄
　　MS.Chin.d.15/1

幼學詩：一卷
　　太平天國元年［1851］刻甲本
　　毛裝1冊；23釐米
　　Sinica 1097/1

幼學詩：一卷
　　太平天國元年［1851］刻乙本
　　洋裝（原毛裝）1冊；23釐米
　　Sinica 1097/2

幼學詩：一卷
　　清抄本
　　毛裝1冊；25釐米
　　據太平天國元年［1851］刻本抄
　　MS.Chin.d.15/2

幼學詩：一卷
　　太平天國二年［1852］刻本
　　毛裝1冊；24釐米
　　Sinica 1097/3
又一部

Sinica 1097/4

太平救世歌：一卷
　　太平天國三年[1853]刻本
　　毛裝1冊；25釐米
　　Sinica 1103/1
又一部
　　Sinica 1103/2
又一部
　　Sinica 1103/3

資政新篇：一卷
　　太平天國九年[1859]刻本
　　線裝1冊；24釐米
　　Sinica 1096

職官類

官制之屬

欽定歷代職官表：七十二卷/（清）乾隆四十五年[1780]永瑢等奉敕撰
　　清光緒二十二年[1896]廣雅書局刻本
　　線裝32冊；28釐米
　　Backhouse 115

酌增常例：不分卷/（清）戶部輯
　　清道光刻本
　　線裝2冊；24釐米
　　Sinica 6816

銅運陞官訣：不分卷/□□撰
　　清抄本
　　線裝1冊；27釐米
　　MS.Chin.d.16

官箴之屬

臣鑒錄：二十卷/（清）蔣伊編
　　清康熙十四年[1675]刻本
　　線裝10冊；26釐米
　　Backhouse 583

新編吏治懸鏡：八卷/（清）徐文弼撰
　　清刻本
　　缺一卷（卷八）
　　線裝4冊：圖；18釐米
　　Sinica 437

法戒編：二卷/（清）侯廷銓撰
　　清乾隆四十四年[1779]序刻本
　　線裝1冊；24釐米
　　Sinica 697

州縣須知：四卷/（清）程炎評定.增刪佐雜須知：四卷/（清）臥牛山人原編；（清）浩齋居士校訂
　　清乾隆五十九年[1794]刻附錄嘉慶元年[1796]刻本
　　線裝3冊；16釐米
　　Sinica 6796

繙譯六事箴言：[滿漢對照]：不分卷/（清）王鼎撰；（清）孟保譯
　　清咸豐元年[1851]刻本（聚星堂藏板）
　　線裝4冊；25釐米

史部 | 129

Backhouse 145

三合吏治輯要：［滿蒙漢對照］：不分卷/
（清）高鶚撰；（清）通瑞，（清）孟保譯
　　清咸豐七年［1857］序刻本
　　線裝2册；26釐米
　　Backhouse 302b

得一錄：十六卷/（清）余治撰
　　清同治八年［1869］刻本
　　線裝8册；25釐米
　　Sinica 4888

居官鏡：一卷/（清）剛毅撰
　　清光緒十八年［1892］刻本
　　線裝1册；22釐米
　　Backhouse 673

牧民寶鑑：七種/（清）王文韶輯
　　清光緒三十四年［1908］河南官紙刷印所石印本
　　線裝12册；27釐米
　　Sinica 6806
　　詳目：
　　・學治臆說：二卷續說一卷說贅一卷/
　　　（清）汪輝祖撰
　　・佐治藥言：一卷續一卷/（清）汪輝祖撰
　　・庸吏庸言：二卷/（清）劉衡撰
　　・讀律心得：三卷/（清）劉衡撰
　　・蜀僚問答：一卷/（清）劉衡撰
　　・宦游紀略：二卷/（清）高廷瑶撰
　　・平平言：四卷/（清）方大湜撰

詔令奏議類

詔令之屬

Nos Ytouri, Voamtaohoa, Tchaotcham...ad omnes qui ex Europa appulerunt, scribimus:［滿漢拉丁對照］
　　清康熙五十五年［1716］內府刻朱印本
　　1幅；39×97釐米
　　英文題名 The Red Decree
　　Sinica 3762

大清聖祖合天弘運文武睿哲恭儉寬裕孝敬誠信中和功德大成仁皇帝聖訓：六十卷/（清）雍正九年［1731］敕輯
　　清光緒總理衙門鉛印本
　　存十四卷（卷一至十四）
　　線裝6册；30釐米
　　本書爲《大清歷朝聖訓》或題《九朝聖訓》之一
　　Sinica 3983

聖諭直解：一卷/（清）聖祖玄燁撰；（清）唐效堯等詮
　　清道光三年［1823］陝西布政使常文刻本
　　線裝1册；29釐米
　　Sinica 466

聖諭廣訓：一卷/（清）聖祖玄燁撰；（清）世宗胤禛廣訓
　　清道光十九年［1839］江蘇學政何桂清刻本

线装1册；29釐米
Sinica 612

圣谕广训：一卷/（清）圣祖玄烨撰；（清）世宗胤禛广训
　　清刻本（永贤堂藏板）
　　洋装（原线装）1册；23釐米
　　Sinica 2966（2）

圣谕广训：一卷/（清）圣祖玄烨撰；（清）世宗胤禛广训
　　清刻本
　　洋装（原线装）1册；22釐米
　　Sinica 2495

圣谕广训：一卷/（清）圣祖玄烨撰；（清）世宗胤禛广训；（清）□□白话直解
　　清嘉庆七年［1802］浙江宁波府鄞县知县重刻本
　　线装1册；25釐米
　　Sinica 416

圣谕广训：一卷/（清）圣祖玄烨撰；（清）世宗胤禛广训；（清）□□译白话
　　清刻本
　　线装1册；28釐米
　　Sinica 504

圣谕广训直解：二卷/（清）圣祖玄烨撰；（清）世宗胤禛广训；（清）宣宗旻宁直解
　　清刻本
　　线装2册；30釐米
　　据清内府本覆刻
　　Sinica 3833

又一部
　　洋装1册（原线装2册）
　　Sinica 6143

圣谕广训：不分卷/（清）圣祖玄烨撰；（清）世宗胤禛广训．附广训衍/（清）王又朴撰
　　清嘉庆广东分巡高廉兵备道朱桓等重刻本
　　线装1册；26釐米
　　Sinica 143

又一部
　　28釐米
　　Sinica 2922

圣谕广训：二卷/（清）圣祖玄烨撰；（清）世宗胤禛广训．附广训衍/（清）王又朴撰
　　清嘉庆刻本
　　线装2册；18釐米
　　Magd.Coll.Chin.12

圣谕广训：不分卷/（清）圣祖玄烨撰；（清）世宗胤禛广训．附广训衍/（清）王又朴撰
　　清同治九年［1870］上海美华书馆铅印本
　　线装1册；26釐米
　　Sinica 606

又一部
　　Sinica 4003

圣谕广训：一卷/（清）圣祖玄烨撰；（清）世宗胤禛广训．附千字文：一卷
　　清中后期抄本

線裝1冊；24釐米
MS.Chin.d.26

三合聖諭廣訓：[滿蒙漢對照]：不分卷/（清）聖祖玄燁撰；（清）世宗胤禛廣訓
　　清同治十三年[1874]重刻本
　　線裝4冊；30釐米
　　Backhouse 122
又一部
　　28釐米
　　Backhouse 156

聖諭像解：二十卷/（清）梁延年撰；（清）恩壽校
　　清光緒二十九年[1903]北洋官報局石印本
　　線裝10冊；26釐米
　　Backhouse 246

硃批諭旨：不分卷/（清）世宗胤禛撰
　　清刻朱墨印本
　　線裝112冊；29釐米
　　Backhouse 304

硃批諭旨：不分卷/（清）世宗胤禛撰
　　清刻朱墨印本
　　存三十五冊（第二函第一、二、四、六冊；第四函第二、五；第七函第一、二、四至六冊；第八函第二至六冊；第九函第二至四、六、八冊；第十二函第一至五冊；第十六函第三冊；第十七函第一至六冊；第十八函第三、六冊）
　　線裝35冊；28釐米
　　Sinica 461

硃批諭旨：不分卷/（清）世宗胤禛撰
　　清光緒十三年[1887]上海點石齋石印本
　　線裝60冊；20釐米
　　據殿本縮印
　　Sinica 4014
又一部
　　存一冊（第三十七冊）
　　線裝1冊；21釐米
　　Backhouse 34

大義覺迷錄：四卷/（清）世宗胤禛撰
　　清刻本
　　線裝4冊；26釐米
　　Backhouse 192

訓旨：[滿蒙漢對照]：不分卷/（清）查郎阿編
　　清抄本
　　線裝4冊；22釐米
　　MS.Backhouse 3

大清穆宗繼天開運受中居正保大定功聖智誠孝信敏恭寬毅皇帝聖訓：一百六十卷/（清）光緒五年[1879]敕編
　　清光緒內府刻本
　　線裝160冊；32釐米
　　Backhouse 313
又一部
　　線裝52冊；30釐米
　　Backhouse 270

諭摺彙存/（清）□□編
　　鉛印本

存光緒十七年［1891］十月、十八年［1892］六、十二月、十九年［1893］一至三、十二月、二十年［1894］四至八、十至十二月、二十一年［1895］一至十二月、二十二年［1896］一至十二月、二十三年［1897］一至三、五至十一月、二十四年［1898］一至十二月、二十五年［1899］一至十二月、二十六年［1900］一至四月、二十七年［1901］六、七、十一月、二十八年［1902］一至三月、三十年［1904］三至六、八、九月

　　線裝559冊；22釐米

　　Backhouse 316

又一部

存光緒二十一年［1895］十二月、二十二年［1896］一至十二月、二十三年［1897］五至十月、二十四年［1898］一至三、七、八、十至十二月、二十五年［1899］一、五、六、八、九月、二十六年［1900］一至四月

　　線裝222冊；23釐米

　　Backhouse 605

奏議之屬

歷代名臣奏議：三百十九卷/（明）永樂十四年［1416］黃淮等奉敕編；（明）張溥刪正；（清）張永錫，（清）張玉衡，（清）張玉璇重校

　　明崇禎八年［1635］東觀閣刻清印本（本衙藏板）

　　缺五卷（卷二百五十六至二百六十）

　　線裝50冊；25釐米

　　卷端"張溥"姓名並版心下"東觀

閣"三字剜去

　　菁華樓發兌

　　Backhouse 114

唐陸宣公奏議讀本：四卷首一卷/（唐）陸贄撰；（清）汪銘謙編輯；（清）馬傳庚評點

　　清宣統元年［1909］會稽馬氏石印本

　　線裝2冊；26釐米

　　Sinica 6819

西洋人奏摺：不分卷/（德國）戴進賢等撰

　　清抄本

　　線裝1冊；24釐米

　　MS.Chin.d.60

和珅奏章：不分卷/（清）□□撰

　　清抄本

　　線裝1冊；23釐米

　　MS.Chin.e.9

林文忠公政書：甲集九卷乙集十七卷丙集十一卷/（清）林則徐撰

　　清末刻本

　　線裝10冊；26釐米

　　Sinica 2860

克復金陵中堂奏稿：二卷/（清）曾國藩撰

　　清刻本

　　線裝1冊；19釐米

　　Sinica 710

三名臣奏議：三卷/（清）曾國藩，（清）胡林翼，（清）左宗棠撰；（清）何天柱編

清光緒三十四年［1908］上海廣智書局鉛印本

　　洋裝2冊；22釐米

　　Backhouse 213c

李文忠公奏稿：二十卷／（清）李鴻章撰

　　清末蓮池書院石印本

　　線裝20冊；17釐米

　　Backhouse 297

時令類

月令廣義：二十四卷首一卷附錄一卷／（明）馮應京撰

　　明萬曆三十年［1602］序秣陵陳邦泰刻後印本

　　線裝12冊：圖；27釐米

　　Sinica 2726

月令輯要：二十四卷首一卷／（清）李光地等奉敕撰

　　清康熙五十五年［1716］內府刻本

　　線裝12冊：圖；28釐米

　　有"披卷研思""振緒私印""寶坻王氏家藏"印記

　　Backhouse 128

月令粹編：二十四卷圖説一卷／（清）秦嘉謨撰

　　清嘉慶十七年［1812］江都秦氏琳琅仙館刻本

　　線裝8冊；25釐米

　　Sinica 3116

又一部

缺三卷（卷二十二至二十四）

線裝5冊

Sinica 617

地理類

類編之屬

北徼彙編：十九種／（清）何秋濤編

　　清同治四年［1865］京都龍威閣刻本

　　線裝6冊；17釐米

　　Sinica 943

　　詳目：

　　・皇朝文獻通考四裔考／（清）乾隆十二年［1747］敕撰

　　・與俄羅斯國定界之碑／（清）徐元文撰

　　・鄂羅斯傳／（清）七十一撰

　　・簷曝雜記／（清）趙翼撰

　　・綏服紀略／（清）松筠撰

　　・俄羅斯佐領考／（清）俞正燮撰

　　・俄羅斯事輯／（清）俞正燮撰

　　以上合一卷

　　・俄羅斯長編稿跋／（清）俞正燮撰

　　・俄羅斯事補輯／（清）張穆撰

　　・月齋籤記／（清）張穆撰

　　・俄羅斯國總記／（清）林則徐撰

　　以上合一卷

　　・康熙乾隆俄羅斯盟聘記／（清）魏源撰

　　・俄羅斯方域／（清）姚瑩撰

　　・記英俄二夷搆兵／（清）姚瑩撰

　　・俄羅斯國志略／（清）徐繼畬撰

　　以上合一卷

　　・奉使俄羅斯行程録／（清）張鵬翮撰

・職方外紀/（意大利）艾儒略撰
・俄羅斯進呈書籍記附目錄/（清）何秋濤撰

以上合一卷

・異域錄：二卷/（清）圖理琛撰

李氏五種合刊/（清）李兆洛撰

清同治十年［1871］合肥李鴻章金陵刻本

線裝10冊；26釐米

有"學有緝熙號光明""荀巖之印"印記

Sinica 2859

詳目：

・歷代地理志韻編今釋：二十卷
・皇朝輿地韻編：二卷
・歷代地理沿革圖：不分卷/（清）六嚴撰；（清）馬徵麟增輯

清同治十年［1871］合肥李鴻章金陵刻朱墨印本

・皇朝一通輿圖：一卷
・紀元編：三卷末一卷/（清）李兆洛撰；（清）六承如編

李氏五種合刊/（清）李兆洛撰

清光緒十四年［1888］上海掃葉山房刻本

洋裝3冊（原線裝10冊）；24釐米

有"王氏仲子鼎生""天門周氏藏書印""周氏孝甄寶藏""［北京經］濟［專門學］校［藏書之］印""澤寰"等印記

Sinica 6637

詳目：

・歷代地理志韻編今釋：二十卷

・皇朝輿地韻編：二卷
・歷代地理沿革圖：不分卷/（清）六嚴撰；（清）馬徵麟增輯

朱墨印

・皇朝一通輿圖：一卷
・紀元編：三卷末一卷/（清）李兆洛撰；（清）六承如編

小方壺齋輿地叢鈔：十二帙一千二百種補編十二帙五十五種再補編十二帙一百七十八種/（清）王錫祺輯

清光緒十七年［1891］補編二十年［1894］再補編二十三年［1897］上海著易堂鉛印本

缺二十九種（小方壺齋輿地叢鈔缺二十八種、再補編缺一種）

洋裝15冊（原線裝84冊）；20釐米

Sinica 6601

詳目：

第一帙

・蓋地論：一卷/（清）俞正燮撰
・地球總論：一卷/（葡萄牙）瑪吉士撰
・地理說略：一卷/（清）吳鍾史撰
・地理淺說：一卷/（美國）林樂知撰
・地球誌略：一卷/（清）徐繼畬撰
・地球形勢說：一卷/（清）龔柴撰
・地球形勢考：一卷/（清）龔柴撰
・五洲方域考：一卷/（清）龔柴撰
・括地略：一卷/（清）□□撰
・國地異名錄：一卷/（清）林謙撰
・五大洲輿地戶口物產表：一卷/（清）鄺其照撰
・輿地全覽：一卷/（清）蔡方炳撰
・天下形勢考：一卷/（清）華湛恩撰

- 輿地略：一卷/（清）馮焌光撰
- 府州廳縣異名錄：一卷/（清）管斯駿撰
- 中國方域考：一卷/（清）龔柴撰
- 中國形勢考略：一卷/（清）龔柴撰
- 中國歷代都邑考：一卷/（清）龔柴撰
- 中國物產考略：一卷/（清）龔柴撰
- 輿覽：一卷/（清）何炳撰
- 方輿紀要簡覽：一卷/（清）潘鐸撰
- 滿洲考略：一卷/（清）龔柴撰
- 盛京考略：一卷/（清）龔柴撰
- 直隸考略：一卷/（清）龔柴撰
- 江蘇考略：一卷/（清）龔柴撰
- 安徽考略：一卷/（清）龔柴撰
- 江西考略：一卷/（清）龔柴撰
- 浙江考略：一卷/（清）龔柴撰
- 福建考略：一卷/（清）龔柴撰
- 湖北考略：一卷/（清）龔柴撰
- 湖南考略：一卷/（清）龔柴撰
- 河南考略：一卷/（清）龔柴撰
- 山東考略：一卷/（清）龔柴撰
- 山西考略：一卷/（清）龔柴撰
- 陝西考略：一卷/（清）龔柴撰
- 甘肅考略：一卷/（清）龔柴撰
- 四川考略：一卷/（清）龔柴撰
- 廣東考略：一卷/（清）龔柴撰
- 廣西考略：一卷/（清）龔柴撰
- 雲南考略：一卷/（清）龔柴撰
- 貴州考略：一卷/（清）龔柴撰
- 驛站路程：一卷/（清）□□撰
- 輿地經緯度里表：一卷/（清）丁取忠撰
- 松亭行紀：一卷/（清）高士奇撰
- 扈從東巡日錄：一卷/（清）高士奇撰
- 扈從西巡日錄：一卷/（清）高士奇撰
- 塞北小鈔：一卷/（清）高士奇撰
- 扈從紀程：一卷/（清）高士奇撰
- 迎駕紀恩：一卷/（清）楊捷撰
- 迎駕紀：一卷/（清）楊捷撰
- 迎駕紀恩錄：一卷/（清）王士禛撰
- 南巡扈從紀略：一卷/（清）張英撰
- 迎駕始末：一卷/（清）汪琬撰
- 隨鑾紀恩：一卷/（清）汪灝撰
- 扈從賜遊記：一卷/（清）張玉書撰
- 鳳臺祗謁筆記：一卷/（清）董恂撰
- 永寧祗謁筆記：一卷/（清）董恂撰
- 臺懷隨筆：一卷/（清）王昶撰
- 南巡名勝圖説：一卷/（清）高晉撰
- 開國龍興記：一卷/（清）魏源撰
- 奉天形勢：一卷/（清）張尚賢撰
- 出邊紀程：一卷/（清）恩錫撰
- 絕域紀略：一卷/（清）方拱乾撰
- 寧古塔紀略：一卷/（清）吳桭臣撰
- 柳邊紀略：一卷/（清）楊賓撰
- 遊寧古塔記：一卷/（清）□□撰
- 庫葉附近諸島考：一卷/（清）何秋濤撰
- 吉林勘界記/（清）吳大澂撰
- 龍沙紀略：一卷/（清）方式濟撰
- 黑龍江外紀：一卷/（清）西清撰
- 卜魁風土記：一卷/（清）方觀承撰
- 卜魁紀略：一卷/（清）英和撰
- 雅克薩考：一卷/（清）何秋濤撰
- 尼布楚考：一卷/（清）何秋濤撰
- 艮維窩集考：一卷/（清）何秋濤撰
- 東北邊防論：一卷/（清）姚文棟撰
- 東陲道里形勢：一卷/（清）胡傳撰

第二帙

- 蒙古吉林土風記：一卷/（清）阮葵生撰
- 塞上雜記：一卷/（清）徐蘭撰
- 東蒙古形勢考：一卷/（清）林道原撰
- 綏服內蒙古記：一卷/（清）魏源撰
- 綏服外蒙古記：一卷/（清）魏源撰
- 喀爾喀風土記：一卷/（清）李德撰
- 庫倫記：一卷/（清）姚瑩撰
- 蒙古五十一旗考：一卷/（清）齊召南撰
- 蒙古考略：一卷/（清）龔柴撰
- 蒙古邊防議：一卷/（清）陳黃中撰
- 蒙古臺卡略：一卷/（清）龔自珍撰
- 河套略：一卷/（清）儲大文撰
- 綏服厄魯特蒙古記：一卷/（清）魏源撰
- 青海考略：一卷/（清）龔柴撰
- 青海事宜論：一卷/（清）龔自珍撰
- 蒙古沿革考：一卷/（清）□□撰
- 卡倫形勢記：一卷/（清）姚瑩撰
- 征準噶爾記：一卷/（清）魏源撰
- 塞北紀程：一卷/（清）馬思哈撰
- 西征紀略：一卷/（清）殷化行撰
- 塞程別紀：一卷/（清）余寀撰
- 從西紀略：一卷/（清）范昭逵撰
- 從軍雜記：一卷/（清）方觀承撰
- 兩征厄魯特記：一卷/（清）魏源撰
- 蕩平準部記：一卷/（清）魏源撰
- 勘定回疆記：一卷/（清）魏源撰
- 高平行記：一卷/（清）王太岳撰
- 新疆後事記：一卷/（清）魏源撰
- 新疆紀略：一卷/（清）七十一撰
- 回疆風土記：一卷/（清）七十一撰
- 回疆雜記：一卷/（清）王曾翼撰
- 西域釋地：一卷/（清）祁韻士撰
- 西陲要略：一卷/（清）祁韻士撰
- 天山南北路考略：一卷/（清）龔柴撰
- 回部政俗論：一卷/（清）□□撰
- 喀什噶爾略論：一卷/（美國）林樂知撰
- 軍臺道里表：一卷/（清）七十一撰
- 西域置行省議：一卷/（清）龔自珍撰
- 新疆設行省議：一卷/（清）□□撰
- 西域設行省議：一卷/（清）朱逢甲撰
- 烏魯木齊雜記：一卷/（清）紀昀撰
- 伊犁日記：一卷/（清）洪亮吉撰
- 天山客話：一卷/（清）洪亮吉撰
- 東歸日記：一卷/（清）方士淦撰
- 荷戈紀程：一卷/（清）林則徐編
- 莎車行紀：一卷/（清）倭仁撰

第三帙
- 衛藏識略：一卷/（清）盛繩祖撰
- 烏斯藏考：一卷/（清）曹樹翹撰
- 前後藏考：一卷/（清）姚鼐撰
- 西藏紀略/（清）龔柴撰
- 撫綏西藏記/（清）魏源撰
- 西藏後記/（清）魏源撰
- 西征記/（清）毛振翩撰
- 藏鑪總記/（清）王我師撰
- 藏鑪述異記/（清）王我師撰
- 西藏巡邊記/（清）松筠撰
- 寧藏七十九族番民考：一卷/（清）□□撰
- 入藏程站：一卷/（清）盛繩祖撰
- 藏寧路程：一卷/（清）松筠撰
- 藏行紀程：一卷/（清）杜昌丁修
- 進藏紀程：一卷/（清）王世睿撰
- 由藏歸程記：一卷/（清）林儁撰

- 西征日記：一卷/（清）徐瀛撰
- 晉藏小錄：一卷/（清）徐瀛撰
- 旃林記略：一卷/（清）徐瀛撰
- 康輶紀行：一卷/（清）姚瑩撰
- 前藏三十一城考：一卷/（清）姚瑩撰
- 察木多西諸部考：一卷/（清）姚瑩撰
- 乍丫圖說：一卷/（清）姚瑩撰
- 墨竹工卡記：一卷/（清）王我師撰
- 得慶記：一卷/（清）王我師撰
- 錫金考略：一卷/（清）□□撰
- 西招審隘篇：一卷/（清）松筠撰
- 西藏要隘考：一卷/（清）黃沛翹輯
- 西藏改省會論：一卷/（清）□□撰
- 西藏建行省議：一卷/（清）王錫祺著
- 征廓爾喀記：一卷/（清）魏源撰
- 廓爾喀不丹合考：一卷/（清）龔柴撰
- 征烏梁海述略：一卷/（清）何秋濤撰
- 哈薩克述略：一卷/（清）何秋濤撰
- 外藩疆理考：一卷/（清）□□撰
- 西北邊域考：一卷/（清）魏源撰
- 綏服西屬國記：一卷/（清）魏源撰
- 外藩列傳：一卷/（清）七十一撰
- 北徼形勢考：一卷/（清）何秋濤撰
- 俄羅斯形勢考：一卷/（清）何秋濤撰
- 俄羅斯源流考：一卷/（清）繆祐孫撰
- 俄羅斯諸路疆域考：一卷/（清）何秋濤撰
- 俄羅斯分部說：一卷/（清）何秋濤撰
- 俄羅斯疆域編：一卷/（清）繆祐孫撰
- 俄羅斯互市始末：一卷/（清）何秋濤撰
- 俄羅斯叢記：一卷/（清）何秋濤撰
- 北徼城邑考：一卷/（清）何秋濤撰
- 北徼方物考：一卷/（清）何秋濤撰
- 北徼喀倫考：一卷/（清）何秋濤撰
- 俄羅斯戶口略：一卷/（清）繆祐孫撰
- 異域錄：一卷/（清）圖理琛撰
- 俄羅斯盟聘記：一卷/（清）魏源撰
- 俄羅斯附記：一卷/（清）魏源撰
- 奉使俄羅斯日記：一卷/（清）張鵬翮撰
- 出塞紀略：一卷/（清）錢良擇撰
- 聘盟日記：一卷/（俄國）雅蘭布撰
- 綏服紀略：一卷/（清）松筠撰
- 海隅從事錄：一卷/（清）丁壽祺撰
- 使俄日記：一卷/（清）張德彝撰
- 金軺籌筆：一卷/（清）□□撰
- 俄遊日記：一卷/（清）繆祐孫撰
- 亞洲俄屬考略：一卷/（清）龔柴撰
- 取中亞細亞始末記：一卷/（清）繆祐孫撰
- 西伯利記：一卷/（日本）岡本監輔撰
- 取悉畢爾始末記：一卷/（清）繆祐孫撰
- 俄屬海口記：一卷/（清）□□撰
- 海參崴埠通商論：一卷/（清）□□撰
- 琿春瑣記：一卷/（清）□□撰
- 北遊紀略：一卷/（清）吳□撰
- 俄羅斯疆界碑記：一卷/（清）徐元文撰
- 中俄交界記：一卷/（清）王錫祺撰
- 通俄道里表：一卷/（清）繆祐孫撰

第四帙
- 五嶽說：一卷/（清）姚鼐撰
- 五嶽約：一卷/（清）韓則愈撰
- 泰山脈絡紀：一卷/（清）李光地撰
- 泰山紀勝：一卷/（清）孔貞瑄撰
- 登岱記：一卷/（清）余縉撰

- 登泰山記：一卷/（清）沈彤撰
- 泰山道里記：一卷/（清）聶鈫撰
- 遊泰山記：一卷/（清）吳錫麒撰
- 登泰山記：一卷/（清）姚鼐撰
- 遊南嶽記：一卷/（清）金之俊撰
- 衡嶽遊記：一卷/（清）黃周星撰
- 遊南嶽記：一卷/（清）潘耒撰
- 登南嶽記：一卷/（清）唐仲冕撰
- 遊南嶽記：一卷/（清）羅澤南撰
- 重遊嶽麓記：一卷/（清）李元度撰
- 嵩嶽考：一卷/（清）田雯編
- 嵩山說：一卷/（清）朱雲錦撰
- 遊中嶽記：一卷/（清）潘耒撰
- 遊太室記：一卷/（清）田雯編
- 登華記：一卷/（清）屈大均撰
- 華山經：一卷/（清）東蔭商撰
- 華山志概：一卷/（清）王弘嘉撰
- 登華山記：一卷/（清）喬光烈撰
- 登太華山記：一卷/（清）謝振定撰
- 太華紀游略：一卷/（清）趙嘉肇撰
- 恒山記：一卷/（清）□□撰
- 恒嶽記：一卷/（清）王錫祺撰
- 北嶽辨：一卷/（清）顧炎武撰
- 北嶽中嶽論：一卷/（清）閻若璩撰
- 封長白山記：一卷/（清）方象瑛撰
- 長白山記：一卷/（清）阮葵生著
- 遊千頂山記：一卷/（清）張玉書著
- 遊西山記：一卷/（清）懷應聘著
- 西山遊記：一卷/（清）王嗣槐撰
- 遊西山記：一卷/（清）吳錫麒撰
- 遊西山記：一卷/（清）李宗昉撰
- 遊西山記：一卷/（清）常安撰
- 遊翠微山記：一卷/（清）馮志沂撰
- 翠微山記：一卷/（清）張際亮

- 游上方山記：一卷/（清）謝振定撰
- 恧題上方二山紀游：一卷/（清）查禮撰
- 遊盤山記：一卷/（清）高士奇輯
- 遊盤山記：一卷/（清）常安輯
- 石門諸山記：一卷/（清）陸舜撰
- 遊鍾山記：一卷/（清）洪若皋撰
- 遊鍾山記：一卷/（清）顧宗泰撰
- 遊清涼山記：一卷/（清）洪亮吉撰
- 遊攝山記：一卷/（清）王士禎撰
- 攝山紀遊：一卷/（清）朱綬撰
- 棲霞山攬勝記：一卷/（清）王錫祺撰
- 遊幕府山泛舟江口記：一卷/（清）洪亮吉撰
- 花山遊記：一卷/（清）陸求可撰
- 遊寶華山記：一卷/（清）王士禎撰
- 茅山記：一卷/（清）馬世俊撰
- 遊瓜步山記：一卷/（清）梅曾亮撰
- 遊吳山記：一卷/（清）湯傳楹撰
- 遊虎邱記：一卷/（清）湯傳楹撰
- 虎邱往還記：一卷/（清）湯傳楹撰
- 遊西山記：一卷/（清）彭績撰
- 遊靈巖山記：一卷/（清）王恪撰
- 遊靈巖記：一卷/（清）尤侗撰
- 靈巖懷舊記：一卷/（清）湯傳楹撰
- 遊寒山記：一卷/（清）王恪撰
- 遊茶山記：一卷/（清）顧宗泰撰
- 遊馬駕山記：一卷/（清）汪琬撰
- 彈山吾家山遊記：一卷/（清）邵長蘅撰
- 遊洞庭西山記：一卷/（清）金之俊撰
- 登洞庭兩山記：一卷/（清）懷應聘撰
- 遊洞庭西山記：一卷/（清）繆彤撰
- 遊西洞庭記：一卷/（清）潘耒撰

- 遊洞庭兩山記：一卷/（清）趙懷玉撰
- 西洞庭志：一卷/（清）王廷瑚撰
- 遊包山記：一卷/（清）沈彤撰
- 遊石公山記：一卷/（清）葉廷琯撰
- 遊漁洋山記：一卷/（清）沈德潛撰
- 遊虞山記：一卷/（清）尤侗撰
- 遊虞山記：一卷/（清）沈德潛撰
- 遊虞山記：一卷/（清）黃金臺撰
- 遊馬鞍山記：一卷/（清）朱瑋撰
- 玉峰遊記：一卷/（清）蔡錫齡撰
- 遊細林山記：一卷/（清）黃金臺撰
- 遊橫雲山記：一卷/（清）黃金臺撰
- 毘陵諸山記：一卷/（清）邵長蘅撰
- 遊蜀山記：一卷/（清）史承豫撰
- 遊龍池山記：一卷/（清）吳騫撰
- 遊龍池山記：一卷/（清）陳經撰
- 遊橫山記：一卷/（清）曹堉撰
- 遊焦山記：一卷/（清）劉體仁撰
- 遊焦山記：一卷/（清）冷士嵋撰
- 遊焦山記：一卷/（清）吳錫麒撰
- 遊焦山記：一卷/（清）顧宗泰撰
- 遊焦山記：一卷/（清）謝振定撰
- 遊焦山記：一卷/（清）湯金釗撰
- 遊焦山記：一卷/（清）黃金臺撰
- 遊蒜山記：一卷/（清）沈德潛撰
- 象山記：一卷/（清）何栔撰
- 遊北固山記：一卷/（清）周鎬撰
- 遊北固山記：一卷/（清）阮宗瑗撰
- 遊金焦北固山記：一卷/（清）李元度撰
- 遊京口南山記：一卷/（清）洪亮吉撰
- 登燕山記：一卷/（清）馬世俊撰
- 方山記：一卷/（清）馬世俊撰
- 遊江上諸山記：一卷/（清）汪縉撰
- 五山志略：一卷/（清）劉名芳撰
- 五狼山記：一卷/（清）王宜亨撰
- 遊象山麓記：一卷/（清）丁腹松撰
- 遊軍山記：一卷/（清）張廷珪撰
- 紫琅遊記：一卷/（清）李聯琇撰
- 遊雲龍山記：一卷/（清）張貞撰
- 雲臺山記：一卷/（清）姚陶撰
- 遊雲臺山記：一卷/（清）常安撰
- 遊雲臺山北記：一卷/（清）吳進撰
- 遊浮山記：一卷/（清）何永紹撰
- 遊浮山記：一卷/（清）李兆洛撰
- 黃山遊記：一卷/（清）王煒撰
- 黃山史概：一卷/（清）陳鼎撰
- 黝山紀遊：一卷/（清）汪淮撰
- 遊黃山記：一卷/（清）袁枚撰
- 遊黃山記：一卷/（清）曹文埴撰
- 遊黃山記：一卷/（清）黃鉞撰
- 黃山紀遊：一卷/（清）王灼撰
- 黃山紀遊：一卷/（清）黃肇敏撰
- 白嶽遊記：一卷/（清）施閏章撰
- 披雲山記：一卷/（清）許楚撰
- 遊靈山記：一卷/（清）許楚撰
- 績溪山水記：一卷/（清）汪士鐸撰
- 黟縣山水記：一卷/（清）俞正燮撰
- 遊石柱山記：一卷/（清）儲大文撰
- 遊敬亭山記：一卷/（清）李確撰
- 遊敬亭山記：一卷/（清）王慶麟撰
- 遊九華記：一卷/（清）懷應聘著
- 遊九華記：一卷/（清）施閏章撰
- 九華日錄：一卷/（清）周天度撰
- 遊九華山記：一卷/（清）洪亮吉撰
- 齊山巖洞志：一卷/（清）陳蔚撰
- 橫山遊記：一卷/（清）吳銘道撰
- 梅村山水記：一卷/（清）桂超萬撰

- 遊青山記：一卷/(清)朱筠撰
- 過關山記：一卷/(清)管同撰
- 盱江諸山遊記：一卷/(清)施閏章撰
- 從姑山記：一卷/(清)涂瑞撰
- 遊鑪山記：一卷/(清)羅有高撰
- 西山遊記：一卷/(清)徐世溥撰
- 遊懷玉山記：一卷/(清)趙佑撰
- 遊龜峰山記：一卷/(清)李宗昉撰
- 軍陽山記：一卷/(清)鄭日奎撰
- 遊鵝湖山記：一卷/(清)□□撰
- 匡廬遊録：一卷/(清)黃宗羲撰
- 廬山紀遊：一卷/(清)查慎行撰
- 匡廬紀游：一卷/(清)吳闡思撰
- 遊廬山記：一卷/(清)潘耒撰
- 遊廬山記：一卷/(清)袁枚撰
- 遊廬山記：一卷/(清)洪亮吉撰
- 遊廬山記：一卷/(清)惲敬撰
- 遊廬山後記：一卷/(清)惲敬撰
- 遊廬山天池記：一卷/(清)李宗昉撰
- 遊大孤山記：一卷/(清)張際亮撰
- 登小孤山記：一卷/(清)方宗誠撰
- 遊石鐘山記：一卷/(清)周準撰
- 軍峰山小記：一卷/(清)曾鴻麟撰
- 遊福山記：一卷/(清)涂瑞撰
- 遊麻姑山記：一卷/(清)曾國藩撰
- 軍峰記：一卷/(清)應昇撰
- 鳳凰山記：一卷/(清)謝階樹撰
- 鄧公嶺經行記：一卷/(清)李榮陛撰
- 黃皮山遊紀略：一卷/(清)李榮陛撰
- 大陽山遊紀略：一卷/(清)李榮陛撰
- 大圍山遊紀略：一卷/(清)李榮陛撰
- 遊西陽山記：一卷/(清)彭士望撰
- 遊青原山記：一卷/(清)李祖陶撰
- 翠微峰記：一卷/(清)彭士望撰
- 遊翠微峰記：一卷/(清)惲敬撰
- 吳山紀遊：一卷/(清)毛際可撰
- 遊孤山記：一卷/(清)邵長蘅撰
- 遊硤石兩山記：一卷/(清)黃金臺撰
- 遊天目山記：一卷/(清)金之俊撰
- 遊兩尖山記：一卷/(清)趙懷玉撰
- 雲岫山遊記：一卷/(清)李確撰
- 遊鷹窠頂記：一卷/(清)黃之雋撰
- 遊陳山記：一卷/(清)李確撰
- 蠡山記：一卷/(清)徐倬撰
- 遊白鵲山記：一卷/(清)欽善撰
- 道場山遊記：一卷/(清)呂星垣撰
- 登道場山記：一卷/(清)欽善撰
- 遊道場白雀諸山記：一卷/(清)黃金臺撰
- 遊大小玲瓏山記：一卷/(清)楊鳳苞撰
- 普陀紀勝：一卷/(清)許琰撰
- 遊柯山記：一卷/(清)吳高增撰
- 遊吼山記：一卷/(清)吳高增撰
- 遊吼山記：一卷/(清)李宗昉撰
- 天台山記：一卷/(清)蔣薰撰
- 遊天台山記：一卷/(清)潘耒撰
- 遊天台山記：一卷/(清)洪亮吉撰
- 天台遊記：一卷/(清)楊葆光撰
- 遊仙居諸山記：一卷/(清)潘耒著
- 橫山記：一卷/(清)王崇炳撰
- 禹山記：一卷/(清)王崇炳撰
- 雁山雜記：一卷/(清)韓則愈撰
- 遊雁蕩山記：一卷/(清)潘耒撰
- 遊雁蕩山記：一卷/(清)周清原撰
- 遊雁蕩記：一卷/(清)方苞撰
- 遊雁蕩日記：一卷/(清)梁章鉅撰
- 北雁蕩紀遊：一卷/(清)郭鍾岳撰

- 雁山便覽記：一卷/（清）釋道融撰
- 遊南雁蕩記：一卷/（清）潘耒撰
- 南雁蕩紀遊：一卷/（清）張盛藻撰
- 南雁蕩紀遊：一卷/（清）郭鍾岳撰
- 中雁蕩紀遊：一卷/（清）張盛藻撰
- 桃花隖諸山記：一卷/（清）蔣薰撰
- 芙蓉嶂諸山記：一卷/（清）蔣薰撰
- 小仙都諸山記：一卷/（清）蔣薰撰
- 黃龍山記：一卷/（清）蔣薰撰
- 遊黃龍山記：一卷/（清）袁枚撰
- 遊鼓山記：一卷/（清）徐釚撰
- 遊鼓山記：一卷/（清）朱仕琇撰
- 遊鼓山記：一卷/（清）洪若皋撰
- 遊鼓山記：一卷/（清）潘耒撰
- 武夷紀勝：一卷/（清）□□撰
- 武夷山遊記：一卷/（清）鄭恭撰
- 武夷遊記：一卷/（清）陳朝儼撰
- 武夷遊記：一卷/（清）林霍撰
- 武夷導遊記：一卷/（清）釋如疾撰
- 遊武夷山記：一卷/（清）袁枚撰
- 遊武夷山記：一卷/（清）洪亮吉撰
- 九曲遊記：一卷/（清）陸菜撰
- 黃鵠山記：一卷/（清）陳本立撰
- 遊襄城山水記：一卷/（清）周準撰
- 武當山記：一卷/（清）王錫祺撰
- 遊龍山記：一卷/（清）羅澤南撰
- 遊石門記：一卷/（清）羅澤南撰
- 羅山記：一卷/（清）羅澤南撰
- 登君山記：一卷/（清）陶澍撰
- 遊連雲山記：一卷/（清）李元度撰
- 登天嶽山記：一卷/（清）李元度撰
- 遊大雲山記：一卷/（清）吳敏樹撰
- 遊金牛山記：一卷/（清）潘耒撰
- 遊桃源山記：一卷/（清）李澄中撰
- 前遊桃花源記：一卷/（清）陳廷慶撰
- 後遊桃花源記：一卷/（清）陳廷慶撰
- 遊永州近治山水記：一卷/（清）喬萊撰
- 遊林慮山記：一卷/（清）潘耒撰
- 遊天平山記：一卷/（清）呂星垣撰
- 遊唐王山記：一卷/（清）宋世犖撰
- 遊桐柏山記：一卷/（清）田雯撰
- 遊豐山記：一卷/（清）沈彤撰
- 誥屏山記：一卷/（清）陸求可撰
- 遊歷山記：一卷/（清）黃鉞撰
- 登千佛山記：一卷/（清）方宗誠撰
- 長白山錄：一卷/（清）王士禎撰
- 遊龍洞山記：一卷/（清）施閏章撰
- 遊徂徠記：一卷/（清）朱鍾撰
- 敖山記：一卷/（清）趙佑撰
- 登嶧山記：一卷/（清）朱彝尊撰
- 遊蒙山記：一卷/（清）朱澤澐撰
- 登崏山記：一卷/（清）安致遠撰
- 遊仰天記：一卷/（清）安致遠撰
- 遊石門記：一卷/（清）安致遠撰
- 遊五蓮記：一卷/（清）安致遠撰
- 遊九仙記：一卷/（清）安致遠撰
- 遊岠崛院諸山記：一卷/（清）周正撰
- 遊方山記：一卷/（清）郝懿行撰
- 遊程符山記：一卷/（清）閣循觀撰
- 遊卦山記：一卷/（清）趙吉士撰
- 五臺山記：一卷/（清）顧炎武撰
- 老姥掌遊記：一卷/（清）陳廷敬撰
- 遊龍門記：一卷/（清）喬光烈撰
- 嵯峨山記：一卷/（清）劉紹攽撰
- 遊牛頭山記：一卷/（清）董佑誠撰
- 太白紀游略：一卷/（清）趙嘉肇撰
- 陝甘諸山考：一卷/（清）戴祖啟撰

- 首陽山記：一卷/(清)蔣薰撰
- 遊章山記：一卷/(清)劉紹攽撰
- 寶圖山記：一卷/(清)王侃撰
- 萃龍山記：一卷/(清)彭端淑撰
- 蠢頤山記：一卷/(清)王侃撰
- 青城山行記：一卷/(清)江錫齡撰
- 遊峨眉山記：一卷/(清)竇絅撰
- 遊淩雲記：一卷/(清)張洲撰
- 木耳占記：一卷/(清)王昶撰
- 遊白雲山記：一卷/(清)陸棻撰
- 遊白雲山記：一卷/(清)陳夢照撰
- 遊欖山記：一卷/(清)姚瑩撰
- 遊羅浮記：一卷/(清)潘耒撰
- 遊羅浮山記：一卷/(清)惲敬撰
- 浮山紀勝：一卷/(清)黃培芳著
- 遊爛柯山記：一卷/(清)□□撰
- 遊丹霞記：一卷/(清)袁枚撰
- 經丹霞山記：一卷/(清)惲敬撰
- 棲霞山遊記：一卷/(清)吳□撰
- 遊隱山記：一卷/(清)黃之雋撰
- 遊隱山六洞記：一卷/(清)羅辰撰
- 遊桂林諸山記：一卷/(清)袁枚撰
- 桂林諸山別記：一卷/(清)鄭獻甫著
- 桂鬱巖洞記：一卷/(清)賈敦臨撰
- 遊雞足山記：一卷/(清)王昶撰
- 崑崙異同考：一卷/(清)張穆編
- 岡底斯山考：一卷/(清)魏源撰
- 蔥嶺三幹考：一卷/(清)魏源撰
- 北幹考：一卷/(清)魏源撰
- 北徼山脈考：一卷/(清)何秋濤撰
- 俄羅斯山形志：一卷/(清)繆祐孫撰
- 遊滴水巖記：一卷/(清)王崇簡撰
- 登燕子磯記：一卷/(清)王士禛撰
- 遊燕子磯沿山諸洞記：一卷/(清)阮宗瑗撰
- 登燕子磯記：一卷/(清)王錫祺撰
- 遊小盤谷記：一卷/(清)梅曾亮撰
- 遊牛頭隝記：一卷/(清)沈德潛撰
- 遊支硎中峰記：一卷/(清)李果撰
- 遊鵓鴿峰記：一卷/(清)黃廷鑑撰
- 遊劍門記：一卷/(清)盛大士撰
- 遊善卷洞記：一卷/(清)史承豫撰
- 遊張公洞記：一卷/(清)邵長蘅撰
- 遊張公洞記：一卷/(清)吳騫撰
- 山門遊記：一卷/(清)施閏章等修
- 遊白鶴峰記：一卷/(清)姚瑩撰
- 東山巖記：一卷/(清)鄭日奎撰
- 葛壇遊記：一卷/(清)李聯琇撰
- 遊梅田洞記：一卷/(清)李紱撰
- 遊通天巖記：一卷/(清)惲敬撰
- 遊羅漢巖記：一卷/(清)惲敬撰
- 飛來峰記：一卷/(清)邵長蘅撰
- 煙霞嶺遊記：一卷/(清)趙坦撰
- 遊雲巖記：一卷/(清)欽善撰
- 遊碧巖記：一卷/(清)欽善撰
- 遊天窗巖記：一卷/(清)郭傳璞注
- 香鑪峰紀遊：一卷/(清)朱綬撰
- 遊金華洞記：一卷/(清)曹宗璠撰
- 遊玉甑峰記：一卷/(清)潘耒撰
- 遊仙巖記：一卷/(清)潘耒撰
- 三巖洞記：一卷/(清)蔣薰撰
- 遊仙都峰記：一卷/(清)袁枚撰
- 遊水尾巖記：一卷/(清)林佶撰
- 重遊靈應峰記：一卷/(清)朱仕琇撰
- 登大王峰記：一卷/(清)李卷撰
- 遊普陀峰記：一卷/(清)徐乾學撰
- 遊赤壁記：一卷/(清)邵長蘅撰
- 遊三遊洞記：一卷/(清)劉大櫆著

- 卯峒記：一卷/（清）林翼池撰
- 遊天井峰記：一卷/（清）羅澤南撰
- 遊靜谷衡記：一卷/（清）羅辰撰
- 遊永州三巖記：一卷/（清）潘耒撰
- 乾溪洞記：一卷/（清）張九鉞撰
- 桂陽石洞記：一卷/（清）彭而述撰
- 伏牛洞記：一卷/（清）史承豫撰
- 遊佛峪龍洞記：一卷/（清）黃鉞撰
- 遊靈巖記：一卷/（清）姚鼐撰
- 遊黃紅峪記：一卷/（清）趙進美撰
- 遊煙霞洞記：一卷/（清）周正撰
- 遊乾陽洞紀略：一卷/（清）張端亮撰
- 洪花洞記：一卷/（清）郝懿行撰
- 龍母洞記：一卷/（清）胡天游撰
- 探靈巖記：一卷/（清）張洲撰
- 黃婆洞記：一卷/（清）盛謨撰
- 遊碧落洞記：一卷/（清）廖燕撰
- 遊潮水巖記：一卷/（清）廖燕撰
- 遊楊歷巖記：一卷/（清）張九鉞撰
- 遊七星巖記：一卷/（清）喬萊撰
- 七星巖記：一卷/（清）□□撰
- 七星巖記：一卷/（清）□□撰
- 遊伏波巖記：一卷/（清）喬萊撰
- 遊鐵城記：一卷/（清）鄭獻甫著
- 遊白龍洞記：一卷/（清）鄭獻甫著
- 遊丹霞巖九龍洞記：一卷/（清）鄭獻甫著
- 遊燕子洞記：一卷/（清）尤維熊撰
- 牟珠洞記：一卷/（清）黃安濤撰
- 飛雲洞記：一卷/（清）彭而述撰
- 飛雲洞記：一卷/（清）許元仲撰
- 少寨洞記：一卷/（清）洪亮吉撰
- 獅子崖記：一卷/（清）洪亮吉撰
- 遊龍巖記：一卷/（清）梁玉繩撰

- 方輿諸山考：一卷/（清）王錫祺輯
- 水道總考：一卷/（清）華湛恩撰
- 水經要覽：一卷/（清）黃錫齡撰

缺第一頁

- 各省水道圖說：一卷/（清）□□撰
- 江道編：一卷/（清）齊召南撰
- 江源記：一卷/（清）查拉吳麟撰
- 江源考：一卷/（清）張文虆撰
- 江防總論：一卷/（清）姜宸英撰
- 防江形勢考：一卷/（清）華湛恩撰
- 入江巨川編：一卷/（清）齊召南撰
- 長江津要：一卷/（清）馬徵麟撰
- 淮水編：一卷/（清）齊召南撰
- 淮水考：一卷/（清）郭起元撰
- 淮水説：一卷/（清）朱雲錦撰
- 尋淮源記：一卷/（清）沈彤撰
- 入淮巨川編：一卷/（清）齊召南撰
- 黃河編：一卷/（清）齊召南撰
- 黃河説：一卷/（清）朱雲錦撰
- 河源記：一卷/（清）舒蘭撰
- 河源圖說：一卷/（清）吳省蘭著
- 河源異同辨：一卷/（清）范本禮著
- 全河備考：一卷/（清）葉方恒著
- 入河巨川編：一卷/（清）齊召南著
- 東西二漢水辨：一卷/（清）王士禛著
- 漢水發源考：一卷/（清）王筠撰
- 濟瀆考：一卷/（清）田雯撰
- 黑龍江水道編：一卷/（清）齊召南撰
- 東北海諸水編：一卷/（清）齊召南撰
- 十三道嘎牙河紀略：一卷/（清）胡傳撰
- 盛京諸水編：一卷/（清）齊召南撰
- 熱河源記：一卷/（清）阮葵生撰
- 京畿諸水編：一卷/（清）齊召南撰

- 畿南河渠通論：一卷/（清）□□撰
- 畿東河渠通論：一卷/（清）□□撰
- 永定河源考：一卷/（清）蔡錫齡撰
- 永利雜記：一卷/（清）鄭日奎撰
- 大陸澤圖說：一卷/（清）王原祁撰
- 漳河源流考：一卷/（清）賀應旌撰
- 汴水說：一卷/（清）朱際虞撰
- 汝水說：一卷/（清）馮燧光撰
- 山東諸水編：一卷/（清）齊召南撰
- 會通河水道記：一卷/（清）俞正燮撰
- 濬小清河議：一卷/（清）張鵬撰
- 東湖記：一卷/（清）儲方慶撰
- 賈魯河說：一卷/（清）朱雲錦撰
- 運河水道編：一卷/（清）齊召南撰
- 太湖源流編：一卷/（清）齊召南撰
- 三江考：一卷/（清）毛奇齡撰
- 三江考：一卷/（清）王廷瑚撰
- 中江考：一卷/（清）顧觀光撰
- 南江考：一卷/（清）顧觀光撰
- 濬吳淞江議：一卷/（清）張世友撰
- 毘陵諸水記：一卷/（清）邵長蘅撰
- 揚州水利論：一卷/（清）□□撰
- 治下河論：一卷/（清）張鵬翮撰
- 洩湖入江議：一卷/（清）葉機撰
- 高家堰記：一卷/（清）俞正燮撰
- 江西水道考：一卷/（清）□□撰
- 浙江諸水編：一卷/（清）齊召南撰
- 兩浙水利詳考：一卷/（清）□□撰
- 閩江諸水編：一卷/（清）齊召南撰
- 九江考：一卷/（清）夏大觀補輯
- 五谿考：一卷/（清）檀萃撰
- 湘水記：一卷/（清）王文清撰
- 灕湘二水記：一卷/（清）喬萊撰
- 甘肅諸水編：一卷/（清）齊召南撰
- 粵江諸水編：一卷/（清）齊召南撰
- 西江源流說：一卷/（清）勞孝輿撰
- 廣西三江源流考：一卷/（清）高輯撰
- 雲南諸水編：一卷/（清）齊召南撰
- 雲南三江水道考：一卷/（清）張機南撰
- 黔中水道記：一卷/（清）晏斯盛撰
- 苗疆水道考：一卷/（清）嚴如熤修
- 三黑水考：一卷/（清）張邦伸撰
- 黑水考：一卷/（清）陶澍撰
- 大金沙江考：一卷/（清）魏源撰
- 開金沙江議：一卷/（清）師範撰
- 富良江源流考：一卷/（清）范本禮撰
- 蒙古水道略：一卷/（清）龔自珍撰
- 塞北漠南諸水彙編：一卷/（清）齊召南撰
- 西北諸水編：一卷/（清）齊召南撰
- 西域諸水編：一卷/（清）齊召南撰
- 西域水道記：一卷/（清）徐松撰
- 西藏諸水編：一卷/（清）齊召南著
- 西徼水道：一卷/（清）黃懋材撰
- 北徼水道考：一卷/（清）何秋濤撰
- 色楞格河源流考：一卷/（清）何秋濤撰
- 額爾齊斯河源流考：一卷/（清）何秋濤撰
- 俄羅斯水道記：一卷/（清）繆祐孫撰
- 山川考：一卷/（清）□□撰
- 天下高山大川考：一卷/（清）龔柴撰
- 宇內高山大河考：一卷/（日本）木村杏卿撰
- 泛大通橋記：一卷/（清）吳錫麟撰
- 泛通河記：一卷/（清）梅曾亮撰
- 浴溫泉記：一卷/（清）常安撰

- 遊後湖記：一卷/（清）曾國藩撰
- 遊消夏灣記：一卷/（清）洪亮吉撰
- 遊黃公澗記：一卷/（清）孫爾準撰
- 觀水雜記：一卷/（清）田雯撰
- 遊萬柳池記：一卷/（清）任瑗撰
- 遊三龍潭記：一卷/（清）吳進撰
- 遊雙谿記：一卷/（清）姚鼐撰
- 遊媚筆泉記：一卷/（清）姚鼐撰
- 遊南湖記：一卷/（清）洪亮吉撰
- 泛潁記：一卷/（清）彭兆蓀撰
- 遊玉簾泉記：一卷/（清）黃永年撰
- 湖山便覽：一卷/（清）翟灝撰
- 西湖考：一卷/（清）王晫撰
- 西湖遊記：一卷/（清）陸求可撰
- 西湖紀遊：一卷/（清）張仁美撰
- 西湖遊記：一卷/（清）查人渶撰
- 龍井遊記：一卷/（清）呂星垣撰
- 小港記：一卷/（清）趙坦撰
- 遊鴛鴦湖記：一卷/（清）方象瑛撰
- 黯淡灘記：一卷/（清）徐宗幹撰
- 湘行記：一卷/（清）彭而述撰
- 泛瀟湘記：一卷/（清）黃之雋撰
- 三灘記：一卷/（清）陸次雲撰
- 遊浯溪記：一卷/（清）彭而述撰
- 浯溪記：一卷/（清）黃之雋撰
- 泛百門泉記：一卷/（清）呂星垣撰
- 遊百門泉記：一卷/（清）劉大櫆著
- 遊珍珠泉記：一卷/（清）王昶撰
- 遊南池記：一卷/（清）管同撰
- 遊大明湖記：一卷/（清）姚光鼐撰
- 遊趵突泉記：一卷/（清）懷應聘撰
- 冶源紀遊：一卷/（清）王苹撰
- 遊五姓湖記：一卷/（清）牛運震撰
- 天池記：一卷/（清）彭兆蓀撰
- 猩猩灘記：一卷/（清）徐文駒撰
- 遊磻溪記：一卷/（清）喬光烈撰
- 遊釣臺記：一卷/（清）董詔撰
- 出峽記：一卷/（清）張洲撰
- 遊惠州西湖記：一卷/（清）□□撰
- 滇水紀行：一卷/（清）鄭獻甫撰
- 遊金粟泉記：一卷/（清）吳育撰
- 訪蘇泉記：一卷/（清）吳育撰
- 象州沸泉記：一卷/（清）鄭獻甫著
- 遊龍泉記：一卷/（清）王昶撰
- 净海記：一卷/（清）洪亮吉撰
- 遊雨花臺記：一卷/（清）林雲銘撰
- 遊觀音門譙樓記：一卷/（清）阮宗瑗撰
- 遊滄浪亭記：一卷/（清）□□撰
- 遊獅子林記：一卷/（清）黃金臺撰
- 遊姑蘇臺記：一卷/（清）宋犖撰
- 遊姑蘇臺記：一卷/（清）汪琬撰
- 彌羅閣望山記：一卷/（清）李聯琇撰
- 遊虎山橋記：一卷/（清）顧宗泰撰
- 遊秦園記：一卷/（清）邵長蘅撰
- 劉伶臺記：一卷/（清）阮晉撰
- 韓侯釣臺記：一卷/（清）劉培元撰
- 遊愛蓮亭記：一卷/（清）邱兢撰
- 遊周橋記：一卷/（清）程廷祚撰
- 遊龍亭記：一卷/（清）方承之撰
- 遊平波臺記：一卷/（清）黃金臺撰
- 遊釣臺記：一卷/（清）鄭日奎撰
- 遊瀨鄉記：一卷/（清）朱書著
- 遊喜雨亭記：一卷/（清）徐文駒撰
- 遊潭柘寺記：一卷/（清）張永銓撰
- 遊寶藏寺記：一卷/（清）郭沛霖撰
- 龍泉寺記：一卷/（清）劉嗣綰撰
- 遊雞鳴寺記：一卷/（清）李懿曾撰

- 遊金陵城南諸刹記：一卷/（清）王士禛撰
- 遊湖心寺記：一卷/（清）阮宗瑗撰
- 遊海嶽庵記：一卷/（清）儲在文撰
- 遊禪窟寺記：一卷/（清）項樟撰
- 遊石崆庵記：一卷/（清）許楚撰
- 遊智門寺記：一卷/（清）郭傳璞撰
- 遊少林寺記：一卷/（清）田雯撰
- 遊晉祠記：一卷/（清）朱彝尊撰
- 遊晉祠記：一卷/（清）劉大櫆撰
- 遊峽山寺記：一卷/（清）吳育撰
- 遊太華寺記：一卷/（清）李澄中撰
- 遊銅瓦寺記：一卷/（清）張九鉞撰

第五帙
- 南遊記：一卷/（清）孫嘉淦撰
- 還京日記：一卷/（清）吳錫麟撰
- 南歸記：一卷/（清）吳錫麒撰
- 停驂隨筆：一卷/（清）程庭撰
- 春帆紀程：一卷/（清）程庭撰
- 舟行日記：一卷/（清）姚文然撰
- 轉漕日記：一卷/（清）李鈞撰
- 舟行記：一卷/（清）張必剛撰
- 省闈日紀：一卷/（清）顧禄撰
- 舊鄉行紀：一卷/（清）邵嗣宗撰
- 雪鴻再錄：一卷/（清）王昶撰
- 江行日紀：一卷/（清）郭麐撰
- 東路記：一卷/（清）惲敬撰
- 鄉程日記：一卷/（清）王相撰
- 南遊筆記：一卷/（清）曹鈞撰
- 泛漿錄：一卷/（清）黃鉞撰
- 閩行日記：一卷/（清）俞樾撰
- 南歸記：一卷/（清）方宗誠撰
- 北征日記：一卷/（清）洪良品撰
- 北行日記：一卷/（清）陳炳泰撰
- 北行日記：一卷/（清）王錫祺撰
- 南遊日記：一卷/（清）王錫祺撰
- 遊蹤選勝：一卷/（清）俞蛟撰
- 名勝雜記：一卷/（清）王光彥撰
- 鴻雪因錄圖記：一卷/（清）麟慶撰
- 浪遊記快：一卷/（清）沈□撰
- 風土雜錄：一卷/（清）孫兆溎撰
- 觀光紀遊：一卷/（日本）岡千仞撰

第六帙
- 京師偶記：一卷/（清）柴桑撰
- 燕京雜記：一卷/（清）□□撰
- 熱河小記：一卷/（清）吳錫麒撰
- 出口程記：一卷/（清）李調元編
- 金陵志地錄：一卷/（清）金鼇輯
- 吳語：一卷/（清）戴延年輯
- 吳趨風土錄：一卷/（清）顧禄撰
- 姑蘇采風類記：一卷/（清）張大純撰
- 寶山記遊：一卷/（清）管同撰
- 揚州名勝錄：一卷/（清）李斗撰
- 真州風土記：一卷/（清）厲秀芳撰
- 山陽風俗物產志：一卷/（清）吳昆田撰
- 清河風俗物產志：一卷/（清）魯一同撰
- 徐州輿地考：一卷/（清）方駿謨纂
- 海曲方域小志：一卷/（清）金榜撰
- 龍眼遊記：一卷/（清）何永紹撰
- 西干記：一卷/（清）宋和撰
- 懷遠偶記：一卷/（清）柴桑撰
- 樅江遊記：一卷/（清）劉開撰
- 雩都行記：一卷/（清）劉開撰
- 南豐風俗物產志：一卷/（清）魯琪光撰
- 杭俗遺風：一卷/（清）范祖述撰

- 杭州遊記：一卷/（清）鄒方鍔撰
- 杭州城南古蹟記：一卷/（清）趙坦撰
- 陝州志略：一卷/（清）蔣宏任撰
- 湯陰風俗志：一卷/（清）□□撰
- 天台風俗志：一卷/（清）□□撰
- 寧化風俗志：一卷/（清）李□撰
- 楚遊紀略：一卷/（清）王澐撰
- 監利風土志：一卷/（清）王柏心撰
- 使楚叢譚：一卷/（清）王昶撰
- 容美紀遊：一卷/（清）顧彩撰
- 湖南方物志：一卷/（清）黃本驥編
- 桂陽風俗記：一卷/（清）□□撰
- 郴東桂陽小記：一卷/（清）彭而述撰
- 乾州小志：一卷/（清）吳高增撰
- 永州紀勝：一卷/（清）王岱撰
- 永順小志：一卷/（清）張天如撰
- 奉使紀勝：一卷/（清）陳階平撰
- 齊魯遊紀略：一卷/（清）王澐撰
- 歷下志遊：一卷/（清）張點撰
- 長河志籍考：一卷/（清）田雯撰
- 行山路記：一卷/（清）李慎傳撰
- 三省邊防形勢錄：一卷/（清）嚴如熤撰
- 老林說：一卷/（清）嚴如熤撰
- 河南關塞形勝說：一卷/（清）朱雲錦撰
- 共城遊記：一卷/（清）余縉撰
- 商洛行程記：一卷/（清）王昶撰
- 雲中紀程：一卷/（清）高懋功撰
- 保德風土記：一卷/（清）陸燿撰
- 歸化行程記：一卷/（清）韋坦撰
- 遊秦偶記：一卷/（清）柴桑撰
- 西征述：一卷．後西征述：一卷/（清）蔣湘撰
- 皋蘭載筆：一卷/（清）陳奕禧撰
- 賀蘭山口記：一卷/（清）儲大文撰
- 蘭州風土記：一卷/（清）□□撰
- 度隴記：一卷/（清）董恂撰
- 西行瑣錄：一卷/（德國）福克撰
- 邊防三事：一卷/（清）黃焜撰
- 西番各寺記：一卷/（清）阮葵生撰

第七帙
- 蜀遊紀略：一卷/（清）王澐撰
- 蜀道驛程記：一卷/（清）王士禎撰
- 秦蜀驛程記：一卷/（清）王士禎撰
- 隴蜀餘聞：一卷/（清）王士禎撰
- 使蜀日記：一卷/（清）方象瑛撰
- 益州于役記：一卷/（清）陳奕禧撰
- 蜀輶日記：一卷/（清）陶澍撰
- 蜀遊日記：一卷/（清）黃勤業撰
- 雅州道中小記：一卷/（清）王昶撰
- 夔行紀程：一卷/（清）陳明申撰
- 西征記：一卷/（清）劉紹攽撰
- 北遊紀程：一卷/（清）高延第撰
- 巴船紀程：一卷/（清）洪良品撰
- 東歸錄：一卷/（清）洪良品撰
- 遊蜀日記：一卷/（清）吳燾撰
- 遊蜀後記：一卷/（清）吳燾撰
- 川中雜識：一卷/（清）吳燾撰
- 粵述：一卷/（清）閔敘撰
- 粵西偶記：一卷/（清）陸祚蕃撰
- 粵西瑣記：一卷/（清）沈曰霖撰
- 滇南通考：一卷/（清）王思訓撰
- 滇南雜志：一卷/（清）曹樹翹撰
- 全滇形勢論：一卷/（清）劉彬撰
- 入滇陸程考：一卷/（清）師範撰
- 入滇江路考：一卷/（清）師範撰
- 滇南新語：一卷/（清）張泓纂

・滇南雜記：一卷/（清）吳應枚纂
・尋親紀程：一卷/（清）黃向堅纂
・滇還日記：一卷/（清）黃向堅纂
・洱海叢談：一卷/（清）釋同揆撰
・滇遊記：一卷/（清）陳鼎撰
・滇行紀程：一卷附續鈔一卷/（清）許纘曾撰
・東還紀程：一卷附續鈔一卷/（清）許纘曾撰
・自滇入都程記：一卷/（清）楊名時撰
・滇行日錄：一卷/（清）王昶撰
・滇軺紀程：一卷/（清）林則徐撰
・使滇紀程：一卷/（清）楊懌曾撰
・雲南風土記：一卷/（清）張詠撰
・探路日記：一卷/（英國）□□撰
・滇遊日記：一卷/（清）包家吉撰
・順寧雜著：一卷/（清）劉靖撰
・黔囊：一卷/（清）檀萃著
・黔記：四卷/（清）李宗昉著
・黔西古蹟考：一卷/（清）錢霖撰
・黔遊記：一卷/（清）陳鼎撰
・黔中雜記：一卷/（清）黃元治撰
・黔中紀聞：一卷/（清）張澍撰
・貴州道中記：一卷/（清）謝階樹撰
・古州雜記：一卷/（清）林溥撰
・粵滇雜記：一卷/（清）趙翼著
第八帙
・平定兩金川述略：一卷/（清）趙翼著
・蜀徼紀聞：一卷/（清）王昶撰
・金川瑣記：一卷/（清）李心衡纂
・八排風土記：一卷/（清）李來章纂
・金廠行記：一卷/（清）余慶長纂
・維西見聞紀：一卷/（清）余慶遠纂
・永昌土司論：一卷/（清）劉彬纂

・黔苗蠻記：一卷/（清）田雯編
・滇黔土司婚禮記：一卷/（清）陳鼎編
・峒谿纖志：一卷/（清）陸次雲撰
・說蠻：一卷/（清）檀萃著
・猺獞傳：一卷/（清）諸匡鼎撰
・苗俗紀聞：一卷/（清）方亨咸撰
・苗俗記：一卷/（清）貝青喬撰
・苗民考：一卷/（清）龔柴撰
・苗疆城堡考：一卷/（清）嚴如熤撰
・苗疆村寨考：一卷/（清）嚴如熤撰
・苗疆險要考：一卷/（清）嚴如熤撰
・苗疆道路考：一卷/（清）嚴如熤撰
・苗疆風俗考：一卷/（清）嚴如熤撰
・苗疆師族考：一卷/（清）嚴如熤撰
・平苗記：一卷/（清）劉應中撰
・苗防論：一卷/（清）魏源撰
・西南夷改流記：一卷/（清）魏源撰
・邊省苗蠻事宜論：一卷/（清）藍鼎元撰
・改土歸流說：一卷/（清）王履階撰
第九帙
・海道編：一卷/（清）齊召南撰
・海防篇：一卷/（清）蔡方炳撰
・海防總論：一卷/（清）姜宸英撰
・沿海形勢錄：一卷/（清）陳倫炯撰
・沿海形勢論：一卷/（清）華世芳撰
・沿海形勢論：一卷/（清）朱逢甲撰
・防海形勢考：一卷/（清）華湛恩撰
・江防海防策：一卷/（清）姚文枏著
・航海圖說：一卷/（清）胡鳳丹撰
・營口雜記：一卷/（清）諸仁安撰
・營口雜誌：一卷/（清）□□撰
・津門雜記：一卷/（清）張燾撰
・黑水洋考：一卷/（清）梁□撰

- 瀛壖雜志：一卷/（清）王韜著
- 滬游雜記：一卷/（清）葛元煦撰
- 淞南夢影錄：一卷/（清）黃協塤撰
- 海塘說：一卷/（清）高晉撰
- 甌江逸志：一卷/（清）勞大與撰
- 閩遊紀略：一卷/（清）王澐撰
- 閩小紀：一卷/（清）周亮工撰
- 閩雜記：一卷/（清）施鴻保撰
- 平定臺灣述略：一卷/（清）趙翼著
- 臺灣紀略：一卷/（清）林謙光撰
- 臺灣雜記：一卷/（清）季麒光撰
- 臺灣小志/（清）龔柴撰
- 臺灣使槎錄/（清）黃叔璥撰
- 臺灣隨筆：一卷/（清）徐懷祖著
- 裨海紀遊：一卷/（清）郁永河撰
- 番境補遺：一卷/（清）郁永河撰
- 海上紀略：一卷/（清）郁永河撰
- 浮海前記：一卷/（清）徐宗幹撰
- 渡海後記：一卷/（清）徐宗幹撰
- 東征雜記：一卷/（清）藍鼎元撰
- 平臺灣生番論：一卷/（清）藍鼎元撰
- 番社采風圖考：一卷/（清）六十七撰
- 臺灣番社考：一卷/（清）鄺其照撰
- 埔裏社紀略：一卷/（清）姚瑩撰
- 東西勢社番記：一卷/（清）姚瑩撰
- 臺北道里記：一卷/（清）姚瑩撰
- 噶瑪蘭紀略：一卷/（清）姚瑩撰
- 澎湖紀略：一卷/（清）林謙光撰
- 亞哥書馬島記：一卷/（清）□□撰
- 嶺南雜記：一卷/（清）吳震方撰
- 粵囊：一卷/（清）檀萃著
- 南來志：一卷/（清）王士禎撰
- 北歸志：一卷/（清）王士禎撰
- 廣州遊覽小志：一卷/（清）王士禎撰
- 南越筆記：一卷/（清）李調元著
- 粵遊錄：一卷/（清）戴燮元撰
- 北轅錄：一卷/（清）戴燮元撰
- 粵遊小志：一卷/（清）張心泰撰
- 澳門圖說：一卷/（清）張甄陶撰
- 澳門記：一卷/（清）薛醞撰
- 澳門形勢篇：一卷/（清）張汝霖撰
- 澳門形勢論：一卷/（清）張甄陶撰
- 澳蕃篇：一卷/（清）張汝霖撰
- 制馭澳夷論：一卷/（清）張甄陶撰
- 澳門形勢論：一卷/（清）李受彤撰
- 虎門記：一卷/（清）薛醞撰
- 潮州海防記：一卷/（清）藍鼎元撰
- 瓊州記：一卷/（清）藍鼎元撰
- 黎岐紀聞：一卷/（清）張慶長撰
- 中國海島考略：一卷/（清）龔柴撰
- 中外述遊：一卷/（清）田嵩岳撰

第十帙
- 東南三國記：一卷/（清）江登雲撰
- 高麗論略：一卷/（清）朱逢甲撰
- 朝鮮考略：一卷/（清）龔柴撰
- 征撫朝鮮記：一卷/（清）魏源撰
- 朝鮮小記：一卷/（清）李韶九撰
- 高麗形勢：一卷/（清）吳鍾史撰
- 朝鮮風土略述：一卷/（清）吳鍾史撰
- 高麗風俗記：一卷/（清）□□撰
- 朝鮮風俗記：一卷/（清）薛培榕撰
- 朝鮮八道紀要：一卷/（清）薛培榕撰
- 朝鮮風土記：一卷/（清）□□撰
- 高麗瑣記：一卷/（清）□□撰
- 朝鮮輿地說：一卷/（清）薛培榕撰
- 朝鮮疆域紀略：一卷/（清）□□撰
- 朝鮮會通條例：一卷/（清）薛培榕撰
- 東遊記：一卷/（清）吳鍾史撰

- 遊高麗王城記：一卷/(清)吳鍾史撰
- 朝鮮雜述：一卷/(清)許午撰
- 東國名勝記：一卷/(朝鮮)金敬淵撰
- 入高紀程：一卷/(清)□□撰
- 巨文島形勢：一卷/(清)□□撰
- 朝鮮諸水編：一卷/(清)齊召南撰
- 高麗水道考：一卷/(清)□□撰
- 越南志：一卷/(西洋)□□撰
- 安南小志：一卷/(清)姚文棟撰
- 越南考略：一卷/(清)龔柴撰
- 越南世系沿革略：一卷/(清)徐延旭撰
- 越南疆域考：一卷/(清)魏源撰
- 越南地輿圖說：一卷/(清)盛慶紱撰
- 安南雜記：一卷/(清)李仙根撰
- 安南紀遊：一卷/(清)潘鼎珪撰
- 越南遊記：一卷/(清)陳□撰
- 征撫安南記：一卷/(清)魏源撰
- 征安南紀略：一卷/(清)師範撰
- 從征安南記：一卷/(清)□□撰
- 越南山川略：一卷/(清)徐延旭撰
- 越南道路略：一卷/(清)徐延旭撰
- 中越交界各隘卡略：一卷/(清)徐延旭撰
- 金邊國記：一卷/(清)□□撰
- 使琉球紀：一卷/(清)張學禮撰
- 中山紀略：一卷/(清)張學禮撰
- 中山傳信錄：一卷/(清)徐葆光纂
- 使琉球記：一卷/(清)李鼎元撰
- 中山見聞辨異：一卷/(清)黃景福撰
- 琉球實錄：一卷/(清)錢□著
- 琉球說略：一卷/(清)姚文棟譯
- 琉球形勢略：一卷/(日本)中根淑撰
- 琉球朝貢考：一卷/(清)王韜撰
- 琉球向歸日本辨：一卷/(清)王韜撰
- 緬甸志：一卷/(西洋)□□撰
- 緬甸考略：一卷/(清)龔柴撰
- 征緬甸記：一卷/(清)魏源撰
- 緬事述略：一卷/(清)師範撰
- 征緬紀略：一卷/(清)王昶撰
- 征緬紀聞：一卷/(清)王昶撰
- 緬甸瑣記：一卷/(清)傅顯撰
- 入緬路程：一卷/(清)師範撰
- 緬藩新紀：一卷/(清)□□撰
- 暹羅考：一卷/(清)□□撰
- 暹羅志：一卷/(清西洋)□□撰
- 暹羅考略：一卷/(清)龔柴撰
- 暹羅別記：一卷/(清)季麒光撰
- 東洋記：一卷/(清)陳倫炯撰
- 日本考略：一卷/(清)龔柴撰
- 日本疆域險要：一卷/(清)傅雲龍編
- 日本沿革：一卷/(清)傅雲龍編
- 日本載筆：一卷/(英國)韋廉臣撰
- 日本近事記：一卷/(清)陳其元撰
- 日本通中國考：一卷/(清)王韜撰
- 袖海編：一卷/(清)汪鵬撰
- 使東述略：一卷/(清)何如璋撰
- 使東雜記：一卷/(清)何如璋撰
- 日本雜事：一卷/(清)黃遵憲撰
- 東遊日記：一卷/(西洋)□□撰
- 東遊紀盛：一卷/(清)□□撰
- 日本瑣誌：一卷/(清)□□撰
- 扶桑遊記：一卷/(清)王韜撰
- 東遊日記：一卷/(清)王之春撰
- 東洋瑣記：一卷/(清)王之春撰
- 日本紀遊：一卷/(清)□□撰
- 日本雜記：一卷/(清)□□撰
- 豈止快錄：一卷/(日本)林長孺撰

- 禺于日録：一卷/（日本）岡千仞撰
- 熱海遊記：一卷/（日本）岡千仞撰
- 使會津記：一卷/（日本）岡千仞撰
- 東槎雜著：一卷/（清）姚文棟著
- 東槎聞見録：一卷/（清）陳家麟撰
- 遊日光山記：一卷/（清）黎庶昌撰
- 登富嶽記：一卷/（日本）太宰純撰
- 登富士山記：一卷/（日本）澤元愷撰
- 鹿門宕嶽諸遊記：一卷/（日本）釋紹岷撰
- 遊嵐峽記：一卷/（日本）源之熙撰
- 遊石山記：一卷/（日本）釋大典撰
- 登金華山記：一卷/（日本）澤元愷撰
- 遊松連高雄二山記：一卷/（日本）安積信撰
- 霧島山記：一卷/（日本）橘南溪撰
- 遊天王山記：一卷/（日本）市村謙撰
- 日本山表説：一卷/（清）傅雲龍撰
- 瀧溪紀遊：一卷/（日本）鈴木恭撰
- 遊綿溪記：一卷/（日本）豐後廣建撰
- 遊保津川記：一卷/（日本）山田敬直撰
- 日本河渠志：一卷/（清）傅雲龍撰
- 印度考略：一卷/（清）龔柴撰
- 印度志略：一卷/（英國）慕維廉撰
- 五印度論：一卷/（清）徐繼畬撰
- 印度風俗記：一卷/（日本）岡本監輔撰
- 印度紀遊：一卷/（西洋）堅彌地撰
- 探路日記：一卷/（英國）密斯耨撰
- 西輶日記：一卷/（清）黃楙材撰
- 遊歷芻言：一卷/（清）黃楙材撰
- 印度劄記：一卷/（清）黃楙材撰
- 波斯考略：一卷/（清）龔柴撰
- 阿剌伯考略：一卷/（清）龔柴撰
- 俾路芝考略：一卷/（清）龔柴撰
- 阿富汗考略：一卷/（清）龔柴撰
- 東土耳其考略：一卷/（清）龔柴撰
- 英屬地志：一卷/（英國）慕維廉撰
- 俄西亞尼嘎洲志略：一卷/（美國）戴德江撰
- 阿塞亞尼亞群島記：一卷/（日本）岡本監輔撰
- 東南洋記：一卷/（清）陳倫炯撰
- 東南洋鍼路：一卷/（清）呂調陽撰
- 東南洋島紀略：一卷/（美國）林樂知撰
- 呂宋紀略：一卷/（清）黃可垂撰
- 南洋記：一卷/（清）陳倫炯撰
- 崑崙記：一卷/（清）陳倫炯撰
- 南澳氣記：一卷/（清）陳倫炯撰
- 柔佛略述：一卷/（清）□□撰
- 檳榔嶼遊記：一卷/（清）□□撰
- 般鳥紀略：一卷/（西洋）鴨砵撰
- 遊婆羅洲記：一卷/（清）□□撰
- 白蠟遊記：一卷/（清）□□撰
- 海島逸志：一卷/（清）王大海撰
- 葛剌巴傳：一卷/（清）□□撰
- 南洋述遇：一卷/（清）□□撰
- 南洋事宜論：一卷/（清）藍鼎元著
- 南洋各島國論：一卷/（清）吳曾英撰
- 三得惟枝島紀略：一卷/（美國）林樂知撰
- 海外群島記：一卷/（清）□□撰
- 新金山記：一卷/（清）□□撰
- 澳洲紀遊：一卷/（清）□□撰
- 他士文尼亞島考略：一卷/（清）□□撰

・牛西蘭島紀略：一卷／（清）□□撰
・南極新地辨：一卷／（清）金維賢撰
第十一帙
・海錄：一卷／（清）楊炳南撰
・大西洋記：一卷／（清）陳倫炯撰
・西方要紀：一卷／（比利時）南懷仁等撰
・通商諸國記：一卷／（清）朱克敬撰
・英吉利地圖說：一卷／（清）姚瑩撰
・歐洲總論：一卷／（清）□□撰
・中西關繫略論：一卷／（美國）林樂知撰
・乘槎筆記：一卷／（清）斌椿撰
・航海述奇：一卷／（清）張德彝撰
・初使泰西記：一卷／（清）宜垕撰
・使西書略：一卷／（清）孫家穀撰
・使法事略：一卷／（美國）林樂知撰
・使西紀程：一卷／（清）郭嵩燾撰
・英軺日記／（清）劉錫鴻撰
・隨使日記／（清）張德彝撰
・使英雜記／（清）張德彝撰
・使法雜記／（清）張德彝撰
・使還日記／（清）張德彝撰
・使德日記：一卷／（清）李鳳苞撰
・出使英法俄國日記／（清）曾紀澤撰
・歐遊隨筆：一卷／（清）錢德培撰
・歐遊雜錄：一卷／（清）徐建寅撰
・西征紀程：一卷／（清）鄒代鈞撰
・出洋瑣記：一卷／（清）蔡鈞撰
・出使須知：一卷／（清）蔡鈞撰
・瀛海採問紀實：一卷／（清）袁祖志撰
・西俗雜誌：一卷／（清）袁祖志撰
・涉洋管見：一卷／（清）袁祖志撰
・出洋須知：一卷／（清）袁祖志撰

・瀛海論：一卷／（清）張自牧撰
・蠡測卮言：一卷／（清）張自牧撰
・瀛海卮言：一卷／（清）王之春撰
・西事蠡測：一卷／（清）沈純撰
・漫遊隨筆：一卷／（清）王韜著
・遊英京記：一卷／（清）□□撰
・遊歷筆記：一卷／（清）□□撰
・泰西城鎮記：一卷／（美國）丁韙良編
・彈丸小記：一卷／（清）龔柴撰
・土國戰事述略：一卷／（英國）艾約瑟著
・冰洋事跡述略：一卷／（英國）艾約瑟著
第十二帙
・小西洋記：一卷／（清）陳倫炯撰
・阿利未加洲各國志：一卷／（西洋）□□撰
・亞非理駕諸國記：一卷／（日本）岡本監輔撰
・地蘭土華路考：一卷／（清）□□撰
・埃及紀略：一卷／（英國）韋廉臣撰
・埃及國記：一卷／（日本）岡本監輔撰
・新開地中河記：一卷／（美國）丁韙良編
・阿比西尼亞國述略：一卷／（美國）林樂知撰
・探地記：一卷／（清）王韜撰
・黑蠻風土記：一卷／（英國）立溫斯敦撰
・亞美理駕諸國記：一卷／（日本）岡本監輔撰
・墨洲雜記：一卷／（清）□□撰
・美國記：一卷／（日本）岡本監輔撰
・舊金山紀：一卷／（美國）丁韙良編

- 墨西哥記：一卷/（日本）岡本監輔撰
- 祕魯形勢錄：一卷/（清）□□撰
- 使美紀略：一卷/（清）陳蘭彬撰
- 美會紀略：一卷/（清）李圭撰
- 東行日記：一卷/（清）李圭撰
- 舟行紀略：一卷/（清）□□撰
- 三洲遊記：一卷/（清）□□撰

補編第一帙
- 黑龍江述略：一卷/（清）徐宗亮撰

補編第二帙
- 新疆疆域總敘：一卷/（清）松筠撰
- 後出塞錄：一卷/（清）龔之鑰撰
- 庫爾喀喇烏蘇沿革攷：一卷/（清）李光廷撰
- 塔爾巴哈臺沿革考：一卷/（清）李光廷撰
- 巴馬紀略：一卷/（清）王錫祺輯
- 帕米爾分界私議：一卷/（清）錢恂撰

補編第三帙
- 漁通問俗：一卷/（清）□□撰
- 俄羅斯國志略：一卷/（清）沈敦和撰
- 中俄交界續記：一卷/（清）王錫祺撰
- 中俄界線簡明説：一卷/（清）錢恂撰

補編第四帙
- 遊中岳記：一卷/（清）李雲麟撰
- 遊北岳記：一卷/（清）李雲麟撰
- 西山遊記：一卷/（清）黃鈞宰撰
- 翠微山説：一卷/（清）龔自珍撰
- 穿山小識：一卷/（清）邵廷烈撰
- 穿山記：一卷/（清）錢澯撰
- 天柱刊崖記：一卷/（清）李雲麟撰
- 遊林慮記：一卷/（清）李雲麟撰
- 遊勞山記：一卷/（清）李雲麟撰
- 崑崙説：一卷/（清）李光廷撰
- 三省黃河圖説：一卷/（清）劉鶚著

補編第六帙
- 浙遊日記：一卷/（清）張汝南著

補編第七帙
- 百色志略：一卷/（清）華本松撰
- 雲南勘界籌邊記：一卷/（清）姚文棟著

補編第九帙
- 閩遊偶記：一卷/（清）吳振臣撰
- 臺灣地輿圖説：一卷/（清）夏獻綸編

補編第十帙
- 奉使朝鮮日記：一卷/（清）崇禮撰
- 暹羅政要：一卷/（清）鄭昌棪撰
- 亞剌伯沿革考：一卷/（清）李光廷撰
- 俾路芝沿革考：一卷/（清）李光廷撰

補編第十一帙
- 英政概：一卷/（清）劉啟彤撰
- 英吉利國志略：一卷/（清）沈敦和撰
- 英藩政概：一卷/（清）劉啟彤撰
- 法政概：一卷/（清）劉啟彤撰
- 法蘭西國志略：一卷/（清）沈敦和撰
- 德意志國志略：一卷/（清）沈敦和撰

補編第十二帙
- 奈搭勒政要：一卷/（清）鄭昌棪撰
- 摩洛哥政要：一卷/（清）鄭昌棪撰
- 喀納塔政要：一卷/（清）鄭昌棪撰
- 美國地理兵要：一卷/（清）顧厚焜撰
- 古巴節略：一卷/（清）余思詒撰
- 中亞美利加五國政要：一卷/（清）鄭昌棪撰
- 委内瑞辣政要：一卷/（清）鄭昌棪撰
- 科侖比亞政要：一卷/（清）鄭昌棪撰
- 巴西地理兵要：一卷/（清）顧厚焜撰
- 巴西政治攷：一卷/（清）顧厚焜撰

- 唵蒯道政要：一卷/(清)鄭昌棪撰
- 玻利非亞政要：一卷/(清)鄭昌棪撰
- 巴來蒯政要：一卷/(清)鄭昌棪撰
- 烏拉乖政要：一卷/(清)鄭昌棪撰
- 阿根廷政要：一卷/(清)鄭昌棪撰
- 智利政要：一卷/(清)鄭昌棪撰
- 海帶政要：一卷/(清)鄭昌棪撰
- 山度明哥政要：一卷/(清)鄭昌棪撰

再補編第一帙
- 地圖說：一卷/(清)莊廷尃撰
- 地球推方圖說：一卷/(美國)培端撰
- 地圖經緯說：一卷/(清)傅雲龍撰
- 地橢圖說：一卷/(清)傅雲龍撰
- 地球寒熱各帶論：一卷/(清)歐□撰
- 亞歐兩洲熱度論：一卷/(清)歐伯苓撰
- 地輿總說：一卷/(清)鄒弢撰
- 五大洲釋：一卷/(清)魏源撰
- 大九洲說：一卷/(清)薛福成撰
- 六大洲說：一卷/(清)傅雲龍編
- 地球方域考略：一卷/(清)鄒弢撰
- 奉天地略：一卷/(清)馬冠群撰
- 牧廠地略：一卷/(清)馬冠群撰
- 吉林地略：一卷/(清)馬冠群撰
- 黑龍江地略：一卷/(清)馬冠群撰
- 順天地略：一卷/(清)馬冠群撰
- 直隸地略：一卷/(清)馬冠群撰
- 江蘇地略：一卷/(清)馬冠群撰
- 安徽地略：一卷/(清)馬冠群撰
- 江西地略：一卷/(清)馬冠群撰
- 浙江地略：一卷/(清)馬冠群撰
- 福建地略：一卷/(清)馬冠群撰
- 湖北地略：一卷/(清)馬冠群撰
- 湖南地略：一卷/(清)馬冠群撰
- 河南地略：一卷/(清)馬冠群撰
- 山東地略：一卷/(清)馬冠群撰
- 山西地略：一卷/(清)馬冠群撰
- 陝西地略：一卷/(清)馬冠群撰
- 甘肅地略：一卷/(清)馬冠群撰
- 四川地略：一卷/(清)馬冠群撰
- 廣東地略：一卷/(清)馬冠群撰
- 廣西地略：一卷/(清)馬冠群撰
- 雲南地略：一卷/(清)馬冠群撰
- 貴州地略：一卷/(清)馬冠群撰
- 驛站路程：一卷/(清)□□撰
- 勘旅順記：一卷/(清)馬建忠著
- 吉林外記：一卷/(清)薩英額撰
- 吉林形勢：一卷/(清)朱一新撰
- 黑龍江外記：一卷/(清)西清撰
- 通肯河一帶開民屯議：一卷/(清)馮澂撰
- 東省韓俄交界道里表：一卷/(清)聶士成撰
- 防邊危言：一卷/(清)鄭觀應撰
- 籌邊議：一卷/(清)陳虬撰

再補編第二帙
- 蒙古游牧記：一卷/(清)張穆撰
- 蒙古地略：一卷/(清)馬冠群撰
- 察哈爾地略：一卷/(清)馬冠群撰
- 喀爾喀地略：一卷/(清)馬冠群撰
- 西套厄魯特地略：一卷/(清)馬冠群撰
- 青海地略：一卷/(清)馬冠群撰
- 經營外蒙古議：一卷/(清)□□撰
- 西域南八城紀要：一卷/(清)王文錦撰
- 新疆地略：一卷/(清)馬冠群撰
- 帕米爾屬中國考：一卷/(清)□□撰

- 坎巨提帕米爾疏片略：一卷/（清）王錫祺錄
- 西域帕米爾輿地考：一卷/葉瀚撰
- 西域帕米爾輿地攷：一卷/（清）許克勤撰

再補編第三帙
- 藏俗記：一卷/（清）魏祝亭撰
- 西招紀行：一卷/（清）松筠撰
- 招西秋閱紀：一卷/（清）松筠撰
- 西藏置行省論：一卷/（清）□□撰
- 遊歷西藏紀：一卷/（英）李提摩太撰
- 亞東論略：一卷/（英）戴樂爾撰
- 使俄草：一卷/（清）王之春撰
- 俄疆客述：一卷/（清）管斯駿錄

再補編第四帙
- 五嶽考：一卷/（清）張崇德撰
- 恒山蹟志：一卷/（清）□□撰
- 兔兒山記：一卷/（清）□□撰
- 遊翠微山記：一卷/（清）尹耕雲撰
- 遊太行山記：一卷/（清）劉心源撰
- 西山遊記：一卷/（清）洪良品撰
- 遊浮山記：一卷/（清）□□撰
- 塗山紀遊：一卷/（清）林之芬撰
- 遊荊山記：一卷/（清）林之芬撰
- 爛柯山記：一卷/（清）□□撰
- 遊吼山記：一卷/（清）□□撰
- 遊天台山記：一卷/（清）□□撰
- 天台遊記：一卷/（清）顧鶴慶撰
- 遊孤山記：一卷/（清）韓夢周撰
- 遊大伾山記：一卷/（清）尹耕雲撰
- 遊風穴山記：一卷/（清）尹耕雲撰
- 崑崙釋：一卷/（清）魏源撰
- 雲山洞紀遊：一卷/（清）曹鈞撰
- 籌運篇：一卷/（清）殷自芳撰

- 治河議：一卷/（清）陳虬撰
- 郭家池記：一卷/（清）許汝衡撰
- 蕭湖遊覽記：一卷/（清）程鍾撰
- 過蜀峽記：一卷/（英國）艾約瑟撰
- 遊韜光庵記：一卷/（清）朱殿芬撰

再補編第六帙
- 南行日記：一卷/（清）楊慶之撰
- 度嶺日記：一卷/（清）任棟撰
- 西行日記：一卷/（清）丁壽祺撰

再補編第七帙
- 猛烏烏得記：一卷/（清）王錫祺撰
- 滇緬邊界記略：一卷/（清）□□撰
- 滇緬分界疏略：一卷/（清）薛福成撰
- 西南邊防議：一卷/（清）□□撰

再補編第八帙
- 荊南苗俗記：一卷/（清）魏祝亭撰
- 蜀九種夷記：一卷/（清）魏祝亭撰
- 兩粵猺俗記：一卷/（清）魏祝亭撰
- 粵西種人圖說：一卷/（清）□□撰

再補編第九帙
- 大洋海大西洋海印度海北冰海南冰海攷：一卷/（清）楊毓輝撰
- 大洋海大西洋海印度海北冰海南冰海攷：一卷/（清）陶師韓撰
- 大洋海大西洋海印度海北冰海南冰海攷：一卷/（清）胡永吉撰
- 防海危言：一卷/（清）鄭觀應撰
- 北洋海防津要表：一卷/（清）傅雲龍撰
- 臺灣近事末議：一卷/（清）王錫祺撰
- 粵東市舶論：一卷/（清）蕭令裕撰

再補編第十帙
- 東行初錄：一卷續錄一卷三錄一卷/（清）馬建忠著

- 朝俄交界考：一卷/（清）馬建忠著
- 鎮南浦開埠記：一卷/（日）古城貞吉譯
- 遊越南記：一卷/（清）□□撰
- 遊山南記：一卷/（清）徐葆光撰
- 緬甸圖說：一卷/（清）吳其禎撰
- 緬甸論：一卷/（英國）李提摩太撰
- 暹羅近事末議：一卷/（清）王錫祺撰
- 東倭考：一卷/（清）金安清撰
- 日本風俗：一卷/（清）傅雲龍撰
- 日本風土記：一卷/（清）戴名世撰
- 東遊日記：一卷/（清）黃慶澄撰
- 遊鹽原記：一卷/（清）黎庶昌撰
- 訪徐福墓記：一卷/（清）黎庶昌撰
- 遊扶桑本牧記：一卷/（清）□□撰
- 對馬島考：一卷/（清）顧厚焜撰
- 南行記：一卷/（清）馬建忠撰
- 南行日記：一卷/（清）吳廣霈撰
- 義火可握國記：一卷/（清）□□撰
- 北印度以外疆域考：一卷/（清）魏源撰
- 呂宋備考：一卷/（西洋）□□撰
- 呂宋記略：一卷/（清）葉羌鏞撰
- 南洋蠡測：一卷/（清）顏斯綜撰
- 蘇祿考：一卷/（清）王錫祺撰
- 蘇祿記略：一卷/（清）葉羌鏞撰
- 澳大利亞可自強說：一卷/（清）薛福成撰

再補編第十一帙
- 薄海番域錄：一卷/（清）邵太緯撰
- 歐羅巴各國總敘：一卷/（葡萄牙）瑪吉士撰
- 華事夷言：一卷/（清）林則徐譯
- 英夷說：一卷/（清）何大庚撰
- 英國論略：一卷/（清）□□撰
- 英吉利記：一卷/（清）蕭令裕撰
- 英吉利國夷情紀略：一卷/（清）葉鍾進撰
- 英吉利小記：一卷/（清）魏源撰
- 奉使倫敦記：一卷/（清）黎庶昌撰
- 卜來敦記：一卷/（清）黎庶昌撰
- 白雷登避暑記：一卷/（清）薛福成撰
- 巴黎賽會紀略：一卷/（清）黎庶昌撰
- 遊歷意大利聞見錄：一卷/（清）洪勳撰
- 遊歷瑞典那威聞見錄：一卷/（清）洪勳撰
- 遊歷西班牙聞見錄：一卷/（清）洪勳撰
- 遊歷葡萄牙聞見錄：一卷/（清）洪勳撰
- 遊歷聞見總錄：一卷/（清）洪勳撰
- 遊歷聞見拾遺：一卷/（清）洪勳撰
- 博子墩遊記：一卷/（清）□□撰
- 使西日記：一卷/（清）曾紀澤撰
- 倫敦風土記：一卷/（清）張祖翼撰
- 西海紀行卷：一卷/（清）潘飛聲撰
- 天外歸槎錄：一卷/（清）潘飛聲撰
- 泰西各國采風記：一卷/（清）宋育仁撰
- 海防餘論：一卷/（清）顏斯綜撰
- 天下大勢通論：一卷/（清）吳廣霈撰
- 過波蘭記：一卷/（清）□□撰
- 塞爾維羅馬尼蒲加利三國合考：一卷/（清）鄒弢撰
- 革雷得志略：一卷/（清）郭家驥撰

再補編第十二帙
- 歐洲各國開闢非洲考：一卷/（英

國）李提摩太譯
- 庚哥國略説：一卷/（清）王錫祺撰
- 美理哥國志略：一卷/（清）高理文撰
- 古巴述略：一卷/（日本）村田□撰
- 出使美日秘國日記：一卷/（清）崔國因撰
- 每月統紀傳：一卷/（清）□□撰
- 貿易通志：一卷/（清）□□撰
- 萬國地理全圖集：一卷/（清）□□撰
- 四洲志：一卷/（清）林則徐譯
- 外國史略：一卷/（英國）馬禮遜撰
- 地球説略：一卷/（美國）褘理哲撰
- 地理志略：一卷/（美國）戴德江撰
- 地理全志：一卷/（英國）慕維廉譯
- 三十一國志要：一卷/（英國）李提摩太撰
- 萬國風俗考略：一卷/（清）鄒弢撰
- 瀛環志略訂誤：一卷/（清）□毅撰

皇朝藩屬輿地叢書：六集二十八種/（清）浦氏輯

清光緒二十九年［1903］金匱浦氏静寄東軒屬上海書局石印本

線裝48册；16釐米

Sinica 6602

詳目：

第一集
- 西藏圖考：八卷首一卷/（清）黄沛翹撰
- 西招圖署：一卷/（清）松筠撰
- 越史略：三卷/（明安南）□□撰

第二集
- 吉林外記：十卷/（清）薩英額撰
- 黑龍江外記：八卷/（清）西清撰
- 塞北紀行：一卷/（元）張德輝撰
- 西北域記：一卷/（清）謝濟世撰
- 寧古塔紀署：一卷/（清）吴振臣撰
- 西遊記金山以東釋：一卷/（清）沈垚撰
- 帕米爾圖説：一卷/（清）許景澄撰
- 帕米爾輯署：一卷/（清）胡祥鑅撰
- 澳大利亞洲志譯本：一卷/（清）沈恩孚撰

第三集
- 蒙古游牧記：十六卷/（清）張穆撰；（清）何秋濤補
- 長春真人西遊記：二卷/（元）李志常撰
- 新疆要署：四卷/（清）祁韻士撰

第四集
- 漢西域圖考：七卷首一卷/（清）李光廷撰
- 西域水道記：五卷/（清）徐松撰
- 新疆賦：一卷/（清）徐松撰
- 漢書西域傳補注：二卷/（清）徐松撰

第五集
- 東北邊防輯要：二卷/（清）曹廷杰撰
- 東三省輿地圖説：一卷附録一卷/（清）曹廷杰撰
- 滇緬劃界圖説：一卷/（清）薛福成撰
- 平定羅刹方略：一卷/（清）□□撰
- 元朝征緬録：一卷/（元）□□撰
- 元朝祕史：十五卷/（元）□□撰；（清）李文田注

第六集
- 元史譯文證補：三十卷（原缺卷七、八、十三、十六、十七、十九至二十一、二十五、二十八）/（清）

洪鈞撰
·職方外紀：五卷首一卷/（意大利）艾儒略撰
·元秘史山川地名攷：十二卷/（清）施世杰撰

金陵瑣志五種/（清）陳作霖撰
清光緒江寧陳氏可園刻本
線裝1函4冊；24釐米
Sinica 6590
詳目：
·運瀆橋道小志：一卷
清光緒十一年[1885]刻本
·鳳麓小志：四卷圖一卷
清光緒二十五年[1899]刻本
·東城志略：一卷
清光緒二十五年[1899]刻本
·金陵物産風土志：一卷
清光緒三十四年[1908]刻本
·南朝梵刹志：二卷/（清）孫文川撰；（清）陳作霖編
續刊
·鍾南淮北區域志：一卷
·石城山志：一卷

總志之屬

通代

山海經：十八卷雜述一卷圖五卷/（晉）郭璞傳
清嘉慶二十三年[1818]老會賢堂刻本
線裝4冊：圖；18釐米
Sinica 193

山海經：十八卷雜述一卷圖五卷/（晉）郭璞傳
清文運堂刻本
線裝4冊：圖；16釐米
Sinica 2599

山海經：十八卷雜述一卷圖五卷/（晉）郭璞傳
清刻本（丹桂堂藏板）
線裝4冊：圖；18釐米
Sinica 3053

山海經廣注：十八卷/（晉）郭璞傳；（清）吳任臣注
清刻本
線裝4冊；24釐米
Sinica 669

山海經：十八卷圖讚一卷訂訛一卷敘錄一卷/（晉）郭璞傳；（清）郝懿行箋疏
清嘉慶十四年[1809]阮元刻光緒七年[1881]東路廳署印本
線裝4冊；26釐米
封面題名《山海經箋疏》
有"藥農曾經過眼"等印記
Backhouse 290

歷代疆域表：三卷/（清）段長基編輯；（清）段摺書參註
清嘉慶二十年[1815]小酉山房刻本
洋裝2冊（原線裝6冊）：地圖；29釐米
Sinica 6338

歷代地理志韻編今釋：二十卷.皇朝輿地韻編：二卷/（清）李兆洛撰
  線裝8冊：地圖；25釐米
  清同治九年[1870]合肥李鴻章刻本
  Sinica 660

斷代

太平寰宇記：一百九十二卷補闕八卷/（宋）樂史撰；（清）陳蘭森補.附大清一統志表：不分卷/（清）徐午編
  清乾隆五十八年[1793]南昌萬廷蘭刻本
  線裝72冊；28釐米
  有"君耆"印記
  Backhouse 434

大明一統志：九十卷/（明）李賢等奉敕撰
  明天順五年[1461]內府刻本
  線裝40冊；37釐米
  有"莘霍齋收藏圖書"印記
  Backhouse 466

大明一統志：九十卷/（明）李賢等奉敕撰
  明萬曆（？）萬壽堂刻清初剜板印本
  線裝36冊；28釐米
  清初用原板重印時將每卷卷端題名及板心"大明"二字挖去，或以"天下"代替
  Backhouse 242

廣輿記：二十四卷圖一卷/（明）陸應陽原纂；（清）蔡方炳增輯
  清康熙五十六年[1717]聚錦堂刻本
  線裝12冊：地圖；27釐米
  封面題名《增訂廣輿記》
  Sinica 99

天下郡國利病書：一百二十卷/（清）顧炎武撰
  清烏絲欄鈔本
  線裝60冊；28釐米
  有"二百蘭亭齋藏書之印"印記
  Backhouse 581

讀史方輿紀要：一百三十卷.輿圖要覽：四卷/（清）顧祖禹撰；（清）彭元瑞校
  清嘉慶成都敷文閣刻本
  線裝66冊；26釐米
  有"馬印真榆"印記
  Sinica 2772

讀史方輿紀要歷代州域形勢：九卷摘錄一卷/（清）顧祖禹撰
  清嘉慶當塗彭萬程刻本
  線裝8冊；26釐米
  Sinica 658

示我周行：六卷/（清）閩中碧溪鶴和堂輯定
  清康熙三十三年[1694]富春堂序刻本
  線裝2冊；19釐米
  Sinica 635

大清一統志：三百五十六卷/（清）乾隆八年[1743]弘晝等奉敕撰
  清道光二十九年[1849]陽湖薛子瑜活字印本

線裝40冊；37釐米
Backhouse 533

皇朝輿地略：二卷/（清）六承如撰.皇朝
輿地韻編：一卷/（清）李兆洛撰.附皇朝
內府輿地圖縮摹本：一卷/（清）六嚴繪
  清道光辨志書塾刻本
  線裝1冊；22釐米
  Sinica 389

皇朝輿地略：二卷/（清）六承如撰.皇朝
輿地韻編：一卷/（清）李兆洛撰.附皇朝
內府輿地圖縮摹本：一卷/（清）六嚴繪
  清同治七年[1868]刻本（惇敍堂藏板）
  線裝2冊；21釐米
  Sinica 634

周行備覽：六卷/（清）古吳求放心齋輯定
  清刻本
  線裝4冊：圖；16釐米
  Sinica 613

方志之屬

通志

畿輔通志：一百二十卷/（清）唐執玉等修；（清）陳儀等纂
  清雍正十三年[1735]刻本
  線裝72冊；27釐米
  Backhouse 159

敕修浙江通志：二百八十卷首三卷/（清）嵇曾筠等修；（清）沈翼機等纂
  清乾隆元年[1736]刻本
  存一百八十七卷（首三卷、卷一至三十一、五十一至一百二、一百六至一百八、一百四十五至一百七十六、二百五至二百七十）
  線裝66冊（或者洋裝）；26釐米
  Sinica 3151

廣東通志：六十四卷/（清）郝玉麟等修；（清）魯曾煜纂
  清雍正九年[1731]刻本
  洋裝8冊（原線裝48冊）；28釐米
  Sinica 3150

陝西通志：一百卷/（清）劉於義等修；（清）沈青崖纂
  清雍正十三年[1735]刻重修本
  線裝100冊；30釐米
  Sinica 2803

黑龍江外記：八卷/（清）西清撰
  清光緒二十年[1894]桐廬袁昶漸西村舍刻1992年北京中國書店重印本（殘損版以影印本補配）
  線裝2冊；28釐米
  Sinica 3716

蒙古游牧記：十六卷/（清）張穆撰；（清）何秋濤補
  清同治六年[1867]壽陽祁寯藻刻本
  線裝4冊；27釐米
  Backhouse 146

  又一部
  26釐米

Sinica 709

蒙古游牧記：十六卷/（清）張穆撰；（清）何秋濤補
  清刻本
  線裝4冊；25釐米
  據壽陽祁氏本覆刻
  Backhouse 168
  又一部
    24釐米
    Backhouse 175

欽定皇輿西域圖志：四十八卷首四卷/（清）乾隆四十七年[1782]傅恒等奉敕撰
  清末鉛印本
  線裝16冊；30釐米
  Backhouse 79

西陲總統事略：十二卷/（清）汪廷楷原輯；（清）祁韻士編纂.附西陲竹枝詞：一卷/（清）祁韻士撰.綏服紀略圖詩：一卷/（清）松筠撰
  清嘉慶十四年[1809]序程振甲校刻1985年北京中國書店印本
  線裝8冊；29釐米
  Sinica 2744

西陲要略：四卷/（清）祁韻士輯
  清道光十七年[1837]祁寯藻筠淥山房刻本（北平開明書局藏板）
  線裝2冊；28釐米
  Sinica 6805

回疆誌：四卷/（清）蘇爾德撰
  清抄本
  線裝1冊；23釐米
  MS.Chin.e.6

衛藏圖識：圖考二卷識略二卷蠻語一卷/（清）馬揭，（清）盛繩祖撰
  清乾隆五十七年[1792]序刻本
  線裝4冊：圖，地圖；20釐米
  Sinica 619

苗疆圖說：二卷/（清）王鈞編輯；（清）王瀚手錄
  抄本
  線裝1冊；23釐米
  MS.Chin.d.20

重修台灣府志：二十五卷圖一卷/（清）六十七，（清）范咸纂修
  清乾隆十二年[1747]刻本
  線裝12冊：圖；29釐米
  Sinica 664

澳門記略：二卷/（清）印光任，（清）張汝霖撰
  清刻本（西阪草堂藏版）
  線裝2冊：圖；26釐米
  Sinica 668

澳門記略：二卷/（清）印光任，（清）張汝霖撰
  清刻本
  線裝2冊：圖；29釐米
  Sinica 2893

郡縣志

口北三廳志：十六卷首一卷/（清）黃可潤纂修

　　清乾隆二十三年[1758]序刻本

　　線裝16冊；25釐米

　　Backhouse 118

松江府志：八十四卷首一卷/（清）宋如林修；（清）莫晉等纂

　　清嘉慶二十二年[1817]刻本（府學明倫堂藏板）

　　線裝40冊：地圖；25釐米

　　Sinica 673

[乾隆]上海縣志：十二卷圖一卷/（清）李文耀修；（清）談起行等纂

　　清乾隆十五年[1750]刻本

　　線裝12冊：圖；28釐米

　　有"敬亭之章"印記

　　Sinica 665

[嘉慶]上海縣志：二十卷/（清）王大同等修；（清）李林松等纂

　　清嘉慶十九年[1814]刻本

　　線裝14冊：圖；25釐米

　　Sinica 666

[同治]上海縣志：三十二卷首一卷補遺一卷敘錄一卷/（清）應寶時等修；（清）俞樾等纂

　　清同治十年[1871]吳門臬署刻十一年[1872]南園志局重校本

　　線裝16冊：圖；24釐米

　　Sinica 667

廈門志：十六卷/（清）周凱總纂

　　清道光十九年[1839]刻本（玉屏書院藏板）

　　線裝12冊：圖；27釐米

　　Sinica 190

[光緒]洪雅縣志：十二卷首一卷（清）郭世棻修；（清）鄧敏修等纂

　　清光緒十年[1884]刻本

　　存二卷（卷首、一）

　　Backhouse 716

專志之屬

古跡

金陵圖詠：一卷/（明）朱之蕃撰；（明）陸壽柏繪.金陵圖考：一卷/（明）陳沂撰.金陵雅游編：一卷/（明）余孟麟撰

　　明天啟三年至四年[1623—1624]序刻本

　　線裝2冊：圖；27釐米

　　Sinica 652

宮殿

三輔黃圖：六卷/（漢）□□撰

　　清乾隆五十六年[1791]金谿王謨刻增訂漢魏叢書本

　　線裝1冊；27釐米

　　有"留雲館""退一步法""一切放下"等印記

　　Sinica 663

寺觀

伽藍記：五卷/（北魏）楊衒之撰

清乾隆五十六年[1791]金谿王謨刻增訂漢魏叢書本

線裝1冊；27釐米

有"憪今眼福""錢夫定國""信天一翁"等印記

Sinica 629

岳廟志略：十卷/(清)馮培撰

清光緒五年[1879]浙江書局刻1986年江蘇廣陵古籍刻印社重印本(殘損版以影印本補配)

線裝4冊；27釐米

Sinica 3061

曹江孝女廟誌：八卷首一卷末一卷廟圖一卷/(清)金廷棟編輯

清光緒八年[1882]刻本(五社公所藏版)

存四卷(卷首、卷一、二、廟圖)

線裝1冊：圖；27釐米

有"修中□藏書印"印記

Sinica 3093

吉雲寺大悲閣碑銘：一卷.募建吉雲寺佛殿及寶塔各工啟：一卷.新建吉雲寺大悲閣碑記：一卷/(清)□□撰

清道光刻本

線裝1冊；25釐米

Sinica 779

園林

浙省名勝景亭圖說：不分卷/(清)□□撰

清刻本

線裝1冊：圖；29釐米

Sinica 670

書院

白鹿書院志：十六卷田賦續志一卷/(清)廖文英重訂；(清)錢正振增修

清康熙十二年[1673]序刻本

線裝4冊：圖；26釐米

Sinica 630

雜誌之屬

華陽國志：十二卷/(晉)常璩撰

清刻本(寶仁堂藏板)

線裝5冊；24釐米

Backhouse 579

兩京新記：五卷/(唐)韋述撰

清抄本

存一卷(卷三)

線裝1冊；28釐米

MS.Chin.d.22

帝京景物略：八卷/(明)劉侗,(明)于奕正撰

明崇禎八年[1635]序刻本

線裝8冊；26釐米

Sinica 645

歷代帝王宅京記：二十卷/(清)顧炎武撰

清光緒十四年[1888]吳縣朱氏刻槐廬叢書本

洋裝1冊(原線裝5冊)；30釐米

Sinica 3173

日下舊聞：四十二卷補遺四十二卷/（清）
朱彝尊撰；（清）朱昆田補遺
　　清康熙二十七年[1688]六峰閣刻本
　　線裝12冊；26釐米
　　Sinica 464

廣東新語：二十八卷/（清）屈大均撰
　　清刻本
　　線裝12冊；27釐米
　　封面題"水天閣繡版"
　　Sinica 938

欽定日下舊聞考：一百六十卷/（清）乾隆
四十三年[1778]于敏中等奉敕撰
　　清刻本
　　線裝40冊；29釐米
　　Backhouse 263

欽定滿洲源流考：二十卷/（清）乾隆
四十二年[1777]阿桂等奉敕撰
　　清刻本
　　線裝8冊；28釐米
　　Backhouse 272

欽定滿洲源流考：二十卷/（清）乾隆
四十二年[1777]阿桂等奉敕撰
　　清朱絲欄抄本
　　線裝6冊；23釐米
　　MS.Chin.d.24

宸垣識略：十六卷圖一卷/（清）吳長元撰
　　清同治二年[1863]文英堂刻本
　　線裝8冊：圖；18釐米
　　Sinica 632

宸垣識略：十六卷圖一卷/（清）吳長元撰
　　清光緒二年[1876]刻本（本堂藏板）
　　線裝8冊：圖；17釐米
　　Backhouse 93

粵東筆記：十六卷附八景全圖一卷/（清）
李調元撰
　　清中後期文畬堂刻本
　　線裝4冊：圖；17釐米
　　Sinica 172

西招圖略：一卷圖說一卷附錄二卷/（清）
松筠撰
　　清嘉慶三年[1798]序刻本
　　線裝1冊：圖；27釐米
　　Sinica 472

紀遊小草：一卷/（清）羅廷藻撰
　　清道光二年[1822]刻本（麓雲堂
藏板）
　　線裝1冊；24釐米
　　Sinica 623

滬城歲事衢歌：一卷/（清）張春華撰
　　清刻本
　　線裝1冊；26釐米
　　Sinica 688

都門紀略：四種/（清）楊靜亭撰
　　清同治三年至五年[1864—1866]
刻本
　　線裝4冊；16釐米
　　Sinica 633
　　詳目：

·都門雜記：一卷

清同治五年[1866]刻本

·都門會館：一卷

清同治五年[1866]刻本

·都門雜詠：一卷

清同治三年[1864]刻本

·路程輯要：一卷

清同治三年[1864]刻本

朔方備乘：六十八卷首十二卷/（清）何秋濤撰.附中俄交界全圖：1幅.俄羅斯國全圖：1幅

清光緒七年[1881]畿輔通志局刻本

線裝24冊；30釐米；地圖1冊（2幅）

Backhouse 59

水利之屬

畿輔水利議：一卷/（清）林則徐輯.附滇軺紀程：一卷.荷戈紀程：一卷/（清）林則徐撰

清光緒二年[1876]附錄三年[1877]三山林氏刻1994年北京中國書店重印本（殘損版以影印本補配）

線裝2冊；29釐米

Sinica 3766

山川之屬

山志

重修南海普陀山志：二十卷首一卷圖一卷/（清）許琰編；（清）釋明智校

清乾隆五年[1740]序刻本

線裝4冊：圖；27釐米

Sinica 411

黃山志略：十卷/（清）黃身先撰

清康熙三十年[1691]序刻本（金樂堂藏板）

存四卷（卷一至四）

線裝1冊；24釐米

徽城上北街日生舖發兌

Sinica 620

武夷志略：不分卷/（明）徐表然撰

明萬曆四十七年[1619]崇陽孫世昌刻本

線裝6冊：圖；25釐米

書尾牌記"萬曆己未仲冬晉江東衢發刻崇安孫世昌梓行"

有"春舫藏書"印記

Sinica 3702

水志

水經：四十卷/（漢）桑欽撰；（北魏）酈道元注

明萬曆十三年[1585]新安吳琯刻本

線裝20冊；30釐米

Backhouse 524

水經注：不分卷/（漢）桑欽撰；（北魏）酈道元注；（清）戴震校

清乾隆曲阜孔繼涵刻本

線裝14冊；26釐米

書名據版心著錄

Sinica 2751

水經注：四十卷首一卷附錄二卷/（漢）

桑欽撰；（北魏）酈道元注；（清）王先謙合校

　　清光緒十八年［1892］長沙王氏思賢講舍刻本

　　線裝16冊；27釐米

　　又名《合校水經注》

　　Sinica 4510

西湖志：四十八卷/（清）李衛等修；（清）傅王露等纂

　　清光緒四年［1878］浙江書局刻本

　　線裝20冊：圖；30釐米

　　Sinica 3916

水道提綱：二十八卷/（清）齊召南撰

　　清乾隆四十一年［1776］浦陽戴殿海刻本

　　線裝8冊；28釐米

　　Sinica 648

遊記之屬

入蜀記：四卷/（宋）陸游撰

　　清乾隆長塘鮑廷博刻知不足齋叢書本

　　線裝2冊；20釐米

　　Sinica 614

南來志：一卷.北歸志：一卷.廣州遊覽小志：一卷/（清）王士禛撰

　　清康熙刻王漁洋遺書本

　　線裝1冊；28釐米

　　Sinica 2658

凝香室鴻雪因緣圖記：三集/（清）麟慶撰

　　清道光二十九年［1849］崇實、崇厚揚州刻本

　　線裝6冊：圖；30釐米

　　Backhouse 139

凝香室鴻雪因緣圖記：三集/（清）麟慶撰

　　清光緒十年［1884］上海點石齋石印本

　　線裝3冊：圖；20釐米

　　有"蘇□廬""完顏衡桂書畫記"印記

　　Sinica 6007

辛卯侍行記：六卷/（清）陶保廉撰

　　清光緒二十三年［1897］侯官何氏養樹山房刻本

　　洋裝1冊（原線裝6冊）；25釐米

　　Sinica 3840

外紀之屬

大唐西域記：十二卷/（唐）釋玄奘奉敕譯；（唐）釋辯機撰

　　清嘉慶海虞張海鵬刻墨海金壺本

　　線裝1冊；29釐米

　　Sinica 653

大唐西域記：十二卷/（唐）釋玄奘奉敕譯；（唐）釋辯機撰

　　清宣統元年［1909］常州天寧寺刻本

　　線裝4冊；25釐米

　　Backhouse 432

宣和奉使高麗圖經：四十卷附錄一卷/
（宋）徐兢撰
    清乾隆五十八年［1793］長塘鮑廷博
刻知不足齋叢書本
    線裝3冊；20釐米
    Sinica 656

西使記：一卷/（元）劉郁撰
    清朱絲欄抄本
    線裝1冊；23釐米
    MS.Chin.e.8

安南志畧：二十卷首一卷（原缺卷二十）/
（元安南）黎崱編
    清光緒十年［1884］上海樂善堂鉛
印本
    線裝4冊；23釐米
    有"南亞文化研究所藏書"印記
    Sinica 6828

海語：三卷/（明）黃衷撰
    清道光吳蘭修編刻嶺南叢書本
    線裝1冊；27釐米
    Sinica 628

東西洋考：十二卷圖一卷/（明）張燮撰
    明萬曆四十六年［1618］金陵王起宗
刻本
    線裝6冊：地圖；27釐米
    有"峻價一字中峰""王景崧印"
印記
    Sinica 659

順風相送：不分卷/（明）□□撰
    明抄本
    洋裝（原線裝）1冊；26釐米
    英文題名 *The Laud Rutter*
    MS.Laud Or.145 = Arch.O.d.41

職方外紀：五卷首一卷/（意大利）艾儒略
增譯；（明）楊廷筠彙記
    明天啟三年［1623］刻本（有抄配）
    線裝1冊：地圖；25釐米
    有"知足書堂""思默"印記
    Sinica 977

中山傳信錄：六卷/（清）徐葆光撰
    清康熙六十年［1721］二友齋刻本
    線裝6冊：圖；25釐米
    Sinica 643

海國聞見錄：二卷/（清）陳倫炯撰
    清乾隆九年［1744］序刻本
    線裝3冊；30釐米
    Backhouse 268

海國聞見錄：二卷/（清）陳倫炯撰
    清乾隆五十八年［1793］刻本
    線裝1冊；21釐米
    Sinica 621

皇清職貢圖：九卷/（清）乾隆十六年
［1751］傅恒等奉敕撰
    清刻本
    線裝9冊：圖；29釐米
    Sinica 631

西域聞見錄：八卷/（清）七十一撰

清刻本
線裝1冊：地圖；17釐米
Sinica 615
詳目：
· 新疆紀略：二卷
· 外藩列傳：二卷
· 西陲紀事本末：二卷
· 回疆風土記：一卷
· 軍臺道里表：一卷

新疆外藩紀略：六卷/（清）七十一撰
清刻本
線裝2冊：地圖；24釐米
Sinica 644
詳目：
· 外藩紀略：一卷
· 新疆紀略：一卷
· 新疆道里表：一卷
· 投誠紀略：一卷
· 叛亡紀略：一卷
· 回疆風土記：一卷

西域瑣談：四卷/（清）七十一撰
抄本
線裝6冊；23釐米
MS.Chin.e.7

海島逸志：六卷/（清）王大海撰
清嘉慶十一年［1806］刻本（漳園藏板）
線裝1冊：地圖；19釐米
Sinica 641

使琉球記：六卷/（清）李鼎元撰

清光緒上海申報館鉛印本
洋裝1冊（原線裝2冊）；19釐米
Sinica 2600

海錄：一卷附錄九種/（清）楊炳南撰
清道光二十二年［1842］序刻本
線裝1冊：地圖；25釐米
Sinica 627
附錄：
· 海島逸志摘略：一卷/（清）王大海撰
· 高厚蒙求摘略：一卷/（清）徐朝俊撰
· 番社采風圖考摘略：一卷/（清）六十七撰
· 紅毛番喋咭唎考略：一卷/（清）汪文泰撰
· 崑崙：一卷/（清）□□撰
· 三報墾：一卷/（清）□□撰
· 瓜亞風土拾遺：一卷/（清）□□撰
· 呂宋紀略：一卷/（清）黃可垂撰
· 臺灣紀略：一卷/（清）□□撰

瀛環志略：十卷/（清）徐繼畬撰
清道光二十八年［1848］刻本
線裝6冊：圖；31釐米
Backhouse 437
又一部
39釐米
Sinica 307
又一部
30釐米
Sinica 662

瀛環志略：十卷/（清）徐繼畬撰
　　清光緒六年［1880］楚南周鯤刻本（邵州藏板）
　　　　線裝6冊：圖；30釐米
　　　　Sinica 3076

瀛環志略：十卷/（清）徐繼畬撰
　　清光緒二十四年［1898］上海掃葉山房石印本
　　　　線裝4冊；20釐米
　　　　Sinica 6750

環遊地球新錄：四卷/（清）李圭撰
　　清光緒四年［1878］序鉛印本
　　　　線裝4冊：圖；26釐米
　　　　Backhouse 202
又一部
　　　　Sinica 642
又一部
　　　　Sinica 2259

四述奇：十六卷/（清）張德彝撰
　　清光緒九年［1883］北京同文館聚珍字鉛印本
　　　　線裝16冊；26釐米
　　　　Sinica 2129

歐洲十一國游記：第二編法蘭西游記/（清）康有爲著
　　清光緒三十三年［1907］上海廣智書局排印本
　　　　精裝1冊（172頁）：作者像，圖；22釐米
　　　　Chin.e.847

防務之屬

通商各關警船鐙浮樁總册：不分卷/（清）通商海關造冊處譯
　　清光緒上海通商海關造冊處鉛印本
　　　　存六冊（光緒二十四年至二十九年、三十一年）
　　　　線裝7冊；28釐米
　　　　Sinica 2483

輿圖之屬

坤輿

東西洋航海圖
　　明末寫本
　　　　1張；154×96釐米
　　　　英文題名 *The Selden Map of China*
　　　　MS.Selden supra 105

海國圖志：一百卷/（清）魏源撰
　　清咸豐二年［1852］邵陽魏氏古微堂重刻定本
　　　　線裝24冊；27釐米
　　　　Sinica 655

海國圖志：一百卷/（清）魏源撰
　　清廣州富文齋刻本
　　　　線裝24冊；27釐米
　　　　卷末有"粤東省城西湖街富文齋承接刊印"字樣
　　　　Backhouse 257

全國

地圖綜要：三卷/（明）李茹春鑒定；

（明）朱國達等編輯
　　清順治二年[1645]朗潤堂刻本
　　存二卷（內卷有缺、外卷）
　　線裝3冊：地圖；26釐米
　　有南明乙酉年[1645]序
　　Sinica 102

週天經緯圖考.皇輿地圖考
　　明末清初刻本
　　2張；123×30釐米
　　Sinica 123（R）

歷代分野輿圖古今人物事跡/（清）呂君翰選錄
　　清康熙十八年[1679]北京呂君翰刻本
　　1張；135×125釐米
　　Sinica 92

新鐫天下水陸路程便覽：二卷/（清）□□撰
　　清康熙二十五年[1686]金陵大成堂刻本
　　線裝2冊：圖；17釐米
　　Sinica 638

大清萬年一統天下全圖/（清）黃千人重訂；（清）韓用泗圖篆
　　清乾隆三十二年[1767]刻本
　　1張；120×118釐米
　　Sinica 2734

乾隆今古輿地圖/（清）□□撰
　　清乾隆初刻設色本

　　1張；174×136釐米
　　Sinica 113

大清萬年一統天下全圖/（清）□□撰
　　清嘉慶十九年[1814]福州府閩縣鳳池堂刻設色本
　　1張；142×240釐米
　　Sinica 2731

皇清地理圖：不分卷/（清）董祐誠繪製
　　清刻本
　　線裝2冊：地圖；26釐米
　　不全
　　Sinica 3101

京板天地全圖/（清）□□撰
　　清中期刻設色本
　　1張；144×70釐米
　　Sinica 2111

大清中外壹統輿圖：中一卷南十卷北二十卷首一卷/（清）鄒世詒等編（清）李廷簫等增訂
　　清同治二年[1863]新繁嚴樹森刻本（湖北撫署景桓樓藏板）
　　線裝32冊；31釐米
　　書名據目錄著錄；封面題名《皇朝中外壹統輿圖》
　　Sinica 661
又一部
　　洋裝2冊（原線裝32冊）；30釐米
　　Sinica 6028

歷代地理沿革圖：不分卷/（清）六嚴撰；

(清)馬徵麟增輯
　　清同治十年[1871]金陵刻朱墨印本
　　線裝1冊；25釐米
　　Sinica 625

春秋地圖/(英國)湛約翰繪
　　清同治(？)粵東省城萃文堂刻本
　　地圖2幅：彩色；63×81, 61×81釐米
　　China in the age of the Ch'un Ts'ew/
　　by John Chalmers. A.M.
　　Sinica 2492

歷代輿地沿革險要圖：六十七篇/(清)楊守敬，(清)饒敦秩撰
　　清光緒五年[1879]東湖饒氏刻朱墨印本
　　線裝1冊；41釐米
　　Backhouse 196
又一部
　　洋裝(原線裝)1冊；37釐米
　　有"謝況沅翁""峰雲草堂"印記
　　Sinica 2761

皇朝一統輿地全圖：不分卷/(清)欽乃軒主人裝
　　清光緒二十年[1894]上海鴻寶齋石印本
　　線裝2冊：地圖；22×28釐米
　　Sinica 3079

歷代輿地圖/(清)楊守敬撰
　　清光緒宣統間宜都楊氏刻朱墨印本
　　線裝34冊；30釐米
　　Backhouse 523

詳目：
・歷代輿地沿革險要圖：七十篇
　　清光緒三十二年[1906]重校刻本
・春秋列國圖
　　清光緒三十二年[1906]刻本
・戰國疆域圖
　　清宣統元年[1909]鄂城刻本
・秦郡縣圖
　　清宣統元年[1909]鄂城刻本
・前漢地理圖/(清)楊守敬初稿；
　　(清)熊會貞參校並繪圖
　　又名《漢地理志圖》
　　清光緒三十[1904]鄰蘇園刻本
・後漢郡國圖/(清)楊守敬初稿；
　　(清)熊會貞參校並繪圖
　　又名《續漢書郡國圖》
　　清宣統元年[1909]鄂城菊灣刻本
・三國疆域圖/(清)楊守敬初稿；
　　(清)熊會貞參校並繪圖
　　清光緒三十三年[1907]鄂城刻本
・晉地理志圖
　　又名《西晉地理圖》
　　清宣統元年[1909]刻本
・東晉疆域圖
　　清宣統元年[1909]鄂城刻本
・前趙疆域圖
　　清宣統元年[1909]滬上刻本
・後趙疆域圖
　　清宣統三年[1911]鄂城刻本
・前燕疆域圖
　　清宣統三年[1911]鄂城刻本
・後燕疆域圖
　　清宣統三年[1911]滬上刻本
・南燕疆域圖

清宣統三年[1911]鄂城刻本
·北燕疆域圖
清宣統三年[1911]鄂城刻本
·前秦疆域圖
清宣統三年[1911]鄂城刻本
·後秦疆域圖
清宣統三年[1911]鄂城刻本
·西秦疆域圖
清宣統三年[1911]鄂城刻本
·前涼疆域圖
清宣統三年[1911]鄂城刻本
·後涼疆域圖
清宣統三年[1911]鄂城刻本
·南涼疆域圖
清宣統三年[1911]鄂城刻本
·北涼疆域圖
清宣統三年[1911]鄂城刻本
·西涼疆域圖
清宣統三年[1911]鄂城刻本
·後蜀疆域圖
清宣統三年[1911]上海刻本
·夏疆域圖
清宣統二年[1910]鄂城刻本
·劉宋州郡圖
清宣統元年[1909]鄂城刻本
·南齊州郡圖
清宣統元年[1909]鄂城刻本
·梁疆域圖
又名《蕭梁州郡圖》
清宣統三年[1911]鄂城刻本
·陳疆域圖
清宣統三年[1911]上海刻本
·北魏地形志圖
清宣統二年[1910]武昌刻本

·北齊疆域圖
清宣統二年[1910]滬上刻本
·西魏疆域圖
清宣統三年[1911]鄂城刻本
·北周疆域圖
清宣統元年[1909]上海刻本
·隋地理志圖
清宣統元年[1909]刻本
·唐地理志圖
清宣統三年[1911]刻本
·後梁並十國圖
清宣統元年[1909]上海刻本
·後唐並七國圖
清宣統二年[1910]鄂城刻本
·後晉並七國圖
清宣統三年[1911]鄂城刻本
·後漢並六國圖
清宣統二年[1910]鄂城刻本
·後周並七國圖
清宣統二年[1910]鄂城刻本
·宋地理志圖
清宣統三年[1911]刻本
·遼地理志圖
清宣統三年[1911]鄂城刻本
·金地理志圖
清宣統元年[1909]上海刻本
·元地理志圖
清宣統三年[1911]刻本
·明地理志圖
清宣統二年[1910]鄂城刻本

前漢地理圖/（清）楊守敬初稿；（清）熊會貞參校並繪圖

清光緒三十年[1904]宜都楊氏鄰蘇

園刻朱墨印歷代輿地圖本
　　線裝1冊；31釐米
　　又名《漢地理志圖》
　　Sinica 4877

中華全圖/（清）□□撰
　　清末石印設色本
　　1張；63×44釐米
　　Sinica 6561

郡縣

皇朝分省輿地全圖/（清）□□撰
　　清刻本
　　1函（26幅）；36釐米
　　Backhouse 70

廣東全省經緯地輿圖/（清）□□撰
　　清嘉慶彩繪本
　　折裝1冊；35釐米
　　Sinica 2730

廣東全省圖/（清）□□撰
　　清中期刻設色本
　　1張；176×110釐米
　　Sinica 2733

水圖

海運全圖：一卷/（清）陶澍撰
　　清道光六年［1826］刻本
　　線裝1冊：圖；27釐米
　　Sinica 671

黃運河口古今圖説：不分卷/（清）麟慶撰
　　清道光二十一年［1841］長白完顔氏

雲蔭堂刻本
　　線裝1冊：圖；30釐米
　　Sinica 3077

漢書地理志水道圖説：七卷/（清）陳澧撰.附考正德清胡氏禹貢圖：一卷/（清）陳宗誼撰
　　清同治十一年［1872］序刻本
　　線裝2冊；27釐米
　　Sinica 3176

水經注圖：一卷附録一卷/（清）汪士鐸撰
　　清咸豐十一年［1861］益陽胡林翼刻本
　　線裝1冊：圖；29釐米
　　Sinica 654

江蘇沿海圖説：一卷.海島表：一卷/（清）朱正元撰
　　清光緒二十五年［1899］上海鉛印本
　　線裝1冊；30釐米
　　Sinica 6841

金石類

類編之屬

三古圖/（清）黄晟編
　　清乾隆十七年［1752］天都黄氏亦政堂刻後印本
　　線裝24冊：圖；29釐米
　　Backhouse 453
　　詳目：
　　·亦政堂重修考古圖：十卷/（宋）呂

大臨撰
・亦政堂重考古玉圖：二卷/（元）朱德潤撰
・亦政堂重修宣和博古圖：三十卷/（宋）王黼撰
　　卷一題名《東書堂重修宣和博古圖》

行素草堂金石叢書：十六種/（清）朱記榮輯
　　清光緒吳縣朱氏刻十四年[1888]彙印本
　　線裝40冊；25釐米
　　封面題名《孫谿朱氏金石叢書》
　　Sinica 4670
　　詳目：
・集古錄跋尾：十卷/（宋）歐陽修撰
　　清光緒十三年[1887]刻本
・集古錄目：五卷/（宋）歐陽棐撰；（清）黃本驥輯
　　清光緒十三年[1887]刻本
・金石錄：三十卷/（宋）趙明誠撰
　　清光緒十三年[1887]刻本
・廣川書跋：十卷/（宋）董逌撰
　　清光緒十三年[1887]刻本
・求古錄：一卷/（清）顧炎武撰
　　清光緒十四年[1888]刻本
・金石錄補：二十七卷續跋七卷/（清）葉奕苞撰
　　清光緒十三年[1887]刻本
・京畿金石考：二卷/（清）孫星衍撰
　　清光緒十二年[1886]刻本
・寰宇訪碑錄：十二卷刊謬一卷/（清）孫星衍，（清）邢澍撰；（清）羅振玉撰刊謬
　　清光緒十一年[1885]刻本

・平津讀碑記：八卷續記一卷/（清）洪頤煊撰
　　清光緒十二年[1886]刻本
・金石三例續編/（清）朱記榮輯
　　清光緒十一年[1885]彙印
　　○漢石例：六卷/（清）劉寶楠撰
　　○金石例補：二卷/（清）郭麐撰
　　清光緒三年[1877]刻本
　　○誌銘廣例：二卷/（清）梁玉繩撰
　　清光緒三年[1877]刻本
・漢魏六朝墓銘纂例：四卷/（清）李富孫撰
　　清光緒十三年[1887]刻本
・金石綜例：四卷/（清）馮登府撰
　　清光緒十三年[1887]刻本
・金石稱例：四卷續一卷/（清）梁廷柟撰
　　清光緒十三年[1887]刻本
・石經閣金石跋文：一卷/（清）馮登府撰
　　清光緒十三年[1887]刻本
・補寰宇訪碑錄：五卷失編一卷刊誤一卷/（清）趙之謙撰；（清）羅振玉撰刊誤
　　清光緒十二年[1886]刻本
・碑版文廣例：十卷/（清）王芑孫撰
又一部
　　洋裝7冊
　　Sinica 3828

學古齋金石叢書：十二種/（清）葛元煦編
　　清光緒崇川葛氏學古齋刻本
　　洋裝4冊（原線裝23冊）；20釐米
　　Sinica 3826

詳目：
- 亭林文集：六卷餘集一卷/（清）顧炎武撰
- 識小編：二卷/（清）董豐垣撰

清光緒八年［1882］刻本
- 金石續錄：四卷/（清）劉青藜撰
- 庚子銷夏記：八卷/（清）孫承澤撰

清光緒四年［1878］刻本
- 說文凝錦錄：一卷/（清）萬光泰撰
- 金石略：三卷/（清）鄭樵撰
- 元豐金石跋尾：一卷/（宋）曾鞏撰

清光緒八年［1882］刻本
- 古刻叢鈔：一卷/（元）陶宗儀撰；（清）孫星衍重輯

清光緒九年［1883］刻本
- 金薤琳瑯：二十卷補遺一卷/（明）都穆撰；（清）宋振譽輯補遺

清光緒八年［1882］刻本
- 金石古文：十四卷/（明）楊慎撰

清光緒八年［1882］刻本
- 石墨鐫華：八卷/（明）趙崡撰

清光緒八年［1882］刻本
- 金石史：二卷/（明）郭宗昌撰

清光緒八年［1882］刻本

金石三例/（清）盧見曾輯；（清）王芑孫評

清光緒四年［1878］南海馮氏讀有用書齋刻朱墨印本

線裝4冊；28釐米

Sinica 4703

詳目：
- 金石例：十卷/（元）潘昂霄撰
- 墓銘舉例：四卷/（明）王行撰
- 金石要例：一卷/（清）黃宗羲撰

金石全例：四種/（清）朱記榮輯

清光緒十八年［1892］吳縣朱氏彙印本

洋裝3冊（原線裝16冊）；29釐米

Sinica 3829

詳目：
- 金石三例/（清）盧見曾輯；（清）王芑孫評

清光緒四年［1878］南海馮氏讀有用書齋刻朱墨印本
  ◦ 金石例：十卷/（元）潘昂霄撰
  ◦ 墓銘舉例：四卷/（明）王行撰
  ◦ 金石要例：一卷/（清）黃宗羲撰
- 金石三例續編/（清）朱記榮輯

清光緒十一年［1885］彙印本
  ◦ 誌銘廣例：二卷/（清）梁玉繩撰

清光緒三年［1877］行素草堂刻本
  ◦ 金石例補：二卷/（清）郭麐撰

清光緒三年［1877］行素草堂刻本
  ◦ 漢石例：六卷/（清）劉寶楠撰

四明蔣瑞堂刻本
- 金石三例再續編/（清）朱記榮輯
  ◦ 漢魏六朝墓銘纂例：四卷/（清）李富孫撰

清光緒十三年［1887］行素草堂刻本
  ◦ 金石綜例：四卷/（清）馮登府撰

清光緒十三年［1887］行素草堂刻本
  ◦ 石經閣金石跋文：一卷/（清）馮登府撰

清光緒十三年［1887］行素草堂刻本
  ◦ 金石稱例：四卷續一卷/（清）梁廷枏撰

清光緒十三年［1887］行素草堂刻本
- 碑版文廣例：十卷/（清）王芑孫撰

總志之屬

目錄

天下金石志：十五卷附錄一卷／（明）于奕正編；（明）李豫棠修訂
  明崇禎刻本
  線裝4冊；27釐米
  有"迪廷圖書""古歙浩溪黃氏鑒藏書畫之印"印記
  Sinica 916

觀妙齋藏金石文考略：十六卷／（清）李光暎撰
  清雍正七年［1729］嘉興李氏刻道光十七年［1837］印本（乍川盛侗拜石山房藏板）
  線裝6冊；25釐米
  Sinica 908

中州金石攷：八卷／（清）黃叔璥撰
  清乾隆六年［1741］序北平黃氏刻本
  線裝2冊；26釐米
  Sinica 935

金石萃編：一百六十卷／（清）王昶撰
  清嘉慶十年［1805］青浦王氏經訓堂刻本
  線裝80冊：圖；25釐米
  有"長白覺羅崇恩仰之氏鑒藏圖書印""合南""仰之"印記
  Backhouse 225

金石萃編：一百六十卷／（清）王昶撰
  清嘉慶十年［1805］青浦王氏經訓堂刻同治十年［1871］修補本
  線裝64冊：圖；25釐米
  Sinica 4660

金石續編：二十一卷／（清）陸耀遹撰；（清）陸增祥校訂
  清同治十三年［1874］毗陵陸氏雙白燕堂刻本
  線裝12冊；29釐米
  Sinica 2773
又一部
  線裝10冊
  Sinica 4696

金石萃編補署：二卷／（清）王言撰
  清光緒八年［1882］王同刻民國杭州抱經堂書局印本
  線裝4冊；29釐米
  Sinica 4864

金石萃編補正：四卷／（清）方履籛撰
  清光緒二十年［1894］上海醉六堂石印本
  線裝4冊；21釐米
  Sinica 4904

湖南金石志：二十卷／（清）瞿中溶撰
  清嘉慶二十五年［1820］刻本（布政司理問所署藏板）
  線裝6冊；31釐米
  本書爲《湖南通志》卷二百五十九至二百八十八
  Sinica 920

栝蒼金石志：十二卷續四卷/（清）李遇孫撰
　　清道光十三年［1833］續二十年［1840］刻本
　　　　線裝6冊；27釐米
　　　　Sinica 907

攈古錄：二十卷/（清）吳式芬撰
　　清光緒吳重熹刻本
　　　　線裝20冊；30釐米
　　　　Sinica 2836

圖像

金石圖：不分卷/（清）牛運震集說；（清）褚峻摹圖
　　清乾隆八年［1743］序刻本暨拓本
　　　　線裝4冊；32釐米
　　　　圖爲拓片剪貼
　　　　Sinica 4677

重定金石契：不分卷/（清）張燕昌撰
　　清乾隆四十三年［1778］海鹽張氏刻本
　　　　線裝4冊；31釐米
　　　　Sinica 927

求古精舍金石圖初集：四卷/（清）陳經撰
　　清嘉慶二十三年［1818］烏程陳氏説劍樓刻本
　　　　線裝4冊；30釐米
　　　　書名據目錄著錄；版心、封面無"初集"兩字
　　　　Sinica 6366
　　又一部
　　　　存一卷（卷一）

　　　　線裝1冊；31釐米
　　　　Sinica 911

金石索：十二卷/（清）馮雲鵬，（清）馮雲鵷輯
　　清光緒十九年［1893］上海積山書局石印本
　　　　洋裝4冊（原線裝24冊）：圖；20釐米
　　　　Sinica 3823

金石苑：不分卷/（清）劉喜海撰
　　清道光二十八年［1848］序刻本
　　　　線裝8冊；31釐米
　　　　Sinica 4692
　　又一部
　　　　缺二冊（第二、六冊）
　　　　30釐米
　　　　Sinica 928

文字

金石文字記：六卷/（清）顧炎武撰
　　清嘉慶刻道光四年［1824］印借月山房彙鈔本
　　　　線裝4冊；20釐米
　　　　Sinica 910

小蓬萊閣金石文字：不分卷/（清）黃易撰
　　清嘉慶五年［1800］刻本
　　　　線裝5冊：圖；31釐米
　　　　Sinica 4675
　　又一部
　　　　洋裝1冊；30釐米
　　　　Sinica 3834

越中金石記：十卷目二卷/（清）杜春生撰
　　清道光十年［1830］山陰杜氏詹波館刻本
　　線裝8冊；26釐米
　　Sinica 915

筠清館金石文字：五卷/（清）吳榮光撰
　　清道光二十二年［1842］南海吳氏刻本
　　線裝5冊；31釐米
　　有"禹門所有金石之記""息園所藏""浮翠閣"印記
　　Sinica 2697
又一部
　　有"向囧（？）收藏""潘印祖蔭""伯寅"印記
　　Sinica 6130

隨軒金石文字：不分卷/（清）徐渭仁撰
　　清道光上海徐氏刻本
　　線裝4冊；31釐米
　　Sinica 4759

二銘艸堂金石聚：十六卷/（清）張德容撰
　　清同治十一年［1872］序衢州張氏刻本
　　線裝16冊；36釐米
　　Sinica 2760
又一部
　　Sinica 4623

通考

來齋金石刻考略：三卷/（清）林侗撰
　　清道光刻春暉堂叢書本
　　線裝2冊；26釐米
　　Sinica 914

題跋

潛研堂金石文跋尾：六卷續七卷又續六卷三續六卷．潛研堂金石文字目錄：八卷/（清）錢大昕撰
　　清嘉慶十年［1805］嘉定瞿中溶、青浦許蔭堂刻本
　　線裝5冊；29釐米
　　有"玉生""玉生秘笈""王有"印記
　　Sinica 926

潛研堂金石文跋尾：二十卷．潛研堂金石文字目錄：八卷/（清）錢大昕撰
　　清光緒十年［1884］長沙龍氏家塾刻潛研堂全書本
　　線裝10冊；26釐米
　　Sinica 4705

鐵橋金石跋：四卷/（清）嚴可均撰
　　清光緒三十年［1904］秀水王寶瑩補刻本
　　線裝1冊；27釐米
　　書名據封面著錄；卷首題《鐵橋漫稿》卷九至十二
　　Sinica 4798/5

枕經堂金石書畫題跋：三卷/（清）方朔撰
　　清同治三年［1864］刻本
　　線裝2冊；24釐米
　　Sinica 4712

九鐘精舍金石跋尾甲編：一卷/（清）吳士

鑑撰

　　清宣統元年[1909]序刻本

　　線裝1冊；28釐米

　　Sinica 4690

金之屬

目錄

恒軒所見所藏吉金錄：不分卷/(清)吳大澂撰

　　清同治十一年至十二年[1872—1873]吳縣吳氏刻後印本

　　線裝4冊：圖；31釐米

　　Sinica 2842

圖像

至大重修宣和博古圖：三十卷/(宋)王黼撰

　　明嘉靖七年[1528]樂安蔣暘刻本

　　線裝30冊：圖；38釐米

　　據元刻本覆刻

　　Backhouse 584

西清古鑑：四十卷.錢錄：十六卷/(清)乾隆十四年[1749]允祿等奉敕撰

　　清光緒十六年[1890]邁宋書館日本銅板印本

　　線裝24冊：圖；43釐米

　　Backhouse 452

西清續鑑甲編：二十卷附錄一卷/(清)乾隆五十八年[1793]王杰等奉敕編

　　清宣統三年[1911]上海涵芬樓影印本

　　線裝42冊；26釐米

　　據寧壽宮寫本影印

　　Sinica 6837

兩罍軒彝器圖釋：十二卷/(清)吳雲撰

　　清同治十一年[1872]歸安吳氏刻1986年北京中國書店重印本

　　線裝6冊：像；29釐米

　　Sinica 2805

陶齋吉金錄：八卷/(清)端方撰

　　清光緒三十四年[1908]石印本

　　線裝8冊；31釐米

　　Sinica 6026

又一部

　　洋裝1冊（原線裝8冊）

　　Sinica 6306

陶齋吉金續錄：二卷補遺一卷/(清)端方撰

　　清宣統元年[1909]石印本

　　線裝2冊；32釐米

　　Sinica 6027

又一部

　　洋裝1冊（原線裝2冊）

　　Sinica 6307

文字

歷代鐘鼎彝器款識法帖：二十卷/(宋)薛尚功撰

　　清嘉慶二年[1797]儀徵阮氏小琅嬛僊館刻本

　　線裝4冊；27釐米

　　Sinica 3830

積古齋鐘鼎彝器款識：十卷/(清)阮元撰

清刻本
線裝6冊；27釐米
Sinica 900

積古齋鐘鼎彝器款識：十卷/（清）阮元撰
清刻本
線裝4冊；25釐米
Sinica 2724

又一部
26釐米
善成堂發兌
Sinica 3026

古籀拾遺：三卷.宋政和禮器文字攷：一卷/（清）孫詒讓撰
清光緒十四年至十六年［1888—1890］瑞安孫氏刻本
洋裝1冊（原線裝2冊）；29釐米
Sinica 3835

攈古錄金文：三卷/（清）吳式芬撰
清光緒二十一年［1895］吳重熹刻本
洋裝2冊（原線裝10冊）；27釐米
Sinica 3837

攈古錄金文：三卷/（清）吳式芬撰
清光緒二十一年［1895］吳重熹刻1981年（？）北京中國書店重印本
線裝9冊；29釐米
Sinica 2835

敬吾心室彝器款識：不分卷/（清）朱善旂撰
光緒三十四年［1908］朱之榛影印本

洋裝1冊（原線裝2冊）：圖；36釐米
據稿本影印
Sinica 3832

通考

金塗銅塔攷：一卷/（清）錢泳撰
清嘉慶元年［1796］序刻本
線裝1冊：圖；25釐米
有"軍曲侯印""至樂無如讀書""軍假司馬""君琴""別部司馬""泰來胡□""軍司馬之印"等印記
Sinica 788

十六長樂堂古器款識攷：四卷.浣花拜石軒鏡銘集錄：二卷/（清）錢坫撰
清嘉慶元年［1796］附錄二年［1797］嘉定錢氏刻本
線裝3冊；31釐米
Sinica 912

建昭雁足鐙考：二卷/（清）徐渭仁撰
清道光十七年［1837］刻本
線裝1冊：圖；30釐米
Sinica 903

錢幣之屬

圖像

欽定錢錄：十六卷/（清）乾隆十五年［1750］梁詩正等奉敕撰
清光緒五年［1879］江寧李圭刻本
洋裝1冊（原線裝4冊）：圖；30釐米
Sinica 3032

又一部

Sackler Library 687.51 Lia Fol（Rare book room）

錢錄：十六卷/（清）乾隆十五年［1750］梁詩正等奉敕撰
 清光緒二十年［1894］上海積山書局石印本
 線裝4冊；20釐米
 Sinica 6598

吉金所見錄：十六卷首一卷末一卷/（清）初尚齡撰
 清嘉慶二十四年［1819］古香書屋刻道光七年［1827］增刻本
 線裝4冊：圖；27釐米
 Sinica 2725

錢志新編：二十卷/（清）張崇懿撰
 清道光十年［1830］刻本（酌春堂藏版）
 線裝4冊；29釐米
 Sinica 6596

泉史：十六卷/（清）盛大士撰
 清道光十四年［1834］金陵鄧文進齋淮安舊城刻本
 洋裝1冊（原線裝4冊）；30釐米
 Sinica 6595

錢譜提綱：不分卷/（清）□□撰
 清道光（？）抄本
 線裝1冊；26釐米
 MS.Chin.d.33

古泉匯：首集四卷元集十四卷亨集十四卷利集十八卷貞集十四卷/（清）李佐賢撰
 清同治三年［1864］利津李氏石泉書屋刻本
 線裝16冊：圖；26釐米
 Sinica 2790

又一部
 缺利集、貞集
 線裝8冊；27釐米
 Sinica 6594

續泉匯：元集三卷亨集三卷利集三卷貞集五卷補遺二卷/（清）鮑康，（清）李佐賢編
 清光緒元年［1875］利津李氏石泉書屋刻本
 線裝4冊：圖；26釐米
 Sinica 2791

雜著

錢神志：七卷/（明）李世熊編
 清光緒六年［1880］楚北劉國光汀州郡署刻本
 洋裝2冊（原線裝7冊）；26釐米
 Sinica 3031

璽印之屬

封泥攷略：十卷/（清）吳式芬，（清）陳介祺輯
 清光緒三十年［1904］海豐吳氏上海石印本
 線裝10冊；26釐米
 Sinica 6852

石之屬

目錄

集古錄目：十卷原目一卷/（宋）歐陽棐撰；（清）繆荃孫校輯
　　清光緒十年[1884]跋江陰繆氏雲自在龕刻本
　　線裝2冊；26釐米
　　Sinica 3034

輿地碑記目：四卷/（宋）王象之撰
　　清同治九年[1870]吳縣潘祖蔭刻本
　　線裝2冊；28釐米
　　Sinica 4702

石墨鐫華：八卷/（明）趙崡撰
　　明萬曆四十六年[1618]趙氏刻本
　　線裝4冊；25釐米
　　有"汪士鐘讀書"印記
　　Sinica 906

十二硯齋金石過眼錄：十八卷.十二硯齋金石過眼續錄：六卷/（清）汪鋆撰
　　清光緒元年[1875]定遠方濬刻民國二十年[1931]揚州陳恒和書林印本
　　線裝8冊；25釐米
　　Sinica 4709

圖像

百漢碑硯齋縮本各種漢碑：不分卷/（清）萬承紀藏並編；（清）王應綬縮摹
　　清光緒十八年[1892]跋石印本
　　線裝1冊；43釐米
　　又名《百漢硯碑》
　　有木刻朱印目錄一葉，爲金匱錢晉堵、嘉興王蘭石所編
　　Sinica 4520

文字

隸釋：二十七卷.隸續：二十一卷/（宋）洪适撰
　　清乾隆四十二年[1777]續四十三年[1778]錢塘汪日秀樓松書屋刻本
　　線裝12冊；29釐米
　　有"樓松書屋汪氏校本""安邑楊氏晉平珍藏""讀有用書"印記
　　Sinica 4613

又一部
　　洋裝2冊（原線裝8冊）；28釐米
　　有"安邱趙氏知如收藏圖記之記""知如""趙葵畦印章"印記
　　Sinica 3836

又一部
　　存二十一卷（隸續卷一至二十一）
　　線裝4冊；30釐米
　　Sinica 536

隸釋：二十七卷.隸續：二十一卷/（宋）洪适撰.附汪本隸釋刊誤：一卷/（清）黃丕烈撰
　　清同治十年[1871]附十一年[1872]皖南洪氏晦木齋刻本
　　線裝8冊；30釐米
　　有"百廿漢碑齋""大埔楊氏學古有獲齋珍藏章"印記
　　Sinica 2746

汪本隸釋刊誤：一卷/（清）黃丕烈撰

清同治十一年[1872]皖南洪氏晦木齋刻本
線裝1册；30釐米
Sinica 2840

漢碑錄文：四卷/(清)馬邦玉輯
清道光二十七年[1847]靈石楊氏刻連筠簃叢書本
線裝4册；27釐米
Sinica 4707

石鼓文釋存：一卷補注一卷/(清)張燕昌撰
清光緒二十八年[1902]貴池劉世珩重刻本
線裝1册；30釐米
Sinica 4683

石鼓文匯：不分卷/(清)尹彭壽撰
清光緒二十年[1894]諸城尹氏來山園刻斠經室所著書本
線裝2册；27釐米
Sinica 4726

通考

讀碑小箋：一卷/(清)羅振玉撰
清光緒十四年[1888]刻本
線裝1册；28釐米
Sinica 4689

陶齋藏石記：四十四卷.陶齋藏甎記：二卷/(清)端方撰
清宣統元年[1909]涇陽端氏石印本
線裝12册；26釐米

Backhouse 8
又一部
Sinica 4711
又一部
洋裝4册（原線裝12册）
Sinica 6113

題跋

平津讀碑記：八卷續記一卷/(清)洪頤煊撰
清嘉慶刻傳經堂叢書本
線裝4册；26釐米
有"高氏清吟堂鑒藏書畫"印記
Sinica 909

字書

碑別字：五卷/(清)羅振鋆輯
清光緒二十年[1894]刻本
線裝2册；25釐米
與《碑別字補》合訂爲洋裝1册
Sinica 6301(1)

碑別字補：五卷/(清)羅振玉輯
清光緒二十七年[1901]刻本
線裝1册；25釐米
與《碑別字》合訂爲洋裝1册
Sinica 6301(2)

雜著

語石：十卷/(清)葉昌熾撰
清宣統元年[1909]長洲葉氏刻本
線裝4册；28釐米
Sinica 2568

甲骨之屬

鐵雲藏龜: 不分卷/(清)劉鶚編
　　清光緒二十五年[1899]丹徒劉氏石印抱殘守缺齋所藏三代文字本
　　洋裝1冊(原線裝6冊); 26釐米
　　Sinica 6844

殷商貞卜文字考: 一卷/(清)羅振玉撰
　　清宣統二年[1910]上虞羅氏玉簡齋石印本
　　線裝1冊; 27釐米
　　Sinica 3839
又一部
　　洋裝(原線裝)1冊
　　Sinica 6053

陶之屬

秦漢瓦當文字: 一卷續一卷/(清)程敦編
　　清乾隆五十二年[1787]續五十九年[1794]橫渠書院集拓本
　　線裝3冊; 30釐米
　　Sinica 4615

目錄類

類編之屬

江刻書目三種/(清)江標編
　　清光緒元和江氏靈鶼閣刻蘇州振新書社印本
　　線裝4冊; 30釐米
　　Sinica 4674

詳目：
・鐵琴銅劍樓藏宋元本書目: 四卷/(清)瞿鏞撰
清光緒二十三年[1897]刻本
・海源閣藏書目: 一卷/(清)楊紹和撰
清光緒十四年[1888]刻本
・豐順丁氏持靜齋書目: 五卷/(清)丁日昌撰
清光緒二十一年[1895]刻本

觀古堂書目叢刻: 十五種/(清)葉德輝編
　　清光緒二十一年[1895]至民國十年[1921]湘潭葉氏刻本
　　線裝20冊; 27釐米
　　Sinica 2620
詳目：
・秘書省續編到四庫闕書目: 二卷/(宋)紹興中改定; 葉德輝考證
清光緒二十九年[1903]刻本
・古今書刻: 二編/(明)周弘祖撰
清光緒三十二年[1906]刻本
・南廱志經籍考: 二卷/(明)梅鷟撰
清光緒二十八年[1902]刻本
・百川書志: 二十卷/(明)高儒撰
民國四年[1915]刻本
・萬卷堂書目: 四卷/(明)朱睦㮮撰
清光緒二十九年[1903]刻本
・絳雲樓書目補遺: 一卷/(清)錢謙益撰
清光緒二十八年[1902]刻本
・靜惕堂書目: 宋人集一卷元人文集一卷/(清)曹溶撰
清光緒二十八年[1902]刻本
・徵刻唐宋祕本書目: 一卷考證一卷/

（清）黃虞稷，（清）周在浚撰；
　　（清）葉德輝考證
　　清光緒三十四年［1908］刻本
・孝慈堂書目：不分卷／（清）王聞遠撰
　　民國十年［1911］刻本
・佳趣堂書目：不分卷／（清）陸漻撰
　　民國八年［1909］刻本
・竹崦盦傳鈔書目：一卷／（清）趙魏集
　　清光緒三十年［1904］刻本
・結一廬書目：四卷附錄一卷／（清）
　　朱學勤撰
　　清光緒二十八年［1902］刻本
・別本結一廬書目：一卷附錄一卷／
　　（清）朱學勤撰
　　清光緒二十一年［1895］刻本
・求古居宋本書：一卷考證一卷／
　　（清）黃丕烈撰；（清）雷愷考證
　　民國七年［1918］刻本
・潛采堂宋人集目錄：一卷．潛采堂元
　　人集目錄：一卷／（清）朱彝尊撰
　　清宣統三年［1914］刻本

八史經籍志：十種／（日本）□□編
　　清光緒八年［1882］刻本
　　洋裝3冊（原線裝16冊）；30釐米
　　據日本文政八年［1825］刻本重刻
　　Sinica 6086
　　詳目：
・前漢書藝文志：一卷／（漢）班固撰；
　　（唐）顏師古注
・隋書經籍志：四卷／（唐）長孫無忌
　　等撰
・舊唐書經籍志：二卷／（後晉）劉昫
　　等撰

・唐書藝文志：四卷／（宋）歐陽修撰
・宋史藝文志：八卷／（元）脫脫等撰
・宋史藝文志補：一卷／（清）黃虞稷，
　　（清）倪燦撰；（清）盧文弨錄
・補遼金元藝文志：一卷／（清）倪燦
　　撰；（清）盧文弨錄
・補三史藝文志：一卷／（清）金門詔
　　撰
・元史藝文志：四卷／（清）錢大昕撰
・明史藝文志：四卷／（清）張廷玉等修

通論之屬

掌故瑣記
藏書紀事詩：七卷／（清）葉昌熾撰
　　清宣統二年［1910］長洲葉氏刻本
　　線裝6冊；28釐米
　　Sinica 4549

總錄之屬

史志
國史經籍志：六卷／（明）焦竑撰
　　明萬曆錢塘徐象橒曼山館校刻本
　　線裝5冊；27釐米
　　有"張拱翰印""九臨""致知堂"
　　"愧庵""明張拱翰"印記
　　Sinica 797

國史經籍志：五卷附錄一卷／（明）焦竑編
　　清咸豐元年［1851］跋南海伍崇曜刻
　　粵雅堂叢書二編本
　　線裝5冊；18釐米
　　Sinica 4587

官修

崇文總目：五卷補遺一卷附錄一卷/（宋）王堯臣等編次；（清）錢東垣等輯釋
　　清咸豐三年[1853]跋南海伍崇曜刻粵雅堂叢書二編本
　　線裝5冊；19釐米
　　Sinica 4585

文淵閣書目：二十卷/（明）楊士奇等撰
　　清嘉慶四年[1799]桐川顧修刻讀畫齋叢書戊集本
　　線裝7冊；20釐米
　　Sinica 678
又一部
　　Sinica 4583

欽定四庫全書簡明目錄：二十卷/（清）紀昀等編
　　清刻本
　　線裝12冊；17釐米
　　Sinica 894

湖北官書處書目：一卷/（清）湖北官書處編
　　清末武昌湖北官書處刻本
　　線裝1冊；18釐米
　　Sinica 6439

私撰

菉竹堂書目：六卷/（明）葉盛撰
　　清咸豐四年[1854]跋南海伍崇曜刻粵雅堂叢書二編本
　　線裝2冊；19釐米
　　Sinica 4584

萬卷堂書目：四卷/（明）朱睦㮮撰
　　清光緒二十九年[1903]長沙葉德輝刻本
　　線裝1冊；27釐米
　　Sinica 4565

世善堂藏書目錄：二卷/（明）陳第撰
　　清乾隆刻知不足齋叢書本
　　線裝2冊；20釐米
　　Sinica 679

天一閣書目：十卷/（清）范懋柱撰．天一閣碑目：一卷續增一卷/（清）范懋敏撰
　　清嘉慶十三年[1808]揚州阮氏文選樓刻本
　　線裝8冊；27釐米
　　Sinica 799

邵亭知見傳本書目：十六卷/（清）莫友芝撰
　　清宣統元年[1909]日本東京田中慶太郎北京鉛印本
　　線裝10冊；26釐米
　　Sinica 4647

邵亭知見傳本書目：十六卷/（清）莫友芝撰
　　鉛印本
　　線裝8冊；26釐米
　　Sinica 4593

氏族

袁氏藝文志：一卷/（清）袁渭漁撰；（清）袁昶輯

清光緒二十三年［1897］序桐廬袁氏
漸西村舍刻1993年北京中國書店重印本
　　線裝1冊；29釐米
　　Sinica 3745

匯刻

書目答問：四卷/（清）張之洞撰
　　清宣統元年［1909］石印本
　　線裝2冊；21釐米
　　Backhouse 24a

禁毀

抽燬書目：一卷.全毀書目一卷/（清）乾隆
中英廉編
　　清刻本
　　線裝1冊；26釐米
　　避"曆"字諱
　　Sinica 805

書志之屬

昭德先生郡齋讀書志：二十卷附志二卷/
（宋）晁公武撰；（宋）姚應績編；（宋）
趙希弁撰附志
　　清光緒十年［1884］長沙王先謙校
刻本
　　線裝10冊；28釐米
　　Sinica 2750
　又一部
　　25釐米
　　Sinica 2739
　又一部
　　26釐米
　　Sinica 4643

直齋書錄解題：二十二卷/（宋）陳振孫撰
　　清乾隆武英殿木活字印武英殿聚珍
版書本
　　線裝6冊；27釐米
　　有"七略軒藏書記""傭書堂藏"
"國楨之鈢"印記
　　Sinica 4611

欽定四庫全書總目：二百卷/（清）乾隆
四十七年［1782］永瑢等奉敕撰
　　清刻本
　　線裝112冊；21釐米
　　Sinica 674

欽定四庫全書總目：二百卷/（清）乾隆
四十七年［1782］永瑢等奉敕撰
　　清末廣州坊刻本
　　線裝108冊；22釐米
　　卷末有"粵東省城富文齋萃文堂聚
珍堂承刊"字樣
　　Backhouse 152

欽定天祿琳琅書目：十卷後編二十卷/
（清））乾隆四十年［1775］于敏中等奉敕
編；（清）嘉慶二年［1797］彭元瑞奉敕續編
　　清光緒十年［1884］長沙王先謙刻本
　　線裝10冊；30釐米
　　Sinica 4616
　又一部
　　洋裝2冊（原線裝10冊）；29釐米
　　Sinica 6309

拜經樓藏書題跋記：五卷附錄一卷/
（清）吳壽暘撰

清光緒會稽章壽康刻式訓堂叢書本
線裝2冊；30釐米
Sinica 4636

愛日精廬藏書志：三十六卷續志四卷/（清）張金吾撰
清道光七年[1827]昭文張氏愛日精廬刻本
線裝8冊；24釐米
有"昆山趙詒琛號學南印""趙學南劫後藏書"印記
Sinica 3131

愛日精廬藏書志：三十六卷續志四卷/（清）張金吾撰
清光緒十三年[1887]吳縣徐氏靈芬閣活字印本
線裝10冊；25釐米
Sinica 4574
又一部
洋裝2冊（原線裝12冊）
Sinica 6311

鐵琴銅劍樓藏書目錄：二十四卷/（清）瞿鏞撰
清光緒二十四年[1898]常熟瞿氏罟里家塾刻本
線裝10冊；30釐米
Sinica 2764
又一部
29釐米
Sinica 4612
又一部
洋裝2冊（原線裝10冊）；27釐米

Sinica 6305

開有益齋讀書志：六卷續志一卷.金石文字記：一卷/（清）朱緒曾撰
清光緒六年[1880]金陵翁氏茹古閣刻本
洋裝1冊（原線裝6冊）；26釐米
Sinica 6330

經籍訪古志：六卷補遺一卷/（日）澁江全善，（日）森立之編
清光緒十一年[1885]鉛印本
線裝8冊；26釐米
Sinica 2682

楹書隅錄：五卷續編四卷/（清）楊紹和撰
清光緒二十年[1894]楊保彝海源閣刻民國元年[1912]武進董康補刻本
線裝8冊；29釐米
Sinica 2795
又一部
Sinica 4614

宋元舊本書經眼錄：三卷附錄二卷/（清）莫友芝撰
清同治十二年[1873]刻本
線裝1冊；25釐米
Sinica 4644

皕宋樓藏書志：一百二十卷續志四卷/（清）陸心源撰
清光緒八年[1882]歸安陸氏十萬卷樓刻存齋雜纂本
線裝32冊；25釐米

Sinica 4710

又一部

　　洋裝6冊（原線裝40冊）

　　Sinica 6310

儀顧堂題跋：十六卷續跋十六卷/（清）陸心源撰

　　清光緒十六年［1890］續跋十八年［1892］歸安陸氏刻本

　　洋裝2冊（原線裝8冊）；25釐米

　　Sinica 6322

日本訪書志：十六卷/（清）楊守敬撰

　　清光緒二十七年［1901］宜都楊氏鄰蘇園刻本

　　線裝8冊；24釐米

　　Sinica 3184

善本書室藏書志：四十卷附錄一卷/（清）丁丙撰

　　清光緒二十七年［1901］錢唐丁氏刻本

　　線裝16冊；24釐米

　　Sinica 3145

又一部

　　25釐米

　　Sinica 4580

又一部

　　洋裝3冊（原線裝16冊）

　　Sinica 6190

書目提要/商務印書館編譯所編纂

　　清光緒三十四年［1908］上海商務印書館編譯所鉛印本

　　平裝1冊；23釐米

　　Backhouse 701

專錄之屬

史略：六卷/（宋）高似孫輯

　　清光緒十年［1884］遵義黎庶昌日本東京使署刻古逸叢書本

　　線裝2冊；34釐米

　　封面題名《影宋本史略》

　　據宋刻本影刻

　　Sinica 4524

勿菴曆算書目：一卷/（清）梅文鼎撰

　　清乾隆刻知不足齋叢書本

　　線裝1冊；20釐米

　　Sinica 680

小學考：五十卷/（清）謝啟昆撰

　　清光緒十四年［1888］浙江書局刻本

　　精裝3冊（原線裝20冊）；24釐米

　　Sinica 6175

小學考：五十卷/（清）謝啟昆撰

　　清光緒十五年［1889］上海石印本

　　線裝6冊；20釐米

　　Sinica 4903

彙刻書目：十卷補編一卷/（清）顧修撰

　　清刻本

　　線裝10冊；20釐米

　　Sinica 681

彙刻書目：二十卷/（清）顧修撰；（清）朱

學勤補
  清光緒十五年［1889］上海福瀛書局刻本
  線裝20冊；22釐米
  Sinica 2616
又一部
  洋裝4冊（原線裝20冊）
  Sinica 6118

行素堂目睹書錄：十編／（清）朱記榮撰
  清光緒十年［1884］古吳朱氏槐廬家塾刻本
  洋裝3冊（原線裝10冊）；19釐米
  Sinica 6120

皇清經解縮版編目：十六卷／（清）陶治元編輯
  清光緒十七年［1891］上海鴻寶齋石印本
  線裝2冊；21釐米
  Sinica 6360

上海鴻寶齋分局發兌各種石印書籍
  清末上海鴻寶齋石印本
  1張；32×57釐米
  Sinica 6558

版本之屬

汲古閣校刻書目：一卷補遺一卷．刻板存亡考：一卷／（清）鄭德懋編
  清道光二十二年［1842］顧湘刻本
  線裝1冊；30釐米
  Sinica 800

四庫簡明目錄標注：二十卷附錄一卷／（清）邵懿辰撰
  清宣統三年［1911］仁和邵氏家祠刻半巖廬所箸書本
  線裝6冊；27釐米
  Sinica 6124

四庫簡明目錄標注：二十卷附錄一卷補四卷附錄補一卷／（清）邵懿辰撰
  清宣統三年［1911］仁和邵氏家祠刻半巖廬所箸書本
  精裝2冊（原線裝6冊）
  Sinica 2615

留真譜初編：不分卷／（清）楊守敬編
  清光緒二十七年［1901］宜都楊氏觀海堂刻本
  線裝12冊；31釐米
  有"寧武南氏珍藏"等印記
  Sinica 4545

宋元書影：不分卷／（清）繆荃孫編
  清宣統三年［1911］江陰繆氏影刻本
  線裝1冊；30釐米
  Sinica 4533

子部

叢編類

六子全書/(明)顧春輯
明刻本
缺二种(老子、列子)
線裝17冊；31釐米
據明嘉靖十二年[1533]世德堂刻本覆刻
有"抱經樓藏善本""詒一樓""慈谿沈氏授經樓收藏圖籍印""吳興抱經樓藏""浙東沈德壽氏"印記
Backhouse 386
詳目：
- 南華真經：十卷/(戰國)莊周撰；(晉)郭象注；(唐)陸德明音義
- 荀子：二十卷/(戰國)荀況撰；(唐)楊倞注
- 新纂門目五臣音註揚子法言：十卷/(漢)揚雄撰；(晉)李軌，(唐)柳宗元，(宋)宋咸，(宋)吳祕，(宋)司馬光注
- 中說：十卷/(隋)王通撰；(宋)阮逸注

二十家子書/(明)謝汝韶編
明萬曆六年[1578]吉藩崇德書院刻本
線裝16冊；31釐米
有"吉府圖書"印記
Backhouse 384
詳目：
- 老子道德經：二卷/(春秋)李耳撰
- 關尹子文始真經：一卷/(春秋)尹喜撰
- 亢倉子洞靈真經：一卷/(春秋)庚桑楚撰
- 文子通玄真經：一卷/(春秋)辛鈃撰
- 尹文子：一卷/(戰國)尹文撰
- 子華子：二卷/(春秋)程本撰
- 鶡子：一卷補一卷/(西周)鶡熊撰
- 公孫龍子：一卷/(戰國)公孫龍撰；(宋)謝希深注
- 鬼谷子：三卷/(戰國)鬼谷子撰；(南朝梁)陶弘景注
- 列子沖虛真經：二卷/(戰國)列禦寇撰
- 莊子南華真經：內篇一卷外篇二卷雜篇一卷/(戰國)莊周撰
- 荀子：三卷/(戰國)荀況撰
- 揚子法言：一卷/(漢)揚雄撰
- 文中子中說：一卷/(隋)王通撰
- 抱朴子外篇：二卷/(晉)葛洪撰
- 劉子：一卷/(北齊)劉晝撰
- 黃石公：一卷/(漢)黃石公撰
- 玄真子：一卷/(唐)張志和撰
- 天隱子：一卷/(唐)司馬承禎撰
- 無能子：一卷/(唐)□□撰

十子全書/(清)王子興編
清嘉慶九年[1804]姑蘇王氏聚文堂刻本
線裝32冊；29釐米
Sinica 4780
詳目：
- 道德經評註：二卷/(漢)河上公章句
- 南華真經：十卷/(戰國)莊周撰；

(晉)郭象注；(唐)陸德明音義
・荀子：二十卷附校勘補遺一卷/(戰國)荀況撰；(唐)楊倞注；(清)盧文弨校；(清)謝墉校並撰補遺

清乾隆五十一年[1786]嘉善謝氏刻本

・沖虛至德真經：八卷/(戰國)列禦寇撰；(晉)張湛注；(唐)殷敬順釋文
・管子：二十四卷/(春秋)管仲撰；(唐)房玄齡注；(明)劉績增注；(明)朱長春通演

據明天啟花齋本重刻

・韓非子：二十卷/(戰國)韓非撰；(□)□□注
・淮南子：二十一卷/(漢)劉安撰；(漢)高誘注；(清)莊逵吉校

清乾隆五十三年[1788]武進莊氏刻本

・新纂門目五臣音註揚子法言：十卷/(漢)揚雄撰；(晉)李軌，(唐)柳宗元注；(宋)宋咸，(宋)吳祕，(宋)司馬光添注
・中說：十卷/(隋)王通撰；(宋)阮逸注
・鶡冠子：三卷/(戰國)鶡冠子撰；(宋)陸佃解；(明)王宇評

據明天啟花齋本重刻

子書百家：一百一種/(清)崇文書局編

清光緒元年[1875]湖北崇文書局刻本

線裝110冊；27釐米

Backhouse 343

詳目：
儒家類
・孔子家語：十卷/(三國魏)王肅注
・孔子集語：二卷/(宋)薛據輯
・荀子：三卷/(戰國)荀況撰
・孔叢子：二卷.詰墨：一卷/(漢)孔鮒撰
・新語：二卷/(漢)陸賈撰
・忠經：一卷/(漢)馬融撰；(漢)鄭玄注
・新書：十卷/(漢)賈誼撰
・鹽鐵論：二卷/(漢)桓寬撰
・新序：十卷/(漢)劉向撰
・說苑：二十卷/(漢)劉向撰
・揚子法言：一卷/(漢)揚雄撰
・方言：十三卷/(漢)揚雄撰；(晉)郭璞解
・潛夫論：十卷/(漢)王符撰
・申鑒：五卷/(漢)荀悅撰
・中論：二卷/(漢)徐幹撰
・傅子：一卷/(晉)傅玄撰
・續孟子：二卷/(唐)林慎思撰
・文中子中說：一卷/(隋)王通撰
・伸蒙子：三卷/(唐)林慎思撰
・素履子：三卷/(唐)張弧撰
・胡子知言：六卷附錄一卷疑義一卷/(宋)胡宏撰
・薛子道論：三卷/(明)薛瑄撰
・海樵子：一卷/(明)王崇慶撰
兵家類
・風后握奇經：一卷/(漢)公孫弘解
・六韜：三卷/(西周)呂望撰
・孫子：三卷/(春秋)孫武撰
・吳子：二卷/(戰國)吳起撰

- 司馬法：一卷/（春秋）司馬穰苴撰
- 尉繚子：二卷/（戰國）尉繚撰
- 素書：一卷/（漢）黃石公撰；（宋）張商英注
- 心書：一卷/（三國蜀）諸葛亮撰
- 何博士備論：二卷/（宋）何去非撰
- 宋丞相李忠定公輔政本末：一卷/（宋）李綱撰

法家類
- 管子：二十四卷/（春秋）管仲撰
- 晏子春秋：八卷/（春秋）晏嬰撰
- 商子：五卷/（戰國）商鞅撰
- 鄧子：一卷/（春秋）鄧析撰
- 尸子：二卷/（戰國）尸佼撰；（清）孫星衍校集
- 韓非子：二十卷/（戰國）韓非撰；（□）□□注

農家類
- 齊民要術：十卷雜說一卷/（北魏）賈思勰撰

術數類
- 太玄經：十卷/（漢）揚雄撰
- 焦氏易林：四卷/（漢）焦贛撰

雜家類
- 鬻子：一卷補一卷/（西周）鬻熊撰；（唐）逢行珪注；（明）楊之森輯
- 計倪子：一卷/（春秋）計然撰
- 於陵子：一卷/（戰國）田仲撰
- 子華子：二卷/（春秋）程本撰
- 墨子：十六卷/（戰國）墨翟撰
- 尹文子：一卷/（戰國）尹文撰
- 慎子：一卷/（戰國）慎到撰
- 公孫龍子：一卷/（戰國）公孫龍撰
- 鬼谷子：一卷/（戰國）鬼谷子撰

- 鶡冠子：三卷/（宋）陸佃解
- 呂氏春秋：二十六卷/（秦）呂不韋撰
- 淮南鴻烈解：二十一卷/（漢）劉安撰；（漢）高誘注
- 金樓子：六卷/（南朝梁）元帝蕭繹撰
- 劉子：二卷/（北齊）劉晝撰
- 顏氏家訓：二卷/（北齊）顏之推撰
- 獨斷：一卷/（漢）蔡邕撰
- 論衡：三十卷/（漢）王充撰
- 白虎通德論：四卷/（漢）班固撰
- 風俗通義：十卷/（漢）應劭撰
- 牟子：一卷/（漢）牟融撰

又名《理惑論》
- 古今注：三卷/（晉）崔豹撰
- 聱隅子歔欷瑣微論：二卷/（宋）黃晞撰
- 嬾真子：五卷/（宋）馬永卿撰
- 廣成子解：一卷/（宋）蘇軾撰
- 叔苴子：内篇六卷外編二卷/（明）莊元臣撰
- 郁離子：一卷/（明）劉基撰
- 空同子：一卷/（明）李夢陽撰
- 海沂子：五卷/（明）王文祿撰

小說家雜事類
- 燕丹子：三卷/（清）孫星衍校集
- 玉泉子：一卷/（唐）□□撰
- 金華子雜編：二卷/（南唐）劉崇遠撰

小說家異聞類
- 山海經：十八卷/（晉）郭璞傳
- 山海經圖讚：一卷/（晉）郭璞撰
- 山海經補註：一卷/（明）楊慎撰
- 神異經：一卷/（漢）東方朔撰；（晉）張華注
- 海内十洲記：一卷/（漢）東方朔撰

- 別國洞冥記：四卷/（漢）郭憲撰
- 穆天子傳：六卷/（晉）郭璞註
- 拾遺記：十卷/（前秦）王嘉撰；（南朝梁）蕭綺錄
- 搜神記：二十卷/（晉）干寶撰
- 搜神後記：十卷/（晉）陶潛撰
- 博物志：十卷/（晉）張華撰
- 續博物志：十卷/（宋）李石撰
- 述異記：二卷/（南朝梁）任昉撰

道家類
- 陰符經：一卷/（漢）張良注
- 關尹子：一卷/（春秋）尹喜撰
- 老子道德經：二卷/（春秋）李耳撰；（三國魏）王弼注
- 道德真經註：四卷/（元）吳澄撰
- 莊子南華真經：內篇一卷外篇一卷雜篇一卷附莊子札記一卷/（戰國）莊周撰；（清）郭嵩燾撰札記
- 莊子闕誤：一卷/（明）楊慎撰
- 列子：二卷/（戰國）列禦寇撰
- 抱朴子內篇：四卷外篇四卷/（晉）葛洪撰
- 亢倉子：一卷/（春秋）庚桑楚撰
- 玄真子：一卷/（唐）張志和撰
- 天隱子：一卷/（唐）□□撰
- 無能子：三卷/（唐）□□撰
- 胎息經疏：一卷/（明）王文祿撰
- 胎息經：一卷/（□）幻真先生注
- 至游子：二卷/（明）□□撰

又一部
洋裝13冊（原線裝80冊）
Sinica 6585

二十二子/（清）浙江書局編

清光緒浙江書局刻本
洋裝16冊（原線裝83冊）；25釐米
Sinica 6160
詳目：
- 老子道德經：二卷音義一卷/（春秋）李耳撰；（三國魏）王弼注；（唐）陸德明音義

清光緒元年[1875]刻本
- 莊子：十卷/（戰國）莊周撰；（晉）郭象注；（唐）陸德明音義

清光緒二年[1876]刻本
- 管子：二十四卷/（春秋）管仲撰；（唐）房玄齡注；（明）劉績增注

清光緒二年[1876]刻本
- 列子：八卷/（戰國）列禦寇撰；（晉）張湛注；（唐）殷敬順釋文

清光緒二年[1876]刻本
- 墨子：十六卷/（戰國）墨翟撰；（清）畢沅校注

清光緒二年[1876]刻本
- 荀子：二十卷附校勘補遺一卷/（戰國）荀況撰；（唐）楊倞注；（清）盧文弨校；（清）謝墉校並撰補遺

清光緒二年[1876]刻本
- 新書：十卷/（漢）賈誼撰；（清）盧文弨校

清光緒元年[1875]刻本
- 董氏春秋繁露：十七卷附錄一卷/（漢）董仲舒撰

清光緒二年[1876]刻本
- 揚子法言：十三卷音義一卷/（漢）揚雄撰；（晉）李軌注；（宋）□□音義

清光緒二年[1876]刻本

·文子纘義:十二卷/(宋)杜道堅撰

清光緒三年[1877]刻本

·補注黄帝内經素問:二十四卷/(唐)王冰注;(宋)林億等校正;(宋)孫兆重改誤.黄帝内經素問遺篇:一卷/(宋)劉温舒原本.黄帝内經靈樞:十二卷/□□撰

清光緒三年[1877]刻本

·竹書紀年統箋:十二卷前編一卷雜述一卷/(清)徐文靖撰

清光緒三年[1877]刻本

·尸子:二卷存疑一卷/(戰國)尸佼撰;(清)汪繼培輯

清光緒三年[1877]刻本

·孫子十家註:十三卷敘錄一卷遺說一卷/(春秋)孫武撰;(宋)吉天保輯;(清)孫星衍,(清)吳人驥校;(清)畢以珣撰敘錄;(宋)鄭友賢撰遺說

清光緒三年[1877]刻本

·孔子集語:十七卷/(清)孫星衍輯

清光緒三年[1877]刻本

·晏子春秋:七卷音義二卷校勘二卷/(春秋)晏嬰撰;(清)孫星衍校並撰音義;(清)黄以周校勘

清光緒元年[1875]刻本

·吕氏春秋:二十六卷/(秦)吕不韋撰;(漢)高誘注;(清)畢沅校

清光緒元年[1875]刻本

·商君書:五卷附攷一卷/(戰國)商鞅撰;(清)嚴萬里校

清光緒二年[1876]刻本

·韓非子:二十卷識誤三卷/(戰國)韓非撰;(□)□□注;(清)顧廣圻撰識誤

清光緒元年[1875]刻本

·淮南子:二十一卷/(漢)劉安撰;(漢)高誘注;(清)莊逵吉校

清光緒二年[1876]刻本

·文中子中說:十卷/(隋)王通撰;(宋)阮逸注

清光緒二年[1876]刻本

·山海經:十八卷/(晉)郭璞傳;(清)畢沅校

清光緒三年[1877]刻本

二十二子/(清)浙江書局編

清光緒浙江書局刻民國九年[1920]覆刻並修補本

存十八種

線裝69册;24釐米

有"俞大縝印"印記

Sinica 2609

詳目:

·董氏春秋繁露:十七卷附錄一卷/(漢)董仲舒撰

清光緒二年[1876]刻本

·竹書紀年統箋:十二卷前編一卷雜述一卷/(清)徐文靖撰

清光緒三年[1877]刻本

·晏子春秋:七卷音義二卷校勘二卷/(春秋)晏嬰撰;(清)孫星衍校並撰音義;(清)黄以周校勘

清光緒元年[1875]刻本

·荀子:二十卷校勘補遺一卷/(戰國)荀況撰;(唐)楊倞注;(清)盧文弨校;(清)謝墉校並撰補遺

清光緒二年[1876]刻本

- 新書：十卷/（漢）賈誼撰；（清）盧文弨校

清光緒元年［1875］刻本

- 文中子中說：十卷/（隋）王通撰；（宋）阮逸注

清光緒二年［1876］刻本

- 孫子十家註：十三卷敘錄一卷遺說一卷/（春秋）孫武撰；（宋）吉天保輯；（清）孫星衍，（清）吳人驥校；（清）畢以珣撰敘錄；（宋）鄭友賢撰遺說

清光緒三年［1877］刻本

- 管子：二十四卷/（春秋）管仲撰；（唐）房玄齡注；（明）劉績增注

清光緒二年［1876］刻本

- 商君書：五卷附攷一卷/（戰國）商鞅撰；（清）嚴萬里校

清光緒二年［1876］刻本

- 韓非子：二十卷識誤三卷/（戰國）韓非撰；（□）□□注；（清）顧廣圻撰識誤

清光緒元年［1875］刻本

- 補注黃帝內經素問：二十四卷/（唐）王冰注；（宋）林億等校正；（宋）孫兆重改誤.黃帝內經素問遺篇：一卷/（宋）劉溫舒原本.黃帝內經靈樞：十二卷

清光緒三年［1877］刻本

- 尸子：二卷存疑一卷/（戰國）尸佼撰；（清）汪繼培輯

清光緒三年［1877］刻本

- 呂氏春秋：二十六卷/（秦）呂不韋撰；（漢）高誘注；（清）畢沅校

清光緒元年［1875］刻本

- 淮南子：二十一卷/（漢）劉安撰；（漢）高誘注；（清）莊逵吉校

清光緒二年［1876］刻本

- 山海經：十八卷/（晉）郭璞傳；（清）畢沅校

清光緒三年［1877］刻本

- 老子道德經：二卷音義一卷/（春秋）李耳撰；（三國魏）王弼注；（唐）陸德明音義

清光緒元年［1875］刻民國九年［1920］浙江圖書館重校並附"附識""校勘記"

- 文子纘義：十二卷/（宋）杜道堅撰

清光緒三年［1877］刻本

- 揚子法言：十三卷音義一卷/（漢）揚雄撰；（晉）李軌注；（宋）□□音義

清光緒二年［1876］刻本

二十二子/（清）浙江書局編

清光緒二十三年［1897］新化三味書局刻本

線裝80冊；24釐米

Backhouse 340

詳目：

- 老子道德經：二卷音義一卷/（春秋）李耳撰；（魏）王弼注；（唐）陸德明音義
- 莊子：十卷/（戰國）莊周撰；（晉）郭象注；（唐）陸德明音義
- 管子：二十四卷/（春秋）管仲撰；（唐）房玄齡注；（明）劉績增注
- 列子：八卷/（戰國）列禦寇撰；（晉）張湛注；（唐）殷敬順釋文
- 墨子：十六卷/（戰國）墨翟撰；

（清）畢沅校注
光緒二十七年［1901］刻本
- 荀子：二十卷校勘補遺一卷/（戰國）荀況撰；（唐）楊倞注；（清）盧文弨校；（清）謝墉校並撰補遺
- 尸子：二卷存疑一卷/（戰國）尸佼撰；（清）汪繼培輯
- 孫子十家註：十三卷敘錄一卷遺說一卷/（春秋）孫武撰；（宋）吉天保輯；（清）孫星衍，（清）吳人驥校；（清）畢以珣撰敘錄；（宋）鄭友賢撰遺說
- 孔子集語：十七卷/（清）孫星衍輯
- 晏子春秋：七卷音義二卷校勘二卷/（春秋）晏嬰撰；（清）孫星衍校並撰音義；（清）黃以周校勘
- 呂氏春秋：二十六卷/（秦）呂不韋撰；（漢）高誘注；（清）畢沅校
- 新書：十卷/（漢）賈誼撰；（清）盧文弨校
- 董子春秋繁露：十七卷附錄一卷/（漢）董仲舒撰
- 揚子法言：十三卷音義一卷/（漢）揚雄撰；（晉）李軌注；（宋）□□音義
- 文子纘義：十二卷/（宋）杜道堅撰
- 補注黃帝內經素問：二十四卷/（唐）王冰注；（宋）林億等校正；（宋）孫兆重改誤.黃帝內經素問遺篇：一卷/（宋）劉溫舒原本.黃帝內經靈樞：十二卷
- 竹書紀年統箋：十二卷前編一卷雜述一卷/（清）徐文靖撰
- 商君書：五卷附攷一卷/（戰國）商

鞅撰；（清）嚴萬里校
- 韓非子：二十卷識誤三卷/（戰國）韓非撰；（□）□□注；（清）顧廣圻撰識誤
- 淮南子：二十一卷/（漢）劉安撰；（漢）高誘注；（清）莊逵吉校
- 文中子中說：十卷/（隋）王通撰；（宋）阮逸注
- 山海經：十八卷/（晉）郭璞傳；（清）畢沅校

中西星要：五種/（清）倪榮桂撰
清嘉慶八年［1803］樹滋堂刻本
線裝3冊；25釐米
Sinica 874
詳目：
- 西法命盤圖說：一卷
- 談天緒言：一卷
- 天文管窺：三卷
- 祿命要覽：四卷
- 選擇當知：三卷

儒家儒學類

類編之屬

曾思二子全書/（宋）汪暐編
明隆慶四年［1570］汪文川刻本
線裝1冊；24釐米
Sinica 4592
詳目：
- 曾子全書：一卷/（春秋）曾參撰
- 子思子全書：一卷/（戰國）孔伋撰

劉向新序說苑：二種/（漢）劉向撰
　　清刻本
　　線裝6冊；25釐米
　　書名據封面著錄
　　有"麟見亭讀一過""娜嬛妙境"印記
　　Sinica 6122
　　詳目：
　　·新序：十卷
　　·說苑：二十卷

大學衍義大學衍義補合刻
　　清同治十三年[1874]夔州府雲邑郭氏家塾刻本
　　線裝48冊；26釐米
　　Sinica 2828
　　詳目：
　　·大學衍義：四十三卷/（宋）真德秀撰；（明）陳仁錫評
　　·大學衍義補：一百六十卷首一卷/（明）丘濬撰；（明）陳仁錫評

儒家之屬

孔子家語：十卷/（三國魏）王肅注
　　明嘉靖三十三年[1554]吳郡黃周賢刻本（有抄補）
　　線裝6冊；22釐米
　　有朱筆評點
　　有"翰""圃""偶此軒印"印記
　　Backhouse 154

孔子家語：十卷/（三國魏）王肅注
　　清乾隆四十六年[1781]刻本（書業堂藏板）
　　線裝4冊；24釐米
　　版心下有"汲古閣原本"字樣
　　Sinica 2563

孔子家語：四卷/（三國魏）王肅注
　　清嘉慶十一年[1806]刻本（會文堂藏板）
　　洋裝1冊（原線裝2冊）；18釐米
　　Sinica 159

孔氏家語：十卷/（三國魏）王肅注.附孔子家語札記：一卷/（清）劉世珩撰
　　清光緒二十四年[1898]貴池劉氏影宋刻玉海堂景宋叢書本
　　線裝4冊；34釐米
　　據宋蜀刻大字本影刻
　　Sinica 4768

孔子集語：二卷/（宋）薛據撰
　　清光緒元年[1875]湖北崇文書局刻本
　　精裝（原線裝）1冊；30釐米
　　書名據版心著錄
　　Sinica 6128

晏子春秋：七卷/（春秋）晏嬰撰；（清）蘇輿校
　　清光緒十八年[1892]長沙王氏思賢講舍刻本
　　線裝1冊；27釐米
　　Sinica 4562

子思：七卷/（戰國）孔伋撰；（漢）鄭玄注；（清）黃以周輯解

清光緒二十二年[1896]南菁講舍刻
意林逸子本
　　線裝2冊; 24釐米
　　封面題名《子思子》
　　Sinica 4590

荀子: 二十卷校勘補遺一卷/(戰國)荀況
撰; (唐)楊倞注; (清)盧文弨校; (清)
謝墉校並撰補遺
　　清乾隆五十一年[1786]嘉善謝墉安
雅堂刻本
　　線裝4冊; 30釐米
　　Sinica 595

荀子: 二十卷校勘補遺一卷/(戰國)荀況
撰; (唐)楊倞注; (清)盧文弨校; (清)
謝墉校並撰補遺
　　清光緒二年[1876]浙江書局刻
二十二子本
　　洋裝1冊(原線裝6冊); 24釐米
　　Sinica 2950

儒學之屬

經濟

陸賈新語校正: 二卷 / (漢)陸賈撰; 張
友銘學
　　油印本
　　洋裝(原線裝)1冊; 26釐米
　　Sinica 6324

賈子次詁: 十六卷/(漢)賈誼撰; (清)王
耕心次詁
　　清光緒二十九年[1903]正定王氏龍

樹精舍刻本
　　線裝2冊; 29釐米
　　Sinica 4547

鹽鐵論: 十卷/(漢)桓寬撰
　　清光緒十七年[1891]思賢講舍刻本
　　線裝2冊; 24釐米
　　Sinica 3037
又一部
　　洋裝(原線裝)1冊; 25釐米
　　Sinica 6614

揚子法言: 十三卷音義一卷/(漢)揚雄
撰; (晉)李軌注; (宋)□□撰音義
　　清嘉慶二十三年[1818]江都秦氏石
研齋刻本
　　線裝2冊; 30釐米
　　據宋治平監本影刻
　　Sinica 759
又一部
　　線裝1冊; 31釐米
　　Sinica 4528

朱子經濟文衡: 前集二十五卷後集二十五
卷續集二十二卷/(宋)朱熹撰; (宋)滕
珙編
　　清乾隆四年[1739]楊雲服重刻本
　　線裝12冊; 28釐米
　　Backhouse 580

文公先生經世大訓: 十六卷/(宋)朱熹
撰; (明)余祐編
　　明嘉靖元年[1522]河南按察司刻本
　　線裝16冊; 29釐米

Backhouse 575

大學衍義：四十三卷/(宋)真德秀撰
 明刻黑口本
 線裝8冊；33釐米
 Backhouse 460

翼教叢編：六卷附一卷/(清)蘇輿輯
 清末刻本
 線裝3冊；25釐米
 Sinica 3113

性理

朱子語類：一百四十卷/(宋)朱熹撰；(宋)黎靖德編
 明刻本
 線裝80冊；29釐米
 據明成化九年[1473]江西藩司本覆刻
 有"恭邸藏書""安樂堂藏書記"印記
 Backhouse 241

朱子語類：一百四十卷/(宋)朱熹撰；(宋)黎靖德編
 清同治十一年[1872]應元書院刻本
 線裝48冊；27釐米
 Sinica 6108

近思錄：十四卷/(宋)朱熹，(宋)呂祖謙撰.近思續錄：十四卷/(宋)蔡模輯；(清)柯崇樸校訂
 清初呂留良刻後印本續錄清康熙二十八年[1689]嘉善柯氏刻後印本（天蓋樓藏板）
 線裝3冊；24釐米
 Sinica 570

近思錄：十四卷校勘記一卷/(宋)朱熹，(宋)呂祖謙撰；(清)江永集注；(清)王炳撰校勘記.附考訂朱子世家：一卷/(清)江永撰
 清同治八年[1869]江蘇書局刻本
 線裝6冊；24釐米
 有"仲子鴻鈞""寶國之後"印記
 Backhouse 25

近思錄：十四卷校勘記一卷/(宋)朱熹，(宋)呂祖謙撰；(清)江永集注；(清)王炳撰校勘記.附考訂朱子世家：一卷/(清)江永撰
 清光緒十五年[1889]掃葉山房刻本
 線裝6冊；24釐米
 有"一片冰心""張樹□印""書業德記發兌"印記
 Sinica 2580

淵鑒齋御纂朱子全書：六十六卷/(宋)朱熹撰；(清)康熙五十二年[1713]李光地等奉敕輯
 清內府刻黑口本
 線裝25冊；29釐米
 有"體元主人""稽古右文之章"印記
 Backhouse 69

淵鑒齋御纂朱子全書：六十六卷/(宋)朱熹撰；(清)康熙五十二年[1713]李光地等奉敕輯

清同治八年[1869]成都書局刻本
洋裝6冊(原線裝36冊);25釐米
據清內府刻白口本覆刻
御製序後有"四川總督臣吳棠……同治八年二月敬謹摹刊"字樣
Sinica 6137

淵鑒齋御纂朱子全書:六十六卷/(宋)朱熹撰;(清)康熙五十二年[1713]李光地等奉敕輯
清刻白口本
洋裝6冊(原線裝36冊);24釐米
據清內府本覆刻
Sinica 2963

性理大全書:七十卷/(明)胡廣等奉敕撰
明刻本
線裝24冊;27釐米
書簽有"書業德記發兌"印記
版心下記刻工、字數
Sinica 2575

性理大全書:七十卷/(明)胡廣等奉敕撰;(明)吳勉學重校
明末刻本(季秀堂唐際雲藏板)
線裝32冊;27釐米
版心下記刻工、字數
封面有"本衙藏板"印記
Backhouse 402

學蔀通辨:前編三卷後編三卷續編三卷終編三卷/(明)陳建撰;(清)顧天挺校
清啟後堂刻本
存六卷(續編三卷、終編三卷)
線裝1冊;27釐米
Sinica 940

思辨錄輯要:二十二卷後集十三卷/(清)陸世儀撰;(清)張伯行刪削
清光緒三年[1877]江蘇書局刻1987年江蘇廣陵古籍刻印社重印本(殘損版以影印本補配)
線裝6冊;27釐米
Sinica 2877

御纂性理精義:十二卷/(清)康熙五十四年[1715]李光地等奉敕撰
清內府刻本
線裝8冊;28釐米
Sinica 2834

御纂性理精義:十二卷/(清)康熙五十四年[1715]李光地等奉敕撰
清刻本
線裝8冊;29釐米
據清內府本覆刻
書簽有"書業德記發兌"印記
Sinica 2573

御纂性理精義:十二卷/(清)康熙五十四年[1715]李光地等奉敕撰
清刻本
線裝4冊;18釐米
芥子園發兌
Sinica 194

滿漢合璧性理:[滿漢對照]:四卷/(清)□□撰

清雍正十年［1732］墨華堂刻本
　　線裝4冊；25釐米
　　Backhouse 11

實踐錄：一卷附錄一卷/（清）德沛撰
　　清乾隆四年［1739］刻本
　　線裝1冊；23釐米
　　Sinica 970

下學梯航：一卷/（清）劉沅撰
　　清咸豐十年［1860］重刻本（宜昌文昌宮藏板）
　　線裝1冊；25釐米
　　Sinica 740

禮教

五倫書：六十二卷/（明）宣宗朱瞻基撰
　　明正統十二年［1447］內府刻本
　　線裝48冊；36釐米
　　有"廣運之寶"印記
　　Backhouse 64

五倫書：六十二卷/（明）宣宗朱瞻基撰
　　明正統十二年［1447］內府刻重修本
　　線裝20冊；35釐米
　　有"中和甫""潞國敬一道人世傳寶"印記
　　Backhouse 421

楊椒山公家訓：一卷/（明）楊繼盛撰
　　清同治十二年［1873］上海文墨齋刻本
　　線裝1冊；18釐米
　　Sinica 557

新刊二十四孝故事：一卷.新鍥重訂補遺音釋大字日記故事大成：七卷/（明）□□撰
　　明萬曆鄭氏聚垣書舍刻本
　　線裝2冊：圖；28釐米
　　Sinica 41 = Arch.O.d.42

御製勸善要言：［滿漢對照］：不分卷/（清）世祖福臨撰
　　清內府刻本
　　線裝1冊；38釐米
　　Backhouse 42

御製勸善要言：［滿漢對照］：不分卷/（清）世祖福臨撰
　　清刻本
　　線裝1冊；35釐米
　　Sinica 2574

御製勸善要言：不分卷/（清）世祖福臨撰
　　清光緒協辦大學士徐桐刻本
　　線裝1冊；25釐米
　　有"自在館主人珍藏""飲酒彈琴聽詩讀畫"印記
　　Backhouse 10

醒世要言：［滿漢對照］：四卷/（清）和素撰；（清）孟保校訂
　　清同治六年［1867］刻本
　　線裝4冊；25釐米
　　Backhouse 194

傳家寶：初集八卷二集八卷三集八卷四集八卷/（清）石成金撰
　　清廣順堂刻本

洋裝5冊（原線裝32冊）：圖；18釐米
書名據總目著錄；封面題名《家寶全集》
初集板心下有"孝"字、二集板心下有"弟"字、三集板心下有"忠"字、四集板心下有"信"字
Sinica 3003

傳家寶：初集八卷二集八卷三集八卷四集八卷／（清）石成金撰
清忠信堂刻本
缺一卷（四集卷三）
線裝31冊：圖；16釐米
書名據總目著錄；封面題名《家寶全集》
Sinica 344

傳家寶：初集八卷二集八卷三集八卷四集八卷／（清）石成金撰
清刻本
存一卷（初集卷七）
洋裝（原線裝）1冊；18釐米
Sinica 347

二刻校正音釋纂註便蒙明心寶鑑：二卷／（清）黃坤五輯註
清乾隆四十八年［1783］振賢堂校刻本
線裝1冊；23釐米
封面題名《明心寶鑑註釋》
Sinica 2954

新刻全本明心正文：一卷／□□撰
清五雲樓刻本
洋裝（原線裝）1冊；25釐米

封面題名《大字明心寶鑑》
Sinica 3180

新刻全本明心正文：一卷／□□撰
清聚隆堂刻本
線裝1冊；23釐米
封面題名《五桂堂明心寶鑑》
Sinica 554

明心寶鑑：二卷／□□撰
清大雅堂九思堂刻本
洋裝（原線裝）1冊；22釐米
Sinica 2977

訓俗遺規：四卷／（清）陳弘謀輯
清乾隆三十一年［1766］如皋汪之珩重刻本
洋裝1冊（原線裝4冊）；23釐米
Sinica 2967

四種遺規／（清）陳弘謀撰
清道光四年［1824］開封府知府王康義刻二十九年［1849］長白瑛桂修補光緒十七年［1891］吳重熹再補本
線裝10冊；28釐米
Sinica 2869
詳目：
・養正遺規：二卷補編一卷
・教女遺規：三卷
・訓俗遺規：四卷補二卷
・從政遺規：二卷
附
・在官法戒錄摘鈔：四卷
清宣統元年［1909］河南布政司經

歷郭懋中補刻本

新刻處世必用六字格言：一卷/（清）□□撰
　　清嘉慶十九年［1814］文業堂刻本
　　毛裝1冊；21釐米
　　Sinica 552

家庭講話：三卷/（清）陸起鯤撰
　　清道光七年［1827］刻本（文海堂藏板）
　　線裝1冊；23釐米
　　Sinica 492

家庭講話：三卷/（清）陸起鯤撰
　　清道光二十八年［1848］第三刻本
　　線裝1冊；24釐米
　　Sinica 524

不費錢善事：一卷/（清）□□撰
　　清道光十三年［1833］刻本（種德齋藏板）
　　線裝1冊；24釐米
　　Sinica 891

南皮張尚書戒纏足會章程叙/（清）張之洞撰
　　清光緒二十三年［1897］刻本
　　1張；57×40釐米
　　Sinica 6560

新刻忠孝節義醒世良言：一卷/（清）□□撰
　　清寄巢書屋刻本
　　毛裝1冊；20釐米
　　Sinica 540

新刻女孝經：一卷
　　清末漢鎮花樓女義堂刻本
　　線裝1冊；19釐米
　　Sinica 6445

新刻藏家寶訓：十一卷/□□撰
　　清富桂堂刻本
　　洋裝（原線裝）1冊；18釐米
　　Sinica 3004（1）

蒙學

蒙學三種
　　清中後期南京刻本（金谷園藏版）
　　線裝4冊；24釐米
　　Sinica 2951
　　詳目：
　　・千字文：一卷/（南朝梁）周興嗣撰
　　封面題名《解元千字文》
　　・三字經：一卷/（宋）王應麟撰
　　封面題名《解元三字經》
　　・鑑韻幼學詩帖：一卷
　　封面題名《解元幼學詩》
　　附
　　・百家姓帖：一卷
　　封面題名《百家姓法》
　　翰寶齋發行

徐氏三種/（清）徐士業增補
　　清乾隆歙西徐氏刻本
　　線裝3冊；26釐米
　　各種封面題"金閶三槐堂梓"
　　Sinica 3006
　　詳目：
　　・千字文釋義：一卷/（南朝梁）周興

嗣撰;(清)汪嘯尹纂輯;(清)
孫謙益參注
· 三字經訓詁: 一卷/(宋)王應麟撰;
(清)王相注
· 百家姓考略: 一卷/(清)王相纂

小學正文: 六卷/(宋)朱熹撰.附孝經正文: 一卷
清乾隆三十九年[1774]刻本(荷經堂藏板)
洋裝1冊(原線裝3冊);23釐米
封面題名《孝經小學正文》
Sinica 2966(1)

小學: [滿漢對照]: 一卷/(宋)朱熹撰;(明)陳選集注.附忠經: [滿漢對照]: 一卷/(漢)馬融撰
清刻本
線裝9冊;28釐米
有"策扶老以流憩""門雖設而常關""歸去來兮""請息交以絕游"印記
Backhouse 187

小學: 六卷/(宋)朱熹撰;(清)陳鏦集注
清嘉慶二十五年[1820]臺都藏文堂刻本
線裝2冊;24釐米
Sinica 584

小學: 六卷/(宋)朱熹撰;(清)高愈纂注
清道光六年[1826]上羊詩業堂刻本
線裝4冊;26釐米

Sinica 585

鑑韻幼學詩帖: 一卷/(宋)王應麟撰
清同文堂刻本
毛裝1冊;25釐米
封面題名《同文堂狀元幼學詩》
Sinica 3108

鑑韻幼學詩帖: 一卷/(宋)王應麟撰
清大良福文堂刻本
毛裝1冊;21釐米
封面題名《狀元幼學詩》
Sinica 578

三字經: 一卷/(宋)王應麟撰
清道光十九年[1839]上洋寶賢堂刻本
線裝1冊;21釐米
Sinica 568

三字經: 一卷/(宋)王應麟撰
清道光二十六年[1846]薈經樹品齋刻本
線裝1冊;25釐米
Sinica 488

三字經: 一卷/(宋)王應麟撰
清叢文堂刻本
洋裝(原線裝)1冊: 圖;25釐米
Sinica 2593

三字經: 一卷/(宋)王應麟撰
清同文堂刻本
毛裝1冊;25釐米

封面題名《同文堂解元三字經》
Sinica 3106

三字經：一卷/(宋)王應麟撰
　　清南京刻本(金谷園藏板)
　　洋裝(原線裝)1冊；25釐米
　　Sinica 266

三字經：一卷/(宋)王應麟撰
　　清刻本
　　線裝1冊；22釐米
　　錦繡閣發兌
　　Sinica 2106

三字經：一卷/(宋)王應麟撰
　　清刻本
　　線裝1冊；25釐米
　　封面題名《解元三字經》
　　Sinica 382

新刻校正三字經集註：一卷/(宋)王應麟撰；(清)陳忠銘注
　　清道光十八年[1838]翰經堂刻本
　　洋裝(原線裝)1冊；21釐米
　　Sinica 260

滿蒙合璧三字經註解：[滿蒙漢對照]：二卷/(宋)王應麟撰；(清)富俊編
　　清道光十二年[1832]刻本(琉璃廠五雲堂藏板)
　　線裝4冊；28釐米
　　Sinica 3016

滿蒙合璧三字經註解：[滿蒙漢對照]：二卷/(宋)王應麟撰；(清)富俊編
　　清道光十二年[1832]刻後印本(京都三槐堂書坊藏板)
　　線裝4冊；27釐米
　　Backhouse 123

幼學故事尋源：十卷/(明)丘濬撰
　　清五雲樓刻本
　　洋裝1冊(原線裝5冊)：圖；24釐米
　　首卷題名《故事尋源》；封面題名《新訂故事尋源詳解全書》
　　Sinica 2947

小學書圖櫽栝纂要：二卷/□□撰
　　明嘉靖刻本
　　線裝6冊：圖；27釐米
　　Sinica 3917

小兒語：一卷/(明)呂得勝撰
　　清末抄本
　　線裝1冊；23釐米
　　本書爲《小兒語》《續小兒語》"四言"部分
　　Sinica 3958

龍文鞭影：二卷/(明)蕭良有纂輯；(明)楊臣諍增訂.龍文鞭影二集：二卷/(清)李暉吉,(清)徐瓚撰
　　清刻本(禪山福祿里文光樓藏板)
　　線裝4冊；25釐米
　　二集下卷首有"弁山書樓校刊"字樣
　　Sinica 2908

亦陶書室新增幼學故事群芳：四卷首一

卷/(明)程登吉原本；(清)周達用增訂
　　清乾隆四十三年[1778]序刻本
　　線裝4冊；25釐米
　　Sinica 253

寄傲山房塾課新增幼學故事瓊林：四卷
首一卷/(明)程登吉撰；(清)鄒聖脈補
　　清嘉慶元年[1796]序刻本(永安堂
藏板)
　　線裝4冊：圖；27釐米
　　封面題名《新增幼學故事瓊林》
　　Sinica 181

重訂幼學須知句解：四卷/(明)程登吉
撰；(清)黃王若注
　　清金陵李氏狀元閣刻本
　　洋裝1冊(原線裝4冊)；24釐米
　　版心下有"李光明家"字樣
　　Sinica 2949

百家姓考略：一卷/(清)王相纂；(清)徐
士業校
　　清刻本(嘉郡一經堂藏板)
　　線裝1冊；25釐米
　　Sinica 593

父師善誘法：二卷/(清)唐彪撰
　　清大文堂刻本
　　線裝1冊；19釐米
　　Sinica 576

新課集義：不分卷/(清)熊鏡心撰
　　清刻本
　　線裝2冊；21釐米

　　書名據書簽著錄
　　Sinica 892

增補賢文全註：一卷/(清)□□撰
　　清道光二十八年[1848]文德堂刻本
　　洋裝(原線裝)1冊；23釐米
　　Sinica 250

小學體註大成：六卷/(清)毛繼登，
(清)沈若愚，(清)李宗元輯.忠經體註
大全說約大成：一卷.孝經體註大全說約
大成：一卷/(清)沈士衡輯
　　清奎璧堂刻本
　　線裝4冊；26釐米
　　題名據封面著錄
　　Sinica 145

小學體註大成：六卷/(清)毛繼登，
(清)沈若愚，(清)李宗元輯.忠經體註
大全說約大成：一卷.孝經體註大全說約
大成：一卷/(清)沈士衡輯
　　清佛山老會賢堂刻本
　　洋裝1冊(原線裝4冊)；27釐米
　　題名據封面著錄
　　Sinica 2924

俚語啟蒙：一卷/(清)吳子仙錄稿
　　清同治十一年[1872]刻本(玉清宮
藏板)
　　線裝1冊；23釐米
　　Sinica 2938

三合名賢集：[滿蒙漢對照]：不分卷/
(清)□□撰

清光緒五年[1879]刻本(京都護國寺隆福寺書灘蕭性藏板)

線裝4冊;29釐米

Backhouse 286

新刻監本千金譜:一卷

清光緒二十三年[1897]刻本(竹深處珍藏)

線裝1冊;18釐米

封面題名《居家必用兒歌千金譜》

有"新謨宮印"印記

Sinica 5803

增廣百家姓:一卷/(清)□□撰

清刻本

毛裝1冊;21釐米

Sinica 567

勸學

符讀書城南:不分卷/(唐)韓愈撰

明萬曆刻本

折裝1冊;27釐米

書後有"臥雲齋勒"字樣

Sinica 5

又一部

Sinica 6

又一部

Sinica 7

勸學篇:二卷/(清)張之洞撰

清光緒二十四年[1898]兩湖書院刻本

線裝1冊;30釐米

Sinica 2590

勸學篇:二卷/(清)張之洞撰

清光緒二十四年[1898]兩湖書院刻後印本

線裝1冊;30釐米

Sinica 2776

勸學篇:二卷/(清)張之洞撰

清光緒二十四年[1898]中江書院重刻本

線裝1冊;26釐米

Backhouse 66

輶軒語:不分卷/(清)張之洞撰

清末解梁書院刻本

線裝1冊;28釐米

Backhouse 367

道家類

類編之屬

三子鬳齋口義/(宋)林希逸撰;(明)張四維補

明萬曆二年[1574]敬義堂刻本

包背裝8冊;30釐米

Backhouse 577

詳目:

· 老子鬳齋口義:二卷

· 列子鬳齋口義:二卷

· 莊子鬳齋口義:十卷釋音一卷

老子之屬

道德經:二卷釋文一卷校勘記一卷/(春

秋）李耳撰；（漢）河上公章句；（唐）陸德明釋文；（清）□□撰校勘記
　　清光緒二十年［1894］湖南學庫山房元記書局刻本
　　線裝2冊；24釐米
　　封面題名《老子道德經》
　　Sinica 3098

老子道德經：二卷/（春秋）李耳撰；（三國魏）王弼注
　　清乾隆杭州刻武英殿聚珍版叢書本
　　線裝1冊；23釐米
　　Sinica 744

老子道德經：二卷音義一卷/（春秋）李耳撰；（三國魏）王弼注；（唐）陸德明音義
　　清光緒元年［1875］浙江書局刻二十二子本
　　線裝1冊；25釐米
　　Sinica 2565

道德真經註：四卷/（春秋）李耳撰；（元）吳澄注
　　清嘉慶八年［1803］刻本（致和堂藏板）
　　線裝2冊；24釐米
　　Sinica 741

老子翼：二卷附錄一卷/（明）焦竑撰．老子考異：一卷/（明）薛蕙撰
　　清乾隆五年［1740］序長白蘇氏刻本
　　線裝2冊；25釐米
　　Sinica 2929

太上混元道德真經：一卷/題孚佑上帝闡義；題八洞仙祖合注
　　清咸豐元年［1851］跋上海輔元堂刻本
　　線裝1冊；29釐米
　　Sinica 547

莊子之屬

南華真經：十卷/（戰國）莊周撰；（晉）郭象注；（唐）陸德明音義
　　刻本
　　線裝6冊；25釐米
　　Sinica 3751

莊子南華真經：三卷/（戰國）莊周撰；（明）譚元春評；（明）張溥參正
　　明崇禎婁東張氏刻本
　　線裝3冊；27釐米
　　Sinica 755

南華真經解：六卷/（戰國）莊周撰；（清）宣穎解
　　清康熙六十年［1721］序刻本（懷義堂藏板）
　　線裝6冊；24釐米
　　Sinica 4591

南華真經解：內篇一卷外篇一卷雜篇一卷/（戰國）莊周撰；（清）宣穎解
　　清刻本
　　線裝4冊；24釐米
　　Sinica 171

新鍥二太史彙選註釋莊子全書評林：
十四卷/(明)焦竑註；(明)翁正春評
  明萬曆坊刻本
  存一卷(卷五)
  線裝1冊；28釐米
  Sinica 4

莊子因：六卷/(清)林雲銘評述
  清光緒六年[1880]白雲精舍刻本
(常州培本堂善書局藏板)
  線裝6冊；25釐米
  版心下有"白雲精舍"字樣；封面有
"宛委山莊監造書籍"印記
  Sinica 2567

莊子雪：三卷/(清)陸樹芝撰
  清嘉慶四年[1799]序刻本(文選堂
藏板)
  線裝4冊；28釐米
  Backhouse 335

莊子集釋：十卷/(清)郭慶藩輯
  清光緒二十年[1894]湖南思賢講舍
刻本
  線裝6冊；27釐米
  Sinica 3072
又一部
  洋裝1冊(原線裝8冊)；26釐米
  有"無不可齋鑒藏"印記
  Sinica 6135

其他道家之屬

列子：八卷/(戰國)列禦寇撰；(晉)張湛

注；(唐)殷敬順釋文
  清光緒二年[1876]浙江書局刻
二十二子本
  線裝2冊；25釐米
  Sinica 2566
又一部
  洋裝1冊(原線裝2冊)；24釐米
  Sinica 6300

列子：八卷/(戰國)列禦寇撰；(唐)盧重
玄解.列子盧注攷證：一卷/(清)汪孝嬰撰
  清嘉慶八年[1803]秦恩復石研齋
刻本
  洋裝1冊(原線裝2冊)；30釐米
  Sinica 2917

鶡冠子：三卷/(戰國)鶡冠子撰；(宋)
陸佃解；(明)王宇評
  明天啟西湖朱養純花齋刻本
  線裝1冊；27釐米
  Sinica 756

鶡冠子：三卷/(戰國)鶡冠子撰；(宋)
陸佃解；(明)王宇評
  清嘉慶九年[1804]姑蘇王氏聚文堂
刻本
  線裝1冊；31釐米
  據明天啟花齋刻本重刻
  民國邵瑞彭手校
  Sinica 4544

墨家類

墨子：十五卷目一卷篇目考一卷/(戰國)

墨翟撰；（清）畢沅校注
　　清光緒二年［1876］浙江書局刻本
　　洋裝1冊（原線裝4冊）；25釐米
　　Sinica 6052

墨子斠注補正：二卷/（清）王樹柟撰
　　清光緒十三年［1887］新城王氏文莫
室刻陶廬叢刻本
　　線裝1冊；28釐米
　　封面題名《墨子三家斠注補正》
　　Sinica 4557

兵家類

類編之屬

兵鈐：内書八卷外書八卷/（清）吕磻，
（清）盧承恩編.附指南正法：不分卷/
□□撰
　　清康熙十四年［1675］序抄本
　　線裝7冊：圖；30釐米
　　有"曾存定府行有恒堂"印記
　　Backhouse 578 = Arch.O.d.46
　　詳目：
　　内書
　　・孫子：一卷/（春秋）孫武撰
　　・鬼谷子：一卷/（戰國）王詡撰
　　・素書：一卷/（漢）黄石公撰
　　・諸葛書二種/（三國蜀）諸葛亮撰
　　　○心書：一卷
　　　○新書：一卷
　　・孟德新書：一卷/□□撰
　　・衛公問對：一卷/題（唐）李靖撰
　　・虎鈐經：一卷/（宋）許洞撰

外書
・軍政：一卷/□□撰
・軍例：一卷/□□撰
・陣圖：一卷/□□撰
・軍器：一卷/□□撰
・火攻：一卷/□□撰
・水攻：一卷/□□撰
・軍藥：一卷/□□撰
・軍占：一卷/□□撰

兵法之屬

司馬灋：三卷音義一卷/（春秋）司馬穰苴
撰；（清）曹元忠輯並音義
　　清光緒二十年［1894］東吴曹氏刻箋
經室叢書本
　　線裝1冊；31釐米
　　Sinica 4542

武備志：二百四十卷/（明）茅元儀編
　　清道光活字印本
　　線裝64冊：圖；30釐米
　　有"楊守敬印""山陰傅氏""灌園
藏書""懷祖長壽""灌叟""五湖長私
印""傅氏灌園秘籍之印""傅""山陰傅
華夢齋收藏經籍金石書畫印記""懷祖
印信""星查長印""傅華之印""俶和"
印記
　　Backhouse 418

紀效新書：十八卷首一卷/（明）戚繼光撰
　　清嘉慶十年［1805］虞山張海鵬照曠
閣刻學津討原本
　　線裝5冊：圖；29釐米

存九卷（卷一至九）
Sinica 184

武備水火攻：一卷.武備地利：四卷/（明）施永圖撰
  清康熙刻本（臥雲居藏板）
  缺二卷（武備地利卷一、三）
  線裝3冊：圖；25釐米
  封面題名《武備秘書》
  Sinica 420

洴澼百金方：十四卷/（清）袁宮桂撰
  清抄本
  線裝20冊：圖；21釐米
  MS.Chin.e.3

軍禮司馬法攷徵：二卷/（清）黃以周撰
  清光緒十八年[1892]定海黃氏試館刻本
  線裝1冊；24釐米
  Sinica 4571

汪氏兵學三書/（清）汪宗沂編
  清光緒二十年[1894]桐廬袁昶避舍蓋公堂校刻漸西村舍叢書本
  缺一種（衛公兵法輯本）線裝1冊；25釐米
  Sinica 4572
  詳目：
  ·太公兵法逸文：一卷/（清）汪宗沂輯
  ·武侯八陳兵法輯略：一卷用陳雜錄一卷/（清）汪宗沂撰

操練之屬

練兵實紀：九卷雜集六卷/（明）戚繼光撰
  清嘉慶十三年[1808]海虞張海鵬刻墨海金壺本
  線裝5冊：圖；29釐米
  存十卷（卷一下部、五至九、雜集卷一至四）
  Sinica 185

武術技巧之屬

蹶張心法：一卷.單刀法選：一卷.長鎗法選：一卷/（明）程宗猷撰
  清道光二十二年[1842]刻本（聚文堂藏板）
  線裝1冊：圖；30釐米
  Sinica 319

雄拳拆法：一卷/（清）高興方撰
  清中後期五桂堂刻本
  毛裝2冊：圖；21釐米
  Sinica 3052

太極拳論：一卷
  清末刻1993年北京中國書店重印本
  線裝1冊；23釐米
  Sinica 3761

法家類

法家之屬

管子：二十四卷/（春秋）管仲撰

明嘉靖十二年[1533]建陽書林劉宗器安正書堂刻本
    線裝4冊;27釐米
    Sinica 4553

管子:二十四卷/(春秋)管仲撰;(唐)房玄齡注;(明)劉績增注;(明)朱長春通演
    清刻本
    洋裝1冊(原線裝8冊);28釐米
    據清嘉慶九年[1804]姑蘇王氏聚文堂重刻明天啟花齋本覆刻
    Sinica 2928

管子:二十四卷/(春秋)管仲撰;(明)凌汝亨輯評
    明萬曆四十八年[1620]吳興凌氏刻朱墨印本
    線裝6冊;27釐米
    Sinica 4554

管子地員篇注:四卷/(清)王紹蘭撰
    清光緒十七年[1891]蕭山胡燏棻寄虹山館校刻本
    線裝4冊;27釐米
    Sinica 4555

韓非子:二十卷/(戰國)韓非撰;(□)□□注
    清刻本
    洋裝1冊(原線裝4冊);24釐米
    據清嘉慶九年[1804]刻本(姑蘇聚文堂藏板)覆刻
    Sinica 2964

韓非子集解:二十卷首一卷/(清)王先慎撰
    清光緒二十二年[1896]刻本
    洋裝1冊(原線裝6冊);26釐米
    Sinica 6303

農家農學類

農桑輯要:七卷/(元)司農司撰.鹽事要略:一卷/(清)張行孚撰
    清光緒二十一年[1895]桐廬袁昶漸西村舍刻1992年北京中國書店重印本(殘損版以影印本補配)
    線裝2冊;25釐米
    Sinica 3734

泰西水法:六卷/(意大利)熊三拔撰;(明)徐光啟筆記
    清嘉慶五年[1800]掃葉山房刻本
    線裝2冊:圖;27釐米
    Sinica 1029

農政全書:六十卷/(明)徐光啟纂輯
    清道光二十三年[1843]上海王壽康曙海樓刻本
    線裝24冊:圖;26釐米
    Sinica 359

御製耕織圖:二卷/(清)焦秉貞繪;(清)聖祖玄燁撰詩
    清光緒十二年[1886]上海點石齋石印本
    線裝2冊:圖;26釐米
    Backhouse 173

蠶桑萃編:十五卷/(清)衛杰撰

清光緒二十五年[1899]刻本
線裝8冊: 圖; 25釐米
Sinica 3112

醫家類

類編之屬

醫統正脈全書: 四十四種/(明)王肯堂編
清末江陰朱文震刻民國十二年[1923]北平中醫學社修補1986年北京中國書店重印本(殘損版以油印本補配)
線裝80冊; 29釐米
Sinica 2876
詳目:
・補注黃帝內經素問: 二十四卷/(唐)王冰注;(宋)林億等校正;(宋)孫兆重改誤.黃帝內經素問遺篇: 一卷/(宋)劉溫舒原本
・黃帝內經靈樞: 十二卷
・黃帝針灸甲乙經: 十二卷/(晉)皇甫謐撰
・中藏經: 八卷/(漢)華佗撰
・脈經: 十卷/(晉)王叔和撰
・難經本義: 二卷/(元)滑壽撰
・金匱要畧方論: 三卷/(漢)張機述;(晉)王叔和集;(宋)林億等詮次
・注解傷寒論: 十卷/(漢)張機撰;(晉)王叔和編;(金)成無已注
・傷寒明理論: 四卷/(金)成無已撰
・脈訣: 一卷/(宋)崔嘉彥撰
・類證活人書: 二十二卷/(宋)無求子撰
・素問玄機原病式: 一卷/(金)劉完素撰
・黃帝素問宣明論方: 十五卷/(金)劉完素撰
・傷寒直格論方: 三卷/(金)劉完素撰
・傷寒標本心法類萃: 二卷/(金)劉完素撰
・傷寒心鏡別集: 一卷/(金)張從正撰
・傷寒心要: 一卷/(金)劉完素撰
・素問病機氣宜保命集: 三卷/(金)劉完素撰
・儒門事親: 十五卷/(金)張從正撰
・內外傷辨: 三卷/(金)李杲撰
・脾胃論: 三卷/(金)李杲撰
・蘭室祕藏: 三卷/(金)李杲撰
・醫壘元戎: 一卷/(元)王好古撰
・此事難知集: 二卷/(元)王好古撰
・湯液本草: 三卷/(元)王好古撰
・癍論萃英: 一卷/(元)王好古撰
・丹溪心法: 五卷論一卷/(元)朱震亨撰;(明)程充輯論
・脈訣指掌病式圖說: 一卷/(元)朱震亨撰
・格致餘論: 一卷/(元)朱震亨撰
・局方發揮: 一卷/(元)朱震亨撰
・醫學發明: 一卷/(元)朱震亨撰
・金匱鉤玄: 三卷/(元)朱震亨撰;(明)戴元禮錄補
・活法機要: 一卷/(元)朱震亨撰
・外科精義: 二卷/(元)齊德之撰
・醫經溯洄集: 一卷/(元)王履撰
・傷寒醫鑒: 一卷/(元)馬宗素撰
・祕傳證治要訣: 十二卷/(明)戴元禮撰

・證治要訣類方：四卷/(明)戴元禮撰
・傷寒瑣言：一卷/(明)陶華撰
・傷寒家秘的本：一卷/(明)陶華撰
・傷寒殺車搥法：一卷/(明)陶華撰
・傷寒一提金：一卷/(明)陶華撰
・傷寒截江網：一卷/(明)陶華撰
・傷寒明理續論：卷六/(明)陶華撰

奇經脉訣：八種/(明)李時珍撰

清萬卷樓刻本

洋裝1冊(原線裝2冊)：圖；26釐米

書名據總目著錄；封面題名《撮粹擷華》

Sinica 3033

詳目：

・奇經八脉攷：二卷
・脉訣攷證：一卷
・脉學：一卷
・四言舉要：一卷
・病機賦：一卷
・辨症：一卷
・藥性總義：一卷
・用藥秘旨：一卷

重鐫本草醫方合編：二種/(清)汪昂著輯

清乾隆五年[1740]序令德堂刻本(宏盛堂藏板)

線裝4冊：圖；30釐米

Sinica 2533

詳目：

・增訂本草備要：六卷
・醫方集解：六卷

當歸草堂醫學叢書初編：十種/(清)丁丙輯

清光緒四年[1878]錢塘丁氏當歸草堂刻1982年江蘇廣陵古籍刻印社重印本

線裝10冊；26釐米

Sinica 3204

詳目：

・顱顖經：一卷/(宋)□□撰
・傳信適用方：四卷/(宋)吳彥夔撰
・衛濟寶書：二卷/(宋)□□撰
・太醫局諸科程文：九卷/(宋)□□撰
・産育寶慶集方：二卷/(宋)□□撰
・濟生方：八卷/(宋)嚴用和撰
・産寶諸方：一卷/(宋)□□撰
・急救仙方：六卷
・瑞竹堂經驗方：五卷補遺一卷/(元)沙圖穆蘇撰
・痎瘧論疏：一卷/(明)盧之頤撰

周氏醫學叢書：初集十二種二集十四種三集六種/(清)周學海編

清光緒宣統間池陽周氏刻1984年江蘇廣陵古籍刻印社重印本(殘損版以影印本補配)

線裝76冊；27釐米

Sinica 2710

詳目：

初集

・本艸經：三卷/(三國魏)吳普等述；(清)孫星衍,(清)孫馮翼輯
・本艸經疏：三十卷/(明)繆希雍撰
・脈經：十卷/(晉)王叔和撰
・脈訣刊誤集解：二卷附錄一卷/(元)戴起宗撰；(明)朱升節抄；(明)汪機補訂並撰附錄
・增輯難經本義：二卷/(元)滑壽

撰；(清)周學海增輯
- 中藏經：三卷附方一卷/(漢)華佗撰
- 內照法：一卷/(漢)華佗撰
- 巢氏諸病源候總論：五十卷/(隋)巢元方等奉敕撰
- 脈因證治：四卷/(元)朱震亨撰
- 小兒藥證直訣：三卷附方一卷/(宋)錢乙撰；(宋)閻孝忠編次
- 閻氏小兒方論：一卷/(宋)閻孝忠撰
- 小兒斑疹備急方論：一卷/(宋)董汲撰

以上十二種原名《周澂之校刻醫學叢書》

清光緒十七年[1891]池陽周氏刻本

二集
- 脈學四種/(清)周學海撰

清光緒二十二年[1896]刻本
  ○ 脈義簡摩：八卷
  ○ 脈簡補義：二卷
  ○ 診家直訣：二卷
  ○ 辨脈法篇：一卷·平脈法篇：一卷/(漢)張機撰；(清)周學海章句
- 內經評文素問：二十四卷遺篇一卷靈樞十二卷/(清)周學海評注

清光緒二十四年[1898]刻本
- 讀醫隨筆：六卷/(清)周學海撰

影印清光緒二十四年[1898]刻本
- 周澂之評注醫書/(清)周學海評注
  ○ 診家樞要：一卷/(元)滑壽撰·附諸脈條辨：一卷/(清)程文囿撰
  ○ 藏府標本藥式：一卷/(金)張元素撰
  ○ 金匱鉤玄：三卷/(元)朱震亨撰；(明)戴元禮錄補
  ○ 三消論：一卷/(金)劉完素撰
  ○ 溫熱論：一卷/(金)葉桂撰
  ○ 幼科要畧：二卷/(金)葉桂撰
  ○ 評點葉案存真類編：二卷/(金)葉桂撰；(元)孫萬青輯錄
  ○ 評點馬氏醫案印機草：一卷/(清)馬元儀撰

三集
- 評註史載之方：二卷/(宋)史堪撰
- 慎柔五書：五卷/(明)釋住想撰
- 韓氏醫通：二卷/(明)韓□撰
- 傷寒補例：二卷/(清)周學海撰
- 形色外診簡摩：二卷/(清)周學海撰

清宣統二年[1910]刻本
- 重訂診家直訣：二卷/(清)周學海撰

清宣統二年[1910]刻本

醫經之屬

內經

黃帝內經太素：三十卷遺文一卷(原缺卷一、四、七、十六、十八、二十、二十一)·黃帝內經明堂：一卷/(隋)楊上善奉敕注

清光緒二十三年[1897]桐廬袁昶漸西村舍刻1993年北京中國書店重印本(殘損版以影印本補配)

線裝8冊；25釐米

Sinica 3735

重廣補注黃帝內經素問：二十四卷/(唐)王冰注；(宋)林億等奉勅校正；(宋)孫兆重改誤

明萬曆十二年[1584]金陵書林周曰校刻本
    線裝7冊；28釐米
    存十八卷（卷一至八、十二至十七、二十一至二十四）
    封面有"萬曆甲申夏月周氏對峰刊行"字樣
    Sinica 8

又一部
    存二卷（卷十八、十九）
    線裝1冊
    Sinica 75

又一部
    存一卷（卷二十一）
    線裝1冊
    Sinica 9

補注黃帝內經素問：二十四卷/（唐）王冰注；（宋）林億等奉敕校正；（宋）孫兆重改誤.黃帝內經素問遺篇：一卷/（宋）劉溫舒原本
    清光緒三年[1877]浙江書局刻本
    線裝8冊；25釐米
    Sinica 6081

黃帝內經靈樞：二十四卷/（宋）史崧音釋
    明萬曆刻本
    線裝1冊；28釐米
    存六卷（卷十九至二十四）
    Sinica 10

難經

圖註八十一難經辨真：四卷/題（戰國）秦越人撰；（明）張世賢註
    刻本
    線裝2冊：圖；25釐米
    Sinica 886

傷寒金匱之屬

素問病機氣宜保命集：三卷/（金）劉完素撰
    明懷德堂刻本
    缺一卷（卷上）
    線裝2冊；24釐米
    Sinica 2507

類編傷寒活人書括指掌圖論：十卷提綱一卷/（明）熊宗立撰
    明萬曆十七年[1589]金陵書林唐少橋刻本
    存七卷（卷一、二、五至八、提綱，有缺）
    線裝2冊；27釐米
    Sinica 76

又一部
    存四卷（卷四至七，有缺）
    線裝1冊
    Sinica 77

又一部
    存二卷（卷九、十）
    線裝1冊
    Sinica 78

診法之屬

脈經脈訣

刻馬玄臺先生註證脈訣正義：三卷/（明）

馬蒔撰

明嘉靖（？）坊刻本

有缺

線裝2冊；28釐米

書名據卷二卷端著錄；卷三題名《刊馬玄臺先生註釋脉訣正義》

Sinica 11

針灸之屬

新刊銅人鍼灸經：七卷/（宋）王惟一撰.新編西方子明堂灸經：八卷/題西方子撰

明正德十年[1515]山西平陽府刻本

線裝2冊：圖；26釐米

有"頑山草廬"印記

Sinica 754

明堂圖：不分卷/（元）滑壽撰；（明）吳崑校

清乾隆四十七年[1782]吳郡魏玉麟刻本

4幅；106×33釐米

Sinica 6335 = Or.long.C.358

明堂圖：不分卷/（元）滑壽撰；（明）吳崑校

清乾隆四十八年[1783]吳門鄒啟華刻本

4幅；108×34釐米

Sinica 6336 = Or.long.C.359

銅人明堂之圖：不分卷/（明）趙文炳繪製

清乾隆刻本

4幅；112×56釐米

據清康熙四年[1665]林起龍刻本覆刻

Sinica 6334 = Or.long.B.14

本草之屬

歷代本草

重修政和經史證類備用本草：三十卷/（宋）唐慎微撰

明萬曆九年[1581]金陵書林富春堂刻本

存二卷（卷五、十一）

線裝2冊：圖；28釐米

書名據卷五著錄；卷十一題名《重修政和經史證類備用大觀本草》；版心題名《大觀本草》

Sinica 18

重修政和經史證類備用本草：三十卷/（宋）唐慎微撰

明萬曆金陵唐氏富春堂刻本

存一卷（卷二）

洋裝（原線裝）1冊；28釐米

Sinica 2503

本草蒙筌：十二卷總論一卷/（明）陳嘉謨纂輯

明萬曆元年[1573]周氏仁壽堂刻本

存三卷（卷一、二、總論）

線裝2冊；28釐米

Sinica 16

增訂本草原始：十二卷/（明）李中立纂輯；（明）周亮登校訂

明崇禎六年［1633］刻本（醉畊堂藏板）

線裝6冊：圖；24釐米

Sinica 104

本草藥性

太醫院補遺本草歌訣雷公炮製：八卷/（金）李杲編；（明）余應奎補遺

明萬曆十五年［1587］金陵書林周曰校刻本

缺二卷（卷三、六）

線裝4冊；28釐米

封面題名《藥性歌訣雷公炮製大全》

封面有"萬曆丁亥歲周對峰刊行"字樣，卷端有"書林對峰周曰校重刊"字樣

Sinica 23

又一部

缺二卷（卷一、二）

線裝4冊

Sinica 17

補遺雷公炮製便覽：五卷/（明）俞汝溪編

明萬曆十七年［1589］金陵書林唐少橋刻本

存二卷（卷一第一至二十二葉、卷二第一葉）

線裝1冊；28釐米

封面題名《補遺藥性歌訣雷公炮製大全》

Sinica 24

玉楸藥解：八卷/（清）黃元御撰

清咸豐十年［1860］長沙徐樹銘燮龢精舍刻黃氏醫書八種本

線裝2冊；24釐米

Sinica 2506

方論之屬

醫方考：六卷/（明）吳崑撰

明萬曆金陵書林刻本

存二卷（卷一、二，有缺）

線裝1冊；28釐米

卷二首有"方外友蔣中穀梓"字樣

Sinica 13

經驗良方：一卷/（清）周桂山輯，（清）梁思淇增輯

清道光九年［1829］刻瑞文堂印本（馬容德堂藏板）

線裝2冊；23釐米

封面題名《太上感應篇》；書簽題名《增刊太上感應篇經驗良方》

附《感應篇》《心經》《陰騭文》等書（朱印）

Sinica 258

經驗良方：一卷/（清）周桂山輯，（清）梁思淇增輯

清咸豐元年［1851］刻本（粵東省城五桂堂藏板）

線裝1冊；18釐米

封面題名《太上感應篇》

附《陰騭文》《感應篇》《觀音經》三書（朱印）

Sinica 2985

溫病之屬

瘟疫

補註瘟疫論：四卷/（明）吳有性撰；（清）洪天錫補註

　　清光緒二十九年[1903]天津寶森堂刻1993年北京中國書店印本（殘損版以影印本補配）

　　線裝4冊；29釐米

　　Sinica 3754

疫疹一得：二卷/（清）余霖輯著

　　清道光八年[1828]刻（延慶堂莊宅藏板）1993年北京中國書店重印本

　　線裝1冊；29釐米

　　Sinica 3756

外科之屬

重訂外科正宗：十二卷/（明）陳實功撰

　　清中後期刻本

　　存二卷（卷三、四，有缺）

　　活葉：圖；25釐米

　　Sinica 2591

婦產科之屬

胎產心法：三卷/（清）閻純璽撰

　　清道光四年[1824]毘陵莊錦延慶堂刻1993年北京中國書店重印本（殘損版以影印本補配）

　　線裝6冊；29釐米

　　Sinica 3765

兒科之屬

新鍥太醫院精選小兒全嬰秘法：二卷/（明）太醫院校

　　明萬曆建陽書林熊舜刻本

　　有缺

　　線裝1冊；28釐米

　　書名據下卷卷端著錄；版心題名《小兒良方》

　　Sinica 31

種痘新書：十二卷/（清）張琰撰

　　清嘉慶六年[1801]刻本（五雲樓藏板）

　　線裝6冊；26釐米

　　Sinica 887

天花精言：六卷/（清）袁句撰

　　清刻本

　　存三卷（卷四、五、六第一至三葉）

　　線裝1冊：圖；28釐米

　　Sinica 888

養生之屬

衛濟餘編：十八卷/（清）王松溪輯

　　清嘉慶二十一年[1816]刻本（桂芳堂藏板）

　　線裝5冊；18釐米

　　封面題名《通天曉》

　　Sinica 178

衛生集：三卷/（清）華梧棲編

　　清嘉慶二十五年[1820]重刻本（姑

蘇甘朝士刻字店藏板）
　　線裝1冊；24釐米
　　Sinica 762

綜合之屬

丹溪心法附餘：二十四卷首一卷/（明）方廣編
　　明嘉靖刻本
　　包背裝10冊；30釐米
　　Backhouse 593

丹溪心法附餘：二十四卷首一卷/（明）方廣編
　　明嘉靖萬曆間書林唐氏刻本
　　缺十卷（卷八至十、十二至十七、二十、二十一）
　　線裝8冊；28釐米
　　書後有"吳陽中憲大夫吳國倫精校/書林唐氏梓行"
　　Sinica 32
又一部
　　存五卷（卷一、五至七、卷首）
　　線裝3冊
　　Sinica 33

丹溪心法附餘：二十四卷首一卷/（明）方廣編
　　明萬曆刻本
　　存殘葉
　　洋裝（原線裝）1冊；24釐米
　　St John's Coll.Chin.2

新刊古今醫鑑：八卷/（明）龔信編；（明）龔廷賢續編
　　明萬曆金陵書林周曰校刻本
　　存三卷（卷四、六、七）
　　線裝3冊；28釐米
　　卷四、六首有"金陵書坊對峰周曰校刊行"字樣，卷七首有"金陵書林竹潭周宗孔梓行"字樣
　　Sinica 12

新刊萬病回春：八卷/（明）龔廷賢撰；（明）胡廷訓等校
　　明萬曆金陵書林周曰校刻本
　　存二卷（卷三、六）
　　線裝2冊；28釐米
　　Sinica 19
又一部
　　存一卷（卷八）
　　線裝1冊
　　Sinica 79

新刊增補萬病回春：八卷/（明）龔廷賢撰
　　清道光元年[1821]刻本（同德堂藏板）
　　線裝8冊；18釐米
　　Sinica 197

編註醫學入門：七卷首一卷/（明）李梴撰
　　明萬曆建陽書林刻本
　　卷五末有"縣庠静吾湯君名建中贈刻"字樣
　　疑卷五原分上下兩冊，本館藏下冊二部
　　存一卷（卷一，有缺）
　　線裝1冊；28釐米

Sinica 3a

又一部
存一卷半（卷三、五，卷五缺第1—64葉）
線裝2冊；28釐米
Sinica 3b

又一部
存半卷（卷五，缺第1—64頁）
線裝1冊；28釐米
Sinica 44

又一部
存1葉（卷三第64葉）
1葉；28釐米
Sinica 90

醫宗必讀：十卷/（明）李中梓撰；（明）吳肇廣參；（明）李廷芳訂
明末金閶王漢沖刻本
存五卷（卷一至五）
線裝2冊；26釐米
Sinica 103

醫綱提要：八卷/（清）李宗源撰
清道光十一年[1831]敬畏堂刻本
線裝4冊；25釐米
Sinica 885

雜家類

雜學之屬

呂氏春秋：二十六卷/（戰國）呂不韋撰；（漢）高誘注；（清）畢沅校
清乾隆五十三年[1788]鎮洋畢氏刻經訓堂叢書本
線裝6冊；28釐米
Sinica 594

又一部
Sinica 2798

淮南子：二十一卷/（漢）劉安撰；（漢）高誘注
清刻本
洋裝1冊（原線裝6冊）；24釐米
據清乾隆五十三年[1788]武進莊氏刻嘉慶九年[1804]印本（姑蘇聚文堂藏板）
聚錦堂發兌
Sinica 2948

淮南鴻烈解：二十一卷/（漢）劉安撰；（漢）高誘注；（明）茅坤等評
明末刻本
線裝6冊；27釐米
Sinica 757

淮南鴻烈閒詁：二卷/（漢）許慎撰；（清）葉德輝輯
清光緒二十一年[1895]長沙葉氏郎園刻本
線裝1冊；27釐米
Sinica 4566

淮南許注異同詁：四卷補遺一卷續補一卷/（清）陶方琦述
清光緒七年[1881]補遺八年[1882]續補十年[1884]會稽陶氏刻漢孳室箸書本
線裝3冊；25釐米

雜說之屬

論衡：三十卷/（漢）王充撰；（明）劉光斗評
  明天啟六年[1626]錢塘閣光表刻本（青箱館藏板）
  缺二卷（卷四、五）
  線裝11冊；26釐米
  Backhouse 149

白虎通疏證：十二卷/（漢）班固撰；（清）陳立疏證
  清光緒元年[1875]淮南書局刻本
  線裝4冊；27釐米
  Sinica 3082
又一部
  洋裝1冊（原線裝5冊）；29釐米
  Sinica 6097

夢溪筆談：二十六卷補筆談三卷續筆談一卷/（宋）沈括撰
  明崇禎四年[1631]嘉定馬元調刻本
  線裝6冊；26釐米
  Backhouse 73

東觀餘論：二卷附錄一卷/（宋）黃伯思撰
  清光緒邵武徐氏刻本
  線裝2冊；25釐米
  Sinica 4718

南村輟耕錄：三十卷/（元）陶宗儀撰
  明萬曆玉蘭草堂刻本
  線裝16冊；26釐米
  有"嶽英珍藏""劉""燕庭藏書""喜海""吉父"印記
  Backhouse 467

輟耕錄：三十卷/（元）陶宗儀撰
  清光緒十一年[1885]上海福瀛書局刻本（浙湖許恒遠堂藏板）
  線裝8冊；24釐米
  Backhouse 135

南村輟耕錄：三十卷/（元）陶宗儀撰；（清）陳鳳藻校
  清光緒三十三年[1907]上海均益圖書公司鉛印國學叢書本
  洋裝2冊；19釐米
  Backhouse 153

池北偶談：二十六卷/（清）王士禛撰
  清康熙四十年[1701]序刻本（文粹堂藏板）
  線裝6冊；28釐米
  Backhouse 67

瀛舟筆談：十二卷/（清）阮亨撰
  清嘉慶二十五年[1820]刻本
  線裝6冊；27釐米
  Sinica 565

雜著類

雜考之屬

容齋隨筆：十六卷續筆十六卷三筆十六

卷四筆十六卷五筆十卷/(宋)洪邁撰
　　明崇禎三年[1630]嘉定馬元調刻本
　　線裝18冊;25釐米
　　Backhouse 454

困學紀聞注:二十卷/(宋)王應麟撰;(清)翁元圻集注
　　清道光五年[1825]餘姚翁氏守福堂刻本
　　線裝12冊;25釐米
　　有"喪中周氏寶藏""慎思明辨""讀書樂""童□之章""□研印信""臣印明善""心畬""漢陽周氏藏書"印記
　　Sinica 3090

丹鉛總錄:二十七卷/(明)楊慎撰
　　明嘉靖三十三年[1554]梁佐福建刻本
　　線裝8冊;30釐米
　　有"六一""林宗之印"等印記
　　Backhouse 429

丹鉛餘錄:十七卷/(明)楊慎撰
　　明刻本
　　線裝6冊;28釐米
　　半葉九行
　　Backhouse 511

秋林伐山:二十卷/(明)楊慎撰
　　清光緒八年[1882]成都樂道齋刻函海本
　　線裝2冊;20釐米
　　有"櫻山文庫"印記
　　Sinica 6172

穀山筆麈:十八卷/(明)于慎行撰;(明)郭應寵編
　　明萬曆四十一年[1613]序東阿于氏家刻本
　　線裝8冊;27釐米
　　有"張懋能印""職在""莪邨""張懋能印""職在氏"等印記
　　Backhouse 475

日知錄:三十二卷/(清)顧炎武撰
　　清刻本
　　線裝16冊;27釐米
　　Sinica 931

日知錄集釋:三十二卷栞誤二卷續栞誤二卷/(清)顧炎武撰;(清)黃汝成集釋並撰栞誤
　　清同治八年[1869]廣州述古堂刻本
　　線裝24冊;26釐米
　　Backhouse 71
又一部
　　16冊;25釐米
　　Sinica 6147

群書拾補初編:三十九種/(清)盧文弨撰
　　清光緒十三年[1887]上海蜚英館石印抱經堂叢書本
　　線裝8冊;20釐米
　　Sinica 3944
　　詳目:
　　·五經正義表:一卷
　　·周易注疏校正:一卷

- 周易略例校正：一卷
- 尚書注疏校正：一卷
- 春秋左傳注疏校正：一卷
- 禮記注疏校補：一卷
- 儀禮注疏校正：一卷
- 吕氏續詩記補闕：一卷
- 史記惠景間侯者年表校補：一卷
- 續漢書志注補校正：一卷
- 晉書校正：一卷
- 魏書校補：一卷
- 宋史孝宗紀補脱：一卷
- 宋史藝文志補：一卷
- 金史補脱：一卷
- 補遼金元藝文志：一卷
- 資治通鑑序補逸：一卷
- 文獻通考經籍校補：一卷
- 史通校正：一卷
- 新唐書糾謬校補：一卷
- 山海經圖讚補逸：一卷
- 水經序補逸：一卷
- 鹽鐵論校補：一卷
- 新序校補：一卷
- 説苑校補：一卷
- 申鑒校正：一卷
- 列子張湛注校正：一卷
- 韓非子校正：一卷
- 晏子春秋校正：一卷
- 風俗通義校正逸文：一卷
- 新論校正：一卷
- 潛虛校正：一卷
- 春渚紀聞補闕：一卷
- 嘯堂集古録校補：一卷
- 鮑照集校補：一卷
- 韋蘇州集校正拾遺：一卷
- 元微之文集校補：一卷
- 白氏文集校正：一卷
- 林和靖集校正：一卷

十駕齋養新録：二十卷餘録三卷/（清）錢大昕撰
　　清嘉慶十一年[1806]刻本
　　線裝8冊；23釐米
　　有"玉生秘笈"印記
　　Sinica 930

札樸：十卷/（清）桂馥撰
　　清嘉慶十八年[1813]山陰李宏信小李山房刻本
　　線裝5冊；27釐米
　　Sinica 942

讀書脞録：七卷/（清）孫志祖撰
　　清嘉慶四年[1799]仁和孫氏刻本
　　線裝2冊；27釐米
　　Sinica 4782

述學：内篇三卷外篇一卷補遺一卷別録一卷春秋述義一卷述學校勘記一卷/（清）汪中撰；（清）方濬頤撰校勘記
　　清同治八年[1869]揚州書局刻本
　　洋裝1冊（原線裝2冊）；26釐米
　　有"粟香所藏""王崇武藏書""陶盧所藏"印記
　　Sinica 6613

讀書叢録：二十四卷/（清）洪頤煊撰
　　清光緒十三年[1887]吴氏醉六堂刻本
　　線裝8冊；27釐米

Sinica 4801

經史苔問：四卷/（清）朱駿聲筆記
　　清光緒二十年[1894]金陵刻本
　　線裝4冊；27釐米
　　Sinica 4799

鈍硯卮言：不分卷/（清）錢綺撰
　　清道光二十八年[1848]序刻本
　　線裝1冊；26釐米
　　Sinica 937

札迻：十二卷/（清）孫詒讓撰
　　清光緒二十年[1894]刻本
　　線裝4冊；27釐米
　　Sinica 4785

新政真詮：六編/（清）何啟，（清）胡禮垣撰
　　清光緒二十七年[1901]上海格致新報館鉛印本
　　線裝6冊；26釐米
　　Sinica 2486

雜品之屬

新增格古要論：十三卷/（明）曹昭撰；（明）王佐增補
　　明天順六年[1462]徐氏善德書堂刻成化七年[1471]續刻本
　　線裝6冊；25釐米
　　Sinica 3704

雜纂之屬

藝林粹言：四十一卷/（明）陳繼儒編
　　明刻本（本衙藏板）
　　線裝16冊；28釐米
　　目錄、封面題名《鐫陳眉公彙選古今粹言》
　　Backhouse 398

諸子節抄：二卷.諸史節抄：二卷/（明）許爾忠編
　　明末（？）刻本
　　線裝4冊；31釐米
　　序文題名《子史節抄》
　　有"閻氏書畫印"等印記
　　Backhouse 245

經餘必讀：八卷二編八卷三編二卷/（清）雷琳等編
　　清嘉慶十年[1805]至十三年[1808]刻本（遜志堂藏版）
　　缺二卷（經餘必讀卷七、八）
　　線裝9冊；19釐米
　　Sinica 587

酬世錦囊：四集十九卷/（清）謝梅林，（清）鄒可庭編
　　清刻本
　　存十七卷（書啟卷二至四、家禮纂要卷一至四、對聯五卷、稱呼帖式三卷、天下路程二卷）
　　線裝13冊；18釐米
　　Sinica 423

格言聯璧：一卷/（清）金纓撰
　　清同治十年[1871]烏程顧壽松刻本
　　線裝1冊；19釐米
　　Sinica 575

新義錄：一百卷/（清）孫璧文撰
　　清光緒二十七年[1901]兩湖書院刻本
　　洋裝6冊（原線裝48冊）；17釐米
　　又名《六藝通攷》《經史新義錄》
　　有"清白世家"等印記
　　Sinica 6192

雜記之屬

世說新語：三卷/（南朝宋）劉義慶撰；（南朝梁）劉孝標注
　　清光緒二十二年[1896]長沙重刻惜陰軒叢書本
　　線裝6冊；25釐米
　　Backhouse 221

世說新語：三卷/（南朝宋）劉義慶撰；（南朝梁）劉孝標注.附世說新語引用書目：一卷.世說新語佚文：一卷/（清）葉德輝輯.世說新語校勘小識：一卷補一卷.世說新語攷證：一卷/（清）王先謙撰
　　清光緒十七年[1891]長沙王氏思賢講舍刻本
　　線裝4冊；27釐米
　　Sinica 4568

棗林雜俎：六卷附錄一卷/（明）談遷撰
　　清宣統三年[1911]上海國學扶輪社鉛印適園叢書本
　　線裝6冊；26釐米
　　Backhouse 692

蘇米志林：三卷/（明）毛晉編
　　明天啟五年[1625]海虞毛氏綠君亭刻本
　　線裝1冊；25釐米
　　Sinica 934

簷曝雜記：六卷/（清）趙翼撰
　　清乾隆湛貽堂刻本
　　洋裝（原線裝）1冊；26釐米
　　Sinica 290

簷曝雜記：六卷/（清）趙翼撰
　　清刻本
　　線裝1冊；24釐米
　　Sinica 936

郎潛紀聞：初筆七卷二筆八卷三筆六卷/（清）陳康祺撰
　　清宣統二年[1910]上海掃葉山房石印本
　　線裝10冊；20釐米
　　Backhouse 486

救時揭要：一卷/（清）鄭觀應撰
　　清同治十二年[1873]刻本
　　線裝1冊；27釐米
　　Sinica 607

江湖海底：二卷/（清）博愛山人增訂
　　清光緒七年[1881]成都輔仁書社

刻本
　　線裝1冊；18釐米
　　卷上卷端題名《真本改良江湖海底》，卷下卷端題名《增删改良江湖海底秘本》
　　書品劣
　　Sinica 3038/2

新刊江湖海底：一卷.新編江湖海底全集：下一卷
　　刻本
　　線裝1冊；20釐米
　　Sinica 3038/1

小說家類

雜事之屬

談徵：名部二卷言部一卷物部一卷事部一卷/(清)外方山人編
　　清道光三年[1823]刻本(上苑堂藏板)
　　線裝5冊；18釐米
　　Sinica 947

見聞隨筆：二十六卷/(清)齊學裘撰
　　清同治十年[1871]天空海闊之居刻本
　　線裝10冊；19釐米
　　Sinica 636

甕牖餘談：八卷/(清)王韜撰
　　清光緒元年[1875]上海申報館鉛印本
　　線裝4冊；17釐米
　　Sinica 944

寄蝸殘贅：十六卷/(清)汪堃撰
　　清同治十一年[1872]崑山汪氏不懼無悶齋刻本
　　線裝8冊；19釐米
　　Sinica 948

異聞之屬

新刻出像增補搜神記：六卷/(晉)干寶撰
　　明萬曆金陵唐氏富春堂刻本
　　洋裝1冊(原線裝6冊)：圖；24釐米
　　Douce Chin.d.7

重增三教源流聖帝佛帥搜神記：二卷圖記一卷/(晉)干寶撰
　　清嘉慶二十四年[1819]刻本(一經堂藏板)
　　線裝3冊：圖；18釐米
　　Sinica 196

搜神記：二十卷/(晉)干寶撰
　　清光緒元年[1875]湖北崇文書局刻子書百家本
　　線裝2冊；27釐米
　　Sinica 2550

搜神記：二卷圖一卷/(晉)干寶撰
　　清刻本(三讓堂藏板)
　　線裝3冊：圖；19釐米
　　書名據版心著錄；封面題名《繡像搜神記》，上卷題名《新鐫三教聖帝佛帥

搜神》，下卷題名《重增三教源流聖帝佛帥搜神記》
　　Sinica 2986

搜神後記：十卷/（晉）陶潛撰
　　清光緒元年[1875]湖北崇文書局刻子書百家本
　　線裝2冊；27釐米
　　Sinica 2551

幽怪錄：一卷/（唐）牛僧孺撰
　　清抄本
　　線裝2冊；26釐米
　　MS.Chin.d.68

酉陽雜俎：二十卷續集十卷/（唐）段成式撰
　　清刻本（廣文堂藏版）
　　線裝6冊；25釐米
　　據汲古閣刻津逮秘書本覆刻
　　Sinica 963

太平廣記：五百卷目錄十卷/（宋）李昉等奉敕撰
　　明嘉靖長洲許自昌校刻本
　　線裝22冊；27釐米
　　Sinica 2737

對山書屋墨餘錄：十六卷/（清）毛祥麟撰
　　清同治九年[1870]刻本（湖州醉六堂吳氏藏版）
　　線裝8冊；18釐米
　　Sinica 946

瑣語之屬

六合內外瑣言：二十卷/（清）屠紳撰
　　清宣統三年[1911]上海國學扶輪社石印本
　　線裝6冊；21釐米
　　Backhouse 663

諧謔之屬

新鎸笑林廣記：四卷/（清）游戲主人纂輯；（清）粲然居士參訂
　　清道光九年[1829]靈蘭堂刻本
　　線裝4冊；16釐米
　　卷二至四卷端題名《新刻笑林廣記》
　　Sinica 241

天文曆算類

類編之屬

崇禎曆書：四十六種奏疏六卷/（明）徐光啟，（明）李天經修
　　明崇禎刻本
　　存十二種
　　線裝16冊；27釐米
　　奏疏又名《治曆緣起》
　　Sinica 897
　　詳目：
　　·測天約説：二卷/（瑞士）鄧玉函撰
　　·大測：二卷/（瑞士）鄧玉函撰
　　·日躔表：二卷/（意大利）羅雅谷撰
　　·月離曆指：四卷/（意大利）羅雅谷撰
　　·月離表：四卷/（意大利）羅雅谷撰

- 恒星曆指：二卷/（德國）湯若望撰
- 日躔曆指：四卷/（意大利）羅雅谷撰
- 黃赤道距度表：一卷/（瑞士）鄧玉函撰
- 正球升度表：一卷/（瑞士）鄧玉函撰
- 幾何要法：四卷/（意大利）艾儒略口述；（明）瞿式穀筆授
- 交食曆指：七卷/（德國）湯若望撰
- 交食表：九卷/（德國）湯若望撰

曆學會通：六種首二卷/（清）薛鳳祚撰

清康熙元年[1662]序刻本

線裝4冊；23釐米

Sinica 833

詳目：

- 天步真原：一卷/（波蘭）穆尼閣撰；（清）薛鳳祚增補
- 中法四線：一卷
- 中法選擇部：二卷
- 天文真原選擇部：一卷
- 日食諸法異同圖：一卷
- 辨異同：一卷

曆算全書/（清）梅文鼎撰

清刻本

存十種

線裝12冊；24釐米

有"敬亭"印記

Sinica 840

詳目：

- 三角法舉要：五卷
- 勾股闡微：四卷/（清）梅文鼎撰；（清）楊作枚補
- 弧三角舉要：五卷
- 塹堵測量：二卷
- 方圓冪積：一卷
- 幾何補編：四卷補遺一卷 存三卷（卷一至三）

以上六種清雍正元年[1723]柏鄉魏荔彤編刻兼濟堂纂刻梅勿菴先生曆算全書本

- 環中黍尺：五卷
- 曆學駢枝：四卷
- 交食蒙求訂補：二卷附一卷

以上三種清康熙刻本

- 方程論：六卷

清康熙刻梅氏曆算叢書本

數學：八卷續一卷/（清）江永撰

清道光二十四年[1844]金山錢熙祚刻守山閣叢書本

線裝1冊；29釐米

Sinica 810

詳目：

- 數學補論：一卷
- 歲實消長辯：一卷
- 恒氣註曆辯：一卷
- 冬至權度：一卷
- 七政衍：一卷
- 金水發微：一卷
- 中西合法擬草：一卷
- 算賸：一卷
- 正疏三角疏義：一卷

御製律曆淵源：三種/（清）雍正二年[1724]允祿等奉敕撰

清刻本

線裝55冊：圖；28釐米

Sinica 361
詳目：
・御製曆象考成：上編十六卷下編十卷表十六卷後編十卷
・御製律呂正義：上編二卷下編二續編一卷
・御製數理精蘊：上編五卷下編四十卷表八卷

高厚蒙求：五集九種/（清）徐朝俊撰

清嘉慶十二年至道光九年［1807—1829］雲間徐氏刻本
線裝5冊：圖；25釐米
Sinica 249
詳目：
初集
・天學入門：一卷
二集
・海域大觀：一卷
三集
・日晷圖法：一卷
・中星表：一卷
・測夜時晷：一卷
・自鳴鐘表圖說：一卷
四集
・天地圖儀：一卷
・揆日正方圖表：二卷
五集
・高弧句股合表：一卷

高厚蒙求：五集九種.附黃道中西合圖：北極一幅南極一幅/（清）徐朝俊撰

清道光十四年［1834］刻本
線裝5冊：圖；25釐米

Sinica 875
詳目：
初集
・天學入門：一卷
二集
・海域大觀：一卷
三集
・日晷圖法：一卷
・中星表：一卷
・測夜時晷：一卷
・自鳴鐘表圖說：一卷
四集
・天地圖儀：一卷
・揆日正方圖表：二卷
五集
・高弧句股合表：一卷

高厚蒙求：五集九種/（清）徐朝俊撰

清道光十四年［1834］重刻本
缺初集一種（天學入門一卷）
線裝4冊：圖；25釐米
Sinica 248
詳目：
二集
・海域大觀：一卷
三集
・日晷圖法：一卷
・中星表：一卷
・測夜時晷：一卷
・自鳴鐘表圖說：一卷
四集
・天地圖儀：一卷
・揆日正方圖表：二卷
五集

・高弧句股合表：一卷

算經十書/（清）孔繼涵編
　　清乾隆曲阜孔氏微波榭刻本（有抄配）
　　存九種
　　線裝7冊；25釐米
　　Sinica 862
　　詳目：
　　・周髀算經：二卷音義一卷/（漢）趙爽注；（北周）甄鸞重述；（唐）李淳風等奉敕注釋；（宋）李籍音義
　　・九章算術：九卷音義一卷/（晉）劉徽注；（唐）李淳風等注釋；（清）戴震補圖；（宋）李籍音義.策算：一卷/（清）戴震撰
　　・海島算經：一卷/（晉）劉徽撰；（唐）李淳風等奉敕注釋
　　・孫子算經：三卷/（唐）李淳風等奉敕注釋
　　・五曹算經：五卷/（唐）李淳風等奉敕注釋
　　・夏侯陽算經：三卷/（□）夏侯陽撰
　　・張丘建算經：三卷/（□）張丘建撰；（北周）甄鸞注；（唐）李淳風等奉敕注釋；（唐）劉孝孫細草
　　・五經算術：二卷考證一卷/（北周）甄鸞撰；（唐）李淳風等奉敕注釋；（清）戴震撰考證
　　・緝古算經：一卷/（唐）王孝通撰並注

里堂學算記：五種/（清）焦循撰
　　清嘉慶四年[1799]江都焦氏雕菰樓刻本
　　線裝8冊：圖；29釐米
　　Sinica 865
　　詳目：
　　・加減乘除釋：八卷
　　・天元一釋：二卷
　　・釋弧：三卷
　　・釋輪：二卷
　　・釋橢：一卷

衡齋算學：六種/（清）汪萊撰
　　清嘉慶嘉樹堂六九書榭、嘉樹堂刻本
　　線裝1冊；26釐米
　　Sinica 808
　　詳目：
　　・弧三角形：一卷
　　・句股形：一卷
　　・平圓形：一卷
　　・弧三角形：一卷
　　・一乘方二乘方形：一卷
　　・平圓形：一卷

李氏遺書：十一種/（清）李銳撰
　　清道光三年[1823]儀徵阮元刻本
　　線裝8冊；25釐米
　　Sinica 837
　　詳目：
　　・召誥日名攷：一卷
　　・漢三統術：三卷
　　・漢四分術：三卷
　　・漢乾象術：二卷
　　・補修宋奉元術：一卷
　　・補修宋占天術：一卷

·日法朔餘彊弱攷：一卷
·方程新術草：一卷
·句股筭術細草：一卷
清嘉慶十二年[1807]吳門刻本
·弧矢筭術細草：一卷
·開方説：三卷/(清)黎應南補下卷

翠薇山房數學：十五種/(清)張作楠撰輯
清嘉慶道光間金華張氏翠薇山房刻本
線裝28册：圖；24釐米
Sinica 189
詳目：
·倉田通法：十四卷/(清)江臨泰補圖
清嘉慶二十五年[1820]刻本
  ◦量倉通法：五卷
  ◦方田通法補例：六卷
  ◦倉田通法續編：三卷
·八線類編：三卷
·八線對數類編：二卷
·弧角設如：三卷/(清)江臨泰補對數
·弧三角舉隅：一卷/(清)江臨泰補圖
清道光二年[1822]刻本
·揣籥小録：一卷
·揣籥續録：三卷
·高弧細草：一卷
·新測恒星圖表：一卷
·新測中星圖表：一卷
·新測更漏中星表：三卷
·金華晷漏中星表：二卷
·交食細草：二卷首一卷

又一部
線裝24册：圖；25釐米
Sinica 853

六九軒算書：六種附南豐劉簾舫先生遺書六種/(清)劉衡撰
清道光三十年[1850]兩淮轉運署刻本
線裝8册；28釐米
Sinica 863
詳目：
·尺筭日晷新義：二卷
·句股尺測量新法：一卷
·籌表開諸乘方捷法：二卷
·借根方法淺説：一卷
·四率淺説：一卷
·輯古筭經補注：一卷

附南豐劉簾舫先生遺書：六種
清咸豐元年[1851]刻本
·庸吏庸言：一卷
·庸吏餘談：一卷
·蜀僚問答：二卷
·讀律心得：三卷
·行述：一卷
·名宦録：一卷

觀我生室彙稿：十一種/(清)羅士琳撰並輯
清道光刻本
線裝20册；29釐米
Sinica 819
詳目：
·句股容三事拾遺：三卷附存一卷
清道光八年[1828]刻本
·三角和較算例：一卷
清道光二十年[1840]刻本
·演元九式：一卷
清道光七年[1827]古歙鄭復光刻本

·臺錐積演：一卷

清道光十七年[1837]刻本

·弧矢筭術補：一卷

清道光二十三年[1843]甘泉易之瀚刻本

·周無專鼎銘攷：一卷

清道光二十二年[1842]刻本

·增廣新術：二卷

清咸豐元年[1851]序刻本

·割圜密率捷法：四卷/(清)明安圖撰；(清)陳際新等續

清道光十九年[1839]石梁岑建功刻本

·四元玉鑑細艸：三卷四象細艸令之圖一卷補增一卷/(元)朱世傑撰；(清)羅士琳補艸並撰補增

清道光十六年[1836]甘泉易之瀚刻本

·四元釋例：一卷/(清)易之瀚撰

附

·新編算學啓蒙：三卷識誤一卷/(元)朱世傑撰；(清)羅士琳撰識誤

清道光十九年[1839]刻本

·疇人傳：四十六卷續疇人傳六卷/(清)阮元撰；(清)羅士琳撰續

清嘉慶四年[1799]續道光二十年[1840]揚州阮氏刻本

董方立算書：五種/(清)董祐誠撰

清光緒上海江南製造局刻算學十書本

線裝1冊：圖；29釐米

即《董方立遺書五種》

Sinica 2198

詳目：

·割圜連比例術圖解：三卷

·橢圜求周術：一卷

·斜弧三邊求角補術：一卷

·堆垛求積術：一卷

·三統術衍補：一卷

務民義齋算學：七種/(清)徐有壬撰

清刻本

存五種

線裝1冊；26釐米

Sinica 852

詳目：

·測圜密率：三卷

·橢圜正術：一卷

·弧三角拾遺：一卷

·用表推日食三差：一卷

·朔食九服里差：三卷

求表捷術：四種/(清)戴煦撰

清同治二年[1863]南海伍崇曜刻粵雅堂叢書三編第二十三集本

線裝6冊；20釐米

Sinica 832

詳目：

·對數簡法：二卷

·續對數簡法：一卷

·外切密率：四卷

·假數測圜：二卷

校邠廬襍箸/(清)馮桂芬撰

清刻本

存二種
線裝1冊；25釐米
書名據書籤著錄
Sinica 851
詳目：
· 弧矢算術細草圖解：一卷/（清）李銳撰；（清）馮桂芬解
清道光刻昭代叢書本
· 咸豐元年中星表：一卷
清咸豐六年[1856]吳縣馮氏校邠廬刻本

則古昔齋算學：十三種/（清）李善蘭撰
清同治六年[1867]金陵刻本
線裝6冊：圖；27釐米
Sinica 835
詳目：
· 方圓闡幽：一卷
· 弧矢啟祕：二卷
· 對數探源：二卷
· 垛積比類：四卷
· 四元解：二卷
· 麟德術解：三卷
· 橢圜正術解：二卷
· 橢圜新術：一卷
· 橢圜拾遺：三卷
· 火器真訣：一卷
· 對數尖錐變法釋：一卷
· 級數回求：一卷
· 天算或問：一卷

算學初集：十七種/（清）吳嘉善，（清）丁取忠撰
清同治元年[1862]附錄二年[1863]白芙堂活字印本
線裝3冊；26釐米
《今有術》《命分》《開方》《平方各形術》《平圓各形圖》《立方立圓術》《勾股》又合題《九章翼》
Sinica 838
詳目：
· 筆算：一卷
· 今有術：一卷
· 命分：一卷
又名《分法》
· 開方：一卷
· 平方各形術：一卷
· 平圓各形圖：一卷
· 立方立圓術：一卷
· 勾股：一卷
· 平三角邊角互求術：一卷
· 測量高遠術：一卷
· 方程：一卷
· 天元一術釋例：一卷
· 天元名式釋例：一卷
· 天元一草：一卷
· 天元問答：一卷
· 四元名式釋例：一卷
· 四元草：一卷
附
· 方程天元合釋：一卷/（清）吳嘉善學
· 借根方勾股細草：一卷/（清）李錫蕃撰

天文之屬

**周髀算經：二卷音義一卷/（漢）趙爽注；（北周）甄鸞重述；（唐）李淳風等奉敕

注釋；(宋)李籍撰音義
　　清乾隆武英殿木活字印武英殿聚珍版書本
　　　　線裝1冊；28釐米
　　　　Sinica 814

新儀象法要：三卷/(宋)蘇頌撰
　　清道光二十四年[1844]金山錢熙祚刻守山閣叢書本
　　　　線裝1冊：圖；29釐米
　　　　Sinica 809

路史天文類：不分卷/(宋)羅泌撰；(□)□□摘錄
　　抄本
　　　　線裝1冊；24釐米
　　　　MS.Chin.d.28

渾蓋通憲圖説：二卷首一卷/(明)李之藻撰
　　清道光二十四年[1844]金山錢熙祚刻守山閣叢書本
　　　　線裝1冊：圖；29釐米
　　　　Sinica 869

天問略：一卷/(葡萄牙)陽瑪諾撰；(明)周希令,(明)孔貞時,(明)王應熊閲
　　明萬曆四十三年[1615]序刻本
　　　　線裝1冊：圖；27釐米
　　　　Sinica 67
　　又一部
　　　　後印本
　　　　Sinica 872

天問略：一卷圖一卷/(葡萄牙)陽瑪諾撰；(明)周希令,(明)孔貞時,(明)王應熊閲
　　明崇禎刻天學初函本
　　　　線裝1冊：圖；27釐米
　　　　有天球之圖、黄道之圖
　　　　Sinica 66

簡平儀説：一卷/(意大利)熊三拔撰；(明)徐光啟劄記
　　清道光二十四年[1844]金山錢熙祚刻守山閣叢書本
　　　　線裝1冊；29釐米
　　　　Sinica 817

表度説：一卷/(意大利)熊三拔口授；(明)周子愚,(明)卓爾康筆記
　　明萬曆四十二年[1614]序刻本
　　　　線裝1冊：圖；27釐米
　　　　Sinica 65

五星行度解：一卷/(清)王錫闡撰
　　清道光二十四年[1844]金山錢熙祚刻守山閣叢書本
　　　　線裝1冊；29釐米
　　　　Sinica 818

曉庵新法：六卷/(清)王錫闡撰
　　清道光二十四年[1844]金山錢熙祚刻守山閣叢書本
　　　　線裝1冊；29釐米
　　　　Sinica 870

萬年中星更錄三垣恒星圖説各省北極高

度偏度表：不分卷/（清）欽天監修
　　清刻朱墨印本
　　折裝1冊；24釐米
　　書名據書籤著錄
　　Sinica 868

天文步天歌：一卷/（清）何君藩撰
　　清康熙五十八年［1719］刻本
　　毛裝1冊：圖；24釐米
　　Sinica 877

司天考驗圖：不分卷/（清）吳維鍔撰
　　清抄本
　　線裝1冊：圖；28×34釐米
　　MS.Chin.c.25

欽定儀象考成續編：三十二卷/（清）道光二十四年［1844］敬徵等奉敕撰
　　清內府刻本
　　存一卷（卷三《星圖步天歌》）
　　折裝2冊：圖；28釐米
　　Sinica 871

畢氏天文：一卷/（清）畢華珍撰
　　清抄本
　　線裝1冊；25釐米
　　MS.Chin.d.32

曆法之屬

春秋長曆：一卷/（晉）杜預撰
　　清乾隆曲阜孔氏刻微波榭叢書本
　　線裝1冊；26釐米
　　Sinica 878

天星日子：不分卷
　　明崇禎刻本
　　有缺
　　洋裝（原線裝）1冊；28釐米
　　書名據封面著錄
　　封面有"郡庠生莊咏蓼致"字樣
　　本書爲崇禎四年辛未［1631］通書
　　Corpus Christi College Library MS 216

大明永曆二十五年歲次辛亥大統曆：一卷
　　南明永曆刻藍印本
　　洋裝（原線裝）1冊；28釐米
　　捐贈者題記：Robert Boyle, 1671
　　Sinica 57
又一部
　　捐贈者題記：Henry Aldrich ［Dean of Christchurch, 1669-1682］
　　Sinica 58
又一部
　　33釐米
　　Rawl.4°.599
又一部
　　線裝1冊；27釐米
　　Christ Church Library Wake Arch. Sup.D7

大明永曆三十一年歲次丁巳大統曆：一卷
　　南明永曆刻藍印本
　　線裝1冊；30釐米
　　Sinica 88

御製欽若曆書：上編十六卷下編十卷表十六卷/（清）康熙中敕撰

清内府刻初印本
　線裝34冊：圖；29釐米
　Sinica 866

陳良駿選辛亥年通書便覽：不分卷
　清康熙十年［1671］廣城書林鄭氏刻本
　洋裝（原線裝）1冊；24釐米
　Sinica 96

劉春沂真書：不分卷
　清刻本
　存活葉29葉
　本書爲庚寅年［1650或1710］通書
　Sinica 2502

推步法解：五卷／（清）江永撰
　清道光二十四年［1844］金山錢熙祚刻守山閣叢書本
　線裝1冊；29釐米
　Sinica 815

萬年書：十二卷／（清）康熙中欽天監奉敕修
　清刻朱墨印本
　線裝4冊；27釐米
　有"浣雲閣"印記
　Sinica 867

御定七政四餘萬年書／（清）欽天監修
　清刻本
　線裝4冊；29釐米
　清乾隆二十一年丙子［1756］至道光二十五年乙巳［1845］
　Sinica 884

大清乾隆五十年歲次乙巳時憲書：一卷
　清嘉慶刻朱墨印本
　線裝1冊；29釐米
　Sinica 2664

大清嘉慶二十二年丁丑通書：不分卷
　清嘉慶二十二年［1817］雙桂堂刻本
　洋裝（原線裝）1冊：圖；21釐米
　Douce Chin.e.4

大清嘉慶二十二年歲次丁丑時憲書：一卷
　清嘉慶刻朱墨印本
　線裝1冊；29釐米
　Sinica 2665

大清嘉慶二十九年甲申通書：不分卷
　清嘉慶二十九年［1824］刊本
　洋裝（原線裝）1冊：圖；21釐米
　Douce Chin.e.3

大清道光三年癸未通書：不分卷
　清道光二十七年［1847］翰墨堂刻本
　有缺
　洋裝（原線裝）1冊：圖；22釐米
　Sinica 883

大清道光十七年歲次丁酉時憲書：［滿文］：一卷
　清道光刻本
　線裝1冊；35釐米
　有"欽天監時憲書之印"滿漢合璧印記
　Sinica 6853

大清道光二十七年丁未通書：不分卷
    清道光二十七年［1847］刻本
    洋裝（原線裝）1冊：圖；24釐米
    封面題名《富桂堂吉祥如意便覽》
    Sinica 255

大清咸豐元年歲次辛亥時憲書：一卷
    清咸豐刻朱墨印本
    線裝1冊；17釐米
    Sinica 2667

大清咸豐三年歲次癸丑時憲書：一卷
    清咸豐刻朱墨印本
    線裝1冊；17釐米
    Sinica 2668

大清咸豐九年歲次己未時憲書：一卷
    清咸豐刻朱墨印本
    線裝1冊；17釐米
    Sinica 2669

大清同治十年辛未通書：不分卷
    清同治十年［1871］泉州繼成堂刻本
    線裝1冊：圖；21釐米
    封面題名《繼成堂洪潮和授南彬淮孫正信曾孫堂燕通書》
    Sinica 895

大清同治十一年壬申通書：不分卷
    清同治十一年［1872］省城富經堂刻本
    線裝1冊：圖；23釐米
    封面題名《長壽多福》，書簽題名《大全通書》
    Sinica 880

大清同治十二年癸酉通書：不分卷
    清同治十二年［1873］興寧崇道堂刻本
    線裝1冊：圖；24釐米
    封面題名《諏吉通書癸酉年》，書皮題名《崇道堂羅傳烈通書》
    Sinica 881

大清同治十二年歲次癸酉航海通書：不分卷
    清同治十二年［1873］刻本暨鉛印本
    線裝1冊；26釐米
    Sinica 803

上元甲子恒星表：一卷／（清）賈步緯撰
    清同治十三年［1874］上海江南製造局刻暨鉛印算學十書本
    線裝1冊：星圖；26釐米
    Sinica 2204

大清光緒十四年歲次戊子時憲書：一卷
    清光緒刻朱墨印本
    線裝1冊；25釐米
    Sinica 6502

壬寅年大字通書：不分卷
    清光緒二十八年［1902］廣州古經閣刻本
    線裝1冊：圖；25釐米
    封面題名《光緒廿八年古經閣加官晉爵》
    Sinica 3117

乙巳年大字通書: 不分卷
　　清光緒三十一年[1905]廣州崇德堂刻本
　　線裝1冊: 圖; 24釐米
　　封面有"粵東崇德堂富貴永泰"字樣
　　Sinica 6788

算書之屬

數術記遺: 一卷/(漢)徐岳撰;(北周)甄鸞注
　　明崇禎虞山毛晉汲古閣刻津逮秘書本
　　線裝1冊; 27釐米
　　Sinica 813

緝古筭經: 三卷/(唐)王孝通撰並注;(清)張敦仁細草
　　清嘉慶八年[1803]藝學軒刻本
　　線裝1冊; 30釐米
　　卷末有"吳郡四美齋雕"子樣
　　Sinica 816

數書九章: 十八卷札記四卷/(宋)秦九韶撰;(清)宋景昌撰札記
　　清道光二十二年[1842]上海郁松年刻宜稼堂叢書本
　　線裝8冊; 26釐米
　　Sinica 841

詳解九章算法: 一卷纂類一卷札記一卷.楊輝算法: 六卷札記一卷/(宋)楊輝撰;(清)宋景昌撰札記
　　清道光二十二年[1842]上海郁松年刻宜稼堂叢書本
　　線裝4冊; 26釐米
　　Sinica 842

測圓海鏡細草: 十二卷/(元)李冶撰
　　清嘉慶三年[1798]長塘鮑廷博刻知不足齋叢書本
　　線裝4冊; 20釐米
　　Sinica 806

測圓海鏡細草: 十二卷/(元)李冶撰
　　清光緒二年[1876]北京同文館聚珍字鉛印本
　　線裝4冊; 26釐米
　　Sinica 2130

益古演段: 三卷/(元)李冶撰
　　清朱絲欄抄本
　　線裝1冊: 圖; 23釐米
　　MS.Chin.e.12

新編筭學啟蒙: 三卷識誤一卷/(元)朱世傑撰;(清)羅士琳撰識誤
　　清道光十九年[1839]刻觀我生室彙稿本
　　線裝3冊; 29釐米
　　Sinica 812

新編筭學啟蒙: 三卷總括一卷識誤一卷/(元)朱世傑撰;(清)羅士琳撰識誤
　　清同治十年[1871]上海江南機器製造局影寫重刻本
　　線裝2冊; 30釐米
　　Sinica 2156

丁巨算法：一卷/（元）丁巨撰
    清朱絲欄抄本
    線裝1冊；23釐米
    MS.Chin.e.10

透簾細草：一卷/□□撰
    清朱絲欄抄本
    線裝1冊；23釐米
    MS.Chin.e.11

原本直指算法統宗：十二卷/（明）程大位撰
    清康熙刻本（致和堂藏板）
    線裝6冊：圖；23釐米
    半葉十一行，行二十四字，小字雙行，白口，四周單邊，單魚尾
    Sinica 289

新編直指算法統宗：十七卷首一卷/（明）程大位編集
    清中前期刻本
    存三卷（卷三至五，有缺）
    洋裝（原線裝）1冊：圖；23釐米
    Sinica 87

新編直指算法統宗：十七卷首一卷/（明）程大位編集
    清中前期刻本
    存一卷（卷六）
    洋裝（原線裝）1冊：圖；22釐米
    St John's Coll.Chin.3

增删算法統宗：十一卷/（明）程大位撰；（清）梅毅成增删
    清光緒三年[1877]上海江南製造局

刻算學十書本
    線裝4冊：圖；30釐米
    Sinica 2197

幾何原本：六卷首六卷/（意大利）利瑪竇口譯；（明）徐光啟筆受
    明萬曆三十九年[1611]再校刻本（有抄配）
    線裝8冊；27釐米
    有"南州味根書屋""不足爲外人道也""香花須賞半開時"等印記
    Sinica 1039

幾何原本：六卷首六卷/（意大利）利瑪竇口譯；（明）徐光啟筆受
    清抄本
    線裝4冊；27釐米
    MS.Chin.d.10

幾何原本：十五卷/（意大利）利瑪竇，（英）偉烈亞力口譯；（明）徐光啟，（清）李善蘭筆受；（清）李善蘭删述；（清）徐建寅續述
    清同治四年[1865]金陵刻本
    線裝8冊；29釐米
    Sinica 1886

弧三角舉要：五卷/（清）梅文鼎撰
    清刻本
    線裝1冊：圖；27釐米
    Sinica 860

塹堵測量：二卷/（清）梅文鼎撰
    清刻本

線裝1冊: 圖; 27釐米
Sinica 859

數度衍: 二十三卷首二卷/(清)方中通撰
　　清道光九年[1829]桐城方氏隨衍室刻本
　　線裝8冊; 26釐米
　　Sinica 836

新纂簡捷易明算法: 四卷/(清)沈士桂撰
　　清刻本(嘉郡博思堂藏板)
　　線裝4冊; 24釐米
　　封面題名《算法統宗大全》
　　Sinica 834

新刊較正算法大全: 二卷/(清)劉綸撰
　　清康熙五十三年[1714]序上洋傳經堂刻本
　　線裝1冊: 圖; 23釐米
　　卷上末、卷下題名《啟蒙算捷》; 版心題名《劉虬江算法》
　　Sinica 811

九數通考: 十一卷首一卷末一卷/(清)屈曾發撰
　　清乾隆三十七年[1772]虞山屈氏豫簪堂刻本
　　線裝4冊: 圖; 27釐米
　　Sinica 846

算法: 不分卷/□□撰
　　清嘉慶十三年[1808]序抄本
　　線裝2冊; 25釐米
　　MS.Chin.d.31

求一算術: 三卷/(清)張敦仁撰
　　清道光十一年[1831]陽城張氏刻本
　　線裝1冊; 26釐米
　　Sinica 861

開方釋例: 四卷藝游錄二卷/(清)駱騰鳳撰
　　清道光二十三年[1843]何錦校刻本
　　線裝4冊; 26釐米
　　Sinica 854

算法啟蒙: 四卷/(清)吳兆珍撰
　　清道光二年[1822]博斯堂刻本
　　線裝4冊; 16釐米
　　封面題名《算法指掌統宗大全》
　　Sinica 831

算法大成上編: 十卷/(清)陳杰撰
　　清道光二十三年[1843]烏程陳氏乃孚之齋刻本
　　線裝10冊: 圖; 30釐米
　　Sinica 830

對數簡法: 一卷.續對數簡法: 一卷/(清)戴煦撰
　　清咸豐四年[1854]刻小萬卷樓叢書本
　　線裝1冊; 26釐米
　　Sinica 849

造各表簡法: 一卷.截球解義: 一卷/(清)徐有壬撰
　　清刻本
　　線裝1冊; 27釐米

Sinica 850

方圓闡幽：一卷.弧矢啟祕：二卷/（清）李善蘭撰
  清道光三十年［1850］金山錢熙輔刻藝海珠塵本
  線裝1冊；25釐米
Sinica 858

對數探源：二卷/（清）李善蘭撰
  清刻本
  線裝1冊；21釐米
Sinica 847

測地志要：四卷/（清）黃炳垕撰
  清同治六年［1867］天津陶雲升等刻本
  線裝1冊；26釐米
Backhouse 642

數根術解：一卷.開方別術：一卷/（清）華蘅芳撰
  清刻行素軒算稿本
  線裝1冊；27釐米
Sinica 804

量法代算：一卷/（清）賈步緯撰
  清同治十一年［1872］刻本
  線裝1冊；25釐米
Sinica 807

絃切對數表：一卷/（清）賈步緯校述
  清同治十二年［1873］上海江南製造局刻暨鉛印算學十書本
  線裝1冊；26釐米
Sinica 2203

對數表：三卷/（清）賈步緯校述
  清同治十二年［1873］上海江南製造局刻暨鉛印算學十書本
  線裝3冊；26釐米
Sinica 2202

開方表：一卷/（清）賈步緯撰
  清同治十三年［1874］上海江南製造局刻暨鉛印算學十書本
  線裝1冊；30釐米
Sinica 2201

勾股六術：一卷/（清）項名達撰
  清同治十三年［1874］上海江南製造局刻算學十書本
  線裝1冊；30釐米
Sinica 2200

九數外錄：一卷/（清）顧觀光撰
  清光緒二年［1876］上海江南製造局刻算學十書本
  線裝1冊；30釐米
Sinica 2199

八線對數簡表：一卷/（清）賈步緯校述
  清光緒三年［1877］上海江南製造局刻暨鉛印算學十書本
  線裝1冊；26釐米
Sinica 2206

八線簡表：一卷/（清）賈步緯校述

清光緒三年［1877］上海江南製造局刻暨鉛印算學十書本

　　線裝1冊；25釐米

　　Sinica 2205

算學課藝：四卷/（清）席淦，（清）貴榮編

　　清光緒六年［1880］北京同文館聚珍字鉛印本

　　線裝4冊；30釐米

　　Sinica 2128

術數類

數學之屬

太玄經：十卷/（漢）揚雄撰；（宋）司馬光集注

　　清光緒元年［1875］湖北崇文書局刻本

　　線裝2冊；27釐米

　　Sinica 6099

皇極經世：十卷/（宋）邵雍撰

　　明萬曆九年［1581］臨武劉堯誨刻本

　　線裝24冊；30釐米

　　Backhouse 562

占候之屬

大唐開元占經：一百二十卷/（唐）瞿曇悉達撰

　　清刻本（恒德堂藏板）

　　線裝24冊；20釐米

　　Sinica 4893

天文占：不分卷/（明）□□撰

　　抄本

　　線裝1冊；24釐米

　　MS.Chin.d.27

堪輿之屬

雪心賦正解：四卷/（唐）卜應天撰；（清）孟浩注.辯論三十篇：一卷/（清）孟浩撰

　　清文林堂刻本

　　線裝4冊：圖；22釐米

　　Sinica 267

陽宅鏡：四卷.陰宅鏡：四卷.附平洋百穴圖：一卷/（清）陳澤泰撰

　　清乾隆五十年［1785］陰宅鏡六十年［1795］上海陳氏春柳草堂刻本

　　線裝3冊：圖；26釐米

　　本書似缺《陽宅鏡》卷三、四共一冊

　　Sinica 543

地理攷索：四卷/（清）李光旭撰

　　清嘉慶八年［1803］金谿李氏竹索園刻本

　　存一卷（卷一）

　　線裝1冊；26釐米

　　有"寄身于草野中""山中何所有嶺上多白雲兄可自怡說不堪持贈君"印記

　　Sinica 379

占卜之屬

新刻李淳風秘傳六壬靈課：一卷/題（唐）李淳風撰

清三才堂刻本
毛裝1冊：圖；17釐米
Sinica 542

陰陽五行之屬

萬全玉匣記：一卷／（晉）許遜撰
清咸豐九年［1859］京都文成堂刻本
毛裝2冊：圖；22釐米
書名據版心、封面著錄；目錄題名《文成堂增補諸家選擇萬全玉匣記》
Sinica 761

永寧通書：天集三卷地集三卷人集三卷和集三卷／（清）王維德輯；（清）殷光世校
清康熙五十年［1711］序刻本
線裝12冊：圖；28釐米
Sinica 3984

欽定協紀辨方書：三十六卷／（清）乾隆四年［1739］允祿等奉敕纂
清刻朱墨印本
線裝24冊；28釐米
Backhouse 458

欽定協紀辨方書：三十六卷／（清）乾隆四年［1739］允祿等奉敕纂
清刻本
線裝24冊；18釐米
Sinica 896

雜術之屬

推背圖：一卷／題（唐）李淳風，（唐）袁天罡撰
抄繪本
線裝1冊；24釐米
MS.Backhouse 13

藝術類

類編之屬

胡氏書畫考：三種／（清）胡敬撰
清嘉慶二十一年［1816］序刻本
洋裝1冊（原線裝4冊）；27釐米
有"許珩之印""君耆"印記
Sinica 6362
詳目：
·國朝院畫錄：二卷
·西清劄記：四卷
·南薰殿圖像攷：二卷

賞奇軒四種合編／（清）□□編
清刻本
線裝4冊：圖；30釐米
有"本仁""晚冬"印記
Sinica 901
詳目：
·南陵無雙譜：一卷
·東坡遺意：二卷
·竹譜：一卷
·官子譜：一卷

書畫之屬

總論

書畫題跋記：十二卷／（明）郁逢慶編

清宣統三年[1911]順德鄧氏鉛印本
線裝4冊；25釐米
據舊抄本排印
Sackler Library CWg Yu

清河書畫舫：十二卷/(明)張丑撰
清乾隆二十八年[1763]仁和吳長元池北草堂刻本
線裝12冊；20釐米
Backhouse 516

庚子銷夏記：八卷/(清)孫承澤撰
清乾隆二十六年[1761]余集寫刻本
線裝4冊；29釐米
Sinica 925

庚子銷夏記：八卷/(清)孫承澤撰
清刻本
線裝4冊；27釐米
Backhouse 50

江邨銷夏錄：三卷/(清)高士奇撰
清刻本
線裝3冊；26釐米
Sinica 919

佩文齋書畫譜：一百卷/(清)康熙四十四年[1705]孫岳頒等奉敕撰
清康熙四十七年[1708]內府刻靜永堂印本(靜永堂藏板)
線裝64冊；25釐米
Backhouse 107

快雨堂題跋：八卷/(清)王文治撰
清道光十一年[1831]序刻本(猉蒣閣藏板)
線裝2冊；28釐米
Sinica 904

常惺惺齋書畫題跋：二卷.常惺惺子游羅浮日記：一卷/(清)謝蘭生撰
清同治十年[1871]跋鬱洲謝氏家塾刻本
線裝1冊：撰者像；20釐米
Sackler Library CWg Hsieh

書畫鑑影：二十四卷/(清)李佐賢編
清同治十年[1871]利津李氏刻本
線裝8冊；27釐米
Backhouse 521

書畫所見錄：一卷/(清)謝堃撰
清宣統二年[1910]上海掃葉山房刻本
線裝1冊；18釐米
Sackler Library CWg Hsieh

書法

古今法書苑：四十四卷/(明)王世貞編；(明)王乾昌校
抄本
線裝6冊；30釐米
有朱筆評點
有"王德榮"印記
Backhouse 395

增廣四體字法：不分卷正字千文一卷/(明)李登編

清嘉慶二十五年[1820]刻本（昭德堂藏板）
　　線裝1冊：圖；19釐米
　　存楷書字法、草書字法、附正字千文一卷
　　Sinica 3001

翰苑分書鄉會要訣：不分卷/（清）祁世長編
　　清光緒五年[1879]京都琉璃廠酉山堂書坊校刻本
　　線裝1冊；27釐米
　　Backhouse 44b

論書比訣：一卷/（清）□□撰
　　清刻本
　　毛裝1冊；24釐米
　　Sinica 521

法帖

佛遺教經：不分卷/（晉）王羲之書
　　刻本
　　折裝1冊；31釐米
　　Sinica 509

九成宮醴泉銘/（唐）魏徵奉勅撰；（唐）歐陽詢奉勅書
　　清末上海點石齋石印本（四版）
　　折裝1冊；17釐米
　　Backhouse 33

有唐撫州南城縣麻姑山仙壇記：一卷/（唐）顏真卿書
　　清刻本

　　線裝1冊；22釐米
　　Sinica 2955/2

淳化閣帖：十卷/（宋）王著輯；（明）肅府重摹
　　明萬曆四十三年[1615]肅府刻清順治十一年[1654]補刻清中前期拓本
　　存七卷（卷四至十）
　　折裝7冊；32釐米
　　Sinica 2758
　　詳目：
　　·歷代名臣法帖第四
　　·諸家古法帖五
　　·法帖第六王羲之書一
　　·法帖第七王羲之書二
　　·法帖第八王羲之書三
　　·法帖第九晉王獻之一
　　·法帖第十晉王獻之二

淳化閣帖：十卷/（宋）王著輯；（明）肅府重摹
　　明萬曆四十三年[1615]肅府刻清順治十一年[1654]補刻清中後期拓本
　　存五卷（卷一至五）
　　折裝5冊；32釐米
　　Backhouse 604
　　詳目：
　　·歷代帝王法帖第一
　　·歷代名臣法帖第二
　　·歷代名臣法帖第三
　　·歷代名臣法帖第四
　　·諸家古法帖五

淳化閣帖：十卷/（宋）王著輯

清刻本
折裝10冊；39釐米
有"琴月""青浦王昶""琴德一字蘭泉""松風水月""青山"等印記
Sinica 465
詳目：
· 歷代帝王法帖第一（存末六葉）
· 歷代名臣法帖第二
· 歷代名臣法帖第三
· 歷代名臣法帖第四
· 歷代諸家古法帖五
· 法帖第六/（晉）王羲之書
· 法帖第七/（晉）王羲之書
· 法帖第八/（晉）王羲之書
· 法帖第九/（晉）王獻之書
· 法帖第十/（晉）王獻之書

金剛般若波羅蜜經：不分卷/（前秦）釋鳩摩羅什譯；（宋）釋道肯集篆
清康熙十八年［1679］序呂昌摹刻本
折裝4冊；30釐米
又名《篆書三十二體金剛經》
Backhouse 21

米南宮法書：十七帖/（宋）米芾書
清刻本
折裝1冊；27釐米
Sinica 478b
又一部
26釐米
Sinica 478a

明李憩菴大字結構法/（明）李淳撰；（清）郭尚先書
清道光刻本
折裝1冊；29釐米
Sinica 2915

岳陽樓記/（明）文徵明書
明末刻本
折裝1冊；27釐米
Sinica 63

名書集選法帖：不分卷/（明）□□輯
明萬曆刻本
存十七葉
洋裝1冊（原活葉）；60×30釐米
Sinica 91

明婁子柔先生法書/（明）婁堅書
清嘉慶庚□［1810？］刻本
折裝1冊；30釐米
Sinica 487

清暉閣藏帖：十卷/（明）董其昌書
刻本
存一卷（卷四）
折裝1冊；29釐米
有"之良夫（？）""茶熟香溫"印記
Sinica 479

渤海藏真帖：不分卷/（明）陳甫伸輯
明崇禎章鏞刻本
有缺
折裝3冊；32釐米
Backhouse 375

快雪堂法書：五卷/（明）馮銓輯；（明）

劉光暘摹鐫
　　明崇禎刻本
　　折裝5冊；34釐米
　　Backhouse 199

貞隱園法帖：十卷/（明）郭秉詹書；（清）葉夢龍輯
　　清嘉慶十八年［1813］葉夢龍等刻本
　　線裝10冊；18釐米
　　Backhouse 126

西園十二詠/（清）梁國治書
　　清乾隆刻本
　　折裝1冊；27釐米
　　Sinica 2923

草法偏旁辨格：不分卷/（清）汪由敦書
　　清陳映元刻本
　　折裝1冊；28釐米
　　書簽題名《汪謹堂草法》
　　Sinica 508

滋惠堂墨寶：八卷/（清）曾恒德撰集
　　清刻本
　　折裝8冊；26釐米
　　有"韻花齋主人家藏珍玩"印記
　　Backhouse 372
又一部
　　存五卷（卷三、四有缺，五有缺，六、八）
　　折裝4冊；26釐米，29釐米
　　Sinica 486

玉虹樓法帖：十二卷/（清）張照書；（清）

孔繼涑輯
　　清乾隆孔繼涑刻本
　　存二卷（有缺）
　　折裝1冊；29釐米
　　有"梁章鉅印""白叟"印記
　　Sinica 507

朱子格言：不分卷/（清）陳萬青書
　　清乾隆五十二年［1787］跋刻本
　　折裝1冊；29釐米
　　Sinica 474

天池堂千文正音彙帖：一卷/（清）梁上國書
　　清刻本
　　線裝1冊；25釐米
　　卷末鐫有"板藏侯官縣前施志寶刻字店便是"字樣兩行
　　Sinica 3007

曙海樓帖：四卷/（清）劉墉書；（清）王壽康撰集；（清）金蘭堂摹勒；（清）王慶勛重摹補足
　　清道光十五年［1835］刻咸豐八年［1858］補刻本
　　存一卷（卷四）
　　折裝1冊；30釐米
　　Sinica 496

平遠山房法帖：六卷/（清）李廷敬摹勒
　　清嘉慶七年［1802］湯銘、湯維寧刻本
　　存四冊
　　折裝4冊；32釐米

子 部 | 251

有"斯頌堂印"印記
Sinica 485

黃庭經刪本：不分卷
　　清嘉慶十年[1805]跋刻本
　　折裝1冊；29釐米
　　有"名山管領""臣潘鎔印""朗齋"印記
　　Sinica 477

壽石齋藏帖：四卷/(清)永瑆書；(清)孫銓編
　　清嘉慶十一年[1806]崑山陳景川刻本
　　折裝4冊；29釐米
　　Sinica 476

詒晉齋巾箱帖：十六卷.詒晉齋采珍帖：四卷/(清)永瑆書
　　缺七卷(詒晉齋藏帖卷一至四、詒晉齋藏真帖三卷)
　　清嘉慶十二年[1807]錢泳刻采珍帖十四年[1809]古歙汪氏刻本
　　折裝8冊；20釐米
　　Sinica 511

千字文篆法：一卷/(清)戴鈞元書
　　清道光羊城翰經堂刻本
　　線裝1冊；24釐米
　　Sinica 2942/1

千字文隸法：一卷/(清)戴鈞元書
　　清道光刻本(省城五桂堂藏板)
　　線裝1冊；24釐米

Sinica 2942/2

攀雲閣臨漢碑：四集十六卷附初刻二卷/(清)錢泳摹
　　清嘉慶十三年[1808]至二十三年[1818]錢曰祥、錢曰奇刻本
　　存二集八卷(初集四卷二集四卷)
　　折裝4冊；31釐米
　　前有木刻目錄
　　Sinica 468

問經堂帖：四卷/(清)錢泳書；(清)施淦撰集；(清)程芝庭摹
　　清嘉慶二十一年[1816]刻巾箱本
　　存三卷(卷一有缺、三、四)
　　折裝2冊；20釐米
　　Sinica 512

述德堂枕中帖：四卷/(清)錢泳書
　　清道光二年[1822]錢曰祥刻本
　　存一卷(卷四)
　　折裝1冊；19釐米
　　Sinica 513

養雲山館法帖：四卷/(清)吳氏輯
　　清道光四年[1824]刻本
　　折裝1冊；30釐米
　　錢泳題籤，帖名隸書
　　Sinica 495

道光丙戌江蘇漕運由海至津紀事：不分卷/(清)□□書
　　清道光刻本
　　折裝1冊；29釐米

Sinica 480

玄秘塔碑：一卷/（清）吳其濬書
清刻本
線裝1冊；22釐米
板心有"江省學院前李竹舟出售"字樣
Sinica 2955/1

朱柏廬先生治家格言：一卷/（清）李樹人書
清咸豐刻本
線裝1冊；30釐米
封面題"李壽廷先生書/朱子格言樸本"
Sinica 2918

松禪老人遺墨：不分卷/（清）翁同龢書；（清）鄒王賓輯
清光緒三十一年[1905]序石印本
線裝2冊；31釐米
Backhouse 127

繪畫

視學：不分卷/（清）年希堯撰
清雍正七年[1729]刻十三年[1735]增修本
洋裝（原線裝）1冊：圖；39釐米
Douce Chin.b.2

畫學心印：八卷/（清）秦祖永編
清光緒四年[1878]刻朱墨印本
線裝8冊；20釐米
Sinica 6367

桐陰論畫：二卷首一卷附錄一卷二編二卷三編二卷畫訣二卷/（清）秦祖永撰
清光緒刻朱墨印本
線裝4冊；20釐米
Sinica 3058

畫譜

十竹齋書畫譜：不分卷/（明）胡正言撰
明崇禎胡氏十竹齋刻清嘉慶彩色套印本
線裝8冊：圖；26釐米
Sinica 2678

芥子園畫傳：五卷/（清）王槩等撰
清刻彩色套印本
存三卷（卷三至五）
線裝1冊（原3冊）：圖；26釐米
Douce Chin.d.9

芥子園畫傳：五卷/（清）王槩等撰
清刻本
存三卷（卷一至三）
線裝3冊：圖；27釐米
Sinica 899

芥子園畫傳：五卷二集八卷/（清）王槩等撰
清刻彩色套印本
線裝8冊：圖；27釐米
Sinica 2694

芥子園畫傳：五卷二集八卷/（清）王槩等撰.芥子園畫傳四集：四卷/（清）丁皋撰
清刻彩色套印本

線裝12冊：圖；26釐米
Sinica 3059

芥子園畫傳二集：八卷/（清）王槩等撰
清嘉慶五年[1800]金陵芥子園重刻彩色套印本
線裝4冊：圖；32釐米
有"袁□安印""田氏繼興家藏書畫印"印記
Sinica 6011

芥子園畫傳三集：四卷/（清）王槩等撰
清嘉慶二十二年[1817]芥子園重刻彩色套印本
有缺
活頁（原線裝）：圖；26釐米
Sinica 2526

芥子園畫傳三集：四卷/（清）王槩等撰
清刻彩色套印本
線裝4冊：圖；28釐米
Sinica 2695

太平歡樂圖：一卷/（清）金德輿編；（清）方薰繪
清光緒十四年[1888]積山書局石印本
線裝1冊；20釐米
Backhouse 47

隨苑遺編：一卷/□□繪
清中期刻本（名花聚藏板）
線裝1冊：圖；23釐米
書名據版心著錄；封面題名《綠窗時藝》
Douce Chin.d.10（1）
又一部
Douce Chin.d.10（2）
又一部
存第1—23、56—57葉
Douce Chin.d.11（1）
又一部
存第1—29、57—60葉
Douce Chin.d.11（2）
又一部
存第1—41、58—60葉
Douce Chin.d.11（3）

點石齋畫報：四十四集/蔡爾康輯
清光緒十年至十九年[1884—1893]上海點石齋石印局石印本
存1（1884）至36（1885）
毛裝36冊；27釐米
本刊於1884年5月在上海創刊，隨《申報》附送，亦單獨發售；於1894年12月停刊；於1897年重印全套
Sinica 3918
又一部
存16（1884）、496（1897年重印）
毛裝2冊
Sinica 2624
又一部
存20（1884）、34（1885）
毛裝2冊
Sinica 3080
又一部
存42（1885）、42（1885，又一部）、45（1885）、48（1885）、51（1885）、

61（1885）至63（1885）、297（1892）、382（1894）、402（1895）、406（1895）、454（1896）

毛裝13冊

Sinica 6574

又一部

存49（1885）至96（1886）

精裝2冊（原毛裝48冊）

Sinica 3998

飛影閣畫報：不分卷/（清）吳嘉猷繪

清光緒十六年至十九年［1890—1893］上海石印本

存14（光緒十七年［1891］正月中澣）、15（光緒十七年正月下澣）、17（光緒十七年二月中澣）、27（光緒十七年五月下澣）、31（光緒十七年七月上澣）、33（光緒十七年七月下澣）至35（光緒十七年八月中澣）、92（光緒十九年［1893］二月中澣）、94（光緒十九年三月上澣）、95（光緒十九年三月中澣）、97（光緒十九年四月上澣）至99（光緒十九年四月下澣）、101（光緒十九年五月中澣）至123（光緒十九年十二月下澣）、125（光緒二十年［1894］正月中澣）至132（光緒二十年三月下澣），大觀畫報1（光緒二十八年［1902］三月上浣）至4（光緒二十八年七月中浣）

毛裝49冊；25釐米

本刊爲《點石齋畫報》畫家吳友如於光緒十六年［1890］九月自創刊物，於光緒二十年［1894］五月出133期後停刊，於光緒二十八年［1902］三月復刊，改名《飛影閣大觀畫報》，同年出4期後停刊

Sinica 3919a

又一部

Sinica 3919b

飛影閣畫報：不分卷/（清）吳嘉猷繪

清光緒十六年至十九年［1890—1893］上海石印本

存年畫9幅

9幅；25釐米

Sinica 3919e

飛影閣畫報：不分卷/（清）吳嘉猷繪

清光緒十六年至十九年［1890—1893］上海石印本

存樣張等12幅、1冊

12幅，1冊；25釐米

Sinica 3919f

飛影閣叢畫：二集八卷/（清）吳嘉猷輯繪

清光緒十七年至十九年［1891—1893］上海石印本

線裝8冊：圖；11釐米

Sinica 6009

飛影閣畫冊：45期

清光緒十九年至二十一年［1893—1895］上海石印本

存9（光緒十九年［1893］十二月朔日）、新1（光緒二十年［1894］五月朔日）、新9（光緒二十年九月朔日）、新10（光緒二十年九月望日）、新12（光緒二十年十月望日）、新14（光緒二十年十一月望日）、新15（光緒二十年十二月朔日）、新22（光緒二十一年［1895］三月

望日)、新25(光緒二十一年五月朔日)、新27(光緒二十一年閏五月朔日)、新30(光緒二十一年六月望日)、新35(光緒二十一年九月望日)

毛裝12册；25釐米

本刊爲《飛影閣畫報》副刊，於光緒十九年[1893]八月創刊，出10期後期數另起，於光緒二十一年[1895]九月停刊，共出45期

Sinica 3919c

又一部

Sinica 3919d

古今名人畫稿：初集二集三集/(清)□□編

清光緒二十五年[1899]浙東錢氏存德堂石印本

線裝6册：圖；12×14釐米

Sinica 6369

求是齋畫報

清光緒二十七年[1901]上海石印本

存第柒期(光緒二十七年仲春月下浣)

毛裝1册；25釐米

Sinica 3919g

神州國光集：二十一集

清光緒三十四年[1908]國學保存會珂羅版影印本

存第四集

洋裝(原平裝)1册：圖；31釐米

Sinica 6848

篆刻之屬

篆學瑣著：三十種/(清)顧湘輯

清道光二十年[1840]海虞顧氏刻本

洋裝2册(原線裝12册)；27釐米

Sinica 6363

詳目：

· 論篆：一卷/(唐)李陽冰撰

· 五十六種書法：一卷/(唐)韋續撰

· 學古編：一卷/(元)吾丘衍撰

· 古今印史：一卷/(明)徐官撰

· 篆學指南：一卷/(明)趙宧光撰

· 印章集說：一卷/(明)甘暘撰

· 學古編：二卷/(元)吾丘衍撰；(明)何震續

· 印旨：一卷/(清)程遠撰

· 印經：一卷/(清)朱簡撰

· 印章要論：一卷/(清)朱簡撰

· 篆刻十三略：一卷/(清)袁三俊撰

· 印章考：一卷/(清)方以智輯

· 敦好堂論印：一卷/(清)吳先聲撰

· 說篆：一卷/(清)許容撰

· 印辨：一卷/(清)高積厚撰

· 印述：一卷/(清)高積厚撰

· 印戔說：一卷/(清)徐堅撰

· 六書緣起：一卷/(清)孫光祖篆

· 古今印制：一卷/(清)孫光祖撰

· 篆印發微：一卷/(清)孫光祖撰

· 古印考略：一卷/(清)夏一駒撰

· 續三十五舉：一卷/(清)桂馥撰

· 再續三十五舉：一卷/(清)桂馥撰

· 重定續三十五舉：一卷/(清)桂馥撰

· 印說：一卷/(清)陳鍊撰

· 印言：一卷/(清)陳鍊撰

・論印絶句：一卷/（清）吳騫輯
・印學管見：一卷/（清）馮承輝撰
・印人傳：三卷/（清）周亮工撰
・續印人傳：八卷/（清）汪啟淑撰

篆學瑣著：三十種/（清）顧湘輯
  清道光二十三年[1843]序虞山顧氏刻本
  存二十七種
  線裝4冊；26釐米
  Sinica 898
  詳目：
・論篆：一卷/（唐）李陽冰撰
・五十六種書法：一卷/（唐）韋續撰
・學古編：一卷/（元）吾丘衍撰
・古今印史：一卷/（明）徐官撰
・篆學指南：一卷/（明）趙宧光撰
・印章集說：一卷/（明）甘暘撰
・學古編：二卷/（元）吾丘衍撰；（明）何震續
・印旨：一卷/（清）程遠撰
・印經：一卷/（清）朱簡撰
・印章要論：一卷/（清）朱簡撰
・篆刻十三略：一卷/（清）袁三俊撰
・印章考：一卷/（清）方以智輯
・敦好堂論印：一卷/（清）吳先聲撰
・說篆：一卷/（清）許容撰
・印辨：一卷/（清）高積厚撰
・印述：一卷/（清）高積厚撰
・印戔說：一卷/（清）徐堅撰
・六書緣起：一卷/（清）孫光祖纂
・古今印制：一卷/（清）孫光祖撰
・篆印發微：一卷/（清）孫光祖撰
・古印考略：一卷/（清）夏一駒撰

・續三十五舉：一卷/（清）桂馥撰
・再續三十五舉：一卷/（清）桂馥撰
・重定續三十五舉：一卷/（清）桂馥撰
・印說：一卷/（清）陳鍊撰
・印學管見：一卷/（清）馮承輝撰
・印人傳：三卷/（清）周亮工撰

樂譜之屬

五知齋琴譜：八卷/（清）徐祺鑒定；（清）周魯封彙纂
  清乾隆二年[1737]刻本（紅杏山房藏板）
  線裝8冊：圖；25釐米
  封面題名《琴譜大成》
  Sinica 2778

五知齋琴譜：八卷/（清）徐祺鑒定；（清）周魯封彙纂
  清刻本
  存四卷（卷二、三、六、七）
  包背裝2冊；25釐米
  Sinica 2508

十一弦館琴譜/（清）劉鶚編
  清光緒劉氏刻1994年北京中國書店重印本
  線裝1冊；29釐米
  Sinica 3767
  詳目：
・廣陵散：一卷新譜一卷
・天籟：一卷/（清）張瑞珊撰
・武陵春：一卷/（清）張瑞珊撰
・鷓鴣天：一卷/（清）張瑞珊撰

· 小譜庵咒：一卷/（清）張瑞珊撰
· 莊周夢蝶：一卷
　即《五知齋琴譜》卷之七

棋弈之屬

圍棋近譜：一卷/（清）金楸志撰
　清康熙五十五年[1716]序刻本
　線裝1冊：圖；30釐米
　Douce Chin.d.2

遊藝之屬

陞官圖/題（明）倪元璐作
　清道光二十年[1840]廣東刻本
　1張；82×75釐米
　有"張隆盛製"朱文印記
　Sinica 440/2

七巧圖合璧：不分卷/（清）桑下客撰
　清嘉慶刻本（戀翠居藏板）
　洋裝（原線裝）1冊：圖；17釐米
　Sinica 2786/2

七巧圖解：不分卷/（清）桑下客撰
　清嘉慶二十年[1815]刻本（戀翠居藏板）
　洋裝（原線裝）1冊：圖；17釐米
　Sinica 2786/1

七巧圖解：不分卷/（清）桑下客撰
　清咸豐四年[1854]重刻本（省城華經堂藏板）
　洋裝（原線裝）1冊：圖；17釐米

　Sinica 2641

新增七巧聞雲集：不分卷/（清）馮玉莘撰
　清道光十六年[1836]刻本
　線裝1冊：圖；16釐米
　Sinica 3997

風雅大成：一卷/（清）呂子振編
　清道光十三年[1833]刻本（西園藏板）
　洋裝（原線裝）1冊；21釐米
　Sinica 182

風雅大成：一卷/（清）呂子振編
　清光緒二十年[1894]刻本（會文堂藏板）
　線裝1冊；21釐米
　Sinica 4894

對聯匯海：十四卷/（清）邱曰缸編
　清同治七年[1868]刻本（經國堂藏板）
　線裝5冊；22釐米
　Backhouse 185

新刊文墨酒令：一卷/（清）□□撰
　清刻本
　毛裝1冊；17釐米
　Sinica 541

[回文詩]：一卷/□□撰
　抄本
　線裝1冊；25釐米
　MS.Chin.d.34

譜錄類

類編之屬

小品二十八種/（明）□□重編
　　明末刻清重修本
　　線裝1冊；25釐米
　　Sinica 932
　　詳目：
　　・茶箋：一卷/（明）屠隆撰
　　・水品：一卷/（明）徐獻忠撰
　　・湯品：一卷/（明）高濂撰
　　・粥糜品：一卷/（明）高濂撰
　　・粉麵品：一卷/（明）高濂撰
　　・脯鮓品：一卷/（明）高濂撰
　　・製蔬品：一卷/（明）高濂撰
　　・野蔌品：一卷/（明）高濂撰
　　・甜食品：一卷/（明）高濂撰
　　・法製品：一卷/（明）高濂撰
　　・醞造品：一卷/（明）高濂撰
　　・古玩品：一卷/（明）高濂撰
　　・書箋：一卷/（明）屠隆撰
　　・辨帖箋：一卷/（明）屠隆撰
　　・畫箋：一卷/（明）屠隆撰
　　・琴箋：一卷/（明）屠隆撰
　　・紙箋：一卷/（明）屠隆撰
　　・墨箋：一卷/（明）屠隆撰
　　・筆箋：一卷/（明）屠隆撰
　　・研譜：一卷/（明）沈仕撰
　　・香箋：一卷/（明）屠隆撰
　　・香方：一卷漢官香方一卷/（明）高濂撰
　　・草花譜：一卷/（明）高濂撰
　　・種蘭訣：一卷/（明）李奎撰
　　・蘭譜：一卷/（明）高濂撰
　　・藝菊：一卷/（明）黃省曾撰
　　・牡丹榮辱志：一卷/（宋）丘璿撰
　　・芍藥譜：一卷/（宋）王觀撰

器物之屬

遠西奇器圖説錄最：三卷/（瑞士）鄧玉函口授；（明）王徵譯繪.附新製諸器圖説：一卷/（明）王徵撰
　　清道光二十四年［1844］金山錢熙祚刻守山閣叢書本
　　線裝6冊：圖；29釐米
　　Sinica 1040

陶冶圖説：一卷附錄一卷/（清）乾隆九年［1744］唐英奉敕編
　　清刻1993年北京中國書店重印本
　　線裝1冊；29釐米
　　Sinica 3743

景德鎮陶錄：十卷/（清）藍浦撰；（清）鄭廷桂補
　　清同治九年［1870］重刻本（昌南鄭氏藏板）
　　線裝4冊：圖；27釐米
　　Sinica 626

景德鎮陶錄：十卷/（清）藍浦撰；（清）鄭廷桂補
　　清翼經堂刻本
　　線裝4冊：圖；25釐米
　　Sinica 481

飲食之屬

原本茶經：三卷/（唐）陸羽撰．續茶經：三卷附錄一卷/（清）陸廷燦集

清雍正十三年[1735]序刻本（壽春堂藏版）

線裝4冊：圖；26釐米

有"棣華書屋"印記

Sinica 564

酒顛補：三卷．茶董補：二卷/（明）陳繼儒輯

清道光二十七年[1847]刻海山仙館叢書本

線裝1冊；20釐米

Sinica 589

花草樹木之屬

二如亭群芳譜：三十卷首一卷/（明）王象晉撰；（明）毛晉等校

明末刻本

線裝24冊；27釐米

缺一卷（棉譜一卷）

有"清華堂秋農氏藏"印記

Sinica 528

植物名實圖考：三十八卷長編二十二卷/（清）吳其濬撰

清道光二十八年[1848]蒙自陸應穀刻民國八年[1919]山西官書局補刻1993年北京文物出版社重印本（山西省古建築保護研究所藏板）

線裝80冊：圖；29釐米

Sinica 3717

宗教類

道教之屬

道藏

道藏/（明）張宇初等編

明正統十年[1445]內府刻本

存四種

折裝6冊；36釐米

Sinica 2902

詳目：

- 靈寶無量度人上經大法：七十二卷

存二卷（卷三十三、三十四）

- 靈寶領教濟度金書：三百二十卷/（宋）甯本立授；（元）林偉夫編

存二卷（卷一二八、一九二）

- 太上黃籙齋儀：五十八卷/（前蜀）杜光庭集

存一卷（卷五十七）

- 無上黃籙大齋立成儀：五十六卷/（宋）留用光傳授；（宋）蔣叔輿編次

存一卷（卷五十二）

類編

文昌帝君寶善編

清同治三年[1864]重刻本（京都晉文齋刻字鋪藏板）

線裝1冊；23釐米

Sinica 2505

詳目：

- 文昌帝君陰騭文：一卷

・太上感應篇：一卷
・關聖帝君覺世真經：一卷
・般若波羅蜜多心經：二卷

經文

太上元始天尊說寶月光皇后聖母孔雀明王尊經：三卷
　　明萬曆四十四年[1616]內府刻本
　　折裝3冊：圖；29釐米
　　Sinica 2895

太上老君說自在天仙九蓮至聖應化度世真經：一卷
　　明內府刻萬曆四十四年[1616]印本
　　折裝1冊：圖；32釐米
　　Sinica 2896

太上老君說趙元帥禳災集福妙經：一卷
　　明內府刻本
　　折裝1冊：圖；29釐米
　　Sinica 2898

靈寶天尊說洪恩靈濟真君妙經：一卷
　　明內府刻本
　　折裝1冊：圖；33釐米
　　Sinica 2900

高上玉皇本行集經：三卷
　　明內府刻本
　　折裝3冊：圖；32釐米
　　Sinica 2897

又一部
　　存一卷（卷上）
　　Sinica 2651

又一部
　　存一卷（卷下）
　　Sinica 6183

太上洞玄靈寶高上維皇衍正太華至極尊經：九卷首一卷
　　清光緒二十一年[1895]序刻套印本
　　線裝10冊；31釐米
　　Sinica 2727

戒律

太上感應篇：四卷附一卷／（清）王肇紀繪註
　　清雍正十三年[1735]晉水黃志承明德堂刻本
　　洋裝1冊（原線裝5冊）：圖；24釐米
　　封面題名《太上感應篇圖說》
　　Douce Chin.d.8

又一部
　　缺一卷（附一卷）
　　洋裝4冊
　　Douce Chin.d.12-15

太上感應篇：四卷附一卷／（清）王肇紀繪註
　　清刻明德堂印本
　　存一卷（卷三）
　　洋裝（原線裝）1冊：圖；26釐米
　　Sinica 95

感應篇圖說：八卷首一卷／（清）許纘曾彙輯
　　清刻本
　　缺三卷（卷六至八）
　　線裝1冊：圖；27釐米
　　Sinica 745

太上感應篇圖說：八卷/（清）黃正元撰
　　清光緒十五年［1889］佛山仰善堂刻本
　　　　線裝8冊：圖；27釐米
　　　　Sinica 2740

太上感應篇圖說：八卷/（清）黃正元撰
　　清光緒十八年［1892］上海鴻文書局石印本
　　　　線裝8冊：圖；21釐米
　　　　又名《太上寶筏》
　　　　Sinica 2787

太上感應篇圖說：八卷/（清）黃正元撰
　　清光緒二十一年［1895］上海鴻文書局石印本
　　　　線裝8冊：圖；21釐米
　　　　又名《太上寶筏》
　　　　Sinica 2784

太上感應篇：［滿漢對照］：一卷
　　清乾隆二十四年［1759］福延泰刻本
　　　　線裝1冊；28釐米
　　　　Sinica 265（2）

太上感應篇直講：一卷/（清）□□撰
　　清道光十九年［1839］吳郡青霞齋重刻本
　　　　線裝1冊；24釐米
　　　　Sinica 889

文昌帝君陰騭文詩：一卷/□□撰
　　清嘉慶十五年［1810］積善堂刊本
　　　　洋裝（原線裝）1冊；25釐米
　　　　Sinica 259

方法

性命雙修萬神圭旨：四卷/□□撰
　　清康熙九年［1670］序刻本（棣鄂堂藏板）
　　　　線裝1冊：圖；30釐米
　　　　Sinica 760

性命雙修萬神圭旨：四卷/□□撰
　　清乾隆刻本（棣鄂堂藏板）
　　　　線裝4冊：圖；27釐米
　　　　有"怡敬恭記"印記
　　　　Sinica 149

衆術

古文周易參同契註：八卷/（漢）魏伯陽著；（清）袁仁林註
　　清光緒二十二年［1896］長沙重刻惜陰軒叢書本
　　　　線裝2冊；26釐米
　　　　Sinica 4887

表彰讚頌

八十壹化圖說：一卷/（宋）□□撰
　　清刻本
　　　　線裝4冊：圖；29釐米
　　　　書名據板心著錄
　　　　Sinica 3703

勸誡

梓潼帝君說救劫章：一卷
　　明內府刻萬曆四十四年［1616］印本
　　　　折裝1冊：圖；28釐米

Sinica 2899

彙纂功過格：十二卷末一卷/□□撰
　　清乾隆二十三年[1758]重刻本（青浦文昌閣藏板）
　　線裝8冊；30釐米
　　Sinica 758

信心應驗錄：十卷/（清）劉山英纂輯；（清）陳師灝，（清）陳師濂校
　　清嘉慶六年[1801]蘇州淨念堂刻本
　　洋裝2冊（原線裝10冊）；25釐米
　　Sinica 2946

二十二史感應錄：二卷/（清）彭希涑撰；（清）王鴻春校
　　清道光二十年[1840]雲川王氏必自樓重刻本
　　洋裝1冊（原線裝2冊）；27釐米
　　Sinica 2925

玉曆鈔傳警世：一卷
　　清道光十二年[1832]重刻本（嘉邑南門外封樓藏板）
　　線裝1冊：圖；25釐米
　　Sinica 693

玉曆鈔傳警世：一卷
　　清咸豐九年[1859]寧波三昧堂刻本
　　線裝1冊：圖；23釐米
　　Backhouse 634

文昌孝經：一卷/□□撰
　　清道光十三年[1833]刻本（澄心堂藏板）
　　線裝1冊；26釐米
　　Sinica 694

增訂敬信錄：一卷/（清）□□編
　　清道光二年[1822]序張開泰重刻十三年[1833]京都近文齋印本（京都近文齋藏板）
　　線裝2冊；25釐米
　　題名據目錄、封面著錄
　　Sinica 2930

覺世經：一卷/□□撰
　　清道光二十四年[1844]甬江三元堂刻本
　　毛裝1冊；23釐米
　　封面題名《關帝覺世經》
　　Sinica 3115

覺世經果報圖證：二卷/□□撰
　　清光緒二十一年[1895]上海書局石印本
　　線裝2冊：圖；20釐米
　　Sinica 3056

莆田林進孫遊陰府悔悟錄：一卷/（清）□□撰
　　清道光二十八年[1848]修文亭刻本
　　洋裝（原線裝）1冊：圖；22釐米
　　書名據封面題
　　Sinica 262

現前果報：一卷.二帝救刼真經：一卷/□□撰

清咸豐八年［1858］古歙三畏居士重刻本
線裝1冊；26釐米
Sinica 893

學堂日記故事圖說：不分卷／（清）梁溪晦齋氏輯
清光緒四年［1878］重刻本（常州郡廟培本堂藏板）
線裝1冊：圖；25釐米
Backhouse 654

重刊玉曆至寶鈔：一卷
清光緒二十四年［1898］京都永盛齋刻本
線裝1冊：圖；27釐米
Sinica 4853

救劫寶訓：一卷／題（清）中州一了山人編
清光緒三十年［1904］燕南青陽山人募刻本（琉璃廠火神廟內同善堂藏板）
線裝1冊：圖；23釐米
書名據版心題
Backhouse 677

福田集：一卷／□□撰
清刻本
線裝1冊：圖；25釐米
書名據版心著錄
Sinica 739

修煉

調氣煉外丹圖說：一卷／□□撰
抄本

線裝1冊：圖；24釐米
MS.Chin.d.25

符籙

符籙秘訣：不分卷／□□撰
明嘉靖內府朱絲欄抄本
線裝1冊：圖；32釐米
書名據書根題
有缺
MS.Chin.c.24

雜著

呂祖全書：三十二卷續編一卷／（唐）呂嵒撰；（清）劉體恕編
清同治七年［1868］續編光緒五年［1879］刻本（湘潭崇善堂藏板）
線裝20冊：像；25釐米
Sinica 2656

佛教之屬

彙編

雲棲法彙／（明）釋袾宏撰
明崇禎十二年［1639］刻清乾隆修補嘉興方冊藏經本
存手著十二種
線裝12冊：圖；28釐米
Sinica 794
詳目：
・楞嚴摸象記：一卷
・西方願文解：一卷
・戒殺放生文：一卷
・竹窗二筆：一卷
・竹窗三筆：一卷

・正訛集：一卷
・直道錄：一卷
・雲樓大師山房雜錄：二卷
・雲樓大師遺稿：三卷附補遺一卷
・雲樓共柱規約：上集一卷下集一卷別集一卷附集一卷
・雲樓紀事：一卷附孝義無礙庵錄：一卷
・雲樓大師塔銘：一卷

净土四經/(清)魏源編
清咸豐八年[1858]湘潭周詒樸刻本（杭州西湖瑪瑙寺經房藏板）
線裝1冊；29釐米
有"南武王瀚珍藏"等印記
Sinica 773
詳目：
・無量壽經疏：一卷/(清)魏源會譯
・觀無量壽佛經：一卷/(南朝宋)釋畺良耶舍譯
・阿彌陀經：一卷/(後秦)釋鳩摩羅什譯
・普賢行願品：一卷/(唐)釋般若譯
即《大方廣佛華嚴經》卷四十

經藏

放光般若波羅蜜經：三十卷/(晉)釋無羅叉，(晉)釋竺叔蘭譯
明初刻明清遞修南藏本
折裝1冊；34釐米
存一卷（卷十八）
Sinica 2903

諸佛要集經：二卷/(晉)釋竺法護譯.佛說菩薩投身飼餓虎起塔因緣經：一卷/(北涼)釋法盛譯.不思議光菩薩所說經：一卷/(後秦)釋鳩摩羅什譯
清光緒二十一年[1895]金陵刻經處刻本
線裝1冊；24釐米
Sinica 2542

妙法蓮華經：七卷附音釋/(後秦)釋鳩摩羅什奉詔譯
清光緒三十年[1904]智睿募刻本
洋裝1冊（原線裝3冊）；28釐米
Sinica 6132

妙法蓮華經：七卷/(後秦)釋鳩摩羅什奉詔譯
刻本
線裝3冊：圖；25釐米
Sinica 771

金剛般若波羅蜜經：一卷/(後秦)釋鳩摩羅什譯.藥師琉璃光如來本願功德經：一卷/(唐)釋玄奘譯.妙法蓮華經觀世音菩薩普門品：一卷/(後秦)釋鳩摩羅什譯長行；(隋)釋闍那崛多譯重頌
清道光十六年[1836]刻本
折裝3冊：圖；30釐米
牌記題"金剛藥師觀音等經"
Sinica 2650

佛說四天王經：一卷/(南朝宋)釋智嚴，(南朝宋)釋寶雲譯.佛說八師經：一卷/(三國吳)釋支謙譯
清嘉慶二年[1797]刻本（海幢經坊

藏板）
　　線裝1冊；22釐米
　　Sinica 778

楞伽阿跋多羅寶經：四卷/（南朝宋）釋求那跋陀羅譯
　　清刻佛藏輯要本
　　線裝1冊；29釐米
　　Sinica 753

大寶積經：一百二十卷/（唐）釋菩提流志奉詔譯
　　明初刻明清遞修南藏本
　　存二卷（卷二十一、二十二）
　　折裝2冊：圖；34釐米
　　Sinica 2904

大般若波羅蜜多經：六百卷/（唐）釋玄奘譯
　　明正統五年[1440]內府刻萬曆十二年[1584]重印北藏本
　　存十卷（卷五十一至六十，有缺）
　　折裝11冊：圖；36釐米
　　Sinica 94

佛說般若波羅蜜多心經：一卷/（唐）釋玄奘譯
　　清道光八年[1828]刻本
　　毛裝1冊；24釐米
　　Sinica 774

摩訶般若波羅蜜多心經：一卷/（唐）釋玄奘譯；（清）□□注
　　清道光十八年[1838]刻本（翰墨齋藏板）
　　線裝1冊；26釐米
　　Sinica 785

解深密經：五卷/（唐）釋玄奘譯
　　清同治十年[1871]金陵刻經處刻本
　　線裝1冊；24釐米
　　Sinica 2536

大方廣佛華嚴經：八十卷/（唐）釋實叉難陀譯
　　明永樂十七年[1419]釋福賢寫刻本
　　存一卷（卷三十一）
　　折裝1冊：圖；35釐米
　　Sinica 93

大方廣佛華嚴經：八十卷/（唐）釋實叉難陀譯.附普賢行願品：一卷/（唐）釋般若譯
　　清同治金陵刻經處刻本
　　線裝20冊；25釐米
　　Sinica 2534

大乘入楞伽經：七卷/（唐）釋實叉難陀譯
　　清光緒三十四年[1908]金陵刻經處刻本
　　線裝2冊；24釐米
　　Sinica 2540

論藏

大智度論：一百卷/（後秦）釋鳩摩羅什譯
　　清光緒九年[1883]姑蘇刻經處刻本
　　線裝25冊：25釐米
　　Sinica 2535

中論：六卷/（後秦）釋鳩摩羅什譯
　　清刻佛藏輯要本
　　線裝1册；29釐米
　　Sinica 752

密藏

藥師琉璃光如來本願功德經：一卷/（唐）釋玄奘奉詔譯
　　明正統五年[1440]内府刻萬曆九年[1581]重印北藏本
　　折裝1册：圖；35釐米
　　Sinica 2652

藥師琉璃光如來本願功德經：一卷/（唐）釋玄奘奉詔譯
　　清康熙六年[1667]江寧黃蔚刻本
　　折裝1册：圖；40釐米
　　書品劣
　　Sinica 2775

佛母大孔雀明王經：三卷/（唐）釋不空譯
　　明宣德四年[1429]刻後印本
　　存一卷（卷中）
　　折裝1册：圖；40釐米
　　Sinica 3978

佛母大孔雀明王經：三卷/（唐）釋不空譯
　　清刻本
　　折裝3册：圖；27釐米
　　Sinica 769

七俱胝佛母所説準提陀羅尼經：一卷/（唐）釋不空譯
　　清道光三十年[1850]刻本（古市巷湯晉苑局藏板）
　　線裝1册：圖；24釐米
　　Sinica 776

佛説摩利支天陀羅尼經：一卷/（唐）釋不空譯
　　清粵東海幢寺釋心總刻本
　　折裝1册；23釐米
　　Sinica 777a

又一部
　　22釐米
　　Sinica 777b

疑偽

佛説高王觀世音經：一卷/（後秦）釋鳩摩羅什譯
　　清末刻本
　　毛裝1册：圖；19釐米
　　Sinica 5795

白衣大悲五印心陀羅尼經：一卷/（宋）□□撰
　　清光緒三十三年[1907]泰安聚文齋刻字處刻本
　　折裝1册：圖；23釐米
　　書籤題名《大悲陀羅尼送子經》
　　Sinica 5730

佛説大慈至聖九蓮菩薩化身度世尊經：一卷
　　明刻萬曆四十四年[1616]印本
　　折裝1册：圖；32釐米
　　Sinica 2901

觀音經: 一卷/□□撰
　　清嘉慶十六年 [1811] 刻本（雲間春草堂藏版）
　　精裝1冊: 圖; 25釐米
　　Sinica 783

感應觀音經: 一卷/□□撰
　　清道光二十三年 [1843] 上洋文玉堂刻本
　　精裝1冊: 圖; 23釐米
　　Sinica 775

佛說大聖末劫真經: 一卷
　　清光緒八年 [1882] 粵東刻朱印本
　　洋裝（原線裝）1冊; 19釐米
　　Sinica 3041

大梵王經: 一卷/□□撰
　　清刻本
　　毛裝1冊; 19釐米
　　Sinica 772

撰述
懺儀部

千手千眼觀世音菩薩大悲心陀羅尼經懺全集: 不分卷/□□撰
　　清咸豐元年 [1851] 集貲重刻本（上海輔元堂藏板）
　　精裝2冊: 圖; 26釐米
　　Sinica 781

千手千眼大悲心懺: 一卷
　　清廣州刻本
　　折裝1冊: 圖; 30釐米
　　書簽題名《千手眼大悲心咒懺法》
　　封面題記: Penitential prayers to the being who has a 1000 hands & eyes. Dec.16, 1830
　　Sinica 2110

大悲懺儀合節: 一卷.附大悲經咒繪像: 一卷.大悲出真言: 一卷
　　清刻本（成都文殊院藏板）
　　線裝2冊: 圖; 32釐米
　　Sinica 4015

章疏部

佛說四十二章經註: 一卷/（漢）釋迦葉摩騰,（漢）釋竺法蘭譯;（宋）釋守遂注;（明）釋了童補注.佛遺教經註: 一卷/（後秦）釋鳩摩羅什譯;（宋）釋守遂注;（明）釋了童補注
　　清光緒十六年 [1890] 金陵刻經處刻本
　　線裝1冊; 24釐米
　　Sinica 6048/1

佛說阿彌陀經疏鈔: 四卷附事義四卷/（後秦）釋鳩摩羅什譯;（明）釋袾宏疏鈔
　　清嘉慶二十五年 [1820] 蘇州師林寺刻本
　　線裝4冊; 29釐米
　　Sinica 763

妙法蓮華經科註: 七卷首一卷/（後秦）釋鳩摩羅什奉詔譯;（明）釋一如注
　　清同治十一年 [1872] 釋妙根等募刻本

線裝8冊; 28釐米
Sinica 751

佛說阿彌陀經要解: 一卷/(後秦)釋鳩摩羅什譯;(明)釋智旭解
清光緒十一年[1885]金陵刻經處刻本
線裝1冊; 24釐米
Sinica 6048/2

佛說阿彌陀經要解: 一卷/(後秦)釋鳩摩羅什譯;(明)釋智旭解
刻本
線裝1冊; 28釐米
版心下題"嚴桃山公捐刻""嚴桃山居士助"
Sinica 791

金剛般若波羅蜜經旁解: 一卷/(後秦)釋鳩摩羅什譯;(清)釋雲峰釋.附金剛經受持靈驗記: 一卷/(清)吳尚采編.心經旁解參: 一卷/(唐)釋玄奘譯;(清)王何功纂
清乾隆五十三年[1788]補刻本
線裝1冊: 圖; 29釐米
Sinica 792

大方廣圓覺修多羅了義經略疏: 二卷/(唐)釋宗密述
清光緒三十年[1904]揚州藏經院刻本
線裝2冊; 25釐米
Sinica 2538

大乘起信論直解: 二卷/(明)釋德清撰
清光緒十六年[1890]金陵刻經處刻本
線裝1冊; 25釐米
Sinica 2543

妙法蓮華經台宗會義: 十六卷/(明)釋智旭撰
清刻本
線裝8冊; 29釐米
Sinica 748

金剛般若波羅蜜經直解: 一卷/(清)呂嵒注
清同治十年[1871]杭州翁雲亭刻本
線裝1冊; 29釐米
Sinica 2547

論著部

華嚴一乘十玄門: 一卷/(隋)杜順說;(唐)釋智儼撰.華嚴五十要問答: 二卷/(唐)釋智儼集
清光緒二十二年[1896]金陵刻經處刻本
線裝1冊; 25釐米
Sinica 2541

龍舒淨土文: 十卷首一卷末一卷/(宋)王日休撰
清光緒九年[1883]金陵刻經處刻本
線裝1冊: 像; 24釐米
Sinica 6048/3

龍舒增廣淨土文: 十二卷/(宋)王日休撰
刻本

線裝1冊；25釐米
Sinica 787

華嚴原人論合解：二卷/（元）釋圓覺解；
（明）楊嘉祚删合
 清同治十一年[1872]釋妙然集貲刻
本（杭州昭慶寺慧空經房藏板）
 線裝1冊；29釐米
 Sinica 2546

重刻憨山大師觀老莊影響論：一卷/（明）
釋德清撰
 清刻本（廣州海幢寺藏板）
 線裝1冊；25釐米
 Sinica 784

御錄經海一滴：六卷/（清）世宗胤禛撰
 清雍正十三年[1735]内府刻本
 線裝6冊：圖；25釐米
 有"圓明主人""雍正宸翰"印記
 Backhouse 19
 又一部
  26釐米
  Sinica 6020

禪門日誦：一卷/□□撰
 清道光十四年[1834]松江西禪寺重
刻本
 精裝1冊：圖；27釐米
 書名據版心著錄
 Sinica 795

淨業要言：一卷
 清道光三十年[1850]刻本（上海文源齋藏板）
 線裝1冊：圖；25釐米
 Sinica 786

纂集部

選佛譜：六卷/（明）釋智旭撰
 清同治（？）杭州昭慶慧空經房刻本
 線裝2冊；29釐米
 Sinica 2548

史傳部

釋迦如來成道記：一卷/（唐）王勃撰；
（宋）釋道誠注
 清刻本
 線裝1冊；24釐米
 Sinica 780

五燈會元：二十卷/（宋）釋普濟集
 清光緒三十二年[1906]貴池劉世珩
刻本
 線裝12冊；29釐米
 據宋寶祐本影刻
 Sinica 2837

八宗綱要：二卷/（日本）釋凝然撰；（清）
釋淨賢校
 清宣統三年[1911]揚州藏經院刻本
 線裝1冊；25釐米
 Sinica 2544

指月錄：三十二卷附音釋/（明）瞿汝稷撰
 清初靈隱寺釋弘禮集貲重刻本
 線裝10冊；27釐米
 有"耀晨（？）印"等印記

Sinica 764

釋迦如來應化事蹟：四卷/(清)釋永珊撰
    清嘉慶十三年[1808]裕豐刻本
    線裝4冊；38釐米
    Backhouse 197

釋迦如來應化事蹟：四卷/(清)釋永珊撰
    清光緒七年[1881]釋開慧等集貲刻本
    線裝4冊：圖；42釐米
    Sinica 2732

西藏宗教源流考：一卷/(清)張其勤編輯；(清)陳錫民校訂
    清宣統二年[1910]官印刷局鉛印本
    線裝1冊(53頁)：表格；27釐米
    Sinica 6847

音義部

一切經音義：二十六卷/(唐)釋玄應撰
    清順治十七年[1660]刻康熙修補嘉興方冊藏經本
    線裝5冊；29釐米
    Sinica 765

翻譯名義集：二十卷/(宋)釋法雲撰
    明萬曆三十一年[1603]刻清康熙修補嘉興方冊藏經本
    線裝4冊；28釐米
    有"藝芸書舍""汪□齋藏書""汪印士鐘""平陽伯子"印記
    Sinica 750

翻譯名義集：二十卷/(宋)釋法雲撰
    清光緒四年[1878]金陵刻經處刻本
    線裝1冊；25釐米
    Sinica 3111

目錄部

開元釋教錄：三十卷略出四卷/(唐)釋智昇撰
    明末刻嘉興方冊藏經本
    線裝8冊；29釐米
    Sinica 749

閱藏知津：四十四卷總目四卷/(明)釋智旭彙輯
    清光緒十八年[1892]金陵刻經處刻本
    線裝1冊；25釐米
    Sinica 6050

藏經總目：一卷/□□撰
    清刻本
    折裝1冊：圖；17釐米
    Sinica 766

語錄部

圓悟禪師評唱雪竇和尚頌古碧巖錄：十卷/(宋)釋克勤評唱；(宋)釋重顯頌古
    明末徐大蕊等刻本
    線裝4冊；28釐米
    有"晧臺作寶""狄堅所藏""自生氏"印記
    Sinica 2705

大慧普覺禪師宗門武庫：一卷.雪堂行和

尚拾遺錄：一卷/（宋）釋道謙編
  清光緒七年［1881］常熟刻經處刻本
  洋裝（原線裝）1冊；26釐米
  有"王崇武藏書"印記
  Sinica 6323

國清耀冶禪師語錄：二卷/（清）釋耀冶撰；（清）釋振西，（清）釋會空編
  清嘉慶九年［1804］序刻本
  線裝2冊；28釐米
  Sinica 790

民間宗教之屬

太陽尊經：一卷/□□撰
  清道光二十四年［1844］刻本（海幢寺經坊藏板）
  折裝1冊：圖；25釐米
  Sinica 767

普濟慈航：一卷/（清）張蘭秋編
  清道光二十七年［1847］順德張氏刻本
  線裝1冊：圖；29釐米
  Sinica 2545

天后聖母註解籤詩：一卷/□□撰
  清道光二十九年［1849］刻本（種福堂藏板）
  線裝1冊；25釐米
  Sinica 742

道光叁拾年歲次庚戌陸月鼓旦給付集福延齡信女王門汪氏法名真泰執照斗香經

功賑目：不分卷
  清咸豐元年［1851］抄本
  線裝1冊；19×23釐米
  MS.Chin.e.5

敬竈全書：一卷/□□撰
  清咸豐元年［1851］刻本（上海文業堂藏板）
  線裝1冊：圖；25釐米
  Sinica 743

大聖五公海元救劫轉天圖經：不分卷
  清咸豐十一年［1861］續慧堂刻本
  線裝1冊；16釐米
  Sinica 5906

募建黃婆祠捐疏：不分卷/□□撰
  清刻本
  線裝1冊；26釐米
  Sinica 692

萬應犯書：二卷/□□撰
  清末刻本
  線裝1冊：圖；22釐米
  書名據版心著錄
  書品劣
  Sinica 6486

伊斯蘭教之屬

清真闡義：六卷/（清）穆汝奎撰
  清道光十七年［1837］定邑穆氏梓蔭堂刻本
  線裝4冊；26釐米

Sinica 698
詳目：
・清真原始闡義：卷一
・清真性理闡義：卷二、三
・清真典禮闡義：卷四
・清真紀錄闡義：卷五、六

啟蒙要略/（清）王守謙編
  清道光二十年[1840]刻本（牛街厚德堂馬宅藏板）
  線裝2冊；26釐米
  Sinica 689
  詳目：
  ・清真大學：一卷/（明）王岱輿撰

・禮書五功義：一卷/（清）劉智撰
  版心、封面題名《五功釋義》

回回原來：一卷/（清）□□撰
  清道光二十四年[1844]毗陵寶善堂沈氏刻本
  線裝1冊；26釐米
  又名《清真教淵源考錄》
  Sinica 699

教款捷要：不分卷/（清）馬伯良撰
  清刻本
  線裝1冊；26釐米
  Sinica 700

集部

楚辭類

楚辭：十七卷 /（戰國）屈原撰；（漢）王逸章句；（宋）洪興祖補注
  清同治十一年[1872]金陵書局刻本
  線裝4冊；29釐米
  Backhouse 101

楚辭：十七卷 /（戰國）屈原撰；（漢）王逸章句；（宋）洪興祖補注
  清刻本
  線裝4冊；25釐米
  據清同治十一年[1872]金陵書局本覆刻
  Sinica 6085

楚辭集注：八卷辯證二卷後語六卷 /（宋）朱熹撰
  明萬曆梅墅石渠閣刻本
  線裝5冊；25釐米
  Backhouse 191

楚辭集注：八卷總評一卷 /（宋）朱熹撰；（明）沈雲翔輯評
  清聽雨齋刻朱墨印本（寶仁堂藏板）
  線裝6冊；27釐米
  Sinica 561

楚辭：八卷末一卷 /（清）屈復新集註
  清道光二十一年[1841]刻本（福文堂藏板）
  線裝4冊；17釐米
  Sinica 174

楚辭天問箋：一卷 /（清）丁晏撰
  清光緒廣雅書局刻本
  線裝1冊；30釐米
  Sinica 4504

楚詞釋：十一卷 /（清）王闓運注
  清光緒十二年[1886]成都尊經書院刻民國三十一年[1942]重印本
  線裝2冊；27釐米
  Sinica 3136

楚詞釋：十一卷 /（清）王闓運注
  清光緒二十七年[1901]衡陽刻本
  洋裝（原線裝）1冊；28釐米
  Sinica 6054

離騷注：一卷 /（清）王樹柟撰
  清光緒新城王氏文莫室刻本
  線裝1冊：圖；30釐米
  Sinica 4503

別集類

漢魏六朝別集之屬

陶淵明文集：十卷 /（晉）陶潛撰
  清嘉慶十二年[1807]丹徒魯銓刻本
  線裝4冊；36釐米
  據汲古閣影宋鈔本摹刻
  Backhouse 430

梁昭明太子集：一卷 /（南朝梁）蕭統撰
  明末婁東張溥刻漢魏六朝百三名家集本

洋裝1冊（原線裝2冊）；25釐米
Sinica 3181

唐五代別集之屬

李太白全集：十六卷年譜一卷/（唐）李白撰；（清）李調元，（清）鄧在珩編訂並編年譜

　　清道光十三年[1833]序刻本
　　線裝6冊；26釐米
　　朱筆評點
　　有"俞大縝印""獨夽（慎獨）"印記
　　Sinica 2605

李翰林集：三十卷李集札記一卷/（唐）李白撰；劉世珩撰札記

　　清宣統元年[1909]貴池劉氏玉海堂刻1980年揚州江蘇廣陵古籍刻印社重印本
　　線裝10冊；29釐米
　　據宋咸淳本影刻
　　Sinica 3189

集千家註杜工部詩集：二十卷文集二卷附錄一卷/（唐）杜甫撰；（元）高楚芳編

　　明刻本
　　線裝24冊；28釐米
　　Backhouse 595

杜工部集：二十卷/（唐）杜甫撰；（明）王世貞等評

　　清光緒二年[1876]粵東翰墨園刻六色套印本
　　線裝10冊；30釐米

有"東西書屋關場氏收藏之印"印記
　　Sinica 2681

杜工部集：二十卷/（唐）杜甫撰；（清）錢謙益箋註；（清）何焯評點

　　清宣統二年[1910]上海集成圖書公司鉛印本
　　線裝4冊；26釐米
　　Backhouse 190

唐陸宣公集：二十二卷/（唐）陸贄撰

　　清雍正元年[1723]年羹堯奉敕校刻本
　　線裝12冊；27釐米
　　Backhouse 513

唐陸宣公集：二十二卷/（唐）陸贄撰

　　清同治五年[1866]善化楊岳斌問竹軒家塾刻本
　　線裝6冊；27釐米
　　有"益興（？）書籍"印記
　　Backhouse 204

朱文公校昌黎先生文集：四十卷外集十卷集傳一卷遺文一卷/（唐）韓愈撰；（宋）朱熹考異；（宋）王伯大音釋；（明）朱吾弼重編；（明）王國楠等校

　　明萬曆三十三年[1605]序朱崇沐刻本（金陵光裕堂藏板）
　　線裝24冊；28釐米
　　有"修汲圖書""其生父（甫）""江""橄舫"印記
　　Backhouse 588

昌黎先生詩集注：十一卷/（唐）韓愈撰；
（清）朱彝尊，（清）何焯評；（清）顧嗣
立删補
　　清道光二十五年[1845]賡德堂刻朱
墨印本
　　線裝4冊；30釐米
　　據清顧氏秀野草堂本重刻
　　有"當湖朱善旂建卿父珍藏"印記
　　Backhouse 75

韓子粹言：一卷/（唐）韓愈撰；（清）李
光地選
　　清刻本
　　線裝4冊；27釐米
　　Sinica 2844

白香山詩長慶集：二十卷後集十七卷別
集一卷補遺二卷年譜一卷年譜舊本一卷/
（唐）白居易撰；（清）汪立名校並撰年
譜；（宋）陳振孫撰年譜舊本
　　清康熙四十一年至四十二年[1702—
1703]古歙汪氏一隅草堂刻本
　　線裝12冊；24釐米
　　Backhouse 91

柳文：四十三卷別集二卷外集二卷附錄
一卷年譜一卷/（唐）柳宗元撰；（唐）劉
禹錫編；（宋）穆脩訂；（清）楊季鸞重
校；（宋）文安禮撰年譜
　　清同治七年[1868]柳氏祠堂補刻本
（本祠藏板）
　　線裝8冊；27釐米
　　有"湘鄉陳氏懷栢齋主人""叔蓭"
印記

Backhouse 3

唐柳河東集：四十五卷外集五卷遺文一
卷附錄一卷/（唐）柳宗元撰；（明）蔣之
翹輯注
　　明崇禎六年[1633]檇李蔣氏三徑草
堂刻韓柳全集本
　　線裝12冊；26釐米
　　Backhouse 106

宋別集之屬

范文正公集：十二卷附錄七卷/（宋）范仲
淹撰
　　明萬曆三十六年[1608]松江府推官
毛一鷺刻二范全集本
　　線裝20冊；27釐米
　　Backhouse 408

司馬溫公文集：八十二卷/（宋）司馬光撰
　　明崇禎元年[1628]吳時亮平陽府
刻本
　　線裝24冊；27釐米
　　Backhouse 389

宋黃文節公文集：三十二卷外集二十四卷
別集十九卷首四卷/（宋）黃庭堅撰.黃青
社先生伐檀集：二卷/（宋）黃庶撰
　　清乾隆三十年[1765]寧州緝香堂
刻本
　　線裝32冊；28釐米
　　Backhouse 626

山谷詩集注：二十卷外集詩註十七卷別

集詩註二卷/（宋）黄庭堅撰；（宋）任淵，（宋）史容，（宋）史季温注

　　清光緒二十一年至二十六年[1895—1900]義寧陳三立刻1993年北京中國書店重印本（殘損版以影印本配補配）

　　線裝16冊；30釐米

　　Sinica 3747

楊龜山先生集：四十二卷首一卷末一卷/（宋）楊時撰

　　清光緒九年[1883]古燕張國正延平府刻本

　　線裝10冊；像；26釐米

　　有"不求甚解""如南山之壽""礦堂藏書"印記

　　Sinica 3089

毘陵集：十六卷/（宋）張守撰

　　清刻本

　　線裝3冊；25釐米

　　據清武英殿聚珍書本翻刻

　　Sinica 6612

晦庵先生朱文公文集：一百卷目録二卷續集十一卷別集十卷/（宋）朱熹撰

　　清道光三十年[1850]陝西關中書院刻本

　　線裝64冊；24釐米

　　據明嘉靖十一年[1532]刻本重刻

　　Backhouse 105

象山先生全集：三十六卷校勘署一卷/（宋）陸九淵撰；（清）李紱評點；（清）陸恭祖編校勘署

　　清同治十年[1871]大儒家廟刻校勘署光緒七年[1881]義里素位堂補刻本

　　線裝12冊；像；26釐米

　　Sinica 3065

元別集之屬

楚國文憲公雪樓程先生文集：三十卷附録一卷/（元）程鉅夫撰；（元）程大本編.楚國文憲公雪樓程先生年譜：一卷/（元）程世京編

　　清宣統二年至民國十四年[1910—1925]陽湖陶氏涉園刻1986年北京中國書店重印本（殘損版以油印本補配）

　　線裝8冊；29釐米

　　據明洪武二十八年[1395]與畊書堂刻本影刻

　　Sinica 2851

明別集之屬

薛文清先生全集：五十三卷/（明）薛瑄撰；（明）趙訥編

　　明隆慶萬曆間趙氏刻本

　　線裝20冊；28釐米

　　書品劣

　　Backhouse 417

陽明先生文録：五卷外集九卷別録十卷/（明）王守仁撰；（明）錢德洪等編

　　明嘉靖十四年[1535]聞人詮姑蘇刻後印本

　　線裝24冊；29釐米

　　Backhouse 428

弇州山人四部稿：一百七十四卷目錄十二卷/（明）王世貞撰
　　明萬曆五年［1577］世經堂刻本
　　線裝64冊；30釐米
　　Backhouse 382

屠先生評釋謀野集：四卷/（明）王穉登撰；（明）屠隆評釋
　　明萬曆建陽書林熊體忠刻本
　　洋裝（原線裝）1冊；27釐米
　　封面題名《鐫屠赤水評釋王百穀謀野集》
　　封面有"宏遠堂熊雲濱重校梓行"一行；屠隆序後有"歙邑黃鈐刻"一行；書後有"閩庠生熊體忠蓋卿甫校梓"一行
　　版心下有刻工名
　　Sinica 30

四然齋藏稿：十卷續稿不分卷/（明）黃體仁撰
　　明萬曆三十六年［1608］續稿四十年［1612］序刻本
　　線裝16冊；27釐米
　　Backhouse 409

睡庵稿：文集二十五卷詩集十一卷/（明）湯賓尹撰
　　明萬曆刻本（山笑堂藏板）
　　線裝12冊；27釐米
　　Backhouse 439

岱宗藏稿：五十卷/（明）楊夢袞撰
　　明萬曆四十三年［1615］序秣陵廣慶堂刻本
　　線裝24冊；27釐米
　　Backhouse 589

劉子全書遺編：二十四卷/（明）劉宗周撰；（清）沈復粲輯
　　清道光三十年［1850］刻光緒十八年［1892］補刻本
　　線裝10冊：像；25釐米
　　Sinica 3086

史忠正公集：四卷首一卷末一卷/（明）史可法撰；（清）史山清編
　　清刻本（教忠堂藏板）
　　線裝2冊；26釐米
　　Sinica 566

返生香：一卷/（明）葉小鸞撰
　　清光緒二十二年［1896］羊城葉氏秋夢盦刻本
　　線裝1冊；28釐米
　　又名《疏香閣遺集》
　　Backhouse 640

清別集之屬

錢牧齋文鈔：不分卷/（清）錢謙益撰
　　清宣統元年［1909］上海國學扶輪社鉛印本
　　線裝4冊；26釐米
　　Backhouse 209

初學集：二十卷/（清）錢謙益撰；（清）錢曾箋註.牧翁先生年譜：一卷/（清）葛萬里撰

清宣統三年[1911]上海國學扶輪社石印本
> 線裝12冊；26釐米
> 封面題名《錢牧齋詩集》
> Backhouse 189

顧亭林先生詩箋注：十七卷校補一卷詩譜一卷/（清）顧炎武撰；（清）徐嘉注並編詩譜；（清）李詳，（清）段朝端撰校補
> 清光緒二十三年[1897]徐氏味靜齋刻本
> 洋裝1冊（原線裝6冊）；28釐米
> 有"王崇武藏書"印記
> Sinica 6056

春酒堂文集：一卷/（清）周容撰
> 清宣統二年[1910]上海國學扶輪社鉛印本
> 線裝1冊；26釐米
> Backhouse 208

二曲集：四十六卷/（清）李顒撰
> 清光緒三年[1877]石泉彭懋謙重刻本
> 線裝16冊；27釐米
> Sinica 2833

二曲全集：二十六卷.四書反身錄：八卷首一卷/（清）李顒撰
> 清光緒二十六年[1900]湖南湘陰奎樓蔣氏小鄔嬛山館重校刻本
> 洋裝2冊（原線裝12冊）；24釐米
> 有"石榮暲蓉城僊館藏書"印記
> Sinica 5952

翁山文外：十六卷/（清）屈大均撰
> 清宣統二年[1910]上海國學扶輪社鉛印本
> 線裝5冊；26釐米
> Backhouse 210

聊齋文集：二卷/（清）蒲松齡撰
> 清宣統二年[1910]上海國學扶輪社鉛印本（三版）
> 線裝2冊；26釐米
> Backhouse 206

御製文集：四十卷總目五卷第二集五十卷總目六卷第三集五十卷總目六卷/（清）聖祖玄燁撰；（清）康熙五十年[1711]張玉書等奉敕編.御製文第四集：三十六卷總目四卷/（清）聖祖玄燁撰；（清）雍正十年[1732]允祿等奉敕編
> 清內府刻本
> 線裝56冊；28釐米
> Backhouse 43

又一部
> 存五十六卷（第二集五十卷總目六卷）
> 線裝12冊
> Backhouse 97

學齋詩集：四卷.棗花莊錄稿：一卷.芥舟集：一卷.蒹葭書屋詩：一卷/（清）喬崇烈撰
> 清康熙刻民國重印本
> 線裝7冊；28釐米
> Sinica 2529

板橋詩鈔：三卷詞鈔一卷小唱一卷題畫一卷家書一卷/（清）鄭燮著

清乾隆司徒文膏刻本（玉書樓藏板）
線裝4册；22釐米
有"祖壽"印記
Sinica 2777

小倉山房尺牘：八卷/（清）袁枚撰
清刻本
缺一卷（卷三）
線裝8册；14釐米
袖珍本
Sinica 406

紀文達公遺集：十六卷/（清）紀昀撰
清末刻本
線裝12册；26釐米
據清嘉慶十七年[1812]孫樹馥刻本覆刻
粵東雙門底全經閣發兑
有"鎔經鑄史齋"印記
Sinica 2825

樂善堂全集：四十卷目錄四卷/（清）高宗弘曆撰
清刻本
線裝24册；28釐米
有"傳家之寶""惟精惟一""乾隆宸翰"印記
Backhouse 95

御製文初集：三十卷目錄二卷/（清）高宗弘曆撰；（清）乾隆二十八年[1763]于敏中等奉敕編
清刻本
線裝16册；29釐米

有"乾""隆"印記
Backhouse 96

御製漁樵二十詠：不分卷/（清）高宗弘曆撰
清乾隆劉綸鈔本
折裝1册；10釐米
MS.Backhouse 11 = Arch.O.f.2

廣輿吟稿：六卷/（清）宋思仁撰
清乾隆刻本
線裝1册；24釐米
Sinica 672

惜抱先生尺牘：八卷/（清）姚鼐撰
清宣統元年[1909]小萬柳堂刻1986年北京中國書店重印本（缺頁以油印本補配）
線裝4册；29釐米
Sinica 2849

孫淵如先生全集/（清）孫星衍撰
清光緒二十年[1894]湖南思賢書局刻本
線裝10册；27釐米
Sinica 6163
詳目：
· 芳茂山人文集
  ◦ 問字堂集：六卷贈言一卷/（清）
     錢大昕撰贈言
  ◦ 岱南閣集：二卷
  ◦ 平津館文稿：二卷
  ◦ 五松園文稿：一卷
  ◦ 嘉穀堂集：一卷

·芳茂山人詩錄
  ◦澄清堂詩稿：二卷
  ◦澄清堂續稿：一卷
  ◦濟上停雲集：一卷
  ◦租船詠史集：一卷
  ◦冶城絜養集：二卷
  ◦冶城遺集：一卷
  ◦冶城集補遺：一卷
  ◦附長離閣集：一卷/（清）王采薇撰

惲子居文鈔：四卷/（清）惲敬撰
  清宣統二年[1910]上海國學扶輪社石印本
  線裝4冊；26釐米
  Backhouse 12

借菴詩鈔：六卷/（清）釋清恒撰
  清道光九年[1829]序刻本
  存三卷（卷一至三，有缺）
  線裝1冊；29釐米
  Sinica 604

鐵橋漫稿：八卷/（清）嚴可均撰
  清光緒十一年[1885]長洲蔣氏心矩齋重刻本
  線裝4冊；27釐米
  Sinica 4798/1-4

鑑止水齋集：二十卷/（清）許宗彥撰
  清咸豐八年[1858]許延縠重刻本
  線裝6冊；26釐米
  Sinica 4794

養一齋文集：二十卷/（清）李兆洛撰
  清光緒四年[1878]刻本
  線裝8冊；25釐米
  有"莊元淦印""新齋""嘉定莊氏第九世孫元淦之印""練水莊氏安道堂珍藏""新齋""元淦""新齋""元淦""新齋""元""淦""琴心"等印記
  Sinica 6116

小謨觴館詩集注：八卷詩續集注二卷文集注四卷文續集注二卷詩餘附錄注一卷/（清）彭兆蓀撰；（清）孫元培，（清）孫長熙注
  清光緒二十年[1894]錢塘汪大鈞刻1986年北京中國書店重印本
  線裝10冊；26釐米
  Sinica 2806

增評寄嶽雲齋試體詩選：四卷/（清）聶銑敏撰；（清）朱兆鳳評
  清合益堂刻本
  線裝2冊；18釐米
  Sinica 176

衍石齋記事藁：十卷/（清）錢儀吉撰
  清道光十四年[1834]嘉興錢氏刻本
  線裝5冊；26釐米
  有"雙清堂"等印記
  Sinica 2861

東洲艸堂文鈔：二十卷/（清）何紹基撰.附眠琴閣遺文：一卷遺詩二卷/（清）何慶涵撰.浣月樓遺詩：二卷/（清）李楣撰
  清光緒刻本
  線裝6冊；27釐米

Sinica 4795

紅樓夢賦：一卷/（清）沈謙撰
    清道光二十六年［1846］刻本（眠琴書屋藏板）
    洋裝（原線裝）1冊；24釐米
    芸香堂發兌
    Sinica 301

插花窗詩草：六卷賦草二卷詩草補遺一卷/（清）楊昌光撰
    清道光六年［1826］刻本（龍山書屋藏板）
    線裝4冊；18釐米
    Sinica 577

寸知堂遺草：一卷/（清）梁翰撰
    清道光二十六年［1846］佛山梁九圖十二石山齋編刻本
    線裝1冊；29釐米
    Sinica 264

倭文瑞公遺書：八卷首二卷末一卷/（清）倭仁撰
    清光緒元年［1875］六安求我齋刻本
    洋裝1冊（原線裝4冊）；25釐米
    Sinica 6851

邵亭遺文：八卷/（清）莫友芝撰
    清中後期刻本
    線裝1冊；30釐米
    Sinica 4856

胡文忠公遺集：八十六卷/（清）胡林翼撰；（清）鄭敦謹，（清）曾國荃編輯
    清同治六年［1867］黃鶴樓刻本
    線裝32冊；25釐米
    Sinica 3183

吳可讀文集：四卷/（清）吳可讀撰；（清）郭嵐，（清）李崇洸編；（清）楊慶生箋注
    清光緒三十四年［1908］上海集成圖書公司鉛印本
    精裝（原平裝）1冊；22釐米
    封面題名《吳柳堂先生文集》
    Backhouse 670

西隃山房集/（清）馮志沂撰
    清咸豐同治間洪洞董麟刻本
    洋裝1冊（原線裝2冊）；25釐米
    Sinica 6638
    詳目：
    ·微尚齋詩集初編：四卷.微尚齋詩續集：二卷
    清咸豐十一年［1861］刻本
    ·適適齋文集：二卷
    清同治八年［1869］刻本

遜學齋詩鈔：十卷續鈔五卷.遜學齋文鈔：十二卷續鈔五卷/（清）孫衣言撰
    清同治三年［1864］文鈔十二年［1873］刻本
    線裝12冊：像；29釐米
    Sinica 2704

廣經室文鈔：一卷/（清）劉恭冕撰
    清光緒十五年［1889］廣雅書局刻本
    線裝1冊；30釐米

Sinica 4861

李文忠公全集：六種一百六十五卷/（清）
李鴻章撰；（清）吳汝綸編
    清光緒三十四年［1908］金陵刻本
    線裝100冊；28釐米
    Sinica 2738
    詳目：
    ・李文忠公奏稿：八十卷
    ・李文忠公朋僚函稿：二十卷
    ・李文忠公譯署函稿：二十卷
    ・李文忠公遷移鹽池口教堂函稿：一卷
    ・李文忠公海軍函稿：四卷
    ・李文忠公電稿：四十卷

張廉卿先生文集：八卷/（清）張裕釗撰
    清宣統元年［1909］成都五色古文山房刻本
    線裝4冊；25釐米
    有"主□齋""文（？）氏家藏""□穌""聘臣經眼"等印記
    Sinica 3126

志遠堂文集：十卷/（清）鄒鍾撰
    清光緒十二年［1886］山東省城德華堂王少南刻1987年北京中國書店印本（殘損版以油印本補配）
    線裝4冊；29釐米
    Sinica 2880

拙尊園叢稿：六卷/（清）黎庶昌撰
    清光緒十九年［1893］上海醉六堂石印本
    線裝2冊；29釐米

Sinica 6058

偶齋詩草：內集八卷內次集十卷外集八卷外次集十卷/（清）寶廷撰
    清光緒三十一年［1905］刻1993年北京中國書店重印本（殘損版以影印本補配）
    線裝10冊；29釐米
    Sinica 3753

吳摯甫詩集：一卷/（清）吳汝綸撰
    清宣統二年［1910］上海國學扶輪社石印本
    線裝1冊；26釐米
    Backhouse 207b

吳摯甫文集：四卷附錄一卷/（清）吳汝綸撰
    清宣統二年［1910］上海國學扶輪社石印本
    線裝5冊；26釐米
    Backhouse 207a

面城精舍襍文：甲編一卷乙編一卷/（清）羅振玉撰
    清光緒刻本
    線裝1冊；27釐米
    Sinica 2702

汪精衛先生文集/汪精衛著
    清宣統二年（天運庚戌）［1910］上海三民公司鉛印本
    精裝（原平裝）1冊（217頁）：像；18釐米
    Sinica 6830

總集類

類編之屬

建安七子集/(清)楊逢辰編
清光緒十六年[1890]長沙楊氏坦園刻本
線裝1冊；28釐米
Sinica 4515
詳目：
- 孔文舉集：一卷/(漢)孔融撰
- 陳孔璋集：一卷/(漢)陳琳撰
- 王仲宣集：一卷/(漢)王粲撰
- 徐偉長集：一卷/(漢)徐幹撰
- 阮元瑜集：一卷/(漢)阮瑀撰
- 應德璉集：一卷/(漢)應瑒撰
- 劉公幹集：一卷/(漢)劉楨撰

漢魏六朝一百三家集/(明)張溥輯
清光緒五年[1879]彭懋謙信述堂刻本
洋裝20冊（原線裝100冊）；26釐米
書名據總目著錄
又名《漢魏六朝百三家集》
Sinica 6158
詳目：
- 賈長沙集：一卷/(漢)賈誼撰
- 司馬文園集：一卷/(漢)司馬相如撰
- 董膠西集：一卷/(漢)董仲舒撰
- 東方大中集：一卷/(漢)東方朔撰
- 漢褚先生集：一卷/(漢)褚少孫撰
- 王諫議集：一卷/(漢)王襃撰
- 漢劉子政集：一卷/(漢)劉向撰
- 揚侍郎集：一卷/(漢)揚雄撰
- 漢劉子駿集：一卷/(漢)劉歆撰
- 馮曲陽集：一卷/(漢)馮衍撰
- 班蘭臺集：一卷/(漢)班固撰
- 東漢崔亭伯集：一卷/(漢)崔駰撰
- 張河間集：二卷/(漢)張衡撰
- 東漢李蘭臺集：一卷/(漢)李尤撰
- 東漢馬季長集：一卷/(漢)馬融撰
- 東漢荀侍中集：一卷/(漢)荀悅撰
- 蔡中郎集：二卷/(漢)蔡邕撰
- 東漢王叔師集：一卷/(漢)王逸撰
- 孔少府集：一卷/(漢)孔融撰
- 諸葛丞相集：一卷/(三國蜀)諸葛亮撰
- 魏武帝集：一卷/(三國魏)曹操撰
- 魏文帝集：二卷/(三國魏)曹丕撰
- 陳思王集：二卷/(三國魏)曹植撰
- 陳記室集：一卷/(漢)陳琳撰
- 王侍中集：一卷/(漢)王粲撰
- 魏阮元瑜集：一卷/(漢)阮瑀撰
- 魏劉公幹集：一卷/(漢)劉楨撰
- 魏應德璉集：一卷/(漢)應瑒撰
- 魏應休璉集：一卷/(魏)應璩撰
- 阮步兵集：一卷/(三國魏)阮籍撰
- 嵇中散集：一卷/(三國魏)嵇康撰
- 魏鍾司徒集：一卷/(三國魏)鍾會撰
- 晉杜征南集：一卷/(晉)杜預撰
- 晉荀公曾集：一卷/(晉)荀勗撰
- 傅鶉觚集：一卷/(晉)傅玄撰
- 晉張司空集：一卷/(晉)張華撰
- 孫馮翊集：一卷/(晉)孫楚撰
- 晉摯太常集：一卷/(晉)摯虞撰
- 晉束廣微集：一卷/(晉)束晳撰
- 夏侯常侍集：一卷/(晉)夏侯湛撰
- 潘黃門集：一卷/(晉)潘岳撰

- 傅中丞集：一卷/（晉）傅咸撰
- 潘太常集：一卷/（晉）潘尼撰
- 陸平原集：二卷/（晉）陸機撰
- 陸清河集：二卷/（晉）陸雲撰
- 晉成公子安集：一卷/（晉）成公綏撰
- 晉張孟陽集：一卷/（晉）張載撰
- 晉張景陽集：一卷/（晉）張協撰
- 晉劉越石集：一卷/（晉）劉琨撰
- 郭弘農集：二卷/（晉）郭璞撰
- 晉王右軍集：二卷/（晉）王羲之撰
- 晉王大令集：一卷/（晉）王獻之撰
- 晉孫廷尉集：一卷/（晉）孫綽撰
- 陶彭澤集：一卷/（晉）陶潛撰
- 宋何衡陽集：一卷/（南朝宋）何承天撰
- 宋傅光祿集：一卷/（南朝宋）傅亮撰
- 宋謝康樂集：二卷/（南朝宋）謝靈運撰
- 顏光祿集：一卷/（南朝宋）顏延之撰
- 鮑參軍集：二卷/（南朝宋）鮑照撰
- 宋袁陽源集：一卷/（南朝宋）袁淑撰
- 謝法曹集：一卷/（南朝宋）謝惠連撰
- 謝光祿集：一卷/（南朝宋）謝莊撰
- 南齊竟陵王集：二卷/（南朝齊）蕭子良撰
- 王文憲集：一卷/（南朝齊）王儉撰
- 王寧朔集：一卷/（南朝齊）王融撰
- 謝宣城集：一卷/（南朝齊）謝朓撰
- 齊張長史集：一卷/（南朝齊）張融撰
- 南齊孔詹事集：一卷/（南朝齊）孔稚珪撰
- 梁武帝御製集：一卷/（南朝梁）高祖蕭衍撰
- 梁昭明太子集：一卷/（南朝梁）蕭統撰
- 梁簡文帝御製集：二卷/（南朝梁）太宗蕭綱撰
- 梁元帝集：一卷/（南朝梁）世祖蕭繹撰
- 江醴陵集：二卷/（南朝梁）江淹撰
- 沈隱侯集：二卷/（南朝梁）沈約撰
- 陶隱居集：一卷/（南朝梁）陶弘景撰
- 丘司空集：一卷/（南朝梁）丘遲撰
- 任中丞集：一卷/（南朝梁）任昉撰
- 王左丞集：一卷/（南朝梁）王僧孺撰
- 陸太常集：一卷/（南朝梁）陸倕撰
- 劉戶曹集：一卷/（南朝梁）劉峻撰
- 王詹事集：一卷/（南朝梁）王筠撰
- 劉秘書集：一卷/（南朝梁）劉孝綽撰
- 劉豫章集：一卷/（南朝梁）劉潛撰
- 劉庶子集：一卷/（南朝梁）劉孝威撰
- 庾度支集：一卷/（南朝梁）庾肩吾撰
- 何記室集：一卷/（南朝梁）何遜撰
- 吳朝請集：一卷/（南朝梁）吳均撰
- 陳後主集：一卷/（南朝陳）陳叔寶撰
- 徐僕射集：二卷/（南朝陳）徐陵撰
- 沈侍中集：一卷/（南朝陳）沈炯撰
- 江令君集：二卷/（南朝陳）江總撰
- 陳張散騎集：一卷/（南朝陳）張正見撰
- 高令公集：一卷/（北魏）高允撰
- 溫侍讀集：一卷/（北魏）溫子昇撰
- 邢特進集：一卷/（北齊）邢邵撰
- 魏特進集：一卷/（北齊）魏收撰
- 庾開府集：二卷/（北周）庾信撰
- 王司空集：一卷/（北周）王褒撰
- 隋煬帝集：一卷/（隋）楊廣撰
- 盧武陽集：一卷/（隋）盧思道撰

- 李懷州集：一卷/（隋）李德林撰
- 牛奇章集：一卷/（隋）牛弘撰
- 薛司隸集：一卷/（隋）薛道衡撰

六朝四家全集/（清）胡鳳丹編．附採輯歷朝詩話：一卷/（清）胡鳳丹輯．六朝四家全集辨訛考異：四卷/（清）胡鳳丹撰

清同治九年［1870］永康胡氏退補齋刻本

洋裝2冊（原線裝6冊）；26釐米

Sinica 6187

詳目：
- 陶彭澤集：六卷/（晉）陶潛撰
- 謝宣城集：五卷/（南朝齊）謝朓撰
- 鮑參軍集：二卷/（南朝宋）鮑照撰
- 庾開府集：二卷/（北周）庾信撰

韓柳二先生文集

明正統十三年［1448］書林王宗玉刻本（有抄配）

線裝22冊；30釐米

有"田偉後裔""伏侯在東精力所聚""荊州田氏藏書之印""潛叟秘籍"等印記

Backhouse 431

詳目：
- 朱文公校昌黎先生文集：四十卷外集十卷集傳一卷遺文一卷/（唐）韓愈撰；（宋）朱熹考異；（宋）王伯大音釋
- 增廣註釋音辯唐柳先生文集：四十三卷別集二卷外集二卷附錄一卷/（唐）柳宗元撰；（唐）童宗說注釋；（宋）張敦頤音辯；（宋）潘緯音義

序文、目錄、卷一、二係抄補

唐宋八大家文鈔/（明）茅坤編暨評

清康熙雲林大盛堂刻本

線裝40冊；26釐米

有"才子必讀書""太虛堂藏書"印記

Backhouse 170

詳目：
- 唐大家韓文公文鈔：十六卷/（唐）韓愈撰
- 唐大家柳柳州文鈔：十二卷/（唐）柳宗元撰
- 宋大家歐陽文忠公文鈔：三十二卷/（宋）歐陽修撰
- 宋大家蘇文忠公文鈔：二十八卷/（宋）蘇軾撰
- 宋大家蘇文公文鈔：十卷/（宋）蘇洵撰
- 宋大家蘇文定公文鈔：二十卷/（宋）蘇轍撰
- 宋大家曾文定公文鈔：十卷/（宋）曾鞏撰
- 宋大家王文公文鈔：六卷/（宋）王安石撰

附
- 歐陽文忠公五代史抄：三十卷/（宋）歐陽修撰

元白長慶集/（明）馬元調編

明萬曆松江馬氏刻本

線裝32冊；26釐米

Backhouse 522

詳目：
- 元氏長慶集：六十卷補遺六卷附錄一卷/(唐)元稹撰

明萬曆三十二年[1604]刻本
- 白氏長慶集：七十一卷附錄一卷/(唐)白居易撰

明萬曆三十四年[1606]刻本

唐人四集/(明)毛晉編

明崇禎虞山毛氏汲古閣刻本

線裝6冊；30釐米

有"懷遠樓祕笈之印""子孫寶之""懷東""□□子美(？)""青谷猨(？)""典肽(？)"等印記

Backhouse 477

詳目：
- 歌詩編：四卷集外詩一卷/(唐)李賀撰
- 唐英歌詩：三卷/(唐)吳融撰

清康熙四十一年[1702]洞庭席啟寓琴川書屋刻唐詩百名家集本
- 唐風集：三卷/(唐)杜荀鶴撰
- 竇氏聯珠集：一卷/(唐)竇常,(唐)竇牟,(唐)竇群,(唐)竇庠,(唐)竇鞏撰；(唐)褚藏言輯

中晚唐詩紀：六十二種/(清)龔賢編

清刻本(半畝園藏板)

存十二種

線裝14冊；26釐米

Backhouse 566

詳目：
- 張籍詩：一卷/(唐)張籍撰
- 李嘉祐集：二卷/(唐)李嘉祐撰
- 秦系詩：一卷/(唐)秦系撰
- 韓翃詩：一卷/(唐)韓翃撰
- 孟郊詩：一卷/(唐)孟郊撰
- 賈島詩：一卷/(唐)賈島撰
- 朱慶餘詩：一卷/(唐)朱慶餘撰
- 溫庭筠詩：一卷/(唐)溫庭筠撰
- 楊巨源詩：一卷/(唐)楊巨源撰
- 楊衡詩：一卷/(唐)楊衡撰
- 趙嘏詩：一卷/(唐)趙嘏撰
- 曹唐詩：一卷/(唐)曹唐撰

國朝詠物詩鈔：四種/(清)水燿編

清道光四年[1824]刻本(越城敬藝堂藏板)

線裝8冊；15釐米

Sinica 156

詳目：
- 梅村詠物詩鈔：二卷/(清)吳偉業撰
- 隨園詠物詩鈔：二卷/(清)袁枚撰
- 甌北詠物詩鈔：二卷/(清)趙翼撰
- 鼓人詠物詩鈔：二卷/(清)吳錫麒撰

乾坤正氣集：五百七十四卷首一卷/(清)姚瑩,(清)顧沅,(清)潘錫恩編

清道光二十八年[1848]涇縣潘氏袁江節署刻後印本

洋裝41冊(原線裝200冊)；27釐米

Sinica 6155

詳目：
- 楚辭：五卷/(戰國)屈原撰
- 孔北海集：一卷/(漢)孔融撰
- 嵇中散集：九卷/(魏)嵇康撰
- 張司空集：一卷/(晉)張華撰
- 郭景純集：二卷/(晉)郭璞撰

- 袁忠憲集：一卷/(南朝宋)袁淑撰
- 李北海集：六卷/(唐)李邕撰
- 顏魯公文集：十四/(唐)顏真卿撰
- 司空表聖集：四卷/(唐)司空圖撰
- 忠愍集：一卷/(宋)李若水撰
- 傅忠肅集：一卷/(宋)傅察撰
- 宗忠簡公集：四卷/(宋)宗澤撰
- 忠正德文集：八卷/(宋)趙鼎撰
- 陳修撰集：四卷/(宋)陳東撰
- 高東溪集：一卷/(宋)高登撰
- 歐陽修撰集：三卷/(宋)歐陽澈撰
- 岳忠武王集：八卷/(宋)岳飛撰
- 竹林愚隱集：一卷/(宋)胡夢昱撰
- 楳野集：十一卷/(宋)徐元杰撰
- 蒙川遺稿：一卷/(宋)劉黻撰
- 文山先生全集：十卷/(宋)文天祥撰
- 陸忠烈公書：一卷/(宋)陸秀夫撰
- 謝疊山先生文集：四卷/(宋)謝枋得撰
- 郝文忠公集：二十五卷/(元)郝經撰
- 惟實集：二卷/(元)劉鶚撰
- 青陽先生文集：五卷/(元)余闕撰
- 羽庭集：四卷/(元)劉仁本撰
- 師山先生文集：九卷/(元)鄭玉撰
- 戴九靈集：十九卷/(元)戴良撰
- 王忠文公集：二十卷/(明)王褘撰
- 練中丞金川集：一卷/(明)練子寧撰
- 遜志齋集：二十二卷/(明)方孝孺撰
- 芻蕘集：六卷/(明)周德撰
- 程巽隱先生文集：二卷/(明)程本立撰
- 易齋集：一卷/(明)劉璟撰
- 致身錄：一卷/(明)史仲彬撰
- 于忠肅公集：四卷/(明)于謙撰
- 張文僖集：一卷/(明)張益撰
- 劉兩谿文集：二十卷/(明)劉球撰
- 周忠愍公垂光集：二卷/(明)周璽撰
- 立齋遺文集：四卷/(明)鄒智撰
- 青霞集：四卷/(明)沈鍊撰
- 桂洲文集：四卷/(明)夏言撰
- 楊忠愍公集：二卷/(明)楊繼盛撰
- 高子遺書：六卷/(明)高攀龍撰
- 趙忠毅公文集：十八卷/(明)趙南星撰
- 熊襄愍公文集：七卷/(明)熊廷弼撰
- 徐念陽公集：八卷/(明)徐如珂撰
- 周忠愍奏疏：二卷/(明)周起元撰
- 楊忠烈公文集：五卷/(明)楊漣撰
- 左忠毅公集：三卷/(明)左光斗撰
- 周忠介公燼餘集：三卷/(明)周順昌撰
- 周忠毅公奏議：四卷/(明)周宗建撰
- 從野堂存稿：五卷/(明)繆昌期撰
- 落落齋遺集：六卷/(明)李應昇撰
- 黃忠端公集：三卷/(明)黃尊素撰
- 藏密齋集：七卷/(明)魏大中撰
- 盧忠肅公文集：二卷/(明)盧象昇撰
- 鹿忠節公集：二十一卷/(明)鹿善繼撰
- 范文忠集：九卷/(明)范景文撰
- 倪文正集：四卷/(明)倪元璐撰
- 凌忠介公文集：二卷/(明)凌義渠撰
- 吳忠節公遺集：二卷/(明)吳麟徵撰
- 周文忠公集：四卷/(明)周鳳翔撰
- 劉文烈公集：一卷/(明)劉理順撰
- 申端愍公集：一卷/(明)申佳胤撰
- 金忠潔公集：二卷/(明)金鉉撰
- 賀文忠公集：四卷/(明)賀逢聖撰

- 史忠正公集：四卷/（明）史可法撰
- 瑤光閣集：十卷/（明）黃端伯撰
- 左忠貞公文集：八卷/（明）左懋第撰
- 王節愍公遺集：二卷/（明）王道焜撰
- 劉子文編：十卷/（明）劉宗周撰
- 祁忠惠公遺集：八卷/（明）祁彪佳撰
- 陳忠裕全集：十卷/（明）陳子龍撰
- 仍貽堂集：二卷/（明）侯峒曾撰
- 陶菴文集：十卷/（明）黃淳耀撰
- 谷簾先生遺書：三卷/（明）黃淵耀撰
- 葛中翰集：三卷/（明）葛麟撰
- 金太史集：九卷/（明）金聲撰
- 溫寶忠先生遺稿：十卷/（明）溫璜撰
- 樓山堂集：十八卷/（明）吳應箕撰
- 白谷集：四卷/（明）孫傳庭撰
- 堵文忠公集：六卷/（明）堵胤錫撰
- 王季重先生文集：四卷/（明）王思任編
- 黃石齋先生集：十六卷/（明）黃道周撰
- 四明先生遺集：一卷/（明）錢肅樂撰
- 蓮鬚閣集：六卷/（明）黎遂球撰
- 影園集：一卷/（明）鄭元勳選
- 江止庵遺集：八卷/（明）江天一撰
- 郝太僕遺集：一卷/（明）郝景春撰
- 陳忠簡公遺集：三卷/（明）陳子壯撰
- 王少司馬奏疏：二卷/（明）王家楨撰
- 賜誠堂文集：六卷/（明）管紹寧撰
- 陳巖野先生集：三卷/（清）陳邦彥撰
- 張閣學文集：二卷/（明）張煌言撰
- 瞿忠宣公集：八卷/（明）瞿式耜撰
- 夏節愍公集：四卷/（明）夏完淳撰
- 蔡忠恪公語錄：一卷/（明）蔡懋德撰
- 高陽文集：三卷/（明）孫承宗撰
- 觀復堂集：二卷/（明）朱集璜撰

石蓮盦彙刻九金人集：十種/（清）吳重熹輯

清光緒海豐吳氏刻本
洋裝7册（原線裝28册）；27釐米
Sinica 6617
詳目：
- 拙軒集：六卷補遺一卷/（金）王寂撰

清光緒二十年[1894]信陽刻本
- 閑閑老人滏水文集：二十卷附錄一卷滏水集校札記二卷/（金）趙秉文撰；（清）吳重熹撰札記

清光緒二十九年[1903]湖北刻本
- 滹南遺老王先生文集：四十五卷續一卷/（金）王若虛撰

清光緒十二年[1886]陳州刻本
- 莊靖先生遺集：十卷/（金）李俊民撰

清光緒十六年[1890]開封刻本
- 元遺山先生集：四十卷附錄一卷補載一卷/（金）元好問撰；（清）張穆校．附元遺山先生年譜：一卷/（清）施國祁撰．元遺山先生年譜：二卷/（清）凌廷堪撰．元遺山先生年譜：一卷/（清）翁方綱撰

清光緒三十一年[1905]江寧刻本
- 遺山先生新樂府：五卷補遺一卷/（金）元好問撰；（清）華希閔原校；（清）張穆重校

清光緒三十一年[1905]江寧刻本
- 續夷堅志：四卷/（金）元好問纂；（清）張穆校
- 蕭閑老人明秀集注：六卷（原缺卷一至三）補遺一卷/（金）蔡松年

撰；（金）魏道明注

清光緒三十年[1904]江寧刻本

· 二妙集：八卷逸文一卷/（金）段成己，（金）段克己撰

清光緒三十二年[1906]江寧刻本

· 天籟集：二卷摭遺一卷/（元）白樸撰

清光緒三十一年[1905]江寧刻本

唐人五十家小集/（清）江標輯

清光緒二十一年[1895]元和江氏湖南使院刻本

洋裝3冊（原線裝16冊）；27釐米

據南宋陳道人刻本影刻

Sinica 5986

詳目：

· 王勃集：二卷/（唐）王勃撰
· 楊炯集：二卷/（唐）楊炯撰
· 盧照鄰集：二卷/（唐）盧照鄰撰
· 駱賓王集：二卷/（唐）駱賓王撰
· 唐司空文明詩集：三卷/（唐）司空曙撰
· 李端詩集：三卷/（唐）李端撰
· 耿湋詩集：一卷/（唐）耿湋撰
· 嚴維詩集：一卷/（唐）嚴維撰
· 唐靈一詩集：一卷/（唐）釋靈一撰
· 唐皎然詩集：一卷/（唐）釋皎然撰
· 華陽真逸詩：二卷/（唐）顧況撰
· 戎昱詩集：一卷/（唐）戎昱撰
· 戴叔倫集：二卷/（唐）戴叔倫撰
· 權德輿集：二卷/（唐）權德輿撰
· 羊士諤詩集：一卷/（唐）羊士諤撰
· 呂衡州詩集：一卷/（唐）呂溫撰
· 朱慶餘詩集：一卷/（唐）朱慶餘撰
· 劉滄詩集：一卷/（唐）劉滄撰
· 盧仝詩集：三卷/（唐）盧仝撰
· 喻鳧詩集：一卷/（唐）喻鳧撰
· 項斯詩集：一卷/（唐）項斯撰
· 唐求詩集：一卷/（唐）唐求撰
· 曹鄴詩集：二卷/（唐）曹鄴撰
· 崔塗詩集：一卷/（唐）崔塗撰
· 張蠙詩集：一卷/（唐）張蠙撰
· 劉駕詩集：一卷/（唐）劉駕撰
· 唐李推官披沙集：六卷/（唐）李咸用撰
· 劉叉詩集：三卷/（唐）劉叉撰
· 蘇拯詩集：一卷/（唐）蘇拯撰
· 章孝標詩集：一卷/（唐）章孝標撰
· 于濆詩集：一卷/（唐）于濆撰
· 李丞相詩集：二卷/（南唐）李建勳撰
· 唐女郎魚玄機詩：一卷/（唐）魚玄機撰
· 唐貫休詩集：一卷/（唐）釋貫休撰
· 唐齊己詩集：一卷/（唐）釋齊己撰
· 僧無可詩集：二卷/（唐）釋無可撰
· 劉兼詩集：一卷/（唐）劉兼撰
· 王周詩集：一卷/（南唐）王周撰
· 儲嗣宗詩集：一卷/（唐）儲嗣宗撰
· 章碣詩集：一卷/（唐）章碣撰
· 李遠詩集：一卷/（唐）李遠撰
· 會昌進士詩集：一卷/（唐）馬戴撰
· 林寬詩集：一卷/（唐）林寬撰
· 羅鄴詩集：一卷/（唐）羅鄴撰
· 秦韜玉詩集：一卷/（唐）秦韜玉撰
· 殷文珪詩集：一卷/（唐）殷文珪撰
· 唐尚顏詩集：一卷/（唐）釋尚顏撰
· 于武陵詩集：一卷/（唐）于武陵撰
· 無名氏詩集：一卷/（唐）□□撰
· 張司業樂府集：一卷/（唐）張籍撰

通代之屬

文選：六十卷/（南朝梁）蕭統編；（唐）李善注
  明成化二十三年[1487]唐藩刻本
  線裝60冊；28釐米
  據元張伯顏本重刻
  Backhouse 383

六家文選：六十卷/（南朝梁）蕭統編；（唐）李善，（唐）呂延濟，（唐）劉良，（唐）張銑，（唐）呂向，（唐）李周翰注
  明嘉靖二十八年[1549]吳郡袁褧嘉趣堂刻本
  線裝60冊；31釐米
  有"恭邸藏書""隨齋秘笈""草梗齋""錫晉齋印"印記
  Backhouse 239

文選：六十卷/（南朝梁）蕭統編；（明）張鳳翼纂註
  明萬曆八年[1580]刻本
  線裝12冊；28釐米
  有"潘印祖蔭""伯寅"印記
  Backhouse 470

文選：十二卷音注十二卷/（南朝梁）蕭統編；（明）吳近仁撰音注
  明萬曆二十三年[1595]晉陵吳近仁刻本
  線裝12冊；28釐米
  有朱筆批點
  有"廣川""宋弼""河上草廬"印記
  Backhouse 157

文選：六十卷/（南朝梁）蕭統編；（唐）李善注；（清）何焯評；（清）葉樹藩參訂
  清乾隆三十七年[1772]長洲葉氏海錄軒刻朱墨印本
  線裝12冊；30釐米
  有"海錄軒""長州葉氏圖書"印記
  Backhouse 308

文選：六十卷/（南朝梁）蕭統編；（唐）李善注；（清）何焯評；（清）葉樹藩參訂
  清刻本
  線裝12冊；29釐米
  據清乾隆三十七年[1772]長洲葉氏海錄軒刻朱墨印本覆刻
  Backhouse 438

文選：六十卷考異十卷/（南朝梁）蕭統編；（唐）李善注；（清）胡克家撰考異
  清嘉慶十四年[1809]鄱陽胡氏刻本
  線裝32冊；28釐米
  有"沈氏十二子""臣宗疇""熙彥印信""説經堂圖書印""留耕草堂""宗疇芷房""雪白之性""番禺沈氏金石書畫之章""潛修齋藏""番禺沈氏""乙丑生"等印記
  據宋淳熙尤袤刊本影刻
  Sinica 2699
又一部
  28釐米
  Sinica 4505

文選：六十卷考異十卷/（南朝梁）蕭統編；（唐）李善注；（清）胡克家撰考異
  清光緒十八年[1892]上海古香閣石

印本
　　洋裝2冊（原線裝6冊）；21釐米
　　Sinica 6078

文選箋證：三十二卷/（清）胡紹煐撰
　　清光緒二十九年［1903］貴池劉世珩校刻1981年江蘇廣陵古籍刻印社補刻重印本
　　線裝16冊；27釐米
　　Sinica 3202

文苑英華：一千卷/（宋）太平興國七年［982］李昉等奉敕編纂
　　明隆慶元年［1567］胡維新、戚繼光福州刻隆慶六年［1572］、萬曆六年［1578］、萬曆三十六年［1608］遞修本
　　線裝120冊；27釐米
　　有"長沙陶澍""賜書樓陶氏之記""資江陶氏雲汀藏書""印心石屋主人而眉龐而髯長仙心儒素而佛腸手此一卷烏奕書香"印記
　　Backhouse 269

樂府詩集：一百卷目錄二卷（原缺卷六十九至七十六）/（宋）郭茂倩編
　　清同治十三年［1874］湖北崇文書局刻本
　　線裝15冊；27釐米
　　Sinica 2774

回文類聚：四卷/（宋）桑世昌編.回文類聚續編：十卷.織錦回文圖：一卷/（清）朱象賢編
　　清刻本（麟玉堂藏板）

　　線裝4冊：圖；28釐米
　　Sinica 462

新刊迂齋先生標注崇古文訣：三十五卷/（宋）樓昉編
　　明嘉靖松陵吳邦楨等校刻本
　　線裝12冊；28釐米
　　有"玖聃""侯官楊浚""内史之章""朱印樫之""帝里師模""金氏仁父""元齡私印""晉安何氏珍存""太倉金氏家藏"印記
　　Backhouse 469

古文苑：二十一卷/（宋）章樵注
　　清光緒十二年［1886］浙江書局刻本
　　洋裝1冊（原線裝4冊）；25釐米
　　Sinica 6082

選詩補註：八卷補遺二卷續編四卷/（元）劉履撰
　　明嘉靖刻本
　　線裝10冊；30釐米
　　又名《風雅翼》
　　有"謝于道印""謝于道印""字敏公"印記
　　Backhouse 573

諸儒箋解古文真寶：前集十卷後集十卷/（元）黃堅輯；（明）神宗朱翊鈞增補
　　明萬曆十一年［1583］司禮監刻本（有抄配）
　　線裝12冊；34釐米
　　Backhouse 568

文翰類選大成：一百六十三卷/（明）李伯璵編
  明嘉靖二十五年［1546］淮藩重校刻本
  線裝160冊；26釐米
  Backhouse 570

古今濡削選章：四十卷/（明）李國祥編
  明萬曆二十九年［1601］序刻本
  線裝32冊；27釐米
  Backhouse 433

續文選：三十二卷/（明）湯紹祖撰
  明萬曆三十年［1602］序希貴堂刻本
  線裝12冊；27釐米
  有"何承薰字蘭""華陽曾氏家藏"印記
  Backhouse 198

八代詩乘：四十七卷/（明）梅鼎祚編
  明萬曆三十四年［1606］刻本（有抄配）
  線裝24冊；25釐米
  有"有懷堂圖書印"等印記
  Backhouse 407

名世文宗：三十卷/（明）胡時化選輯；（明）陳仁錫訂正
  明崇禎元年［1628］序刻本
  線裝16冊；28冊
  有"呂氏書巢珍藏""呂煇私印"等印記
  Backhouse 387

奇賞齋古文彙編：二百三十六卷/（明）陳仁錫編
  明崇禎七年［1634］序刻本
  線裝90冊；28釐米
  有"果親王府圖書記"印記
  Backhouse 396

鼎鍥京本大全音註古文真鐸：八卷/□□編
  明萬曆元年［1573］書林黃直齋刻本
  存四卷（卷五至八）
  線裝1冊；24釐米
  Sinica 4882

天下才子必讀書：十五卷末一卷/（清）金人瑞編
  清末上海有正書局鉛印本
  線裝6冊；27釐米
  Backhouse 148

古文析義：十六卷/（清）林雲銘評註
  清康熙五十五年［1716］序刻本（寶經堂藏板）
  線裝16冊；27釐米
  封面題名《增訂古文析義》
  Sinica 146

古文析義：十四卷/（清）林雲銘評註
  清乾隆二十六年［1761］聚錦堂刻本
  線裝8冊；23釐米
  封面題名《增訂古文析義全編》
  版心下題"聚錦"兩字
  Backhouse 136

古文淵鑒：六十四卷/（清）康熙二十四年
[1685]徐乾學等奉敕編並注
  清刻五色套印本
  線裝28冊；28釐米
  Sinica 6019

古文淵鑒：六十四卷/（清）康熙二十四年
[1685]徐乾學等奉敕編並注
  清刻五色套印本
  線裝31冊；29釐米
  缺二卷（卷一、二）
  有"仲子鴻鈞""寶國之後""潞河張氏珍賞""潞河張錦堂藏書畫印"印記
  Backhouse 236

御定歷代賦彙：一百四十卷目錄二卷外集二十卷逸句二卷/（清）康熙四十五年[1706]陳元龍奉敕編
  清內府刻本
  線裝50冊；28釐米
  Backhouse 299

憑山閣增輯留青新集：三十卷/（清）陳枚選輯；（清）陳德裕增輯
  清刻本（福文堂藏板）
  線裝20冊；18釐米
  Sinica 179

古唐詩合解：唐詩十二卷古詩四卷/（清）王堯衢撰
  清寶文堂刻本
  線裝6冊；25釐米
  封面題"寶文堂梓行"；版心下或有"寶翰樓""慎遠堂"字樣
  Sinica 563

古唐詩合解：唐詩十二卷古詩四卷/（清）王堯衢撰
  清刻本（永安堂藏本）
  線裝5冊；17釐米
  Sinica 173

御選唐宋詩醇：四十七卷目錄二卷/（清）高宗弘曆編
  清乾隆二十五年[1760]刻朱墨印本（珊城遺安堂藏板）
  線裝24冊；27釐米
  Backhouse 177

御選唐宋文醇：五十八卷/（清）高宗弘曆編
  清刻四色套印本
  線裝24冊；26釐米
  Backhouse 186

忠雅堂評選四六法海：八卷/（清）蔣士銓評選
  清光緒十五年[1889]雲林閣刻朱墨印本
  線裝8冊；21釐米
  有"善揚"印記
  Sinica 2780

七十家賦鈔：六卷札記六卷/（清）張惠言輯
  清光緒二十三年[1897]江蘇書局刻本
  線裝5冊；25釐米
  Sinica 3127

集部 | 295

全上古三代秦漢三國六朝文：七百四十一卷/(清)嚴可均編
    清光緒黃岡王毓藻廣州刻本
    線裝80冊；31釐米
    Backhouse 411
又一部
    後印本
    線裝100冊；30釐米
    Backhouse 86

繙譯合璧古文：[滿漢對照]：十六卷/(清)孟保譯
    清咸豐元年[1851]序刻本
    線裝15冊；25釐米
    Backhouse 344
又一部
    26釐米
    Backhouse 345

檄文雜錄：不分卷/(清)□□編
    清咸豐抄本
    線裝1冊；24釐米
    MS.Chin.d.29

續古文辭類纂：三十四卷/(清)王先謙編
    清光緒八年[1882]長沙王氏虛受堂刻本
    線裝8冊；25釐米
    Sinica 2799

八代文粹：二百二十卷目錄十八卷/(清)簡燊,(清)陳崇哲輯
    清光緒十一年[1885]富順敓雋堂刻本

    線裝60冊；26釐米
    有"馮氏""穗知所藏"印記
    Backhouse 298

涵芬樓古今文鈔：一百卷/(清)吳曾祺編
    清宣統二年[1910]上海商務印書館鉛印本
    線裝100冊；21釐米
    Backhouse 80

重訂古文釋義新編：八卷/(清)余誠評註；(清)余芝參閱
    清宣統三年[1911]上海書局鉛印本
    線裝4冊；26釐米
    Sinica 6836

斷代之屬

漢鐃歌釋文箋正：一卷/(清)王先謙撰
    清同治十一年[1872]長沙王氏虛受堂刻本
    線裝1冊；27釐米
    Sinica 4024

漢詩統箋：四卷/(清)陳本禮撰
    清嘉慶十七年[1812]、十九年[1814]序刻陳氏裛露軒叢書本
    線裝2冊；29釐米
    封面題名《漢樂府三歌牋註》《急就探奇》
    Sinica 4025

重校正唐文粹：一百卷/(宋)姚鉉編
    明嘉靖三年[1524]姑蘇徐焴刻本

線裝24冊；27釐米
有"溧陽于氏印波藏書印""弘齋世藏圖籍""南樓張氏藏書"印記
Backhouse 461

唐文粹：一百卷/（宋）姚鉉編
明嘉靖七年［1528］晉藩養德書院刻本
線裝24冊；31釐米
Backhouse 121

箋註唐賢絕句三體詩法：二十卷/（宋）周弼選；（元）釋圓至註
明萬曆火錢刻本
存六卷（卷十五至二十）
線裝1冊；28釐米
Sinica 28

唐雅：二十六卷/（明）張之象編
明嘉靖二十年［1541］序刻本
線裝20冊；27釐米
Backhouse 509

唐詩類苑：二百卷/（明）張之象編
明萬曆二十九年［1601］梁谿曹仁孫刻本
線裝48冊；30釐米
Backhouse 397

全唐詩：九百卷/（清）康熙四十四年［1705］曹寅等奉敕編
清康熙四十六年［1707］内府刻本
線裝120冊；25釐米
Backhouse 160

全唐詩：九百卷/（清）康熙四十四年［1705］曹寅等奉敕編
清光緒十三年［1887］上海同文書局石印本
洋裝8冊（原線裝32冊）；20釐米
Sinica 6312

御選唐詩：三十二卷補編一卷目錄三卷/（清）康熙五十二年［1713］陳廷敬等奉敕編並注
清内府刻本
線裝15冊；27釐米
有朱筆評點
有"體元主人""萬幾餘暇""國子監印"印記
Backhouse 525

唐詩別裁集引典備註：二十卷/（清）沈德潛編；（清）俞汝昌注
清刻本（資善堂藏板）
線裝12冊；24釐米
Backhouse 35

唐詩三百首註釋：六卷/（清）孫洙編；（清）章燮注. 唐詩三百首續選：一卷/（清）于慶元編
清光緒二十年［1894］京都文成堂刻本
線裝8冊；24釐米
Backhouse 348
又一部
缺一卷（卷六）
線裝7冊
Sinica 2581

集 部 | 297

欽定全唐文：一千卷總目三卷/（清）嘉慶十九年［1814］董誥等奉敕編
  清內府刻本
  線裝640冊；29釐米
  有"書業德記發兌"印記
  Backhouse 305

唐詩五言排律金針：八卷杜少陵七言排律一卷/（清）鄭雲峰評註
  清道光三年［1823］刻本（德經堂藏板）
  線裝1冊（原2冊）；18釐米
  Sinica 305

宋文鑑：一百五十卷目錄三卷/（宋）呂祖謙編
  明嘉靖初刻本
  線裝60冊；25釐米
  有"紅欄書屋""淮陰胡氏家藏""遂性草堂胡氏所藏""讀書爲善作人家""南清河胡氏遂性草堂鑑藏金石書畫印""養德書院之記"印記
  Backhouse 574

校正重刊官板宋朝文鑑：一百五十卷目錄三卷/（宋）呂祖謙編
  明萬曆刻本
  線裝24冊；26釐米
  Backhouse 179

三蘇先生文粹：七十卷/（宋）蘇洵，（宋）蘇軾，（宋）蘇轍撰；（宋）□□編
  明嘉靖刻本
  線裝20冊；27釐米
  有"楝亭曹氏藏書"印記
  Backhouse 474

合諸名家評註三蘇文定：十八卷/（宋）蘇洵，（宋）蘇軾，（宋）蘇轍撰；（明）楊慎編
  明崇禎五年［1632］序刻本
  線裝16冊；27釐米
  Backhouse 142

宋人策論：［滿漢對照］：不分卷/（清）□□譯
  清抄本
  線裝2冊；28釐米
  MS.Backhouse 5

國朝駢體正宗：十二卷/（清）曾燠編
  清光緒十三年［1887］上海蜚英館影印本
  線裝6冊；20釐米
  Sinica 3943

國朝文匯：甲前集二十卷甲集六十卷乙集七十卷丙集三十卷丁集二十卷附姓氏目錄/（清）沈粹芬等編
  清宣統元年［1909］上海國學扶輪社石印本
  線裝101冊；20釐米
  Backhouse 82

郡邑之屬

國朝畿輔詩傳：六十卷/（清）陶樑編
  清刻本

存三十卷（卷三十一至六十）
線裝8冊；28釐米
Backhouse 352

津門詩鈔：三十卷/（清）梅成棟編
清道光四年［1824］序刻1991年北京中國書店重印本（殘損版以影印本補配）
線裝10冊；29釐米
Sinica 3714

吳中女士詩鈔：十種/（清）任兆麟編
清乾隆五十四年［1789］刻本
線裝2冊；25釐米
又名《吳中十子詩鈔》
Sinica 562
詳目：
·清溪詩稿：一卷/（清）張允滋撰
又名《潮生閣詩稿》
·兩面樓詩稿：一卷/（清）張芬撰
·賞奇樓蠹餘稿：一卷/（清）陸瑛撰
·琴好樓小製：一卷/（清）李嫩撰
·采香樓詩集：一卷/（清）席蕙文撰
·修竹廬吟稿：一卷/（清）朱宗淑撰
·青藜閣詩集：一卷詞一卷/（清）江珠撰
·翡翠樓詩集：一卷詞一卷/（清）沈纕撰
·曉春閣詩稿：一卷/（清）尤澹仙撰
·停雲閣詩稿：一卷/（清）沈持玉撰
附
·翡翠林閨秀雅集：一卷/（清）任兆麟輯
·簫譜：一卷/（清）任兆麟撰

金華詩錄：六十卷外集六卷別集四卷/（清）朱琰等編
清光緒九年［1883］胡鳳丹退補齋重刻1991年北京中國書店重印本（殘損版以影印本補配）
線裝20冊；29釐米
Sinica 3707

西泠五布衣遺箸：八種/（清）丁丙編
清同治光緒間錢唐丁氏當歸草堂刻本
線裝8冊；24釐米
Sinica 2826
詳目：
·臨江鄉人詩：四卷/（清）吳穎芳撰
清同治十年［1871］刻本
·臨江鄉人集拾遺：一卷/（清）吳穎芳撰；（清）吳象乾輯
清光緒六年［1880］刻本
·硯林詩集：四卷/（清）丁敬撰
清同治十年［1871］刻本
·硯林集拾遺：一卷三丁詩文拾遺一卷/（清）丁敬撰；（清）丁健輯
清光緒六年［1880］刻本
·硯林印款：一卷/（清）丁敬撰
清光緒六年［1880］刻本
·冬心先生集：四卷續集一卷拾遺一卷三體詩一卷自度曲一卷雜著六卷隨筆一卷/（清）金農撰
清同治七年［1868］刻續集光緒四年［1878］刻拾遺自度曲六年［1880］刻雜著隨筆九年［1883］刻本
·柳州遺稾：二卷/（清）魏之琇撰
清同治十一年［1872］刻本

· 冬花庵燼餘稾：三卷/（清）奚岡撰

清同治十一年［1872］刻本

又一部

12冊；25釐米

Sinica 2827

西泠五布衣遺箸：七種/（清）丁丙編

清同治光緒間錢唐丁氏當歸草堂刻後印本

線裝1冊（原線裝4冊）；25釐米

Sinica 6653

詳目：

· 冬花庵燼餘稾：三卷/（清）奚岡撰

清同治十一年［1872］刻本

· 樊榭山房集外詩：三卷/（清）厲鶚撰

清同治十三年［1874］刻本

· 半巖廬遺詩：一卷/（清）邵懿辰撰

· 臨江鄉人詩：四卷/（清）吳穎芳撰

清同治十年［1871］刻本

· 柳州遺稾：二卷/（清）魏之琇撰

清同治十一年［1872］刻本

· 硯林詩集：四卷/（清）丁敬撰

清同治十年［1871］刻本

· 冬心先生集：四卷續集一卷三體詩一卷自度曲一卷雜著六卷隨筆一卷/（清）金農撰

清同治七年［1868］刻續集光緒四年［1878］刻自度曲六年［1880］雜著隨筆九年［1883］刻本

氏族之屬

寧都三魏全集：八十三卷/（清）林時益編

清康熙易堂刻本

線裝28冊；27釐米

有"日月堂""吾廬長子名士樹別號耕廉"等印記

Backhouse 390

詳目：

· 魏伯子文集：十卷/（清）魏際瑞撰

· 魏叔子文集外篇：二十二卷．魏叔子日錄：三卷．魏叔子詩集：八卷/（清）魏禧撰

· 魏季子文集：十六卷/（清）魏禮撰附

· 魏興士文集：六卷/（清）魏世傑撰

封面題名《梓室文稿》

· 魏昭士文集：十卷/（清）魏世傚撰

封面題名《耕廡文稿》

· 魏敬士文集：八卷/（清）魏世儼撰

封面題名《爲谷文稿》

馬佳氏詩存：三種/（清）□□編

清光緒二十七年［1901］刻本

線裝5冊；29釐米

Backhouse 220

詳目：

· 晉齋詩存：二卷/（清）昇寅撰

· 味經書屋詩存：一卷/（清）寶珣撰

· 知足知不足齋詩存：一卷/（清）寶琳撰

吳興長橋沈氏家集：五種/（清）沈家本編

清光緒吳興沈氏刻1990年北京中國書店重印本（殘損版以影印本補配）

線裝6冊；29釐米

Sinica 3719

詳目：

- 韻香廬詩鈔：一卷附錄一卷/（清）沈國治撰
- 蓼庵手述：一卷/（清）沈鏡原撰
- 春星草堂集/（清）沈炳瑩撰
  ○ 春星草堂集：文二卷詩五卷/（清）沈炳瑩撰
  ○ 讀吳詩隨筆：二卷/（清）沈炳瑩撰
  ○ 星匏館隨筆：十二卷/（清）沈炳瑩撰

  清光緒三十四年[1908]刻本
  ○ 貴陽官文書偶存：一卷/（清）沈炳瑩撰
- 松桂林草：二卷/（清）沈家霖撰

  清光緒三十四年[1908]刻本
- 看山樓草：二卷/（清）沈彥模撰

  清光緒三十四年[1908]刻本

酬唱之屬

鄧林唱和詩詞/（清）陳潛編

清宣統元年[1909]江浦陳氏刻本
洋裝（原線裝）1冊；27釐米
Sinica 3168
詳目：
- 雙硯齋詩鈔：一卷詞鈔一卷/（清）鄧廷楨撰
- 雲左山房詩鈔：一卷詩餘一卷/（清）林則徐撰

題詠之屬

百美新詠：題詞一卷新詠一卷集詠一卷圖傳一卷/（清）顏希源撰；（清）王翽繪

清嘉慶十年[1805]跋刻本（集腋軒藏板）

線裝2冊：圖；28釐米
Sinica 2109

又一部
後印本
26釐米
Sinica 158

尺牘之屬

賴古堂名賢尺牘新鈔：十二卷/（清）周亮工撰

清宣統元年[1909]上海賴古堂鉛印本
線裝7冊；21釐米
有"念茲行一"印記
Backhouse 370

昭代名人尺牘：二十四卷小傳二十四卷/（清）吳修編

清光緒三十四年[1908]上海集古齋石印本
線裝26冊；30釐米
Backhouse 312

胭脂牡丹：六卷/（清）王德寬編

清道光十九年[1839]刻本（澆書攤飯處藏板）
線裝6冊；18釐米
Sinica 421

江湖尺牘：四卷.分韻撮要字彙：四卷/（清）溫儀鳳編

清道光二十年[1840]刻本（振元堂

藏板）

存四卷（江湖尺牘卷一、二，分韻撮要字彙卷一、二）

線裝1冊；18釐米

Sinica 431

江湖尺牘：四卷.分韻撮要字彙：四卷/（清）溫儀鳳編

清道光二十三年[1843]同墨堂刻本（省城翰經堂藏板）

線裝2冊；18釐米

Sinica 139

管注秋水軒尺牘：四卷/（清）許思湄著；（清）婁世瑞注釋；（清）管斯駿補注

清光緒十四年[1888]上海簡玉山房刻朱墨印本

線裝4冊；17釐米

Sinica 3859

三名臣書牘：四卷/（清）曾國藩，（清）胡林翼，（清）左宗棠撰；（清）何天柱編

清光緒三十四年[1908]上海廣智書局鉛印本（第二版）

洋裝1冊（原平裝4冊）；22釐米

Backhouse 213b

吳摯甫尺牘：五卷補遺一卷.諭兒書：一卷/（清）吳汝綸撰

清宣統二年[1910]上海國學扶輪社石印本

線裝1冊；26釐米

Backhouse 207c

歷代名人書札：二卷/（清）吳曾祺編

清光緒三十四年[1908]上海商務印書館鉛印本

線裝2冊；21釐米

Backhouse 24b

昭代名人尺牘續集：二十四卷續集小傳二十四卷/（清）陶湘編

清宣統三年[1911]武進陶氏涉園石印本

洋裝4冊（原線裝12冊）；27釐米

有"王崇武""王崇武藏書"印記

Sinica 6304

謠諺之屬

古謠諺：一百卷/（清）杜文瀾輯

清咸豐十一年[1861]曼陀羅華閣刻本

洋裝5冊（原線裝16冊）；24釐米

Sinica 6046

課藝之屬

名公翰墨林：四卷/（明）虞邦譽彙輯

明萬曆建陽書林余象箕校刻本

存二卷（卷一、二）

洋裝（原線裝）1冊；26釐米

Sinica 62

彙選上下繁科題：不分卷

明末刻本

洋裝（原線裝）1冊；27釐米

Sinica 54

[四書程式墨卷]：六卷
　　刻本
　　線裝3冊；27釐米
　　此書爲明萬曆建陽書林余氏刻《兩京傳鍥王家批選鄉會指南百家評林正式四書程墨會元全》等書之散葉彙編
　　Sinica 20
又一部
　　1冊
　　Sinica 21
又一部
　　1冊
　　Sinica 22

[四書文墨卷]：不分卷
　　明末抄本
　　1卷；24釐米
　　此書爲以《孟子》爲題的應試文章，一篇題爲《塡然鼓之》，一篇題爲《智譬則巧也》；後一篇有缺
　　Sinica 42 = Or.long.D.139

本朝小題行遠集：六卷/（清）何焯編
　　清雍正二年[1724]序長洲何氏義門書塾刻本
　　線裝20冊；24釐米
　　Sinica 140

欽定四書文：四十一卷/（清）乾隆五年[1740]弘晝等奉敕編
　　清内府刻本
　　存二十四卷（化治六卷、正嘉六卷、隆萬六卷、啓禎六卷）
　　線裝9冊；28釐米
　　有"國子監八學官書""國子監印"印記
　　Backhouse 5

欽定本朝四書文：六卷/（清）乾隆五年[1740]弘晝等奉敕編
　　清刻本
　　線裝8冊；31釐米
　　據清内府本覆刻
　　Backhouse 63

詳註確辨初學玉壺冰：一卷/（清）吳肖元評選
　　清乾隆三十年[1765]文茂堂刻本
　　線裝4冊；23釐米
　　Sinica 132

四書姓氏題文：六卷/（清）褚邦慶編
　　清乾隆四十七年[1782]序刻本（賜綠堂藏板）
　　線裝5冊；24釐米
　　書名據目錄著錄
　　Sinica 300

天崇讀本百篇：五卷/（清）吳懋政編
　　清乾隆五十一年[1786]刻本（振賢堂藏板）
　　線裝2冊；23釐米
　　Sinica 257

帖式彙纂：三卷/（清）王景元撰
　　清乾隆五十三年[1788]刻本（上洋恒德堂藏板）
　　線裝2冊；21釐米

集 部 | 303

　　　　Sinica 428

青雲路：一卷/（清）鄭應元評選；（清）陳
□□鑒定；（清）吳懼宗註釋
　　清刻本（會文堂藏板）
　　線裝2冊；23釐米
　　　書名據板心著錄；封面題名《重訂青雲集註釋》
　　　Sinica 2953

學海堂集：十六卷/（清）阮元編．學海堂二集：二十二卷/（清）吳蘭修編．學海堂三集：二十四卷/（清）張維屏選
　　清道光五年［1825］二集十八年［1838］三集咸豐九年［1859］刻本（啟秀山房藏板）
　　線裝24冊；26釐米
　　Backhouse 94

詞館試律清華集：四卷/（清）蔣羲彬編
　　清道光九年［1829］刻本（會文堂藏板）
　　線裝4冊；19釐米
　　Sinica 177

初學登龍：四卷/（清）湯慶蓀編
　　清道光九年［1829］福文堂刻本
　　線裝4冊；23釐米
　　Sinica 141

分體利試詩法入門：十九卷/（清）鄭錫瀛撰
　　清咸豐九年［1859］刻本（通德堂藏板）
　　線裝6冊；18釐米
　　Backhouse 98

目耕齋初集：一卷/（清）沈叔眉選；（清）徐楷評註
　　清光緒十九年［1893］上海點石齋石印本
　　線裝1冊；15釐米
　　Backhouse 655

科名金鍼：不分卷/（清）毛昶熙編
　　清光緒元年［1875］刻本
　　線裝1冊；26釐米
　　Backhouse 44a

分韻試帖青雲集合註：四卷/（清）楊逢春編；（清）葉祺昌注
　　清光緒六年［1880］刻本（京都琉璃廠龍文閣藏板）
　　線裝4冊；23釐米
　　Backhouse 515

館律分韻初編：六卷/（清）延清撰
　　清光緒十八年［1892］延氏錦官堂石印本
　　線裝6冊；20釐米
　　Backhouse 172

應酬帖式彙選：八卷/（清）□□撰
　　清刻本
　　存二卷（革、木）
　　線裝1冊；16釐米
　　Sinica 427

歷科朝元卷：不分卷/（清）□□編
　　清末刻本
　　線裝2冊；26釐米

Backhouse 26

詩文評類

詩評之屬

歲寒堂詩話：一卷/（宋）張戒撰
　　清乾隆武英殿木活字印武英殿聚珍版書本
　　線裝1冊；27釐米
　　有"幽香書屋藏書印"印記
　　Sinica 2648

歲寒堂詩話：一卷/（宋）張戒撰
　　清乾隆杭州刻武英殿聚珍版書本
　　線裝1冊；23釐米
　　Sinica 559

漁洋詩話：二卷/（清）王士禛撰.附二十四詩品：一卷/（唐）司空圖撰
　　清道光十五年[1835]刻本（英德堂藏板）
　　洋裝1冊（原線裝2冊）；18釐米
　　Sinica 175

文評之屬

楊升菴先生批點文心雕龍：十卷/（南朝梁）劉勰撰；（明）楊慎批點；（明）梅慶生音註
　　明天啓二年[1622]序金陵聚錦堂刻本
　　線裝6冊；25釐米
　　卷一首頁版心下題"天啟二年梅子庚第六次校定藏板"
　　書品劣
　　有"萬山樓李印"等印記
　　Backhouse 440

文心雕龍：十卷/（南朝梁）劉勰撰；（清）黃叔琳注；（清）紀昀評
　　清道光十三年[1833]兩廣節署刻朱墨印本（粵東省城翰墨園藏板）
　　線裝4冊；29釐米
　　Backhouse 130

文章辨體：五十卷外集五卷/（明）吳訥編
　　明嘉靖刻本
　　線裝24冊；28釐米
　　Backhouse 399

四言句格：二卷/（清）畢華珍撰
　　清刻本
　　線裝1冊；23釐米
　　Sinica 522

制義叢話：二十四卷題名一卷/（清）梁章鉅撰
　　清末刻本
　　線裝8冊；26釐米
　　Sinica 6186

文法會同甲編：五卷/（清）劉金第編輯
　　清宣統元年[1909]上海中國圖書公司鉛印本
　　平裝1冊；22釐米
　　書皮有"中學師範國文參考書"字樣
　　Backhouse 639

集部 | 305

論文淺說：一卷續說一卷餘論四則一卷/□□撰
清刻本
線裝1冊；24釐米
Sinica 523

詞類

類編之屬

詞選七種
清光緒刻本
線裝4冊；27釐米
有"吳氏藏書"印記
Sinica 3073
詳目：
- 唐五代詞選：三卷/（清）成肇麐輯
- 宋四家詞選：一卷/（清）周濟輯
- 詞源：二卷/（宋）張炎撰
- 樂府指迷：一卷/（宋）沈義父撰
- 詞旨：一卷/（元）陸輔之撰
- 詞選：二卷附錄一卷/（清）張惠言輯；（清）鄭善長輯附錄
- 續詞選：二卷/（清）董毅輯

宋名家詞：六十一種/（明）毛晉輯
清光緒十四年［1888］錢塘汪氏刻本
線裝20冊；26釐米
據毛氏汲古閣本重校刻
Sinica 3091
詳目：
- 珠玉詞：一卷/（宋）晏殊撰
- 六一詞：一卷/（宋）歐陽修撰
- 樂章集：一卷/（宋）柳永撰
- 東坡詞：一卷/（宋）蘇軾撰
- 山谷詞：一卷/（宋）黃庭堅撰
- 淮海詞：一卷/（宋）秦觀撰
- 小山詞：一卷/（宋）晏幾道撰
- 東堂詞：一卷/（宋）毛滂撰
- 放翁詞：一卷/（宋）陸游撰
- 稼軒詞：四卷/（宋）辛棄疾撰
- 片玉詞：二卷補遺一卷/（宋）周邦彥撰
- 梅溪詞：一卷/（宋）史達祖撰
- 白石詞：一卷/（宋）姜夔撰
- 石林詞：一卷/（宋）葉夢得撰
- 酒邊詞：二卷/（宋）向子諲撰
- 溪堂詞：一卷/（宋）謝逸撰
- 樵隱詞：一卷/（宋）毛开撰
- 竹山詞：一卷/（宋）蔣捷撰
- 坦菴詞：一卷/（宋）趙師使撰
- 書舟詞：一卷/（宋）程垓撰
- 惜香樂府：十卷/（宋）趙長卿撰
- 西樵語業：一卷/（宋）楊炎正撰
- 竹屋癡語：一卷/（宋）高觀國撰
- 近體樂府：一卷/（宋）周必大撰
- 竹齋詩餘：一卷/（宋）黃機撰
- 夢窗詞藁：甲藁一卷乙藁一卷丙藁一卷丁藁一卷絕筆一卷補遺一卷/（宋）吳文英撰
- 金谷遺音：一卷/（宋）石孝友撰
- 散花菴詞：一卷/（宋）黃昇撰
- 和清真詞：一卷/（宋）方千里撰
- 後村別調：一卷/（宋）劉克莊撰
- 蘆川詞：一卷/（宋）張元幹撰
- 于湖詞：三卷/（宋）張孝祥撰
- 洺水詞：一卷/（宋）程珌撰
- 歸愚詞：一卷/（宋）葛立方撰

- 龍洲詞：一卷/(宋)劉過撰
- 初寮詞：一卷/(宋)王安中撰
- 龍川詞：一卷補一卷/(宋)陳亮撰
- 姑溪詞：一卷/(宋)李之儀撰
- 友古詞：一卷/(宋)蔡伸撰
- 海野詞：一卷/(宋)曾覿撰
- 石屏詞：一卷/(宋)戴復古撰
- 逃禪詞：一卷/(宋)楊无咎撰
- 空同詞：一卷/(宋)洪瑹撰
- 介菴詞：一卷/(宋)趙彥端撰
- 平齋詞：一卷/(宋)洪咨夔撰
- 文溪詞：一卷/(宋)李公昂撰
- 丹陽詞：一卷/(宋)葛勝仲撰
- 孏窟詞：一卷/(宋)侯寘撰
- 克齋詞：一卷/(宋)沈端節撰
- 芸窗詞：一卷/(宋)張榘撰
- 竹坡詞：三卷/(宋)周紫芝撰
- 聖求詞：一卷/(宋)呂濱老撰
- 壽域詞：一卷/(宋)杜安世撰
- 審齋詞：一卷/(宋)王千秋撰
- 東浦詞：一卷/(宋)韓玉撰
- 後山詞：一卷/(宋)陳師道撰
- 知稼翁詞：一卷/(宋)黃公度撰
- 無住詞：一卷/(宋)陳與義撰
- 蒲江詞：一卷/(宋)盧祖皋撰
- 琴趣外篇：六卷/(宋)晁補之撰
- 烘堂詞：一卷/(宋)盧炳撰

詞學叢書：六種/(清)秦恩復輯

清嘉慶道光間江都秦氏享帚精舍刻光緒六年[1880]邗江承啟堂重修本

洋裝3冊(原線裝10冊)；26釐米

Sinica 6591

詳目：

- 樂府雅詞：三卷拾遺二卷/(宋)曾慥編

清嘉慶二十一年[1816]刻本

- 陽春白雪：八卷外集一卷/(宋)趙聞禮編

清道光九年[1829]刻本

- 詞源：二卷/(宋)張炎撰

清道光八年[1828]刻本

- 日湖漁唱：一卷補遺一卷續補遺一卷/(宋)陳允平撰

清道光九年[1829]刻本

- 精選名儒草堂詩餘：三卷/(元)鳳林書院輯

清嘉慶十六年[1811]刻本

- 詞林韻釋：一卷/(宋)□□撰

清嘉慶十五年[1810]刻本

四印齋所刻詞：二十一種/(清)王鵬運輯

清光緒十四年[1888]臨桂王氏家塾刻本

洋裝4冊(原線裝17冊)；25釐米

Sinica 6592

詳目：

- 東坡樂府：二卷/(宋)蘇軾撰
- 稼軒長短句：十二卷/(宋)辛棄疾撰
- 雙白詞/(清)王鵬運輯
  ○ 白石道人詞集：三卷別集一卷/(宋)姜夔撰
  ○ 山中白雲詞：二卷補錄二卷續補一卷/(宋)張炎撰
- 詞旨：一卷/(元)陸輔之撰
- 漱玉詞：一卷補遺一卷附錄一卷/(宋)李清照撰
- 斷腸詞：一卷/(宋)朱淑真撰

- 詞林正韻：三卷發凡一卷/（清）戈載輯
- 陽春集：一卷補遺一卷/（南唐）馮延巳撰
- 東山寓聲樂府：一卷/（宋）賀鑄撰
- 東山寓聲樂府補鈔：一卷/（宋）賀鑄撰
- 南宋四名臣詞集：一卷/（清）王鵬運輯
  ○ 趙忠簡得全居士詞/（宋）趙鼎撰
  ○ 李莊簡詞/（宋）李光撰
  ○ 李忠定梁溪詞/（宋）李綱撰
  ○ 胡忠簡澹菴長短句/（宋）胡銓撰
- 梅溪詞：一卷/（宋）史達祖撰
- 花外集：一卷/（宋）王沂孫撰
- 樂府指迷：一卷/（宋）沈義父撰
- 天籟集：二卷/（元）白樸撰
- 蟻術詞選：四卷/（元）邵亨貞撰
- 花間集：十卷/（後蜀）趙崇祚輯
- 精選名賢詞話草堂詩餘：二卷/（宋）何士信輯；（□）□□注
- 清真集：二卷集外詞一卷/（宋）周邦彥撰
- 蕭閑老人明秀集注：六卷（原缺卷四至六）/（金）蔡松年撰；（金）魏道明注
- 附四印齋彙刻宋元三十一家詞/（清）王鵬運輯
  ○ 逍遙詞：一卷/（宋）潘閬撰
  ○ 筠谿詞：一卷/（宋）李彌遜撰
  ○ 栟櫚詞：一卷/（宋）鄧肅撰
  ○ 樵歌拾遺：一卷/（宋）朱敦儒撰
  ○ 梅詞：一卷/（宋）朱雍撰
  ○ 綺川詞：一卷/（宋）倪偁撰
  ○ 東溪詞：一卷/（宋）高登撰
  ○ 文定公詞：一卷/（宋）丘崈撰
  ○ 燕喜詞：一卷/（宋）曹冠撰
  ○ 梅山詞：一卷/（宋）姜特立撰
  ○ 拙庵詞：一卷/（宋）趙磻老撰
  ○ 宣卿詞：一卷/（宋）袁去華撰
  ○ 晦菴詞：一卷/（宋）李處全撰
  ○ 養拙堂詞：一卷/（宋）管鑑撰
  ○ 雙溪詩餘：一卷/（宋）王炎撰
  ○ 龍川詞補：一卷/（宋）陳亮撰
  ○ 龜峰詞：一卷/（宋）陳人傑撰
  ○ 梅屋詩餘：一卷/（宋）許棐撰
  ○ 秋崖詞：一卷/（宋）方岳撰
  ○ 碎錦詞：一卷/（元）李好古撰
  ○ 潛齋詞：一卷/（宋）何夢桂撰
  ○ 覆瓿詞：一卷/（宋）趙必瓛撰
  ○ 撫掌詞：一卷/（宋）□□撰；（宋）歐良輯
  ○ 章華詞：一卷/（宋）□□撰
  ○ 藏春樂府：一卷/（元）劉秉忠撰
  ○ 淮陽樂府：一卷/（元）張弘範撰
  ○ 樵菴詞：一卷/（元）劉因撰
  ○ 牆東詩餘：一卷/（元）陸文圭撰
  ○ 天游詞：一卷/（元）詹玉撰
  ○ 草廬詞：一卷/（元）吳澄撰
  ○ 五峰詞：一卷/（元）李孝光撰

景刊宋金元明本詞：四十種敘錄一卷/（清）吳昌綬輯；（清）陶湘續輯並撰敘錄

清宣統三年至民國六年［1911—1917］仁和吳氏雙照樓刻民國六年至十二年［1917—1923］武進陶氏涉園續刻本

洋裝7冊（原線裝32冊）；33釐米

與《景汲古閣鈔宋金詞七種》合印

Sinica 5993/1-7a
詳目:
仁和吳氏雙照樓景栞宋元本詞
・景宋金元明本詞敘錄：一卷/（清）
　陶湘撰
封面題名《景刊宋金元明本詞四十種敘錄》
・歐陽文忠公集近體樂府：三卷/
　（宋）歐陽修撰
清宣統三年[1911]據宋吉州本影刻
・醉翁琴趣外篇：六卷/（宋）歐陽修撰
據宋本影刻
・閑齋琴趣外篇：六卷/（宋）晁元禮撰
據宋本影刻
・晁氏琴趣外篇：六卷/（宋）晁補之撰
據宋本影刻
・酒邊集：一卷/（宋）向子諲撰
據宋本影刻
・蘆川詞：二卷/（宋）張元幹撰
民國元年[1912]據宋本影刻
・于湖居士文集樂府：四卷/（宋）張
　孝祥撰
民國四年[1915]據宋本影刻
・渭南文集詞：二卷/（宋）陸游撰
據宋本影刻
・重校鶴山先生大全文集長短句：三
　卷/（宋）魏了翁撰
據宋本影刻
・可齋雜稿詞：四卷續稿詞三卷/
　（宋）李曾伯撰
據宋本影刻
・石屏長短句：一卷/（宋）戴復古撰
據宋本影刻
・梅屋詩餘：一卷/（宋）許棐撰

據宋本影刻
・知常先生雲山集：一卷（卷三）/
　（元）姬翼撰
民國二年[1913]據元延祐本影刻
・花間集：十卷/（後蜀）趙崇祚輯
民國三年[1914]據明正德仿宋本影刻
・增修箋註妙選群英草堂詩餘：前
　集二卷後集二卷/（宋）□□輯；
　□□註
民國四年[1915]據明洪武遵正書堂本影刻
・中州樂府：一卷/（金）元好問輯
據元至大本影刻
・精選名儒草堂詩餘：三卷/（元）鳳
　林書院輯
據元本影刻
武進陶氏續刊景宋金元明本詞
・東山詞：殘一卷（存卷上）/（宋）賀
　鑄撰
據宋本影刻
・山谷琴趣外篇：三卷/（宋）黃庭堅撰
據宋本影刻
・詳註周美成詞片玉集：十卷/（宋）
　周邦彥撰；（宋）陳元龍集註
據宋本影刻
・稼軒詞：甲集一卷乙集一卷丙集一
　卷/（宋）辛棄疾撰
據宋本影刻
・稼軒長短句：十二卷/（宋）辛棄疾撰
據小草齋鈔本影刻
・于湖先生長短句：五卷拾遺一卷/
　（宋）張孝祥撰
據宋本影刻

・虛齋樂府: 二卷/(宋)趙以夫撰
據宋本影刻
・竹山詞: 一卷/(宋)蔣捷撰
據元抄本影刻
・後村居士集詩餘: 二卷/(宋)劉克莊撰
據宋本影刻
・秋崖先生小稿詞: 四卷/(宋)方岳撰
據元本影刻
・棲霞長春子丘神仙磻溪集詞: 一卷/(元)丘處機撰
據金本影刻
・二妙集樂府: 一卷/(金)段克己撰
即《遯菴樂府》
據元本影刻
・二妙集樂府: 一卷/(金)段成己撰
即《菊軒樂府》
據元本影刻
・遺山樂府: 三卷/(金)元好問撰
據明弘治高麗晉州本影刻
・松雪齋文集樂府: 一卷/(元)趙孟頫撰
據元本影刻
・靜修先生文集樂府: 一卷/(元)劉因撰
據元本影刻
・道園遺稿樂府: 一卷/(元)虞集撰
據元本影刻
・此山先生詩集樂府: 一卷/(元)周權撰
據元本影刻
・漢泉曹文貞公詩集樂府: 一卷/(元)曹伯啟撰
據元本影刻

・楚國文憲公雪樓程先生文集樂府: 一卷/(元)程鉅夫撰
據元本影刻
・秋澗先生大全文集樂府: 四卷/(元)王惲撰
據元本影刻
・絕妙詞選: 十卷/(宋)黃昇輯
據宋本影刻
・天下同文: 一卷/(元)□□輯
據明毛氏汲古閣鈔本影刻

景刊宋金元明本詞五十種/中國書店輯
清宣統三年[1911]至民國刻1981年北京中國書店合輯修補印本
　線裝32冊; 29釐米
　本書爲中國書店彙印《景刊宋金元明本詞四十種》《景刊宋金元明本詞補編三種》《景汲古閣鈔宋金詞七種》
　Sinica 3211
　詳目:
・景刊宋金元明本詞: 四十種敘錄一卷/(清)吳昌綬輯;(清)陶湘續輯並撰敘錄
清宣統三年至民國六年[1911—1917]仁和吳氏雙照樓刻民國六年至十二年[1917—1923]武進陶氏涉園續刻本
　。景宋金元明本詞敘錄: 一卷/(清)陶湘撰
封面題名《景刊宋金元明本詞四十種敘錄》
　。歐陽文忠公集近體樂府: 三卷/(宋)歐陽修撰
清宣統三年[1911]據宋吉州本影刻
　。醉翁琴趣外篇: 六卷/(宋)歐陽

修撰
據宋本影刻
。閑齋琴趣外篇：六卷/（宋）晁元
　　禮撰
據宋本影刻
。晁氏琴趣外篇：六卷/（宋）晁補
　　之撰
據宋本影刻
。酒邊集：一卷/（宋）向子諲撰
據宋本影刻
。蘆川詞：二卷/（宋）張元幹撰
民國元年［1912］據宋本影刻
。于湖居士文集樂府：四卷/（宋）
　　張孝祥撰
民國四年［1915］據宋本影刻
。渭南文集詞：二卷/（宋）陸游撰
據宋本影刻
。重校鶴山先生大全文集長短句：
　　三卷/（宋）魏了翁撰
據宋本影刻
。可齋雜稿詞：四卷續稿詞三卷/
　　（宋）李曾伯撰
據宋本影刻
。石屏長短句：一卷/（宋）戴復古撰
據宋本影刻
。梅屋詩餘：一卷/（宋）許棐撰
據宋本影刻
。知常先生雲山集：一卷（卷三）/
　　（元）姬翼撰
民國二年［1913］據元延祐本影刻
。花間集：十卷/（後蜀）趙崇祚輯
民國三年［1914］據明正德仿宋本
　　影刻
。增修箋註妙選群英草堂詩餘：前

集二卷後集二卷/（宋）□□
　　輯；□□註
民國四年［1915］據明洪武遵正書
堂本影刻
。中州樂府：一卷/（金）元好問輯
據元至大本影刻
。精選名儒草堂詩餘：三卷/（元）
　　鳳林書院輯
據元本影刻
。東山詞：殘一卷（存卷上）/（宋）
　　賀鑄撰
據宋本影刻
。山谷琴趣外篇：三卷/（宋）黃庭
　　堅撰
據宋本影刻
。詳註周美成詞片玉集：十卷/
　　（宋）周邦彥撰；（宋）陳元龍
　　集註
據宋本影刻
。稼軒詞：甲集一卷乙集一卷丙集
　　一卷/（宋）辛棄疾撰
據宋本影刻
。稼軒長短句：十二卷/（宋）辛棄
　　疾撰
據小草齋鈔本影刻
。于湖先生長短句：五卷拾遺一卷/
　　（宋）張孝祥撰
據宋本影刻
。虛齋樂府：二卷/（宋）趙以夫撰
據宋本影刻
。竹山詞：一卷/（宋）蔣捷撰
據元鈔本影刻
。後村居士集詩餘：二卷/（宋）劉
　　克莊撰

據宋本影刻

。秋崖先生小稿詞：四卷/（宋）方岳撰

據元本影刻

。棲霞長春子丘神仙磻溪集詞：一卷/（元）丘處機撰

據金本影刻

。二妙集樂府：一卷/（金）段克己撰

即《遯菴樂府》

據元本影刻

。二妙集樂府：一卷/（金）段成己撰

即《菊軒樂府》

據元本影刻

。遺山樂府：三卷/（金）元好問撰

據明弘治高麗晉州本影刻

。松雪齋文集樂府：一卷/（元）趙孟頫撰

據元本影刻

。靜修先生文集樂府：一卷/（元）劉因撰

據元本影刻

。道園遺稿樂府：一卷/（元）虞集撰

據元本影刻

。此山先生詩集樂府：一卷/（元）周權撰

據元本影刻

。漢泉曹文貞公詩集樂府：一卷/（元）曹伯啟撰

據元本影刻

。楚國文憲公雪樓程先生文集樂府：一卷/（元）程鉅夫撰

據元本影刻

。秋澗先生大全文集樂府：四卷/（元）王惲撰

據元本影刻

。絕妙詞選：十卷/（宋）黃昇輯

據元本影刻

。天下同文：一卷/（元）□□輯

據明毛氏汲古閣鈔本影刻

·景刊宋金元明本詞補編三種/陶湘輯

民國武進陶氏涉園刻本

。方是閑居士小稿：一卷/（宋）劉學箕撰

據明景元鈔本影刻

。蟻術詞選：四卷/（元）邵亨貞撰

據明隆慶本影刻

。寫情集：四卷/（明）劉基撰

據明洪武本影刻

·景汲古閣鈔宋金詞七種/陶湘輯

民國陽湖陶氏影刻明毛氏鈔本

。和石湖詞：一卷/（宋）范成大，（宋）陳三聘撰

。菊軒樂府：一卷/（金）段成己撰

。東浦詞：一卷/（宋）韓玉撰

。渭川居士詞：一卷/（宋）呂勝己撰

。初寮詞：一卷/（宋）王安中撰

。空同詞：一卷/（宋）洪瑹撰

。知稼翁詞：一卷/（宋）黃公度撰

吳氏石蓮庵刻山左人詞：十七種/（清）吳重熹輯

清光緒二十七年[1901]海豐吳氏金陵刻本

洋裝2冊（原線裝10冊）；25釐米

Sinica 6348

詳目：

- 樂章集：一卷／（宋）柳永撰
- 姑溪詞：三卷／（宋）李之儀撰
- 琴趣外篇：六卷／（宋）晁補之撰
- 審齋詞：一卷／（宋）王千秋撰
- 嬾窟詞：一卷／（宋）侯寘撰
- 拙庵詞：一卷／（宋）趙磻老撰
- 稼軒詞：十二卷／（宋）辛棄疾撰
- 草窗詞：二卷補二卷／（宋）周密撰
- 漱玉詞：一卷補遺一卷附錄一卷／（宋）李清照撰
- 炊聞詞：二卷／（清）王士祿撰
- 衍波詞：二卷附一卷／（清）王士禛撰
- 二鄉亭詞：三卷／（清）宋琬撰
- 竹西詞：一卷／（清）楊通俓撰
- 志壑堂詞：一卷／（清）唐夢賚撰
- 珂雪詞：二卷補遺一卷／（清）曹貞吉撰
- 飴山詩餘：一卷／（清）趙執信撰
- 晚香詞：三卷．附西圃詞説一卷／（清）田同之撰

小檀欒室彙刻閨秀詞：十集一百種／（清）徐乃昌編
  清光緒二十一年至二十二年［1895—1896］南陵徐氏刻本
  洋裝5冊（原線裝30冊）；26釐米
  Sinica 6180
  詳目：
  第一彙
- 琴清閣詞：一卷／（清）楊芸撰
- 生香館詞：一卷／（清）李佩金撰
- 苣香詞：一卷／（清）顧翎撰
- 衍波詞：一卷／（清）孫蓀意撰
- 鴻雪廔詞：一卷／（清）沈善寶撰
- 玉雨詞：一卷／（清）曹楨儀撰
- 古春軒詞：一卷／（清）梁德繩撰
- 洞簫廔詞：一卷／（清）王倩撰
- 聽雪詞：一卷／（清）歸懋儀撰
- 古雪詩餘：一卷／（清）楊繼端撰

第二彙
- 拙政園詩餘：三卷／（清）徐燦撰
- 梅華園詩餘：一卷／（清）鍾韞撰
- 玉窗詩餘：一卷／（清）葛宜撰
- 貯素廔詞：一卷／（清）蘇穆撰
- 綠月廔詞：一卷／（清）江瑛撰
- 靜一齋詩餘：一卷／（清）周詒繁撰
- 冷香齋詩餘：一卷／（清）周翼杶撰
- 蓼湘廔詞：一卷／（清）宗婉撰
- 繡餘詞：一卷／（清）錢念生撰
- 簪華閣詩餘：一卷／（清）翁端恩撰

第三彙
- 栖香閣詞：二卷／（清）顧貞立撰
- 蠹窗詩餘：一卷／（清）張令儀撰
- 絳雪詞：一卷／（清）薛瓊撰
- 浣紗詞：一卷／（清）沈纕撰
- 青藜閣詞：一卷／（清）江珠撰
- 碧桃館詞：一卷／（清）趙我佩撰
- 松籟閣詩餘：一卷／（清）沈榛撰
- 鮮潔亭詩餘：一卷／（清）蔣紉蘭撰
- 澹音閣詞：一卷／（清）趙友蘭撰
- 寫麋廔詞：一卷／（清）陳嘉撰

第四彙
- 烁水軒詞：一卷／（清）莊盤珠撰
- 雨花盦詩餘：一卷／（清）錢斐仲撰
- 蓼影廔詞：一卷／（清）關鍈撰
- 澹菊軒詞：一卷／（清）張紹英撰
- 緯青詞：一卷／（清）張䌌英撰
- 穌漱玉詞：一卷．澗南詞：一卷／

（清）許德蘋撰
· 瀘月軒詩餘：一卷/（清）趙芬撰
· 月澗琴語：一卷/（清）蕭恒貞撰
· 倩影廎遺詞：一卷/（清）陸蒨撰
· 寫均廎詞：一卷/（清）吳尚熹撰

第五橐
· 華簾詞：一卷．香南雪北詞：一卷/（清）吳藻撰
· 炊笯詞：一卷/（清）呂彩芝撰
· 聞妙香室詞：一卷/（清）陸珊撰
· 長真閣詩餘：一卷/（清）席佩蘭撰
· 炊瘦閣詞：一卷/（清）唐韞貞撰
· 綠蓼軒遺詞：一卷/（清）錢湘撰
· 賦鶯廎詞：一卷/（清）陳珍瑤撰
· 光霽廎詞：一卷/（清）陸蓉佩撰
· 翠螺閣詞：一卷/（清）凌祉媛撰
· 彈綠詞：一卷/（清）濮文綺撰

第六橐
· 聽雨廎詞：二卷/（清）孫雲鶴撰
· 瑤華閣詞：一卷補遺一卷/（清）袁綬撰
· 九疑僊館詞：一卷/（清）談印梅撰
· 金粟詞：一卷/（清）朱璵撰
· 澹僊詞：四卷/（清）熊璉撰
· 有誠堂詩餘：一卷/（清）方彥珍撰
· 玉簫詞：一卷/（清）殷秉璣撰
· 芷衫詩餘：一卷/（清）高佩華撰
· 菊籬詞：一卷/（清）陶淑撰
· 哦月廎詩餘：一卷/（清）儲慧撰

第七橐
· 嘯雪菴詩餘：一卷/（清）吳綃撰
· 繡閒詞：一卷/（清）徐元端撰
· 三秀齋詞：一卷/（清）鮑之芬撰
· 德風亭詞：一卷/（清）王貞儀撰
· 碧梧紅蕉館詞：一卷/（清）左錫璇撰
· 冷吟僊館詩餘：一卷/（清）左錫嘉撰
· 蓮因室詞：一卷/（清）鄭蘭孫撰
· 慈暉館詞：一卷/（清）阮恩灤撰
· 曇華詞：一卷/（清）汪淑娟撰
· 蕉窗詞：一卷/（清）鄧瑜撰

第八橐
· 錦囊詩餘：一卷/（清）商景蘭撰
· 澹香廎詞：一卷/（清）葛秀英撰
· 補欄詞：一卷/（清）劉琬懷撰
· 晚香居詞：二卷/（清）張玉珍撰
· 瘦吟詞：一卷/（清）許淑慧撰
· 浣青詩餘：一卷/（清）錢孟鈿撰
· 茶香閣詞：一卷/（清）黃婉璚撰
· 雯窗瘦影詞：一卷/（清）許誦珠撰
· 佩炊閣詞：一卷/（清）吳苣撰
· 慧福廎詞：一卷/（清）俞繡孫撰

第九橐
· 鏡閣新聲：一卷/（清）朱中楣撰
· 古香樓詞：一卷/（清）錢鳳綸撰
· 梨雲榭詞：一卷/（清）鍾筠撰
· 湘筠館詞：二卷/（清）孫雲鳳撰
· 韞玉樓詞：一卷/（清）屈秉筠撰
· 楚畹閣詩餘：一卷/（清）季蘭韻撰
· 壽研山房詞：一卷/（清）曹景芝撰
· 含青閣詩餘：一卷/（清）屈蕙纕撰
· 繡墨軒詞：一卷/（清）俞慶曾撰
· 飲露詞：一卷/（清）李道清撰

第十橐
· 鸝吹詞：一卷/（清）沈宜修撰
· 芳雪軒詞：一卷/（清）葉紈紈撰
· 疏香閣詞：一卷/（清）葉小鸞撰
· 雪壓軒詞：一卷/（清）賀雙卿撰
· 倚雲閣詞：一卷/（清）張友書撰

・翠薇僊館詞：一卷/（清）孫瑩培撰
・唾絨詞：一卷/（清）吳小姑撰
・霞珍詞：一卷/（清）繆珠蓀撰
・崦廔詞：一卷/（清）沈鵲應撰
・華影吹笙室詞：一卷/（清）李慎溶撰
附
・閨秀詞鈔：十六卷補遺一卷續補遺四卷/徐乃昌編
　　清宣統元年[1909]刻本

別集之屬

新樂府詞：一卷/（清）萬斯同撰
　　清同治八年[1869]序刻本
　　洋裝（原線裝）1冊；24釐米
　　封面題名《萬季野先生明樂府》
　　有"王印崇武""王崇武""王印崇武"印記
　　Sinica 6610

總集之屬

花間集：十卷/（後蜀）趙崇祚編
　　清光緒十九年[1893]臨桂王鵬運四印齋影刻本
　　線裝1冊；27釐米
　　Backhouse 7

詞綜：三十八卷/（清）朱彝尊編；（清）王昶補.明詞綜：十二卷.國朝詞綜：四十八卷二集八卷/（清）王昶編
　　清刻本
　　線裝24冊；24釐米
　　Sinica 3087

詞話之屬

白雨齋詞話：八卷.白雨齋詞存一卷.白雨齋詩鈔一卷/（清）陳廷焯撰
　　清光緒二十年[1894]刻本
　　線裝4冊；24釐米
　　Sinica 3771

曲類

雜劇之屬

[西廂記附錄殘]
　　明末刻本
　　線裝1冊：圖；25釐米
　　Sinica 546
　　詳目：
　　・西廂象：二十葉有缺
　　・錢塘夢：一卷/（元）白樸撰
　　・園林午夢：一卷/（明）李開先撰
　　・圍棋闖局：一卷/（元）晚進王生撰
　　・西廂摘骰譜：一卷/（明）湯顯祖輯

增補箋註繪像第六才子西廂釋解：八卷末一卷像一卷/（元）王實甫撰；（元）關漢卿續；（清）金人瑞批點；（清）鄧汝寧音義
　　清刻本（會文堂藏板）
　　線裝6冊：圖；18釐米
　　Sinica 234

此宜閣增訂金批西廂：四卷首一卷末一卷/（元）王實甫撰；（元）關漢卿續；（清）金人瑞批評；（清）周昂增訂

清光緒二年[1876]如是山房刻朱墨印本

線裝6冊；20釐米

京都寶善堂發兌

Backhouse 567

傳奇之屬

芥子園繪像第七才子書：六卷圖一卷/（元）高明撰；（清）毛宗崗評

清雍正十三年[1735]序芥子園刻本

線裝6冊：圖；14釐米

Sinica 208

重刊五色潮泉插科增入詩詞北曲勾欄荔鏡記戲文：一卷/（明）□□撰

明嘉靖四十五年[1566]余新安刻本

線裝2冊：圖；30釐米

缺第二、九十五、九十九頁

Sinica 34

笠翁傳奇十二種曲/（清）李漁撰

清大知堂刻本

洋裝6冊（原線裝24冊）；15釐米

Sinica 6296

詳目：

- 憐香伴傳奇：二卷
- 慎鸞交傳奇：二卷
- 意中緣傳奇：二卷
- 巧團圓傳奇：二卷
- 比目魚傳奇：二卷
- 玉搔頭傳奇：二卷
- 奈何天傳奇：二卷
- 凰求鳳傳奇：二卷
- 蜃中樓傳奇：二卷
- 南柯記傳奇：二卷/（明）湯顯祖撰
- 邯鄲夢傳奇：二卷/（明）湯顯祖撰
- 風箏誤傳奇：二卷

石榴記傳奇：四卷/（清）黃振撰

清乾隆三十七年[1772]如皋黃氏柴灣村舍刻本

線裝4冊；26釐米

有"負半菴"印記

Sinica 3143

二刻泉潮荔鏡奇逢集：二卷圖一卷/（清）□□撰

清嘉慶十九年[1814]刻本

洋裝1冊（原線裝2冊）：圖；15釐米

封面有"尚友堂益記"字樣

Sinica 348

散曲之屬

白雪齋選訂樂府吳騷合編：四卷/（明）張楚叔，（明）張旭初輯.衡曲麈譚：一卷/（明）魏良輔撰

明崇禎十年[1637]武林張師齡刻本

線裝5冊：圖；24釐米

Sinica 3705

樂府小令：八種/（清）□□編

清刻本（騷餘館藏板）

線裝6冊；14釐米

袖珍本

Sinica 407

詳目：

·張小山小令：二卷/（元）張可久撰
·喬夢符小令：一卷/（元）喬吉撰
·疑雨集：四卷/（清）王彥泓撰
·板橋道情：一卷/（清）鄭燮撰
·西堂樂府：一卷/（清）尤侗撰
·揚州竹枝詞：一卷/（清）董偉業撰
·葉兒樂府：一卷/（清）朱彝尊撰
·北樂府小令：一卷/（清）厲鶚撰

俗曲之屬

新刊全本繡像花箋記：六卷/（明）□□撰
　　明刻本
　　存殘葉
　　線裝1冊：圖；21釐米
　　St John's Coll.Chin.4

靜净齋第八才子書花箋記：六卷像一卷附文章一卷/（明）□□撰
　　清芥子園考文堂刻本
　　洋裝1冊（原線裝2冊）：圖；18釐米
　　Sinica 235

粵謳：一卷/□□撰
　　清道光廣州肜桂堂刻本
　　線裝1冊；24釐米
　　Sinica 560

粵謳：一卷/□□撰
　　清道光廣州五桂堂刻本
　　線裝1冊：圖；22釐米
　　Sinica 2785/1

再粵謳：一卷/戲月山房香迷子輯
　　清道光十年[1830]廣州五桂堂刻本
　　線裝1冊；22釐米
　　書名據版心、封面著錄；書衣題名《再續粵謳》
　　Sinica 2785/2

新傳臺灣娘仔歌：一卷/□□撰
　　清道光六年[1826]福建刻本
　　線裝1冊；19釐米
　　Sinica 279

繡像王抄娘新歌：一卷/□□撰
　　清道光六年[1826]福建刊刻本
　　線裝1冊：圖；19釐米
　　Sinica 286

選刊花會新歌：一卷/□□撰
　　清道光七年[1827]福建刻本
　　線裝1冊；19釐米
　　Sinica 271
　　詳目：
　　·新抄花會歌
　　·十二月歌
　　·上大人附花會
　　·位正花會歌
　　附
　　·花會呈

新設十勸娘附落神歌：一卷/□□撰
　　清道光二十七年[1847]福建西園書屋刻本
　　線裝1冊；19釐米
　　Sinica 285

新選笑談俗語歌：一卷/□□撰
　　清道光二十九年[1849]福建刻本
　　線裝1冊；18釐米
　　Sinica 284

繡像荔枝記陳三歌：一卷/□□撰
　　清道光福建會文堂刻本
　　線裝1冊：圖；19釐米
　　Sinica 273

圖像英臺歌：一卷/□□撰
　　清道光福建會文齋刻本
　　線裝1冊：圖；19釐米
　　Sinica 278

繡像姜女歌：一卷/□□撰
　　清道光福建會文齋刻本
　　線裝1冊：圖；19釐米
　　Sinica 288

新刊莫往臺灣歌：一卷/□□撰
　　清道光福建刻本
　　線裝1冊；20釐米
　　Sinica 270
　　詳目：
　　·新刊勸人莫過臺歌
　　·又勸莫過臺歌

新刊神姐歌：一卷/□□撰
　　清道光福建刻本
　　線裝1冊；19釐米
　　Sinica 272

新刊臺灣十二月想思歌：一卷/□□撰
　　清道光福建刻本
　　線裝1冊；19釐米
　　Sinica 274

新刻鴉片歌：一卷/□□撰
　　清道光福建刻本
　　線裝1冊；19釐米
　　Sinica 275

新刻潘必正陳妙常情詩：一卷/□□撰
　　清道光福建刻本
　　線裝1冊；19釐米
　　Sinica 276

新刊東海鯉魚歌：一卷/□□撰
　　清道光福建刻本
　　線裝1冊；19釐米
　　Sinica 277

新刊臺灣陳辦歌：一卷/□□撰
　　清道光福建刻本
　　線裝1冊；19釐米
　　Sinica 280

新刊臺灣十八闖歌·新刊臺灣風流女子歌：一卷/□□撰
　　清道光福建刻本
　　線裝1冊；19釐米
　　Sinica 281
　　詳目：
　　·新刊台灣林益娘歌
　　·新刊台灣查某五十闖歌

新刻拔皎歌：一卷/□□撰

清道光福建刻本
線裝1冊；19釐米
Sinica 282

新傳離某歌：一卷/□□撰
清道光福建刻本
線裝1冊；19釐米
Sinica 283

新刊戲鬧歌：一卷/□□撰
清道光福建刻本
線裝1冊；18釐米
Sinica 287

荔枝記全本：一卷
清宣統三年［1911］刻本
缺半卷（第一至四十一葉）
線裝1冊：圖；18釐米
書名據版心著錄；封面題名《改良繪像荔枝記全傳》
Sinica 5805

新出繪圖畫中緣影詞全傳：四卷十六回/（清）□□撰
清末上海書局石印本
線裝4冊：圖；14釐米
封面題名《繡像畫中緣影詞全傳》，套簽題名《說唱畫中緣影詞》
Sinica 6193

賣胭脂：一卷/□□撰
清刻本
毛裝1冊：圖；20釐米
Sinica 5784

賀壽封相曲本：一卷/題白雪軒選
廣州廣文堂刻本
毛裝1冊；20釐米
含《八仙賀壽》《六國封相》
Sinica 5780

曲選之屬

新鍥梨園摘錦樂府菁華：十二卷/（明）劉君錫輯
明萬曆二十八年［1600］書林三槐堂王會雲刻本
洋裝（原線裝）1冊：圖；27釐米
Sinica 27

繪圖綴白裘：十二集四十八卷/（清）玩花主人編選；（清）錢德蒼續選
清末上海廣雅書局石印本
洋裝3冊（原線裝12冊）：圖；21釐米
封面題名《改良全圖綴白裘十二集全傳》
Sinica 6167

新鐫南北時尚青崑合選樂府歌舞台/（明）□□編
清書林鄭元美刻本
存一卷（風集，有缺）
線裝1冊：圖；23釐米
Sinica 4895

彈詞之屬

新刻玉釧緣全傳：三十二卷繡像一卷/（清）□□撰

清道光二十二年[1842]序京邸静觀齋刻本

線裝64册: 圖; 16釐米

封面有"文會堂新鐫"字樣

Sinica 4817

繡像百鳥圖: 十八回/□□撰

清同治二年[1863]刻本（浙寧三味堂藏板）

線裝4册: 圖; 18釐米

Sinica 4908

繡像十美圖傳: 四十回/□□撰

清同治七年[1868]序海陵軒刻本

線裝4册: 圖; 19釐米

Sinica 4907

綉像六美圖: 三十回; 綉像雙帥印: 十四回; 綉像鬧盧莊: 十六回; 綉像九龍陣: 十六回/□□撰

清同治九年[1870]刻本

線裝24册: 圖; 18釐米

Sinica 5707

娛萱草彈詞: 三十二卷/（清）橘道人撰

清光緒二十年[1894]木活字印本

線裝6册; 20釐米

Sinica 4906

校正繪圖天雨花: 三十卷三十回像一卷/（清）陶貞懷撰

清光緒二十二年[1896]上海古香齋石印本

線裝24册: 圖; 18釐米

卷一題名《正校繪圖天雨花》, 封面題名《增像校正全圖天雨花》

Sinica 4822

繡像義妖傳: 二十八卷五十四回像一卷/（清）陳遇乾撰

清刻本

線裝16册: 圖; 18釐米

Sinica 4820

來生福彈詞: 三十六回/（清）橘中逸叟撰

清刻本

線裝28册: 圖; 18釐米

Sinica 4819

安邦誌: 二十卷繡像一卷/（清）□□撰

清刻本（松竹山房藏板）

線裝20册: 圖; 17釐米

Sinica 4821

寶卷之屬

大宋真宗山東太華山紫金嶺兩世修行劉香寶卷全集: 不分卷

清咸豐元年[1851]刻本（静齋藏板）

線裝1册; 25釐米

封面題名《劉香寶卷》

Sinica 782

太華山紫金鎮兩世修行劉香寶卷全集: 二卷

清同治九年[1870]刻本（上海翼化堂善書局藏板）

存一卷（卷下）

線裝1冊; 25釐米
Sinica 3986

太華山紫金鎮兩世修行劉香寶卷全集: 二卷
　　清同治十一年[1872]粵東省城合成齋刻本
　　線裝2冊: 圖; 25釐米
　　封面題名《劉香寶卷》
　　Sinica 4847

潘公免災救難寶卷: 一卷
　　清咸豐八年[1858]重刻本(廈門文德堂藏板)
　　線裝1冊; 22釐米
　　封面題名《潘公免災寶卷》
　　Sinica 4843

純陽祖師說三世因果寶卷: 一卷
　　清光緒元年[1875]杭州昭慶寺慧空經房刻本
　　線裝1冊: 圖; 29釐米
　　Sinica 4854

新刻輪迴寶傳全卷: 一卷
　　清光緒六年[1880]重刻本(省世堂藏板)
　　線裝1冊; 22釐米
　　封面題名《輪迴寶傳》
　　Sinica 4845

重刻闢邪歸正消災延壽立願寶卷: 不分卷
　　清光緒七年[1881]重刻本
　　線裝1冊; 25釐米
　　Sinica 3988

嬰歌寶卷: 一卷.附歎五更: 不分卷.十歎無常: 不分卷
　　清光緒七年[1881]刻本(鎮江寶善堂藏板)
　　線裝1冊: 圖; 25釐米
　　書品劣
　　Sinica 3992

重刻觀世音菩薩本行經簡集: 二卷/題(宋)天竺普明禪師編集
　　清光緒十二年[1886]刻本(錫山大文堂藏板)
　　線裝1(原2)冊: 圖; 24釐米
　　封面題名《香山寶卷》
　　Sinica 3994

九轉皇宮金牛太子寶卷全集: 不分卷
　　抄本
　　線裝1冊; 24釐米
　　書末題"峕在佛曆二千九百七十七秊, 歲次庚寅宮鳳仙月, 吉立, 邊德榮敬抄"
　　Sinica 3991

目連寶卷: 三卷
　　清光緒二十年[1894]重刻本(□□□藏板)
　　線裝1冊; 24釐米
　　封面題名《目連三世寶傳》
　　Sinica 4846

呂祖師降諭遵信玉曆抄傳閻王經: 不分卷

清光緒二十二年[1896]刻本(蘇城瑪瑙經房藏板)
線裝1冊: 圖; 25釐米
封面題名《消災延壽閻王經》
Sinica 3987

何仙姑寶卷: 二卷
清光緒三十年[1904]刻本(蘇城瑪瑙經房藏板)
線裝1冊; 25釐米
書名據封面、版心著錄; 又名《呂祖師度何仙姑因果卷》
Sinica 3990

何仙姑寶卷: 一卷
清光緒三十年[1904]裕安老人刻學院前守經堂印本(羅浮山朝元洞藏板)
線裝1冊; 23釐米
書名據封面著錄; 版心題名《何仙寶卷》; 又名《呂祖師度何仙姑因果卷》
Sinica 6791

何仙姑寶卷: 二卷
清光緒三十二年[1906]刻本(粵東河南中和堂藏板)
線裝1冊: 圖; 21釐米
書名據封面、版心著錄; 又名《呂祖師度何仙姑因果卷》
Sinica 4840

灶君寶卷: 不分卷
清光緒三十年[1904]刻本(常州培本堂善書房藏板)
線裝1冊; 25釐米

Sinica 3989

新刻韓仙寶卷: 一卷
清光緒三十一年[1905]重刻本(粵東河南□□□藏板)
線裝2冊: 圖; 21釐米
Sinica 4839

絲絛寶卷: 不分卷
抄本
線裝1冊; 24釐米
書品劣
Sinica 3993

曲譜之屬

納書楹曲譜: 正集四卷續集四卷外集二卷補遺四卷四夢全譜八卷/(清)葉堂撰
清乾隆五十七年[1792]長洲葉氏納書楹刻本
線裝20冊; 30釐米
封面題名《納書楹曲譜全集》
封面有"脩綆山房發兌"字樣
Sinica 148

小說類

彙編之屬

唐開元小說六種/(清)葉德輝編
清宣統三年[1911]長沙葉氏觀古堂刻本
洋裝1冊(原線裝2冊); 27釐米
封面題名《唐人小說六種》

Sinica 6328
詳目：
・次柳氏舊聞：一卷考異一卷/（唐）
　李德裕撰；（清）葉德輝撰考異
　又名《明皇十七事》
・楊太真外傳：二卷/（宋）樂史撰
・梅妃傳：一卷/（唐）曹鄴撰
・李林甫外傳/（唐）□□撰
・高力士外傳：一卷/（唐）郭湜撰
・安祿山事蹟：三卷校記一卷/（唐）
　姚汝能撰；（清）繆荃孫撰校記

話本之屬

景宋殘本五代平話：八卷/（宋）□□撰
　清宣統三年[1911]毘陵董氏誦芬室刻1988年北京中國書店重印本（殘損版以影印本補配）
　線裝2冊；28釐米
　Sinica 3229
　詳目：
・新編五代梁史平話：卷上
・新編五代唐史平話：二卷
・新編五代晉史平話：二卷
・新編五代漢史平話：卷上
・新編五代周史平話：二卷

文言之屬

聊齋誌異評註：十六卷/（清）蒲松齡撰；（清）王士禛評；（清）呂湛恩注
　清道光二十三年[1843]粵東五雲樓刻本
　線裝16冊；18釐米

Sinica 191

聊齋誌異評註：十六卷/（清）蒲松齡撰；（清）王士禛評；（清）呂湛恩注；（清）但明倫新評
　清道光二十八年[1848]刻朱墨印本（英德堂藏板）
　線裝16冊；19釐米
　Backhouse 68

聊齋誌異新評：十六卷/（清）蒲松齡撰；（清）王士禛評；（清）呂湛恩注；（清）但明倫新評
　清末刻本
　線裝16冊；19釐米
　書業德記發兌
　Sinica 2585

聊齋志異新評：十六卷/（清）蒲松齡撰；（清）王士禛評；（清）但明倫新評
　清刻本
　洋裝4冊（原線裝16冊）；21釐米
　據清道光二十二年[1842]廣順但氏朱墨印本覆刻
　Sinica 6145

詳註聊齋志異圖詠：十六卷/（清）蒲松齡撰；（清）呂湛恩注
　清光緒十二年[1886]上海同文書局石印本
　洋裝3冊（原線裝8冊）：圖；21釐米
　Sinica 6314

原本加批聊齋誌異：十六卷/（清）蒲松齡

撰；(□)□□注
　　上海有正書局鉛印本
　　線裝8冊；20釐米
　　Backhouse 608

擇繙聊齋誌異：[滿漢對照]：二十四卷/(清)蒲松齡撰；(清)扎克丹譯
　　清道光二十八年[1848]刻光緒三十三年[1907]二酉齋印本
　　線裝24冊；26釐米
　　Backhouse 324

新齊諧：二十四卷/(清)袁枚撰
　　清嘉慶二十年[1815]刻本(英德堂藏板)
　　線裝8冊；20釐米
　　又名《子不語》
　　Sinica 153

閱微草堂筆記五種/(清)紀昀撰
　　清道光二十七年[1847]小蓬萊山館刻本
　　線裝11冊；19釐米
　　Sinica 2496
　　詳目：
　　・灤陽消夏錄：六卷
　　・如是我聞：四卷
　　・槐西雜志：四卷
　　・姑妄聽之：四卷
　　　存二卷(卷三、四)
　　・灤陽續錄：六卷

新定解人頤廣集：八卷/(清)胡澹菴定本；(清)錢德蒼重訂
　　清同治元年[1862]羊城翰墨園刻本
　　洋裝1冊(原線裝3冊)；18釐米
　　封面題名《增訂解人頤廣集》
　　Sinica 3004(2)

夜譚隨錄：十二卷/(清)霽園主人闡齋氏顓；(清)葵園主人蘭岩氏評
　　清乾隆五十六年[1791]序同安堂刻本
　　線裝6冊；18釐米
　　Sinica 209

廣新聞：八卷/(□)無悶居士編
　　清乾隆五十七年[1792]序刻本
　　線裝4冊；18釐米
　　Sinica 252

諧鐸：十二卷圖十二卷/(清)沈起鳳撰
　　清光緒二十一年[1895]上海海上書局石印本
　　線裝4冊：圖；20釐米
　　上海鴻寶齋發兌
　　Sinica 3048

遯窟讕言：十二卷/(清)王韜撰.附眉珠盦憶語：一卷/(清)華鬘生撰
　　清光緒元年[1875]上海申報館鉛印本
　　線裝4冊；17釐米
　　Sinica 945

短篇之屬

新刻芸窗彙爽萬錦情林：六卷/(明)余象

斗篆
　　明萬曆二十六年［1598］雙峯堂余文台刻本
　　　存二卷（卷五、六，有缺）
　　　線裝1冊：圖；28釐米
　　　Sinica 45

新刻京臺公餘勝覽國色天香：十卷/（明）謝友可撰；（明）吳敬所編輯；（清）周文煒重梓
　　　清刻本（會賢堂藏板）
　　　線裝5冊；18釐米
　　　Sinica 296

今古奇觀：四十卷/（明）抱甕老人編
　　　清嘉慶二十五年［1820］芥子園刻本（萃古堂藏板）
　　　線裝10冊：圖；17釐米
　　　Sinica 152

今古奇觀：四十卷/（明）抱甕老人編
　　　清刻本（大興堂藏板）
　　　線裝6冊；18釐米
　　　Sinica 550

情史類略：二十四卷/（明）詹詹外史輯
　　　清刻本
　　　存十九卷（卷四至十七、二十至二十四）
　　　線裝13冊；19釐米
　　　Sinica 424

覺世名言：十二卷三十八回/（清）李漁撰
　　　清刻本
　　　線裝6冊；17釐米

封面題名《今古奇觀續編十二樓》
　　　Sinica 227

西湖佳話古今遺蹟：十六卷圖一卷/（清）古吳墨浪子搜輯
　　　清嘉慶二十二年［1817］刻本（會賢堂藏板）
　　　線裝4冊：圖；17釐米
　　　Sinica 298

長篇之屬

新刻京本全像插增田虎王慶忠義水滸全傳/（明）施耐庵撰；（明）羅本編
　　　明萬曆建陽書林刻本
　　　1頁：圖；21釐米
　　　存一頁（第二十二卷第十四頁）
　　　Sinica 121

第五才子書水滸傳：七十五卷七十回像一卷/（明）施耐庵撰；（明）羅本編；（清）金人瑞評
　　　清刻本
　　　線裝20冊：圖；17釐米
　　　Sinica 203

殘唐五代史演義傳：十二卷六十回/（明）羅本撰
　　　清刻本（文林堂藏板）
　　　線裝6冊；20釐米
　　　Sinica 237

新刊按鑑全像批評三國志傳：二十卷/（明）羅本撰

明萬曆二十年[1592]建陽書林雙峰堂余象斗刻本
　　存二卷(卷十一、十二,有缺)
　　洋裝1冊:圖;27釐米
　　Sinica 46

新刻演義全像三國志傳:二十卷/(明)羅本撰
　　明萬曆黎光閣刻本
　　存六卷(卷十五至二十)
　　洋裝(原線裝)1冊:圖;26釐米
　　Sinica 55

新鋟全像大字通俗演義三國志傳:二十卷/(明)羅本撰;(明)李祥重訂
　　明萬曆建陽書林喬山堂劉龍田刻本(笈郵齋藏板)
　　洋裝(原線裝)8冊:圖;26釐米
　　封面題名《全像英雄三國誌傳》
　　Sinica 51

四大奇書第一種:六十卷一百二十回像一卷/(明)羅本撰;(清)金人瑞批;(清)毛宗崗評
　　清嘉慶二十五年[1820]刻本(永安堂藏板)
　　線裝20冊:圖;19釐米
　　封面題名《繡像第一才子書》
　　Sinica 198
　又一部
　　缺三卷(卷二十至二十二)
　　一冊
　　Sinica 403
　又一部
　　存一卷(像一卷)
　　一冊
　　Sinica 438

四大奇書第一種:十九卷一百二十回/(明)羅本撰;(清)毛宗崗評
　　清東昌善成堂刻本
　　線裝20冊;24釐米
　　Backhouse 158
　又一部
　　Backhouse 167

四大奇書第一種:六十卷一百二十回圖像一卷/(明)羅本撰;(清)毛宗崗評
　　清貫華堂刻本(文林堂藏板)
　　線裝30冊:圖;27釐米
　　Sinica 192

第一才子書:六十卷一百二十回/(明)羅本撰;(清)毛宗崗評
　　清善成堂刻本(經元堂藏板)
　　線裝20冊:圖;24釐米
　　Backhouse 688

增像全圖西遊記:二十五卷一百回像一卷圖一卷/(明)吳承恩撰;(清)陳士斌詮解
　　清光緒十八年[1892]上海文運書局鉛印本
　　洋裝3冊(原線裝10冊):圖;18釐米
　　封面題名《繡像全圖悟一子評西游記》
　　Sinica 6297

繪圖增像西遊記：一百回繡像一卷/（明）
吳承恩撰；（清）陳士斌詮解
  清光緒十九年[1893]上海煥文書局
石印本
  線裝8冊：圖；20釐米
  封面題名《繪圖增批西遊記》
  Sinica 3055

新刊出像補訂參采史鑑唐書志傳通俗演
義題評：八卷/（明）熊大木撰
  明萬曆金陵書林繡谷唐氏世德堂刻本
  存一卷（卷一，有缺）
  活葉；25釐米
  Sinica 2592

繡像京本雲合奇踪玉茗英烈全傳：十卷
八十回/（明）徐渭撰
  清致和堂刻本
  線裝5冊：圖；24釐米
  書品劣
  有"王崇武""王崇武藏書"印記
  Sinica 3142

刻全像五顯靈官大帝華光天王傳：四卷/
（明）余象斗編
  清乾隆二十二年[1757]書林文雅堂
刻本
  存二卷（卷一、四）
  洋裝1冊（原線裝2冊）：圖；21釐米
  封面題名《全像華光南遊志傳》
  Douce Chin.e.2(1)

新刊北方真武祖師玄天上帝出身志傳：
四卷/（明）余象斗編

  清省城丹柱堂刻本
  線裝4冊：圖；16釐米
  Sinica 549

新刻劍嘯閣批評西漢演義傳：八卷/（明）
甄偉撰.新刻劍嘯閣批評東漢演義傳：十
卷/（明）謝詔撰.繡像東西兩漢演義像：
一卷
  清福文堂刻本
  線裝13冊：圖；17釐米
  封面題名《繡像東西兩漢全傳》
  Sinica 222

新刻鍾伯敬先生批評封神演義：十九卷
一百回圖像一卷/（明）許仲琳撰
  清嘉慶十八年[1813]刻本（豐勝號
書坊藏板）
  線裝10冊：圖；19釐米
  廈門廿四崎頂發兌
  Sinica 211

東周列國志傳：二十三卷一百八回繡像一
卷/（明）馮夢龍撰；（清）蔡昇評
  清道光二十三年[1843]刻本（振元
堂藏板）
  線裝24冊：圖；18釐米
  Sinica 155

東周列國全志：二十三卷一百八回繡像一
卷/（明）馮夢龍撰；（清）蔡昇評
  清光緒十二年[1886]上海江左書林
刻本
  洋裝4冊（原線裝23冊）：圖；24
釐米

Sinica 6299

東周列國志傳：二十三卷一百八回繡像一卷/（明）馮夢龍撰；（清）蔡昪評

清光緒十三年［1887］東昌書業德刻本

線裝20冊：圖；24釐米

Backhouse 346

東周列國志傳：二十三卷一百八回繡像一卷/（明）馮夢龍撰；（清）蔡昪評

清務本堂刻本

線裝12冊：圖；26釐米

Backhouse 471

訂正東周列國志善本：五十四卷一百八回/（明）馮夢龍撰；（清）蔡昪評

清刻本（素位堂藏板）

線裝12冊；24釐米

有"明德館圖書章""賣捌所アキタクボタ岡田惣兵衞""稼軒進藤氏圖書記"印記

Sinica 2653

新刻三寶太監西洋記通俗演義：二十卷一百回/（明）羅懋登撰

明萬曆二十五年［1597］三山道人刻後印本

線裝20冊：圖；24釐米

Sinica 544

新鍥重訂出像註釋通俗演義西晉志傳題評：四卷.新鍥重訂出像註釋通俗演義東晉志傳題評：八卷/題（明）陳氏尺蠖齋評釋

明書林周氏大業堂刻帶月樓重修本

線裝12冊：圖；24釐米

封面題名《東西晉演義》

有"東西兩晉演義序"

封面題"帶月樓梓"；卷端題"繡谷周氏大業堂校梓"；版心或題"世德堂刊"

Sinica 142

新鍥三藏出身全傳：四卷/（明）陽至和編

明萬曆建陽書林朱蒼嶺刻本

有缺

洋裝（原線裝）1冊：圖；25釐米

Sinica 35

文合新刻三藏出身全傳：四卷/（明）陽至和編；（明）趙毓真校

清雍正八年［1730］龍江文合堂刻本

線裝2冊：圖；21釐米

Sinica 120

新刻唐三藏出身全傳：四卷/□□撰

清中期刻本

存二卷（卷三、四）

洋裝1冊（原線裝2冊）：圖；21釐米

Douce Chin.e.2（3）

續英烈傳：五卷三十四回/（明）空谷老人編次

清勵園書室刻本

線裝5冊；22釐米

Sinica 201

第一奇書：一百回/（明）蘭陵笑笑生撰；
（清）張道深評
  清刻本（影松軒藏板）
  線裝12冊：圖；23釐米
  即《金瓶梅》
  Backhouse 137

水滸後傳：八卷四十回像一卷/（明）陳
忱撰
  清紹裕堂刻本
  線裝4冊：圖；25釐米
  Sinica 247

肉蒲團：四卷二十回/（明）情隱先生編次
  清嘉慶十五年［1810］刻本
  線裝4冊；17釐米
  又名《覺後禪》
  Sinica 202

繡像耶蒲緣：四卷二十回圖一卷/（明）情
癡反正道人編次；（明）情苑還社友批評
  清光緒二十年［1894］粵東石印本
  線裝1冊：圖；13釐米
  袖珍本
  Sinica 3951

新編續西遊記：一百回像一卷/（明）□□
撰；（清）貞復居士評點
  清嘉慶十年［1805］金鑑堂刻本
  線裝16冊：圖；15釐米
  有"肖檢（？）樓圖書印"印記
  Sinica 6600

龍圖公案：十卷圖一卷/（明）□□撰

  清乾隆四十三年［1778］刻本（霞綺
齋藏板）
  線裝5冊：圖；18釐米
  Sinica 207

新評龍圖神斷公案：十卷圖一卷/（明）
□□撰
  清同治七年［1868］刻本（維經堂
藏板）
  線裝5冊；17釐米
  Sinica 3054

新鐫南宋志傳：五卷五十回.北宋志楊家
府傳：五卷六十回/（明）□□撰
  清文林堂刻本
  線裝10冊；20釐米
  Sinica 226

義俠好逑傳：四卷十八回/（清）□□撰
  清嘉慶二十四年［1819］刻本（小本
長慶堂藏板）
  線裝4冊；18釐米
  Magd.Coll.Chin.11

好逑傳：四卷十八回/（清）□□撰
  清同治二年［1863］刻本（獨處軒
藏板）
  線裝4冊；28釐米
  Sinica 545
又一部
  Sinica 2890
又一部
  洋裝1冊（原線裝4冊）
  Sinica 6005

又一部
 洋裝1冊（原線裝4冊）
 Sinica 6586

義俠好逑傳：四卷十八回/（清）□□撰
 清刻本
 線裝6冊；18釐米
 Sinica 231

好逑傳：六卷/（清）□□撰
 清福文堂聖德堂刻本
 存五卷（卷二至六）
 線裝1冊（原5冊）；17釐米
 Sinica 350

四雪草堂重訂通俗隋唐演義：二十卷一百回像一卷/（清）褚人穫撰
 清嘉慶七年［1802］奎璧堂刻本
 線裝20冊：圖；18釐米
 Sinica 210

新刻天花藏批評平山冷燕：四卷二十回圖一卷/（清）荻岸散人編次
 清芥子園刻本
 線裝4冊：圖；18釐米
 封面有"寶書堂梓行"字樣
 Sinica 230

新刻天花藏批評玉嬌梨：四卷二十回/（清）荑秋散人編次
 清嘉慶二十四年［1819］長慶堂振賢堂刻本
 線裝4冊：圖；18釐米
 Magd.Coll.Chin.10

新刻天花藏批評玉嬌梨：四卷二十回/（清）荻岸散人編次
 清刻本
 線裝4冊；18釐米
 封面有"堂梓"兩字
 Sinica 232

增訂精忠演義說本全傳：九卷八十回/（清）錢彩撰
 清刻本
 存五卷五十二回（第四、五、七至九卷，第二十至四十八、五十八至八十回）
 線裝7冊；17釐米
 又名《說岳全傳》
 Sinica 435

台灣外記：三十卷/（清）江日昇撰
 清道光十三年［1833］求無不獲齋活字印本
 線裝10冊；22釐米
 Sinica 657

新刻黃掌綸先生評訂神僊鑑：二十二卷圖一卷/（清）徐道撰；（清）程毓奇續
 清刻本（致和堂藏板）
 線裝24冊：圖；25釐米
 封面題名《歷代神僊通鑑》
 Sinica 360

新刻黃掌綸先生評訂神仙鑑：二十二卷圖一卷/（清）徐道撰；（清）程毓奇續
 清刻本
 線裝23冊：圖；26釐米
 封面題名《歷代神僊通鑑》

Sinica 746

第九才子書平鬼傳：四卷十回/（清）樵雲山人編次
清刻本（莞爾堂藏板）
線裝4冊；18釐米
Sinica 236

西遊真詮：二十卷一百回圖象一卷/（清）陳士斌撰
清芥子園刻本
線裝20冊：圖；17釐米
封面有"聯墨堂梓""芥子園藏板"字樣；版心下有"芥子園"三字
Sinica 243

西遊真詮：一百回/（清）陳士斌撰
清刻本（翠筠山房藏板）
線裝20冊；25釐米
Backhouse 112

五鳳吟：四卷二十回/（清）嗤嗤道人撰
清刻本
洋裝1冊（原線裝4冊）；16釐米
Sinica 204

新刻濃情快史：四卷三十回/（清）嘉禾餐花主人編次；（清）西湖鵬鷃居士評閱
清刻本
線裝4冊；17釐米
書品劣
Sinica 240

玉樓春：四卷二十四回/（清）白雲道人編輯；（清）無緣居士點評
清刻本
線裝4冊；17釐米
Sinica 238

玉樓春：四卷二十四回/（清）白雲道人編輯；（清）無緣居士點評
清刻本
線裝4冊；20釐米
Sinica 239

新刻東京包丞相兩度收妖傳/□□撰
清乾隆十八年[1753]書林德秀堂刻本
存一卷（卷一）
洋裝1冊（原線裝1冊）：圖；21釐米
封面題名《包公全傳》
Douce Chin.e.2（2）

紅樓夢：一百二十回圖一卷/（清）曹霑撰；（清）高鶚續
清嘉慶十六年[1811]東觀閣刻本（文畬堂藏板）
線裝20冊；18釐米
Sinica 199

紅樓夢：一百二十回圖一卷/（清）曹霑撰；（清）高鶚續
清同治三年[1864]耘香閣刻本
線裝24冊；18釐米
Backhouse 543

紅樓夢：一百二十回/（清）曹霑撰；（清）高鶚續

清光緒二年［1876］京都聚珍堂活字印本
  線裝24冊；20釐米
  Backhouse 332

紅樓夢：一百二十卷/（清）曹霑撰；（清）高鶚續
  清刻本
  存十卷（卷七十六至八十、一百十六至一百二十）
  線裝2冊；18釐米
  Sinica 439

紅樓夢：一百二十卷像一卷/（清）曹霑撰；（清）高鶚續；（清）王希廉評
  清道光十二年［1832］刻本
  線裝24冊：圖；20釐米
  封面題名《新評繡像紅樓夢全傳》
  Backhouse 323

紅樓夢：一百二十卷像一卷/（清）曹霑撰；（清）高鶚續；（清）王希廉評
  清刻本
  線裝24冊：圖；19釐米
  據清道光十二年［1832］本覆刻
  封面題名《新評繡像紅樓夢全傳》
  Sinica 6146

紅樓夢：一百二十回/（清）曹霑撰；（清）高鶚續；（清）王希廉，（清）姚燮評
  清末鑄記書局鉛印本
  線裝32冊；21釐米
  封面題名《精校全圖鉛印評註金玉緣》

  Sinica 3940

增評補圖石頭記：一百二十卷首一卷/（清）曹霑撰；（清）高鶚續；（清）王希廉評；（清）姚燮加評
  清光緒上海廣百宋齋鉛印本
  線裝16冊：圖；20釐米
  Sinica 6067

又一部
  Backhouse 23

增評補圖大觀瑣錄：一百二十卷首一卷繡像一卷/（清）曹霑撰；（清）高鶚續；（清）王希廉評；（清）姚燮加評
  清光緒十二年［1886］石印本
  線裝16冊：圖；20釐米
  版心題名《增評補圖石頭記》
  Sinica 2584

增評補像全圖金玉緣：一百二十回繡像一卷/（清）曹霑撰；（清）高鶚續；（清）王希廉，（清）張新之，（清）姚燮評
  清光緒十五年［1889］滬上石印本
  洋裝4冊（原線裝16冊）：圖；20釐米
  有"百尺樓翰墨"印記
  Sinica 6826

增評補像全圖金玉緣：一百二十回/（清）曹霑撰；（清）高鶚續；（清）王希廉，（清）張新之，（清）姚燮評
  清光緒十五年［1889］上海同文書局石印本
  洋裝3冊（原線裝16冊）：圖；21釐米
  Sinica 6313

水石緣：六卷三十段/（清）李春榮撰
　　清乾隆三十九年［1774］序刻本（文德堂藏板）
　　線裝3冊；21釐米
　　Sinica 256

新刻異説反唐演傳：十卷一百回/（清）如蓮居士撰
　　清乾隆六十年［1795］刻本
　　線裝10冊；17釐米
　　Sinica 220

南史演義：三十二卷像讚一卷/（清）杜綱撰
　　清刻本
　　線裝10冊：圖；17釐米
　　Sinica 200

説呼全傳：十二卷四十回/□□撰
　　清嘉慶十年［1805］刻本（文林堂藏板）
　　線裝6冊；19釐米
　　Sinica 218

第十才子書白圭志：四卷十六回像一卷/（清）崔象川撰
　　清嘉慶十二年［1807］永安堂刻本
　　線裝4冊：圖；18釐米
　　Sinica 242

嶺南逸史：十卷二十八回/（清）黃耐庵撰
　　清嘉慶十八年［1813］福文堂刻本
　　線裝5冊；18釐米
　　Sinica 225

天豹圖傳：十二卷四十回像一卷/（清）□□撰
　　清嘉慶十九年［1814］刻本（廈門文德書坊藏板）
　　線裝6冊：圖；18釐米
　　Sinica 246

飛龍傳：十六卷六十回像一卷/（清）吳璿撰
　　清嘉慶二十年［1815］兆敬堂刻本
　　線裝16冊：圖；17釐米
　　Sinica 154

新纂綠牡丹全傳：十一卷六十四回繡像一卷/（清）□□撰
　　清嘉慶二十一年［1816］刻本（福文堂藏板）
　　線裝6冊：圖；18釐米
　　Sinica 221

繡像綠牡丹全傳 /（清）□□撰
　　清刻本
　　存二卷（卷一、二，有缺）
　　洋裝（原線裝）1冊；19釐米
　　Sinica 346

繪圖鏡花緣：一百回繡像一卷/（清）李汝珍撰
　　清光緒十四年［1888］上海點石齋石印本
　　線裝6冊：圖；20釐米
　　Sinica 3042

新編雷峰塔奇傳：四卷/（清）玉花堂主人

校訂

　　清刻本

　　線裝5冊；15釐米

　　Sinica 233

雙鳳奇緣傳：八卷八十回圖一卷/（清）雪樵主人撰

　　清道光七年[1827]刻本（霞漳文瑞堂藏板）

　　線裝8冊：圖；19釐米

　　Sinica 205

新鐫異說五虎平西珍珠旗演義狄青前傳：十四卷一百二十回圖像一卷/（清）□□撰

　　清道光十年[1830]刻本（廈門文德堂藏板）

　　線裝14冊：圖；18釐米

　　Sinica 213

度生公案：三卷/（清）樵濱七十二峰主人撰

　　清道光十一年[1831]刻本

　　線裝3冊；16釐米

　　Sinica 206

大明正德皇遊江南傳：七卷四十五回像一卷/（清）何夢梅撰

　　清道光十二年[1832]序翰選樓刻本

　　線裝4冊：圖；17釐米

　　Sinica 548

遊江南傳：四卷二十四回像一卷/（清）何夢梅撰

　　清咸豐元年[1851]刻本

　　存四回（第一至四回、像四葉）

　　洋裝（原線裝）1冊：圖；17釐米

　　Sinica 349

新刊海公小紅袍全傳：十二卷四十二回像一卷/（清）□□撰

　　清道光十二年[1832]刻本（廈門文德堂藏板）

　　線裝6冊：圖；18釐米

　　封面題名《大明繡像小紅袍全傳》

　　Sinica 216

原本海公大紅袍傳：六十卷六十回像一卷/（清）□□撰

　　清道光十九年[1839]刻本

　　線裝10冊：圖；18釐米

　　Sinica 217

後續大宋楊家將文武曲星包公狄青初傳：十四卷六十八回像一卷/（清）李雨堂撰

　　清道光十六年[1836]禪山福文堂刻本

　　線裝14冊：圖；18釐米

　　Sinica 215

新鎸繡像後宋慈雲太子逃難走國全傳：八卷三十五回圖一卷/（清）□□撰

　　清道光十八年[1838]同文堂刻本

　　線裝8冊：圖；16釐米

　　Sinica 214

異說後唐傳三集薛丁山征西樊梨花全傳：十卷九十回圖一卷/（清）□□撰

清道光二十年[1840]福文堂刻本
線裝10冊：圖；17釐米
封面題名《仁貴征西説唐三傳》
Sinica 228

近事小説宦海升沉録：二十二回/（清）黃世仲撰
清宣統元年[1909]香港寔報館鉛印本
精裝（原平裝）1冊；22釐米
書品劣
Sinica 6607

最近官場祕密史：三十二卷/（清）天公著；（清）慧珠校
清宣統二年[1910]上海新新小説社鉛印本
平裝8冊：圖；19釐米
Backhouse 628

繪圖真真活神仙：四卷二十回/（清）天花藏主編次
清末石印本
存二卷（卷三、四）
毛裝1冊：圖；18釐米
Sinica 6424

增異説唐秘本全傳：十四卷六十八回繡像一卷/（清）□□撰
清刻本
線裝14冊：圖；18釐米

卷三至十四題名《新刻增異説唐全傳》
繡像第三至六、九葉版心下有"聖德堂"三字
Sinica 219

新刻增異説唐全傳：十四卷六十八回/（清）□□撰
清刻本（振賢堂藏板）
線裝14冊；18釐米
Sinica 245

金石緣全傳：二十四回圖像一卷/（清）□□撰
清刻本
線裝6冊：圖；18釐米
Sinica 224

説唐薛家府傳：六卷四十二回/（清）□□撰
清刻本
線裝6冊；17釐米
Sinica 229

新鐫批評小説麟兒報：四卷十六回/（清）□□撰
清刻本
缺一卷（卷二第五至八回）
洋裝1冊（原線裝3冊）；17釐米
Sinica 244

海外中文古籍總目

英國牛津大學博德利圖書館
中文古籍目録

Catalogue of Pre-1912 Chinese Books in the Bodleian Library

〔英〕何大偉（David Helliwell）編

下册

中華書局

類叢部

類書類

通類之屬

北堂書鈔：一百六十卷/（唐）虞世南輯；（清）孔廣陶校注

  清光緒十四年[1888]南海孔氏三十有三萬卷堂刻本

  線裝20冊；30釐米

  有"南池程氏""拙□藏書""程維翰印""國喬"印記

  Sinica 2905

又一部

  Sinica 4676

又一部

  洋裝4冊（原線裝20冊）；28釐米

  Sinica 6100

初學記：三十卷/（唐）徐堅等奉敕輯

  明嘉靖十年[1531]錫山安國桂坡館刻本

  線裝16冊；27釐米

  Backhouse 307

初學記：三十卷/（唐）徐堅等奉敕輯.附初學記校勘：三十卷校勘記補遺一卷/（清）黃加焜撰

  清光緒十四年[1888]安康黃氏蘊石齋刻蘊石齋叢書本

  線裝16冊；19釐米

  版心下有"蘊石齋叢書""黃氏家藏板"字樣

  Sinica 4588

太平御覽：一千卷經史圖書綱目一卷目錄十卷/（宋）太平興國二年[977]李昉等奉敕撰

  明萬曆元年[1573]倪炳錫山刻本（以明萬曆二年[1574]周堂銅活字印本補配）

  線裝160冊；27釐米

  Backhouse 534

太平御覽：一千卷經史圖書綱目一卷目錄十卷/（宋）太平興國二年[977]李昉等奉敕撰

  清嘉慶十一年[1806]揚州汪昌序銅活字印本

  線裝100冊；29釐米

  有"平水周氏書記"印記

  Backhouse 306

事類賦：三十卷/（宋）吳淑撰並註

  明嘉靖十三年[1534]開封太守白坪刻本

  線裝4冊；28釐米

  Sinica 4543

冊府元龜：一千卷目錄十卷/（宋）景德二年[1005]王欽若等奉敕編

  明崇禎十五年[1642]豫章黃國琦五繡堂刻初印本

  線裝300冊；27釐米

  Backhouse 81

冊府元龜：一千卷目錄十卷/（宋）景德二年[1005]王欽若等奉敕編

  明崇禎十五年[1642]豫章黃國琦五

繡堂刻本

  洋裝50冊（原線裝200冊）；26釐米

  Sinica 2709

古今合璧事類備要：前集六十九卷後集八十一卷續集五十六卷別集九十四卷外集六十六卷/（宋）謝維新撰；（宋）虞載撰別集外集

  明嘉靖三十五年［1556］三衢夏相校刻本

  線裝50冊；28釐米

  Backhouse 451

玉海：二百卷.辭學指南：四卷.附刻十三種/（宋）王應麟撰

  明正德元年［1506］至清乾隆五十六年［1791］間遞修補刻本

  線裝120冊；26釐米

  有"濨恭堂寶藏"印記

  Backhouse 280

  附刻十三種詳目：

  ・詩攷：一卷

  ・詩地理攷：六卷

  ・漢藝文志攷證：十卷

  ・通鑑地理通釋：十四卷

  ・周書王會補注：一卷

  ・漢制攷：四卷

  ・踐阼篇集解：一卷

  ・急就篇：四卷/（漢）史游撰；（唐）顏師古注；（宋）王應麟補注

  ・小學紺珠：十卷

  ・姓氏急就篇：二卷

  ・六經天文篇：二卷

  ・周易鄭康成注：一卷/（漢）鄭玄撰；（宋）王應麟輯

  ・通鑑答問：五卷

玉海：二百卷.辭學指南：四卷.附刻十三種/（宋）王應麟撰.王深寧先生年譜：一卷.校補玉海瑣記：二卷/（清）張大昌編

  清光緒九年［1883］浙江書局刻1992年北京文物出版社印本（殘損版以影印本補配；浙江圖書館藏板）

  存二百零四卷（玉海二百卷、辭學指南四卷）

  線裝100冊；29釐米

  Sinica 3728

錦繡萬花谷：前集四十卷後集四十卷續集四十卷別集三十卷/（宋）□□撰

  明嘉靖十五年［1536］錫山秦汴刻本

  線裝16冊；25釐米

  有"古獻州吳氏瀚濤藏書""墜之鸞之爲不孝""朱燮臣父藏書印""慕齋鑑定""宛平王氏家藏""吳積慶堂""劍華堂藏書印""樵孫珍藏""瀚濤""吳印省齋""稷堂"印記

  Backhouse 459

錦繡萬花谷：前集四十卷後集四十卷續集四十卷/（宋）□□撰

  明嘉靖十五年［1536］錫山秦汴刻本

  線裝40冊；25釐米

  有"一六淵海""臣士璵印""菊農""沈印希□"等印記

  Backhouse 32

新編古今事文類聚：前集六十卷後集

新編古今事文類聚：前集六十卷後集
五十卷續集二十八卷別集三十二卷新集
三十六卷外集十五卷遺集十五卷/（宋）
祝穆撰；（元）富大用撰新集外集；（元）
祝淵撰遺集
　　明萬曆三十二年［1604］金陵唐富春
德壽堂刻本
　　線裝42冊；27釐米
　　有"星渚干元仲珍藏書籍""元仲珍
藏"印記
　　Backhouse 564

新編古今事文類聚：前集六十卷後集
五十卷續集二十八卷別集三十二卷新集
三十六卷外集十五卷遺集十五卷/（宋）
祝穆撰；（元）富大用撰新集外集；（元）
祝淵撰遺集
　　明刻黑口本
　　存七十九卷（續集二十八卷、新集
三十六卷、外集十五卷）
　　包背裝50冊；34釐米
　　Backhouse 88

新編古今事文類聚：前集六十卷後集
五十卷續集二十八卷別集三十二卷新集
三十六卷外集十五卷遺集十五卷/（宋）
祝穆撰；（元）富大用撰新集外集；（元）
祝淵撰遺集
　　清乾隆二十八年［1763］重刻本（積
秀堂藏板）
　　洋裝10冊（原線裝60冊）；27釐米
　　Sinica 2846

永樂大典：二萬二千八百七十七卷凡例目
錄六十卷/（明）永樂中解縉等奉敕編

　　明嘉靖隆慶間內府重寫本
　　存二卷（卷八〇七、八〇八）
　　包背裝1冊；51釐米
　　MS.Chin.a.17 = Arch.O.a.6/1

永樂大典：二萬二千八百七十七卷凡例目
錄六十卷/（明）永樂中解縉等奉敕編
　　明嘉靖隆慶間內府重寫本
　　存二卷（卷一〇三六、一〇三七）
　　包背裝1冊；51釐米
　　MS.Chin.a.18 = Arch.O.a.6/2

永樂大典：二萬二千八百七十七卷凡例目
錄六十卷/（明）永樂中解縉等奉敕編
　　明嘉靖隆慶間內府重寫本
　　存二卷（卷五二四四、五二四五）
　　包背裝1冊；51釐米
　　MS.Chin.a.19 = Arch.O.a.6/3

永樂大典：二萬二千八百七十七卷凡例目
錄六十卷/（明）永樂中解縉等奉敕編
　　明嘉靖隆慶間內府重寫本
　　存一卷（卷六六四一）
　　包背裝1冊；51釐米
　　MS.Backhouse 1a = Arch.O.a.6/8

永樂大典：二萬二千八百七十七卷凡例目
錄六十卷/（明）永樂中解縉等奉敕編
　　明嘉靖隆慶間內府重寫本
　　存二卷（卷七五一五、七五一六）
　　包背裝1冊；51釐米
　　MS.Backhouse 1b = Arch.O.a.6/9

永樂大典：二萬二千八百七十七卷凡例目

录六十卷/(明)永樂中解縉等奉敕編
    明嘉靖隆慶間內府重寫本
    存一卷(卷七六七七)
    包背裝1冊;51釐米
    MS.Backhouse 1c = Arch.O.a.6/10

永樂大典:二萬二千八百七十七卷凡例目
录六十卷/(明)永樂中解縉等奉敕編
    明嘉靖隆慶間內府重寫本
    存一卷(卷八〇二一)
    包背裝1冊;51釐米
    MS.Backhouse 1d = Arch.O.a.6/11

永樂大典:二萬二千八百七十七卷凡例目
录六十卷/(明)永樂中解縉等奉敕編
    明嘉靖隆慶間內府重寫本
    存二卷(卷一〇一三五、一〇一三六)
    包背裝1冊;51釐米
    MS.Backhouse 1e = Arch.O.a.6/12

永樂大典:二萬二千八百七十七卷凡例目
录六十卷/(明)永樂中解縉等奉敕編
    明嘉靖隆慶間內府重寫本
    存一卷(卷一〇四六〇)
    包背裝1冊;51釐米
    MS.Backhouse 1f = Arch.O.a.6/13

永樂大典:二萬二千八百七十七卷凡例目
录六十卷/(明)永樂中解縉等奉敕編
    明嘉靖隆慶間內府重寫本
    存二卷(卷一三八七二、一三八七三)
    包背裝1冊;51釐米
    MS.Chin.a.20 = Arch.O.a.6/4

永樂大典:二萬二千八百七十七卷凡例目
录六十卷/(明)永樂中解縉等奉敕編
    明嘉靖隆慶間內府重寫本
    存二卷(卷一三八七四、一三八七五)
    包背裝1冊;51釐米
    MS.Chin.a.21 = Arch.O.a.6/5

永樂大典:二萬二千八百七十七卷凡例目
录六十卷/(明)永樂中解縉等奉敕編
    明嘉靖隆慶間內府重寫本
    存一卷(卷一四三八五)
    包背裝1冊;51釐米
    MS.Backhouse 1g = Arch.O.a.6/14

永樂大典:二萬二千八百七十七卷凡例目
录六十卷/(明)永樂中解縉等奉敕編
    明嘉靖隆慶間內府重寫本
    存三卷(卷一四六〇七至一四六〇九)
    洋裝(原包背裝)1冊;51釐米
    MS.Chin.b.9 = Arch.O.a.6/20

永樂大典:二萬二千八百七十七卷凡例目
录六十卷/(明)永樂中解縉等奉敕編
    明嘉靖隆慶間內府重寫本
    存一卷(卷一四六二二)
    包背裝1冊;51釐米
    MS.Backhouse 1h = Arch.O.a.6/15

永樂大典:二萬二千八百七十七卷凡例目
录六十卷/(明)永樂中解縉等奉敕編

明嘉靖隆慶間內府重寫本
存一卷（卷一四六二七）
包背裝1冊；51釐米
MS.Backhouse 1i = Arch.O.a.6/16

永樂大典：二萬二千八百七十七卷凡例目錄六十卷/（明）永樂中解縉等奉敕編
明嘉靖隆慶間內府重寫本
存三卷（卷一五〇七三至一五〇七五）
包背裝1冊；51釐米
MS.Chin.a.22 = Arch.O.a.6/6

永樂大典：二萬二千八百七十七卷凡例目錄六十卷/（明）永樂中解縉等奉敕編
明嘉靖隆慶間內府重寫本
存二卷（卷一六二一七、一六二一八）
包背裝1冊；51釐米
MS.Chin.a.23 = Arch.O.a.6/7

永樂大典：二萬二千八百七十七卷凡例目錄六十卷/（明）永樂中解縉等奉敕編
明嘉靖隆慶間內府重寫本
存一卷（卷一九七三五）
包背裝1冊；51釐米
MS.Backhouse 1j = Arch.O.a.6/17

永樂大典：二萬二千八百七十七卷凡例目錄六十卷/（明）永樂中解縉等奉敕編
明嘉靖隆慶間內府重寫本
存一卷（卷二〇一三九）
包背裝1冊；51釐米
MS.Backhouse 1k = Arch.O.a.6/18

修辭指南：二十卷/（明）浦南金撰
明嘉靖三十六年［1557］東海浦氏五樂堂刻本
線裝10冊；27釐米
有"文邑賀氏家藏""周長松印"印記
Backhouse 464

新選古今類腴：十八卷/（明）陳世寶撰
明萬曆九年［1581］刻本
線裝8冊；28釐米
Backhouse 592

山堂肆考：二百四十卷/（明）彭大翼撰；（明）張幼學編
明萬曆二十三年［1595］維揚彭氏刻本（文新堂藏板）
線裝48冊；25釐米
有"凌雲書屋翟湘浦氏珍藏圖書"印記
Backhouse 424

彙書詳註：三十六卷/（明）王世貞輯；（明）鄒道元補
明萬曆二十三年［1595］序刻梅墅石渠閣修補本
線裝16冊；26釐米
Backhouse 571

唐類函：二百卷目錄二卷/（明）俞安期編
明萬曆三十一年［1603］東吳俞氏刻本
線裝50冊；28釐米
有"艷秋書屋""孫爾淮印"印記
Backhouse 542

又一部

 線裝60冊；27釐米

 有"學""明治壬子採收三宅舊藏""平原陸氏壽椿堂藏書印"印記

 Sinica 6109

又一部

 存八十五卷（卷五十一至五十五、六十六至一百四十、一百四十六至一百五十）

 線裝17冊；29釐米

 Backhouse 717

經濟類編：一百卷／（明）馮琦撰

 明萬曆三十二年［1604］周家棟等虎林刻本

 線裝50冊；28釐米

 Backhouse 587

三才圖會：一百六卷／（明）王圻編

 明萬曆刻本

 存八十六卷（地理卷一至七、九至十五，人物卷三至十四，時令四卷，宮室四卷，器用十二卷，身體七卷，衣服三卷，人事卷一、二、五至十，儀制八卷，珍寶二卷，文史卷一、二、四，鳥獸卷一、二、五，草木卷一至六）

 線裝49冊：圖；27釐米

 Sinica 180

增補素翁指掌雜著全集：一卷.卓吾李先生校士民切要帖式手鏡：一卷／題（明）王穉登註釋；（明）陳繼儒選集

 明崇禎元年［1628］一經堂刻本

 線裝1冊；25釐米

 原題"王百谷先生註釋、陳眉公先生選集"

 Sinica 107

又一部

 有缺

 Sinica 80

增補素翁指掌雜著全集：一卷.卓吾李先生校士民切要帖式手鏡：一卷／題（明）李贄註釋；（明）陳繼儒選集

 明末坊刻本

 線裝1冊；25釐米

 Sinica 74

潛確居類書：一百二十卷／（明）陳仁錫編

 明崇禎五年［1632］刻本

 線裝48冊；25釐米

 Backhouse 591

新刻天如張先生精選石渠萬寶全書：三十二卷／（明）陽山主人武榮氏新編；（明）古潭山人天祿氏校閱

 明崇禎十四年［1641］存仁堂吳初照刻本

 存二十六卷（卷一至二十四、二十九至三十）

 線裝4冊：圖；24釐米

 書名據目錄、卷十九至二十四、二十九、三十著錄；卷一、三、四、六至十七卷端題名《刻古潭山人二酉外紀》；卷二卷端題名《鐫古潭山人刪補二酉外紀》；卷五、十八卷端題名《鐫古潭山人二酉外紀》

 Sinica 105

京傳新刊素翁鰲頭雜字附詩柬活套便覽：一卷/□□撰
    明萬曆十四年[1586]建陽書林鄒少聰刻本
    線裝1冊；24釐米
    Sinica 29

三才發秘：天部二卷地部三卷人部四卷/（清）陳雯撰
    清康熙三十六年[1697]序刻三色套印本（德星堂寶翰樓藏板）
    線裝8冊：圖；27釐米
    有"沈氏山樓藏書記"印記
    Sinica 902

淵鑑類函：四百五十卷目錄四卷/（清）康熙四十年[1701]張英等奉敕編
    清康熙四十九年[1710]內府刻本
    線裝140冊；25釐米
    有"巴陵方氏藏書印""杜衡珍藏""方功惠藏書之印"印記
    Backhouse 22
  又一部
    洋裝28冊（原線裝140冊）；26釐米
    封面有"御定淵鑑類函奉旨刷印頒行""板藏清吟堂"字樣
    Sinica 6042

古香齋新刻袖珍淵鑑類函：四百五十卷目錄四卷/（清）康熙四十年[1701]張英等奉敕編
    清光緒六年[1880]南海孔廣陶刻本
    線裝180冊；15釐米

    Backhouse 282

欽定古今圖書集成：一萬卷目錄四十卷/（清）康熙中陳夢雷、蔣廷錫等奉敕編
    清雍正四年[1726]內府銅活字印本
    存二卷（職方典卷一百九十三、一百九十四）
    線裝1冊；29釐米
    Sinica 3060

欽定古今圖書集成：一萬卷目錄三十二卷/（清）康熙中陳夢雷、蔣廷錫等奉敕編
    清光緒十年[1884]上海圖書集成鉛版印書局鉛印本
    線裝1628冊：圖；20釐米
    Backhouse 310

欽定古今圖書集成：一萬卷目錄四十卷/（清）康熙中陳夢雷、蔣廷錫等奉敕編.附欽定古今圖書集成考證：二十四卷/（清）龍繼棟撰
    清光緒十六年[1890]北京總理衙門石印本
    缺二十卷（神異典卷一百一至一百二十）
    線裝5034冊：圖；29釐米
    Backhouse 311

省軒考古類編：十二卷/（清）柴紹炳纂；（清）姚培謙評
    清乾隆二十三年[1758]刻本（敦化堂藏板）
    線裝6冊；23釐米
    封面題名《增訂考古類編》

有"雨山草堂"印記
Sinica 6117

重訂廣事類賦：四十卷/（清）華希閔撰.重訂事類賦：三十卷/（宋）吳淑撰；（明）華麟祥校
　　清道光十四年[1834]福文堂刻本
　　線裝12冊；18釐米
　　Sinica 168

廣事類賦：四十卷/（清）華希閔撰
　　清刻本
　　線裝10冊；23釐米
　　有"自琢堂藏書""澹閒室圖書記""肅人"等印記
　　Sinica 6350

專類之屬

藝文類聚：一百卷/（唐）歐陽詢等輯
　　明嘉靖六年至七年[1527—1528]胡纘宗、陸采刻本
　　線裝36冊；30釐米
　　有"季印振宜""滄葦"印記
　　Backhouse 528

藝文類聚：一百卷/（唐）歐陽詢等輯
　　明嘉靖六年至七年[1527—1528]胡纘宗、陸采刻本（有抄配）
　　線裝32冊；30釐米
　　Backhouse 410

藝文類聚：一百卷/（唐）歐陽詢等輯
　　明萬曆十五年[1587]秣陵王元貞刻本
　　存四十二卷（卷五至四十三、四十八至五十，有缺）
　　線裝10冊；25釐米
　　Sinica 72

左粹類纂：十二卷/（明）施仁撰；（明）孫應鰲批點
　　明嘉靖四十二年[1563]序刻本
　　線裝14冊；30釐米
　　Backhouse 519

古今萬姓統譜：一百四十卷.氏族博攷：十四卷.歷代帝王姓系統譜：六卷/（明）凌迪知撰
　　明萬曆七年[1579]吳興凌氏刻本
　　線裝48冊；25釐米
　　有"桐城姚伯印氏藏書記""姚氏收藏""小紅鵝館""姚氏豸青"印記
　　Backhouse 39

廣博物志：五十卷/（明）董斯張編
　　明萬曆三十五年[1607]序高暉堂刻本
　　線裝24冊；27釐米
　　Backhouse 405

廣博物志：五十卷/（明）董斯張編
　　明萬曆三十五年[1607]序高暉堂刻乾隆二十六年[1761]重印本
　　洋裝5冊（線裝20冊）；26釐米
　　Sinica 2845
又一部
　　缺二卷（卷十七、十八）

線裝31冊；26釐米
Sinica 164

新鍥四民便用不求人萬斛明珠：二十二卷/（明）徐心魯編
清康熙元年［1662］序聖澤堂文德堂刻龍文堂印本
線裝6冊：圖；26釐米
Sinica 119
又一部
Wadham College Library A 19.21-25, A20.1

四民便用不求人萬斛明珠：二十二卷/（明）徐心魯編
清康熙二十三年［1684］書林聚古堂刻本
存四卷（卷四至七）
線裝1冊：圖；26釐米
Sinica 124

增補萬寶全書：二十卷/（明）陳繼儒撰；（清）毛煥文增補
清道光十年［1830］刻本
缺十卷（卷三至十二）
線裝3冊：圖；24釐米
Sinica 527a

增補萬寶全書：二十卷/（明）陳繼儒撰；（清）毛煥文增補
清刻本
線裝6冊：圖；24釐米
Sinica 958
又一部

存四卷（卷十三至十六）
線裝1冊
Sinica 527b

增補萬寶全書：二十卷/（明）陳繼儒撰；（清）毛煥文增補
清刻本
存一卷（卷二）
線裝1冊：圖；24釐米
Sinica 527c

增補萬寶全書：二十卷/（明）陳繼儒撰；（清）毛煥文增補
清刻本
存三卷（卷十至十二）
線裝1冊：圖；24釐米
Sinica 527d

增訂大板萬寶全書：二十卷/（明）陳繼儒撰；（清）毛煥文增補
清刻本
存三卷（卷二、三、七）
洋裝1冊（原線裝3冊）：圖；27釐米
Douce Chin.d.5

文典類函：二十八卷/（清）周世樟編
清乾隆五十五年［1790］刻本（一鶴軒藏版）
線裝12冊；17釐米
Sinica 682

格致鏡原：一百卷/（清）陳元龍撰
清雍正十三年［1735］廣東刻本
線裝32冊；23釐米

Sinica 2716

格致鏡原：一百卷/（清）陳元龍撰
  清末上海大同書局石印本
  洋裝6冊（原線裝16冊）；17釐米
  有"李約瑟章"印記
  Sinica 6119

佩文韻府：一百六卷/（清）康熙四十九年[1710]張玉書等奉敕撰
  清内府刻本
  線裝95冊；24釐米
  有"體元主人""萬幾餘暇"印記
  Backhouse 293

韻府拾遺：一百六卷/（清）康熙五十九年[1720]張廷玉等奉敕撰
  清内府刻本
  線裝20冊；24釐米
  Backhouse 294

分類字錦：六十四卷/（清）康熙六十年[1721]張廷玉等奉敕撰
  清内府刻本
  線裝40冊；26釐米
  有"果親王府圖書記"印記
  Backhouse 217

新刻增訂釋義經書便用通考雜字：二卷外一卷/（清）徐三省編；（清）戴啟達補
  清刻本（文海堂藏板）
  線裝2冊；24釐米
  封面題名《元龍通考全書》
  Sinica 430

御定駢字類編：二百四十卷/（清）雍正四年[1726]沈宗敬等奉敕撰
  清刻本
  線裝120冊；27釐米
  據清内府本覆刻
  有"滿城張氏藏書印""□古山房""廷霖之章"印記
  Backhouse 300

子史精華：一百六十卷/（清）雍正五年[1727]允禄等奉敕撰
  清刻本
  線裝32冊；25釐米
  有"京都嘉餘堂圖章""浚儀馮十貳""字余曰果卿""嗜學齋""祥符馮汝桓果卿氏藏書畫印"等印記
  Backhouse 289

四書類典賦：二十四卷/（清）甘紱撰
  清乾隆四十二年[1777]重刻本（經業堂藏板）
  線裝12冊；25釐米
  Sinica 131

策學纂要：十六卷/（清）戴朋，（清）黃卷編
  清刻本
  線裝6冊；21釐米
  Sinica 639

應酬彙選新集：八卷/（清）陸九如纂輯
  清道光八年[1828]尺木堂刻本（博古堂藏板）
  存四卷（金、石、絲、竹）

線裝2冊；22釐米
Sinica 426

小知錄：十二卷/（清）陸鳳藻撰
　　清同治十二年[1873]淮南書局刻本
　　洋裝2冊（原線裝4冊）；21釐米
　　Sinica 6105

壹是紀始：二十二卷補遺一卷/（清）魏崧撰
　　清光緒十七年[1891]刻本（京都文奎堂藏板）
　　線裝6冊；19釐米
　　Sinica 6604

居家必備不求人：一卷/□□編
　　清中前期刻本
　　線裝1冊：圖；21釐米
　　Sinica 4905

叢書類

雜纂之屬

宋

劉須谿評點九種書附一種/（宋）劉辰翁評點；（明）楊人駒編
　　明天啟三年[1623]武林楊氏刻本
　　線裝64冊；26釐米
　　Backhouse 565
　　詳目：
　　・老子道德經：二卷/（春秋）李耳撰
　　・莊子南華真經：三卷/（戰國）莊周撰
　　・列子沖虛真經：一卷/（戰國）列禦寇撰
　　・班馬異同：三十五卷/（宋）倪思撰
　　・世說新語：三卷/（南朝宋）劉義慶撰；（南朝梁）劉孝標注
　　・王摩詰集：六卷/（唐）王維撰
　　・杜子美詩集：二十卷/（唐）杜甫撰
　　・李長吉歌詩：四卷外一卷/（唐）李賀撰；（宋）吳正子箋註
　　・蘇東坡詩集：二十五卷/（宋）蘇軾撰附
　　・劉須谿先生記鈔：八卷/（宋）劉辰翁撰

明

小四書/（明）朱升編
　　清道光二十五年[1845]湘鄉左輝春刻本
　　線裝4冊；26釐米
　　Sinica 583
　　詳目：
　　・名物蒙求：一卷/（宋）方逢辰撰
　　・性理字訓：一卷/（宋）程若庸撰
　　・歷代蒙求：一卷/（元）陳櫟撰
　　・史學提要：二卷/（宋）黃繼善撰.史學提要補：一卷/（清）左輝春撰

顧氏四十家小說/（明）顧元慶編
　　清宣統三年[1911]上海國學扶輪社排印本
　　線裝8冊；20釐米
　　Backhouse 482
　　詳目：
　　・稗史集傳：一卷/（元）徐顯撰
　　・西征記：一卷/（宋）盧襄撰
　　・避戎夜話：二卷/（宋）石茂良撰

- 雲林遺事：一卷/（明）顧元慶編
- 翦勝野聞：一卷/（明）徐禎卿撰
- 近言：一卷/（明）顧璘撰
- 茶譜：一卷/（明）顧元慶撰
- 續編宋史辨：一卷/（明）高昌古撰
- 病逸漫記：一卷/（明）陸釴撰
- 夷白齋詩話：一卷/（明）顧元慶撰
- 讀書筆記：一卷/（明）祝允明撰
- 存餘堂詩話：一卷/（明）朱承爵撰
- 皇明天全先生遺事：一卷/（明）徐子陽撰
- 清夜錄：一卷/（宋）俞文豹撰
- 聽雨紀談：一卷/（明）都穆撰
- 談藝錄：一卷/（明）徐禎卿撰
- 君子堂日詢手鏡：一卷/（明）王濟撰
- 陽山新錄：一卷/（明）顧元慶，（明）岳岱撰
- 海槎餘錄：一卷/（明）顧岕撰
- 新倩籍：一卷/（明）徐禎卿撰
- 今雨瑤華/（明）岳岱撰
- 簷曝偶談：一卷/（明）顧元慶撰
- 金石契：一卷/（明）祝肇撰
- 大石山房十友譜：一卷/（明）顧元慶撰
- 琅琊漫抄：一卷/（明）文林撰
- 國寶新編：一卷/（明）顧璘撰
- 七人聯句詩記：一卷/（明）楊循吉撰
- 寓意編：一卷/（明）都穆撰
- 懸笥瑣探：一卷/（明）劉昌撰
- 吳郡二科志：一卷/（明）閻秀卿撰
- 瘞鶴銘考：一卷/（明）顧元慶撰
- 青溪暇筆：一卷/（明）姚福撰
- 景仰撮書：一卷/（明）王達撰
- 蠹衣：一卷/（明）祝允明撰
- 寶檳記：一卷/（明）□□撰
- 彭文憲公筆記：二卷/（明）彭時撰
- 否泰錄：一卷/（明）劉定之撰
- 蘇談：一卷/（明）楊循吉撰
- 吳中往哲記：一卷/（明）楊循吉撰
- 太湖新錄：一卷/（明）徐禎卿，（明）文徵明撰

古今說海：一百三十五種/（明）陸楫編

清道光元年［1821］苕溪邵氏酉山堂重刻本

4函（線裝24冊）；25釐米

Backhouse 455

詳目：

説選部

小錄家
- 北征錄：一卷/（明）金幼孜撰
- 北征後錄：一卷/（明）金幼孜撰
- 北征記：一卷/（明）楊榮撰

偏記家
- 平夏錄：一卷/（明）黃標撰
- 江南別錄：一卷/（宋）陳彭年撰
- 三楚新錄：三卷/（宋）周羽翀撰
- 溪蠻叢笑：一卷/（宋）朱輔撰
- 遼志：一卷/（宋）葉隆禮撰
- 金志：一卷/（宋）宇文懋昭撰
- 蒙韃備錄：一卷/（宋）孟珙撰
- 北邊備對：一卷/（宋）程大昌撰
- 桂海虞衡志：一卷/（宋）范成大撰
- 真臘風土記：一卷/（元）周達觀撰
- 北戶錄：一卷/（唐）段公路撰
- 西使記：一卷/（元）劉郁撰
- 北轅錄：一卷/（宋）周煇撰
- 滇載記：一卷/（明）楊慎撰

・星槎勝覽：四卷/(明)費信撰

說淵部

別傳家

・靈應傳：一卷/(唐)□□撰
・洛神傳：一卷/(唐)薛瑩撰
・夢遊錄：一卷/(唐)任蕃撰
・吳保安傳：一卷/(唐)牛肅撰
・崑崙奴傳：一卷/(唐)楊巨源撰
・鄭德麟傳：一卷/(唐)薛瑩撰
・李章武傳：一卷/(唐)李景亮撰
・韋自東傳：一卷/(唐)□□撰
・趙合傳：一卷/(唐)□□撰
・杜子春傳：一卷/(唐)鄭還古撰
・裴伷先別傳：一卷/(唐)□□撰
・震澤龍女傳：一卷/(唐)薛瑩撰
・袁氏傳：一卷/(唐)顧夐撰
・少室先姝傳：一卷/(唐)□□撰
・李林甫外傳：一卷/(唐)□□撰
・遼陽海神傳：一卷/(明)蔡羽述
・虯蚝傳：一卷/(唐)□□撰
・甘棠靈會錄：一卷
・顏濬傳：一卷/(唐)□□撰
・張無頗傳：一卷/(唐)□□撰
・板橋記：一卷/(唐)□□撰
・鄴侯外傳：一卷/(唐)李繁撰
・洛京獵記：一卷/(唐)□□撰
・玉壺記：一卷/(唐)□□撰
・姚生傳：一卷/(唐)□□撰
・唐晅手記：一卷/(唐)唐晅撰
・獨孤穆傳：一卷/(唐)□□撰
・王恭伯傳：一卷/(唐)□□撰
・中山狼傳：一卷/(宋)謝良撰
・崔煒傳：一卷/(唐)□□撰
・陸顒傳：一卷/(唐)□□撰

・潤玉傳：一卷/(唐)孫頠撰
・李衛公別傳：一卷/(唐)□□撰
・齊推女傳：一卷/(唐)□□撰
・魚服記：一卷/(唐)□□撰
・聶隱娘傳：一卷/(唐)鄭文寶撰
・袁天綱外傳：一卷/(唐)□□撰
・曾季衡傳：一卷/(唐)□□撰
・蔣子文傳：一卷/(唐)羅鄴撰
・張遵言傳：一卷/(唐)□□撰
・侯元傳：一卷/(唐)□□撰
・同昌公主外傳：一卷/(唐)蘇鶚撰
・睦仁蒨傳：一卷/(唐)陳鴻撰
・韋鮑二生傳：一卷/(唐)□□撰
・張令傳：一卷/(唐)□□撰
・李清傳：一卷/(唐)□□撰
・薛昭傳：一卷/(唐)□□撰
・王賈傳：一卷/(唐)□□撰
・烏將軍記：一卷/(唐)王惲撰
・寶玉傳：一卷/(唐)□□撰
・柳參軍傳：一卷/(唐)李朝威撰
・人虎傳：一卷/(唐)李景亮撰
・馬自然傳：一卷/(唐)□□撰
・寶應錄：一卷/(唐)□□撰
・白蛇記：一卷/(唐)□□撰
・巴西侯傳：一卷/(唐)□□撰
・柳歸舜傳：一卷/(唐)□□撰
・求心錄：一卷/(唐)□□撰
・知命錄：一卷/(唐)□□撰
・山莊夜怪錄：一卷/(唐)□□撰
・五真記：一卷/(唐)□□撰
・小金傳：一卷/(唐)□□撰
・林靈素傳：一卷/(宋)趙與旹撰
・海陵三仙傳：一卷/(宋)□□撰

說略部

雜記家
- 默記：一卷/（宋）王銍撰
- 宣政雜錄：一卷/（宋）江萬里撰
- 靖康朝野僉言：一卷/（宋）□□撰
- 朝野遺記：一卷/（宋）□□撰
- 墨客揮犀：一卷/（宋）彭乘撰
- 續墨客揮犀：一卷/（宋）彭乘撰
- 聞見雜錄：一卷/（宋）蘇舜欽撰
- 山房隨筆：一卷/（元）蔣子正撰
- 諧史：一卷/（宋）沈俶撰
- 昨夢錄：一卷/（宋）康與之撰
- 三朝野史：一卷/（元）吳萊撰
- 鐵圍山叢談：一卷/（宋）蔡絛撰
- 孔氏雜說：一卷/（宋）孔平仲撰
- 瀟湘錄：一卷/（唐）李隱撰
- 三水小牘：一卷/（唐）皇甫枚撰
- 談藪：一卷/（宋）龐元英撰
- 清尊錄：一卷/（宋）廉布撰
- 睽車志：一卷/（宋）郭彖撰
- 話腴：一卷/（宋）陳郁撰
- 朝野僉載：一卷/（唐）張鷟撰
- 古杭雜記：一卷/（元）李有撰
- 蒙齋筆談：一卷/（宋）葉夢得撰

著者誤題鄭景望
- 文昌雜錄：一卷/（宋）龐元英撰
- 就日錄：一卷/（宋）趙□撰
- 碧湖雜記：一卷/（宋）謝枋得撰
- 錢氏私志：一卷/（宋）錢愐撰
- 遂昌山樵雜錄：一卷/（元）鄭元祐撰
- 高齋漫錄：一卷/（宋）曾慥撰
- 桐陰舊話：一卷/（宋）韓元吉撰
- 霏雪錄：一卷/（明）劉績撰
- 東園友聞：一卷/（元）□□撰
- 抒掌錄：一卷/（元）元懷撰

說纂部
逸事家
- 漢武故事：一卷/（漢）班固撰
- 艮嶽記：一卷/（宋）張淏撰
- 青溪寇軌：一卷/（宋）方勺撰
- 煬帝海山記：一卷/（唐）韓偓撰
- 煬帝迷樓記：一卷/（唐）韓偓撰
- 煬帝開河記：一卷/（唐）韓偓撰

散錄家
- 江行雜錄：一卷/（宋）廖瑩中撰
- 行營雜錄：一卷/（宋）趙葵撰
- 避暑漫抄：一卷/（宋）陸游撰
- 養痾漫筆：一卷/（宋）趙溍撰
- 虛谷閑抄：一卷/（元）方回撰
- 蓼花洲閑錄：一卷/（宋）高文虎撰

雜纂家
- 樂府雜錄：一卷/（唐）段安節撰
- 教坊記：一卷/（唐）崔令欽撰
- 孫內翰北里志：一卷/（唐）孫棨撰
- 青樓集：一卷/（元）夏庭芝撰
- 雜纂：三卷/（唐）李商隱撰；（宋）王君玉，（宋）蘇軾續
- 損齋備忘錄：一卷/（明）梅純撰
- 復辟錄：一卷/（明）楊瑄撰
- 靖難功臣錄：一卷/（明）朱當㴐撰
- 備遺錄：一卷/（明）張芹撰

又一部

線裝20冊

有"梅城蔡氏藏書之章""聽鸝山館珍藏""梅城蔡氏""丁丑以後聽鸝山館鈐記""南雲蔡氏藏書""南雲蔡氏任舫所藏金石書畫""白雲巖上之人"印記

Sinica 5982

古今説海：一百三十五種/（明）陸楫編
　　清宣統元年[1909]上海集成圖書公司鉛印本
　　2函（平裝12冊）；21釐米
　　Backhouse 303
　　詳目：
　　説選部
　　小録家
　　・北征録：一卷/（明）金幼孜撰
　　・北征後録：一卷/（明）金幼孜撰
　　・北征記：一卷/（明）楊榮撰
　　偏記家
　　・平夏録：一卷/（明）黄標撰
　　・江南別録：一卷/（宋）陳彭年撰
　　・三楚新録：三卷/（宋）周羽翀撰
　　・溪蠻叢笑：一卷/（宋）朱輔撰
　　・遼志：一卷/（宋）葉隆禮撰
　　・金志：一卷/（宋）宇文懋昭撰
　　・蒙韃備録：一卷/（宋）孟珙撰
　　・北邊備對：一卷/（宋）程大昌撰
　　・桂海虞衡志：一卷/（宋）范成大撰
　　・真臘風土記：一卷/（元）周達觀撰
　　・北户録：一卷/（唐）段公路撰
　　・西使記：一卷/（元）劉郁撰
　　・北轅録：一卷/（宋）周輝撰
　　・滇載記：一卷/（明）楊慎撰
　　・星槎勝覽：四卷/（明）費信撰
　　説淵部
　　別傳家
　　・靈應傳：一卷/（唐）□□撰
　　・洛神傳：一卷/（唐）薛瑩撰
　　・夢遊録：一卷/（唐）任蕃撰
　　・吳保安傳：一卷/（唐）牛肅撰
　　・崑崙奴傳：一卷/（唐）楊巨源撰
　　・鄭德麟傳：一卷/（唐）薛瑩撰
　　・李章武傳：一卷/（唐）李景亮撰
　　・韋自東傳：一卷/（唐）□□撰
　　・趙合傳：一卷/（唐）□□撰
　　・杜子春傳：一卷/（唐）鄭還古撰
　　・裴伷先別傳：一卷/（唐）□□撰
　　・震澤龍女傳：一卷/（唐）薛瑩撰
　　・袁氏傳：一卷/（唐）顧敻撰
　　・少室先姝傳：一卷/（唐）□□撰
　　・李林甫外傳：一卷/（唐）□□撰
　　・遼陽海神傳：一卷/（明）蔡羽述
　　・蚍蜉傳：一卷/（唐）□□撰
　　・甘棠靈會録：一卷
　　・顔濬傳：一卷/（唐）□□撰
　　・張無頗傳：一卷/（唐）□□撰
　　・板橋記：一卷/（唐）□□撰
　　・鄴侯外傳：一卷/（唐）李繁撰
　　・洛京獵記：一卷/（唐）□□撰
　　・玉壺記：一卷/（唐）□□撰
　　・姚生傳：一卷/（唐）□□撰
　　・唐晅手記：一卷/（唐）唐晅撰
　　・獨孤穆傳：一卷/（唐）□□撰
　　・王恭伯傳：一卷/（唐）□□撰
　　・中山狼傳：一卷/（宋）謝良撰
　　・崔煒傳：一卷/（唐）□□撰
　　・陸顒傳：一卷/（唐）□□撰
　　・潤玉傳：一卷/（唐）孫頠撰
　　・李衛公別傳：一卷/（唐）□□撰
　　・齊推女傳：一卷/（唐）□□撰
　　・魚服記：一卷/（唐）□□撰
　　・聶隱娘傳：一卷/（唐）鄭文寶撰
　　・袁天綱外傳：一卷/（唐）□□撰
　　・曾季衡傳：一卷/（唐）□□撰
　　・蔣子文傳：一卷/（唐）羅鄴撰

- 張遵言傳：一卷/（唐）□□撰
- 侯元傳：一卷/（唐）□□撰
- 同昌公主外傳：一卷/（唐）蘇鶚撰
- 睦仁蒨傳：一卷/（唐）陳鴻撰
- 韋鮑二生傳：一卷/（唐）□□撰
- 張令傳：一卷/（唐）□□撰
- 李清傳：一卷/（唐）□□撰
- 薛昭傳：一卷/（唐）□□撰
- 王賈傳：一卷/（唐）□□撰
- 烏將軍記：一卷/（唐）王惲撰
- 寶玉傳：一卷/（唐）□□撰
- 柳參軍傳：一卷/（唐）李朝威撰
- 人虎傳：一卷/（唐）李景亮撰
- 馬自然傳：一卷/（唐）□□撰
- 寶應錄：一卷/（唐）□□撰
- 白蛇記：一卷/（唐）□□撰
- 巴西侯傳：一卷/（唐）□□撰
- 柳歸舜傳：一卷/（唐）□□撰
- 求心錄：一卷/（唐）□□撰
- 知命錄：一卷/（唐）□□撰
- 山莊夜怪錄：一卷/（唐）□□撰
- 五真記：一卷/（唐）□□撰
- 小金傳：一卷/（唐）□□撰
- 林靈素傳：一卷/（宋）趙與旹撰
- 海陵三仙傳：一卷/（宋）□□撰

說略部
雜記家
- 默記：一卷/（宋）王銍撰
- 宣政雜錄：一卷/（宋）江萬里撰
- 靖康朝野僉言：一卷/（宋）□□撰
- 朝野遺記：一卷/（宋）□□撰
- 墨客揮犀：一卷/（宋）彭乘撰
- 續墨客揮犀：一卷/（宋）彭乘撰
- 聞見雜錄：一卷/（宋）蘇舜欽撰

- 山房隨筆：一卷/（元）蔣子正撰
- 諧史：一卷/（宋）沈俶撰
- 昨夢錄：一卷/（宋）康與之撰
- 三朝野史：一卷/（元）吳萊撰
- 鐵圍山叢談：一卷/（宋）蔡絛撰
- 孔氏雜說：一卷/（宋）孔平仲撰
- 瀟湘錄：一卷/（唐）李隱撰
- 三水小牘：一卷/（唐）皇甫枚撰
- 談藪：一卷/（宋）龐元英撰
- 清尊錄：一卷/（宋）廉布撰
- 睽車志：一卷/（宋）郭彖撰
- 話腴：一卷/（宋）陳郁撰
- 朝野僉載：一卷/（唐）張鷟撰
- 古杭雜記：一卷/（元）李有撰
- 蒙齋筆談：一卷/（宋）葉夢得撰
著者誤題鄭景望
- 文昌雜錄：一卷/（宋）龐元英撰
- 就日錄：一卷/（宋）趙□撰
- 碧湖雜記：一卷/（宋）謝枋得撰
- 錢氏私志：一卷/（宋）錢愐撰
- 遂昌山樵雜錄：一卷/（元）鄭元祐撰
- 高齋漫錄：一卷/（宋）曾慥撰
- 桐陰舊話：一卷/（宋）韓元吉撰
- 霏雪錄：一卷/（明）劉績撰
- 東園友聞：一卷/（元）□□撰
- 拊掌錄：一卷/（元）元懷撰

說纂部
逸事家
- 漢武故事：一卷/（漢）班固撰
- 艮嶽記：一卷/（宋）張淏撰
- 青溪寇軌：一卷/（宋）方勺撰
- 煬帝海山記：一卷/（唐）韓偓撰
- 煬帝迷樓記：一卷/（唐）韓偓撰
- 煬帝開河記：一卷/（唐）韓偓撰

散錄家
- 江行雜錄：一卷/（宋）廖瑩中撰
- 行營雜錄：一卷/（宋）趙葵撰
- 避暑漫抄：一卷/（宋）陸游撰
- 養痾漫筆：一卷/（宋）趙湆撰
- 虛谷閑抄：一卷/（元）方回撰
- 蓼花洲閑錄：一卷/（宋）高文虎撰

雜纂家
- 樂府雜錄：一卷/（唐）段安節撰
- 教坊記：一卷/（唐）崔令欽撰
- 孫內翰北里志：一卷/（唐）孫棨撰
- 青樓集：一卷/（元）夏庭芝撰
- 雜纂：三卷/（唐）李商隱撰；（宋）王君玉，（宋）蘇軾續
- 損齋備忘錄：一卷/（明）梅純撰
- 復辟錄：一卷/（明）楊瑄撰
- 靖難功臣錄：一卷/（明）朱當㴐撰
- 備遺錄：一卷/（明）張芹撰

稗海：四十八種續二十二種/（明）商濬編
明萬曆會稽商氏半埜堂刻本
存五種
線裝3冊；26釐米
Sinica 921
詳目：
- 西京雜記：六卷/（晉）葛洪撰
- 搜神記：八卷/（晉）干寶撰
- 東軒筆錄：殘卷九至十五/（宋）魏泰撰
- 摭言：一卷/（唐）王定保撰
- 小名錄：二卷/（唐）陸龜蒙撰

稗海：四十八種續二十二種/（明）商濬編
明萬曆會稽商氏半埜堂刻清康熙振

鷺堂重編修補本
線裝80冊；25釐米
Sinica 2646
詳目：
第一函
- 博物志：十卷/（晉）張華撰；（宋）周日用，（宋）盧□注
- 西京雜記：六卷/（晉）葛洪撰
- 王子年拾遺記：十卷/（前秦）王嘉撰
- 搜神記：八卷/（晉）干寶撰
- 述異記：二卷/（南朝梁）任昉撰
- 續博物志：十卷/（宋）李石撰
- 摭言：一卷/（唐）王定保撰
- 小名錄：二卷/（唐）陸龜蒙撰
- 雲溪友議：十二卷/（唐）范攄撰
- 獨異志：三卷/（唐）李冗撰

第二函
- 杜陽雜編：三卷/（唐）蘇鶚撰
- 東觀奏記：三卷/（唐）裴庭裕撰
- 大唐新語：十三卷/（唐）劉肅撰
- 因話錄：六卷/（唐）趙璘撰
- 玉泉子：一卷/（唐）□□撰
- 北夢瑣言：二十卷/（宋）孫光憲撰

第三函
- 樂善錄：二卷/（宋）李昌齡撰
- 蠹海集：一卷/（宋）王逵撰
- 過庭錄：一卷/（宋）范公偁撰
- 泊宅編：三卷/（宋）方勺撰
- 閑窗括異志：一卷/（宋）魯應龍撰
- 搜采異聞錄：五卷/（宋）永亨撰
- 東軒筆錄：十五卷/（宋）魏泰撰
- 青箱雜記：十卷/（宋）吳處厚撰
- 蒙齋筆談：二卷/（宋）鄭景望撰
- 畫墁錄：一卷/（宋）張舜民撰

第四函
・游宦紀聞：十卷／(宋)張世南撰
・夢溪筆談：二十六卷補筆談一卷／(宋)沈括撰
・學齋佔畢纂：一卷／(宋)史繩祖撰
・儲華谷袪疑說纂：一卷／(宋)儲泳撰
・墨莊漫錄：十卷／(宋)張邦基撰
・侍兒小名錄拾遺：一卷／(宋)張邦幾撰
・補侍兒小名錄：一卷／(宋)王銍撰
・續補侍兒小名錄：一卷／(宋)溫豫撰
第五函
・嬾真子：五卷／(宋)馬永卿撰
・歸田錄：二卷／(宋)歐陽修撰
・東坡先生志林：十二卷／(宋)蘇軾撰
・蘇黃門龍川別志：二卷／(宋)蘇轍撰
・澠水燕談錄：十卷／(宋)王闢之撰
・冷齋夜話：十卷／(宋)釋惠洪撰
・老學庵筆記：十卷／(宋)陸游撰
第六函
・雲麓漫抄：四卷／(宋)趙彥衛撰
・石林燕語：十卷／(宋)葉夢得撰
・避暑錄話：二卷／(宋)葉夢得撰
・清波雜志：三卷／(宋)周煇撰
・墨客揮犀：十卷／(宋)彭乘撰
・異聞總錄：四卷／□□撰
・遂昌雜錄：一卷／(元)鄭元祐撰
續第七函
・酉陽雜俎：二十卷／(唐)段成式撰
・宣室志：十卷補遺一卷／(唐)張讀撰
・河東先生龍城錄：二卷／(唐)柳宗元撰
・鶴林玉露：十六卷補遺一卷／(宋)羅大經撰

續第八函
・儒林公議：二卷／(宋)田況撰
・侯鯖錄：八卷／(宋)趙令畤撰
・睽車志：六卷／(宋)郭彖撰
・江鄰幾雜志：一卷／(宋)江休復撰
・桯史：十五卷／(宋)岳珂撰
・隨隱漫錄：五卷／(宋)陳世崇撰
・楓窗小牘：二卷／(宋)袁褧撰；(宋)袁頤續
・耕祿藁：一卷／(宋)胡錡撰
・厚德錄：四卷／(宋)李元綱撰
續第九函
・西溪叢語：二卷／(宋)姚寬撰
・野客叢書：三十卷附錄一卷／(宋)王楙撰
・螢雪叢說：二卷／(宋)俞成撰
・孫公談圃：三卷／(宋)孫升述；(宋)劉廷世錄
・許彥周詩話：一卷／(宋)許顗撰
・後山居士詩話：一卷／(宋)陳師道撰
續第十函
・齊東野語：二十卷／(宋)周密撰
・癸辛雜識：前集一卷後集一卷續集二卷別集二卷／(宋)周密撰
・山房隨筆：一卷／(元)蔣子正撰

唐人百家小說／(明)□□編
明末刻本
存三十八種
線裝3冊；26釐米
有"賸(？)書樓珍藏印""□□□堂"印記
Sinica 939
詳目：

・尚書故實：一卷/（唐）李綽撰
・次柳氏舊聞：一卷/（唐）李德裕撰
・松窗雜記：一卷/（唐）杜荀鶴撰
一題（唐）李濬撰
・金鑾密記/（唐）韓偓撰
・龍城錄：一卷/（唐）柳宗元撰
・小說舊聞記/（唐）柳公權撰
・卓異記：一卷/（唐）李翱撰
・摭異記：一卷/（唐）李濬編
・茶經：一卷/（唐）陸羽撰
・十六湯品：一卷/（唐）蘇廙撰
・煎茶水記：一卷/（唐）張又新撰
・醉鄉日月：一卷/（唐）皇甫崧撰
・食譜：一卷/（唐）韋巨源撰
・花九錫：一卷/（唐）羅虬撰
・二十四詩品：一卷/（唐）司空圖撰
・書法：一卷/（唐）歐陽詢撰
・畫學秘訣：一卷/（唐）王維撰
・續畫品錄：一卷/（唐）李嗣真撰
・貞觀公私畫史：一卷/（唐）裴孝源撰
・小名錄：一卷/（唐）陸龜蒙撰
・錦裙記：一卷/（唐）陸龜蒙撰
・金縷裙記：一卷
・耒耜經：一卷/（唐）陸龜蒙撰
・劉無雙傳：一卷有缺/（唐）薛調撰
・霍小玉傳：一卷/（唐）蔣防撰
・馮燕傳：一卷/（唐）沈亞之撰
・牛應貞傳：一卷/（唐）宋若昭撰
・紅線傳：一卷/（唐）楊巨源撰
・章臺柳傳：一卷/（唐）許堯佐撰
・會真記：一卷/（唐）元稹撰
・南柯記：一卷/（唐）李公佐撰
・墨崑崙傳：一卷/（南唐）馮延巳撰
・奇男子傳：一卷/（唐）許棠撰

・杜子春傳：一卷/（唐）鄭還古撰
・蔣子文傳：一卷/（唐）羅鄴撰
・龍女傳：一卷/（唐）薛瑩撰
・杜秋傳：一卷/（唐）杜牧撰
・揚州夢記：一卷/（唐）于鄴撰

唐人百家/（明）□□編
明末刻清重修本
存六十二種
線裝6冊；24釐米
　書名據目錄著錄，書根題《唐人百家集》；根據叢書實際內容，疑爲《五朝小說》
Sinica 933
詳目：
・尚書故實：一卷/（唐）李綽撰
・次柳氏舊聞：一卷/（唐）李德裕撰
・松窗雜記：一卷/（唐）杜荀鶴撰
一題（唐）李濬撰
・金鑾密記：一卷/（唐）韓偓撰
・龍城錄：一卷/（唐）柳宗元撰
・小說舊聞記：一卷/（唐）柳公權撰
・卓異記：一卷/（唐）李翱撰
・摭異記：一卷/（唐）李濬編
・朝野僉載：一卷/（唐）張鷟撰
・荊楚歲時記：一卷/（南朝梁）宗懍撰
・南方草木狀：三卷/（晉）嵇含撰
・刀劍錄：一卷/（南朝梁）陶弘景撰
・神異經：一卷/（漢）東方朔撰；
　（晉）張華注
・金樓子：一卷/（南朝梁）元帝蕭繹撰
・顏氏家訓：一卷/（北齊）顏之推撰
・褚氏遺書：一卷/（南朝齊）褚澄撰
・齊民要術：一卷/（北魏）賈思勰撰

- 探春曆記：一卷/（漢）東方朔撰
- 登涉符錄：一卷/（晉）葛洪撰
- 龜經：一卷
- 夢書：一卷
- 鼎錄：一卷/（南朝梁）虞荔撰
- 尤射：一卷/（三國魏）繆襲撰
- 儒棋格：一卷/（三國魏）侍中肇撰
- 籥紀：一卷/（南朝陳）陳叔齊撰
- 竹譜：一卷/（晉）戴凱之撰
- 水經：二卷/（漢）桑欽撰
- 梓潼士女志：一卷/（晉）常璩撰
- 風土記：一卷/（晉）周處撰
- 宜都記：一卷/（晉）袁崧撰
- 水衡記：一卷
- 海內十洲記：一卷/（漢）東方朔撰
- 湘中記：一卷/（晉）羅含撰
- 荆州記：一卷/（南朝宋）盛弘之撰
- 南越志：一卷/（□）沈懷遠撰
- 廣州記：一卷/（晉）顧微撰
- 拾遺名山記：一卷/（前秦）王嘉撰
- 佛國記：一卷/（晉）釋法顯撰
- 梁京寺記：一卷
- 三齊略記：一卷/（晉）伏琛撰
- 袖中記：一卷/（南朝梁）沈約撰
- 輶軒絕代語：一卷/（漢）揚雄撰
- 醉鄉日月：一卷/（唐）皇甫崧撰
- 食譜：一卷/（唐）韋巨源撰
- 花九錫：一卷/（唐）羅虬撰
- 二十四詩品：一卷/（唐）司空圖撰
- 書法：一卷/（唐）歐陽詢撰
- 畫學秘訣：一卷/（唐）王維撰
- 續畫品錄：一卷/（唐）李嗣真撰
- 申宗傳：一卷/（唐）孫頠撰
- 小名錄：一卷/（唐）陸龜蒙撰
- 金縷裙記：一卷
- 耒耜經：一卷/（唐）陸龜蒙撰
- 五木經：一卷/（唐）李翱撰；（唐）元革注
- 樂府雜錄：一卷/（唐）段安節撰
- 羯鼓錄：一卷/（唐）南卓撰
- 星經：二卷/（漢）甘公，（漢）石申撰
- 東宮舊事：一卷/（晉）張敞撰
- 鄴中記：一卷/（晉）陸翽撰
- 群輔錄：一卷/（晉）陶潛撰
- 真靈位業圖：一卷/（南朝梁）陶弘景撰
- 列仙傳：一卷/（漢）劉向撰

清

秘書廿一種/（清）汪士漢編

清康熙七年[1668]新安汪氏據明古今逸史刻板重編印本

缺一種（山海經十八卷）

線裝11册；25釐米

有"芙容花外夕陽樓""羅氏珍藏圖書"印記

Sinica 929

詳目：
- 汲冢周書：十卷/（晉）孔晁注
- 吳越春秋：六卷/（漢）趙曄撰；（元）徐天祐音注
- 拾遺記：十卷/（前秦）王嘉撰；（南朝梁）蕭綺錄
- 白虎通德論：二卷/（漢）班固撰
- 博物志：十卷/（晉）張華撰；（宋）周日用，（宋）盧□注
- 桂海虞衡志：一卷/（宋）范成大撰
- 續博物志：十卷/（宋）李石撰

・博異記：一卷/（唐）谷神子撰
・高士傳：三卷/（晉）皇甫謐撰
・劍俠傳：四卷/（唐）段成式撰
・楚史檮杌：一卷
・晉史乘：一卷
・竹書紀年：二卷/（南朝梁）沈約注
・中華古今注：三卷/（後唐）馬縞撰
・古今注：三卷/（晉）崔豹撰
・三墳：一卷/（晉）阮咸注
・風俗通義：四卷/（漢）應劭撰
・列仙傳：二卷/（漢）劉向撰
・集異記：一卷/（唐）薛用弱撰
・續齊諧記：一卷/（南朝梁）吳均撰

檀几叢書：三集一百五十七種/（清）王晫，（清）張潮編

清康熙三十四年[1695]二集三十六年[1697]新安張氏霞舉堂刻本

線裝12冊；27釐米

Sinica 956

詳目：

初集

第一帙 東
・三百篇鳥獸草木記：一卷/（清）徐士俊撰
・月令演：一卷/（清）徐士俊撰
・歷代甲子考：一卷/（清）黃宗羲撰
・二十一史徵：一卷/（清）徐汾撰
・黜朱梁紀年論：一卷/（清）宋實穎撰
・韻史：一卷/（清）金諾撰
・釋奠考：一卷/（清）洪若皋撰
・臚傳紀事：一卷/（清）繆彤撰

第二帙 壁
・喪禮雜說常禮雜說：一卷/（清）毛先舒撰
・喪服或問：一卷/（清）汪琬撰
・錦帶連珠：一卷/（清）王嗣槐撰
・操觚十六觀：一卷/（清）陳鑑撰
・十七帖述：一卷/（清）王弘撰撰
・龜臺琬琰：一卷/（清）張正茂撰
・稚黃子：一卷/（清）毛先舒撰
・東江子：一卷/（清）沈謙撰

第三帙 圖
・續證人社約誡：一卷/（清）惲日初撰
・家訓：一卷/（清）張習孔撰
・高氏塾鐸：一卷/（清）高拱京撰
・餘慶堂十二戒：一卷/（清）劉德新撰
・猶見篇：一卷/（清）傅麟昭撰
・七勸口號：一卷/（清）張習孔撰
・元寶公案：一卷/（清）謝開寵撰
・聯莊：一卷.聯騷：一卷/（清）張潮撰
・琴聲十六法：一卷/（清）莊臻鳳撰

第四帙 書
・鶴齡錄：一卷/（清）李清撰
・新婦譜：一卷/（清）陸圻撰
・新婦譜補：一卷/（清）陳確撰
・新婦譜補：一卷/（清）查琪撰
・美人譜：一卷/（清）徐震撰
・婦人鞋襪考：一卷/（清）余懷撰
・七療：一卷/（清）張潮撰
・鬱單越頌：一卷/（清）黃周星撰
・地理驪珠：一卷/（清）張澐撰
・雁山雜記：一卷/（清）韓則愈撰
・越問：一卷/（清）王修玉撰

第五帙 府
・真率會約：一卷/（清）尤侗撰
・酒律：一卷/（清）張潮撰
・酒箴：一卷/（清）金昭鑑撰

- 觞政五十则：一卷/（清）沈中楹撰
- 廣抑戒錄：一卷/（清）朱曉撰
- 農具記：一卷/（清）陳玉璂撰
- 怪石贊：一卷/（清）宋犖撰
- 惕庵石譜：一卷/（清）諸九鼎撰
- 端溪硯石考：一卷/（清）高兆撰
- 羽族通譜：一卷/（清）來集之撰
- 獸經：一卷/（清）張綱孫撰
- 江南魚鮮品：一卷/（清）陳鑑撰
- 虎丘茶經注補：一卷/（清）陳鑑撰
- 荔枝話：一卷/（清）林嗣環撰

二集

第一帙 西
- 逸亭易論：一卷/（清）徐繼恩撰
- 孟子考：一卷/（清）閻若璩撰
- 人譜補圖：一卷/（清）宋瑾撰
- 教孝編：一卷/（清）姚廷傑撰
- 仕的：一卷/（清）吳儀一撰
- 古觀人法：一卷/（清）宋瑾撰
- 古人居家居鄉法：一卷/（清）丁雄飛撰

第二帙 園
- 幼訓：一卷/（清）崔學古撰
- 少學：一卷/（清）崔學古撰
- 俗砭：一卷/（清）方象瑛撰
- 燕翼篇：一卷/（清）李淦撰
- 艾言：一卷/（清）徐元美撰
- 訓蒙條例：一卷/（清）陳芳生撰
- 拙翁庸語：一卷/（清）劉芳喆撰
- 醉筆堂三十六善：一卷/（清）李日景撰
- 七怪：一卷/（清）黃宗羲撰

第三帙 翰
- 華山經：一卷/（清）東蔭商撰
- 長白山錄：一卷/（清）王士禛撰
- 水月令：一卷/（清）王士禛撰
- 三江考：一卷/（清）毛奇齡撰
- 黔中雜記：一卷/（清）黃元治撰
- 苗俗紀聞：一卷/（清）方亨咸撰
- 念佛三昧：一卷/（清）金人瑞撰
- 佛解：一卷/（清）畢熙暘撰

第四帙 墨
- 漁洋詩話：一卷/（清）王士禛撰
- 文房約：一卷/（清）江之蘭撰
- 蕈溪自課：一卷/（明）馮京第撰
- 讀書燈：一卷/（明）馮京第撰
- 學畫淺說：一卷/（清）王槩撰
- 廣惜字說：一卷/（清）張允祥撰
- 古歡社約：一卷/（清）丁雄飛撰
- 彷園清語：一卷/（清）張蓋撰
- 鴛鴦牒：一卷/（明）程羽文撰
- 祴菴黛史：一卷/（清）張芳撰
- 小星志：一卷/（清）丁雄飛撰
- 齷體聯珠：一卷/（明）葉小鸞撰
- 戒殺文：一卷/（明）黎遂球撰
- 九喜榻記：一卷/（清）丁雄飛撰
- 行醫八事圖：一卷/（清）丁雄飛撰

第五帙 林
- 雪堂墨品：一卷/（清）張仁熙撰
- 漫堂墨品：一卷/（清）宋犖撰
- 水坑石記：一卷/（清）錢朝鼎撰
- 琴學八則：一卷/（清）程雄撰
- 觀石錄：一卷/（清）高兆撰
- 紅朮軒紫泥法定本：一卷/（清）汪鎬京撰
- 陽羨茗壺系：一卷/（明）周高起撰
- 洞山岕茶系：一卷/（明）周高起撰
- 桐階副墨：一卷/（明）黎遂球撰

又名《運掌經》
·南村觴政：一卷/(清)張惣撰
·鴿經：一卷/(清)張萬鍾撰
餘集
卷上
·山林經濟策：一卷/(清)陸次雲撰
·讀書法：一卷/(清)魏際瑞撰
·根心堂學規：一卷/(清)宋瑾撰
·家塾座右銘：一卷/(清)宋起鳳撰
·洗塵法：一卷/(清)馬文燦撰
·香雪齋樂事：一卷/(清)江之蘭撰
·客齋使令反：一卷/(明)程羽文撰
·一歲芳華：一卷/(明)程羽文撰
·芸窗雅事：一卷/(明)施清撰
·菊社約：一卷/(清)狄億撰
·豆腐戒：一卷/(清)尤侗撰
·清戒：一卷/(清)石崇階撰
·友約：一卷/(清)顧有孝撰
·灌園十二師：一卷/(清)徐沁撰
·約言：一卷/(清)張適撰
·詩本事：一卷/(明)程羽文撰
·劍氣：一卷/(明)程羽文撰
·石交：一卷/(明)程羽文撰
·燈迷：一卷/(清)毛際可撰
·宦海慈航：一卷/(清)蔣垍撰
·病約三章：一卷/(清)尤侗撰
·艮堂十戒：一卷/(清)方象瑛撰
·婦德四箴：一卷/(清)徐士俊撰
·半菴笑政：一卷/(清)陳皋謨撰
·書齋快事：一卷/(清)沈元琨撰
·負卦：一卷/(清)尤侗撰
·古今外國名考：一卷/(清)孫蘭撰
·廣東月令：一卷/(清)鈕琇撰
·黔西古蹟考：一卷/(清)錢霖撰

·明制女官考：一卷/(清)黃百家撰
卷下
·五嶽約：一卷/(清)韓則愈撰
·攬勝圖：一卷/(清)吳陳琰撰
·南極諸星考：一卷/(清)梅文鼐撰
·引勝小約：一卷/(明)張陛撰
·酒警：一卷/(清)程弘毅撰
·酒政六則：一卷/(清)吳彬撰
·酒約：一卷/(清)吳肅公撰
·彷園酒評：一卷/(清)張蓋撰
·籩貳約：一卷/(清)尤侗撰
·小半斤謠：一卷/(清)黃周星撰
·四十張紙牌說：一卷/(清)李式玉撰
·選石記：一卷/(清)成性撰
·美人揉碎梅花迴文圖：一卷/(清)
　沈士瑛撰
·西湖六橋桃評：一卷/(清)曹之璜撰
·竹連珠：一卷/(清)鈕琇撰
·征南射法：一卷/(清)黃百家撰
·黃熟香考：一卷/(明)萬泰撰
附政
·紀草堂十六宜：一卷/(清)王晫撰
·課婢約：一卷/(清)王晫撰
·報謁例言：一卷/(清)王晫撰
·諂卦：一卷/(清)王晫撰
·書本草：一卷/(清)張潮撰
·貧卦：一卷/(清)張潮撰
·花鳥春秋：一卷/(清)張潮撰
·補花底拾遺：一卷/(清)張潮撰
·玩月約：一卷/(清)張潮撰
·飲中八仙令：一卷/(清)張潮撰
又一部
與Sinica 6656/4-6《昭代叢書》
合印

洋裝3冊（原線裝18冊）；25釐米
Sinica 6656/1-3

昭代叢書：二集九十種/（清）張潮編
　　清康熙三十六年［1697］、三十九年［1700］刻本
　　線裝16冊；27釐米
　　Sinica 957
　　詳目：
　　甲集
　　第一帙　禮
　　·更定文章九命：一卷/（清）王晫撰
　　·天官考異：一卷/（清）吳肅公撰
　　·五行問：一卷/（清）吳肅公撰
　　·學曆說：一卷/（清）梅文鼎撰
　　·改元考同：一卷/（清）吳肅公撰
　　·進賢說：一卷/（清）張能鱗撰
　　·塾講規約：一卷/（清）施璜撰
　　第二帙　樂
　　·夙興語：一卷/（清）甘京撰
　　·家人子語：一卷/（清）毛先舒撰
　　·語小：一卷/（清）毛先舒撰
　　·心病說：一卷/（清）甘京撰
　　·日錄雜說：一卷/（清）魏禧撰
　　·觀宅四十吉祥相：一卷/（清）周文煒撰
　　·增訂心相百二十善：一卷/（清）沈捷撰
　　·竹溪雜述：一卷/（清）殷曙撰
　　·閒餘筆話：一卷/（清）湯傳楹撰
　　·暢春苑御試恭紀：一卷/（清）狄億撰
　　第三帙　射
　　·松溪子：一卷/（清）王晫撰
　　·讀莊子法：一卷/（清）林雲銘撰

　　·蒙養詩教：一卷/（清）胡鼎撰
　　·謝皋羽年譜：一卷/（清）徐沁撰
　　·西華仙籙：一卷/（清）王言撰
　　·將就園記：一卷/（清）黃周星撰
　　·歙問：一卷/（清）洪玉圖撰
　　·黃山松石譜：一卷/（清）閔麟嗣撰
　　第四帙　御
　　·外國竹枝詞：一卷/（清）尤侗撰；（清）尤珍注
　　·西方要紀：一卷/（意大利）利類思，（葡萄牙）安文思，（比利時）南懷仁撰
　　·安南雜記：一卷/（清）李仙根撰
　　·聲韻叢說：一卷/（清）毛先舒撰
　　·花底拾遺：一卷/（明）黎遂球撰
　　·十眉謠：一卷/（清）徐士俊撰
　　第五帙　書
　　·秋星閣詩話：一卷/（清）李沂撰
　　·而菴詩話：一卷/（清）徐增撰
　　·製曲枝語：一卷/（清）黃周星撰
　　·書法約言：一卷/（清）宋曹撰
　　·戒賭文：一卷/（清）尤侗撰
　　·快說續紀：一卷/（清）王晫撰
　　·廋詞：一卷/（清）黃周星撰
　　·酒社芻言：一卷/（清）黃周星撰
　　·孅園觸政：一卷/（清）蔡祖庚撰
　　·岕茶彙鈔：一卷/（清）冒襄撰
　　第六帙　數
　　·硯林：一卷/（清）余懷撰
　　·宣爐歌註：一卷/（清）冒襄撰
　　·裝潢志：一卷/（清）周嘉冑撰
　　·牌譜：一卷/（清）鄭旭旦撰
　　·三友棋譜：一卷/（清）鄭晉德撰
　　·兵仗記：一卷/（清）王晫撰

・荔枝譜：一卷/（清）陳鼎撰
・蘭言：一卷/（清）冒襄撰
・龍經：一卷/（清）王楘撰
乙集
第一帙 山
・毛朱詩說：一卷/（清）閻若璩撰
・春秋三傳異同考：一卷/（清）吳陳琰撰
・讀禮問：一卷/（清）吳肅公撰
・十六國年表：一卷/（清）張愉曾撰
第二帙 水
・北嶽恒山歷祀上曲陽考：一卷/（清）劉師峻撰
・江南星野辨：一卷/（清）葉燮撰
・三年服制考：一卷/（清）毛奇齡撰
・師友行輩議：一卷/（清）魏禧撰
・國朝謚法考：一卷/（清）王士禎撰
・旗軍志：一卷/（清）金德純撰
・封長白山記：一卷/（清）方象瑛撰
第三帙 魚
・紀琉球入太學始末：一卷/（清）王士禎撰
・人瑞錄：一卷/（清）孔尚任撰
・迎駕紀恩錄：一卷/（清）王士禎撰
・恩賜御書記：一卷/（清）董文驥撰
・恭迎大駕記：一卷/（清）徐秉義撰
・格言僅錄：一卷/（清）王仕雲撰
・出山異數紀：一卷/（清）孔尚任撰
・奏對機緣：一卷/（清）釋道忞撰
第四帙 花
・塞程別紀：一卷/（清）余寀撰
・西北水利議：一卷/（清）許承宣撰
・廣州遊覽小志：一卷/（清）王士禎撰
・隴蜀餘聞：一卷/（清）王士禎撰

・東西二漢水辯：一卷/（清）王士禎撰
・日錄裏言：一卷/（清）魏禧撰
・偶書：一卷/（清）魏際瑞撰
第五帙 酒
・漫堂說詩：一卷/（清）宋犖撰
・然脂集例：一卷/（清）王士祿撰
・身易：一卷/（清）唐彪撰
・伯子論文：一卷/（清）魏際瑞撰
・日錄論文：一卷/（清）魏禧撰
・韻問：一卷/（清）毛先舒撰
・南曲入聲客問：一卷/（清）毛先舒撰
第六帙 鳥
・連文釋義：一卷/（清）王言撰
・畫訣：一卷/（清）孔衍栻撰
・焦山古鼎考：一卷/（清）王士祿撰
・瘞鶴銘辯：一卷/（清）張弨撰
・昭陵六駿贊辯：一卷/（清）張弨撰
・漢甘泉宮瓦記：一卷/（清）林佶撰
・飯有十二合說：一卷/（清）張英撰
又一部
與Sinica 956《檀几叢書》合印
洋裝3冊（原線裝18冊）；25釐米
Sinica 6656/4-6

昭代叢書：十一集五百六十種附一種/（清）張潮，（清）張漸編；（清）楊復吉，（清）沈楙德續編
清道光吳江沈氏世楷堂刻本
26函（線裝172冊）；25釐米
Backhouse 560
詳目：
甲集三十四種/（清）張潮編
清道光十三年［1833］刻本
第一帙 禮

- 更定文章九命：一卷/（清）王晫撰
- 天官考異：一卷/（清）吳肅公撰
- 五行問：一卷/（清）吳肅公撰
- 學曆説：一卷/（清）梅文鼎撰
- 改元考同：一卷/（清）吳肅公撰
- 進賢説：一卷/（清）張能鱗撰
- 塾講規約：一卷/（清）施璜撰

第二帙 樂
- 夙興語：一卷/（清）甘京撰
- 家人子語：一卷/（清）毛先舒撰
- 語小：一卷/（清）毛先舒撰
- 日録雜説：一卷/（清）魏禧撰
- 竹溪雜述：一卷/（清）殷曙撰

第三帙 射
- 松溪子：一卷/（清）王晫撰
- 讀莊子法：一卷/（清）林雲銘撰
- 謝皋羽年譜：一卷/（清）徐沁撰
- 西華仙籙：一卷/（清）王言撰
- 將就園記：一卷/（清）黃周星撰
- 歙問：一卷/（清）洪玉圖撰
- 黃山松石譜：一卷/（清）閔麟嗣撰

第四帙 御
- 外國竹枝詞：一卷/（清）尤侗撰；（清）尤珍注
- 西方要紀：一卷/（意大利）利類思，（葡萄牙）安文思，（比利時）南懷仁撰
- 安南雜記：一卷/（清）李仙根撰

第五帙 書
- 秋星閣詩話：一卷/（清）李沂撰
- 而菴詩話：一卷/（清）徐增撰
- 製曲枝語：一卷/（清）黃周星撰
- 書法約言：一卷/（清）宋曹撰
- 岕茶彙抄：一卷/（清）冒襄撰

第六帙 數
- 硯林：一卷/（清）余懷撰
- 宣爐歌註：一卷/（清）冒襄撰
- 裝潢志：一卷/（清）周嘉冑撰
- 兵仗記：一卷/（清）王晫撰
- 荔枝譜：一卷/（清）陳鼎撰
- 蘭言：一卷/（清）冒襄撰
- 龍經：一卷/（清）王楸撰

甲集補十六種/（清）沈楙德編
- 周易古義：一卷/（清）惠棟撰
- 周易大衍辨：一卷/（清）吳鼐撰
- 尚書古義：一卷/（清）惠棟撰
- 毛詩古義：一卷/（清）惠棟撰
- 周禮古義：一卷/（清）惠棟撰
- 儀禮古義：一卷/（清）惠棟撰
- 禮經釋例目録：一卷/（清）凌廷堪撰
- 禮記古義：一卷/（清）惠棟撰
- 公羊古義：一卷/（清）惠棟撰
- 穀梁古義：一卷/（清）惠棟撰
- 論語古義：一卷/（清）惠棟撰
- 讀東坡志林：一卷/（清）尤侗撰
- 淇泉摹古録：一卷/（清）趙希璜撰
- 西征賦：一卷/（清）李祖惠撰
- 七釋：一卷/（清）尤侗撰
- 十國詞箋略：一卷/（清）錢載撰

乙集四十四種/（清）張潮編
清道光十三年[1833]刻本
第一帙 常
- 毛朱詩説：一卷/（清）閻若璩撰
- 春秋三傳異同考：一卷/（清）吳陳琰撰
- 讀禮問：一卷/（清）吳肅公撰
- 十六國年表：一卷/（清）張愉曾撰
- 江南星野辨：一卷/（清）葉燮撰

・廣祀典議：一卷/（清）吳肅公撰
・師友行輩議：一卷/（清）魏禧撰
第二帙 富
・國朝謚法考：一卷/（清）王士禎撰
・旗軍志：一卷/（清）金德純撰
・封長白山記：一卷/（清）方象瑛撰
・琉球入太學始末：一卷/（清）王士禎撰
・人瑞錄：一卷/（清）孔尚任撰
・迎駕紀恩錄：一卷/（清）王士禎撰
・恩賜御書記：一卷/（清）董文驥撰
・恭迎大駕記：一卷/（清）徐秉義撰
・暢春苑御試恭紀：一卷/（清）狄億撰
・出山異數紀：一卷/（清）孔尚任撰
第三帙 貴
・塞程別紀：一卷/（清）余寀撰
・西北水利議：一卷/（清）許承宣撰
・廣州遊覽小志：一卷/（清）王士禎撰
・隴蜀餘聞：一卷/（清）王士禎撰
・東西二漢水辯：一卷/（清）王士禎撰
・日錄裏言：一卷/（清）魏禧撰
・偶書：一卷/（清）魏際瑞撰
第四帙 樂
・漫堂說詩：一卷/（清）宋犖撰
・然脂集例：一卷/（清）王士祿撰
・聲韻叢說：一卷/（清）毛先舒撰
・伯子論文：一卷/（清）魏際瑞撰
・日錄論文：一卷/（清）魏禧撰
・韻問：一卷/（清）毛先舒撰
・南曲入聲客問：一卷/（清）毛先舒撰
・連文釋義：一卷/（清）王言撰
・畫訣：一卷/（清）孔衍栻撰
第五帙 未
・焦山古鼎考：一卷/（清）王士祿撰

・瘞鶴銘辯：一卷/（清）張弨撰
・昭陵六駿贊辯：一卷/（清）張弨撰
・漢甘泉宮瓦記：一卷/（清）林佶撰
・飯有十二合說：一卷/（清）張英撰
・醫津一筏：一卷/（清）江之蘭撰
第六帙 央
・江邨草堂紀：一卷/（清）高士奇撰
・後觀石錄：一卷/（清）毛奇齡撰
・石友贊：一卷/（清）王晫撰
・竹譜：一卷/（清）陳鼎撰
・篆卉：一卷/（清）吳菘撰
乙集補六種/（清）沈楙德編
・禘祫問答：一卷/（清）胡培翬撰
・侯國職官表：一卷/（清）胡匡衷撰
・漢水發源考：一卷/（清）王筠撰
・汴水說：一卷/（清）朱際虞撰
・山樵書外紀：一卷/（清）張開福撰
・圖畫精意識：一卷/（清）張庚撰
丙集四十五種/（清）張潮，（清）張漸編

清道光十三年[1833]刻本
第一帙 黃
・漢魏石經考：一卷/（清）萬斯同撰
・唐宋石經考：一卷/（清）萬斯同撰
・五經今文古文考：一卷/（清）吳陳琰撰
第二帙 絹
・聖諭樂本解說：一卷/（清）毛奇齡撰
・春秋日食質疑：一卷/（清）吳守一撰
・檀弓訂誤：一卷/（清）毛奇齡撰
・三年服制考：一卷/（清）毛奇齡撰
・讀史管見：一卷/（清）王轂撰
第三帙 幼
・乾清門奏對記：一卷/（清）湯斌撰

- 松亭行紀:一卷/(清)高士奇撰
- 扈從西巡日錄:一卷/(清)高士奇撰
- 塞北小鈔:一卷/(清)高士奇撰
- 北嶽恒山歷祀上曲陽考:一卷/(清)劉師峻撰

第四帙 婦
- 聖節會約:一卷/(清)郭存會撰
- 荊園小語:一卷/(清)申涵光撰
- 荊園進語:一卷/(清)申涵光撰
- 格言僅錄:一卷/(清)王仕雲撰
- 宗規:一卷/(清)鍾于序撰
- 戒淫錄:一卷/(清)姚廷傑撰
- 學語雜篇:一卷/(清)沈思倫撰
- 觀物篇:一卷/(清)石龐撰

第五帙 外
- 古國都今郡縣合考:一卷/(清)閔麟嗣撰
- 周末列國有今郡縣考:一卷/(清)閔麟嗣撰
- 黃山史槩:一卷/(清)陳鼎撰
- 臺灣隨筆:一卷/(清)徐懷祖撰
- 寧古塔志:一卷/(清)方拱乾撰
- 峒谿纖志志餘:一卷/(清)陸次雲撰
- 滇黔土司婚禮記:一卷/(清)陳鼎撰

第六帙 孫
- 身易:一卷/(清)唐彪撰
- 切字釋疑:一卷/(清)方中履撰
- 西河詩話:一卷/(清)毛奇齡撰
- 南州草堂詞話:一卷/(清)徐釚撰

第七帙 薑
- 賓告:一卷/(清)葉奕苞撰
- 諺說:一卷/(清)毛先舒撰
- 醉鄉約法:一卷/(清)葉奕苞撰
- 練閱火器陣記:一卷/(清)薛熙撰
- 貫虱心傳:一卷/(清)紀鑑撰
- 捕蝗考:一卷/(清)陳芳生撰

第八帙 臼
- 文苑異稱:一卷/(清)王晫撰
- 思舊錄:一卷/(清)靳治荊撰
- 知我錄:一卷/(清)梅庚撰
- 瓊花志:一卷/(清)朱顯祖撰
- 徐園秋花譜:一卷/(清)吳儀一撰
- 吳蕈譜:一卷/(清)吳林撰
- 續蟹譜:一卷/(清)褚人穫撰

丙集補五種/(清)沈楙德編
- 春秋四傳糾正:一卷/(清)俞汝言撰
- 夏小正詁:一卷/(清)諸錦撰
- 增訂歐陽文忠公年譜:一卷/(清)華孳亨撰
- 古金待問錄:一卷/(清)朱楓撰
- 齊山巖洞志:一卷/(清)陳蔚撰

丁集新編三十七種/(清)楊復吉編
清道光十三年[1833]刻本
- 五經讀法:一卷/(清)徐與喬撰
- 經咫:一卷/(清)陳祖范撰
- 書經地理今釋:一卷/(清)蔣廷錫撰
- 建文帝後紀:一卷/(清)邵遠平撰
- 汰存錄:一卷/(清)黃宗羲撰
- 客牕偶談:一卷/(清)陳僖撰
- 九諦解疏:一卷/(明)許孚遠撰;(清)周汝登解;(清)王煒疏
- 環書:一卷/(清)方殿元撰
- 漁樵問答:一卷/(清)釋成鷲撰
- 五九枝譚:一卷/(清)尤侗撰
- 吳鯪放言:一卷/(清)吳莊撰
- 哀江南賦註:一卷/(清)徐樹穀,(清)徐炯輯
- 塵餘:一卷/(清)曹宗璠撰

- 西河雜箋：一卷/(清)毛奇齡撰
- 諸臯廣志：一卷/(清)徐芳撰
- 石里雜識：一卷/(清)張尚瑗撰
- 香天談藪：一卷/(清)吳雷發撰
- 茶餘客話：一卷/(清)阮葵生撰
- 吳語：一卷/(清)戴延年撰
- 粵西瑣記：一卷/(清)沈曰霖撰
- 苗俗記：一卷/(清)田雯撰
- 譚史紀餘：一卷/(清)陸次雲撰
- 進藏紀程：一卷/(清)王世睿撰
- 重集列女傳例：一卷/(清)魏于雲撰
- 古艷樂府：一卷/(清)楊淮撰
- 說詩菅蒯：一卷/(清)吳雷發撰
- 天啟宮詞：一卷/(清)陳悰撰
- 璇璣碎錦：一卷/(清)萬樹撰
- 西河詞話：一卷/(清)毛奇齡撰
- 琴況：一卷/(清)徐祺撰
- 滋蕙堂法帖題跋：一卷/(清)曾恒德撰
- 小山畫譜：一卷/(清)鄒一桂撰
- 繪事發微：一卷/(清)唐岱撰
- 烟譜：一卷/(清)陸耀撰
- 野菜贊：一卷/(清)顧景星撰
- 洋菊譜：一卷/(清)鄒一桂撰
- 識物：一卷/(清)陳僖撰

丁集新編補十三種/(清)沈楙德編
- 昭代樂章恭紀：一卷/(清)張玉書撰
- 讀史記劄記：一卷/(清)潘永季撰
- 讀明史劄記：一卷/(清)潘永季撰
- 再生紀略：一卷/(清)陳濟生撰
- 籌餉扈言：一卷/(清)唐夢賚撰
- 兵謀：一卷/(清)魏禧撰
- 兵法：一卷/(清)魏禧撰
- 志壑堂雜記：一卷/(清)唐夢賚撰
- 東行述：一卷/(清)趙之俊撰
- 南行述：一卷/(清)王心敬撰
- 征西紀：一卷/(清)陸楣撰
- 使蜀日記：一卷/(清)方象瑛撰
- 自滇入都程記：一卷/(清)楊名時撰

戊集續編四十三種/(清)楊復吉編
清道光十三年[1833]刻本
- 周官辨非：一卷/(清)萬斯大撰
- 春秋列國地形口號：一卷/(清)顧棟高撰
- 元秘史略：一卷/(元)□□撰；(清)萬光泰節錄
- 閩難記：一卷/(清)洪若皋撰
- 海寇記：一卷/(清)洪若皋撰
- 制科雜錄：一卷/(清)毛奇齡撰
- 南巡扈從紀略：一卷/(清)張英撰
- 西征紀略：一卷/(清)殷化行撰
- 河圖洛書同異考：一卷/(清)冉覲祖撰
- 孔廟從祀末議：一卷/(清)閻若璩撰
- 霜紅龕家訓：一卷/(清)傅山撰
- 恒產瑣言：一卷/(清)張英撰
- 漁談：一卷/(清)郭欽華撰
- 讀戰國策隨筆：一卷/(清)張尚瑗撰
- 復社紀事：一卷/(清)吳偉業撰
- 社事始末：一卷/(清)杜登春撰
- 書事七則：一卷/(明)陳貞慧撰
- 山陽錄：一卷/(明)陳貞慧撰
- 矩齋雜記：一卷/(清)施閏章撰
- 嗒史：一卷/(清)王煒撰
- 積山雜記：一卷/(清)汪惟憲撰
- 梅谷偶筆：一卷/(清)陸烜撰
- 秋燈叢話：一卷/(清)戴延年撰
- 東城雜記：一卷/(清)厲鶚撰

- 洱海叢談：一卷/（清）釋同揆撰
- 衡嶽遊記：一卷/（清）黃周星撰
- 海國聞見錄：一卷/（清）陳倫炯撰
- 裨海紀遊：一卷/（清）郁永河撰
- 袖海編：一卷/（清）汪鵬撰
- 文章薪火：一卷/（清）方以智撰
- 江西詩社宗派圖錄：一卷/（清）張泰來撰
- 崇禎宮詞：一卷/（清）王譽昌撰；（清）吳理注
- 衍琵琶行：一卷/（清）曹秀先撰
- 續詩品：一卷/（清）袁枚撰
- 論文四則：一卷/（清）楊繩武撰
- 天文說：一卷/（清）董以寧撰
- 畫筌：一卷/（清）笪重光撰；（清）王翬，（清）惲格評
- 畫語錄：一卷/（明）釋元濟撰
- 畫羅漢頌：一卷/（清）廖燕撰
- 玉臺書史：一卷/（清）厲鶚撰
- 賞延素心錄：一卷/（清）周二學撰
- 秋園雜佩：一卷/（明）陳貞慧撰
- 談虎：一卷/（清）趙彪詔撰

戊集續編補七種/（清）沈楙德編
- 原善：一卷/（清）戴震撰
- 原象：一卷/（清）戴震撰
- 儒行述：一卷/（清）彭紹升撰
- 良吏述：一卷/（清）彭紹升撰
- 觀感錄：一卷/（清）李顒撰
- 己畦瑣語：一卷/（清）葉燮撰
- 蠖齋詩話：一卷/（清）施閏章撰

己集廣編四十六種/（清）楊復吉編
清道光十三年［1833］刻本
- 易說：一卷/（清）查慎行撰
- 治齋讀詩蒙說：一卷/（清）顧成志撰
- 禮記篇目：一卷/（清）芮城撰
- 約喪禮經傳：一卷/（清）吳卓信撰
- 諸史然疑：一卷/（清）杭世駿撰
- 南唐拾遺記：一卷/（清）毛先舒撰
- 南宋六陵遺事：一卷/（清）萬斯同輯
- 庚申君遺事：一卷/（清）萬斯同輯
- 乙丙紀事：一卷/（清）孫奇逢撰
- 蜀難敘略：一卷/（清）沈荀蔚撰
- 代北姓譜：一卷/（清）周春撰
- 遼金元姓譜：一卷/（清）周春撰
- 文廟從祀弟子贊：一卷/（清）盧存心撰
- 破邪論：一卷/（清）黃宗羲撰
- 山公九原：一卷/（清）馮景撰
- 邇言：一卷/（清）勞史撰
- 蠟談：一卷附雜說/（清）盧存心撰
- 詹言：一卷/（清）黃之雋撰
- 說叩：一卷/（清）葉抱崧撰
- 談書錄：一卷/（清）汪師韓撰
- 學海蠡測：一卷/（清）沈謙撰
- 思舊錄：一卷/（清）黃宗羲撰
- 渌水亭雜識：一卷/（清）納蘭性德撰
- 仁恕堂筆記：一卷/（清）黎士弘撰
- 匡廬游錄：一卷/（清）黃宗羲撰
- 清波小志：一卷/（清）徐逢吉撰
- 清波小志補：一卷/（清）陳景鐘撰
- 九華日錄：一卷/（清）周天度撰
- 乾州小志：一卷/（清）吳高增撰
- 龍沙紀略：一卷/（清）方式濟撰
- 異域錄：一卷/（清）圖理琛撰
- 黎岐紀聞：一卷/（清）張慶長撰
- 說蠻：一卷/（清）檀萃撰
- 江源記：一卷/（清）查拉吳麟撰
- 婦人集：一卷附補一卷/（清）陳維

崧撰；（清）冒褒注；（清）冒丹
書撰補
・金石要例：一卷/（清）黃宗羲撰
・文頌：一卷/（清）馬榮祖撰
・偶然欲書：一卷/（清）方楘如撰
・比紅兒詩註：一卷/（清）沈可培撰
・詩學纂聞：一卷/（清）汪師韓撰
・遼詩話：一卷/（清）周春撰
・天啓宮詞：一卷/（明）蔣之翹撰
・花草蒙拾：一卷/（清）王士禛撰
・墨井畫跋：一卷/（清）吳歷撰
・續三十五舉：一卷再續一卷/（清）
  桂馥撰
・陽羨名陶錄：一卷/（清）吳騫撰
己集廣編補三種/（清）沈楙德編
・原詩：一卷/（清）葉燮撰
・論學制備忘記：一卷/（清）段玉裁撰
・釋骨：一卷/（清）沈彤撰
庚集埤編四十六種/（清）楊復吉編
清道光十三年[1833]刻本
・古文尚書考：一卷/（清）陸隴其撰
・古文尚書辨：一卷/（清）朱彝尊撰
・詩説：一卷/（清）惠周惕撰
・喪服翼注：一卷/（清）閻若璩撰
・注疏瑣語：一卷/（清）沈淑撰
・劉豫事迹：一卷/（宋）□□撰；
  （清）曹溶輯
・補三史藝文志：一卷/（清）金門詔撰
・虎口餘生記：一卷/（明）邊大綬撰
・庸言：一卷/（清）魏象樞撰
・志學會約：一卷/（清）湯斌撰
・宗譜纂要：一卷/（清）王錟撰
・婦學：一卷/（清）章學誠撰
・瀾堂夕話：一卷/（清）張次仲撰

・山中問荅：一卷/（清）楊士美撰
・蒿庵閒話：一卷/（清）張爾岐撰
・寒燈絮語：一卷/（清）汪惟憲撰
・牘外餘言：一卷/（清）袁枚撰
・廣連珠：一卷/（清）陳濟生撰
・説文凝錦錄：一卷/（清）萬光泰撰
・七十二候考：一卷/（清）曹仁虎撰
・西臺慟哭記註：一卷/（清）黃宗羲撰
・聞見偶錄：一卷/（清）朱象賢撰
・東齋脞語：一卷/（清）吳翌鳳撰
・定香亭筆談：一卷/（清）阮元撰
・宸垣識餘：一卷/（清）吳長元撰
・南漳子：一卷/（清）孫之騄撰
・寧古塔紀略：一卷/（清）吳振臣撰
・番社采風圖考：一卷/（清）六十七撰
・維西見聞紀：一卷/（清）余慶遠撰
・七招：一卷/（清）洪亮吉撰
・七娛：一卷/（清）沈清瑞撰
・選材錄：一卷/（清）周春撰
・集世説詩：一卷/（清）李鄴嗣撰
・宮詞：一卷/（清）徐昂發撰
・皺水軒詞筌：一卷/（明）賀裳撰
・書筏：一卷/（清）笪重光撰
・畫論：一卷/（清）張庚撰
・印文考略：一卷/（清）鞠履厚撰
・新曆曉或：一卷/（明）湯若望撰
・七頌堂識小錄：一卷/（清）劉體仁撰
・葯房心語：一卷/（清）楊中訥撰
・端溪硯譜記：一卷/（清）袁樹撰
・竹連珠：一卷/（清）鈕琇撰
・荔譜：一卷/（清）陳定國撰
・木棉譜：一卷/（清）褚華撰
・北墅抱甕錄：一卷/（清）高士奇撰
庚集埤編補四種/（清）沈楙德編

- 宗法論：一卷/（清）萬斯大撰
- 明史十二論：一卷/（清）段玉裁撰
- 車制圖解：一卷/（清）阮元撰
- 今韻古分十七部表：一卷/（清）段玉裁撰

辛集別編四十四種/（清）楊復吉編
清道光十三年[1833]刻本
- 讀易緒言：一卷/（清）錢棻撰
- 饗禮補亡：一卷/（清）諸錦撰
- 春秋五禮源流口號：一卷/（清）顧棟高撰
- 經書厄言：一卷/（清）范泰恒撰
- 史略：一卷/（清）蕭震撰
- 擬更季漢書昭烈皇帝本紀：一卷/（清）黃中堅撰
- 平臺紀略：一卷/（清）藍鼎元撰
- 征緬紀略：一卷/（清）王昶撰
- 蜀徼紀聞：一卷/（清）王昶撰
- 臨清寇略：一卷/（清）俞蛟撰
- 強聒錄：一卷/（清）彭堯諭撰
- 旅書：一卷/（清）陳璸撰
- 釋冰書：一卷/（清）孫汧如撰
- 雜言：一卷/（清）鈕琇撰
- 蕉窗日記：一卷/（清）王豫撰
- 鍾山書院規約：一卷/（清）楊繩武撰
- 天問校正：一卷/（清）屈復撰
- 說文義例：一卷/（清）王宗誠撰．附 小學字解/（清）王紹蘭撰
- 說鈴：一卷/（清）汪琬撰
- 張氏厄言：一卷/（清）張元賡撰
- 峽川志略：一卷/（清）蔣宏任撰
- 出塞紀略：一卷/（清）錢良擇撰
- 從西紀略：一卷/（清）范紹逵撰
- 藏行紀程：一卷/（清）杜昌丁撰
- 徵刻唐宋秘本書目：一卷/（清）黃虞稷，（清）周在浚撰
- 藏書記要：一卷/（清）孫從添撰
- 金石史：一卷/（明）郭宗昌撰
- 淳化閣帖跋：一卷/（清）沈蘭先撰
- 漢詩總說：一卷/（清）費錫璜撰
- 秋窗隨筆：一卷/（清）馬位撰
- 詠物十詞：一卷/（清）曹貞吉撰
- 鈍吟書要：一卷/（清）馮班撰
- 畫麈：一卷/（明）沈顥撰
- 畫訣：一卷/（清）龔賢撰
- 秋水園印說：一卷/（清）陳鍊撰
- 紀聽松庵竹鑪始末：一卷/（清）鄒炳泰撰
- 窰器說：一卷/（清）程哲撰
- 怪石錄：一卷/（清）沈心撰
- 岕茶牋：一卷/（明）馮可賓撰
- 茶史補：一卷/（清）余懷撰
- 人葠譜：一卷/（清）陸烜撰
- 亳州牡丹述：一卷/（清）鈕琇撰
- 牡丹譜：一卷/（清）計楠撰
- 菊說：一卷/（清）計楠撰

辛集別編補六種/（清）沈楙德編
- 唐述山房目錄：一卷/（清）盛朝勛撰
- 忠文靖節編：一卷/（清）張方湛撰
- 憩遊偶考：一卷/（清）華湛恩撰
- 燕都識餘：一卷/（清）聾道人撰
- 山齋客譚：一卷/（清）景星杓撰
- 外國紀：一卷/（清）張玉書撰

壬集補編五十種/（清）沈楙德編
清道光二十四年[1844]刻本
- 周易稗疏：一卷/（清）王夫之撰
- 易漢學：一卷/（清）惠棟撰
- 古文尚書考：一卷/（清）惠棟撰

- 毛鄭詩考正：一卷/（清）戴震撰
- 春秋稗疏：一卷/（清）王夫之撰
- 考工記圖：一卷/（清）戴震撰
- 孟子遊歷考：一卷/（清）潘眉撰
- 續方言：一卷/（清）杭世駿撰
- 聲韻攷：一卷/（清）戴震撰
- 音韻問答：一卷/（清）錢大昕撰
- 史記天官書補目：一卷/（清）孫星衍撰
- 補續漢書藝文志：一卷/（清）錢大昭撰
- 明季遺聞：一卷/（清）鄒漪撰
- 守汴日志：一卷/（清）李光壂口授；（清）周斯盛重編
- 隆平紀事：一卷/（清）史冊撰
- 東槎紀略：一卷/（清）姚瑩撰
- 鄭康成年譜：一卷/（清）沈可培撰
- 水地記：一卷/（清）戴震撰
- 人海記：一卷/（清）查慎行撰
- 柳邊紀略：一卷/（清）楊賓撰
- 疏河心鏡：一卷/（清）淩鳴喈撰
- 三吳水利條議：一卷/（清）錢中諧撰
- 鶴徵前錄：一卷/（清）李集撰；（清）李富孫，（清）李遇孫續
- 鶴徵後錄：一卷/（清）李富孫撰
- 鐵函齋書跋：一卷/（清）楊賓撰
- 義門題跋：一卷/（清）何焯撰
- 湛園題跋：一卷/（清）姜宸英撰
- 史論五答：一卷/（清）施國祁撰
- 淑艾錄：一卷/（清）張履祥撰；（清）祝洤輯
- 思問錄：一卷/（清）顧道稷撰
- 算術問答：一卷/（清）錢大昕撰
- 新法表異：一卷/（明西洋）湯若望撰
- 麓臺題畫稿：一卷/（清）王原祁撰
- 讀畫錄：一卷/（清）王樑撰
- 指頭畫説：一卷/（清）高秉撰
- 墨志：一卷/（明）麻三衡撰
- 甘藷錄：一卷/（清）陸燿撰
- 適來子：一卷/（清）張潤貞撰
- 經史管窺：一卷/（清）蕭曇撰
- 畏壘筆記：一卷/（清）徐昂發撰
- 日貫齋塗説：一卷/（清）梁同書撰
- 老子解：一卷/（清）吳鼐撰
- 莊子解：一卷/（清）吳峻撰
- 愚菴雜著：一卷/（清）朱鶴齡撰
- 春秋詠史樂府：一卷/（清）舒位撰
- 十國宮詞：一卷/（清）孟彬撰
- 十國宮詞：一卷/（清）吳省蘭撰
- 野鴻詩的：一卷/（清）黃子雲撰
- 寒廳詩話：一卷/（清）顧嗣立撰
- 貞一齋詩説：一卷/（清）李重華撰

癸集萃編五十種/（清）沈楙德編
清道光二十四年[1844]刻本

- 周易尋門餘論：一卷/（清）黃宗炎撰
- 易學辨惑：一卷/（清）黃宗炎撰
- 尚書稗疏：一卷/（清）王夫之撰
- 正訛初稿：一卷/（清）王麟趾撰
- 毛詩日箋：一卷/（清）秦松齡撰
- 春秋客難：一卷/（清）龔元玠撰
- 讀左瑣言：一卷/（清）倪倬撰
- 周禮客難：一卷/（清）龔元玠撰
- 二李經説：一卷/（清）李光墺，（清）李光型撰
- 禮經學述：一卷/（清）秦蕙昌撰
- 甕天錄：一卷/（清）柯汝鍔撰
- 駢字分箋：一卷/（清）程際盛撰
- 後漢三公年表：一卷/（清）華湛恩撰

類叢部 | 369

- 三國志攷證：一卷/（清）潘眉撰
- 五代春秋志疑：一卷/（清）華湛恩撰
- 明季實錄：一卷/（清）顧炎武撰
- 秋鐙錄：一卷/（清）沈元欽撰
- 綱目志疑：一卷/（清）華湛恩撰
- 平海紀略：一卷/（清）温承志撰
- 閩中紀略：一卷/（清）許旭撰
- 西神叢語：一卷/（清）黃蛟起撰
- 澳門記略：一卷/（清）印光任，（清）張汝霖撰
- 廬山紀遊：一卷/（清）查慎行撰
- 黝山紀遊：一卷/（清）汪淮撰
- 桂鬱巖洞記：一卷/（清）賈敦臨撰
- 淳化秘閣法帖源流考：一卷/（清）周行仁撰
- 金石小箋：一卷/（清）葉奕苞撰
- 農書：一卷/（明）沈□撰；（清）張履祥補
- 漢氾勝之遺書：一卷/（漢）氾勝之撰；（清）宋葆淳輯
- 恒星說：一卷/（清）江聲撰
- 月滿樓甄藻錄：一卷/（清）顧宗泰撰
- 三萬六千頃湖中畫船錄：一卷/（清）迮朗撰
- 金粟箋說：一卷/（清）張燕昌撰
- 淄硯錄：一卷/（清）盛百二撰
- 邇語：一卷/（清）熊賜履撰
- 訂譌雜錄：一卷/（清）胡鳴玉撰
- 直語補證：一卷/（清）梁同書撰
- 夢闌瑣筆：一卷/（清）楊復吉撰
- 松陰快談：一卷/（日）長野確撰
- 六如居士外集：一卷/（清）唐仲冕輯
- 老子別錄：一卷/（清）吳鼐撰
- 非老：一卷/（清）吳鼐撰
- 愻題上方二山紀游集：一卷/（清）查禮撰
- 啟禎宮詞：一卷/（清）高兆撰
- 回疆雜詠：一卷/（清）王曾翼撰
- 黔苗竹枝詞：一卷/（清）舒位撰
- 一瓢詩話：一卷/（清）薛雪撰
- 蓮坡詩話：一卷/（清）查為仁撰
- 消寒詩話：一卷/（清）秦朝釬撰
- 搏沙錄：一卷/（清）戴延年撰

別集六十種/（清）張潮，（清）楊復吉編；（清）沈楙德重編

清道光二十九年［1849］刻本

- 心病說：一卷/（清）甘京撰
- 觀宅四十吉祥相：一卷/（清）周文煒撰
- 增訂心相百二十善：一卷/（清）沈捷撰
- 閒餘筆話：一卷/（清）湯傳楹撰
- 悟語：一卷/（清）石龐撰
- 蒙養詩教：一卷/（清）胡鼎撰
- 板橋雜記：一卷/（清）余懷撰
- 花底拾遺：一卷/（明）黎遂球撰
- 十眉謠：一卷/（清）徐士俊撰
- 戒賭文：一卷/（清）尤侗撰
- 快說續紀：一卷/（清）王晫撰
- 廋詞：一卷/（清）黃周星撰
- 酒社芻言：一卷/（清）黃周星撰
- 嬾園觴政：一卷/（清）蔡祖庚撰
- 混同天牌譜：一卷/（清）鄭旭旦撰
- 三友棋譜：一卷/（清）鄭晉德撰
- 第十一段錦詞話：一卷/（清）顧彩撰
- 奏對機緣：一卷/（清）釋道忞撰
- 花甲數譜：一卷/（清）俞長城撰
- 荔社紀事：一卷/（清）高兆撰

- 畫眉筆談：一卷 /（清）陳均撰
- 蛇譜：一卷 /（清）陳鼎撰
- 廣田水月錢譜：一卷 /（清）張延世撰
- 內家拳法：一卷 /（清）黃百家撰
- 放生會約：一卷 /（清）吳陳琰撰
- 百花彈詞：一卷 /（清）錢濤撰
- 鵪鶉譜：一卷 /（清）程石鄰撰
- 陰隲文頌：一卷 /（清）曹學詩撰
- 幽夢影：一卷 /（清）張潮撰
- 晉人塵：一卷 /（清）沈曰霖撰
- 西湖小史：一卷 /（清）李鼎撰
- 十美詞紀：一卷 /（清）鄒樞撰
- 影梅庵憶語：一卷 /（清）冒襄撰
- 三婦評牡丹亭雜紀：一卷 /（清）吳人撰
- 西城風俗記：一卷 /（清）金人瑞撰
- 攬勝圖譜：一卷 /（清）高兆撰
- 牡丹亭骰譜：一卷 /（清）徐震撰
- 胭脂紀事：一卷 /（清）伍瑞隆撰
- 非煙香法：一卷 /（清）董說撰
- 哺記：一卷 /（清）黃百家撰
- 秦雲擷英小譜：一卷 /（清）王昶撰
- 妒律：一卷 /（清）陳元龍撰
- 牧豬閒話：一卷 /（清）金學詩撰
- 湖船錄：一卷 /（清）厲鶚撰
- 說蛇：一卷 /（清）趙彪詔撰
- 世書：一卷 /（清）吳穎撰
- 馬弔說：一卷 /（清）李鄴嗣撰
- 冷雲齋冰燈詩：一卷 /（清）傅山撰
- 春秋左傳類聯：一卷 /（清）陸桂森撰
- 閒情十二憮：一卷 /（清）蘇士琨撰
- 清閒供：一卷 /（明）程羽文撰
- 琉璃誌：一卷 /（清）孫廷銓撰
- 悅容編：一卷 /（清）衛泳撰
- 海鷗小譜：一卷 /（清）趙執信撰
- 五石瓠：一卷 /（清）劉鑾撰
- 潮嘉風月記：一卷 /（清）俞蛟撰
- 火戲略：一卷 /（清）趙學敏撰
- 羽扇譜：一卷 /（清）張燕昌撰
- 鳳仙譜：一卷 /（清）趙學敏撰
- 貓乘：一卷 /（清）王初桐撰

附
- 弧矢算術細草圖解：一卷 /（清）李銳撰；（清）馮桂芬解

又一部

　　清道光吳江沈氏世楷堂刻後印本
　　洋裝39冊（原線裝172冊）
　　Sinica 5942

正誼堂全書：六十八種 /（清）張伯行編；（清）楊浚重編

　　清同治五年[1866]福州正誼書院刻八年至九年[1869—1870]續刻本
　　存六十六種
　　線裝171冊；25釐米
　　有"□靜軒藏書印"印記
　　Sinica 2820
　　詳目：
- 周濂溪先生全集：十三卷 /（宋）周敦頤撰
- 二程文集：十二卷 /（宋）程顥，（宋）程頤撰
- 張橫渠先生文集：十二卷 /（宋）張載撰
- 朱子文集：十八卷 /（宋）朱熹撰
- 楊龜山先生集：六卷 /（宋）楊時撰
- 尹和靖先生集：一卷 /（宋）尹焞撰
- 羅豫章先生文集：十卷 /（宋）羅從

彥撰
- 李延平先生文集：四卷/（宋）李侗撰
- 張南軒先生文集：七卷/（宋）張栻撰
- 黃勉齋先生文集：八卷/（宋）黃榦撰
- 陳克齋先生集：五卷/（宋）陳文蔚撰
- 許魯齋先生集：六卷/（元）許衡撰
- 薛敬軒先生文集：十卷/（明）薛瑄撰
- 胡敬齋先生文集：三卷/（明）胡居仁撰
- 諸葛武侯文集：四卷/（三國蜀）諸葛亮撰
- 唐陸宣公文集：四卷/（唐）陸贄撰
- 韓魏公集：二十卷/（宋）韓琦撰
- 司馬溫公文集：十四卷/（宋）司馬光撰
- 文山先生文集：二卷/（宋）文天祥撰
- 謝疊山先生文集：二卷/（宋）謝枋得撰
- 方正學先生文集：七卷/（明）方孝孺撰
- 楊椒山先生文集：二卷/（明）楊繼盛撰
- 二程粹言：二卷/（宋）楊時訂正；（宋）張栻編次
- 伊洛淵源錄：十四卷/（宋）朱熹撰
- 上蔡先生語錄：三卷/（宋）謝良佐撰
- 程氏家塾讀書分年日程：三卷綱領一卷/（元）程端禮撰
- 朱子學的：二卷/（明）丘濬輯
- 陳清瀾先生學蔀通辯：十二卷/（明）陳建撰
- 薛文清公讀書錄：八卷/（明）薛瑄撰
- 胡敬齋先生居業錄：八卷/（明）胡居仁撰

- 道南源委：六卷/（明）朱衡撰
- 羅整庵先生困知記：四卷/（明）羅欽順撰
- 陸桴亭思辨錄輯要：二十二卷/（清）陸世儀撰
- 王學質疑：五卷附錄一卷/（清）張烈撰
- 讀禮志疑：六卷/（清）陸隴其撰
- 讀朱隨筆：四卷/（清）陸隴其撰
- 陸稼書先生問學錄：四卷/（清）陸隴其撰
- 陸稼書先生松陽鈔存：一卷/（清）陸隴其撰
- 石守道先生集：二卷/（宋）石介撰
- 高東溪先生遺集：二卷/（宋）高登撰
- 真西山先生集：八卷/（宋）真德秀撰
- 熊勿軒先生文集：六卷/（宋）熊禾撰
- 吳朝宗先生聞過齋集：四卷/（元）吳海撰
- 魏莊渠先生集：二卷/（明）魏校撰
- 羅整庵先生存稾：二卷/（明）羅欽順撰
- 陳剩夫先生集：四卷/（明）陳真晟撰
- 張陽和文選：三卷/（明）張元忭撰
- 湯潛庵先生集：二卷/（清）湯斌撰
- 陸稼書先生文集：二卷/（清）陸隴其撰
- 道統錄：二卷附錄一卷/（清）張伯行撰
- 二程語錄：十七卷附錄一卷/（清）張伯行輯
- 朱子語類輯略：八卷/（清）張伯行輯
- 濂洛關閩書：十九卷/（清）張伯行輯並注

・近思録：十四卷/（宋）朱熹,（宋）
　　呂祖謙撰；（清）張伯行集解
・廣近思録：十四卷/（清）張伯行輯
・困學録集粹：八卷/（清）張伯行撰
・小學集解：六卷/（清）張伯行撰
・濂洛風雅：九卷/（清）張伯行撰
・學規類編：二十七卷/（清）張伯行撰
・養正類編：十三卷/（清）張伯行撰
・居濟一得：八卷/（清）張伯行撰
・正誼堂文集：十二卷/（清）張伯行撰
・正誼堂續集：八卷/（清）張伯行撰
續刻
・唐宋八大家文鈔：十九卷/（清）張
　　伯行輯
清同治八年［1869］刻本
・范文正公文集：九卷/（宋）范仲淹撰
清同治八年［1869］刻本
・續近思録：十四卷/（清）張伯行集解
清同治九年［1870］刻本

說鈴：三集六十二種/（清）吳震方編
清康熙四十一年［1702］續集五十一
年［1712］序刻本
　　存五十八種
　　線裝19册；25釐米
　　有"鍾秀堂印"印記
　　Sinica 964
　　詳目：
　　前集
・冬夜箋記：一卷/（清）王崇簡撰
・隴蜀餘聞：一卷/（清）王士禛撰
・分甘餘話：二卷/（清）王士禛撰
・安南雜記：一卷/（清）李仙根撰
・奉使俄羅斯日記：一卷/（清）張鵬

　　翮撰
・筠廊偶筆：二卷/（清）宋犖撰
・金鰲退食筆記：二卷/（清）高士奇撰
・扈從西巡日録：一卷/（清）高士奇撰
・塞北小鈔：一卷/（清）高士奇撰
・松亭行紀：二卷/（清）高士奇撰
・天禄識餘：二卷/（清）高士奇撰
・封長白山記：一卷/（清）方象瑛撰
・使琉球紀：一卷/（清）張學禮撰
・閩小紀：二卷/（清）周亮工撰
存一卷（卷上）
・滇行紀程：一卷/（清）許纘曾撰
・東還紀程：一卷/（清）許纘曾撰
・揚州鼓吹詞序：一卷/（清）吳綺撰
・粵述：一卷/（清）閔敍撰
・粵西偶記：一卷/（清）陸祚蕃撰
・滇黔紀遊：一卷/（清）陳鼎撰
・京東考古録：一卷/（清）顧炎武撰
・山東考古録：一卷/（清）顧炎武撰
・救文格論：一卷/（清）顧炎武撰
・雜録：一卷/（清）顧炎武撰
・守汴日志：一卷/（清）李光壂口授；
　　（清）周斯盛重編
・坤輿外紀：一卷/（比利時）南懷仁撰
・臺灣紀畧：一卷/（清）林謙光撰
・臺灣雜記：一卷/（清）季麒光撰
・安南紀遊：一卷/（清）潘鼎珪撰
・峒谿纖志：一卷/（清）陸次雲撰
・泰山紀勝：一卷/（清）孔貞瑄撰
・匡廬紀遊：一卷/（清）吳闡思撰
・登華記：一卷/（清）屈大均撰
・游雁蕩山記：一卷/（清）周清原撰
・甌江逸志：一卷/（清）勞大與撰
・嶺南雜記：二卷/（清）吳震方撰

類叢部 | 373

前集
- 冬夜箋記：一卷/（清）王崇簡撰
- 隴蜀餘聞：一卷/（清）王士禛撰
- 安南雜記：一卷/（清）李仙根撰
- 奉使俄羅斯日記：一卷/（清）張鵬翮撰
- 筠廊偶筆：二卷/（清）宋犖撰
- 金鰲退食筆記：二卷/（清）高士奇撰
- 扈從西巡日錄：一卷/（清）高士奇撰
- 塞北小鈔：一卷/（清）高士奇撰
- 松亭行紀：二卷/（清）高士奇撰
- 天祿識餘：二卷/（清）高士奇撰
- 封長白山記：一卷/（清）方象瑛撰
- 使琉球紀：一卷/（清）張學禮撰
- 西征紀略：一卷/（清）殷化行撰
- 閩小紀：二卷/（清）周亮工撰
存一卷（卷上）
- 滇行紀程：一卷續抄一卷/（清）許纘曾撰
- 東還紀程：一卷續抄一卷/（清）許纘曾撰
- 絕域紀略：一卷/（清）方拱乾撰
- 揚州鼓吹詞序：一卷/（清）吳綺撰
- 粵述：一卷/（清）閔敘撰
- 粵西偶記：一卷/（清）陸祚蕃撰
- 滇黔紀遊：一卷/（清）陳鼎撰
- 京東考古錄：一卷/（清）顧炎武撰
- 山東考古錄：一卷/（清）顧炎武撰
- 救文格論：一卷/（清）顧炎武撰
- 雜錄：一卷/（清）顧炎武撰
- 守汴日志：一卷/（清）李光壂口授；（清）周斯盛重編
- 坤輿外紀：一卷/（比利時）南懷仁撰
- 臺灣紀畧：一卷/（清）林謙光撰

後集
- 讀史吟評：一卷/（清）黃鵬揚著
- 湖壖雜記：一卷/（清）陸次雲撰
- 談往：一卷/（清）花村看行侍者撰
- 板橋雜記：三卷/（清）余懷撰
- 簪雲樓雜説：一卷/（清）陳尚古撰
- 天香樓偶得：一卷/（清）虞兆漋撰
- 蚓菴瑣語：一卷/（清）王逋撰
- 見聞錄：一卷/（清）徐岳撰
- 冥報錄：二卷/（清）陸圻撰
- 現果隨錄：一卷/（清）釋戒顯撰
- 果報聞見錄：一卷/（清）楊式傳撰
- 信徵錄：一卷/（清）徐慶撰
- 曠園雜志：二卷/（清）吳陳琰撰
- 言鯖：二卷/（清）呂種玉撰
- 述異記：三卷/（清）東軒主人撰
- 觚賸：一卷/（清）鈕琇輯
續集
- 讀書質疑：二卷/（清）吳震方撰
- 談助：一卷/（清）王崇簡撰
- 畫壁詩：一卷/（清）范承謨撰
- 邇語：一卷/（清）熊賜履撰
- 庸言：一卷/（清）魏象樞撰
- 池北偶談：三卷/（清）王士禛撰

説鈴：二集五十五種/（清）吳震方編
清嘉慶四年［1799］刻本
存五十三種
洋裝8冊（原線裝32冊）；18釐米
有"芙蓉城裏人家""謝剛國印""老況欣賞""百鍊盦""慈舟所藏"印記
Sinica 6627
詳目：

- 臺灣雜記：一卷/（清）季麒光撰
- 安南紀遊：一卷/（清）潘鼎珪撰
- 峒谿纖志：一卷/（清）陸次雲撰
- 泰山紀勝：一卷/（清）孔貞瑄撰
- 匡廬紀游：一卷/（清）吳闡思撰
- 登華記：一卷/（清）屈大均撰
- 游雁蕩山記：一卷/（清）周清原撰
- 甌江逸志：一卷/（清）勞大與撰
- 嶺南雜記：二卷/（清）吳震方撰
後集
- 讀史吟評：一卷/（清）黃鵬揚著
- 湖壖雜記：一卷/（清）陸次雲撰
- 談往：一卷/（清）花村看行侍者撰
- 板橋雜記：三卷/（清）余懷撰
- 簪雲樓雜說：一卷/（清）陳尚古撰
- 天香樓偶得：一卷/（清）虞兆湰撰
- 蚓菴瑣語：一卷/（清）王逋撰
- 見聞錄：一卷/（清）徐岳撰
- 冥報錄：二卷/（清）陸圻撰
- 現果隨錄：一卷/（清）釋戒顯撰
- 果報聞見錄：一卷/（清）楊式傳撰
- 信徵錄：一卷/（清）徐慶撰
- 曠園雜志：二卷/（清）吳陳琰撰
- 述異記：三卷/（清）東軒主人撰
- 蓴鄉贅筆：三卷/（清）董含撰
- 觚賸：一卷/（清）鈕琇輯

雅雨堂叢書：十二種附一種/（清）盧見曾編
清乾隆二十一年[1756]德州盧氏刻本
線裝38冊；28釐米
Sinica 2647
詳目：
- 易傳：十七卷.附周易音義：一卷/（唐）李鼎祚集解；（唐）陸德明音義.附鄭氏周易：三卷/（漢）鄭玄撰；（宋）王應麟撰集；（清）惠棟增補
- 鄭司農集：一卷/（漢）鄭玄撰
- 周易乾鑿度：二卷/（漢）鄭玄注
- 尚書大傳：四卷補遺一卷續補遺一卷考異一卷/（漢）伏勝撰；（漢）鄭玄注；（清）盧文弨輯補遺續補遺並撰考異
- 大戴禮記：十三卷/（漢）戴德撰；（北周）盧辯注
- 戰國策：三十三卷/（漢）高誘注
- 匡謬正俗：八卷/（唐）顏師古撰
- 摭言：十五卷/（唐）王定保撰
- 北夢瑣言：二十卷/（宋）孫光憲撰
- 封氏聞見記：十卷/（唐）封演撰
- 文昌雜錄：六卷補遺一卷/（宋）龐元英撰
- 金石錄：三十卷/（宋）趙明誠撰
附
- 雅雨堂詩集：二卷.雅雨堂文集：四卷.雅雨山人出塞集：一卷/（清）盧見曾撰

清道光二十年[1840]盧樞清雅堂刻本

增訂漢魏叢書：九十六種/（清）王謨輯
清乾隆五十六年[1791]金谿王氏刻本
存八十六種
洋裝19冊（原線裝92冊）；26釐米
Sinica 6672
詳目：
經翼

- 焦氏易林:四卷/(漢)焦贛撰
- 易傳:三卷/(漢)京房撰;(三國吳)陸績注
- 關氏易傳:一卷/(北魏)關朗撰
- 周易略例:一卷/(三國魏)王弼撰;(唐)邢璹注
- 古三墳:一卷/(晉)阮咸注
- 汲冢周書:十卷/(晉)孔晁注
- 詩傳孔氏傳:一卷/(春秋)端木賜撰
- 詩說:一卷/(漢)申培撰
- 韓詩外傳:十卷/(漢)韓嬰撰
- 毛詩草木鳥獸蟲魚疏:二卷/(三國吳)陸璣撰
- 大戴禮記:十三卷/(漢)戴德撰;(北周)盧辯注
- 春秋繁露:十七卷/(漢)董仲舒撰
- 白虎通德論:四卷/(漢)班固撰
- 獨斷:一卷/(漢)蔡邕撰
- 忠經:一卷/(漢)馬融撰
- 孝傳:一卷/(晉)陶潛撰
- 小爾雅:一卷/(漢)孔鮒撰
- 方言:十三卷/(漢)揚雄紀;(晉)郭璞注
- 廣雅:十卷/(三國魏)張揖撰;(隋)曹憲音釋
- 釋名:四卷/(漢)劉熙撰

別史
- 竹書紀年:二卷/(南朝梁)沈約注
- 穆天子傳:六卷/(晉)郭璞注
- 越絕書:十五卷/(漢)袁康撰
- 吳越春秋:六卷/(漢)趙曄撰;(宋)徐天祐音注
- 西京雜記:六卷/(漢)劉歆撰一題(晉)葛洪撰
- 漢武帝内傳:一卷/(漢)班固撰
- 飛燕外傳:一卷/(漢)伶玄撰
- 雜事秘辛:一卷/(漢)□□撰
- 華陽國志:十四卷/(晉)常璩撰
- 十六國春秋:十六卷/(北魏)崔鴻撰
- 元經薛氏傳:十卷/(隋)王通撰;(唐)薛收傳;(宋)阮逸註
- 群輔錄:一卷/(晉)陶潛撰
- 英雄記鈔:一卷/(漢)王粲撰
- 高士傳:三卷/(晉)皇甫謐撰
- 蓮社高賢傳:一卷/(晉)□□撰
- 神僊傳:十卷/(晉)葛洪撰

子餘
- 孔叢:二卷/(漢)孔鮒撰
- 新語:二卷/(漢)陸賈撰
- 新書:十卷/(漢)賈誼撰
- 新序:十卷/(漢)劉向撰
- 說苑:二十卷/(漢)劉向撰
- 淮南鴻烈解:二十一卷/(漢)劉安撰;(漢)高誘注
- 鹽鐵論:十二卷/(漢)桓寬撰;(明)張之象注
- 法言:十卷/(漢)揚雄撰
- 申鑒:五卷/(漢)荀悅撰;(明)黃省曾注
- 論衡:三十卷/(漢)王充撰
- 潛夫論:十卷/(漢)王符撰
- 中論:二卷/(漢)徐幹撰
- 中說:二卷/(隋)王通撰
- 風俗通義:十卷/(漢)應劭撰
- 人物志:三卷/(三國魏)劉邵撰;(北魏)劉昞注
- 新論:十卷/(北齊)劉晝撰
- 顏氏家訓:二卷/(北齊)顏之推撰

- 參同契：一卷/(漢)魏伯陽撰
- 陰符經：一卷/(漢)張良等注
- 風后握奇經：一卷/(漢)公孫弘解.附握奇經續圖：一卷.八陣總述：一卷/(晉)馬隆述
- 素書：一卷/(漢)黃石公撰；(宋)張商英注
- 心書：一卷/(漢)諸葛亮撰

載籍
- 古今注：三卷/(晉)崔豹撰
- 博物志：十卷/(晉)張華撰；(宋)周日用,(宋)盧□注
- 文心雕龍：十卷/(南朝梁)劉勰撰
- 詩品：三卷/(南朝梁)鍾嶸撰
- 書品：一卷/(南朝梁)庾肩吾撰
- 尤射：一卷/(三國魏)繆襲撰
- 拾遺記：十卷/(前秦)王嘉撰；(南朝梁)蕭綺錄
- 述異記：二卷/(南朝梁)任昉撰
- 續齊諧記：一卷/(南朝梁)吳均撰
- 搜神記：八卷/(晉)干寶撰
- 搜神後記：二卷/(晉)陶潛撰
- 還冤記：一卷/(北齊)顏之推撰
- 神異經：一卷/(漢)東方朔撰；(晉)張華注
- 海內十洲記：一卷/(漢)東方朔撰
- 別國洞冥記：四卷/(漢)郭憲撰
- 枕中書：一卷/(晉)葛洪撰
- 佛國記：一卷/(晉)釋法顯撰
- 伽藍記：五卷/(北魏)楊衒之撰
- 三輔黃圖：六卷/(漢)□□撰
- 水經：二卷/(漢)桑欽撰
- 星經：二卷/(漢)石申撰
- 荊楚歲時記：一卷/(南朝梁)宗懍撰
- 南方草木狀：三卷/(晉)嵇含撰
- 竹譜：一卷/(晉)戴凱之撰
- 禽經：一卷/(春秋)師曠撰；(晉)張華注
- 古今刀劍錄：一卷/(南朝梁)陶弘景撰
- 鼎錄：一卷/(南朝梁)虞荔撰
- 天祿閣外史：八卷/(漢)黃憲著

增訂漢魏叢書：九十六種/(清)王謨輯
清宣統三年[1911]上海大同書局石印本
線裝32冊；20釐米
Sinica 6623
詳目：
經翼
- 焦氏易林：四卷/(漢)焦贛撰
- 易傳：三卷/(漢)京房撰；(三國吳)陸績注
- 關氏易傳：一卷/(北魏)關朗撰
- 周易略例：一卷/(三國魏)王弼撰；(唐)邢璹注
- 古三墳：一卷/(晉)阮咸注
- 汲冢周書：十卷/(晉)孔晁注
- 詩傳孔氏傳：一卷/(春秋)端木賜撰
- 詩說：一卷/(漢)申培撰
- 韓詩外傳：十卷/(漢)韓嬰撰
- 毛詩草木鳥獸蟲魚疏：二卷/(三國吳)陸璣撰
- 大戴禮記：十三卷/(漢)戴德撰；(北周)盧辯注
- 春秋繁露：十七卷/(漢)董仲舒撰
- 白虎通德論：四卷/(漢)班固撰
- 獨斷：一卷/(漢)蔡邕撰

- 忠經：一卷/（漢）馬融撰
- 孝傳：一卷/（晉）陶潛撰
- 小爾雅：一卷/（漢）孔鮒撰
- 方言：十三卷/（漢）揚雄紀；（晉）郭璞注
- 廣雅：十卷/（三國魏）張揖撰；（隋）曹憲音釋
- 釋名：四卷/（漢）劉熙撰

別史
- 竹書紀年：二卷/（南朝梁）沈約注
- 穆天子傳：六卷/（晉）郭璞注
- 越絕書：十五卷/（漢）袁康撰
- 吳越春秋：六卷/（漢）趙曄撰；（宋）徐天祐音注
- 西京雜記：六卷/（漢）劉歆撰一題（晉）葛洪撰
- 漢武帝內傳：一卷/（漢）班固撰
- 飛燕外傳：一卷/（漢）伶玄撰
- 雜事秘辛：一卷/（漢）□□撰
- 華陽國志：十四卷/（晉）常璩撰
- 十六國春秋：十六卷/（北魏）崔鴻撰
- 三國志辯誤：一卷/（宋）□□撰
- 元經薛氏傳：十卷/（隋）王通撰；（唐）薛收傳；（宋）阮逸註
- 群輔錄：一卷/（晉）陶潛撰
- 英雄記鈔：一卷/（漢）王粲撰
- 高士傳：三卷/（晉）皇甫謐撰
- 蓮社高賢傳：一卷/（晉）□□撰
- 神僊傳：十卷/（晉）葛洪撰

子餘
- 孔叢：二卷/（漢）孔鮒撰
- 新語：二卷/（漢）陸賈撰
- 新書：十卷/（漢）賈誼撰
- 新序：十卷/（漢）劉向撰
- 鹽鐵論：十二卷/（漢）桓寬撰；（明）張之象注
- 說苑：二十卷/（漢）劉向撰
- 淮南鴻烈解：二十一卷/（漢）劉安撰；（漢）高誘注
- 法言：十卷/（漢）揚雄撰
- 申鑒：五卷/（漢）荀悅撰；（明）黃省曾注
- 論衡：三十卷/（漢）王充撰
- 潛夫論：十卷/（漢）王符撰
- 中論：二卷/（漢）徐幹撰
- 中說：二卷/（隋）王通撰
- 風俗通義：十卷/（漢）應劭撰
- 人物志：三卷/（三國魏）劉邵撰；（北魏）劉昞注
- 新論：十卷/（北齊）劉晝撰
- 顏氏家訓：二卷/（北齊）顏之推撰
- 參同契：一卷/（漢）魏伯陽撰
- 陰符經：一卷/（漢）張良等注
- 風后握奇經：一卷/（漢）公孫弘解．附握奇經續圖：一卷．八陣總述：一卷/（晉）馬隆述
- 素書：一卷/（漢）黃石公撰；（宋）張商英注
- 心書：一卷/（漢）諸葛亮撰
- 孫子：二卷/（春秋）孫武撰；（三國魏）武帝曹操注
- 列子：八卷/（戰國）列禦寇撰；（晉）張湛注
- 傅子：一卷/（晉）傅玄撰
- 道德經評註：二卷/（漢）河上公章句

載籍
- 古今注：三卷/（晉）崔豹撰
- 中華古今注：三卷/（後唐）馬縞集

- 文心雕龍：十卷/（南朝梁）劉勰撰
- 博物志：十卷/（晉）張華撰；（宋）周日用，（宋）盧□注
- 詩品：三卷/（南朝梁）鍾嶸撰
- 書品：一卷/（南朝梁）庾肩吾撰
- 尤射：一卷/（三國魏）繆襲撰
- 拾遺記：十卷/（前秦）王嘉撰；（南朝梁）蕭綺錄
- 述異記：二卷/（南朝梁）任昉撰
- 續齊諧記：一卷/（南朝梁）吳均撰
- 搜神記：八卷/（晉）干寶撰
- 搜神後記：二卷/（晉）陶潛撰
- 還冤記：一卷/（北齊）顏之推撰
- 神異經：一卷/（漢）東方朔撰；（晉）張華注
- 海內十洲記：一卷/（漢）東方朔撰
- 別國洞冥記：四卷/（漢）郭憲撰
- 枕中書：一卷/（晉）葛洪撰
- 佛國記：一卷/（晉）釋法顯撰
- 伽藍記：五卷/（北魏）楊衒之撰
- 三輔黃圖：六卷/（漢）□□撰
- 水經：二卷/（漢）桑欽撰
- 星經：二卷/（漢）石申撰
- 荊楚歲時記：一卷/（南朝梁）宗懍撰
- 南方草木狀：三卷/（晉）嵇含撰
- 竹譜：一卷/（晉）戴凱之撰
- 禽經：一卷/（春秋）師曠撰；（晉）張華注
- 古今刀劍錄：一卷/（南朝梁）陶弘景撰
- 鼎錄：一卷/（南朝梁）虞荔撰
- 天祿閣外史：八卷/（漢）黃憲著
- 輶軒絕代語：一卷/（漢）揚雄撰
- 鄴中記：一卷/（晉）陸翽撰

- 博異記：一卷/（唐）谷神子纂
- 世本：一卷/（漢）宋衷注；（清）孫馮翼輯

知不足齋叢書：三十集一百九十六種/（清）鮑廷博編；（清）鮑志祖續編

清乾隆道光間長塘鮑氏刻本
線裝240冊；21釐米
Backhouse 283
詳目：
第一集
- 御覽闕史：二卷/（唐）高彥休撰
- 古文孝經孔氏傳：一卷/（漢）孔安國撰；（日本）太宰純音

清乾隆四十一年[1776]刻本
- 寓簡：十卷附錄一卷/（宋）沈作喆撰

清乾隆四十年[1775]刻本
- 兩漢刊誤補遺：十卷附錄一卷/（宋）吳仁傑撰

清乾隆四十一年[1776]刻本
- 涉史隨筆：一卷/（宋）葛洪撰

清乾隆四十年[1775]刻本
- 客杭日記：二卷/（元）郭畀撰

清乾隆三十七年[1772]刻本
- 韻石齋筆談：二卷/（明）姜紹書撰
- 七頌堂識小錄：一卷/（清）劉體仁撰

第二集
- 公是先生弟子記：一卷/（宋）劉敞撰

清乾隆四十年[1775]刻本
- 經筵玉音問答：一卷/（宋）胡銓撰
- 碧溪詩話：十卷/（宋）黃徹撰

清乾隆四十一年[1776]刻本
- 獨醒雜志：十卷附錄一卷/（宋）曾

敏行撰
清乾隆四十年[1775]刻本
·梁谿漫志:十卷附錄一卷/(宋)費
　　袞撰
清乾隆四十一年[1776]刻本
·赤雅:三卷/(明)鄺露纂
清乾隆三十四年[1769]刻本
·諸史然疑:一卷/(清)杭世駿撰
清乾隆四十五年[1780]刻本
·榕城詩話:三卷/(清)杭世駿撰
清乾隆四十年[1775]刻本
第三集
·入蜀記:六卷/(宋)陸游撰
·猗覺寮雜記:二卷/(宋)朱翌撰
清乾隆四十一年[1776]刻本
·對床夜語:五卷/(宋)范晞文撰
清乾隆三十七年[1772]刻本
·歸田詩話:三卷/(明)瞿佑撰
清乾隆四十年[1775]刻本
·南濠詩話:一卷/(明)都穆撰
清乾隆三十八年[1773]刻本
·麓堂詩話:一卷/(明)李東陽撰
清乾隆四十年[1775]刻本
·石墨鐫華:八卷/(明)趙崡撰
清乾隆三十九年[1774]刻本
第四集
·孫子算經:三卷/(唐)李淳風等奉
　　敕注釋
清乾隆四十二年[1777]刻本
·五曹算經:五卷/(唐)李淳風等奉
　　敕注釋
清乾隆四十二年[1777]刻本
·釣磯立談:一卷附錄一卷/(宋)史
　　虛白撰

清乾隆四十三年[1778]刻本
·洛陽搢紳舊聞記:五卷/(宋)張齊
　　賢撰
清乾隆四十一年[1776]刻本
·四朝聞見錄:五卷附錄一卷/(宋)
　　葉紹翁撰
·金石史:二卷/(明)郭宗昌撰
·閒者軒帖考:一卷/(清)孫承澤撰
第五集
·清虛雜著:三卷補闕一卷/(宋)王
　　鞏撰
清乾隆四十四年[1779]刻本
　。聞見近錄:一卷
　。甲申雜記:一卷
　。隨手雜錄:一卷
·補漢兵志:一卷/(宋)錢文子撰
清乾隆四十四年[1779]刻本
·滹南詩話:三卷/(金)王若虛撰
·歸潛志:十四卷附錄一卷/(金)劉
　　祁撰
清乾隆四十四年[1779]刻本
·黃孝子萬里紀程:二卷附一卷/
　　(清)黃向堅撰
　。尋親紀程:一卷
　。滇還日記:一卷
·虎口餘生記:一卷/(清)邊大綬撰
·澹生堂藏書約:一卷/(明)祁承㸁
　　撰.附流通古書約:一卷/(清)曹
　　溶撰
·苦瓜和尚畫語錄:一卷/(清)釋道
　　濟撰
第六集
·玉壺清話:十卷/(宋)釋文瑩撰
清乾隆四十五年[1780]刻本

- 愧郯錄：十五卷/（宋）岳珂撰
- 碧雞漫志：五卷/（宋）王灼撰
- 樂府補題：一卷/（宋）陳恕可輯
- 蛻巖詞：二卷/（元）張翥撰

第七集
- 論語集解義疏：十卷/（三國魏）何晏集解；（南朝梁）皇侃義疏
- 離騷草木疏：四卷/（宋）吳仁傑撰

清乾隆四十五年[1780]刻本
- 游宦紀聞：十卷/（宋）張世南撰

清乾隆四十八年[1783]刻本

第八集
- 張丘建算經：三卷/（□）張丘建撰；（北周）甄鸞注；（唐）李淳風等奉敕注釋；（唐）劉孝孫細草

清乾隆四十五年[1780]刻本
- 緝古算經：一卷/（唐）王孝通撰並注

清乾隆四十五年[1780]刻本
- 默記：一卷/（宋）王銍撰
- 南湖集：十卷附錄三卷/（宋）張鎡撰

清乾隆四十六年[1781]刻本
- 蘋洲漁笛譜：二卷/（宋）周密撰

第九集
- 金樓子：六卷/（南朝梁）元帝蕭繹撰
- 鐵圍山叢談：六卷/（宋）蔡絛撰

清乾隆四十六年[1781]刻本
- 農書：三卷/（宋）陳旉撰
- 蠶書：一卷/（宋）秦觀撰
- 於潛令樓公進耕織二圖詩：一卷附錄一卷/（宋）樓璹撰
- 湛淵靜語：二卷/（元）白珽撰
- 責備餘談：二卷附錄一卷/（明）方鵬撰

第十集
- 續孟子：二卷/（唐）林慎思撰
- 伸蒙子：三卷/（唐）林慎思撰
- 麟角集：一卷附錄一卷/（唐）王棨撰
- 蘭亭考：十二卷附群公帖跋一卷/（宋）桑世昌撰

清乾隆四十七年[1782]刻本
- 蘭亭續考：二卷/（宋）俞松撰
- 石刻鋪敘：二卷附錄一卷/（宋）曾宏父撰

清乾隆四十七年[1782]刻本
- 江西詩社宗派圖錄：一卷/（清）張泰來述．附江西詩派小序：一卷/（宋）劉克莊撰
- 萬柳溪邊舊話：一卷/（宋）尤玘撰

第十一集
- 詩傳注疏：三卷/（宋）謝枋得撰
- 顏氏家訓：七卷攷證一卷/（北齊）顏之推撰；（宋）沈揆撰攷證
- 江南餘載：二卷/（宋）鄭文寶撰
- 五國故事：二卷/（宋）□□撰
- 故宮遺錄：一卷/（明）蕭洵撰

清乾隆四十七年[1782]刻本
- 伯牙琴：一卷續補一卷/（宋）鄧牧撰

清乾隆五十一年[1786]刻本
- 洞霄詩集：十四卷/（宋）孟宗寶編
- 石湖詞：一卷補遺一卷/（宋）范成大撰．附和石湖詞：一卷/（宋）陳三聘撰
- 花外集：一卷/（宋）王沂孫撰

又名《碧山樂府》

第十二集
- 昌武段氏詩義指南：一卷/（宋）段昌武撰
- 離騷：一卷/（宋）錢杲之集傳

- 江淮異人錄:一卷/(宋)吳淑撰

清乾隆五十二年[1787]刻本
- 慶元黨禁:一卷/(宋)樵川樵叟撰
- 酒經:三卷/(宋)朱肱撰

清乾隆五十年[1785]刻本
- 山居新話:一卷/(元)楊瑀撰
- 鬼董:五卷/(宋)沈□撰

清乾隆五十一年[1786]刻本
- 墨史:三卷/(元)陸友撰
- 龔安節先生畫訣:一卷/(清)龔賢撰
- 畫筌:一卷/(清)笪重光撰;(清)王翬,(清)惲格評
- 今水經:一卷表一卷/(清)黃宗羲撰
- 佐治藥言:一卷續一卷/(清)汪輝祖撰

清乾隆五十一年[1786]刻本

第十三集
- 相臺書塾刊正九經三傳沿革例:一卷/(宋)岳珂撰
- 元真子:三卷/(唐)張志和撰
- 翰苑群書:二卷/(宋)洪遵輯

卷上
  ○ 翰林志:一卷/(唐)李肇撰
  ○ 承旨學士院記:一卷/(唐)元稹撰
  ○ 翰林學士記:一卷/(唐)韋處厚撰
  ○ 翰林院故事:一卷/(唐)韋執誼撰
  ○ 翰林學士院舊規:一卷/(唐)楊鉅撰
  ○ 重修承旨學士壁記:一卷/(唐)丁居晦撰
  ○ 禁林讌會集:一卷/(宋)李昉

  等撰

卷下
  ○ 續翰林志:二卷/(宋)蘇易簡撰
  ○ 次續翰林志:一卷/(宋)蘇耆撰
  ○ 學士年表:一卷/(宋)□□撰
  ○ 翰苑題名:一卷/(宋)□□撰
  ○ 翰苑遺事:一卷/(宋)洪遵撰
- 朝野類要:五卷/(宋)趙昇撰
- 碧血錄:二卷/(明)黃煜撰.附周端孝先生血疏貼黃册:一卷/(明)周茂蘭撰
- 逍遥集:一卷/(宋)潘閬撰
- 百正集:三卷/(宋)連文鳳撰
- 張子野詞:二卷補遺二卷/(宋)張先撰

清乾隆五十三年[1788]刻本
- 貞居詞:一卷補遺一卷/(元)張雨撰

第十四集
- 籟紀:一卷/(南朝陳)陳叔齊撰
- 潛虛:一卷/(宋)司馬光撰.附潛虛發微論:一卷/(宋)張敦實撰
- 袁氏世範:三卷/(宋)袁采撰.附集事詩鑒:一卷/(宋)方昕撰

清乾隆五十五年[1790]刻本
- 天水冰山錄:不分卷附錄一卷/(明)□□撰.附鈐山堂書畫記:一卷/(明)文嘉撰

第十五集
- 新唐書糾謬:二十卷附錄一卷/(宋)吳縝撰;(清)錢大昕校
- 修唐書史臣表:一卷/(清)錢大昕撰
- 洞霄圖志:六卷/(宋)鄧牧編;(宋)孟宗寶集
- 聲隅子歔欷瑣微論:二卷/(宋)黃

晞撰
清乾隆五十七年［1792］刻本
· 世緯：二卷附錄一卷／（明）袁袠撰
清乾隆五十七年［1792］刻本
第十六集
· 皇宋書錄：三卷／（宋）董史撰
清乾隆五十九年［1794］刻本
· 宣和奉使高麗圖經：四十卷附錄一卷／（宋）徐兢撰
清乾隆五十八年［1793］刻本
· 武林舊事：十卷附錄一卷／（宋）周密撰
清乾隆五十八年［1793］刻本
· 錢塘先賢傳贊：一卷附錄一卷／（宋）袁韶撰
第十七集
· 五代史纂誤：三卷／（宋）吳縝撰
· 嶺外代答：十卷／（宋）周去非撰
· 南窗紀談：一卷／（宋）□□撰
· 蘇沈內翰良方：十卷／（宋）蘇軾，（宋）沈括撰
清乾隆五十八年［1793］刻本
· 浦陽人物記：二卷／（明）宋濂撰
第十八集
· 宜州乙酉家乘：一卷／（宋）黃庭堅撰
清乾隆五十九年［1794］刻本
· 吳船錄：二卷／（宋）范成大撰
· 清波雜志：十二卷／（宋）周煇撰
· 清波別志：三卷／（宋）周煇撰
· 蜀難敘略：一卷／（清）沈荀蔚撰
· 灊山集：三卷補遺一卷附錄一卷／（宋）朱翌撰
· 頤菴居士集：二卷／（宋）劉應時撰
第十九集

· 文苑英華辨證：十卷／（宋）彭叔夏撰
清乾隆六十年［1795］刻本
· 詩紀匡謬：一卷／（清）馮舒撰
· 西塘集耆舊續聞：十卷／（宋）陳鵠撰
清乾隆五十八年［1793］刻本
· 山房隨筆：一卷／（元）蔣子正撰
清乾隆五十三年［1788］刻本
· 勿菴曆算書目：一卷／（清）梅文鼎撰
· 黃山領要錄：二卷／（清）汪洪度撰
· 世善堂藏書目錄：二卷／（明）陳第撰
清乾隆六十年［1795］刻本
第二十集
· 測圓海鏡細草：十二卷／（元）李冶撰
清嘉慶三年［1798］刻本
· 蘆浦筆記：十卷／（宋）劉昌詩撰
清嘉慶三年［1798］刻本
· 五代史記纂誤補：四卷／（清）吳蘭庭撰
· 山靜居畫論：二卷／（清）方薰撰
· 茗香詩論：一卷／（清）宋大樽撰
第二十一集
· 孝經鄭註：一卷補證一卷／（漢）鄭玄撰；（清）洪頤煊撰補證
清嘉慶六年［1801］刻本
· 孝經鄭氏解：一卷／（漢）鄭玄撰；（清）臧庸輯
· 益古演段：三卷／（元）李冶撰
清嘉慶二年［1797］刻本
· 弧矢算術細草：一卷／（清）李銳撰
· 五總志：一卷／（宋）吳坰撰
· 黃氏日抄古今紀要逸編：一卷／（宋）黃震撰
· 丙寅北行日譜：一卷／（明）朱祖文撰
· 粵行紀事：三卷／（清）瞿昌文撰

- 滇黔土司婚禮記：一卷/（清）陳鼎撰
- 三山鄭菊山先生清儁集：一卷/（宋）鄭起撰；（元）仇遠選
- 所南翁一百二十圖詩集：一卷.附錦錢餘笑：一卷附錄一卷/（宋）鄭思肖撰
- 鄭所南先生文集：一卷/（宋）鄭思肖撰

第二十二集
- 重彫足本鑑誡錄：十卷/（後蜀）何光遠撰

清嘉慶八年[1803]刻本
- 侯鯖錄：八卷/（宋）趙令時撰

清嘉慶八年[1803]刻本
- 松窗百說：一卷/（宋）李季可撰

清嘉慶八年[1803]刻本
- 北軒筆記：一卷/（元）陳世隆撰
- 藏海詩話：一卷/（宋）吳可撰
- 吳禮部詩話：一卷/（元）吳師道撰
- 畫墁集：八卷補遺一卷/（宋）張舜民撰

第二十三集
- 讀易別錄：三卷/（清）全祖望撰
- 古今偽書考：一卷/（清）姚際恒撰
- 澠水燕談錄：十卷/（宋）王闢之撰
- 石湖紀行：三卷/（宋）范成大撰

《吳船錄》收入第十八集
　。攬轡錄：一卷
　　清嘉慶十年[1805]刻本
　。驂鸞錄：一卷
　　清嘉慶十年[1805]刻本
　。附桂海虞衡志：一卷/（宋）范成大撰
- 北行日錄：二卷/（宋）樓鑰撰

- 放翁家訓：一卷/（宋）陸游撰
- 庶齋老學叢談：三卷/（元）盛如梓撰

清嘉慶十年[1805]刻本
- 湛淵遺稿：三卷補一卷/（元）白珽撰

清嘉慶八年[1803]刻本
- 趙待制遺稿：一卷/（元）趙雍撰.附王國器詞：一卷/（元）王國器撰
- 灤京雜詠：二卷/（元）楊允孚撰

清嘉慶十年[1805]刻本
- 陽春集：一卷/（宋）米友仁撰
- 草窗詞：二卷補二卷/（宋）周密撰

第二十四集
- 吹劍錄外集：一卷/（宋）俞文豹撰
- 宋遺民錄：一卷/（明）程敏政撰
- 天地間集：一卷/（宋）謝翱輯
- 宋舊宮人詩詞：一卷/（宋）汪元量輯
- 竹譜詳錄：七卷/（元）李衎述

清嘉慶十三年[1808]刻本
- 書學捷要：二卷/（清）朱履貞撰

清嘉慶十三年[1808]刻本

第二十五集
- 履齋示兒編：二十三卷/（宋）孫奕撰.附履齋示兒編辛未年重校補：一卷覆校宋本條錄一卷/（清）顧廣圻撰
- 霽山先生集：五卷首一卷拾遺一卷/（宋）林景熙撰；（元）章祖程注

清嘉慶十五年[1810]刻本

第二十六集
- 五行大義：五卷/（隋）蕭吉撰

清嘉慶十八年[1813]刻本
- 負暄野錄：二卷/（宋）陳槱撰
- 古刻叢鈔：一卷/（元）陶宗儀撰
- 梅花喜神譜：二卷/（宋）宋伯仁撰

·斜川集：六卷附錄二卷訂誤一卷/
（宋）蘇過撰

清乾隆五十三年[1788]附錄嘉慶十五年[1810]刻本

第二十七集
·道命錄：十卷/（宋）李心傳撰
·曲洧舊聞：十卷/（宋）朱弁撰
·字通：一卷/（宋）李從周撰
·透簾細草：一卷
·續古摘奇算法：一卷/（宋）楊輝撰
·丁巨算法：一卷/（元）丁巨撰
·緝古算經細草：三卷/（清）張敦仁撰

第二十八集
·雲林石譜：三卷/（宋）杜綰撰.附繐
雲石圖記：一卷/（清）馬汶撰
清嘉慶十九年[1814]刻本
·夢粱錄：二十卷/（宋）吳自牧撰
·靜春堂詩集：四卷附錄三卷/（元）
袁易撰.附紅蕙山房吟稿：一卷
附錄一卷/（清）袁廷檮撰

第二十九集
·梧溪集：七卷補遺一卷/（元）王逢撰
清道光三年[1823]刻本
·困學齋雜錄：一卷/（元）鮮于樞撰

第三十集
·克庵先生尊德性齋小集：三卷補遺
一卷/（宋）程洵撰
·塵史：三卷/（宋）王得臣撰
·全唐詩逸：三卷/（日本）河世寧纂輯
清道光三年[1823]刻本
·中吳紀聞：六卷/（宋）龔明之撰
·廣釋名：一卷/（清）張金吾撰
·餘姚兩孝子萬里尋親記：一卷/
（清）翁廣平纂

·畫梅題記：一卷/（清）朱方藹撰

函海：四十函一百五十四種/（清）李調元編

清道光五年[1825]李朝夔補刻本
（萬卷樓藏板）
線裝160冊；25釐米
Backhouse 223
詳目：
第一函
·華陽國志：十二卷/（晉）常璩撰
·郭子翼莊：一卷/（晉）郭象撰；
（明）高舉輯
·古今同姓名錄：二卷/（南朝梁）
元帝蕭繹撰；（唐）陸善經續；
（元）葉森補
·素履子：三卷/（唐）張弧撰
第二函
·說文解字韻譜：五卷/（南唐）徐鍇撰
·緝古算經：一卷/（唐）王孝通撰並注
·主客圖：一卷/（唐）張爲撰
·蘇氏演義：二卷/（唐）蘇鶚撰
·寶藏論：一卷/（後秦）釋僧肇撰
·心要經：一卷/（唐）釋道㢧譯
·金華子雜編：二卷/（南唐）劉崇遠撰
第三函
·易傳燈：四卷/（宋）徐□撰
·鄭氏古文尚書：十卷/（漢）鄭玄注；
（宋）王應麟撰集；（清）李調
元案
·程氏考古編：十卷/（宋）程大昌撰
·敷文鄭氏書說：一卷/（宋）鄭伯熊撰
·洪範統一：一卷/（宋）趙善湘撰
·孟子外書四篇：四卷/（宋）熙時子注

- 續孟子：二卷/（唐）林慎思撰
- 伸蒙子：三卷/（唐）林慎思撰
- 廣成子解：一卷/（宋）蘇軾撰

第四函
- 唐史論斷：三卷/（宋）孫甫撰
- 東坡烏台詩案：一卷/（宋）朋九萬撰
- 藏海詩話：一卷/（宋）吳可撰
- 益州名畫錄：三卷/（宋）黃休復撰
- 韓氏山水純全集：一卷/（宋）韓拙撰
- 月波洞中記：一卷/（三國吳）張仲遠傳本
- 蜀檮杌：二卷/（宋）張唐英撰
- 產育寶慶集：二卷/（宋）郭稽中纂
- 顱顖經：一卷/（宋）□□撰
- 出行寶鏡：一卷圖一卷/（漢）□□撰

第五函
- 翼元：十二卷/（宋）張行成撰
- 農書：三卷/（宋）陳旉撰
- 芻言：三卷/（宋）崔敦禮撰
- 常談：一卷/（宋）吳箕撰

第六函
- 靖康傳信錄：三卷/（宋）李綱撰
- 淳熙薦士錄：一卷/（宋）楊萬里撰
- 江南餘載：二卷/（宋）鄭文寶撰
- 江淮異人錄：二卷/（宋）吳淑撰
- 青溪弄兵錄：一卷/（宋）王彌大輯
- 張氏可書：一卷/（宋）張知甫撰
- 珍席放談：二卷/（宋）高晦叟撰
- 鶴山筆錄：一卷/（宋）魏了翁撰
- 建炎筆錄：三卷/（宋）趙鼎撰
- 辯誣筆錄：一卷/（宋）趙鼎撰
- 采石瓜州斃亮記：一卷/（宋）蹇駒撰
- 家訓筆錄：一卷/（宋）趙鼎撰
- 舊聞證誤：四卷/（宋）李心傳撰

第七至八函
- 建炎以來朝野襍記：甲集二十卷乙集二十卷/（宋）李心傳撰

第九函
- 州縣提綱：四卷/（宋）陳襄撰
- 諸蕃志：二卷/（宋）趙汝适撰
- 省心襍言：一卷/（宋）李邦獻撰
- 三國雜事：二卷/（宋）唐庚撰
- 三國紀年：一卷/（宋）陳亮撰
- 五國故事：二卷/（宋）□□撰
- 東原錄：一卷/（宋）龔鼎臣撰
- 冐繁錄：一卷/（宋）趙叔向撰
- 燕魏雜記：一卷/（宋）呂頤浩撰
- 夾漈遺稿：三卷/（宋）鄭樵撰
- 龍洲集：十卷/（宋）劉過撰

第十函
- 龍龕手鑒：四卷/（遼）釋行均撰
- 雪履齋筆記：一卷/（元）郭翼撰
- 日聞錄：一卷/（元）李翀撰
- 吳中舊事：一卷/（元）陸友仁撰
- 鳴鶴餘音：一卷/（元）虞集撰

第十一函
- 升庵經說：十四卷/（明）楊慎撰
- 檀弓叢訓：二卷/（明）楊慎撰
- 世說舊注：一卷/（南朝梁）劉孝標撰；（明）楊慎撰錄
- 山海經補注：一卷/（明）楊慎撰
- 莊子闕誤：一卷/（明）楊慎撰

第十二函
- 秋林伐山：二十卷/（明）楊慎撰
- 古雋：八卷/（明）楊慎撰
- 謝華啟秀：八卷/（明）楊慎撰

第十三函
- 哲匠金桴：五卷/（明）楊慎撰

・均藻：四卷/（明）楊慎撰
・譚苑醍醐：八卷/（明）楊慎撰
第十四函
・升庵韻學：七種/（明）楊慎撰
　○轉注古音略：五卷古音後語一卷
　○古音叢目：五卷
　○古音獵要：五卷
　○古音附錄：一卷
　○古音餘：五卷
　○奇字韻：五卷
　○古音略例：一卷
・古音駢字：五卷/（明）楊慎撰
・古音複字：五卷/（明）楊慎撰
・希姓錄：五卷/（明）楊慎撰
第十五函
・升庵詩話：十二卷補遺二卷/（明）楊慎撰
・詞品：六卷拾遺一卷/（明）楊慎撰
第十六函
・墨池瑣錄：二卷/（明）楊慎撰
・法帖神品目：一卷/（明）楊慎撰
・名畫神品目：一卷/（明）楊慎撰
・書品：一卷/（明）楊慎撰
・畫品：一卷/（明）楊慎撰
・金石古文：十四卷/（明）楊慎輯
・古文韻語：一卷/（明）楊慎輯
・石鼓文音釋：二卷/（明）楊慎撰
第十七函
・風雅逸篇：十卷/（明）楊慎輯
・古今風謠：一卷/（明）楊慎輯
・古今諺：一卷/（明）楊慎輯
・俗言：一卷/（明）楊慎撰
・麗情集：一卷.庥麗情集：一卷/（明）楊慎撰

・墐戶錄：一卷/（明）楊慎撰
・雲南山川志：一卷/（明）楊慎撰
・滇載記：一卷/（明）楊慎撰
第十八函
・丹鉛雜錄：十卷/（明）楊慎撰
・玉名詁：一卷/（明）楊慎撰
・異魚圖贊：四卷/（明）楊慎撰
・異魚贊閏集：一卷/（清）胡世安撰
・升庵先生年譜：一卷/（明）□□撰
・異魚圖贊補：三卷/（清）胡世安撰
第十九函
・大學古本旁注：一卷/（明）王守仁撰
・月令氣候圖說：一卷/（清）李調元撰
・尚書古文考：一卷/（日本）山井鼎撰
・詩音辯略：二卷/（明）楊貞一撰
・左傳事緯：四卷/（清）馬驌撰
・夏小正箋：一卷/（清）李調元撰
・蜀語：一卷/（明）李實撰
・蜀碑記：十卷/（宋）王象之撰
・中麓畫品：一卷/（明）李開先撰
・卮辭：一卷/（明）王禕撰
第二十函
・周禮摘箋：五卷/（清）李調元撰
・儀禮古今考：二卷/（清）李調元撰
・禮記補注：四卷/（清）李調元撰
・易古文：三卷/（清）李調元撰
・逸孟子：一卷/（清）李調元輯
・十三經注疏錦字：四卷/（清）李調元輯
・左傳官名考：二卷/（清）李調元撰
・春秋三傳比：二卷/（清）李調元撰
第二十一函
・蜀碑記補：十卷/（清）李調元撰
・卍齋璅錄：十卷/（清）李調元撰

- 諸家藏書簿：十卷/（清）李調元輯
- 博物要覽：十二卷/（清）谷應泰撰

第二十二函
- 金石存：十五卷/（清）鈍根老人輯

第二十三函
- 通俗編：十五卷/（清）翟灝撰

第二十四函
- 南越筆記：十六卷/（清）李調元撰

第二十五函
- 賦話：十卷/（清）李調元撰
- 詩話：二卷/（清）李調元撰
- 詞話：四卷/（清）李調元撰
- 曲話：二卷/（清）李調元撰
- 六書分毫：三卷/（清）李調元撰
- 古音合：二卷/（清）李調元撰

第二十六函
- 尾蔗叢談：四卷/（清）李調元撰
- 奇字名：十二卷/（清）李調元撰
- 樂府侍兒小名：一卷/（清）李調元撰
- 通詁：二卷/（清）李調元撰
- 勦說：四卷/（清）李調元撰

第二十七函
- 四家選集/（清）張懷溎輯
  ○ 小倉選集：八卷/（清）袁枚撰
  ○ 夢樓選集：五卷/（清）王文治撰
  ○ 甌北選集：五卷/（清）趙翼撰
  ○ 童山選集：十二卷/（清）李調元撰

第二十八函
- 制義科瑣記：四卷/（清）李調元撰
- 然犀志：二卷/（清）李調元撰
- 出口程記：一卷/（清）李調元撰
- 方言藻：二卷/（清）李調元撰
- 粵風：四卷/（清）李調元輯
  ○ 粵歌：一卷/（清）修和輯
  ○ 猺歌：一卷/（清）趙龍文輯
  ○ 苗歌：一卷/（清）吳代輯
  ○ 獞歌：一卷/（清）黃道輯

第二十九函
- 蜀雅：二十卷/（清）李調元輯

第三十函
- 醒園錄：一卷/（清）李化楠撰
- 童山自記：一卷/（清）李調元撰
- 李石亭文集：六卷/（清）李化楠撰

第三十一至三十四函
- 全五代詩：一百卷補遺一卷/（清）李調元輯

第三十五至三十七函
- 童山詩集：四十二卷文集二十卷蠢翁詞二卷文集補遺一卷/（清）李調元撰

第三十八函
- 粵東皇華集：四卷/（清）李調元撰

第三十九函
- 淡墨錄：十六卷/（清）李調元撰

第四十函
- 羅江縣志：十卷/（清）李調元撰

經訓堂叢書：二十一種/（清）畢沅編
清乾隆鎮洋畢氏刻本
線裝48冊；28釐米
Backhouse 563
詳目：
- 山海經：十八卷/（晉）郭璞傳；（清）畢沅校

清乾隆四十八年[1783]刻本
- 夏小正攷注：一卷/（清）畢沅撰

清乾隆四十八年[1783]刻本

・老子道德經攷異: 二卷/(清)畢沅撰
清乾隆四十八年[1783]刻本
・墨子: 十六卷篇目考一卷/(戰國)
　　墨翟撰;(清)畢沅注
・晏子春秋: 七卷音義二卷/(春秋)
　　晏嬰撰;(清)孫星衍校並撰音義
清乾隆五十三年[1788]刻本
・呂氏春秋: 二十六卷/(戰國)呂不韋
　　撰;(漢)高誘注;(清)畢沅校
清乾隆五十三年[1788]刻本
・釋名疏證: 八卷補遺一卷續釋名一
　　卷/(清)畢沅撰
正字本
清乾隆五十四年[1789]刻本
・釋名疏證: 八卷補遺一卷續釋名一
　　卷/(清)畢沅撰
篆字本
清乾隆五十五年[1790]刻本
・王隱晉書地道記: 一卷/(晉)王隱
　　撰;(清)畢沅輯
清乾隆四十九年[1784]刻本
・晉太康三年地記: 一卷/(晉)□□
　　撰;(清)畢沅輯
清乾隆四十九年[1784]刻本
・晉書地理志新補正: 五卷/(清)畢
　　沅撰
清乾隆四十九年[1784]刻本
・三輔黃圖: 六卷補遺一卷/(漢)
　　□□撰;(清)畢沅校
清乾隆四十九年[1784]刻本
・長安志: 二十卷圖三卷/(宋)宋
　　敏求纂修;(宋)李好文繪圖;
　　(□)張敏同校正;(清)畢沅校
清乾隆四十九年[1784]刻本

・易漢學: 八卷/(清)惠棟撰
・説文解字舊音: 一卷/(清)畢沅撰
清乾隆四十八年[1783]刻本
・明堂大道録: 八卷/(清)惠棟撰
・禘説: 二卷/(清)惠棟撰
・關中金石記: 八卷/(清)畢沅撰
清乾隆四十六年[1781]刻本
・中州金石記: 五卷/(清)畢沅撰
・音同義異辨: 一卷/(清)畢沅撰
・經典文字辨證書: 五卷/(清)畢沅撰

經訓堂叢書: 二十一種附五種/(清)畢沅編
清乾隆鎮洋畢氏刻本
缺八種
線裝23册;26釐米
Sinica 955
詳目:
・老子道德經攷異: 二卷/(清)畢沅撰
清乾隆四十八年[1783]刻本
・晏子春秋: 七卷音義二卷/(春秋)
　　晏嬰撰;(清)孫星衍校並撰音義
清乾隆五十三年[1788]刻本
・王隱晉書地道記: 一卷/(晉)王隱
　　撰;(清)畢沅輯
清乾隆四十九年[1784]刻本
・晉太康三年地記: 一卷/(晉)□□
　　撰;(清)畢沅輯
清乾隆四十九年[1784]刻本
・晉書地理志新補正: 五卷/(清)畢
　　沅撰
清乾隆四十九年[1784]刻本
・長安志: 二十卷圖三卷/(宋)宋
　　敏求纂修;(宋)李好文繪圖;

（□）張敏同校正；（清）畢沅校
　清乾隆四十九年[1784]刻本
・説文解字舊音：一卷/（清）畢沅撰
　清乾隆四十八年[1783]刻本
・明堂大道録：八卷/（清）惠棟撰
・禘説：二卷/（清）惠棟撰
・關中金石記：八卷/（清）畢沅撰
　清乾隆四十六年[1781]刻本
・中州金石記：五卷/（清）畢沅撰
・音同義異辨：一卷/（清）畢沅撰
・經典文字辨證書：五卷/（清）畢沅撰
　清乾隆四十九年[1784]正月刻本
　附
・音同義異辨：一卷/（清）畢沅撰
　清乾隆四十九年[1784]二月附刻於文字辨證書後
・樂遊聯唱集：二卷/（清）畢沅編
　清乾隆四十七年[1782]刻本
・蘇文忠公生日設祀詩：一卷/（清）
　　畢沅編
　清乾隆四十九年[1784]刻本
・卜硯集：一卷/（清）查禮編
　清乾隆四十九年[1784]刻本
・靈巖山人詩鈔：一卷/（清）畢沅撰

貸園叢書初集：十二種/（清）周永年編
　清乾隆李文藻潮陽刻本
　存五種
　線裝10冊；27釐米
　Sinica 2671
　詳目：
・古韻標準：四卷.詩韻舉例：一卷/
　　（清）江永編；（清）戴震参定
・四聲切韻表：一卷凡例一卷/（清）
　　江永編
・聲韻考：四卷/（清）戴震撰
・石刻鋪敘：二卷/（宋）曾宏父撰
・三事忠告：四卷/（元）張養浩撰
　　。牧民忠告：二卷
　　。風憲忠告：一卷
　　。廟堂忠告：一卷

龍威秘書：十集一百七十七種/（清）馬俊良編
　清乾隆五十九年[1794]石門馬氏大酉山房刻本
　線裝6冊；18釐米
　存十一種（一集二種、九集五種）
　Sinica 640
　詳目：
　一集　漢魏叢書採珍
・西京雜記：六卷/（漢）劉歆撰
・海内十洲記：一卷/（漢）東方朔撰
　九集　荒外奇書
・八紘譯史：四卷/（清）陸次雲撰
・八紘荒史：一卷/（清）陸次雲撰
・譯史紀餘：四卷/（清）陸次雲撰
・外國竹枝詞：一卷/（清）尤侗撰；
　　（清）尤珍注
・西藏記：二卷/（清）□□撰
　缺卷下

龍威秘書：十集一百七十七種/（清）馬俊良編
　清世德堂刻本
　10函（線裝80冊）；18釐米
　Sinica 2781
　詳目：

第一集 漢魏叢書採珍
・小爾雅：一卷/（漢）孔鮒撰
・群輔錄：一卷/（晉）陶潛撰
・南方草木狀：二卷/（晉）嵇含撰
・西京雜記：六卷/（漢）劉歆撰
・海內十洲記：一卷/（漢）東方朔撰
・搜神記：八卷/（晉）干寶撰
・神仙傳：十卷/（晉）葛洪撰
・神異經：一卷/（漢）東方朔撰；（晉）張華註
・穆天子傳：一卷/（晉）郭璞注
・漢武帝內傳：一卷/（漢）班固撰
・飛燕外傳：一卷/（漢）伶玄撰
・雜事秘辛：一卷/（漢）□□撰
・述異記：一卷/（南朝梁）任昉撰
・枕中書：一卷/（晉）葛洪撰
・別國洞冥記：四卷/（漢）郭憲撰
・詩品：三卷/（南朝梁）鍾嶸撰
・鼎錄：一卷/（南朝梁）虞荔撰
・竹譜：一卷/（晉）戴凱之撰
・古今刀劍錄：一卷/（南朝梁）陶弘景撰

第二集 四庫論錄
・江淮異人錄：一卷/（宋）吳淑撰
・離騷集傳：一卷/（晉）錢杲之撰
・離騷草木疏：四卷/（宋）吳仁傑撰
・御覽闕史：三卷/（唐）高彥休撰
・農書：二卷/（宋）陳旉撰
・蠶書：一卷/（宋）秦觀撰
・於潛令樓公進耕織二圖詩：一卷附錄一卷/（宋）樓璹撰
・江南餘載：二卷/（宋）鄭文寶撰
・五國故事：二卷/（宋）□□撰
・故宮遺錄：一卷/（明）蕭洵撰

・赤雅：三卷/（明）鄺露撰
・平臺紀略：一卷/（清）藍鼎元撰
・雲仙雜記：一卷/（唐）馮贄撰

第三集 歷代詩話
・二十四詩品：一卷/（唐）司空圖撰
・本事詩：一卷/（唐）孟棨撰
・雲溪友議：一卷/（唐）范攄撰
・本朝名家詩鈔小傳：四卷/（清）鄭方坤撰
・蓮坡詩話：三卷/（清）查為仁撰
・歸田詩話：三卷/（明）瞿佑撰
・臨漢隱居詩話：三卷/（宋）魏泰撰
・滹南詩話：三卷/（宋）王若虛撰

第四集 晉唐小說暢觀
・酉陽雜俎：二卷/（唐）段成式撰
・諾皋記：一卷/（唐）段成式撰
・博異志：一卷/（唐）鄭還古撰
・李泌傳：一卷/（唐）李繁撰
・仙吏傳：一卷/（唐）太上隱者撰
・英雄傳：一卷/（唐）雍陶撰
・劍俠傳：一卷/（唐）段成式撰
・柳毅傳：一卷/（唐）李朝威撰
・虯髯客傳：一卷/（唐）張說撰
・馮燕傳：一卷/（唐）沈亞之撰
・蔣子文傳：一卷/（唐）羅鄴撰
・杜子春傳：一卷/（唐）鄭還古撰
・龍女傳：一卷/（唐）薛瑩撰
・妙女傳：一卷/（唐）顧非熊撰
・神女傳：一卷/（唐）孫頠撰
・楊太真外傳：二卷/（宋）樂史撰
・長恨歌傳：一卷/（唐）陳鴻撰
・梅妃傳：一卷/（唐）曹鄴撰
・紅線傳：一卷/（唐）楊巨源撰
・劉無雙傳：一卷/（唐）薛調撰

類叢部 | 391

- 霍小玉傳：一卷/(唐)蔣防撰
- 牛應貞傳：一卷/(唐)宋若昭撰
- 謝小娥傳：一卷/(唐)李公佐撰
- 李娃傳：一卷/(唐)白行簡撰
- 章臺柳傳：一卷/(唐)許堯佐撰
- 非烟傳：一卷/(唐)皇甫枚撰
- 會真記：一卷/(唐)元稹撰
- 黑心符：一卷/(唐)于義方撰
- 南柯記：一卷/(唐)李公佐撰
- 枕中記：一卷/(唐)李泌撰
- 高力士傳：一卷/(唐)郭湜撰
- 白猿傳：一卷/(唐)□□撰
- 任氏傳：一卷/(唐)沈既濟撰
- 袁氏傳：一卷/(唐)顧敻撰
- 揚州夢記：一卷/(唐)于鄴撰
- 妝樓記：一卷/(唐)張泌撰
- 雷民傳：一卷/(唐)沈既濟撰
- 離魂記：一卷/(唐)陳元祐撰
- 再生記：一卷/(後蜀)閻選撰
- 夢遊錄：一卷/(唐)任蕃撰
- 三夢記：一卷/(唐)白行簡撰
- 幽怪錄：一卷/(唐)王惲撰
- 續幽怪錄：一卷/(唐)李復言撰
- 幻戲志：一卷/(唐)蔣防撰
- 幻異志：一卷/(唐)孫頠撰
- 靈應傳：一卷/(唐)□□撰
- 才鬼記：一卷/(唐)鄭賁撰
- 靈鬼志：一卷/(唐)常沂撰
- 玄怪記：一卷/(唐)徐炫撰
- 續玄怪錄：一卷
- 昌黎雜說：一卷/(唐)韓愈撰
- 錄異記：一卷/(唐)杜光庭撰
- 飛燕遺事：一卷
- 趙后遺事：一卷/(宋)秦醇撰

- 搜神後記：一卷/(晉)陶潛撰
- 窮怪錄：一卷
- 幽怪錄：一卷/(唐)牛僧孺撰
- 古鏡記：一卷/(隋)王度撰

第五集 古今叢說拾遺
- 輶軒絕代語：一卷/(漢)楊雄撰
- 臆乘：一卷/(宋)楊伯嵒撰
- 吉凶影響錄：一卷/(宋)岑象求撰
- 桯史：一卷/(宋)岳珂撰
- 仇池筆記：一卷/(宋)蘇軾撰
- 東齋記事：一卷/(宋)許觀撰
- 漁樵閒話：一卷/(宋)蘇軾撰
- 廬陵雜說：一卷/(宋)歐陽修撰
- 遺史紀聞：一卷/(宋)詹玠撰
- 摭青雜說：一卷/(宋)王明清撰
- 晰獄龜鑑：一卷/(宋)鄭克撰
- 搜神秘覽：一卷/(宋)章炳文撰
- 玉溪編事：一卷/(前蜀)□□撰
- 乘異記：一卷/(宋)張君房撰
- 廣異記：一卷/(唐)戴君孚撰
- 近異錄：一卷/(宋)劉賁撰
- 甄異記：一卷/(晉)戴祚撰
- 旌異記：一卷/(宋)侯君素撰
- 睽車志：一卷/(宋)郭彖撰
- 雞肋：一卷/(宋)趙崇絢撰
- 虎口餘生記：一卷/(明)邊大綬撰
- 小娥傳：一卷
- 陶說：六卷/(清)朱琰撰
- 鬼董：五卷/(宋)郭彖撰
- 說郛雜著：十種/(清)馬俊良輯
  ○ 乾䐑子：一卷/(唐)溫庭筠撰
  ○ 志林：一卷/(宋)蘇軾撰
  ○ 金樓子：一卷/(南朝梁)元帝蕭繹撰

- 五色線：一卷/（宋）□□撰
- 雲齋廣錄：一卷/（宋）李獻民撰
- 田間書：一卷/（宋）林芳撰
- 席上腐談：一卷/（宋）俞琰撰
- 王烈婦：一卷
- 平定交南錄：一卷/（明）丘濬撰
- 西北域記：一卷/（清）謝濟世撰
・考槃餘事：四卷/（明）屠隆撰
  - 書箋
  - 帖箋
  - 畫箋
  以上合一卷
  - 紙箋
  - 筆箋
  - 墨箋
  - 硯箋
  - 琴箋
  以上合一卷
  - 香箋
  - 茶箋
  - 盆玩品
  - 魚鶴品
  - 山齋志
  以上合一卷
  - 起居器服箋
  - 文房器具箋
  - 游具箋
  以上合一卷
第六集　名臣四六奉章
・國朝麗體金膏：八卷/（清）馬俊良輯
第七集　吳氏説鈴攬勝
・金鼇退食筆記：二卷/（清）高士奇撰
・京東考古錄：一卷/（清）顧炎武撰
・山東考古錄：一卷/（清）顧炎武撰
・泰山紀勝：一卷/（清）孔貞瑄撰
・隴蜀餘聞：一卷/（清）王士禎撰
・板橋雜記：三卷/（清）余懷撰
・揚州鼓吹詞序：一卷/（清）吳綺撰
・匡廬紀游：一卷/（清）吳闡思撰
・游雁蕩山記：一卷/（清）周清原撰
・甌江逸志：一卷/（清）勞大與撰
・湖壖雜記：一卷/（清）陸次雲撰
・峒谿纖志：一卷/（清）陸次雲撰
・坤輿外紀：一卷/（比利時）南懷仁撰
・嶺南雜記：一卷/（清）吳震方撰
・封長白山記：一卷/（清）方象瑛撰
・使琉球記：一卷/（清）張學禮撰
・閩小紀：一卷/（清）周亮工撰
・臺灣紀略：一卷/（清）林謙光撰
・臺灣雜記：一卷/（清）季麒光撰
・安南紀遊：一卷/（清）潘鼎珪撰
・粵述：一卷/（清）閔敍撰
・粵西偶記：一卷/（清）陸祚蕃撰
・滇黔紀遊：一卷/（清）陳鼎撰
・滇行紀程：一卷/（清）許纘曾撰
・東還紀程：一卷/（清）許纘曾撰
第八集　西河經義存醇
・推易始末：四卷/（清）毛奇齡撰
・春秋屬辭比事記：四卷/（清）毛奇齡撰
・春秋占筮書：三卷/（清）毛奇齡撰
・韻學要指：一卷/（清）毛奇齡撰
・竟山樂錄：四卷/（清）毛奇齡撰
・李氏學樂錄：一卷/（清）李塨撰
・論語稽求篇：七卷/（清）毛奇齡撰
・大學證文：一卷/（清）毛奇齡撰
・明堂問：一卷/（清）毛奇齡撰
・白鷺洲主客説詩：一卷/（清）毛奇

齡撰
- 續詩傳鳥名卷：三卷/（清）毛奇齡撰

第九集　荒外奇書
- 八紘譯史：四卷/（清）陸次雲撰
- 八紘荒史：一卷/（清）陸次雲撰
- 譯史紀餘：四卷/（清）陸次雲撰
- 西番譯語：不分卷
- 外國竹枝詞：一卷/（清）尤侗撰；（清）尤珍注
- 西藏記：二卷/（清）□□撰

第十集　說文繫傳
- 說文解字繫傳：四十卷附錄一卷/（南唐）徐鍇撰

平津館叢書：三十八種/（清）孫星衍編
清嘉慶蘭陵孫氏刻本
線裝8冊；24釐米
存十九種
Sinica 961
詳目：
- 六韜：六卷附逸文一卷/（西周）呂望撰；（清）孫星衍校；（清）孫同元輯逸文

清嘉慶十年[1805]刻本
- 孫吳司馬灋/（清）孫星衍輯

清嘉慶五年[1800]刻本
據宋本影刻
　○魏武帝註孫子：三卷/（三國魏）武帝曹操撰
　○吳子：二卷/（戰國）吳起撰
　○司馬灋：三卷/（春秋）司馬穰苴撰
- 尸子：二卷/（戰國）尸佼撰；（清）孫星衍輯

清嘉慶十一年[1806]刻本

- 燕丹子：三卷/（清）孫星衍校

清嘉慶十一年[1806]刻本
- 牟子：一卷/（漢）牟融撰；（清）孫星衍校

又名《理惑論》
- 黃帝五書/（清）孫星衍校

清嘉慶十二年[1807]影宋刻本
　○黃帝龍首經：二卷
　○黃帝金匱玉衡經：一卷
　○黃帝授三子玄女經：一卷
　○廣黃帝本行記：一卷/（唐）王瓘撰
　○軒轅黃帝傳：一卷
- 漢禮器制度：一卷/（漢）叔孫通撰；（清）孫星衍輯
- 漢官：一卷/（漢）□□撰；（清）孫星衍校集
- 漢官解詁：一卷/（漢）王隆撰；（漢）胡廣注；（清）孫星衍輯
- 漢舊儀：二卷補遺二卷/（漢）衛宏撰；（清）孫星衍校並輯補遺
- 漢官儀：二卷/（漢）應劭撰；（清）孫星衍輯
- 漢官典職儀式選用：一卷/（漢）蔡質撰；（清）孫星衍輯
- 漢儀：一卷/（三國吳）丁孚撰；（清）孫星衍輯
- 魏三體石經遺字考：一卷/（清）孫星衍撰

清嘉慶十一年[1806]金陵刻本
- 琴操：二卷補遺一卷/（漢）蔡邕撰；（清）孫星衍校並輯補遺

清嘉慶十一年[1806]刻本
- 穆天子傳：六卷附錄一卷/（晉）郭璞註；（清）洪頤煊校

清嘉慶十一年［1806］刻本
- 竹書紀年：二卷/（南朝梁）沈約注；（清）洪頤煊校

清嘉慶十一年［1806］刻本
- 物理論：一卷/（晉）楊泉撰；（清）孫星衍輯

清嘉慶十一年［1806］刻本
- 譙周古史考：一卷/（三國蜀）譙周撰；（清）章宗源輯

清嘉慶十一年［1806］刻本

平津館叢書：三十八種/（清）孫星衍編

清光緒十一年［1885］吳縣朱氏槐廬家塾刻本

線裝50冊；25釐米

Sinica 4661

詳目：
- 六韜：六卷附逸文一卷/（西周）呂望撰；（清）孫星衍校；（清）孫同元輯逸文
- 孫吳司馬灋/（清）孫星衍輯

據宋本影刻
  ○ 魏武帝註孫子：三卷/（三國魏）曹操撰
  ○ 吳子：二卷/（戰國）吳起撰
  ○ 司馬灋：三卷/（春秋）司馬穰苴撰
- 尸子：二卷/（戰國）尸佼撰；（清）孫星衍輯
- 燕丹子：三卷/（清）孫星衍校
- 牟子：一卷/（漢）牟融撰；（清）孫星衍校

又名《理惑論》
- 黃帝五書/（清）孫星衍校
  ○ 黃帝龍首經：二卷
  ○ 黃帝金匱玉衡經：一卷
  ○ 黃帝授三子玄女經：一卷
  ○ 廣黃帝本行記：一卷/（唐）王瓘撰
  ○ 軒轅黃帝傳：一卷
- 漢禮器制度：一卷/（漢）叔孫通撰；（清）孫星衍輯
- 漢官：一卷/（漢）□□撰；（清）孫星衍校集
- 漢官解詁：一卷/（漢）王隆撰；（漢）胡廣注；（清）孫星衍輯
- 漢舊儀：二卷補遺二卷/（漢）衛宏撰；（清）孫星衍校並輯補遺
- 漢官儀：二卷/（漢）應劭撰；（清）孫星衍輯
- 漢官典職儀式選用：一卷/（漢）蔡質撰；（清）孫星衍輯
- 漢儀：一卷/（三國吳）丁孚撰；（清）孫星衍輯
- 魏三體石經遺字考：一卷/（清）孫星衍撰
- 琴操：二卷補遺一卷/（漢）蔡邕撰；（清）孫星衍校並輯補遺
- 穆天子傳：六卷附錄一卷/（晉）郭璞註；（清）洪頤煊校
- 竹書紀年：二卷/（南朝梁）沈約注；（清）洪頤煊校
- 物理論：一卷/（晉）楊泉撰；（清）孫星衍輯
- 譙周古史考：一卷/（三國蜀）譙周撰；（清）章宗源輯
- 建立伏博士始末：二卷/（清）孫星衍撰
- 華氏中藏經：三卷/（漢）華佗撰；（清）孫星衍校

- 素女方: 一卷
- 秘授清寧丸方: 一卷/(清)孫星衍輯
- 千金寶要: 六卷/(唐)孫思邈撰;
  (宋)郭思節輯;(清)孫星衍校
- 寰宇訪碑錄: 十二卷刊謬一卷/
  (清)孫星衍,(清)邢澍撰;
  (清)羅振玉撰刊謬
- 説文解字: 十五卷/(漢)許慎撰;
  (宋)徐鉉等校定
- 渚宮舊事: 五卷補遺一卷/(唐)余知
  古撰;(清)孫星衍校並撰補遺
- 三輔黄圖: 一卷/(漢)□□撰;
  (清)孫星衍,(清)莊逵吉校
- 孔子集語: 十七卷/(清)孫星衍輯
- 尚書考異: 六卷/(明)梅鷟撰
- 古刻叢鈔: 一卷/(元)陶宗儀撰;
  (清)孫星衍重編
- 續古文苑: 二十卷/(清)孫星衍輯
- 抱朴子: 内篇二十卷外篇五十卷/
  (晉)葛洪撰

清光緒十五年[1889]朱氏行素堂刻本

附篇十卷
  ○ 抱朴子内篇校勘記: 一卷.抱朴子外篇校勘記: 一卷/(清)繼昌撰
  ○ 抱朴子内篇佚文: 一卷.抱朴子外篇佚文: 一卷/(晉)葛洪撰;
    (清)□□輯
  ○ 抱朴子神仙金汋經: 三卷/(晉)葛洪撰;(清)□□輯
  ○ 抱朴子養生論: 一卷/(晉)葛洪撰;(清)□□輯
  ○ 大丹問答: 一卷/(晉)葛洪撰;
    (清)□□輯
  ○ 抱朴子别旨: 一卷/(晉)葛洪撰;
    (清)□□輯
- 尚書今古文注疏: 三十卷/(清)孫星衍撰
- 芳茂山人詩錄: 十卷/(清)孫星衍撰
- 長離閣詩集: 一卷/(清)王采薇撰

讀畫齋叢書: 八集四十六種/(清)顧修輯

清嘉慶四年[1799]桐川顧氏刻本
存二種
線裝6册;20釐米
Sinica 4582
詳目:
己集
- 長短經: 九卷/(唐)趙蕤撰;(清)周廣業校
- 琴操: 二卷補一卷/(漢)蔡邕撰

學津討原: 二十集一百七十三種/(清)張海鵬編

清嘉慶十年[1805]虞山張氏照曠閣刻本
線裝238册;28釐米
Backhouse 415
詳目:
第一集
- 子夏易傳: 十一卷/(春秋)卜商撰
缺三卷(卷一至三)
  周易集解: 十七卷/(唐)李鼎祚撰
存六卷(卷一至六)
- 蘇氏易傳: 九卷/(宋)蘇軾撰
- 京氏易傳: 三卷/(漢)京房撰;(三國吳)陸績注

- 關氏易傳:一卷/(北魏)關朗撰;(唐)趙蕤注
- 周易略例:一卷/(三國魏)王弼撰;(唐)邢璹注
- 周易舉正:三卷/(唐)郭京撰
- 麻衣道者正易心法:一卷/(宋)陳摶受並消息

第二集
- 尚書鄭注:十卷/(漢)鄭玄撰;(宋)王應麟輯;(清)孔廣林增訂
- 尚書中候鄭注:五卷/(漢)鄭玄撰;(清)孔廣林輯
- 東坡書傳:二十卷/(宋)蘇軾撰
- 詩序辯說:一卷/(宋)朱熹撰
- 詩攷:一卷/(宋)王應麟撰
- 詩地理攷:六卷/(宋)王應麟撰
- 毛詩草木鳥獸蟲魚疏廣要:四卷/(明)毛晉撰
- 韓詩外傳:十卷/(漢)韓嬰撰

第三集
- 太平經國之書:十一卷首一卷/(宋)鄭伯謙撰
- 儀禮逸經傳:二卷/(元)吳澄撰
- 春秋微旨:三卷/(唐)陸淳撰
- 春秋金鎖匙:一卷/(元)趙汸撰
- 春秋胡傳考誤:一卷/(明)袁仁撰
- 癸巳論語解:十卷/(宋)張栻撰
- 司馬氏書儀:十卷/(宋)司馬光撰
- 皇祐新樂圖記:三卷/(宋)阮逸,(宋)胡瑗撰

第四集
- 爾雅鄭注:三卷/(宋)鄭樵撰
- 爾雅翼:三十二卷序一卷/(宋)羅願撰;(元)洪焱祖釋序
- 急就篇:四卷正文一卷/(漢)史游撰;(唐)顏師古注;(宋)王應麟音釋
- 九經補韻:一卷/(宋)楊伯嵒撰
- 毛詩古音考:四卷附錄一卷.讀詩拙言:一卷/(明)陳第撰
- 屈宋古音義:三卷/(明)陳第撰

第五集
- 稽古錄:二十卷/(宋)司馬光撰
- 通鑑地理通釋:十四卷/(宋)王應麟撰
- 續宋編年資治通鑑:十五卷/(宋)劉時舉撰
- 宋季三朝政要:六卷/(宋)□□撰

第六集
- 西京雜記:六卷/(晉)葛洪撰
- 大唐創業起居注:三卷/(唐)溫大雅撰
- 吳越備史:四卷補遺一卷/(宋)范坰,(宋)林禹撰
- 靖康紀聞:一卷拾遺一卷/(宋)丁特起撰;(宋)□□撰拾遺
- 北狩見聞錄:一卷/(宋)曹勛撰
- 建炎維揚遺錄:一卷/(宋)□□撰
- 建炎復辟記:一卷/(宋)□□撰
- 松漠紀聞:一卷續一卷補遺一卷/(宋)洪皓撰
- 西使記:一卷/(元)劉郁撰
- 燕翼貽謀錄:五卷/(宋)王栐撰
- 庚申外史:一卷/(明)權衡撰
- 復辟錄:一卷/(明)楊瑄撰
- 綏寇紀略:十二卷補遺三卷/(清)吳偉業撰

第七集

- 洛陽伽藍記：五卷/(北魏)楊衒之撰
- 洛陽名園記：一卷/(宋)李格非撰
- 東京夢華錄：十卷/(宋)孟元老撰
- 夢粱錄：二十卷/(宋)吳自牧撰
- 吳地記：一卷後集一卷/(唐)陸廣微撰；(宋)□□撰後集
- 吳郡圖經續記：三卷/(宋)朱長文撰
- 佛國記：一卷/(晉)釋法顯撰
- 諸蕃志：二卷/(宋)趙汝适撰
- 益部方物略記：一卷/(宋)宋祁撰
- 閩中海錯疏：三卷/(明)屠本畯撰；(明)徐𤊹補疏
- 海語：三卷/(明)黃衷撰

第八集
- 漢制攷：四卷/(宋)王應麟撰
- 唐國史補：三卷/(唐)李肇撰
- 淳熙玉堂雜記：三卷/(宋)周必大撰
- 明宮史：五卷/(明)劉若愚撰；(明)呂毖輯
- 州縣提綱：四卷/(宋)陳襄撰
- 官箴：一卷/(宋)呂本中撰
- 晝簾緒論：一卷/(宋)胡太初撰
- 唐史論斷：三卷附錄一卷/(宋)孫甫撰
- 通鑑問疑：一卷/(宋)劉羲仲撰
- 泉志：十五卷/(宋)洪遵撰
- 子略：四卷目一卷/(宋)高似孫撰

第九集
- 周髀算經：二卷音義一卷/(漢)趙爽撰；(北周)甄鸞重述；(唐)李淳風等注釋；(宋)李籍撰音義
- 數術記遺：一卷/(漢)徐岳撰；(北周)甄鸞注
- 易林：四卷首一卷/(漢)焦贛撰

存三卷(卷二至四)
- 元包經傳：五卷/(北周)衛元嵩撰；(唐)蘇源明傳；(唐)李江注；(宋)韋漢卿音釋
- 元包數總義：二卷/(宋)張行成撰
- 六經天文編：二卷/(宋)王應麟撰
- 宅經：二卷
- 青烏先生葬經：一卷/(漢)青烏子撰；(金)兀欽仄注
- 古本葬書：一卷/(晉)郭璞撰
- 葬經翼：不分卷圖一卷/(明)繆希雍撰.附難解二十四篇：一卷

第十集
- 齊民要術：十卷/(北魏)賈思勰撰
- 耒耜經：一卷/(唐)陸龜蒙撰
- 紀效新書：十八卷首一卷/(明)戚繼光撰
- 八陣合變圖說：一卷/(明)龍正撰
- 增廣太平惠民和劑局方：十卷.用藥總論：三卷/(宋)陳師文等編

第十一集
- 法書要錄：十卷/(唐)張彥遠集
- 歷代名畫記：十卷/(唐)張彥遠撰
- 圖畫見聞志：六卷/(宋)郭若虛撰
- 宣和書譜：二十卷/(宋)□□撰
- 宣和畫譜：二十卷/(宋)□□撰
- 畫繼：十卷/(宋)鄧椿撰

第十二集
- 忠經：一卷/(漢)馬融撰；(漢)鄭玄注
- 鶡冠子：三卷/(宋)陸佃解
- 郁離子：二卷/(明)劉基撰
- 意林：五卷/(唐)馬總撰
- 李氏刊誤：二卷/(唐)李涪撰

- 攷古編：十卷／（宋）程大昌撰
- 演繁露：十六卷續集六卷／（宋）程大昌撰
- 西溪叢語：二卷／（宋）姚寬撰
- 學齋佔畢：四卷／（宋）史繩祖撰

第十三集
- 封氏聞見記：十卷／（唐）封演撰
- 東觀餘論：二卷／（宋）黃伯思撰
- 夢溪筆談：二十六卷補筆談一卷續筆談一卷／（宋）沈括撰
- 宋景文公筆記：三卷／（宋）宋祁撰
- 芥隱筆記：一卷／（宋）龔頤正撰
- 文昌雜錄：六卷補遺一卷／（宋）龐元英撰
- 鼠璞：二卷／（宋）戴埴撰
- 袪疑說：一卷／（宋）儲泳撰

第十四集
- 春明退朝錄：三卷／（宋）宋敏求撰
- 避暑錄話：二卷／（宋）葉夢得撰
- 曲洧舊聞：十卷／（宋）朱弁撰
- 卻掃編：三卷／（宋）徐度撰
- 齊東野語：二十卷／（宋）周密撰

第十五集
- 冷齋夜話：十卷／（宋）釋惠洪撰
- 春渚紀聞：十卷／（宋）何薳撰
- 師友談記：一卷／（宋）李廌撰
- 東坡志林：五卷／（宋）蘇軾撰
- 老學庵筆記：十卷／（宋）陸游撰
- 貴耳集：三卷／（宋）張端義撰
- 閒居錄：一卷／（元）吾丘衍撰
- 瑯嬛記：三卷／（元）伊世珍撰
- 學古編：一卷／（元）吾丘衍撰
- 丸經：二卷／（元）□□撰
- 歙州硯譜：一卷／（宋）唐積撰
- 歙硯說：一卷．辨歙石說：一卷／（宋）□□撰
- 硯史：一卷／（宋）米芾撰
- 端溪硯譜：一卷／（宋）□□撰；（宋）葉樾訂
- 墨經：一卷／（宋）晁貫之撰
- 雲林石譜：三卷／（宋）杜綰撰
- 香譜：二卷／（宋）洪芻撰
- 茶經：三卷／（唐）陸羽撰
- 糖霜譜：一卷／（宋）王灼撰

第十六集
- 搜神記：二十卷／（晉）干寶撰
- 搜神後記：十卷／（晉）陶潛撰
- 異苑：十卷／（南朝宋）劉敬叔撰
- 酉陽雜俎：二十卷續集十卷／（唐）段成式撰
- 開天傳信記：一卷／（唐）鄭棨撰
- 杜陽雜編：三卷／（唐）蘇鶚撰
- 甘澤謠：一卷附錄一卷／（唐）袁郊撰
- 劇談錄：二卷／（唐）康駢撰
- 前定錄：一卷續一卷／（唐）鍾輅撰
- 稽神錄：六卷拾遺一卷／（宋）徐鉉撰

第十七集
- 唐摭言：十五卷／（唐）王定保撰
- 鑒誡錄：十卷／（後蜀）何光遠撰
- 南部新書：十卷／（宋）錢易撰
- 涑水記聞：十六卷／（宋）司馬光撰
- 王文正筆錄：一卷／（宋）王曾撰
- 歸田錄：二卷／（宋）歐陽修撰
- 國老談苑：二卷／（宋）王君玉撰
- 茅亭客話：十卷／（宋）黃休復撰
- 道山清話：一卷／（宋）□□撰
- 孫公談圃：三卷／（宋）孫升述；（宋）劉延世錄

・湘山野錄：三卷續一卷/（宋）釋文
　瑩撰
第十八集
・河南邵氏聞見前錄：二十卷/（宋）
　邵伯溫撰
・河南邵氏聞見後錄：三十卷/（宋）
　邵博撰
・揮麈錄：前錄四卷後錄十一卷三錄
　三卷餘話二卷/（宋）王明清撰
・玉照新志：五卷/（宋）王明清撰
第十九集
・桯史：十五卷附錄一卷/（宋）岳珂撰
・癸辛雜識：前集一卷後集一卷續集
　二卷別集二卷/（宋）周密撰
・錦帶書：一卷/（南朝梁）蕭統撰
・歲華紀麗：四卷/（唐）韓鄂撰
・龍筋鳳髓判：二卷/（唐）張鷟撰
・蒙求正文：一卷集註二卷/（後晉）
　李瀚撰；（宋）徐子光補注
第二十集
・道德指歸論：六卷/（漢）嚴遵撰
・古文參同契集解：三卷箋註集解三卷
　三相類集解二卷/（明）蔣一彪撰
・胎息經：一卷/（□）幻真先生註
・真誥：二十卷/（南朝梁）陶弘景撰
・象教皮編：六卷/（明）陳士元輯
・樂府古題要解：二卷/（唐）吳兢撰
・詩品：三卷/（南朝梁）鍾嶸撰
・詩品二十四則：一卷/（唐）司空圖撰
・風騷旨格：一卷/（唐）釋齊己撰
・四六話：二卷/（宋）王銍撰
・四六談麈：一卷/（宋）謝伋撰

湖海樓叢書：十二種/（清）陳春編

清嘉慶蕭山陳氏刻本
線裝32冊；24釐米
Sinica 2813
詳目：
・周易鄭注：十二卷敘錄一卷/（漢）
　鄭玄撰；（宋）王應麟輯；（清）
　丁杰後定；（清）張惠言訂正；
　（清）臧庸撰敘錄
清嘉慶二十四年[1819]刻本
・論語類考：二十卷/（明）陳士元撰
清嘉慶二十四年[1819]刻本
・孟子雜記：四卷/（明）陳士元著
・列子：八卷/（戰國）列禦寇撰；
　（晉）張湛注.附列子沖虛至德真
　經釋文：二卷/（唐）殷敬順撰；
　（宋）陳景元補遺
清嘉慶十八年[1813]刻本
・尸子尹文子合刻/（清）汪繼培輯
清嘉慶十七年[1812]刻本
　。尸子：二卷存疑一卷/（戰國）尸
　　佼撰
　。尹文子：一卷/（戰國）尹文撰
・潛夫論：十卷/（漢）王符撰；（清）
　汪繼培箋
清嘉慶二十二年[1817]刻本
・學林：十卷/（宋）王觀國撰
清嘉慶十四年[1809]刻本
・厄林：十卷補遺一卷/（明）周嬰撰
清嘉慶二十年[1815]刻本
・訂譌雜錄：十卷/（清）胡鳴玉撰
清嘉慶十八年[1813]刻本
・龍筋鳳髓判：四卷/（唐）張鷟撰；
　（明）劉允鵬注；（清）陳春補正
清嘉慶十六年[1811]刻本

・永嘉先生八面鋒：十三卷/（宋）陳
　　傅良撰
清嘉慶十八年［1813］刻本
・會稽三賦：一卷/（宋）王十朋撰；
　　（宋）周世則注；（宋）史鑄增注
清嘉慶十七年［1812］刻本

藝苑捃華：四十八種/（清）顧之逵輯
清同治七年［1868］序刻本
洋裝6冊（原線裝24冊）；18釐米
有"姚氏翰臣""藏書畫印""井田研齋"印記
Sinica 6626
詳目：
・小爾雅：一卷/（漢）孔鮒撰
・西京雜記：六卷/（漢）劉歆撰
・海內十洲記：一卷/（漢）東方朔撰
・羣輔錄：一卷/（晉）陶潛撰
・南方草木狀：三卷/（晉）嵇含撰
・搜神記：八卷/（晉）干寶撰
・神仙傳：五卷/（晉）葛洪撰
・御覽闕史：二卷/（唐）高彥休撰
・二十四詩品：一卷/（唐）司空圖撰
・本事詩：一卷/（唐）孟棨撰
・雲溪友議：一卷/（唐）范攄撰
・酉陽雜俎：二卷/（唐）段成式撰
・諾皐記：一卷/（唐）段成式撰
・博異志：一卷/（唐）鄭還古撰
・李泌傳：一卷/（唐）李繁撰
・仙吏傳：一卷/（唐）太上隱者輯
・英雄傳：一卷/（唐）雍陶撰
・劍俠傳：一卷/（唐）段成式撰
・柳毅傳：一卷/（唐）李朝威撰
・虯髯客傳：一卷/（唐）張說撰
・馮燕傳：一卷/（唐）沈亞之撰
・蔣子文傳：一卷/（唐）羅鄴撰
・杜子春傳：一卷/（唐）鄭還古撰
・龍女傳：一卷/（唐）薛瑩撰
・妙女傳：一卷/（唐）顧非熊撰
・神女傳：一卷/（唐）孫頠撰
・楊太真外傳：二卷/（宋）樂史撰
・長恨歌傳：一卷/（唐）陳鴻撰
・梅妃傳：一卷/（唐）曹鄴撰
・紅線傳：一卷/（唐）楊巨源撰
・劉無雙傳：一卷/（唐）薛調撰
・霍小玉傳：一卷/（唐）蔣防撰
・牛應貞傳：一卷/（唐）宋若昭撰
・謝小娥傳：一卷/（唐）李公佐撰
・李娃傳：一卷/（唐）白行簡撰
・章臺柳傳：一卷/（唐）許堯佐撰
・非烟傳：一卷/（唐）皇甫枚撰
・江淮異人錄：一卷/（宋）吳淑撰
・離騷集傳：一卷/（宋）錢杲之撰
・離騷草木疏：四卷/（宋）吳仁傑撰
・農書：三卷/（宋）陳旉撰
・蠶書：一卷/（宋）秦觀撰
・於潛令樓公進耕織二圖詩：一卷附
　　錄一卷/（宋）樓璹撰
・本朝名家詩鈔小傳：三卷/（清）鄭
　　方坤撰
・國朝麗體金膏：四卷/（清）馬俊良輯
・說鈴/（清）吳震方編
　○金鰲退食筆記：二卷/（清）高士
　　　奇撰
　○京東考古錄：一卷/（清）顧炎武撰
　○山東考古錄：一卷/（清）顧炎武撰
　○泰山紀勝：一卷/（清）孔貞瑄撰
　○隴蜀餘聞：一卷/（清）王士禛撰

- 板橋雜記：三卷/（清）余懷撰
- 揚州鼓吹詞序：一卷/（清）吳綺撰
- 匡廬紀游：一卷/（清）吳闡思撰
- 游雁蕩山記：一卷/（清）周清原撰
- 甌江逸志：一卷/（清）勞大與撰
- 湖壖雜記：一卷/（清）陸次雲撰
- 峒谿纖志：一卷/（清）陸次雲撰
- 坤輿外紀：一卷/（比利時）南懷仁撰
- 竟山樂錄：四卷/（清）毛奇齡撰
- 八紘譯史：三卷/（清）陸次雲撰

青照堂叢書：九十種/（清）李元春輯

清道光十五年［1835］朝邑劉際清等刻本

洋裝31冊（原線裝102冊）；25釐米

Sinica 6658

詳目：

初編

- 御案七經要說：三十八卷/（清）李元春撰
- 余氏學宮輯畧：六卷/（清）余丙捷撰；（清）李元春增輯
- 理學備考：三卷/（清）范鄗鼎撰；（清）李元春增輯
- 圖書檢要：七卷/（清）李元春撰；（清）李來南等圖註

次編

- 諸經緯遺：一卷/（清）劉學寵輯
  - 易川靈圖
  - 易通卦驗
  - 尚書旋璣鈐
  - 尚書帝命期
  - 尚書考靈耀
  - 尚書中候
  - 詩含神霧
  - 詩紀曆圖
  - 春秋元命苞
  - 春秋運斗樞
  - 春秋文曜鉤
  - 春秋合誠圖
  - 春秋孔演圖
  - 春秋說題辭
  - 春秋感精符
  - 春秋潛潭巴
  - 春秋佐助期
  - 春秋緯
  - 禮稽命徵
  - 禮含文嘉
  - 禮斗威儀
  - 大戴禮逸
  - 樂稽耀嘉
  - 孝經援神契
  - 孝經鉤命決
  - 孝經左契
  - 孝經右契
  - 孝經內事
  - 龍魚河圖
  - 河圖括地象
  - 河圖稽命徵
  - 河圖稽燿鉤
  - 河圖始開圖
  - 洛書甄燿度
  - 遁甲開山圖
- 易飛候/（漢）京房撰
- 易洞林/（晉）郭璞撰
- 春秋後語/（晉）孔衍撰

○五經析疑/(三國魏)邯鄲綽撰
○五經通義
·蘇氏易傳:九卷/(宋)蘇軾撰
·鄭註尚書大傳:一卷補遺一卷考異
　　一卷續補遺一卷/(漢)伏勝撰;
　　(漢)鄭玄註;(清)盧文弨撰補
　　遺考異續補遺
·尚書辨:二卷/(清)王鳴盛撰
·詩攷:一卷/(宋)王應麟撰
·詩地理考:六卷/(宋)王應麟撰
·詩陸疏廣要:四卷/(明)毛晉撰
·爾雅鄭註:三卷/(宋)鄭樵撰
·拾雅:十卷字音一卷/(清)李元春撰
·經傳摭餘:五卷/(清)李元春撰
·南華通:七卷/(清)屈復撰
·楚辭新註:八卷/(清)屈復撰
·史編雜錄:一卷/(清)劉學寵編
·史義拾遺:一卷/(元)楊維禎撰
·詠史:一卷/(元)楊維禎撰
·盧長公史陳:六卷續史陳一卷/
　　(清)盧士元撰
·鉤喙錄:八卷/(清)盧士元撰
·日知錄史評:一卷/(清)顧炎武撰
·史漢通鑑注正:一卷/(清)顧炎武撰
·摘纂隨園史論:一卷/(清)袁枚撰
·重訂懿畜編::三卷/(明)黃道周
　　原輯;(清)李元春訂
·訓學齋規:一卷/(宋)朱熹撰
·省心錄:一卷/(宋)林逋撰
·厚德錄:一卷/(宋)李元綱撰
·袁氏世範:一卷/(宋)袁采撰
·呂氏鄉約:一卷/(宋)呂大忠撰
·金華鄭氏家範:一卷/(元)鄭太和撰
·范氏義莊規矩:一卷/(宋)范仲淹撰

·四禮翼:一卷/(明)呂坤撰
·四禮辨俗:一卷/(清)李元春撰
·農桑書錄要:一卷二編一卷/(清)
　　李元春輯
·晝簾緒論:一卷/(宋)胡太初撰
·呂榮公官箴:一卷/(宋)呂本中撰
·重訂居官寡過錄:六卷/(清)盤嶠
　　野人輯
·河防述言:一卷/(清)張靄生撰
·治河要語:一卷/(清)丁蕚亭撰
·黃河考:一卷/(清)汪份撰
·左氏兵法:二卷/(清)李元春評輯
·梅定九筆算:五卷/(清)梅文鼎撰
·梅沖勾股淺述:一卷/(清)梅沖撰
三編
·五經文字:三卷/(唐)張參撰.附五
　　經文字疑:一卷/(清)孔繼涵撰
·新加九經字樣:一卷/(唐)唐玄度
　　撰.附九經字樣疑:一卷/(清)孔
　　繼涵撰
·干祿字書:一卷/(唐)顏元孫撰
·俗書證誤:一卷/(隋)顏愍楚撰
·金壺字考:一卷/(宋)釋適之撰
·字書誤讀:一卷/(宋)王雱撰
·字林:一卷/(晉)呂忱撰
·國朝四庫全書辨正通俗文字:一卷/
　　(清)□□撰
·發音錄:一卷/(明)張位撰
·切韻射標:一卷/(明)李世澤撰
·古今韻通:一卷/(清)李因篤撰
·四聲纂句:一卷/(清)王鑒撰;
　　(清)李元春重輯
·法帖譜系:一卷/(宋)曹士冕撰
·法帖刊誤:一卷/(宋)黃伯思撰

- 法帖刊誤：一卷/（宋）陳與義撰
- 集古錄：一卷/（宋）歐陽修撰
- 石墨鐫華：八卷/（明）趙崡撰
- 金石史：二卷/（明）郭宗昌撰
- 侯氏書品：一卷/（清）侯仁朔撰
- 刊誤：一卷/（唐）李涪撰
- 袪疑說：一卷/（宋）儲泳撰
- 辨惑論：一卷/（元）謝應芳撰
- 譚誤：四卷/（明）馬朴撰.附同州馬氏家傳：一卷/（清）李元春撰
- 楊胡解紛：四卷/（清）盧士元撰
- 益聞散錄：三卷/（清）李元春撰
- 病榻寱言：一卷/（明）陸樹聲撰
- 松窗寱言：一卷/（明）崔銑撰
- 桐窗囈說：一卷/（清）李元春撰
- 夢悟：一卷/（清）王維戊撰
- 熙朝新語刊要：二卷/（清）李元春撰
- 臺灣志畧：二卷/（清）李元春編
- 西域聞見錄：八卷/（清）七十一撰
- 御覽西方要紀：一卷/（意大利）利類思,（葡萄牙）安文思,（比利時）南懷仁撰
- 新曆曉或：一卷/（德國）湯若望撰
- 樂府解題：一卷/（唐）吳兢撰
- 說詩晬語：一卷/（清）沈德潛撰
- 文談：一卷/（清）張秉直撰
- 舉業卮言：二卷/（明）武叔卿撰
- 四書文法摘要：一卷/（清）李元春撰;（清）劉維翰,（清）劉文翰錄

續
- 古樂經：三卷/（清）文應熊注
- 綱目大戰錄：三卷/（清）李元春撰
- 雷柏霖西銘續生篇：一卷.附四字鳥語：一卷/（清）雷于霖撰
- 真學易簡：一卷/（清）文應熊撰
- 寶質民禮樂緒言：一卷/（清）寶文炳撰
- 寶質民純一圖：一卷圖解一卷圖說一卷.敍天齋學約：一卷/（清）寶文炳撰
- 寶質民中庸撮總：一卷/（清）寶文炳撰

清頌堂叢書：八種/（清）黃奭輯
清道光甘泉黃氏刻本
洋裝3冊（原線裝18冊）;26釐米
Sinica 6742
詳目：
- 端綺集：十九卷/（清）黃奭編
- 消暑隨筆：四卷/（清）潘世恩撰
- 太乙舟文集：八卷/（清）陳用光撰
- 涇西書屋詩稿：四卷文稿二卷/（清）汪元爵撰
- 胥屏山館詩存：二卷文存一卷/（清）陸麟書撰
- 青霞仙館詩錄：一卷/（清）王城撰
- 存悔齋集杜注：三卷/（清）劉鳳誥撰
- 集陶詩：一卷/（清）吳永和撰.附集陶詩注：一卷/（清）吳傑撰

宜稼堂叢書：七種/（清）郁松年編
清道光上海郁氏刻本
線裝96冊;24釐米
Backhouse 349
詳目：
- 續後漢書：四十二卷義例一卷音義四卷重刻札記一卷/（宋）蕭常撰;（清）郁松年撰重刻札記

清道光二十一年[1841]刻本
・續後漢書:九十卷札記四卷/(元)郝經撰;(元)苟宗道注;(清)郁松年撰札記
清道光二十一年至二十二年[1841—1842]刻本
・數書九章:十八卷札記四卷/(宋)秦九韶撰;(清)宋景昌撰札記
清道光二十二年[1842]刻本
・詳解九章算法:一卷纂類一卷札記一卷/(宋)楊輝撰;(清)宋景昌撰札記
清道光二十二年[1842]刻本
・楊輝算法:六卷札記一卷/(宋)楊輝集;(清)宋景昌撰札記
清道光二十二年[1842]刻本
　。田畝比類乘除捷法:二卷
　。算法通變本末:卷上
　。乘除通變算寶:卷中
　。法算取用本末:卷下
　。續古摘奇算法:一卷
・剡源集:三十卷重刻札記一卷/(元)戴表元撰;(清)郁松年撰重刻札記
清道光二十年[1840]刻本
・清容居士集:五十卷重刻札記一卷/(元)袁桷撰;(清)郁松年撰重刻札記
清道光二十年[1840]刻本

守山閣叢書:一百一十二種/(清)錢熙祚編
　清光緒十五年[1889]上海鴻文書局影印本
　線裝100册;17釐米

據清道光二十四年[1844]金山錢氏刻本縮印
Sinica 2623
詳目:
經部
・易説:四卷/(宋)趙善譽撰
・易象鉤解:四卷/(明)陳士元撰
・易圖明辨:十卷/(清)胡渭撰
・禹貢説斷:四卷/(宋)傅寅撰
・三家詩拾遺:十卷/(清)范家相撰
・周禮疑義舉要:七卷/(清)江永撰
・儀禮釋宮:一卷/(宋)李如圭撰
・儀禮釋例:一卷/(清)江永撰
・禮記訓義擇言:八卷/(清)江永撰
・春秋正旨:一卷/(明)高拱撰
・春秋左傳補注:六卷/(清)惠棟撰
・古微書:三十六卷/(明)孫瑴輯;(清)錢熙祚附註
※尚書緯
　。尚書考靈曜:二卷
　。尚書帝命驗:一卷
　。尚書五行傳
　。尚書璇璣鈐
　。尚書刑德放
　。尚書運期授
　。尚書帝驗期
　以上合一卷
　。尚書中候
　。中候握河紀
　。中候考河命
　。中候摘洛戒
　。中候雜篇
　　□中候運行
　　□中候洛予命

□中候擿洛戒
　　□中候義明
　　□中候敕省圖
　　□中候稷起
　　□中候準讖哲
　◦附洪範緯
　以上合一卷
※春秋緯
　◦春秋元命包：二卷
　◦春秋演孔圖
　◦春秋合誠圖
　以上合一卷
　◦春秋文耀鉤
　◦春秋運斗樞
　以上合一卷
　◦春秋感精符
　◦春秋考異郵
　以上合一卷
　◦春秋潛潭巴
　◦春秋說題辭
　以上合一卷
　◦春秋漢含孳
　◦春秋保乾圖
　◦春秋佐助期
　◦春秋握誠圖
　◦春秋內事
　以上合一卷
　◦春秋命曆序：一卷
※易緯
　◦易通卦驗
　◦易坤靈圖
　◦易稽覽圖
　以上合二卷
　◦易河圖數

　◦易筮類謀
　◦易九厄讖
　◦易雜緯
　以上合一卷
　　□易辨終備
　　□易萌氣樞
　　□易中孚傳
　　□易運期
　　□易通統圖
　　□易通驗元圖
※禮緯
　◦禮含文嘉：一卷
　◦禮稽命徵：一卷
　◦禮斗威儀：一卷
※樂緯
　◦樂叶圖徵：一卷
　◦樂動聲儀：一卷
　◦樂稽耀嘉：一卷
※詩緯
　◦詩含神霧：一卷
　◦詩推度災
　◦詩汎曆樞
　以上合一卷
※論語緯
　◦論語比考讖
　◦論語撰考讖
　以上合一卷
　◦論語摘輔象
　◦論語摘衰聖
　◦論語陰嬉讖
　以上合一卷
※孝經緯
　◦孝經援神契：三卷
　◦孝經鉤命決

◦孝經中契
　　◦孝經右契
　　◦孝經左契
　　◦孝經威嬉拒
　　以上合一卷
　　◦孝經内事圖：一卷
※河圖緯
　　◦河圖括地象
　　◦河圖始開圖
　　◦河圖絳象
　　以上合一卷
　　◦河圖稽耀鉤
　　◦河圖帝覽嬉
　　◦河圖挺佐輔
　　◦河圖握矩記
　　◦河圖雜緯篇
　　　□河圖秘徵
　　　□河圖帝通紀
　　　□河圖著命
　　　□河圖真紀鉤
　　　□河圖要元篇
　　　□河圖考靈曜
　　　□河圖提劉篇
　　　□河圖稽命徵
　　　□河圖會昌符
　　以上合一卷
　　◦河圖玉版
　　◦龍魚河圖
　　以上合一卷
※洛書緯
　　◦洛書靈准聽：一卷
　　◦洛書甄曜度
　　◦洛書摘六辟
　　◦洛書録運法

　　◦河洛讖
　　　□孔子河洛讖
　　　□録運期讖
　　　□甄曜度讖
　　以上合一卷
・尊孟辨：三卷續辨二卷別録一卷/（宋）余允文撰
・四書箋義纂要：十二卷補遺一卷續遺一卷/（宋）趙惪撰
　　◦大學章句箋義：一卷或問箋義一卷註疏纂要一卷
　　◦中庸章句箋義：一卷或問箋義一卷註疏纂要一卷
　　◦論語集注箋義：三卷
　　◦孟子集注箋義：三卷
・律吕新論：二卷/（清）江永撰
・經傳釋詞：十卷/（清）王引之撰
・孫氏唐韻考：五卷/（清）紀容舒撰
・古韻標準：四卷.詩韻舉例：一卷/（清）江永撰

史部
・三國志辨誤：三卷/（宋）□□撰
・宋季三朝政要：六卷/（宋）□□撰
・蜀鑒：十卷/（宋）郭允蹈撰
・春秋別典：十五卷/（明）薛虞畿撰
・咸淳遺事：二卷/（宋）□□撰
・大金弔伐録：四卷/（金）□□撰
・平宋録：三卷/（元）劉敏中撰
・元朝征緬録：一卷/（元）□□撰
・招捕總録：一卷/（元）□□撰
・京口耆舊傳：九卷/（宋）□□撰
・昭忠録：一卷/（宋）□□撰
・九國志：十二卷拾遺一卷/（宋）路振撰；（宋）張唐英補；（清）邵

- 晉涵等輯；(清)錢熙祚輯拾遺
- 越史略：三卷/(明安南)□□撰
- 吳郡志：五十卷校勘記一卷/(宋)范成大撰；(清)錢熙祚撰校勘記
- 嶺海輿圖：一卷/(明)姚虞撰
- 吳中水利書：一卷/(宋)單鍔撰
- 四明它山水利備覽：二卷/(宋)魏峴撰
- 河防通議：二卷/(元)沙克什撰
- 廬山記：三卷/(宋)陳舜俞撰
- 廬山記略：一卷/(南朝宋)釋慧遠撰
- 北道刊誤志：一卷/(宋)王瓘撰
- 河朔訪古記：三卷/(元)納新撰
- 大唐西域記：十二卷/(唐)釋玄奘譯；(唐)釋辯機撰
- 職方外紀：五卷首一卷/(意大利)艾儒略撰
- 七國考：十四卷/(明)董說撰
- 歷代建元考：二卷總論一卷類考一卷前編一卷外編四卷/(清)鍾淵映撰
- 荒政叢書：十卷附錄二卷/(清)俞森輯
  ◦ 救荒全書：一卷/(宋)董煟撰
  ◦ 荒政叢言：一卷/(明)林希元撰
  ◦ 荒政考：一卷/(明)屠隆撰
  ◦ 荒政議：一卷/(明)周孔教撰
  ◦ 賑豫紀略：一卷/(明)鍾化民撰
  ◦ 荒箸略：一卷/(明)劉世教撰
  ◦ 救荒策：一卷/(清)魏禧撰
  ◦ 常平倉考：一卷/(清)俞森撰
  ◦ 義倉考：一卷/(清)俞森撰
  ◦ 社倉考：一卷/(清)俞森撰
- 歷代兵制：八卷/(宋)陳傅良撰
- 籀史：二卷(原缺卷下)/(宋)翟耆年撰

子部
- 少儀外傳：二卷/(宋)呂祖謙撰
- 辨惑編：四卷附錄一卷/(元)謝應芳撰
- 神機制敵太白陰經：十卷/(唐)李筌撰
- 守城錄：四卷/(宋)陳規，(宋)湯璹撰
- 練兵實紀：九卷雜集六卷/(明)戚繼光撰
- 折獄龜鑑：八卷/(宋)鄭克撰
- 脈經：十卷/(晉)王叔和撰
- 難經集注：五卷/(明)王九思撰
- 新儀象法要：三卷/(宋)蘇頌撰
- 簡平儀說：一卷/(意大利)熊三拔撰；(明)徐光啟劄記
- 渾蓋通憲圖說：二卷首一卷/(明)李之藻撰
- 圜容較義：一卷/(意大利)利瑪竇授；(明)李之藻演
- 曉庵新法：六卷/(清)王錫闡撰
- 五星行度解：一卷/(清)王錫闡撰
- 數學：八卷續數學一卷/(清)江永撰
  ◦ 數學補論：一卷
  ◦ 歲實消長辯：一卷
  ◦ 恒氣注曆辨：一卷
  ◦ 冬至權度：一卷
  ◦ 七政衍：一卷
  ◦ 金水發微：一卷
  ◦ 中西合法擬草：一卷
  ◦ 算賸：一卷

- 正弧三角疏義：一卷
- 推步法解：五卷/（清）江永撰
- 李虛中命書：三卷/（戰國）鬼谷子撰；（唐）李虛中注
- 珞琭子三命消息賦注：二卷/（宋）徐子平撰
- 珞琭子賦注：二卷/（宋）釋曇瑩撰
- 天步真原人命部：三卷/（波蘭）穆尼閣撰；（清）薛鳳祚譯
- 太清神鑒：六卷/（北周）王朴撰
- 羯鼓錄：一卷/（唐）南卓撰
- 樂府雜錄：一卷/（唐）段安節撰
- 棊經：一卷/（宋）張儗撰
- 遠西奇器圖說錄最：三卷/（德國）鄧玉函口授；（明）王徵譯繪．新製諸器圖說：一卷/（明）王徵撰
- 鬻子：一卷校勘記一卷逸文一卷/（西周）鬻熊撰；（唐）逢行珪注；（清）錢熙祚撰校勘記並輯逸文
- 尹文子：一卷校勘記一卷逸文一卷/（戰國）尹文撰；（清）汪繼培校；（清）錢熙祚撰校勘記並輯逸文
- 慎子：一卷逸文一卷/（戰國）慎到撰；（清）錢熙祚校並輯逸文
- 公孫龍子：一卷/（戰國）公孫龍撰；（宋）謝希深注
- 人物志：三卷/（三國魏）劉邵撰；（北魏）劉昞注
- 近事會元：五卷校勘記一卷/（宋）李上交撰；（清）錢熙祚撰校勘記
- 靖康緗素雜記：十卷/（宋）黃朝英撰
- 能改齋漫錄：十八卷/（宋）吳曾撰
- 緯略：十二卷/（宋）高似孫撰
- 坦齋通編：一卷/（宋）邢凱撰
- 潁川語小：二卷/（宋）陳昉撰
- 愛日齋叢鈔：五卷/（宋）葉寘撰
- 日損齋筆記：一卷附錄一卷/（元）黃溍撰
- 樵香小記：二卷/（清）何琇撰
- 日聞錄：一卷/（元）李翀撰
- 玉堂嘉話：八卷/（元）王惲撰
- 古今姓氏書辯證：四十卷校勘記三卷/（宋）鄧名世撰；（清）錢熙祚撰校勘記
- 明皇雜錄：三卷補遺一卷校勘記一卷逸文一卷/（唐）鄭處誨撰（清）錢熙祚撰校勘記並輯逸文
- 大唐傳載：一卷/（唐）□□撰
- 賈氏談錄：一卷/（宋）張洎撰
- 東齋記事：五卷補遺一卷/（宋）范鎮撰
- 續世説：十二卷/（宋）孔平仲撰
- 玉壺野史：十卷/（宋）釋文瑩撰
- 唐語林：八卷校勘記一卷/（宋）王讜撰；（清）錢熙祚撰校勘記
- 萍洲可談：三卷校勘記一卷/（宋）朱彧撰；（清）錢熙祚撰校勘記
- 高齋漫錄：一卷/（宋）曾慥撰
- 張氏可書：一卷/（宋）張知甫撰
- 步里客談：二卷/（宋）陳長方撰
- 東南紀聞：三卷/（元）□□撰
- 菽園雜記：十五卷/（明）陸容撰
- 漢武帝內傳：一卷附錄一卷校勘記一卷/（漢）班固撰；（清）錢熙祚撰校勘記

類叢部 | 409

- 大方廣佛華嚴經音義:四卷/(唐)釋慧苑撰
- 文子:二卷校勘記:一卷/(春秋)辛鈃撰;(清)錢熙祚撰校勘記
- 文始真經言外經旨:三卷/(宋)陳顯微撰
- 周易參同契考異:一卷/(宋)朱熹撰;(宋)黃瑞節附錄

集部
- 古文苑:二十一卷校勘記一卷/(宋)章樵注;(清)錢熙祚撰校勘記
- 觀林詩話:一卷/(宋)吳聿撰
- 餘師錄:一卷/(宋)王正德撰
- 詞源:二卷/(宋)張炎撰

海山仙館叢書:五十六種/(清)潘仕成編
清道光咸豐間番禺潘氏刻光緒補刻本
線裝128册;20釐米
Sinica 4016
詳目:
- 遂初堂書目:一卷/(宋)尤袤撰
清道光二十六年[1846]刻本
- 易大義:一卷/(清)惠棟撰
清道光二十七年[1847]刻本
- 尚書註考:一卷/(清)陳泰交撰
清道光二十七年[1847]刻本
- 讀詩拙言:一卷/(明)陳第撰
清道光二十七年[1847]刻本
- 讀書敏求記:四卷/(清)錢曾撰
清道光二十七年[1847]刻本
- 四書逸箋:六卷/(清)程大中撰
清道光二十六年[1846]刻本
- 一切經音義:二十五卷/(唐)釋玄應撰;(清)莊炘,(清)錢坫,(清)孫星衍同校
清道光二十五年[1845]刻本
- 古史輯要:六卷首一卷/(清)□□撰
清道光二十五年[1845]刻本
- 史記短長說:二卷/(明)凌稚隆撰
清道光二十七年[1847]刻本
- 順宗實錄:五卷/(唐)韓愈撰
清道光二十六年[1846]刻本
- 九國志:十二卷/(宋)路振撰;(宋)張唐英補
清道光二十七年[1847]刻本
- 洛陽名園記:一卷/(宋)李格非撰
清道光二十六年[1846]刻本
- 靖康傳信錄:三卷/(宋)李綱撰
清道光二十六年[1846]刻本
- 庚申外史:二卷/(明)權衡撰
清道光二十七年[1847]刻本
- 二十二史感應錄:二卷/(清)彭希涑撰
清道光二十九年[1849]刻本
- 廣名將傳:二十卷/(明)黃道周注斷
清道光二十九年[1849]刻本
- 高僧傳:十三卷/(南朝梁)釋慧皎撰
清道光二十七年[1847]刻本
- 酌中志:二十四卷/(明)劉若愚撰
清道光二十五年[1845]刻本
- 火攻挈要:三卷.諸器圖:一卷/(德國)湯若望授;(清)焦勗述
清道光二十七年[1847]刻本
- 慎守要錄:九卷/(明)韓霖撰
清道光二十九年[1849]刻本
- 明夷待訪錄:一卷/(清)黃宗羲撰
清道光二十七年[1847]刻本

·考古質疑：六卷/(宋)葉大慶撰
清光緒十一年[1885]刻本
·隱居通議：三十一卷/(元)劉壎撰
清道光二十九年[1849]刻本
·洞天清祿集：一卷/(宋)趙希鵠撰
清道光二十九年[1849]刻本
·調燮類編：四卷
清道光二十七年[1847]刻本
·菰中隨筆：一卷/(清)顧炎武撰
清道光二十五年[1845]刻本
·雲谷雜記：四卷首一卷末一卷/
　(宋)張淏撰
清道光二十九年[1849]刻本
·龍筋鳳髓判：四卷/(唐)張鷟撰；
　(明)劉允鵬注；(清)陳春補正
清道光二十六年[1846]刻本
·桂苑筆耕集：二十卷/(唐)崔致遠撰
清道光二十七年[1847]刻本
·敬齋古今黈：八卷/(元)李冶撰
清道光二十九年[1849]刻本
·晁具茨先生詩集：十五卷/(清)
　□□注
清道光二十七年[1847]刻本
·揭曼碩詩：三卷/(元)揭傒斯撰
清道光二十七年[1847]刻本
·青藤書屋文集：三十卷補遺一卷/
　(明)徐渭撰
清道光二十六年[1846]刻本
·婦人集：一卷補一卷/(清)陳維崧
　撰；(清)冒褒注；(清)冒丹書
　撰補
清道光二十六年[1846]刻本
·漁隱叢話：前集六十卷後集四十卷/
　(宋)胡仔撰

清道光二十六年[1846]刻本
·四溟詩話：四卷/(明)謝榛撰
清道光二十五年[1845]刻本
·宋四六話：十二卷/(清)彭元瑞撰
清道光二十六年[1846]刻本
·詞苑叢談：十二卷/(清)徐釚編
道光二十七年[1847]刊
·竹雲題跋：四卷/(清)王澍撰
清道光二十七年[1847]刻本
·讀畫錄：四卷/(清)周亮工撰
清道光二十七年[1847]刻本
·續三十五舉：一卷/(清)桂馥撰
清道光二十七年[1847]刻本
·茶董補：二卷/(明)陳繼儒輯
清道光二十七年[1847]刻本
·酒顛補：三卷/(明)陳繼儒輯
清道光二十七年[1847]刻本
·尺牘新鈔：十二卷/(清)周亮工輯
清道光二十七年[1847]刻本
·顏氏家藏尺牘：四卷.姓氏考：一卷/
　(清)顏光敏輯
清道光二十七年[1847]刻本
·幾何原本：六卷/(意大利)利瑪竇
　口譯；(明)徐光啟筆受
清道光二十七年[1847]刻本
·同文算指前編：二卷通編八卷/(意
　大利)利瑪竇授；(明)李之藻演
清道光二十七年[1847]刻本
·圜容較義：一卷/(意大利)利瑪竇
　授；(明)李之藻演
清道光二十七年[1847]刻本
·測量法義：一卷/(意大利)利瑪竇
　口譯；(明)徐光啟筆受
清道光二十七年[1847]刻本

- 測量異同：一卷/（明）徐光啟撰

清道光二十七年[1847]刻本
- 句股義：一卷/（明）徐光啟撰

清道光二十七年[1847]刻本
- 翼梅：八卷/（清）江永撰

清道光二十七年[1847]刻本
  - 厤學補論：一卷
  - 歲實消長辨：一卷
  - 恒氣註厤辨：一卷
  - 冬至權度：一卷
  - 七政衍：一卷
  - 金水發微：一卷
  - 中西合法擬草：一卷
  - 算賸：一卷
- 女科：二卷.產後編：二卷/（清）傅山撰

清道光二十七年[1847]刻本
- 海錄：一卷/（清）楊炳南撰

清咸豐元年[1851]刻本
- 新釋地理備考全書：十卷/（葡萄牙）瑪吉士撰

清道光二十七年[1847]刻本
- 全體新論：十卷/（英國）合信撰

清咸豐元年[1851]刻本

連筠簃叢書：十五種/（清）楊尚文編

清道光二十七年至二十九年[1847—1849]靈石楊氏刻本

線裝36冊；27釐米

缺二種（《說文解字義證》《永樂大典目錄》）

Backhouse 416

詳目：
- 韻補：五卷附錄一卷/（宋）吳棫撰

清道光二十八年[1848]刻本
- 韻補正：一卷/（清）顧炎武撰

清道光二十八年[1848]刻本
- 元朝秘史：十五卷/（元）□□撰

清道光二十七年[1847]刻本
- 唐兩京城坊攷：五卷/（清）徐松撰；（清）張穆校補

清道光二十八年[1848]刻本
- 長春真人西遊記：二卷/（元）李志常撰

清道光二十七年[1847]刻本
- 漢石例：六卷/（清）劉寶楠撰

清道光二十九年[1849]刻本
- 勾股截積和較筭術：二卷/（清）羅士琳撰

清道光二十八年[1848]刻本
- 橢圜術：一卷/（清）項名達撰

道光二十八年[1848]刊
- 鏡鏡詅癡：五卷/（清）鄭復光著；（清）楊尚文續圖；（清）張穆編校

清道光二十七年[1847]刻本
- 癸巳存稿：十五卷/（清）俞正燮等輯

清道光二十八年[1848]刻本
- 群書治要：五十卷（原缺卷四、卷十三、卷二十）/（唐）魏徵等輯

清道光二十七年[1847]刻本
- 湖北金石詩：一卷/（清）嚴觀撰

清道光二十八年[1848]刻本
- 落颿樓文稿：四卷/（清）沈垚撰

清道光二十七年[1847]刻本

粵雅堂叢書：一百七十種/（清）伍崇曜編

清道光光緒間南海伍氏刻本

線裝340冊；19釐米

Backhouse 4
詳目：
第一集
· 南部新書：十卷/(宋)錢易撰
· 中吳紀聞：六卷/(宋)龔明之撰
· 志雅堂雜鈔：二卷/(宋)周密撰
· 焦氏筆乘：六卷續集八卷/(明)焦竑輯
· 東城雜記：二卷/(清)厲鶚撰
第二集
· 奉天錄：四卷/(唐)趙元一撰
· 咸淳遺事：二卷/(宋)□□撰
· 昭忠錄：一卷/(宋)□□撰
· 月泉吟社：一卷/(宋)吳渭編
· 谷音：二卷/(元)杜本輯
· 河汾諸老詩集：八卷/(元)房祺編
· 揭文安公文粹：二卷/(元)揭傒斯撰
· 玉笥集：十卷/(元)張憲撰
· 潞水客談：一卷附錄一卷/(明)徐貞明撰
· 陶庵夢憶：八卷/(明)張岱撰
· 天香閣隨筆：二卷/(明)李介撰
· 天香閣集：一卷/(明)李介撰
第三集
· 芻蕘奧論：二卷/(宋)張方平撰
· 唐史論斷：三卷附錄一卷/(宋)孫甫撰
· 叔苴子：內編六卷外篇二卷/(明)莊元臣撰
· 西洋朝貢典錄：三卷/(明)黃省曾撰
· 五代詩話：十卷/(清)王士禛輯；(清)鄭方坤刪補
第四集
· 易圖明辨：十卷/(清)胡渭撰
· 四書逸箋：六卷/(清)程大中撰
· 古韻標準：四卷.詩韻舉例：一卷/(清)江永撰
· 四聲切韻表：一卷凡例一卷/(清)江永編
· 緒言：三卷/(清)戴震撰
· 聲類：四卷/(清)錢大昕撰
· 宋遼金元四史朔閏攷：二卷/(清)錢大昕撰；(清)錢侗增補
第五集
· 國史經籍志：五卷附錄一卷/(明)焦竑編
· 文史通義：八卷/(清)章學誠撰
· 校讎通義：三卷/(清)章學誠撰
第六集
· 經義攷補正：十二卷/(清)翁方綱撰
· 小石帆亭五言詩續鈔：八卷首一卷/(清)翁方綱撰
· 蘇詩補註：八卷/(清)翁方綱補註.附志道集：一卷/(宋)顧禧撰
· 石洲詩話：八卷/(清)翁方綱撰
· 北江詩話：六卷/(清)洪亮吉撰
· 玉山草堂續集：六卷/(清)錢林撰
第七集
· 虎鈐經：二十卷/(宋)許洞撰
· 打馬圖經：一卷/(宋)李清照撰
· 敘古千文：一卷/(宋)胡寅撰；(宋)黃灝注
· 草廬經略：十二卷/(明)□□撰
· 字觸：六卷/(清)周亮工撰
· 今世說：八卷/(清)王晫撰
· 飲水詩集：一卷詞集一卷/(清)納蘭性德撰
第八集

類叢部 | 413

- 雙溪集：十五卷遺言一卷/（宋）蘇籀撰
- 日湖漁唱：一卷補遺一卷續補遺一卷/（宋）陳允平撰
- 瑟譜：六卷/（元）熊朋來撰
- 秋笳集：八卷附錄一卷/（清）吳兆騫撰
- 燕樂考原：六卷/（清）凌廷堪撰

第九集
- 絳雲樓書目：四卷/（清）錢謙益撰；（清）陳景雲注
- 述古堂藏書目：四卷.宋板書目：一卷/（清）錢曾撰
- 石柱記箋釋：五卷/（清）鄭元慶撰
- 林屋唱酬錄：一卷/（清）馬曰琯等編
- 焦山紀遊集：一卷/（清）馬曰琯等編
- 沙河逸老小稿：六卷.嶰谷詞：一卷/（清）馬曰琯撰
- 南齋集：六卷詞二卷/（清）馬曰璐撰

第十集
- 九國志：十二卷/（宋）路振撰；（宋）張唐英補
- 胡子知言：六卷疑義一卷附錄一卷/（宋）胡宏撰
- 蒿菴閒話：二卷/（清）張爾岐撰
- 後漢書補注：二十四卷/（清）惠棟撰
- 後漢書補表：八卷/（清）錢大昭撰

第十一集
- 詩書古訓：六卷/（清）阮元撰
- 十三經音略：十三卷附錄一卷/（清）周春撰
- 說文聲系：十四卷/（清）姚文田撰

第十二集
- 鄭志：三卷附錄一卷/（三國魏）鄭小同撰
- 文館詞林：原存四卷（卷六百六十二、六百六十四、六百六十八、六百九十五）/（唐）許敬宗等奉敕輯
- 兩京新記：原存一卷（三）/（唐）韋述撰
- 新譯大方廣佛華嚴經音義：四卷/（唐）釋慧苑撰
- 道德真經註：四卷/（元）吳澄撰
- 太上感應篇注：二卷/（清）惠棟撰
- 歷代帝王年表：三卷/（清）齊召南編；（清）阮福續
- 紀元編：三卷末一卷/（清）李兆洛撰；（清）六承如編

第十三集
- 中興禦侮錄：二卷/（宋）□□撰
- 襄陽守城錄：一卷/（宋）趙萬年撰
- 宋季三朝政要：五卷附錄一卷/（宋）□□撰
- 詞源：一卷/（宋）張炎撰
- 精選名儒草堂詩餘：三卷/（元）鳳林書院輯
- 樓山堂集：二十七卷/（明）吳應箕撰

第十四集
- 朱子年譜：四卷考異四卷/（清）王懋竑撰.附朱子論學切要語：二卷/（清）王懋竑輯
- 韓柳年譜：八卷/（清）馬曰璐輯
  ○ 韓文類譜：七卷/（宋）魏仲舉編
  ○ 柳先生年譜：一卷/（宋）文安禮撰
- 疑年錄：四卷/（清）錢大昕撰
- 續疑年錄：四卷/（清）吳修撰

- 米海岳年譜：一卷/（清）翁方綱編
- 元遺山先生年譜：三卷附錄一卷/（清）翁方綱編

第十五集
- 崇文總目：五卷補遺一卷附錄一卷/（宋）王堯臣等編次；（清）錢東垣等輯釋
- 菉竹堂書目：三卷/（明）葉盛撰
- 葉氏菉竹堂碑目：六卷/（明）葉盛撰
- 寒山堂金石林時地攷：二卷/（明）趙均撰
- 勝飲編：十八卷/（清）郎廷極輯
- 採硫日記：三卷/（清）郁永河撰
- 嵩洛訪碑日記：一卷/（清）黃易撰
- 通志堂經解目錄：一卷/（清）翁方綱撰
- 蘇米齋蘭亭攷：八卷/（清）翁方綱撰
- 石渠隨筆：八卷/（清）阮元撰

第十六集
- 周官新義：十六卷.附考工記解：二卷/（宋）王安石撰
- 爾雅新義：二十卷敘錄一卷/（宋）陸佃撰；（清）宋大樽校並輯敘錄
- 孫氏周易集解：十卷/（清）孫星衍撰
- 春秋穀梁傳時月日書法釋例：四卷/（清）許桂林撰

第十七集
- 群經音辨：七卷/（宋）賈昌朝撰
- 相臺書塾刊正九經三傳沿革例：一卷/（宋）岳珂撰
- 九經補韻：一卷附錄一卷/（宋）楊伯嵒撰；（清）錢侗攷證
- 詞林韻釋：二卷/（宋）□□撰
- 漢書地理志稽疑：六卷/（清）全祖望撰
- 國策地名考：二十卷首一卷/（清）程恩澤纂；（清）狄子奇箋

第十八集
- 儀禮石經校勘記：四卷/（清）阮元撰
- 隸經文：四卷/（清）江藩撰
- 樂縣考：二卷/（清）江藩撰
- 國朝漢學師承記：八卷.附國朝經師經義目錄：一卷/（清）江藩撰.國朝宋學淵源記：二卷附記一卷/（清）江藩輯
- 顧亭林先生年譜：四卷附錄一卷/（清）張穆撰
- 閻潛丘先生年譜：四卷/（清）張穆撰

第十九集
- 秋園雜佩：一卷/（清）陳貞慧撰
- 倪文正公年譜：四卷/（清）倪會鼎撰
- 南雷文定：前集十一卷後集四卷三集三卷詩曆四卷世譜一卷附錄一卷/（清）黃宗羲撰
- 程侍郎遺集初編：十卷附錄一卷/（清）程恩澤撰

第二十集
- 李元賓文集：文編三卷外編二卷續編一卷/（唐）李觀撰；（唐）陸希聲，（宋）趙昂，（清）秦恩復輯
- 呂衡州集：十卷考證一卷/（唐）呂溫撰；（清）顧廣圻考證
- 西崑酬唱集：二卷/（宋）楊億輯
- 羅鄂州小集：六卷/（宋）羅願撰.附羅鄂州遺文：一卷/（宋）羅頌撰
- 樂府雅詞：六卷拾遺二卷/（宋）曾慥編
- 陽春白雪：八卷外集一卷/（宋）趙

聞禮選
・揅經室詩集: 五卷/(清)阮元撰
　　續集
・廣釋名: 二卷/(清)張金吾撰
・兒易外儀: 十五卷/(明)倪元璐撰
・比雅: 十九卷/(清)洪亮吉撰
・孟子音義: 二卷/(宋)孫奭撰
・孝經今文音義: 二卷/(唐)陸德明撰
・儀禮管見: 三卷附錄一卷/(清)褚
　　寅亮撰
・春秋國都爵姓考: 一卷補一卷/
　　(清)陳鵬撰;(清)曾釗撰補
・春秋五禮例宗: 七卷/(宋)張大亨集
・群英書義: 二卷/(明)張泰撰;
　　(明)劉錦文編
・書義主意: 六卷/(元)王充耘編
・述學: 內篇三卷外篇一卷補遺一卷
　　別錄一卷/(清)汪中撰
・鳳氏經說: 三卷/(清)鳳應韶撰
・墨志: 一卷/(明)麻三衡纂
・長物志: 十二卷/(明)文震亨撰
・登科錄: 一卷
・題名錄: 一卷
・雲中紀程: 二卷/(清)高懋功撰
・乾道臨安志: 十五卷(原缺卷至
　　十五)/(宋)周淙撰
・輿地碑記目: 四卷/(宋)王象之撰
・靜齋至正直記: 四卷/(元)孔齊撰
・黔書: 二卷/(清)田雯編
・續黔書: 八卷/(清)張澍撰
・唐昭陵石蹟考略: 五卷/(清)林侗撰
・漢唐事箋: 前集十二卷後集八卷/
　　(元)朱禮撰
・西域釋地: 一卷/(清)祁韻士輯

・河朔訪古記: 三卷/(元)納新撰
・馭交紀: 十二卷/(明)張鏡心編考
・京口耆舊傳: 九卷/(宋)□□撰
・三國志補注: 六卷/(清)杭世駿撰
・兩漢博聞: 十二卷/(宋)楊侃編
・東觀奏記: 三卷/(唐)裴庭裕撰
・西陲要略: 四卷/(清)祁韻士輯
・孝肅包公奏議: 十卷/(宋)包拯撰
・寶刻類編: 八卷/(宋)□□撰
・瘞鶴銘考: 一卷圖一卷/(清)汪士
　　鋐編
・求表捷術: 四種/(清)戴煦撰
　○對數簡法: 二卷
　○續對數簡法: 一卷
　○外切密率: 四卷
　○假數測圓: 二卷
・焦氏類林: 八卷/(明)焦竑輯
・梅邊吹笛譜: 二卷/(清)凌廷堪撰
・疑龍經: 一卷
・撼龍經: 一卷
・續談助: 五卷
・太清神鑑: 六卷
・小山畫譜: 二卷/(清)鄒一桂撰
・續世說: 十二卷/(宋)孔平仲撰
・益齋亂藁: 十卷拾遺一卷附集誌一
　　卷/(高麗)李齊賢撰
・仲瞿詩錄: 一卷/(清)徐渭仁輯
・煙霞萬古樓文集: 六卷/(清)王曇撰
・煙霞萬古樓詩選: 二卷/(清)王曇撰

榕園叢書: 六十五種/(清)張丙炎輯
清同治真州張氏廣東刻本
洋裝10冊(原線裝60冊);24釐米
Sinica 5948

詳目：
甲集
- 易略例：一卷/（三國魏）王弼撰；（唐）邢璹注
- 易説：六卷/（宋）司馬光撰
- 易象意言：一卷/（宋）蔡淵撰
- 尚書大傳：三卷補遺一卷續補遺一卷/（漢）伏勝撰；（漢）鄭玄註；（清）盧文弨輯補遺續補遺
- 敷文書説：一卷/（宋）鄭伯熊撰
- 禹貢指南：四卷/（宋）毛晃撰
- 洪範統一：一卷/（宋）趙善湘撰
- 詩譜：一卷/（漢）鄭玄撰；（清）李光廷輯
- 絜齋毛詩經筵講義：四卷/（宋）袁燮撰
- 書繹：一卷/（清）廖翺撰
- 詩繹：一卷/（清）廖翺撰
- 箴膏肓起廢疾發墨守/（漢）鄭玄撰；（清）王復輯
- 春秋傳説例：一卷/（宋）劉敞撰
- 春秋金鎖匙：三卷/（元）趙汸撰
- 左傳義法舉要：一卷/（清）方苞述；（清）王兆符，（清）程崟錄
- 儀禮釋宮：一卷/（宋）李如圭撰
- 古本大學解：二卷/（清）温颺撰
- 爾雅古義：十二卷/（清）黃奭輯
  ○ 爾雅犍爲文學注：一卷/（漢）□□撰
  ○ 爾雅注：一卷/（漢）樊光撰
  ○ 爾雅注/（漢）李巡撰
  ○ 爾雅注/（漢）劉歆撰
    以上合一卷
  ○ 爾雅音注：一卷/（三國魏）孫炎撰
  ○ 爾雅音義：一卷/（晉）郭璞撰
  ○ 爾雅圖贊：一卷/（晉）郭璞撰
  ○ 爾雅集注：一卷/（南朝梁）沈旋撰
  ○ 爾雅音注：一卷/（南朝陳）施乾撰
  ○ 爾雅音注：一卷/（南朝陳）謝嶠撰
  ○ 爾雅音注：一卷/（南朝梁）顧野王撰
  ○ 爾雅衆家註：二卷
- 孝經：一卷/（漢）孔安國傳；（日本）太宰純音
- 孝經鄭注：一卷/（漢）鄭玄撰；（日本）岡田挺之輯
- 孝經刊誤：一卷/（宋）朱熹撰
- 駁五經異義：一卷補遺一卷/（漢）鄭玄撰；（清）王復案

乙集
- 兩漢刊誤補遺：十卷/（宋）吳仁傑撰
- 鄴中記：一卷/（晉）陸翽撰
- 釣磯立談：一卷/（宋）史虛白撰
- 燕翼貽謀錄：五卷/（宋）王栐撰
- 漢官舊儀：二卷補遺一卷/（漢）衛宏撰
- 翰林志：一卷/（唐）李肇撰
- 續翰林志：二卷/（宋）蘇易簡撰
- 麟臺故事：五卷/（宋）程俱撰
- 翰苑遺事：一卷/（宋）洪遵撰
- 嶺表錄異：三卷/（唐）劉恂撰
- 吳郡圖經續記：三卷/（宋）朱長文撰
- 長春真人西遊記：一卷附錄一卷/（元）李志常撰
- 西使記：一卷/（元）劉郁撰
- 西藏賦：一卷/（清）和寧撰
- 普法戰紀輯要：四卷/（清）張宗良

譯；(清)王韜撰；(清)李光廷輯
- 舊聞證誤：四卷/(宋)李心傳撰

丙集
- 鶡冠子：三卷/(宋)陸佃註
- 治要節鈔：五卷附錄一卷/(唐)魏徵等輯；(清)李光廷節鈔
- 意林：五卷/(唐)馬總輯
- 化書：六卷/(南唐)譚峭撰
- 公是先生弟子記：四卷/(宋)劉敞撰
- 郁離子：二卷/(明)劉基撰
- 元包經傳：五卷/(北周)衛元嵩撰；(唐)蘇源明傳；(唐)李江註；(宋)韋漢卿音釋.附元包數總義：二卷/(宋)張行成述
- 述書賦：二卷/(唐)竇臮撰；(唐)竇蒙註
- 圖畫寶鑑：五卷補遺一卷/(元)夏文彥撰
- 刊誤：二卷/(唐)李涪撰
- 蘇氏演義：二卷/(唐)蘇鶚撰
- 金華子：二卷/(南唐)劉崇遠撰
- 王文正筆錄：一卷/(宋)王曾撰
- 宋景文筆記：三卷/(宋)宋祁撰
- 春明退朝錄：三卷/(宋)宋敏求撰
- 師友談記：一卷/(宋)李廌撰
- 珍席放談：二卷/(宋)高晦叟撰
- 卻掃篇：三卷/(宋)徐度撰
- 朝野類要：五卷/(宋)趙昇撰
- 澄懷錄：二卷/(宋)周密撰
- 離騷經註：一卷.九歌註：一卷/(清)李光地撰
- 離騷草木疏：四卷/(宋)吳仁傑撰
- 樂府古題要解：二卷/(唐)吳兢撰
- 主客圖：一卷/(唐)張爲撰

續刻
- 揚州足徵錄：二十七卷/(清)焦循輯
- 儒林傳稿：四卷/(清)阮元撰

清光緒十一年[1885]刻本
- 陽宅闢謬：一卷/(清)姚文田撰

又一部
存甲集二種
線裝1冊；20釐米
Sinica 4589
詳目：
- 孝經：一卷/(漢)孔安國傳；(日)太宰純音
- 孝經鄭注：一卷/(漢)鄭玄撰；(日)岡田挺之輯

聽秋聲館鈔書：四集八十五種/(清)丁紹儀編

清中後期聽秋聲館烏絲欄抄本
線裝48冊；26釐米
Backhouse 419
詳目：
初集
- 大學石經：一卷
- 大學古本：一卷/(元)陶宗儀錄
- 論語拾遺：一卷/(宋)蘇轍撰
- 疑孟：一卷/(宋)司馬光撰
- 於陵子：一卷/(周)陳仲子撰；(明)徐渭評
- 希通錄：一卷/(宋)蕭參撰
- 賓賓錄：一卷
- 前明忠義別傳：一卷/(清)汪有典撰
- 明臣奏疏：一卷
- 內臣劉若愚蕪史纂略：一卷/(明)劉若愚撰

- 寧海將軍固山貝子全台恩續錄：一卷/(清)□□撰
- 海岱日記：一卷/(清)張榕端撰
- 雨窗漫筆：一卷/(清)王原祁撰
- 彭仁羿先生上太僕公書：一卷/(清)彭孫貽撰
- 南遊記：一卷/(清)孫嘉淦撰
- 皖江汪氏文存：一卷/(清)汪申撰
- 文史通義/(清)章學誠撰
  ○ 易教：三卷
  ○ 書教：三卷
  ○ 詩教：二卷
  ○ 言公：三篇
  ○ 說林：一卷
  ○ 知難：一卷
  ○ 鍼鳴：一卷
  ○ 砭異：一卷
  ○ 文德：一卷
  ○ 文理：一卷
  ○ 釋通：經一卷傳四卷
  ○ 橫通：一卷
  ○ 史德：一卷
  ○ 史釋：一卷
  ○ 史注：一卷
  ○ 傳記：一卷
  ○ 習固：一卷
  ○ 匡謬：一卷
  ○ 莊騷：一卷
  ○ 砭俗：一卷
  ○ 俗嫌：一卷
  ○ 繁稱：一卷
  ○ 文集：一卷答問一卷篇卷一卷
  ○ 師說：一卷
  ○ 感遇：一卷
  ○ 假年：一卷
  ○ 婦學：一卷
  ○ 詩話：一卷
  ○ 雜說：三卷
  ○ 天喻：一卷
  ○ 古文十弊：一卷
  ○ 續通志校讎略擬稿：三卷
- 方輿紀要：十五卷/(清)顧祖禹撰 二集
- 釋奠考：一卷/(清)洪若皋撰
- 史學提要：二卷.列國歌：一卷/(宋)黃繼善編；(清)閻修子增訂
- 廿四史提要：一卷/(清)邵晉涵撰
- 火經：一卷
- 砲考：一卷
- 十藥神書：一卷/(元)葛可久編；(清)程永培校
- 副墨近品：一卷/(清)顧□撰
- 說硯：一卷/(清)朱彝尊撰
- 水坑石記：一卷/(清)錢朝鼎撰
- 端溪硯石考：一卷/(清)高兆撰
- 印正附說：一卷/(明)甘暘撰
- 三十五舉：一卷/(元)吾丘衍撰
- 續三十五舉：一卷/(清)桂馥撰
- 多野齋印說：一卷/(清)董洵撰
- 印色獨步：一卷/(清)江在袞撰
- 漁洋赤牘：一卷/(清)王士禎撰
- 夢花樓文鈔：一卷/(清)童嘉誠撰
- 民焚董其昌家始末：一卷
- 寶顏堂訂正丙丁龜鑑：五卷續錄一卷/(宋)柴望撰；(明)顧雲鵬等校
- 續丙丁龜鑑：一卷/(明)錢士昌撰
- 江上孤忠錄：一卷

- 皇上七旬萬壽千字文：一卷/(清)吳省蘭撰
- 續千字文：一卷/(清)龔璁撰
- 癖顛小史：一卷/(明)華淑撰；(明)袁宏道評
- 詩牌譜：一卷/(明)王良樞編
- 遼詩話：一卷/(清)周春撰
- 十國宮詞一百首：一卷/(清)吳省蘭撰
- 十國雜事詩：一卷/(清)計楠撰
- 金閶竹枝詞：一卷/(清)蓉鷗漫叟撰

三集
- 易括：四卷補編一卷/(清)吳鼎撰
- 四書釋地：一卷/(清)閻若璩撰
- 四書釋地續：一卷/(清)閻若璩撰
- 孟子生卒年月考：一卷/(清)閻若璩撰
- 孔廟從祀末議：一卷/(清)閻若璩撰
- 考工釋車：一卷/(清)張象津撰
- 離騷經章句義疏：一卷/(清)張象津撰
- 詩學識要：五卷/(清)楊登訓撰
- 廿一史提綱歌：二卷/(清)李兆洛編
- 宜略識字：一卷/(清)林春溥撰
- 年齒錄：一卷/(清)何亦純撰
- 志學會約：一卷/(清)湯斌撰
- 訓士八則：一卷/(清)鄭虎文撰
- 訓蒙十二條：一卷/(清)裕謙撰
- 音匏隨筆：一卷/(清)曹楝堅撰
- 墨井畫跋外卷：一卷/(清)吳歷撰
- 東征集摘錄：一卷/(清)藍鼎元撰
- 漕運私說：一卷/(清)俞活撰
- 功偉先生文存：一卷/(清)鄭功偉撰
- 甌香館尺牘：一卷/(清)惲格撰
- 誡子書：一卷/(清)聶繼模撰
- 上成親王書：一卷/(清)洪亮吉撰
- 太上感應篇：一卷/(清)惠棟箋注

四集
- 御題棉花圖詩：一卷/(清)高宗弘曆撰
- 說經：一卷/(清)馮春暉撰
- 說史：一卷/(清)馮春暉撰
- 史閣部集：不分卷/(明)史可法撰
- 聊齋文稿：四卷/(清)蒲松齡撰
- 聊齋詩草：一卷/(清)蒲松齡撰
- 詩論：一卷/(清)宋大樽撰
- 白石詩集：一卷詞集一卷/(宋)姜夔撰
- 華谷詩鈔：一卷/(宋)嚴粲撰
- 歲寒詠物詞：一卷/(清)王一元撰
- 聞川櫂歌百首：一卷/(清)宋景穌撰
- 蜀輶日記：不分卷/(清)陶澍撰
- 菊譜：一卷.養諸花法：一卷/(清)老迂天章氏撰
- 後四聲猿：一卷/(清)桂馥撰
- 萬里緣傳奇：三卷/(清)陸譜撰

滂喜齋叢書：五十種/(清)潘祖蔭編
清同治光緒間吳縣潘氏京師刻本
線裝32冊；26釐米
Backhouse 216
詳目：
第一函
- 虞氏易消息圖說初稾：一卷/(清)胡祥麟撰

清同治十一年[1872]刻本
- 大誓答問：一卷/(清)龔自珍撰

清同治六年[1867]刻本

・求古録禮説補遺：一卷續一卷/（清）金鶚撰
・公羊逸禮攷徵：一卷/（清）陳奐撰
・喪禮經傳約：一卷/（清）吳卓信撰
清同治十一年[1872]刻本
・京畿金石考：二卷/（清）孫星衍撰
・止觀輔行傳弘決：一卷/（唐）釋湛然述；（清）胡澍録
・炳燭編：四卷/（清）李賡芸撰
清同治十一年[1872]刻本
・橋西雜記：一卷/（清）葉名澧撰
清同治十年[1871]刻本
・蕙西先生遺稿：一卷/（清）邵懿辰撰
・張文節公遺集：二卷/（清）張洵著
清同治十一年[1872]刻本
・越三子集/（清）潘祖蔭輯
清同治十一年[1872]刻本
　。亢藝堂集：三卷/（清）孫廷璋撰
　。陳比部遺集：三卷/（清）陳壽祺撰
　　□篆喜堂詩稿：一卷
　　□青芙館詞鈔：一卷
　　□二韭室詩餘別集：一卷
　。王孟調西鳧草：一卷/（清）王星誠撰
・咍敢覽館稿：一卷/（清）曹應鐘撰
・壬申消夏詩：一卷/（清）潘祖蔭等輯
第二函
・卦本圖攷：一卷/（清）胡秉虔撰
・尚書序録：一卷/（清）胡秉虔撰
・春秋左氏古義：六卷/（清）臧壽恭撰
清同治十三年[1874]刻本
・説文管見：三卷/（清）胡秉虔撰
・古韻論：三卷/（清）胡秉虔撰
・鹽法議略：一卷/（清）王守基撰

清同治十二年[1873]刻本
・黄帝内經素問校義：一卷/（清）胡澍學
・藝芸書舍宋元本書目：一卷/（清）汪士鐘撰
清同治十二年[1873]刻本
・玉井山館筆記：一卷舊游日記一卷/（清）許宗衡撰
清同治十三年[1874]刻本
・宋四家詞選：一卷/（清）周濟輯
清同治十二年[1873]刻本
・癸酉消夏詩：一卷/（清）潘祖蔭輯
・南苑唱和詩：一卷/（清）潘祖蔭輯
清同治十三年[1874]刻本
第三函
・別雅訂：五卷/（清）許瀚撰
清光緒三年[1877]刻本
・許印林遺著：一卷/（清）許瀚撰
・非石日記鈔：一卷/（清）鈕樹玉撰；（清）王頌蔚輯
・鈕非石遺文：一卷/（清）鈕樹玉撰
・炳燭室雜文：一卷/（清）江藩撰
清光緒三年[1877]刻本
・天馬山房詩別録：一卷/（清）汪巽東撰
又名《雲間百詠》
清光緒三年[1877]刻本
・沈四山人詩録：六卷附録一卷/（清）沈謹學撰
清光緒三年[1877]刻本
・吳郡金石目：一卷/（清）程祖慶編
清光緒三年[1877]刻本
・稽瑞樓書目：四卷/（清）陳揆編
清光緒三年[1877]刻本

·懷舊集：二卷/（清）馮舒輯
清光緒三年[1877]刻本
·愛吾廬文鈔：一卷/（清）吕世宜撰
清光緒三年[1877]刻本
第四函
·劉貴陽説經殘稿：一卷/（清）劉書年撰
·劉氏遺箸：三卷/（清）劉禧延撰
清光緒九年[1883]刻本
·寶鐵齋金石文跋尾：三卷/（清）韓崇撰
·百塼考：一卷/（清）吕佺孫撰
清光緒四年[1878]刻本
·簠齋傳古別録：一卷/（清）陳介祺撰
·陳簠齋丈筆記：一卷手札一卷/（清）陳介祺撰
·鮑臆園丈手札：一卷/（清）鮑康撰
·幽夢續影：一卷/（清）朱錫綬撰
清光緒四年[1878]刻本
·徐元歎先生殘槀：一卷/（明）徐波撰
又名《浪齋新舊詩》
清光緒九年[1883]刻本
·二茗詩集/（清）潘鍾瑞輯
清光緒九年[1883]刻本
　○萬卷書屋詩存：一卷/（清）朱棆撰
　○楸花盦詩：二卷附録一卷外集一卷/（清）葉廷琯撰
·石氏喬梓詩集/（清）潘鍾瑞輯
清光緒九年[1883]刻本
　○聽雨樓詩：一卷/（清）石嘉吉撰
　○葵青居詩録：一卷.附夢蜨草：一卷/（清）石渠撰
·小草庵詩鈔：一卷/（清）屠蘇撰

清光緒十年[1884]刻本
·日本金石年表：一卷/（日本）西田直養撰

功順堂叢書：十八種/（清）潘祖蔭編
清光緒吳縣潘氏刻本
線裝24册；26釐米
Backhouse 15
詳目：
·春秋左氏傳補注：十二卷/（清）沈欽韓撰
·春秋左氏傳地名補注：十二卷/（清）沈欽韓撰
·周人經説：八卷（原缺卷五至八）/（清）王紹蘭撰
·王氏經説：六卷.音略：一卷音略攷證一卷/（清）王紹蘭撰
·論語孔注辨僞：二卷/（清）沈濤撰
·爾雅補注殘本：一卷/（清）劉玉麐撰
·急就章：一卷攷證一卷/（漢）史游撰；（清）鈕樹玉校並撰攷證
·説文古籀疏證：六卷/（清）莊述祖撰
·國史考異：六卷/（清）潘檉章撰；（清）吴炎訂
·平定羅刹方略：四卷/（清）□□撰
·西清筆記：二卷/（清）沈初撰
·涇林續記：一卷/（明）周元暐撰
·廣陽雜記：五卷/（清）劉獻廷撰
·無事爲福齋隨筆：二卷/（清）韓泰華撰
·范石湖詩集注：三卷/（宋）范成大撰；（清）沈欽韓注
·半氈齋題跋：二卷/（清）江藩撰
·南澗文集：二卷/（清）李文藻撰

·冬青館古宮詞：三卷/（清）張鑑撰；（清）桂榮注

述古叢鈔：二十六種/（清）劉晚榮輯
清同治光緒間古岡劉氏藏修書屋刻本
洋裝8冊（原線裝40冊）；20釐米
Sinica 6625
詳目：
第一集
清同治九年[1870]刻本
·藏書記要：一卷/（清）孫從添撰
·裝潢志：一卷/（明）周嘉冑撰
·畫筌析覽：一卷/（清）湯貽汾撰
·清秘藏：二卷/（明）張應文撰
·法書名畫見聞表：一卷/（明）張丑撰
·南陽法書表：一卷/（明）張丑撰
·南陽名畫表：一卷/（明）張丑撰
·清河秘篋書畫表：一卷/（明）張丑撰
·傷寒百證歌：五卷/（宋）許叔微撰
·經絡歌訣：一卷/（清）汪昂註輯
·傷寒六經定法：一卷問答一卷/（清）舒詔撰
·藥症忌宜：一卷/（清）陳澈撰
·昭代名人尺牘小傳：二十四卷/（清）吳修撰
·靈棋經：二卷/（漢）東方朔撰；（晉）顏幼明，（南朝宋）何承天注；（元）陳師凱，（明）劉基解
·獸經：一卷/（明）黃省曾撰
·虎苑：二卷/（明）王穉登撰
第二集
清同治十三年[1874]刻本
·御覽書苑菁華：二十卷/（宋）陳思輯

·遼詩話：二卷/（清）周春輯
·無聲詩史：七卷/（明）姜紹書輯
第三集
清光緒五年[1879]刻本
·南唐書合刻：四十八卷
　○南唐書：三十卷/（宋）馬令撰
　○南唐書：十八卷音釋一卷/（宋）陸游撰；（元）戚光音釋
·玉臺書史：一卷/（清）厲鶚撰
·玉臺畫史：五卷別錄一卷/（清）湯漱玉輯
第四集
清光緒五年[1879]刻本
·詒晉齋集：八卷/（清）永瑆撰
·芳堅館題跋：四卷/（清）郭尚先撰
·太乙照神經：三卷.神相證驗百條：二卷/（清）劉學誠輯
·月波洞中記：一卷/（三國吳）張仲遠傳本；（宋）潘時竦述

小石山房叢書：三十八種/（清）顧湘輯
清同治十三年[1874]虞山顧氏刻本
洋裝3冊（原線裝20冊）；25釐米
Sinica 6657
詳目：
第一冊
·四書講義：一卷/（明）顧憲成撰
·淮雲問答：一卷續編一卷/（清）陳瑚撰
第二冊
·論學酬答：四卷/（清）陸世儀撰
第三冊
·韋菴經說：一卷/（清）周象明撰
第四冊

- 毋欺錄：一卷/（清）朱用純撰
- 潘瀾筆記：二卷/（清）彭兆蓀撰
- 懺摩錄：一卷/（清）彭兆蓀撰

第五冊
- 東觀奏記：三卷/（唐）裴庭裕撰
- 承華事略：一卷/（元）王惲撰
- 明夷待訪錄：一卷/（清）黃宗羲撰

第六冊
- 岳陽風土記：一卷/（宋）范致明撰
- 校正朝邑志：一卷/（明）韓邦靖撰
- 吳門耆舊記：一卷/（清）顧承撰

第七冊
- 松窗快筆：一卷/（明）龔立本撰
- 海虞畫苑略：一卷補遺一卷/（清）魚翼撰

第八冊
- 疑年錄：四卷/（清）錢大昕撰
- 續疑年錄：四卷/（清）吳修撰

第九冊
- 稼書先生年譜：一卷/（清）陸宸微，（清）李鉉輯
- 汲古閣校刻書目：一卷補遺一卷刻板存亡考一卷/（清）鄭德懋輯

第十冊
- 隱綠軒題識：一卷/（清）陳奕禧撰
- 砥齋題跋：一卷/（清）王弘撰撰
- 湛園題跋：一卷/（清）姜宸英撰
- 義門題跋：一卷/（清）何焯撰

第十一冊
- 山家清供：一卷/（宋）林洪撰
- 勿藥須知：一卷/（清）尤乘撰

第十二冊
- 尋花日記：二卷/（清）歸莊撰
- 看花雜詠：一卷/（清）歸莊撰
- 冬心先生畫竹題記：一卷/（清）金農撰
- 冬心先生三體詩：一卷/（清）金農撰

第十三冊
- 詞評：一卷/（明）王世貞撰
- 墨井詩鈔：二卷/（清）吳歷撰
- 三巴集：一卷/（清）吳歷撰

又名《墨中雜詠》
- 墨井題跋：一卷/（清）吳歷撰
- 海珊詩鈔：一卷/（清）嚴遂成撰
- 蕺庵遺詩：一卷/（清）黃彥撰

第十四冊
- 明人詩品：二卷/（清）杜蔭棠撰
- 夢曉樓隨筆：一卷/（清）宋顧樂撰
- 虞東先生文錄：八卷/（清）顧鎮撰

後知不足齋叢書：四十七種/（清）鮑廷爵輯
清光緒常熟鮑氏刻本
洋裝15冊（原線裝64冊）；28釐米
Sinica 6642
詳目：
第一函
- 鄭氏遺書五種/（漢）鄭玄撰
清光緒十年[1884]刻本
  ◦ 駁五經異義：一卷補遺一卷/（清）王復輯；（清）武億校
  ◦ 箴膏肓：一卷/（清）王復輯；（清）武億校
  ◦ 起廢疾：一卷/（清）王復輯；（清）武億校
  ◦ 發墨守：一卷/（清）王復輯；（清）武億校
  ◦ 鄭志：三卷附錄一卷/（三國魏）鄭小同編；（清）錢東垣，

（清）錢侗按
清光緒十年[1884]據汗筠齋叢書
刊版修補
　・沈氏經學六種/（清）沈淑撰
清光緒八年[1882]刻本
　　。陸氏經典異文輯：六卷/（清）沈
　　　淑輯
　　。經典異文補：六卷/（清）沈淑輯
　　。注疏瑣語：四卷
　　。春秋左傳分國土地名：二卷
　　。左傳列國職官：一卷
　　。左傳器物宮室：一卷
第二函
　・五經文字：三卷/（唐）張參撰
清光緒九年[1883]據玲瓏山館叢刻
刊版補修
　　・新加九經字樣：一卷/（唐）唐玄度
　　　撰
清光緒九年[1883]據玲瓏山館叢刻
刊版補修
　・石經殘字考：一卷/（清）翁方綱撰
清光緒九年[1883]刻本
　・干祿字書：一卷/（唐）顏元孫撰
　・班馬字類：二卷/（宋）婁機撰
清光緒九年[1883]據玲瓏山館叢刻
刊版補修
　・九經韻補：一卷附錄一卷/（宋）楊
　　　伯嵒撰；（清）錢侗攷證
清光緒十年[1884]據汗筠齋叢書
刊版補修
第三函
　・許氏說文解字雙聲疊韻譜：一卷/
　　　（清）鄧廷楨撰
清光緒七年[1881]刻本

・積古齋鐘鼎彝器款識：十卷/（清）
　　阮元撰
清光緒九年[1883]刻本
・兩漢五經博士考：三卷/（清）張金
　　吾撰
清光緒十年[1884]刻本
・漢魏六朝志墓金石例：三卷.唐人
　　志墓諸例：一卷/（清）吳鎬撰
清光緒十年[1884]據玲瓏山館叢
刻刊版補修
・金石訂例：四卷/（清）鮑振方撰
清光緒十年[1884]刻本
第四函
・稽瑞：一卷/（唐）劉賡撰
清光緒十年[1884]據玲瓏山館叢
刻刊版補修
・崇文總目：五卷補遺一卷附錄一卷
　　/（宋）王堯臣等編；（清）錢東垣
　　等輯釋；（清）錢侗輯補遺
清光緒八年[1882]據汗筠齋叢書刊
版補修
・第六絃溪文鈔：四卷/（清）黃廷鑑撰
清光緒十年[1884]刻本
第五函
・六藝論：一卷/（漢）鄭玄撰；（清）
　　陳鱣輯
・大誓答問：一卷/（清）龔自珍纂
清光緒十六年[1890]刻本
・詩問：一卷
清光緒十五年[1889]刻本
・檀弓訂誤：一卷/（清）毛奇齡撰
清光緒十四年[1888]刻本
・五經今文古文考：一卷/（清）吳陳
　　琰撰

清光緒十四年[1888]刻本
·夏小正詁:一卷/(清)諸錦撰
清光緒十五年[1889]刻本
·駢雅訓纂:七卷首一卷/(清)魏茂林撰
清光緒十二年[1886]刻本
第六函
·春秋左氏古經:十二卷五十凡一卷/(清)段玉裁撰
清光緒九年[1883]刻本
·文字蒙求:四卷/(清)王筠撰
清光緒五年[1879]刻本
·説文楬原:二卷/(清)張行孚撰
清光緒十年[1884]刻本
·説文發疑:六卷/(清)張行孚撰
清光緒十年[1884]刻本
·論篆:一卷/(唐)李陽冰撰
·篆刻十三略:一卷/(清)袁三俊撰
·京畿金石考:二卷/(清)孫星衍撰
清光緒十年[1884]刻本
第七函
·史略:六卷/(宋)高似孫撰
清光緒九年[1883]刻本
·漢禮器制度:一卷/(漢)叔孫通撰;(清)孫星衍輯
·漢官:一卷/(漢)□□撰;(清)孫星衍輯
·漢官解詁:一卷/(漢)王隆撰;(漢)胡廣注;(清)孫星衍輯
·漢舊儀:二卷補遺二卷/(漢)衛宏撰;(清)孫星衍校並輯補遺
·漢官儀:二卷/(漢)應劭撰;(清)孫星衍輯
·漢官典職儀式選用:一卷/(漢)蔡質撰;(清)孫星衍輯
·漢儀:一卷/(三國吳)丁孚撰;(清)孫星衍輯
·後漢書補表:八卷/(清)錢大昭撰
清光緒八年[1882]據汗筠齋叢書刊版補修
·楚漢春秋:一卷疑義一卷/(漢)陸賈撰;(清)茆泮林輯
清光緒十年[1884]刻本
·古金待問録:四卷録餘一卷補遺一卷/(清)朱楓輯
清光緒十六年[1890]刻本
第八函
·州縣提綱:四卷/(宋)陳襄撰
清光緒十年[1884]刻本
·輿地形勢論:一卷/(清)鮑振方撰
清同治十三年[1874]刻本
·九邊圖論:一卷/(明)許論撰
清光緒十六年[1890]刻本
·海防圖論:一卷/(明)胡宗憲撰
清同治十一年[1872]刻本
·淳化秘閣法帖考正:十二卷/(清)王澍撰
清光緒十五年[1889]刻本
·蘇米齋蘭亭考:八卷/(清)翁方綱撰
清光緒十五年[1889]刻本

月河精舍叢鈔:五種/(清)丁寶書輯
清光緒六年[1880]苕溪丁氏刻本
洋裝4冊(原線裝20冊);25釐米
Sinica 6659
詳目:
·讀書雜識:十二卷/(清)勞格撰
清光緒四年[1878]刻本

·唐御史臺精舍題名考：三卷附錄一卷/（清）趙鉞，（清）勞格撰
·唐尚書省郎官石柱題名考：二十六卷附錄一卷/（清）勞格，（清）趙鉞撰
清光緒十二年［1886］刻本
·安定言行錄：二卷/（清）許正綬撰
·風水袪惑：一卷/（清）丁芮樸撰

邵武徐氏叢書：二十三種/（清）徐榦輯
清光緒邵武徐氏刻本
洋裝8冊（原線裝40冊）；24釐米
Sinica 6618
詳目：
初刻
·鄭氏詩譜考正：一卷/（清）丁晏撰
·春秋世族譜：一卷/（清）陳厚耀撰
·小爾雅疏：八卷/（清）王煦撰
·韻補：五卷/（宋）吳棫撰
清光緒九年［1883］刻本
·韻補正：一卷/（清）顧炎武撰
·東南紀事：十二卷/（清）邵廷采撰
·西南紀事：十二卷/（清）邵廷采撰
·海東逸史：十八卷附錄一卷/（清）翁洲老民撰
·李忠定公別集：十卷/（宋）李綱撰
清光緒十年［1884］刻本
。建炎時政記：三卷
。靖康傳信錄：三卷
。建炎進退志：四卷
·東觀餘論：二卷附錄一卷/（宋）黃伯思撰
·琴操：二卷/（漢）蔡邕撰
·支遁集：二卷補遺一卷/（晉）釋支遁撰；（清）蔣清翊輯補遺
清光緒十年［1884］刻本
·西崑酬唱集：二卷/（宋）楊億輯
·樵川二家詩：六卷/（清）徐榦輯
清光緒七年［1881］刻本
。滄浪吟：二卷/（宋）嚴羽撰
。滄浪詩話：一卷/（宋）嚴羽撰
。秋聲集：三卷/（元）黃鎮成撰
·文章緣起：一卷/（南朝梁）任昉撰；（明）陳懋仁註；（清）方熊補註
二集
·澂景堂史測：十四卷/（清）施鴻撰
·剡錄：十卷/（宋）高似孫撰
·邵氏姓解辨誤：一卷/（清）段朝端撰
·讒書：五卷附校一卷/（唐）羅隱撰；（清）吳騫撰附校
·竹齋詩集：四卷/（明）王冕撰
·亨甫詩選：八卷/（清）張際亮撰
清光緒八年［1882］刻本
·本事詩：十二卷/（清）徐釚輯
·花間集：十卷/（後蜀）趙崇祚輯
清光緒十四年［1888］刻本

半厂叢書初編：十種/（清）譚獻輯
清光緒仁和譚氏刻本
洋裝3冊（原線裝20冊）；27釐米
Sinica 6706
缺一種（非見齋審定六朝正書碑目一卷）
詳目：
·詩本誼：一卷/（清）龔橙撰
清光緒十五年［1889］刻本

·西夏紀事本末：三十六卷首二卷/
　（清）張鑑撰
清光緒十一年[1885]刻本
·白香詞譜箋：四卷/（清）舒夢蘭輯；
　（清）謝朝徵箋
清光緒十一年[1885]刻本
·篋中詞：六卷續四卷/（清）譚獻輯
清光緒八年[1882]刻本
·復堂類集：文四卷詩十一卷詞三卷
　日記八卷/（清）譚獻撰
清光緒十一年[1885]詩同治四年
[1865]日記光緒十三年[1887]刻本
·合肥三家詩錄：二卷/（清）徐子苓，
　（清）戴家麟，（清）王尚辰撰；
　（清）譚獻輯
清光緒十二年[1886]刻本
·待堂文：一卷/（清）吳懷珍撰
·四十初度述懷：一卷/（清）吳寶儉撰
·池上題襟小集：一卷/（清）譚獻輯

心矩齋叢書：八種/（清）蔣鳳藻輯
清光緒長洲蔣氏刻本
洋裝3冊（原線裝24冊）；28釐米
缺一種（六九齋饌述稿一卷）
有"美公""雙玉蟬館"印記
Sinica 6730
詳目：
·漢志水道疏證：四卷/（清）洪頤煊撰
清光緒十四年[1888]刻本
·姑蘇名賢小記：二卷/（明）文震孟撰
清光緒八年[1882]刻本
·南江札記：一卷/（清）邵晉涵撰
清光緒十四年[1888]刻本
·蘇詩查注補正：四卷/（清）沈欽韓撰

清光緒十四年[1888]刻本
·鐵橋漫稿：八卷/（清）嚴可均撰
清光緒十一年[1885]刻本
·札樸：十卷/（清）桂馥撰
清光緒九年[1883]刻本
·經傳釋詞補：一卷/（清）孫經世撰
清光緒十四年[1888]刻本

金峩山館叢書：十一種/（清）郭傳璞輯
清光緒鄞郭傳璞金峩山館刻本
存二種
線裝1冊；26釐米
Sinica 3146
詳目：
·説文統釋自序：一卷/（清）錢大昭撰
清光緒八年[1882]刻本
·音同義異辨：一卷/（清）畢沅撰
清光緒八年[1882]刻本

又一部
存三種
線裝1冊；26釐米
Sinica 4871
詳目：
·説文答問疏證：六卷/（清）薛傳均撰
清光緒十年[1884]刻本
·説文經字攷：一卷/（清）陳壽祺撰
清光緒十年[1884]刻本
·第一樓叢書附攷：一卷/（清）俞樾撰
清光緒十年[1884]刻本

咫進齋叢書：三十七種/（清）姚覲元編
清光緒九年[1883]歸安姚氏刻本
線裝24冊；25釐米
Sinica 2875

詳目:
第一集
- 春秋公羊禮疏: 十一卷/(清)淩曙撰
- 公羊問答: 二卷/(清)淩曙撰
- 孝經疑問: 一卷/(明)姚舜牧撰
- 說文荅問疏證: 六卷/(清)錢大昕撰;(清)薛傳均注
- 瘞鶴銘圖考: 一卷/(清)汪士鋐撰
- 蘇齋唐碑選: 一卷/(清)翁方綱撰
- 藥言: 一卷/(明)姚舜牧撰
- 咽喉脈證通論: 一卷

清同治十三年[1874]川東刻本
- 務民義齋算學/(清)徐有壬學
  ○ 測圜密率: 三卷
  ○ 橢圜正術: 一卷
  ○ 截球解義: 一卷
  ○ 造各表簡法: 一卷
  ○ 弧三角拾遺: 一卷
  ○ 用表推日食三差: 一卷
  ○ 朔食九服里差: 三卷
- 大雲山房十二章圖說: 二卷/(清)惲敬撰
- 大雲山房雜記: 二卷/(清)惲敬撰
- 棠湖詩稿: 一卷/(宋)岳珂撰
- 春艸堂遺藳: 一卷/(清)姚陽元撰

第二集
- 小爾雅疏證: 五卷/(清)葛其仁撰
- 說文引經攷: 二卷補遺一卷/(清)吳玉搢撰
- 說文檢字: 二卷補遺一卷/(清)毛謨撰;(清)姚覲元補遺
- 古今韻攷: 四卷附記一卷/(清)李因篤撰;(清)楊傳第撰附記
- 前徽錄: 一卷/(清)姚世錫撰
- 中州金石目: 四卷補遺一卷/(清)姚晏撰
- 三十五舉: 一卷校勘記一卷/(元)吾丘衍撰;(清)姚覲元撰校勘記
- 續三十五舉: 一卷/(清)桂馥撰
- 再續三十五舉: 一卷/(清)姚晏撰
- 安吳論書: 一卷/(清)包世臣箸
- 寒秀艸堂筆記: 四卷/(清)姚衡撰

第三集
- 禮記天算釋: 一卷/(清)孔廣牧撰
- 孝經: 一卷/(漢)鄭玄注;(清)嚴可均輯

清光緒八年[1882]粵東刻本
- 爾雅補郭: 二卷/(清)翟灝撰

清光緒八年[1882]粵東刻本
- 說文新附攷: 六卷/(清)鄭珍撰

清光緒五年[1879]刻本
- 汲古閣說文訂: 一卷/(清)段玉裁撰
- 說文校定本: 二卷/(清)朱士端撰
- 四聲等子: 一卷
- 全燬書目: 一卷.抽燬書目: 一卷/(清)乾隆四十七年[1782]英廉等奉敕撰

又名《銷燬抽燬書目》
- 禁書總目: 一卷/(清)乾隆五十三年[1788]軍機處奉敕撰
- 違礙書目: 一卷/(清)乾隆四十三年[1778]鄭爲等奉敕撰;(清)榮柱刻
- 慎疾芻言: 一卷/(清)徐大椿撰

清光緒七年[1881]刻本
- 陽宅闢謬: 一卷/(清)姚文田撰
- 清聞齋詩存: 三卷/(清)周鼎樞撰

清光緒八年[1882]刻本

古逸叢書：二十六種/（清）黎庶昌編
清光緒遵義黎氏日本東京使署刻本
線裝49冊；30釐米
Backhouse 538
詳目：
·爾雅：三卷/（晉）郭璞注
清光緒九年[1883]據宋蜀大字本影刻
·春秋穀梁傳：十二卷考異一卷/（晉）范寧集解；（唐）陸德明音義；（清）楊守敬考異
清光緒九年[1883]據宋紹熙本影刻
·論語：十卷/（三國魏）何晏集解
清光緒八年[1882]據日本正平本影刻
·周易：六卷.附晦庵先生校正周易繫辭精義：二卷/（宋）程頤傳；（宋）呂祖謙編繫辭精義
清光緒九年[1883]據元至正本影刻
·御注孝經：一卷/（唐）李隆基注
據日本舊鈔卷子本影刻
·老子道德經：二卷/（春秋）李耳撰；（三國魏）王弼注
據集唐字本影刻
·荀子：二十卷/（戰國）荀況撰；（唐）楊倞注
清光緒十年[1884]據宋台州本影刻
·南華真經注疏：十卷/（晉）郭象注；（唐）成玄英疏
據宋本影刻
·楚辭集注：八卷辯證二卷後語六卷/（宋）朱熹撰
據元本影刻
·尚書釋音：二卷/（唐）陸德明撰
據日本景鈔宋蜀大字本影刻
·玉篇：殘四卷（卷九、十八、十九、二十七）又二卷（卷九、二十二）/（南朝梁）顧野王撰
據日本舊鈔卷子本影刻
·廣韻：五卷校札一卷/（宋）陳彭年等重修；（清）黎庶昌撰校札
據宋本影刻
·廣韻：五卷/（宋）陳彭年等重修
據元泰定本影刻
·玉燭寶典：十二卷（原缺卷九）/（隋）杜臺卿撰
據日本舊鈔卷子本影刻
·文館詞林：殘十四卷（卷一百五十六至一百五十八、三百四十七、四百五十二、四百五十三、四百五十七、四百五十九、六百六十五至六百六十七、六百七十、六百九十一、六百九十九）/（唐）許敬宗等輯
清光緒十年[1884]據日本舊鈔卷子本影刻
·琱玉集：殘二卷（卷十二、十四）/（唐）□□撰
據日本舊鈔卷子本影刻
·姓解：三卷/（宋）邵思纂
據北宋本影刻
·韻鏡：一卷
據日本永禄本影刻
·日本國見在書目錄：一卷/（日本）藤原佐世撰
據日本舊鈔卷子本影刻
·史略：六卷/（宋）高似孫撰
清光緒十年[1884]據宋本影刻

・漢書食貨志：一卷（原缺卷下）/（漢）班固撰；（唐）顏師古注
清光緒八年[1882]據唐寫本影刻
・急就篇：一卷/（漢）史游撰
據日本小島知足仿唐石經體寫本影刻
・杜工部草堂詩箋：四十卷詩話二卷年譜二卷補遺十卷外集一卷/（宋）魯訔輯；（宋）蔡夢弼會箋；（宋）黃鶴集註補遺
據宋麻沙本影刻、補遺據高麗繙刻本影刻
・碣石調幽蘭：一卷/（南朝陳）丘公明撰
據日本舊鈔卷子本影刻
・天台山記：一卷/（唐）徐靈府撰
據日本舊鈔卷子本影刻
・太平寰宇記：殘六卷（卷一百十三至一百十八）/（宋）樂史撰
清光緒九年[1883]據宋本影刻

花雨樓叢鈔：二十二種附一種/（清）張壽榮輯
清光緒蛟川張氏花雨樓刻本
洋裝8冊（原線裝48冊）；20釐米
缺一種（附國朝駢體正宗評本十二卷補編一卷）
Sinica 6629
詳目：
・虞氏易禮：二卷/（清）張惠言撰
清光緒九年[1883]刻本
・易學闡元：一卷/（清）姚配中撰
清光緒八年[1882]刻本
・鄭氏詩譜攷正：一卷/（清）丁晏撰
清光緒九年[1883]刻本

・經書算學天文攷：二卷/（清）陳懋齡撰
清光緒八年[1882]刻本
・說雅：二卷/（清）朱駿聲撰
清光緒九年[1883]刻本
・茗柯文：初編一卷二編二卷三編一卷四編一卷/（清）張惠言撰
・茗柯詞：一卷/（清）張惠言撰
清光緒八年[1882]刻本
・初月樓四種/（清）吳德旋撰
清光緒八年[1882]刻本
　。初月樓文鈔：十卷續鈔八卷
　。初月樓詩鈔：四卷
　。初月樓古文緒論：一卷/（清）吳德旋述；（清）呂璜錄
　。程子香文鈔：二卷/（清）程德賚撰
・尚絅堂駢體文：二卷/（清）劉嗣綰撰
清光緒九年[1883]刻本
・硞山駢體文：四卷/（清）宋世犖撰
清光緒九年[1883]刻本
・成人篇：一卷/（清）張壽榮撰
清光緒九年[1883]刻本
續鈔
・各經承師立學考四編/（清）張壽榮輯
清光緒十一年[1885]刻本
　。經典釋文敘錄：一卷/（唐）陸德明撰；（清）盧文弨校正
　。傳經表：二卷/（清）畢沅撰
　。通經表：二卷/（清）畢沅撰
　。兩漢五經博士考：三卷/（清）張金吾撰
・詩攷補注：二卷補遺二卷/（清）丁晏撰
清光緒十一年[1885]刻本

·禮記釋注：四卷/(清)丁晏撰
　清光緒十年[1884]刻本
·考工記圖：二卷/(清)戴震撰
　清光緒十一年[1885]刻本
·苔岑經義鈔：六卷/(清)張鴻桷輯
　清光緒八年[1882]刻本
·戴東原先生年譜：一卷/(清)段玉裁撰
　清光緒十年[1884]刻本
·定香亭筆談：四卷坿錄一卷/(清)阮元撰
　清光緒十年[1884]刻本
·靈芬館雜著：二卷/(清)郭麐撰
　清光緒九年[1883]刻本
·芙村文鈔：二卷/(清)沈豫撰
　清光緒十一年[1885]刻本
·仁在堂論文各法：六卷/(清)路德撰
　清光緒十四年[1888]刻本
·詩答問：二卷/(清)王士禛撰；(清)張宗柟輯
　清光緒十四年[1888]刻本

嘯園叢書：五十七種/(清)葛元煦輯
　清光緒仁和葛氏刻本
　洋裝12冊（原線裝48冊）；19釐米
　缺一種
　Sinica 6630
　詳目：
　第一函
·愚一錄：十二卷/(清)鄭獻甫撰
·學詩闕疑：二卷/(清)劉青芝撰
·廿二史諱略：一卷/(清)周榘撰
·松花庵韻史：一卷/(清)吳鎮撰
·攷古質疑：六卷/(宋)葉大慶撰

·六如居士畫譜：三卷/(明)唐寅輯
·小山畫譜：二卷/(清)鄒一桂撰
　第二函
·臨池心解：一卷/(清)朱和羹撰
·三十五舉：一卷/(元)吾丘衍撰
·續三十五舉：一卷/(清)桂馥撰
·篆刻鍼度：八卷/(清)陳克恕述
·薛文清公讀書錄鈔：四卷/(明)薛瑄撰
·荊園語錄：二卷/(清)申涵光撰
·聰訓齋語：二卷/(清)張英纂
·澄懷園語：四卷/(清)張廷玉撰
·說鈴：一卷/(清)汪琬撰
·鮑園掌錄：二卷/(清)楊夔生撰
·懺摩錄：一卷/(清)彭兆蓀撰
·元邱素話：一卷/(清)余紹祉撰
·幽夢影：二卷/(清)張潮撰
·幽夢續影：一卷/(清)朱錫綬撰
　第三函
·唐摭言：十五卷/(南漢)王定保撰
·雲仙雜記：十卷/(唐)馮贄撰
·赤雅：三卷/(明)鄺露撰
·清嘉錄：十二卷/(清)顧祿撰
·清波小志：二卷/(清)徐逢吉撰
·清波小志補：一卷/(清)陳景鐘撰
　第四函
·韻石齋筆談：二卷/(明)姜紹書撰
·書蕉：二卷/(明)陳繼儒撰
·黃嬭餘話：八卷/(清)陳錫路撰
·劇談錄：二卷/(唐)康駢撰
·泊宅編：三卷/(宋)方勺撰
·西溪叢語：二卷/(宋)姚寬撰
·味水軒日記：八卷/(明)李日華撰
·古夫于亭雜錄：六卷/(清)王士禛撰

第五函
- 說部精華：十二卷/（清）王士禛撰；（清）劉堅類次
- 放翁題跋：六卷/（宋）陸游撰
- 放翁家訓：一卷/（宋）陸游撰
- 漁洋書籍跋尾：二卷/（清）王士禛撰
- 南田畫跋：一卷/（清）惲格撰
- 賜硯齋題畫偶錄：一卷/（清）戴熙撰
- 嘉應平寇紀略：一卷/（清）謝國珍撰
- 古詩十九首說：一卷/（清）朱筠口授；（清）徐昆筆述
- 說詩晬語：二卷/（清）沈德潛撰
- 梅道人遺墨：一卷/（元）吳鎮撰
- 論印絕句：一卷續編一卷/（清）吳騫輯
- 醉盦硯銘：一卷/（清）王繼香撰
- 曼盦壺廬銘：一卷/（清）葉金壽撰；（清）郭傳璞注

第六函
- 香研居詞麈：五卷/（清）方成培撰
- 詞林正韻：三卷發凡一卷/（清）戈載輯
- 臨民要略/（清）葛元煦輯
  ○ 學治一得編：一卷附錄一卷/（清）何耿繩撰
  ○ 明刑管見錄：一卷/（清）穆翰撰
  ○ 讀律琯朗：一卷/（清）梁他山撰
- 吳中判牘：一卷/（清）蒯德模撰
- 洄溪醫案：一卷/（清）徐大椿撰
- 慎疾芻言：一卷/（清）徐大椿撰
- 景岳新方砭：四卷/（清）陳念祖撰
- 理虛元鑑：二卷/（明）汪綺石撰
- 保生胎養良方：一卷

南菁書院叢書：四十一種/（清）王先謙，（清）繆荃孫輯
清光緒十四年［1888］江陰南菁書院刻本
洋裝9冊（原線裝40冊）；24釐米
Sinica 5956
詳目：
第一集
- 登科記考：三十卷/（清）徐松撰
- 春秋摘微：一卷/（唐）盧仝撰；（清）李邦黻編

第二集
- 深衣考：一卷/（清）黃宗羲撰
- 左傳補注：一卷/（清）姚鼐撰
- 公羊傳補注：一卷/（清）姚鼐撰
- 穀梁傳補注：一卷/（清）姚鼐撰
- 國語補注：一卷/（清）姚鼐撰
- 論語注：二十卷/（清）戴望撰
- 羣經賸義：一卷/（清）俞樾撰
- 操敄齋遺書：四卷/（清）管禮耕撰

第三集
- 易林釋文：二卷/（清）丁晏撰
- 投壺攷原：一卷/（清）丁晏輯
- 佚禮扶微：五卷/（清）丁晏輯
- 淮南萬畢術：一卷/（漢）劉安撰；（清）丁晏編
- 疇人傳三編：七卷/（清）諸可寶撰

第四集
- 說文職墨：三卷/（清）于鬯撰
- 說文舊音補注：一卷補遺一卷補遺續一卷改錯一卷/（清）胡玉縉撰
- 爾雅詁：二卷/（清）徐孚吉撰
- 吳疆域圖說：三卷/（清）范本禮撰
- 補水經注洛水涇水武陵五溪考：一

卷/(清)謝鍾英撰
・開方用表簡術：一卷/(清)程之驥撰
第五集
・毛詩異文箋：十卷/(清)陳玉樹撰
・句股演代：二卷/(清)江衡撰
第六集
・春秋世族譜拾遺：一卷/(清)成孺撰
・鄭志攷證：一卷/(清)成孺撰
・釋名補證：一卷/(清)成孺撰
・三統術補衍：一卷/(清)成孺撰
・推步迪蒙記：一卷/(清)成孺撰
・史漢駢枝：一卷/(清)成孺撰
・宋州郡志校勘記：一卷/(清)成孺撰
・駉思室答問：一卷/(清)成孺撰
・漢初太麻考：一卷/(清)成孺撰
・心巢文錄：二卷/(清)成孺撰
第七集
・蔡氏月令：五卷/(漢)蔡邕撰；
　　(清)蔡雲編
・律呂古誼：六卷/(清)錢塘撰
・陸氏草木鳥獸蟲魚疏疏：二卷/
　　(清)焦循撰
・劉炫規杜持平：六卷/(清)邵瑛撰
第八集
・周易二閭記：三卷/(清)茹敦和撰
・方氏易學五書/(清)方申撰
　　。諸家易象別錄：一卷
　　。虞氏易象彙編：一卷
　　。周易卦象集證：一卷
　　。周易互體詳述：一卷
　　。周易卦變舉要：一卷
・易例輯略：一卷/(清)龐大堃撰
・安甫遺學：三卷/(清)江承之撰；
　　(清)張惠言補

木犀軒叢書：初刻二十七種/(清)李盛鐸輯
　　清光緒德化李氏木犀軒刻本
　　洋裝8冊(原線裝32冊)；24釐米
　　Sinica 5953
　　詳目：
・毛詩禮徵：十卷/(清)包世榮撰
・卦氣解：一卷/(清)莊存與撰
　　清光緒十一年[1885]刻本
・車制攷：一卷/(清)錢坫撰
　　清光緒十一年[1885]刻本
・儀禮禮服通釋：六卷/(清)凌曙撰
・論語通釋：一卷/(清)焦循撰
・爾雅一切註音：十卷/(清)嚴可均輯
　　清光緒十三年[1887]刻本
・爾雅補郭：二卷/(清)翟灝撰
　　清光緒十一年[1885]刻本
・諧聲補逸：十四卷/(清)宋保撰
　　清光緒十三年[1887]刻本
・續方言疏證：二卷/(清)沈齡撰
　　清光緒十二年[1886]刻本
・漢書音義：三卷補遺一卷/(隋)蕭
　　該撰；(清)臧庸輯
　　清光緒十四年[1888]刻本
・孫氏祠堂書目：內編四卷外編三卷/
　　(清)孫星衍撰
　　清光緒九年[1883]刻本
・平津館鑒藏書籍記：三卷補遺一卷
　　續編一卷/(清)孫星衍撰
　　清光緒十一年[1885]刻本
・廉石居藏書記：內編一卷外編一卷/
　　(清)孫星衍撰
　　清光緒十二年[1886]刻本
・平津讀碑記：八卷續記一卷再續一

卷三續二卷/（清）洪頤煊撰
清光緒十一年[1885]刻本
·海東金石存攷：一卷.待訪目：一卷/
　（清）劉喜海撰
清光緒十四年[1888]刻本
·易餘籥録：二十卷/（清）焦循撰
清光緒十二年[1886]刻本
·羣書答問：二卷補遺一卷/（清）淩
　曙撰
清光緒十四年[1888]刻本
·開方通釋：一卷/（清）焦循撰
·京氏易：八卷/（漢）京房撰；（清）
　王保訓輯
·曉菴遺書/（清）王錫闡撰
　°秝法：六卷
　°秝法表：三卷
　°大統秝法啓蒙：一卷
　°雜箸：一卷
·詩考異字箋餘：十四卷/（清）周邵
　蓮撰
·説文聲類：二卷/（清）嚴可均撰
·舊學蓄疑：一卷/（清）汪中撰
·荀勖笛律圖注：一卷/（清）徐養原撰
·管色攷：一卷/（清）徐養原撰
·律呂臆説：一卷/（清）徐養原撰
清光緒十四年[1888]刻本
·心得要旨：一卷/（明）金星橋撰

佚存叢書：六帙十七種/（日本）林衡輯
　　清光緒八年[1882]滬上黃潤生木活
字印本
　　線裝32冊；26釐米
　　有"傅氏所藏""節子手校"印記
Sinica 2814

詳目：
第一帙
·古文孝經：一卷/（漢）孔安國傳
·五行大義：五卷/（隋）蕭吉撰
·臣軌：二卷/（唐）武曌撰；（唐）
　□□注
·樂書要録：殘三卷（存卷五至七）/
　（唐）武曌撰
·兩京新記：殘一卷（卷三）/（唐）韋
　述撰
·李嶠雜詠：二卷/（唐）李嶠撰
第二帙
·文館詞林：殘四卷（卷六百六十二、
　六百六十四、六百六十八、
　六百九十五）/（唐）許敬宗等奉
　敕撰
·文公朱先生感興詩：一卷/（宋）朱
　熹撰；（宋）蔡模注
·武夷櫂歌：一卷/（宋）朱熹撰；
　（宋）陳普注
·泰軒易傳：六卷/（宋）李中正撰
·左氏蒙求：一卷/（元）吳化龍撰
第三帙
·唐才子傳：十卷/（元）辛文房撰
·王翰林集註黃帝八十一難經：五卷/
　（戰國）秦越人撰；（宋）丁德用
　等註；（明）王九思等校正音釋
又名《難經集註》
第四帙
·蒙求：三卷/（後晉）李瀚撰
·崔舍人玉堂類稿：二十卷附録一卷.
　附崔舍人西垣類稿：二卷/（宋）崔
　敦詩撰
缺西垣類稿二卷

第五帙
· 周易新講義：十卷/（宋）龔原撰
第六帙
· 景文宋公集：殘三十二卷（存卷十六至二十、二十六至三十二、八十一至八十五、九十六至九十九、一百一至一百二、一百七、一百十八至一百二十五）/（宋）宋祁撰

益雅堂叢書：六十六種/（清）□□輯
清光緒九年[1883]文選樓刻本
洋裝8册（原線裝32册）；19釐米
存十九種
Sinica 6624
詳目：
小學上編
· 廣釋名：二卷/（清）張金吾撰
· 爾雅補郭：二卷/（清）翟灝撰
· 埤雅：二十卷/（宋）陸佃撰
· 比雅：十九卷/（清）洪亮吉撰
· 廣雅：十卷/（三國魏）張揖撰
· 別雅：五卷/（清）吳玉搢撰
藝林山房刻本
小學下編
· 篆訣辯釋：一卷/（明）□□撰
· 文選古字通疏證：六卷/（清）薛傳均撰
· 說文淺說：一卷/（清）鄭知同撰
藝林山房刻本
· 說文新附攷：/（清）鄭珍記
· 六書說：一卷/（清）江聲撰
藝林山房刻本
· 轉注古義考：一卷/（清）曹仁虎篆

六藝編
· 六藝綱目：二卷附錄二卷/（元）舒天民撰；（元）舒恭注；（明）趙宜中附注
· 字林經策萃華：八卷/（清）墨莊氏撰
藝林山房刻本
術數編
· 菊逸山房天學：一卷/（清）寇宗撰
藝林山房刻本
· 天元一術圖說：一卷/（清）葉棠撰
藝林山房刻本
· 人物志：三卷/（三國魏）劉邵撰；（北魏）劉昞注
· 五經算術：二卷考證一卷/（北周）甄鸞撰；（唐）李淳風等奉敕注釋；（清）戴震考證
藝林山房刻本
· 人倫大統賦：二卷/（金）張行簡撰；（元）薛延年注

崇文書局彙刻書：三十三種/（清）崇文書局編
清光緒三年[1877]湖北崇文書局刻本
叢書原無清光緒元年[1875]刻《晏子春秋》一種
線裝80册；31釐米
Backhouse 132
詳目：
· 周易姚氏學：十六卷/（清）姚配中撰
· 尚書大傳：四卷補遺一卷續補遺一卷考異一卷/（漢）伏勝撰；（漢）鄭玄注；（清）盧文弨輯補遺續補遺並撰考異

- 周書：十卷逸文一卷/（清）朱右曾集訓校釋
- 韓詩外傳：十卷/（漢）韓嬰撰
- 左傳舊疏考正：八卷/（清）劉文淇撰
- 春秋繁露：十七卷/（漢）董仲舒撰
- 晏子春秋：七卷/（周）晏嬰撰

清光緒元年[1875]刻本

- 儀禮古今文疏義：十七卷/（清）胡承珙撰
- 相臺書塾刊正九經三傳沿革例：一卷/（宋）岳珂撰
- 刊謬正俗：八卷/（唐）顏師古撰
- 隋經籍志考證：十三卷/（清）章宗源撰
- 御覽闕史：二卷/（唐）高彥休述
- 鑑誡錄：十卷/（後蜀）何光遠撰
- 涑水記聞：十六卷補遺一卷/（宋）司馬光撰
- 古列女傳：七卷. 續列女傳：一卷/（漢）劉向，（□）□□撰；（明）黃魯曾贊
- 高士傳：三卷/（晉）皇甫謐撰
- 水經注：四十卷/（漢）桑欽撰；（北魏）酈道元注
- 今水經：一卷表一卷/（清）黃宗羲撰
- 意林：五卷補遺一卷/（唐）馬總撰；（清）張海鵬補遺
- 老學庵筆記：十卷/（宋）陸游撰
- 世說新語：六卷/（南朝宋）劉義慶撰；（南朝梁）劉孝標注
- 淮南天文訓補注：二卷/（清）錢塘撰
- 酉陽雜俎：二十卷續集十卷/（唐）段成式撰
- 人譜：正篇一卷續篇一卷三篇一卷/（明）劉宗周撰
- 人譜類記增訂：六卷/（明）劉宗周撰
- 葬經內篇：一卷/（晉）郭璞撰；（□）□□注
- 黃帝宅經：二卷
- 楚辭集注：八卷辯證二卷/（宋）朱熹撰
- 離騷集傳：一卷/（晉）錢杲之撰
- 離騷草木疏：四卷/（宋）吳仁傑撰
- 離騷箋：二卷/（清）龔景瀚撰
- 文心雕龍：十卷/（南朝梁）劉勰撰

又一部

洋裝10冊（原線裝82冊）；28釐米

有"天津書局"印記

Sinica 6732

懺花盦叢書：三十種/（清）宋澤元輯

清光緒山陰宋氏刻十三年[1887]彙印本

洋裝13冊（原線裝60冊）；27釐米

Sinica 6723

詳目：

- 毛詩異同評：三卷/（晉）孫毓撰；（清）馬國翰輯

清光緒十一年[1885]刻本

- 難孫氏毛詩評：一卷/（晉）陳統撰；（清）馬國翰輯
- 古文尚書辨：一卷/（清）朱彝尊撰. 附古文尚書考：一卷/（清）陸隴其撰
- 周易述翼：五卷/（清）黃應麒撰
- 石經考：一卷/（清）萬斯同撰

清光緒十一年[1885]刻本

- 兩漢解疑：二卷/（明）唐順之撰

清光緒十一年[1885]刻本
·兩晉解疑：一卷/(明)唐順之撰
清光緒十一年[1885]刻本
·五代史補：五卷/(宋)陶岳撰
清光緒八年[1882]刻本
·五代史闕文：一卷/(宋)王禹偁撰
清光緒八年[1882]刻本
·五代春秋：二卷/(宋)尹洙撰
清光緒八年[1882]刻本
·元祐黨籍碑考：一卷.慶元僞學逆
　黨籍：一卷/(明)海瑞撰
清光緒十二年[1886]刻本
·烏臺詩案：一卷附雜記一卷/(宋)
　朋九萬撰；(清)宋澤元輯雜記
清光緒十二年[1886]刻本
·讀書紀數略：五十四卷/(清)宮夢
　仁撰
·考槃餘事：十七卷/(明)屠隆撰
清光緒十一年[1885]刻本
　。書箋：一卷
　。洞天帖錄：一卷
　。辨帖箋：一卷
　。畫箋：一卷
　。紙箋：一卷
　。筆箋：一卷
　。墨箋：一卷
　。硯箋：一卷
　。琴箋：一卷
　。香箋：一卷
　。文房器具箋：一卷
　。起居器服箋：一卷
　。遊具箋：一卷
　。山齋志：一卷
　。茶箋：一卷

　。盆玩品：一卷
　。魚鶴品：一卷
·浩然齋雅談：三卷/(宋)周密撰
·觀宅四十吉祥相：一卷/(清)周文
　煒撰
·心相百二十善：一卷/(清)沈捷撰
·慎疾芻言：一卷/(清)徐大椿撰
清光緒十一年[1885]刻本
·義山雜纂：一卷/(唐)李商隱撰
·雜纂續：一卷/(宋)王君玉撰
·雜纂二續：一卷/(宋)蘇軾撰
·綠陰亭集：二卷/(清)陳奕禧撰
清光緒十一年[1885]刻本
·侯氏書品：一卷/(清)侯仁朔撰
·竹雲題跋：四卷/(清)王澍撰
清光緒十年[1884]刻本
·虛舟題跋原：三卷/(清)王澍撰
清光緒十年[1884]刻本
·虛舟題跋：十卷/(清)王澍撰
清光緒十年[1884]刻本
·瀛奎律髓刊誤：四十九卷/(清)紀
　昀撰
清光緒六年[1880]刻本
·四家詠史樂府/(清)宋澤元輯
　。鐵厓咏史：八卷/(元)楊維楨撰
清光緒十一年[1885]刻本
　。鐵厓小樂府：一卷/(元)楊維楨撰
　。西涯樂府：二卷/(明)李東陽撰
清光緒十一年[1885]刻本
　。兩晉南北史樂府：二卷/(清)洪
　　亮吉撰
清光緒十二年[1886]刻本
　。唐宋小樂府：一卷/(清)洪亮吉撰
清光緒十二年[1886]刻本

。明史樂府: 一卷/(清)尤侗撰
清光緒十一年[1885]刻本
·柳亭詩話: 三十卷/(清)宋長白撰
清光緒八年[1882]刻本
·草堂詩餘: 五卷/(宋)□□輯;
　　(明)楊慎批點
清光緒十三年[1887]刻本

觀自得齋叢書: 二十九種/(清)徐士愷輯
清光緒石埭徐氏刻本
洋裝4冊(原線裝24冊);25釐米
Sinica 6661
詳目:
·倉頡篇: 三卷/(清)陳其榮輯
清光緒十八年[1892]刻本
·續高士傳: 五卷/(清)高兆撰
清光緒十九年[1893]刻本
·征東實紀: 一卷/(明)錢世楨撰
清光緒二十年[1894]刻本
·雲間志: 三卷續入一卷/(宋)楊潛撰
清光緒二十年[1894]刻本
·崑山郡志: 六卷/(元)楊譓纂
清光緒二十年[1894]刻本
·浙程備覽: 五卷/(清)于敏中撰
清光緒十四年[1888]刻本
·黑龍江述略: 六卷/(清)徐宗亮撰
清光緒十七年[1891]刻本
·國朝未梓遺書志略: 一卷/(清)朱
　　記榮撰
清光緒十八年[1892]刻本
·唐昭陵石蹟考略: 五卷/(清)林侗撰
清光緒二十年[1894]刻本
·清儀閣金石題識: 四卷/(清)張廷
　　濟撰;(清)陳其榮輯

清光緒二十年[1894]刻本
·泉志校誤: 四卷/(清)金嘉采撰
·多暇錄: 二卷/(清)程庭鷺撰
清光緒二十年[1894]刻本
·北窗囈語: 一卷/(清)朱燾撰
清光緒十九年[1893]刻本
·明宮詞: 一卷/(清)程嗣章撰
清光緒二十年[1894]刻本
·袁海叟詩集: 四卷補一卷/(明)袁
　　凱撰
清光緒十九年[1893]刻本
·漁洋山人集外詩: 二卷/(清)王士
　　禛撰
清光緒二十年[1894]刻本
·樊榭山房集外詩: 一卷/(清)厲鶚撰
清光緒十三年[1887]刻本
·寄生山館詩賸: 一卷.瘦玉詞鈔: 一
　　卷/(清)徐士怡撰
清光緒十二年[1886]刻本
·大瓠堂詩錄: 八卷/(清)孫周撰
清光緒十八年[1892]刻本
·梅村詩話: 一卷/(清)吳偉業撰
清光緒二十年[1894]刻本
·律詩定體: 一卷/(清)王士禛撰
清光緒二十年[1894]刻本
·漁洋山人詩問: 二卷.附律詩定體:
　　一卷/(清)王士禛撰.然燈記聞:
　　一卷/(清)王士禛述;(清)何世
　　璂錄
清光緒二十年[1894]刻本
別集
·投壺儀節: 一卷/(明)汪禔撰
清光緒十四年[1888]刻本
·馬戲圖譜: 一卷/(宋)李清照撰;

(明)王蘭芳增輯
清光緒十三年[1887]刻本
・牙牌參禪圖譜:一卷/(清)劉遵陸撰
清光緒十四年[1888]刻本
・詩牌譜:一卷/(明)王良樞撰
清光緒十四年[1888]刻本
・暢敍譜:一卷/(清)沈德潛撰
清光緒十八年[1892]刻本
・倫敦竹枝詞:一卷/(清)局中門外漢撰
清光緒十四年[1888]刻本

雲自在龕叢書:十九種/(清)繆荃孫輯
清光緒江陰繆氏刻本
洋裝5冊(原線裝26冊);28冊
有"宜興任氏天春園所有圖書"印記
Sinica 6640
詳目:
第一集
・尚書記:七卷校逸二卷/(清)莊述祖撰
・續千文:一卷/(宋)侍其瑋撰
清光緒二十七年[1901]刻本
・吳興山墟名:一卷/(南朝宋)張玄之撰;(清)繆荃孫輯
清光緒十七年[1891]刻本
・吳興記:一卷/(南朝宋)山謙之撰;(清)繆荃孫輯
清光緒十七年[1891]刻本
・元和郡縣圖志闕卷逸文:三卷/(唐)李吉甫撰;(清)繆荃孫輯
・奉天錄:四卷附一卷/(唐)趙元一撰
清光緒十七年[1891]刻本

・集古錄目:十卷原目一卷/(宋)歐陽棐撰;(清)繆荃孫輯
第二集
・三水小牘:二卷逸文一卷附錄一卷/(唐)皇甫枚撰;(清)繆荃孫校補
清光緒十七年[1891]刻本
・北夢瑣言:二十卷逸文四卷附錄一卷/(宋)孫光憲撰
清光緒二十五年[1899]刻本
・天彭牡丹譜:一卷/(宋)陸游撰
・洛陽牡丹記:一卷/(宋)歐陽修撰
・教童子法:一卷/(清)王筠撰
第三集
・東湖叢記:六卷/(清)蔣光煦撰
清光緒九年[1883]刻本
・苔石效顰集:一卷/(宋)繆鑑撰
清光緒十七年[1891]刻本
・萬善花室文藁:六卷續集一卷/(清)方履籛撰
清光緒九年[1883]刻本
・齊雲山人文集:一卷/(清)洪符孫撰
清光緒九年[1883]刻本
第四集
・名家詞
　○立山詞:一卷/(清)張琦撰
　○竹鄰詞:一卷/(清)金式玉撰
　○齊物論齋詞:一卷/(清)董士錫撰
　○香草詞:二卷/(清)宋翔鳳撰
　○洞簫詞:一卷/(清)宋翔鳳撰
　○碧雲盦詞:二卷.附樂府餘論:一卷/(清)宋翔鳳撰
　○柳下詞:一卷/(清)周青撰

○萬善花室詞:一卷/(清)方履籛撰
○金梁夢月詞:二卷/(清)周之琦撰
○懷夢詞:一卷/(清)周之琦撰
○三十六陂漁唱:一卷/(清)王敬之撰
○冰甌詞:一卷/(清)承齡撰
○汀鷺詩餘:一卷/(清)楊傳第撰
○湖海草堂詞:一卷/(清)樊景升撰
○水雲樓詞:二卷續一卷詩賸藁一卷/(清)蔣春霖撰
○蘭紉詞:一卷/(清)陸志淵撰
○瓠落詞:一卷/(清)陸志淵撰
第五集
·定海遺愛錄:一卷/(清)□□撰
清光緒十七年[1891]刻本
·舊德集:十四卷/(清)繆荃孫輯
清光緒二十二年[1896]刻本

藕香零拾:三十九種/(清)繆荃孫輯
清光緒宣統間刻本
洋裝5冊(原線裝32冊);26釐米
Sinica 6686
詳目:
·澹生堂藏書約:四卷/(明)祁承㸁撰
清光緒二十二年[1896]刻本
·藏書記要:一卷/(清)孫從添撰
清光緒二十二年[1896]刻本
·流通古書約:一卷/(清)曹溶撰
清光緒二十二年[1896]刻本
·古歡社約:一卷/(清)丁雄飛撰
清光緒二十七年[1901]刻本
·開成石經圖攷:一卷/(清)魏錫曾撰
·大唐創業起居注:三卷/(唐)溫大雅撰

清光緒三十一年[1905]刻本
·安祿山事迹:三卷/(唐)姚汝能撰
清光緒三十年[1904]刻本
·牛羊日曆:一卷/(唐)劉軻撰
·東觀奏記:三卷/(唐)裴庭裕撰
清光緒三十四年[1908]刻本
·廣陵妖亂志:一卷逸文一卷/(唐)鄭廷誨撰
一題(唐)羅隱撰
清光緒三十年[1904]刻本
·中興戰功錄:一卷/(宋)李壁撰
清光緒三十一年[1905]刻本
·玉牒初草:二卷/(宋)劉克莊撰
清光緒三十四年[1908]刻本
·宋中興學士院題名:一卷.中興東宮官僚題名:一卷.中興行在雜買務雜賣場提轄官題名:一卷.中興三公年表:一卷/(宋)何異撰
清光緒二十二年[1896]刻本
·元河南志:四卷/(元)□□撰;(清)徐松輯
清光緒三十四年[1908]刻本
·棲霞小志:一卷/(明)盛時泰撰
清光緒二十二年[1896]刻本
·唐兩京城坊攷補記:一卷/(清)程鴻詔撰
清光緒二十三年[1897]刻本
·游城南記:一卷/(宋)張禮撰
清光緒二十七年[1901]刻本
·據鞍錄:一卷/(清)楊應琚撰
清光緒二十二年[1896]刻本
·遼東行部志:一卷/(金)王寂撰
清宣統元年[1909]刻本
·偏齊錄:二卷/(宋)楊堯弼撰

·寓庵集：八卷/(元)李庭撰
清宣統二年[1910]刻本
·靜軒集：五卷附錄一卷/(元)閻復撰
清光緒二十一年[1895]刻本
·清河集：七卷附錄一卷/(元)元明善撰
·菊潭集：四卷/(元)孛朮魯翀撰
清光緒二十一年[1895]刻本
·蘇穎濱年表：一卷/(宋)孫汝聽撰
清宣統元年[1909]刻本
·孫淵如先生年譜：二卷/(清)張紹南撰；(清)王德福續
·曾公遺錄：殘三卷(卷七至九)/(宋)曾布撰
清宣統二年[1910]刻本
·山房隨筆：一卷補遺一卷/(元)蔣子正撰
·澹餘筆記：一卷/(清)曹申吉撰
·刑統賦：一卷/(宋)傅霖撰
清光緒三十四年[1908]刻本
·真賞齋賦：一卷/(明)豐坊撰
清光緒三十四年[1908]刻本
·河賦注：一卷/(清)江藩撰；(清)錢坤注
清光緒三十一年[1905]刻本
·舊聞證誤：四卷補遺一卷/(宋)李心傳撰
清光緒二十六年[1900]刻本
·竹汀日記：一卷/(清)錢大昕撰
清光緒三十三年[1907]刻本
·農丹：一卷/(清)張標撰
·強萼圃太守上當事三書：一卷/(清)強望泰撰
清光緒二十七年[1901]刻本

·古泉山館題跋：二卷/(清)瞿中溶撰
清宣統二年[1910]刻本
·破鐵網：二卷/(清)胡爾榮撰
·敬齋先生古今黈：十二卷逸文二卷附錄一卷/(元)李冶撰
清光緒二十八年[1902]刻本

對雨樓叢書：五種/(清)繆荃孫輯
清光緒江陰繆氏刻本
缺一種
洋裝1冊(原線裝4冊)；31釐米
有"印上齋堂畫裏山""謝剛國印""百鍊盦""華陽謝氏家藏"印記
Sinica 6647
詳目：
·詩品：三卷/(南朝梁)鍾嶸撰
據明正德元年退翁書院鈔本影刻
·荀子考異：一卷/(宋)錢佃撰
據鈔本影刻
·茅亭客話：十卷/(宋)黃休復撰
據穴研齋鈔本影刻
·南朝史精語：十卷附札記一卷/(宋)洪邁撰；(清)繆荃孫撰札記
據曝書亭藏鈔本影刻

槐廬叢書：四十六種/(清)朱記榮輯
清光緒吳縣朱氏槐廬家塾刻本
洋裝12冊(原線裝80冊)；27釐米
Sinica 6703
詳目：
初編
·李氏易解賸義：三卷/(清)李富孫輯
清光緒十三年[1887]刻本
·尚書餘論：一卷/(清)丁晏撰

清光緒十三年[1887]刻本
·詩辨說:一卷/(宋)趙悳編
清光緒十三年[1887]刻本
·饗禮補亡:一卷/(清)諸錦撰
清光緒十三年[1887]刻本
·公羊逸禮攷徵:一卷/(清)陳奐撰
清光緒十二年[1886]刻本
·弟子職集解:一卷/(清)莊述祖撰
清光緒十二年[1886]刻本
·駁經筆記:一卷/(清)陳倬撰
清光緒十二年[1886]刻本
·世本:二卷攷證一卷/(漢)宋衷注;
　　(清)孫馮翼集錄;(清)陳其榮
　　增訂並攷證
清光緒十三年[1887]刻本
·楚漢春秋:一卷疑義一卷攷證一卷
　/(漢)陸賈撰;(清)茆泮林輯;
　　(清)陳其榮攷證
清光緒十二年[1886]刻本
·楚漢諸侯疆域志:三卷/(清)劉文
　　淇撰
清光緒十三年[1887]刻本
·括地志:八卷補遺一卷/(唐)李泰
　　撰;(清)孫星衍輯;(清)陳其
　　榮重訂
清光緒十二年[1886]刻本
·金石三例續編/(清)朱記榮輯
清光緒十一年[1885]刻本
　。漢石例:六卷/(清)劉寶楠撰
　。金石例補:二卷/(清)郭麐撰
清光緒三年[1877]刻本
　。誌銘廣例:二卷/(清)梁玉繩撰
清光緒三年[1877]刻本
二編

·九經古義:十六卷/(清)惠棟撰
清光緒十一年[1885]刻本
·十三經詁答問:六卷/(清)馮登府撰
清光緒十三年[1887]刻本
·古易音訓:二卷/(宋)呂祖謙撰;
　　(清)宋咸熙輯
清光緒十二年[1886]刻本
·京畿金石考:二卷/(清)孫星衍撰
清光緒十二年[1886]刻本
·平津讀碑記:八卷續記一卷/(清)
　　洪頤煊撰
清光緒十二年[1886]刻本
·周髀算經:二卷音義一卷校勘記一
　　卷/(漢)趙爽注;(北周)甄鸞
　　重述;(唐)李淳風等奉敕注釋;
　　(宋)李籍撰音義;(清)顧觀光
　　撰校勘記
清光緒十二年[1886]刻本
·數術記遺:一卷/(漢)徐岳撰;(北
　　周)甄鸞註
清光緒十二年[1886]刻本
·九數外錄:一卷/(清)顧觀光撰
清光緒十二年[1886]刻本
·呂子校補:二卷校續補一卷/(清)
　　梁玉繩撰
清光緒十二年[1886]刻本
·芳茂山人文集:十二卷/(清)孫星
　　衍撰
清光緒十二年[1886]刻本
　。問字堂集:六卷
　。岱南閣集:二卷
　。平津館文稿:二卷
　。五松園文稿:一卷
　。嘉穀堂集:一卷

三編
· 四禮榷疑：八卷/（清）顧廣譽撰
清光緒十四年［1888］刻本
· 爾雅漢注：三卷/（清）臧庸輯
清光緒十三年［1887］刻本
· 歷代帝王宅京記：二十卷/（清）顧炎武撰
清光緒十四年［1888］刻本
· 求古錄：一卷/（清）顧炎武撰
清光緒十四年［1888］刻本
· 漢魏六朝墓銘纂例：四卷/（清）李富孫撰
清光緒十三年［1887］刻本
· 補寰宇訪碑錄：五卷失編一卷附刊誤一卷/（清）趙之謙撰；（清）羅振玉撰刊誤
清光緒十二年［1886］刻本
· 圖畫精意識：一卷畫論一卷/（清）張庚撰
清光緒十四年［1888］刻本
· 玉溪生詩說：二卷補錄一卷/（清）紀昀撰；（清）閔萃祥補錄
清光緒十三年［1887］刻本
四編
· 論語孔注辨偽：二卷/（清）沈濤撰
清光緒十三年［1887］刻本
· 營平二州地名記：一卷/（清）顧炎武撰
清光緒十四年［1888］刻本
· 明季實錄：一卷/（清）顧炎武撰
清光緒十四年［1888］刻本
· 廣川書跋：十卷/（宋）董逌撰
清光緒十三年［1887］刻本
· 金石稱例：四卷續一卷/（清）梁廷柟撰
清光緒十三年［1887］刻本
· 金石綜例：四卷/（清）馮登府撰
清光緒十三年［1887］刻本
· 石經閣金石跋文：一卷/（清）馮登府撰
清光緒十三年［1887］刻本
· 鍼灸甲乙經：十二卷/（晉）皇甫謐撰
清光緒十三年［1887］刻本
· 中吳紀聞：六卷/（宋）龔明之撰
清光緒十五年［1889］刻本
五編
· 孟子時事略：一卷/（清）任兆麟撰
清光緒十三年［1887］刻本
· 讀孟質疑：二卷/（清）施彥士撰
清光緒十三年［1887］刻本
· 金石錄補：二十七卷續跋七卷/（清）葉奕苞撰
清光緒十三年［1887］刻本
· 漢學商兌：三卷/（清）方東樹撰
清光緒十五年［1889］刻本
· 遜志堂雜鈔：十卷/（清）吳翌鳳撰
清光緒十三年［1887］刻本
· 醫學讀書記：三卷續記一卷．附靜香樓醫案三十一條：一卷/（清）尤怡撰
清光緒十四年［1888］刻本
· 何氏心傳：一卷/（清）何炫撰
清光緒十五年［1889］刻本

校經山房叢書：二十七種/（清）朱記榮輯
清光緒三十年［1904］孫谿朱氏槐廬家塾據式訓堂叢書版重編本
　洋裝5冊（原線裝32冊）；26釐米

Sinica 6701
詳目：
- 傳經表：一卷.通經表：一卷/（清）畢沅撰
- 古易音訓：二卷/（宋）呂祖謙撰；（清）宋咸熙輯
- 春秋夏正：二卷/（清）胡天游撰
- 家語疏證：六卷/（清）孫志祖撰
- 漢書西域傳補注：二卷/（清）徐松撰
- 晉書地理志新補正：五卷/（清）畢沅撰
- 乾道臨安志：十五卷（原缺卷四至十五）附札記一卷/（宋）周淙撰；（清）錢保塘撰札記
- 弟子職集解：一卷/（清）莊述祖撰
- 呂子校補：二卷/（清）梁玉繩撰
- 疑年表：一卷.太歲超辰表：三卷/（清）汪曰楨撰
- 竹汀先生日記鈔：三卷/（清）錢大昕撰；（清）何元錫輯
- 鍾山札記：四卷/（清）盧文弨撰
- 龍城札記：三卷/（清）盧文弨撰
- 銅熨斗齋隨筆：八卷/（清）沈濤撰
- 癖談：六卷/（清）蔡雲撰
- 知聖道齋讀書跋：二卷/（清）彭元瑞撰
- 曝書雜記：三卷/（清）錢泰吉撰
- 經籍跋文：一卷.附對策：六卷/（清）陳鱣撰
- 拜經樓藏書題跋記：五卷附錄一卷/（清）吳壽暘撰
- 廉石居藏書記：內編一卷外編一卷/（清）孫星衍撰
- 平津館鑒藏記書籍：三卷補遺一卷續編一卷/（清）孫星衍撰
- 誌銘廣例：二卷/（清）梁玉繩撰
- 金石例補：二卷/（清）郭麐撰
- 元魏熒陽鄭文公摩崖碑跋：一卷/（清）諸可寶撰
- 溉亭述古錄：二卷/（清）錢塘撰
- 後甲集：二卷/（清）章大來撰 又名《躍雷館日記》
- 晚學集：八卷/（清）桂馥撰

知服齋叢書：五集二十五種/（清）龍鳳鑣輯

清光緒順德龍氏刻本
缺一種（第四集朱子讀書法）
洋裝4冊（原線裝22冊）；28釐米
Sinica 6710
詳目：
第一集
- 逸周書：十卷/（晉）孔晁注
- 漢禮器制度：一卷/（漢）叔孫通撰；（清）孫星衍校集
- 漢官：一卷/（漢）□□撰；（清）孫星衍校集
- 漢官解詁：一卷/（漢）王隆撰；（漢）胡廣注；（清）孫星衍校集
- 漢舊儀：二卷補遺二卷/（漢）衛宏撰；（清）孫星衍校並輯補遺
- 漢官儀：二卷/（漢）應劭撰；（清）孫星衍校集
- 漢官典職儀式選用：一卷/（漢）蔡質撰；（清）孫星衍校集
- 漢儀：一卷/（三國吳）丁孚撰；（清）孫星衍校集
- 風俗通姓氏篇：二卷/（漢）應劭纂；

（清）張澍輯補注

　第二集

　・十三州志：一卷／（北魏）闞駰撰；
　　（清）張澍輯

　・三秦記：一卷／（□）辛□撰；（清）
　　張澍輯

　・三輔決錄：二卷／（漢）趙岐纂；
　　（晉）摯虞注；（清）張澍輯

　・南嶽小錄：一卷／（唐）李沖昭撰

　・金華赤松山志：一卷／（宋）倪守約撰

　・島夷誌略：一卷／（元）汪大淵撰

　・寧古塔紀略：一卷／（清）吳桭臣著

　・元儒考略：四卷／（明）馮從吾撰

　・少陽集：十卷／（宋）陳東撰

　第三集

　・雙溪醉隱集：六卷／（元）耶律鑄
　　撰；（清）李文田箋

　・楊忠愍公集：五卷首一卷末一卷／
　　（明）楊繼盛撰

　・元親征錄：一卷／（元）□□撰；
　　（清）何秋濤校正；（清）李文
　　田，（清）沈曾植校注

　又名《校正元親征錄》《校正元聖
武親征錄》

　第四集

　・陶菴集：二十二卷首一卷／（明）黃
　　淳耀撰

　第五集

　・崇禎五十宰相傳：一卷／（清）曹溶撰

　・崇禎內閣行略：一卷／（明）陳盟撰

**廣雅書局叢書：一百五十三種／（清）廣雅
書局輯；徐紹棨編次**

　清光緒廣雅書局刻民國九年［1920］

番禺徐紹棨彙編重印本

存一百三十六種

線裝388冊；29釐米

Sinica 3170

詳目：

經類

・周易解故：一卷／（清）丁晏撰

清光緒十九年［1893］刻本

・易釋：四卷／（清）黃式三撰

・易緯略義：三卷／（清）張惠言撰

・象數論：六卷／（清）黃宗羲撰

・易林釋文：二卷／（清）丁晏撰

清光緒十六年［1890］刻本

・尚書伸孔篇：一卷／（清）焦廷琥撰

清光緒十四年［1888］刻本

・禹貢班義述：三卷．附漢糜水入尚
　龍谿考：一卷／（清）成孺撰

清光緒十四年［1888］刻本

・書蔡傳附釋：一卷／（清）丁晏撰

清光緒二十年［1894］刻本

・詩集傳附釋：一卷／（清）丁晏撰

清光緒二十年［1894］刻本

・毛詩傳箋通釋：三十二卷／（清）馬
　瑞辰撰

清光緒十四年［1888］刻本

・毛詩後箋：三十卷／（清）胡承珙撰；
　（清）陳奐補

清光緒十六年［1890］刻本

・毛詩天文考：一卷／（清）洪亮吉撰

清光緒十七年［1891］刻本

・儀禮古今文異同疏證：五卷／（清）
　徐養原撰

清光緒十七年［1891］刻本

・儀禮私箋：八卷／（清）鄭珍撰

清光緒十七年[1891]刻本
・輪輿私箋：二卷圖一卷/(清)鄭珍撰；(清)鄭知同繪
清光緒十七年[1891]刻本
・大戴禮記解詁：十三卷/(清)王聘珍撰
清光緒十三年[1887]刻本
・春秋規過考信：三卷/(清)陳熙晉撰
清光緒十五年[1889]刻本
・春秋述義拾遺：八卷.附河間劉氏書目考：一卷/(清)陳熙晉撰
清光緒十七年[1891]刻本
・春秋公羊注疏質疑：二卷/(清)何若瑤撰
清光緒二十年[1894]刻本
・孟子趙注補正：六卷/(清)宋翔鳳撰
清光緒十七年[1891]刻本
・爾雅匡名：二十卷/(清)嚴元照撰
清光緒十六年[1890]刻本
・爾雅補注殘本：一卷/(清)劉玉麐撰
清光緒十四年[1888]刻本
・爾雅注疏本正誤：五卷/(清)張宗泰撰
清光緒二十六年[1900]刻本

小學
・說文引經證例：二十四卷/(清)承培元撰
清光緒二十一年[1895]刻本
・潛研堂說文答問疏證：六卷/(清)薛傳均撰
・廣潛研堂說文答問疏證：八卷/(清)承培元撰
・說文本經答問：二卷/(清)鄭知同撰
清光緒十六年[1890]刻本
・小爾雅訓纂：六卷/(清)宋翔鳳撰
清光緒十六年[1890]刻本
・輶軒使者絕代語釋別國方言箋疏：十三卷附校勘記一卷/(漢)揚雄記；(晉)郭璞注；(清)錢繹撰；(清)何翰章撰校勘記
清光緒十六年[1890]刻本
・釋名疏證：八卷續釋名一卷補遺一卷校議一卷/(清)畢沅撰；(清)吳翊寅撰校議
清光緒二十年[1894]刻本
・釋穀：四卷/(清)劉寶楠撰
清光緒十四年[1888]刻本
・急就章攷異：一卷/(清)莊世驥撰
清光緒十七年[1891]刻本
・汗簡：七卷/(北周)郭忠恕撰；(清)鄭珍箋正
清光緒十五年[1889]刻本
・漢碑徵經：一卷/(清)朱百度撰
清光緒十五年[1889]刻本

雜著
・吳氏遺箸：五卷附錄一卷/(清)吳㐱雲撰；(清)王宗涑撰附錄
清光緒十七年[1891]刻本
。經說：三卷/(清)吳㐱雲撰
。小學說：一卷/(清)吳㐱雲撰
。廣韻說：一卷/(清)吳㐱雲撰
・句溪雜箸：六卷/(清)陳立撰
清光緒十四年[1888]刻本
・劉氏遺書：八卷/(清)劉台拱撰
清光緒十五年[1889]刻本
。論語駢枝：一卷/(清)劉台拱撰
。經傳小記：一卷/(清)劉台拱撰
。國語補校：一卷/(清)劉台拱撰

。荀子補注：一卷／(清)劉台拱撰
。淮南子補校：一卷／(清)劉台拱撰
。方言補校：一卷／(清)劉台拱撰
。漢學拾遺：一卷／(清)劉台拱撰
。文集：一卷／(清)劉台拱撰
·愈愚錄：六卷／(清)劉寶楠撰
清光緒十五年[1889]刻本
·學詁齋文集：二卷／(清)薛壽撰
清光緒十五年[1889]刻本
·廣經室文鈔：一卷／(清)劉恭冕撰
清光緒十五年[1889]刻本
·白田草堂存稿：八卷／(清)王懋竑撰
清光緒二十年[1894]刻本
·東塾遺書：／(清)陳澧撰
　。三統術詳說：四卷
　。弧三角平視法：一卷
　。摹印述：一卷
　。水經注西南諸水攷：三卷
·親屬記：二卷／(清)鄭珍撰
清光緒十八年[1892]刻本
·先聖生卒年月日攷：二卷／(清)孔廣牧撰
清光緒十五年[1889]刻本
·朱子語類日鈔：五卷／(清)陳澧撰
清光緒二十六年[1900]刻本
·無邪堂答問：五卷／(清)朱一新撰
清光緒二十一年[1895]刻本
·少室山房集：六十四卷／(明)胡應麟撰
清光緒二十二年[1896]刻本
　。少室山房筆叢：四十八卷
　　□經籍會通：四卷
　　□丹鉛新錄：八卷
　　□史書佔畢：六卷

□藝林學山：八卷
□九流緒論：三卷
□四部正譌：三卷
□三墳補逸：二卷
□二酉綴遺：三卷
□華陽博議：二卷
□莊嶽委談：二卷
□玉壺遐覽：四卷
□雙樹幻鈔：三卷
。詩藪：內編六卷外編四卷雜編六卷
·孟子要略：五卷／(宋)朱熹撰；(清)劉傳瑩輯；(清)曾國藩按
清光緒二十八年[1902]刻本
·經典釋文序錄：一卷／(唐)陸德明撰；(清)盧文弨校正

史學
·史記索隱：三十卷／(唐)司馬貞撰
清光緒十九年[1893]刻本
·史記三書正譌：三卷／(清)王元啟撰
清光緒十六年[1890]刻本
·史記月表正譌：一卷／(清)王元啟撰
清光緒二十年[1894]刻本
·史表功比說：一卷／(清)張錫瑜撰
清光緒十四年[1888]刻本
·史記注補正：一卷／(清)方苞撰
清光緒二十年[1894]刻本
·史漢駢枝：一卷／(清)成孺撰
清光緒十四年[1888]刻本
·漢書辨疑：二十二卷／(清)錢大昭撰
清光緒十三年[1887]刻本
·漢書注校補：五十六卷／(清)周壽昌撰
清光緒十七年[1891]刻本

·漢志水道疏證:四卷/(清)洪頤煊撰
清光緒十八年[1892]刻本
·人表攷:九卷補一卷附錄一卷/(清)梁玉繩撰
清光緒十四年[1888]刻本
·漢書人表攷校補:一卷/(清)蔡雲撰
·後漢書補注:二十四卷/(清)惠棟撰
清光緒二十年[1894]刻本
·後漢書辨疑:十一卷/(清)錢大昭撰
清光緒十四年[1888]刻本
·續後漢書辨疑:九卷/(清)錢大昭撰
清光緒十四年[1888]刻本
·後漢書注補正:八卷/(清)周壽昌撰
清光緒十七年[1891]刻本
·後漢書注又補:一卷/(清)沈銘彝撰
清光緒十四年[1888]刻本
·後漢書補注續:一卷/(清)侯康撰
清光緒十七年[1891]刻本
·後漢郡國令長攷:一卷/(清)錢大昭撰
清光緒十七年[1891]刻本
·三國志辨疑:三卷/(清)錢大昭撰
清光緒十五年[1889]刻本
·三國志旁證:三十卷/(清)梁章鉅撰
清光緒十六年[1890]刻本
·三國志注補:六十五卷/(清)趙一清撰
·三國志補注續:一卷/(清)侯康撰
清光緒十七年[1891]刻本
·三國志注證遺:四卷補四卷/(清)周壽昌撰
清光緒十七年[1891]刻本
·晉書地理志新補正:五卷/(清)畢沅撰

清光緒二十年[1894]刻本
·新校晉書地理志:一卷/(清)方愷撰
清光緒二十一年[1895]刻本
·晉書校勘記:五卷/(清)周家祿撰
光緒十四年[1888]刻本
·晉書校勘記:三卷/(清)勞格撰
清光緒十八年[1892]刻本
·晉宋書故:一卷/(清)郝懿行撰
清光緒十七年[1891]刻本
·宋州郡志校勘記:一卷/(清)成孺撰
清光緒十四年[1888]刻本
·魏書校勘記:一卷/(清)王先謙撰
清光緒十七年[1891]刻本
·新舊唐書互證:二十卷/(清)趙紹祖撰
清光緒十七年[1891]刻本
·宋遼金元四史朔閏攷:二卷/(清)錢大昕撰;(清)錢侗增補
清光緒十七年[1891]刻本
·遼史拾遺:二十四卷/(清)厲鶚撰.附遼史拾遺補:五卷/(清)楊復吉撰
清光緒二十六年[1900]刻本
·金史詳校:十卷末一卷/(清)施國祁撰
清光緒二十年[1894]刻本
·元史譯文證補:三十卷(原缺卷七至八、十三、十六至十七、十九至二十一、二十五、二十八)/(清)洪鈞撰
清光緒二十六年[1900]刻本
·史記天官書補目:一卷/(清)孫星衍撰
清光緒十三年[1887]刻本

- 楚漢諸侯疆域志:三卷/(清)劉文淇撰

清光緒十五年[1889]刻本
- 後漢書補表:八卷/(清)錢大昭撰

清光緒十七年[1891]刻本
- 後漢三公年表:一卷/(清)華湛恩撰

清光緒十七年[1891]刻本
- 補後漢書藝文志:四卷/(清)侯康撰

清光緒十七年[1891]刻本
- 補三國藝文志:四卷/(清)侯康撰

清光緒十三年[1887]刻本
- 補三國疆域志:二卷/(清)洪亮吉撰

清光緒十七年[1891]刻本
- 三國職官表:三卷/(清)洪飴孫撰

清光緒十七年[1891]刻本
- 補晉兵志:一卷/(清)錢儀吉撰

清光緒十七年[1891]刻本
- 補晉書藝文志:四卷補遺一卷附錄一卷刊誤一卷/(清)丁國鈞撰;(清)丁辰注並撰刊誤
- 東晉疆域志:四卷/(清)洪亮吉撰

清光緒十七年[1891]刻本
- 十六國疆域志:十六卷/(清)洪亮吉撰

清光緒十七年[1891]刻本
- 補梁疆域志:四卷/(清)洪齮孫撰

清光緒十七年[1891]刻本
- 補宋書刑法志:一卷/(清)郝懿行撰

清光緒十七年[1891]刻本
- 補宋書食貨志:一卷/(清)郝懿行撰

清光緒十七年[1891]刻本
- 南北史年表:一卷/(清)周嘉猷撰

清光緒十八年[1892]刻本
- 南北史世系表:五卷/(清)周嘉猷撰

清光緒十八年[1892]刻本
- 南北史帝王世系表:一卷/(清)周嘉猷撰

清光緒十八年[1892]刻本
- 五代紀年表:一卷/(清)周嘉猷撰

清光緒十七年[1891]刻本
- 補五代史藝文志:一卷/(清)顧懷三撰

清光緒十七年[1891]刻本
- 宋史藝文志補:一卷/(清)黃虞稷,(清)倪燦撰;(清)盧文弨錄

清光緒十七年[1891]刻本
- 補遼金元藝文志:一卷/(清)倪燦撰;(清)盧文弨錄

清光緒十七年[1891]刻本
- 補三史藝文志:一卷/(清)金門詔撰

清光緒十七年[1891]刻本
- 補元史藝文志:四卷/(清)錢大昕撰

清光緒十九年[1893]刻本
- 元史氏族表:三卷/(清)錢大昕撰

清光緒二十年[1894]刻本
- 廿二史劄記:三十六卷補遺一卷/(清)趙翼撰

清光緒二十年[1894]刻本
- 諸史考異:十八卷.附讀書叢錄:七卷/(清)洪頤煊撰

清光緒十五年[1889]刻本
- 欽定歷代職官表:七十二卷/(清)紀昀等撰

清光緒二十二年[1896]刻本
- 九史同姓名略:七十二卷補遺四卷/(清)汪輝祖撰

清光緒二十三年[1897]刻本
- 三史同名錄:四十卷/(清)汪輝祖

輯；(清)汪繼培補
- 西魏書：二十四卷附錄一卷/(清)謝啟昆撰
- 續唐書：七十卷/(清)陳鱣撰

清光緒二十一年[1895]刻本
- 晉書輯本/(清)湯球輯
  - 晉書：十七卷補遺一卷/(南朝齊)臧榮緒撰
  - 晉書：十一卷/(晉)王隱撰
  - 晉書：一卷/(晉)虞預撰
  - 晉書：一卷/(晉)朱鳳撰
  - 晉書：一卷/(南朝宋)謝靈運撰
  - 晉書：一卷/(南朝梁)蕭子雲撰
  - 晉史草：一卷/(南朝梁)蕭子顯撰
  - 晉書：一卷/(南朝梁)沈約撰
  - 晉諸公別傳：一卷
  - 晉中興書：七卷/(南朝宋)何法盛撰
- 晉紀輯本/(清)湯球輯
  - 晉紀：一卷/(晉)干寶撰
  - 晉紀：一卷/(晉)陸機撰
  - 惠帝起居注：一卷/(晉)陸機撰
  - 晉紀：一卷/(晉)曹嘉之撰
  - 晉紀：一卷/(晉)鄧粲撰
  - 晉紀：一卷/(南朝宋)劉謙之撰
  - 晉紀：一卷/(南朝宋)裴松之撰
- 晉陽秋輯本/(清)湯球輯
  - 晉陽秋：三卷/(晉)孫盛撰
  - 續晉陽秋：二卷/(南朝宋)檀道鸞撰
- 漢晉春秋輯本/(清)湯球輯
  - 漢晉春秋：三卷/(晉)習鑿齒撰
  - 晉春秋：一卷/(唐)杜延業撰
- 三十國春秋輯本/(清)湯球輯
  - 三十國春秋：一卷/(南朝梁)蕭方等撰
  - 三十國春秋：一卷/(南朝宋)武敏之撰
  - 蜀李書：一卷/(晉)常璩撰
  - 漢趙記：一卷/(前趙)和苞撰
  - 趙書：一卷/(□燕)田融撰
  - 趙書：一卷/(□)吳篤撰
  - 二石傳：一卷/(晉)王度撰
  - 燕書：一卷/(□燕)范亨撰
  - 秦書：一卷/(前秦)車頻撰
  - 南燕書：一卷/(□燕)王景暉撰
  - 秦記：一卷/(南朝宋)裴景仁撰
  - 後秦記：一卷/(北魏)姚和都撰
  - 涼記：一卷/(□燕)張諮撰
  - 西河記：一卷/(晉)喻歸撰
  - 涼記：一卷/(北涼)段龜龍撰
  - 燉煌實錄：一卷/(北魏)劉昞撰
  - 南燕書：一卷/(□燕)張詮撰
  - 燕志：一卷/(北魏)高閭撰
- 晉太康三年地記：一卷/(晉)□□撰；(清)畢沅輯

清光緒二十一年[1895]刻本
- 晉書地道記：一卷/(晉)王隱撰；(清)畢沅輯

清光緒二十年[1894]刻本
- 十六國春秋輯補：一百卷年表一卷/(清)湯球輯

清光緒二十一年[1895]刻本
- 十六國春秋纂錄校本：十卷校勘記一卷/(北魏)崔鴻撰；(清)湯球輯；(清)吳翊寅撰校勘記

清光緒二十年[1894]刻本
- 太常因革禮：一百卷(原缺卷

五十一至六十七）附校識二卷/
　　（宋）歐陽修等撰；（清）廖廷相
　　撰校識
・國語翼解：六卷/（清）陳瑑撰
・戰國策釋地：二卷/（清）張琦撰
　　清光緒二十六年[1900]刻本
・黑龍江外記：八卷/（清）西清撰
　　清光緒二十六年[1900]刻本
・資治通鑑攷異：三十卷/（宋）司馬
　　光撰
　　清光緒十九年[1893]刻本
・讀史舉正：八卷/（清）張熷撰
　　清光緒十七年[1891]刻本
・廣東海圖説：一卷/（清）張之洞撰
　　清光緒十五年[1889]刻本
集部
・屈原賦注：七卷通釋二卷音義三卷
　　/（清）戴震撰；（清）汪梧鳳音義
　　清光緒十七年[1891]刻本
・蘇詩查注補正：四卷/（清）沈欽韓撰
　　清光緒二十年[1894]刻本
・韓集補注：一卷/（清）沈欽韓撰；
　　（清）胡承珙訂
　　清光緒十七年[1891]刻本
・弇山堂別集：一百卷/（明）王世貞撰

廣雅書局叢書：一百五十三種/（清）廣雅書局輯；徐紹棨編次
　　清光緒廣雅書局刻民國九年[1920]
　　番禺徐紹棨彙編重印本
　　存五種
　　線裝10冊；30釐米
　　Sinica 2765
　　詳目：

史學
・晉書輯本/（清）湯球輯
　○臧榮緒晉書：十七卷補遺一卷/
　　（南朝齊）臧榮緒撰
　○王隱晉書：十一卷/（晉）王隱撰
　○虞預晉書：一卷/（晉）虞預撰
　○朱鳳晉書：一卷/（晉）朱鳳撰
　○謝靈運晉書：一卷/（南朝宋）謝
　　靈運撰
　○蕭子雲晉書：一卷/（南朝梁）蕭
　　子雲撰
　○蕭子顯晉史草：一卷/（南朝梁）
　　蕭子顯撰
　○沈約晉書：一卷/（南朝梁）沈約撰
　○何法盛晉中興書：七卷/（南朝
　　宋）何法盛撰
　○附晉諸公別傳：一卷
・晉紀輯本/（清）湯球輯
　○干寶晉紀：一卷/（晉）干寶撰
　○陸機晉紀：一卷/（晉）陸機撰
　○陸機惠帝起居注：一卷/（晉）陸
　　機撰
　○曹嘉之晉紀：一卷/（晉）曹嘉之撰
　○鄧粲晉紀：一卷/（晉）鄧粲撰
　○劉謙之晉紀：一卷/（南朝宋）劉
　　謙之撰
　○裴松之晉紀：一卷/（南朝宋）裴
　　松之撰
・晉陽秋輯本/（清）湯球輯
　○孫盛晉陽秋：三卷/（晉）孫盛撰
　○檀道鸞續晉陽秋：二卷/（南朝
　　宋）檀道鸞撰
・漢晉春秋輯本/（清）湯球輯
　○習鑿齒漢晉春秋：三卷/（晉）習

鑿齒撰
- 杜延業晉春秋：一卷/（唐）杜延業撰
• 三十國春秋輯本/（清）湯球輯
- 蕭方等三十國春秋：一卷/（南朝梁）蕭方等撰
- 武敏之三十國春秋：一卷/（南朝宋）武敏之撰
- 常璩蜀李書：一卷/（晉）常璩撰
- 和苞漢趙記：一卷/（前趙）和苞撰
- 田融趙書：一卷/（□燕）田融撰
- 吳篤趙書：一卷/（□）吳篤撰
- 王度二石傳：一卷/（晉）王度撰
- 范亨燕書：一卷/（□燕）范亨撰
- 車頻秦書：一卷/（前秦）車頻撰
- 王景暉南燕書：一卷/（□燕）王景暉撰
- 裴景仁秦記：一卷/（南朝宋）裴景仁撰
- 姚和都後秦記：一卷/（北魏）姚和都撰
- 張諮涼記：一卷/（□燕）張諮撰
- 喻歸西河記：一卷/（晉）喻歸撰
- 段龜龍涼記：一卷/（北涼）段龜龍撰
- 劉昞燉煌實錄：一卷/（北魏）劉昞撰
- 張詮南燕書：一卷/（□燕）張詮撰
- 高閭燕志：一卷/（北魏）高閭撰

南菁札記：十四種/（清）溥良編
清光緒二十年[1894]江陰使署刻本
線裝6冊；25釐米
Sinica 4662
詳目：
- 爾雅稗疏：四卷/（清）繆楷撰
- 前漢紀校釋：三卷/鈕永建撰
- 後漢紀校釋：三卷/鈕永建撰
- 讀四元玉鑑記：一卷/崔朝慶撰
- 讀代數術記：一卷/崔朝慶撰
- 盈朒演代：一卷/韓保徵撰
- 代數盈朒細草：一卷/張東烈撰
- 古文官書：一卷/（漢）衛宏撰；費廷璜輯
- 倉頡篇補本續：一卷/曹元忠輯
- 纂要：一卷/（南朝梁）元帝蕭繹撰；曹元忠輯

附纂要解：一卷/（南朝宋）顏延之撰；曹元忠輯
- 桂苑珠叢：一卷補遺一卷/（隋）曹憲等撰；曹元忠輯
- 括地志：一卷/（唐）李泰等撰；曹元忠輯
- 兩京新記：二卷/（唐）韋述撰；曹元忠輯

振綺堂叢書：二集二十二種/（清）汪康年輯
清光緒宣統間泉唐汪氏鉛印暨刻本
洋裝3冊（原線裝14冊）；26釐米
Sinica 6741
詳目：
初集
清宣統二年[1910]鉛印本
- 聖祖五幸江南恭錄：一卷/（清）□□撰
- 客舍偶聞：一卷/（清）彭孫貽撰
- 克復諒山大略：一卷/（清）□□撰

- 拳匪聞見錄：一卷/（清）管鶴撰
- 韓南溪四種/（清）韓超撰
  ◦ 獨山平匪記：一卷
  ◦ 遵義平匪日記：一卷
  ◦ 苗變記事：一卷
  ◦ 南溪韓公年譜：一卷/（清）陳昌運撰
  ◦ 附玩寇新書回目：一卷/（清）□□撰
- 漢官答問：五卷/（清）陳樹鏞撰
- 澳門公牘錄存：一卷/（清）□□輯
- 蒙古西域諸國錢譜：四卷/（清）陳其鑣譯；（清）張美翊定
- 經典釋文補條例：一卷/（清）汪遠孫撰
- 借閒隨筆：一卷/（清）汪遠孫撰

二集

清光緒二十年[1894]刻本

- 中興政要：一卷/（清）文廷式編
- 克復諒山大略：一卷/（清）□□撰
- 烈女傳：一卷/（清）汪憲撰
- 明史分稿殘編：二卷/（清）方象瑛撰
- 己庚編：二卷/（清）祁韻士撰
- 西藏紀述：一卷/（清）張海撰
- 章谷屯志畧：一卷/（清）吳德煦撰
- 萬象一原：九卷首一卷/（清）夏鸞翔撰
- 埃及碑釋：一卷/（清）陳其鑣譯錄
- 木剌夷補傳稿：一卷/（清）□□撰
- 轉徙餘生記：一卷/（清）方濬頤撰
- 奉使英倫記：一卷/（清）黎庶昌撰

觀古堂彙刻書：十八種/葉德輝輯

清光緒長沙葉氏刻本

洋裝2冊（原線裝16冊）；26釐米

Sinica 6697

詳目：

第一集

- 三家詩補遺：三卷/（清）阮元撰

清光緒二十四年[1898]重刻本

- 爾雅圖贊：一卷/（晉）郭璞撰；（清）嚴可均輯

清光緒二十一年[1895]刻本

- 山海經圖贊：二卷/（晉）郭璞撰；（清）嚴可均輯

清光緒二十一年[1895]刻本

- 説文段注校三種/葉德輝輯

清光緒二十八年[1902]刻本

  ◦ 徐星伯説文段注札記：一卷/（清）徐松撰；（清）劉肇隅錄
  ◦ 龔定菴説文段注札記：一卷/（清）龔自珍撰；（清）劉肇隅錄
  ◦ 桂未谷説文段注鈔：一卷補鈔一卷/（清）段玉裁撰；（清）桂馥鈔

- 古今書刻：二編/（明）周弘祖撰

清光緒三十二年[1906]刻本

- 南廱志經籍考：二卷/（明）梅鷟撰

清光緒二十八年[1902]刻本

- 萬卷堂書目：四卷/（明）朱睦㮮撰

清光緒二十九年[1903]刻本

- 絳雲樓書目補遺：一卷/（清）錢謙益撰．附静惕堂書目宋人集：一卷．静惕堂書目元人文集：一卷/（清）曹溶撰

清光緒二十八年[1902]刻本

- 竹崦盦傳鈔書目：一卷/（清）趙魏集
- 結一廬書目：四卷附錄一卷/（清）朱學勤撰

清光緒二十八年[1902]刻本
·巖下放言：三卷/(宋)葉夢得撰
清光緒三十年[1904]刻本
第二集
·華陽陶隱居內傳：三卷/(唐)賈嵩撰
清光緒二十九年[1903]刻本
·華陽陶隱居集：二卷/(南朝梁)陶弘景撰；(清)嚴可均輯
清光緒二十九年[1903]刻本
·沈下賢文集：十二卷/(唐)沈亞之撰
清光緒二十年[1894]刻本
·唐女郎魚玄機詩：一卷/(唐)魚玄機撰
清光緒三十三年[1907]據南宋書棚本影刻本
·金陵百詠：一卷/(宋)曾極撰
清光緒二十九年[1903]刻本
·嘉禾百詠：一卷/(宋)張堯同撰
清光緒二十九年[1903]刻本
·曝書亭刪餘詞：一卷.曝書亭詞手稿原目：一卷/(清)朱彝尊撰.曝書亭詞校勘記：一卷/葉德輝撰
清光緒二十九年[1903]刻本

雙梅景闇叢書：十六種/葉德輝編
清光緒宣統間長沙葉氏郎園刻本
線裝5冊；27釐米
Sinica 2871
詳目：
·素女經：一卷
清光緒二十九年[1903]刻本
·素女方：一卷
清光緒三十四年[1908]刻本
·玉房秘訣：一卷指要一卷

清光緒二十九年[1903]刻本
·洞玄子：一卷
清光緒二十九年[1903]刻本
·天地陰陽交歡大樂賦：一卷/(唐)白行簡撰
·青樓集：一卷/(元)夏庭芝撰
·板橋雜記：三卷/(清)余懷撰
清光緒三十四年[1908]刻本
·吳門畫舫錄：一卷/(清)西溪山人撰
清光緒三十四年[1908]刻本
·燕蘭小譜：五卷/(清)西湖安樂山樵吟
清宣統三年[1911]刻本
·海漚小譜：一卷/(清)秋谷老人撰
·觀劇絕句：一卷/(清)金德瑛等撰
清光緒三十四年[1908]刻本
·木皮散人鼓詞：一卷/(明)賈鳧西撰.附萬古愁曲：一卷/(清)歸莊撰
清光緒三十三年[1907]刻本
·乾嘉詩壇點將錄：一卷/(清)舒位撰
清光緒三十三年[1907]刻本
·東林點將錄：一卷/(明)王紹徽撰
·重刻足本乾嘉詩壇點將錄：一卷/(清)舒位撰
清宣統三年[1911]刻本
·秦雲擷英小譜：一卷/(清)王昶輯

麗廔叢書：九種/葉德輝輯
清光緒長沙葉氏刻本
洋裝1冊(原線裝7冊)；27釐米
Sinica 6705
詳目：
·南嶽總勝集：三卷/(宋)陳田夫撰
清光緒三十二年[1906]據宋本影

刻本
　・古今書刻: 二卷/(明)周弘祖撰
　清光緒三十二年[1906]據明本影刻本
　・古局象棊圖: 一卷/(宋)司馬光撰
　清光緒三十二年[1906]據明正德本影刻本
　・投壺新格: 一卷/(宋)司馬光撰
　清光緒三十二年[1906]據事文類聚本影刻本
　・譜雙: 五卷附錄一卷/(宋)洪遵撰
　清光緒三十二年[1906]據明正德本影刻本
　・打馬圖: 一卷/(宋)李清照撰
　清光緒三十二年[1906]據明正德本影刻本
　・除紅譜: 一卷/題(宋)朱河撰
　清光緒三十二年[1906]據明萬曆本影刻本
　・唐女郎魚玄機詩: 一卷/(唐)魚玄機撰
　清光緒三十三年[1907]據南宋書棚本影刻本

靈峯草堂叢書: 九種/(清)陳矩輯
　清光緒貴陽陳氏刻本
　線裝5冊; 26釐米
　有"國立四川大學附設存古書局經售書籍圖記"印記
　Sinica 3141
　詳目:
　・春秋左傳杜注校勘記: 一卷/(清)黎庶昌撰
　清光緒二十年[1894]刻本

　・孟子外書補注: 四卷/(宋)劉攽注; (清)陳矩補注
　清光緒十七年[1891]刻本
　・孟子弟子考補正: 一卷/(清)陳矩補正
　・天全石錄: 一卷/(清)陳矩撰
　清光緒二十九年[1903]錦城刻本
　・洪度集: 一卷/(唐)薛濤撰
　清光緒三十二年[1906]刻本
　・翰林學士集: 一卷/(唐)□□輯
　清光緒十九年[1893]據日本尾張國真福寺舊藏唐鈔卷子本影刻本
　・靈峯草堂集: 四卷/(清)陳矩撰
　清光緒十九年[1893]刻本
　　○悟蘭唫: 一卷
　　○滇游草: 一卷
　　○東瀛草: 一卷
　　○東游文藁: 一卷
　・黔語: 二卷/(清)吳振棫纂
　・毛詩: 殘三卷(存卷四至六)/(漢)鄭玄箋
　清光緒二十四年[1898]據北宋鈔本影刻本

聚學軒叢書: 六十種/劉世珩輯
　清光緒十九年至二十九年[1893—1903]貴池劉氏刻本
　洋裝16冊(原線裝100冊); 27釐米
　Sinica 6704
　詳目:
　第一集
　・毛詩草木鳥獸蟲魚疏校正: 二卷/(清)趙佑撰
　・晉泰始笛律匡謬: 一卷/(清)凌廷

堪撰
- 古經天象考:十二卷圖説一卷緒説一卷/(清)雷學淇撰
- 國志蒙拾:二卷/(清)郭麐撰
- 金石文字辨異:十二卷/(清)邢澍撰
- 歲星表:一卷/(清)朱駿聲撰
- 質疑刪存:三卷/(清)張宗泰撰
- 清白士集校補:四卷/(清)蔡雲撰
  。漢書人表考校補:一卷
  。呂子校補獻疑:一卷
  。元號略補遺:一卷
  。續漢書人表考校補:一卷

第二集
- 尚書隸古定釋文:八卷/(清)李遇孫撰.附隸古定經文:二卷/(宋)薛季宣撰
- 春秋三家異文覈:一卷/(清)朱駿聲撰
- 左傳杜注辨證:六卷/(清)張聰咸撰
- 古墨齋金石跋:六卷/(清)趙紹祖輯
- 安徽金石略:十卷/(清)趙紹祖輯
- 涇川金石記:一卷/(清)趙紹祖輯
- 衡齋算學:七卷/(清)汪萊撰
- 讀史札記:一卷.坿論學劄説十則:一卷/(清)盧文弨撰
- 松崖文鈔:二卷/(清)惠棟撰

第三集
- 周易通論月令:二卷/(清)姚配中撰
- 尚書義考:二卷/(清)戴震撰
- 晚書訂疑:三卷/(清)程廷祚撰
- 宮室攷:一卷/(清)任啟運撰
- 四書是訓:十五卷/(清)劉逢祿撰
- 四書拾義:五卷/(清)胡紹勳撰
- 竹書紀年:二卷/(清)張宗泰校補

- 鐵橋金石跋:四卷/(清)嚴可均撰
- 金石萃編補目:三卷/(清)黃本驥撰
- 元碑存目:一卷/(清)黃本驥撰
- 弧矢算術細草圖解:一卷/(清)李鋭撰;(清)馮桂芬解
- 經史質疑錄:一卷/(清)張聰咸撰
- 松崖筆記:三卷/(清)惠棟撰
- 九曜齋筆記:三卷/(清)惠棟撰
- 丙辰劄記:一卷/(清)章學誠撰

第四集
- 周易虞氏略例:一卷/(清)李鋭撰
- 周易倚數錄:二卷附圖一卷/(清)楊履泰撰
- 周禮補注:六卷/(清)呂飛鵬撰
- 説文解字通正:十四卷/(清)潘奕雋撰
- 説文管見:三卷/(清)胡秉虔撰
- 小爾雅義證:十三卷補遺一卷/(清)胡承珙撰
- 周公年表:一卷/(清)牟庭撰
- 元耶律文正公西游錄略注補:一卷/(清)李文田注;(清)范壽金補
- 隋唐石刻拾遺:二卷.關中金石記隋唐石刻原目:一卷/(清)黃本驥撰
- 括蒼金石志補遺:四卷/(清)鄒柏森輯
- 太玄闡秘:十卷首一卷附編一卷外編一卷/(清)陳本禮撰
- 交翠軒筆記:四卷/(清)沈濤纂
- 退餘叢話:二卷/(清)鮑倚雲撰

第五集
- 讀易漢學私記:一卷/(清)陳壽熊撰
- 春秋亂賊考:一卷/(清)朱駿聲撰
- 説文解字述誼:二卷/(清)毛際盛撰

- 説文辨疑：一卷/(清)顧廣圻撰
- 周秦名字解故補：一卷/(清)王萱齡撰
- 盛京疆域考：六卷/(清)楊同桂，(清)孫宗翰輯
- 南江書錄：一卷/(清)邵晉涵撰
- 南邨帖攷：四卷/(清)程文榮撰
- 開方之分還原術：一卷/(清)宋景昌撰
- 意林注：五卷逸文一卷附編一卷/(清)周廣業輯注
- 瑟榭叢談：二卷/(清)沈濤撰
- 聚星札記：一卷/(清)尚鎔撰
- 古柏齋讀書雜識：一卷/(清)王家文撰
- 文選箋證：三十二卷/(清)胡紹煐學
- 落帆樓文遺稿：二卷/(清)沈垚撰

積學齋叢書：二十種/徐乃昌編
清光緒南陵徐氏刻本
線裝16冊；30釐米
Sinica 2823
詳目：
- 周易考占：一卷/(清)金榜撰
- 尚書伸孔篇：一卷/(清)焦廷琥撰
- 韓詩內傳徵：四卷敘錄二卷補遺一卷疑義一卷/(清)宋綿初撰
- 周禮故書考：一卷/(清)程際盛撰
- 周官禮經注正誤：一卷/(清)張宗泰撰
清光緒十六年[1890]刻本
- 冕服考：四卷/(清)焦廷琥撰
清光緒十六年[1890]刻本
- 孟子七篇諸國年表：一卷説一卷/(清)張宗泰撰
- 爾雅注疏本正誤：五卷/(清)張宗泰撰
- 說文徐氏新補新附攷證：一卷/(清)錢大昭撰
清光緒十七年[1891]刻本
- 輶軒使者絕代語釋別國方言箋疏：十三卷/(清)錢繹撰
- 補續漢書藝文志：二卷/(清)錢大昭撰
清光緒十六年[1890]刻本
- 後漢郡國令長攷：一卷/(清)錢大昭撰
清光緒十六年[1890]刻本
- 水經釋地：八卷/(清)孔繼涵撰
- 劉更生年表：一卷/(清)梅毓撰
清光緒十七年[1891]刻本
- 管子義證：八卷/(清)洪頤煊撰
清光緒十五年[1889]刻本
- 臨川答問：一卷/(清)李聯琇撰；(清)劉壽曾錄
- 同度記：一卷/(清)孔繼涵撰
- 增廣新術：二卷/(清)羅士琳撰
清光緒十七年[1891]刻本
- 炳燭室雜文：一卷/(清)江藩撰
- 南陵縣建置沿革表：一卷/徐乃昌撰
清光緒十八年[1892]刻本

又一部
原裝3冊(原線裝15冊)；26釐米
有"甄夏過目"印記
Sinica 6676

鄦齋叢書：二十種/徐乃昌編
清光緒二十六年[1900]南陵徐氏

刻本
　線裝16冊；28釐米
　Sinica 2872
　詳目：
　　·周易諸卦合象考：一卷/（清）任雲倬撰
　　·周易互體卦變考：一卷/（清）任雲倬撰
　　·易經象類：一卷/（清）丁晏撰
　　·盧氏禮記解詁：一卷附錄一卷補遺一卷/（漢）盧植撰；（清）臧庸輯
　　·蔡氏月令章句：二卷/（漢）蔡邕撰；（清）臧庸輯
　　·夏小正分箋：四卷/（清）黃模撰
　　·鄭氏三禮目錄：一卷/（漢）鄭玄撰；（清）臧庸輯
　　·何休注訓論語述：一卷/（清）劉恭冕撰
　　·爾雅小箋：三卷/（清）江藩撰
　　·鄭氏六藝論：一卷/（漢）鄭玄撰；（清）臧琳輯；（清）臧庸補輯
　　·經考：五卷/（清）戴震撰
　　·說文諧聲孳生述：不分卷/（清）陳立撰
　　·隸通：二卷/（清）錢慶曾撰
　　·續方言又補：二卷/徐乃昌撰
　　·後漢儒林傳補逸：一卷/（清）田普光撰
　　附續後漢儒林傳補逸：一卷/（清）徐乃昌撰
　　·唐折衝府考：四卷/（清）勞經原撰；（清）勞格校補
　　·中州金石目錄：八卷/楊鐸撰
　　·讀書小記：一卷/（清）焦廷琥撰

　　·漢氾勝之遺書：一卷/（漢）氾勝之撰；（清）宋葆淳輯
　　附區田圖說：一卷/（清）凌霄撰
　　·焦里堂先生軼文：一卷/（清）焦循撰；徐乃昌輯
又一部
　洋裝2冊（原線裝16冊）；26釐米
　Sinica 6692

懷幽雜俎：十二種/徐乃昌輯
　清光緒宣統間南陵徐氏刻本
　洋裝1冊（原線裝8冊）；24釐米
　Sinica 6636
　詳目：
　　·崔府君祠錄：一卷/（清）鄭烺撰
　　清宣統元年[1909]刻本
　　·瓊琚譜：三卷/（明）姜紹書撰
　　清宣統元年[1909]刻本
　　·我信錄：二卷/（清）羅聘撰
　　清宣統元年[1909]刻本
　　·花部農譚：一卷/（清）焦循撰
　　清宣統元年[1909]刻本
　　·兩般秋雨庵詩選：一卷/（清）梁紹壬撰
　　清宣統二年[1910]刻本
　　·張家口至烏里雅蘇台竹枝詞：一卷/（清）志銳撰
　　清宣統二年[1910]刻本
　　·無益有益齋論畫詩：二卷/（清）李葆恂撰
　　清宣統元年[1909]刻本
　　·梡鞠錄：二卷/朱祖謀編
　　清宣統元年[1909]刻本
　　·念宛齋詞鈔：一卷/（清）左輔撰

清宣統元年[1909]刻本
·海漚漁唱：一卷/（清）吳豐本撰
清宣統元年[1909]刻本
·雲起軒詞鈔：一卷/（清）文廷式撰
清光緒三十三年[1907]刻本
·新聲譜：一卷/（清）朱和羲輯
清宣統元年[1909]刻本

懷幽雜俎：十二種/徐乃昌輯
清光緒宣統間南陵徐氏刻後印本
線裝10冊；22釐米
Sinica 3942
詳目：
·崔府君祠錄：一卷/（清）鄭炔撰
清宣統元年[1909]刻本
·花部農譚：一卷/（清）焦循撰
清宣統元年[1909]刻本
·海漚漁唱：一卷/（清）吳豐本撰
清宣統元年[1909]刻本
·我信錄：二卷/（清）羅聘撰
清宣統元年[1909]刻本
·無益有益齋論畫詩：二卷/（清）李葆恂撰
清宣統元年[1909]刻本
·雲起軒詞鈔：一卷/（清）文廷式撰
清光緒三十三年[1907]刻本
·張家口至烏里雅蘇台竹枝詞：一卷/（清）志銳撰
清宣統二年[1910]刻本
·新聲譜：一卷/（清）朱和羲輯
清宣統元年[1909]刻本
·瓊琚譜：三卷/（明）姜紹書撰
清宣統元年[1909]刊
·梡鞠錄：二卷/朱祖謀編

清宣統元年[1909]刻本
·兩般秋雨庵詩選：一卷/（清）梁紹壬撰
清宣統二年[1910]刻本
·念宛齋詞鈔：一卷/（清）左輔撰
清宣統元年[1909]刻本

隨盦徐氏叢書：初編十種/徐乃昌編
清光緒南陵徐氏刻本
洋裝3冊（原線裝12冊）；31釐米
Sinica 2866
詳目：
·詞林韻釋：一卷/（宋）□□撰
清光緒二十九年[1903]據宋菉斐軒本影刻
·吳越春秋：十卷札記一卷逸文一卷/（漢）趙曄撰；（元）徐天祐音注；徐乃昌撰札記並輯逸文
清光緒三十二年[1906]據元大德本影刻
·蒼崖先生金石例：十卷札記一卷/（元）潘昂霄撰；（清）繆荃孫撰札記
據元至正鄱陽本影刻
·中朝故事：一卷/（南唐）尉遲偓撰
據影宋抄本影刻
·雲仙散錄：一卷札記一卷/（唐）馮贄撰；徐乃昌撰札記
據宋嘉泰本影刻
·述異記：二卷/（南朝梁）任昉撰
清光緒三十年[1904]據宋書棚本影刻
·離騷集傳：一卷/（宋）錢杲之撰本
清光緒三十年[1904]據宋本影刻

- 唐女郎魚玄機詩：一卷/（唐）魚玄機撰

  清光緒三十一年［1905］據宋書棚本影刻

- 篋中集：一卷札記一卷/（唐）元結選；徐乃昌撰札記

  據宋書棚本影刻

- 樂府新編陽春白雪：前集五卷後集五卷/（元）楊朝英輯

  清光緒三十一年［1905］據元本影刻又一部

  洋裝2冊（原線裝12冊）；30釐米

  Sinica 6644/1-2

晨風閣叢書：二十二種/（清）沈宗畸編

清宣統元年［1909］番禺沈氏刻本

洋裝2冊（原線裝16冊）；23釐米

Sinica 6654

詳目：

- 詩經四家異文攷補：一卷/（清）江瀚撰
- 王懷祖先生說文解字校勘記殘藁：一卷/（清）王念孫撰；（清）桂馥編
- 仁廟聖政記：二卷/（明）□□撰
- 出圍城記：一卷/（清）楊棨撰
- 西域水道記校補：一卷/（清）徐松撰
- 寒山金石林部目：一卷/（明）趙均編
- 昭陵碑錄：三卷附錄一卷/（清）羅振玉編
- 潛采堂書目四種/（清）朱彝尊撰
  ○ 全唐詩未備書目：一卷
  ○ 明詩綜采摭書目：一卷
  ○ 兩淮鹽筴書引證書目：一卷
  ○ 竹垞行笈書目：一卷
- 藝芸書舍宋元本書目：二卷/（清）汪士鐘撰
- 結一廬書目：四卷/（清）朱學勤撰
- 滂憙齋宋元本書目：一卷/（清）□□編
- 曲錄：六卷/（清）王國維撰
- 戲曲攷原：一卷/（清）王國維撰
- 鹿門集：三卷拾遺一卷續補遺一卷/（唐）唐彥謙撰
- 邕州小集：一卷/（宋）陶弼撰
- 方叔淵遺藁：一卷/（元）方瀾撰.附高氏三宴詩集：三卷/（唐）高正臣編
- 香山九老會詩：一卷/（唐）白居易編
- 古洋遺響集：一卷/（宋）文同撰
- 南唐二主詞：一卷補遺一卷附校勘記一卷/（南唐）李璟，（南唐）李煜撰；王國維輯補遺並撰校勘記
- 平園近體樂府：一卷/（宋）周必大撰
- 後村別調：一卷補一卷/（宋）劉克莊撰
- 眉菴詞：一卷/（明）楊基撰

拜鴛樓校刻小品四種/（清）沈宗畸輯

清光緒二十六年［1900］番禺沈氏刻本

洋裝1冊（原線裝5冊）；21釐米

Sinica 6634

詳目：

- 欠愁集：一卷/（清）史震林撰

- 板橋襍記：一卷附錄一卷/（清）余懷撰
- 影梅庵憶語：一卷悼亡題詠一卷附錄一卷/（清）冒襄撰
- 海鷗小譜：一卷附錄一卷/（清）趙執信撰

集虛草堂叢書甲集：九種/李國松輯
清光緒合肥李氏刻本
洋裝4冊（原線裝25冊）；25釐米
有"合肥李國松健甫所刻書"印記
Sinica 6650
詳目：
- 周易費氏學：八卷敘錄一卷/（清）馬其昶撰
清光緒三十年[1904]刻本
- 尚書誼略：二十八卷敘錄一卷/姚永樸撰
清光緒三十一年[1905]刻本
- 中庸篇義：一卷/（清）馬其昶撰
清光緒三十年[1904]刻本
- 左忠毅公年譜定本：二卷/（清）馬其昶撰
清光緒三十年[1904]刻本
- 莊子故：八卷/（清）馬其昶撰
清光緒三十一年[1905]刻本
- 屈賦微：二卷/（清）馬其昶撰
清光緒三十二年[1906]刻本
- 道旁散人集：五卷附錄一卷/（清）李孚青撰
清光緒三十年[1904]刻本
- 敦艮吉齋文鈔：四卷/（清）徐子苓撰
清光緒三十二年[1906]刻本
- 敦艮吉齋詩存：二卷補遺一卷/（清）徐子苓撰
清光緒三十二年[1906]刻本
- 鄭東父遺書：六卷/鄭杲撰
清光緒三十年[1904]刻本
  ○ 春秋說：二卷
  ○ 論書序大傳：一卷
  ○ 書張尚書之洞勸學篇後：一卷
  ○ 筆記：一卷
  ○ 雜箸：一卷

鶴壽堂叢書：二十四種/（清）王士濂輯
清光緒二十四年[1898]高郵王氏刻民國二十一年[1932]冀州孫殿起修補重印本
缺二種
洋裝4冊（原線裝20冊）；29釐米
Sinica 6643
詳目：
- 韓詩：一卷
- 毛詩國風定本：一卷/（唐）顏師古撰；（清）□□輯
- 毛詩注疏校勘記校字補：一卷/（清）茆泮林撰
- 周禮注疏校勘記校字補：一卷/（清）茆泮林撰
- 三禮經義附錄：一卷/（清）茆泮林撰
- 呂氏春秋補校：一卷/（清）茆泮林撰
- 何承天纂要文徵遺：一卷/（南朝宋）何承天撰；（清）茆泮林輯
- 唐月令續攷：一卷/（清）茆泮林撰；（清）成孺增訂
- 唐月令注續補遺：一卷/（清）茆泮林撰；（清）成孺增訂
- 唐月令注跋：一卷/（清）成孺撰

- 怡園經說：三卷（原缺卷二）/（清）宋綿初撰
- 左傳通釋：十二卷（原缺卷五至十、十二）/（清）李惇撰
- 春秋世族譜：一卷附補正一卷/（清）陳厚耀撰；（清）王士濂攷證並撰補正
- 左傳同名彙紀：一卷/（清）王士濂輯
- 左女彙紀：一卷/（清）王士濂輯
- 左女同名附紀：一卷/（清）王士濂輯
- 左淫類記：一卷/（清）王士濂輯
- 周末列國有今郡縣考：一卷補一卷/（清）閔麟嗣撰；（清）王士濂輯
- 四書集註攷證：九卷/（清）王士濂撰
- 四書集釋就正槀：一卷/（清）王士濂撰
- 經說管窺：一卷/（清）王士濂撰
- 廣雅疏證拾遺：二卷/（清）王士濂撰

有福讀書堂叢刻：二編十六種/（清）吳引孫輯

清光緒二十七年［1901］儀徵吳氏刻本

洋裝5冊（原線裝14冊）；28冊

Sinica 6641

詳目：

前編
- 聖諭廣訓集證：二卷/（清）吳旭仲輯
- 文昌孝經：一卷/（清）黃正元輯
- 格言聯璧：一卷/（清）金纓輯
- 治家格言繹義：二卷/（清）戴翊清撰
- 六事箴言：一卷/（清）葉玉屏輯
- 公門懲勸錄：二卷/（清）周炳麟輯
- 石成金官紳約：一卷.十反說：一卷/（清）石天基撰
- 課子隨筆鈔：六卷/（清）張師載撰

後編
- 太上感應篇註：二卷/（清）王硯堂撰
- 覺世經註證：一卷/（清）□□撰
- 丹桂籍註案：四卷/（明）顏正撰；（明）顏文瑞補
- 蕉窗十則註解：二卷/（清）閔鉞撰
- 戒士文徵信錄：二卷/（清）劉鑑撰
- 慾海迴狂寶訓集說：一卷/（清）邵志琳輯
- 金剛般若波羅密經註解：一卷.般若波羅密多心經註解：一卷/題呂嵒註.附金剛經感應錄分類輯要：一卷/（清）王澤洭撰
- 好生救劫編：五卷末一卷/（清）常存敬畏齋主人輯

香豔叢書：二十集三百二十七種/（清）蟲天子編

清宣統元年至二年［1909—1910］上海國學扶輪社鉛印本

存十集二百二十九種（第一至十集）

線裝40冊；20釐米

Sinica 6064

詳目：

第一集
- 鴛鴦牒：一卷/（明）程羽文撰
- 美人譜：一卷/（清）徐震撰
- 花底拾遺：一卷/（明）黎遂球撰
- 補花底拾遺：一卷/（清）張潮撰
- 十眉謠：一卷/（清）徐士俊撰
- 閒情十二憮：一卷/（明）蘇士琨撰
- 黛史：一卷/（清）張芳撰

- 小星志：一卷/（清）丁飛雄撰

丁飛雄疑爲丁雄飛之誤
- 胭脂紀事：一卷/（清）伍端龍撰
- 十美詞紀：一卷/（清）鄒樞撰
- 悅容編：一卷/（明）衛泳撰
- 香天談藪：一卷/（清）吳雷發撰
- 婦人集：一卷/（清）陳維崧撰；（清）冒褒注
- 婦人集補：一卷/（清）冒丹書撰
- 艷體連珠：一卷/（明）葉小鸞撰
- 侍兒小名錄拾遺：一卷/（宋）張邦幾撰
- 補侍兒小名錄：一卷/（宋）王銍撰
- 續補侍兒小名錄：一卷/（宋）溫豫撰
- 妒律：一卷/（清）陳元龍撰
- 三婦評牡丹亭雜記：一卷/（清）吳人撰
- 龜臺琬琰：一卷/（清）張正茂撰
- 潮嘉風月記：一卷/（清）俞蛟撰

第二集
- 三風十愆記：二卷/（清）瀛若氏撰
- 艷囮二則：一卷/（清）嚴虞惇撰
- 筆夢敘：一卷.附顧仲恭討錢岱檄：一卷/（清）□□撰
- 絳雲樓俊遇：一卷/（清）□□撰
- 金姬小傳：一卷別記一卷/（明）楊儀撰
- 滇黔土司婚禮記：一卷/（清）陳鼎撰
- 衍琵琶行：一卷/（清）曹秀先撰
- 西湖小史：一卷/（清）李鼎撰
- 十國宮詞：二卷/（清）孟彬撰
- 啟禎宮詞：一卷/（明）劉城撰
- 海鷗小譜：一卷/（清）趙執信撰
- 邵飛飛傳：一卷/（清）陳鼎撰
- 婦學：一卷/（清）章學誠撰
- 婦人鞋襪考：一卷/（清）余懷撰
- 纏足談：一卷/（清）袁枚撰
- 百花彈詞：一卷/（清）錢濤撰
- 今列女傳：一卷附錄一卷/（清）□□撰
- 李師師外傳：一卷/（宋）□□撰
- 紅樓百美詩：一卷/（清）潘容卿撰
- 百花扇序：一卷/（清）趙杏樓撰
- 閒餘筆話：一卷/（清）湯傳楹撰

第三集
- 敝帚齋餘談節錄：一卷/（明）沈德符撰
- 影梅庵憶語：一卷/（清）冒襄撰
- 王氏復仇記：一卷
- 紅樓葉戲譜：一卷/（清）徐畹蘭撰
- 釵小志：一卷/（唐）朱揆撰
- 粧臺記：一卷/（唐）宇文士及撰
- 髻鬟品：一卷/（唐）段成式撰
- 漢雜事秘辛：一卷/（漢）□□撰
- 大業拾遺記：一卷/（唐）顏師古撰
- 元氏掖庭記：一卷/（元）陶宗儀撰
- 焚椒錄：一卷/（遼）王鼎撰
- 美人判：一卷/（清）尤侗撰
- 清閒供：一卷/（明）程羽文撰
- 看花述異記：一卷/（清）王晫撰
- 新婦譜：一卷/（清）陸圻撰
- 新婦譜補：一卷/（清）陳確撰
- 新婦譜補：一卷/（清）查琪撰
- 古豔樂府：一卷/（清）楊淮撰
- 比紅兒詩註：一卷/（清）沈可培撰
- 某中丞夫人：一卷/（清）□□撰
- 妖婦齊王氏傳：一卷/（清）□□撰
- 老狐談歷代麗人記：一卷/（清）鵝

湖逸士撰
・宮詞：一卷/（清）徐昂發撰
・天啟宮詞：一卷/（明）蔣之翹撰
・啟禎宮詞：一卷/（清）高兆撰
第四集
・趙后遺事：一卷/（宋）秦醇撰
・金縷裙記：一卷
・冥音錄：一卷/（唐）朱慶餘撰
・三夢記：一卷/（唐）白行簡撰
・名香譜：一卷/（宋）葉廷珪撰
・清尊錄：一卷/（宋）廉布撰
・蜀錦譜：一卷/（元）費著撰
・春夢錄：一卷/（元）鄭禧撰
・牡丹榮辱志：一卷/（宋）丘璿撰
・芍藥譜：一卷/（宋）王觀撰
・花經：一卷/（宋）張翊撰
・花九錫：一卷/（唐）羅虬撰
・瑤臺片玉甲種：三卷/（明）施紹莘撰
・閨律：一卷/（清）芙蓉外史撰
・續豔體連珠：一卷/（清）□□撰
・勝朝彤史拾遺記：六卷/（清）毛奇齡撰
第五集
・玉臺書史：一卷/（清）厲鶚輯
・北里志：一卷/（唐）孫棨撰
・教坊記：一卷/（唐）崔令欽撰
・青樓集：一卷/（元）黃雪簑撰
・麗情集：一卷/（宋）張君房撰
・荻樓雜抄：一卷
・琵琶錄：一卷/（唐）段安節撰
・魏王花木志：一卷
・桂海花木志：一卷/（宋）范成大撰
・楚辭芳草譜：一卷/（宋）謝翱撰
・瑤臺片玉乙種：三卷/（□）江詒撰

又名《花底拾遺集》
・王翠翹傳：一卷/（清）余懷撰
・擬合德諫飛燕書：一卷/（明）吳從先撰
・金小品傳：一卷/（明）吳從先撰
・徐郎小傳：一卷/（明）吳從先撰
・頓子真小傳：一卷/（明）吳從先撰
・妓虎傳：一卷/（明）吳從先撰
・香本紀：一卷/（明）吳從先撰
・楊娥傳：一卷/（清）劉鈞撰
・黔苗竹枝詞：一卷/（清）舒位撰
・黑美人別傳：一卷/（清）□□撰
・某中丞：一卷/（清）□□撰
・女盜俠傳：一卷/（清）酉陽撰
・女俠翠雲孃傳：一卷/（清）秋星撰
・記某生為人唆訟事：一卷/（清）□□撰
・記栗主殺賊事：一卷/（清）潮聲撰
・女俠荊兒記：一卷/（清）□□撰
・餘墨偶談節錄：一卷/（清）孫樗撰
第六集
・漢宮春色：一卷/（晉）□□撰
・黑心符：一卷/（唐）于義方撰
・竹夫人傳：一卷/（宋）張耒撰
・湯媼傳：一卷/（明）吳寬撰
・周櫟園奇緣記：一卷/（清）徐忠撰
・彩雲曲並序：一卷/樊增祥撰
・苗妓詩：一卷/（清）貝青喬撰
・十國宮詞：一卷/（清）秦雲撰
・梵門綺語錄：一卷/（清）□□撰
・琴譜序：一卷/（清）王錦撰
・代少年謝狎妓書：一卷/（明）袁中道撰
・小腳文：一卷/（清）曠望生撰

- 冷廬雜識節錄：一卷/（清）陸以湉撰
- 韻蘭序：一卷/（清）梁紹壬撰
- 迷樓記：一卷/（唐）□□撰
- 劉無雙傳：一卷/（唐）薛調撰
- 步非煙傳：一卷/（唐）皇甫枚撰
- 譚節婦祠堂記：一卷/（明）烏斯道撰
- 月夜彈琴記：一卷.附譚節婦對詠：三十首/（明）□□撰
- 醋說：一卷/（清）了緣子撰
- 戲擬青年上政府請弛禁早婚書：一卷/（清）□□撰
- 自由女請禁婚嫁陋俗稟稿：一卷/（清）□□撰
- 婦女贊成禁止娶妾律之大會議：一卷/（清）□□撰
- 擬王之臣與其友絕交書：一卷/（清）吳山秀撰
- 代某校書謝某狎客餽送局帳啟：一卷/（清）□□撰
- 懺船娘張潤金疏：一卷/（清）□□撰
- 冶遊自懺文：一卷/（清）□□撰
- 問蘇小小鄭孝女秋瑾松風和尚何以同葬於西泠橋試研究其命意所在：一卷/（清）招招舟子撰
- 冶遊賦：一卷/（清）陳寅生撰
- 閨中十二曲：一卷/（清）□□撰
- 盤珠詞：一卷/（清）莊蓮佩撰
- 蘩華室詩選：一卷/（清）徐畹蘭撰

第七集
- 梵門綺語錄：一卷/（清）□□撰
- 恨塚銘：一卷/（清）陸伯周撰
- 七夕夜遊記：一卷/（清）沈逢吉撰
- 俞三姑傳：一卷/（清）□□撰
- 過墟志感：一卷/（清）墅西逸叟撰
- 文海披沙摘錄：一卷/（明）謝肇淛撰
- 述懷小序：一卷/（清）朱文娟撰
- 河東君傳：一卷/（清）陳玉璂撰
- 懼內供狀：一卷/（清）□□撰
- 靈應傳：一卷/（唐）□□撰
- 神山引曲：一卷/（清）玉泉樵子填詞
- 宋詞媛朱淑真事略：一卷/（清）□□輯
- 張靈崔瑩合傳：一卷/（清）黃周星撰
- 菊譜：一卷/（宋）劉蒙撰
- 菊譜：一卷/（宋）史正志撰
- 小螺菴病榻憶語：一卷/（清）孫道乾撰
- 夢遊錄：一卷/（唐）任蕃撰
- 歌者葉記：一卷/（唐）沈亞之撰

第八集
- 香蓮品藻：一卷/（清）方絢撰
- 金園雜纂：一卷/（清）方絢撰
- 貫月查：一卷/（清）方絢撰
- 采蓮船：一卷/（清）方絢撰
- 響屧譜：一卷/（宋）楊无咎撰；（清）方絢注
- 馮燕傳：一卷/（唐）沈亞之撰
- 女官傳：一卷/（清）屈大均撰
- 書葉氏女事：一卷/（清）屈大均撰
- 貞婦屠印姑傳：一卷/（清）羅有高撰
- 虎邱弔真娘墓文：一卷/（清）姚燮撰
- 玉鉤斜哀隋宮人文：一卷/（清）姚燮撰
- 玉梅後詞：一卷/（清）況周儀撰
- 雙頭牡丹燈記：一卷/（清）□□撰
- 玫瑰花女魅：一卷/（清）□□撰
- 織女：一卷/（清）□□撰
- 蘇四郎傳：一卷/（清）□□撰

- 廬山二女：一卷/（清）□□撰
- 洞簫記：一卷/（明）陸粲撰
- 五石瓠節錄：一卷/（清）劉鑾撰
- 洛陽牡丹記：一卷/（宋）歐陽修撰
- 王嬌傳：一卷
- 記某生爲人雪冤事：一卷/（清）□□撰
- 菽園贅談節錄：一卷/邱煒菱撰
- 香咳集選存：三卷（卷一至三）/（清）許夔臣輯

第九集
- 五代花月：一卷/（清）李調元撰
- 喬復生王再來二姬合傳：一卷/（清）李漁撰
- 懺母傳：一卷/（明）王鏊撰
- 十八娘傳：一卷/（清）趙古農撰
- 真真曲：一卷/（明）貝瓊撰
- 至正妓人行：一卷/（明）李禎撰
- 圓圓傳：一卷/（清）陸次雲撰
- 溫柔鄉記：一卷/（清）梁國正撰
- 金漳蘭譜：一卷/（宋）趙時庚撰
- 王氏蘭譜：一卷/（宋）王貴學撰
- 斷袖篇：一卷/（清）吳下阿蒙撰
- 鬱輪袍傳：一卷/（唐）鄭還古撰
- 杜秋傳：一卷/（唐）杜牧撰
- 妙女傳：一卷/（唐）顧非熊撰
- 烈女李三行：一卷/（清）胡天游撰
- 蘇小小考：一卷/（清）梁紹壬撰
- 甲癸議：一卷/（清）嚴可均撰
- 悼亡詞：一卷/（清）沈星煒撰
- 夏閨晚景瑣說：一卷/（清）湯春生撰
- 茯苓仙傳奇：一卷/（清）玉泉樵子填詞
- 香咳集選存：三卷（卷四至六）/（清）許夔臣輯

第十集
- 玉臺畫史：一卷/（清）湯漱玉輯
- 古鏡記：一卷/（隋）王度撰
- 太恨生傳：一卷/（清）徐瑤撰
- 春人賦：一卷/（清）易順鼎撰
- 廣東火劫記：一卷/（清）梁恭辰撰
- 姍姍傳：一卷/（清）黃永撰
- 虞美人傳：一卷/（清）沈廷桂撰
- 黃竹子傳：一卷/（清）吳蘭修撰
- 春娘傳：一卷/（宋）王明清撰
- 金華神記：一卷/（宋）崔公度撰
- 貞烈婢黃翠花傳：一卷/（清）□□撰
- 花仙傳：一卷/（清）□□撰
- 薄命曲：一卷/（清）孫學勤撰
- 猗覺寮雜記：一卷/（宋）朱翌撰
- 徐孃自述詩記：一卷/（清）繆良撰
- 物妖志：一卷/（清）葆光子撰
- 梅譜：一卷/（宋）范成大撰
- 梅品：一卷/（宋）張鎡撰
- 洛陽牡丹記：一卷/（宋）周師厚撰
- 陳州牡丹記：一卷/（宋）張邦基撰
- 天彭牡丹譜：一卷/（宋）陸游撰
- 海棠譜：一卷/（宋）陳思撰

敦煌石室遺書：十三種/（清）羅振玉等輯
清宣統元年［1909］上虞羅氏鉛印本
缺一種（摩尼經殘卷附摩尼教流行中國考略一卷）
線裝4冊；25釐米
Sinica 6166
詳目：
- 尚書顧命殘本：一卷校勘記一卷/（漢）孔安國傳；（清）蔣斧撰

校勘記.隸古文尚書顧命殘本補
  考：一卷/（清）羅振玉撰
・沙州志殘卷：一卷校錄札記一卷/
  （唐）□□撰；（清）羅振玉撰校
  錄札記
・西州志殘卷：一卷/（唐）□□撰
・慧超往五天竺國傳殘卷：一卷校錄
  札記一卷/（唐）釋慧超撰（清）
  羅振玉撰校錄札記
・溫泉銘殘卷：一卷/（唐）太宗李世
  民撰
・沙州文錄：一卷/（清）蔣斧輯
・般若波羅蜜多心經：一卷/（清）蔣
  斧校
・五臺山聖境讚殘卷：一卷/（唐）釋
  玄本述
・老子化胡經殘卷：二卷（存卷一、
  十）考一卷補攷一卷校勘記一卷
  軼文一卷/（晉）王浮撰；（清）蔣
  斧撰考並輯軼文；（清）羅振玉
  撰補攷校勘記
・景教三威蒙度讚：一卷
・沙州石室文字記：一卷/曹元忠撰
・流沙訪古記：一卷/（清）羅振玉撰

玉簡齋叢書：二集二十二種/（清）羅振
玉編
  清宣統二年［1910］上虞羅氏刻本
  線裝20冊；21釐米
  Sinica 2621
  詳目：
・異語：十九卷/（清）錢坫撰
・漢志武成日月表：一卷/（清）陳目
  綱撰

・西游錄注：一卷/（清）李文田撰
・朝鮮紀事：一卷/（明）倪謙撰
・奉使朝鮮倡和集：一卷/（明）倪謙撰
・邊略：五卷/（明）高拱撰
  。防邊紀事：一卷
  。伏西紀事：一卷
  。安邊紀事：一卷
  。靖南紀事：一卷
  。綏廣紀事：一卷
・楊監筆記：一卷/（明）楊德澤撰
・山中聞見錄：十一卷（原缺卷三至
  五）/（清）彭孫貽撰
・內閣小志：一卷.內閣故事：一卷/
  （清）葉鳳毛撰
・內閣大庫檔冊：一卷/（清）□□撰
・洛陽伽藍記：五卷/（北魏）楊衒之撰
・龍瑞觀禹穴陽明洞天圖經：一卷/
  （宋）葉樞撰；（宋）李宗諤修定
・湟中雜記：一卷/（清）□□撰
・硯林拾遺：一卷/（清）施閏章撰
二集
・濮陽蒲汀李先生家藏目錄：一卷/
  （明）李廷相撰
・萬卷堂書目：四卷/（明）朱睦㮮撰
・脈望館書目：一卷/（明）趙琦美撰
・近古堂書目：二卷/（明）□□撰
・四明天一閣藏書目錄：一卷/（清）
  □□撰
・也是園藏書目：十卷/（清）錢曾撰
・傳是樓宋元本書目：一卷附錄一卷/
  （清）徐乾學撰
・知聖道齋書目：四卷/（清）彭元瑞撰
又一部
  洋裝3冊（原線裝20冊）；20釐米

Sinica 6621

國學叢刊/(清)羅振玉輯
　　清宣統三年［1911］國學叢刊社石印本
　　線裝2冊；27釐米
　　Sinica 6843
　　詳目：
　　第一冊
　　·周易王弼注唐寫本殘卷校字記：一卷/(清)羅振玉撰
　　本書爲《羣經點勘》一
　　·殷虛書契前編卷一：一卷/(清)羅振玉輯
　　·唐折衝府考補：一卷補遺一卷/(清)羅振玉輯
　　·隋唐兵符圖錄：一卷/(清)羅振玉輯
　　·藝風堂題跋：一卷/(清)繆荃孫撰
　　·古劇腳色考：一卷補遺一卷/(清)王國維撰
　　第二冊
　　·隸古定尚書孔傳唐寫本殘卷校字記：一卷/(清)羅振玉撰
　　本書爲《羣經點勘》二
　　·殷虛書契前編卷二：一卷/(清)羅振玉輯
　　·清真先生遺事：一卷/(清)王國維撰
　　·蒿里遺文目錄卷上：一卷/(清)羅振玉撰
　　·論語鄭氏注子路篇殘卷：一卷/(漢)鄭玄注；(清)羅振玉校
　　本書爲《佚籍叢殘》三
　　·波斯教殘經：一卷/(清)羅振玉輯
　　本書爲《佚籍叢殘》十五
　　·修文殿御覽殘卷：一卷/(北齊)顏之推等奉敕撰；(清)羅振玉校
　　本書爲《佚籍叢殘》十八

古今說部叢書：十集二百六十六種/國學扶輪社編
　　清宣統二年至民國二年［1910—1913］上海國學扶輪社鉛印本
　　線裝60冊；20釐米
　　Backhouse 133
　　詳目：
　　一集
　　·漢官儀：一卷/(漢)應劭撰
　　·獻帝春秋：一卷
　　·九州春秋：一卷/(晉)司馬彪撰
　　·三國典略：一卷/(晉)魚豢撰
　　·會稽典錄：一卷/(晉)虞預撰
　　·魏春秋：一卷/(晉)孫盛撰
　　·鄴中記：一卷/(晉)陸翽撰
　　·群輔錄：一卷/(晉)陶潛撰
　　·晉陽秋：一卷/(晉)庾翼撰
　　·續晉陽秋：一卷/(南朝宋)檀道鸞撰
　　·晉中興書：一卷/(南朝宋)何法盛撰
　　·次柳氏舊聞：一卷/(唐)李德裕撰
　　·曲洧舊聞：一卷/(宋)朱弁撰
　　·燈下閒談：一卷/(宋)江洵撰
　　一題(五代)□□撰
　　·皇朝類苑：一卷/(宋)江少虞撰
　　·宜齋野乘：一卷/(宋)吳枋撰
　　·養魚經：一卷/(春秋)范蠡撰
　　·拾遺名山記：一卷/(前秦)王嘉撰
　　·北戶錄：一卷/(唐)段公路撰
　　·黔西古蹟考：一卷/(清)錢霈撰
　　·灌園十二師：一卷/(清)徐沁撰

- 溪蠻叢笑：一卷/（宋）朱輔撰
- 廣東月令：一卷/（清）鈕銹撰

鈕銹實爲鈕琇之誤

- 陸機要覽：一卷/（晉）陸機撰
- 異聞實錄：一卷/（唐）李玫撰
- 江淮異人錄：一卷/（宋）吳淑撰
- 述異記：三卷/（清）東軒主人撰
- 梅澗詩話：一卷/（宋）韋居安撰
- 詩本事：一卷/（明）程羽文撰
- 竹連珠：一卷/（清）鈕銹撰

鈕銹實爲鈕琇之誤

- 山林經濟策：一卷/（清）陸次雲撰
- 劍氣：一卷/（明）程羽文撰
- 征南射法：一卷/（清）黃百家撰
- 艮堂十戒：一卷/（清）方象瑛撰
- 酒約：一卷/（清）吳肅公撰
- 宦海慈航：一卷/（清）蔣埴撰
- 食珍錄：一卷/（南朝宋）虞悰撰
- 長物志：十二卷/（明）文震亨撰
- 芸窗雅事：一卷/（明）施清撰
- 玩月約：一卷/（清）張潮撰
- 書齋快事：一卷/（清）沈元琨撰
- 石交：一卷/（明）程羽文撰
- 選石記：一卷/（清）成性撰
- 紀草堂十六宜：一卷/（清）王晫撰
- 仿園酒評：一卷/（清）張蓋撰

一題《彷園酒評》

- 香雪齋樂事：一卷/（清）江之蘭撰
- 讀書法：一卷/（清）魏際瑞撰
- 客齋使令反：一卷/（明）程羽文撰
- 約言：一卷/（清）張適撰
- 半菴笑政：一卷/（清）陳皋謨撰
- 病約三章：一卷/（清）尤侗撰
- 小半斤謠：一卷/（清）黃周星撰
- 四十張紙牌說：一卷/（清）李式玉撰
- 五嶽約：一卷/（清）韓則愈撰
- 桓譚新論：一卷/（漢）桓譚撰
- 譙周法訓：一卷/（三國蜀）譙周撰
- 虞喜志林：一卷/（晉）虞喜撰
- 裴啟語林：一卷/（晉）裴啟撰
- 宋拾遺錄：一卷/（南朝梁）謝綽撰
- 三輔決錄：一卷/（漢）趙岐撰
- 義山雜記：一卷/（唐）李商隱撰
- 龍城錄：一卷/（唐）柳宗元撰
- 窮愁志：一卷/（唐）李德裕撰
- 松窗雜記：一卷/（唐）杜荀鶴撰

一題（唐）李濬撰

- 商芸小說：一卷/（唐）□□撰

一題（南朝梁）殷芸撰

- 杜陽雜編：三卷/（唐）蘇鶚撰
- 秀水閒居錄：一卷/（宋）朱勝非撰
- 蒼梧雜志：一卷/（宋）胡珵撰
- 談藪：一卷/（宋）龐元英撰
- 青箱雜記：一卷/（宋）吳處厚撰
- 林下偶譚：一卷/（宋）吳氏撰
- 獨醒雜志：一卷/（宋）吳宏撰
- 可談：一卷/（宋）朱彧撰
- 小窗自紀雜著：一卷/（明）吳從先撰

二集

- 文士傳：一卷/（晉）張隱撰
- 衣冠盛事：一卷/（唐）蘇特撰
- 幽閒鼓吹：一卷/（唐）張固撰
- 法苑珠林：一卷
- 諧史：一卷/（宋）沈俶撰
- 三朝野史：一卷/（元）吳萊撰
- 閩中今古錄：一卷/（明）黃溥撰
- 西峰淡話：一卷/（明）茅元儀撰
- 琅琊漫抄：一卷/（明）文林撰

一題《瑯琊漫抄》
·相貝經：一卷/（漢）朱仲撰
·禽經：一卷/（春秋）師曠撰；（晉）張華注
·輶軒絕代語：一卷/（漢）揚雄撰
·神異經：一卷/（漢）東方朔撰；（晉）張華注
·海內十洲記：一卷/（漢）東方朔撰
·列仙傳：一卷/（漢）劉向撰
·搜神記：一卷/（晉）干寶撰
·搜神後記：一卷/（晉）陶潛撰
·冥祥記：一卷/（晉）王琰撰
·述異記：一卷/（南朝梁）任昉撰
·原化記：一卷/（唐）皇甫氏撰
·寶櫝記：一卷/（明）滑惟善撰
·杼情錄：一卷/（宋）盧懷撰
·碧湖雜記：一卷/（宋）謝枋得撰
·臨漢隱居詩話：一卷/（宋）魏泰撰
·延州筆記：一卷/（明）唐覲撰
·北窗囈語：一卷/（清）朱燾撰
·松亭行紀：二卷/（清）高士奇撰
·十六湯品：一卷/（唐）蘇廙撰
·採茶錄：一卷/（唐）溫庭筠撰
·茶疏：一卷/（明）許次紓撰
·炙轂子錄：一卷/（唐）王叡撰
·桂苑叢談：一卷/（唐）馮翊撰
·葆化錄：一卷/（唐）陳京撰
·西墅記譚：一卷/（前蜀）潘遠撰
·乾腜子：一卷/（唐）溫庭筠撰
·吹劍錄：一卷/（宋）俞文豹撰
·雞肋：一卷/（宋）趙崇絢輯
·南部新書：一卷/（宋）錢易撰
·五色線：一卷/（宋）□□撰
·採蘭雜志：一卷

·異苑：十卷/（南朝宋）劉敬叔撰
·戒菴漫筆：一卷/（明）李詡撰
·蘇談：一卷/（明）楊循吉撰
·耳新：八卷/（明）鄭仲夔撰
三集
·傳信記：一卷/（唐）鄭棨撰
·野航史話：一卷/（明）茅元儀撰
·小隱書：一卷/（明）敬虛子撰
·雲蕉館紀談：一卷/（明）孔邇撰
·汴圍濕襟錄：一卷/（明）白愚撰
·漁洋感舊集小傳：四卷補遺一卷/（清）盧見曾撰
·袖中記：一卷/（南朝梁）沈約撰
·玄亭涉筆：一卷/（明）王志遠撰
·荔枝譜：一卷/（宋）蔡襄撰
·嶠南瑣記：二卷/（明）魏濬撰
·志怪錄：一卷/（晉）祖台之撰
·集靈記：一卷
·祥異記：一卷
·風騷旨格：一卷/（唐）釋齊己撰
·灌畦暇語：一卷
·春雨雜述：一卷/（明）解縉撰
·天爵堂筆餘：一卷/（明）薛崗撰
·資暇錄：一卷/（唐）李匡乂撰
·戲瑕：一卷/（明）錢希言撰
·玉笑零音：一卷/（明）田藝蘅撰
·竹坡老人詩話：一卷/（宋）周紫芝撰
·筆經：一卷/（晉）王羲之撰
·膳夫錄：一卷/（唐）鄭望之撰
·林下盟：一卷/（明）沈仕撰
·缾花譜：一卷/（明）張謙德撰
·攝生要錄：一卷/（明）沈仕撰
·滇行日錄：一卷/（清）王昶撰
·太清記：一卷/（南朝宋）王韶之撰

- 寓簡：一卷/（宋）沈作喆撰
- 林下清錄：一卷/（明）沈仕撰
- 真率筆記：一卷
- 致虛雜俎：一卷
- 下帷短牒：一卷
- 燕閒錄：一卷/（明）陸深撰
- 春風堂隨筆：一卷/（明）陸深撰
- 枕譚：一卷/（明）陳繼儒撰
- 群碎錄：一卷/（明）陳繼儒撰

四集
- 冷齋夜話：一卷/（宋）釋惠洪撰
- 宜春傳信錄：一卷/（宋）羅誘撰
- 錢塘遺事：一卷/（元）劉一清撰
- 相學齋雜鈔：一卷/（元）鮮于樞撰
- 明良記：一卷/（明）楊儀撰
- 隴蜀餘聞：一卷/（清）王士禎撰
- 征緬紀聞：一卷/（清）王昶撰
- 蜀徼紀聞：一卷/（清）王昶撰
- 南中紀聞：一卷/（明）包汝楫撰
- 桂海果志：一卷/（宋）范成大撰
- 桂海蟲魚志：一卷/（宋）范成大撰
- 還冤記：一卷/（北齊）顏之推撰
- 蚓菴瑣語：一卷/（清）王逋撰
- 西清詩話：一卷/（宋）蔡絛撰
- 研北雜志：一卷/（元）陸友仁撰
- 叩舷憑軾錄：一卷/（明）姜南撰
- 華陽散稿：二卷/（清）史震林撰
- 醉鄉日月：一卷/（唐）皇甫崧撰
- 蔬食譜：一卷/（宋）陳達叟編
- 佩楚軒客談：一卷/（元）戚輔之編
- 雪鴻再錄：一卷/（清）王昶撰
- 使楚叢譚：一卷/（清）王昶撰
- 臺懷隨筆：一卷/（清）王昶撰
- 投荒雜錄：一卷/（唐）房千里撰

- 金華子雜編：一卷/（南唐）劉崇遠撰
- 虛谷閒抄：一卷/（元）方回錄
- 桂海雜志：一卷/（宋）范成大撰
- 山陵雜記：一卷/（元）楊奐撰
- 志雅堂雜抄：一卷/（宋）周密纂
- 浩然齋視聽抄：一卷/（宋）周密纂
- 誠齋雜記：一卷/（元）周達觀輯
  一題（元）林坤輯
- 顧曲雜言：一卷/（明）沈德符撰
- 北窗瑣語：一卷/（明）余永麟撰
- 譚輅：一卷/（明）張鳳翼撰
- 分甘餘話：二卷/（清）王士禎撰

五集
- 征緬紀略：一卷/（清）王昶撰
- 高坡異纂：三卷/（明）楊儀撰
- 瓠里子筆談：一卷/（明）姜南撰
- 遣戍伊犁日記：一卷/（清）洪亮吉撰
- 天山客話：一卷/（清）洪亮吉撰
- 艾子後語：一卷/（明）陸灼撰
- 猥談：一卷/（明）祝允明撰
- 半野村人閒談：一卷/（明）姜南撰
- 蓉塘紀聞：一卷/（明）姜南撰
- 蓬軒吳記：二卷/（明）楊循吉撰
- 蓬軒別記：一卷/（明）楊循吉撰
- 吳中故語：一卷/（明）楊循吉撰
- 觚賸：八卷續編四卷/（清）鈕琇輯
- 然脂百一編六種/（清）傅以禮輯
  ◦ 東歸紀事：一卷/（明）王鳳嫻撰
  ◦ 燈花占：一卷/（明）王氏撰
  ◦ 追述黔塗略：一卷/（明）邢慈靜撰
  ◦ 革除建文皇帝紀：一卷/（明）徐德英撰
  ◦ 老父雲遊始末：一卷/（清）陸莘行撰

。尊前話舊:一卷/(清)陸莘行撰
·外家紀聞:一卷/(清)洪亮吉撰
六集
·玉照新志:四卷/(宋)王明清撰
·王文正筆錄:一卷/(宋)王曾撰
·觚不觚錄:一卷/(明)王世貞撰
·睽車志:一卷/(元)歐陽玄撰
·說聽:二卷/(明)陸延枝撰
·石林詩話:三卷/(宋)葉夢得撰
·然鐙記聞:一卷/(清)王士禎口授;
　(清)何世璂錄
·律詩定體:一卷/(清)王士禎撰
·聲調譜:一卷/(清)趙執信撰
·談龍錄:一卷/(清)趙執信撰
·西湖秋柳詞:一卷/(清)楊鳳苞撰;
　(清)楊知新注
·幽夢影:二卷/(清)張潮撰
·幽夢續影:一卷/(清)朱錫綬撰
·匡廬紀游:一卷/(清)吳闡思撰
·安南紀遊:一卷/(清)潘鼎珪撰
·涪翁雜說:一卷/(宋)黃庭堅撰
·湖壖雜記:一卷/(清)陸次雲撰
·簪雲樓雜說:一卷/(清)陳尚古撰
·天香樓偶得:一卷/(清)虞兆漋撰
·筠廊偶筆:二卷/(清)宋犖撰
七集
·楓窗小牘:二卷/(宋)袁褧撰
·幸蜀記:一卷/(唐)宋居白撰
·談助:一卷/(清)王崇簡撰
·庚巳編:四卷/(明)陸粲撰
·樊榭山房集外詩:一卷/(清)厲鶚撰
·碧雞漫志:一卷/(宋)王灼撰
·仿園清語:一卷/(清)張蓋撰
一題《彷園清語》

·賜硯齋題畫偶錄:一卷/(清)戴熙撰
·九華新譜:一卷/(清)吳昇編
·塵餘:一卷/(清)曹宗璠撰
·泰山紀勝:一卷/(清)孔貞瑄撰
·孫公談圃:三卷/(宋)孫升述;
　(宋)劉延世錄
·玉澗雜書:一卷/(宋)葉夢得撰
·道山清話:一卷/(宋)王暐撰
·天祿識餘:二卷/(清)高士奇輯
八集
·歸田詩話:三卷/(明)瞿佑撰
·麓堂詩話:一卷/(明)李東陽撰
·明季詠史百一詩:一卷/(清)張篤
　慶撰
·竹垞小志:五卷/(清)楊蟠編錄
·驂鸞錄:一卷/(宋)范成大撰
·續驂鸞錄:一卷/(清)張祥河撰
·游雁蕩山記:一卷/(清)周清原撰
·雅謔:一卷/(明)浮白齋主人撰
·閩小記:二卷/(清)周亮工撰
·遯齋偶筆:二卷/(清)徐崑撰
九集
·蓮子居詞話:四卷/(清)吳衡照撰
·鋤經書舍零墨:四卷/(清)黃協塤撰
·滹南詩話:三卷/(金)王若虛撰
·南行日記:一卷/(清)吳廣霈撰
·龍輔女紅餘志:二卷/(元)龍輔撰
·酒顛:二卷/(明)夏樹芳輯;(明)
　陳繼儒增
·茶董:二卷/(明)夏樹芳撰;(明)
　陳繼儒補
·冬集紀程:一卷/(清)周廣業撰
十集
·救文格論:一卷/(清)顧炎武撰

- 師友詩傳錄：一卷/（清）郎廷槐問；（清）王士禎,（清）張篤慶,（清）張實居答
- 師友詩傳續錄：一卷/（清）劉大勤問；（清）王士禎答
- 金石要例：一卷/（清）黃宗羲撰
- 貯香小品：九卷/萬後賢撰
- 語新：二卷/（清）錢學綸撰
- 懷芳記：一卷補遺一卷/（清）蘿摩庵老人撰；（清）譚獻注
- 黃嬭餘話：八卷/（清）陳錫路撰

又一部
洋裝10冊（原線裝60冊）
Sinica 6622

輯佚之屬

二酉堂叢書：二十一种/（清）張澍輯
清道光元年［1821］武威張氏二酉堂刻本
線裝10冊；24釐米
Sinica 4806
詳目：
- 司馬法：一卷逸文一卷/（春秋）司馬穰苴撰
- 子夏易傳：一卷/（春秋）卜商撰
- 世本：五卷/（漢）宋衷撰；（清）張澍補注
- 三輔決錄：二卷/（漢）趙岐撰；（晉）摯虞注
- 皇甫司農集：一卷/（漢）皇甫規撰
- 張太常集：一卷/（漢）張奐撰
- 段太尉集：一卷/（漢）段熲撰
- 周生烈子：一卷/（三國魏）周生烈撰

- 漢皇德傳：一卷/（漢）侯瑾撰
- 風俗通姓氏篇：二卷/（漢）應劭纂；（清）張澍補注
- 三秦記：一卷/（□）辛□撰
- 三輔舊事：一卷
- 三輔故事：一卷
- 十三州志：一卷/（北魏）闞駰撰
- 涼州記：一卷/（北涼）段龜龍撰
- 涼州異物志：一卷
- 西河舊事：一卷
- 西河記：一卷/（晉）喻歸撰
- 沙州記：一卷附錄一卷/（南朝宋）段國撰
- 陰常侍詩集：一卷詩話一卷/（南朝陳）陰鏗撰
- 李尚書詩集：一卷附李氏事蹟一卷/（唐）李益撰

十種古逸書/（清）茆泮林輯
清道光十四年［1834］梅瑞軒刻本
線裝10冊；26釐米
Sinica 4664
詳目：
- 世本：一卷/（漢）宋衷注
- 楚漢春秋：一卷疑義一卷/（漢）陸賈撰
- 古孝子傳：一卷
  ◦ 劉向孝子傳/（漢）劉向撰
  ◦ 蕭廣濟孝子傳/（晉）蕭廣濟撰
  ◦ 王歆孝子傳/（□）王歆撰
  ◦ 王韶之孝子傳/（南朝宋）王韶之撰
  ◦ 周景式孝子傳/（□）周景式撰
  ◦ 師覺授孝子傳/（南朝宋）師覺授撰
  ◦ 宋躬孝子傳/（□）宋躬撰

。虞盤佑孝子傳/(□)虞盤佑撰
。鄭緝之孝子傳/(南朝宋)鄭緝之撰
。孝子傳
。孝子傳補遺
・伏侯古今注：三卷補遺一卷又補遺一卷/(漢)伏無忌撰
・淮南萬畢術：一卷補遺一卷再補遺一卷/(漢)劉安撰
・計然萬物錄：一卷補遺一卷/(春秋)辛文撰
・三輔決錄：一卷補遺一卷/(漢)趙岐纂；(晉)摯虞注
・莊子注：一卷補遺一卷音一卷逸篇一卷逸語一卷疑義一卷逸篇注補遺一卷音補遺一卷注又補遺二卷/(晉)司馬彪撰
・玄中記：一卷補遺一卷/(□)郭□撰
・唐月令注：一卷補遺一卷附考一卷/(唐)李林甫等撰

玉函山房輯佚書：五百九十三種附一種/(清)馬國翰輯

清光緒九年[1883]長沙嫏嬛館刻本
10函(線裝112冊)；25釐米
Backhouse 414
詳目：
經編
易類
・連山：一卷附諸家論説
・歸藏：一卷附諸家論説
・周易子夏傳：二卷/(春秋)卜商撰
・周易薛氏記：一卷/(□)薛虞撰
・蔡氏易説：一卷/(漢)蔡景君撰
・周易丁氏傳：二卷/(漢)丁寬撰

・周易韓氏傳：二卷/(漢)韓嬰撰
・周易古五子傳：一卷
・周易淮南九師道訓：一卷/(漢)劉安撰
・周易施氏章句：一卷/(漢)施讎撰
・周易孟氏章句：二卷/(漢)孟喜撰
・周易梁丘氏章句：一卷/(漢)梁丘賀撰
・周易京氏章句：一卷/(漢)京房撰
・費氏易：一卷/(漢)費直撰
・費氏易林：一卷/(漢)費直撰
・周易分野：一卷/(漢)費直撰
・周易馬氏傳：三卷/(漢)馬融撰
・周易劉氏章句：一卷/(漢)劉表撰
・周易宋氏注：一卷/(漢)宋衷撰
・周易荀氏注：三卷/(漢)荀爽撰
・周易陸氏述：一卷/(三國吳)陸績撰
・周易王氏注：二卷/(三國魏)王肅撰
・周易王氏音：一卷/(三國魏)王肅撰
・周易何氏解：一卷/(三國魏)何晏撰
・周易董氏章句：一卷/(三國魏)董遇撰
・周易姚氏注：一卷/(三國吳)姚信撰
・周易翟氏義：一卷/(□)翟玄撰
・周易向氏義：一卷/(晉)向秀撰
・周易統略：一卷/(晉)鄒湛撰
・周易卦序論：一卷/(晉)楊乂撰
・周易張氏義：一卷/(晉)張軌撰
・周易張氏集解：一卷/(晉)張璠撰
・周易干氏注：三卷/(晉)干寶撰
・周易王氏注：一卷/(晉)王廙撰
・周易蜀才注：一卷/(三國蜀)范長生撰
・周易黃氏注：一卷/(晉)黃穎撰

- 周易徐氏音：一卷/（晉）徐邈撰
- 周易李氏音：一卷/（晉）李軌撰
- 易象妙於見形論：一卷/（晉）孫盛撰
- 周易繫辭桓氏注：一卷/（晉）桓玄撰
- 周易繫辭荀氏注：一卷/（南朝宋）荀柔之撰
- 周易繫辭明氏注：一卷/（南朝齊）明僧紹撰
- 周易沈氏要略：一卷/（南朝齊）沈驎士撰
- 周易劉氏義疏：一卷/（南朝齊）劉瓛撰
- 周易大義：一卷/（南朝梁）高祖蕭衍撰
- 周易伏氏集解：一卷/（南朝梁）伏曼容撰
- 周易褚氏講疏：一卷/（南朝梁）褚仲都撰
- 周易周氏義疏：一卷/（南朝陳）周弘正撰
- 周易張氏講疏：一卷/（南朝陳）張譏撰
- 周易何氏講疏：一卷/（隋）何妥撰
- 周易姚氏注：一卷/（□）姚規撰
- 周易崔氏注：一卷/（□）崔覲撰
- 周易傅氏注：一卷/（□）傅□撰
- 周易盧氏注：一卷/（□）盧□撰
- 周易王氏注：一卷/（□）王凱沖撰
- 周易王氏義：一卷/（□）王嗣宗撰
- 周易朱氏義：一卷/（□）朱仰之撰
- 周易莊氏義：一卷/（□）莊□撰
- 周易侯氏注：三卷/（□）侯果撰
- 周易探元：三卷/（唐）崔憬撰
- 周易元義：一卷/（唐）李淳風撰
- 周易新論傳疏：一卷/（唐）陰弘道撰
- 周易新義：一卷/（唐）徐郇撰
- 易纂：一卷/（唐）釋一行撰

尚書類
- 今文尚書：一卷
- 古文尚書：三卷
- 尚書歐陽章句：一卷/（漢）歐陽生撰
- 尚書大夏侯章句：一卷/（漢）夏侯勝撰
- 尚書小夏侯章句：一卷/（漢）夏侯建撰
- 尚書馬氏傳：四卷/（漢）馬融撰
- 尚書王氏注：二卷/（三國魏）王肅撰
- 古文尚書音：一卷/（晉）徐邈撰
- 古文尚書舜典注：一卷/（晉）范寧撰
- 尚書劉氏義疏：一卷/（隋）劉焯撰
- 尚書述義：一卷/（隋）劉炫撰
- 尚書顧氏疏：一卷/（隋）顧彪撰

詩類
- 魯詩故：三卷/（漢）申培撰
- 齊詩傳：二卷/（漢）后蒼撰
- 韓詩故：二卷/（漢）韓嬰撰
- 韓詩內傳：一卷/（漢）韓嬰撰
- 韓詩說：一卷/（漢）韓嬰撰
- 薛君韓詩章句：二卷/（漢）薛漢撰
- 韓詩翼要：一卷/（漢）侯苞撰
- 毛詩馬氏注：一卷/（漢）馬融撰
- 毛詩義問：一卷/（漢）劉楨撰
- 毛詩王氏注：四卷/（三國魏）王肅撰
- 毛詩義駁：一卷/（三國魏）王肅撰
- 毛詩奏事：一卷/（三國魏）王肅撰
- 毛詩問難：一卷/（三國魏）王肅撰
- 毛詩駁：一卷/（三國魏）王基撰
- 毛詩答雜問：一卷/（三國吳）韋昭，

（三國吳）朱育等撰
- 毛詩譜暢：一卷/（三國吳）徐整撰
- 毛詩異同評：三卷/（晉）孫毓撰
- 難孫氏毛詩評：一卷/（晉）陳統撰
- 毛詩拾遺：一卷/（晉）郭璞撰
- 毛詩徐氏音：一卷/（晉）徐邈撰
- 毛詩序義疏：一卷/（南朝齊）劉瓛等撰
- 毛詩周氏注：一卷/（南朝宋）周續之撰
- 毛詩十五國風義：一卷/（南朝梁）簡文帝蕭綱撰
- 毛詩隱義：一卷/（南朝梁）何胤撰
- 集注毛詩：一卷/（南朝梁）崔靈恩撰
- 毛詩舒氏義疏：一卷/（□）舒援撰
- 毛詩沈氏義疏：二卷/（北周）沈重撰
- 毛詩箋音義證：一卷/（北魏）劉芳撰
- 毛詩述義：一卷/（隋）劉炫撰
- 毛詩草蟲經：一卷
- 毛詩題綱：一卷
- 施氏詩說：一卷/（唐）施士丏撰

周官禮類
- 周禮鄭大夫解詁：一卷/（漢）鄭興撰
- 周禮鄭司農解詁：六卷/（漢）鄭衆撰
- 周禮杜氏注：二卷/（漢）杜子春撰
- 周禮賈氏解詁：一卷/（漢）賈逵撰
- 周官傳：一卷/（漢）馬融撰
- 周禮鄭氏音：一卷/（漢）鄭玄撰
- 周官禮干氏注：一卷/（晉）干寶撰
- 周禮徐氏音：一卷/（晉）徐邈撰
- 周禮李氏音：一卷/（晉）李軌撰
- 周禮聶氏音：一卷/（□）聶□撰
- 周官禮義疏：一卷/（北周）沈重撰
- 周禮劉氏音：二卷/（□）劉昌宗撰

- 周禮戚氏音：一卷/（南朝陳）戚袞撰

儀禮類
- 大戴喪服變除：一卷/（漢）戴德撰
- 冠儀約制：一卷/（漢）何休撰
- 鄭氏婚禮：一卷/（漢）鄭衆撰
- 喪服經傳馬氏注：一卷/（漢）馬融撰
- 鄭氏喪服變除：一卷/（漢）鄭玄撰
- 新定禮：一卷/（漢）劉表撰
- 喪服經傳王氏注：一卷/（三國魏）王肅撰
- 王氏喪服要記：一卷/（三國魏）王肅撰
- 喪服變除圖：一卷/（三國吳）射慈撰
- 喪服要集：一卷/（晉）杜預撰
- 喪服經傳袁氏注：一卷/（晉）袁準撰
- 集注喪服經傳：一卷/（晉）孔倫撰
- 喪服經傳陳氏注：一卷/（□）陳銓撰
- 喪服釋疑：一卷/（晉）劉智撰
- 蔡氏喪服譜：一卷/（晉）蔡謨撰
- 賀氏喪服譜：一卷/（晉）賀循撰
- 葬禮：一卷/（晉）賀循撰
- 賀氏喪服要記：一卷/（晉）賀循撰
- 喪服要記注：一卷/（□）謝徽撰
- 葛氏喪服變除：一卷/（晉）葛洪撰
- 凶禮：一卷/（晉）孔衍撰
- 集注喪服經傳：一卷/（南朝宋）裴松之撰
- 略注喪服經傳：一卷/（南朝宋）雷次宗撰
- 喪服難問：一卷/（南朝宋）崔凱撰
- 喪服古今集記：一卷/（南朝齊）王儉撰

禮記類
- 禮記馬氏注：一卷/（漢）馬融撰

- 禮記盧氏注：一卷/（漢）盧植撰
- 禮傳：一卷/（漢）荀爽撰
- 月令章句：一卷/（漢）蔡邕撰
- 月令問答：一卷/（漢）蔡邕撰
- 禮記王氏注：二卷/（三國魏）王肅撰
- 禮記孫氏注：一卷/（三國魏）孫炎撰
- 禮記音義隱：一卷/（□）謝□撰
- 禮記范氏音：一卷/（晉）范宣撰
- 禮記徐氏音：三卷/（晉）徐邈撰
- 禮記劉氏音：一卷/（□）劉昌宗撰
- 禮記略解：一卷/（南朝宋）庾蔚之撰
- 禮記隱義：一卷/（南朝梁）何胤撰
- 禮記新義疏：一卷/（南朝梁）賀瑒撰
- 禮記皇氏義疏：四卷/（南朝梁）皇侃撰
- 禮記沈氏義疏：一卷/（北周）沈重撰
- 禮記義證：一卷/（北魏）劉芳撰
- 禮記熊氏義疏：四卷/（北周）熊安生撰
- 禮記外傳：一卷/（唐）成伯璵撰；（唐）張幼倫注

通禮類
- 石渠禮論：一卷/（漢）戴聖撰
- 魯禮禘祫誌：一卷/（漢）鄭玄撰
- 三禮圖：一卷/（漢）鄭玄，（漢）阮諶撰
- 問禮俗：一卷/（三國魏）董勛撰
- 雜祭法：一卷/（晉）盧諶撰
- 祭典：一卷/（晉）范汪撰
- 後養議：一卷/（晉）干寶撰
- 禮雜問：一卷/（晉）范寧撰
- 雜禮議：一卷/（晉）吳商撰
- 禮論答問：一卷/（晉）徐廣撰
- 禮論：一卷/（南朝宋）何承天撰
- 禮論條牒：一卷/（南朝宋）任預撰
- 禮論鈔略：一卷/（南朝齊）荀萬秋撰
- 禮義答問：一卷/（南朝齊）王儉撰
- 禮統：一卷/（南朝梁）賀述撰
- 禮疑義：一卷/（南朝梁）周捨撰
- 三禮義宗：四卷/（南朝梁）崔靈恩撰
- 釋疑論：一卷/（唐）元行沖撰

樂類
- 樂經：一卷/（漢）陽成子長撰
- 樂記：一卷/（漢）劉向校定
- 樂元語：一卷/（漢）劉德撰
- 琴清英：一卷/（漢）揚雄撰
- 樂社大義：一卷/（南朝梁）武帝蕭衍撰
- 鐘律緯：一卷/（南朝梁）武帝蕭衍撰
- 古今樂錄：一卷/（南朝陳）釋智匠撰
- 樂書：一卷/（北魏）信都芳撰
- 樂部：一卷
- 琴歷：一卷
- 樂律義：一卷/（北周）沈重撰
- 樂譜集解：一卷/（隋）蕭吉撰
- 琴書：一卷/（唐）趙惟暕撰

春秋類
- 春秋大傳：一卷/（漢）□□撰
- 春秋決事：一卷/（漢）董仲舒撰
- 公羊嚴氏春秋：一卷/（漢）嚴彭祖撰
- 春秋公羊顏氏記：一卷/（漢）顏安樂撰
- 春秋穀梁傳章句：一卷/（漢）尹更始撰
- 春秋穀梁傳說：一卷/（漢）劉向撰
- 春秋左氏傳章句：一卷/（漢）劉歆撰
- 春秋牒例章句：一卷/（漢）鄭眾撰
- 春秋左氏傳解詁：二卷/（漢）賈逵撰

- 春秋左氏長經章句：一卷／（漢）賈逵撰
- 春秋三傳異同說：一卷／（漢）馬融撰
- 解疑論：一卷／（漢）戴宏撰
- 春秋文謚例：一卷／（漢）何休撰
- 春秋左氏傳解誼：四卷／（漢）服虔撰
- 春秋成長說：一卷／（漢）服虔撰
- 春秋左氏膏肓釋痾：一卷／（漢）服虔撰
- 春秋釋例：一卷／（漢）潁容撰
- 左氏奇說：一卷／（漢）彭汪撰
- 春秋左傳許氏注：一卷／（漢）許淑撰
- 春秋左氏經傳章句：一卷／（三國魏）董遇撰
- 春秋左傳王氏注：一卷／（三國魏）王肅撰
- 春秋左氏傳嵇氏音：一卷／（三國魏）嵇康撰
- 春秋穀梁傳糜氏注：一卷／（三國魏）糜信撰
- 春秋公羊穀梁傳解詁：一卷／（晉）劉兆撰
- 春秋左氏傳義注：一卷／（晉）孫毓撰
- 春秋公羊穀梁二傳評：一卷／（晉）江熙撰
- 春秋穀梁傳徐氏注：一卷／（晉）徐乾撰
- 春秋土地名：一卷／（晉）京相璠撰
- 春秋穀梁傳注義：一卷／（晉）徐邈撰
- 春秋徐氏音：一卷／（晉）徐邈撰
- 春秋左氏函傳義：一卷／（晉）干寶撰
- 薄叔元問穀梁義：一卷／（晉）范寧撰
- 春秋穀梁傳鄭氏說：一卷／（晉）鄭嗣撰
- 春秋左氏經傳義略：一卷／（三國陳）沈文阿撰
- 續春秋左氏傳義略：一卷／（三國陳）王元規撰
- 春秋傳駮：一卷／（北魏）賈思同撰；（北魏）姚文安，（北魏）秦道靜述
- 春秋左傳義疏：一卷／（□）蘇寬撰
- 春秋左氏傳述義：二卷／（隋）劉炫撰
- 春秋規過：二卷／（隋）劉炫撰
- 春秋攻昧：一卷／（隋）劉炫撰
- 春秋井田記：一卷
- 春秋集傳：一卷／（唐）啖助撰
- 春秋闡微纂類義統：一卷／（唐）趙匡撰
- 春秋通例：一卷／（唐）陸希聲撰
- 春秋折衷論：一卷／（唐）陳岳撰

孝經類
- 孝經傳：一卷
- 孝經后氏說：一卷／（漢）后蒼撰
- 孝經安昌侯說：一卷／（漢）張禹撰
- 孝經長孫氏說：一卷／（漢）長孫□□撰
- 孝經王氏解：一卷／（三國魏）王肅撰
- 孝經解讚：一卷／（三國吳）韋昭撰
- 孝經殷氏注：一卷／（晉）殷仲文撰
- 集解孝經：一卷／（晉）謝萬撰
- 齊永明諸王孝經講義：一卷／（南朝齊）□□撰
- 孝經劉氏說：一卷／（南朝齊）劉瓛撰
- 孝經義疏：一卷／（南朝梁）武帝蕭衍撰
- 孝經嚴氏注：一卷／（南朝梁）嚴植之撰

- 孝經皇氏義疏：一卷/（南朝梁）皇侃撰
- 古文孝經述義：一卷/（隋）劉炫撰
- 御注孝經疏：一卷/（唐）元行沖撰
- 孝經訓注：一卷/（隋）魏真己撰

論語類
- 古論語：六卷
- 齊論語：一卷
- 論語孔氏訓解：十一卷/（漢）孔安國撰
- 論語包氏章句：二卷/（漢）包咸撰
- 論語周氏章句：一卷/（漢）周□撰
- 論語馬氏訓說：二卷/（漢）馬融撰
- 論語鄭氏注：十卷/（漢）鄭玄撰
- 論語孔子弟子目錄：一卷/（漢）鄭玄撰
- 論語陳氏義說：一卷/（三國魏）陳群撰
- 論語王氏說：一卷/（三國魏）王朗撰
- 論語王氏義說：一卷/（三國魏）王肅撰
- 論語周生氏義說：一卷/（三國魏）周生烈撰
- 論語釋疑：一卷/（三國魏）王弼撰
- 論語譙氏注：一卷/（三國蜀）譙周撰
- 論語衛氏集注：一卷/（晉）衛瓘撰
- 論語旨序：一卷/（晉）繆播撰
- 論語繆氏說：一卷/（晉）繆協撰
- 論語體略：一卷/（晉）郭象撰
- 論語欒氏釋疑：一卷/（晉）欒肇撰
- 論語虞氏讚注：一卷/（晉）虞喜撰
- 論語庾氏釋：一卷/（晉）庾翼撰
- 論語李氏集注：二卷/（晉）李充撰
- 論語范氏注：一卷/（晉）范寧撰
- 論語孫氏集解：一卷/（晉）孫綽撰
- 論語梁氏注釋：一卷/（晉）梁覬撰
- 論語袁氏注：一卷/（晉）袁喬撰
- 論語江氏集解：二卷/（晉）江熙撰
- 論語殷氏解：一卷/（晉）殷仲堪撰
- 論語張氏注：一卷/（晉）張憑撰
- 論語蔡氏注：一卷/（晉）蔡謨撰
- 論語顏氏說：一卷/（南朝宋）顏延之撰
- 論語琳公說：一卷/（南朝宋）釋慧琳撰
- 論語沈氏訓注：一卷/（南朝齊）沈驎士撰
- 論語顧氏注：一卷/（南朝齊）顧歡撰
- 論語梁武帝注：一卷/（南朝梁）武帝蕭衍撰
- 論語太史氏集解：一卷/（南朝梁）太史叔明撰
- 論語褚氏義疏：一卷/（南朝梁）褚仲都撰
- 論語沈氏說：一卷/（□）沈峭撰
- 論語熊氏說：一卷/（□）熊埋撰
- 論語隱義注：一卷

孟子類
- 孟子章指：二卷篇敘一卷/（漢）趙岐撰
- 孟子程氏章句：一卷/（漢）程曾撰
- 孟子高氏章句：一卷/（漢）高誘撰
- 孟子劉氏注：一卷/（漢）劉熙撰
- 孟子鄭氏注：一卷/（漢）鄭玄撰
- 孟子綦毋氏注：一卷/（晉）綦毋邃撰
- 孟子陸氏注：一卷/（唐）陸善經撰
- 孟子張氏音義：一卷/（唐）張鎰撰
- 孟子丁氏手音：一卷/（唐）丁公著撰

爾雅類
· 爾雅犍為文學注：三卷/（漢）郭舍人撰
· 爾雅劉氏注：一卷/（漢）劉歆撰
· 爾雅樊氏注：一卷/（漢）樊光撰
· 爾雅李氏注：三卷/（漢）李巡撰
· 爾雅孫氏注：三卷/（三國魏）孫炎撰
· 爾雅孫氏音：一卷/（三國魏）孫炎撰
· 爾雅音義：一卷/（晉）郭璞撰
· 爾雅圖讚：一卷/（晉）郭璞撰
· 集注爾雅：一卷/（南朝梁）沈旋撰
· 爾雅施氏音：一卷/（南朝陳）施乾撰
· 爾雅謝氏音：一卷/（南朝陳）謝嶠撰
· 爾雅顧氏音：一卷/（南朝梁）顧野王撰
· 爾雅裴氏注：一卷/（唐）裴瑜撰

五經總類
· 五經通義：一卷/（漢）劉向撰
· 五經要義：一卷/（南朝宋）雷次宗撰
· 六藝論：一卷/（漢）鄭玄撰
· 五經然否論：一卷/（三國蜀）譙周撰
· 聖證論：一卷/（三國魏）王肅撰；（晉）馬昭駁；（晉）孔晁答；（晉）張融評
· 五經通論：一卷/（晉）束晳撰
· 五經鉤沈：一卷/（晉）楊方撰
· 五經大義：一卷/（晉）戴逵撰
· 六經略注序：一卷/（北魏）常爽撰
· 七經義綱：一卷/（北周）樊深撰

緯書類
· 尚書中候：三卷/（漢）鄭玄注
· 尚書緯璇璣鈐：一卷/（漢）鄭玄注
· 尚書緯考靈曜：一卷/（漢）鄭玄注
· 尚書緯刑德放：一卷/（漢）鄭玄注
· 尚書緯帝命驗：一卷/（漢）鄭玄注
· 尚書緯運期授：一卷/（漢）鄭玄注
· 詩緯推度災：一卷/（三國魏）宋均注
· 詩緯氾曆樞：一卷/（三國魏）宋均注
· 詩緯含神霧：一卷/（三國魏）宋均注
· 禮緯含文嘉：一卷/（三國魏）宋均注
· 禮緯稽命徵：一卷/（三國魏）宋均注
· 禮緯斗威儀：一卷/（三國魏）宋均注
· 樂緯動聲儀：一卷/（三國魏）宋均注
· 樂緯稽耀嘉：一卷/（三國魏）宋均注
· 樂緯叶圖徵：一卷/（三國魏）宋均注
· 春秋緯感精符：一卷/（三國魏）宋均注
· 春秋緯文耀鉤：一卷/（三國魏）宋均注
· 春秋緯運斗樞：一卷/（三國魏）宋均注
· 春秋緯合誠圖：一卷/（三國魏）宋均注
· 春秋緯考異郵：一卷/（三國魏）宋均注
· 春秋緯保乾圖：一卷/（三國魏）宋均注
· 春秋緯漢含孳：一卷/（三國魏）宋均注
· 春秋緯佐助期：一卷/（三國魏）宋均注
· 春秋緯握誠圖：一卷/（三國魏）宋均注
· 春秋緯潛潭巴：一卷/（三國魏）宋均注
· 春秋緯說題辭：一卷/（三國魏）宋均注
· 春秋緯演孔圖：一卷/（三國魏）宋

均注
- 春秋緯元命苞：二卷/（三國魏）宋均注
- 春秋命曆序：一卷/（三國魏）宋均注
- 春秋内事：一卷/（三國魏）宋均注
- 孝經緯援神契：二卷/（三國魏）宋均注
- 孝經緯鉤命訣：一卷/（三國魏）宋均注
- 孝經中契：一卷/（三國魏）宋均注
- 孝經左契：一卷/（三國魏）宋均注
- 孝經右契：一卷/（三國魏）宋均注
- 孝經内事圖：一卷/（三國魏）宋均注
- 孝經章句：一卷
- 孝經雌雄圖：一卷
- 孝經古秘：一卷
- 論語讖：八卷/（三國魏）宋均注
  ◦ 論語比考讖：一卷
  ◦ 論語撰考讖：一卷
  ◦ 論語摘輔象：一卷
  ◦ 論語摘衰聖承進讖：一卷
  ◦ 論語陰嬉讖：一卷
  ◦ 論語素王受命讖：一卷
  ◦ 論語糾滑讖：一卷
  ◦ 論語崇爵讖：一卷

小學類
- 史籀篇：一卷/（西周）太史籀撰
- 蒼頡篇：一卷/（三國魏）張揖訓詁；（晉）郭璞解詁
- 凡將篇：一卷/（漢）司馬相如撰
- 訓纂篇：一卷/（漢）揚雄撰
- 蒼頡訓詁：一卷/（漢）杜林撰
- 三蒼：一卷/（三國魏）張揖訓詁；（晉）郭璞解詁
- 古文官書：一卷/（漢）衛宏撰
- 雜字指：一卷/（漢）郭訓撰
- 勸學篇：一卷/（漢）蔡邕撰
- 通俗文：一卷/（漢）服虔撰
- 埤蒼：一卷/（三國魏）張揖撰
- 古今字詁：一卷/（三國魏）張揖撰
- 雜字：一卷/（三國魏）張揖撰
- 雜字解詁：一卷/（三國魏）周成撰
- 聲類：一卷/（三國魏）李登撰
- 廣蒼：一卷/（三國魏）樊恭撰
- 辨釋名：一卷/（三國吳）韋昭撰
- 異字：一卷/（三國吳）朱育撰
- 始學篇：一卷/（三國吳）項峻撰
- 草書狀：一卷/（晉）索靖撰
- 發蒙記：一卷/（晉）束皙撰
- 啟蒙記：一卷/（晉）顧愷之撰
- 韻集：一卷/（晉）呂靜撰
- 字指：一卷/（晉）李彤撰
- 四體書勢：一卷/（晉）衛恒撰
- 要用字苑：一卷/（晉）葛洪撰
- 演說文：一卷/（□）庾儼默撰
- 字統：一卷/（北魏）楊承慶撰
- 纂文：一卷/（南朝宋）何承天撰
- 庭誥：一卷/（南朝宋）顏延之撰
- 纂要：一卷/（南朝宋）顏延之撰
- 纂要：一卷/（南朝梁）元帝蕭繹撰
- 文字集略：一卷/（南朝梁）阮孝緒撰
- 古今文字表：一卷/（北魏）江式撰
- 韻略：一卷/（北齊）陽休之撰
- 桂苑珠叢：一卷/（隋）諸葛穎等撰
- 文字指歸：一卷/（隋）曹憲撰
- 四聲五音九弄反紐圖：一卷/（唐）釋神珙撰
- 分毫字樣：一卷/（唐）□□撰

- 石經尚書：一卷
- 石經魯詩：一卷
- 石經儀禮：一卷
- 石經公羊：一卷
- 石經論語：一卷
- 三字石經尚書：一卷
- 三字石經春秋：一卷

史編

雜史類
- 古文瑣語：一卷
- 帝王要略：一卷／（三國吳）環濟撰
- 三五曆記：一卷／（三國吳）徐整撰
- 年曆：一卷／（晉）皇甫謐撰
- 汲冢書鈔：一卷／（晉）束皙撰

雜傳類
- 聖賢高士傳：一卷／（三國魏）嵇康撰；（南朝宋）周續之注
- 鑒戒象讚：一卷／（北魏）常景撰

目錄類
- 七略別錄：一卷／（漢）劉向撰

子編

儒家類
- 漆雕子：一卷／（春秋）漆雕□撰
- 宓子：一卷／（春秋）宓不齊撰
- 景子：一卷／（春秋）景□撰
- 世子：一卷／（春秋）世碩撰
- 魏文侯書：一卷／（戰國）魏文侯撰
- 李剋書：一卷／（戰國）李克撰
- 公孫尼子：一卷／（戰國）公孫尼撰
- 內業：一卷／（春秋）管仲撰
- 讕言：一卷／（戰國）孔穿撰
- 甯子：一卷／（戰國）甯越撰
- 王孫子：一卷／（戰國）王孫撰
- 李氏春秋：一卷
- 董子：一卷／（戰國）董無心撰
- 徐子：一卷／（戰國）徐□撰
- 魯連子：一卷／（戰國）魯仲連撰
- 虞氏春秋：一卷／（戰國）虞卿撰
- 平原君書：一卷／（戰國）朱建撰
- 劉敬書：一卷／（漢）劉敬撰
- 至言：一卷／（漢）賈山撰
- 河間獻王書：一卷／（漢）劉德撰
- 兒寬書：一卷／（漢）兒寬撰
- 公孫弘書：一卷／（漢）公孫弘撰
- 終軍書：一卷／（漢）終軍撰
- 吾丘壽王書：一卷／（漢）吾丘壽王撰
- 正部論：一卷／（漢）王逸撰
- 仲長子昌言：二卷／（漢）仲長統撰
- 魏子：一卷／（漢）魏朗撰
- 周生子要論：一卷／（三國魏）周生烈撰
- 王子正論：一卷／（三國魏）王肅撰
- 去伐論：一卷／（晉）袁宏撰
- 杜氏體論：一卷／（三國魏）杜恕撰
- 王氏新書：一卷／（三國魏）王基撰
- 周子：一卷／（三國吳）周昭撰
- 顧子新言：一卷／（三國吳）顧譚撰
- 典語：一卷／（三國吳）陸景撰
- 通語：一卷／（三國吳）殷基撰
- 譙子法訓：一卷／（三國蜀）譙周撰
- 袁子正論：二卷／（晉）袁準撰
- 袁子正書：一卷／（晉）袁準撰
- 孫氏成敗志：一卷／（晉）孫毓撰
- 古今通論：一卷／（晉）王嬰撰
- 化清經：一卷／（晉）蔡洪撰
- 夏侯子新論：一卷／（晉）夏侯湛撰
- 太玄經：一卷／（晉）楊泉撰
- 華氏新論：一卷／（晉）華譚撰

- 梅子新論：一卷/（晉）梅□撰
- 志林新書：一卷/（晉）虞喜撰
- 廣林：一卷/（晉）虞喜撰
- 釋滯：一卷/（晉）虞喜撰
- 通疑：一卷/（晉）虞喜撰
- 干子：一卷/（晉）干寶撰
- 顧子義訓：一卷/（晉）顧夷撰
- 讀書記：一卷/（隋）王劭撰

農書類
- 神農書：一卷/（三國魏）吳普等述
- 野老書：一卷
- 范子計然：三卷
- 養魚經：一卷/（春秋）范蠡撰
- 尹都尉書：一卷/（漢）尹□撰
- 氾勝之書：二卷/（漢）氾勝之撰
- 蔡癸書：一卷/（漢）蔡癸撰
- 養羊法：一卷/（漢）卜式撰
- 家政法：一卷

道家類
- 伊尹書：一卷/（商）伊摯撰
- 辛甲書：一卷/（西周）辛甲撰
- 公子牟子：一卷/（戰國）魏公子牟撰
- 田子：一卷/（戰國）田駢撰
- 老萊子：一卷/（春秋）老萊子撰
- 黔婁子：一卷/（戰國）黔婁子撰
- 鄭長者書：一卷/（戰國）鄭長者撰
- 任子道論：一卷/（三國魏）任嘏撰
- 洞極真經：一卷/（北魏）關朗撰
- 唐子：一卷/（三國吳）唐滂撰
- 蘇子：一卷/（晉）蘇彥撰
- 陸子：一卷/（晉）陸雲撰
- 杜氏幽求新書：一卷/（晉）杜夷撰
- 孫子：一卷/（晉）孫綽撰
- 苻子：一卷/（晉）苻朗撰
- 少子：一卷/（南朝齊）張融撰
- 夷夏論：一卷/（南朝齊）顧歡撰

法家類
- 申子：一卷/（周）申不害撰
- 鼂氏新書：一卷/（漢）鼂錯撰
- 崔氏政論：一卷/（漢）崔寔撰
- 劉氏政論：一卷/（三國魏）劉廙撰
- 阮子政論：一卷/（三國魏）阮武撰
- 世要論：一卷/（三國魏）桓範撰
- 陳子要言：一卷/（三國吳）陳融撰

名家類
- 惠子：一卷/（戰國）惠施撰
- 士緯：一卷/（三國吳）姚信撰

墨家類
- 史佚書：一卷/（西周）尹佚撰
- 田俅子：一卷/（戰國）田俅撰
- 隨巢子：一卷/（戰國）隨巢子撰
- 胡非子：一卷/（戰國）胡非子撰
- 纏子：一卷/（戰國）纏子撰

縱橫家類
- 蘇子：一卷/（戰國）蘇秦撰
- 闕子：一卷/（戰國）闕□撰
- 蒯子：一卷/（漢）蒯通撰
- 鄒陽書：一卷/（漢）鄒陽撰
- 主父偃書：一卷/（漢）主父偃撰
- 徐樂書：一卷/（漢）徐樂撰
- 嚴安書：一卷/（漢）嚴安撰

雜家類
- 由余書：一卷/（春秋）由余撰
- 博物記：一卷/（漢）唐蒙撰
- 伏侯古今注：一卷/（漢）伏無忌撰
- 蔣子萬機論：一卷/（三國魏）蔣濟撰
- 篤論：一卷/（三國魏）杜恕撰
- 鄒子：一卷/（晉）鄒□撰

- 諸葛子：一卷/（三國吳）諸葛恪撰
- 默記：一卷/（三國吳）張儼撰
- 裴氏新言：一卷/（三國吳）裴玄撰
- 新義：一卷/（三國吳）劉廙撰
- 秦子：一卷/（三國吳）秦菁撰
- 析言論：一卷/（晉）張顯撰
- 時務論：一卷/（晉）楊偉撰
- 廣志：二卷/（晉）郭義恭撰
- 陸氏要覽：一卷/（晉）陸機撰
- 古今善言：一卷/（南朝宋）范泰撰
- 文釋：一卷/（南朝宋）江邃撰
- 要雅：一卷/（南朝梁）劉杳撰
- 俗說：一卷/（南朝梁）沈約撰

小說家類
- 青史子：一卷
- 宋子：一卷/（戰國）宋鈃撰
- 裴子語林/（晉）裴啟撰
- 笑林/（漢）邯鄲淳撰
- 郭子：一卷/（晉）郭澄之撰
- 玄中記：一卷/（□）郭□撰
- 齊諧記/（南朝宋）東陽無疑撰
- 水飾：一卷/（唐）杜寶撰

天文類
- 泰階六符經：一卷
- 五殘雜變星書：一卷
- 靈憲：一卷/（漢）張衡撰
- 渾儀：一卷/（漢）張衡撰
- 昕天論：一卷/（三國吳）姚信撰
- 安天論：一卷/（晉）虞喜撰
- 穹天論：一卷/（晉）虞聳撰
- 未央術：一卷

陰陽類
- 宋司星子韋書：一卷/（春秋）司星子韋撰

- 鄒子：一卷/（戰國）鄒衍撰
- 陰陽書：一卷/（唐）呂才撰

五行類
- 太史公素王妙論：一卷/（漢）司馬遷撰
- 瑞應圖：一卷/（南朝梁）孫柔之撰
- 白澤圖：一卷
- 天鏡：一卷
- 地鏡：一卷
- 地鏡圖：一卷
- 夢雋：一卷/（唐）柳燦撰
- 雜五行書：一卷

雜占類
- 請雨止雨書：一卷
- 易洞林：三卷補遺一卷/（晉）郭璞撰

藝術類
- 藝經：一卷/（三國魏）邯鄲淳撰
- 投壺變：一卷/（晉）虞潭撰

補遺

經編

易類
- 周易劉氏注：一卷/（北魏）劉昞撰

周官禮類
- 周官禮異同評：一卷/（晉）陳邵撰

儀禮類
- 周氏喪服注：一卷/（南朝宋）周續之撰
- 喪服世行要記：一卷/（南朝齊）王逡之撰

通禮類
- 禮論難：一卷/（晉）范宣撰
- 逆降義：一卷/（南朝宋）顏延之撰
- 明堂制度論：一卷/（北魏）李謐撰
- 梁氏三禮圖：一卷/（□）梁正撰

- 張氏三禮圖：一卷/（唐）張鎰撰

春秋類
- 春秋例統：一卷/（唐）啖助撰
- 國語章句：一卷/（漢）鄭眾撰
- 國語解詁：二卷/（漢）賈逵撰
- 春秋外傳國語虞氏注：一卷/（三國吳）虞翻撰
- 春秋外傳國語唐氏注：一卷/（三國吳）唐固撰
- 春秋外傳國語孔氏注：一卷/（晉）孔晁撰
- 國語音：一卷

論語類
- 孔子三朝記：一卷

小學類
- 詁幼：一卷/（南朝宋）顏延之撰

子編

儒家類
- 嚴助書：一卷/（漢）嚴助撰
- 厲學：一卷/（晉）虞溥撰

附
- 目耕帖：三十一卷/（清）馬國翰撰

又一部
　　洋裝20冊（原線裝102冊）
　　Sinica 6583

玉函山房輯佚書：五百九十三種附一種/（清）馬國翰輯
　　清光緒十年[1884]楚南湘遠堂刻本
　　缺二種（古論語六卷、齊論語一卷）
　　線裝120冊；20釐米
　　有"官子夢蘭珍藏""蜀中官子夢蘭所讀書""官子道尊""夢蘭手置"印記
　　Sinica 5708

詳目：

經編

易類
- 連山：一卷附諸家論說
- 歸藏：一卷附諸家論說
- 周易子夏傳：二卷/（春秋）卜商撰
- 周易薛氏記：一卷/（□）薛虞撰
- 蔡氏易說：一卷/（漢）蔡景君撰
- 周易丁氏傳：二卷/（漢）丁寬撰
- 周易韓氏傳：二卷/（漢）韓嬰撰
- 周易古五子傳：一卷
- 周易淮南九師道訓：一卷/（漢）劉安撰
- 周易施氏章句：一卷/（漢）施讎撰
- 周易孟氏章句：二卷/（漢）孟喜撰
- 周易梁丘氏章句：一卷/（漢）梁丘賀撰
- 周易京氏章句：一卷/（漢）京房撰
- 費氏易：一卷/（漢）費直撰
- 費氏易林：一卷/（漢）費直撰
- 周易分野：一卷/（漢）費直撰
- 周易馬氏傳：三卷/（漢）馬融撰
- 周易劉氏章句：一卷/（漢）劉表撰
- 周易宋氏注：一卷/（漢）宋衷撰
- 周易荀氏注：三卷/（漢）荀爽撰
- 周易陸氏述：三卷/（三國吳）陸績撰
- 周易王氏注：二卷/（三國魏）王肅撰
- 周易王氏音：一卷/（三國魏）王肅撰
- 周易何氏解：一卷/（三國魏）何晏撰
- 周易董氏章句：一卷/（三國魏）董遇撰
- 周易姚氏注：一卷/（三國吳）姚信撰
- 周易翟氏義：一卷/（□）翟玄撰
- 周易向氏義：一卷/（晉）向秀撰

- 周易統略：一卷/（晉）鄒湛撰
- 周易卦序論：一卷/（晉）楊乂撰
- 周易張氏義：一卷/（晉）張軌撰
- 周易張氏集解：一卷/（晉）張璠撰
- 周易干氏注：三卷/（晉）干寶撰
- 周易王氏注：一卷/（晉）王廙撰
- 周易蜀才注：一卷/（三國蜀）范長生撰
- 周易黃氏注：一卷/（晉）黃穎撰
- 周易徐氏音：一卷/（晉）徐邈撰
- 周易李氏音：一卷/（晉）李軌撰
- 易象妙於見形論：一卷/（晉）孫盛撰
- 周易繫辭桓氏注：一卷/（晉）桓玄撰
- 周易繫辭荀氏注：一卷/（南朝宋）荀柔之撰
- 周易繫辭明氏注：一卷/（南朝齊）明僧紹撰
- 周易沈氏要略：一卷/（南朝齊）沈驎士撰
- 周易劉氏義疏：一卷/（南朝齊）劉瓛撰
- 周易大義：一卷/（南朝梁）高祖蕭衍撰
- 周易伏氏集解：一卷/（南朝梁）伏曼容撰
- 周易褚氏講疏：一卷/（南朝梁）褚仲都撰
- 周易周氏義疏：一卷/（南朝陳）周弘正撰
- 周易張氏講疏：一卷/（南朝陳）張譏撰
- 周易何氏講疏：一卷/（隋）何妥撰
- 周易姚氏注：一卷/（□）姚規撰
- 周易崔氏注：一卷/（□）崔覲撰
- 周易傅氏注：一卷/（□）傅□撰
- 周易盧氏注：一卷/（□）盧□撰
- 周易王氏注：一卷/（□）王凱沖撰
- 周易王氏義：一卷/（□）王嗣宗撰
- 周易朱氏義：一卷/（□）朱仰之撰
- 周易莊氏義：一卷/（□）莊□撰
- 周易侯氏注：三卷/（□）侯果撰
- 周易探元：三卷/（唐）崔憬撰
- 周易元義：一卷/（唐）李淳風撰
- 周易新論傳疏：一卷/（唐）陰弘道撰
- 周易新義：一卷/（唐）徐郢撰
- 易纂：一卷/（唐）釋一行撰

尚書類
- 今文尚書：一卷
- 古文尚書：三卷
- 尚書歐陽章句：一卷/（漢）歐陽生撰
- 尚書大夏侯章句：一卷/（漢）夏侯勝撰
- 尚書小夏侯章句：一卷/（漢）夏侯建撰
- 尚書馬氏傳：四卷/（漢）馬融撰
- 尚書王氏注：二卷/（三國魏）王肅撰
- 古文尚書音：一卷/（晉）徐邈撰
- 古文尚書舜典注：一卷/（晉）范寧撰
- 尚書劉氏義疏：一卷/（隋）劉焯撰
- 尚書述義：一卷/（隋）劉炫撰
- 尚書顧氏疏：一卷/（隋）顧彪撰

詩類
- 魯詩故：三卷/（漢）申培撰
- 齊詩傳：二卷/（漢）后蒼撰
- 韓詩故：二卷/（漢）韓嬰撰
- 韓詩內傳：一卷/（漢）韓嬰撰
- 韓詩說：一卷/（漢）韓嬰撰
- 薛君韓詩章句：二卷/（漢）薛漢撰

- 韓詩翼要：一卷/（漢）侯苞撰
- 毛詩馬氏注：一卷/（漢）馬融撰
- 毛詩義問：一卷/（漢）劉楨撰
- 毛詩王氏注：四卷/（三國魏）王肅撰
- 毛詩義駁：一卷/（三國魏）王肅撰
- 毛詩奏事：一卷/（三國魏）王肅撰
- 毛詩問難：一卷/（三國魏）王肅撰
- 毛詩駁：一卷/（三國魏）王基撰
- 毛詩答雜問：一卷/（三國吳）韋昭，（三國吳）朱育等撰
- 毛詩譜暢：一卷/（三國吳）徐整撰
- 毛詩異同評：三卷/（晉）孫毓撰
- 難孫氏毛詩評：一卷/（晉）陳統撰
- 毛詩拾遺：一卷/（晉）郭璞撰
- 毛詩徐氏音：一卷/（晉）徐邈撰
- 毛詩序義疏：一卷/（南朝齊）劉瓛等撰
- 毛詩周氏注：一卷/（南朝宋）周續之撰
- 毛詩十五國風義：一卷/（南朝梁）簡文帝蕭綱撰
- 毛詩隱義：一卷/（南朝梁）何胤撰
- 集注毛詩：一卷/（南朝梁）崔靈恩撰
- 毛詩舒氏義疏：一卷/（□）舒援撰
- 毛詩沈氏義疏：二卷/（北周）沈重撰
- 毛詩箋音義證：一卷/（北魏）劉芳撰
- 毛詩述義：一卷/（隋）劉炫撰
- 毛詩草蟲經：一卷
- 毛詩題綱：一卷
- 施氏詩說：一卷/（唐）施士丐撰

周官禮類
- 周禮鄭大夫解詁：一卷/（漢）鄭興撰
- 周禮鄭司農解詁：六卷/（漢）鄭眾撰
- 周禮杜氏注：二卷/（漢）杜子春撰
- 周禮賈氏解詁：一卷/（漢）賈逵撰
- 周官傳：一卷/（漢）馬融撰
- 周禮鄭氏音：一卷/（漢）鄭玄撰
- 周官禮干氏注：一卷/（晉）干寶撰
- 周禮徐氏音：一卷/（晉）徐邈撰
- 周禮李氏音：一卷/（晉）李軌撰
- 周禮聶氏音：一卷/（□）聶□撰
- 周官禮義疏：一卷/（北周）沈重撰
- 周禮劉氏音：二卷/（□）劉昌宗撰
- 周禮戚氏音：一卷/（南朝陳）戚袞撰

儀禮類
- 大戴喪服變除：一卷/（漢）戴德撰
- 冠儀約制：一卷/（漢）何休撰
- 鄭氏婚禮：一卷/（漢）鄭眾撰
- 喪服經傳馬氏注：一卷/（漢）馬融撰
- 鄭氏喪服變除：一卷/（漢）鄭玄撰
- 喪服經傳王氏注：一卷/（三國魏）王肅撰
- 新定禮：一卷/（漢）劉表撰
- 王氏喪服要記：一卷/（三國魏）王肅撰
- 喪服變除圖：一卷/（三國吳）射慈撰
- 喪服要集：一卷/（晉）杜預撰
- 喪服經傳袁氏注：一卷/（晉）袁準撰
- 集注喪服經傳：一卷/（晉）孔倫撰
- 喪服經傳陳氏注：一卷/（□）陳銓撰
- 喪服釋疑：一卷/（晉）劉智撰
- 蔡氏喪服譜：一卷/（晉）蔡謨撰
- 賀氏喪服譜：一卷/（晉）賀循撰
- 葬禮：一卷/（晉）賀循撰
- 賀氏喪服要記：一卷/（晉）賀循撰
- 喪服要記注：一卷/（□）謝徽撰
- 葛氏喪服變除：一卷/（晉）葛洪撰
- 凶禮：一卷/（晉）孔衍撰

- 集注喪服經傳：一卷/(南朝宋)裴松之撰
- 略注喪服經傳：一卷/(南朝宋)雷次宗撰
- 喪服難問：一卷/(南朝宋)崔凱撰
- 喪服古今集記：一卷/(南朝齊)王儉撰

禮記類
- 禮記馬氏注：一卷/(漢)馬融撰
- 禮記盧氏注：一卷/(漢)盧植撰
- 禮傳：一卷/(漢)荀爽撰
- 月令章句：一卷/(漢)蔡邕撰
- 月令問答：一卷/(漢)蔡邕撰
- 禮記王氏注：二卷/(三國魏)王肅撰
- 禮記孫氏注：一卷/(三國魏)孫炎撰
- 禮記音義隱：一卷/(□)謝□撰
- 禮記范氏音：一卷/(晉)范宣撰
- 禮記徐氏音：三卷/(晉)徐邈撰
- 禮記劉氏音：一卷/(□)劉昌宗撰
- 禮記略解：一卷/(南朝宋)庾蔚之撰
- 禮記隱義：一卷/(南朝梁)何胤撰
- 禮記新義疏：一卷/(南朝梁)賀瑒撰
- 禮記皇氏義疏：四卷/(南朝梁)皇侃撰
- 禮記沈氏義疏：一卷/(北周)沈重撰
- 禮記義證：一卷/(北魏)劉芳撰
- 禮記熊氏義疏：四卷/(北周)熊安生撰
- 禮記外傳：一卷/(唐)成伯璵撰；(唐)張幼倫注

通禮類
- 石渠禮論：一卷/(漢)戴聖撰
- 魯禮禘祫誌：一卷/(漢)鄭玄撰
- 三禮圖：一卷/(漢)鄭玄,(漢)阮諶撰
- 問禮俗：一卷/(三國魏)董勛撰
- 雜祭法：一卷/(晉)盧諶撰
- 祭典：一卷/(晉)范汪撰
- 後養議：一卷/(晉)干寶撰
- 禮雜問：一卷/(晉)范寧撰
- 雜禮議：一卷/(晉)吳商撰
- 禮論答問：一卷/(晉)徐廣撰
- 禮論：一卷/(南朝宋)何承天撰
- 禮論條牒：一卷/(南朝宋)任預撰
- 禮論鈔略：一卷/(南朝齊)荀萬秋撰
- 禮義答問：一卷/(南朝齊)王儉撰
- 禮統：一卷/(南朝梁)賀述撰
- 禮疑義：一卷/(南朝梁)周捨撰
- 三禮義宗：四卷/(南朝梁)崔靈恩撰
- 釋疑論：一卷/(唐)元行沖撰

樂類
- 樂經：一卷/(漢)陽成子長撰
- 樂記：一卷/(漢)劉向校定
- 樂元語：一卷/(漢)劉德撰
- 琴清英：一卷/(漢)揚雄撰
- 樂社大義：一卷/(南朝梁)武帝蕭衍撰
- 鐘律緯：一卷/(南朝梁)武帝蕭衍撰
- 古今樂錄：一卷/(南朝陳)釋智匠撰
- 樂書：一卷/(北魏)信都芳撰
- 樂部：一卷
- 琴歷：一卷
- 樂律義：一卷/(北周)沈重撰
- 樂譜集解：一卷/(隋)蕭吉撰
- 琴書：一卷/(唐)趙惟暕撰

春秋類
- 春秋大傳：一卷/(漢)□□撰
- 春秋決事：一卷/(漢)董仲舒撰

- 公羊嚴氏春秋：一卷/（漢）嚴彭祖撰
- 春秋公羊顏氏記：一卷/（漢）顏安樂撰
- 春秋穀梁傳章句：一卷/（漢）尹更始撰
- 春秋穀梁傳說：一卷/（漢）劉向撰
- 春秋左氏傳章句：一卷/（漢）劉歆撰
- 春秋牒例章句：一卷/（漢）鄭衆撰
- 春秋左氏傳解詁：二卷/（漢）賈逵撰
- 春秋左氏長經章句：一卷/（漢）賈逵撰
- 春秋三傳異同說：一卷/（漢）馬融撰
- 解疑論：一卷/（漢）戴宏撰
- 春秋文謚例：一卷/（漢）何休撰
- 春秋左氏傳解誼：四卷/（漢）服虔撰
- 春秋成長說：一卷/（漢）服虔撰
- 春秋左氏膏肓釋痾：一卷/（漢）服虔撰
- 春秋釋例：一卷/（漢）潁容撰
- 左氏奇說：一卷/（漢）彭汪撰
- 春秋左傳許氏注：一卷/（漢）許淑撰
- 春秋左氏經傳章句：一卷/（三國魏）董遇撰
- 春秋左傳王氏注：一卷/（三國魏）王肅撰
- 春秋左氏傳嵇氏音：一卷/（三國魏）嵇康撰
- 春秋穀梁傳糜氏注：一卷/（三國魏）糜信撰
- 春秋公羊穀梁傳解詁：一卷/（晉）劉兆撰
- 春秋左氏傳義注：一卷/（晉）孫毓撰
- 春秋公羊穀梁二傳評：一卷/（晉）江熙撰
- 春秋穀梁傳徐氏注：一卷/（晉）徐乾撰
- 春秋土地名：一卷/（晉）京相璠撰
- 春秋穀梁傳注義：一卷/（晉）徐邈撰
- 春秋徐氏音：一卷/（晉）徐邈撰
- 春秋左氏函傳義：一卷/（晉）干寶撰
- 薄叔元問穀梁義：一卷/（晉）范甯撰
- 春秋穀梁傳鄭氏說：一卷/（晉）鄭嗣撰
- 春秋左氏經傳義略：一卷/（三國陳）沈文阿撰
- 續春秋左氏傳義略：一卷/（三國陳）王元規撰
- 春秋傳駁：一卷/（北魏）賈思同撰；（北魏）姚文安，（北魏）秦道靜述
- 春秋左傳義疏：一卷/（□）蘇寬撰
- 春秋左氏傳述義：二卷/（隋）劉炫撰
- 春秋規過：二卷/（隋）劉炫撰
- 春秋攻昧：一卷/（隋）劉炫撰
- 春秋井田記：一卷
- 春秋集傳：一卷/（唐）啖助撰
- 春秋闡微纂類義統：一卷/（唐）趙匡撰
- 春秋通例：一卷/（唐）陸希聲撰
- 春秋折衷論：一卷/（唐）陳岳撰

孝經類
- 孝經傳：一卷
- 孝經后氏說：一卷/（漢）后蒼撰
- 孝經安昌侯說：一卷/（漢）張禹撰
- 孝經長孫氏說：一卷/（漢）長孫□□撰
- 孝經王氏解：一卷/（三國魏）王肅撰
- 孝經解讚：一卷/（三國吳）韋昭撰
- 孝經殷氏注：一卷/（晉）殷仲文撰

- 集解孝經：一卷/(晉)謝萬撰
- 齊永明諸王孝經講義：一卷/(南朝齊)□□撰
- 孝經劉氏説：一卷/(南朝齊)劉瓛撰
- 孝經義疏：一卷/(南朝梁)武帝蕭衍撰
- 孝經嚴氏注：一卷/(南朝梁)嚴植之撰
- 孝經皇氏義疏：一卷/(南朝梁)皇侃撰
- 古文孝經述義：一卷/(隋)劉炫撰
- 御注孝經疏：一卷/(唐)元行沖撰
- 孝經訓注：一卷/(隋)魏真己撰

論語類
- 論語孔氏訓解：十一卷/(漢)孔安國撰

存卷十、十一
- 論語包氏章句：二卷/(漢)包咸撰
- 論語周氏章句：一卷/(漢)周□撰
- 論語馬氏訓説：二卷/(漢)馬融撰
- 論語鄭氏注：十卷/(漢)鄭玄撰
- 論語孔子弟子目録：一卷/(漢)鄭玄撰
- 論語陳氏義説：一卷/(三國魏)陳群撰
- 論語王氏説：一卷/(三國魏)王朗撰
- 論語王氏義説：一卷/(三國魏)王肅撰
- 論語周生氏義説：一卷/(三國魏)周生烈撰
- 論語釋疑：一卷/(三國魏)王弼撰
- 論語譙氏注：一卷/(三國蜀)譙周撰
- 論語衛氏集注：一卷/(晉)衛瓘撰
- 論語旨序：一卷/(晉)繆播撰
- 論語繆氏説：一卷/(晉)繆協撰
- 論語體略：一卷/(晉)郭象撰
- 論語欒氏釋疑：一卷/(晉)欒肇撰
- 論語虞氏讚注：一卷/(晉)虞喜撰
- 論語庾氏釋：一卷/(晉)庾翼撰
- 論語李氏集注：二卷/(晉)李充撰
- 論語范氏注：一卷/(晉)范寧撰
- 論語孫氏集解：一卷/(晉)孫綽撰
- 論語梁氏注釋：一卷/(晉)梁覬撰
- 論語袁氏注：一卷/(晉)袁喬撰
- 論語江氏集解：二卷/(晉)江熙撰
- 論語殷氏解：一卷/(晉)殷仲堪撰
- 論語張氏注：一卷/(晉)張憑撰
- 論語蔡氏注：一卷/(晉)蔡謨撰
- 論語顔氏説：一卷/(南朝宋)顔延之撰
- 論語琳公説：一卷/(南朝宋)釋慧琳撰
- 論語沈氏訓注：一卷/(南朝齊)沈驎士撰
- 論語顧氏注：一卷/(南朝齊)顧歡撰
- 論語梁武帝注：一卷/(南朝梁)武帝蕭衍撰
- 論語太史氏集解：一卷/(南朝梁)太史叔明撰
- 論語褚氏義疏：一卷/(南朝梁)褚仲都撰
- 論語沈氏説：一卷/(□)沈峭撰
- 論語熊氏説：一卷/(□)熊埋撰
- 論語隱義注：一卷

孟子類
- 孟子章指：二卷篇敍一卷/(漢)趙岐撰
- 孟子程氏章句：一卷/(漢)程曾撰

- 孟子高氏章句：一卷/(漢)高誘撰
- 孟子劉氏注：一卷/(漢)劉熙撰
- 孟子鄭氏注：一卷/(漢)鄭玄撰
- 孟子綦毋氏注：一卷/(晉)綦毋邃撰
- 孟子陸氏注：一卷/(唐)陸善經撰
- 孟子張氏音義：一卷/(唐)張鎰撰
- 孟子丁氏手音：一卷/(唐)丁公著撰

爾雅類
- 爾雅犍爲文學注：三卷/(漢)郭舍人撰
- 爾雅劉氏注：一卷/(漢)劉歆撰
- 爾雅樊氏注：一卷/(漢)樊光撰
- 爾雅李氏注：三卷/(漢)李巡撰
- 爾雅孫氏注：三卷/(三國魏)孫炎撰
- 爾雅孫氏音：一卷/(三國魏)孫炎撰
- 爾雅音義：一卷/(晉)郭璞撰
- 爾雅圖讚：一卷/(晉)郭璞撰
- 集注爾雅：一卷/(南朝梁)沈旋撰
- 爾雅施氏音：一卷/(南朝陳)施乾撰
- 爾雅謝氏音：一卷/(南朝陳)謝嶠撰
- 爾雅顧氏音：一卷/(南朝梁)顧野王撰
- 爾雅裴氏注：一卷/(唐)裴瑜撰

五經總類
- 五經通義：一卷/(漢)劉向撰
- 五經要義：一卷/(南朝宋)雷次宗撰
- 六藝論：一卷/(漢)鄭玄撰
- 五經然否論：一卷/(三國蜀)譙周撰
- 聖證論：一卷/(三國魏)王肅撰；(晉)馬昭駁；(晉)孔晁答；(晉)張融評
- 五經通論：一卷/(晉)束晳撰
- 五經鉤沈：一卷/(晉)楊方撰
- 五經大義：一卷/(晉)戴逵撰
- 六經略注序：一卷/(北魏)常爽撰
- 七經義綱：一卷/(北周)樊深撰

緯書類
- 尚書中候：三卷/(漢)鄭玄注
- 尚書緯璇璣鈐：一卷/(漢)鄭玄注
- 尚書緯考靈曜：一卷/(漢)鄭玄注
- 尚書緯刑德放：一卷/(漢)鄭玄注
- 尚書緯帝命驗：一卷/(漢)鄭玄注
- 尚書緯運期授：一卷/(漢)鄭玄注
- 詩緯推度災：一卷/(三國魏)宋均注
- 詩緯汜曆樞：一卷/(三國魏)宋均注
- 詩緯含神霧：一卷/(三國魏)宋均注
- 禮緯含文嘉：一卷/(三國魏)宋均注
- 禮緯稽命徵：一卷/(三國魏)宋均注
- 禮緯斗威儀：一卷/(三國魏)宋均注
- 樂緯動聲儀：一卷/(三國魏)宋均注
- 樂緯稽耀嘉：一卷/(三國魏)宋均注
- 樂緯叶圖徵：一卷/(三國魏)宋均注
- 春秋緯感精符：一卷/(三國魏)宋均注
- 春秋緯文耀鉤：一卷/(三國魏)宋均注
- 春秋緯運斗樞：一卷/(三國魏)宋均注
- 春秋緯合誠圖：一卷/(三國魏)宋均注
- 春秋緯考異郵：一卷/(三國魏)宋均注
- 春秋緯保乾圖：一卷/(三國魏)宋均注
- 春秋緯漢含孳：一卷/(三國魏)宋均注
- 春秋緯佐助期：一卷/(三國魏)宋均注

- 春秋緯握誠圖：一卷/(三國魏)宋均注
- 春秋緯潛潭巴：一卷/(三國魏)宋均注
- 春秋緯說題辭：一卷/(三國魏)宋均注
- 春秋緯演孔圖：一卷/(三國魏)宋均注
- 春秋緯元命苞：二卷/(三國魏)宋均注
- 春秋命曆序：一卷/(三國魏)宋均注
- 春秋內事：一卷/(三國魏)宋均注
- 孝經緯援神契：二卷/(三國魏)宋均注
- 孝經緯鉤命訣：一卷/(三國魏)宋均注
- 孝經中契：一卷/(三國魏)宋均注
- 孝經左契：一卷/(三國魏)宋均注
- 孝經右契：一卷/(三國魏)宋均注
- 孝經內事圖：一卷/(三國魏)宋均注
- 孝經章句：一卷
- 孝經雌雄圖：一卷
- 孝經古秘：一卷
- 論語讖：八卷/(三國魏)宋均注
  - 論語比考讖：一卷
  - 論語撰考讖：一卷
  - 論語摘輔象：一卷
  - 論語摘衰聖承進讖：一卷
  - 論語陰嬉讖：一卷
  - 論語素王受命讖：一卷
  - 論語糾滑讖：一卷
  - 論語崇爵讖：一卷

經編

易類

- 周易劉氏注：一卷/(北魏)劉昞撰

周官禮類

- 周官禮異同評：一卷/(晉)陳邵撰

儀禮類

- 周氏喪服注：一卷/(南朝宋)周續之撰
- 喪服世行要記：一卷/(南朝齊)王逡之撰

通禮類

- 禮論難：一卷/(晉)范宣撰
- 逆降義：一卷/(南朝宋)顏延之撰
- 明堂制度論：一卷/(北魏)李謐撰
- 梁氏三禮圖：一卷/(□)梁正撰
- 張氏三禮圖：一卷/(唐)張鎰撰

春秋類

- 春秋例統：一卷/(唐)啖助撰
- 國語章句：一卷/(漢)鄭眾撰
- 國語解詁：二卷/(漢)賈逵撰
- 春秋外傳國語虞氏注：一卷/(三國吳)虞翻撰
- 春秋外傳國語唐氏注：一卷/(三國吳)唐固撰
- 春秋外傳國語孔氏注：一卷/(晉)孔晁撰
- 國語音：一卷

論語類

- 孔子三朝記：一卷

小學類

- 詁幼：一卷/(南朝宋)顏延之撰

子編

儒家類

- 嚴助書：一卷/(漢)嚴助撰
- 厲學：一卷/(晉)虞溥撰

以上自周易劉氏注爲補遺

小學類
·史籒篇：一卷
·蒼頡篇：一卷/(三國魏)張揖訓詁；
　　(晉)郭璞解詁
·凡將篇：一卷/(漢)司馬相如撰
·訓纂篇：一卷/(漢)揚雄撰
·蒼頡訓詁：一卷/(漢)杜林撰
·三蒼：一卷/(三國魏)張揖訓詁；
　　(晉)郭璞解詁
·古文官書：一卷/(漢)衛宏撰
·雜字指：一卷/(漢)郭訓撰
·勸學篇：一卷/(漢)蔡邕撰
·通俗文：一卷/(漢)服虔撰
·埤蒼：一卷/(三國魏)張揖撰
·古今字詁：一卷/(三國魏)張揖撰
·雜字：一卷/(三國魏)張揖撰
·雜字解詁：一卷/(三國魏)周成撰
·聲類：一卷/(三國魏)李登撰
·廣蒼：一卷/(三國魏)樊恭撰
·辨釋名：一卷/(三國吳)韋昭撰
·異字：一卷/(三國吳)朱育撰
·始學篇：一卷/(三國吳)項峻撰
·草書狀：一卷/(晉)索靖撰
·發蒙記：一卷/(晉)束晳撰
·啟蒙記：一卷/(晉)顧愷之撰
·韻集：一卷/(晉)呂靜撰
·字指：一卷/(晉)李彤撰
·四體書勢：一卷/(晉)衛恆撰
·要用字苑：一卷/(晉)葛洪撰
·演說文：一卷/(□)庾儼默撰
·字統：一卷/(北魏)楊承慶撰
·纂文：一卷/(南朝宋)何承天撰
·庭誥：一卷/(南朝宋)顏延之撰
·纂要：一卷/(南朝宋)顏延之撰

·纂要：一卷/(南朝梁)元帝蕭繹撰
·文字集略：一卷/(南朝梁)阮孝緒撰
·古今文字表：一卷/(北魏)江式撰
·韻略：一卷/(北齊)陽休之撰
·桂苑珠叢：一卷/(隋)諸葛穎等撰
·文字指歸：一卷/(隋)曹憲撰
·四聲五音九弄反紐圖：一卷/(唐)
　　釋神珙撰
·分毫字樣：一卷/(唐)□□撰
·石經尚書：一卷
·石經魯詩：一卷
·石經儀禮：一卷
·石經公羊：一卷
·石經論語：一卷
·三字石經尚書：一卷
·三字石經春秋：一卷
史編
雜史類
·古文瑣語：一卷
·帝王要略：一卷/(三國吳)環濟撰
·三五曆記：一卷/(三國吳)徐整撰
·年曆：一卷/(晉)皇甫謐撰
·汲冢書鈔：一卷/(晉)束晳撰
雜傳類
·聖賢高士傳：一卷/(三國魏)嵇康
　　撰；(南朝宋)周續之注
·鑒戒象讚：一卷/(北魏)常景撰
目錄類
·七略別錄：一卷/(漢)劉向撰
子編
儒家類
·漆雕子：一卷/(春秋)漆雕□撰
·宓子：一卷/(春秋)宓不齊撰
·景子：一卷/(春秋)景□撰

- 世子：一卷/（春秋）世碩撰
- 魏文侯書：一卷
- 李剋書：一卷/（戰國）李克撰
- 公孫尼子：一卷/（戰國）公孫尼撰
- 內業：一卷/（春秋）管仲撰
- 讕言：一卷/（戰國）孔穿撰
- 甯子：一卷/（戰國）甯越撰
- 王孫子：一卷/（戰國）王孫撰
- 李氏春秋：一卷
- 董子：一卷/（戰國）董無心撰
- 徐子：一卷/（戰國）徐□撰
- 魯連子：一卷/（戰國）魯仲連撰
- 虞氏春秋：一卷/（戰國）虞卿撰
- 平原君書：一卷/（戰國）朱建撰
- 劉敬書：一卷/（漢）劉敬撰
- 至言：一卷/（漢）賈山撰
- 河間獻王書：一卷/（漢）劉德撰
- 兒寬書：一卷/（漢）兒寬撰
- 公孫弘書：一卷/（漢）公孫弘撰
- 終軍書：一卷/（漢）終軍撰
- 吾丘壽王書：一卷/（漢）吾丘壽王撰
- 正部論：一卷/（漢）王逸撰
- 仲長子昌言：二卷/（漢）仲長統撰
- 魏子：一卷/（漢）魏朗撰
- 周生子要論：一卷/（三國魏）周生烈撰
- 王子正論：一卷/（三國魏）王肅撰
- 去伐論：一卷/（晉）袁宏撰
- 杜氏體論：一卷/（三國魏）杜恕撰
- 王氏新書：一卷/（三國魏）王基撰
- 周子：一卷/（三國吳）周昭撰
- 顧子新言：一卷/（三國吳）顧譚撰
- 典語：一卷/（三國吳）陸景撰
- 通語：一卷/（三國吳）殷基撰
- 譙子法訓：一卷/（三國蜀）譙周撰
- 袁子正論：二卷/（晉）袁準撰
- 袁子正書：一卷/（晉）袁準撰
- 孫氏成敗志：一卷/（晉）孫毓撰
- 古今通論：一卷/（晉）王嬰撰
- 化清經：一卷/（晉）蔡洪撰
- 夏侯子新論：一卷/（晉）夏侯湛撰
- 太玄經：一卷/（晉）楊泉撰
- 華氏新論：一卷/（晉）華譚撰
- 梅子新論：一卷/（晉）梅□撰
- 志林新書：一卷/（晉）虞喜撰
- 廣林：一卷/（晉）虞喜撰
- 釋滯：一卷/（晉）虞喜撰
- 通疑：一卷/（晉）虞喜撰
- 干子：一卷/（晉）干寶撰
- 顧子義訓：一卷/（晉）顧夷撰
- 讀書記：一卷/（隋）王劭撰

農書類
- 神農書：一卷/（三國魏）吳普等述
- 野老書：一卷
- 范子計然：三卷
- 養魚經：一卷/（春秋）范蠡撰
- 尹都尉書：一卷/（漢）尹□撰
- 氾勝之書：二卷/（漢）氾勝之撰
- 蔡癸書：一卷/（漢）蔡癸撰
- 養羊法：一卷/（漢）卜式撰
- 家政法：一卷

道家類
- 伊尹書：一卷/（商）伊摯撰
- 辛甲書：一卷/（西周）辛甲撰
- 公子牟子：一卷/（戰國）魏公子牟撰
- 田子：一卷/（戰國）田駢撰
- 老萊子：一卷/（春秋）老萊子撰
- 黔婁子：一卷/（戰國）黔婁子撰

- 鄭長者書：一卷/（戰國）鄭長者撰
- 任子道論：一卷/（三國魏）任嘏撰
- 洞極真經：一卷/（北魏）關朗撰
- 唐子：一卷/（三國吳）唐滂撰
- 蘇子：一卷/（晉）蘇彥撰
- 陸子：一卷/（晉）陸雲撰
- 杜氏幽求新書：一卷/（晉）杜夷撰
- 孫子：一卷/（晉）孫綽撰
- 苻子：一卷/（晉）苻朗撰
- 少子：一卷/（南朝齊）張融撰
- 夷夏論：一卷/（南朝齊）顧歡撰

法家類
- 申子：一卷/（周）申不害撰
- 鼂氏新書：一卷/（漢）鼂錯撰
- 崔氏政論：一卷/（漢）崔寔撰
- 劉氏政論：一卷/（三國魏）劉廙撰
- 阮子政論：一卷/（三國魏）阮武撰
- 世要論：一卷/（三國魏）桓範撰
- 陳子要言：一卷/（三國吳）陳融撰

名家類
- 惠子：一卷/（戰國）惠施撰
- 士緯：一卷/（三國吳）姚信撰

墨家類
- 史佚書：一卷/（西周）尹佚撰
- 田俅子：一卷/（戰國）田俅撰
- 隨巢子：一卷/（戰國）隨巢子撰
- 胡非子：一卷/（戰國）胡非子撰
- 纏子：一卷/（戰國）纏子撰

縱橫家類
- 蘇子：一卷/（戰國）蘇秦撰
- 闕子：一卷/（戰國）闕□撰
- 蒯子：一卷/（漢）蒯通撰
- 鄒陽書：一卷/（漢）鄒陽撰
- 主父偃書：一卷/（漢）主父偃撰

- 徐樂書：一卷/（漢）徐樂撰
- 嚴安書：一卷/（漢）嚴安撰

雜家類
- 由余書：一卷/（春秋）由余撰
- 博物記：一卷/（漢）唐蒙撰
- 伏侯古今注：一卷/（漢）伏無忌撰
- 蔣子萬機論：一卷/（三國魏）蔣濟撰
- 篤論：一卷/（三國魏）杜恕撰
- 鄒子：一卷/（晉）鄒□撰
- 諸葛子：一卷/（三國吳）諸葛恪撰
- 默記：一卷/（三國吳）張儼撰
- 裴氏新言：一卷/（三國吳）裴玄撰
- 新義：一卷/（三國吳）劉廞撰
- 秦子：一卷/（三國吳）秦菁撰
- 析言論：一卷/（晉）張顯撰
- 時務論：一卷/（晉）楊偉撰
- 廣志：二卷/（晉）郭義恭撰
- 陸氏要覽：一卷/（晉）陸機撰
- 古今善言：一卷/（南朝宋）范泰撰
- 文釋：一卷/（南朝宋）江邃撰
- 要雅：一卷/（南朝梁）劉杳撰
- 俗說：一卷/（南朝梁）沈約撰

小說家類
- 青史子：一卷
- 宋子：一卷/（戰國）宋鈃撰
- 裴子語林/（晉）裴啟撰
- 笑林/（漢）邯鄲淳撰
- 郭子：一卷/（晉）郭澄之撰
- 玄中記：一卷/（□）郭□撰
- 齊諧記/（南朝宋）東陽無疑撰
- 水飾：一卷/（唐）杜寶撰

天文類
- 泰階六符經：一卷
- 五殘雜變星書：一卷

- 靈憲：一卷/（漢）張衡撰
- 渾儀：一卷/（漢）張衡撰
- 昕天論：一卷/（三國吳）姚信撰
- 安天論：一卷/（晉）虞喜撰
- 穹天論：一卷/（晉）虞聳撰
- 未央術：一卷

陰陽類
- 宋司星子韋書：一卷/（春秋）司星子韋撰
- 鄒子：一卷/（戰國）鄒衍撰
- 陰陽書：一卷/（唐）呂才撰

五行類
- 太史公素王妙論：一卷/（漢）司馬遷撰
- 瑞應圖：一卷/（南朝梁）孫柔之撰
- 白澤圖：一卷
- 天鏡：一卷
- 地鏡：一卷
- 地鏡圖：一卷
- 夢雋：一卷/（唐）柳燦撰
- 雜五行書：一卷

雜占類
- 請雨止雨書：一卷
- 易洞林：三卷補遺一卷/（晉）郭璞撰

藝術類
- 藝經：一卷/（三國魏）邯鄲淳撰
- 投壺變：一卷/（晉）虞潭撰

附
- 目耕帖：三十一卷/（清）馬國翰撰

玉函山房輯佚書目耕帖續補/（清）馬國翰輯

　　清光緒十五年[1889]章邱李元雄校刻本
　　線裝4冊；26釐米

Sinica 4787
詳目：
- 尚書逸篇：二卷
- 尚書百兩篇：一卷/（漢）張霸撰
- 孟仲子詩論：一卷/（周）孟仲子撰
- 論語燕傳說：一卷/（漢）□□撰
- 夏侯論語說：一卷/（漢）夏侯勝撰
- 王氏論語說：一卷/（漢）王駿撰
- 逸孟子：一卷
- 逸爾雅：一卷
- 小學篇：一卷/（晉）王義撰
- 荆州記：三卷/（南朝宋）盛弘之撰
- 五行傳記：一卷/（漢）許商撰
- 目耕帖續刻：大學一卷中庸一卷/（清）馬國翰輯

附
- 書後：一卷/（清）蔣式瑆撰
- 手稿存目：一卷/（清）蔣式瑆校錄
附馬竹吾先生全集目錄：一卷

又一部
　　洋裝1冊（原線裝4冊）；25釐米
　　書後附《馬竹吾先生全集目錄》兩葉
Sinica 6584

黃氏逸書考：二百八十五種/（清）黃奭輯

　　清道光甘泉黃氏刻民國十四年[1925]儀征王鑒懷荃堂修補印本
　　存二百七十三種
　　洋裝21冊（原線裝100冊）；21釐米
　　原名《漢學堂叢書》
Sinica 6631
詳目：
漢學堂經解
- 子夏易傳：一卷/（春秋）卜商撰

- 孟喜易章句：一卷/（漢）孟喜撰
- 京房易章句：一卷/（漢）京房撰
- 馬融易傳：一卷/（漢）馬融撰
- 劉表易章句：一卷/（漢）劉表撰
- 宋衷易注：一卷/（漢）宋衷撰
- 荀爽易言：一卷/（漢）荀爽撰
- 董遇易章句：一卷/（三國魏）董遇撰
- 王肅易注：一卷/（三國魏）王肅撰
- 陸績易述：一卷/（三國吳）陸績撰
- 虞翻易注：一卷/（三國吳）虞翻撰
- 姚信易注：一卷/（三國吳）姚信撰
- 干寶易注：一卷/（晉）干寶撰
- 陸希聲易傳：一卷/（唐）陸希聲撰
- 徐邈易音注：一卷/（晉）徐邈撰
- 莊氏易義：一卷/（□）莊□撰
- 九家易集注：一卷
- 翟子元易義：一卷/（□）翟玄撰
- 張氏易注：一卷/（晉）張璠撰
- 向秀易義：一卷/（晉）向秀撰
- 王廙易注：一卷/（晉）王廙撰
- 張璠易集解：一卷/（晉）張璠撰
- 黃穎易注：一卷/（晉）黃穎撰
- 范長生易注：一卷/（三國蜀）范長生撰
- 劉瓛乾坤義：一卷/（南朝齊）劉瓛撰
- 劉瓛繫辭疏：一卷/（南朝齊）劉瓛撰
- 褚氏易注：一卷/（南朝梁）褚仲都撰
- 周氏易注：一卷/（南朝陳）周弘正撰
- 何妥周易講疏：一卷/（隋）何妥撰
- 侯果易注：一卷/（□）侯果撰
- 崔憬易探玄：一卷/（唐）崔憬撰
- 薛虞易音注：一卷/（□）薛虞撰
- 盧氏易注：一卷/（□）盧□撰
- 易雜家注：一卷
- 歐陽生尚書章句：一卷/（漢）歐陽生撰
- 顧彪尚書義疏：一卷/（隋）顧彪撰
- 申培魯詩傳：一卷/（漢）申培撰
- 轅固齊詩傳：一卷/（漢）轅固撰
- 韓嬰詩內傳：一卷/（漢）韓嬰撰
- 毛詩馬融注：一卷/（漢）馬融撰
- 毛詩王肅注：一卷/（三國魏）王肅撰
- 孫毓毛詩異同評：一卷/（晉）孫毓撰
- 毛詩王基申鄭義：一卷/（三國魏）王基撰
- 周官馬融傳：一卷/（漢）馬融撰
- 周官干寶注：一卷/（晉）干寶撰
- 馬融儀禮喪服經傳：一卷/（漢）馬融撰
- 王肅儀禮喪服注：一卷/（三國魏）王肅撰
- 射慈喪服變除圖：一卷/（三國吳）射慈撰
- 射慈禮記音義隱：一卷/（三國吳）射慈撰
- 雷次宗儀禮喪服經傳略注：一卷/（南朝宋）雷次宗撰
- 盧植禮記解詁：一卷/（漢）盧植撰
- 蔡邕月令章句：一卷/（漢）蔡邕撰
- 蔡邕月令問答：一卷/（漢）蔡邕撰
- 蔡邕明堂月令論：一卷/（漢）蔡邕撰
- 阮諶三禮圖：一卷/（漢）阮諶撰
- 崔靈恩三禮義宗：一卷/（南朝梁）崔靈恩撰
- 賈逵春秋左氏解詁：一卷/（漢）賈逵撰
- 服虔春秋左氏傳解誼：一卷/（漢）服虔撰

- 京相璠春秋土地名：一卷/（晉）京相璠撰
- 劉炫春秋左氏傳述義：一卷/（隋）劉炫撰
- 嚴彭祖春秋盟會圖：一卷/（漢）嚴彭祖撰
- 糜信春秋穀梁傳注：一卷/（三國魏）糜信撰
- 范寧穀梁傳例：一卷/（晉）范寧撰
- 樂資春秋後傳：一卷/（晉）樂資撰
- 劉向五經通義：一卷/（漢）劉向撰
- 雷次宗五經要義：一卷/（南朝宋）雷次宗撰
- 譙周五經然否論：一卷/（三國蜀）譙周撰
- 房景先五經疑問：一卷/（北魏）房景先撰
- 孟子劉熙注：一卷/（漢）劉熙撰
- 劉炫規過：一卷/（隋）劉炫撰
- 爾雅古義：十二卷
  ○ 爾雅犍為文學注：一卷/（漢）□□撰
  ○ 爾雅樊光注：一卷/（漢）樊光撰
  ○ 爾雅李巡注：一卷/（漢）李巡撰
  附爾雅劉歆注：一卷/（漢）劉歆撰
  ○ 爾雅孫炎音注：一卷/（三國魏）孫炎撰
  ○ 爾雅郭璞音義：一卷/（晉）郭璞撰
  ○ 爾雅郭璞圖讚：一卷/（晉）郭璞撰
  ○ 爾雅沈旋集注：一卷/（南朝梁）沈旋撰
  ○ 爾雅施乾音：一卷/（南朝陳）施乾撰
  ○ 爾雅謝嶠音：一卷/（南朝陳）謝嶠撰
  ○ 爾雅顧野王音：一卷/（南朝梁）顧野王撰
  ○ 爾雅衆家注：二卷
- 韋昭辨釋名：一卷/（三國吳）韋昭撰
- 倉頡篇：一卷
- 揚雄蒼頡訓纂：一卷/（漢）揚雄撰
- 郭璞三倉解詁：一卷/（晉）郭璞撰
- 郭璞倉頡解詁：一卷/（晉）郭璞撰
- 樊恭廣倉：一卷/（三國魏）樊恭撰
- 張揖埤倉：一卷/（三國魏）張揖撰
- 司馬相如凡將篇：一卷/（漢）司馬相如撰
- 服虔通俗文：一卷/（漢）服虔撰
- 蔡邕勸學篇：一卷/（漢）蔡邕撰
- 張揖古今字詁：一卷/（三國魏）張揖撰
- 李彤字指：一卷/（晉）李彤撰
- 阮孝緒文字集略：一卷/（南朝梁）阮孝緒撰
- 何承天纂文：一卷/（南朝宋）何承天撰
- 纂要：一卷/（南朝梁）元帝蕭繹撰
- 曹憲文字指歸：一卷/（隋）曹憲撰
- 宋世良字略：一卷/（北魏）宋世良撰
- 楊承慶字統：一卷/（北魏）楊承慶撰
- 諸葛穎桂苑珠叢：一卷/（隋）諸葛穎撰
- 陸善經新字林：一卷/（唐）陸善經撰
- 字書：一卷
- 小學：一卷
- 李登聲類：一卷/（三國魏）李登撰
- 開元文字音義：一卷/（唐）玄宗李隆基撰

- 李槩音譜：一卷附聲譜一卷/（南朝宋）李槩撰
- 陽休之韻略：一卷/（北齊）陽休之撰
- 呂靜韻集：一卷/（晉）呂靜撰
- 孫愐唐韻：二卷/（唐）孫愐撰
- 顏真卿韻海鏡源：一卷/（唐）顏真卿撰
- 李舟切韻：一卷/（唐）李舟撰

通緯
- 河圖：一卷
- 河圖緯：一卷
  ◦ 河圖秘徵
  ◦ 河圖帝通紀
  ◦ 河圖著命
  ◦ 河圖說徵
  ◦ 河圖考靈曜
  ◦ 河圖真鉤
  ◦ 河圖提劉
  ◦ 河圖會昌符
  ◦ 河圖天靈
  ◦ 河圖要元
  ◦ 河圖叶光紀
  ◦ 河圖絳象
  ◦ 河圖皇參持
  ◦ 河圖閩苞授
  ◦ 河圖合古篇
  ◦ 河圖赤伏符
- 河圖括地象：一卷附括地圖
- 河圖帝覽嬉：一卷
- 河圖稽命徵：一卷
- 河圖稽耀鉤：一卷
- 河圖握矩記：一卷
- 河圖祿運法：一卷
- 河圖挺佐輔：一卷
- 河圖玉板：一卷
- 龍魚河圖：一卷
- 河圖始開圖：一卷
- 雒書：一卷
- 雒書甄曜度：一卷.附雒書甄曜度讖
- 雒書靈准聽：一卷
- 雒書摘六辟：一卷
- 易緯：一卷
- 易乾鑿度鄭氏注：一卷/（漢）鄭玄撰
- 易乾坤鑿度鄭氏注：一卷/（漢）鄭玄撰
- 易是類謀鄭氏注：一卷/（漢）鄭玄撰
- 易坤靈圖鄭氏注：一卷/（漢）鄭玄撰
- 易乾元序制記鄭氏注：一卷/（漢）鄭玄撰
- 易辨終備鄭氏注：一卷/（漢）鄭玄撰
- 易稽覽圖鄭氏注：一卷/（漢）鄭玄撰
- 易通卦驗鄭氏注：一卷/（漢）鄭玄撰
- 尚書緯：一卷
- 尚書攷靈曜：一卷
- 尚書琁機鈐：一卷
- 尚書帝命驗：一卷
- 尚書刑德放：一卷
- 尚書運期授：一卷
- 尚書中候：一卷
- 詩緯：一卷
- 詩含神霧：一卷
- 詩推度災：一卷
- 詩汎曆樞：一卷
- 禮緯：一卷
- 禮含文嘉：一卷
- 禮稽命徵：一卷
- 禮斗威儀：一卷
- 樂緯：一卷

- 樂協圖徵：一卷
- 樂動聲儀：一卷
- 樂稽耀嘉：一卷
- 春秋：一卷
- 春秋演孔圖：一卷
- 春秋說題辭：一卷
- 春秋元命苞：一卷
- 春秋文耀鉤：一卷
- 春秋運斗樞：一卷
- 春秋感精符：一卷
- 春秋合誠圖：一卷
- 春秋攷異郵：一卷
- 春秋保乾圖：一卷
- 春秋佐助期：一卷
- 春秋握誠圖：一卷
- 春秋潛潭巴：一卷
- 春秋命厤序：一卷
- 春秋內事：一卷
- 論語摘輔象：一卷
- 論語摘衰聖：一卷
- 孝經：一卷
- 孝經緯：一卷
  ◦ 孝經中契
  ◦ 孝經左契
  ◦ 孝經右契
  ◦ 孝經契
  ◦ 孝經古秘
  ◦ 孝經威嬉拒
  ◦ 孝經章句
- 孝經鉤命決：一卷
- 孝經援神契：一卷
- 孝經內記圖：一卷

附識
- 河圖聖洽符：一卷

- 論語撰考讖：一卷
- 論語比考讖：一卷
- 孝經雌雄圖：一卷
- 遁甲開山圖：一卷/（□）榮□解

子史鉤沈
- 魏文帝典論：一卷/（三國魏）文帝曹丕撰
- 楊泉物理論：一卷/（晉）楊泉撰
- 六韜：一卷/（西周）呂望撰
- 李悝法經：一卷/（戰國）李悝撰
- 董仲舒公羊治獄：一卷/（漢）董仲舒撰
- 譙周法訓：一卷/（三國蜀）譙周撰
- 范子計然：一卷
- 神農本草經：三卷/（三國魏）吳普等述
- 劉洪乾象術：一卷/（漢）劉洪撰
- 劉向洪範五行傳：一卷/（漢）劉向撰
- 京房易雜占條例法：一卷/（漢）京房撰
- 郭璞易洞林：一卷/（晉）郭璞撰
- 衛元嵩易元包：一卷/（北周）衛元嵩撰；（唐）蘇源明傳；（唐）李江注
- 淮南王萬畢術：一卷/（漢）劉安撰

又題《淮南萬畢術》
- 劉歆鐘律書：一卷/（漢）劉歆撰
- 蔡邕琴操：一卷/（漢）蔡邕撰
- 釋智匠古今樂錄：一卷/（南朝陳）釋智匠撰
- 魏皇覽：一卷/（三國魏）劉邵，（三國魏）王象等撰
- 逸莊子：一卷/（戰國）莊周撰
- 莊子司馬彪注：一卷/（晉）司馬彪注

- 許慎淮南子注：一卷/（漢）許慎撰
- 竹書紀年：一卷
- 張霸尚書百兩篇：一卷/（漢）張霸撰
- 鄭衆國語解詁：一卷/（漢）鄭衆撰
- 賈逵國語注：一卷/（漢）賈逵撰
- 唐固國語注：一卷/（三國吳）唐固撰
- 王肅國語章句：一卷/（三國魏）王肅撰
- 孔晁國語注：一卷/（晉）孔晁撰
- 虞翻國語注：一卷/（三國吳）虞翻撰
- 孔衍春秋後語：一卷/（晉）孔衍撰；（唐）盧藏用注
- 陸賈楚漢春秋：一卷/（漢）陸賈撰
- 譙周古史考：一卷/（三國蜀）譙周撰
- 薛瑩後漢書：一卷/（晉）薛瑩撰
- 華嶠後漢書注：一卷/（晉）華嶠撰
- 謝沈後漢書：一卷/（晉）謝沈撰
- 袁山松後漢書：一卷/（晉）袁崧撰
- 張璠後漢紀：一卷/（晉）張璠撰
- 虞預晉書：一卷/（晉）虞預撰
- 朱鳳晉書：一卷/（晉）朱鳳撰
- 何法盛晉中興書：一卷.附徵祥說：一卷/（南朝宋）何法盛撰
- 謝靈運晉書：一卷/（南朝宋）謝靈運撰
- 臧榮緒晉書：一卷/（南朝齊）臧榮緒撰
- 陸機晉書：一卷/（晉）陸機撰.附惠帝起居注：一卷/（晉）陸機撰
- 王隱晉書：一卷/（晉）王隱撰.附王隱晉書地道記：一卷/（晉）王隱撰
- 干寶晉紀：一卷/（晉）干寶撰
- 習鑿齒漢晉春秋：一卷/（晉）習鑿齒撰
- 鄧粲晉紀：一卷/（晉）鄧粲撰
- 劉謙之晉紀：一卷/（南朝宋）劉謙之撰
- 王韶之晉安帝紀：一卷/（南朝宋）王韶之撰
- 徐廣晉紀：一卷/（晉）徐廣撰
- 孫盛晉陽秋：一卷/（晉）孫盛撰
- 檀道鸞續晉陽秋：一卷/（南朝宋）檀道鸞撰
- 劉道薈晉起居注：一卷/（南朝宋）劉道薈撰
- 衆家晉史：一卷/（清）黃奭輯
  ○ 裴松之晉紀/（南朝宋）裴松之撰
  ○ 蕭子雲晉書/（南朝梁）蕭子雲撰
  ○ 蕭景暢晉史草/（南朝梁）蕭子顯撰
  ○ 沈約晉書/（南朝梁）沈約撰
  ○ 晉錄
  ○ 晉要事
  ○ 晉朝雜事
  ○ 建武故事
  ○ 晉世譜
  ○ 晉官品令
  ○ 王朝目錄
  ○ 李軌晉泰始起居注/（晉）李軌撰
  ○ 李軌晉咸寧起居注/（晉）李軌撰
  ○ 李軌晉泰康起居注/（晉）李軌撰
  ○ 晉山陵故事
  ○ 晉武帝起居注/（晉）□□撰
  ○ 晉永安起居注/（晉）□□撰
  ○ 晉建武起居注/（晉）□□撰
  ○ 晉太興起居注/（晉）□□撰
  ○ 晉咸和起居注/（晉）李軌撰
  ○ 晉咸康起居注/（晉）□□撰
  ○ 晉康帝起居注/（晉）□□撰

- 晉永和起居注 / (晉) □□撰
- 晉孝武帝起居注 / (晉) □□撰
- 晉太元起居注 / (晉) □□撰
- 晉隆安起居注 / (晉) □□撰
- 晉義熙起居注 / (晉) □□撰
- 三國志注引晉書
- 世說注引晉書
- 文選注引晉紀
- 北堂書鈔引晉紀
- 初學記引晉紀
- 白帖引晉紀
- 御覽引晉紀

·傅暢晉諸公讚：一卷 / (晉) 傅暢撰
·荀綽晉後略：一卷 / (晉) 荀綽撰
·盧綝晉八王故事：一卷 / (晉) 盧綝撰
·盧綝晉四王遺事：一卷 / (晉) 盧綝撰 又名《晉四王起事》
·伏侯古今注：一卷 / (漢) 伏無忌撰
·王粲英雄記：一卷 / (漢) 王粲撰
·司馬彪戰略：一卷 / (晉) 司馬彪撰
·司馬彪九州春秋：一卷 / (晉) 司馬彪撰
·郭氏玄中記：一卷 / (晉) 郭璞撰
·余知古渚宮舊事：一卷 / (唐) 余知古撰
·唐濮王泰等括地志：一卷 / (唐) 李泰等撰
·晉太康三年地記：一卷 / (晉) □□撰
·王肅喪服要記：一卷 / (三國魏) 王肅撰
·趙岐三輔決錄：一卷 / (漢) 趙岐撰；(晉) 摯虞注
·劉向孝子傳：一卷 / (漢) 劉向撰
·蕭廣濟孝子傳：一卷 / (晉) 蕭廣濟撰

·師覺授孝子傳：一卷 / (南朝宋) 師覺授撰
·王隆漢官解詁：一卷 / (漢) 王隆撰；(漢) 胡廣注
·漢官：一卷 / (漢) □□撰
·應劭漢官儀：一卷 / (漢) 應劭撰
·蔡質漢官典儀：一卷 / (漢) 蔡質撰
·丁孚漢儀：一卷 / (三國吳) 丁孚撰
·晉百官名：一卷
·傅暢晉公卿禮秩：一卷．附晉故事：一卷 / (晉) 傅暢撰
·荀綽晉百官表注：一卷 / (晉) 荀綽撰
·戴聖石渠禮論：一卷 / (漢) 戴聖撰
·漢衛宏漢舊儀：一卷 / (漢) 衛宏撰
·董勛問禮俗：一卷 / (三國魏) 董勛撰
·唐明皇月令注解：一卷 / (唐) 李林甫等撰

通德堂經解 / (漢) 鄭玄撰；(清) 黃奭輯
- 周易注：一卷
- 尚書大傳注：一卷
- 尚書古文注：一卷
- 毛詩譜：一卷
- 答臨孝存周禮難：一卷
- 魯禮禘祫義：一卷
- 喪服變除：一卷
- 三禮目錄：一卷
- 駁五經異義：一卷
- 孝經解：一卷
- 箴左氏膏肓：一卷
- 釋穀梁廢疾：一卷
- 發公羊墨守：一卷
- 六藝論：一卷
- 鄭志：一卷 / (三國魏) 鄭小同編；

(清)黃奭輯
- 論語篇目弟子：一卷
- 論語注：一卷

附
- 鄭司農年譜：一卷/(清)孫星衍撰

黃氏逸書考：二百九十三種/(清)黃奭輯
清道光甘泉黃氏刻民國三十三年[1934]江都朱長圻補刻印本
存二百七十五種
線裝160冊；21釐米
原名《漢學堂叢書》
Sinica 3216
詳目：
漢學堂經解
- 子夏易傳：一卷/(春秋)卜商撰
- 孟喜易章句：一卷/(漢)孟喜撰
- 京房易章句：一卷/(漢)京房撰
- 馬融易傳：一卷/(漢)馬融撰
- 劉表易章句：一卷/(漢)劉表撰
- 宋衷易注：一卷/(漢)宋衷撰
- 荀爽易言：一卷/(漢)荀爽撰
- 董遇易章句：一卷/(三國魏)董遇撰
- 王肅易注：一卷/(三國魏)王肅撰
- 陸績易述：一卷/(三國吳)陸績撰
- 虞翻易注：一卷/(三國吳)虞翻撰
- 姚信易注：一卷/(三國吳)姚信撰
- 干寶易注：一卷/(晉)干寶撰
- 陸希聲易傳：一卷/(唐)陸希聲撰
- 徐邈易音注：一卷/(晉)徐邈撰
- 莊氏易義：一卷/(□)莊□撰
- 九家易集注：一卷
- 翟子元易義：一卷/(□)翟玄撰
- 張氏易注：一卷/(晉)張璠撰
- 向秀易義：一卷/(晉)向秀撰
- 王廙易注：一卷/(晉)王廙撰
- 張璠易集解：一卷/(晉)張璠撰
- 黃穎易注：一卷/(晉)黃穎撰
- 范長生易注：一卷/(三國蜀)范長生撰
- 劉瓛乾坤義：一卷/(南朝齊)劉瓛撰
- 劉瓛繫辭疏：一卷/(南朝齊)劉瓛撰
- 褚氏易注：一卷/(南朝梁)褚仲都撰
- 周氏易注：一卷/(南朝陳)周弘正撰
- 何妥周易講疏：一卷/(隋)何妥撰
- 侯果易注：一卷/(□)侯果撰
- 崔憬易探玄：一卷/(唐)崔憬撰
- 薛虞易音注：一卷/(□)薛虞撰
- 盧氏易注：一卷/(□)盧□撰
- 易雜家注：一卷
- 歐陽生尚書章句：一卷/(漢)歐陽生撰
- 顧彪尚書義疏：一卷/(隋)顧彪撰
- 申培魯詩傳：一卷/(漢)申培撰
- 轅固齊詩傳：一卷/(漢)轅固撰
- 韓嬰詩內傳：一卷/(漢)韓嬰撰
- 毛詩馬融注：一卷/(漢)馬融撰
- 毛詩王肅注：一卷/(三國魏)王肅撰
- 毛詩王基申鄭義：一卷/(三國魏)王基撰
- 孫毓毛詩異同評：一卷/(晉)孫毓撰
- 周官馬融傳：一卷/(漢)馬融撰
- 周官干寶注：一卷/(晉)干寶撰
- 馬融儀禮喪服經傳：一卷/(漢)馬融撰
- 王肅儀禮喪服注：一卷/(三國魏)王肅撰
- 射慈喪服變除圖：一卷/(三國吳)

射慈撰
- 射慈禮記音義隱：一卷/（三國吳）射慈撰
- 雷次宗儀禮喪服經傳略注：一卷/（南朝宋）雷次宗撰
- 盧植禮記解詁：一卷/（漢）盧植撰
- 蔡邕月令章句：一卷/（漢）蔡邕撰
- 蔡邕月令問答：一卷/（漢）蔡邕撰
- 蔡邕明堂月令論：一卷/（漢）蔡邕撰
- 阮諶三禮圖：一卷/（漢）阮諶撰
- 崔靈恩三禮義宗：一卷/（南朝梁）崔靈恩撰
- 賈逵春秋左氏解詁：一卷/（漢）賈逵撰
- 服虔春秋左氏傳解誼：一卷/（漢）服虔撰
- 京相璠春秋土地名：一卷/（晉）京相璠撰
- 劉炫春秋左氏傳述義：一卷/（隋）劉炫撰
- 嚴彭祖春秋盟會圖：一卷/（漢）嚴彭祖撰
- 糜信春秋穀梁傳注：一卷/（三國魏）糜信撰
- 范寧穀梁傳例：一卷/（晉）范寧撰
- 樂資春秋後傳：一卷/（晉）樂資撰
- 劉向五經通義：一卷/（漢）劉向撰
- 雷次宗五經要義：一卷/（南朝宋）雷次宗撰
- 譙周五經然否論：一卷/（三國蜀）譙周撰
- 房景先五經疑問：一卷/（北魏）房景先撰
- 孟子劉熙注：一卷/（漢）劉熙撰

- 劉炫規過：一卷/（隋）劉炫撰
- 爾雅古義：十二卷
  ◦ 爾雅犍為文學注：一卷/（漢）□□撰
  ◦ 爾雅樊光注：一卷/（漢）樊光撰
  ◦ 爾雅李巡注：一卷/（漢）李巡撰
  附爾雅劉歆注：一卷/（漢）劉歆撰
  ◦ 爾雅孫炎音注：一卷/（三國魏）孫炎撰
  ◦ 爾雅郭璞音義：一卷/（晉）郭璞撰
  ◦ 爾雅郭璞圖讚：一卷/（晉）郭璞撰
  ◦ 爾雅沈旋集注：一卷/（南朝梁）沈旋撰
  ◦ 爾雅施乾音：一卷/（南朝陳）施乾撰
  ◦ 爾雅謝嶠音：一卷/（南朝陳）謝嶠撰
  ◦ 爾雅顧野王音：一卷/（南朝梁）顧野王撰
  ◦ 爾雅衆家注：二卷
- 韋昭辨釋名：一卷/（三國吳）韋昭撰
- 倉頡篇：一卷
- 揚雄蒼頡訓纂：一卷/（漢）揚雄撰
- 郭璞三倉解詁：一卷/（晉）郭璞撰
- 郭璞倉頡解詁：一卷/（晉）郭璞撰
- 樊恭廣倉：一卷/（三國魏）樊恭撰
- 張揖埤倉：一卷/（三國魏）張揖撰
- 司馬相如凡將篇：一卷/（漢）司馬相如撰
- 服虔通俗文：一卷/（漢）服虔撰
- 蔡邕勸學篇：一卷/（漢）蔡邕撰
- 張揖古今字詁：一卷/（三國魏）張揖撰
- 李彤字指：一卷/（晉）李彤撰

- 阮孝緒文字集略：一卷/（南朝梁）阮孝緒撰
- 何承天纂文：一卷/（南朝宋）何承天撰
- 纂要：一卷/（南朝梁）元帝蕭繹撰
- 曹憲文字指歸：一卷/（隋）曹憲撰
- 宋世良字略：一卷/（北魏）宋世良撰
- 楊承慶字統：一卷/（北魏）楊承慶撰
- 諸葛穎桂苑珠叢：一卷/（隋）諸葛穎撰
- 陸善經新字林：一卷/（唐）陸善經撰
- 字書：一卷
- 小學：一卷
- 李登聲類：一卷/（三國魏）李登撰
- 開元文字音義：一卷/（唐）玄宗李隆基撰
- 李槩音譜：一卷附聲譜一卷/（南朝宋）李槩撰
- 陽休之韻略：一卷/（北齊）陽休之撰
- 呂靜韻集：一卷/（晉）呂靜撰
- 孫愐唐韻：二卷/（唐）孫愐撰
- 顏真卿韻海鏡源：一卷/（唐）顏真卿撰
- 李舟切韻：一卷/（唐）李舟撰

通緯
- 河圖：一卷
- 河圖緯：一卷
  ◦ 河圖秘徵
  ◦ 河圖帝通紀
  ◦ 河圖著命
  ◦ 河圖說徵
  ◦ 河圖考靈曜
  ◦ 河圖真鉤
  ◦ 河圖提劉
  ◦ 河圖會昌符
  ◦ 河圖天靈
  ◦ 河圖要元
  ◦ 河圖叶光紀
  ◦ 河圖絳象
  ◦ 河圖皇參持
  ◦ 河圖闓苞授
  ◦ 河圖合古篇
  ◦ 河圖赤伏符
- 河圖括地象：一卷附括地圖
- 河圖帝覽嬉：一卷
- 河圖稽命徵：一卷
- 河圖稽耀鉤：一卷
- 河圖握矩記：一卷
- 河圖祿運法：一卷
- 河圖挺佐輔：一卷
- 河圖玉板：一卷
- 龍魚河圖：一卷
- 河圖始開圖：一卷
- 雒書：一卷
- 雒書甄曜度：一卷附雒書甄曜度讖
- 雒書靈准聽：一卷
- 雒書摘六辟：一卷
- 易緯：一卷
- 易乾鑿度鄭氏注：一卷/（漢）鄭玄撰
- 易乾坤鑿度鄭氏注：一卷/（漢）鄭玄撰
- 易是類謀鄭氏注：一卷/（漢）鄭玄撰
- 易坤靈圖鄭氏注：一卷/（漢）鄭玄撰
- 易乾元序制記鄭氏注：一卷/（漢）鄭玄撰
- 易辨終備鄭氏注：一卷/（漢）鄭玄撰
- 易稽覽圖鄭氏注：一卷/（漢）鄭玄撰
- 易通卦驗鄭氏注：一卷/（漢）鄭玄撰

- 尚書緯: 一卷
- 尚書攷靈曜: 一卷
- 尚書璇機鈐: 一卷
- 尚書帝命驗: 一卷
- 尚書刑德放: 一卷
- 尚書運期授: 一卷
- 尚書中候: 一卷
- 詩緯: 一卷
- 詩含神霧: 一卷
- 詩推度災: 一卷
- 詩汎曆樞: 一卷
- 禮緯: 一卷
- 禮含文嘉: 一卷
- 禮稽命徵: 一卷
- 禮斗威儀: 一卷
- 樂緯: 一卷
- 樂協圖徵: 一卷
- 樂動聲儀: 一卷
- 樂稽耀嘉: 一卷
- 春秋: 一卷
- 春秋演孔圖: 一卷
- 春秋說題辭: 一卷
- 春秋元命苞: 一卷
- 春秋文耀鉤: 一卷
- 春秋運斗樞: 一卷
- 春秋感精符: 一卷
- 春秋合誠圖: 一卷
- 春秋攷異郵: 一卷
- 春秋保乾圖: 一卷
- 春秋佐助期: 一卷
- 春秋握誠圖: 一卷
- 春秋潛潭巴: 一卷
- 春秋命厤序: 一卷
- 春秋内事: 一卷
- 論語摘輔象: 一卷
- 論語摘衰聖: 一卷
- 孝經: 一卷
- 孝經緯: 一卷
  ◦ 孝經中契
  ◦ 孝經左契
  ◦ 孝經右契
  ◦ 孝經契
  ◦ 孝經古秘
  ◦ 孝經威嬉拒
  ◦ 孝經章句
- 孝經鉤命決: 一卷
- 孝經援神契: 一卷
- 孝經内記圖: 一卷

附讖
- 河圖聖洽符: 一卷
- 論語撰考讖: 一卷
- 論語比考讖: 一卷
- 孝經雌雄圖: 一卷
- 遁甲開山圖: 一卷/(□)榮□解

子史鉤沈
- 魏文帝典論: 一卷/(三國魏)文帝曹丕撰
- 楊泉物理論: 一卷/(晉)楊泉撰
- 六韜: 一卷/(西周)呂望撰
- 李悝法經: 一卷/(戰國)李悝撰
- 董仲舒公羊治獄: 一卷/(漢)董仲舒撰
- 譙周法訓: 一卷/(三國蜀)譙周撰
- 范子計然: 一卷
- 神農本草經: 三卷/(三國魏)吳普等述
- 劉洪乾象術: 一卷/(漢)劉洪撰
- 劉向洪範五行傳: 一卷/(漢)劉向

撰
- 京房易雜占條例法：一卷/（漢）京房撰
- 郭璞易洞林：一卷/（晉）郭璞撰
- 衛元嵩易元包：一卷/（北周）衛元嵩撰；（唐）蘇源明傳；（唐）李江注
- 淮南王萬畢術：一卷/（漢）劉安撰 又題《淮南萬畢術》
- 劉歆鐘律書：一卷/（漢）劉歆撰
- 蔡邕琴操：一卷/（漢）蔡邕撰
- 釋智匠古今樂錄：一卷/（南朝陳）釋智匠撰
- 魏皇覽：一卷/（三國魏）劉邵，（三國魏）王象等撰
- 逸莊子：一卷/（戰國）莊周撰
- 莊子司馬彪注：一卷/（晉）司馬彪注
- 許慎淮南子注：一卷/（漢）許慎撰
- 竹書紀年：一卷
- 張霸尚書百兩篇：一卷/（漢）張霸撰
- 鄭衆國語解詁：一卷/（漢）鄭衆撰
- 賈逵國語注：一卷/（漢）賈逵撰
- 唐固國語注：一卷/（三國吳）唐固撰
- 王肅國語章句：一卷/（三國魏）王肅撰
- 孔晁國語注：一卷/（晉）孔晁撰
- 虞翻國語注：一卷/（三國吳）虞翻撰
- 孔衍春秋後語：一卷/（晉）孔衍撰；（唐）盧藏用注
- 陸賈楚漢春秋：一卷/（漢）陸賈撰
- 譙周古史考：一卷/（三國蜀）譙周撰
- 謝承後漢書：二卷/（三國吳）謝承撰
- 薛瑩後漢書：一卷/（晉）薛瑩撰
- 華嶠後漢書注：一卷/（晉）華嶠撰
- 謝沈後漢書：一卷/（晉）謝沈撰
- 袁山松後漢書：一卷/（晉）袁崧撰
- 張璠後漢紀：一卷/（晉）張璠撰
- 虞預晉書：一卷/（晉）虞預撰
- 朱鳳晉書：一卷/（晉）朱鳳撰
- 何法盛晉中興書：一卷.附徵祥說：一卷/（南朝宋）何法盛撰
- 謝靈運晉書：一卷/（南朝宋）謝靈運撰
- 臧榮緒晉書：一卷/（南朝齊）臧榮緒撰
- 陸機晉書：一卷/（晉）陸機撰.附惠帝起居注：一卷/（晉）陸機撰
- 王隱晉書：一卷/（晉）王隱撰.附王隱晉書地道記：一卷/（晉）王隱撰
- 干寶晉紀：一卷/（晉）干寶撰
- 習鑿齒漢晉春秋：一卷/（晉）習鑿齒撰
- 鄧粲晉紀：一卷/（晉）鄧粲撰
- 劉謙之晉紀：一卷/（南朝宋）劉謙之撰
- 王韶之晉安帝紀：一卷/（南朝宋）王韶之撰
- 徐廣晉紀：一卷/（晉）徐廣撰
- 曹嘉之晉紀：一卷/（晉）曹嘉之撰
- 孫盛晉陽秋：一卷/（晉）孫盛撰
- 檀道鸞續晉陽秋：一卷/（南朝宋）檀道鸞撰
- 劉道薈晉起居注：一卷/（南朝宋）劉道薈撰
- 衆家晉史：一卷/（清）黃奭輯
  。裴松之晉紀/（南朝宋）裴松之撰
  。蕭子雲晉書/（南朝梁）蕭子雲撰
  。蕭景暢晉史草/（南朝梁）蕭子顯撰

○沈約晉書/(南朝梁)沈約撰
○晉錄
○晉要事
○晉朝雜事
○建武故事
○晉世譜
○晉官品令
○王朝目錄
○李軌晉泰始起居注/(晉)李軌撰
○李軌晉咸寧起居注/(晉)李軌撰
○李軌晉泰康起居注/(晉)李軌撰
○晉山陵故事
○晉武帝起居注/(晉)□□撰
○晉永安起居注/(晉)□□撰
○晉建武起居注/(晉)□□撰
○晉太興起居注/(晉)□□撰
○晉咸和起居注/(晉)李軌撰
○晉咸康起居注/(晉)□□撰
○晉康帝起居注/(晉)□□撰
○晉永和起居注/(晉)□□撰
○晉孝武帝起居注/(晉)□□撰
○晉太元起居注/(晉)□□撰
○晉隆安起居注/(晉)□□撰
○晉義熙起居注/(晉)□□撰
○三國志注引晉書
○世說注引晉書
○文選注引晉紀
○北堂書鈔引晉紀
○初學記引晉紀
○群書治要載晉書
○白帖引晉紀
○御覽引晉紀
·傅暢晉諸公讚:一卷/(晉)傅暢撰
·荀綽晉後略:一卷/(晉)荀綽撰

·盧綝晉八王故事:一卷/(晉)盧綝撰
·盧綝晉四王遺事:一卷/(晉)盧綝撰 又名《晉四王起事》
·伏侯古今注:一卷/(漢)伏無忌撰
·王粲英雄記:一卷/(漢)王粲撰
·司馬彪戰略:一卷/(晉)司馬彪撰
·司馬彪九州春秋:一卷/(晉)司馬彪撰
·郭氏玄中記:一卷/(晉)郭璞撰
·余知古渚宮舊事:一卷/(唐)余知古撰
·唐濮王泰等括地志:一卷/(唐)李泰等撰
·晉太康三年地記:一卷/(晉)□□撰
·王肅喪服要記:一卷/(三國魏)王肅撰
·趙岐三輔決錄:一卷/(漢)趙岐撰;(晉)摯虞注
·劉向孝子傳:一卷/(漢)劉向撰
·蕭廣濟孝子傳:一卷/(晉)蕭廣濟撰
·師覺授孝子傳:一卷/(南朝宋)師覺授撰
·王隆漢官解詁:一卷/(漢)王隆撰;(漢)胡廣注
·漢官:一卷/(漢)□□撰
·應劭漢官儀:一卷/(漢)應劭撰
·蔡質漢官典儀:一卷/(漢)蔡質撰
·丁孚漢儀:一卷/(三國吳)丁孚撰
·晉百官名:一卷
·傅暢晉公卿禮秩:一卷.附晉故事:一卷/(晉)傅暢撰
·荀綽晉百官表注:一卷/(晉)荀綽撰
·戴聖石渠禮論:一卷/(漢)戴聖撰
·漢衛宏漢舊儀:一卷/(漢)衛宏撰

・董勛問禮俗：一卷/（三國魏）董勛撰
・唐明皇月令注解：一卷/（唐）李林甫等撰
通德堂經解/（漢）鄭玄撰；（清）黃奭輯
・周易注：一卷
・尚書大傳注：一卷
・尚書古文注：一卷
・毛詩譜：一卷
・答臨孝存周禮難：一卷
・魯禮禘祫義：一卷
・喪服變除：一卷
・三禮目錄：一卷
・駁五經異義：一卷
・孝經解：一卷
・箴左氏膏肓：一卷
・釋穀梁廢疾：一卷
・發公羊墨守：一卷
・六藝論：一卷
・鄭志：一卷/（三國魏）鄭小同編；（清）黃奭輯
・論語篇目弟子：一卷
・論語注：一卷
附
・鄭司農年譜：一卷/（清）孫星衍撰

麓山精舍叢書：第一集十一種/（清）陳運溶輯

清光緒湘西陳氏刻本
線裝3冊；25釐米
Sinica 4663
詳目：
・周官總義職方氏注：一卷/（宋）易祓撰

清光緒二十六年［1900］刻本
・晉紀：一卷/（晉）鄧粲撰；（清）陳運溶集證
清光緒二十六年［1900］刻本
・歷朝傳記：九種/（清）陳運溶輯
清光緒二十六年［1900］刻本
  ○楚國先賢傳：一卷/（晉）張方撰
  ○長沙耆舊傳：一卷/（晉）劉彧撰
  ○零陵先賢傳：一卷/（晉）司馬彪撰
  ○武陵先賢傳：一卷
  ○武陵十仙傳：一卷
  ○桂陽先賢傳：一卷/（三國吳）張勝撰
  ○桂陽列賢傳：一卷
  ○桓階別傳：一卷
  ○羅含別傳：一卷
・荊州記：三卷附錄一卷/（南朝宋）盛弘之撰
清光緒二十四年［1898］刻本
・荊湘地記二十九種/（清）陳運溶輯
清光緒二十五年［1899］刻本
  ○荊州記：一卷/（晉）范汪撰
  ○荊州記：一卷/（南朝宋）庾仲雍撰
  ○荊州記：一卷/（南朝宋）郭仲產撰
  ○荊州記：一卷/（南朝齊）劉澄之撰
  ○荊州記：一卷
  ○荊州圖記：一卷
  ○荊州圖副：一卷
  ○荊州圖經：一卷
  ○荊州土地記：一卷
  ○荊南地志：一卷/（南朝梁）蕭世誠撰
  ○湘中記/（晉）羅含撰
  ○湘中記：一卷/（南朝宋）庾仲雍撰

。湘中記：一卷
　　。湘州記：一卷/（南朝宋）甄烈撰
　　。湘州記：一卷/（南朝宋）庾仲雍撰
　　。湘州記：一卷/（南朝宋）郭仲產撰
　　。湘州記：一卷
　　。湘州滎陽郡記：一卷
　　。武陵記：一卷/（南朝齊）黃閔撰
　　。武陵記：一卷/（南朝梁）伍安貧撰
　　。沅陵記：一卷
　　。桂陽記：一卷
　　。南嶽記：一卷/（南朝宋）徐靈期撰
　　。衡山記：一卷/（南朝齊）宗測撰
　　。神境記：一卷/（南朝宋）王韶之撰
　　。麓山記：一卷/（□）宋淵撰
　　。洞庭記：一卷
　　。沅川記：一卷
　　。五溪記：一卷
・荊湖圖經：三十六種/（清）陳運溶輯
清光緒二十六年［1900］刻本
　　。長沙圖經：一卷/（唐）□□撰
　　。衡州圖經：一卷/（唐）□□撰
　　。衡山圖經：一卷/（唐）□□撰
　　。道州圖經：一卷/（唐）□□撰
　　。朗州圖經：一卷/（唐）□□撰
　　。澧州圖經：一卷/（唐）□□撰
　　。湖南風土記：一卷/（唐）□□撰
　　。紹熙長沙志：一卷/（宋）褚孝錫撰
　　。祥符茶陵圖經：一卷/（宋）□
　　　　□撰
　　。乾道茶陵圖經：一卷/（宋）□□撰
　　。祥符衡州圖經：一卷/（宋）□□撰
　　。衡陽志：一卷/（宋）宋剛中撰
　　。永州圖經：一卷/（宋）□□撰
　　。零陵總記：一卷/（宋）陶岳撰
　　。零陵志：一卷/（宋）張埏撰
　　。永州風土記：一卷/（宋）柳拱辰撰
　　。舂陵舊圖經：一卷/（宋）□□撰
　　。舂陵志：一卷/（宋）章穎撰
　　。道州風俗記：一卷/（宋）□□撰
　　。邵州圖經：一卷/（宋）□□撰
　　。邵陽志：一卷/（宋）李韋之撰
　　。都梁志：一卷/（宋）鄭昉撰
　　。武岡志：一卷/（宋）□□撰
　　。郴州圖經：一卷/（宋）□□撰
　　。郴江志：一卷/（宋）□□撰
　　。桂陽圖經：一卷/（宋）□□撰
　　。桂陽志：一卷/（宋）鄭伸撰
　　。岳州圖經：一卷/（宋）□□撰
　　。岳陽甲志：一卷/（宋）馬子嚴撰
　　。岳陽乙志：一卷/（宋）張聲道撰
　　。常德圖經：一卷/（宋）胡介撰
　　。澧州續圖經：一卷/（宋）□□撰
　　。辰州圖經：一卷/（宋）□□撰
　　。辰州風土記：一卷/（宋）田渭撰
　　。沅州圖經：一卷/（宋）□□撰
　　。靖州圖經：一卷/（宋）□□撰
・太平寰宇記拾遺：七卷/（宋）樂史
　　撰；（清）陳運溶輯
清光緒二十五年［1899］刻本
・太平寰宇記辨僞：六卷/（清）陳運
　　溶撰
清光緒二十五年［1899］刻本
・荊楚歲時記：一卷/（南朝梁）宗懍
　　撰；（清）陳運溶輯
清光緒二十六年［1900］刻本
・湘中名賢遺集五種/（清）陳運溶輯
清光緒二十六年［1900］刻本
　　。蔣恭侯集：一卷/（三國蜀）蔣琬撰

○劉令君集：一卷/（三國蜀）劉巴撰
○桓令君集：一卷/（三國魏）桓階撰
○車太常集：一卷/（晉）車胤撰
○谷儉集：一卷/（晉）谷儉撰
·陶閣史詩集：二卷附錄一卷/（宋）陶弼撰
清光緒二十六年[1900]刻本

郡邑之屬

畿輔叢書：一百二十六種/（清）王灝編
清光緒五年[1879]定州王氏謙德堂刻本
缺一種（魏鄭公諫錄五卷）
線裝439冊；28釐米
Backhouse 254
詳目：
· 荀子：二十卷校勘補遺一卷/（戰國）荀況撰；（唐）楊倞注；（清）盧文弨,（清）謝墉校；（清）謝墉撰校勘補遺
· 春秋繁露：十七卷凌注校正十七卷/（漢）董仲舒撰；（清）凌曙注；（清）張駒賢撰校正
· 董子文集：一卷/（漢）董仲舒撰
· 韓詩外傳：十卷補逸一卷校注拾遺一卷/（漢）韓嬰撰；（清）周廷寀校注；（清）趙懷玉輯補逸；（清）周宗杬輯校注拾遺
· 廣雅疏證：十卷/（清）王念孫撰；（清）王引之述. 附博雅音：十卷/（隋）曹憲撰；（清）王念孫校
· 戰國策：三十三卷/（漢）高誘注
· 人物志：三卷/（三國魏）劉邵撰；（北魏）劉昞注
· 古今注：三卷/（晉）崔豹撰
· 高令公集：一卷/（北魏）高允撰
· 大戴禮記補注：十三卷序錄一卷/（清）孔廣森撰
· 校正孔氏大戴禮記補注：十三卷/（清）王樹枬撰
· 劉子：十卷/（北齊）劉晝撰
· 蒙求：三卷/（唐）李瀚撰
· 尚書故實：一卷/（唐）李綽撰
· 朝野僉載：一卷/（唐）張鷟撰
· 封氏聞見記：十卷/（唐）封演撰
· 元和郡縣圖志：四十卷（原缺卷十九、二十、二十三、二十四、三十五、三十六）闕卷逸文一卷攷證三十四卷/（唐）李吉甫撰；（清）孫星衍輯逸文；（清）張駒賢撰攷證
· 魏鄭公文集：三卷.魏鄭公詩集：一卷/（唐）魏徵撰
· 魏鄭公諫續錄：一卷/（元）翟思忠輯
· 李相國論事集：六卷遺文一卷/（唐）李絳撰；（唐）蔣偕輯
· 盧昇之集：七卷/（唐）盧照鄰撰
· 高常侍集：二卷/（唐）高適撰
· 劉隨州集：十一卷/（唐）劉長卿撰
· 盧仝集：三卷/（唐）盧仝撰
· 劉賓客文集：三十卷補遺一卷/（唐）劉禹錫撰
· 李元賓文集：六卷/（唐）李觀撰
· 長江集：十卷.閬仙詩附集：一卷/（唐）賈島撰
· 李衛公會昌一品集：二十卷別集十卷外集四卷補遺一卷/（唐）李德

裕撰
- 群經音辨：七卷/（宋）賈昌朝撰
- 明本事：三卷/（宋）劉荀撰
- 元城語錄：三卷/（宋）馬永卿撰.元城行錄：一卷/（明）崔銑撰
- 元城語錄解：三卷.元城行錄解：一卷/（明）王崇慶解
- 近事會元：五卷校勘記一卷考證一卷/（宋）李上交撰；（清）錢熙祚撰校勘記；（清）王樹枏等撰考證
- 春明退朝錄：三卷/（宋）宋敏求撰
- 盡言集：十三卷/（宋）劉安世撰
- 忠肅集：二十卷/（宋）劉摯撰
- 學易集：八卷/（宋）劉跂撰
- 李忠愍公集：一卷/（宋）李若水撰
- 姑溪題跋：二卷/（宋）李之儀撰
- 閑閑老人滏水文集：二十卷補遺一卷附一卷/（金）趙秉文撰；（金）元好問撰附
- 滹南遺老集：四十五卷詩集一卷續編詩集一卷/（金）王若虛撰
- 敬齋古今黈：八卷/（元）李冶撰
- 困學齋雜錄：一卷/（元）鮮于樞撰
- 西使記：一卷/（元）劉郁撰
- 元朝名臣事略：十五卷/（元）蘇天爵撰
- 汝南遺事：四卷/（元）王鶚撰
- 靜修先生文集：十二卷/（元）劉因撰
- 安默庵先生文集：五卷/（元）安熙撰
- 易經增註：十卷.易考：一卷/（明）張鏡心撰；（明）張溍編訂
- 古今律曆考：七十二卷.戊申立春考證：一卷/（明）邢雲路撰
- 典故紀聞：十八卷/（明）余繼登撰

- 平播全書：十五卷/（明）李化龍撰
- 鄉約：一卷/（明）尹畊撰
- 塞語：一卷/（明）尹畊撰
- 泬濱語錄：二十卷/（明）蔡懋撰
- 觀心約：一卷/（明）鄒森撰
- 車營百八叩：一卷/（明）孫承宗撰
- 鹿忠節公年譜：二卷/（明）陳鋐撰
- 認真草：十六卷/（明）鹿善繼撰
- 蘭臺奏疏：三卷/（明）馬從聘撰
- 王少司馬奏疏：二卷/（明）王家楨撰
- 金忠潔集：六卷/（明）金鉉撰.附金忠潔年譜：一卷/（清）金鏡編述；（清）金鑰參訂
- 東田文集：三卷.東田詩集：三卷/（明）馬中錫撰
- 花王閣賸稿：一卷/（明）紀坤撰
- 楊忠愍公集：二卷/（明）楊繼盛撰
- 味檗齋文集：十五卷/（明）趙南星撰
- 范文忠公文集：十卷/（明）范景文撰
- 宋布衣集：三卷/（明）宋登春撰
- 清平閣唱和詩：一卷/（明）宋登春等撰
- 史忠正公集：四卷首一卷附錄一卷/（明）史可法撰
- 永年申氏遺書/（清）申居鄖輯
  ○ 申端愍公文集：二卷首一卷末一卷.申端愍公詩集：八卷/（明）申佳胤撰
  附申鳧盟先生年譜：一卷/（清）申涵煜，（清）申涵盼撰
  ○ 聰山集：三卷.聰山詩選：八卷/（清）申涵光撰
  ○ 荊園小語：一卷.荊園進語：一卷/（清）申涵光撰

- 省心短語：一卷/（清）申涵煜撰
- 通鑑評語：五卷/（清）申涵煜撰
- 忠裕堂集：一卷/（清）申涵盼撰
- 西巖贅語：一卷/（清）申居鄖撰
- 耐俗軒新樂府：一卷/（清）申頲撰
- 申氏拾遺集：二卷/（清）申居鄖撰

・顔習齋遺書/（清）顔元撰
- 顔習齋先生年譜：二卷/（清）李塨撰
- 習齋記餘：十卷
- 四存編：十一卷
  □ 存人編：四卷
  □ 存性編：二卷
  □ 存治編：一卷
  □ 存學編：四卷
- 顔習齋先生言行錄：二卷.顔習齋先生闢異錄：二卷/（清）鍾錂輯

・李恕谷遺書/（清）李塨撰
- 李恕谷先生年譜：五卷/（清）馮辰撰
- 聖經學規纂：二卷
- 論學：二卷
- 小學稽業：五卷
- 大學辨業：四卷
- 學禮：五卷
- 學射錄：二卷
- 閱史郄視：四卷續一卷
- 擬太平策：七卷
- 評乙古文：一卷
- 恕谷後集：十三卷
- 平書訂：十四卷

・孫夏峰遺書/（清）孫奇逢撰
- 夏峰先生集：十四卷
- 語錄：二卷
- 答問：二卷
- 孫夏峰先生年譜：二卷/（清）湯斌等撰
- 孝友堂家規：一卷.孝友堂家訓：一卷

・尹健餘先生全集/（清）尹會一撰
- 尹少宰奏議：十卷
- 健餘先生文集：十卷
- 健餘劄記：四卷
- 健餘先生讀書筆記：六卷/（清）尹會一撰；（清）范瑄輯錄
- 健餘先生撫豫條教：四卷/（清）尹會一撰；（清）張受長輯
- 健餘先生尺牘：四卷
- 四鑑錄：十六卷
  □ 君鑑錄：四卷
  □ 臣鑑錄：四卷
  □ 士鑑錄：四卷
  □ 女鑑錄：四卷
- 呂語集粹：四卷
- 尹健餘先生年譜：三卷/（清）呂熾撰

・崔東壁遺書/（清）崔述撰
- 考信錄提要：二卷
- 補上古考信錄：二卷
- 唐虞考信錄：四卷
- 夏考信錄：二卷
- 商考信錄：二卷
- 豐鎬考信錄：八卷
- 洙泗考信錄：四卷
- 豐鎬考信別錄：三卷
- 洙泗考信餘錄：三卷
- 孟子事實錄：二卷

○考信附録：二卷
○考古續説：二卷
○讀風偶識：四卷
○五服異同彙考：三卷
・介菴經説：十卷補一卷/（清）雷學淇撰
・世本：二卷考證一卷/（漢）宋衷注；（清）雷學淇輯並撰考證
・古經服緯：三卷釋問一卷/（清）雷鐏撰；（清）雷學淇釋並撰釋問
・王制管窺：一卷/（清）耿極撰
・論語附記：二卷/（清）翁方綱撰
・孟子附記：二卷/（清）翁方綱撰
・詩附記：四卷/（清）翁方綱撰
・禮記附記：六卷/（清）翁方綱撰
・古本大學輯解：二卷/（清）楊亶驊撰
・中庸本解：二卷.中庸提要：一卷/（清）楊亶驊撰
・重斠唐韻考：五卷/（清）紀容舒撰；（清）錢熙祚斠；（清）錢恂重斠
・玉臺新詠考異：十卷/（清）紀容舒撰
・沈氏四聲考：二卷/（清）紀昀撰
・審定風雅遺音：二卷/（清）史榮撰；（清）紀昀審定
・歌麻古韻考：四卷/（清）吳樹聲撰；（清）苗夔補注
・周秦名字解故附録：一卷/（清）王萱齡撰
・潞城考古録：一卷/（清）劉錫信撰
・歷代諱名考：一卷/（清）劉錫信撰
・漢書西域傳補注：二卷/（清）徐松撰
・唐兩京城坊考：五卷/（清）徐松撰；（清）張穆校補
・明史紀事本末：八十卷/（清）谷應泰撰
・明書：一百七十一卷/（清）傅維麟撰
・臺海使槎録：八卷/（清）黃叔璥撰
・黃崑圃先生年譜：三卷/（清）顧鎮撰
・魏貞庵先生年譜：一卷/（清）魏荔彤撰
・魏敏果公年譜：一卷/（清）魏象樞口述；（清）魏學誠等録
・廣陽雜記：五卷/（清）劉獻廷撰
・潛室劄記：二卷/（清）刁包撰
・樵香小記：二卷/（清）何琇撰
・郝雪海先生筆記：三卷/（清）郝浴撰
・簡通録：二卷/（清）馬煇撰
・朱子學歸：二十三卷/（清）鄭端輯
・政學録：五卷/（清）鄭端撰
・成周徹法演：四卷/（清）何貽霈撰
・乾坤大略：十卷補遺一卷/（清）王餘佑撰
・魏文毅公奏議：三卷/（清）魏裔介撰
・兼濟堂集：九卷/（清）魏裔介撰
・寒松堂集：十卷詩集三卷/（清）魏象樞撰
・瓊琚佩語：一卷/（清）魏裔介撰
・居業堂文集：二十卷/（清）王源撰
・陳學士文集：十五卷/（清）陳儀撰
・笥河文集：十六卷/（清）朱筠撰
・瓶水齋詩集：十七卷別集二卷/（清）舒位撰
・知足齋文集：六卷.知足齋進呈文稿：二卷/（清）朱珪撰
・萬善花室文稿：七卷/（清）方履籛撰
・留耕堂詩集：一卷/（清）殷岳撰
・柿葉庵詩選：一卷/（清）張蓋撰
・玉暉堂詩集：五卷/（清）趙湛撰

·積書巖詩集：一卷/（清）劉逢源撰

國朝金陵叢刻：十五種/（清）傅春官輯

清光緒二十三年至二十七年［1897—1901］江寧傅氏晦齋刻本

洋裝2冊（原線裝8冊）；25釐米

Sinica 6649

詳目：

·板橋雜記：三卷/（清）余懷撰
·宋史藝文志補：一卷/（清）黃虞稷，（清）倪燦撰；（清）盧文弨錄
·春秋識小錄：九卷/（清）程廷祚撰
  ○春秋職官考略：三卷
  ○春秋地名辨異：三卷．附晉書地理志證今：一卷
  ○左傳人名辨異：三卷
·金闕攀松集：一卷/（清）嚴長明撰
·玉井擥蓮集：一卷/（清）嚴長明撰
·王制里畝算法解：一卷/（清）談泰撰
·禮記義疏算法解：一卷/（清）談泰撰
·王制井田算法解：一卷/（清）談泰撰
·補五代史藝文志：一卷/（清）顧櫰三撰
·漢射陽石門畫象彙攷：一卷/（清）張寶德輯
·養龢軒隨筆：一卷/（清）陳作霖撰
·金陵賦：一卷/（清）程先甲撰
·金陵歷代建置表：一卷/（清）傅春官編

常州先哲遺書：二集七十四種/（清）盛宣懷輯

清光緒武進盛氏刻本

洋裝29冊（原線裝104冊）；27釐米

Sinica 6711

詳目：

第一集

經類

·詩傳旁通：十五卷/（元）梁益撰

清光緒二十三年［1897］刻本

·三續千字文註：一卷/（宋）葛剛正撰

清光緒二十三年［1897］刻本

史類

·崇禎朝記事：四卷/（明）李遜之撰

清光緒二十三年［1897］刻本

·陳定生先生遺書三種/（明）陳貞慧撰

清光緒二十一年［1895］刻本

  ○秋園雜佩：一卷
  ○山陽錄：一卷
  ○書事七則：一卷

·吳中水利書：一卷/（宋）單鍔撰

清光緒二十二年［1896］刻本

·遂初堂書目：一卷/（宋）尤袤撰

清光緒二十二年［1896］刻本

·江陰李氏得月樓書目摘錄：一卷/（明）李鶚翀撰

清光緒二十二年［1896］刻本

子類

·景仰撮書：一卷/（明）王達撰

清光緒二十三年［1897］刻本

·宜齋野乘：一卷/（宋）吳枋撰

清光緒二十三年［1897］刻本

·梁谿漫志：十卷/（宋）費袞撰

清光緒二十二年［1896］刻本

·萬柳溪邊舊話：一卷/（宋）尤玘撰

清光緒二十二年［1896］刻本

·陽羨茗壺系：一卷/（明）周高起撰

清光緒二十三年［1897］刻本

·洞山岕茶系:一卷/(明)周高起撰
清光緒二十三年[1897]刻本
·五行大義:五卷/(隋)蕭吉撰
清光緒二十三年[1897]刻本
·戒菴老人漫筆:八卷/(明)李詡輯
清光緒二十二年[1896]刻本

集類

·梁昭明太子文集:五卷補遺一卷/
　(南朝梁)蕭統撰
清光緒二十三年[1897]刻本
·尤本文選考異:一卷/(宋)尤袤撰
又名《文選注攷異》
清光緒二十二年[1896]刻本
·蕭茂挺集:一卷/(唐)蕭穎士撰
清光緒二十二年[1896]刻本
·文恭集:四十卷/(宋)胡宿撰
清光緒二十一年[1895]刻本
·春卿遺稿:一卷續編一卷補遺一卷/
　(宋)蔣堂撰
清光緒二十一年[1895]刻本
·公姪之翰之奇遺稿:一卷/(宋)蔣
　之翰,(宋)蔣之奇撰
清光緒二十一年[1895]刻本
·摛文堂集:十五卷附錄一卷/(宋)
　慕容彥逢撰
清光緒二十三年[1897]刻本
·毘陵集:十六卷補遺一卷附錄一卷/
　(宋)張守撰
清光緒二十一年[1895]刻本
·鴻慶居士文集:四十二卷/(宋)孫
　覿撰
清光緒二十一年[1895]刻本
·宋孫仲益內簡尺牘:十卷/(宋)孫
　覿撰;(宋)李祖堯編注;(清)

　蔡焯,(清)蔡龍孫增訂
清光緒二十二年[1896]刻本
·丹陽集:二十四卷/(宋)葛勝仲撰
清光緒二十二年[1896]刻本
·梁谿遺藁:二卷補遺一卷附錄一卷/
　(宋)尤袤撰
清光緒二十三年[1897]刻本
·侍郎葛公歸愚集:十卷補遺一卷/
　(宋)葛立方撰
清光緒二十二年[1896]刻本
·信齋詞:一卷/(宋)葛郯撰
清光緒二十三年[1897]刻本
·定齋集:二十卷/(宋)蔡戡撰
清光緒二十二年[1896]刻本
·牆東類稿:二十卷補遺一卷附校勘
　記一卷/(元)陸文圭撰;(清)金
　武祥撰校勘記
清光緒二十二年[1896]刻本
·清閟閣全集:十二卷/(元)倪瓚撰
清光緒二十一年[1895]刻本
·滄螺集:六卷補遺一卷附錄一卷/
　(明)孫作撰
清光緒二十二年[1896]刻本
·唐荊川先生文集:十八卷補遺一卷
　附錄一卷/(明)唐順之撰
清光緒二十一年[1895]刻本
·小辨齋偶存:八卷附錄一卷/(明)
　顧允成撰
清光緒二十二年[1896]刻本
·從野堂存稿:八卷補遺一卷附錄一
　卷/(明)繆昌期撰.附文貞公年
　譜:一卷/(清)繆之鎔輯
清光緒二十一年[1895]刻本
·落落齋遺集:十卷附錄一卷/(明)

李應昇撰
清光緒二十二年[1896]刻本
·金忠潔公文集:二卷/(明)金鉉撰
清光緒二十二年[1896]刻本
·堆山先生前集鈔:一卷/(明)薛寀撰
清光緒二十二年[1896]刻本
·韻語陽秋:二十卷/(宋)葛立方撰
清光緒二十二年[1896]刻本
·存餘堂詩話:一卷附錄一卷/(明)
　朱承爵撰
清光緒二十三年[1897]刻本
附
·留溪外傳:十八卷/(清)陳鼎撰
清光緒二十四年[1898]刻本
·邵青門全集:三十卷附邵氏家錄二
　卷/(清)邵長蘅撰
清光緒二十三年[1897]刻本
　。青門簏稾:十六卷
　。青門旅稾:六卷
　。青門賸稾:八卷
·學文堂文集:十六卷.學文堂詩集:
　五卷.學文堂詩餘:三卷/(清)陳
　玉璂撰
清光緒二十三年[1897]刻本
後編
補遺
·鴻慶居士集補遺:二十卷/(宋)孫
　覿撰
清光緒二十四年[1898]刻本
缺八卷(卷十一至十八)
·三朝野紀:三卷/(明)李遜之撰
經類
·像象管見:四卷序測一卷題辭一卷
　例畧一卷易傳五卷/(明)錢一本
　撰
·毛詩日箋:六卷/(清)秦松齡撰
史類
·皇明名臣琬琰錄:前集二十四卷后集
　二十二卷續錄八卷/(明)徐紘編
·恩恤諸公志略:一卷/(明)孫慎行撰
·天山自敘年譜:一卷/(明)鄭鄤撰
·荊溪外紀:二十五卷/(明)沈敕輯
·長安客話:八卷/(明)蔣一葵撰
·雜諍:一卷/(清)楊名宁撰
子類
·玄晏齋困思鈔:三卷/(明)孫慎行撰
·韻石齋筆談:二卷/(明)姜紹書撰
·午風堂叢談:八卷/(清)鄒炳泰撰
·飲淥軒隨筆:二卷/(清)伍宇澄撰
·炙硯瑣談:三卷/(清)湯大奎撰
·暨陽答問:四卷/(清)蔣彤撰
·教經堂談藪:六卷/(清)徐書受撰
集類
·龜巢稾:二十卷補遺一卷/(元)謝
　應芳撰
·方山先生文錄:二十二卷/(明)薛
　應旂撰
·張水南文集:十一卷/(明)張袞撰
·賜餘堂集:十四卷/(明)吳中行撰
·微泉閣文集:十六卷.微泉閣詩集:
　十四卷/(清)董文驥撰
·正誼堂詩集:十七卷.文友文選:三
　卷.蓉渡詞:三卷/(清)董以寧撰
·清芬樓遺稾:四卷/(清)任啟運撰
·宛鄰集:六卷/(清)張琦撰
附蓬室偶吟:一卷/(清)湯瑤卿撰
·止庵遺集:文一卷詩一卷詞一卷/
　(清)周濟撰

- 丹稜文鈔：四卷/（清）蔣彤撰
- 端虛勉一居文集：三卷/（清）張成孫撰
- 初月樓論書隨筆：一卷/（清）吳德旋撰
- 初月樓古文緒論：一卷/（清）吳德旋撰；（清）呂璜錄

武林掌故叢編：二十六集一百九十一種/（清）丁丙輯

清光緒錢塘丁氏嘉惠堂刻本
洋裝30冊（原線裝208冊）；24釐米
Sinica 5946
詳目：
第一集
- ［乾道］臨安志：十五卷（原缺卷四至十五）/（宋）周淙撰
- 都城紀勝：一卷/（宋）耐得翁撰
清光緒四年［1878］刻本
- 錢唐西湖百詠：一卷/（宋）郭祥正撰
清光緒六年［1880］刻本
- 錢塘先賢傳贊：一卷附錄一卷/（宋）袁韶撰
清光緒四年［1878］刻本
- 古杭雜記：一卷/（元）李有撰
- 新刻古杭雜記詩集：四卷/（元）□□撰
清光緒七年［1881］刻本
- 西湖韻事：一卷/（明）汪汝謙撰
清光緒五年［1879］刻本
- 不系園集：一卷/（明）汪汝謙撰
清光緒五年［1879］刻本
- 隨喜庵集：一卷/（明）汪汝謙撰
清光緒五年［1879］刻本

- 流香一覽：一卷/（清）釋明開撰
清光緒六年［1880］刻本
- 武林理安寺志：八卷/（清）釋實月撰
清光緒四年［1878］刻本
- 廣福廟志：一卷/（清）唐垣九撰
清光緒三年［1877］刻本
第二集
- 武林舊事：十卷附錄一卷/（宋）周密撰
清光緒三年［1877］刻本
- 重陽庵集：一卷附刻一卷附錄一卷/（明）梅志暹輯；（明）俞大彰重輯
清光緒三年［1877］刻本
- 西湖記述：一卷/（明）袁宏道撰
清光緒七年［1881］刻本
- 慧因寺志：十二卷附錄一卷/（明）李翥撰
清光緒七年［1881］刻本
- 杭郡庠得表忠觀碑記事：一卷/（清）余戀槑輯
清光緒七年［1881］刻本
- 西湖修禊詩：一卷/（清）鄂敏輯
清光緒五年［1879］刻本
- 唐棲志略藁：二卷/（清）何琪撰
清光緒七年［1881］刻本
- 吳山遺事詩：一卷/（清）朱彭撰
- 南屏百詠：一卷/（清）張炳輯
- 崔府君祠錄：一卷/（清）鄭烺撰
第三集
- 御覽孤山志：一卷/（清）王復禮撰
清光緒七年［1881］刻本
- 七述：一卷/（宋）晁補之撰
清光緒七年［1881］刻本
- 錢唐湖山勝概詩文：二卷/（明）夏

時撰
清光緒七年[1881]刻本
　。錢唐湖山勝槩記：一卷
　。湖山百詠：一卷
・西湖卧遊圖題跋：一卷/（明）李流芳撰
清光緒七年[1881]刻本
・西谿梵隱志：四卷/（清）吳本泰撰
清光緒七年[1881]刻本
・南宋古蹟攷：二卷/（清）朱彭撰
清光緒七年[1881]刻本
・雲棲紀事：一卷/（清）□□輯
・孝義無礙庵錄：一卷/（清）釋袾宏撰
・南湖倡和集：一卷/（清）章世豐輯
清光緒七年[1881]刻本
・崇福寺志：四卷續志一卷/（清）朱文藻撰；（清）章庭棫撰續
清光緒七年[1881]刻本
・湖墅雜詩：二卷/（清）魏標撰
清光緒七年[1881]刻本
第四集
・[淳祐]臨安志：殘六卷（存卷五至十）/（宋）施諤撰
清光緒七年[1881]刻本
・遊明聖湖日記：一卷/（明）浦祊撰
清光緒七年[1881]刻本
・客越志略：一卷/（明）王穉登撰
清光緒七年[1881]刻本
・清波小志：二卷/（清）徐逢吉撰.附
　清波小志補：一卷/（清）陳景鐘撰
清光緒七年[1881]刻本
・大昭慶律寺志：十卷/（清）釋篆玉撰
清光緒八年[1882]刻本
・定鄉雜箸：二卷/（清）胡敬撰

清光緒七年[1881]刻本
・金牛湖漁唱：一卷/（清）張雲璈撰
清光緒七年[1881]刻本
・西湖遊記：一卷/（清）查人渶撰
清光緒七年[1881]刻本
・銀瓶徵：一卷/（清）俞樾撰
清光緒七年[1881]刻本
・龍井顯應胡公墓錄：一卷/（清）丁午撰
第五集
・西湖百詠：二卷/（宋）董嗣杲撰；（明）陳贄和韻
清光緒七年[1881]刻本
・客杭日記：一卷/（元）郭畀撰
清光緒七年[1881]刻本
・西湖八社詩帖：一卷/（明）祝時泰等輯
清光緒七年[1881]刻本
・湖山叙遊：一卷/（明）劉暹撰
・養素園詩：四卷/（清）王德溥輯
清光緒七年[1881]刻本
・武林元妙觀志：四卷/（清）仰蘅撰
清光緒七年[1881]刻本
・西泠仙詠：三卷/（清）陳文述撰
清光緒七年[1881]刻本
・北隅掌錄：二卷/（清）黃士珣撰
清光緒七年[1881]刻本
・西湖雜詩：一卷/（清）蔣坦撰
清光緒七年[1881]刻本
・揚清祠志：一卷/（清）丁午撰
清光緒七年[1881]刻本
第六集
・武林西湖高僧事略：一卷續一卷/（宋）釋元敬,（宋）釋元復撰；

(明)釋袾宏撰續
清光緒七年[1881]刻本
・西湖竹枝集：一卷/(元)楊維楨輯
清光緒七年[1881]刻本
・西村十記：一卷附錄一卷/(明)史鑑撰
清光緒八年[1882]刻本
・西湖夢尋：五卷/(明)張岱撰
清光緒九年[1883]刻本
・韜光庵紀遊集：一卷/(清)釋山止撰
清光緒七年[1881]刻本
・鳳皇山聖果寺志：一卷/(清)釋超乾撰
清光緒七年[1881]刻本
・南漳子：二卷/(清)孫之騄撰
清光緒七年[1881]刻本
・東城雜記：二卷/(清)厲鶚撰
清光緒七年[1881]刻本
・湖船錄：一卷/(清)厲鶚撰
・湖船續錄：一卷/(清)丁午撰
清光緒七年[1881]刻本
第七集
・武林怡老會詩集：一卷/(明)張瀚輯
清光緒八年[1882]刻本
・西湖月觀紀：一卷/(明)陳仁錫撰
清光緒七年[1881]刻本
・鼇峯倡和詩：一卷/(明)范志敏輯
清光緒七年[1881]刻本
・橫山遊記：一卷/(明)馬元調撰
清光緒七年[1881]刻本
・孝慈庵集：一卷/(清)□□輯
清光緒七年[1881]刻本
・武林草：一卷附刻一卷/(清)趙士麟撰

清光緒八年[1882]刻本
・里居雜詩：一卷/(清)朱樟撰
清光緒七年[1881]刻本
・金鼓洞志：八卷/(清)朱文藻撰
清光緒五年[1879]刻本
・新門散記：一卷/(清)羅以智撰
清光緒七年[1881]刻本
・城北天后宮志：一卷/(清)丁午撰
清光緒七年[1881]刻本
第八集
・湖壖雜記：一卷/(清)陸次雲撰
清光緒七年[1881]刻本
・西湖百詠：一卷/(清)柴杰撰
清光緒七年[1881]刻本
・春草園小記：一卷/(清)趙昱撰
清光緒七年[1881]刻本
・武林新年雜詠：一卷/(清)舒紹言等撰
清光緒七年[1881]刻本
・復園紅板橋詩：一卷/(清)吳修輯
・東郊土物詩：一卷/(清)朱點輯
清光緒八年[1882]刻本
・江鄉節物詩：一卷/(清)吳存楷撰
清光緒八年[1882]刻本
・蘭因集：二卷/(清)陳文述輯
清光緒七年[1881]刻本
・定鄉小識：十六卷/(清)張道撰
清光緒八年[1882]刻本
・紫陽庵集：一卷/(清)丁午輯
清光緒八年[1882]刻本
第九集
・山遊唱和詩：一卷/(宋)釋契嵩輯
清光緒十三年[1887]刻本
・聖宋錢塘賦：一卷/(宋)葛澧撰

清光緒十年[1884]刻本
· 西湖雜記:一卷/(明)黎遂球撰
清光緒十一年[1885]刻本
· 南宋院畫錄:八卷/(清)厲鶚撰
清光緒十年[1884]刻本
· 西湖蘇文忠公祠從祀議:一卷/
　(清)吳騫撰
· 西湖紀遊:一卷/(清)張仁美撰
清光緒九年[1883]刻本
· 捍海塘志:一卷/(清)錢文瀚撰
· 翠微亭題名攷:一卷/(清)蔡名衡輯
清光緒十一年[1885]刻本
· 西泠閨詠:十六卷/(清)陳文述撰
清光緒十三年[1887]刻本
· 俞樓詩記:一卷/(清)俞樾撰
第十集
· 南宋館閣錄:十卷(原缺卷一)
　續錄十卷/(宋)陳騤撰;(宋)
　□□撰續錄
清光緒十二年[1886]刻本
· 宋中興學士院題名:一卷/(宋)何
　異撰
清光緒十二年[1886]刻本
· 月會約:一卷/(明)嚴武順撰
清光緒十二年[1886]刻本
· 讀書社約:一卷/(明)丁奇遇撰
清光緒十二年[1886]刻本
· 勝蓮社約:一卷/(明)虞淳熙撰
清光緒十二年[1886]刻本
· 西溪百詠:二卷/(明)釋大善撰
清光緒八年[1882]刻本
· 臨平記:四卷附錄一卷/(清)沈謙撰
清光緒十年[1884]刻本
· 小雲棲放生錄:一卷/(清)釋與楷輯

清光緒十二年[1886]刻本
· 西湖秋柳詞:一卷/(清)楊鳳苞輯;
　(清)楊知新注
· 臨平記補遺:四卷續一卷/(清)張
　大昌撰
清光緒十一年[1885]刻本
第十一集
· 武林靈隱寺誌:八卷/(清)孫治,
　(清)徐增撰
清光緒十四年[1888]刻本
· 增修雲林寺志:八卷/(清)厲鶚撰
清光緒十四年[1888]刻本
· 續修雲林寺誌:八卷/(清)沈鑅彪撰
清光緒十四年[1888]刻本
第十二集
· 錢塘遺事:十卷/(元)劉一清撰
清光緒十三年[1887]刻本
· 雪莊西湖漁唱:七卷/(清)許承祖撰
· 龍井見聞錄:十卷/(清)汪孟鋗撰
清光緒十年[1884]刻本
· 宋僧元淨外傳:二卷/(清)汪孟鋗撰
清光緒十年[1884]刻本
· 杭府仁錢三學灑埽職:一卷附錄一
　卷/(清)□□撰
清光緒十二年[1886]刻本
· 湖山懷古集:一卷/(清)陳時撰
· 武林第宅攷:一卷/(清)柯汝霖撰
清光緒十五年[1889]刻本
第十三集
· 敕建淨慈寺志:二十八卷首二卷末
　一卷/(清)釋際祥撰
清光緒十四年[1888]刻本
第十四集
· 夢粱錄:二十卷/(宋)吳自牧撰

清光緒十六年[1890]刻本
・神州古史攷：殘一卷/（清）倪璠撰
清光緒十五年[1889]刻本
・湖山雜詠：一卷附錄一卷/（清）王緯撰
清光緒二十年[1894]刻本
・西湖雜詠：一卷/（清）陳若蓮撰
・湖上青山集：一卷/（清）陳時撰
清光緒十五年[1889]刻本
第十五集
・四時幽賞錄：一卷/（明）高濂撰
清光緒二十年[1894]刻本
・浙鹺紀事：一卷附錄一卷/（明）葉永盛撰
・西湖小史：一卷/（清）李鼎撰
清光緒十七年[1891]刻本
・西泠懷古集：十卷/（清）陳文述撰
清光緒九年[1883]刻本
・龍興祥符戒壇寺志：十二卷/（清）張大昌撰
清光緒十九年[1893]刻本
第十六集
・[萬曆]錢塘縣志：不分卷/（明）聶心湯撰
清光緒十九年[1893]刻本
・武林遊記：一卷/（明）高攀龍撰
・流芳亭記：一卷/（清）□□撰
清光緒十九年[1893]刻本
・聖水寺志：六卷補遺一卷/（清）釋明倫撰；（清）釋實懿重纂
清光緒十八年[1892]刻本
・西湖詩：一卷/（清）汪志伊撰
清光緒十九年[1893]刻本
第十七集

・[嘉靖]仁和縣志：十四卷/（明）沈朝宣撰
清光緒十九年[1893]刻本
・西子湖拾翠餘談：三卷/（明）汪砢玉撰
清光緒十九年[1893]刻本
・杭志三詰三誤辨：一卷/（清）毛奇齡撰
清光緒十八年[1892]刻本
・西湖竹枝詞：一卷/（清）陳璨撰
清光緒十四年[1888]刻本
・東河櫂歌：一卷/（清）姚思勤撰
清光緒十八年[1892]刻本
第十八集
・西湖遊詠：一卷/（明）田汝成，（明）黃省曾撰
清光緒二十年[1894]刻本
・護國寺元人諸天畫像讚：一卷/（明）傅巖撰
清光緒二十一年[1895]刻本
・杭城治火議：一卷附錄一卷/（清）毛奇齡撰
清光緒十八年[1892]刻本
・湖樓集：一卷/（清）朱琰撰
清光緒二十一年[1895]刻本
・庚辛泣杭錄：十六卷/（清）丁丙輯
清光緒二十一年[1895]刻本
　。欽定勦平粵匪方略：二卷/（清）朱學勤等撰；（清）丁丙錄
　。昭忠祠志：一卷/（清）范承堃撰
　。崇義祠志：一卷/（清）陸楨撰
　。義烈墓錄：一卷/（清）孫樹禮撰
　。兩浙庚辛紀略：一卷/（清）陳學䋲撰

○庚申浙變記：一卷/（清）繆德葇撰
○轉徙餘生記：一卷/（清）許奉恩撰；（清）丁丙節錄
○杭城再陷紀實：一卷/（清）華學烈撰
○思痛記：一卷/（清）李圭撰；（清）丁丙節錄
○難中記/（清）張爾嘉撰
○殉烈記/（清）張光烈撰
以上兩種合一卷
○平浙紀略：一卷/（清）秦緗業，（清）陳鍾英撰；（清）丁丙節錄
○湘軍記：一卷/（清）王定安撰
○杭城紀難詩/（清）陸以湉撰
○蒿目錄/（清）許瑤光撰
以上兩種合一卷
○杭城辛酉紀事詩：一卷/（清）張蔭榘，（清）吳淦輯
○杭城紀難詩編：一卷/（清）王震元輯
第十九集
·吳越備史：四卷補遺一卷雜考一卷/（宋）范坰，（宋）林禹撰；（清）錢受徵撰雜考
清光緒二十一年［1895］刻本
·西湖冶興：二卷/（明）王瀛撰
清光緒二十一年［1895］刻本
·鑒公精舍納涼圖題詠：一卷/（清）朱文藻輯
清光緒二十一年［1895］刻本
·松吹讀書堂題詠：一卷.附小松吹讀書堂題詠：一卷/（清）杭域輯
清光緒二十一年［1895］刻本
·旌門錄：一卷/（清）桑調元輯

清光緒二十年［1894］刻本
·錢塘懷古詩：一卷附錄一卷/（清）王德璘撰
·褚堂閒史考證：一卷附錄一卷校勘記一卷/（清）趙一清撰
清光緒二十一年［1895］刻本
·寒山舊廬詩：一卷/（清）陸森輯
清光緒二十一年［1895］刻本
·橫橋吟館圖題詠：一卷/（清）許乃穀輯
清光緒二十一年［1895］刻本
·瓊英小錄：一卷附錄一卷/（清）俞樾撰
清光緒二十一年［1895］刻本
·廣陵曲江復對：一卷/（清）張大昌撰
清光緒二十一年［1895］刻本
·孫花翁墓徵：一卷/（清）張爾嘉撰
清光緒二十一年［1895］刻本
·直閣朱公祠墓錄：二卷附刻一卷/（清）朱文懋撰
清光緒二十一年［1895］刻本
·郭孝童墓記略：一卷/（清）丁立志撰
清光緒二十一年［1895］刻本
第二十集
·西湖遊覽志：二十四卷志餘二十六卷/（明）田汝成撰
清光緒二十二年［1896］刻本
第二十一集
·昭忠錄：五卷附錄一卷/（明）周璟撰
清光緒二十二年［1896］刻本
·艮山雜志：二卷附錄一卷/（清）翟灝撰
清光緒二十二年［1896］刻本
·西溪雜詠：一卷/（清）陳文述撰

清光緒二十三年[1897]刻本
· 西溪梅竹山莊圖題詠：一卷/(清)
　　章黼輯
清光緒二十三年[1897]刻本
· 臨安旬制紀：三卷附錄一卷/(清)
　　張道撰；(清)羅桀撰附錄
清光緒二十三年[1897]刻本
· 錢塘百詠：一卷/(清)楊象濟撰
清光緒二十一年[1895]刻本
· 靈隱書藏紀事：一卷/(清)潘衍桐輯
清光緒十八年[1892]刻本
· 金龍四大王祠墓錄：四卷首一卷末
　　一卷/(清)仲學輅撰
清光緒二十二年[1896]刻本
· 同仁祠錄：二卷/(清)孫炳奎撰
清光緒二十三年[1897]刻本
· 續東河櫂歌：一卷/(清)丁丙撰
清光緒二十一年[1895]刻本
第二十二集
· 建炎復辟記：一卷/(宋)□□撰
清光緒二十三年[1897]刻本
· 夜山圖題詠：一卷附刻一卷/(元)
　　吳福生輯
清光緒二十一年[1895]刻本
· 西泠遊記：一卷/(明)王紹傳撰
清光緒二十一年[1895]刻本
· 湖舫詩：一卷/(清)沈奕琛撰
清光緒二十一年[1895]刻本
· 迎鑾新曲：二卷/(清)吳城,(清)
　　厲鶚撰
清光緒二十一年[1895]刻本
· 西湖遺事詩：一卷/(清)朱彭撰
清光緒二十一年[1895]刻本
· 清波三志：三卷/(清)陳景鐘撰；

(清)莫栻續訂
清光緒二十一年[1895]刻本
· 金氏世德紀：二卷/(清)金應麟輯
清光緒二十二年[1896]刻本
· 照膽臺志略：一卷/(清)鄒在寅撰
清光緒二十二年[1896]刻本
· 陳忠肅公墓錄：一卷/(清)孫峻撰
清光緒二十一年[1895]刻本
第二十三集
· 西湖水利考：一卷/(清)吳農祥撰
清光緒二十四年[1898]刻本
· 皋亭倡和集：一卷/(清)阮亨輯
清光緒二十三年[1897]刻本
· 于公祠墓錄：十卷首一卷末一卷/
　　(清)丁丙撰
清光緒二十六年[1900]刻本
第二十四集
· [淳祐]臨安志輯逸：八卷/(宋)施
　　諤撰；(清)胡敬輯
清光緒二十六年[1900]刻本
· 樊公詞錄：二卷/(清)孫樹禮撰
清光緒二十五年[1899]刻本
· 武林藏書錄：三卷首一卷末一卷/
　　(清)丁申撰
清光緒二十六年[1900]刻本
· 風木盦圖題詠：一卷/(清)丁丙輯
清光緒二十六年[1900]刻本
· 武林雜事詩：一卷/丁立誠撰
清光緒二十六年[1900]刻本
第二十五集
· 杭州上天竺講寺志：十五卷/(明)
　　釋廣賓撰
清光緒二十三年[1897]刻本
· 西溪聯吟：一卷/(清)吳祖枚,

（清）陳如松撰

清光緒二十四年[1898]刻本

・南宋宮閨雜詠：一卷/（清）趙棻撰

清光緒二十三年[1897]刻本

・秦亭山民移居倡和詩：一卷/（清）周三燮輯

清光緒二十四年[1898]刻本

・東城記餘：二卷/（清）楊文杰撰

清光緒二十六年[1900]刻本

・三塘漁唱：三卷/（清）丁丙撰

第二十六集

・文瀾閣志：二卷首一卷附錄一卷/（清）孫樹禮，（清）孫峻撰

清光緒二十四年[1898]刻本

・北隅綴錄：二卷續錄二卷/（清）丁丙撰

清光緒二十五年[1899]刻本

・北郭詩帳：二卷/（清）丁丙撰

武林往哲遺箸：五十六種續編十種/（清）丁丙輯

清光緒錢塘丁氏嘉惠堂刻本

洋裝15冊（原線裝96冊）；24釐米

Sinica 5949

詳目：

・褚亮集：一卷/（唐）褚亮撰
・褚遂良集：一卷/（唐）褚遂良撰
・鄭巢詩集：一卷/（唐）鄭巢撰

清光緒二十三年[1897]刻本

・錢塘韋先生文集：十八卷（原缺卷一、二）附錄一卷/（宋）韋驤撰

清光緒二十二年[1896]刻本

・準齋雜說：二卷附錄一卷/（宋）吳如愚撰

清光緒二十一年[1895]刻本

・棊訣：一卷附錄一卷/（宋）劉仲甫撰

清光緒二十三年[1897]刻本

・新註朱淑真斷腸詩集：十卷後集七卷補遺一卷/（宋）朱淑真撰；（宋）鄭元佐注

清光緒二十三年[1897]刻本

・芝田小詩：一卷/（宋）張煒撰

清光緒二十二年[1896]刻本

・漁溪詩稿：二卷乙稿一卷補遺一卷/（宋）俞桂撰

清光緒二十二年[1896]刻本

・橘潭詩稿：一卷/（宋）何應龍撰

清光緒二十二年[1896]刻本

・芸居乙稿：一卷補遺一卷附錄一卷/（宋）陳起撰

清光緒二十一年[1895]刻本

・雲泉詩稿：一卷補遺一卷/（宋）釋永頤撰

清光緒二十二年[1896]刻本

・書小史：十卷/（宋）陳思撰

清光緒二十二年[1896]刻本

・海棠譜：三卷/（宋）陳思撰
・湖山類稾：五卷附錄一卷/（宋）汪元量撰

清光緒二十三年[1897]刻本

・水雲集：一卷附錄三卷/（宋）汪元量撰

清光緒二十三年[1897]刻本

・對床夜語：五卷/（宋）范晞文撰

清光緒二十二年[1896]刻本

・伯牙琴：一卷補遺一卷/（宋）鄧牧撰

清光緒二十一年[1895]刻本

・白雲集：三卷附錄一卷/（元）釋英撰

清光緒二十二年[1896]刻本
·山村遺集：一卷附錄一卷/(元)仇
　遠撰
清光緒二十一年[1895]刻本
·稗史：一卷/(元)仇遠撰
·湛淵靜語：二卷/(元)白珽撰
清光緒二十一年[1895]刻本
·湛淵遺藁：三卷補一卷附錄一卷/
　(元)白珽撰
清光緒二十一年[1895]刻本
·忍經：一卷/(元)吳亮輯
·疇齋二譜：二卷外錄一卷/(元)張
　仲壽撰
清光緒二十三年[1897]刻本
　　○墨譜：一卷
　　○琴譜：一卷
·學古編：一卷/(元)吾丘衍撰
清光緒二十二年[1896]刻本
·閒居錄：一卷/(元)吾丘衍撰
清光緒二十二年[1896]刻本
·竹素山房集：三卷補遺一卷附錄一
　卷/(元)吾丘衍撰
清光緒二十一年[1895]刻本
·貞居先生詩集：七卷補遺二卷附錄
　二卷/(元)張雨撰
清光緒二十三年[1897]刻本
·江月松風集：十二卷補遺一卷文錄
　一卷附錄一卷/(元)錢惟善撰
清光緒十五年[1889]刻本
·山居新語：一卷/(元)楊瑀撰
清光緒二十三年[1897]刻本
·柘軒集：四卷附錄一卷/(明)凌雲
　翰撰
清光緒二十二年[1896]刻本

·李草閣詩集：六卷拾遺一卷文集一
　卷/(明)李曄撰
清光緒二十三年[1897]刻本
·筠谷詩集：一卷/(明)李轅撰
·松雨軒集：八卷補遺一卷附錄三卷/
　(明)平顯撰
清光緒二十年[1894]刻本
·詠物詩：一卷/(明)瞿佑撰
清光緒二十二年[1896]刻本
·周真人集：一卷補遺一卷/(明)周
　思得撰
清光緒二十三年[1897]刻本
·節菴集：八卷續藁一卷/(明)高得
　暘撰
清光緒二十年[1894]刻本
·集古梅花詩：二卷附錄二卷/(明)
　沈行撰
清光緒二十三年[1897]刻本
·松窗夢語：八卷/(明)張瀚撰
清光緒二十二年[1896]刻本
·奚囊蠹餘：二十卷補遺一卷附錄二
　卷/(明)張瀚撰；(清)張景雲輯
　附錄
清光緒二十一年[1895]刻本
·孫夫人集：一卷/(明)楊文儷撰
清光緒二十三年[1897]刻本
·田叔禾小集：十二卷/(明)田汝成撰
清光緒二十三年[1897]刻本
·碧筠館詩稿：四卷補遺一卷附錄二
　卷/(明)凌立撰
清光緒二十二年[1896]刻本
·宣爱子詩集：二卷附錄一卷/(明)
　江暉撰
清光緒二十二年[1896]刻本

・弘藝錄：三十二卷/（明）邵經邦撰
清光緒二十年[1894]刻本
・西軒效唐集錄：十二卷補遺一卷/
　（明）丁養浩撰
清光緒二十一年[1895]刻本
・無類生詩選：一卷/（明）郎兆玉撰
清光緒二十一年[1895]刻本
・龍珠山房詩集：二卷補遺一卷附錄
　一卷/（明）李奎撰
清光緒二十二年[1896]刻本
・湖上篇：一卷/（明）李奎撰
清光緒二十二年[1896]刻本
・卓光祿集：三卷/（明）卓明卿撰
清光緒二十三年[1897]刻本
・王節愍公遺集：二卷附錄一卷/
　（明）王道焜撰
清光緒二十二年[1896]刻本
・臥月軒稿：三卷附錄一卷/（清）顧
　若璞撰
清光緒二十三年[1897]刻本
・始豐藁：十四卷補遺一卷附錄一卷
　續附錄一卷/（明）徐一夔撰
清光緒二十年[1894]刻本
・東軒集選：一卷補遺三卷附錄一卷
　/（明）聶大年撰
清光緒二十三年[1897]刻本
後編
・韓忠獻公遺事：一卷補遺一卷/
　（宋）強至撰
・汴都賦：一卷附錄一卷/（宋）周邦
　彥撰；（明）汪汝謙，（明）陳繼
　儒輯附錄
清光緒二十六年[1900]刻本
・參寥集：十二卷附錄二卷/（宋）釋

　道潛撰
清光緒二十五年[1899]刻本
・石門文字禪：三十卷/（宋）釋惠洪撰
清光緒二十五年[1899]刻本
・太上感應靈篇圖説：一卷附錄一卷
　/（元）陳堅撰
・牧潛集：七卷/（元）釋圓至撰
清光緒二十五年[1899]刻本
・少保于公奏議：十卷/（明）于謙撰
・于肅愍公集：八卷拾遺一卷附錄一
　卷/（明）于謙撰
・倪文僖公集：三十二卷補遺一卷/
　（明）倪謙撰
清光緒二十六年[1900]刻本
・青谿漫稿：二十四卷附錄一卷/
　（明）倪岳撰
清光緒二十六年[1900]刻本

海昌叢載：三十二種/（清）羊復禮輯
清光緒海昌羊氏傳卷樓粵東刻本
存六種
洋裝1冊（原線裝5冊）；27釐米
Sinica 6709
詳目：
・容菴遺文鈔：一卷存稿鈔一卷/
　（明）許令瑜撰
清光緒十三年[1887]刻本
・止谿文鈔：一卷.止谿詩集鈔一卷/
　（清）朱嘉徵撰
清光緒十三年[1887]刻本
・乾初先生文鈔：二卷遺詩鈔一卷/
　（清）陳確撰
清光緒十三年[1887]刻本
・補庵遺稿：一卷詩鈔一卷/（清）陳

枚撰

清光緒十三年[1887]刻本

·簡莊文鈔：六卷續編二卷.河莊詩鈔：一卷/(清)陳鱣撰

清光緒十四年[1888]刻本

·新坂土風：一卷/(清)陳鱣撰

清光緒十八年[1892]刻本

檇李遺書：二十七種/(清)孫福清輯

清光緒四年[1878]秀水孫氏望雲仙館刻本

存二十種

洋裝6冊(原線裝24冊)；20釐米

Sinica 6633

詳目：

·鴛央湖櫂歌：二卷/(清)朱彝尊，(清)譚吉璁撰

·拙宜園詞：二卷/(清)黃憲清撰

·賴業齋續鴛鴦湖櫂歌：一卷/(清)朱麟應撰

·敝帚齋餘談：一卷/(明)沈德符撰

·匏廬詩話：三卷/(清)沈濤撰

·幾亭外書：二卷/(明)陳龍正撰

·三魚堂賸言：十二卷/(清)陸隴其撰

·聖雨齋詩集：三卷/(明)周拱辰撰

·紫桃軒雜綴：三卷又綴三卷/(明)李日華撰

·曝書亭集外詩：五卷詞一卷文二卷/(清)朱彝尊撰

·巽隱先生文集：一卷/(明)程本立撰

·延露詞：三卷/(清)彭孫遹撰

·柚堂續筆談：三卷/(清)盛百二撰

·薇雲室詩稿：一卷/(清)周之鎣撰

·秋錦山房詞：一卷/(清)李良年撰

·復小齋賦話：二卷/(清)浦銑撰

·柘西精舍詞：一卷/(清)沈皡日撰

·耒邊詞：二卷/(清)李符撰

·黑蝶齋詞：一卷/(清)沈岸登撰

·藏密齋書牘：一卷/(明)魏大中撰

湖州叢書：十二種/(清)陸心源輯

清光緒湖城義塾刻本

存八種

洋裝4冊(原線裝16冊)；25釐米

Sinica 6664

詳目：

·周官故書攷：四卷/(清)徐養原撰

·論語魯讀攷：一卷/(清)徐養原撰

·儀禮古今文異同：五卷/(清)徐養原撰

·爾雅匡名：二十卷/(清)嚴元照撰

清光緒十一年[1885]陸氏刻本

·娛親雅言：六卷/(清)嚴元照撰

清光緒十年[1884]陸氏刻本

·悔菴學文：八卷補遺一卷/(清)嚴元照撰

·秋室集：十卷/(清)楊鳳苞撰

·柯家山館遺詩：六卷詞三卷/(清)嚴元照撰

紹興先正遺書：十五種/(清)徐友蘭輯

清光緒會稽徐氏鑄學齋刻本

洋裝10冊(原線裝48冊)；28釐米

有"宜興任氏天春園所有圖書"印記

Sinica 6712

詳目：

第一集

·重訂周易二閭記：三卷/(清)茹敦

和撰；(清)李慈銘重訂
清光緒十三年[1887]刻本
· 重訂周易小義：二卷/(清)茹敦和撰；(清)李慈銘重訂
清光緒十四年[1888]刻本
· 元史本證：五十卷/(清)汪輝祖撰；(清)汪繼培補
清光緒十五年[1889]刻本
· 南江札記：四卷/(清)邵晉涵撰
清光緒十五年[1889]刻本

第二集
· 羣書拾補初編：三十七卷/(清)盧文弨撰
清光緒十五年[1889]刻本
　。五經正義表：一卷
　。周易注疏校正：一卷
　。周易略例校正：一卷
　。尚書注疏校正：一卷
　。春秋左傳注疏校正：一卷
　。禮記注疏校補：一卷
　。儀禮注疏校正：一卷
　。呂氏讀詩記補闕：一卷
　。史記惠景閒侯者年表校補：一卷
　。續漢書志注補校正：一卷
　。晉書校正：一卷
　。魏書校補：一卷
　。宋史孝宗紀補脫：一卷
　。金史補脫：一卷
　。資治通鑑序補逸：一卷
　。文獻通考經籍校補：一卷
　。史通校正：一卷
　。新唐書糾謬校補：一卷
　。山海經圖讚補逸：一卷
　。水經序補逸：一卷
　。鹽鐵論校補：一卷
　。新序校補：一卷
　。說苑校補：一卷
　。申鑒校正：一卷
　。列子張湛注校正：一卷
　。韓非子校正：一卷
　。晏子春秋校正：一卷
　。風俗通義校正逸文：一卷
　。新論校正：一卷
　。潛虛校正：一卷
　。春渚紀聞補闕：一卷
　。嘯堂集古錄校補：一卷
　。鮑照集校補：一卷
　。韋蘇州集校正拾遺：一卷
　。元微之文集校補：一卷
　。白氏文集校正：一卷
　。林和靖集校正：一卷
· 羣書拾補識語：一卷/(清)徐友蘭撰
· 羣書拾補補遺：三卷/(清)盧文弨撰
清光緒十八年[1892]刻本
　。明史藝文志：二卷/(清)倪燦撰；(清)盧文弨錄
　。宋史藝文志補：一卷
　。補遼金元藝文志：一卷
· 揚雄太玄經校正：一卷

第三集
· 重論文齋筆錄：十二卷/(清)王端履撰
清光緒十五年[1889]刻本
· 蠻司合誌：十五卷/(清)毛奇齡撰
清光緒十六年[1890]刻本
· 澹生堂藏書目：十四卷/(明)祁承㸁撰
清光緒十八年[1892]刻本

·四庫全書提要分纂稿：一卷/（清）
　　邵晉涵撰
清光緒十六年[1890]刻本
第四集
·思復堂文集：十卷附錄一卷/（清）
　　邵廷采撰
清光緒十九年[1893]刻本
·漢孳室文鈔：四卷補遺一卷/（清）
　　陶方琦撰
清光緒十八年[1892]刻本
·行朝錄：十一卷/（清）黃宗羲撰
清光緒十九年[1893]刻本
·江右紀變：一卷/（清）陸世儀撰
清光緒十九年[1893]刻本

台州叢書：九種/（清）宋世犖輯
清嘉慶道光間臨海宋氏刻本
缺二種（道南書院錄五卷、台學源流
七卷）
洋裝4冊（原線裝18冊）；25釐米
Sinica 6651
詳目：
甲集
·石屏詩集：十卷/（宋）戴復古撰
清嘉慶二十二年[1817]刻本
·廣志繹：五卷/（明）王士性撰
清嘉慶二十二年[1817]刻本
·見聞隨筆：二卷/（清）馮甦撰
清嘉慶二十一年[1816]刻本
·文則：二卷附校語一卷/（宋）陳騤
　　撰；（清）宋世犖撰校語
清嘉慶二十二年[1817]刻本
乙集
·赤城集：十八卷/（宋）林表民撰

清嘉慶二十三年[1818]刻本
·滇考：二卷/（清）馮甦撰
清道光元年[1821]刻本
·赤城志：四十卷/（宋）陳耆卿撰
清嘉慶二十三年[1818]刻本

永嘉叢書：十二種/（清）孫衣言輯
清咸豐光緒間瑞安孫氏詒善祠塾刻
光緒二年至八年[1876—1882]武昌書局
彙印本
洋裝16冊（原線裝70冊）；25釐米
Sinica 5945
詳目：
·水心先生文集：二十九卷補遺一卷/
　　（宋）葉適撰
清光緒八年[1882]刻本
·水心先生別集：十六卷/（宋）葉適撰
·止齋先生文集：五十二卷附錄一卷/
　　（宋）陳傅良撰
清光緒四年[1878]刻本
·艮齋先生薛常州浪語集：三十五卷/
　　（宋）薛季宣撰
清光緒二年[1876]刻本
·橫塘集：二十卷/（宋）許景衡撰
清光緒元年[1875]刻本
·禮記集解：六十一卷/（清）孫希旦撰
清咸豐十年[1860]刻本
·集韻考正：十卷/（清）方成珪撰
·劉左史文集：四卷/（宋）劉安節撰
清同治十二年[1873]刻本
·劉給諫文集：五卷/（宋）劉安上撰
清同治十二年[1873]刻本
·蒙川先生遺稿：四卷補遺一卷/（宋）
　　劉黻撰

- 竹軒雜著: 六卷/(宋)林季仲撰
- 開禧德安守城錄: 一卷/(宋)王致遠撰

清同治十一年[1872]刻本

湖北叢書: 三十種/(清)趙尚輔輯

清光緒十七年[1891]三餘艸堂刻本
洋裝17冊(原線裝100冊); 25釐米
Sinica 6663
詳目:
- 御定易經通注: 四卷/(清)曹本榮等奉敕撰
- 易領: 四卷/(明)郝敬撰
- 周易集解簒疏: 十卷/(清)李道平撰
- 易筮遺占: 一卷/(清)李道平撰
- 易象通義: 六卷/(清)秦篤輝撰
- 尚書辨解: 十卷/(明)郝敬撰
- 毛詩原解: 三十六卷/(明)郝敬撰
- 詩傳名物集覽: 十二卷/(清)陳大章撰
- 春秋非左: 二卷/(明)郝敬撰
- 春秋楚地答問: 一卷/(清)易本烺撰
- 論語類考: 二十卷/(明)陳士元撰
- 四書逸箋: 六卷/(清)程大中撰
- 孟子雜記: 四卷/(明)陳士元撰
- 孟子要略: 五卷坿錄一卷/(宋)朱熹撰;(清)劉傳瑩編;(清)曾國藩按
- 孔子家語疏證: 十卷/(清)陳士珂撰
- 伸顧: 一卷附劄記一卷/(清)易本烺撰;(清)王家鳳撰劄記
- 史懷: 二十卷/(明)鍾惺撰
- 讀史賸言: 四卷/(清)秦篤輝撰
- 學統: 五十三卷/(清)熊賜履撰
- 江漢叢談: 二卷/(明)陳士元撰
- 雲杜故事: 一卷/(清)易本烺撰
- 導江三議: 一卷/(清)王柏心撰
- 姓觿: 十卷附錄一卷劄記一卷栞誤一卷/(明)陳士元撰;(清)丁兆松撰劄記;(清)易本烺撰栞誤
- 名疑集: 四卷/(明)陳士元撰
- 繹志: 十九卷劄記一卷/(清)胡承諾撰;(清)周以存撰劄記
- 讀書說: 四卷/(清)胡承諾撰.附胡承諾年譜: 一卷/(清)□□撰
- 蠕範: 八卷劄記八卷/(清)李元撰;(清)王家鳳撰劄記
- 平書: 八卷/(清)秦篤輝撰
- 樞言: 一卷續一卷/(清)王柏心撰
- 楚辭: 十七卷/(漢)王逸章句

家集之屬

二程全書: 六種/(宋)程顥,(宋)程頤撰;(宋)朱熹輯

清康熙二十五年[1686]程湛重刻本
存三種
線裝12冊; 像; 27釐米
有"闕疑殆齋""闕疑殆齋藏書"印記
Sinica 3066
詳目:
- 程氏遺書: 二十五卷
- 程氏外書: 十二卷
- 程氏文集: 明道文集四卷附錄一卷伊川文集七卷附錄一卷續附錄一卷

河南二程全書: 六種/(宋)程顥, (宋)程頤撰; (宋)朱熹輯
　　清同治五年[1866]跋程德尊、程德寶重刻本(河南嵩邑兩程故里影堂藏板)
　　洋裝5冊(原線裝20冊): 像; 22釐米
　　Sinica 6593
　　詳目:
　　・河南程氏遺書: 二十八卷附錄一卷
　　・河南程氏外書: 十二卷
　　・程氏文集: 明道文集五卷伊川文集八卷附錄二卷
　　・伊川易傳: 四卷/(宋)程頤撰
　　・伊川經説: 八卷/(宋)程頤撰
　　・二程粹言: 二卷/(宋)楊時訂定; (宋)張栻編次

河南二程全書: 六種/(宋)程顥, (宋)程頤撰; (宋)朱熹輯
　　清光緒三十四年[1908]澹雅局重刻本
　　洋裝3冊(原線裝16冊); 25釐米
　　Sinica 3185
　　詳目:
　　・河南程氏遺書: 二十八卷附錄一卷
　　・河南程氏外書: 十二卷
　　・程氏文集: 明道文集五卷伊川文集八卷附錄二卷
　　・伊川易傳: 四卷/(宋)程頤撰
　　・伊川經説: 八卷/(宋)程頤撰
　　・二程粹言: 二卷/(宋)楊時訂定; (宋)張栻編次

玉山朱氏遺書: 二種/(清)諸可寶編
　　清光緒二十六年[1900]玉山書院刻民國後印本
　　線裝2冊; 28釐米
　　Sinica 2670
　　詳目:
　　・觀復堂稿略: 一卷/(明)朱集璜撰
　　民國十六年[1927]重修本
　　・無欺錄: 二卷/(清)朱用純撰

如皋冒氏叢書: 三十四種附二種/(清)冒廣生輯
　　清光緒民國間如皋冒氏刻本
　　存二十四種
　　洋裝5冊(原線裝20冊); 26釐米
　　Sinica 6689
　　詳目:
　　・香儷園偶存: 一卷/(清)冒襄撰
　　・寒碧孤吟: 一卷/(清)冒襄撰
　　・集美人名詩: 一卷/(清)冒襄撰
　　・泛雪小草: 一卷/(清)冒襄撰
　　・蘭言: 一卷/(清)冒襄撰
　　・芥茶彙鈔: 一卷/(清)冒襄撰
　　清光緒二十五年[1899]刻本
　　・宣爐歌注: 一卷/(清)冒襄撰
　　・冒巢民先生年譜: 一卷/冒廣生編
　　・巢民詩集: 六卷.巢民文集: 七卷/(清)冒襄撰
　　清宣統三年[1911]刻本
　　・影梅菴憶語: 一卷附一卷/(清)冒襄撰
　　・樸巢詩選: 一卷.樸巢文選: 四卷/(清)冒襄撰
　　・枕煙堂詩茸: 一卷補一卷/(清)冒丹書撰
　　・葚原詩説: 四卷/(清)冒春榮撰

- 前後元夕讌集詩：二卷/（清）冒箕編
- 枕干錄：一卷附一卷/（清）冒沅編
- 如皋冒氏詩略：十四卷.如皋冒氏詞略：一卷/冒廣生編
- 小三吾亭文甲集：一卷.小三吾亭詩：四卷.小三吾亭詞：二卷附一卷/冒廣生撰
- 冠柳詞：一卷/（宋）王觀撰；冒廣生編
- 婦人集注：一卷/（清）陳維崧撰；（清）冒褒注
- 婦人集補：一卷/（清）冒丹書撰
- 鑄錯軒詩茸：一卷/（清）冒褒撰；冒廣生編
- 寒碧堂詩茸：一卷/（清）冒嘉穗撰
- 五周先生集/冒廣生編
  ◦ 蟄室詩錄：一卷/（清）周沐潤撰
  ◦ 訒庵遺稿：一卷/（清）周悦修撰
  ◦ 傳忠堂學古文：一卷/（清）周星譽撰
  ◦ 鷗堂賸稿：一卷/（清）周星譽撰
  ◦ 東鷗草堂詞：二卷/（清）周星譽撰
  ◦ 窳櫎詩質：一卷/（清）周星詒撰
- 外家紀聞：一卷/冒廣生撰

高郵王氏箸書：五種/（清）王念孫,（清）王引之撰

清道光刻本
線裝60冊；25釐米
Backhouse 178
詳目：
- 讀書雜志/（清）王念孫撰
  ◦ 逸周書雜志：四卷
  ◦ 戰國策雜志：三卷
  ◦ 史記雜志：六卷
  ◦ 漢書雜志：十六卷
  ◦ 管子雜志：十二卷
  ◦ 晏子春秋雜志：二卷
  ◦ 墨子雜志：六卷
  ◦ 荀子雜志：八卷補遺一卷
  ◦ 淮南內篇雜志：二十二卷
  ◦ 漢隸拾遺：一卷
- 讀書雜志餘編：二卷/（清）王念孫撰
  ◦ 後漢書雜志
  ◦ 老子雜志
  ◦ 莊子雜志
  ◦ 呂氏春秋雜志
  ◦ 韓子雜志
  ◦ 法言雜志
  以上合一卷
  ◦ 楚辭雜志
  ◦ 文選雜志
  以上合一卷
- 經傳釋詞：十卷/（清）王引之撰
- 經義述聞：三十二卷/（清）王引之撰
- 字典考證：十二卷/（清）王引之撰

又一部

洋裝11冊（原線裝60冊）
有"龍山藝廬藏書之章""北京經濟專門學校藏書之印""北京同學會寄贈圖書""［北京］經濟［專門］學校［藏書］之印"印記
Sinica 6674

左海全集：十種/（清）陳壽祺撰

清嘉慶道光間刻陳紹墉補刻本
洋裝6冊（原線裝32冊）；26釐米

Sinica 6688/1-6
詳目：
·左海文集：十卷
·絳跗草堂詩集：六卷
·左海文集乙編駢體文：二卷
·五經異義疏證：三卷
清嘉慶十八年[1813]刻本
·左海經辨：二卷
清道光三年[1823]刻本
·尚書大傳：五卷附序錄一卷辨譌一卷/（漢）伏勝撰；（漢）鄭玄注；（清）陳壽祺輯校並撰序錄、辨譌
·洪範五行傳：三卷/（漢）劉向撰；（清）陳壽祺輯
·東越儒林後傳：一卷
·東越文苑後傳：一卷
·東觀存槀：一卷

左海續集：八種/（清）陳壽祺撰
清道光同治間刻本
洋裝12冊（原線裝48冊）；26釐米
Sinica 6688/7-18
詳目：
·三家詩遺說攷
　○魯詩遺說攷：六卷敘錄一卷/（清）陳喬樅撰敘錄
　○齊詩遺說攷：四卷敘錄一卷/（清）陳喬樅撰敘錄
　○韓詩遺說攷：五卷敘錄一卷附錄一卷補遺一卷/（清）陳喬樅撰敘錄
·詩經四家異文攷：五卷/（清）陳喬樅撰

·今文尚書經說攷：三十二卷首一卷敘錄一卷/（清）陳喬樅撰
·禮記鄭讀攷：六卷/（清）陳喬樅述
·毛詩鄭箋改字說：四卷/（清）陳喬樅撰
·齊詩翼氏學疏證：二卷敘錄一卷/（清）陳喬樅撰
·詩緯集證：四卷敘錄一卷/（清）陳喬樅撰
清道光二十六年[1846]小琅嬛館刻本
·禮堂經說：二卷/（清）陳喬樅撰

富陽夏氏叢刻：七種/（清）夏震武，（清）夏鼎武撰
清光緒刻本
洋裝1冊（原線裝5冊）；26釐米
Sinica 6684
詳目：
·悔言：六卷/（清）夏震武撰
·悔言辨正：六卷首一卷附記一卷/（清）夏震武撰；（清）夏鼎武撰附記
·寤言質疑：一卷/（清）夏震武撰
·衰說考誤：一卷/（清）夏震武撰
·讀禮私記：一卷/（清）夏鼎武撰
·詩序辨：一卷/（清）夏鼎武撰
·庭聞憶畧：二卷.附竹坡先生遺文：一卷/（清）竇廷撰；（清）夏鼎武輯

自著之屬

**張子全書：九種/（宋）張載撰；（宋）朱

熹注
　　清乾隆四十九年[1784]臨潼宋氏刻光緒九年[1883]補刻本（橫渠書院藏板）
　　線裝8冊；25釐米
　　Sinica 3036
　　詳目：
　　・西銘/（宋）朱熹注
　　・東銘/（宋）朱熹注
　　以上合一卷
　　・正蒙：二卷
　　・經學理窟：五卷
　　・易説：三卷
　　・語録鈔：一卷
　　・文集鈔：一卷
　　・性理拾遺：一卷
　　・餘録：一卷

石林遺書：十三種/（宋）葉夢得撰
　　清光緒宣統間長沙葉德輝觀古堂刻本
　　缺一種（石林遺事三卷附録一卷）
　　洋裝2冊（原線裝14冊）；26釐米
　　Sinica 6680
　　詳目：
　　・避暑録話：二卷
　　清宣統元年[1909]刻本
　　・老子解：二卷
　　清宣統元年[1909]刻本
　　・石林居士建康集：八卷
　　清宣統三年[1911]刻本
　　・石林詩話：三卷拾遺一卷拾遺補一卷附録一卷附録補遺一卷/（清）葉廷琯輯拾遺、附録；葉德輝輯拾遺補、附録補遺

　　清光緒三十四年[1908]刻本
　　・石林詞：一卷
　　清宣統三年[1911]刻本
　　・玉澗襍書：一卷
　　清宣統元年[1909]刻本
　　・巖下放言：三卷
　　清光緒三十年[1904]刻本
　　・石林家訓：一卷
　　清宣統三年[1911]刻本
　　・石林治生家訓要略：一卷
　　清宣統三年[1911]刻本
　　・禮記解：四卷
　　清宣統元年[1909]刻本
　　・石林燕語：十卷附校一卷/（宋）葉夢得撰；（宋）宇文紹奕考異；葉德輝撰校
　　清光緒三十四年[1908]刻本
　　・石林燕語辨：十卷/（宋）汪應辰撰
　　清光緒三十四年[1908]刻本

薛文清公全書：十一種/（明）薛瑄撰
　　明崇禎至清道光間河律薛氏刻遞修1984年北京中國書店重印本
　　線裝24冊：像；29釐米
　　Sinica 2719
　　詳目：
　　・文清公薛先生文集：二十四卷/（明）張鼎編
　　清雍正十二年[1734]稷山重刻本
　　・讀書録：十一卷續録十二卷
　　清乾隆十一年[1746]重刻本
　　・蓼蟲吟：一卷續集一卷/（明）薛昌胤撰
　　清乾隆九年[1744]刻本

・名家制義：不分卷
清乾隆三十年[1765]刻本
・薛刑部詩集：不分卷/(明)薛瑄撰
清乾隆二十九年[1764]重刻本
・薛文清公手稿：不分卷
明崇禎十六年[1643]重刻本
・薛文清公年譜：一卷/(明)楊鶴撰
清康熙五十二年[1713]刻本
・薛氏族譜：不分卷/(清)薛琳等撰
清道光七年[1827]序刻本
・皇明文清公薛先生行事錄：五卷/
　(明)喻時等撰
清康熙五十三年[1714]刻本
・薛文清公策問：不分卷
十一代孫薛天章、薛天顏重刻本
・薛文清公從政名言：一卷.薛文清公
　理學粹言：一卷
明崇禎十六年[1643]刻本

顧端文公遺書：十五種附一種/(明)顧憲成撰
清光緒三年[1877]涇里宗祠刻本
洋裝5冊(原線裝18冊)：像；25釐米
Sinica 6690
詳目：
・小心齋劄記：十八卷
・東林會約：一卷
・東林商語：二卷
・虞山商語：三卷
・仁文商語：一卷
・南嶽商語：一卷
・經正堂商語：一卷
・志矩堂商語：一卷
・當下繹：一卷
・證性編：八卷(原缺徵信或問二卷)
・還經錄：一卷
・自反錄：一卷
・涇皋藏稿：二十二卷
・顧端文公年譜：二卷譜前一卷譜後
　一卷/(清)顧與沐撰；(清)顧樞
　輯；(清)顧貞觀補；(清)鍾英，
　(清)鍾瑄等錄
・小辨齋偶存：八卷/(明)顧允成撰
清光緒十二年[1886]刻本
附
・涇皋家塾三書：三卷
　○童蒙須知：一卷/(宋)朱熹撰
　○居家雜儀：一卷/(宋)司馬光撰
　○鄉約：一卷/(宋)呂大鈞撰；
　　(宋)朱熹注

八函：八種/(明)陳仁錫編
明末長洲陳氏寫刻本
線裝32冊；25釐米
有"明倫館印""豫生"印記
Sinica 2649
詳目：
・史品赤函：四卷
・文品苐函：三卷
・子品金函：四卷
・詩品會函：四卷首一卷
・賦品烏函：二卷
・書品同函：二卷
・啟品有函：二卷
・逸品繹函：二卷

黃梨洲遺書十種/(清)黃宗羲撰
清光緒三十一年[1905]杭州羣學社

石印本
　　洋裝3冊（原線裝12冊）；21釐米
　　Sinica 6620
　　詳目：
　　・南雷文定前集：十一卷
　　・南雷文定後集：四卷
　　・南雷文定三集：三卷附錄一卷
　　・南雷詩曆：四卷
　　・南雷文案：四卷外卷一卷
　　・今水經：一卷表一卷
　　・賜姓始末：一卷
　　・明儒學案：八卷
　　・明夷待訪錄：一卷
　　・黃梨洲先生年譜：三卷/（清）黃炳垕輯

梨洲遺著彙刊：十九種附一種/（清）黃宗羲撰
　　清宣統二年［1910］上海時中書局鉛印本
　　線裝20冊；20釐米
　　有"號揚"印記
　　Sinica 6825
　　詳目：
　　・黃梨洲先生年譜：三卷/（清）黃炳垕編輯
　　・南雷文約：四卷
　　・南雷文定：前集十一卷後集四卷三集二卷附錄一卷
　　・南雷文案：四卷外卷一卷
　　・南雷詩曆：四卷
　　・明夷待訪錄：一卷
　　・破邪論：一卷
　　・歷代甲子考：一卷

　　・西臺慟哭記註：一卷
　　・冬青引注：一卷
　　・汰存錄：一卷
　　・行朝錄：九種
　　　。隆武紀年：一卷
　　　。贛州失事紀：一卷
　　　。紹武爭立紀：一卷
　　　。魯紀年：二卷
　　　。舟山興廢：一卷
　　　。日本乞師紀：一卷
　　　。四明山寨紀：一卷
　　　。永曆紀年：一卷
　　　。沙定洲紀亂：一卷
　　・滇攷：一卷
　　・賜姓始末：一卷
　　・鄭成功傳：一卷
　　・張元箸先生事略：一卷
　　・思舊錄：一卷
　　・金石要例：一卷.附論文管見：一卷
　　・今水經：一卷表一卷
　　・匡廬遊錄：一卷

又一部
　　洋裝2冊（原線裝10冊）
　　Sinica 6632

桴亭先生遺書：二十種附一種/（清）陸世儀撰；（清）唐受祺編
　　清光緒二十五年［1899］太倉唐氏京師刻本
　　洋裝3冊（原線裝20冊）；25釐米
　　封面題名《陸桴亭先生遺書》
　　有"石榮暲蓉城僊館藏書"印記
　　Sinica 6662
　　詳目：

- 尊道先生年譜：一卷/(清)凌錫祺撰
- 桴亭先生行狀行實：一卷
- 桴亭先生文集：六卷補遺一卷.桴亭先生詩集：十卷
- 論學酬答：四卷
- 志學錄：一卷
- 性善圖說：一卷
- 虛齋格致傳補註：一卷
- 四書講義輯存：一卷
- 淮雲問答輯存：一卷/(清)唐受祺輯
- 八陣發明：一卷
- 月道疏：一卷.附月行九道圖並解：一卷
- 分野說：一卷.附雲漢升沈山河兩戒圖：一卷
- 治鄉三約：一卷
- 制科議：一卷
- 甲申聽議：一卷
- 蘇松浮糧考：一卷
- 婁江條議：一卷
- 桑梓五防：一卷
- 常平權法：一卷
- 家祭禮：一卷
- 支更說：一卷
- 避地三策：一卷.附改折始末論：一卷

張楊園先生全集：十種/(清)張履祥撰；(清)李文耕輯

清同治元年[1862]昆明楊勳校刻本（成都省陝甘公所藏板）

線裝6冊：像；27釐米

封面題名《楊園先生全集》

Sinica 3152

詳目：

- 願學記：一卷
- 問目：一卷
- 備忘錄：四卷補遺一卷
- 初學備忘：一卷
- 學規：一卷
- 楊園先生訓子語：二卷
- 楊園書：四卷
- 補農書：二卷/(明)沈□撰；(清)張履祥輯卷下
- 答問：一卷
- 門人所記：一卷

楊園先生全集：十九種附一種/(清)張履祥撰

清同治十年[1871]江蘇書局刻本

洋裝4冊（原線裝16冊）：像；27釐米

封面題名《重訂楊園先生全集》

Sinica 6724

詳目：

- 詩文：二十四卷
- 問目：一卷
- 願學記：三卷
- 讀易筆記：一卷
- 讀史
- 讀史記
- 讀諸文集偶記
- 讀許魯齋心法偶記
- 讀厚語偶記

以上合一卷

- 言行見聞錄：四卷
- 經正錄：一卷附學規
- 初學備忘：二卷
- 近鑑：一卷
- 備忘錄：四卷

- 近古錄:四卷
- 訓子語:二卷
- 補農書:二卷/(明)沈□撰;(清)張履祥輯卷下
- 喪葬雜錄:一卷/(清)張履祥輯.附葬親社約:一卷/(清)唐灝儒撰
- 訓門人語:三卷

附
- 張楊園先生年譜:一卷/(清)蘇惇元撰

笠翁一家言全集:五種/(清)李漁著

清雍正八年[1730]錢塘李氏芥子園刻本

線裝16冊:圖;18釐米

Sinica 169

詳目:
- 笠翁文集:四卷
- 笠翁詩集:三卷
- 笠翁餘集:一卷
- 笠翁別集:二卷
- 笠翁偶集:六卷

崑山顧氏全集:二十六種/(清)顧炎武撰;(清)席威,(清)朱記榮輯

清光緒十一年[1885]上海掃葉山房據舊版修補並新刻清光緒十四年至三十二年[1888—1906]吳縣朱氏校經山房增刻本

線裝24冊:像;28釐米

書名據總目著錄;封面題名《亭林先生遺書彙輯》

Sinica 3074

詳目:

- 左傳杜解補正:三卷
- 九經誤字:一卷
- 五經同異:三卷
- 韻補正:一卷
- 聖安紀事:二卷
- 顧氏譜系考:一卷
- 明季實錄:一卷
- 歷代帝王宅京記:二十卷
- 營平二州地名記:一卷
- 昌平山水記:二卷
- 京東攷古錄:一卷
- 山東攷古錄:一卷
- 譎觚十事:一卷
- 求古錄:一卷
- 金石文字記:六卷
- 石經考:一卷
- 菰中隨筆:一卷
- 救文格論:一卷
- 亭林雜錄:一卷
- 亭林文集:六卷
- 亭林詩集:五卷
- 亭林餘集:一卷
- 亭林軼詩:一卷
- 顧亭林先生年譜:一卷/(清)吳映奎輯
- 亭林先生神道表:一卷/(清)全祖望撰
- 同志贈言:一卷/(清)沈岱瞻纂

又一部

洋裝4冊(原線裝24冊):像;27釐米

有"瑞□□藏書籍字畫碑帖之章""北京經濟專門學校藏書之印"等印記

Sinica 6714

船山遺書: 五十六種附一種/(清)王夫之撰
清同治四年[1865]湘鄉曾國荃金陵節署刻本
線裝100冊: 像; 27釐米
Sinica 2818
詳目:
經類
・周易内傳: 六卷發例一卷
・周易大象解: 一卷
・周易稗疏: 四卷
・周易攷異: 一卷
・周易外傳: 七卷
・書經稗疏: 四卷
・尚書引義: 六卷
・詩經稗疏: 四卷
・詩經攷異: 一卷
・詩經叶韻辨: 一卷
・詩廣傳: 五卷
・禮記章句: 四十九卷
・春秋家說: 三卷
・春秋稗疏: 二卷
・春秋世論: 五卷
・續春秋左氏傳博議: 二卷
・讀四書大全說: 十卷
・四書稗疏: 一卷
・四書攷異: 一卷
・說文廣義: 三卷
史類
・讀通鑑論: 三十卷末一卷
・宋論: 十五卷
・永曆實錄: 二十六卷(原缺卷十六)
・蓮峰志: 五卷
子類
・張子正蒙注: 九卷
・思問錄内篇: 一卷
・思問錄外篇: 一卷
・俟解: 一卷
・噩夢: 一卷
・黃書: 一卷
・識小錄: 一卷
・老子衍: 一卷
・莊子解: 三十三卷
・莊子通: 一卷
・愚鼓詞: 一卷
集類
・楚辭通釋: 十四卷末一卷
・薑齋文集: 十卷補遺三卷
・五十自定稿: 一卷
・六十自定稿: 一卷
・七十自定稿: 一卷
・柳岸吟: 一卷
・落花詩: 一卷
・遣興詩: 一卷
・和梅花百詠詩: 一卷
・洞庭秋詩: 一卷
・鴈字詩: 一卷
・倣體詩: 一卷
・嶽餘集: 一卷
・鼓棹初集: 一卷.鼓棹二集: 一卷
・瀟湘怨詞: 一卷
・詩譯: 一卷
・夕堂永日緒論内編: 一卷.夕堂永日緒論外編: 一卷
・南窗漫記: 一卷
・龍舟會雜劇: 一卷
・經義: 一卷
・薑齋詩賸稿: 一卷
附

·王船山叢書校勘記：二卷/（清）劉毓崧撰

又一部

有"徐有仁"印記

Sinica 2819

西河合集：一百一十八種/（清）毛奇齡撰

清康熙李塨等刻乾隆三十五年[1770]陸體元修補重印本

線裝100冊；25釐米

Backhouse 627

詳目：

經集

·仲氏易：三十卷

·推易始末：四卷

·河圖洛書原舛編：一卷

·太極圖說遺議：一卷

·易小帖：五卷

·易韻：四卷

·古文尚書冤詞：八卷

·尚書廣聽錄：五卷

·舜典補亡：一卷

·國風省篇：一卷

·毛詩寫官記：四卷

·詩札：二卷

·詩傳詩說駁義：五卷

·白鷺洲主客說詩：一卷

·續詩傳鳥名：三卷

·昏禮辨正：一卷

·廟制折衷：二卷

·大小宗通繹：一卷

·北郊配位尊西向議：一卷

·辨定嘉靖大禮議：二卷

·辨定祭禮通俗譜：五卷

·喪禮吾說篇：十卷

·曾子問講錄：四卷

·春秋毛氏傳：三十六卷

·春秋屬辭比事記：四卷

·春秋條貫篇：十一卷

·春秋占筮書：三卷

·春秋簡書刊誤：二卷

·四書索解：四卷/（清）王錫輯

·論語稽求篇：七卷

·大學證文：四卷

·大學知本圖說：一卷

·中庸說：五卷

·四書賸言：四卷

·四書賸言補：二卷

·聖門釋非錄：五卷

·逸講箋：三卷

·聖諭樂本解說：二卷

·竟山樂錄：四卷

又名《古學復興錄》

·皇言定聲錄：八卷

·李氏學樂錄：二卷/（清）李塨撰

·孝經問：一卷

·周禮問：二卷

·大學問：一卷

·明堂問：一卷

·學校問：一卷

·郊社禘祫問：一卷

·經問：十八卷

·經問補：三卷

文集

·誥詞：一卷

·頌：一卷

·主客辭：二卷

·奏疏：一卷

- 議：四卷
- 揭子：一卷
- 劄子：二卷
- 史館擬判：一卷
- 書：八卷
- 牘札：一卷
- 箋：一卷
- 序：三十四卷
- 引弁首：一卷
- 題題詞題端：一卷
- 跋：一卷
- 書後緣起：一卷
- 碑記：十一卷
- 傳：十一卷
- 王文成傳本：二卷
- 墓碑銘：二卷
- 墓表：五卷
- 墓誌銘：十六卷
- 神道碑銘：二卷
- 塔誌銘：二卷
- 事狀：四卷
- 易齋馮公年譜：一卷
- 記事：一卷
- 集課記：一卷
- 說：一卷
- 錄：一卷
- 制科雜錄：一卷
- 後觀石錄：一卷
- 越語肯綮錄：一卷
- 何御史孝子祠主復位錄：一卷
- 湘湖水利志：三卷
- 蕭山縣志刊誤：三卷
- 杭志三詰三誤辨：一卷
- 天問補註：一卷
- 舘課擬文：一卷
- 折客辨學文：一卷
- 答三辨文：一卷
- 釋二辨文：一卷
- 辨聖學非道學文：一卷
- 辨忠臣不徒死文：一卷
- 古禮今律無繼嗣文：一卷
- 古今無慶生日文：一卷
- 禁室女守志殉死文：一卷
- 勝朝彤史拾遺記：六卷
- 武宗外紀：一卷
- 後鑒錄：七卷
- 蠻司合誌：十五卷
- 韻學要指：十一卷

又名《古今通韻括畧》
- 賦：四卷
- 九懷詞：一卷
- 誄文：一卷
- 詩話：八卷
- 詞話：二卷
- 填詞：六卷
- 擬連廂詞：一卷
- 二韻詩：三卷

即《五言絕句》
- 七言絕句：八卷
- 排律：六卷
- 七言古詩：十三卷
- 五言律詩：六卷
- 七言律詩：十卷
- 七言排律：一卷
- 五言格詩：五卷
- 雜體詩：一卷
  ◦ 五言三韻律
  ◦ 七言三韻律

。六言詩
・徐都講詩：一卷/（清）徐昭華撰

漁洋三十六種全集/（清）王士禛撰
清康熙刻本
洋裝18冊（原線裝86冊）；27釐米
Sinica 6721
詳目：
・漁洋山人詩集：二十二卷續集十六卷
清康熙八年[1669]吳郡沂詠堂刻本
・蠶尾集：十卷續集二卷後集二卷
・南海集：二卷
・雍益集：一卷
・漁洋山人文略：十四卷
・漁洋山人精華錄：十卷/（清）林佶編
・蜀道驛程記：二卷
・皇華紀聞：四卷
・粵行三志
　　。南來志：一卷
　　。北歸志：一卷
　　。廣州遊覽小志：一卷
・池北偶談：二十六卷
清康熙三十九年[1700]臨汀郡署刻本
・國朝諡法考：一卷
・秦蜀驛程後記：二卷
・隴蜀餘聞：一卷
・長白山錄：一卷補遺一卷
・居易錄：三十四卷
・浯溪考：二卷補遺一卷
・載書圖詩：一卷.贈行詩：一卷.賜沐紀程：一卷.附池北書庫記：一卷/（清）朱彝尊撰
・香祖筆記：十二卷
・分甘餘話：四卷

・唐賢三昧集：三卷/（清）王士禛編
・唐人萬首絕句選：七卷/（宋）洪邁元本；（清）王士禛選
・十種唐詩選/（清）王士禛輯
蘿延齋重刻本
　。河嶽英靈集選：一卷/（唐）殷璠輯
　。中興間氣集選：一卷/（唐）高仲武輯
　。國秀集選：一卷/（唐）芮挺章輯
　。篋中集選：一卷/（唐）元結輯
　。搜玉集選：一卷/（唐）□□輯
　。御覽詩集選：一卷/（唐）令狐楚輯
　。極玄集選：一卷/（唐）姚合輯
　。又玄集選：一卷/（唐）韋莊輯
　。才調集選：三卷/（前蜀）韋縠輯
　。唐文粹詩選：六卷/（宋）姚鉉輯
・蕭亭詩選：六卷/（清）張實居撰；（清）王士禛批點
・徐詩：二卷/（清）徐夜撰；（清）王士禛批點
・考功集選：四卷/（清）王士祿撰；（清）王士禛批點
・古鉢集選：一卷/（清）王士祜撰；（清）王士禛批點
・廸功集選：一卷/（明）徐禎卿撰；（清）王士禛選
・蘇門集選：一卷/（明）高叔嗣撰；（清）王士禛選
・華泉先生集選：四卷/（明）邊貢撰；（清）王士禛選
・睡足軒詩選：一卷/（明）邊習撰；（清）徐夜，（清）王士禛選
・抱山集選：一卷/（清）王士禧撰；（清）王士禛批點

- 剪桐載筆：一卷/（明）王象晉撰；（清）王士禛校
- 歷仕錄：一卷/（明）王之垣撰；（清）王士禛校
- 清寤齋心賞編：一卷/（明）王象晉輯；（清）王士禛校
- 隴首集：一卷/（明）王與胤撰；（清）王士禛校
- 二如亭群芳譜：三十卷首一卷/（明）王象晉撰；（明）毛鳳苞等校

明末刻本

榕村全書：三十二種附十種/（清）李光地撰

清道光九年[1829]李維迪刻本
洋裝23冊（原線裝120冊）；26釐米
有"番禺羅維翰損""京師廣東教堂書藏"印記

Sinica 6691

詳目：
- 四書解義：八卷

清道光五年[1825]刻本
  ◦ 大學古本説：一卷
  ◦ 中庸章段：一卷餘論一卷四記一卷
  ◦ 讀論語劄記：二卷
  ◦ 讀孟子劄記：二卷
- 周易通論：四卷
- 周易觀彖：十二卷
- 周易觀彖大指：二卷
- 詩所：八卷
- 尚書七篇解義：二卷
- 洪範説：二卷
- 春秋燬餘：四卷

清道光二年[1822]刻本
- 孝經全註：一卷
- 古樂經傳：五卷
- 曆象本要：一卷
- 握奇經註：一卷
- 陰符經註：一卷
- 離騷經註：一卷.九歌註：一卷
- 參同契註：一卷
- 韓子粹言：一卷/（唐）韓愈撰；（清）李光地輯
- 正蒙註：二卷
- 二程子遺書纂：二卷外書纂一卷/（清）李光地輯
- 朱子語類四纂：五卷/（清）李光地輯
- 朱子禮纂：五卷/（清）李光地輯
- 性理/（清）李光地輯
  ◦ 論定性書：一卷/（宋）程顥撰
  ◦ 太極圖解：一卷/（宋）周敦頤撰
  ◦ 顏子所好何學論：一卷/（宋）程顥撰
- 古文精藻：一卷/（清）李光地輯
- 榕村講授：三卷/（清）李光地輯
- 榕村字畫辨訛：一卷
- 榕村韻書：五卷
- 榕村詩選：八卷首一卷/（清）李光地輯

清道光二年[1822]刻本
- 程墨前選：二卷/（清）李光地輯

清道光十年[1830]刻本
- 名文前選：六卷/（清）李光地輯

清道光十年[1830]刻本
- 易義前選：五卷/（清）李光地輯

清道光十年[1830]刻本
- 榕村語錄：三十卷
- 榕村全集：四十卷續集七卷別集五卷
- 榕村制義：初集一卷二集一卷三集

一卷四集一卷
附
・周禮纂訓：二十一卷/（清）李鍾倫
　　撰
・經書源流歌訣：一卷/（清）李鍾倫撰
・三禮儀制歌訣：一卷/（清）李鍾倫撰
・歷代姓系歌訣：一卷/（清）李鍾倫撰
・文貞公年譜：二卷/（清）李清植撰
・儀禮纂錄：二卷/（清）李清植撰
・淵嚘存疑：二卷/（清）李清植撰
・榕村譜錄合考：二卷/（清）李清馥撰
・道南講授：十三卷/（清）李清馥輯
・律詩四辨：四卷/（清）李宗文撰

朱文端公藏書：十三種/（清）朱軾撰
清光緒二十三年[1897]朱衡等重刻本
洋裝19冊（原線裝80冊）；25釐米
Sinica 6671
詳目：
・周易傳義合訂：十二卷
・春秋鈔：十卷首一卷
・孝經：一卷/（元）吳澄校定；（清）
　　朱軾按．附孝經三本管窺：一卷/
　　（清）吳隆元撰
・儀禮節署：十七卷圖三卷
・大戴禮記：十三卷/（漢）戴德撰；
　　（北周）盧辯注；（清）朱軾句讀
・禮記纂言：三十六卷/（元）吳澄撰；
　　（清）朱軾校補
・呂氏四禮翼：八卷/（明）呂坤撰；
　　（清）朱軾評點
・張子全書：十五卷/（宋）張載撰；
　　（清）朱軾，（清）段志熙校
　　○西銘：一卷

　　○正蒙：二卷
　　○經學理窟：五卷
　　○易說：三卷
　　○語錄抄：一卷
　　○文集抄：一卷
　　○拾遺：一卷
　　○附錄：一卷
・顏氏家訓：二卷/（北齊）顏之推撰；
　　（清）朱軾評點
・家範：十卷/（宋）司馬光撰；（清）
　　朱軾評點
・歷代名儒傳：八卷/（清）朱軾，
　　（清）蔡世遠輯
・歷代名臣傳：三十五卷續編五卷/
　　（清）朱軾，（清）蔡世遠輯
・歷代循吏傳：八卷/（清）朱軾，
　　（清）蔡世遠輯

抗希堂十六種：十六種附一種/（清）方苞撰
清康熙乾隆間桐城方氏抗希堂刻本
線裝100冊；26釐米
有"芥子園珍藏"印記
Backhouse 264
詳目：
・周官集注：十二卷
・周官析疑：三十六卷
・考工記析疑：四卷
・周官辨：一卷
・離騷經正義：一卷
・春秋直解：十二卷
・春秋通論：四卷
・春秋比事目錄：四卷
・儀禮析疑：十七卷
・喪禮或問：一卷

· 左傳義法舉要：一卷/（清）方苞述；
　（清）王兆符，（清）程崟錄
· 史記注補正：一卷
· 禮記析疑：四十八卷
· 刪定管子：一卷/（春秋）管仲撰；
　（清）方苞刪定
· 刪定荀子：一卷/（戰國）荀況撰；
　（清）方苞刪定
· 望溪集：不分卷
　目錄、封面題名《望溪先生文偶抄》
· 望溪先生文外集：不分卷/（清）方
　傳貴輯
清嘉慶十八年［1813］刻本

鹿洲全集：六種/（清）藍鼎元撰
清康熙雍正間刻後印本
線裝24冊：像；29釐米
Backhouse 203
詳目：
· 鹿洲初集：二十卷
· 平臺紀畧：一卷
· 東征集：六卷
· 鹿洲公案：二卷
· 脩史試筆：二卷
· 棉陽學準：五卷
· 女學：六卷
· 鹿洲奏疏：一卷

鹿洲全集：六種/（清）藍鼎元撰
清康熙雍正間刻光緒五年［1879］藍
謙修補本
洋裝5冊（原線裝24冊）：像；26
釐米
Sinica 6685

詳目：
· 鹿洲初集：二十卷
· 平臺紀畧：一卷
· 東征集：六卷
· 鹿洲公案：二卷
· 脩史試筆：二卷
· 棉陽學準：五卷
· 女學：六卷
· 鹿洲奏疏：一卷

杭大宗七種叢書/（清）杭世駿撰
清乾隆杭賓仁羊城刻本
洋裝1冊（原線裝4冊）；24釐米
Sinica 5958
詳目：
· 諸史然疑：一卷
· 漢書蒙拾：三卷．後漢書蒙拾：二卷
· 石經考異：二卷
· 續方言：二卷
· 晉書補傳贊：一卷
· 文選課虛：四卷
· 榕城詩話：三卷

隨園廿八種/（清）袁枚撰
清乾隆嘉慶間刻本（小倉山房藏版）
線裝63冊；24釐米
Backhouse 512
詳目：
· 小倉山房詩集：三十七卷
　存三十二卷（卷一至三十二）
· 小倉山房文集：三十五卷
· 小倉山房外集：八卷
· 袁太史稿：一卷
　又名《袁太史時文》

- 小倉山房尺牘：八卷
- 牘外餘言：一卷
- 隨園詩話：十六卷
- 隨園詩話補遺：八卷
- 隨園隨筆：二十八卷
- 新齊諧：二十四卷

又名《子不語》
- 續新齊諧：八卷
- 碧腴齋詩存：八卷/(清)胡德琳撰；(清)袁枚編
- 續同人集：十七卷/(清)袁枚輯
- 隨園女弟子詩選：六卷/(清)袁枚編
- 隨園八十壽言：六卷/(清)袁枚輯
- 紅豆村人詩稿：十四卷/(清)袁樹撰；(清)袁枚編
- 袁家三妹合稿：四卷
  ◦ 樓居小草：一卷/(清)袁杼撰
  ◦ 繡餘吟稿：一卷/(清)袁棠撰
  ◦ 盈書閣遺稿：一卷/(清)袁棠撰
  ◦ 素文女子遺稿：一卷/(清)袁機撰
- 南園詩選：二卷/(清)何士顒撰；(清)袁枚編
- 棃花軒詩稿：一卷/(清)陸建撰；(清)袁枚編

又名《湄君詩集》
- 筱雲詩集：二卷/(清)陸應宿撰；(清)袁枚編
- 捧月樓詞：二卷/(清)袁通撰
- 飲水詞鈔：二卷/(清)納蘭性德撰；(清)袁通選
- 箏船詞：一卷/(清)劉嗣綰撰
- 玉山堂詞：一卷/(清)汪度撰
- 綠秋草堂詞：一卷/(清)顧翰撰
- 過雲精舍詞：二卷/(清)楊夔生撰

- 崇睦山房詞：一卷/(清)汪全德撰
- 碧梧山館詞：二卷/(清)汪世泰撰

隨園三十六種/(清)袁枚撰

清光緒三十四年[1908]上海集成圖書公司鉛印本

存三十五種

線裝50冊：像；21鰲米

Backhouse 20

詳目：
- 隨園圖：一卷/(清)袁起繪
- 小倉山房文集：三十五卷
- 小倉山房外集：八卷
- 小倉山房詩集：三十七卷補遺二卷
- 袁太史稿：一卷

又名《袁太史時文》
- 小倉山房尺牘：十卷
- 牘外餘言：一卷
- 隨園詩話：十六卷
- 隨園詩話補遺：十卷
- 隨園隨筆：二十八卷
- 新齊諧：二十四卷

又名《子不語》
- 續新齊諧：十卷
- 隨園食單：一卷
- 續同人集：十七卷/(清)袁枚輯
- 隨園八十壽言：六卷/(清)袁枚輯
- 紅豆村人詩稿：十四卷/(清)袁樹撰；(清)袁枚編
- 碧腴齋詩存：八卷/(清)胡德琳撰；(清)袁枚編
- 南園詩選：二卷/(清)何士顒撰；(清)袁枚編
- 筱雲詩集：二卷/(清)陸應宿撰；

　　　　（清）袁枚編
・粲花軒詩稿：一卷/（清）陸建撰；
　　　　（清）袁枚編
　又名《湄君詩集》
・袁家三妹合稿
　　。繡餘吟稿：一卷/（清）袁棠撰
　　。盈書閣遺稿：一卷/（清）袁棠撰
　　。樓居小草：一卷/（清）袁杼撰
　　。素文女子遺稿：一卷/（清）袁機撰
・湘痕閣詩稿：二卷.湘痕閣詞稿：一
　　　卷/（清）袁嘉撰
・瑤華閣詩草：一卷.瑤華閣詞鈔：一
　　　卷補遺一卷/（清）袁綬撰
・隨園女弟子詩選：六卷/（清）袁枚
　　　編
・飲水詞鈔：二卷/（清）納蘭性德
　　　撰；（清）袁通選
・箏船詞：一卷/（清）劉嗣綰撰
・捧月樓詞：二卷/（清）袁通撰
・綠秋草堂詞：一卷/（清）顧翰撰
・玉山堂詞：一卷/（清）汪度撰
・崇睦山房詞：一卷/（清）汪全德撰
・過雲精舍詞：二卷/（清）楊夔生撰
・碧梧山館詞：二卷/（清）汪世泰撰
・隨園瑣記：二卷/（清）袁祖志撰
・涉洋管見：一卷/（清）袁祖志撰
　又名《談瀛録》
・閩南雜詠：一卷/（清）袁綬撰
又一部
　洋裝9冊（原線裝50冊）
　　有"琢磨齋藏""鄭隆陞字楓宸號
蔚丹"印記
　Sinica 6652

戴氏遺書：十五種/（清）戴震撰
　清乾隆曲阜孔繼涵微波榭刻本
　線裝32冊；29釐米
　Sinica 2867
　詳目：
・文集：十卷
・毛鄭詩考正：四卷首一卷
　清乾隆四十二年[1777]刻本
・杲溪詩經補注：二卷
　清乾隆四十二年[1777]刻本
・考工記圖：二卷
　清乾隆四十四年[1779]重刻本
・孟子字義疏證：三卷
・聲韻攷：四卷
　清乾隆四十四年[1779]重刻本
・聲類表：九卷首一卷
　清乾隆四十二年[1777]刻本
・原善：三卷
　清乾隆四十二年[1777]刻本
・原象：一卷
　清乾隆四十二年[1777]刻本
・續天文略：二卷
・水地記：一卷
・輶軒使者絕代語釋別國方言：十三
　　　卷/（清）戴震疏證
　版心題名《方言疏證》
・水經注：不分卷/（漢）桑欽撰；（北
　　　魏）酈道元注；（清）戴震校
　書名據版心著録
・策算：一卷
・句股割圜記：三卷

甌北全集：七種/（清）趙翼撰
　清乾隆嘉慶間湛貽堂刻本

洋裝13冊（原線裝64冊）；24釐米
Sinica 5957
詳目：
·廿二史劄記：三十六卷
清嘉慶五年［1800］刻本
·陔餘叢考：四十三卷
清乾隆五十五年［1790］刻本
·簷曝雜記：六卷
·皇朝武功紀盛：四卷
清乾隆五十七年［1792］刻本
·甌北詩鈔：二十卷
清乾隆五十六年［1791］刻本
·甌北詩話：十卷續二卷
清嘉慶七年［1802］刻本
·甌北集：五十三卷
清嘉慶十七年［1812］刻本

趙翼二種/（清）趙翼撰
清烏絲欄抄本
線裝4冊；22釐米
MS.Backhouse 2
詳目：
·簷曝雜記：六卷
·皇朝武功紀盛：四卷

汪龍莊先生遺書：四種/（清）汪輝祖撰
清同治十年［1871］刻本（慎間堂藏板）
線裝6冊；27釐米
有"王崇武藏書"印記
Sinica 6715
詳目：
·學治臆說：二卷續說一卷說贅一卷
·佐治藥言：一卷續一卷

·病榻夢痕錄：二卷錄餘一卷
·雙節堂庸訓：六卷

嘉定錢氏潛研堂全書：二十一種/（清）錢大昕撰
清光緒十年［1884］長沙龍氏家塾刻本
線裝80冊；32釐米
Backhouse 403
詳目：
經
·聲類：四卷
史
·廿二史攷異：一百卷
·三史拾遺：五卷
·諸史拾遺：五卷
·元史氏族表：三卷
·元史藝文志：四卷
·宋遼金元四史朔閏攷：二卷/（清）
　錢侗增補
·通鑑注辯正：二卷
·洪文惠公年譜：一卷
·洪文敏公年譜：一卷
·陸放翁先生年譜：一卷
·深寧先生年譜：一卷
·弇州山人年譜：一卷
·疑年錄：四卷
·潛研堂金石文跋尾：二十卷
·潛研堂金石文字目錄：八卷
子
·十駕齋養新錄：二十卷餘錄三卷/
　（清）錢師康輯餘錄
·三統術衍：三卷.三統術鈐：一卷
·風俗通義逸文：一卷

·恒言録：六卷

集

　　·潛研堂文集：五十卷.潛研堂詩集：十卷詩續集十卷

又一部

　　洋裝15冊（原線裝80冊）；27釐米

　　有"勁松行館""□翁手校""齊寧李氏霖卿藏書印"印記

　　Sinica 6707

惜抱軒全集：十種/（清）姚鼐撰

　　清同治五年[1866]省心閣刻本

　　洋裝3冊（原線裝16冊）；25釐米

　　有"叔疆過目""海陶瑋印"印記

　　Sinica 6660

　　詳目：

　　·惜抱軒文集：十六卷文後集十卷.惜抱軒詩集：十卷詩後集一卷詩外集一卷

　　·惜抱軒法帖題跋：三卷

　　·左傳補注：一卷

　　·公羊傳補注：一卷

　　·穀梁傳補注：一卷

　　·國語補注：一卷

　　·惜抱軒筆記：八卷

　　·惜抱軒九經說：十七卷

　　·五言今體詩鈔：九卷/（清）姚鼐輯

　　·七言今體詩鈔：九卷/（清）姚鼐輯

燕禧堂五種/（清）任大椿撰

　　清乾隆刻本

　　洋撰1冊（原線裝6冊）；25釐米

　　有"[北京]經濟[專門]學校[藏書之印]""檮（？）氏書倉""墨瀚樓珍藏書畫鈐印"等印記

　　Sinica 6635

　　詳目：

　　·字林考逸：八卷/（清）任大椿輯

　　·列子釋文：二卷/（唐）殷敬順撰；（宋）陳景元補遺

　　·列子釋文考異：一卷

　　·深衣釋例：三卷

　　·釋繒：一卷

洪北江全集：二十三種/（清）洪亮吉撰

　　清光緒洪用懃授經堂刻本

　　洋裝14冊（原線裝84冊）；28釐米

　　Sinica 6729

　　詳目：

　　·洪北江先生年譜：一卷/（清）呂培等撰

　　清光緒三年[1877]刻本

　　·卷施閣文：甲集十卷補遺一卷續一卷乙集八卷續編一卷.卷施閣詩：二十卷

　　清光緒三年[1877]刻五年[1879]續刻本

　　·更生齋文：甲集四卷乙集四卷續集二卷.更生齋詩：八卷續集十卷

　　清光緒三年[1877]刻四年[1878]續刻本

　　·附鮚軒詩：八卷

　　清光緒三年[1877]刻本

　　·更生齋詩餘：二卷

　　清光緒三年[1877]刻本

　　·擬兩晉南北史樂府：二卷

　　清光緒三年[1877]刻本

　　·附鮚軒外集唐宋小樂府：一卷

清光緒四年[1878]刻本
・北江詩話:六卷
清光緒三年[1877]刻本
・曉讀書齋文集:初錄二卷二錄二卷三錄二卷四錄二卷
清光緒三年[1877]刻本
・傳經表:二卷.通經表:二卷
清光緒五年[1879]刻本
・六書轉注錄:十卷
清光緒四年[1878]刻本
・弟子職箋釋:一卷
清光緒三年[1877]刻本
・史目表:一卷/(清)洪飴孫撰
清光緒三年[1877]刻本
・春秋左傳詁:二十卷
清光緒四年[1878]刻本
・漢魏音:四卷
清光緒三年[1877]刻本
・比雅:十卷
清光緒五年[1879]刻本
・乾隆府廳州縣圖志:五十卷
清光緒五年[1879]刻本
・補三國疆域志:二卷
清光緒四年[1878]刻本
・東晉疆域志:四卷
清光緒四年[1878]刻本
・十六國疆域志:十六卷
清光緒四年[1878]刻本
・遣戍伊犁日記:一卷
清光緒三年[1877]刻本
・天山客話:一卷
清光緒三年[1877]刻本
・外家紀聞:一卷
清光緒三年[1877]刻本

珍埶宧遺書:十一種/(清)莊述祖撰
清嘉慶道光間武進莊氏脊令舫刻本
洋裝3冊(原線裝12冊):像;26釐米
有"杭州譚儀中儀與""韋堂藏書""石夫經眼"等印記
Sinica 6679
詳目:
・明堂陰陽夏小正經傳考釋:十卷
　。夏時明堂陰陽經:一卷
　。夏時說義:二卷
　清嘉慶十四年[1809]刻本
　。夏小正等例文句音義:六卷
　。夏小正等例:一卷
　清道光十六年[1836]刻本
・尚書今古文攷證:七卷
清道光十六年[1836]刻本
・毛詩攷證:四卷
清道光十六年[1836]刻本
・毛詩周頌口義:三卷
清道光十五年[1835]刻本
・五經小學述:二卷
清道光十六年[1836]刻本
・歷代載籍足徵錄:一卷
清道光十五年[1835]刻本
・弟子職集解:一卷
清道光十一年[1831]刻本
・漢鼓吹鐃歌曲句解:一卷
清道光十四年[1834]刻本
・說文古籀疏證目:一卷
清道光十七年[1837]刻本
・石鼓然疑:一卷
清道光十四年[1834]刻本
・珍埶宧文鈔:七卷.珍埶宧詩鈔:二卷

顨軒孔氏所著書：七種/（清）孔廣森撰
 清乾隆嘉慶間曲阜孔氏刻本
 線裝10冊；27釐米
 Sinica 2822
 詳目：
 ·春秋公羊經傳通義：十一卷敘一卷
 清嘉慶十七年[1812]孔廣廉刻本
 ·大戴禮記補注：十三卷序錄一卷
 清乾隆五十九年[1794]孔廣廉刻本
 ·詩聲類：十二卷.聲類分例：一卷
 清乾隆五十七年[1792]孔廣廉刻本
 ·禮學巵言：六卷
 清嘉慶十八年[1813]孔昭虔刻本
 ·經學巵言：六卷
 清嘉慶十八年[1813]孔昭虔刻本
 ·少廣正負術：內篇三卷外篇三卷
 清嘉慶十九年[1814]孔昭虔刻本
 ·駢儷文：三卷
 清嘉慶十七年[1812]孔昭虔刻本

郝氏遺書：三十三種/（清）郝懿行撰
 清嘉慶光緒間刻本
 洋裝12冊（原線裝48冊）；26釐米
 Sinica 6699
 詳目：
 ·爾雅郭注義疏：十九卷
 清同治四年[1865]郝聯薇、郝聯蓀刻本
 ·春秋說畧：十二卷
 清道光七年[1827]趙銘彝刻本
 ·春秋比：二卷
 清道光七年[1827]趙銘彝刻本
 ·山海經箋疏：十八卷圖讚一卷訂訛一卷敘錄一卷/（晉）郭璞傳；
（清）郝懿行箋疏
 清嘉慶十四年[1809]儀徵阮元刻本
 ·列女傳補注：八卷敘錄一卷校正一卷/（清）王照圓撰
 ·列仙傳校正本：二卷讚一卷/（漢）劉向撰；（清）王照圓校
 ·夢書：一卷/（清）王照圓輯
 ·詩說：二卷
 清光緒八年[1882]東路廳署刻本
 ·詩經拾遺：一卷
 清光緒八年[1882]東路廳署刻本
 ·書說：二卷
 清光緒八年[1882]東路廳署刻本
 ·汲冢周書輯要：一卷
 清光緒八年[1882]東路廳署刻本
 ·易說：十二卷便錄一卷
 清光緒八年[1882]東路廳署刻本
 ·詩問：七卷
 清光緒八年[1882]東路廳署刻本
 ·禮記箋：四十九卷
 清光緒八年[1882]東路廳署刻本
 ·竹書紀年校正：十四卷
 清光緒五年[1879]東路廳署刻本
 ·晉宋書故：一卷
 清嘉慶二十一年[1816]刻本
 ·補宋書刑法志：一卷
 ·補宋書食貨志：一卷
 ·宋瑣語：不分卷
 ·荀子補注：二卷
 ·寶訓：八卷
 清光緒五年[1879]東路廳署刻本
 ·晏子春秋：一卷
 清光緒五年[1879]東路廳署刻本
 ·蜂衙小記：一卷

清光緒五年[1879]東路廳署刻本
·記海錯：一卷
清光緒五年[1879]東路廳署刻本
·證俗文：十九卷
清光緒十年[1884]東路廳署刻本
·曬書堂文集：十二卷外集二卷別集一卷
清光緒十年[1884]東路廳署刻本
·曬書堂閨中文存：一卷/（清）王照圓撰
清光緒十年[1884]東路廳署刻本
·曬書堂筆記：二卷
清光緒十年[1884]東路廳署刻本
·曬書堂時文：一卷
清光緒十年[1884]東路廳署刻本
·曬書堂筆錄：六卷
清光緒十年[1884]東路廳署刻本
·曬書堂詩鈔：二卷試帖一卷詩餘一卷
清光緒十年[1884]東路廳署刻本
·和鳴集：一卷/（清）郝懿行，（清）王照圓撰
清光緒十年[1884]東路廳署刻本
·梅叟閒評：四卷/（清）郝培元撰；（清）郝懿行注
清光緒十年[1884]東路廳署刻本

焦氏叢書：十種/（清）焦循輯
清嘉慶道光間江都焦氏雕菰樓刻本
洋裝11冊（原線裝48冊）；26釐米
Sinica 6695
詳目：
·雕菰樓易學三書
　○易章句：十二卷
　○易圖略：八卷

　○易通釋：二十卷
·易話：二卷
清道光六年[1826]半九書塾刻本
·易廣記：三卷
清道光六年[1826]半九書塾刻本
·六經補疏：二十卷
清道光六年[1826]半九書塾刻本
　○論語補疏：三卷
　○周易補疏：二卷
　○尚書補疏：二卷
　○毛詩補疏：五卷
　○春秋左傳補疏：五卷
　○禮記補疏：三卷
·羣經宮室圖：二卷
·禹貢鄭注釋：二卷
清道光八年[1828]刻本
·孟子正義：三十卷
·里堂學算記：十六卷
清嘉慶四年[1799]刻本
　○加減乘除釋：八卷
　○天元一釋：二卷
　○釋弧：三卷
　○釋輪：二卷
　○釋橢：一卷
·北湖小志：六卷
清嘉慶十三年[1808]刻本
·先府君事略：一卷/（清）焦廷琥撰

焦氏遺書：十二種/（清）焦循撰
清光緒二年[1876]衡陽魏綸光刻本
線裝40冊；28釐米
Sinica 2821
詳目：
·雕菰樓易學三書

。易章句：十二卷
　　。易圖略：八卷
　　。易通釋：二十卷
・易話：二卷
清道光六年[1826]半九書塾刻本
・易廣記：三卷
清道光六年[1826]半九書塾刻本
・六經補疏
清道光六年[1826]半九書塾刻本
　　。論語補疏：三卷
　　。周易補疏：二卷
　　。尚書補疏：二卷
　　。毛詩補疏：五卷
　　。春秋左傳補疏：五卷
　　。禮記補疏：三卷
・羣經宮室圖：二卷
・禹貢鄭注釋：二卷
清道光八年[1828]刻本
・孟子正義：三十卷
・里堂學算記
清嘉慶四年[1799]刻本
　　。加減乘除釋：八卷
　　。天元一釋：二卷
　　。釋弧：三卷
　　。釋輪：二卷
　　。釋橢：一卷
・北湖小志：六卷
・李翁醫記：二卷
・先府君事略：一卷/(清)焦廷琥撰
・詩品：一卷/(唐)司空圖撰

竹柏山房十五種/(清)林春溥撰
　清嘉慶咸豐間刻本
　洋裝6冊(原線裝40冊)；27釐米

有"北京經濟專門學校藏書之印"
等印記
Sinica 6700
詳目：
・開闢傳疑：二卷
清道光十五年[1835]刻本
・古史紀年：十四卷
清道光十七年[1837]刻本
・古史考年異同表：二卷後説一卷
清道光十八年[1838]刻本
・武王克殷日紀：一卷
清道光十五年[1835]刻本
・滅國五十考：一卷
清道光十五年[1835]刻本
・春秋經傳比事：二十二卷
清咸豐元年[1851]刻本
・戰國紀年：六卷地輿一卷年表一卷
清道光十八年[1838]刻本
・竹書紀年補證：四卷本末一卷後案
　　一卷
清道光二十年[1840]刻本
・孔門師弟年表：一卷後説一卷.孟
　　子時事年表：一卷後説一卷
清嘉慶二十一年[1816]刻本
・孔子世家補訂：一卷
清道光十四年[1834]刻本
・孟子列傳纂：一卷
清道光十四年[1834]刻本
・孟子外書補證：一卷
清咸豐四年[1854]刻本
・四書拾遺：六卷
清道光十四年[1834]刻本
・古書拾遺：四卷
清咸豐三年[1853]刻本

・開卷偶得：十卷
  清道光二十九年［1849］刻本

又一部
  存二種
  線裝1冊；26釐米
  Sinica 4700
  詳目：
  ・孔子世家補訂：一卷.附孟子列傳纂：一卷／（清）林春溥撰
  清道光十四年［1834］竹柏山房刻本
  ・孟子外書補證：一卷／（宋）熙時子注；（清）林春溥補證
  清咸豐四年［1854］竹柏山房刻本

安吳四種／（清）包世臣撰
  清同治十一年［1872］包誠刻光緒十四年［1888］重校印本
  線裝16冊；24釐米
  有"修林吾廬"印記
  Sinica 2797
  詳目：
  ・中衢一勺：三卷附錄四卷／（清）包世榮，（清）包慎言註
  ・藝舟雙楫：六卷附錄三卷
  ・管情三義：賦三卷詩三卷詞一卷濁泉編一卷
  ・齊民四術：農三卷禮三卷刑二卷兵四卷

又一部
  洋裝4冊（原線裝16冊）；25釐米
  Sinica 6639

二思堂叢書：六種／（清）梁章鉅撰
  清光緒元年［1875］福州梁氏刻本
  洋裝3冊（原線裝16冊）；26釐米
  Sinica 6675
  詳目：
  ・退菴自訂年譜：一卷
  ・退菴隨筆：二十二卷
  ・南省公餘錄：八卷
  ・古格言：十二卷／（清）梁章鉅輯
  ・閩川閨秀詩話：四卷
  ・農候雜占：四卷
  清同治十二年［1873］浙江書局刻本

斌椿三種／（清）斌椿撰
  清同治八年［1869］序刻本
  線裝3冊；26釐米
  Sinica 556
  詳目：
  ・乘槎筆記：一卷
  ・天外歸帆草：一卷
  ・海國勝遊草：一卷

王菉友九種／（清）王筠撰
  清道光咸豐間刻本
  洋裝1冊（原線裝8冊）；27釐米
  Sinica 6716
  詳目：
  ・菉友蛾術編：二卷
  清咸豐十年［1860］宋官瞳刻本
  ・禹貢正字：一卷
  ・四書說略：四卷
  ・正字略定本：一卷
  ・菉友肊說：一卷
  ・夏小正正義：一卷
  ・弟子職正音：一卷
  清咸豐十年［1860］刻本

・毛詩重言：三卷
・毛詩雙聲疊韻說：一卷

朱氏羣書：六種/（清）朱駿聲撰
清光緒八年[1882]臨嘯閣刻本
線裝4冊；25釐米
Sinica 4810
詳目：
・說文通訓定聲補遺：十八卷
・夏小正補傳：一卷
・儀禮經注一隅：二卷
・春秋左傳識小錄：二卷
・小爾雅約注：一卷
・離騷賦補注：一卷

又一部
洋裝1冊（原線裝5冊）
Sinica 6619

五經歲遍齋校書三種/（清）翟云升編
清道光東萊翟氏刻本
線裝10冊；23釐米
Sinica 4811
詳目：
・覆校穆天子傳：六卷補遺一卷/（晉）郭璞注；（清）翟云升校
・校正古今人表：九卷/（漢）班固撰；（唐）顏師古注；（清）翟云升校
・焦氏易林校略：十六卷/（清）翟云升撰

頤志齋叢書：二十一種/（清）丁晏撰
清咸豐同治間山陽丁氏刻同治元年[1862]彙印本
洋裝4冊（原線裝20冊）；27釐米

Sinica 6708
詳目：
・周易述傳：二卷續錄一卷
清同治元年[1862]刻本
・周易訟卦淺說：一卷
・尚書餘論：一卷
清咸豐七年[1857]刻本
・禹貢集釋：三卷
・禹貢蔡傳正誤：一卷
・禹貢錐指正誤：一卷
・毛鄭詩釋：三卷續錄一卷
清咸豐二年[1852]聊城楊以增刻本
・詩攷補注：二卷補遺一卷
清咸豐二年[1852]聊城楊以增刻本
・鄭氏詩譜攷正：一卷
清咸豐二年[1852]聊城楊以增刻本
・毛詩草木鳥獸蟲魚疏正：二卷
清咸豐七年[1857]刻本
・儀禮釋注：二卷
清咸豐二年[1852]聊城楊以增刻本
・周禮釋注：二卷
清咸豐二年[1852]聊城楊以增刻本
・禮記釋注：四卷
清咸豐二年[1852]聊城楊以增刻本
・孝經述註：一卷
清咸豐七年[1857]刻本
・北宋汴學二體石經記：一卷
清咸豐七年[1857]刻本
・淮安北門城樓金天德年大鐘款識：一卷附一卷
・子史粹言/（清）丁晏輯
清道光二十六年[1846]頤志齋刻本
　。諸子粹言：一卷
　。讀史粹言：一卷

- 頤志齋四譜：四卷

清道光二十三年［1843］刻本

　　。漢鄭君年譜：一卷

　　。魏陳思王年譜：一卷

　　。晉陶靖節年譜：一卷

　　。唐陸宣公年譜：一卷

- 石亭記事：一卷續編一卷

清道光二十八年［1848］頤志齋刻本

- 百家姓三編：一卷／（清）丁壽辰注

清咸豐五年［1855］頤志齋刻本

- 讀經說：一卷

藤華亭十種／（清）梁廷枏撰

清道光十年［1830］刻本

洋裝3冊（原線裝12冊）；23釐米

Sinica 6655

詳目：

- 論語古解：十卷
- 南漢書：十八卷
- 南漢書考異：十八卷
- 南漢文字畧：四卷
- 南漢叢錄：二卷
- 金石稱例：四卷
- 續金石稱例：一卷
- 碑文摘奇：一卷
- 書餘：一卷
- 曲話：五卷

平湖顧氏遺書：五種／（清）顧廣譽撰

清光緒三年［1877］顧鴻昇刻本

洋裝3冊（原線裝14冊）；28釐米

Sinica 6733

詳目：

- 學詩詳說：三十卷
- 學詩正詁：五卷
- 悔過齋文集：七卷
- 剳記：一卷
- 悔過齋續集：七卷補遺一卷

顧氏遺書：十種／（清）顧觀光撰

清光緒九年［1883］獨山莫祥芝上海刻民國印本

線裝8冊；28釐米

封面題名《武陵山人遺書》

Sinica 2870

詳目：

- 六秝通考：一卷
- 九執秝解：一卷
- 回回秝解：一卷
- 算賸初編：一卷續編一卷餘稿一卷
- 九數外錄：一卷
- 神農本草經：四卷／（三國魏）吳普等述
- 周髀算經校勘記：一卷
- 傷寒雜病論補注：一卷
- 吳越春秋校勘記：一卷
- 華陽國志校勘記：一卷

石泉書屋全集：十三種／（清）李佐賢撰

清咸豐光緒間利津李氏刻本

洋裝12冊（原線裝52冊）；25釐米

Sinica 6667

詳目：

- 坦室遺文：一卷雜著一卷／（清）李文桂撰

清同治十三年［1874］刻本

- 石泉書屋類稿：八卷

清同治十年［1871］刻本

·石泉書屋詩鈔:八卷
清同治四年[1865]刻本
·石泉書屋尺牘:二卷
清同治十三年[1874]刻本
·石泉書屋制藝:二卷
清咸豐八年[1858]刻本
·石泉書屋律賦:二卷
清同治六年[1867]刻本
·石泉書屋館課詩:二卷
清咸豐八年[1858]刻本
·石泉書屋制藝補編:一卷
清同治十一年[1872]刻本
·吾廬筆談:八卷
清光緒元年[1875]刻本
·古泉匯:首集四卷元集十四卷亨集十四卷利集十八卷貞集十四卷
清同治三年[1864]刻本
·續泉匯:元集三卷亨集三卷利集三卷貞集五卷補遺二卷
清光緒元年[1875]刻本
·書畫鑑影:二十四卷
清同治十年[1871]刻本
·武定詩續鈔:二十四卷/(清)李佐賢編
清同治六年[1867]刻本

覆瓿集:十三種/(清)張文虎撰
清同治光緒間刻本
線裝12冊:像;28釐米
Sinica 4788
詳目:
·舒藝室隨筆:六卷續筆一卷餘筆三卷
清同治十三年[1874]續筆光緒五年[1879]餘筆光緒七年[1881]金陵冶城賓館刻本
·舒藝室雜箸:甲編二卷乙編二卷賸稿一卷
清光緒五年[1879]賸稿七年[1881]刻本
·舒藝室詩存:七卷.索笑詞:二卷
清光緒七年[1881]刻本
·鼠壤餘蔬:一卷
清光緒十三年[1887]刻本
·舒藝室詩續存:一卷
清光緒十三年[1887]刻本
·舒藝室尺牘偶存:一卷
清光緒十五年[1889]刻本
·湖樓校書記:一卷餘記一卷
清光緒十五年[1889]金山錢銘璧等刻本
·西泠續記:一卷
清光緒十五年[1889]金山錢銘璧等刻本
·蓮龕尋夢記:一卷
清光緒十五年[1889]金山錢銘璧等刻本
·夢因錄:一卷
清光緒十三年[1887]金山錢銘璧等刻本
·撰聯偶記:一卷
清南匯張鑫刻本
·懷舊雜記:三卷
清光緒十九年[1893]南匯張鑫刻本
·舒藝室雜存
清光緒十三年[1887]刻本
 ◦牧篴餘聲:一卷
 ◦廋辭偶存:一卷

○俗語集對：一卷
○記夢四則：一卷

番禺陳氏東塾叢書：四種附一種/（清）陳澧撰
  清咸豐光緒間刻本
  洋裝2冊（原線裝9冊）；28釐米
  有"清俸買來手自較子孫讀之知聖道鬻及借人爲不孝""湘潭黎氏求補拙齋收藏書籍金石文字之印"印記
  Sinica 6731
  詳目：
  ・漢儒通義：七卷/（清）陳澧輯
  清咸豐八年[1858]刻本
  ・聲律通考：十卷
  清咸豐十年[1860]刻本
  ・切韻考：六卷外篇三卷
  清光緒八年[1882]刻本
  ・漢書地理志水道圖説：七卷
   附
  ・考正德清胡氏禹貢圖：一卷/（清）陳宗誼撰
  清同治十一年[1872]刻本

曾文正公全集：十五種/（清）曾國藩撰
  清同治光緒間傳忠書局刻本
  缺五種（曾文正公雜箸、求闕齋讀書錄、孟子要畧、曾文正公家書、曾文正公家訓）
  線裝114冊；26釐米
  有"仲子鴻鈞""寶國之後"等印記
  Backhouse 53
  詳目：
  ・曾文正公奏稿：三十六卷
  清光緒二年[1876]刻本
  ・十八家詩鈔：二十八卷/（清）曾國藩編
  清同治十三年[1874]刻本
  ・經史百家雜鈔：二十六卷/（清）曾國藩編
  清光緒二年[1876]刻本
  ・經史百家簡編：二卷/（清）曾國藩編
  清同治十三年[1874]刻本
  ・鳴原堂論文：二卷
  清同治十二年[1873]勘志堂刻本
  ・曾文正公詩集：三卷.曾文正公文集：三卷
  清光緒二年[1876]刻本
  ・曾文正公書札：三十三卷
  清光緒二年[1876]刻本
  ・曾文正公批牘：六卷
  清光緒二年[1876]刻本
  ・求闕齋日記類鈔：二卷/（清）王啟原校編
  清光緒二年[1876]刻本
  ・曾文正公年譜：十二卷/（清）黎庶昌撰
  清光緒二年[1876]刻本

影山草堂叢書：六種/（清）莫友芝撰
  清咸豐光緒間刻本
  洋裝2冊（原線裝6冊）；25釐米
  有"觀復堂收藏書畫印"印記
  Sinica 6670
  詳目：
  ・唐寫本説文解字木部箋異：一卷
  清同治二年[1863]刻本
  ・宋元舊本書經眼錄：三卷附錄二卷

清同治十二年[1873]莫繩孫刻本
·郘亭詩鈔：六卷
清咸豐二年[1852]遵義湘川講舍刻同治五年[1866]莫繩孫修補本
·郘亭遺詩：八卷
清光緒元年[1875]莫繩孫刻本
·貞定先生遺集：四附錄一卷/（清）莫與儔撰
·郘亭遺文：八卷

古桐書屋六種：六種續刻三種/（清）劉熙載撰
清同治光緒間刻本
洋裝2冊（原線裝12冊）；24釐米
Sinica 5955
詳目：
·藝槩：六卷
·四音定切：四卷
·說文疊韻：二卷首一卷續編一卷
·說文雙聲：二卷
·持志塾言：二卷
·昨非集：四卷
續刻
清光緒十三年[1887]刻本
·古桐書屋劄記：一卷
·游藝約言：一卷
·制藝書存：一卷

經德堂集：五種/（清）龍啟瑞撰
清光緒四年至七年[1878—1881]龍繼棟京師經德堂刻本
洋裝1冊（原線裝8冊）；27釐米
有"瑞華館收藏金石書畫印""□麓山房""棠芬老屋之章"印記

Sinica 6725
詳目：
·經德堂文：内集四卷外集二卷別集二卷
·經籍舉要：一卷
清光緒七年[1881]重刻本
·浣月山房詩集：五卷.漢南春柳詞鈔：一卷.附梅神吟館詩草：一卷/（清）何慧生撰
·槐廬詩學：一卷

雷刻四種/（清）雷浚撰
清光緒十年[1884]雷氏刻本
線裝6冊；24釐米
Sinica 3156
詳目：
·說文引經例辨：三卷
·說文外編：十五卷補遺一卷
·說文辨疑：一卷/（清）顧廣圻撰
·劉氏碎金：一卷/（清）劉禧延撰
清同治十三年[1874]刻本

柏堂遺書：八種附一種/（清）方宗誠撰
清光緒桐城方氏刻本
洋裝13冊（原線裝65冊）；26釐米
有"宜興任氏天春園所有圖書"印記
Sinica 6682
詳目：
·柏堂經說
　○讀易筆記：二卷
清光緒三年[1877]刻本
　○書傳補義：三卷
清光緒二年[1876]刻本
　○詩傳補義：三卷

清光緒元年[1875]刻本
。禮記集說補義：一卷
清光緒四年[1878]刻本
。春秋傳正誼：四卷
清光緒四年[1878]刻本
。春秋集義：十二卷
清光緒八年[1882]刻本
。讀學庸筆記：二卷
清光緒五年[1879]刻本
。孝經章義：一卷
清光緒八年[1882]刻本
。讀論孟筆記：三卷補記二卷
缺一卷（卷三）
清光緒三年[1877]刻本
・柏堂讀書筆記
　。論文章本原：三卷
清光緒四年[1878]刻本
　。讀文雜記：一卷
清光緒四年[1878]刻本
　。陶詩真詮：一卷
清光緒八年[1882]刻本
　。說詩章義：三卷
清光緒八年[1882]刻本
　。讀宋鑑論：三卷
清光緒三年[1877]刻本
　。讀史雜記：一卷
清光緒四年[1878]刻本
　。讀諸子諸儒書雜記：一卷
清光緒四年[1878]刻本
・志學錄：八卷續錄三卷
清光緒三年[1877]續錄十年[1884]
刻本
　・輔仁錄：四卷
清光緒十二年[1886]刻本

・周子通書講義：一卷
清光緒十年[1884]刻本
・俟命錄：十卷
清光緒三年[1877]刻本
・吳竹如先生年譜：一卷
清光緒十一年[1885]刻本
・柏堂集：前編十四卷次編十三卷續
　　編二十二卷後編二十二卷餘編八
　　卷補存三卷外編十二卷
清光緒六年[1880]續編後編七年
[1881]餘編補存十二年[1886]外編十年
[1884]刻本
附
・柏堂集坿存：五卷/（清）方培潛撰
又名《毅齋遺集》
清光緒十二年[1886]刻本

春在堂全書：三十五種/（清）俞樾撰
清光緒二十五年[1899]刻本
洋裝28冊（原線裝160冊）；23釐米
Sinica 5941
詳目：
・羣經平議：三十五卷
　。周易平議：二卷
　。尚書平議：四卷
　。周書平議：一卷
　。毛詩平議：四卷
　。周禮平議：二卷
　。考工記世室重屋明堂考：一卷
　。儀禮平議：二卷
　。大戴禮記平議：二卷
　。小戴禮記平議：四卷
　。春秋公羊傳平議：一卷
　。春秋穀梁傳平議：一卷

○春秋左傳平議：三卷
○春秋外傳國語平議：二卷
○論語平議：二卷
○孟子平議：二卷
○爾雅平議：一卷
•諸子平議：三十五卷
　○管子平議：六卷
　○晏子春秋平議：一卷
　○老子平議：一卷
　○墨子平議：三卷
　○荀子平議：四卷
　○列子平議：一卷
　○莊子平議：三卷
　○商子平議：一卷
　○韓非子平議：一卷
　○呂氏春秋平議：三卷
　○春秋繁露平議：二卷
　○賈子平議：二卷
　○淮南內篇平議：四卷
　○揚子太玄平議：一卷
　○揚子法言平議：二卷
•第一樓叢書：三十卷
　○易貫：五卷
　○玩易篇：一卷
　○論語小言：一卷
　○春秋名字解詁補義：一卷
　○古書疑義舉例：七卷
　○兒笘錄：四卷
　○讀書餘錄：二卷
　○詁經精舍自課文：二卷
　○湖樓筆談：七卷
•曲園襍纂：五十卷
　○艮宦易說：一卷
　○達齋書說：一卷

○達齋詩說：一卷
○達齋春秋論：一卷
○達齋叢說：一卷
○荀子詩說：一卷
○何劭公論語義：一卷
○士昏禮對席圖：一卷
○樂記異文考：一卷
○生霸死霸考：一卷
○春秋歲星考：一卷
○卦氣直日考：一卷
○七十二候考：一卷
○左傳古本分年考：一卷
○春秋人地名對：一卷
○劭易補原：一卷
○讀韓詩外傳：一卷
○讀吳越春秋：一卷
○讀越絕書：一卷
○讀鶡冠子：一卷
○讀鹽鐵論：一卷
○讀潛夫論：一卷
○讀論衡：一卷
○讀中論：一卷
○讀抱朴子：一卷
○讀文中子：一卷
○改吳：一卷
○說項：一卷
○正毛：一卷
○評袁：一卷
○通李：一卷
○議郎：一卷
○訂胡：一卷
○日知錄小箋：一卷
○苓子：一卷
○小繁露：一卷

◦韻雅：一卷
　　◦小浮梅閒話：一卷
　　◦續五九枝譚：一卷
　　◦閩行日記：一卷
　　◦吳中唱和詩：一卷
　　◦梵珠：一卷
　　◦百空曲：一卷
　　◦十二月花神議：一卷
　　◦銀瓶徵：一卷
　　◦吳絳雪年譜：一卷
　　◦五行占：一卷
　　◦集千字文詩：一卷
　　◦隱書：一卷
　　◦老圓：一卷
・俞樓襍纂：五十卷
　　◦易窮通變化論：一卷
　　◦周易互體徵：一卷
　　◦八卦方位說：一卷
　　◦卦氣續考：一卷
　　◦詩名物證古：一卷
　　◦禮記鄭讀考：一卷
　　◦禮記異文箋：一卷
　　◦鄭君駁正三禮考：一卷
　　◦九族考：一卷
　　◦玉佩考：一卷
　　◦喪服私論：一卷
　　◦左傳連珠：一卷
　　◦論語鄭義：一卷
　　◦續論語駢枝：一卷
　　◦論語古注擇從：一卷
　　◦孟子古注擇從：一卷
　　◦孟子高氏學：一卷
　　◦孟子續義內外篇：一卷
　　◦四書辨疑辨：一卷

　　◦羣經賸義：一卷
　　◦讀文子：一卷
　　◦讀公孫龍子：一卷
　　◦讀山海經：一卷
　　◦讀楚辭：一卷
　　◦讀漢碑：一卷
　　◦讀昌黎先生集：一卷
　　◦讀王觀國學林：一卷
　　◦讀王氏稗疏：一卷
　　◦莊子人名考：一卷
　　◦楚辭人名考：一卷
　　◦駢隸：一卷
　　◦讀隸輯詞：一卷
　　◦廣雅釋詁疏證拾遺：一卷
　　◦著書餘料：一卷
　　◦佚文：一卷
　　◦佚詩：一卷
　　◦銘篇：一卷
　　◦玉堂舊課：一卷
　　◦廣楊園近鑑：一卷
　　◦壺東漫錄：一卷
　　◦百哀篇：一卷
　　◦詠物二十一首：一卷
　　◦五五：一卷
　　◦枕上三字訣：一卷
　　◦廢醫論：一卷
　　◦九宮衍數：一卷
　　◦金剛經訂義：一卷
　　◦一笑：一卷
　　◦說俞：一卷
　　◦俞樓經始：一卷
・賓萌集：六卷外集四卷
・春在堂襍文：二卷續編五卷三編四
　　卷四編八卷五編八卷六編十卷

補遺六卷
・春在堂詩編：二十三卷
・春在堂詞錄：三卷
・春在堂隨筆：十卷
・春在堂尺牘：六卷
・楹聯錄存：五卷附錄一卷
・春在堂輓言：一卷/（清）□□輯
・四書文：一卷
・右台仙館筆記：十六卷
・茶香室叢鈔：二十三卷續鈔二十五卷三鈔二十九卷四鈔二十九卷
・茶香室經說：十六卷
・經課續編：八卷
・九九銷夏錄：十四卷
・金剛般若波羅蜜經注：二卷
・太上感應篇纘義：二卷
・游藝錄：六卷
・小蓬萊謠：一卷
・袖中書：二卷
・東瀛詩記：二卷/（清）俞樾輯
・東海投桃集：一卷/（清）俞樾輯
・慧福樓幸草：一卷/（清）俞繡孫撰
・曲園自述詩：一卷
・曲園墨戲：一卷
・曲園三耍：三卷
・瓊英小錄：一卷
・春在堂全書錄要：一卷
・春在堂全書校勘記：一卷/（清）蔡啟盛撰
・春在堂傳奇二種
　。驪山傳：一卷
　。梓潼傳：一卷
・新定牙牌數：一卷

曾忠襄公全集：四種附二種/（清）曾國荃撰；（清）蕭榮爵輯
清光緒二十九年［1903］刻本
洋裝9冊（原線裝64冊）；28釐米
Sinica 6734
詳目：
・曾忠襄公奏議：三十二卷
・曾忠襄公書札：二十二卷
・曾忠襄公文集：二卷
・曾忠襄公批牘：五卷
附
・曾忠襄公年譜：四卷/（清）王定安初稿；（清）蕭榮爵增訂
・曾忠襄公榮哀錄：二卷/（清）蕭榮爵輯

蔣侑石遺書：三種/（清）蔣曰豫撰
清光緒三年［1877］蓮池書局刻本
線裝5冊；27釐米
Sinica 4669
詳目：
・滂喜齋學錄：十一卷
　。詩經異文：四卷
　。韓詩輯：一卷
　。論語集解校補：一卷
　。國語賈景伯注：一卷/（漢）賈逵撰；（清）蔣曰豫輯
　。離騷釋韻：一卷
　。許叔重淮南子注：一卷/（漢）許慎撰；（清）蔣曰豫輯
　。兩漢傳經表：二卷
・問奇室詩集：二卷續集一卷.問奇室文集一卷
・秋雅：一卷

魏稼孫先生全集：三種/（清）魏錫曾撰
清光緒九年［1883］羊城刻本
線裝4冊；31釐米
Sinica 4777
詳目：
・續語堂碑錄：不分卷
書名據版心題，又名《非見齋碑錄》
・續語堂題跋：一卷
・續語堂詩存：一卷文存一卷

潛園總集：十七種/（清）陸心源撰
清光緒刻本
洋裝38冊（原線裝204冊）；25釐米
有"宜興任氏天春園所有圖書"印記
Sinica 5950
詳目：
・宋史翼：四十卷/（清）陸心源輯
・元祐黨人傳：十卷
・皕宋樓藏書志：一百二十卷續志四卷
清光緒八年［1882］刻本
・吳興金石記：十六卷
清光緒十六年［1890］刻本
・金石學錄補：四卷
清光緒十二年［1886］刻本
・千甓亭磚錄：六卷續錄四卷
清光緒七年［1881］續錄十四年［1888］刻本
・三續疑年錄：十卷附補遺
清光緒五年［1879］刻本
・補疑年錄：四卷/（清）錢椒撰
・羣書校補：一百卷（原缺卷十七、二十七至三十三）/（清）陸心源輯
　・李氏易傳校：一卷
　。詩說補：二卷
　。周禮集說補：三卷
　。春秋集傳纂例校：一卷
　。春秋辨疑校：一卷
　。春秋讞義補：三卷
　。羣經音辨校：一卷
　。集韻校：四卷
　。朝野雜記校：一卷
　。國朝名臣事略校：四卷
　。齊民要術校：二卷
　。神仙遺論補：一卷
　。巢氏諸病源候論校：一卷
　。外臺祕要校：九卷
　。敬齋古今黈補：五卷
　。東觀餘論校：一卷
　。論衡校
　。折獄龜鑑補
　。西溪叢語校
　。硯箋校
　。封氏聞見記校
　。唐語林補
　以上合一卷
　。初學記校：八卷
　。稽神錄校補：二卷
　。集異記校補：四卷
　。道德真經指歸校補：三卷
　。陸士衡集校
　。陸士龍集校
　以上合一卷
　。王黃州小畜集校：二卷
　。錢塘集補：二卷
　。臨川集補：一卷
　。元豐類藁補：二卷
　。曲阜集補：三卷

。柯山集補：十二卷
　。徐照集補：三卷
　。徐璣集補：一卷
　。會稽掇英總集校：一卷
　。續會稽掇英集校補：五卷
　。尤本文選考異補：一卷
・唐文拾遺：七十二卷目錄八卷續拾
　　十六卷/（清）陸心源輯
清光緒十四年[1888]刻本
・儀顧堂集：二十卷
清光緒二十四年[1898]刻本
・儀顧堂題跋：十六卷續跋十六卷
清光緒十六年[1890]續跋十八年
[1892]刻本
　・吳興詩存：初集八卷二集十四卷三集
　　六卷四集二十卷/（清）陸心源輯
清光緒十六年[1890]刻本
　・歸安縣志：五十二卷/（清）李昱等
　　修；（清）陸心源纂
　・千甓亭古塼圖釋：二十卷
清光緒十七年[1891]石印本
　・穰梨館過眼錄：四十卷續錄十六卷
清光緒十七年[1891]刻本
　・宋詩紀事補遺：一百卷小傳補正四卷
清光緒十九年[1893]刻本

儆季襍著：五種附二種/（清）黃以周撰
　清光緒二十年至二十一年[1894—
1895]江蘇南菁講舍刻本
　洋裝2冊（原線裝10冊）；24釐米
　Sinica 5959
　詳目：
　・禮說：六卷
　・羣經說：四卷

・史說略：四卷
・子敘：一卷
・儆季文鈔：六卷
附
・尚書講義：一卷/（清）黃以周口授；
　　（清）黃家辰，（清）黃家岱述
清光緒二十一年[1895]刻本
・嬿薿軒襍箸：三卷/（清）黃家岱撰
清光緒二十一年[1895]刻本

賭棋山莊所著書：八種/（清）謝章鋌撰
　清光緒民國間刻本
　洋裝6冊（原線裝32冊）；28釐米
　Sinica 6727
　詳目：
　・賭棋山莊集：文七卷文續二卷文又
　　續二卷詩十四卷.酒邊詞：八卷
清光緒十年[1884]閩縣陳寶璐南昌
使廨文續十八年[1892]文又續二十四年
[1898]詩十四年[1888]酒邊詞十五年
[1889]福州刻本
　・賭棋山莊餘集：文三卷詩一卷詞一卷
　　民國十四年[1925]沈丹元刻本
　・說文閩音通：一卷附錄一卷
清光緒三十年[1904]閩縣陳寶璐刻本
　・賭棋山莊集詞話：十二卷續五卷
清光緒十年[1884]閩縣陳寶璐南昌
使廨刻本
　・賭棋山莊筆記
　　。圍爐瑣憶：一卷
清光緒二十七年[1901]刻本
　　。籐陰客贅：一卷
清光緒二十七年[1901]刻本
　　。稗販雜錄：四卷

清光緒二十七年[1901]刻本
○課餘偶錄:四卷續錄五卷
清光緒二十四年至二十六年[1898—1900]福州刻本
·東嵐謝氏明詩畧:四卷/(清)謝世南輯
清光緒十九年[1893]刻本
·賭棋山莊八十壽言:一卷/(清)謝章鋌輯
清光緒二十八年[1902]董藻翔福州刻本

賭棋山莊所著書:七種/(清)謝章鋌撰
清光緒福州刻本
存四種
洋裝6冊(原線裝25冊);28釐米
版心題名《賭棋山莊集》
Sinica 3157
詳目:
·賭棋山莊集:文七卷文續二卷文又續二卷詩十四卷.酒邊詞:八卷
清光緒十年[1884]閩縣陳寶璐南昌使廨文續十八年[1892]文又續二十四年[1898]詩十四年[1888]酒邊詞十五年[1889]福州刻本
缺文七卷
·賭棋山莊集詞話:十二卷續五卷
清光緒三十年[1884]閩縣陳寶璐南昌使廨刻本
·賭棋山莊筆記
○圍爐瑣憶:一卷
清光緒二十七年[1901]刻本
○籐陰客贅:一卷
清光緒二十七年[1901]刻本

○稗販雜錄:四卷
清光緒二十七年[1901]刻本
○課餘偶錄:四卷續錄五卷
清光緒二十四年[1898]續錄二十六年[1900]福州刻本
·賭棋山莊八十壽言:一卷/(清)謝章鋌輯
清光緒二十八年[1902]董藻翔福州刻本

庸盦全集:七種/(清)薛福成撰
清光緒無錫薛氏本
洋裝7冊(原線裝44冊):像;24釐米
Sinica 5943
詳目:
·庸庵文編:四卷文續編二卷文外編四卷海外文編四卷
清光緒十三年[1887]文續編十五年[1889]文外編十九年[1893]海外文編二十一年[1895]刻本
·籌洋芻議:一卷
清光緒十年[1884]刻本
·浙東籌防錄:四卷
清光緒十二年[1886]刻本
·出使奏疏:二卷
清光緒二十年[1894]刻本
·出使公牘:十卷
清光緒二十四年[1898]刻本
·出使英法義比四國日記:六卷
清光緒十八年[1892]刻本
·出使日記續刻:十卷
清光緒二十四年[1898]刻本

庸盦全集：七種／(清)薛福成撰
　　清光緒二十七年[1901]上海書局石印本
　　存二種
　　線裝11冊；17釐米
　　有"賀氏□子"印記
　　Sinica 6599
　　詳目：
　　・庸庵文編：四卷文續編二卷文外編
　　　　四卷海外文編四卷
　　缺文外編四卷
　　文編卷二有複本
　　清光緒二十三年[1897]上海醉六堂石印海外文編
　　・出使英法義比日記：六卷
　　清光緒十八年[1892]上海醉六堂石印本

桐城吳先生全書：五種／(清)吳汝綸撰
　　清光緒三十年[1904]王恩紱等刻本
　　洋裝5冊(原線裝20冊)；27釐米
　　Sinica 6718
　　詳目：
　　經說
　　・易說：二卷
　　・尚書故：三卷
　　經說附錄
　　・夏小正私箋：一卷
　　・桐城吳先生文集：四卷.桐城吳先生詩集：一卷
　　・桐城吳先生尺牘：五卷補遺一卷.諭兒書：一卷

坦園全集：七種／(清)楊恩壽撰
　　清光緒長沙楊氏刻本
　　洋裝6冊(原線裝36冊)；25釐米
　　Sinica 6666
　　詳目：
　　・坦園文錄：十四卷詩錄二十卷詞錄七卷詞餘一卷賦錄一卷偶錄三卷
　　・坦園傳奇六種
　　　○理靈坡：一卷
　　　○麻灘驛：一卷
　　　○再來人：一卷
　　　○姽嫿封：一卷
　　　○桃花源：一卷
　　　○桂枝香：一卷
　　・詞餘叢話：三卷續三卷
　　・眼福編初集：十四卷.眼福編二集：十五卷.眼福編三集：七卷
　　・燈社嬉春集：二卷
　　・坦園四書對聯：一卷／(清)楊恩壽，(清)楊逢辰撰
　　・坦園叢稿
　　　○詩序韻語：一卷
　　　○雉舟酬唱集：一卷／(清)楊恩壽，(清)裴文禩撰
　　　○蘭芷零香錄：三卷／(清)楊恩壽編

還硯齋全集：五種／(清)趙新撰
　　清光緒八年[1882]黃樓刻本
　　洋裝4冊(原線裝32冊)；26釐米
　　Sinica 6717
　　詳目：
　　・還硯齋周易述：四卷
　　・還硯齋易漢學擬旨：一卷
　　・還硯齋大學題解參略：一卷.還硯齋中庸題解參略：二卷

· 續琉球國志略：二卷首一卷
· 還硯齋雜著：四卷古近體詩略一卷
　賦稿十卷大題文稿一卷補遺一
　卷小題文稿一卷試帖一卷

師伏堂叢書：二十三種/（清）皮錫瑞撰
　清光緒善化皮氏刻本
　洋裝8冊（原線裝45冊）；29釐米
　有"歡秋甫""元和胡氏玉縉所藏"
印記
　Sinica 6736
　詳目：
· 經學通論：五卷
　清光緒三十三年[1907]思賢書局刻本
· 經學歷史：一卷
　清光緒三十二年[1906]思賢書局刻本
· 尚書大傳疏證：七卷
　清光緒二十二年[1896]師伏堂刻本
· 今文尚書攷證：三十卷
　清光緒二十三年[1897]師伏堂刻本
· 尚書中候疏證：一卷
　清光緒二十五年[1899]刻本
· 古文尚書冤詞平議：二卷
　清光緒二十二年[1896]思賢書局刻本
· 孝經鄭注疏：二卷
　清光緒二十五年[1899]師伏堂刻本
· 鄭志疏證：八卷.附鄭記攷證：一
　卷.答臨孝存周禮難：一卷
　清光緒二十五年[1899]刻本
· 聖證論補評：二卷
　清光緒二十五年[1899]刻本
· 六藝論疏證：一卷
　清光緒二十五年[1899]刻本
· 魯禮禘祫義疏證：一卷

　清光緒二十五年[1899]刻本
· 王制箋：一卷
　清光緒三十四年[1908]思賢書局刻本
· 漢碑引經攷：六卷.附漢碑引緯攷：
　一卷
　清光緒三十年[1904]刻本
· 師伏堂詠史：一卷
　清光緒三十年[1904]刻本
· 師伏堂詞：一卷
　清光緒三十年[1904]刻本
· 師伏堂駢文：四卷
　缺二卷
　清光緒三十年[1904]刻本
· 師伏堂詩草：六卷
　清光緒三十年[1904]刻本
· 發墨守疏證：一卷.箴膏肓疏證：一
　卷.釋廢疾疏證：一卷
　清光緒二十五年[1899]刻本
· 禮記淺說：二卷
　清光緒二十五年[1899]刻本
· 左傳淺說：二卷
　清光緒二十五年[1899]刻本
· 駁五經異義疏證：十卷
　清光緒二十五年[1899]刻本
· 尚書古文疏證辨正：一卷
　清光緒思賢講舍刻本
· 尚書古文攷實：一卷.附召誥日名
　攷：一卷/（清）李銳撰.詩聲衍：
　一卷/（清）劉逢祿撰
　清光緒思賢講舍刻本

觀象廬叢書：十九種/（清）呂調陽撰
　清光緒十四年[1888]葉長高刻本
（彭門吳氏藏板）

缺一種(弧角拾遺一卷)
線裝64冊；27釐米
Sinica 2767
詳目：
- 易一貫：六卷
- 六書十二聲傳：十二卷.解字贅言：一卷
- 古律呂攷：一卷
- 商周彝器釋銘：六卷
- 志學編八種
  ○ 大學節訓：一卷
  ○ 中庸節訓：一卷
  ○ 洪範原數：一卷
  ○ 釋天：一卷
  ○ 重訂談天正議：一卷
  ○ 三代紀年考：一卷
  ○ 周官司徒類攷：一卷
  ○ 考工記考：一卷圖一卷
- 釋地三種
  ○ 羣經釋地：六卷
  ○ 古史釋地：三卷
  ○ 諸子釋地：一卷
- 五藏山經傳：五卷.海內經附傳：一卷
- 重訂越南圖說：六卷/(清)盛慶紱撰
- 穆天子傳釋：一卷
- 漢地理志詳釋：四卷
- 曰若編：七卷
- 史表號名通釋：三卷
- 輿地今古圖考：二十二卷
- 詩序議：四卷
- 逸經釋：一卷
- 論孟疑義：一卷
- 勾股六術：一卷/(清)項名達撰；(清)賈步緯注

- 齊民要術：十卷/(北魏)賈思勰撰

損齋全書：四種/(清)楊樹椿撰
清光緒十九年[1893]柏經正堂刻本
線裝7冊；25釐米
Sinica 6176
詳目：
- 損齋文鈔：十五卷外集一卷
- 損齋語錄鈔：三卷/(清)楊玉清編
- 損齋先生全書附錄：一卷/(清)楊玉清編
- 西埜楊氏壬申譜：一卷

寂園叢書：十一種/(清)陳瀏撰
清宣統二年[1910]鉛印本洋裝3冊(原線裝20冊)；24釐米又名《寂園志》
Sinica 5944
詳目：
- 匋雅：三卷(原缺卷下)
又名《瓷學》
- 茶半軒集：一卷
- 二山唱和集：一卷
- 鬭杯堂集：一卷
- 雄樹堂集：一卷
- 鬭杯堂詩集：一卷
- 杯隱堂詩集：一卷
以上六種皆屬《孤圓山莊詩賸》
- 杯史：一卷
- 寂園說印：一卷
- 大山詩集：七卷/(清)劉巖撰
- 睇海樓詩：一卷/(清)□□撰
- 繡詩樓詩：一卷
- 問字樓詩：一卷/(清)陳禦寇撰
- 浦鐸：不分卷

·閩鹽正告書: 不分卷
·福建鹽務公牘: 不分卷

湘綺樓全書: 十九種/(清)王闓運撰
清光緒宣統間刻本
洋裝16冊(原線裝85冊); 26釐米
Sinica 6687
詳目:
·周易說: 十一卷
清光緒三十二年[1906]東洲刻本
·尚書箋: 三十卷
清光緒二十九年[1903]東洲刻本
·尚書大傳補注: 七卷
·詩經補箋: 二十卷
清光緒三十二年[1906]衡陽東洲刻本
·禮記箋: 四十六卷
清光緒二十二年[1896]東洲講舍刻本
·春秋公羊傳箋: 十一卷
清光緒三十四年[1908]刻本
·周官箋: 六卷
清光緒二十二年[1896]東洲講舍刻本
·禮經箋: 十七卷
清光緒二十二年[1896]東洲講舍刻本
·論語訓: 二卷
·爾雅集解: 十九卷
清光緒二十九年[1903]東洲刻本
·湘軍志: 十六卷
清宣統元年[1909]東洲刻本
·王志: 二卷/(清)陳兆奎編
清光緒三十三年[1907]承陽刻本

·楚辭釋: 十一卷
清光緒二十七年[1901]衡陽刻本
·莊子注: 二卷
·墨子注: 七卷
清光緒三十年[1904]江西官書局刻本
·鶡冠子: 一卷/(清)王闓運錄
清宣統三年[1911]安仁刻本
·唐詩選: 十三卷
清宣統三年[1911]東洲刻本
·湘綺樓文集: 八卷
清光緒二十六年[1900]承陽刻本
·湘綺樓詩集: 十四卷
清光緒三十三年[1907]東洲講舍刻本

蕙風叢書: 七種附一種/況周頤撰
清光緒刻民國十五年[1926]上海中國書店印本
洋裝2冊(原線裝12冊); 27釐米
Sinica 6722
詳目:
·阮盦筆記五種
清光緒三十三年[1907]白門刻本
　。選巷叢譚: 二卷
　。鹵底叢譚: 二卷
　。蘭雲菱寱樓筆記: 一卷
　。蕙風簃隨筆: 二卷
　。蕙風簃二筆: 二卷
·香東漫筆: 二卷
·萬邑西南山石刻記: 二卷.附南浦郡報善寺兩唐碑釋文: 一卷
清光緒二十九年[1903]西巖講院刻本

·薇省詞鈔：十卷附錄一卷
清光緒二十四年[1898]廣陵刻本
·粵西詞見：二卷.附玉梅後詞：一卷
清光緒二十二年[1896]金陵刻本
·香海棠館詞話：一卷
·第一生修梅花館詞九種
　○新鶯詞：一卷
　○玉梅詞：一卷
　○錦錢詞：一卷
　○蕙風詞：一卷
　○菱景詞：一卷
　○二雲詞：一卷
　○餐櫻詞：一卷
　○菊夢詞：一卷
　○存悔詞：一卷
附
·澹如軒詩：一卷/(清)朱鎮撰
清光緒二十五年[1899]武昌刻本

樊山全集：八種/樊增祥撰
清光緒刻本
線裝24冊；27釐米
Sinica 3163
詳目：
·樊山集：二十八卷
清光緒十九年[1893]刻本
·樊山續集：二十八卷
清光緒二十八年[1902]刻本
·樊山公牘：三卷
清光緒二十年[1894]刻本
·樊山時文：一卷
清光緒二十年[1894]刻本
·樊山批判：十五卷
清光緒二十三年[1897]刻本

·二家詠古詩：一卷/(清)張之洞，樊
　增祥撰
清光緒二十七年[1901]刻本
·二家試帖
清光緒二十七年[1901]刻本
　○廣雅堂試帖：一卷/(清)張之洞撰
　○畫妃亭試帖：一卷/樊增祥撰
·二家詞鈔
清光緒二十八年[1902]刻本
　○霞川花隱詞：二卷/(清)李慈銘撰
　○五十麝齋詞賡：三卷/樊增祥撰

觀古堂所箸書：十六種/葉德輝撰
清光緒長沙葉氏刻本
洋裝2冊(原線裝16冊)；26釐米
Sinica 6698
詳目：
第一集
·天文本單經論語校勘記：一卷
清光緒二十八年[1902]刻本
·孟子章句：一卷/(漢)劉熙撰；葉
　德輝輯.劉熙事蹟考：一卷/葉德
　輝撰
清光緒二十八年[1902]刻本
·月令章句：四卷/(漢)蔡邕撰；葉
　德輝輯
清光緒三十年[1904]刻本
·古今夏時表：一卷.附易通卦驗節候
　校文：一卷
清光緒二十九年[1903]刻本
·釋人疏證：二卷
清光緒二十八年[1902]刻本
·山公啓事：一卷佚事一卷/(晉)山
　濤撰；葉德輝輯

清光緒二十六年[1900]刻本
・秘書省續編到四庫闕書目：二卷/（宋）□□改定；葉德輝考證
清光緒二十九年[1903]刻本
・瑞應圖記：一卷/（南朝梁）孫柔之撰；葉德輝輯
清光緒二十七年[1901]刻本
第二集
・鶡子：二卷/（西周）鶡熊撰；葉德輝校輯
・郭氏玄中記：一卷/（□）郭□撰；葉德輝校輯
・淮南鴻烈閒詁：二卷/（漢）許慎撰；葉德輝輯
清光緒二十一年[1895]刻本
・淮南萬畢術：二卷/（漢）劉安撰；葉德輝輯
・傅子：三卷訂譌一卷/（晉）傅玄撰；葉德輝輯並撰訂譌
清光緒二十八年[1902]刻本
・晉司隸校尉傅玄集：三卷/（晉）傅玄撰；葉德輝輯
清光緒二十八年[1902]刻本
・覺迷要錄：四卷/葉德輝輯
清光緒三十一年[1905]刻本
・古泉雜詠：四卷
清光緒二十七年[1901]刻本

觀古堂所箸書：十六種/葉德輝撰
清光緒長沙葉氏刻本
存二種
線裝1冊；27釐米
Sinica 4687
詳目：

・天文本單經論語校勘記：一卷
清光緒二十八年[1902]刻本
・孟子章句：一卷/（漢）劉熙撰；葉德輝輯
清光緒二十八年[1902]刻本

六譯館叢書：一百零二種/廖平撰
清光緒至民國間刻本拼配
洋裝11冊（原線裝80冊）；26釐米
Sinica 6719
詳目：
・公羊春秋經傳驗推補證：十一卷圖一卷
清光緒三十二年[1906]則柯軒刻本
・擬大統春秋條例：一卷
・皇帝大同學革弊興利百目：一卷
・何氏公羊解詁十論：一卷續十論一卷再續十論一卷
・春秋左傳古義凡例：一卷
清光緒三十二年[1906]成都刻本
・春秋左氏傳漢義補證簡明凡例：一卷
・春秋古經左氏說後義補證凡例：一卷
・左氏春秋學外編凡例：一卷
・春秋圖表：二卷
・春秋三傳折中：二卷
民國六年[1917]成都存古書局刻本
・春秋左氏古經說義疏：十二卷
清光緒三十四年[1908]成都中學堂刻本
・周禮新義凡例：一卷
・周官攷徵凡例：一卷
・周禮訂本略注：三卷
・周禮鄭注商榷：一卷
・禮經凡例：一卷

・容經學凡例：一卷
・分撰兩戴記章句凡例：一卷
民國十年［1921］成都存古書局刻本
・禮說：一卷
民國七年［1918］成都存古書局刻本
・禮記分編目錄：一卷
・禮記識：二卷
・經語甲編：二卷
清光緒二十三年［1897］尊經書局刻本
・四益堂經語乙篇：一卷
・今文尚書要義凡例：一卷
・書經大統凡例：一卷
・尚書今文新義：一卷
・知聖篇：二卷
清光緒二十八年［1902］刻本
・羣經大義：一卷/洪陳光編
民國六年［1917］成都存古書局刻本
・論語彙解凡例：一卷
・尊孔篇：一卷
・易經新義疏證凡例：一卷
・易經古本：一卷
民國四年［1915］成都存古書局刻本
・四益易說：一卷
民國七年［1918］成都存古書局刻本
・墨辯解故序：一卷
・易生行譜例言：一卷
・孝經學凡例：一卷
・坊記新解：一卷
・家學樹坊：一卷
民國三年［1914］成都存古書局刻本
・倫理約編：一卷附錄一卷
・經學初程：一卷
民國三年［1914］成都存古書局刻本
・四益館經學四變記：一卷

・五變記箋述：二卷/廖平撰；黃鎔箋述
・王制學凡例：一卷
・王制訂：一卷
清光緒二十三年［1897］尊經書局刻本
・王制集說：一卷
民國三年［1914］成都存古書局刻本
・穀梁古義疏證敘：一卷
・穀梁春秋經傳古義凡例：一卷
・穀梁春秋經學外編敘目：一卷
・四益館穀梁春秋外編敘目：一卷
・釋范：一卷
清光緒十一年［1885］福山王懿榮書齋刻本
・起起穀梁廢疾：一卷
清光緒十一年［1885］福山王懿榮書齋刻本
・古學攷：一卷
・今古學攷：二卷
・六書舊例：一卷
清光緒十三年［1887］刻本
・四益館雜著：不分卷
民國十年［1921］成都存古書局刻本
・春秋王制尚書周禮九州疆域大小攷：一卷
清光緒三十四年［1908］刻本
・樂經凡例：一卷
・書經弘道編：不分卷
・光緒會典：四卷
民國二年［1913］成都存古書局刻本
・春秋周禮皇帝疆域圖表：四十二卷
民國四年［1915］成都存古書局刻本
・今文詩占義疏證凡例：一卷
・四益詩說：一卷
民國七年［1918］成都存古書局刻本

- 詩緯新解：一卷
- 大學中庸演義：一卷
- 楚詞講義：一卷
- 撼龍經傳訂本注：一卷

民國六年［1917］成都存古書局刻本

- 地理辨正補證：八卷

民國四年［1915］成都存古書局刻本

- 地學答問：一卷.附漢志三統曆表：一卷

民國四年［1915］成都存古書局刻本

- 命理支中藏干釋例：一卷
- 世界哲理箋釋：一卷

民國十年［1921］成都存古書局刻本

- 莊子新解：一卷
- 莊子經說敘意：一卷
- 黃帝內經明堂：一卷
- 黃帝內經太素篇目：一卷
- 靈樞隋楊氏太素注本目錄：一卷
- 素問隋楊氏太素注本目錄：一卷
- 黃帝內經明堂敘：一卷.舊鈔太素經校本敘：一卷.黃帝內經九卷集注敘：一卷.黃帝內經素問重校正敘：一卷/（清）黃以周撰
- 內經平脈考：一卷

民國四年［1915］成都存古書局刻本

- 黃帝內經太素診皮篇補證：一卷.附仲景診皮法：一卷.古經診皮名詞：一卷

民國三年［1914］成都存古書局刻本

- 診筋篇補證：一卷.附十二筋病表：一卷

民國五年［1916］成都存古書局刻本

- 診骨篇補證：一卷/（隋）楊上善撰；廖平補.附慈谿劉廷楨中西骨格辯證：一卷/（清）劉廷楨撰

民國五年［1916］成都存古書局刻本

- 楊氏太素診絡篇補證：三卷.附診絡篇病表：一卷.診絡篇名詞：一卷/（隋）楊上善撰；廖平補證

民國三年［1914］成都存古書局刻本

- 人寸診補證：二卷

民國三年［1914］成都存古書局刻本

- 楊氏太素三部診法補證：一卷.楊氏太素九候篇診法補證：一卷.附十二經動脈表：一卷/（隋）楊上善撰；廖平補證

民國四年［1915］成都存古書局刻本

- 營衛運行楊注補證：一卷

民國三年［1914］成都存古書局刻本

- 分方治宜篇：一卷

民國四年［1915］成都存古書局刻本

- 靈素五解篇：一卷.附素問靈臺祕典論篇新解：一卷

民國十年［1921］成都存古書局刻本

- 瘧解補證：一卷
- 脈學輯要評：三卷

民國三年［1914］成都存古書局刻本

- 脈經考證：一卷

民國四年［1915］成都存古書局刻本

- 傷寒總論：一卷
- 太素內經傷寒總論補證：一卷.附太素四時病補證：一卷
- 傷寒平議：二卷

民國六年［1917］成都存古書局刻本

- 傷寒講義：一卷
- 桂枝湯講義：一卷
- 難經經釋補證：二卷

民國三年［1914］成都存古書局刻本

・平脈法砭僞平議：一卷/（日）內藤希振撰；廖平補評
・仲景三部診法：一卷.仲景九候診法：一卷
民國五年[1916]成都存古書局刻本
・傷寒雜病論古本：三卷
民國八年[1919]成都存古書局刻本
・傷寒之雜病：一卷
・傷寒古本攷：三卷
民國六年[1917]成都存古書局刻本
・傷寒雜證古本：一卷

大鶴山房全書：十種附一種/（清）鄭文焯撰
清光緒民國間刻民國九年[1920]蘇州交通圖書館彙印本
洋裝1册（原線裝8册）；28釐米
Sinica 6735
詳目：
・説文引羣説故揚雄説故：一卷.附揚雄訓纂篇考：一卷
・高麗國永樂好太王碑釋文纂攷：一卷
清光緒二十六年[1900]平湖朱氏經注經齋刻本
・醫故：二卷
・詞源斠律：二卷
・冷紅詞：四卷
清光緒二十二年[1896]歸安沈氏耦園刻本
・樵風樂府：九卷
民國二年[1913]仁和吳氏雙照樓刻本
・比竹餘音：四卷
民國元年[1912]吳興沈氏刻本
・茗雅餘集：一卷
民國四年[1915]吳興朱氏無著盦刻本

・絶妙好詞校録：一卷
・瘦碧詞：二卷
民國六年[1917]吳中刻本

易順鼎著書：四十一種/易順鼎撰
清光緒民國間刻本暨鉛印本暨石印本拼配
洋裝6册（原線裝33册）；25釐米
書名據書衣手寫題名著録；洋裝書脊題《琴志樓叢書》
有"周汝愚印""愚僧書卷""藝巖小隱主人翁""得天然樂趣齋之印""龢廷過目"等印記
Sinica 6669
詳目：
・經義莛撞：四卷
清光緒十年[1884]刻寶瓠齋雜俎本
・讀經貸記：一卷
清光緒刻寶瓠齋雜俎本
・讀老札記：二卷補遺一卷
清光緒十年[1884]刻寶瓠齋雜俎本
・淮南許註鉤沈：一卷
清光緒十六年[1890]刻寶瓠齋雜俎本
・出都詩録：一卷
清光緒刻楚頌樓詩本
・吳篷詩録：一卷
清光緒刻楚頌樓詩本
・樊山沌水詩録：一卷
清光緒刻楚頌樓詩本
・蜀船詩録：一卷
清光緒刻楚頌樓詩本
・巴山詩録：一卷
清光緒刻楚頌樓詩本

・楚頌亭詞第四集：一卷
清光緒十年［1884］刻寶瓠齋雜俎本
・栞臺夢語：一卷
清光緒十三年［1887］刻謚簫樓詞本
・盾墨拾餘
清光緒二十二年［1896］慕皋廬刻哭盦叢書本
　　○奏疏：二卷
　　○雜稿：一卷
　　○四魂集
　　　　□魂北集：一卷
　　　　□魂東集：一卷
　　　　□魂南集：一卷
　　　　□歸魂集：一卷
　　○四魂外集
　　　　□魂海集：三卷
　　　　□魂天集：一卷
・燕榻集：一卷
清光緒二十七年［1901］長安刻琴志樓叢書本
・魂西集：八卷
清光緒刻琴志樓叢書本
・東歸集：一卷
清光緒刻琴志樓叢書本
・國朝文苑傳：一卷
清光緒刻慕皋廬雜刻本
・國朝孝子小傳：一卷
清光緒刻慕皋廬雜刻本
・國朝學案目錄：一卷
清光緒刻哭盦叢書本
・孔門詩集：一卷
清光緒刻慕皋廬雜刻本
・大學私訂本：一卷
清光緒刻慕皋廬雜刻本

・易音補顧：一卷
清光緒刻哭盦叢書本
・制義：一卷
清光緒刻慕皋廬雜刻本
・琴志樓叢鈔本：不分卷
清光緒石印本
・琴志樓游山詩集：八卷
清光緒鉛印琴志樓叢書本
・癸丑詩存：二卷
清光緒鉛印哭盦叢書本
・高州集：一卷
清光緒鉛印琴志樓叢書琴志樓詩本
・哭庵丁戊詩集
清宣統鉛印本
　　○宣南集：一卷
　　○嶺南集：一卷補遺一卷
　　○甬東集：一卷
・琴志樓編年詩錄：十九卷（原缺卷十、十一）
清光緒鉛印琴志樓叢書本
・戊申日記：一卷
清光緒刻鄂中叢刻本
・樊樊山先生書琴樓夢/樊增祥撰
民國三年［1914］上海國學書室鉛印本
・仿擊鉢吟：一卷
清光緒鉛印本
・湘壇集：二卷
清光緒鉛印琴志樓叢書本
・己酉日記：一卷
清光緒鉛印端州叢書本
・甲寅詩存：二卷
清光緒鉛印哭盦叢書本
・嗚呼易順鼎：一卷
清光緒鉛印琴志樓叢書小說院本類本

・哭庵碎語：一卷
清光緒鉛印琴志樓叢書筆記類本
・呈稿：一卷
清光緒鉛印本
・廬餘集：一卷.仿擊鉢吟：一卷.集韓：一卷
清光緒鉛印本

・廬餘集：一卷
書衣題名《魂粵集》
清光緒三十四年[1908]廣州鉛印本
・魂南續集：一卷
清光緒鉛印鄂中叢刻本
・廬廬餘餘：一卷
清光緒鉛印本

新學類

史志

中國史講義:第一編/(清)汪嶔編纂
　　清光緒三十一年[1905]南昌普益書局鉛印本
　　平裝1冊(2, 4, 6, 16, 86, 36頁); 23釐米
　　Backhouse 635

中國歷史教科書/汪榮寶編纂
　　清宣統元年[1909]上海商務印書館鉛印本
　　精裝1冊; 23釐米
　　原名《本朝史講義》
　　Backhouse 675

普法戰紀:十四卷/(清)張宗良口譯;(清)王韜輯撰
　　清同治十二年[1873]中華印務總局鉛印本
　　線裝8冊: 地圖; 28釐米
　　Sinica 707

政治法律

列國政要:一百三十二卷譯名對照表一卷/(清)戴鴻慈,(清)端方輯
　　清光緒三十四年[1908]上海商務印書館石印本(第四版)
　　線裝32冊; 27釐米
　　Sinica 6839

滬杭甬鐵路部借外款虧耗之駭聞/(清)沈宗傳等撰
　　清宣統二年[1910]鉛印本
　　線裝1冊; 26釐米
　　Backhouse 713

庚戌資政院議案草:四卷/(清)志伊齋著
　　清宣統二年[1910]序上海徵文社鉛印本
　　洋裝1冊(原平裝2冊); 25釐米
　　Backhouse 690

工藝

浙省鐵路始末述略/(清)孫誦洛等撰
　　清末京師京華印書局鉛印本
　　線裝1冊; 27釐米
　　Backhouse 714
　　又一部
　　Backhouse 715

財經

理財節畧:一卷/(英)戴樂爾撰
　　清光緒二十五年[1899]上海鉛印本
　　精裝(原線裝)1冊; 26釐米
　　Sinica 3105

通商出入款項確實情形考:一卷/(清)馬士譯
　　清光緒三十一年[1905]鉛印本
　　線裝1冊; 27釐米
　　Sinica 2482
　　又一部
　　Sinica 3081

通商表格：七種
  清末石印本
  12張（合訂爲線裝1册）；29釐米
  Sinica 2493
  詳目：
  ·中國近四十年通商貿易比較盛衰表：即自同治三年起至光緒三十年止
  ·關平銀兩兌換英金銅錢價目表
  ·規銀兌換倫敦即期匯票極漲極落價目表
  ·通商各關沿海建置警船鐙各地方圖
  ·規銀壹兩合電匯金鎊及銀條近三年每月終分別價目表
  ·Postal map of China（1907）
  ·Postal map of China（1904）

光學

鏡鏡詅癡：五卷／（清）鄭復光著；（清）楊尚文續圖；（清）張穆編校
  清道光二十八年［1848］靈石楊氏刻連筠簃叢書本
  洋裝1册（原線裝2册）；28釐米
  Sinica 6112

報章

漢報
  清光緒十七年［1891］漢口漢報館鉛印本
  存清光緒十七年九月十八日（兩部）、二十五至二十七日
  單張；28釐米
  Sinica 6523

京報
  清光緒十八年至十九年［1892—1893］北京聚恒報房木活字印巾箱本
  存光緒十八年二月十四日、十九年三月二十日、二十三日
  線裝3册；19釐米
  Sinica 2498

邸鈔全覽
  清光緒二十三年至二十六年［1897—1900］北京鉛印本
  存清光緒二十三年十一、十二月，二十四年一、二、閏三、四至十、十二月，二十五年一至三、五、七、九至十一月，二十六年一月
  線裝132册；24釐米
  Backhouse 337

農學報
  清光緒二十三年［1897］上海農學報館石印本
  存一册（第十册，八月下，有缺）
  線裝1册；26釐米
  Backhouse 638

京話報：第一至六回
  清光緒二十六年［1900］北京京話報館鉛印本
  線裝6册；25釐米
  該報原訂每月按朔望日出版二次，正月一次，全年計二十三回，惟出至六回

即被清政府勒令停刊
Sinica 2892

北京新聞彙報/(清)□□編
清光緒二十六年至二十七年[1900—1901]鉛印本
存清光緒二十六年十一月至二十七年四月
線裝36冊；21釐米
Backhouse 347

閣鈔彙編
清光緒二十八年至三十一年[1902—1905]北京華北書局鉛印本
存光緒二十八年四月至三十一年二月
附華北譯箸編
存一至二十三、二十五至三十六
線裝148冊；22釐米
Backhouse 16

新民叢報
清光緒二十九年至三十年[1903—1904]橫濱新民叢報社鉛印本
存第二十五、二十七至四十八號
精裝4冊（原平裝17冊）；21釐米
本刊於光緒二十八年正月初一日創刊，於光緒三十三年十月十五日停刊，共出96號
Sinica 6106/1-4

京話日報
清光緒三十年至三十二年[1904—1906]北京鉛印本
存第一百七至一百六十九、一百七十一至一百九十四、一百九十六至二百五十三、二百五十五至三百三十九、三百四十二至三百九十九、四百二十九至四百五十八、四百六十至五百十三、五百十五至五百九十四、六百二十五至七百四十號
平裝19冊；26釐米
Backhouse 362

京華日報
清光緒三十一年[1905]北京京華日報社鉛印本
存第三百七十一至三百九十八號
洋裝1冊；27釐米
Sinica 2489

南洋官報/(清)南洋官報局編
清光緒三十一年[1905]南京鉛印本
存旬報第十九冊（乙巳八月初十日）、第二十冊（乙巳八月二十日）
線裝2冊；25釐米
本刊於光緒二十九年[1903]創刊，原爲二日刊。自1904年1月起期數另起。自1905年3月起改爲旬刊，期數另起。自1909年1月起改爲五日刊，期數又另起。於宣統三年[1911]停刊
Sinica 2487

中華報
清光緒三十二年[1906]北京鉛印本
存第四百二十三至四百二十七、四百三十至四百四十四、四百四十六至四百八十二、五百十二至六百二十七冊
平裝6冊；25釐米

Backhouse 363

京話實報

清光緒三十三年至三十四年[1907—1908]北京鉛印本

存第三百八十九至五百二十九號

平裝5冊；26釐米

Backhouse 361

政治官報/(清)憲政編查館編

清光緒三十三年[1907]至宣統三年[1911]北京政治官報局鉛印本

存第六十五(清光緒三十三年[1907]十一月二十五日)、六十六、六十八至七十一、七十四至七十七、七十九至二百四、三百二十四至五百六十二、六百三至七百五、七百六十六至九百十、九百十二至九百五十五、九百五十七至一千、一千二十四至一千三百七十(清宣統三年[1911]閏六月二十九日)號

線裝156冊；24釐米

Backhouse 317

正宗愛國報/(清)丁寶臣主辦

清光緒三十三年至民國元年[1907—1912]北京鉛印本

存第八十五至一百八、三百四十四至三百九十、三百九十二至四百二十七、四百五十三至四百八十一、五百三十八至五百五十二、五百五十四至五百八十八、五百九十至六百二十、六百二十二至六百五十五、六百五十七至六百七十二、六百七十四、六百七十六至六百八十二、六百八十四至七百十三、七百四十六至八百八十、九百三十九至九百九十七、一千二十七至一千一百九、一千一百十一至一千一百三十一、一千一百三十三至一千一百三十六、一千一百三十八至一千三百十、一千三百四十二至一千五百八、一千五百三十八至一千八百四十四、一千八百四十六至一千九百三十八、一千九百四十至一千九百六十八、二千五十七至二千七十四期

平裝51冊；27釐米

本刊創刊於清光緒三十二年十一月[1907年1月]，至民國二年七月[1913年7月]丁寶臣被袁世凱政府殺害後停刊，共出2363期

Backhouse 330

國風報/(清)何國禎編輯

清宣統二年至三年[1910—1911]上海鉛印本

存第一年第一至三十五期、第二年第一至十七期

平裝52冊；23釐米

本刊為旬刊，舊曆每月逢一出版。主持人為梁啟超。創刊於1910年2月，1911年7月停刊，共出52期

Backhouse 360

內閣官報

清宣統三年[1911]北京內閣印鑄局鉛印本

存宣統三年七至十二月

線裝24冊；24釐米

Backhouse 277

醒華日報

　　清宣統三年［1911］天津醒華日報館石印本

　　存第九百六十五、九百六十六號

　　毛裝1冊: 圖; 25×30釐米

　　本刊前身爲《醒俗畫報》, 1907年創辦於天津, 1908年該報改名《醒華》, 同年5月16日起增出《醒華日報》, 亦爲畫報。1910年8月兩報合併, 以《醒華日報》之名續刊, 每月改出15期, 逢雙日出版。1912年5月終刊, 共出1399期

Sinica 2888

議論

辨明國家主義與家族主義不容兩立說 / (清)林芝屏撰

　　清宣統二年［1910］京師京華印書局鉛印本

　　線裝1冊; 26釐米

　　Backhouse 712

日本刻本

經部

叢編類

改正音訓五經/(日本)後藤世鈞點
　　日本安政二年[1855]浪華炭屋五郎兵衛等刻本
　　線裝10冊；26釐米
　　Sinica 677
　　詳目：
　　·周易：二卷
　　存一卷(卷下)
　　·尚書：二卷
　　·詩經：二卷
　　·春秋：一卷
　　·禮記：四卷

五經
　　日本明治三年[1870]京都菁屋宗八等刻本
　　存三種
　　線裝3冊；14釐米
　　Sinica 1076
　　詳目：
　　·周易：二卷
　　·尚書：二卷
　　·禮記：四卷

周禮類

周禮：不分卷.儀禮：不分卷/(日本)周哲點
　　日本寬永十三年[1636]序刻本
　　線裝6冊；28釐米
　　有"致道館藏書印"等印記
　　Nipponica 614, 615

三禮總義類

家禮：五卷圖一卷/(宋)朱熹撰；(日本)淺見安正點
　　日本元祿十年[1697]跋刻須原屋茂兵衛等後印本
　　線裝3冊；26釐米
　　有"月冷藏書之印"印記
　　Nipponica 611

春秋左傳類

評註東萊博議：六卷/(宋)呂祖謙撰；(清)瞿世瑛校；(日本)阪谷素評注訓點
　　日本明治十二年[1879]東京阪上半七、吉川半七刻本
　　線裝6冊；23釐米
　　有"東京式式神學校之印""東京三一神學校圖書館之印"印記
　　Sinica 3976

又一部
　　存五卷(卷二至六)
　　線裝5冊
　　有"東京式式神學校之印""東京三一神學校圖書館之印"印記
　　Nipponica 622

又一部
　　存四卷(卷三至六)
　　線裝4冊
　　有"東京式式神學校之印""東京三一神學校圖書館之印"印記
　　Sinica 6062

春秋穀梁傳類

穀梁傳:十二卷/(晉)范寧集解;(明)王道焜校;(日本)林道春訓點;(日本)林恕編

日本寬文八年[1668]京都荒川宗長刻植村藤右衛門後印本

線裝7冊;27釐米

[索書號待定]

四書類

四書章句集註:二十六卷/(宋)朱熹撰;(日本)林信勝點

日本嘉永四年[1851]大阪秋田屋太石衛門等刻本(宋榮堂藏板)

線裝10冊;26釐米

Sinica 676

論語/(宋)朱熹集注

日本刻本

存五卷(卷一至五)

線裝1冊;26釐米

Sinica 265(1)

孟子/(宋)朱熹集注

日本刻本

存一卷(卷一)

線裝1冊;26釐米

Sinica 3008

大學:一卷/(宋)朱熹章句

日本刻本

線裝1冊;26釐米

Sinica 3009

古本大學:一卷/(明)王守仁撰.附大學問:一卷/(明)錢德洪錄

日本大阪河內屋茂兵衛等刻本

線裝1冊;25釐米

有"大岡家藏書印"印記

Nipponica 619

小學類

文字之屬

四體千字文:一卷/(南朝梁)周興嗣撰

日本慶長九年[1604]京都固轍堂刻本

線裝1冊;29釐米

[索書號待定]

十體千字文:一卷/(明)孫丕顯編;(明)王基校

日本寬永二十年[1643]京都田中清左衛門刻本

線裝1冊;26釐米

有"英國康仁希藏書"印記

[索書號待定]

十體千字文:一卷/(明)孫丕顯編;(明)王基校

日本嘉永二年[1849]皇都刻本

線裝1冊;23釐米

Sinica 2973

歷朝聖寶篆書百體千文:一卷/(清)孫枝秀撰;(清)尤侗鑒定

日本江户後期刻本

線裝1冊；28釐米

有"蘭堂""榊田之印""進"印記

[索書號待定]

康熙字典：十二集三十六卷補遺一卷備考一卷/(清)康熙五十五年[1716]張玉書等奉敕撰

日本明治銅版印本

線裝40冊；18釐米

Sinica 2497

音韻之屬

談論新編/(清)金國璞，(日本)平岩道知編

日本明治三十一年[1898]東京平岩道知鉛印本

精裝(原平裝)1冊(134頁)；23釐米

Backhouse 679

史部

紀傳類

正史之屬

史記評林：一百三十卷補史記一卷首二卷/(明)凌稚隆編；(明)李光縉補

日本寬文十二年[1672]京都八尾甚四郎刻延寶二年[1674]修補印本

線裝25冊；26釐米

Nipponica 570

史記評林：一百三十卷補史記一卷首一卷/(明)凌稚隆編；(明)李光縉補；(日本)田中篤實等校

日本明治二年[1869]東京玉山堂山城屋佐兵衛刻本(鶴牧水野氏修來館藏板)

線裝50冊；27釐米

版心、封面題名《增訂史記評林》

有"東京商業學校圖書印""東京外國語學校圖書""高等商業學校圖書印""東京高等商業學校圖書消印"印記

Sinica 2800

又一部

缺二十一卷(卷十五至三十五)

線裝35冊

Sinica 2801

史記評林：一百三十卷補史記一卷首二卷/(明)凌稚隆編；(明)李光縉補；(日本)大鄉穆，(日本)伊地知貞馨點

日本明治十四年[1881]大阪脩道館刻本

線裝27冊；27釐米

版心、封面題名《增訂史記評林》

Nipponica 571

漢書評林：一百卷/(明)凌稚隆編；(日本)釋玄朴點

日本明曆三年[1657]林和泉掾時元松栢堂刻本

線裝50冊；27釐米

有"□齋圖書""湖南藏書"等印記

Sinica 2766

史抄類

通代之屬

立齋先生標題解註音釋十八史略：七卷/（元）曾先之編次；（明）陳殷音釋；（明）王逢點校；（日本）岩垣彥明校訂標記；（日本）岩垣松苗再校增補

　　日本明治三年[1870]皇都五車樓等五刻本

　　線裝3冊；19釐米

　　Sinica 1077

立齋先生標題解註音釋十八史略：七卷/（元）曾先之編次；（明）陳殷音釋；（明）王逢點校；（日本）岩垣彥明校訂標記；（日本）岩垣松苗再校增補

　　日本明治十六年[1883]京都藤井孫兵衛刻本

　　線裝7冊；25釐米

　　版心、封面題名《標記增補十八史畧》

　　Nipponica 567

傳記類

總傳之屬

宋朱晦菴先生名臣言行錄：前集十卷後集十四卷補遺正誤一卷/（宋）朱熹撰；（宋）李衡校；（明）張采評

　　日本寬文七年[1667]刻本

　　線裝6冊；26釐米

　　京都風月莊左衛門發行

　　Nipponica 617

政書類

邦計之屬

朱子社倉法：不分卷/（宋）朱熹撰；（日本）山崎嘉輯

　　日本江戶中期壽文堂刻本

　　線裝1冊：像；28釐米

　　有"中山氏藏書之記"印記

　　Nipponica 609

欽定康濟錄：四卷/（清）陸曾禹原撰；（清）倪國璉編；（日本）小田景福訓點

　　日本寬政七年[1795]刻若山帶屋伊兵衛等後印本

　　線裝6冊；26釐米

　　有"朝鮮醫學研究圖書""弎木文庫"印記

　　[索書號待定]

律令之屬

故唐律疏義：三十卷/（唐）長孫無忌等奉敕撰

　　日本文化二年[1805]昌平阪學問所刻本

　　線裝14冊；26釐米

　　Sinica 3842

棠陰比事：三卷/（宋）桂萬榮撰；（元）田澤校

　　日本江戶青藜閣須原屋伊八刻本

　　缺封面、山本北山序

　　線裝1冊；27釐米

　　Sinica 4884

大明律：三十卷條例三卷/（明）洪武六年［1373］劉惟謙等奉敕修
　　日本享保七年［1722］跋大阪河内屋和助等刻本
　　　線裝9册；27釐米
　　　Sinica 3844

職官類

官制之屬

大唐六典：三十卷/（唐）玄宗李隆基撰；（唐）李林甫等奉敕注；（日本）近衛家熙校
　　日本享保九年［1724］序刻大政三年［1914］京都帝國大學文科大學印本
　　　線裝15册；30釐米
　　　Sinica 3974

大唐六典：三十卷/（唐）玄宗李隆基撰；（唐）李林甫等奉敕注
　　日本天保七年［1836］昌平阪學問所刻本
　　　線裝8册；26釐米
　　　Sinica 3843

地理類

遊記之屬

新大陸游記/（清）梁啟超述
　　日本明治三十七年［1904］横濱新民叢報社鉛印本
　　　精裝（原平裝）1册：圖；22釐米
　　　本書爲《新民叢報臨時增刊》
　　　Sinica 6106/5

子部

儒家儒學類

儒學之屬

經濟

校訂忠經集註：一卷/（漢）馬融撰；（漢）鄭玄注；（日本）五十川左武郎校訂
　　日本明治十五年［1882］大阪中川勘助刻本
　　　線裝1册；26釐米
　　　封面題"明善堂藏梓"
　　　Nipponica 613

性理

太極圖説：一卷/（宋）周敦頤撰；（日本）熊谷立閑集注
　　日本延寶六年［1678］京都孫兵衛刻本
　　　線裝1册；27釐米
　　　有"屈"印記
　　　Nipponica 624

太極圖：一卷.太極圖説：一卷.通書：一卷.通書後録：一卷/（宋）周敦頤撰編；（日本）山崎嘉編
　　日本延寶八年［1680］壽文堂刻本
　　　線裝1册；27釐米
　　　又名《周子書》
　　　有朱、墨筆評點
　　　有"松本藏書"印記
　　　Nipponica 612

傳習録：三卷附録一卷/（明）王守仁撰；

（日本）三輪希賢標註並輯附錄

　　日本正德二年［1712］序刻明治大阪青木嵩山堂重印本

　　線裝4冊；26釐米

　　封面題名《標註傳習錄》

　　Nipponica 620

蒙學

標題註疏小學集成：十卷首一卷圖一卷/（宋）朱熹撰；（明）何士信輯錄；（朝鮮）金汶校

　　日本萬治元年［1658］京都風月莊左衛門刻本

　　線裝6冊；26釐米

　　據明正統元年［朝鮮世宗十八年，1436］銅活字印本重刻

　　有"黑田""郡上藩中""川村直興""山田藏書"等印記

　　［索書號待定］

朱文公童蒙須知：一卷/（宋）朱熹撰；（日本）宇都宮由的校

　　日本元禄十六年［1703］刻大阪河內屋八兵衛重印本

　　線裝1冊；26釐米

　　Nipponica 574

小學：內篇一卷外篇一卷/（宋）朱熹撰

　　日本明治六年［1873］大阪前川文榮堂補刻本

　　線裝2冊；25釐米

　　封面題名《小學素讀本》

　　Nipponica 575

兵家類

七書正文/（宋）□□輯

　　日本寬政五年［1793］東都書肆西村源六等刻本

　　線裝2冊；26釐米

　　Nipponica 618

　　詳目：
　　・孫子：一卷/（春秋）孫武撰
　　・吳子：一卷/（戰國）吳起撰
　　・司馬法：一卷/（春秋）司馬穰苴撰
　　・尉繚子：一卷/（戰國）尉繚撰
　　・三略：一卷/（漢）黃石公撰
　　・六韜：一卷/（西周）呂望撰
　　・唐太宗李衛公問對：一卷/（唐）李靖撰

農家農學類

御製耕織圖：二卷/（清）焦秉貞繪；（清）聖祖玄燁撰詩

　　日本文化五年［1808］姬路藩刻套印本

　　折裝2冊：圖；35釐米

　　Sinica 2729

佩文齋御製耕織圖：二卷/（清）焦秉貞繪；（清）聖祖玄燁撰詩

　　日本明治十六年［1883］大阪同伸館銅板印本

　　存一卷（卷上）

　　折裝1冊：圖；12×13釐米

　　Sinica 6008/2

醫家類

醫經之屬

會通館翻印素問玄機原病式：一卷/（金）劉完素撰；（明）周紘校
  日本寬永七年［1630］京都梅壽重刻本
  線裝1冊；28釐米
  佚名朱、黑筆批注
  有"佐藤安司藏書""きじや療院"印記
  ［索書號待定］

診法之屬

脉語：二卷/（明）吳崑撰
  日本寬永京都梅壽重刻本
  線裝1冊；27釐米
  ［索書號待定］

針灸之屬

新刊黃帝明堂灸經：三卷/（元）竇桂芳校
  日本江户初期刻本
  線裝1冊；圖；28釐米
  佚名朱筆批點
  ［索書號待定］

十四經發揮：三卷/（元）滑壽撰；（明）薛鎧校
  日本寬永八年［1631］京都梅壽重刻本
  線裝1冊；圖；28釐米
  朱黑筆批注
  ［索書號待定］

十四經發揮：三卷/（元）滑壽撰；（明）薛鎧校
  日本萬治三年［1660］京都林重右衛門刻本
  缺一卷（卷中）
  線裝1冊；圖；28釐米
  ［索書號待定］

方論之屬

醫方大成論：一卷/（元）孫允賢撰
  日本寶永七年［1710］京都吉野屋林權兵衛刻後印本
  線裝1冊；26釐米
  ［索書號待定］

醫案之屬

奇效醫述：二卷/（明）聶尚恒撰
  日本萬治四年［1661］刻本
  線裝1冊；28釐米
  ［索書號待定］

醫話醫論之屬

格致餘論：二卷/（元）朱震亨撰
  日本江户初期刻寬文五年［1665］京都村上勘兵衛印本
  線裝1冊；27釐米
  朱黑筆批注
  ［索書號待定］

雜著之屬

京板校正大字醫學正傳：八卷/（明）虞摶撰；（明）虞守愚校正；（日本）曲直瀬正紹校點
  日本元和八年［1622］京都村上平樂

寺刻本
　　線裝8冊；29釐米
　　朱黑筆批注
　　有"加川德印""中村文庫"等印記
　　[索書號待定]

明醫雜著：六卷/（明）王綸撰；（明）薛己注
　　日本正保二年[1645]京都武村市兵衛刻承應三年[1654]印本
　　線裝6冊；28釐米
　　有"赤龍館圖書記""赤龍館圖"等印記
　　[索書號待定]

雜家類

雜學之屬

鬼谷子：三卷/（春秋）鬼谷子撰；（唐）尹知章注；（日本）皆川愿校
　　日本安永三年[1774]序刻後印本
　　線裝2冊；25釐米
　　封面題"大阪書肆合梓"
　　Sinica 4569

雜說之屬

風俗通義：十卷/（漢）應劭撰；（明）鍾惺評
　　日本萬治三年[1660]刻京都中川藤四郎後印本
　　線裝3冊；27釐米
　　有"物舉文庫"印記
　　Nipponica 608

異端辯正：三卷/（明）詹陵撰
　　日本寬永二十一年[1644]京都風月宗知刻妙屋仁兵衛後印本
　　線裝3冊；27釐米
　　Nipponica 610

雜著類

雜纂之屬

群書治要：五十卷（原缺卷四、十三、二十）/（唐）魏徵等奉敕撰
　　日本天明七年[1787]尾張國細井德民刻本
　　線裝20冊；30釐米
　　Backhouse 124

天文曆算類

算書之屬

新編算學啟蒙：三卷/（元）朱世傑撰
　　日本萬治元年[1658]京都田原仁左衛門刻本
　　線裝3冊；26釐米
　　有"立習（？）書庫"印記
　　Sinica 856

術數類

陰陽五行之屬

五行大義：五卷/（隋）蕭吉撰
　　日本元祿十二年[1699]京都井上忠兵衛刻本
　　洋裝1冊（原線裝5冊）；28釐米
　　Sinica 3174

藝術類

書畫之屬

唐僧懷素自叙帖：一卷/（唐）釋懷素撰並書

日本萬治四年[1661]大黑屋忠次郎刻本

線裝1冊；29釐米

[索書號待定]

江邨銷夏録：三卷/（清）高士奇撰

日本寬政十二年[1800]江户須原茂兵衛等刻本

線裝6冊；27釐米

Backhouse 176

畫譜之屬

芥子園畫傳：五卷二集八卷三集六卷四集四卷/（清）王槩等撰

日本刻彩色套印本

線裝23冊：圖；27釐米

Sinica 3938

譜録類

花草樹木之屬

竹譜詳録：二卷/（元）李衎撰

日本寶曆六年[1756]京都書林林伊兵衛刻本

線裝2冊：圖；26釐米

有"□煙（？）齋書畫印""岡氏藏書""石邨（？）書屋""志聖藏書"等印記

Sinica 6342

秘傳花鏡：六卷/（清）陳淏子撰

日本弘化三年[1846]皇都書林菱屋孫兵衛刻本

線裝6冊：圖；23釐米

Sinica 299

宗教類

佛教之屬
大藏經

大日本校訂大藏經

日本明治十四年至十八年[1881—1885]東京弘教書院鉛印本

線裝420冊；23釐米

缺一冊（S.3841/183）；目録在最末冊（S.3841/420）

Sinica 3841

彙編

科註淨土三部經

日本明曆四年[1658]京都中野小左衛門刻本

線裝10冊；28釐米

有"不出門外""千如菴藏""妙悔堂""大潮之印""寂音""素敬""性順之印"印記

Sinica 1062

詳目：

· 科註佛説無量壽經：二卷/（三國魏）釋康僧鎧譯

· 科註佛説觀無量壽經：三卷/（南朝宋）釋畺良耶舍譯

· 科註佛説阿彌陀經：一卷/（後秦）釋鳩摩羅什譯

浄土三部經
 日本安政三年［1856］京都本願寺再刻本
 折裝4冊；28釐米
 卷末有"安政丙辰冬改正再上梓"字樣
 有"本願寺"朱文方印
 Sinica 6150
 詳目：
 ・佛説無量壽經：二卷／（三國魏）釋康僧鎧譯
 ・佛説觀無量壽經：一卷／（南朝宋）釋畺良耶舍譯
 ・佛説阿彌陀經：一卷／（後秦）釋鳩摩羅什譯

異譯三部經
 日本皇都西村九郎右衛門刻本
 綫裝4冊；26釐米
 Sinica 1063
 詳目：
 ・佛説無量壽經：二卷／（三國魏）釋康僧鎧譯
 ・大寶積經無量壽如來會：二卷／（唐）釋菩提流志奉詔譯
 ・佛説無量清淨平等覺經：四卷／（漢）釋支婁迦讖譯
 ・佛説阿彌陀三耶三佛薩樓佛檀過度人道經：二卷／（漢）釋支謙譯
 ・佛説大乘無量壽莊嚴經：三卷／（晉）釋法顯譯
 ・稱讚淨土佛攝受經：一卷／（唐）釋玄奘奉詔譯

經藏
金剛般若波羅蜜經：一卷／（後秦）釋鳩摩羅什譯
 日本嘉永四年［1851］刻本（京都白雲山金龍禪寺藏板）
 折裝1冊；16釐米
 Nipponica 1

妙法蓮華經：八卷／（後秦）釋鳩摩羅什奉詔譯
 日本明治中泥金寫卷子本
 八卷：圖；28釐米
 MS.Ind.Inst.misc.27
 又一部
 MS.Ind.Inst.misc.30
 又一部
 MS.Ind.Inst.misc.31

妙法蓮華經觀世音菩薩普門品第廿五：一卷／（後秦）釋鳩摩羅什譯長行；（隋）釋闍那崛多譯重頌
 日本武州八王子在松木村熊澤總左衛門施刻本
 折裝1冊：圖；17釐米
 Nipponica 2

科註妙法蓮華經：八卷／（後秦）釋鳩摩羅什譯；（元）徐行善注；（元）釋必昇校
 日本寬永八年［1631］京都書林豐雪齋道伴刻本
 綫裝10冊；28釐米
 Sinica 1061

佛説阿彌陀經：一卷／（後秦）釋鳩摩羅

什譯
　　日本慶應三年[1867]刻本（天照山藏板）
　　折裝1冊；25釐米
　　Sinica 768

大般涅槃經：四十卷/（北涼）釋曇無讖譯
　　日本鎌倉後期刻本
　　存一卷（卷六）
　　1卷；28釐米
　　[索書號待定]

佛説觀普賢菩薩行法經：一卷/（南朝宋）釋曇無蜜多譯
　　日本明治中泥金寫卷子本
　　一卷：圖；28釐米
　　MS.Ind.Inst.misc.26
　　又一部
　　　　MS.Ind.Inst.misc.29

無量義經：一卷/（南朝齊）釋曇摩伽陀耶舍譯
　　日本明治中泥金寫卷子本
　　一卷：圖；28釐米
　　MS.Ind.Inst.misc.25
　　又一部
　　　　MS.Ind.Inst.misc.28

六祖大師法寶壇經：一卷/（唐）釋惠能撰
　　日本寬永十一年[1634]京都中野市右衛門刻本
　　線裝1冊；28釐米
　　有朱、墨筆批注
　　有"慶重寺之印"印記
　　[索書號待定]

疑僞

大樂金剛不空真實三摩耶經般若波羅蜜多理趣品：一卷/（唐）釋不空奉詔譯
　　日本刻本
　　折裝1冊；15釐米
　　Nipponica 4

佛説善惡因果經：一卷/□□撰
　　日本元禄七年[1694]京都藤田八兵衛刻本
　　線裝1冊；28釐米
　　[索書號待定]

撰述

章疏部

大毗盧遮那成佛經疏：二十卷/（唐）釋一行記
　　日本弘安元年[1278]高野山金剛峯寺刻本
　　存一卷（卷十六）
　　線裝1冊：圖；26釐米
　　有"月明莊"印記
　　[索書號待定]

論著部

遊心安樂道：一卷．附佛説阿彌陀經疏：一卷/（唐新羅）釋元曉述
　　日本明曆四年[1658]京都西村九良右衛門刻本
　　線裝1冊；28釐米
　　有"隨安堂畠氏藏書之印"印記

[索書號待定]

史傳部

釋迦譜：十卷 / （南朝梁）釋僧祐譔
　　日本寬文十二年［1672］豐島宗兵衛渡邊七郎兵衛刻本
　　線裝10冊；27釐米
　　Sinica 1065

大明高僧傳：八卷 / （明）釋如惺撰
　　日本慶安四年［1651］京都西村又左衛門刻本
　　線裝2冊：像；29釐米
　　Sinica 1071

音義部

一行禪師字母表：一卷附錄一卷 / （唐）釋一行撰
　　日本寬文九年［1669］釋澄禪刻本
　　線裝1冊；27釐米
　　Nipponica 8

悉曇字記：一卷 / （唐）釋智廣撰
　　日本寬文九年［1669］釋澄禪刻本
　　線裝1冊；27釐米
　　Nipponica 10a

又一部
　　Nipponica 10b

梵語雜名：一卷 / （唐）釋禮言編
　　日本享保十七年［1732］刻京都菁屋宗八後印本
　　線裝1冊；26釐米
　　Nipponica 7

梵語千字文：一卷 / （唐）釋義淨撰
　　日本安永二年［1773］京師書舖額田正三郎刻本
　　線裝1冊；26釐米
　　Nipponica 6

翻譯名義集：二十卷 / （宋）釋法雲撰
　　日本寬文九年［1669］京都八尾甚四郎友春等刻本
　　線裝10冊；28釐米
　　據嘉興方冊藏經本覆刻
　　Sinica 1066

目錄部

閱藏知津：四十四卷 / （明）釋智旭彙輯
　　日本天明二年［1782］京都錢屋七郎兵衛刻本
　　線裝18冊；27釐米
　　Sinica 1067

其他

鎮州臨濟慧照禪師語錄：一卷 / （唐）釋義玄撰；（唐）釋慧然集；（日本）□□首書
　　日本萬治三年［1660］飯田忠兵衛尉刻本
　　存二十二葉（第52至73葉）
　　線裝1冊；27釐米
　　有朱、黑筆批注
　　［索書號待定］

集部

別集類

飲冰室文集類編/梁啟超撰
　　日本明治三十七年[1904]東京下河邊半五郎鉛印本
　　精裝2冊(804,928頁);23釐米
　　缺版本頁
　　Sinica 6835

東萊先生古文關鍵:二卷/(宋)呂祖謙編
　　日本文化元年[1804]官刻本
　　線裝4冊;24釐米
　　有"養浩然氣""靜觀""先進野人""戊子舉人職方郎中恩澍之印""讀有用書""享後堂圖書記"等印記
　　Backhouse 84

小説類

長恨歌傳:一卷/(唐)陳鴻撰.長恨歌:一卷.琵琶行:一卷/(唐)白居易撰.野馬臺:一卷/(南朝梁)釋寶誌撰;(日本)□□注
　　日本刻本
　　線裝1冊;27釐米
　　Nipponica 616

肉蒲團:四卷二十回/(明)情隱先生編次;(日本)倚翠樓主人譯
　　日本寶永二年[1705]刻本
　　線裝4冊;23釐米
　　又名《覺後禪》
　　青心閣發兌
　　Sinica 4807

增評補圖石頭記:一百二十卷首一卷/(清)曹霑撰;(清)高鶚續;(清)王希廉評;(清)姚燮加評;(清)海角居士校正
　　日本明治三十八年[1905]下河辺半五郎東京鉛印本
　　精裝2冊:圖;20釐米
　　Sinica 6605

類叢部

類書類

海錄碎事:二十二卷/(宋)葉廷珪撰;(日本)松崎復校
　　日本文化十五年[1818]跋刻本
　　洋裝3冊(原線裝8冊);24釐米
　　Sinica 6103

朝鮮刻本

子部

儒家儒學類

儒家之屬

標題句解孔子家語: 三卷/(三國魏)王肅注;(元)王廣謀句解.附新刊索王事紀: 一卷.大明會典祀儀: 一卷.皇朝通制孔子廟祀: 一卷
 朝鮮純祖四年[甲子, 1804]朴致維刻本
 線裝3冊: 圖; 29釐米
 [索書號待定]

天文曆算類

曆法之屬

大清嘉慶十九年歲次甲戌時憲書: 一卷.

大清嘉慶二十年歲次乙亥時憲書: 一卷
 朝鮮刻本
 線裝1冊; 33釐米
 Sinica 2662

大清同治七年歲次戊辰時憲書: 一卷
 朝鮮刻本
 線裝1冊; 33釐米
 Sinica 2663

宗教類

佛教之屬

經藏

妙法蓮華經: 七卷/(後秦)釋鳩摩羅什譯
 朝鮮刻本
 存二卷(卷一、二)
 線裝1冊: 圖; 34釐米
 Sinica 2736

書名筆畫索引

一畫

一切經音義 270, 409
一行禪師字母表 597
一乘方二乘方形 233
一笑 563
一歲芳華 358
一瓢詩話 369
一學三貫清文鑑 68
乙巳年大字通書 241
乙丙紀事 365

二畫

二十一史徵 356
二十二子 195, 196, 197
二十二史感應錄 262, 409
二十四史 74, 75, 76, 77, 78
二十四史九通政典類要合編 115
二十四孝 109
二十四詩品 304, 354, 355, 390, 400
二十家子書 192
二山唱和集 570
二石傳 450
二曲全集 279

二曲集 279
二字雜然 70
二如亭群芳譜 259, 544
二李經說 368
二酉堂叢書 473
二妙集 290
二妙集樂府（段成己） 309, 311
二妙集樂府（段克己） 309, 311
二茗詩集 421
二俏綴兆圖 40
二刻泉潮荔鏡奇逢集 315
二刻校正音釋纂註便蒙明心寶鑑 204
二韭室詩餘別集 420
二思堂叢書 555
二帝救刼真經 262
二家詠古詩 572
二家詞鈔 572
二家試帖 572
二鄉亭詞 312
二雲詞 572
二程子遺書纂 544
二程文集 370
二程全書 531
二程語錄 371
二程粹言 371, 532

二銘艸堂金石聚 178
丁巨算法 242, 384
丁酉北闈大獄記略 96
丁孚漢儀 502, 508
十一弦館琴譜 256
十一經音訓 16
十一經問對 6
十二月花神議 563
十二月歌 316
十二硯齋金石過眼錄 182
十二硯齋金石過眼續錄 182
十二筋病表 575
十二經動脈表 575
十七帖述 356
十八家詩鈔 559
十八娘傳 466
十三州志 445, 473
十三道嘎牙河紀略 143
十三經古注 2
十三經注疏附考證 7
十三經注疏校勘記 11, 15
十三經注疏校勘記識語 53
十三經注疏錦字 386
十三經音略 413
十三經集字摹本 61
十三經詰答問 22, 26, 442

十三經註疏　2	七述　518	入淮巨川編　143
十子全書　192	七怪　357	入蜀記　166, 379
十五家年譜叢書　111	七政衍　231, 407, 411	入滇江路考　147
十反說　462	七星巖記　143	入滇陸程考　147
十六長樂堂古器款識攷　180	七俱胝佛母所說準提陀羅尼經　266	入緬路程　150
十六國年表　360, 361		入藏程站　136
十六國春秋　103, 375, 377	七家後漢書　79	八十壹化圖說　261
十六國春秋輯補　450	七書正文　591	八史經籍志　185
十六國春秋纂錄校本　450	七娛　366	八代文粹　295
十六國疆域志　80, 449, 551	七略別錄　482, 493	八代詩乘　293
十六湯品　354, 470	七國考　407	八旬萬壽盛典　116
十四經發揮　592	七頌堂識小錄　366, 378	八卦方位說　563
十竹齋書畫譜　252	七經義綱　480, 491	八宗綱要　269
十美詞紀　370, 463	七療　356	八函　536
十眉謠　359, 369, 462	七勸口號　356	八陣合變圖說　397
十國春秋　104	七釋　361	八陣發明　538
十國宮詞（吳省蘭）　368, 419	卜來敦記　156	八陣總述　376, 377
十國宮詞（孟彬）　368, 463	卜法詳考　31	八紘荒史　389, 393
十國宮詞（秦雲）　464	卜硯集　389	八紘譯史　389, 393, 401
十國詞箋略　361	卜魁風土記　135	八排風土記　148
十國雜事詩　419	卜魁紀略　135	八線對數簡表　244
十種古逸書　473	人寸診補證　575	八線對數類編　234
十種唐詩選　543	人代紀要　88	八線簡表　244
十歡無常　320	人表攷　79, 448	八線類編　234
十駕齋養新錄　10, 14, 226, 549	人虎傳　348, 351	九九銷夏錄　564
	人物志　375, 377, 408, 435, 511	九史同姓名略　449
十藥神書　418	人倫大統賦　435	九成宮醴泉銘　248
十體千字文　587	人海記　368	九曲遊記　141
七十二候考（俞樾）　562	人蓑譜　367	九州春秋　468
七十二候考（曹仁虎）　366	人瑞錄　360, 362	九江考　144
七十自定稿　540	人譜　436	九宮衍數　563
七十家賦鈔　294	人譜補圖　357	九華日錄　139, 365
七人聯句詩記　347	人譜類記增訂　436	九華新譜　472
七夕夜遊記　465	人變述署　95	九家易集注　29, 497, 503
七巧圖合璧　257	入江巨川編　143	九通　112, 113
七巧圖解　257	入長沙記　95	九通通　115
七言今體詩鈔　550	入河巨川編　143	九執秝解　557
七招　366	入高紀程　150	九國志　406, 409, 413

九章算術　233
九族考　21, 27, 563
九喜榻記　357
九經古義　10, 14, 442
九經字樣疑　402
九經補韻　396, 414
九經誤字　20, 24, 539
九經韻補　424
九歌註　417, 544
九疑僊館詞　313
九穀考　11, 14
九數外錄　244, 442, 557
九數通考　243
九諦解疏　363
九轉皇宮金牛太子寶卷全集　320
九曜齋筆記　456
九邊圖論　425
九懷詞　542
九鐘精舍金石跋尾甲編　178
刀劍錄　354
又玄集選　543
又勸莫過臺歌新刊神姐歌　317

三畫

三十一國志要　157
三十五舉　418, 428, 431
三十六陂漁唱　440
三十國春秋　450
三十國春秋輯本　450, 452
三才發秘　342
三才圖會　341
三山拙齋林先生尚書全解　4, 31
三山鄭菊山先生清雋集　383
三子鬳齋口義　209
三五曆記　482, 493
三友棋譜　359, 369

三水小牘　349, 351, 439
三巴集　423
三古圖　173
三史同名錄　449
三史拾遺　80, 549
三代紀年考　570
三百篇鳥獸草木記　356
三年服制考　360, 362
三合吏治輯要　129
三合名賢集　208
三合便覽　67
三合便覽正訛　69
三合聖諭廣訓　131
三合語錄　69
三名臣奏議　132
三名臣書牘　301
三江考（毛奇齡）　144, 357
三江考（王廷瑚）　144
三字石經尚書　482, 493
三字石經春秋　482, 493
三字經　127, 205, 206, 207
三字經訓詁　206
三字雜然　70
三吳水利條議　368
三秀齋詞　313
三角和較算例　234
三角法舉要　231
三事忠告　389
三易備遺　3
三省黃河圖說　153
三省邊防形勢錄　147
三風十愆記　463
三洲遊記　153
三秦記　445, 473
三倉　54
三倉解詁　54
三消論　217
三流道里表　123

三家詩拾遺　404
三家詩異文疏證　13, 16
三家詩補遺　453
三家詩遺說考　27, 534
三通　112
三略　591
三國志　74, 75, 77, 78, 83
三國志攷證　80, 369
三國志注引晉書　502, 508
三國志注補　448
三國志注證遺　448
三國志旁證　80, 448
三國志補注　415
三國志補注續　80, 448
三國志辨疑　80, 83, 448
三國志辨誤　377, 406
三國典略　468
三國紀年　385
三國會要　115
三國職官表　80, 449
三國雜事　385
三國疆域圖　171
三得惟枝島紀略　151
三魚堂賸言　528
三婦評牡丹亭雜紀　370, 463
三報壨　168
三萬六千頃湖中畫船錄　369
三朝名臣言行錄　107
三朝野史　349, 351, 469
三朝野紀　94, 517
三朝聖諭錄　94
三黑水考　144
三統術衍　549
三統術衍補　235
三統術鈐　549
三統術補衍　433
三統術詳說　447
三塘漁唱　525

三夢記 391, 464	下帷短牒 471	大金國志校證 86
三蒼 481, 493	下學梯航 203	大昭慶律寺志 519
三蒼攷逸補正 54	寸知堂遺草 282	大毗盧遮那成佛經疏 596
三楚新錄 347, 350	大九洲説 154	大洋海大西洋海印度海北冰海南冰海攷 155
三輔決錄 445, 469, 473, 474	大小宗通繹 21, 24, 541	
三輔故事 473	大山詩集 570	大乘入楞伽經 265
三輔黃圖 162, 376, 378, 388, 395	大元聖政典章新集至治條例 114	大乘起信論直解 268
		大般若波羅蜜多經 265
三輔舊事 473	大元聖政國朝典章 114	大般涅槃經 596
三齊略記 355	大日本校訂大藏經 594	大唐六典 590
三墳 356	大丹問答 395	大唐西域記 166, 407
三禮目錄 8, 502, 509	大方廣佛華嚴經 265	大唐開元占經 245
三禮義宗 477, 488	大方廣佛華嚴經音義 409	大唐創業起居注 396, 440
三禮經義附錄 461	大方廣圓覺修多羅了義經略疏 268	大唐傳載 408
三禮圖 477, 488		大唐新語 352
三禮儀制歌訣 545	大石山房十友譜 347	大陸澤圖説 144
三蘇先生文粹 297	大西洋記 152	大梵王經 267
三續千字文註 515	大宋重修廣韻 18, 19	大瓠堂詩錄 438
三續疑年錄 565	大宋真宗山東太華山紫金嶺兩世修行劉香寶卷全集 319	大清一統志 159
三巖洞記 142		大清一統志表 159
三灘記 145	大明一統志 159	大清中外壹統輿圖 170
于公祠墓錄 524	大明正德乙亥重刊改併五音集韻 63	大清中樞備覽 112
于武陵詩集 290		大清光緒十四年歲次戊子時憲書 240
于忠肅公集 288	大明正德乙亥重刊改併五音類聚四聲篇 63	
于湖先生長短句 308, 310		大清光緒新法令 123
于湖居士文集樂府 308, 310	大明正德皇遊江南傳 333	大清同治十一年壬申通書 240
于湖詞 305	大明永曆二十五年歲次辛亥大統曆 238	大清同治十二年癸酉通書 240
于肅愍公集 527		大清同治十二年歲次癸酉航海通書 240
于濆詩集 290	大明永曆三十一年歲次丁巳大統曆 238	
干子 483, 494		大清同治十年辛未通書 240
干祿字書 18, 19, 62, 402, 424	大明律 590	大清同治七年歲次戊辰時憲書 600
干寶易注 29, 497, 503	大明高僧傳 597	
干寶晉紀 451, 501, 507	大明會典 114	大清法規大全 123
土國戰事述略 152	大明會典祀儀 600	大清咸豐九年歲次己未時憲書 240
士昏禮對席圖 21, 27, 562	大易象數鉤深圖 3	
士緯 483, 495	大易緝説 3	大清咸豐三年歲次癸丑時憲書 240
才鬼記 391	大金弔伐錄 406	
才調集選 543	大金沙江考 144	大清咸豐元年歲次辛亥時憲書

240
大清律例　123
大清律例刑案彙纂集成　120
大清律例統纂集成　121, 122
大清律例會通新纂　122
大清律例彙輯便覽　123
大清律集解附例　121
大清通禮　116
大清通禮品官士庶人喪禮傳　116
大清現行刑律　120
大清現行刑律講義　121
大清乾隆五十年歲次乙巳時憲書　239
大清萬年一統天下全圖　170
大清道光二十七年丁未通書　240
大清道光十七年歲次丁酉時憲書　239
大清道光三年癸未通書　239
大清搢紳全書　112
大清聖祖合天弘運文武睿哲恭儉寬裕孝敬誠信中和功德大成仁皇帝聖訓　129
大清嘉慶二十二年丁丑通書　239
大清嘉慶二十二年歲次丁丑時憲書　239
大清嘉慶二十九年甲申通書　239
大清嘉慶二十年歲次乙亥時憲書　600
大清嘉慶十九年歲次甲戌時憲書　600
大清穆宗繼天開運受中居正保大定功聖智誠孝信敏恭寬毅皇帝聖訓　131
大梁守城記　97
大陽山遊紀略　140

大雲山房十二章圖說　428
大雲山房雜記　428
大悲出真言　267
大悲經咒繪像　267
大悲懺儀合節　267
大圍山遊紀略　140
大智度論　265
大測　230
大統秝法啓蒙　434
大聖五公海元救劫轉天圖經　271
大業拾遺記　463
大義覺迷錄　131
大誓答問　20, 26, 419, 424
大廣益會玉篇　18, 19, 58
大慧普覺禪師宗門武庫　270
大樂金剛不空真實三摩耶經般若波羅蜜多理趣品　596
大學　7, 587
大學中庸演義　575
大學古本　417
大學古本旁注　386
大學古本說　544
大學古義說　23, 25
大學石經　417
大學私訂本　577
大學或問　45
大學知本圖說　541
大學衍義　199, 201
大學衍義大學衍義補合刻　199
大學衍義補　199
大學通　6
大學問（毛奇齡）　541
大學問（錢德洪）　587
大學章句　45
大學章句或問通證　6
大學集說啓蒙　6

大學集編　5
大學節訓　570
大學辨業　513
大學證文　392, 541
大學纂疏　5
大戴喪服變除　476, 487
大戴禮注補　24, 26
大戴禮記　37, 374, 375, 376, 545
大戴禮記正誤　11, 15
大戴禮記補注　11, 15, 38, 511, 552
大戴禮記解詁　38, 446
大戴禮逸　401
大禮議辨　94
大寶積經　265
大寶積經無量壽如來會　595
大鶴山房全書　576
上大人附花會　316
上元甲子恒星表　240
上成親王書　419
上海朱氏族譜　106
上海鴻寶齋分局發兌各種石印書籍　190
上許中丞書保甲書輯要　120
上蔡先生語錄　371
小三吾亭文甲集　533
小三吾亭詞　533
小三吾亭詩　533
小山詞　305
小山畫譜　364, 415, 431
小方壺齋輿地叢鈔　134
小心齋劄記　536
小石山房叢書　422
小石帆亭五言詩續鈔　412
小四書　346
小仙都諸山記　141
小半斤謠　358, 469

小西洋記　152	小學集解　372	山居新語　526
小名錄　352, 354, 355	小學鉤沈　54	山度明哥政要　154
小松吹讀書堂題詠　523	小學鉤沈續編　54	山莊夜怪錄　348, 351
小知錄　346	小學説　446	山海經　158, 194, 196, 197, 198, 387
小兒斑疹備急方論　217	小學稽業　513	
小兒語　207	小學篇　496	山海經補注　194, 385
小兒藥證直訣　217	小學類編　53	山海經圖讚　194, 453
小金傳　348, 351	小學體註大成　208	山海經圖讚補逸　226, 529
小草庵詩鈔　421	小辨齋偶存　516, 536	山海經箋疏　552
小星志　357, 463	小隱書　470	山海經廣注　158
小品二十八種　258	小檀欒室彙刻閨秀詞　312	山家清供　423
小倉山房文集　546, 547	小螺菴病榻憶語　465	山陵雜記　471
小倉山房尺牘　280, 547	小繁露　562	山堂肆考　340
小倉山房外集　546, 547	小謨觴館詩集注　281	山陽風俗物産志　146
小倉山房詩集　546, 547	小譜庵咒　257	山陽錄　364, 515
小倉選集　387	口北三廳志　162	山遊唱和詩　520
小浮梅閒話　563	山川考　144	山靜居畫論　382
小娥傳　391	山中白雲詞　306	山樵書外紀　362
小雲棲放生錄　521	山中問答　366	山齋客譚　367
小港記　145	山中聞見錄　467	千手千眼大悲心懺　267
小窗自紀雜著　469	山公九原　365	千手千眼觀世音菩薩大悲心陀羅尼經懺全集　267
小蓬萊閣金石文字　177	山公啓事　572	
小蓬萊謠　564	山西考略　135	千字文　57, 130, 205
小腳文　464	山西地略　154	千字文句釋　58
小爾雅　375, 377, 390, 400	山村遺集　526	千字文集註　58
小爾雅約注　57, 556	山谷琴趣外篇　308, 310	千字文篆法　251
小爾雅訓纂　24, 25, 446	山谷詞　305	千字文隸法　251
小爾雅疏　426	山谷詩集注　276	千字文釋義　57, 205
小爾雅疏證　428	山林經濟策　358, 469	千金寶要　395
小爾雅義證　456	山東考古錄　372, 373, 392, 400, 539	千甓亭古塼圖釋　566
小舞鄉樂譜　40		千甓亭磚錄　565
小説舊聞記　354	山東考略　135	川中雜識　147
小學　206, 498, 505, 591	山東地略　154	丸經　398
小學正文　206	山東諸水編　144	凡將篇　54, 481, 493
小學考　189	山門遊記　142	夕堂永日緒論內編　540
小學字解　367	山房隨筆　349, 351, 353, 382, 441	夕堂永日緒論外編　540
小學書圖嘿栝纂要　207		尸子　194, 196, 197, 198, 393, 394, 399
小學紺珠　337	山居新話　381	

尸子尹文子合刻　399
己酉日記　577
己庚編　453
己畦瑣語　365
子史精華　345
子史粹言　556
子思　199
子思子全書　198
子品金函　536
子華子　192, 194
子夏易傳　3, 29, 395, 473, 496, 503
子書百家　193
子略　397
子敍　566
也是園藏書目　467
也是錄　96
女官傳　465
女科　411
女俠荊兒記　464
女俠翠雲孃傳　464
女盜俠傳　464
女學　546

四畫

王子正論　482, 494
王子年拾遺記　352
王少司馬奏疏　289, 512
王仁照切韻　55
王氏喪服要記　476, 487
王氏復仇記　463
王氏新書　482, 494
王氏經說　421
王氏說文三種　56
王氏論語說　496
王氏蘭譜　466
王文公年譜考略節要　111

王文正筆錄　398, 417, 472
王文憲集　285
王左丞集　285
王司空集　285
王仲宣集　284
王志　571
王忠文公集　288
王制井田算法解　515
王制里畝算法解　515
王制訂　574
王制集說　574
王制箋　28, 569
王制管窺　514
王制學凡例　574
王季重先生文集　289
王侍中集　284
王周詩集　290
王孟調西鳧草　420
王勃集　290
王度二石傳　452
王耕野先生讀書管見　4
王恭伯傳　348, 350
王烈婦　392
王孫子　482, 494
王蓀友九種　555
王國器詞　383
王船山叢書校勘記　541
王深寧先生年譜　337
王隆漢官解詁　502, 508
王朝目錄　501, 508
王雲陽仙傳　110
王景暉南燕書　452
王賈傳　348, 351
王粲英雄記　502, 508
王節愍公遺集　289, 527
王會篇箋釋　86
王詹事集　285
王歆孝子傳　473

王肅易注　29, 497, 503
王肅國語章句　501, 507
王肅喪服要記　502, 508
王肅儀禮喪服注　497, 503
王廙易注　29, 497, 503
王韶之孝子傳　473
王韶之晉安帝紀　501, 507
王寧朔集　285
王翠翹傳　464
王摩詰集　346
王嬌傳　466
王翰林集註黃帝八十一難經　434
王學質疑　371
王諫議集　284
王隱晉書　451, 501, 507
王隱晉書地道記　388, 501, 507
王懷祖先生說文解字校勘記殘藁　460
天一閣書目　186
天一閣碑目　186
天下才子必讀書　293
天下大勢通論　156
天下同文　309, 311
天下形勢考　134
天下金石志　176
天下郡國利病書　159
天下高山大川考　144
天山自敍年譜　517
天山南北路考略　136
天山客話　136, 471, 551
天子肆獻祼饋食禮纂　21, 24
天元一草　236
天元一術圖說　435
天元一術釋例　236
天元一釋　233, 553, 554
天元名式釋例　236

天元問答　236	天問校正　367	元河南志　440
天水冰山錄　381	天問略　237	元城行錄　512
天父下凡詔書　125	天問補註　542	元城行錄解　512
天父上帝言題皇詔　125	天崇讀本百篇　302	元城語錄　512
天文本單經論語校勘記　572, 573	天啓宮詞（陳悰）　364	元城語錄解　512
天文占　245	天啓宮詞（蔣之翹）　366, 464	元祐黨人傳　109, 565
天文步天歌　238	天彭牡丹譜　439, 466	元祐黨籍碑考　437
天文真原選擇部　231	天順日錄　94	元真子　381
天文管窺　198	天游詞　307	元秘史山川地名攷　158
天文説　365	天祿閣外史　376, 378	元秘史略　364
天外歸帆草　555	天祿識餘　372, 373, 472	元朝名臣事略　512
天外歸槎錄　156	天算或問　236	元朝征緬錄　157, 406
天台山記（徐靈府）　430	天潢玉牒　93	元朝秘史　100, 157, 411
天台山記（蔣薰）　140	天學入門　232	元聖武親征錄刊誤　100
天台風俗志　147	天隱子　192, 195	元碑存目　456
天台遊記（楊葆光）　140	天爵堂筆餘　470	元號略補遺　456
天台遊記（顧鶴慶）　155	天鏡　484, 496	元微之文集校補　226, 529
天地陰陽交歡大樂賦　454	天籟　256	元經薛氏傳　375, 377
天地間集　383	天籟集　290, 307	元遺山先生年譜（施國祁）　289
天地圖儀　232	元氏長慶集　287	元遺山先生年譜（翁方綱）　289, 414
天后聖母註解籤詩　271	元氏掖庭記　463	元遺山先生年譜（凌廷堪）　289
天全石錄　455	元史　74, 76, 77, 78, 79, 85	元遺山先生集　289
天池記　145	元史氏族表　76, 449, 549	元儒攷略　445
天池堂千文正音彙帖　250	元史本證　529	元親征錄　445
天花精言　221	元史紀事本末　92, 93	元魏熒陽鄭文公摩崖碑跋　444
天步真原　231	元史藝文志　76, 185, 549	元豐金石跋尾　175
天步真原人命部　408	元史譯文證補　157, 448	元寶公案　356
天命詔旨書　125	元白長慶集　286	廿一史四譜　104
天官考異　359, 361	元包經傳　397, 417	廿一史提綱歌　419
天柱刊崖記　153	元包數總義　397, 417	廿二史攷異　549
天星日子　238	元地理志圖　172	廿二史劄記　449, 549
天香閣集　412	元邱素話　431	廿二史諱略　431
天香閣隨筆　412	元耶律文正公西游錄略注補　456	廿四史提要　418
天香樓偶得　373, 374, 472	元典章校補　114	木皮散人鼓詞　454
天馬山房詩別錄　420	元典章校補釋例　114	
天條書　126	元和郡縣圖志　511	
天豹圖傳　332	元和郡縣圖志闕卷逸文　439	

書名筆畫索引 | 609

木耳占記　142
木剌夷補傳稿　453
木訥先生春秋經筌　4
木棉譜　366
木犀軒叢書　433
五十六種書法　255, 256
五十自定稿　540
五十麝齋詞賡　572
五九枝譚　363
五大洲輿地户口物產表　134
五大洲釋　154
五山志略　139
五木經　355
五五　563
五方元音　64
五石瓠　370
五石瓠節錄　466
五代史　74, 76, 77, 78, 79
五代史記　84
五代史記纂誤補　382
五代史補　437
五代史闕文　437
五代史纂誤　382
五代花月　466
五代春秋　437
五代春秋志疑　369
五代紀年表　449
五代詩話　412
五印度論　151
五行大義　383, 434, 516, 593
五行占　563
五行問　359, 361
五行傳記　496
五色線　392, 470
五車樓重訂纂序四書說約集註
　　定本　50
五言今體詩鈔　550
五松園文稿　280, 442

五知齋琴譜　256
五服異同彙考　514
五周先生集　533
五星行度解　237, 407
五洲方域考　134
五軍道里表　123
五真記　348, 351
五峰詞　307
五倫書　203
五狼山記　139
五曹算經　233, 379
五國故事　380, 385, 390
五朝名臣言行錄　107
五殘雜變星書　484, 495
五溪記　510
五經　586
五經大義　480, 491
五經小學述　22, 25, 551
五經今文古文考　362, 424
五經文字　18, 19, 402, 424
五經文字疑　402
五經正義表　225, 529
五經四書讀本　7
五經同異　539
五經析疑　402
五經要義　480, 491
五經旁訓　2
五經通義　402, 480, 491
五經通論　480, 491
五經異義疏證　12, 16, 18, 534
五經然否論　480, 491
五經歲遍齋校書三種　556
五經鉤沈　480, 491
五經算術　233, 435
五經蠡測　6
五經體註　17
五經讀法　363
五臺山記　141

五臺山聖境讚殘卷　467
五鳳吟　330
五燈會元　269
五藏山經傳　570
五嶽考　155
五嶽約　137, 358, 469
五嶽說　137
五黏考　144
五禮通考　39
五總志　382
五變記箋述　574
支更說　538
支遁集　426
不系園集　518
不思議光菩薩所說經　264
不費錢善事　205
太乙舟文集　403
太乙照神經　422
太上元始天尊說寶月光皇后聖
　　母孔雀明王尊經　260
太上老君說自在天仙九蓮至聖
　　應化度世真經　260
太上老君說趙元帥禳災集福妙
　　經　260
太上洞玄靈寶高上維皇衍正太
　　華至極尊經　260
太上黃籙齋儀　259
太上混元道德真經　210
太上感應篇　260, 261, 419
太上感應篇直講　261
太上感應篇注　413
太上感應篇註　462
太上感應篇圖說　261
太上感應篇纘義　564
太上感應靈篇圖說　527
太公兵法逸文　213
太平天國癸丑三年新曆　127
太平軍目　126

太平條規 126	友古詞 306	日本沿革 150
太平救世歌 128	友約 358	日本風土記 156
太平御覽 336	尤本文選考異 516	日本風俗 156
太平詔書 126	尤射 355, 376, 378	日本紀遊 150
太平經國之書 5, 396	巨文島形勢 150	日本通中國考 150
太平廣記 230	牙牌參禪圖譜 439	日本國見在書目錄 429
太平寰宇記 159, 430	比目魚傳奇 315	日本訪書志 189
太平寰宇記拾遺 510	比竹餘音 576	日本載筆 150
太平寰宇記辨偽 510	比紅兒詩註 366, 463	日本瑣誌 150
太平禮制 126	比雅 415, 435, 551	日本雜事 150
太平歡樂圖 253	切字釋疑 363	日本雜記 150
太史公素王妙論 484, 496	切韻 55	日本疆域險要 150
太史林碧山先生珠玉同聲 64	切韻考 559	日知錄 10, 13, 225
太白紀游略 141	切韻射標 402	日知錄小箋 562
太玄經（揚雄） 194, 245	止庵遺集 517	日知錄史評 402
太玄經（楊泉） 482, 494	止谿文鈔 527	日知錄集釋 225
太玄闡秘 456	止谿詩集鈔 527	日法朔餘彊弱攷 234
太恨生傳 466	止齋先生文集 530	日食諸法異同圖 231
太素內經傷寒總論補證 575	止齋先生春秋後傳 4	日貫齋塗說 368
太素四時病補證 575	止觀輔行傳弘決 420	日晷圖法 232
太華山紫金鎮兩世修行劉香寶卷全集 319, 320	少子 483, 495	日湖漁唱 306, 413
太華紀游略 138	少保于公奏議 527	日損齋筆記 408
太常因革禮 450	少室山房筆叢 447	日聞錄 385, 408
太清神鑑 408, 415	少室山房集 447	日錄裏言 360, 362
太清記 470	少室先姝傳 348, 350	日錄論文 360, 362
太陽尊經 271	少陽集 445	日錄雜說 359, 361
太極拳論 213	少微通鑑節要 87	日講四書解義 50
太極圖 590	少廣正負術 552	日講書經解義 32
太極圖解 544	少寨洞記 143	日躔表 230
太極圖說 590	少儀外傳 407	日躔曆指 231
太極圖說遺議 541	少學 357	曰若編 570
太湖新錄 347	日下舊聞 164	中山見聞辨異 150
太湖源流編 144	日本山表說 151	中山紀略 150
太歲超辰表 444	日本乞師紀 537	中山狼傳 348, 350
太醫局諸科程文 216	日本考略 150	中山傳信錄 150, 167
太醫院補遺本草歌訣雷公炮製 220	日本近事記 150	中外述遊 149
	日本金石年表 421	中西合法擬草 231, 407, 411
	日本河渠志 151	中西事務紀要 119

書名筆畫索引 | 611

中西星要 198
中西關繫略論 152
中州金石目 428
中州金石目錄 458
中州金石攷 176
中州金石記 388, 389
中州樂府 308, 310
中江考 144
中吳紀聞 384, 412, 443
中亞美利加五國政要 153
中法四線 231
中法選擇部 231
中星表 232
中俄交界全圖 165
中俄交界記 137
中俄交界續記 153
中俄界線簡明說 153
中華古今注 356, 377
中華全圖 173
中華報 582
中候考河命 70, 404
中候洛予命 70, 404
中候敕省圖 70, 405
中候握河紀 70, 404
中候運行 70, 404
中候義明 70, 405
中候準讖哲 70, 405
中候摘洛戒 70, 404
中候稷起 70, 405
中候摘洛戒 405
中候雜篇 70, 404
中晚唐詩紀 287
中國六大政治家 108
中國方域考 135
中國古代二十四孝全圖 109
中國史講義 580
中國形勢考略 135
中國近四十年通商貿易比較盛

衰表 581
中國物產考略 135
中國法理學發達史論 108
中國海島考略 149
中國歷史教科書 580
中國歷代都邑考 135
中庸 7
中庸本解 514
中庸或問 45
中庸注 44
中庸通 6
中庸章句 45
中庸章句或問通證 6
中庸章段 544
中庸提要 514
中庸集說啟蒙 6
中庸集編 5
中庸節訓 570
中庸說 541
中庸篇義 461
中庸纂疏 5
中越交界各隘卡略 150
中朝故事 459
中雁蕩紀遊 141
中說 192, 193, 375, 377
中論(徐幹) 193, 375, 377
中論(釋鳩摩羅什) 266
中興三公年表 440
中興行在雜買務雜賣場提轄官
  題名 440
中興東宮官僚題名 440
中興政要 453
中興間氣集選 543
中興戰功錄 440
中興禦侮錄 413
中藏經 215, 217
中麓畫品 386
中衢一勺 555

內外傷辨 215
內臣劉若愚蕪史纂略 417
內家拳法 370
內業 482, 494
內照法 217
內經平脈考 575
內經評文素問 217
內閣大庫檔冊 467
內閣小志 467
內閣官報 583
內閣故事 467
水月令 357
水心先生文集 530
水心先生別集 530
水石緣 332
水地小記 11, 14
水地記 368, 548
水攻 212
水坑石記 357, 418
水村易鏡 3
水東日記 94
水品 258
水陸摘要 119
水雲集 525
水雲樓詞 440
水道提綱 166
水道總考 143
水飾 484, 495
水經 165, 355, 376, 378
水經序補逸 226, 529
水經注 165, 436, 548
水經注西南諸水攷 447
水經注圖 173
水經要覽 143
水經釋地 457
水滸後傳 328
水衡記 355
午風堂叢談 517

牛西蘭島紀略 152	毛詩後箋 22, 25, 445	仁在堂論文各法 431
牛羊日曆 440	毛詩馬氏注 475, 487	仁和吳氏雙照樓景栞宋元本詞 308
牛奇章集 286	毛詩馬融注 497, 503	
牛應貞傳 354, 391, 400	毛詩原解 531	仁恕堂筆記 365
毛氏春秋三種 42	毛詩徐氏音 476, 487	仁廟聖政記 460
毛朱詩說 360, 361	毛詩問難 475, 487	片玉詞 305
毛詩 2, 455	毛詩異文箋 433	仇池筆記 391
毛詩十五國風義 476, 487	毛詩異同評 436, 476, 487	化書 417
毛詩王氏注 475, 487	毛詩國風定本 461	化清經 482, 494
毛詩王基申鄭義 497, 503	毛詩紃義 13, 16	仍貽堂集 289
毛詩王肅注 497, 503	毛詩答雜問 475, 487	介菴詞 306
毛詩天文考 445	毛詩舒氏義疏 476, 487	介菴經說 514
毛詩日箋 368, 517	毛詩補疏 12, 15	父師善誘法 208
毛詩古音考 396	毛詩傳義類 20, 26	今水經 381, 436, 537
毛詩古義 361	毛詩傳箋通釋 22, 25, 445	今文尚書 475, 486
毛詩攷證 22, 25, 551	毛詩義問 475, 487	今文尚書考證 32, 569
毛詩名物解 4	毛詩義駁 475, 487	今文尚書要義凡例 574
毛詩昀訂 56	毛詩箋音義證 476, 487	今文尚書經說攷 22, 27, 534
毛詩序義疏 476, 487	毛詩說 20, 26	今文詩占義疏證凡例 574
毛詩沈氏義疏 476, 487	毛詩鄭箋改字說 20, 27, 534	今世說 412
毛詩述義 476, 487	毛詩稽古編 10, 13	今古奇觀 324
毛詩周氏注 476, 487	毛詩寫官記 541	今古學攷 574
毛詩周頌口義 22, 25, 551	毛詩駁 475, 487	今有術 236
毛詩注疏 7	毛詩隱義 476, 487	今列女傳 463
毛詩注疏校勘記校字補 461	毛詩禮徵 433	今言類編 94
毛詩奏事 475, 487	毛詩題綱 476, 487	今雨瑤華 347
毛詩拾遺 476, 487	毛詩雙聲疊韻說 556	今韻古分十七部表 367
毛詩指說 4	毛詩譜 20, 28, 502, 509	凶禮 476, 487
毛詩草木鳥獸蟲魚疏 17, 19, 375, 376	毛詩譜暢 476, 487	分方治宜篇 575
	毛鄭詩考正 11, 14, 368, 548	分甘餘話 372, 471, 543
毛詩草木鳥獸蟲魚疏正 556	毛鄭詩釋 556	分野說 538
毛詩草木鳥獸蟲魚疏校正 455	壬申消夏詩 420	分毫字樣 481, 493
	壬寅年大字通書 240	分撰兩戴記章句凡例 574
毛詩草木鳥獸蟲魚疏廣要 396	升庵先生年譜 386	分韻試帖青雲集合註 303
	升庵詩話 386	分韻撮要字彙 300, 301
毛詩草蟲經 476, 487	升庵經說 385	分類字錦 345
毛詩故訓傳 11, 14	升庵韻學 386	分體利試詩法入門 303
毛詩重言 556	仁文商語 536	公子牟子 483, 494

公文成語 70	勿菴曆算書目 189, 382	六朝四家全集 286
公羊古義 361	勿藥須知 423	六朝四家全集辨訛考異 286
公羊春秋何氏解詁箋 12, 16	欠愁集 460	六經天文編 337, 397
公羊春秋經傳驗推補證 573	丹桂籍註案 462	六經正誤 6
公羊問答 21, 26, 428	丹陽集 516	六經略注序 480, 491
公羊逸禮攷徵 21, 26, 420, 442	丹陽詞 306	六經奧論 6
公羊傳補注 432, 550	丹稜文鈔 518	六經補疏 553, 554
公羊義疏 23, 27	丹鉛餘錄 225	六經圖 52
公羊禮疏 23, 26	丹鉛總錄 225	六經圖考 52
公羊禮說 13, 16	丹鉛雜錄 386	六藝綱目 435
公羊嚴氏春秋 477, 489	丹溪心法 215	六藝論 9, 424, 480, 491, 502, 509
公門懲勸錄 462	丹溪心法附餘 222	六藝論疏證 29, 569
公是先生七經小傳 6	勾股 236	六韜 193, 393, 394, 500, 506, 591
公是先生弟子記 378, 417	勾股六術 244, 570	六譯館叢書 573
公姪之翰之奇遺稿 516	勾股截積和較籌術 411	文士傳 469
公孫尼子 482, 494	勾股闡微 231	文山先生文集 371
公孫弘書 482, 494	六一詞 305	文山先生全集 288
公孫龍子 192, 194, 408	六十自定稿 540	文子 409
月令氣候圖說 386	六十花甲子神名 119	文子通玄真經 192
月令問答 18, 477, 488	六九軒算書 234	文子纘義 196, 197, 198
月令章句 18, 477, 488, 572	六大洲說 154	文友文選 517
月令廣義 133	六子全書 192	文中子中說 192, 193, 196, 197, 198
月令粹編 133	六代小舞譜 40	文公朱先生感興詩 434
月令演 356	六合內外瑣言 230	文公先生經世大訓 200
月令輯要 133	六如居士外集 369	文公家禮儀節 39
月行九道圖並解 538	六如居士畫譜 431	文心雕龍 304, 376, 378, 436
月夜彈琴記 465	六事箴言 462	文史通義 412, 418
月河精舍叢鈔 425	六祖大師灋寶壇經 596	文合新刻三藏出身全傳 327
月波洞中記 385, 422	六粜通考 557	文字指歸 54, 481, 493
月泉吟社 412	六家文選 291	文字集略 54, 481, 493
月道疏 538	六書十二聲傳 570	文字蒙求 56, 425
月會約 521	六書分毫 387	文武各官相見儀注 119
月滿樓甄藻錄 369	六書分類 55	文苑英華 292
月澗琴語 313	六書音均表 11, 14	文苑英華辨證 382
月離表 230	六書說 54, 435	文苑異稱 363
月離曆指 230	六書緣起 255, 256	
氏族博攷 343	六書舊例 574	
	六書轉注錄 551	

文昌孝經　262, 462
文昌帝君陰騭文　259
文昌帝君陰騭文詩　261
文昌帝君寶善編　259
文昌雜錄　349, 351, 374, 398
文典類函　344
文法會同甲編　304
文定公詞　307
文房約　357
文始真經言外經旨　409
文貞公年譜（李清植）　545
文貞公年譜（繆之鎔）　516
文則　530
文品苐函　536
文恭集　516
文海披沙摘錄　465
文章緣起　426
文章薪火　365
文章辨體　304
文清公薛先生文集　535
文集　548
文集鈔　535
文淵閣書目　186
文頌　366
文溪詞　306
文談　403
文廟上丁禮樂備考　117
文廟通考　117
文廟從祀弟子贊　365
文選　291
文選古字通疏證　435
文選注引晉紀　502, 508
文選箋證　292, 457
文選課虛　546
文翰類選大成　293
文館詞林　413, 429, 434
文獻通考　112, 113, 114
文獻通考詳節　115

文獻通考經籍校補　226, 529
文釋　484, 495
文瀾閣志　525
亢倉子　195
亢倉子洞靈真經　192
亢藝堂集　420
方山先生文錄　517
方山記　139
方氏易學五書　433
方正學先生文集　371
方言　193, 375, 377
方言補校　447
方言藻　387
方叔淵遺藁　460
方是閑居士小稿　311
方程　236
方程天元合釋　236
方程新術草　234
方程論　231
方圓冪積　231
方圓闡幽　236, 244
方輿紀要　418
方輿紀要簡覽　135
方輿諸山考　143
火攻　212
火攻挈要　409
火經　418
火器真訣　236
火戲略　370
心相百二十善　437
心要經　384
心矩齋叢書　427
心病說　359, 369
心書　194, 212, 376, 377
心得要旨　434
心巢文錄　433
心經旁解參　268
尹少宰奏議　513

尹文子　192, 194, 399, 408
尹和靖先生集　370
尹都尉書　483, 494
尹健餘先生年譜　513
尹健餘先生全集　513
尺木堂綱鑑易知錄　90, 91
尺算日晷新義　234
尺牘新鈔　410
引勝小約　358
卍齋璅錄　386
孔子三朝記　38, 485, 492
孔子世家補訂　554, 555
孔子年譜　110
孔子弟子目錄　9
孔子河洛讖　72, 406
孔子家語　193, 199
孔子家語札記　199
孔子家語疏證　531
孔子集語　193, 196, 198, 199, 395
孔少府集　284
孔氏家語　199
孔氏雜說　349, 351
孔文舉集　284
孔北海集　287
孔門師弟年表　554
孔門詩集　577
孔衍春秋後語　501, 507
孔晁國語注　501, 507
孔廟從祀末議　364, 419
孔叢子　193, 375, 377
巴山詩錄　576
巴西地理兵要　153
巴西政治攷　153
巴西侯傳　348, 351
巴來鯯政要　154
巴馬紀略　153
巴船紀程　147

巴黎賽會紀略　156
毋欺錄　423
幻異志　391
幻戲志　391

五畫

玉山朱氏遺書　532
玉山草堂續集　412
玉山堂詞　547, 548
玉山樓綱鑑易知錄　90
玉井山館筆記　420
玉井搴蓮集　515
玉名詁　386
玉雨詞　312
玉佩考　21, 27, 563
玉房秘訣　454
玉函山房輯佚書　474, 485
玉函山房輯佚書目耕帖續補　496
玉虹樓法帖　250
玉泉子　194, 352
玉峰遊記　139
玉笑零音　470
玉海　337
玉梅後詞　465, 572
玉梅詞　572
玉堂嘉話　408
玉堂增補雜字　62
玉堂舊課　563
玉笥集　412
玉壺記　348, 350
玉壺野史　408
玉壺清話　379
玉搔頭傳奇　315
玉窗詩餘　312
玉楸藥解　220
玉暉堂詩集　514

玉照新志　399, 472
玉牒初草　440
玉鉤斜哀隋宮人文　465
玉溪生詩說　443
玉溪編事　391
玉臺書史　365, 422, 464
玉臺畫史　422, 466
玉臺新詠考異　514
玉樓春　330
玉篇　429
玉潤雜書　472, 535
玉曆鈔傳警世　262
玉燭寶典　429
玉簡齋叢書　467
玉簫詞　313
刊誤　403, 417
刊謬正俗　436
未央術　484, 496
示我周行　159
打馬圖　455
打馬圖經　412
巧團圓傳奇　315
正三通目錄　116
正毛　562
正字通　59
正字略定本　555
正宗愛國報　583
正弧三角疏義　408
正音撮要　64
正部論　482, 494
正球升度表　231
正訛初稿　368
正訛集　264
正疏三角疏義　231
正統北狩事蹟　94
正蒙　535
正蒙註　544
正誼堂文集　372

正誼堂全書　370
正誼堂詩集　517
正誼堂續集　372
功偉先生文存　419
功順堂叢書　421
去伐論　482, 494
甘棠靈會錄　348, 350
甘肅考略　135
甘肅地略　154
甘肅諸水編　144
甘澤謠　398
甘藷錄　368
世子　482, 494
世本　378, 442, 473, 514
世要論　483, 495
世界哲理箋釋　575
世書　370
世善堂藏書目錄　186, 382
世說注引晉書　502, 508
世說新語　228, 346, 436
世說新語引用書目　228
世說新語攷證　228
世說新語佚文　228
世說新語校勘小識　228
世說舊注　385
世緯　382
艾子後語　471
艾言　357
古人居家居鄉法　357
古三墳　375, 376
古夫于亭雜錄　431
古今刀劍錄　376, 378, 390
古今文字表　481, 493
古今印史　255, 256
古今印制　255, 256
古今外國名考　358
古今同姓名錄　384
古今合璧事類備要　337

古今名人畫稿 255	古文尚書舜典注 475, 486	古泉雜詠 573
古今字詁 54, 481, 493	古文尚書撰異 11, 14	古律呂攷 570
古今法書苑 247	古文尚書辨 366, 436	古音合 387
古今注 194, 356, 376, 377, 511	古文周易參同契註 261	古音附錄 386
	古文官書 54, 452, 481, 493	古音略例 386
古今姓氏書辯證 408	古文參同契集解 399	古音複字 386
古今律曆考 512	古文淵鑒 294	古音餘 386
古今風謠 386	古文瑣語 482, 493	古音骿字 386
古今夏時表 572	古文精藻 544	古音叢目 386
古今書刻 184, 453, 455	古文韻語 386	古音獵要 386
古今通論 482, 494	古巴述略 157	古洋遺響集 460
古今萬姓統譜 343	古巴節略 153	古桐書屋六種 560
古今無慶生日文 542	古本大學 587	古桐書屋劄記 560
古今善言 484, 495	古本大學解 416	古格言 555
古今詩韻釋義 63	古本大學輯解 514	古唐詩合解 294
古今偽書考 383	古本葬書 397	古書拾遺 554
古今說部叢書 468	古史考年異同表 554	古書疑義舉例 24, 28, 562
古今說海 347, 350	古史紀年 554	古雪詩餘 312
古今樂錄 477, 488	古史輯要 409	古國都今郡縣合考 363
古今諺 386	古史釋地 570	古逸叢書 429
古今濡削選章 293	古印考略 255, 256	古雋 385
古今韻攷 428	古列女傳 436	古微書 70, 404
古今韻通 402	古州雜記 148	古鉢集選 543
古今韻會舉要 63	古孝子傳 473	古詩十九首說 432
古文孝經 434	古局象棊圖 455	古經天象考 456
古文孝經孔氏傳 378	古玩品 258	古經服緯 514
古文孝經述義 479, 490	古杭雜記 349, 351, 518	古經診皮名詞 575
古文苑 292, 409	古易音訓 442, 444	古經傳 3
古文析義 293	古金待問錄 363, 425	古經解彙函 17, 18
古文奇字 54	古周易 3	古劇腳色考 468
古文尚書 18, 475, 486	古刻叢鈔 175, 383, 395	古墨齋金石跋 456
古文尚書考(陸隴其) 366, 436	古春軒詞 312	古樂經 403
	古柏齋讀書雜識 457	古樂經傳 544
古文尚書考(惠棟) 10, 14, 367	古香樓詞 313	古論語 479
	古香齋新刻袖珍淵鑑類函 342	古學攷 574
古文尚書音 475, 486		古謠諺 301
古文尚書冤詞 541	古泉山館題跋 441	古禮今律無繼嗣文 542
古文尚書冤詞平議 28, 569	古泉匯 181, 558	古艷樂府 364

古籀拾遺 180	左海續集 534	石城山志 158
古鏡記 391, 466	左通補釋 23, 25	石柱記箋釋 413
古韻標準 389, 406, 412	左淫類記 462	石泉書屋尺牘 558
古韻論 420	左傳人名辨異 515	石泉書屋全集 557
古歡社約 357, 440	左傳古本分年考 562	石泉書屋制藝 558
古觀人法 357	左傳列國職官 424	石泉書屋制藝補編 558
古豔樂府 463	左傳同名彙紀 462	石泉書屋律賦 558
本艸經 216	左傳杜注辨證 456	石泉書屋詩鈔 558
本艸經疏 216	左傳杜解補正 9, 13, 539	石泉書屋館課詩 558
本事詩（孟棨） 390, 400	左傳事緯 386	石泉書屋類稿 557
本事詩（徐釚） 426	左傳官名考 386	石亭記事 557
本草蒙筌 219	左傳紀事本末 92, 93	石洲詩話 412
本朝小題行遠集 302	左傳連珠 563	石屏長短句 308, 310
本朝名家詩鈔小傳 390, 400	左傳通釋 462	石屏詞 306
本朝京省人物考 106	左傳淺説 569	石屏詩集 530
札迻 227	左傳補注 432, 550	石渠隨筆 414
札樸 226, 427	左傳義法舉要 416, 546	石渠餘紀 124
可談 469	左傳器物官室 424	石渠禮論 477, 488
可齋雜稿詞 308, 310	左傳舊疏考正 23, 26, 436	石湖紀行 383
丙子學易編 3	左粹類纂 343	石湖詞 380
丙辰粵事公牘要畧 124	右台仙館筆記 564	石鼓文音釋 386
丙辰劄記 456	石友贊 362	石鼓文匯 183
丙寅北行日譜 382	石成金官紳約 462	石鼓文釋存 183
左女同名附紀 462	石交 358, 469	石鼓然疑 551
左女彙紀 462	石守道先生集 371	石蓮盦彙刻九金人集 289
左氏兵法 402	石里雜識 364	石經公羊 482, 493
左氏奇説 478, 489	石林先生春秋傳 4	石經考（萬斯同） 436
左氏春秋考證 12, 16	石林治生家訓要略 535	石經考（顧炎武） 52, 539
左氏春秋學外編凡例 573	石林居士建康集 535	石經考文提要 52
左氏蒙求 434	石林家訓 535	石經考異 52, 546
左氏傳説 4	石林詞 305, 535	石經尚書 482, 493
左忠貞公文集 289	石林詩話 472, 535	石經殘字考 424
左忠毅公年譜定本 461	石林遺書 535	石經補攷 52
左忠毅公集 288	石林燕語 353, 535	石經彙函 52
左海文集 12, 16, 534	石林燕語辨 535	石經閣金石跋文 174, 175, 443
左海文集乙編駢體文 534	石門文字禪 527	石經儀禮 482, 493
左海全集 533	石門諸山記 138	石經魯詩 482, 493
左海經辨 12, 16, 534	石刻鋪敘 380, 389	石經論語 482, 493

石榴記傳奇 315	平蜀紀事 95	北隅掌錄 519
石墨鐫華 175, 182, 379, 403	平圓各形圖 236	北隅綴錄 525
戊申日記 577	平圓形 233	北雁蕩紀遊 140
戊申立春考證 512	平臺紀略 367, 390	北遊紀略 137
平三角邊角互求術 236	平臺紀畧 95, 546	北遊紀程 147
平方各形術 236	平臺灣生番論 149	北道刊誤志 407
平平言 129	平漢錄 94	北湖小志 553, 554
平間記畧 95	平播全書 512	北窗瑣語 471
平吳錄 94	平齋詞 306	北窗囈語 438, 470
平宋錄 406	卡倫形勢記 136	北夢瑣言 352, 374, 439
平苗記 148	北户錄 347, 350, 468	北幹考 142
平定交南錄 94, 392	北平錄 94	北墅抱瓮錄 366
平定兩金川述略 148	北史 74, 76, 77, 78, 79	北齊書 74, 75, 77, 78, 83
平定耿逆記 95	北印度以外疆域考 156	北齊疆域圖 172
平定粵匪紀略 102	北行日記(王錫祺) 146	北樂府小令 316
平定猺匪述略 101	北行日記(陳炳泰) 146	北燕疆域圖 172
平定臺灣述略 149	北行日錄 383	北徼山脈考 142
平定關隴紀畧 102	北江詩話 412, 551	北徼水道考 144
平定羅剎方略 157, 421	北里志 464	北徼方物考 137
平胡錄 94	北宋石經攷異 13, 16	北徼形勢考 137
平洋百穴圖 245	北宋志楊家府傳 328	北徼城邑考 137
平津館文稿 280, 442	北宋汴學二體石經記 52, 556	北徼喀倫考 137
平津館叢書 393, 394	北使紀略 95	北徼彙編 133
平津館鑒藏記書籍 444	北使錄 94	北轅錄(周輝) 347, 350
平津館鑒藏書籍記 433	北征日記 146	北轅錄(戴熒元) 149
平津讀碑記 174, 183, 433, 442	北征後錄 94, 347, 350	北嶽中嶽論 138
平夏錄 94, 347, 350	北征記 94, 347, 350	北嶽恒山歷祀上曲陽考 360, 363
平原君書 482, 494	北征錄 94, 347, 350	北嶽辨 138
平脈法砭偽平議 576	北周疆域圖 172	北魏地形志圖 172
平脈法篇 217	北京新聞彙報 582	北邊備對 347, 350
平浙紀略 523	北郊配位尊西向議 541	北歸志 149, 166, 543
平海紀略 369	北狩見聞錄 396	目耕帖 485, 496
平書 531	北洋海防津要表 155	目耕帖續刻 496
平書訂 513	北軒筆記 383	目耕齋初集 303
平湖顧氏遺書 557	北郭詩帳 525	目連寶卷 320
平遠山房法帖 250	北堂書鈔 336	甲申三月忠逆諸臣紀事 97
平園近體樂府 460	北堂書鈔引晉紀 502, 508	甲申忠佞記事 95
	北涼疆域圖 172	

甲申紀變實錄　95	史記注補正　447, 546	四印齋彙刻宋元三十一家詞　307
甲申傳信錄　94	史記索隱　81, 447	四民便用不求人萬斛明珠　344
甲申雜記　379	史記菁華錄　81	
甲申聽議　538	史記惠景間侯者年表校補　226, 529	四存編　513
甲行日注　95		四字烏語　403
甲癸議　466	史記短長說　409	四字雜成　70
甲寅詩存　577	史記評林　81, 588	四言句格　304
申子　483, 495	史通削繁　105	四言舉要　216
申氏拾遺集　513	史通校正　226, 529	四述奇　169
申宗傳　355	史略（高似孫）　189, 425, 429	四明山寨紀　537
申培魯詩傳　497, 503	史略（蕭震）　367	四明天一閣藏書目錄　467
申鳧盟先生年譜　512	史義拾遺　402	四明它山水利備覽　407
申端愍公文集　512	史閣部集　419	四明先生遺集　289
申端愍公集　288	史說略　566	四朋居新訂四書講意存是　47
申端愍公詩集　512	史漢通鑑注正　402	四音定切　560
申鑒　193, 375, 377	史漢駢枝　79, 433, 447	四洲志　157
申鑒校正　226, 529	史論五答　368	四時幽賞錄　522
田子　483, 494	史編雜錄　402	四庫全書提要分纂稿　530
田叔禾小集　526	史學提要　346, 418	四庫簡明目錄標注　190
田俅子　483, 495	史學提要補　346	四益易說　574
田畝比類乘除捷法　404	史學叢書　79	四益堂經語乙篇　574
田間書　392	史籀篇　481, 493	四益詩說　574
田融趙書　452	史懷　531	四益館經學四變記　574
由余書　483, 495	叩舷憗軷錄　471	四益館穀梁春秋外編敘目　574
由藏歸程記　136	四十初度述懷　427	
史目表　551	四十張紙牌說　358, 469	四益館雜著　574
史佚書　483, 495	四大奇書第一種　325	四家詠史樂府　437
史表功比說　79, 447	四川考略　135	四家選集　387
史表號名通釋　570	四川地略　154	四書　46
史忠正公集　278, 289, 512	四王合傳　95	四書反身錄　279
史姓韻編　107	四元玉鑑細艸　235	四書文　564
史要　105	四元名式釋例　236	四書文法摘要　403
史品赤函　536	四元草　236	四書文墨卷　302
史記　74, 75, 77, 78, 80, 81	四元解　236	四書正體　47
史記三書正譌　447	四元釋例　235	四書考異　10, 14
史記天官書補目　79, 368, 448	四六話　399	四書攷異　540
史記月表正譌　447	四六談麈　399	四書全注　47
史記志疑　79	四印齋所刻詞　306	

四書改錯 50	四雪草堂重訂通俗隋唐演義 329	白石道人詞集 306
四書或問 46	四率淺說 234	白石詩集 419
四書或問語類集解釋註大全 50	四朝名臣言行錄 107	白田草堂存稿 10, 13, 447
四書味根錄 51	四朝聞見錄 379	白衣大悲五印心陀羅尼經 266
四書姓氏題文 302	四然齋藏稿 278	白谷集 289
四書拾義 456	四魂外集 577	白雨齋詞存 314
四書拾遺 554	四魂集 577	白雨齋詞話 314
四書是訓 456	四溟詩話 410	白雨齋詩鈔 314
四書索解 541	四種遺規 204	白虎通疏證 24, 27, 224
四書通旨 6	四聲五音九弄反紐圖 481, 493	白虎通德論 194, 355, 375, 376
四書逸箋 409, 412, 531	四聲切韻表 389, 412	白帖引晉紀 502, 508
四書章句集註 45, 46, 47, 587	四聲等子 428	白香山詩長慶集 276
四書程式墨卷 302	四聲纂句 402	白香詞譜箋 427
四書集註大全 47, 48	四禮初稿 39	白雪齋選訂樂府吳騷合編 315
四書集註攷證 462	四禮約言 39	白蛇記 348, 351
四書集釋就正藁 462	四禮權疑 443	白鹿書院志 163
四書稗疏 24, 540	四禮辨俗 402	白雲集 525
四書解義 544	四禮翼 402	白雷登避暑記 156
四書經註集證 51	四體千字文 587	白猿傳 391
四書箋義纂要 406	四體書勢 481, 493	白澤圖 484, 496
四書說略 555	四鑑錄 513	白嶽遊記 139
四書徵 49	冏冏秔解 557	白蠟遊記 151
四書辨疑 6	生香館詞 312	白鷺洲主客說詩 20, 24, 392, 541
四書辨疑辨 563	生霸死霸考 562	他士文尼亞島考略 151
四書賸言 10, 13, 541	乍丫圖說 137	厄林 399
四書賸言補 541	丘司空集 285	瓜亞風土拾遺 168
四書講義 422	仕的 357	用兵異宜 120
四書講義輯存 538	代少年謝狎妓書 464	用表推日食三差 235, 428
四書離句集註 47	代北姓譜 365	用藥秘旨 216
四書類典賦 345	代某校書謝某狎客饋送局帳啟 465	用藥總論 397
四書纂箋 6	代數盈朒細草 452	印人傳 256
四書釋地 10, 13, 419	仙吏傳 390, 400	印文考略 366
四書釋地補 51	白氏文集校正 226, 529	印正附說 418
四書釋地辨證 13, 16	白氏長慶集 287	印旨 255, 256
四書釋地續 419	白石詞 305	
四書體註合講 50		
四書讀本 46		

印色獨步 418	冬心先生集 298, 299	永寧衹謁筆記 135
印言 255	冬心先生畫竹題記 423	永寧通書 246
印述 255, 256	冬至權度 231, 407, 411	永樂大典 338, 339, 340
印箋說 255, 256	冬花庵爐餘稾 299	永曆紀年 537
印度考略 151	冬青引注 537	永曆紀事 95
印度志略 151	冬青館古宮詞 422	永曆實錄 540
印度風俗記 151	冬夜箋記 372, 373	司天考驗圖 238
印度紀遊 151	冬集紀程 472	司空表聖集 288
印度劄記 151	主父偃書 483, 495	司馬氏書儀 396
印章考 255, 256	主客圖 384, 417	司馬文園集 284
印章要論 255, 256	立山詞 439	司馬法 194, 212, 393, 394, 473, 591
印章集說 255, 256	立方立圓術 236	司馬相如凡將篇 498, 504
印經 255, 256	立齋先生標題解註音釋十八史略 589	司馬彪九州春秋 502, 508
印說 255, 256	立齋遺文集 288	司馬彪戰略 502, 508
印學管見 256	玄中記 474, 484, 495	司馬彪續漢書 79
印辨 255, 256	玄怪記 391	司馬溫公文集 276, 371
句股尺測量新法 234	玄亭涉筆 470	司馬溫公稽古錄 87
句股形 233	玄真子 192, 195	尼布楚考 135
句股容三事拾遺 234	玄晏齋困思鈔 517	民焚董其昌家始末 418
句股割圜記 548	玄秘塔碑 252	弘光實錄鈔 97
句股筭術細草 234	半厂叢書初編 426	弘藝錄 527
句股義 411	半菴笑政 358, 469	弘簡錄 86
句股演代 433	半野村人閒談 471	出口程記 146, 387
句溪雜箸 446	半氈齋題跋 421	出山異數紀 360, 362
册府元龜 336	半巖廬遺詩 299	出行寶鏡 385
卯峒記 143	汀鷺詩餘 440	出使日記續刻 567
外切密率 235, 415	氾勝之書 483, 494	出使公牘 567
外科精義 215	永年申氏遺書 512	出使英法俄國日記 152
外家紀聞（冒廣生） 533	永州風土記 510	出使英法義比日記 568
外家紀聞（洪亮吉） 472, 551	永州紀勝 147	出使英法義比四國日記 567
外國史略 157	永州圖經 510	出使奏疏 567
外國竹枝詞 359, 361, 389, 393	永利雜記 144	出使美日秘國日記 157
外國紀 367	永昌土司論 148	出使須知 152
外藩列傳 137, 168	永定河源考 144	出洋須知 152
外藩紀略 168	永順小志 147	出洋瑣記 152
外藩疆理考 137	永嘉先生八面鋒 400	出都詩錄 576
冬心先生三體詩 423	永嘉叢書 530	出峽記 145

出圍城記 460
出塞紀略 137, 367
出邊紀程 135
加訂美全八音 67
加減乘除釋 233, 553, 554
召誥日名攷 233, 569
皮氏經學叢書 28
弁服釋例 11, 14
台州叢書 530
台灣外記 329
幼科要畧 217
幼訓 357
幼學故事尋源 207
幼學詩 127

六畫

匡謬正俗 18, 19, 374
匡廬紀游 140, 372, 374, 392, 401, 472
匡廬遊錄 140, 365, 537
耒耜經 354, 355, 397
耒邊詞 528
刑案匯覽 120
刑統賦 441
邢特進集 285
戎昱詩集 290
吉凶影響錄 391
吉林外記 154, 157
吉林地略 154
吉林形勢 154
吉林勘界記 135
吉金所見錄 181
吉雲寺大悲閣碑銘 163
考工記 36
考工記考 570
考工記車制圖解 12, 15
考工記析疑 545

考工記圖 11, 14, 368, 431, 548
考工創物小記 11, 14
考工釋車 419
考正德清胡氏禹貢圖 173, 559
考功集選 543
考古質疑 410
考古續說 514
考信附錄 514
考信錄提要 513
考訂朱子世家 201
考槃餘事 392, 437
老子元翼 210
老子化胡經殘卷 467
老子考異 210
老子別錄 369
老子衍 540
老子道德經 192, 195, 197, 210, 346, 429
老子道德經攷異 388
老子解（吳鼐） 368
老子解（葉夢得） 535
老子鬳齋口義 209
老父雲遊始末 471
老林說 147
老狐談歷代麗人記 463
老姥掌遊記 141
老萊子 483, 494
老圓 563
老學庵筆記 353, 398, 436
地球方域考略 154
地球形勢考 134
地球形勢說 134
地球推方圖說 154
地球寒熱各帶論 154
地球誌略 134
地球說略 157
地球總論 134

地理攷索 245
地理全志 157
地理志略 157
地理淺說 134
地理說略 134
地理辨正補證 575
地理驪珠 356
地圖經緯說 154
地圖說 154
地圖綜要 169
地橢圖說 154
地學答問 575
地輿總說 154
地鏡 484, 496
地鏡圖 484, 496
地蘭土華路考 152
耳新 470
共城遊記 147
芍藥譜 258, 464
芝田小詩 525
臣軌 434
臣鑒錄 128
再生紀略 364
再生記 391
再來人 568
再粵謳 316
再續三十五舉（姚晏） 428
再續三十五舉（桂馥） 255, 256, 428
西干記 146
西山遊記（王嗣槐） 138
西山遊記（洪良品） 155
西山遊記（徐世溥） 140
西山遊記（黃鈞宰） 153
西子湖拾翠餘談 522
西天竺藏板三教源流搜神大全 110
西方要紀 152, 359, 361

西方願文解 263	西泠懷古集 522	西清筆記 421
西北水利議 360, 362	西泠續記 558	西清詩話 471
西北域記 157, 392	西城風俗記 370	西清劄記 246
西北諸水編 144	西南夷改流記 148	西清續鑑甲編 179
西北邊域考 137	西南紀事 426	西涯樂府 437
西行日記 155	西南邊防議 155	西涼疆域圖 172
西行瑣錄 147	西俗雜誌 152	西隃山房集 282
西州志殘卷 467	西洞庭志 139	西番各寺記 147
西江源流說 144	西洋人奏摺 132	西番譯語 393
西村十記 520	西洋朝貢典錄 412	西廂記附錄殘 314
西伯利記 137	西神叢語 369	西廂象 314
西招紀行 155	西秦疆域圖 172	西廂摘骰譜 314
西招圖略 157, 164	西華仙籙 359, 361	西遊真詮 330
西招審隘篇 137	西軒效唐集錄 527	西遊記金山以東釋 157
西事蠡測 152	西夏紀事本末 92, 427	西湖八社詩帖 519
西使記 167, 347, 350, 396, 416, 512	西套厄魯特地略 154	西湖小史 370, 463, 522
西征日記 137	西圃詞說 312	西湖水利考 524
西征述 147	西峰淡話 469	西湖月觀紀 520
西征紀略 136, 364, 373	西海紀行卷 156	西湖六橋桃評 358
西征紀程 152	西陲竹枝詞 161	西湖考 145
西征記(毛振翧) 136	西陲要略 136, 161, 415	西湖百詠(柴杰) 520
西征記(劉紹攽) 147	西陲紀事本末 168	西湖百詠(董嗣杲) 519
西征記(盧襄) 346	西陲總統事略 161	西湖竹枝集 520
西征賦 361	西域水道記 144, 157	西湖竹枝詞 522
西京雜記 352, 375, 377, 389, 390, 396, 400	西域水道記校補 460	西湖志 166
西法命盤圖說 198	西域帕米爾興地考 155	西湖冶興 523
西河合集 541	西域帕米爾興地攷 155	西湖臥遊圖題跋 519
西河記 450, 473	西域南八城紀要 154	西湖佳話古今遺蹟 324
西河詞話 364	西域設行省議 136	西湖秋柳詞 472, 521
西河詩話 363	西域置行省議 136	西湖修禊詩 518
西河舊事 473	西域瑣談 168	西湖紀遊 145, 521
西河雜箋 364	西域聞見錄 167, 403	西湖記述 518
西泠五布衣遺箸 298, 299	西域諸水編 144	西湖遊記(查人渶) 145, 519
西泠仙詠 519	西域釋地 136, 415	西湖遊記(陸求可) 145
西泠遊記 524	西埜楊氏壬申譜 570	西湖遊詠 522
西泠閨詠 521	西堂樂府 316	西湖遊覽志 523
	西崑酬唱集 414, 426	西湖夢尋 520
	西清古鑑 179	西湖詩 522

書名筆畫索引 623

西湖遺事詩 524	在官法戒錄摘鈔 204	列國歌 418
西湖雜記 521	有唐撫州南城縣麻姑山仙壇記 248	成人篇 430
西湖雜詠 522		成周徹法演 514
西湖雜詩 519	有誠堂詩餘 313	夷白齋詩話 347
西湖蘇文忠公祠從祀議 521	有福讀書堂叢刻 462	夷夏論 483, 495
西湖韻事 518	百川書志 184	攷工記攷辨 21, 27
西游錄注 467	百正集 381	攷古質疑 431
西塘集耆舊續聞 382	百色志略 153	攷古編 398
西園十二詠 250	百孝圖説 109	至大重修宣和博古圖 179
西溪百詠 521	百花扇序 463	至正妓人行 466
西溪梅竹山莊圖題詠 524	百花彈詞 370, 463	至言 482, 494
西溪聯吟 524	百空曲 563	至游子 195
西溪叢語 353, 398, 431	百哀篇 563	此山先生詩集樂府 309, 311
西溪雜詠 523	百美新詠 300	此事難知集 215
西臺慟哭記註 366, 537	百家姓三編 557	此宜閣增訂金批西廂 314
西墅記譚 470	百家姓考略 206, 208	光華堂四書監本 46
西銘 535	百家姓帖 205	光緒二十八年壬寅補行庚子恩科並辛丑正科江西鄉試題 112
西樵語業 305	百將圖傳 108	
西輶日記 151	百塼考 421	
西徼水道 144	百漢碑硯齋縮本各種漢碑 182	光緒二十六年十二月十三日奉上諭各省匪徒……謄黃 124
西藏巡邊記 136		
西藏改省會論 137	存悔詞 572	[光緒]洪雅縣志 162
西藏宗教源流考 270	存悔齋集杜注 403	光緒會典 574
西藏建行省議 137	存餘堂詩話 347, 517	光霽慶詞 313
西藏要隘考 137	而菴詩話 359, 361	曲洧舊聞 384, 398, 468
西藏後記 136	列子 195, 197, 211, 377, 399	曲園三耍 564
西藏紀述 453	列子沖虛至德真經釋文 399	曲園自述詩 564
西藏紀略 136	列子沖虛真經 192, 346	曲園墨戲 564
西藏記 389, 393	列子張湛注校正 226, 529	曲園襍纂 562
西藏置行省論 155	列子鬳齋口義 209	曲話（李調元） 387
西藏圖考 157	列子盧注攷證 211	曲話（梁廷枏） 557
西藏賦 416	列子釋文 550	曲錄 460
西藏諸水編 144	列子釋文考異 550	同仁祠錄 524
西魏書 450	列女傳 109	同仁堂徵信錄 118
西魏疆域圖 172	列女傳補注 552	同文算指前編 410
西谿梵隱志 519	列仙傳 355, 356, 470	同州馬氏家傳 403
西疇居士春秋本例 4	列仙傳校正本 110, 552	同志贈言 539
西巖贅語 513	列國政要 580	[同治]上海縣志 162

同昌公主外傳　348, 351	朱子格言　250	竹連珠　358, 366, 469
同度記　457	朱子家禮　39	竹書紀年　356, 375, 377, 394,
呂子校補　442, 444	朱子經濟文衡　200	456, 501, 507
呂子校補獻疑　456	朱子語類　201	竹書紀年校正　552
呂氏四禮翼　40, 545	朱子語類日鈔　447	竹書紀年補證　554
呂氏春秋　194, 196, 197, 198,	朱子語類四纂　544	竹書紀年統箋　196, 198
223, 388	朱子語類輯略　371	竹崦盦傳鈔書目　185, 453
呂氏春秋補校　461	朱子論學切要語　413	竹雲題跋　410, 437
呂氏鄉約　402	朱子學的　371	竹窗二筆　263
呂氏續詩記補闕　226, 529	朱子學歸　514	竹窗三筆　263
呂宋紀略　151, 168	朱子禮纂　544	竹溪雜述　359, 361
呂宋記略　156	朱氏羣書　57, 556	竹鄰詞　439
呂宋備考　156	朱文公校昌黎先生文集　275,	竹齋詩集　426
呂祖全書　263	286	竹齋詩餘　305
呂祖師降諭遵信玉曆抄傳閻王	朱文公童蒙須知　591	竹譜（陳鼎）　362
經　320	朱文端公藏書　545	竹譜（戴凱之）　355, 376,
呂靜韻集　499, 505	朱柏廬先生治家格言　252	378, 390
呂語集粹　513	朱鳳晉書　451, 501, 507	竹譜（□□）　246
呂榮公官箴　402	朱慶餘詩　287	竹譜詳錄　383, 594
呂衡州集　414	朱慶餘詩集　290	伏牛洞記　143
呂衡州詩集　290	先府君事略　553, 554	伏西紀事　467
因話錄　352	先聖生卒年月日考　22, 28,	伏侯古今注　474, 483, 495,
回文詩　257	447	502, 508
回文類聚　292	竹山詞　305, 309, 310	延州筆記　470
回文類聚續編　292	竹夫人傳　464	延露詞　528
回回原來　272	竹汀日記　441	仲氏易　10, 13, 541
回部政俗論　136	竹汀先生日記鈔　444	仲長子昌言　482, 494
回疆風土記　136, 168	竹西詞　312	仲景九候診法　576
回疆誌　161	竹坡老人詩話　470	仲景三部診法　576
回疆雜記　136	竹坡先生遺文　534	仲景診皮法　575
回疆雜詠　369	竹坡詞　306	仲瞿詩錄　415
肉蒲團　328, 598	竹林愚隱集　288	任子道論　483, 495
年齒錄　419	竹垞小志　472	任中丞集　285
年曆　482, 493	竹垞行笈書目　460	任氏傳　391
朱子文集　370	竹柏山房十五種　554	仿園酒評　469
朱子古文書疑　33	竹屋癡語　305	仿園清語　472
朱子年譜　413	竹素山房集　526	仿擊鉢吟　577, 578
朱子社倉法　589	竹軒雜著　531	自反錄　536

自由女請禁婚嫁陋俗稟稿 465
自滇入都程記 148, 364
自鳴鐘表圖說 232
伊川易傳 532
伊川經說 532
伊尹書 483, 494
伊洛淵源錄 371
伊犁日記 136
向秀易義 29, 497, 503
行山路記 147
行在陽秋 96
行述 234
行素草堂金石叢書 174
行素堂目睹書錄 190
行朝錄 530, 537
行營雜錄 349, 352
行醫八事圖 357
月齋籤記 133
舟山興廢 537
舟行日記 146
舟行紀略 153
舟行記 146
全上古三代秦漢三國六朝文 295
全五代詩 387
全本禮記體註 17
全史論贊 105
全吳記畧 95
全河備考 143
全唐詩 296
全唐詩未備書目 460
全唐詩逸 384
全滇形勢論 147
全燬書目 187, 428
全體新論 411
合肥三家詩錄 427
合肥相國七十賜壽圖 111

合訂刪補大易集義粹言 3
合諸名家評註三蘇文定 297
夙興語 359, 361
各省水道圖說 143
各經承師立學考四編 430
名公翰墨林 301
名文前選 544
名世文宗 293
名物蒙求 346
名法指掌新例增訂 122
名香譜 464
名宦錄 234
名原 62
名家制義 536
名家詞 439
名書集選法帖 249
名勝雜記 146
名畫神品目 386
名疑集 531
多野齋印說 418
多暇錄 438
色楞格河源流考 144
冰洋事跡述略 152
冰鹽詞 440
亦政堂重考古玉圖 174
亦政堂重修考古圖 173
亦政堂重修宣和博古圖 174
亦陶書室新增幼學故事群芳 207
交食表 231
交食細草 234
交食蒙求訂補 231
交食曆指 231
交翠軒筆記 456
次柳氏舊聞 322, 354, 468
次續翰林志 381
衣冠盛事 469
羊士諤詩集 290

米南宮法書 249
米海岳年譜 414
米艇成規 119
州郡總音釋 103
州縣提綱 385, 397, 425
州縣須知 128
汗簡 58, 446
江上孤忠錄 97, 418
江上遺聞 97
江止庵遺集 289
江月松風集 526
江右紀變 530
江令君集 285
江西水道考 144
江西考略 135
江西地略 154
江西詩社宗派圖錄 365, 380
江西詩派小序 380
江邨草堂紀 362
江邨銷夏錄 247, 594
江行日紀 146
江行雜錄 349, 352
江防海防策 148
江防總論 143
江刻書目三種 184
江南北大營紀事本末 102
江南別錄 347, 350
江南星野辨 360, 361
江南魚鮮品 357
江南聞見錄 96
江南餘載 380, 385, 390
江南闈墨 112
江南鐵淚圖新編 102
江陵紀事 95
江陰李氏得月樓書目摘錄 515
江陰城守紀 95
江淮異人錄 381, 385, 390, 400, 469

江鄉節物詩　520
江道編　143
江湖尺牘　300, 301
江湖海底　228
江源考　143
江源記　143, 365
江鄰幾雜志　353
江漢叢談　531
江蘇考略　135
江蘇地略　154
江蘇沿海圖說　173
江蘇海運全案　118
江醴陵集　285
江變紀畧　95
汲古閣校刻書目　190, 423
汲古閣說文訂　56, 428
汲冢周書　355, 375, 376
汲冢周書輯要　86, 552
汲冢書鈔　482, 493
池上題襟小集　427
池北書庫記　543
池北偶談　224, 373, 543
汝水說　144
汝南遺事　512
宇內高山大河考　144
守山閣叢書　404
守汴日志　368, 372, 373
守城錄　407
守鄖紀略　97
宅經　397
字苑　54
字林　402
字林考逸　18, 61, 550
字林考逸補本　61
字林經策萃華　435
字典考證　533
字指　54, 481, 493
字書　55, 498, 505

字書誤讀　62, 402
字通　384
字畧　54
字統　54, 481, 493
字彙　59
字學三種　62
字學舉隅　61
字諟　55
字類　55
字類標韻　65
字觸　412
字體　55
安天論　484, 496
安邦誌　319
安甫遺學　433
安吳四種　555
安吳論書　428
安定言行錄　426
安南小志　150
安南志畧　167
安南紀遊　150, 372, 374, 392, 472
安南雜記　150, 359, 361, 372, 373
安祿山事迹　322, 440
安默庵先生文集　512
安龍紀事　97
安徽考略　135
安徽地略　154
安徽金石略　456
安邊紀事　467
祁忠惠公遺集　289
冒繁錄　385
艮山雜志　523
艮宧易說　562
艮堂十戒　358, 469
艮維窩集考　135
艮嶽記　349, 351

艮齋先生薛常州浪語集　530
阮子政論　483, 495
阮元瑜集　284
阮孝緒文字集略　498, 505
阮步兵集　284
阮盦筆記五種　571
阮諶三禮圖　497, 504
防江形勢考　143
防海危言　155
防海形勢考　148
防邊危言　154
防邊紀事　467
如是我聞　323
如皋冒氏詩略　533
如皋冒氏叢書　532
好生救劫編　462
好逑傳　328, 329
羽庭集　288
羽扇譜　370
羽族通譜　357
牟子　194, 393, 394
牟珠洞記　143

七畫

形色外診簡摩　217
戒士文徵信錄　462
戒殺文　357
戒殺放生文　263
戒菴老人漫筆　516
戒菴漫筆　470
戒淫錄　363
戒賭文　359, 369
扶桑遊記　150
攻渝紀事　95
赤城志　530
赤城集　530
赤雅　379, 390, 431

折客辨學文 542	孝經威嬉拒 71, 406, 500, 506	投壺攷原 432
折獄龜鑑 124, 407	孝經皇氏義疏 479, 490	投壺新格 455
孝子傳 474	孝經音訓 17	投壺儀節 438
孝子傳補遺 474	孝經殷氏注 478, 489	投壺變 484, 496
孝友堂家訓 513	孝經訓注 479, 490	投誠紀略 168
孝友堂家規 513	孝經旁訓 2, 44	抗希堂十六種 545
孝悌圖 109	孝經問 23, 24, 541	坊記新解 574
孝傳 375, 377	孝經章句 481, 492, 500, 506	志林 391
孝義無礙庵錄 519	孝經章義 561	志林新書 483, 494
孝慈堂書目 185	孝經援神契 71, 401, 405, 500, 506	志怪錄 470
孝慈庵集 520	孝經註疏 43, 44	志矩堂商語 536
孝肅包公奏議 415	孝經傳 478, 489	志雅堂雜鈔 412, 471
孝經 2, 5, 416, 417, 428, 500, 506, 545	孝經鉤命決 71, 401, 405, 500, 506	志道集 412
孝經三本管窺 545	孝經解 502, 509	志遠堂文集 283
孝經大義 5	孝經解讚 478, 489	志學會約 366, 419
孝經王氏解 478, 489	孝經義疏（阮福） 13, 16	志學編八種 570
孝經中契 71, 406, 481, 492, 500, 506	孝經義疏（蕭衍） 478, 490	志學錄（方宗誠） 561
孝經內事 401	孝經雌雄圖 481, 492, 500, 506	志學錄（陸世儀） 538
孝經內事圖 71, 406, 481, 492	孝經疑問 428	志壑堂詞 312
孝經內記圖 500, 506	孝經鄭氏解 382	志壑堂雜記 364
孝經今文音義 415	孝經鄭注 43, 382, 416, 417	芙村文鈔 431
孝經刊誤 416	孝經鄭注攷證 28	芙蓉嶂諸山記 141
孝經正文 206	孝經鄭注疏 569	邯鄲夢傳奇 315
孝經古秘 481, 492, 500, 506	孝經徵文 23, 26	芸居乙稿 525
孝經左契 71, 401, 406, 481, 492, 500, 506	孝經劉氏說 478, 490	芸窗雅事 358, 469
孝經右契 71, 401, 406, 481, 492, 500, 506	孝經緯 500, 506	芸窗詞 306
孝經后氏說 478, 489	孝經緯援神契 481, 492	芷衫詩餘 313
孝經全註 544	孝經緯鉤命訣 481, 492	花九錫 354, 355, 464
孝經安昌侯說 478, 489	孝經學 44	花山遊記 138
孝經長孫氏說 478, 489	孝經學凡例 574	花王閣賸稿 512
孝經述註 556	孝經嚴氏注 478, 490	花甲數譜 369
孝經注 8	孝經體註大全說約大成 208	花仙傳 466
孝經注疏 8, 9	坎巨提帕米爾疏片略 155	花外集 307, 380
孝經契 500, 506	均藻 386	花雨樓叢鈔 430
	投荒雜錄 471	花底拾遺 359, 369, 462
		花草蒙拾 366
		花部農譚 458, 459
		花鳥春秋 358

書名筆畫索引 | 629

花間集　307, 308, 310, 314, 426
花會呈新設十勸娘附落神歌　316
花經　464
芥子園畫傳　252, 594
芥子園畫傳二集　253
芥子園畫傳三集　253
芥子園畫傳四集　252
芥子園繪像第七才子書　315
芥舟集　279
芥隱筆記　398
芳茂山人文集　280, 442
芳茂山人詩錄　281, 395
芳堅館題跋　422
芳雪軒詞　313
克庵先生尊德性齋小集　384
克復金陵中堂奏稿　132
克復諒山大略　452, 453
克齋詞　306
杜工部草堂詩箋　430
杜工部集　275
杜子春傳　348, 350, 354, 390, 400
杜子美詩集　346
杜氏幽求新書　483, 495
杜氏體論　482, 494
杜延業晉春秋　452
杜秋傳　354, 466
杜陽雜編　352, 398, 469
杜塾九訂方言插註雜字　62
杏溪傅氏禹貢集解　4
李元賓文集　414, 511
李太白全集　275
李氏五種合刊　134
李氏刊誤　397
李氏易解膡義　441
李氏春秋　482, 494

李氏遺書　233
李氏學樂錄　392, 541
李文忠公全集　283
李文忠公朋僚函稿　283
李文忠公奏稿　133, 283
李文忠公海軍函稿　283
李文忠公電稿　283
李文忠公遷移蠱池口教堂函稿　283
李文忠公譯署函稿　283
李石亭文集　387
李北海集　288
李迂仲黃實夫毛詩集解　4
李延平先生文集　371
李仲達被逮紀署　95
李舟切韻　499, 505
李丞相詩集　290
李秀成供　103
李彤字指　498, 504
李長吉歌詩　346
李林甫外傳　322, 348, 350
李尚書詩集　473
李忠定公年譜　111
李忠定公別集　426
李忠定梁溪詞　307
李忠愍公集　512
李泌傳　390, 400
李草閣詩集　526
李剋書　482, 494
李相國論事集　511
李軌晉咸寧起居注　501, 508
李軌晉泰始起居注　501, 508
李軌晉泰康起居注　501, 508
李娃傳　391, 400
李莊簡詞　307
李師師外傳　463
李翁醫記　554
李悝法經　500, 506

李恕谷先生年譜　513
李恕谷遺書　513
李虛中命書　408
李章武傳　348, 350
李清傳　348, 351
李登聲類　498, 505
李遠詩集　290
李橤音譜　499, 505
李嘉祐集　287
李端詩集　290
李嶠雜詠　434
李衛公別傳　348, 350
李衛公會昌一品集　511
李審言切韻　55
李翰林集　275
李鴻章　111
李懷州集　286
求一籌術　243
求心錄　348, 351
求古居宋本書　185
求古精舍金石圖初集　177
求古錄　174, 443, 539
求古錄禮說　21, 26
求古錄禮說補遺　420
求表捷術　235, 415
求是齋畫報　255
求野錄　96
求闕齋日記類鈔　559
求闕齋弟子記　111
車太常集　511
車制攷　21, 25, 433
車制圖解　367
車頻秦書　452
車營百八叩　512
更生齋文　550
更生齋詩　550
更生齋詩餘　550
更定文章九命　359, 361

吾丘壽王書 482, 494	吳耿尚孔四王合傳 96	別本結一廬書目 185
吾亦廬稿 13, 16	吳船錄 382	別俗正音彙編大全 64
吾學編 100	吳越春秋 99, 355, 375, 377, 459	別國洞冥記 195, 376, 378, 390
吾廬筆談 558		
豆腐戒 358	吳越春秋校勘記 557	別雅 435
酉陽雜俎 230, 353, 390, 398, 400, 436	吳越備史 396, 523	別雅訂 420
	吳朝宗先生聞過齋集 371	芥茶牋 367
辰州風土記 510	吳朝請集 285	芥茶彙鈔 359, 361, 532
辰州圖經 510	吳絳雪年譜 563	牡丹亭骰譜 370
否泰錄 94, 347	吳聘君年譜 111	牡丹榮辱志 258, 464
夾漈遺稿 385	吳語 146, 364	牡丹譜 367
步里客談 408	吳摯甫文集 283	我信錄 458, 459
步非煙傳 465	吳摯甫尺牘 301	秀水閒居錄 469
盱江諸山遊記 140	吳摯甫詩集 283	每月統紀傳 157
呈稿 578	吳蕈譜 363	兵仗記 359, 361
吳山紀遊 140	吳篤趙書 452	兵法 364
吳山遺事詩 518	吳篷詩錄 576	兵鈐 212
吳子 193, 393, 394, 591	吳興山墟名 439	兵謀 364
吳中女士詩鈔 298	吳興長橋沈氏家集 299	何氏公羊解詁十論 573
吳中水利書 407, 515	吳興金石記 565	何氏心傳 443
吳中判牘 432	吳興記 439	何仙姑寶卷 321
吳中往哲記 347	吳興詩存 566	何休注訓論語述 23, 28, 458
吳中故語 471	吳趨風土錄 146	何妥周易講疏 497, 503
吳中唱和詩 563	吳禮部詩話 383	何劭公論語義 562
吳中舊事 385	吳疆域圖説 432	何法盛晉中興書 451, 501, 507
吳氏石蓮庵刻山左人詞 311	吳鯸放言 363	何承天纂文 498, 505
吳氏遺箸 446	見聞隨筆（馮甦） 229, 530	何承天纂要文徵遺 461
吳可讀文集 282	見聞隨筆（齊學裘） 229	何記室集 285
吳地記 397	見聞錄 373, 374	何博士備論 194
吳竹如先生年譜 561	里居雜詩 520	何御史孝子祠主復位錄 542
吳門耆舊記 423	里堂學算記 233, 553, 554	佐治藥言 129, 381, 549
吳門畫舫錄 454	虬髯客傳 390, 400	伸蒙子 193, 380, 385
吳忠節公遺集 288	迪功集選 543	伸顧 531
吳保安傳 348, 350	困學紀聞注 225	佚文 563
吳郡二科志 347	困學錄集粹 372	佚存叢書 434
吳郡志 407	困學齋雜錄 384, 512	佚詩 563
吳郡金石目 420	吹劍錄 470	佚禮扶微 432
吳郡圖經續記 397, 416	吹劍錄外集 383	伯子論文 360, 362

伯牙琴　380, 525	近事會元　408, 512	冷廬雜識節錄　465
伯和仲純叔弼三子事略　111	近思錄　201, 372	辛丑紀聞　97
位正花會歌　316	近思續錄　201	辛甲書　483, 494
身易　360, 363	近峰記略　94	辛卯侍行記　166
佛母大孔雀明王經　266	近異錄　391	冶城蔾養集　281
佛國記　355, 376, 378, 397	近體樂府　305	冶城集補遺　281
佛解　357	近鑑　538	冶城遺集　281
佛説八師經　264	卮辭　386	冶遊自懺文　465
佛説大乘無量壽莊嚴經　595	彷園酒評　358	冶遊賦　465
佛説大聖末劫真經　267	彷園清語　357	冶源紀遊　145
佛説大慈至聖九蓮菩薩化身度世尊經　266	返生香　278	灶君寶卷　321
佛説四十二章經註　267	余氏學宮輯畧　401	弟子職正音　555
佛説四天王經　264	余知古渚宮舊事　502, 508	弟子職集解　442, 444, 551
佛説阿彌陀三耶三佛薩樓佛檀過度人道經　595	希姓錄　386	弟子職箋釋　551
佛説阿彌陀經　595	希通錄　417	汪氏兵學三書　213
佛説阿彌陀經要解　268	希鄭堂經義　28	汪本隸釋刊誤　182
佛説阿彌陀經疏　596	希鄭堂叢書第一集　28	汪精衛先生文集　283
佛説阿彌陀經疏鈔　267	谷音　412	汪龍莊先生遺書　549
佛説般若波羅蜜多心經　265	谷儉集　511	沅川記　510
佛説高王觀世音經　266	谷簾先生遺書　289	沅州圖經　510
佛説菩薩投身飼餓虎起塔因緣經　264	含青閣詩餘　313	沅陵記　510
佛説無量清淨平等覺經　595	邸鈔全覽　581	汰存錄　363, 537
佛説無量壽經　595	删定荀子　546	沙州文錄　467
佛説善惡因果經　596	删定管子　546	沙州石室文字記　467
佛説摩利支天陀羅尼經　266	彤史拾遺記　94	沙州志殘卷　467
佛説觀無量壽經　595	迎駕始末　135	沙州記　473
佛説觀普賢菩薩行法經　596	迎駕紀　135	沙河逸老小稿　413
佛遺教經　248	迎駕紀恩　135	沙定洲紀亂　537
佛遺教經註　267	迎駕紀恩錄　135, 360, 362	沖虛至德真經　193
伽藍記　162, 376, 378	迎鑾新曲　524	泛大通橋記　144
近世中國秘史　103	言行見聞錄　538	泛百門泉記　145
近古堂書目　467	言鯖　373	泛通河記　144
近古錄　539	亨甫詩選　426	泛雪小草　532
近言　347	冷吟僊館詩餘　313	泛潁記　145
近事小説宦海升沉錄　334	冷香齋詩餘　312	泛槳錄　146
	冷紅詞　576	泛瀟湘記　145
	冷雲齋冰燈詩　370	汴水説　144, 362
	冷齋夜話　353, 398, 471	汴都賦　527

汴圍濕襟錄　95, 470	宋司星子韋書　484, 496	初月樓詩鈔　430
沈下賢文集　454	宋地理志圖　172	初月樓論書隨筆　518
沈氏四聲考　514	宋朱晦菴先生名臣言行錄　589	初使泰西記　152
沈氏經學六種　424		初寮詞　306, 311
沈四山人詩錄　420	宋名臣言行錄　107	初學記　336
沈侍中集　285	宋名家詞　305	初學記引晉紀　502, 508
沈刻元典章校補　114	宋州郡志校勘記　80, 433, 448	初學記校勘　336
沈約晉書　451, 501, 508	宋丞相李忠定公輔政本末　194	初學備忘　538
沈隱侯集　285		初學集　278
快雨堂題跋　247	宋何衡陽集　285	初學登龍　303
快雪堂法書　249	宋板書目　413	社事始末　364
快說續紀　359, 369	宋季三朝政要　396, 406, 413	社倉考　407
宋人策論　297	宋政和禮器文字攷　180	君子堂日詢手鏡　347
宋大家王文公文鈔　286	宋拾遺錄　469	尾蔗叢談　387
宋大家曾文定公文鈔　286	宋袞陽源集　285	局方發揮　215
宋大家歐陽文忠公文鈔　286	宋躬孝子傳　473	改土歸流說　148
宋大家蘇文公文鈔　286	宋衷易注　29, 497, 503	改元考同　359, 361
宋大家蘇文忠公文鈔　286	宋書　74, 75, 77, 78, 83	改正音訓五經　586
宋大家蘇文定公文鈔　286	宋孫仲益內簡尺牘　516	改正繪圖字學良知　62
宋子　484, 495	宋黃文節公文集　276	改折始末論　538
宋元書影　190	宋提刑洗冤集錄　121	改吳　562
宋元學案　108	宋景文公筆記　398, 417	改造同安船　119
宋元學案攷畧　108	宋傅光祿集　285	阿比西尼亞國述略　152
宋元舊本書經眼錄　188, 559	宋詞媛朱淑真事略　465	阿利未加洲各國志　152
宋中興學士院題名　440, 521	宋詩紀事補遺　566	阿剌伯考略　151
宋文鑑　297	宋瑣語　552	阿根廷政要　154
宋世良字略　498, 505	宋僧元淨外傳　521	阿富汗考略　151
宋布衣集　512	宋遼金元四史朔閏攷　80, 412, 448, 549	阿塞亞尼亞群島記　151
宋史　74, 76, 77, 78, 79, 84		阿彌陀經　264
宋史文抄　105	宋遺民錄　383	妝樓記　391
宋史孝宗紀補脫　226, 529	宋論　540	附鮚軒外集唐宋小樂府　550
宋史紀事本末　92, 93	宋舊宮人詩詞　383	附鮚軒詩　550
宋史翼　565	宋韓忠獻公年譜　111	附釋音毛詩注疏　9, 34
宋史藝文志　185	宋謝康樂集　285	附釋音尚書注疏　9
宋史藝文志補　80, 185, 226, 449, 515, 529	良吏述　365	附釋音周禮注疏　9
	初月樓文鈔　430	附釋音春秋左傳注疏　9
宋四六話　410	初月樓古文緒論　430, 518	附釋音禮記注疏　9
宋四家詞選　305, 420	初月樓四種　430	妓虎傳　464

妙女傳　390, 400, 466
妙法蓮華經　264, 595, 600
妙法蓮華經台宗會義　268
妙法蓮華經科註　267
妙法蓮華經觀世音菩薩普門品　264
妙法蓮華經觀世音菩薩普門品第廿五　595
妖婦齊王氏傳　463
妒律　370, 463
邵氏姓解辨誤　426
邵州圖經　510
邵武徐氏叢書　426
邵青門全集　517
邵飛飛傳　463
邵陽志　510
劭易補原　562
忍經　526
甬東集　577

八畫

奉天司法紀實　124
奉天地略　154
奉天形勢　135
奉天錄　412, 439
奉使英倫記　453
奉使俄羅斯日記　137, 372, 373
奉使俄羅斯行程錄　133
奉使紀勝　147
奉使倫敦記　156
奉使朝鮮日記　153
奉使朝鮮倡和集　467
玩月約　358, 469
玩易篇　562
玩寇新書回目　453
武王克殷日紀　554
武夷山遊記　141

武夷志略　165
武夷紀勝　141
武夷遊記（林霍）　141
武夷遊記（陳朝儼）　141
武夷導遊記　141
武夷櫂歌　434
武林元妙觀志　519
武林西湖高僧事略　519
武林往哲遺箸　525
武林怡老會詩集　520
武林草　520
武林理安寺志　518
武林第宅攷　521
武林掌故叢編　518
武林遊記　522
武林新年雜詠　520
武林藏書錄　524
武林舊事　382, 518
武林雜事詩　524
武林靈隱寺誌　521
武岡志　510
武宗外紀　94, 542
武定詩續鈔　558
武侯八陳兵法輯略　213
武陵十仙傳　509
武陵先賢傳　509
武陵春　256
武陵記（伍安貧）　510
武陵記（黃閔）　510
武敏之三十國春秋　452
武進陶氏續刊景宋金元明本詞　308
武備水火攻　213
武備地利　213
武備志　212
武當山記　141
青史子　484, 495
青芙館詞鈔　420

青門旅槀　517
青門簏槀　517
青門賸槀　517
青城山行記　142
青烏先生葬經　397
青海考略　136
青海地略　154
青海事宜論　136
青陽先生文集　288
青雲路　303
青照堂叢書　401
青溪弄兵錄　385
青溪寇軌　349, 351
青溪暇筆　347
青樓集（夏庭芝）　349, 352, 454
青樓集（黃雪簑）　464
青箱雜記　352, 469
青燐屑　96
青霞仙館詩錄　403
青霞集　288
青谿漫稿　527
青藜閣詞　312
青藜閣詩集　298
青藤書屋文集　410
玫瑰花女魅　465
表度説　237
長白山記　138
長白山錄　141, 357, 543
長江津要　143
長江集　511
長安志　388
長安客話　517
長沙耆舊傳　509
長沙圖經　510
長物志　415, 469
長河志籍考　147
長春真人西遊記　157, 411, 416

長恨歌 598	拙翁庸語 357	英夷說 156
長恨歌傳 390, 400, 598	拙庵詞 307, 312	英政概 153
長真閣詩餘 313	拙尊園叢稿 283	英國論略 156
長短經 395	招西秋閱紀 155	英軺日記 152
長鎗法選 213	招捕總錄 406	英雄記鈔 375, 377
長離閣集 281	披雲山記 139	英雄傳 390, 400
長離閣詩集 395	亞東論略 155	英話註解 65
卦本圖攷 20, 25, 420	亞非理駕諸國記 152	英藩政概 153
卦氣直日考 562	亞剌伯沿革考 153	英屬地志 151
卦氣解 20, 24, 433	亞美理駕諸國記 152	苻子 483, 495
卦氣續考 563	亞洲俄屬考略 137	苓子 562
坦室遺文 557	亞哥書馬島記 149	范子計然 483, 494, 500, 506
坦菴詞 305	亞歐兩洲熱度論 154	范氏義莊規矩 402
坦園文錄 568	取中亞細亞始末記 137	范文正公文集 372
坦園四書對聯 568	取悉畢爾始末記 137	范文正公集 276
坦園全集 568	苦瓜和尚畫語錄 379	范文忠公文集 512
坦園傳奇六種 568	苗氏說文四種 56	范文忠集 288
坦園叢稿 568	苗民考 148	范石湖詩集注 421
坦齋通編 408	苗防論 148	范亨燕書 452
坤輿外紀 372, 373, 392, 401	苗妓詩 464	范長生易注 497, 503
抽燬書目 187, 428	苗俗紀聞 148, 357	范寧穀梁傳例 498, 504
拊掌錄 349, 351	苗俗記（田雯） 364	直道錄 264
抱山集選 543	苗俗記（貝青喬） 148	直閣朱公祠墓錄 523
抱朴子 395	苗歌 387	直語補證 369
抱朴子內篇 195	苗疆水道考 144	直隸考略 135
抱朴子內篇佚文 395	苗疆村寨考 148	直隸地略 154
抱朴子內篇校勘記 395	苗疆城堡考 148	直齋書錄解題 187
抱朴子外篇 192	苗疆風俗考 148	苕雅餘集 576
抱朴子外篇佚文 395	苗疆師族考 148	苕石效饗集 439
抱朴子外篇校勘記 395	苗疆道路考 148	苕岑經義鈔 431
抱朴子別旨 395	苗疆圖說 161	茅山記 138
抱朴子神仙金汋經 395	苗疆險要考 148	茅亭客話 398, 441
抱朴子養生論 395	苗變記事 453	林下偶譚 469
幸存錄 94, 96	英吉利小記 156	林下清錄 471
幸蜀記 472	英吉利地圖說 152	林下盟 470
拙宜園詞 528	英吉利記 156	林文忠公政書 132
拙政園詩餘 312	英吉利國夷情紀略 156	林和靖集校正 226, 529
拙軒集 289	英吉利國志略 153	林屋唱酬錄 413

林寬詩集 290	杭府仁錢三學灑埽職 521	東西二漢水辯 143, 360, 362
林靈素傳 348, 351	杭城再陷紀實 523	東西洋考 167
杯史 570	杭城辛酉紀事詩 523	東西洋航海圖 169
杯隱堂詩集 570	杭城治火議 522	東西勢社番記 149
析言論 484, 495	杭城紀難詩 523	東行日記 153
板橋記 348, 350	杭城紀難詩編 523	東行初錄 155
板橋道情 316	杭俗遺風 146	東行述 364
板橋詩鈔 279	杭郡庠得表忠觀碑記事 518	東江子 356
板橋褧記 461	述古堂藏書目 413	東谷鄭先生易翼傳 3
板橋雜記 369, 373, 374, 392, 401, 454, 515	述古叢鈔 422	東坡先生志林 353
	述書賦 417	東坡志林 398
來生福彈詞 319	述異記（任昉） 195, 352, 376, 378, 390, 459, 470	東坡烏台詩案 385
來齋金石刻考略 178		東坡書傳 396
松江府志 162	述異記（東軒主人） 373, 374, 469	東坡詞 305
松花庵韻史 431		東坡遺意 246
松吹讀書堂題詠 523	述德堂枕中帖 251	東坡樂府 306
松雨軒集 526	述學 11, 15, 226, 415	東林事略 94
松亭行紀 135, 363, 372, 373, 470	述懷小序 465	東林商語 536
	枕干錄 533	東林會約 536
松桂林草 300	枕上三字訣 563	東林點將錄 454
松陰快談 369	枕中記 391	東明聞見錄 96
松雪齋文集樂府 309, 311	枕中書 376, 378, 390	東征集 546
松崖文鈔 456	枕煙堂詩葺 532	東征集摘錄 419
松崖筆記 456	枕經堂金石書畫題跋 178	東征雜記 149
松窻寱言 403	枕譚 471	東周列國全志 326
松窗百說 383	杼情錄 470	東周列國志傳 326, 327
松窗快筆 423	東三省輿地圖說 157	東京夢華錄 397
松窗夢語 526	東土耳其考略 151	東郊土物詩 520
松窗雜記 354, 469	東山詞 308, 310	東河櫂歌 522
松漠紀聞 396	東山寓聲樂府 307	東城志略 158
松溪子 359, 361	東山寓聲樂府補鈔 307	東城記餘 525
松禪老人遺墨 252	東山巖記 142	東城雜記 364, 412, 520
松籟閣詩餘 312	東方大中集 284	東南三國記 149
杭大宗七種叢書 546	東北海諸水編 143	東南洋島紀略 151
杭州上天竺講寺志 524	東北邊防論 135	東南洋記 151
杭州城南古蹟記 147	東北邊防輯要 157	東南洋鍼路 151
杭州遊記 147	東田文集 512	東南紀事 426
杭志三詰三誤辨 522, 542	東田詩集 512	東南紀聞 408

東省韓俄交界道里表　154
東洋記　150
東洋瑣記　150
東洲艸堂文鈔　281
東宮切韻　55
東宮舊事　355
東華全錄　92
東華錄　91, 92
東華續錄　92
東軒筆錄　352
東軒集選　527
東原錄　385
東晉疆域志　80, 449, 551
東晉疆域圖　171
東倭考　156
東浦詞　306, 311
東海投桃集　564
東陲道里形勢　135
東萊先生古文關鍵　598
東萊先生音註唐鑑　105
東堂詞　305
東國名勝記　150
東越文苑後傳　534
東越儒林後傳　534
東嵐謝氏明詩署　567
東遊日記（王之春）　150
東遊日記（黃慶澄）　156
東遊日記（□□）　150
東遊紀盛　150
東遊記　149
東湖記　144
東湖叢記　439
東游文藁　455
東塘日剳　95, 97
東蒙古形勢考　136
東槎紀略　368
東槎聞見錄　151
東槎雜著　151

東路記　146
東園友聞　349, 351
東溪詞　307
東銘　535
東塾遺書　447
東塾讀書記　22, 26
東漢王叔師集　284
東漢李蘭臺集　284
東漢荀侍中集　284
東漢馬季長集　284
東漢崔亭伯集　284
東還紀程　148, 372, 373, 392
東齋記事（范鎮）　408
東齋記事（許觀）　391
東齋脞語　366
東歸日記　136
東歸紀事　471
東歸集　577
東歸錄　147
東瀛草　455
東瀛詩記　564
東鷗草堂詞　533
東巖周禮訂義　5
東觀存槀　534
東觀奏記　352, 415, 423, 440
東觀餘論　224, 398, 426
臥月軒稿　527
事類賦　336
兩征厄魯特記　136
兩京新記　163, 413, 434, 452
兩面樓詩稿　298
兩晉南北史樂府　437
兩晉解疑　437
兩般秋雨庵詩選　458, 459
兩浙水利詳考　144
兩浙庚辛紀略　522
兩淮鹽筴書引證書目　460
兩粵夢遊記　95

兩粵猺俗記　155
兩廣紀略　96
兩廣鹽法外志　118
兩廣鹽法志　118
兩漢五經博士考　424, 430
兩漢刊誤補遺　82, 378, 416
兩漢博聞　415
兩漢傳經表　564
兩漢解疑　436
兩罍軒彝器圖釋　179
雨花盦詩餘　312
雨窗漫筆　418
乐麗情集　386
郁離子　194, 397, 417
奈何天傳奇　315
奈搭勒政要　153
奇字名　387
奇字韻　386
奇男子傳　354
奇效醫述　592
奇經八脉攷　216
奇經脉訣　216
奇聞類紀　94
奇賞齋古文彙編　293
非石日記鈔　420
非老　369
非烟傳　391, 400
非煙香法　370
叔苴子　194, 412
卓光祿集　527
卓吾李先生校士民切要帖式手
　鏡　341
卓異記　354
虎口餘生記　101, 366, 379, 391
虎丘茶經注補　357
虎邱弔真娘墓文　465
虎邱往還記　138
虎苑　422

書名筆畫索引

虎門記　149
虎鈐經　212, 412
尚友錄　107
尚書　586
尚書七篇解義　544
尚書大夏侯章句　475, 486
尚書大傳　17, 19, 31, 374, 416, 435, 534
尚書大傳注　8, 502, 509
尚書大傳補注　571
尚書大傳疏證　32, 569
尚書大傳輯校　22, 25
尚書小夏侯章句　475, 486
尚書小疏　10, 14
尚書王氏注　475, 486
尚書五行傳　70, 404
尚書五行傳注　8
尚書中候　70, 401, 404, 480, 491, 499, 506
尚書中候注　8
尚書中候疏證　28, 569
尚書中候鄭注　396
尚書今文新義　574
尚書今古文攷證　551
尚書今古文注疏　11, 15, 395
尚書今古文集解　22, 25
尚書引義　540
尚書孔傳參正　33
尚書古文考　386
尚書古文攷實　569
尚書古文注　502, 509
尚書古文疏證　22, 24, 33
尚書古文疏證辨正　569
尚書古義　361
尚書札記　13
尚書句解　4
尚書刑德放　70, 404, 499, 506
尚書考異　32, 395

尚書考靈曜　70, 404, 401, 499, 506
尚書地理今釋　10, 13
尚書百兩篇　496
尚書伸孔篇　445, 457
尚書序錄　420
尚書表注　4
尚書述義　475, 486
尚書注　8
尚書注疏　7
尚書注疏校正　226, 529
尚書故　568
尚書故實　354, 511
尚書後案　10, 14
尚書帝命期　401
尚書帝命驗　70, 404, 499, 506
尚書帝驗期　70, 404
尚書馬氏傳　475, 486
尚書記　439
尚書通考　4
尚書略說　20, 25
尚書略說注　8
尚書逸篇　496
尚書商誼　32
尚書厤譜　20
尚書集注音疏　10, 14
尚書註考　409
尚書運期授　70, 404, 499, 506
尚書補疏　12, 15
尚書稗疏　368
尚書詳解　4
尚書義考　456
尚書經師系表　10, 14
尚書箋　571
尚書說　4
尚書廣聽錄　541
尚書鄭注　396
尚書璿璣鈐　70, 401, 404, 499, 506

尚書歐陽夏侯遺說攷　22, 27
尚書歐陽章句　475, 486
尚書餘論　20, 26, 441, 556
尚書劉氏義疏　475, 486
尚書誼略　461
尚書緯　499, 506
尚書緯刑德放　480, 491
尚書緯考靈曜　480, 491
尚書緯帝命驗　480, 491
尚書緯運期授　480, 491
尚書緯璿璣鈐　480, 491
尚書厤譜　28
尚書辨　402
尚書辨解　531
尚書舊疏考正　22, 27
尚書隸古定釋文　33, 456
尚書講義　566
尚書譜　20, 25
尚書纂傳　4
尚書釋天　11, 14, 33
尚書釋音　429
尚書顧氏疏　475, 486
尚書顧命殘本　466
尚絅堂駢體文　430
味水軒日記　431
味經書屋詩存　299
味檗齋文集　512
杲溪詩經補注　11, 14, 548
果堂集　10, 14
果報聞見錄　373, 374
昆侖異同考　142
昆侖釋　155
昌平山水記　539
昌武段氏詩義指南　380
昌黎先生詩集注　276
昌黎雜說　391
門人所記　538

昕天論　484, 496	明堂問　392, 541	易通驗糸圖　71
明人詩品　423	明堂圖　219	易通釋　12, 15, 553, 554
明亡述畧　95	明婁子柔先生法書　249	易通驗元圖　405
明王文成公年譜節鈔　111	明朝紀事本末　93	易萌氣樞　71, 405
明心寶鑑　204	明詞綜　314	易乾元序制記鄭氏注　499, 505
明本事　512	明會要　115	
明史　74, 76, 77, 78, 79, 85	明詩綜采摭書目　460	易乾坤鑿度鄭氏注　499, 505
明史十二論　367	明儒學案　108, 537	易乾鑿度鄭氏注　499, 505
明史分稿殘編　453	明醫雜著　593	易略例　416
明史紀事本末　92, 93, 514	明鑑易知錄　90	易象妙於見形論　475, 486
明史樂府　438	易一貫　570	易象通義　531
明史蒿　86	易九厄讖　71, 405	易象鉤解　404
明史藝文志　185, 529	易大義　409	易象意言　416
明刑管見錄　432	易小帖　541	易象圖說　3
明地理志圖　172	易小傳　3	易章句　12, 15, 553, 554
明臣奏疏　417	易川靈圖　401	易貫　562
明夷待訪錄　409, 423, 537	易中孚傳　71, 405	易雅　3
明李憩菴大字結構法　249	易古文　386	易順鼎　576
明良記　471	易生行譜例言　574	易順鼎著書　576
明初禮賢錄　93	易考　512	易運期　71, 405
明制女官考　358	易坤靈圖　71, 405	易筮遺占　531
明季北略　100, 101	易坤靈圖鄭氏注　499, 505	易筮類謀　71, 405
明季南略　100, 101	易林　397	易傳　374, 375, 376
明季詠史百一詩　472	易林釋文　432, 445	易傳燈　384
明季稗史彙編　95, 96	易例　20, 24	易話　553, 554
明季實錄　369, 443, 539	易例輯略　433	易義別錄　12, 16
明季遺聞　368	易河圖數　71, 405	易義前選　544
明皇雜錄　408	易注　8	易神傳　3
明宮史　100, 397	易括　419	易經　29, 30
明宮詞　438	易是類謀鄭氏注　499, 505	易經大全會解　17
明紀　91	易音　9, 13	易經古本　574
明貢舉考略　117	易音補顧　577	易經音訓　16
明書　514	易洞林　401, 484, 496	易經旁訓　2
明通鑑　91	易飛候　401	易經異文釋　22, 25
明堂大道錄　24, 388, 389	易通卦驗　71, 401, 405	易經象類　458
明堂制度論　484, 492	易通卦驗節候校文　572	易經新義疏證凡例　574
明堂陰陽夏小正經傳考釋　551	易通卦驗鄭氏注　499, 505	易經增註　512
	易通統圖　71, 405	易圖明辨　20, 24, 404, 412

易圖條辨　20, 25
易圖通變　3
易圖略　12, 15, 553, 554
易圖說　3
易領　531
易說（司馬光）　416
易說（吳汝綸）　568
易說（郝懿行）　552
易說（查慎行）　365
易說（張載）　535
易說（惠士奇）　10, 13
易說（趙善譽）　404
易廣記　553, 554
易漢學　20, 24, 367, 388
易璇璣　3
易數鉤隱圖　3
易稽覽圖　71, 405
易稽覽圖鄭氏注　499, 505
易餘籥錄　434
易窮通變化論　563
易緯　499, 505
易緯八種　17, 19
易緯坤靈圖　17, 19
易緯是類謀　17, 19
易緯通卦驗　17, 19
易緯乾元序制記　17, 19
易緯乾坤鑿度　17, 19
易緯略義　72, 445
易緯稽覽圖　17, 19
易緯辨終備　17, 19
易學　3
易學啟蒙小傳　3
易學啟蒙通釋　3
易學辨惑　368
易學闡元　430
易辨終備　71, 405
易辨終備鄭氏注　499, 505

易齋集　288
易齋馮公年譜　542
易雜家注　497, 503
易雜緯　405
易韻　541
易纂　475, 486
易纂言　3
易釋　445
典故紀聞　512
典語　482, 494
忠文靖節編　367
忠正德文集　288
忠雅堂評選四六法海　294
忠裕堂集　513
忠肅集　512
忠愍集　288
忠經　193, 206, 375, 377, 397
忠經旁訓　3
忠經體註大全說約大成　208
邵亭知見傳本書目　186
邵亭詩鈔　560
邵亭遺文　282, 560
邵亭遺詩　560
帖式彙纂　302
帕米爾分界私議　153
帕米爾圖說　157
帕米爾輯畧　157
帕米爾屬中國考　154
岡底斯山考　142
制科雜錄　364, 542
制科議　538
制馭澳夷論　149
制義　577
制義科瑣記　387
制義叢話　304
制藝書存　560
知不足齋叢書　378
知足知不足齋詩存　299

知足齋文集　514
知足齋進呈文稿　514
知我錄　363
知命錄　348, 351
知服齋叢書　444
知常先生雲山集　308, 310
知聖道齋書目　467
知聖道齋讀書跋　444
知聖篇　574
知稼翁詞　306, 311
牧民忠告　389
牧民寶鑑　129
牧翁先生年譜　278
牧豬閒話　370
牧廠地略　154
牧潛集　527
物妖志　466
物理論　394
和石湖詞　311, 380
和苞漢趙記　452
和珅奏章　132
和梅花百詠詩　540
和清真詞　305
和鳴集　553
秋林伐山　225, 385
委內瑞辣政要　153
佳趣堂書目　185
侍兒小名錄拾遺　353, 463
侍郎葛公歸愚集　516
岳州圖經　510
岳忠武王集　288
岳陽乙志　510
岳陽甲志　510
岳陽風土記　423
岳陽樓記　249
岳廟志略　163
使西日記　156
使西紀程　152

使西書略 152	征緬紀略 150, 367, 471	金石學錄補 565
使英雜記 152	征緬紀聞 150, 471	金石錄 174, 374
使東述略 150	所知錄 95	金石錄補 174, 443
使東雜記 150	所南翁一百二十圖詩集 383	金石續編 176
使法事略 152	金小品傳 464	金石續錄 175
使法雜記 152	金川瑣記 148	金史 74, 76, 77, 78, 79, 85
使俄日記 137	金太史集 289	金史紀事本末 93
使俄草 155	金水發微 231, 407, 411	金史補脫 226, 529
使美紀略 153	金牛湖漁唱 519	金史詳校 448
使琉球紀 150, 372, 373, 392	金氏世德紀 524	金地理志圖 172
使琉球記 150, 168	金石三例 175	金志 347, 350
使楚叢譚 147, 471	金石三例再續編 175	金谷遺音 305
使蜀日記 147, 364	金石三例續編 174, 175, 442	金忠潔公文集 517
使會津記 151	金石小箋 369	金忠潔公集 288
使滇紀程 148	金石文字記（朱緒曾） 188	金忠潔年譜 512
使德日記 152	金石文字記（顧炎武） 177, 539	金忠潔集 512
使還日記 152	金石文字辨異 456	金華子 417
兒易外儀 415	金石古文 175, 386	金華子雜編 194, 384, 471
兒笘錄 562	金石史 175, 367, 379, 403	金華赤松山志 445
兒寬書 482, 494	金石存 387	金華神記 466
岱宗藏稿 278	金石全例 175	金華晷漏中星表 234
岱南閣集 280, 442	金石苑 177	金華詩錄 298
佩文齋書畫譜 247	金石例 175	金華鄭氏家範 402
佩文齋御製耕織圖 591	金石例補 174, 175, 442, 444	金峨山館叢書 427
佩文韻府 345	金石契 347	金剛般若波羅密經註解 462
佩烋閣詞 313	金石要例 175, 366, 473, 537	金剛般若波羅蜜經 249, 264, 595
佩楚軒客談 471	金石訂例 424	金剛般若波羅蜜經直解 268
佩觿 58	金石索 177	金剛般若波羅蜜經注 564
征西紀 364	金石萃編 176	金剛般若波羅蜜經旁解 268
征安南紀略 150	金石萃編補正 176	金剛經受持靈驗記 268
征東實紀 438	金石萃編補目 456	金剛經訂義 563
征南射法 358, 469	金石萃編補畧 176	金剛經感應錄分類輯要 462
征烏梁海述略 137	金石略 175	金陵百詠 454
征廓爾喀記 137	金石圖 177	金陵志地錄 146
征準噶爾記 136	金石稱例 174, 175, 443, 557	金陵物產風土志 158
征撫安南記 150	金石綜例 174, 175, 443	金陵癸甲摭談 101, 102
征撫朝鮮記 149	金石緣全傳 334	金陵紀略 96
征緬甸記 150		

金陵雅游編 162	服虔春秋左氏傳解誼 497, 504	周易互體徵 20, 27, 563
金陵瑣志五種 158	服虔通俗文 498, 504	周易內傳 540
金陵圖考 162	周人經說 421	周易爻辰申鄭義 20, 27
金陵圖詠 162	周子 482, 494	周易分野 474, 485
金陵賦 515	周子通書講義 561	周易古五子傳 474, 485
金陵歷代建置表 515	周公年表 456	周易古今文全書 30
金姬小傳 463	周氏易注 497, 503	周易古義 361
金梁夢月詞 440	周氏喪服注 484, 492	周易本易附錄纂註 3
金壺字考 402	周氏醫學叢書 216	周易本義 30
金韜籌筆 137	周文忠公集 288	周易本義通釋 3
金粟詞 313	周末列國有今郡縣考 363, 462	周易本義集成 3
金粟箋說 369	周生子要論 482, 494	周易外傳 540
金鼓洞志 520	周生烈子 473	周易考占 457
金園雜纂 465	周成難字 54	周易攷異（王夫之） 540
金塗銅塔攷 180	周行備覽 160	周易攷異（宋翔鳳） 22, 25
金匱要畧方論 215	周易 2, 7, 429, 586	周易攷補（江藩） 12, 16
金匱鉤玄 215, 217	周易二閭記 433	周易朱氏義 475, 486
金漳蘭譜 466	周易丁氏傳 474, 485	周易伏氏集解 475, 486
金樓子 194, 354, 380, 391	周易人事疏證 31	周易向氏義 474, 485
金廠行記 148	周易干氏注 474, 486	周易李氏音 475, 486
金壇獄案 97	周易大衍辨 361	周易何氏解 474, 485
金薤琳瑯 175	周易大象解 540	周易何氏講疏 475, 486
金閶竹枝詞 419	周易大義 475, 486	周易沈氏要略 475, 486
金龍四大王祠墓錄 524	周易口訣義 17, 19	周易宋氏注 474, 485
金縷裙記 354, 355, 464	周易子夏傳 474, 485	周易玩辭 3
金闕攀松集 515	周易王氏注（王凱沖） 475, 486	周易卦序論 474, 486
金邊國記 150	周易王氏注（王肅） 474, 485	周易卦象集證 433
金鰲退食筆記 372, 373, 392, 400	周易王氏注（王廙） 474, 486	周易卦圖 3
金鑾密記 354	周易王氏音 474, 485	周易卦變舉要 433
命分 236	周易王氏義 475, 486	周易述 10, 14
命理支中藏干釋例 575	周易王弼注唐寫本殘卷校字記 468	周易述補（江藩） 12, 16
采石瓜州豔亮記 385	周易元義 475, 486	周易述補（李林松） 22, 25
采香樓詩集 298	周易互體卦變考 458	周易述傳 556
采蓮船 465	周易互體詳述 433	周易述翼 436
念佛三昧 357		周易周氏義疏 475, 486
念宛齋詞鈔 458, 459		周易京氏章句 474, 485
念陽徐公定蜀紀 95		周易注 502, 509
		周易注疏 7
		周易注疏校正 225, 529

周易孟氏章句 474, 485	周易費氏學 461	周易觀彖 544
周易函書約存 31	周易發明啟蒙翼傳 3	周易觀彖大指 544
周易荀氏九家義 12, 16	周易統略 474, 486	周忠介公燼餘集 288
周易荀氏注 474, 485	周易虞氏消息 12, 16	周忠愍公垂光集 288
周易侯氏注 475, 486	周易虞氏略例 20, 26, 456	周忠愍奏疏 288
周易音義 374	周易虞氏義 12, 16	周忠毅公奏議 288
周易施氏章句 474, 485	周易蜀才注 474, 486	周官干寶注 497, 503
周易姚氏注（姚信） 474, 485	周易稗疏 22, 24, 367, 540	周官司徒類攷 570
周易姚氏注（姚規） 475, 486	周易傳義大全 30	周官攷徵凡例 573
周易姚氏學 22, 26, 435	周易傳義合訂 545	周官析疑 545
周易馬氏傳 474, 485	周易傳義附錄 3	周官故書攷 23, 25, 528
周易莊氏義 475, 486	周易解故 445	周官馬融傳 497, 503
周易倚數錄 456	周易新義 475, 486	周官記 23, 24
周易徐氏音 475, 486	周易新論傳疏 475, 486	周官集注 545
周易兼義 9	周易新講義 435	周官祿田考 10, 14
周易陸氏述 474, 485	周易義海撮要 3, 30	周官傳 476, 487
周易通論 544	周易褚氏講疏 475, 486	周官新義 414
周易通論月令 456	周易經傳集程朱解附錄纂註 3	周官箋 571
周易探元 475, 486	周易說 571	周官說 23, 24
周易黃氏注 474, 486	周易鄭氏義 12, 16	周官說補 23, 24
周易乾鑿度 374	周易鄭注 399	周官辨 545
周易略例 2, 7, 375, 376, 396	周易鄭康成注 337	周官辨非 8, 364
周易略例校正 226, 529	周易翟氏義 474, 485	周官禮干氏注 476, 487
周易崔氏注 475, 486	周易劉氏注 484, 492	周官禮異同評 484, 492
周易訟卦淺說 556	周易劉氏章句 474, 485	周官禮義疏 476, 487
周易淮南九師道訓 474, 485	周易劉氏義疏 475, 486	周官禮經注正誤 457
周易梁丘氏章句 474, 485	周易諸卦合象考 458	周官總義職方氏注 509
周易張氏集解 474, 486	周易薛氏記 474, 485	周秦名字解故附錄 514
周易張氏義 474, 486	周易輯聞 3	周秦名字解故補 457
周易張氏講疏 475, 486	周易盧氏注 475, 486	周真人集 526
周易參同契考異 409	周易舉正 396	周書（令狐德棻） 74, 75, 77, 78, 83
周易參義 3	周易舊疏考正 22, 27	
周易董氏章句 474, 485	周易韓氏傳 474, 485	周書（朱右曾） 436
周易傅氏注 475, 486	周易叢說 3	周書王會補注 337
周易集解 17, 19, 395	周易繫辭明氏注 475, 486	周書斠補 86
周易集解篡疏 531	周易繫辭荀氏注 475, 486	周景式孝子傳 473
周易補疏 12, 15	周易繫辭桓氏注 475, 486	周無專鼎銘攷 235
周易尋門餘論 368	周易釋爻例 20, 28	周會魁校正四書大全 47

書名筆畫索引 | 643

周端孝先生血疏貼黃册　381
周澂之評注醫書　217
周濂溪先生全集　370
周髀算經　233, 236, 397, 442
周髀算經校勘記　557
周禮　2, 35, 586
周禮三家佚注　36
周禮古義　361
周禮札記　28
周禮杜氏注　476, 487
周禮李氏音　476, 487
周禮注疏　7, 35
周禮注疏小箋　23, 26
周禮注疏刪翼　35
周禮注疏校勘記校字補　461
周禮政要　36
周禮故書考　457
周禮訂本略注　573
周禮音訓　17
周禮客難　368
周禮軍賦説　10, 14
周禮徐氏音　476, 487
周禮戚氏音　476, 487
周禮問　541
周禮補注　456
周禮賈氏解詁　476, 487
周禮節訓　35
周禮新義凡例　573
周禮摘箋　386
周禮疑義舉要　10, 13, 404
周禮鄭大夫解詁　476, 487
周禮鄭氏音　476, 487
周禮鄭司農解詁　476, 487
周禮鄭注商榷　573
周禮漢讀考　11, 14
周禮劉氏音　476, 487
周禮學　21, 25
周禮聶氏音　476, 487

周禮纂訓　545
周禮釋注　556
周櫟園奇緣記　464
昏禮重別論對駁義　21, 28
昏禮辨正　541
兔兒山記　155
匋雅　570
炙硯瑣談　517
炙轂子錄　470
京口耆舊傳　406, 415
京口變略　97
京氏易　434
京氏易傳　395
京兆族譜　106
京板天地全圖　170
京板校正大字醫學正傳　592
京東考古錄　372, 373, 392, 400, 539
京房易章句　29, 497, 503
京房易雜占條例法　500, 507
京相璠春秋土地名　498, 504
京華日報　582
京師偶記　146
京報　581
京傳新刊素翁鼇頭雜字附詩柬活套便覽　342
京話日報　582
京話報　581
京話實報　583
京畿金石考　174, 420, 425, 442
京畿諸水編　143
夜山圖題詠　524
夜譚隨錄　323
府州廳縣異名錄　135
郊社禘祫問　21, 24, 541
庚巳編　472
庚子銷夏記　175, 247

庚申外史　396, 409
庚申君遺事　365
庚申浙變記　523
庚戌資政院議案草　580
庚辛泣杭錄　522
庚哥國略説　157
庚寅十一月初五日始安事畧　95
放生會約　370
放光般若波羅蜜經　264
放翁家訓　383, 432
放翁詞　305
放翁題跋　432
刻全像五顯靈官大帝華光天王傳　326
刻板存亡考　190
刻馬玄臺先生註證脈訣正義　218
於陵子　194, 417
於潛令樓公進耕織二圖詩　380, 390, 400
卷施閣文　550
卷施閣詩　550
炊聞詞　312
法戒編　128
法言　375, 377
法苑珠林　469
法帖刊誤　402, 403
法帖神品目　386
法帖第十晉王獻之二淳化閣帖　248, 249
法帖第七王羲之書二　248, 249
法帖第八王羲之書三　248, 249
法帖第九晉王獻之一　248, 249
法帖第六王羲之書一　248, 249

法帖譜系　402	河圖挺佐輔　71, 406, 499, 505	波斯教殘經　468
法政概　153	河圖括地象　71, 401, 406, 499, 505	治下河論　144
法書名畫見聞表　422	河圖要元篇　72, 406, 499, 505	治河要語　402
法書要錄　397	河圖皇參持　499, 505	治河議　155
法製品　258	河圖帝通紀　71, 406, 499, 505	治要節鈔　417
法算取用本末　404	河圖帝覽嬉　71, 406, 499, 505	治家格言繹義　462
法蘭西國志略　153	河圖洛書同異考　364	治鄉三約　538
河防述言　402	河圖洛書原舛編　541	治齋讀詩蒙説　365
河防通議　407	河圖祕徵　71	性命雙修萬神圭旨　261
河汾諸老詩集　412	河圖真紀鉤　72, 406	性理　544
河東先生龍城錄　353	河圖真鉤　499, 505	性理大全書　202
河東君傳　465	河圖秘徵　406, 499, 505	性理字訓　346
河南二程全書　532	河圖著命　71, 406, 499, 505	性理拾遺　535
河南考略　135	河圖提劉篇　72, 406, 499, 505	性善圖説　538
河南地略　154	河圖握矩記　71, 406, 499, 505	怪石錄　367
河南邵氏聞見後錄　399	河圖祿運法　499, 505	怪石贊　357
河南邵氏聞見前錄　399	河圖絳象　71, 406, 499, 505	宗忠簡公集　288
河南程氏外書　532	河圖聖洽符　500, 506	宗法小記　11, 14
河南程氏遺書　532	河圖會昌符　72, 406, 499, 505	宗法論　367
河南關塞形勝説　147	河圖説徵　499, 505	宗室王公功績表傳　106
河洛識　72, 406	河圖稽命徵　72, 401, 406, 499, 505	宗規　363
河莊詩鈔　528	河圖稽耀鉤　71, 401, 406, 499, 505	宗譜纂要　366
河套略　136		定正洪範集説　4
河朔訪古記　407, 415	河圖緯　499, 505	定香亭筆談　366, 431
河間劉氏書目考　446	河圖闓苞授　499, 505	定海遺愛錄　440
河間獻王書　482, 494	河圖雜緯篇　71, 406	定鄉小識　520
河源記　143	河賦注　441	定鄉雜箸　519
河源異同辨　143	河嶽英靈集選　543	定齋集　516
河源圖説　143	泊宅編　352, 431	宜州乙酉家乘　382
河圖　499, 505	沿海形勢論（朱逢甲）　148	宜春傳信錄　471
河圖天靈　499, 505	沿海形勢論（華世芳）　148	宜都記　355
河圖玉版　72, 406, 499, 505	沿海形勢錄　148	宜略識字　419
河圖叶光紀　499, 505	注疏考證　10, 14	宜稼堂叢書　403
河圖考靈曜　72, 406, 499, 505	注疏瑣語　366, 424	宜齋野乘　468, 515
河圖合古篇　499, 505	注解傷寒論　215	官子譜　246
河圖赤伏符　499, 505	波斯考略　151	官銜名目　70
河圖始開圖　71, 401, 406, 499, 505		官箴　397
		空同子　194

書名筆畫索引 | 645

空同詞　306, 311
穹天論　484, 496
宛鄰集　517
宓子　482, 493
郎潛紀聞　228
房景先五經疑問　498, 504
建文帝後紀　363
建文書法儗　100
建立伏博士始末　394
建安七子集　284
建武故事　501, 508
建炎以來朝野襍記　385
建炎時政記　426
建炎進退志　426
建炎筆錄　385
建炎復辟記　396, 524
建炎維揚遺錄　396
建昭雁足鐙考　180
居易錄　543
居官鏡　129
居家必備不求人　346
居家雜儀　536
居業堂文集　514
居濟一得　372
屈宋古音義　396
屈原賦注　451
屈賦微　461
弧三角平視法　447
弧三角形　233
弧三角拾遺　235, 428
弧三角舉要　231, 242
弧三角舉隅　234
弧矢啟祕　236, 244
弧矢筭術補　235
弧矢算術細草　234, 382
弧矢算術細草圖解　236, 370, 456
弧角設如　234

承旨學士院記　381
承華事略　423
孟子　2, 7, 587
孟子丁氏手音　479, 491
孟子七篇諸國年表　457
孟子正義　12, 15, 553, 554
孟子古注擇從　563
孟子四攷　23, 25
孟子生卒年月考　10, 13, 419
孟子外書　45
孟子外書四篇　384
孟子外書補注　455
孟子外書補證　554, 555
孟子考　357
孟子列傳纂　554, 555
孟子字義疏證　548
孟子弟子考補正　455
孟子附記　514
孟子事實錄　513
孟子注疏解經　9
孟子要略　447, 531
孟子音義　5, 415
孟子音義攷證　23, 27
孟子時事年表　554
孟子時事略　443
孟子高氏章句　479, 491
孟子高氏學　563
孟子陸氏注　479, 491
孟子通　6
孟子章句　572, 573
孟子章指　479, 490
孟子張氏音義　479, 491
孟子程氏章句　479, 490
孟子集註　45
孟子集註通證　6
孟子集註集疏　5
孟子集編　5
孟子註疏　8

孟子遊歷考　368
孟子聖蹟圖　117
孟子稗疏　23
孟子趙注補正　23, 25, 446
孟子綦毋氏注　479, 491
孟子鄭氏注　479, 491
孟子劉氏注　479, 491
孟子劉熙注　498, 504
孟子雜記　399, 531
孟子纂疏　5
孟子讀法附記　45
孟子繹義內外篇　563
孟仲子詩論　496
孟郊詩　287
孟喜易章句　29, 497, 503
孟德新書　212
狀元四書　46
孤忠後錄　97
函海　384
陔餘叢考　549
姑妄聽之　323
姑溪詞　306, 312
姑溪題跋　512
姑蘇名賢小記　427
姑蘇采風類記　146
姓氏考　410
姓氏急就篇　337
姓解　429
姓觿　531
姍姍傳　466
始學篇　481, 493
始豐藁　527

九畫

奏定亞美理駕合衆國貿易條約　119
奏定咈囒哂國貿易條約

奏 119
奏定通商章程税則 119
奏定解支禁革事宜條款 119
奏定學堂章程 117
奏對機緣 360, 369
奏覆禁革事宜摺稿 119
春人賦 466
春在堂尺牘 564
春在堂全書 561
春在堂全書校勘記 564
春在堂全書錄要 564
春在堂詞錄 564
春在堂傳奇二種 564
春在堂詩編 564
春在堂輶言 564
春在堂隨筆 564
春在堂襍文 563
春帆紀程 146
春冰室野乘 103
春艸堂遺藁 428
春雨雜述 470
春明退朝錄 398, 417, 512
春草園小記 520
春星草堂集 300
春秋 7, 500, 506, 586
春秋人地名對 562
春秋三子傳 42
春秋三家異文覈 456
春秋三傳比 386
春秋三傳折中 573
春秋三傳異同考 360, 361
春秋三傳異同說 478, 489
春秋三傳駁語 42
春秋土地名 478, 489
春秋大事表 21, 24, 43
春秋大傳 477, 488
春秋王制尚書周禮九州疆域大小攷 574

春秋王霸列國世紀編 4, 42
春秋井田記 478, 489
春秋元命苞 70, 401, 405, 500, 506
春秋五論 5
春秋五禮例宗 415
春秋五禮源流口號 367
春秋比 552
春秋比事目錄 545
春秋日南至譜 21, 28
春秋日食質疑 362
春秋內事 71, 405, 481, 492, 500, 506
春秋毛氏傳 10, 13, 541
春秋公羊注疏質疑 446
春秋公羊通義 11, 15
春秋公羊傳 2
春秋公羊傳注疏 2, 7
春秋公羊傳音訓 17
春秋公羊傳異文釋 23, 25
春秋公羊傳厤譜 21, 26
春秋公羊傳箋 571
春秋公羊經何氏釋例 12, 16
春秋公羊經傳通義 552
春秋公羊穀梁二傳評 478, 489
春秋公羊穀梁傳解詁 478, 489
春秋公羊禮疏 428
春秋公羊顏氏記 477, 489
春秋文謚例 478, 489
春秋文耀鉤 70, 401, 405, 500, 506
春秋孔演圖 401
春秋正旨 404
春秋正辭 10, 14
春秋世族譜 426, 462
春秋世族譜拾遺 433

春秋世論 540
春秋古經左氏說後義補證凡例 573
春秋古經說 23, 26
春秋本義 5
春秋左氏古義 23, 26, 420
春秋左氏古經 425
春秋左氏古經說義疏 573
春秋左氏長經章句 478, 489
春秋左氏函傳義 478, 489
春秋左氏傳地名補注 23, 26, 421
春秋左氏傳述義 478, 489
春秋左氏傳事類始末 4
春秋左氏傳章句 477, 489
春秋左氏傳嵇氏音 478, 489
春秋左氏傳補注（沈欽韓） 23, 26, 421
春秋左氏傳補注（趙汸） 5
春秋左氏傳解詁 477, 489
春秋左氏傳解誼 478, 489
春秋左氏傳義注 478, 489
春秋左氏傳漢義補證簡明凡例 573
春秋左氏經傳章句 478, 489
春秋左氏經傳義略 478, 489
春秋左氏膏肓釋痾 478, 489
春秋左傳 2, 40, 41
春秋左傳小疏 10, 14
春秋左傳王氏注 478, 489
春秋左傳分國土地名 424
春秋左傳古義凡例 573
春秋左傳杜注 41
春秋左傳杜注校勘記 455
春秋左傳注疏 7
春秋左傳注疏校正 226, 529
春秋左傳音訓 17
春秋左傳異文釋 23, 25

書名筆畫索引 | *647*

春秋左傳許氏注　478, 489
春秋左傳詁　23, 25, 551
春秋左傳註疏　2
春秋左傳補注（馬宗璉）　12, 16
春秋左傳補注（惠棟）　10, 14, 404
春秋左傳補疏　12, 15
春秋左傳賈服注輯述　23, 26
春秋左傳義疏　478, 489
春秋左傳綱目杜林詳註　41
春秋左傳識小錄　57, 556
春秋左傳類聯　370
春秋占筮書　21, 24, 392, 541
春秋四傳　43
春秋四傳糾正　363
春秋外傳國語孔氏注　485, 492
春秋外傳國語唐氏注　485, 492
春秋外傳國語虞氏注　485, 492
春秋考異郵　70, 405, 500, 506
春秋地名考略　43
春秋地名辨異　515
春秋地理考實　10, 14
春秋地圖　171
春秋臣傳　4
春秋列國地形口號　364
春秋列國圖　171
春秋成長說　478, 489
春秋年表　4
春秋合誠圖　70, 401, 405, 500, 506
春秋名字解詁補義　21, 27, 562
春秋名號歸一圖　4
春秋攻昧　478, 489

春秋折衷論　478, 489
春秋別典　406
春秋佐助期　71, 401, 405, 500, 506
春秋決事　477, 488
春秋決事比　21, 26
春秋長曆（杜預）　21, 24
春秋長曆（陳厚耀）　238
春秋直解　545
春秋述義拾遺　446
春秋或問　5
春秋非左　531
春秋例統　485, 492
春秋金鎖匙　396, 416
春秋命曆序　71, 405, 481, 492, 500, 506
春秋周禮皇帝疆域圖表　574
春秋春王正月考　5
春秋胡傳　42
春秋胡傳考誤　396
春秋要指　10, 14
春秋保乾圖　71, 405, 500, 506
春秋皇綱論　4
春秋後語　401
春秋客難　368
春秋夏正　444
春秋條貫篇　541
春秋師說　5
春秋徐氏音　478, 489
春秋旁訓　2
春秋朔閏異同　21, 26
春秋家說　540
春秋通例　478, 489
春秋通說　5
春秋通論　545
春秋規過　478, 489
春秋規過考信　446
春秋異文箋　12, 16

春秋國都爵姓考　415
春秋啖趙二先生集傳辯疑　18, 19, 42
春秋啖趙集傳纂例　18, 19
春秋提綱　4
春秋握誠圖　71, 405, 500, 506
春秋董氏學　41
春秋集註　5
春秋集傳（啖助）　478, 489
春秋集傳（趙汸）　5
春秋集傳釋義大成　5
春秋集解　4
春秋集義　561
春秋鈔　545
春秋詠史樂府　368
春秋尊王發微　4
春秋運斗樞　70, 401, 405, 500, 506
春秋楚地答問　531
春秋感精符　70, 401, 405, 500, 506
春秋歲星考　562
春秋稗疏　23, 24, 368, 540
春秋傳正誼　561
春秋傳服氏注　8
春秋傳說例　416
春秋傳說薈要　43
春秋傳駮　478, 489
春秋牒例章句　477, 489
春秋微旨　18, 19, 396
春秋亂賊考　456
春秋經傳比事　554
春秋經傳集解　40
春秋摘微　432
春秋圖表　573
春秋說　10, 13
春秋說畧　552
春秋說題辭　71, 401, 405, 500,

506	436, 511	括地志　442, 452
春秋漢含孳　71, 405	春秋繁露注　24, 26	括地略　134
春秋演孔圖　70, 405, 500, 506	春秋繁露義證　41	括蒼金石志補遺　456
春秋穀梁傳　2, 42, 429	春秋燼餘　544	郝太僕遺集　289
春秋穀梁傳注疏　2, 8	春秋職官考略　515	郝氏遺書　552
春秋穀梁傳注義　478, 489	春秋簡書刊誤　10, 13, 541	郝文忠公集　288
春秋穀梁傳音訓　17	春秋識小錄　515	郝雪海先生筆記　514
春秋穀梁傳時月日書法釋例　21, 26, 414	春秋類對賦　5	拾雅　402
春秋穀梁傳徐氏注　478, 489	春秋闡微纂類義統　478, 489	拾遺名山記　355, 468
春秋穀梁傳異文釋　23, 25	春秋釋　21, 27	拾遺記　195, 355, 376, 378
春秋穀梁傳章句　477, 489	春秋釋例（杜預）　18, 19	垛積比類　236
春秋穀梁傳說　477, 489	春秋釋例（潁容）　478, 489	指月錄　269
春秋穀梁傳鄭氏說　478, 489	春秋權衡　4	指南正法　212
春秋穀梁傳糜氏注　478, 489	春秋屬辭　5	指頭畫說　368
春秋穀梁經傳補注　42	春秋屬辭比事記　10, 13, 392, 541	某中丞　464
春秋劉氏傳　4	春秋體註大全合參　17	某中丞夫人　463
春秋諸家解　42	春風堂隨筆　471	荊州土地記　509
春秋諸國統紀　5	春卿遺稿　516	荊州記（范汪）　509
春秋諸傳會通　5, 43	春酒堂文集　279	荊州記（郭仲産）　509
春秋潛潭巴　71, 401, 405, 500, 506	春娘傳　466	荊州記（盛弘之）　355, 496, 509
春秋緯　401	春渚紀聞　398	荊州記（庾仲雍）　509
春秋緯元命苞　481, 492	春渚紀聞補闕　226, 529	荊州記（劉澄之）　509
春秋緯文耀鉤　480, 491	春夢錄　464	荊州記（□□）　509
春秋緯考異郵　480, 491	珂雪詞　312	荊州圖記　509
春秋緯合誠圖　480, 491	珍席放談　385, 417	荊州圖副　509
春秋緯佐助期　480, 491	珍埶宧文鈔　551	荊州圖經　509
春秋緯保乾圖　480, 491	珍埶宧詩鈔　551	荊南地志　509
春秋緯握誠圖　480, 492	珍埶宧遺書　551	荊南苗俗記　155
春秋緯運斗樞　480, 491	玻利非亞政要　154	荊湖圖經　510
春秋緯感精符　480, 491	封氏聞見記　374, 398, 511	荊湘地記　509
春秋緯說題辭　480, 492	封長白山記　138, 360, 362, 372, 373, 392	荊楚歲時記　354, 376, 378, 510
春秋緯漢含孳　480, 491	封泥攷略　181	荊園小語　363, 512
春秋緯演孔圖　480, 492	持志塾言　560	荊園進語　363, 512
春秋緯潛潭巴　480, 492	城北天后宮志　520	荊園語錄　431
春秋舉例　10, 14	政治官報　583	荊溪外紀　517
春秋繁露　17, 19, 41, 375, 376,	政學錄　514	荊溪盧司馬殉忠實錄　95

荊駝逸史 94	荒政考 407	南行日記（楊慶之） 155
革除建文皇帝紀 471	荒政叢言 407	南行述 364
革雷得志略 156	荒政叢書 407	南行記 156
草字彙 61	荒政議 407	南州草堂詞話 363
草花譜 258	荒箸略 407	南江札記 427, 529
草法偏旁辨格 250	故宮遺錄 380, 390	南江考 144
草書狀 481, 493	故唐律疏義 121, 589	南江書錄 457
草堂詩餘 438	胡子知言 193, 413	南巡名勝圖説 135
草窗詞 312, 383	胡氏書畫考 246	南巡盛典 116
草廬詞 307	胡文忠公遺集 282	南巡扈從紀略 135, 364
草廬經略 412	胡文敬公年譜 111	南村輟耕錄 224
茯苓仙傳奇 466	胡非子 483, 495	南村觴政 358
茶史補 367	胡忠簡澹菴長短句 307	南宋六陵遺事 365
茶半軒集 570	胡承諾年譜 531	南宋古蹟攷 519
茶香室經説 564	胡敬齋先生文集 371	南宋四名臣詞集 307
茶香室叢鈔 564	胡敬齋先生居業錄 371	南宋宮闈雜詠 525
茶香閣詞 313	荔社紀事 369	南宋院畫錄 521
茶董 472	荔枝譜 360, 361	南宋館閣錄 521
茶董補 259, 410	荔譜 366	南苑唱和詩 420
茶疏 470	荔枝記全本 318	南來志 149, 166, 543
茶經 354, 398	荔枝話 357	南岳商語 536
茶箋 258	荔枝譜 470	南柯記 354, 391
茶餘客話 364	南天痕 86	南柯記傳奇 315
茶譜 347	南中紀聞 471	南省公餘錄 555
荀子 192, 193, 195, 196, 198, 200, 429, 511	南方草木狀 354, 376, 378, 390, 400	南洋各島國論 151
荀子考異 441	南北史世系表 449	南洋述遇 151
荀子補注（郝懿行） 552	南北史年表 449	南洋事宜論 151
荀子補注（劉台拱） 447	南北史帝王世系表 449	南洋官報 582
荀子詩説 562	南北史補志 84	南洋記 151
荀爽易言 497, 503	南田畫跋 432	南洋蠡測 156
荀爽周易注 29	南史 74, 75, 77, 78, 79, 84	南屏百詠 518
荀勖笛律圖注 434	南史演義 332	南華真經 192, 210
荀綽晉百官表注 502, 508	南皮張尚書戒纏足會章程叙 205	南華真經注疏 429
荀綽晉後略 502, 508	南邨帖攷 457	南華真經解 210
茗柯文 430	南曲入聲客問 360, 362	南華通 402
茗柯詞 430	南行日記（吳廣霈） 156, 472	南軒先生孟子説 5
茗香詩論 382		南軒先生論語解 5
		南唐二主詞 460

南唐拾遺記 365	南溪韓公年譜 453	柳文 276
南唐書（馬令） 422	南齊孔詹事集 285	柳先生年譜 413
南唐書（陸游） 103, 422	南齊州郡圖 172	柳州遺稾 298, 299
南唐書合刻 422	南齊書 74, 75, 77, 78	柳岸吟 540
南部新書 398, 412, 470	南齊竟陵王集 285	柳亭詩話 438
南浦郡報善寺兩唐碑釋文 571	南漢文字畧 557	柳參軍傳 348, 351
南海集 543	南漢書 557	柳毅傳 390, 400
南陵無雙譜 246	南漢書考異 557	柳邊紀略 135, 368
南陵縣建置沿革表 457	南漢叢錄 557	柳歸舜傳 348, 351
南菁札記 452	南漳子 366, 520	柿葉庵詩選 514
南菁書院叢書 432	南澗文集 421	要用字苑 481, 493
南涼疆域圖 172	南澳氣記 151	要雅 484, 495
南陽名畫表 422	南燕書 450	咸淳遺事 406, 412
南陽法書表 422	南燕疆域圖 171	咸豐元年中星表 236
南越志 355	南薰殿圖像攷 246	研六室雜著 12, 16
南越筆記 149, 387	南嶽小錄 445	研北雜志 471
南朝史精語 441	南嶽記 510	研堂見聞雜記 97
南朝梵刹志 158	南嶽總勝集 454	研譜 258
南極新地辨 152	南齋集 413	厚德錄 353, 402
南極諸星考 358	南濠詩話 379	面城精舍襍文 283
南雁蕩紀遊（郭鍾岳） 141	南豐風俗物產志 146	耐俗軒新樂府 513
南雁蕩紀遊（張盛藻） 141	南豐劉簾舫先生遺書 234	貞一齋詩說 368
南遊日記 146	南歸記 146	貞定先生遺集 560
南遊記 146, 418	南廱志經籍考 184, 453	貞居先生詩集 526
南遊筆記 146	柯家山館遺詩 528	貞居詞 381
南湖倡和集 519	柘西精舍詞 528	貞烈婢黃翠花傳 466
南湖集 380	柘軒集 526	貞婦屠印姑傳 465
南窗紀談 382	相貝經 470	貞隱園法帖 250
南窗漫記 540	相臺書塾刊正九經三傳沿革例 381, 414, 436	貞觀公私畫史 354
南雷文定 414, 537	相學齋雜鈔 471	貞觀政要 100
南雷文定三集 537	柚堂續筆談 528	省心短語 513
南雷文定後集 537	柏堂集 561	省心錄 402
南雷文定前集 537	柏堂集坿存 561	省心襍言 385
南雷文約 537	柏堂經說 560	省城元新堂較正監韻分章分節四書正文 49
南雷文案 537	柏堂遺書 560	省軒考古類編 342
南雷詩曆 537	柏堂讀書筆記 561	省闈日紀 146
南園詩選 547	柳下詞 439	則古昔齋算學 236

則堂先生春秋集傳詳說 5	幽怪錄（王惲） 391	秋雅 564
冒巢民先生年譜 532	幽怪錄（牛僧孺） 230, 391	秋窗隨筆 367
禺于日録 151	幽閑鼓吹 469	秋槎雜記 13, 16
星苑館隨筆 300	幽夢影 370, 431, 472	秋園雜佩 365, 414, 515
星槎勝覽 348, 350	幽夢續影 421, 431, 472	秋澗先生大全文集樂府 309, 311
星經 355, 376, 378	拜經日記 12, 16	
星變志 94	拜經文集 12, 16	秋審比校條款 123
昨非集 560	拜經樓藏書題跋記 187, 444	秋審條款 121
昨夢録 349, 351	拜鴛樓校刻小品四種 460	秋錦山房詞 528
昭代名人尺牘 300	看山樓草 300	秋燈叢話 364
昭代名人尺牘小傳 422	看花述異記 463	秋聲集 426
昭代名人尺牘續集 301	看花雜詠 423	秋鐙録 369
昭代樂章恭紀 364	矩齋雜記 364	科名金鍼 303
昭代叢書 359, 360	香山九老會詩 460	科俞比亞政要 153
昭忠祠志 522	香天談藪 364, 463	科註佛説阿彌陀經 594
昭忠録（周璟） 523	香方 258	科註佛説無量壽經 594
昭忠録（□□） 406, 412	香本紀 464	科註佛説觀無量壽經 594
昭陵六駿贊辯 360, 362	香東漫筆 571	科註妙法蓮華經 595
昭陵碑録 460	香草詞 439	科註淨土三部經 594
昭德先生郡齋讀書志 187	香南雪北詞 313	重文 62
畏壘筆記 368	香研居詞塵 432	重刊五色潮泉插科增入詩詞北曲勾欄荔鏡記戲文 315
毘陵集 277, 516	香咳集選存 466	
毘陵諸山記 139	香祖筆記 543	重刊玉曆至寶鈔 263
毘陵諸水記 144	香海棠館詞話 572	重刊宋本十三經註疏附校勘記 9
思文大紀 97	香雪齋樂事 358, 469	
思問録 368	香蓮品藻 465	重刻足本乾嘉詩壇點將録 454
思問録内篇 540	香箋 258	
思問録外篇 540	香譜 398	重刻剡川姚氏本戰國策札記 99
思復堂文集 530	香儷園偶存 532	
思痛記 523	香鑪峰紀遊 142	重刻憨山大師觀老莊影響論 269
思辨録輯要 202	香豔叢書 462	
思舊録（黄宗羲） 365, 537	秋水園印説 367	重刻闢邪歸正消災延壽立願寶卷 320
思舊録（靳治荆） 363	秋星閣詩話 359, 361	
咽喉脈證通論 428	秋思草堂遺集 96	重刻觀世音菩薩本行經簡集 320
哈薩克述略 137, 372, 374, 392, 401	秋室集 528	
	秋崖先生小稿詞 309, 311	重定金石契 177
峒谿纖志 148	秋崖詞 307	重定續三十五舉 255, 256
峒谿纖志志餘 363	秋笳集 413	重修台灣府志 161

重修承旨學士壁記　381	修竹廬吟稿　298	俗説　484, 495
重修政和經史證類備用本草　219	修唐書史臣表　381	信心應驗錄　262
重修南海普陀山志　165	修辭指南　340	信徵錄　373, 374
重訂古文釋義新編　295	俚語啟蒙　208	信齋詞　516
重訂外科正宗　221	保生胎養良方　432	皇上七旬萬壽千字文　419
重訂幼學須知句解　208	保圩圖説　120	皇甫司農集　473
重訂事類賦　343	保德風土記　147	皇言定聲錄　541
重訂周易二閭記　528	俄西亞尼嘎洲志略　151	皇宋書錄　382
重訂周易小義　529	俄遊日記　137	皇明天全先生遺事　347
重訂居官寡過錄　402	俄羅斯山形志　142	皇明文清公薛先生行事錄　536
重訂越南圖説　570	俄羅斯互市始末　137	皇明名臣琬琰錄　517
重訂診家直訣　217	俄羅斯水道記　144	皇帝大同學革弊興利百目　573
重訂路史全本　85	俄羅斯分部説　137	皇祐新樂圖記　396
重訂詩經衍義合參體註大全　17	俄羅斯方域　133	皇華紀聞　543
重訂廣事類賦　343	俄羅斯戶口略　137	皇清地理圖　170
重訂談天正議　570	俄羅斯形勢考　137	皇清開國方略　92
重訂懿畜編　402	俄羅斯佐領考　133	皇清經解　9, 13
重校正唐文粹　295	俄羅斯附記　137	皇清經解縮版編目　190
重校國語國策合編　99	俄羅斯長編稿跋　133	皇清經解續編　19, 24
重校鶴山先生大全文集長短句　308, 310	俄羅斯事補輯　133	皇清職貢圖　167
重彫足本鑑誡錄　383	俄羅斯事輯　133	皇朝一通輿圖　134
重陽庵集　518	俄羅斯國全圖　165	皇朝一統輿地全圖　171
重集列女傳例　364	俄羅斯國志略(沈敦和)　153	皇朝三通目錄　116
重遊嶽麓記　138	俄羅斯國志略(徐繼畬)　133	皇朝內府輿地圖縮摹本　160
重遊靈應峰記　142	俄羅斯國總記　133	皇朝分省輿地全圖　173
重斠唐韻考　514	俄羅斯進呈書籍記附目錄　134	皇朝文獻通考　113
重廣補注黃帝內經素問　217	俄羅斯盟聘記　137	皇朝文獻通考四裔考　133
重增三教源流聖帝佛帥搜神記　229	俄羅斯源流考　137	皇朝名臣言行續錄　107
重論文齋筆錄　529	俄羅斯諸彊疆域考　137	皇朝武功紀盛　101, 549
重鐫本草醫方合編　216	俄羅斯叢記　137	皇朝政典類纂　115
段太尉集　473	俄羅斯疆界碑記　137	皇朝通志　113
段龜龍涼記　452	俄羅斯疆域編　137	皇朝通典　113
修文殿御覽殘卷　468	俄疆客述　155	皇朝通制孔子廟祀　600
修正刑律案語　121	俄屬海口記　137	皇朝掌故彙編　124
	俗言　386	皇朝道學名臣言行錄　107
	俗砭　357	皇朝輿地略　160
	俗書證誤　62, 402	

皇朝輿地韻編 134, 159, 160	衍波詞 312	後漢郡國圖 171
皇朝藩屬輿地叢書 157	衍琵琶行 365, 463	後漢紀校釋 452
皇朝類苑 468	律呂古誼 433	後漢書 74, 75, 77, 78, 82
皇朝續文獻通考 116	律呂新論 406	後漢書注又補 80, 82, 448
皇極經世 245	律呂精義内篇 40	後漢書注攷證 82
皇輿地圖考 170	律呂精義外篇 40	後漢書注補正 80, 448
泉史 181	律呂臆説 434	後漢書補表 79, 413, 425, 449
泉志 397	律例便覽 122	後漢書補注 413, 448
泉志校誤 438	律例館校正洗冤録 123	後漢書補注續 80, 448
鬼谷子 192, 194, 212, 593	律音義 121	後漢書疏證 82
鬼董 381, 391	律詩四辨 545	後漢書蒙拾 546
禹山記 140	律詩定體 438, 472	後漢書辨疑 79, 448
禹貢三江考 11, 14	律曆融通 40	後漢儒林傳補逸 458
禹貢山川地理圖 4	律學新説 40	後燕疆域圖 171
禹貢正字 555	後山居士詩話 353	後續大宋楊家將文武曲星包公
禹貢本義 33	後山詞 306	狄青初傳 333
禹貢指南 416	後甲集 444	後鑒録 94, 542
禹貢班義述 22, 28, 445	後四聲猿 419	後觀石録 362, 542
禹貢集釋 556	後出塞録 153	俞三姑傳 465
禹貢蔡傳正誤 556	後西征述 147	俞氏易集説 3
禹貢圖 22, 26	後村別調 305, 460	俞樓詩記 521
禹貢説 22, 28	後村居士集詩餘 309, 310	俞樓經始 563
禹貢説斷 404	後知不足齋叢書 423	俞樓襍纂 563
禹貢鄭氏略例 22, 27	後周並七國圖 172	弇山堂別集 451
禹貢鄭注釋 22, 25, 553, 554	後秦記 450	弇州山人四部稿 278
禹貢錐指 10, 13	後秦疆域圖 172	弇州山人年譜 549
禹貢錐指正誤 22, 26, 556	後晉並七國圖 172	逃禪詞 306
侯元傳 348, 351	後唐並七國圖 172	卻掃編 398, 417
侯氏書品 403, 437	後涼疆域圖 172	食珍録 469
侯果易注 497, 503	後梁並十國圖 172	食譜 354, 355
侯國職官表 362	後遊桃花源記 141	脉訣攷證 216
侯鯖録 353, 383	後蜀毛詩石經殘本 52	脉語 592
追述黔塗略 471	後蜀疆域圖 172	脉學 216
俟命録 561	後趙疆域圖 171	胎息經 195, 399
俟解 540	後養議 477, 488	胎息經疏 195
盾墨拾餘 577	後漢三公年表 368, 449	胎産心法 221
衍石齋記事藁 281	後漢並六國圖 172	負卦 358
待堂文 427	後漢郡國令長攷 79, 448, 457	負暄野録 383

風土記 355	庭聞憶畧 534	首陽山記 142
風土雜錄 146	庭誥 481, 493	逆臣傳 92
風木盦圖題詠 524	疫疹一得 221	逆降義 484, 492
風水袪惑 426	音同義異辨 388, 389, 427	炳燭室雜文 420
風后握奇經 193, 376, 377	音鮑隨筆 419	炳燭編 420
風俗通姓氏篇 444, 473	音略 421	炳蠋室雜文 457
風俗通義 194, 356, 375, 377, 593	音論 9, 13	烁水軒詞 312
	音譜 54	烁箔詞 313
風俗通義校正逸文 226, 529	音韻問答 368	烁瘦閣詞 313
風俗通義逸文 549	帝王要略 482, 493	洱海叢談 148, 365
風倒梧桐記 95	帝王廟諡年諱譜 104	洪文敏公年譜 549
風雅大成 257	帝京景物略 163	洪文惠公年譜 549
風雅逸篇 386	施氏詩說 476, 487	洪北江先生年譜 550
風箏誤傳奇 315	美人判 463	洪北江全集 550
風憲忠告 389	美人揉碎梅花迴文圖 358	洪花洞記 143
風騷旨格 399, 470	美人譜 356, 462	洪武正韻 63
急占地利 120	美理哥國志略 157	洪武正韻彙編 63
急救仙方 216	美國地理兵要 153	洪武聖政記 93
急就章 421	美國記 152	洪度集 455
急就章攷異 446	美會紀略 153	洪範五行傳 534
急就篇 18, 19, 57, 337, 396, 430	叛亡紀略 168	洪範原數 570
	迷樓記 465	洪範統一 384, 416
訂正東周列國志善本 327	前明忠義別傳 417	洪範說 544
訂正通鑑綱目前編 88	前定錄 398	洩湖入江議 144
訂胡 562	前後元夕讌集詩 533	洞山岕茶系 357, 516
訂譌雜錄 369, 399	前後藏考 136	洞天清祿集 410
計倪子 194	前秦疆域圖 172	洞玄子 454
計然萬物錄 474	前涼疆域圖 172	洞庭秋詩 540
哀江南賦註 363	前遊桃花源記 141	洞庭記 510
亭林文集 175, 539	前趙疆域圖 171	洞極真經 483, 495
亭林先生神道表 539	前漢地理圖 171, 172	洞霄詩集 380
亭林軼詩 539	前漢紀校釋 452	洞霄圖志 381
亭林詩集 539	前漢書 74, 77, 78, 82	洞簫記 466
亭林餘集 539	前漢書注攷證 82	洞簫詞 439
亭林雜錄 539	前漢書藝文志 185	洞簫廣詞 312
度生公案 333	前燕疆域圖 171	洄溪醫案 432
度嶺日記 155	前藏三十一城考 137	洙泗考信餘錄 513
度隴記 147	前徽錄 428	洙泗考信錄 513

洗冤錄詳義　124	宣南集　577	神相證驗百條　422
洗塵法　358	宣室志　353	神異經　194, 354, 376, 378,
活法機要　215	宣卿詞　307	390, 470
洛京獮記　348, 350	宣統元年江蘇高淳金壇溧陽宜	神農本草經　500, 506, 557
洛神傳　348, 350	興荊溪蛟雨災區工賑圖說	神農書　483, 494
洛書甄曜度　72, 401, 406	118	神境記　510
洛書摘六辟　72, 406	宣爐注　94	神機制敵太白陰經　407
洛書錄運法　72, 406	宣爐歌注　359, 361, 532	祝尚丘切韻　55
洛書靈准聽　72, 406	宦海慈航　358, 469	祕傳證治要訣　215
洛陽名園記　397, 409	宦游紀略　129	祕魯形勢錄　153
洛陽牡丹記　439, 466	宮室攷　456	退菴自訂年譜　555
洛陽伽藍記　397, 467	宮詞　366, 464	退菴隨筆　555
洛陽搢紳舊聞記　379	穿山小識　153	退餘叢話　456
洺水詞　305	穿山記　153	咫進齋叢書　427
淨土三部經　595	客杭日記　378, 519	陣圖　212
淨土四經　264	客舍偶聞　452	韋自東傳　348, 350
淨海記　145	客越志略　519	韋昭辨釋名　498, 504
淨業要言　269	客滇述　97	韋菴經說　422
洨濱語錄　512	客牕偶談　363	韋鮑二生傳　348, 351
洋菊譜　364	客齋使令反　358, 469	韋蘇州集校正拾遺　226, 529
洋輔元堂賒棺局徵信錄　118	冠柳詞　533	眉珠盦憶語　323
洴澼百金方　213	冠儀約制　476, 487	眉菴詞　460
津門詩鈔　298	軍占　212	胥屏山館詩存　403
津門雜記　148	軍例　212	陝甘諸山考　141
恒山記　138	軍政　212	陝西考略　135
恒山蹟志　155	軍峰山小記　140	陝西地略　154
恒言錄　549	軍峰記　140	陝西通志　160
恒星說　369	軍陽山記　140	陝州志略　147
恒星曆指　231	軍臺道里表　136, 168	陞官圖　257
恒軒所見所藏吉金錄　179	軍器　212	除紅譜　455
恒氣注曆辨　231, 407, 411	軍禮司馬法攷徵　213	姚生傳　348, 350
恒產瑣言　364	軍藥　212	姚和都後秦記　452
恒嶽記　138	祛疑說　398, 403	姚信易注　29, 497, 503
恨塚銘　465	神山引曲　465	娀嬬封　568
宣和奉使高麗圖經　167, 382	神女傳　390, 400	飛來峰記　142
宣和書譜　397	神仙傳　375, 377, 390, 400	飛雲洞記（許元仲）　143
宣和畫譜　397	神州古史攷　522	飛雲洞記（彭而述）　143
宣政雜錄　349, 351	神州國光集　255	飛影閣畫冊　254

飛影閣畫報　254
飛影閣叢畫　254
飛燕外傳　375, 377, 390
飛燕遺事　391
飛龍傳　332
盈朒演代　452
盈書閣遺稿　547, 548
癸巳存稿　20, 26, 411
癸巳論語解　396
癸巳類稿　20, 26
癸丑詩存　577
癸酉消夏詩　420
癸辛雜識　353, 399
柔佛略述　151
紅毛番噗唭唎考略　168
紅尤軒紫泥法定本　357
紅豆村人詩稿　547
紅蕙山房吟稿　384
紅樓百美詩　463
紅樓葉戲譜　463
紅樓夢　330, 331
紅樓夢賦　282
紅線傳　354, 390, 400
約言　358, 469
約章成案匯覽　119
約喪禮經傳　365
級數回求　236
紀元通攷　117
紀元編　134, 413
紀文達公遺集　280
紀事本末彙刻　92
紀草堂十六宜　358, 469
紀效新書　212, 397
紀琉球入太學始末　360
紀遊小草　164
紀載彙編　97
紀錢牧齋遺事　97
紀聽松庵竹鑪始末　367

十畫

耕祿藁　353
泰山紀勝　137, 372, 374, 392, 400, 472
泰山脈絡紀　137
泰山道里記　138
泰西水法　214
泰西各國采風記　156
泰西城鎮記　152
泰軒易傳　434
泰階六符經　484, 495
秦子　484, 495
秦系詩　287
秦亭山民移居倡和詩　525
秦郡縣圖　171
秦記　450
秦書　450
秦雲擷英小譜　370, 454
秦蜀驛程後記　543
秦蜀驛程記　147
秦漢瓦當文字　184
秦韜玉詩集　290
珠玉詞　305
珞琭子三命消息賦注　408
珞琭子賦注　408
班馬字類　424
班馬異同　346
班蘭臺集　284
敖山記　141
素女方　395, 454
素女經　454
素文女子遺稿　547, 548
素書　194, 212, 376, 377
素問玄機原病式　215
素問病機氣宜保命集　215, 218
素問隋楊氏太素注本目錄　575

素問靈臺祕典論篇新解　575
素履子　193, 384
埔裏社紀略　149
捕蝗考　363
馬弔說　370
馬竹吾先生全集目錄　496
馬自然傳　348, 351
馬佳氏詩存　299
馬融易傳　29, 497, 503
馬融儀禮喪服經傳　497, 503
馬戲圖譜　438
振綺堂叢書　452
起起穀梁廢疾　574
起廢疾　423
捍海塘志　521
袁山松後漢書　79, 501, 507
袁子正書　482, 494
袁子正論　482, 494
袁天綱外傳　348, 350
袁太史稿　546, 547
袁氏世範　381, 402
袁氏傳　348, 350, 391
袁氏藝文志　186
袁忠憲集　288
袁海叟詩集　438
袁家三妹合稿　547, 548
袁督師計斬毛文龍始末　95
都門紀略　164
都門會館　165
都門雜記　165
都門雜詠　165
都城紀勝　518
都梁志　510
哲匠金桴　385
埃及紀略　152
埃及國記　152
埃及碑釋　453
耿湋詩集　290

華山志概　138
華山經　138, 357
華氏中藏經　394
華氏新論　482, 494
華夷考異　99
華谷詩鈔　419
華事夷言　156
華泉先生集選　543
華陽真逸詩　290
華陽陶隱居內傳　454
華陽陶隱居集　454
華陽國志　163, 375, 377, 384
華陽國志校勘記　557
華陽散稿　471
華影吹笙室詞　314
華嶠後漢書　79
華嶠後漢書注　501, 507
華嚴一乘十玄門　268
華嚴五十要問答　268
華嚴原人論合解　269
華簾詞　313
茞香詞　312
莆田林進孫遊陰府悔悟錄　262
恭迎大駕記　360, 362
荷戈紀程　136, 165
荻樓雜抄　464
莎車行紀　136
真西山先生集　371
真州風土記　146
真指玉鑰匙門法　63
真真曲　466
真率筆記　471
真率會約　356
真誥　399
真賞齋賦　441
真學易簡　403
真臘風土記　347, 350

真靈位業圖　355
莊子　195, 197
莊子人名考　563
莊子因　211
莊子注（王闓運）　571
莊子注（司馬彪）　474, 500, 507
莊子故　461
莊子南華真經　192, 195, 210, 346
莊子通　540
莊子雪　211
莊子集釋　211
莊子解（王夫之）　540
莊子解（吳峻）　368
莊子新解　575
莊子經說敘意　575
莊子鬳齋口義　209
莊子闕誤　195, 385
莊氏史案　96
莊氏易義　497, 503
莊周夢蝶　257
莊靖先生遺集　289
桂未谷說文段注鈔　453
桂苑珠叢　452, 481, 493
桂苑筆耕集　410
桂苑叢談　470
桂林諸山別記　142
桂枝香　568
桂枝湯講義　575
桂洲文集　288
桂海花木志　464
桂海果志　471
桂海虞衡志　347, 350, 355, 383
桂海蟲魚志　471
桂海雜志　471
桂陽石洞記　143

桂陽列賢傳　509
桂陽先賢傳　509
桂陽志　510
桂陽風俗記　147
桂陽記　510
桂陽圖經　510
桂鬱巖洞記　142, 369
郴州圖經　510
郴江志　510
郴東桂陽小記　147
桓令君集　511
桓階別傳　509
桓譚新論　469
栖香閣詞　312
桐城吳先生文集　568
桐城吳先生尺牘　568
桐城吳先生全書　568
桐城吳先生詩集　568
桐陰論畫　252
桐陰舊話　349, 351
桐窻囈說　403
桐階副墨　357
栝蒼金石志　177
桃花嶺諸山記　141
桃花源　568
格言僅錄　360, 363
格言聯璧　228, 462
格致餘論　215, 592
格致鏡原　344, 345
校刊史記集解索隱正義札記　82
校刊明道本韋氏解國語札記　98, 99
校正元聖武親征錄　100
校正孔氏大戴禮記補注　38, 511
校正古今人表　556
校正重刊官板宋朝文鑑　297

校正朝邑志 423	夏考信錄 513	晉中興書 450, 468
校正繪圖天雨花 319	夏侯子新論 482, 494	晉世譜 501, 508
校邠廬抗議 118	夏侯常侍集 284	晉史草 450
校邠廬襍箸 235	夏侯陽算經 233	晉史乘 356
校訂忠經集註 590	夏侯論語説 496	晉永安起居注 501, 508
校補玉海瑣記 337	夏時明堂陰陽經 551	晉永和起居注 502, 508
校經山房叢書 443	夏時説義 551	晉司隸校尉傅玄集 573
校禮堂文集 11, 15	夏峰先生集 513	晉地理志圖 171
校讎通義 412	夏節愍公集 289	晉百官名 502, 508
桮棬詞 307	夏閨晚景瑣説 466	晉成公子安集 285
根心堂學規 358	夏疆域圖 172	晉孝武帝起居注 502, 508
索笑詞 558	砥齋題跋 423	晉杜征南集 284
軒轅黃帝傳 393, 394	砲考 418	晉束廣微集 284
連山 474, 485	破邪論 365, 537	晉宋書故 80, 448, 552
連文釋義 360, 362	破鐵網 441	晉武帝起居注 501, 508
連雲閣較正監韻分章分節四書正文 50	原化記 470	晉官品令 501, 508
連筠簃叢書 411	原本玉篇 18	晉建武起居注 501, 508
酌中志 409	原本加批聊齋誌異 322	晉春秋 450
酌定廣州福州廈門寧波上海五口與英吉利國通商章程十五條咨送查核 119	原本直指算法統宗 242	晉荀公曾集 284
酌雅齋四書遵註合講 51	原本茶經 259	晉故事 502, 508
酌雅齋四書體註合講 50	原本海公大紅袍傳 333	晉要事 501, 508
酌增常例 128	原象 365, 548	晉咸和起居注 501, 508
夏小正分箋 24, 26, 458	原善 365, 548	晉咸康起居注 501, 508
夏小正正義 38, 555	原詩 366	晉紀（干寶） 450
夏小正攷注 387	烈女李三行 466	晉紀（陸機） 450
夏小正私箋 568	烈女傳 453	晉紀（曹嘉之） 450
夏小正通釋 38	烈皇小識 95, 96	晉紀（裴松） 450
夏小正異義 24, 26	殉烈記 523	晉紀（鄧粲） 450, 509
夏小正等例 551	致身錄 288	晉紀（劉謙之） 450
夏小正等例文句音義 551	致虛雜俎 471	晉紀輯本 450, 451
夏小正詁 363, 425	晉人麈 370	晉泰始笛律匡謬 455
夏小正補傳 57, 556	晉山陵故事 501, 508	晉書（王隱） 450
夏小正疏義 12, 16	晉王大令集 285	晉書（朱鳳） 450
夏小正箋 386	晉王右軍集 285	晉書（李世民） 74, 75, 77, 78, 83
夏小正戴氏傳 5	晉太元起居注 502, 508	晉書（沈約） 450
	晉太康三年地記 388, 450, 502, 508	晉書（虞預） 450
	晉太興起居注 501, 508	晉書（臧榮緒） 450

晉書（蕭子雲）450
晉書（謝靈運）450
晉書地理志新補正 388, 444, 448
晉書地理志證今 515
晉書地道記 450
晉書校正 226, 529
晉書校勘記（周家祿）80, 448
晉書校勘記（勞格）448
晉書補傳贊 546
晉書輯本 450, 451
晉孫廷尉集 285
晉陶靖節年譜 557
晉陶徵士年譜 111
晉康帝起居注 501, 508
晉張司空集 284
晉張孟陽集 285
晉張景陽集 285
晉陽秋（孫盛）450
晉陽秋（庾翼）468
晉陽秋輯本 450, 451
晉隆安起居注 502, 508
晉朝雜事 501, 508
晉義熙起居注 502, 508
晉摯太常集 284
晉劉越石集 285
晉諸公別傳 450, 451
晉錄 501, 508
晉藏小錄 137
晉齋詩存 299
逍遙集 381
逍遙詞 307
時務論 484, 495
畢氏天文 238
眠琴閣遺文 281
哺記 370
晁氏琴趣外篇 308, 310

晁具茨先生詩集 410
晏子春秋 194, 196, 198, 199, 388, 436, 552
晏子春秋校正 226, 529
蚍蜉傳 348, 350
蚓菴瑣語 373, 374, 471
哭庵丁戊詩集 577
哭庵碎語 578
哭廟紀略 96
哦月廎詩餘 313
恩恤諸公志略 95, 517
恩賜御書記 360, 362
豈止快錄 150
峽川志略 367
造各表簡法 243, 428
乘查筆記 555
乘除通變算寶 404
乘異記 391
乘槎筆記 152
租船詠史集 281
秭法 434
秭法表 434
秘書廿一種 355
秘書省續編到四庫闕書目 184, 573
秘授清寧丸方 395
秘傳花鏡 594
透簾細草 242, 384
笑林 484, 495
倩影廎遺詞 313
借根方勾股細草 236
借根方法淺說 234
借菴詩鈔 281
借閒隨筆 453
倚雲閣詞 313
脩史試筆 546
倭文瑞公遺書 282
倭寇始末 100

倭變事略 94
倪文正公年譜 414
倪文正集 288
倪文僖公集 527
俾路芝考略 151
俾路芝沿革考 153
倫理約編 574
倫敦竹枝詞 439
倫敦風土記 156
傲指南錄 95
傲體詩 540
健餘先生文集 513
健餘先生尺牘 513
健餘先生撫豫條教 513
健餘先生讀書筆記 513
健餘劄記 513
射慈喪服變除圖 497, 503
射慈禮記音義隱 497, 504
皋亭倡和集 524
皋蘭載筆 147
島夷誌略 445
烏拉乖政要 154
烏將軍記 348, 351
烏斯藏考 136
烏臺詩案 437
烏魯木齊雜記 136
師山先生文集 288
師友行輩議 360, 362
師友詩傳錄 473
師友詩傳續錄 473
師友談記 398, 417
師伏堂詠史 569
師伏堂詞 569
師伏堂詩草 569
師伏堂駢文 569
師伏堂叢書 569
師覺授孝子傳 473, 502, 508
徐子 482, 494

徐元歎先生殘槀 421	脈因證治 217	高上玉皇本行集經 260
徐氏三種 205	脈訣 215	高子遺書 288
徐文定公詩經傳稿 35	脈訣刊誤集解 216	高氏三宴詩集 460
徐州輿地考 146	脈訣指掌病式圖説 215	高氏塾鐸 356
徐念陽公集 288	脈望館書目 467	高平行記 136
徐郎小傳 464	脈義簡摩 217	高令公集 285, 511
徐星伯説文段注札記 453	脈經 215, 216, 407	高州集 577
徐都講詩 543	脈經考證 575	高坡異纂 471
徐偉長集 284	脈學四種 217	高東溪先生遺集 371
徐園秋花譜 363	脈學輯要評 575	高東溪集 288
徐詩 543	脈簡補義 217	高弧句股合表 232, 233
徐僕射集 285	留青日札 94	高弧細草 234
徐廣晉紀 501, 507	留耕堂詩集 514	高厚蒙求 232
徐樂書 483, 495	留真譜初編 190	高厚蒙求摘略 168
徐邈易音注 497, 503	留溪外傳 517	高郵王氏箸書 533
徐孃自述詩記 466	芻言 385	高家堰記 144
殷文珪詩集 290	芻蕘集 288	高常侍集 511
殷虛書契前編卷一 468	芻蕘奧論 412	高陽文集 289
殷虛書契前編卷二 468	訓士八則 419	高閒燕志 452
殷商貞卜文字考 184	訓子語 539	高僧傳 409
般若波羅密多心經註解 462	訓旨 131	高齋漫錄 349, 351, 408
般若波羅蜜多心經 260, 467	訓門人語 539	高麗水道考 150
殷鳥紀略 151	訓俗遺規 204	高麗形勢 149
航海述奇 152	訓蒙十二條 419	高麗風俗記 149
航海圖説 148	訓蒙條例 357	高麗國永樂好太王碑釋文纂攷 576
航澥遺聞 95	訓學齋規 402	高麗瑣記 149
庵園經説 462	訓纂篇 481, 493	高麗論略 149
奚囊蠹餘 526	記英俄二夷搆兵 133	亳州牡丹述 367
倉田通法 234	記某生爲人唆訟事 464	郭子 484, 495
倉頡解詁 54	記某生爲人雪冤事 466	郭子翼莊 384
倉頡篇 18, 54, 61, 62, 438, 498, 504	記栗主殺賊事 464	郭氏玄中記 502, 508, 573
倉頡篇補本 61	記海錯 553	郭弘農集 285
倉頡篇補本續 452	訒庵遺稿 533	郭孝童墓記略 523
倉頡篇續本 61	凌忠介公文集 288	郭知玄切韻 55
翁山文外 279	衰説考誤 534	郭家池記 155
胭脂牡丹 300	高力士外傳 322	郭景純集 287
胭脂紀事 370, 463	高力士傳 391	郭璞三倉解詁 498, 504
	高士傳 356, 375, 377, 436	

書名筆畫索引 | *661*

郭璞易洞林　500，507
郭璞倉頡解詁　498，504
席上腐談　392
庫倫記　136
庫葉附近諸島考　135
庫爾喀喇烏蘇沿革攷　153
准頒行詔書　125
病約三章　358，469
病逸漫記　94，347
病榻夢痕錄　549
病榻囈言　403
病榻遺言　94
病機賦　216
唐人五十家小集　290
唐人四集　287
唐人百家　354
唐人百家小說　353
唐人志墓諸例　424
唐人萬首絕句選　543
唐才子傳　434
唐大家柳柳州文鈔　286
唐大家韓文公文鈔　286
唐子　483，495
唐女郎魚玄機詩　290，454，
　　455，460
唐五代詞選　305
唐太宗李衛公問對　591
唐月令注　474
唐月令注跋　461
唐月令注續補遺　461
唐月令續攷　461
唐文拾遺　566
唐文粹　296
唐文粹詩選　543
唐石經攷異　13，16
唐石經校文　52
唐史論斷　385，397，412
唐司空文明詩集　290

唐地理志圖　172
唐年世總釋　103
唐折衝府考　458
唐折衝府考補　468
唐李推官披沙集　290
唐李鄴侯年譜　111
唐求詩集　290
唐宋八大家文鈔（茅坤）　286
唐宋八大家文鈔（張伯行）
　　372
唐宋小樂府　437
唐宋石經考　362
唐英歌詩　287
唐述山房目錄　367
唐兩京城坊攷　411，514
唐兩京城坊攷補記　440
唐尚書省郎官石柱題名考　426
唐尚顏詩集　290
唐明皇月令注解　502，509
唐固國語注　501，507
唐荊川先生文集　516
唐柳河東集　276
唐昭陵石蹟考略　415，438
唐風集　287
唐咺手記　348，350
唐書　74，76，77，78，79，84
唐書藝文志　185
唐陸宣公文集　371
唐陸宣公年譜（丁晏）　557
唐陸宣公年譜（楊希閔）　111
唐陸宣公奏議讀本　132
唐陸宣公集　275
唐國史補　397
唐皎然詩集　290
唐貫休詩集　290
唐棲志略藁　518
唐雅　296
唐開元小說六種　321

唐御史臺精舍題名考　426
唐虞考信錄　513
唐會要　113
唐詩三百首註釋　296
唐詩三百首續選　296
唐詩五言排律金針　297
唐詩別裁集引典備註　296
唐詩選　571
唐詩類苑　296
唐摭言　398，431
唐僧懷素自叙帖　594
唐語林　408
唐齊己詩集　290
唐賢三昧集　543
唐寫本說文解字木部箋異　57，
　　559
唐濮王泰等括地志　502，508
唐類函　340
唐靈一詩集　290
旅書　367
旂林記略　137
瓶水齋詩集　514
拳匪聞見錄　453
粉麵品　258
益古演段　241，382
益州于役記　147
益州名畫錄　385
益部方物略記　397
益雅堂叢書　435
益聞散錄　403
益齋亂藁　415
兼濟堂集　514
朔方備乘　165
朔食九服里差　235，428
烘堂詞　306
烟譜　364
剡源集　404
剡錄　426

浙江考略 135	海上見聞錄 97	海源閣藏書目 184
浙江地略 154	海上紀略 149	海語 167, 397
浙江諸水編 144	海山仙館叢書 409	海漚小譜 454
浙東紀略 97	海內十洲記 194, 355, 376, 378, 389, 390, 400, 470	海漚漁唱 459
浙東籌防錄 567		海樵子 193
浙省名勝景亭圖說 163	海內經附傳 570	海錄 152, 168, 411
浙省鐵路始末述略 580	海外群島記 151	海錄碎事 598
浙程備覽 438	海曲方域小志 146	海鷗小譜 370, 461, 463
浙遊日記 153	海防圖論 425	浴溫泉記 144
浙艚紀事 522	海防篇 148	浮山紀勝 142
浦陽人物記 382	海防餘論 156	浮海前記 149
浦鐸 570	海防總論 148	流芳亭記 522
涑水記聞 398, 436	海沂子 194	流沙訪古記 467
浯溪考 543	海東金石存攷 434	流香一覽 518
浯溪記 145	海東逸史 426	流通古書約 379, 440
酒社芻言 359, 369	海昌叢載 527	浣月山房詩集 560
酒政六則 358	海岱日記 418	浣月樓遺詩 281
酒律 356	海珊詩鈔 423	浣花拜石軒鏡銘集錄 180
酒約 358, 469	海島表 173	浣青詩餘 313
酒經 381	海島逸志 151, 168	浣紗詞 312
酒箴 356	海島逸志摘略 168	浪遊記快 146
酒邊集 308, 310	海島算經 233	悟語 369
酒邊詞(向子諲) 566, 567	海陵三仙傳 348, 351	悟蘭唫 455
酒邊詞(謝章鋌) 305	海域大觀 232	悔言 534
酒警 358	海帶政要 154	悔言辨正 534
酒顛 472	海野詞 306	悔菴學文 528
酒顛補 259, 410	海國勝遊草 555	悔過齋文集 557
涇川金石記 456	海國聞見錄 167, 365	悔過齋續集 557
涇西書屋詩稿 403	海國圖志 169	悅容編 370, 463
涇林續記 421	海寇記 364	宸垣識略 164
涇皋家塾三書 536	海隅從事錄 137	宸垣識餘 366
涇皋藏稿 536	海參崴埠通商論 137	家人子語 359, 361
涉史隨筆 378	海棠譜 466, 525	家政法 483, 494
涉洋管見 152, 548	海道編 148	家庭講話 205
消暑隨筆 403	海運全圖 173	家訓 356
消寒詩話 369	海塘說 149	家訓筆錄 385
浩然齋視聽抄 471	海槎餘錄 347	家祭禮 538
浩然齋雅談 437	海虞畫苑略 423	家語疏證 444

家塾座右銘 358	書畫所見錄 247	陸善經新字林 498, 505
家範 545	書畫題跋記 246	陸賈楚漢春秋 501, 507
家學樹坊 574	書畫鑑影 247, 558	陸賈新語校正 200
家禮 586	書傳補義 560	陸稼書先生文集 371
家禮帖式集成 40	書義主意 415	陸稼書先生松陽鈔存 371
容美紀遊 147	書經 2, 7, 31, 32	陸稼書先生問學錄 371
容菴遺文鈔 527	書經大統凡例 574	陸機要覽 469
容經學凡例 574	書經弘道編 574	陸機晉紀 451
容齋隨筆 224	書經地理今釋 363	陸機晉書 501, 507
朗州圖經 510	書經音訓 16	陸機惠帝起居注 451
袖中記 355, 470	書經旁訓 2	陸績易述 497, 503
袖中書 564	書經稗疏 540	陸績周易述 29
袖海編 150, 365	書蔡氏傳旁通 4	陸顗傳 348, 350
祥異記 470	書蔡氏傳輯錄纂註 4	陳子要言 483, 495
祥符茶陵圖經 510	書蔡傳附釋 445	陳比部遺集 420
祥符衡州圖經 510	書箋 258	陳孔璋集 284
冥音錄 464	書疑 4	陳州牡丹記 466
冥祥記 470	書說 552	陳克齋先生集 371
冥報錄 373, 374	書蕉 431	陳良駿選辛亥年通書便覽 239
書 32	書餘 557	
書小史 525	書學捷要 383	陳忠裕全集 289
書古文訓 4	書齋快事 358, 469	陳忠肅公墓錄 524
書古微 20, 27	書繹 416	陳忠簡公遺集 289
書本草 358	書篆言 4	陳定生先生遺書三種 515
書目提要 189	陸子 483, 495	陳思王集 284
書目答問 187	陸太常集 285	陳修撰集 288
書舟詞 305	陸氏周易述 17, 18	陳後主集 285
書序述聞 20, 25	陸氏草木鳥獸蟲魚疏疏 433	陳記室集 284
書事七則 364, 515	陸氏要覽 484, 495	陳書 74, 75, 77, 78
書法 354, 355	陸氏經典異文輯 424	陳清瀾先生學蔀通辯 371
書法約言 359, 361	陸文安公年譜 111	陳張散騎集 285
書品（庾肩吾） 376, 378	陸平原集 285	陳剩夫先生集 371
書品（楊慎） 386	陸希聲易傳 497, 503	陳學士文集 514
書品同函 536	陸忠烈公書 288	陳簹齋丈筆記 421
書葉氏女事 465	陸放翁先生年譜 549	陳疆域圖 172
書筏 366	陸桴亭思辨錄輯要 371	陳巖野先生集 289
書集傳或問 4	陸清河集 285	孫子 193, 212, 377, 483, 495, 591
書集傳纂疏 4	陸詞切韻 54	

孫子十家註　196, 197, 198
孫子算經　233, 379
孫夫人集　526
孫內翰北里志　349, 352
孫公談圃　353, 398, 472
孫氏成敗志　482, 494
孫氏周易集解　414
孫氏祠堂書目　433
孫氏唐韻考　406
孫花翁墓徵　523
孫吳司馬瀍　393, 394
孫夏峰先生年譜　513
孫夏峰遺書　513
孫高陽前後督師畧跋　95
孫盛晉陽秋　451, 501, 507
孫馮翌集　284
孫淵如先生年譜　441
孫淵如先生全集　280
孫愐切韻　55
孫愐唐韻　499, 505
孫愷陽先生殉城論　95
孫毓毛詩異同評　497, 503
陰宅鏡　245
陰常侍詩集　473
陰符經　195, 376, 377
陰符經註　544
陰陽書　484, 496
陰隲文頌　370
悤題上方二山紀游　138, 369
陶冶圖說　258
陶菴文集　289
陶菴集　445
陶庵夢憶　412
陶彭澤集　285, 286
陶淵明文集　274
陶詩真詮　561
陶閣史詩集　511
陶說　391

陶隱居集　285
陶齋吉金錄　179
陶齋吉金續錄　179
陶齋藏石記　183
陶齋藏甎記　183
娛萱草彈詞　319
娛親雅言　528
恕谷後集　513
通行章程　120
通志　112, 113
通志堂經解　3
通志堂經解目錄　414
通李　562
通肯河一帶開民屯議　154
通典　112, 113
通俄道里表　137
通俗文　54, 481, 493
通俗編　387
通書　590
通書後錄　590
通商出入款項確實情形考　580
通商各關沿海建置警船鐙各地方圖　581
通商各關警船鐙浮椿總册　169
通商表格　581
通商諸國記　152
通詁　387
通經表（洪亮吉）　551
通經表（畢沅）　430, 444
通疑　483, 494
通語　482, 494
通德堂經解　502, 509
通鑑地理通釋　337, 396
通鑑長編紀事本末　93
通鑑注辯正　549
通鑑紀事本末　92, 93

通鑑問疑　397
通鑑答問　337
通鑑評語　513
通鑑綱目　89
能改齋漫錄　408
務民義齋算學　235, 428
務寬言路　120
桑梓五防　538
純陽祖師說三世因果寶卷　320
納書楹曲譜　321
紙箋　258
邕州小集　460

十一畫

春陵志　510
春陵舊圖經　510
責備餘談　380
現果隨錄　373, 374
現前果報　262
理財節畧　580
理虛元鑑　432
理學宗傳　108
理學備考　401
理靈坡　568
琉球入太學始末　362
琉球向歸日本辨　150
琉球形勢畧　150
琉球朝貢考　150
琉球說畧　150
琉球實錄　150
琉璃誌　370
琅琊漫抄　347, 469
規銀兌換倫敦即期匯票極漲極落價目表　581
規銀壹兩合電匯金鎊及銀條近三年每月終分別價目表　581

捧月樓詞　547, 548
堵文忠公集　289
堆山先生前集鈔　517
堆垛求積術　235
推步迪蒙記　433
推步法解　239, 408
推易始末　392, 541
推背圖　246
埤雅　435
埤蒼　54, 481, 493
採茶錄　470
採硫日記　414
採輯歷朝詩話　286
採蘭雜志　470
教女遺規　204
教孝編　357
教坊記　349, 352, 464
教款捷要　272
教童子法　439
教經堂談藪　517
碧溪詩話　378
接喜詔儀注　119
探地記　152
探春曆記　355
探路日記　148, 151
探靈巖記　143
勘定回疆記　136
勘旅順記　154
聊齋文集　279
聊齋文稿　419
聊齋詩草　419
聊齋誌異評註　322
聊齋誌異新評　322
著書餘料　563
黃山史概　139, 363
黃山志略　165
黃山松石譜　359, 361
黃山紀遊（王灼）　139

黃山紀遊（黃肇敏）　139
黃山遊記　139
黃山領要錄　382
黃氏日抄古今紀要逸編　382
黃氏逸書考　496, 503
黃文節公年譜　111
黃石公　192
黃石齋先生集　289
黃皮山遊紀略　140
黃竹子傳　466
黃赤道距度表　231
黃孝子萬里紀程　379
黃青社先生伐檀集　276
黃忠端公集　288
黃河考　402
黃河說　143
黃河編　143
黃勉齋先生文集　371
黃庭經刪本　251
黃帝五書　393, 394
黃帝內經九卷集注敘　575
黃帝內經太素　217
黃帝內經太素診皮篇補證　575
黃帝內經太素篇目　575
黃帝內經明堂　217, 575
黃帝內經明堂敘　575
黃帝內經素問重校正敘　575
黃帝內經素問校義　420
黃帝內經素問遺篇　196, 197, 198, 215, 218
黃帝內經靈樞　196, 197, 198, 215, 218
黃帝宅經　436
黃帝金匱玉衡經　393, 394
黃帝素問宣明論方　215
黃帝針灸甲乙經　215
黃帝授三子玄女經　393, 394

黃帝龍首經　393, 394
黃書　540
黃崑圃先生年譜　514
黃梨洲先生年譜　537
黃梨洲遺書　536
黃婆洞記　143
黃道中西合圖　232
黃運河口古今圖說　173
黃熟香考　358
黃穎易注　497, 503
黃龍山記　141
黃嬭餘話　431, 473
黃鵠山記　141
菽園贅談節錄　466
菽園雜記　408
剳記　557
菊社約　358
菊軒樂府　311
菊逸山房天學　435
菊夢詞　572
菊說　367
菊潭集　441
菊譜（史正志）　465
菊譜（老迂天章氏）　419
菊譜（劉蒙）　465
菊籬詞　313
萃龍山記　142
萍洲可談　408
乾子　470
乾州小志　147, 365
乾初先生文鈔　527
乾坤大略　514
乾坤正氣集　287
乾清門奏對記　362
［乾隆］上海縣志　162
乾隆今古輿地圖　170
乾隆府廳州縣圖志　551
乾道茶陵圖經　510

乾道臨安志　415, 444, 518	桴亭先生遺書　537	鹵底叢譚　571
乾溪洞記　143	梓潼士女志　355	虛舟題跋　437
乾嘉詩壇點將錄　454	梓潼帝君說救劫章　261	虛舟題跋原　437
乾𦠅子　391	梓潼傳　564	虛字韻藪　65
菉友肊說　555	梡鞠錄　458, 459	虛谷閑抄　349, 352, 471
菉友蛾術編　555	救文格論　372, 373, 472, 539	虛齋格致傳補註　538
菉竹堂書目　186, 414	救劫寶訓　263	虛齋樂府　309, 310
菰中隨筆　410, 539	救荒全書　407	處分則例圖要　122
梵門綺語錄　464, 465	救荒良方　118	常平倉考　407
梵珠　563	救荒策　407	常平權法　538
梵語千字文　597	救時揭要　228	常州先哲遺書　515
梵語雜名　597	曹江孝女廟誌　163	常惺子游羅浮日記　247
梧溪集　384	曹唐詩　287	常惺惺齋書畫題跋　247
桯史　353, 391, 399	曹嘉之晉紀　451, 507	常德圖經　510
梅山詞　307	曹鄴詩集　290	常談　385
梅子新論　483, 494	曹憲文字指歸　498, 505	常璩蜀李書　452
梅妃傳　322, 390, 400	敕建淨慈寺志　521	晨風閣叢書　460
梅花喜神譜　383	敕修浙江通志　160	眼福編二集　568
梅村山水記　139	副墨近品　418	眼福編三集　568
梅村詠物詩鈔　287	區田圖說　458	眼福編初集　568
梅村詩話　438	戚參軍八音字義便覽　64	野老書　483, 494
梅谷偶筆　364	硃批諭旨　131	野客叢書　353
梅沖勾股淺述　402	瓠里子筆談　471	野馬臺　598
梅定九筆算　402	瓠落詞　440	野航史話　470
梅品　466	鮑園掌錄　431	野菜贊　364
梅叟閒評　553	鮑廬詩話　528	野蔌品　258
梅神吟館詩草　560	盛京考略　135	野鴻詩的　368
梅屋詩餘　307, 308, 310	盛京典制備考　116	問目　538
梅華園詩餘　312	盛京諸水編　143	問字堂集　11, 15, 280, 442
梅詞　307	盛京疆域考　457	問字樓詩　570
梅道人遺墨　432	零都行記　146	問奇室詩集　564
梅溪詞　305, 307	雪心賦正解　245	問經堂帖　251
梅澗詩話　469	雪莊西湖漁唱　521	問禮俗　477, 488
梅邊吹笛譜　415	雪堂行和尚拾遺錄　270	問蘇小小鄭孝女秋瑾松風和尚何以同葬於西泠橋試研究其命意所在　465
梅譜　466	雪堂墨品　357	
桴亭先生文集　538	雪履齋筆記　385	婁江條議　538
桴亭先生行狀行實　538	雪壓軒詞　313	
桴亭先生詩集　538	雪鴻再錄　146, 471	曼龕壺盧銘　432

書名筆畫索引 | 667

晦菴詞　307
晦庵先生朱文公文集　277
晦庵先生朱文公易説　3
晦庵先生所定古文孝經句解　5
晦庵先生校正周易繫辭精義　429
崦蒯道政要　154
冕服考　457
晚香居詞　313
晚香詞　312
晚書訂疑　20, 24, 456
晚學集　444
異字　481, 493
異字苑　55
異苑　398, 470
異域録　134, 137, 365
異魚圖贊　386
異魚圖贊補　386
異魚贊閏集　386
異聞實録　469
異聞總録　353
異語　467
異説後唐傳三集薛丁山征西樊
　梨花全傳　333
異端辯正　593
異譯三部經　595
略注喪服經傳　476, 488
蛇譜　370
鄂國金佗粹編　111
鄂羅斯傳　133
國史考異　421
國史經籍志　185, 412
國老談苑　398
國地異名録　134
國志蒙拾　456
國秀集選　543
國風省篇　541
國風報　583

國清耀冶禪師語録　271
國朝文苑傳　577
國朝文匯　297
國朝未梨遺書志略　438
國朝石經攷異　13, 16
國朝四庫全書辨正通俗文字　402
國朝先正事略　106
國朝孝子小傳　577
國朝宋學淵源記　414
國朝金陵叢刻　515
國朝院畫録　246
國朝貢舉考略　117
國朝詠物詩鈔　287
國朝詞綜　314
國朝經師經義目録　414
國朝漢學師承記　414
國朝畿輔詩傳　297
國朝駢體正宗　297
國朝學案目録　577
國朝謚法考　360, 362, 543
國朝麗體金膏　392, 400
國策地名考　414
國語　97, 98, 99
國語三君注輯存　98
國語正義　98
國語明道本攷異　98, 99
國語音　485, 492
國語校注本三種　98
國語國策　99
國語國策合注　99
國語章句　485, 492
國語補注　432, 550
國語補音　97, 98
國語補音札記　98
國語補校　24, 25, 446
國語發正　24, 26, 98
國語賈景伯注　564

國語解詁　485, 492
國語翼解　451
國學禮樂録　116
國學叢刊　468
國寶新編　347
國變難臣鈔　97
唾絨詞　314
啥敢覽館稿　420
崦廔詞　314
崑山郡志　438
崑山顧氏全集　539
崑崙　168
崑崙奴傳　348, 350
崑崙記　151
崑崙説　153
崔氏政論　483, 495
崔東壁遺書　513
崔舍人玉堂類稿　434
崔舍人西垣類稿　434
崔府君祠録　458, 459, 518
崔煒傳　348, 350
崔塗詩集　290
崔憬易探玄　497, 503
崔靈恩三禮義宗　497, 504
崇文門商税衙門現行税則　118
崇文書局彙刻書　435
崇文總目　186, 414, 424
崇睦山房詞　547, 548
崇義祠志　522
崇福寺志　519
崇禎五十宰相傳　445
崇禎內閣行略　445
崇禎甲申燕都紀變實録　97
崇禎長編　97
崇禎宮詞　365
崇禎朝記事　515
崇禎曆書　230
過江七事　96

過波蘭記 156	得一錄 129	鳳求鳳傳奇 315
過庭錄（宋翔鳳） 20, 25	得慶記 137	猛烏烏得記 155
過庭錄（范公偁） 352	從西紀略 136, 367	祭典 477, 488
過雲精舍詞 547, 548	從征安南記 150	許氏說文解字雙聲疊韻譜 424
過蜀峽記 155	從姑山記 140	許印林遺著 420
過墟志 97	從政遺規 204	許叔重淮南子注 564
過墟志感 465	從軍雜記 136	許彥周詩話 353
過關山記 140	從野堂存稿 288, 516	許慎淮南子注 501, 507
甜食品 258	船山遺書 540	許魯齋先生集 371
梨洲遺著彙刊 537	敘天齋學約 403	訪徐福墓記 156
符籙秘訣 263	敘古千文 412	訪蘇泉記 145
符讀書城南 209	斜川集 384	庶齋老學叢談 383
笠翁一家言全集 539	斜弧三邊求角補術 235	麻衣道者正易心法 396
笠翁文集 539	釣磯立談 379, 416	麻果切韻 55
笠翁別集 539	釵小志 463	麻灘驛 568
笠翁偶集 539	悉曇字記 597	庚度支集 285
笠翁傳奇十二種曲 315	彩雲曲並序 464	庚開府集 285, 286
笠翁詩集 539	貧卦 358	痎瘧論疏 216
笠翁餘集 539	脯鮓品 258	康熙字典 59, 60, 588
筍河文集 514	週天經緯圖考 170	康熙乾隆俄羅斯盟聘記 133
第一才子書 325	魚服記 348, 350	康輶紀行 137
第一生修梅花館詞九種 572	象山先生全集 277	庸吏庸言 129, 234
第一奇書 328	象山記 139	庸吏餘談 234
第一樓叢書 562	象州沸泉記 145	庸言 366, 373
第一樓叢書附考 427	象教皮編 399	庸庵文編 567, 568
第十一段錦詞話 369	象數論 445	庸盦全集 567, 568
第十才子書白圭志 332	逸周書 86, 444	鹿門宕嶽諸遊記 151
第九才子書平鬼傳 330	逸周書集訓校釋 24, 27	鹿門集 460
第五才子書水滸傳 324	逸周書管箋 85	鹿忠節公年譜 512
第六絃溪文鈔 424	逸周書雜志 24, 25	鹿忠節公集 288
偶書 360, 362	逸孟子 386, 496	鹿洲公案 546
偶然欲書 366	逸品繹函 536	鹿洲全集 546
偶齋詩草 283	逸亭易論 357	鹿洲初集 546
進賢說 359, 361	逸莊子 500, 507	鹿洲奏疏 546
進藏紀程 136, 364	逸經釋 570	鹿樵紀聞 97
停雲閣詩稿 298	逸爾雅 496	章孝標詩集 290
停驂隨筆 146	逸講箋 541	
假數測圓 235, 415	猗覺寮雜記 379, 466	章谷屯志畧 453

章華詞　307
章臺柳傳　354, 391, 400
章碣詩集　290
竟山樂錄　392, 401, 541
產育寶慶集　385
產育寶慶集方　216
產後編　411
產寶諸方　216
商子　194
商考信錄　513
商芸小說　469
商君　108
商君書　196, 197, 198
商周彝器釋銘　570
商洛行程記　147
旌孝錄　109
旌門錄　523
旌異記　391
旋宮合樂譜　40
望溪先生文外集　546
望溪集　546
剪桐載筆　544
敝帚齋餘談　528
敝帚齋餘談節錄　463
清文典要　68
清文指要　69
清文接字　69
清文備考　67
清文補彙　69
清文彙書　67
清平閣唱和詩　512
清白士集校補　456
清全齋讀春秋編　5, 43
清戒　358
清芬樓遺稾　517
清夜錄　347
清河風俗物產志　146
清河秘篋書畫表　422

清河書畫舫　247
清河集　441
清波三志　524
清波小志　365, 431, 519
清波小志補　365, 431, 519
清波別志　382
清波雜志　353, 382
清真大學　272
清真先生遺事　468
清真典禮闡義　272
清真性理闡義　272
清真紀錄闡義　272
清真原始闡義　272
清真集　307
清真闡義　271
清秘藏　422
清容居士集　404
清虛雜著　379
清閒供　370, 463
清尊錄　349, 351, 464
清閟閣全集　516
清暉閣藏帖　249
清頌堂叢書　403
清溪詩稿　298
清嘉錄　431
清聞齋詩存　428
清語摘鈔　69
清寤齋心賞編　544
清儀閣金石題識　438
渚宮舊事　395
淇泉摹古錄　361
淞南夢影錄　149
淑艾錄　368
混同天牌譜　369
涮啘存愚　545
淮水考　143
淮水說　143
淮水編　143

淮安北門城樓金天德年大鐘款
　識　556
淮城紀事　97
淮南子　193, 196, 197, 198,
　223
淮南子補校　447
淮南王萬畢術　500, 507
淮南天文訓補注　436
淮南許注異同詁　223
淮南許註鉤沈　576
淮南萬畢術　432, 474, 573
淮南鴻烈閒詁　223, 573
淮南鴻烈解　194, 223, 375,
　377
淮海詞　305
淮陽樂府　307
淮雲問答　422
淮雲問答輯存　538
涼州記　473
涼州異物志　473
涼記　450
淳化秘閣法帖考正　425
淳化秘閣法帖源流考　369
淳化閣帖　248
淳化閣帖跋　367
[淳祐]臨安志　519
[淳祐]臨安志輯逸　524
淳熙玉堂雜記　397
淳熙薦士錄　385
涪翁雜說　472
淡墨錄　387
深衣考　432
深衣考誤　10, 13
深衣釋例　21, 24, 550
深寧先生年譜　549
淥水亭雜識　365
涵芬樓古今文鈔　295
梁元帝集　285

梁氏三禮圖 484, 492	扈從紀程 135	張橫渠先生文集 370
梁武帝御製集 285	扈從賜遊記 135	張遵言傳 348, 351
梁京寺記 355	啓禎宮詞 369	張璠易集解 497, 503
梁昭明太子文集 516	視學 252	張璠周易集解 29
梁昭明太子集 274, 285	畫簾緒論 397, 402	張璠後漢紀 501, 507
梁書 74, 75, 77, 78, 83	尉繚子 194, 591	張璠漢紀 79
梁谿漫志 379, 515	屠先生評釋謀野集 278	張澔涼記 452
梁谿遺槀 516	張小山小令 316	張蠙詩集 290
梁簡文帝御製集 285	張子正蒙注 540	張籍詩 287
梁疆域圖 172	張子全書 534, 545	張霸尚書百兩篇 501, 507
淄硯錄 369	張子野詞 381	張靈崔瑩合傳 465
情史類略 324	張元箸先生事略 537	隋地理志圖 172
惜抱先生尺牘 280	張太常集 473	隋唐石刻拾遺 456
惜抱軒九經説 550	張水南文集 517	隋唐兵符圖錄 468
惜抱軒文集 550	張氏三禮圖 485, 492	隋書 74, 75, 77, 78, 79, 84
惜抱軒全集 550	張氏可書 385, 408	隋書經籍志 185
惜抱軒法帖題跋 550	張氏卮言 367	隋巢子 483, 495
惜抱軒筆記 550	張氏易注 497, 503	隋煬帝集 285
惜抱軒詩集 550	張文節公遺集 420	隋經籍志考證 436
惜香樂府 305	張文僖集 288	將就園記 359, 361
悼亡詞 466	張文襄幕府紀聞 103	陽山新錄 347
惕庵石譜 357	張丘建算經 233, 380	陽休之韻略 499, 505
惟實集 288	張令傳 348, 351	陽宅鏡 245
寄生山館詩賸 438	張司空集 287	陽宅闢謬 417, 428
寄傲山房塾課新增幼學故事瓊林 208	張司業樂府集 290	陽明先生文錄 277
	張河間集 284	陽春白雪 306, 414
寄蝸殘贅 229	張南軒先生文集 371	陽春集（米友仁） 383
寂園説印 570	張家口至烏里雅蘇台竹枝詞 458, 459	陽春集（馮延巳） 307
寂園叢書 570		陽羨名陶錄 366
啟品有函 536	張陽和文選 371	陽羨茗壺系 357, 515
啟蒙要略 272	張揖古今字詁 498, 504	隆平紀事 368
啟蒙記 481, 493	張揖埤倉 498, 504	隆武紀年 537
啟禎兩朝剝復錄 95	張無頗傳 348, 350	隆武遺事 97
啟禎宮詞 463, 464	張楊園先生年譜 539	婦人集 110, 365, 410, 463
啟禎記聞錄 97	張楊園先生全集 538	婦人集注 533
扈從西巡日錄 135, 363, 372, 373	張詮南燕書 452	婦人集補 463, 533
	張廉卿先生文集 283	婦人鞋襪考 356, 463
扈從東巡日錄 135	張閬學文集 289	婦女贊成禁止娶妾律之大會議

465
婦德四箴　358
婦學　366, 463
習齋記餘　513
習鑿齒漢晉春秋　451, 501, 507
參同契　376, 377
參同契註　544
參寥集　527
貫月查　465
貫虱心傳　363
鄉約（尹畊）　512
鄉約（呂大鈞）　536
鄉程日記　146
鄉欽詩樂譜　40
鄉黨正義　23, 26
鄉黨要典便覽　47
鄉黨圖考　10, 14, 45
終軍書　482, 494
絃切對數表　244
紹武爭立紀　537
紹熙長沙志　510
紹興先正遺書　528
巢氏諸病源候總論　217
巢民文集　532
巢民詩集　532
巢經巢經說　20, 26

十二畫

貳臣傳　92
絜齋毛詩經筵講義　416
琹臺夢語　577
琵琶行　598
琵琶錄　464
琴好樓小製　298
琴志樓游山詩集　577
琴志樓編年詩錄　577
琴志樓叢鈔本　577
琴況　364
琴書　477, 488
琴清英　477, 488
琴清閣詞　312
琴箋　258
琴趣外篇　306, 312
琴操　393, 394, 395, 426
琴歷　477, 488
琴學八則　357
琴聲十六法　356
琴譜序　464
珊玉集　429
瑯琊漫抄　94
瑯嬛記　398
塔爾巴哈臺沿革考　153
馭交紀　415
項斯詩集　290
越三子集　420
越中金石記　178
越史略　157, 407
越南山川略　150
越南世系沿革略　150
越南考略　150
越南地輿圖說　150
越南志　150
越南遊記　150
越南道路略　150
越南疆域考　150
越問　356
越絕書　375, 377
越語肯綮錄　542
揚子法言　192, 193, 195, 197, 198, 200
揚州十日記　95, 96
揚州水利論　144
揚州竹枝詞　316
揚州名勝錄　146
揚州足徵錄　417
揚州鼓吹詞序　372, 373, 392, 401
揚州夢記　354, 391
揚州變略　97
揚侍郎集　284
揚清祠志　519
揚雄太玄經校正　529
揚雄訓纂篇考　576
揚雄蒼頡訓纂　498, 504
博子墩遊記　156
博物志　195, 352, 355, 376, 378
博物要覽　387
博物記　483, 495
博約齋經說　28
博異志　390, 400
博異記　356, 378
博雅音　511
揭文安公文粹　412
揭曼碩詩　410
彭仁羿先生上太僕公書　418
彭文憲公筆記　94, 347
揣籥小錄　234
揣籥續錄　234
插花窗詩草　282
搜玉集選　543
搜采異聞錄　352
搜神後記　195, 230, 376, 378, 391, 398, 470
搜神秘覽　391
搜神記　195, 229, 352, 376, 378, 390, 398, 400, 470
達齋春秋論　562
達齋書說　562
達齋詩說　562
達齋叢說　20, 27, 562
報謁例言　358
揮塵錄　399

壹是紀始　346	葛中翰集　289	朝鮮雜述　150
壺東漫録　563	葛氏喪服變除　476, 487	朝鮮疆域紀略　149
握奇經註　544	葛剌巴傳　151	喪服世行要記　484, 492
握奇經續圖　376, 377	葛壇遊記　142	喪服古今集記　476, 488
揆日正方圖表　232	董子　482, 494	喪服私論　563
某訣　525	董子文集　511	喪服或問　356
某經　408	董子春秋繁露　195, 196, 198	喪服要記注　476, 487
甚原詩説　532	董方立算書　235	喪服要集　476, 487
葉氏菉竹堂碑目　414	董心葵事記　97	喪服會通説　21, 27
葉兒樂府　316	董仲舒公羊治獄　500, 506	喪服經傳王氏注　476, 487
散花菴詞　305	董遇易章句　29, 497, 503	喪服經傳馬氏注　476, 487
葬經内篇　436	董勛問禮俗　502, 509	喪服經傳袁氏注　476, 487
葬經翼　397	董膠西集　284	喪服經傳陳氏注　476, 487
葬親社約　539	葆化録　470	喪服翼注　366
葬禮　476, 487	敬吾心室彝器款識　180	喪服難問　476, 488
募建吉雲寺佛殿及寳塔各工啟　163	敬齋古今黈　410, 512	喪服釋疑　476, 487
募建黄婆祠捐疏　271	敬齋先生古今黈　441	喪服變除　8, 502, 509
萬古愁曲　454	敬竈全書　271	喪服變除圖　476, 487
萬年中星更録三垣恒星圖説各省北極高度偏度表　237	落帆樓文遺稿　457	喪葬雜録　539
萬年書　239	落花詩　540	喪禮吾説篇　541
萬年曆備考　40	落落齋遺集　288, 516	喪禮或問　545
萬全玉匣記　246	落颿樓文稿　411	喪禮經傳約　21, 26, 420
萬充宗先生經學五書　8	朝俄交界考　156	喪禮雜説常禮雜説　356
萬里緣傳奇　419	朝野僉載　349, 351, 354, 511	葵青居詩録　421
萬邑西南山石刻記　571	朝野遺記　349, 351	葯房心語　366
萬卷書屋詩存　421	朝野類要　381, 417	植物名實圖考　259
萬卷堂書目　184, 186, 453, 467	朝廟宮室考竝圖　21, 24	焚椒録　463
萬柳溪邊舊話　380, 515	朝鮮八道紀要　149	棲霞小志　440
萬國地理全圖集　157	朝鮮小記　149	棲霞山遊記　142
萬國風俗考略　157	朝鮮考略　149	棲霞山攬勝記　138
萬象一原　453	朝鮮近世史　103	棲霞長春子丘神仙磻溪集詞　309, 311
萬善花室文稿　439, 514	朝鮮風土記　149	棉陽學準　546
萬善花室詞　440	朝鮮風土略述　149	極玄集選　543
［萬曆］錢塘縣志　522	朝鮮風俗記　149	惠子　483, 495
萬應犯書　271	朝鮮紀事　467	惠氏讀説文記　54
	朝鮮會通條例　149	惠帝起居注　450, 501, 507
	朝鮮諸水編　150	棗花莊録稿　279
	朝鮮輿地説　149	

書名筆畫索引 | 673

棗林雜俎　228
皕宋樓藏書志　188, 565
硯史　398
硯林　359, 361
硯林印款　298
硯林拾遺　467
硯林集拾遺　298
硯林詩集　298, 299
确山駢體文　430
厤學補論　411
雁山便覽記　141
雁山雜記　140, 356
殘唐五代史演義傳　324
雄拳拆法　213
雄樹堂集　570
雲山洞紀遊　155
雲中紀程　147, 415
雲左山房詩鈔　300
雲仙散錄　459
雲仙雜記　390, 431
雲自在龕叢書　439
雲杜故事　531
雲谷雜記　410
雲林石譜　384, 398
雲林遺事　347
雲岫山遊記　140
雲南三江水道考　144
雲南山川志　386
雲南考略　135
雲南地略　154
雲南風土記　148
雲南勘界籌邊記　153
雲南諸水編　144
雲泉詩稿　525
雲起軒詞鈔　459
雲棲大師山房雜錄　264
雲棲大師塔銘　264
雲棲大師遺稿　264

雲棲共住規約　264
雲棲法彙　263
雲棲紀事　264, 519
雲間志　438
雲溪友議　352, 390, 400
雲臺山記　139
雲漢升沈山河兩戒圖　538
雲蕉館紀談　470
雲齋廣錄　392
雲麓漫抄　353
雯窗瘦影詞　313
雅州道中小記　147
雅克薩考　135
雅雨山人出塞集　374
雅雨堂文集　374
雅雨堂詩集　374
雅雨堂叢書　374
雅謔　472
紫桃軒雜綴　528
紫琅遊記　139
紫陽庵集　520
紫巖居士易傳　3
棠陰比事　589
棠湖詩稿　428
最近官場祕密史　334
骰經筆記　442
晰獄龜鑑　391
量法代算　244
貯香小品　473
貯素廎詞　312
睎海樓詩　570
鼎錄　355, 376, 378, 390
鼎雕趙狀元四書課兒提醒約解　48
鼎鍥京本大全音註古文真鐸　293
嗒史　364
開天傳信記　398

開元文字音義　498, 505
開元釋教錄　270
開方　236
開方之分還原術　457
開方用表簡術　433
開方別術　244
開方表　244
開方通釋　434
開方説　234
開方釋例　243
開有益齋經説　20, 27
開有益齋讀書志　188
開成石經圖攷　440
開金沙江議　144
開卷偶得　555
開國平吳事畧　95
開國龍興記　135
開禧德安守城錄　531
開闢傳疑　554
閑閑老人滏水文集　289, 512
閑窗括異志　352
閑齋琴趣外篇　308, 310
閒中今古錄　94, 469
閒者軒帖考　379
閒居錄　398, 526
閒情十二憮　370, 462
閒餘筆話　359, 369, 463
閔家三訂正韻監本分章節明句讀詩經正文　33
遇變紀畧　95
景子　482, 493
景文宋公集　435
景刊宋金元明本詞　307, 309
景刊宋金元明本詞五十種　309
景刊宋金元明本詞補編三種　311
景仰撮書　347, 515

景汲古閣鈔宋金詞七種 311	無事為福齋隨筆 421	備遺錄 94, 349, 352
景宋金元明本詞敘錄 308, 309	無益有益齋論畫詩 458, 459	傅子 193, 377, 573
景宋殘本五代平話 322	無能子 192, 195	傅中丞集 285
景岳新方砭 432	無欺錄 532	傅忠肅集 288
景教三威蒙度讚 467	無量義經 596	傅暢晉公卿禮秩 502, 508
景德鎮陶錄 258	無量壽經疏 264	傅暢晉諸公讚 502, 508
貴耳集 398	無聲詩史 108, 422	傅鶉觚集 284
貴州考略 135	無類生詩選 527	牌譜 359
貴州地略 154	餅花譜 470	貸園叢書初集 389
貴州道中記 148	智利政要 154	順天地略 154
貴陽官文書偶存 300	嵇中散集 284, 287	順宗實錄 409
單刀法選 213	程子香文鈔 430	順風相送 167
喻嵒詩集 290	程氏文集 531, 532	順寧雜著 148
喻歸西河記 452	程氏外書 531	集千字文詩 563
喀什噶爾略論 136	程氏考古編 384	集千家註杜工部詩集 275
喀納塔政要 153	程氏家塾讀書分年日程 371	集世說詩 366
喀爾喀地略 154	程氏遺書 531	集古梅花詩 526
喀爾喀風土記 136	程尚書禹貢論 4	集古錄 403
嵯峨山記 141	程侍郎遺集初編 414	集古錄目 174, 182, 439
黑水考 144	程巽隱先生文集 288	集古錄跋尾 174
黑水洋考 148	程墨前選 544	集事詩鑒 381
黑心符 391, 464	黎雲樹詞 313	集注毛詩 476, 487
黑美人別傳 464	喬復生王再來二姬合傳 466	集注喪服經傳 476, 487, 488
黑蝶齋詞 528	喬夢符小令 316	集注爾雅 480, 491
黑龍江水道編 143	等韻指掌圖 63	集美人名詩 532
黑龍江外記 135, 154, 157, 160, 451	策算 233, 548	集陶詩 403
	策學纂要 345	集陶詩注 403
黑龍江地略 154	答三辨文 542	集虛草堂叢書甲集 461
黑龍江述略 153, 438	答臨孝存周禮難 502, 509, 569	集異記 356
黑鹽風土記 152	答臨孝存周禮難疏證 28	集解孝經 478, 490
圍棋闖局 314	答臨碩難禮 8	集韓 578
圍棋近譜 257	箏船詞 547, 548	集韻考正 64, 530
圍爐瑣憶 566, 567	筆夢敘 463	集靈記 470
無上黃籙大齋立成儀 259	筆經 470	焦山古鼎考 360, 362
無邪堂答問 447	筆箋 258	焦山紀遊集 413
無名氏詩集 290	筆算 236	焦氏易林 194, 375, 376
無住詞 306	備忘錄 538	焦氏易林校略 556
		焦氏筆乘 412

焦氏遺書 553
焦氏叢書 553
焦氏類林 415
焦里堂先生軼文 458
皖江汪氏文存 418
裒家晉史 501, 507
粵中偶記 95
粵西偶記 147, 372, 373, 392
粵西詞見 572
粵西瑣記 147, 364
粵西種人圖說 155
粵行三志 543
粵行紀事 382
粵江諸水編 144
粵述 147, 372, 373, 392
粵東市舶論 155
粵東皇華集 387
粵東筆記 164
粵風 387
粵匪南北滋擾紀略 102
粵雅堂叢書 411
粵遊小志 149
粵遊錄 149
粵游見聞 96
粵滇雜記 148
粵歌 387
粵謳 316
粵囊 149
遁甲開山圖 401, 500, 506
御批資治通鑑綱目 90
御批資治通鑑綱目全書 90
御批資治通鑑綱目前編 90
御批資治通鑑綱目前編外紀 90
御批歷代通鑑輯覽 91
御批續資治通鑑綱目 90
御注孝經 44, 429
御注孝經疏 479, 490

御定七政四餘萬年書 239
御定易經通注 531
御定駢字類編 345
御定歷代賦彙 294
御案七經要說 401
御註孝經 44
御製三禮義疏 6
御製文初集 280
御製文第四集 279
御製文集 279
御製四體清文鑑 68
御製律呂正義 232
御製律曆淵源 231
御製耕織圖 214, 591
御製欽若曆書 238
御製滿珠蒙古漢字三合切音清文鑑 68
御製漁樵二十詠 280
御製增訂清文鑑 68
御製數理精蘊 232
御製曆象考成 232
御製繙譯四書 51
御製繙譯書經 31
御製繙譯詩經 33
御製勸善要言 203
御撰資治通鑑綱目三編 90
御選唐宋文醇 294
御選唐宋詩醇 294
御選唐詩 296
御錄經海一滴 269
御題棉花圖詩 419
御纂七經 6
御纂周易折中 6, 31
御纂周易述義 6
御纂性理精義 202
御纂詩義折中 35
御覽引晉紀 502, 508
御覽西方要紀 403

御覽孤山志 518
御覽書苑菁華 422
御覽詩集選 543
御覽闕史 378, 390, 400, 436
復小齋賦話 528
復社紀事 94, 364
復堂類集 427
復園紅板橋詩 520
復辟錄 349, 352, 396
復齋易說 3
舒蓺室尺牘偶存 558
舒蓺室詩存 558
舒蓺室詩續存 558
舒蓺室隨筆 558
舒蓺室雜存 558
舒蓺室雜箸 558
鈍吟書要 367
鈍硯卮言 227
鈐山堂書畫記 94, 381
欽定三禮義疏 7
欽定大清會典 115
欽定天祿琳琅書目 187
欽定元史語解 74, 76
欽定日下舊聞考 164
欽定六部處分則例 122
欽定戶部則例 121
欽定古今圖書集成 342
欽定古今圖書集成考證 342
欽定本朝四書文 302
欽定四庫全書總目 187
欽定四庫全書簡明目錄 186
欽定四書文 302
欽定吏部文選司則例 122
欽定吏部四司則例 122
欽定吏部考功司則例 122
欽定吏部稽勳司則例 122
欽定吏部驗封司則例 122
欽定全唐文 297

欽定協紀辨方書 246	飲淥軒隨筆 517	詞林正韻 307, 432
欽定金史語解 74, 76	飲露詞 313	詞林韻釋 306, 414, 459
欽定周官義疏 6, 7	脾胃論 215	詞品 386
欽定春秋傳說彙纂 6, 7, 43	勝朝彤史拾遺記 464, 542	詞評 423
欽定皇輿西域圖志 161	勝朝遺事 93	詞話 387
欽定書經傳說彙纂 6, 32	勝飲編 414	詞源 305, 306, 409, 413
欽定書經圖說 33	勝蓮社約 521	詞源斠律 576
欽定國子監則例 117	猩猩灘記 145	詞綜 314
欽定康濟錄 589	猥談 471	詞餘叢話 568
欽定蒙文彙書 70	猶見篇 356	詞選 305
欽定詩經傳說彙纂 6, 35	觚不觚錄 94, 472	詞選七種 305
欽定勦平粵匪方略 522	觚賸 373, 374, 471	詞學叢書 306
欽定滿洲源流考 164	然脂百一編六種 471	詞館試律清華集 303
欽定遼史語解 74, 76	然脂集例 360, 362	詒晉齋巾箱帖 251
欽定遼金元史語解 68	然犀志 387	詒晉齋采珍帖 251
欽定儀象考成續編 238	然燈記聞 438, 472	詒晉齋集 422
欽定儀禮義疏 6, 7	貿易通志 157	馮曲陽集 284
欽定歷代職官表 128, 449	鄒子 483, 484, 495, 496	馮燕傳 354, 390, 400, 465
欽定學堂章程 117	鄒陽書 483, 495	就日錄 349, 351
欽定錢錄 180	詁幼 485, 492	敦艮吉齋文鈔 461
欽定禮記義疏 6, 7, 37	詁經精舍自課文 562	敦艮吉齋詩存 461
欽定續三通目錄 116	評乙古文 513	敦好堂論印 255, 256
欽定續文獻通考 113	評衷 562	敦煌石室遺書 466
欽定續通志 113	評註史載之方 217	廋詞 359, 369
欽定續通典 113	評註東萊博議 586	斌椿三種 555
鈕非石遺文 420	評點馬氏醫案印機草 217	痛史 96
番社采風圖考 149, 366	評點葉案存真類編 217	童山自記 387
番社采風圖考摘略 168	診骨篇補證 575	童山詩集 387
番禺陳氏東塾叢書 559	診家直訣 217	童山選集 387
番境補遺 149	診家樞要 217	童蒙須知 536
禽經 376, 378, 470	診筋篇補證 575	童溪王先生易傳 3
舜典補亡 541	註釋評點古今名將傳 107	遊七星巖記 143
創世傳 125	詠史 402	遊九仙記 141
飯有十二合說 360, 362	詠物二十一首 563	遊九華山記 139
飲中八仙令 358	詠物十詞 367	遊九華記(施閏章) 139
飲水詞鈔 547, 548	詠物詩 526	遊九華記(懷應聘) 139
飲水詩集 412	詞旨 305, 306	遊三遊洞記 142
飲冰室文集類編 598	詞苑叢談 410	遊三龍潭記 145

遊大小玲瓏山記　140
遊大伾山記　155
遊大明湖記　145
遊大孤山記　140
遊大雲山記　141
遊小盤谷記　142
遊山南記　156
遊千頂山記　138
遊天王山記　151
遊天井峰記　143
遊天平山記　141
遊天目山記　140
遊天台山記（洪亮吉）　140
遊天台山記（潘耒）　140
遊天台山記（□□）　155
遊天窗巖記　142
遊五姓湖記　145
遊五蓮記　141
遊支硎中峰記　142
遊太行山記　155
遊太室記　138
遊太華寺記　146
遊少林寺記　146
遊日光山記　151
遊中岳記　153
遊中嶽記　138
遊水尾巖記　142
遊牛頭山記　141
遊牛頭隝記　142
遊丹霞記　142
遊丹霞巖九龍洞記　143
遊方山記　141
遊心安樂道　596
遊玉甑峰記　142
遊玉簾泉記　145
遊石山記　151
遊石公山記　139
遊石門記　141

遊石柱山記　139
遊石崆庵記　146
遊石鐘山記　140
遊平波臺記　145
遊北固山記（阮宗瑗）　139
遊北固山記（周鎬）　139
遊北岳記　153
遊仙居諸山記　140
遊仙都峰記　142
遊仙巖記　142
遊白雲山記（陸萊）　142
遊白雲山記（陳夢照）　142
遊白龍洞記　143
遊白鵑山記　140
遊白鶴峰記　142
遊瓜步山記　138
遊包山記　139
遊永州三巖記　143
遊永州近治山水記　141
遊西山記（李宗昉）　138
遊西山記（吳錫麒）　138
遊西山記（常安）　138
遊西山記（彭績）　138
遊西山記（懷應聘）　138
遊西洞庭記　138
遊西陽山記　140
遊百門泉記　145
遊伏波巖記　143
遊仰天記　141
遊江上諸山記　139
遊江南傳　333
遊扶桑本牧記　156
遊赤壁記　142
遊吳山記　138
遊吼山記（李宗昉）　140
遊吼山記（吳高增）　140
遊吼山記（□□）　155
遊岠崛院諸山記　141

遊佛峪龍洞記　143
遊武夷山記（洪亮吉）　141
遊武夷山記（袁枚）　141
遊青山記　140
遊青原山記　140
遊卦山記　141
遊英京記　152
遊林慮山記　141
遊林慮記　153
遊松連高雄二山記　151
遊兩尖山記　140
遊雨花臺記　145
遊虎山橋記　145
遊虎邱記　138
遊明聖湖日記　519
遊徂徠記　141
遊金牛山記　141
遊金華洞記　142
遊金陵城南諸剎記　146
遊金粟泉記　145
遊金焦北固山記　139
遊周橋記　145
遊京口南山記　139
遊孤山記（邵長蘅）　140
遊孤山記（韓夢周）　155
遊姑蘇臺記　145
遊珍珠泉記　145
遊荊山記　155
遊茶山記　138
遊南池記　145
遊南雁蕩記　141
遊南湖記　145
遊南嶽記（金之俊）　138
遊南嶽記（潘耒）　138
遊南嶽記（羅澤南）　138
遊柯山記　140
遊保津川記　151
遊後湖記　145

遊風穴山記　155
遊洞庭西山記（金之俊）　138
遊洞庭西山記（繆彤）　138
遊洞庭兩山記　139
遊軍山記　139
遊泰山記　138
遊秦偶記　147
遊秦園記　145
遊馬鞍山記　139
遊馬駕山記　138
遊桂林諸山記　142
遊桐柏山記　141
遊桃源山記　141
遊連雲山記　141
遊晉祠記　146
遊趵突泉記　145
遊峽山寺記　146
遊峨眉山記　142
遊高麗王城記　150
遊唐王山記　141
遊浯溪記　145
遊消夏灣記　145
遊海嶽庵記　146
遊浮山記（李兆洛）　139
遊浮山記（何永紹）　139
遊浮山記（□□）　155
遊陳山記　140
遊通天巖記　142
遊黃山記（袁枚）　139
遊黃山記（黃鉞）　139
遊黃山記（曹文埴）　139
遊黃公澗記　145
遊黃紅峪記　143
遊黃龍山記　141
遊乾陽洞紀略　143
遊梅田洞記　142
遊釣臺記　145
遊象山麓記　139

遊麻姑山記　140
遊章山記　142
遊清涼山記　138
遊凌雲記　142
遊婆羅洲記　151
遊張公洞記（吳騫）　142
遊張公洞記（邵長蘅）　142
遊細林山記　139
遊越南記　156
遊喜雨亭記　145
遊萬柳池記　145
遊敬亭山記（王慶麟）　139
遊敬亭山記（李確）　139
遊惠州西湖記　145
遊硤石兩山記　140
遊雁蕩山記（周清原）　140
遊雁蕩山記（潘耒）　140
遊雁蕩日記　140
遊雁蕩記　140
遊雲臺山北記　139
遊雲臺山記　139
遊雲龍山記　139
遊雲巖記　142
遊嵐峽記　151
遊智門寺記　146
遊程符山記　141
遊焦山記（吳錫麒）　139
遊焦山記（冷士嵋）　139
遊焦山記（黃金臺）　139
遊焦山記（湯金釗）　139
遊焦山記（劉體仁）　139
遊焦山記（謝振定）　139
遊焦山記（顧宗泰）　139
遊善卷洞記　142
遊普陀峰記　142
遊道場白雀諸山記　140
遊勞山記　153
遊湖心寺記　146

遊寒山記　138
遊媚筆泉記　145
遊鼓山記（朱仕琇）　141
遊鼓山記（洪若皋）　141
遊鼓山記（徐釚）　141
遊鼓山記（潘耒）　141
遊蒜山記　139
遊幕府山泛舟江口記　138
遊蒙山記　141
遊楊歷巖記　143
遊虞山記（尤侗）　139
遊虞山記（沈德潛）　139
遊虞山記（黃金臺）　139
遊蜀山記　139
遊蜀日記　147
遊蜀後記　147
遊愛蓮亭記　145
遊獅子林記　145
遊煙霞洞記　143
遊滄浪亭記　145
遊福山記　140
遊靜谷衝記　143
遊碧落洞記　143
遊碧巖記　142
遊銅瓦寺記　146
遊漁洋山記　139
遊滴水巖記　142
遊寧古塔記　135
遊翠微山記（尹耕雲）　155
遊翠微山記（馮志沂）　138
遊翠微峰記　140
遊綿溪記　151
遊橫山記　139
遊橫雲山記　139
遊盤山記（高士奇）　138
遊盤山記（常安）　138
遊劍門記　142
遊潮水巖記　143

遊潭柘寺記 145	遊羅浮記 142	道山清話 398, 472
遊燕子洞記 143	遊羅漢巖記 142	道光丙戌江蘇漕運由海至津紀事 251
遊燕子磯沿山諸洞記 142	遊廬山天池記 140	
遊歷山記 141	遊廬山後記 140	道光叁拾年歲次庚戌陸月鼓旦給付集福延齡信女王門汪氏法名真泰執照斗香經功賑目 271
遊歷西班牙聞見錄 156	遊廬山記（洪亮吉） 140	
遊歷西藏紀 155	遊廬山記（袁枚） 140	
遊歷芻言 151	遊廬山記（惲敬） 140	
遊歷葡萄牙聞見錄 156	遊廬山記（潘耒） 140	
遊歷筆記 152	遊瀨鄉記 145	道州風俗記 510
遊歷瑞典那威聞見錄 156	遊懷玉山記 140	道州圖經 510
遊歷意大利聞見錄 156	遊韜光庵記 155	道命錄 384
遊歷聞見拾遺 156	遊寶華山記 138	道南源委 371
遊歷聞見總錄 156	遊寶藏寺記 145	道南講授 545
遊鴛鴦湖記 145	遊攝山記 138	道旁散人集 461
遊龍山記 141	遊鐵城記 143	道場山遊記 140
遊龍池山記（吳騫） 139	遊爛柯山記 142	道統錄 371
遊龍池山記（陳經） 139	遊鑪山記 140	道園遺稿樂府 309, 311
遊龍門記 141	遊觀音門譙樓記 145	道德指歸論 399
遊龍泉記 145	遊鹽原記 156	道德真經註 195, 210, 413
遊龍亭記 145	遊靈山記 139	道德經 209
遊龍洞山記 141	遊靈巖山記 138	道德經評註 192, 377
遊龍巖記 143	遊靈巖記（尤侗） 138	道藏 259
遊禪窟寺記 146	遊靈巖記（姚鼐） 143	遂初堂書目 409, 515
遊隱山六洞記 142	遊鷹窠頂記 140	遂昌山樵雜錄 349, 351
遊隱山記 142	遊欖山記 142	遂昌雜錄 353
遊磻溪記 145	善本書室藏書志 189	曾子全書 198
遊龜峰山記 140	善後條約 119	曾子注釋 11, 15
遊鍾山記（洪若皋） 138	普陀紀勝 140	曾子問講錄 541
遊鍾山記（顧宗泰） 138	普法戰紀 580	曾公遺錄 441
遊襄城山水記 141	普法戰紀輯要 416	曾文正公手書日記 111
遊鵓鴿峰記 142	普通百科新大辭典 66	曾文正公文集 559
遊豐山記 141	普賢行願品 264, 265	曾文正公年譜 559
遊蹤選勝 146	普濟慈航 271	曾文正公全集 559
遊鵝湖山記 140	粧臺記 463	曾文正公批牘 559
遊雙谿記 145	尊孔篇 574	曾文正公奏稿 559
遊雞足山記 142	尊孟辨 406	曾文正公書札 559
遊雞鳴寺記 145	尊前話舊 472	曾文正公詩集 559
遊羅浮山記 142	尊道先生年譜 538	曾文正公榮哀錄 111
		曾文定公年譜 111

曾文肅曾文昭二公事略 111	湖海樓叢書 399	測量異同 411
曾忠襄公文集 564	湖船錄 370, 520	測圓海鏡細草 241, 382
曾忠襄公年譜 564	湖船續錄 520	測圓密率 235, 428
曾忠襄公全集 564	湖墅雜詩 519	湯品 258
曾忠襄公批牘 564	湖樓校書記 558	湯陰風俗志 147
曾忠襄公奏議 564	湖樓筆談 562	湯液本草 215
曾忠襄公書札 564	湖樓集 522	湯媼傳 464
曾忠襄公榮哀錄 564	湖壖雜記 373, 374, 392, 401, 472, 520	湯潛庵先生集 371
曾季衡傳 348, 350	湘山野錄 399	溫侍讀集 285
曾思二子全書 198	湘中名賢遺集五種 510	溫泉銘殘卷 467
湛淵靜語 380, 526	湘中記（庾仲雍） 509	溫庭筠詩 287
湛淵遺稿 383, 526	湘中記（羅含） 355, 509	溫柔鄉記 466
湛園札記 10, 13	湘中記（□□） 510	溫熱論 217
湛園題跋 368, 423	湘水記 144	溫寶忠先生遺稿 289
湖上青山集 522	湘行記 145	渭川居士詞 311
湖上篇 527	湘州記（郭仲產） 510	渭南文集詞 308, 310
湖山百詠 519	湘州記（庾仲雍） 510	淵鑒齋御纂朱子全書 201, 202
湖山便覽 145	湘州記（甄烈） 510	淵鑑類函 342
湖山敘遊 519	湘州記（□□） 510	湟中雜記 467
湖山雜詠 522	湘州滎陽郡記 510	渡海後記 149
湖山類稾 525	湘軍志 102, 571	游上方山記 138
湖山懷古集 521	湘軍記 102, 523	游城南記 440
湖北考略 135	湘痕閣詞稿 548	游宦紀聞 353, 380
湖北地略 154	湘痕閣詩稿 548	游雁蕩山記 372, 374, 392, 401, 472
湖北金石詩 411	湘湖水利志 542	
湖北官書處書目 186	湘筠館詞 313	游藝約言 560
湖北省驛站程途里數限行公文時刻冊 124	湘綺樓文集 571	游藝錄 564
湖北叢書 531	湘綺樓全書 571	滋惠堂墨寶 250
湖州叢書 528	湘綺樓詩集 571	滋蕙堂法帖題跋 364
湖南方物志 147	湘壇集 577	渾蓋通憲圖説 237, 407
湖南考略 135	渤海藏真帖 249	渾儀 484, 496
湖南地略 154	滇水紀行 145	溉亭述古錄 11, 15, 444
湖南金石志 176	測天約説 230	愧郯錄 380
湖南風土記 510	測地志要 244	憚子居文鈔 281
湖南貢卷癸丑科 112	測夜時晷 232	割圜連比例術圖解 235
湖舫詩 524	測量法義 410	割圜密率捷法 235
湖海草堂詞 440	測量高遠術 236	寒山金石林部目 460

寒山堂金石林時地攷 414	補梁疆域志 80, 449	費氏易林 474, 485
寒山舊廬詩 523	補註瘟疫論 221	粥糜品 258
寒秀艸堂筆記 428	補農書 538, 539	巽隱先生文集 528
寒松堂集 514	補疑年錄 565	疎香閣詞 313
寒碧孤吟 532	補漢兵志 379	疏河心鏡 368
寒碧堂詩葺 533	補遼金元藝文志 80, 185, 226, 449, 529	違礙書目 428
寒燈絮語 366	補遺雷公炮製便覽 220	賀氏喪服要記 476, 487
寒廡詩話 368	補寰宇訪碑錄 174, 443	賀氏喪服譜 476, 487
富良江源流考 144	補欄詞 313	賀文忠公集 288
富陽夏氏叢刻 534	補續漢書藝文志 79, 368, 457	賀壽封相曲本 318
寓庵集 441	祿命要覽 198	賀蘭山口記 147
寓意編 347	尋花日記 423	登大王峰記 142
寓簡 378, 471	尋淮源記 143	登小孤山記 140
甯子 482, 494	尋親紀程 148, 379	登千佛山記 141
運河水道編 144	畫妃亭試帖 572	登天嶽山記 141
運瀆橋道小志 158	畫品 386	登太華山記 138
裓菴黛史 357	畫眉筆談 370	登君山記 141
補三史藝文志 80, 185, 366, 449	畫梅題記 384	登岱記 137
補三國藝文志 80, 449	畫訣（孔衍栻） 360, 362	登金華山記 151
補三國疆域志 80, 449, 551	畫訣（龔賢） 367	登南嶽記 138
補上古考信錄 513	畫筌 365, 381	登科記考 432
補元史藝文志 449	畫筌析覽 422	登科錄 415
補五代史藝文志 80, 449, 515	畫墁集 383	登洞庭兩山記 138
補水經注洛水涇水武陵五溪考 432	畫墁錄 352	登泰山記（沈彤） 138
	畫箋 258	登泰山記（姚鼐） 138
補花底拾遺 358, 462	畫語錄 365	登華山記 138
補宋書刑法志 80, 449, 552	畫論 366	登華記 138, 372, 374
補宋書食貨志 80, 449, 552	畫學心印 252	登涉符籙 355
補侍兒小名錄 353, 463	畫學秘訣 354, 355	登岷山記 141
補注黃帝內經素問 196, 197, 198, 215, 218	畫麈 367	登道場山記 140
	畫壁詩 373	登富士山記 151
補修宋占天術 233	畫羅漢頌 365	登富嶽記 151
補修宋奉元術 233	畫繼 397	登燕山記 139
補後漢書藝文志 449	強聒錄 367	登燕子磯記 142
補晉兵志 80, 449	強恕圃太守上當事三書 441	登嶧山記 141
補晉書藝文志 449	費氏古易訂文 29	發公羊墨守 502, 509
補庵遺稿 527	費氏易 474, 485	發音錄 402
		發蒙記 481, 493

發墨守　8, 423
發墨守評　12, 16
發墨守疏證　569
結一廬書目　185, 453, 460
絳雪詞　312
絳雲樓俊遇　463
絳雲樓書目　413
絳雲樓書目補遺　184, 453
絳跗草堂詩集　534
絕妙好詞校錄　576
絕妙詞選　309, 311
絕域紀略　135, 373
絲條寶卷　321
幾何要法　231
幾何原本　242, 410
幾何補編　231
幾亭外書　528

十三畫

瑟榭叢談　457
瑟譜　413
瑞竹堂經驗方　216
瑞應圖　484, 496
瑞應圖記　573
琿春瑣記　137
頑石廬經説　20, 25
魂天集　577
魂北集　577
魂西集　577
魂東集　577
魂南集　577
魂南續集　578
魂海集　577
載書圖詩　543
損齋文鈔　570
損齋先生全書附錄　570
損齋全書　570

損齋備忘錄　349, 352
損齋語錄鈔　570
遠西奇器圖説錄最　258, 408
鼓人詠物詩鈔　287
鼓枻二集　540
鼓枻初集　540
摛文堂集　516
聖水寺志　522
聖安本紀　95, 96
聖安皇帝本紀　96
聖安紀事　539
聖求詞　306
聖宋錢塘賦　520
聖武記　101
聖雨齋詩集　528
聖門釋非錄　541
聖祖五幸江南恭錄　452
聖節會約　363
聖經學規纂　513
聖壽萬年曆　40
聖賢高士傳　482, 493
聖賢像贊　106
聖廟祀典圖考　117
聖駕臨雍錄　94
聖諭直解　129
聖諭像解　131
聖諭廣訓　129, 130
聖諭廣訓直解　130
聖諭廣訓集證　462
聖諭樂本解説　362, 541
聖蹟圖（張楷）　110
聖蹟圖（顧沅）　117
聖證論　480, 491
聖證論補評　28, 569
聘盟日記　137
戡靖教匪述編　101
蓋地論　134
蓮子居詞話　472

蓮因室詞　313
蓮社高賢傳　375, 377
蓮坡詩話　369, 390
蓮峰志　540
蓮鬚閣集　289
蓮龕尋夢記　558
墓銘舉例　175
夢因錄　558
夢花樓文鈔　418
夢悟　403
夢書　110, 355, 552
夢雋　484, 496
夢遊錄　348, 350, 391, 465
夢窗詞藁　305
夢溪筆談　224, 353, 398
夢梁錄　384, 397, 521
夢蜨草　421
夢樓選集　387
夢曉樓隨筆　423
夢闌瑣筆　369
蒼梧雜志　469
蒼崖先生金石例　459
蒼頡訓詁　481, 493
蒼頡篇　481, 493
蒯子　483, 495
蓬室偶吟　517
蓬軒吳記　471
蓬軒別記　471
蒿目錄　523
蒿里遺文目錄卷上　468
蒿菴閒話　413
蒿庵閒話　366
蒹葭書屋詩　279
蒲江詞　306
蓉渡詞　517
蓉塘紀聞　471
蒙川先生遺稿　530
蒙川遺稿　288

書名筆畫索引 | 683

蒙文法程　69
蒙文晰義　69
蒙古五十一旗考　136
蒙古水道略　144
蒙古吉林土風記　136
蒙古考略　136
蒙古地略　154
蒙古西域諸國錢譜　453
蒙古沿革考　136
蒙古游牧記　154, 157, 160, 161
蒙古臺卡略　136
蒙古邊防議　136
蒙求　434, 511
蒙求正文　399
蒙語指南　68
蒙養詩教　359, 369
蒙學三種　205
蒙齋筆談（葉夢得）　349, 351
蒙齋筆談（鄭景望）　352
蒙韃備錄　347, 350
楳野集　288
禁林謙會集　381
禁室女守志殉死文　542
禁書總目　428
禁煙條例　120
楚史檮杌　356
楚國文憲公雪樓程先生文集　277
楚國文憲公雪樓程先生文集樂府　309, 311
楚國文憲公雪樓程先生年譜　277
楚國先賢傳　509
楚詞講義　575
楚詞釋　274
楚遊紀略　147
楚畹閣詩餘　313

楚頌亭詞第四集　577
楚漢春秋　425, 442, 473
楚漢諸侯疆域志　79, 442, 449
楚辭　274, 287, 531
楚辭人名考　563
楚辭天問箋　274
楚辭芳草譜　464
楚辭通釋　540
楚辭集注　274, 429, 436
楚辭新註　402
楚辭釋　571
楊太真外傳　322, 390, 400
楊巨源詩　287
楊升菴先生批點文心雕龍　304
楊氏太素九候篇診法補證　575
楊氏太素三部診法補證　575
楊氏太素診絡篇補證　575
楊忠烈公文集　288
楊忠愍公集　288, 445, 512
楊承慶字統　498, 505
楊胡解紛　403
楊泉物理論　500, 506
楊炯集　290
楊娥傳　464
楊椒山公家訓　203
楊椒山先生文集　371
楊園先生全集　538
楊園先生訓子語　538
楊園書　538
楊監筆記　467
楊輝算法　241, 404
楊衡詩　287
楊龜山先生集　277, 370
楞伽阿跋多羅寶經　265
楞嚴摸象記　263
槐西雜志　323

槐廬詩學　560
槐廬叢書　441
楓窗小牘　353, 472
楹書隅錄　188
楹聯錄存　564
楸花盫詩　421
較正官音仕途必需雅俗便覽　65
甄異記　391
甄曜度讖　72, 406
賈子次詁　200
賈氏談錄　408
賈長沙集　284
賈島詩　287
賈逵春秋左氏解詁　497, 504
賈逵國語注　501, 507
賈魯河說　144
酬世錦囊　227
蜃中樓傳奇　315
感應篇圖說　260
感應觀音經　267
揅經室集　12, 15
揅經室詩集　415
碑文摘奇　557
碑別字　183
碑別字補　183
碑版文廣例　174, 175
碎錦詞　307
雷民傳　391
雷次宗五經要義　498, 504
雷次宗儀禮喪服經傳略注　497, 504
雷刻四種　560
雷柏霖西銘續生篇　403
零陵先賢傳　509
零陵志　510
零陵總記　510
頓子真小傳　464

督捕則例 123	遣戍伊犁日記 471, 551	巖錄 270
督捕則例附纂 120, 121, 122, 123	遣興詩 540	圓圓傳 466
	蜂衙小記 552	雛舟酬唱集 568
歲星表 456	蛻巖詞 380	稚黃子 356
歲華紀麗 399	農丹 441	稗史 526
歲寒堂詩話 304	農具記 357	稗史集傳 346
歲寒詠物詞 419	農政全書 214	稗海 352
歲實消長辯 231, 407, 411	農候雜占 555	稗販雜錄 566, 567
粲花軒詩稿 547, 548	農書（沈□） 369	筭學新説 40
虞山商語 536	農書（陳旉） 380, 385, 390, 400	筠谷詩集 526
虞氏易言 20, 25		筠廊偶筆 372, 373, 472
虞氏易事 20, 25	農桑書錄要 402	筠清館金石文字 178
虞氏易候 20, 25	農桑輯要 214	筠谿詞 307
虞氏易消息圖説 20, 26	農學報 581	筮宗 3
虞氏易消息圖説初稾 419	蜀九種夷記 155	筱雲詩集 547
虞氏易象彙編 433	蜀才周易注 29	節菴集 526
虞氏易禮 12, 16, 430	蜀石經攷異 13, 16	與俄羅斯國定界之碑 133
虞氏春秋 482, 494	蜀李書 450	傅忠堂學古文 533
虞東先生文錄 423	蜀記 97	傳是樓宋元本書目 467
虞美人傳 466	蜀船詩錄 576	傳信記 470
虞喜志林 469	蜀雅 387	傳信適用方 216
虞預晉書 451, 501, 507	蜀遊日記 147	傳家寶 203, 204
虞盤佑孝子傳 474	蜀遊紀略 147	傳習錄 590
虞翻易注 29, 497, 503	蜀道驛程記 147, 543	傳經表（洪亮吉） 551
虞翻國語注 501, 507	蜀碑記 386	傳經表（畢沅） 430, 444
當下繹 536	蜀碑記補 386	鼠璞 398
當歸草堂醫學叢書初編 216	蜀僚問答 129, 234	鼠壤餘蔬 558
睦仁蒨傳 348, 351	蜀語 386	傷寒一提金 216
睡足軒詩選 543	蜀輶日記 147, 419	傷寒之雜病 576
睡庵稿 278	蜀徼紀聞 148, 367, 471	傷寒六經定法 422
愚一錄 431	蜀錦譜 464	傷寒心要 215
愚菴雜著 368	蜀檮杌 385	傷寒心鏡別集 215
愚鼓詞 540	蜀難敍略 365, 382	傷寒古本攷 576
照膽臺志略 524	蜀鑒 406	傷寒平議 575
路史 85	嵩山説 138	傷寒百證歌 422
路史天文類 237	嵩洛訪碑日記 414	傷寒直格論方 215
路程輯要 165	嵩嶽考 138	傷寒明理論 215
園林午夢 314	圓悟禪師評唱雪竇和尚頌古碧	傷寒明理續論 216

傷寒殺車搥法 216	解深密經 265	詩牌譜 419, 439
傷寒家秘的本 216	解疑論 478, 489	詩集傳名物鈔 4
傷寒補例 217	詩毛氏傳疏 22, 26	詩集傳附釋 445
傷寒瑣言 216	詩文 538	詩補傳 4
傷寒截江網 216	詩古微 20, 27	詩傳大全 34
傷寒標本心法類萃 215	詩本事 358, 469	詩傳孔氏傳 375, 376
傷寒講義 575	詩本音 10, 13, 35	詩傳名物集覽 531
傷寒總論 575	詩本義 4	詩傳注疏 380
傷寒醫鑒 215	詩本誼 426	詩傳旁通 515
傷寒雜病論古本 576	詩札 541	詩傳補義 560
傷寒雜病論補注 557	詩考異字箋餘 434	詩傳詩説駁義 541
傷寒雜證古本 576	詩地理攷 337, 396, 402	詩傳遺説 4
像象管見 517	詩地理徵 22, 27	詩解頤 4
衙署名目 70	詩攷 337, 396, 402	詩話 387
微尚齋詩集初編 282	詩攷補注 430, 556	詩經 7, 34, 586
微尚齋詩續集 282	詩名物證古 20, 27, 563	詩經小學 11, 14
微泉閣文集 517	詩汎歷樞 71, 405, 499, 506	詩經叶韻辨 540
微泉閣詩集 517	詩含神霧 71, 401, 405, 499, 506	詩經四家異文攷 22, 27, 534
鉤喙錄 402	詩序辨 534	詩經四家異文攷補 460
愈愚錄 447	詩序辨説 34, 396	詩經攷異 540
會昌進士詩集 290	詩序韻語 568	詩經朱傳 34
會真記 354, 391	詩序議 570	詩經拾遺 552
會通河水道記 144	詩附記 514	詩經音訓 16
會通館翻印素問玄機原病式 592	詩所 544	詩經旁訓 2
會稽三賦 400	詩品 376, 378, 390, 399, 441, 554	詩經異文 564
會稽典錄 468	詩品二十四則 399	詩經異文釋 22, 25
愛日精廬藏書志 188	詩品會函 536	詩經集傳 34
愛日齋叢鈔 408	詩音辯略 386	詩經補箋 571
愛吾廬文鈔 421	詩紀匡謬 382	詩經稗疏 22, 24, 540
飴山詩餘 312	詩紀歷圖 401	詩經疑問 4
詹言 365	詩書古訓 22, 25, 413	詩疑 4
獅子崖記 143	詩陸疏廣要 402	詩説（申培） 375, 376
猺歌 387	詩推度災 71, 405, 499, 506	詩説（郝懿行） 552
猺獞傳 148	詩問（郝懿行） 552	詩説（張耒） 4
解字小記 11, 14	詩問（□□） 424	詩説（惠周惕） 10, 13, 366
解字贅言 570	詩答問 431	詩廣傳 540
解春集 10, 13		詩論 419
		詩緯 499, 506

詩緯汎曆樞 480, 491	資治通鑑外紀 87	48
詩緯含神霧 480, 491	資治通鑑攷異 451	新刊按鑑全像批評三國志傳 324
詩緯推度災 480, 491	資治通鑑序補逸 226, 529	新刊素王事紀 600
詩緯集證 534	資治通鑑節要續編 88	新刊莫往臺灣歌 317
詩緯新解 575	資治通鑑綱目 87, 88, 89	新刊海公小紅袍全傳 333
詩學識要 419	資治通鑑綱目全書 88, 89	新刊黃帝明堂灸經 592
詩學纂聞 366	資治通鑑綱目前編 89	新刊萬病回春 222
詩辨說 442	資治通鑑綱目續編卷之末 88, 90	新刊聖蹟圖 110
詩聲分例 20, 24, 552	資治通鑑釋文 87	新刊較正算法大全 243
詩聲衍 569	資政新篇 128	新刊臺灣十二月想思歌 317
詩聲類 20, 24, 552	資暇錄 470	新刊臺灣十八闖歌·新刊臺灣風流女子歌 317
詩藪 447	靖州圖經 510	新刊臺灣陳辦歌 317
詩譜 8, 416	靖南紀事 467	新刊銅人鍼灸經 219
詩譜攷正 20, 26	靖海紀略 94	新刊增補萬病回春 222
詩韻合璧 65	靖康紀聞 396	新刊戲闖歌 318
詩韻含英 64	靖康朝野僉言 349, 351	新刊勸人莫過臺歌 317
詩韻音義辨異 47	靖康傳信錄 385, 409, 426	新刊續列女傳 109
詩韻舉例 389, 406, 412	靖康緗素雜記 408	新民叢報 582
詩繹 416	靖難功臣錄 94, 349, 352	新出繪圖畫中緣影詞全傳 318
詩譯 540	新大陸游記 590	新加九經字樣 18, 19, 402, 424
詰墨 193	新刊二十四孝故事 203	新抄花會歌 316
誠齋雜記 471	新刊文墨酒令 257	新坂土風 528
話腴 349, 351	新刊古今醫鑑 222	新序 193, 199, 375, 377
詳註周美成詞片玉集 308, 310	新刊古列女傳 109	新序校補 226, 529
詳註聊齋志異圖詠 322	新刊北方真武祖師玄天上帝出身志傳 326	新門散記 520
詳註確辨初學玉壺冰 302	新刊出像補訂參采史鑑唐書志傳通俗演義題評 326	新制諸器圖說 408
詳解九章算法 241, 404	新刊台灣林益娘歌 317	新金山記 151
裏如堂四書真本 46	新刊台灣查某五十闖歌新刻拔皎歌 317	新刻七十二賢像贊 108
裏如堂四書集註 46	新刊迂齋先生標注崇古文訣 292	新刻三寶太監西洋記通俗演義 327
裏如堂較正監韻分章分節四書正文 50	新刊全本繡像花箋記 316	新刻女孝經 205
亶爰子詩集 526	新刊江湖海底 229	新刻天如張先生精選石渠萬寶全書 341
廈門志 162	新刊東海鯉魚歌 317	新刻天花藏批評玉嬌梨 329
廓爾喀不丹合考 137	新刊京本分章圈點四書正文	新刻天花藏批評平山冷燕
廉石居藏書記 433, 444		
資治通鑑 87		
資治通鑑目錄 87		

書名筆畫索引

新刻... 329
新刻玉釧緣全傳 318
新刻古杭雜記詩集 518
新刻出像增補搜神記 229
新刻全本明心正文 204
新刻芸窗彙爽萬錦情林 323
新刻李淳風秘傳六壬靈課 245
新刻東京包丞相兩度收妖傳 330
新刻忠孝節義醒世良言 205
新刻京本全像插增田虎王慶忠義水滸全傳 324
新刻京臺公餘勝覽國色天香 324
新刻法筆新春 123
新刻官板周易本義 30
新刻相臺分章旁註四書正文 48
新刻皇明正韻京本提章分節四書白文 48
新刻校正三字經集註 207
新刻唐三藏出身全傳 327
新刻書經體註 17
新刻黃掌綸先生評訂神仙鑑 329
新刻處世必用六字格言 205
新刻異說反唐演傳 332
新刻啟蒙同聲字音註釋捷徑 62
新刻監本千金譜 209
新刻演義全像三國志傳 325
新刻增訂釋義經書便用通考雜字 345
新刻增異說唐全傳 334
新刻輪迴寶傳全卷 320
新刻鴉片歌 317
新刻劍嘯閣批評西漢演義傳 326
新刻劍嘯閣批評東漢演義傳 326
新刻潘必正陳妙常情詩 317
新刻濃情快史 330
新刻藏家寶訓 205
新刻韓仙寶卷 321
新刻鍾伯敬先生批評封神演義 326
新法表異 368
新定三禮圖 5
新定牙牌數 564
新定解人頤廣集 323
新定禮 476, 487
新建吉雲寺大悲閣碑記 163
新政真詮 227
新訂四書補註備旨 51
新校晉書地理志 448
新倩籍 347
新唐書糾謬 381
新唐書糾謬校補 226, 529
新書（賈誼） 193, 195, 197, 198, 375, 377
新書（諸葛亮） 212
新婦譜 356, 463
新婦譜補 356, 463
新開地中河記 152
新評龍圖神斷公案 328
新註朱淑真斷腸詩集 525
新測中星圖表 234
新測更漏中星表 234
新測恒星圖表 234
新傳臺灣娘仔歌 316
新傳離某歌 318
新義 484, 495
新義錄 228
新製諸器圖說 258
新語 193, 375, 377
新齊諧 323, 547
新增七巧閒雲集 257
新增刑案匯覽 120
新增格古要論 227
新增篇韻拾遺并藏經字義 63
新儀象法要 237, 407
新樂府詞 314
新鋟四民便用不求人萬斛明珠 344
新鋟全像大字通俗演義三國志傳 325
新鋟異說五虎平西珍珠旗演義狄青前傳 333
新鋟評林旁訓薛湯二先生家藏酉陽搜古人物奇編 106
新課集義 208
新論 375, 377
新論校正 226, 529
新選古今類腴 340
新選笑談俗語歌 317
新編五代周史平話 322
新編五代晉史平話 322
新編五代唐史平話 322
新編五代梁史平話 322
新編五代漢史平話 322
新編古今事文類聚 337, 338
新編吏治懸鏡 128
新編西方子明堂灸經 219
新編百科文科大詞典樣本 66
新編江湖海底全集 229
新編直指算法統宗 242
新編雷峰塔奇傳 332
新編算學啟蒙 235, 241, 593
新編經史正音切韻指南 63
新編篇韻貫珠集 63
新編續西遊記 328
新曆曉或 366, 403
新聲譜 459

新舊唐書互證　80, 448
新鍥二太史彙選註釋莊子全書評林　211
新鍥三藏出身全傳　327
新鍥太醫院精選小兒全嬰秘法　221
新鍥重訂出像註釋通俗演義西晉志傳題評　327
新鍥重訂出像註釋通俗演義東晉志傳題評　327
新鍥重訂補遺音釋大字日記故事大成　203
新鍥梨園摘錦樂府菁華　318
新疆外藩紀略　168
新疆地略　154
新疆要畧　157
新疆後事記　136
新疆紀略　136, 168
新疆設行省議　136
新疆道里表　168
新疆賦　157
新疆疆域總敘　153
新纂門目五臣音註揚子法言　192, 193
新纂綠牡丹全傳　332
新纂簡捷易明算法　243
新鐫天下水陸路程便覽　170
新鐫幼學雜字　62
新鐫批評小說麟兒報　334
新鐫南北時尚青崑合選樂府歌舞台　318
新鐫南宋志傳　328
新鐫笑林廣記　230
新鐫彙音妙悟全集　64
新鐫繡像後宋慈雲太子逃難走國全傳　333
新釋地理備考全書　411
新譯大方廣佛華嚴經音義　413

新鶯詞　572
意中緣傳奇　315
意林　397, 417, 436
意林注　457
雍益集　543
義山雜記　469
義山雜纂　437
義火可握國記　156
義門題跋　368, 423
義俠好逑傳　328, 329
義烈墓錄　522
義倉考　407
義豐堂較正監韻分章分節四書正文　49
煎茶水記　354
慈暉館詞　313
慈溪黃氏日抄分類古今紀要　104
慈谿劉廷楨中西骨格辯證　575
煙霞萬古樓文集　415
煙霞萬古樓詩選　415
煙霞嶺遊記　142
煬帝迷樓記　349, 351
煬帝海山記　349, 351
煬帝開河記　349, 351
溝洫疆理小記　11, 14
滇考　530
滇玫　537
滇行日錄　148, 470
滇行紀程　148, 372, 373, 392
滇事總錄　101
滇南通考　147
滇南新語　147
滇南雜志　147
滇南雜記　148
滇軺紀程　148, 165
滇遊日記　148

滇遊記　148
滇游草　455
滇載記　347, 350, 386
滇緬分界疏略　155
滇緬劃界圖說　157
滇緬邊界記略　155
滇還日記　148, 379
滇黔土司婚禮記　148, 363, 383, 463
滇黔紀遊　372, 373, 392
滅國五十考　554
準齋雜說　525
塗山紀遊　155
溪堂詞　305
溪蠻叢笑　347, 350, 469
滄洲紀事　95
滄浪吟　426
滄浪詩話　426
滄螺集　516
滂喜齋學錄　564
滂喜齋叢書　419
滂意齋宋元本書目　460
慎子　194, 408
慎守要錄　409
慎柔五書　217
慎疾芻言　428, 432, 437
慎鸞交傳奇　315
塞上雜記　136
塞北小鈔　135, 363, 372, 373
塞北紀行　157
塞北紀程　136
塞北漠南諸水彙編　144
塞程別紀　136, 360, 362
塞爾維羅馬尼蒲加利三國合考　156
塞語　512
褚氏易注　497, 503
褚氏遺書　354

褚亮集　525
褚堂聞史考證　523
褚遂良集　525
裨海紀遊　149, 365
福王登極實錄　96
福文堂較正監韻分章分節四書正文　49
福田集　263
福建考略　135
福建地略　154
福建監造商捐船大號同安船　119
福建監造商捐船隻　119
福建鹽務公牘　571
禘祫問答　21, 26, 362
禘說　21, 24, 388, 389
羣書拾補補遺　529
羣書拾補識語　529
羣書校補　565
羣書答問　434
羣經大義　574
羣經平議　21, 27, 561
羣經宮室圖　21, 25, 38, 553, 554
羣經義證　22, 25
羣經說　566
羣經賸義　432, 563
羣經識小　11, 15
羣經釋地　570
羣輔錄　400
群英書義　415
群書治要　411, 593
群書治要載晉書　508
群書拾補初編　225, 529
群碎錄　471
群經音辨　414, 512
群經補義　10, 14
群輔錄　355, 375, 377, 390, 468

裝潢志　359, 361, 422
遜志堂雜鈔　443
遜志齋集　288
遜學齋文鈔　282
遜學齋詩鈔　282
彙刻書目　189
彙書詳註　340
彙集雅俗通十五音　65
彙選上下繫科題　301
彙纂功過格　262
經丹霞山記　142
經正堂商語　536
經正錄　538
經史百家簡編　559
經史百家雜鈔　559
經史荅問　227
經史問答　10, 14
經史管窺　368
經史質疑錄　456
經考　458
經述　20, 28
經典文字辨證書　388, 389
經典異文補　424
經典釋文　6, 53
經典釋文序錄　430, 447
經典釋文補條例　453
經呪　363
經訓堂叢書　387, 388
經書卮言　367
經書源流歌訣　545
經書算學天文考　13, 16, 53, 430
經問　10, 13, 541
經問補　541
經筵玉音問答　378
經絡歌訣　422
經傳小記　20, 25, 446

經傳攷證　13, 16
經傳摭餘　402
經傳繹義　53
經傳釋詞　12, 16, 406, 533
經傳釋詞補　427
經義　540
經義考　52
經義攷補正　412
經義述聞　12, 16, 533
經義知新記　11, 15
經義莛撞　576
經義圖　53
經義叢鈔　13, 16
經義雜記　10, 13
經諳甲編　574
經說　446
經說略　20, 28
經說管窺　462
經德堂文　560
經德堂集　560
經餘必讀　227
經課續編　564
經學卮言　11, 15, 552
經學初程　574
經學通論　28, 569
經學理窟　535
經學歷史　28, 569
經營外蒙古議　154
經濟類編　341
經禮補逸　5
經韻樓集　11, 14
經籍訪古志　188
經籍跋文　444
經籍舉要　560
經籍籑詁　66
經讀考異　11, 15
經驗良方　220
繡像九龍陣　319

綉像六美圖 319
綉像鬧盧莊 319
綉像雙帥印 319
綏服厄魯特蒙古記 136
綏服內蒙古記 136
綏服外蒙古記 136
綏服西屬國記 137
綏服紀略 133, 137
綏服紀略圖詩 161
綏寇紀略 396
綏廣紀事 467
勦賊議 120
勸說 387

十四畫

静一齋詩餘 312
静春堂詩集 384
静香樓醫案 443
静修先生文集 512
静修先生文集樂府 309, 311
静淨齋第八才子書花箋記 316
静軒集 441
静惕堂書目 184
静惕堂書目元人文集 453
静惕堂書目宋人集 453
静齋至正直記 415
碧血錄(莊仲方) 106
碧血錄(黃煜) 94, 381
碧桃館詞 312
碧梧山館詞 547, 548
碧梧紅蕉館詞 313
碧雲盦詞 439
碧腴齋詩存 547
碧湖雜記 349, 351, 470
碧筠館詩稿 526
碧雞漫志 380, 472
瑤光閣集 289

瑤華閣詞 313
瑤華閣詞鈔 548
瑤華閣詩草 548
瑤臺片玉乙種 464
瑤臺片玉甲種 464
墐戶錄 386
搏沙錄 369
駁五經異義 9, 416, 423, 502, 509
駁五經異義疏證 569
駁案新編 120
駁案續編 120
趙后遺事 391, 464
趙合傳 348, 350
趙岐三輔決錄 502, 508
趙忠毅公文集 288
趙忠簡得全居士詞 307
趙待制遺稿 383
趙書 450
趙嘏詩 287
趙翼二種 549
嘉禾百詠 454
嘉定屠城紀略 96
嘉定縣乙酉紀事 97
嘉定錢氏潛研堂全書 549
[嘉靖]仁和縣志 522
嘉穀堂集 280, 442
嘉慶八年議定千把外額公幫分教三營總略 119
[嘉慶]上海縣志 162
嘉應平寇紀略 432
臺北道里記 149
臺海使槎錄 514
臺錐積演 235
臺懷隨筆 135, 471
臺灣小志 149
臺灣地輿圖說 153
臺灣志畧 403

臺灣近事末議 155
臺灣使槎錄 149
臺灣紀略(林謙光) 149, 392
臺灣紀略(□□) 168
臺灣紀畧 372, 373
臺灣番社考 149
臺灣隨筆 149, 363
臺灣雜記 149, 372, 374, 392
截球解義 243, 428
摭言 352, 374
摭青雜說 391
摭異記 354
摘錄通商稅則 119
摘纂隨園史論 402
壽石齋藏帖 251
壽研山房詞 313
壽域詞 306
摺奏成語 70
聚星札記 457
聚學軒叢書 455
蓺庵遺詩 423
尊鄉贅筆 374
摹印述 447
蔥嶺三幹考 142
蔡中郎集 284
蔡氏月令 433
蔡氏月令章句 458
蔡氏易說 474, 485
蔡氏喪服譜 476, 487
蔡忠恪公語錄 289
蔡癸書 483, 494
蔡邕月令問答 497, 504
蔡邕月令章句 497, 504
蔡邕明堂月令論 497, 504
蔡邕琴操 500, 507
蔡邕勸學篇 498, 504
蔡質漢官典儀 502, 508
菱景詞 572

熙朝新語刊要 403
蔣子文傳 348, 350, 354, 390, 400
蔣子萬機論 483, 495
蔣侑石遺書 564
蔣恭侯集 510
蔣魴切韻 55
蓼花洲閑録 349, 352
蓼庵手述 300
蓼蟲吟 535
榕村全書 544
榕村全集 544
榕村字畫辨訛 544
榕村制義 544
榕村詩選 544
榕村語録 544
榕村講授 544
榕村譜録合考 545
榕村韻書 544
榕城詩話 379, 546
榕園叢書 415
輔仁録 561
塹堵測量 231, 242
歌者葉記 465
歌麻古韻考 514
歌詩編 287
監本四書 46
監本附釋音春秋公羊注疏 9
監本附釋音春秋穀梁注疏 9
監本詩經全文 33
監利風土志 147
厲學 485, 492
碣石調幽蘭 430
爾雅 2, 429
爾雅一切註音 433
爾雅小箋 458
爾雅正義 11, 14
爾雅古注斠 54

爾雅古義（黃奭） 416, 498, 504
爾雅古義（錢坫） 23, 25
爾雅匡名 23, 25, 446, 528
爾雅李氏注 480, 491
爾雅李巡注 498, 504
爾雅沈旋集注 498, 504
爾雅直音 66
爾雅注 416
爾雅注疏 8, 9, 65
爾雅注疏本正誤 446, 457
爾雅音注 416
爾雅音訓 17
爾雅音義 416, 480, 491
爾雅音圖 65
爾雅施氏音 480, 491
爾雅施乾音 498, 504
爾雅郭注佚存補訂 66
爾雅郭注義疏 65, 552
爾雅郭璞音義 498, 504
爾雅郭璞圖贊 498, 504
爾雅孫氏注 480, 491
爾雅孫氏音 480, 491
爾雅孫炎音注 498, 504
爾雅犍爲文學注 416, 480, 491, 498, 504
爾雅集注 416
爾雅集解 571
爾雅衆家注 416, 498, 504
爾雅詁 432
爾雅補注殘本 421, 446
爾雅補郭 23, 24, 428, 433, 435
爾雅稗疏 452
爾雅新義 414
爾雅義疏 12, 16
爾雅經注集證 23, 27
爾雅裴氏注 480, 491

爾雅圖讚 416, 453, 480, 491
爾雅鄭注 396, 402
爾雅漢注 443
爾雅樊氏注 480, 491
爾雅樊光注 498, 504
爾雅劉氏注 480, 491
爾雅劉歆注 498, 504
爾雅謝氏音 480, 491
爾雅謝嶠音 498, 504
爾雅翼 396
爾雅釋地 23, 25
爾雅顧氏音 480, 491
爾雅顧野王音 498, 504
臧榮緒晉書 451, 501, 507
裴子語林 484, 495
裴氏新言 484, 495
裴伷先別傳 348, 350
裴松之晉紀 451, 501, 507
裴務齊切韻 55
裴啟語林 469
裴景仁秦記 452
翡翠林閨秀雅集 298
翡翠樓詩集 298
對山書屋墨餘録 230
對床夜語 379, 525
對雨樓叢書 441
對馬島考 156
對數尖錐變法釋 236
對數表 244
對數探源 236, 244
對數簡法 235, 243, 415
對聯匯海 257
賑豫紀略 407
暸車志（郭象） 349, 351, 353, 391
暸車志（歐陽玄） 472
暢春苑御試恭紀 359, 362
暢敘譜 439

閩中十二曲　465
閩秀詞鈔　314
閩律　464
閩川櫂歌百首　419
閩見近錄　379
閩見偶錄　366
閩見雜錄　349, 351
閩妙香室詞　313
閩小紀　149, 372, 373, 392, 472
閩川閨秀詩話　555
閩中紀略　369
閩中海錯疏　397
閩行日記　146, 563
閩江諸水編　144
閩事紀畧　97
閩南雜詠　548
閩遊紀略　149
閩遊偶記　153
閩游月記　95
閩雜記　149
閩難記　364
閩鹽正告書　571
閣鈔彙編　582
鳴呼易順鼎　577
鳴原堂論文　559
鳴鶴餘音　385
圖書檢要　401
圖註八十一難經辨真　218
圖畫見聞志　397
圖畫精意識　362, 443
圖畫寶鑑　417
圖像英臺歌　317
鄹齋叢書　457
製曲枝語　359, 361
製蔬品　258
種痘新書　221
種蘭訣　258

稱讚淨土佛攝受經　595
箋卉　362
箋註唐賢絕句三體詩法　296
算法　243
算法大成上編　243
算法通變本末　404
算法啟蒙　243
算術問答　368
算經十書　233
算學初集　236
算學課藝　245
算賸　231, 407, 411
算賸初編　557
管子　108, 193, 194, 195, 197, 213, 214
管子地員篇注　214
管子義證　457
管色攷　434
管注秋水軒尺牘　301
管情三義　555
徼季文鈔　566
徼季襍著　566
僞官據城記　95
僞齊錄　440
僧無可詩集　290
銅人明堂之圖　219
銅運陞官訣　128
銅熨斗齋隨筆　444
銘篇　563
銀瓶徵　519, 563
遯窟讕言　323
遯齋偶筆　472
鳳氏經說　415
鳳仙譜　370
鳳皇山聖果寺志　520
鳳洲筆記　94
鳳凰山記　140
鳳臺祇謁筆記　135

鳳麓小志　158
疑年表　444
疑年錄　413, 423, 549
疑雨集　316
疑孟　417
疑龍經　415
雒書　499, 505
雒書甄曜度　499, 505
雒書摘六辟　499, 505
雒書靈准聽　499, 505
誡子書　419
誌銘廣例　174, 175, 442, 444
語小　359, 361
語石　183
語新　473
語錄　513
語錄鈔　535
誥屏山記　141
說文引羣說故揚雄說故　576
說文引經攷　428
說文引經例辨　560
說文引經證例　446
說文古籀疏證　421
說文古籀疏證目　551
說文本經答問　446
說文外編　560
說文建首字讀　56
說文荅問　54
說文荅問疏證　428
說文段注校三種　453
說文校定本　428
說文校議　54
說文徐氏新補新附攷證　457
說文通訓定聲　56, 57
說文通訓定聲補遺　57, 556
說文通檢　57
說文淺說　435
說文答問疏證　427

說文發疑 425	說文疊韻 560	廣志 484, 495
說文統釋自序 427	說史 419	廣志繹 530
說文楬原 425	說叩 365	廣近思錄 372
說文解字 18, 19, 55, 395	說苑 193, 199, 375, 377	廣祀典議 362
說文解字句讀 56	說苑校補 226, 529	廣林 483, 494
說文解字述誼 456	說呼全傳 332	廣東月令 358, 469
說文解字注 11, 14, 55	說俞 563	廣東火劫記 466
說文解字音均表 24, 26	說郛雜著 391	廣東考略 135
說文解字通正 456	說唐薛家府傳 334	廣東地略 154
說文解字義證 56	說部精華 432	廣東全省經緯地輿圖 173
說文解字篆韻譜 18, 19	說蛇 370	廣東全省圖 173
說文解字舊音 388, 389	說項 562	廣東海圖說 451
說文解字繫傳 18, 19, 393	說硯 418	廣東通志 160
說文解字韻譜 384	說雅 430	廣東新語 164
說文新附攷 428, 435	說鈴（吳震方） 372, 373, 400	廣事類賦 343
說文義例 367	說鈴（汪琬） 367, 431	廣連珠 366
說文經字攷 54, 427	說詩菅蒯 364	廣倉 54
說文闕音通 566	說詩章義 561	廣訓衍 130
說文管見 420, 456	說詩晬語 403, 432	廣陵曲江復對 523
說文廣義 540	說經 419	廣陵妖亂志 440
說文粹言疏證 28	說篆 255, 256	廣陵散 256
說文審音 57	說緯 13, 16	廣黃帝本行記 393, 394
說文諧聲孳生述 458	說聽 472	廣異記 391
說文諧聲譜 24, 26	說蠻 148, 365	廣惜字說 357
說文凝錦錄 175, 366	認真草 512	廣陽雜記 421, 514
說文辨疑 457, 560	塾講規約 359, 361	廣博物志 343
說文聲系 413	廣川書跋 174, 443	廣雅 18, 19, 375, 377, 435
說文聲訂 56	廣田水月錢譜 370	廣雅書局叢書 445, 451
說文聲類 23, 25, 434	廣西三江源流考 144	廣雅堂試帖 572
說文聲類出入表 23, 25	廣西考略 135	廣雅補疏 66
說文聲讀表 24, 27, 56	廣西地略 154	廣雅疏證 11, 15, 511
說文舊音 54	廣列仙傳 110	廣雅疏證拾遺 462
說文舊音補注 432	廣成子解 194, 385	廣雅釋詁疏證拾遺 563
說文檢字 428	廣名將傳 409	廣蒼 481, 493
說文職墨 432	廣州記 355	廣楊園近鑑 563
說文雙聲 560	廣州遊覽小志 149, 166, 360, 362, 543	廣新聞 323
說文繫傳校錄 56		廣福廟志 518
說文釋例 54, 56	廣抑戒錄 357	廣經室文鈔 282, 447

廣潛研堂說文答問疏證　446
廣興吟稿　280
廣興記　159
廣韻　18, 19, 429
廣韻說　446
廣釋名　384, 415, 435
瘖解補證　575
瘦玉詞鈔　438
瘦吟詞　313
瘦碧詞　576
端虛勉一居文集　518
端溪硯石考　357, 418
端溪硯譜　398
端溪硯譜記　366
端綺集　403
適來子　368
適適齋文集　282
齊山巖洞志　139, 363
齊永明諸王孝經講義　478, 490
齊民四術　555
齊民要術　194, 354, 397, 570
齊東野語　353, 398
齊物論齋詞　439
齊推女傳　348, 350
齊張長史集　285
齊雲山人文集　439
齊詩傳　18, 475, 486
齊詩遺說攷　22, 27, 534
齊詩翼氏學　22, 26
齊詩翼氏學疏證　22, 27, 534
齊魯遊紀略　147
齊論語　479
齊諧記　484, 495
旗軍志　360, 362
養一齋文集　281
養正遺規　204
養正類編　372

養羊法　483, 494
養拙堂詞　307
養素園詩　519
養魚經　468, 483, 494
養雲山館法帖　251
養痾漫筆　349, 352
養諸花法　419
養穌軒隨筆　515
精選名賢詞話草堂詩餘　307
精選名儒草堂詩餘　306, 308, 310, 413
鄭氏三禮目錄　458
鄭氏六藝論　458
鄭氏古文尚書　384
鄭氏佚書　8
鄭氏周易　374
鄭氏周易注　17, 18
鄭氏婚禮　476, 487
鄭氏喪服變除　476, 487
鄭氏詩譜攷正　426, 430, 556
鄭氏詩譜補亡　4
鄭氏箋攷徵　20, 26
鄭氏遺書五種　423
鄭氏儀禮目錄校證　22, 24
鄭司農年譜　503, 509
鄭司農集　374
鄭成功傳　537
鄭志　9, 18, 19, 413, 423, 502, 509
鄭志攷證　433
鄭志疏證　28, 569
鄭君紀年　9
鄭君粹言　28
鄭君駁正三禮考　21, 27, 563
鄭長者書　483, 495
鄭東父遺書　461
鄭所南先生文集　383
鄭記　9

鄭記攷證　28, 569
鄭康成年譜　368
鄭康成周易注　29
鄭巢詩集　525
鄭眾國語解詁　501, 507
鄭註尚書大傳　402
鄭德麟傳　348, 350
鄭緝之孝子傳　474
榮任儀注　119
漢三統術　233
漢上易傳　3
漢水發源考　143, 362
漢甘泉宮瓦記　360, 362
漢石例　174, 175, 411, 442
漢石經攷異　13, 16
漢石經殘字考　52
漢四分術　233
漢氾勝之遺書　369, 458
漢地理志詳釋　570
漢西域圖考　157
漢志三統曆表　575
漢志水道疏證　427, 448
漢志武成日月表　467
漢初太蔟考　433
漢武故事　349, 351
漢武帝內傳　375, 377, 390, 408
漢制攷　337, 397
漢官　393, 394, 425, 444, 502, 508
漢官典職儀式選用　393, 394, 425, 444
漢官答問　453
漢官解詁　393, 394, 425, 444
漢官儀　393, 394, 425, 444, 468
漢官舊儀　416
漢南春柳詞鈔　560

漢皇德傳　473	漢鄭君年譜　557	漳南遺老集　512
漢泉曹文貞公詩集樂府　309, 311	漢儀　393, 394, 425, 444	漫堂説詩　360, 362
漢宮春色　464	漢衛宏漢舊儀　502, 508	漫堂墨品　357
漢晉春秋　450	漢劉子政集　284	漫遊隨筆　152
漢晉春秋輯本　450, 451	漢劉子駿集　284	漁洋三十六種全集　543
漢射陽石門畫象彙攷　515	漢諸葛忠武侯年譜　111	漁洋山人文略　543
漢徐徵士年譜　111	漢學拾遺　447	漁洋山人集外詩　438
漢唐事箋　415	漢學商兌　443	漁洋山人詩問　438
漢書　75	漢儒通義　559	漁洋山人詩集　543
漢書人表考校補　448, 456	漢舊儀　393, 394, 425, 444	漁洋山人精華錄　543
漢書引經異文錄證　82	漢隸字源　58	漁洋赤牘　418
漢書地理志水道圖説　173, 559	漢魏二十一家易注　29	漁洋書籍跋尾　432
漢書地理志稽疑　414	漢魏六朝一百三家集　284	漁洋感舊集小傳　470
漢書西域傳補注　157, 444, 514	漢魏六朝志墓金石例　424	漁洋詩話　304, 357
	漢魏六朝墓銘纂例　174, 175, 443	漁通問俗　153
漢書注校補　79, 447	漢魏石經考　362	漁溪詩稿　525
漢書食貨志　430	漢魏音　551	漁談　364
漢書音義　433	漢縻水入尚龍豀考　445	漁樵問答　363
漢書評林　588	漢禮器制度　393, 394, 425, 444	漁樵閒話　391
漢書補注　82	漢藝文志攷證　337	漁隱叢話　410
漢書疏證　82	漢雜事秘辛　463	漳河源流考　144
漢書蒙拾　546	漢鏡歌釋文箋正　295	演元九式　234
漢書辨疑　79, 447	滿洲考略　135	演説文　481, 493
漢乾象術　233	滿蒙合璧三字經註解　207	演繁露　398
漢報　581	滿漢六部成語　68	滬杭甬鐵路部借外款虧耗之駭聞　580
漢孳室文鈔　20, 28, 530	滿漢成語對待　67	滬城歲事衢歌　164
漢鼓吹鐃歌曲句解　551	滿漢合璧性理　202	滬游雜記　149
漢碑引經攷　53, 569	滿漢字清文啟蒙　67	賓告　363
漢碑引緯攷　53, 569	滿漢字彙　70	賓萌集　563
漢碑經義輯略　53	滿漢清文成語　68	察木多西諸部考　137
漢碑徵經　53, 446	滿漢話條　68	察哈爾地略　154
漢碑錄文　183	漆雕子　482, 493	寧化風俗志　147
漢詩統箋　295	漕運私説　419	寧古塔志　363
漢詩總説　367	漱玉詞　306, 312	寧古塔紀略　135, 157, 366, 445
漢褚先生集　284	漳南詩話　379, 390, 472	寧都三魏全集　299
漢趙記　450	漳南遺老王先生文集　289	寧海將軍固山貝子全台恩續錄

418
寧藏七十九族番民考　136
癊言質疑　534
實事求是齋經義　20, 26
實賓錄　417
實踐錄　203
盡言集　512
暨陽答問　517
隨手雜錄　379
隨苑遺編　253
隨使日記　152
隨軒金石文字　178
隨喜庵集　518
隨園八十壽言　547
隨園三十六種　547
隨園女弟子詩選　547, 548
隨園廿八種　546
隨園食單　547
隨園詠物詩鈔　287
隨園詩話　547
隨園詩話補遺　547
隨園瑣記　548
隨園圖　547
隨園隨筆　547
隨盦徐氏叢書　459
隨隱漫錄　353
隨變紀恩　135
翟子元易義　497, 503
翟玄周易義　29
翠微山記　138
翠微山說　153
翠微亭題名玫　521
翠微峰記　140
翠薇山房數學　234
翠薇僊館詞　314
翠螺閣詞　313
熊勿軒先生文集　371
熊先生經說　6

熊襄愍公文集　288
鄧子　194
鄧公嶺經行記　140
鄧林唱和詩詞　300
鄧粲晉紀　451, 501, 507
緒言　412
綺川詞　307
綱目大戰錄　403
綱目志疑　369
綱鑑甲子圖　90
維西見聞紀　148, 366
綠月廎詞　312
綠秋草堂詞　547, 548
綠陰亭集　437
綠蓼軒遺詞　313

十五畫

慧因寺志　518
慧超往五天竺國傳殘卷　467
慧福廎詞　313
慧福樓幸草　564
璇璣碎錦　364
駉思室答問　433
賣胭脂　318
撫本禮記鄭注考異　12, 15
撫掌詞　307
撫綏西藏記　136
熱河小記　146
熱河源記　143
熱海遊記　151
增刪佐雜須知　128
增刪算法統宗　242
增修東萊書說　4
增修雲林寺志　521
增修箋註妙選群英草堂詩餘　308, 310
增訂大板萬寶全書　344

增訂心相百二十善　359, 369
增訂本草原始　219
增訂本草備要　216
增訂金壺字玫　59
增訂敬信錄　262
增訂精忠演義說本全傳　329
增訂漢魏叢書　374, 376
增訂歐陽文忠公年譜　363
增異說唐秘本全傳　334
增評寄嶽雲齋試體詩選　281
增評補像全圖金玉緣　331
增評補圖大觀瑣錄　331
增評補圖石頭記　331, 598
增補四書精繡圖像人物備考　49
增補幼學須知雜字大全　62
增補素翁指掌雜著全集　341
增補萬寶全書　344
增補彙音　64
增補箋註繪像第六才子西廂釋解　314
增補綱鑑輯要　90
增補賢文全註　208
增補蘇批孟子　45
增像全圖西遊記　325
增廣太平惠民和劑局方　397
增廣四體字法　247
增廣百家姓　209
增廣尚友錄統編　107
增廣註釋音辯唐柳先生文集　286
增廣新術　235, 457
增輯難經本義　216
縠山筆麈　225
縠梁大義述　21, 27
縠梁古義　361
縠梁古義疏證敘　574
縠梁春秋經傳古義凡例　574

穀梁春秋經學外編敘目 574
穀梁補注 23, 27
穀梁傳 587
穀梁傳補注 432, 550
穀梁癈疾申何 12, 16
穀梁禮證 21, 26
撰聯偶記 558
歎五更 320
蕙西先生遺稿 420
蕙風詞 572
蕙風簃二筆 571
蕙風簃隨筆 571
蕙風叢書 571
蕈溪自課 357
蕉窗十則註解 462
蕉窗日記 367
蕉窗詞 313
蕩平準部記 136
蕩平髮逆圖記 102
蔬食譜 471
橫山記 140
橫山遊記（吳銘道） 139
橫山遊記（馬元調） 520
橫渠先生易說 3
橫塘集 530
橫橋吟館圖題詠 523
樞言 531
標題句解孔子家語 600
標題註疏小學集成 591
樓山堂集 289, 413
樓居小草 547, 548
樅江遊記 146
樊山公牘 572
樊山全集 572
樊山批判 572
樊山沌水詩錄 576
樊山時文 572
樊山集 572

樊山續集 572
樊公詞錄 524
樊恭廣倉 498, 504
樊榭山房集外詩 299, 438, 472
樊樊山先生書琴樓夢 577
橢圜正術 235, 428
橢圜正術解 236
橢圜求周術 235
橢圜拾遺 236
橢圜術 411
橢圜新術 236
輪輿私箋 21, 26, 446
輟耕錄 224
敷文書說 416
敷文鄭氏書說 384
甌北全集 548
甌北集 549
甌北詠物詩鈔 287
甌北詩鈔 549
甌北詩話 549
甌北選集 387
甌江逸志 149, 372, 374, 392, 401
甌香館尺牘 419
歐亞紀元合表 117
歐洲十一國游記 169
歐洲各國開闢非洲考 156
歐洲總論 152
歐陽文忠公五代史抄 286
歐陽文忠公年譜 111
歐陽文忠公集近體樂府 308, 309
歐陽生尚書章句 497, 503
歐陽修撰集 288
歐遊隨筆 152
歐遊雜錄 152
歐羅巴各國總敘 156

醋說 465
醉翁琴趣外篇 308, 309
醉鄉約法 363
醉鄉日月 354, 355, 471
醉筆堂三十六善 357
醉盦硯銘 432
鴈字詩 540
遼史 74, 77, 78, 79, 84, 85
遼史拾遺 76, 448
遼史拾遺補 76, 448
遼史紀事本末 93
遼地理志圖 172
遼志 347, 350
遼東行部志 440
遼金元姓譜 365
遼陽海神傳 348, 350
遼詩話 366, 419, 422
震川大全集載評點史記例意 82
震澤龍女傳 348, 350
鴉片戰爭雜稿 103
劇談錄 398, 431
鄴中記 355, 378, 416, 468
鄴侯外傳 348, 350
賞延素心錄 365
賞奇軒四種合編 246
賞奇樓蠹餘稿 298
賦品烏函 536
賦話 387
賦鷺慶詞 313
賭棋山莊八十壽言 567
賭棋山莊所著書 566, 567
賭棋山莊筆記 566, 567
賭棋山莊集 566, 567
賭棋山莊集詞話 566, 567
賭棋山莊餘集 566
賜沐紀程 543
賜姓始末 96, 537

賜硯齋題畫偶錄　432, 472
賜誠堂文集　289
賜餘堂集　517
噶瑪蘭紀略　149
閱史郤視　513
閱微草堂筆記五種　323
閱藏知津　270, 597
閬仙詩附集　511
數度衍　243
數根術解　244
數書九章　241, 404
數術記遺　241, 397, 442
數學　231, 407
數學補論　231, 407
暹羅考　150
暹羅考略　150
暹羅志　150
暹羅別記　150
暹羅近事末議　156
暹羅政要　153
影山草堂叢書　559
影梅庵憶語　370, 461, 463, 532
影園集　289
踐阼篇集解　337
遺山先生新樂府　289
遺山樂府　309, 311
遺史紀聞　391
嶠南瑣記　470
墨子　194, 195, 197, 211, 388
墨子注　571
墨子斠注補正　212
墨井畫跋　366
墨井畫跋外卷　419
墨井詩鈔　423
墨井題跋　423
墨史　381
墨西哥記　153

墨竹工卡記　137
墨池瑣錄　386
墨志　368, 415
墨洲雜記　152
墨客揮犀　349, 351, 353
墨莊漫錄　353
墨崑崙傳　354
墨經　398
墨箋　258
墨辯解故序　574
稽古錄　396
稽神錄　398
稽瑞　424
稽瑞樓書目　420
黎岐紀聞　149, 365
稼軒長短句　306, 308, 310
稼軒詞　305, 308, 310, 312
稼書先生年譜　423
篋中集　460
篋中集選　543
篋中詞　427
箴左氏膏肓　502, 509
箴膏肓　8, 423
箴膏肓起廢疾發墨守　416
箴膏肓評　12, 16
箴膏肓疏證　569
篆印發微　255, 256
篆字彙　59
篆刻十三略　255, 256, 425
篆刻鍼度　431
篆法　63
篆訣辯釋　435
篆學指南　255, 256
篆學瑣著　255, 256
儀禮　2, 586
儀禮小疏　10, 14
儀禮正義　22, 26, 36
儀禮古今文異同　528

儀禮古今文異同疏證　22, 25, 445
儀禮古今文疏義　22, 25, 436
儀禮古今考　386
儀禮古義　361
儀禮石經校勘記　52, 414
儀禮私箋　22, 26, 445
儀禮析疑　545
儀禮注疏　7
儀禮注疏校正　226, 529
儀禮音訓　17
儀禮逸經傳　5, 396
儀禮章句　10, 14
儀禮商　8
儀禮喪服文足徵記　11, 14
儀禮集説　5
儀禮疏　9
儀禮節畧　545
儀禮經注一隅　57, 556
儀禮經注疏正譌　22, 26
儀禮經傳注疏參義　36
儀禮經傳通解　36
儀禮圖（張惠言）　5
儀禮圖（楊復）　22, 25
儀禮管見　22, 24, 415
儀禮漢讀考　11, 14
儀禮學　21, 25
儀禮禮服通釋　433
儀禮識誤　37
儀禮纂錄　545
儀禮釋例　21, 24, 404
儀禮釋注　556
儀禮釋官　11, 15
儀禮釋宮　404, 416
儀禮釋宮增註　21, 24
儀顧堂集　566
儀顧堂題跋　189, 566
樂元語　477, 488

樂叶圖徵 71, 405, 500, 506	質疑刪存 456	劉公幹集 284
樂社大義 477, 488	德風亭詞 313	劉氏春秋意林 4
樂府小令 315	德意志國志略 153	劉氏政論 483, 495
樂府古題要解 399, 417	徵刻唐宋祕本書目 184	劉氏碎金 560
樂府侍兒小名 387	徵刻唐宋秘本書目 367	劉氏遺書 11, 15, 446
樂府指迷 305, 307	徵祥說 501, 507	劉氏遺箸 421
樂府雅詞 306, 414	衛元嵩易元包 500, 507	劉文烈公集 288
樂府補題 380	衛公問對 212	劉戶曹集 285
樂府解題 403	衛生集 221	劉左史文集 530
樂府詩集 292	衛家捕盜 120	劉令君集 511
樂府新編陽春白雪 460	衛藏圖識 161	劉向五經通義 498, 504
樂府餘論 439	衛藏識略 136	劉向孝子傳 473, 502, 508
樂府雜錄 349, 352, 355, 408	衛濟餘編 221	劉向洪範五行傳 500, 506
樂律全書 40	盤珠詞 465	劉向新序說苑 199
樂律義 477, 488	鋤經書舍零墨 472	劉更生年表 457
樂記 477, 488	劍俠傳 356, 390, 400	劉伶臺記 145
樂記異文考 562	劍氣 358, 469	劉宋州郡圖 172
樂部 477, 488	慾海迴狂寶訓集說 462	劉表易章句 29, 497, 503
樂書 477, 488	貓乘 370	劉兩谿文集 288
樂書要錄 434	餘姚兩孝子萬里尋親記 384	劉春沂真書 239
樂動聲儀 71, 405, 500, 506	餘師錄 409	劉昞燉煌實錄 452
樂章集 305, 312	餘墨偶談節錄 464	劉炫春秋左氏傳述義 498, 504
樂遊聯唱集 389	餘慶堂十二戒 356	劉炫規杜持平 433
樂善堂全集 280	餘錄 535	劉炫規過 498, 504
樂善錄 352	魯紀年 537	劉洪乾象術 500, 506
樂資春秋後傳 498, 504	魯連子 482, 494	劉秘書集 285
樂經 477, 488	魯詩故 18, 475, 486	劉兼詩集 290
樂經凡例 574	魯詩遺說攷 22, 27, 534	劉海峯氏論文偶記 82
樂稽耀嘉 71, 401, 405, 500, 506	魯禮禘祫義 8, 502, 509	劉庶子集 285
樂緯 499, 506	魯禮禘祫義疏證 29, 569	劉敬書 482, 494
樂緯叶圖徵 480, 491	魯禮禘祫誌 477, 488	劉貴陽經說 20, 27
樂緯動聲儀 480, 491	潁川語小 408	劉貴陽說經殘稿 421
樂緯稽耀嘉 480, 491	獩歌 387	劉無雙傳 354, 390, 400, 465
樂縣考 414	劉子 192, 194, 511	劉須谿先生記鈔 346
樂學新說 40	劉子文編 289	劉須谿評點九種書附一種 346
樂譜集解 477, 488	劉子全書遺編 278	
質疑 10, 14	劉叉詩集 290	劉道薈晉起居注 501, 507
	劉公旦先生死義記 95	

劉給諫文集　530	課子隨筆鈔　462	論語注（鄭玄）　9, 503, 509
劉歆鐘律書　500, 507	課婢約　358	論語注（戴望）　432
劉滄詩集　290	課餘偶錄　567	論語注疏　8
劉熙事蹟考　572	論文四則　365	論語注疏解經　9, 44
劉賓客文集　511	論文章本原　561	論語糾滑識　481, 492
劉隨州集　511	論文淺説　305	論語拾遺　417
劉駕詩集　290	論文管見　537	論語素王受命識　481, 492
劉豫事迹　366	論印絕句　256, 432	論語馬氏訓説　479, 490
劉豫章集　285	論定性書　544	論語袁氏注　479, 490
劉謙之晉紀　451, 501, 507	論孟疑義　570	論語殷氏解　479, 490
劉瓛周易義疏　29	論書比訣　248	論語訓　571
劉瓛乾坤義　497, 503	論語　2, 7, 45, 429, 587	論語陳氏義説　479, 490
劉瓛繫辭疏　497, 503	論語小言　562	論語孫氏集解　479, 490
皺水軒詞筌　366	論語王氏義説　479, 490	論語陰嬉識　71, 405, 481, 492
請雨止雨書　484, 496	論語王氏説　479, 490	論語通　6
諸子平議　562	論語太史氏集解　479, 490	論語通釋　433
諸子節抄　227	論語比考識　71, 405, 481, 492, 500, 506	論語崇爵識　481, 492
諸子釋地　570	論語孔子弟子目錄　479, 490	論語偶記　13, 16
諸史考異　80, 449	論語孔氏訓解　479, 490	論語庾氏釋　479, 490
諸史拾遺　80, 549	論語孔注辨僞　23, 26, 421, 443	論語梁氏注釋　479, 490
諸史然疑　365, 379, 546	論語正義　23, 27	論語梁武帝注　479, 490
諸史節抄　227	論語古注集箋　23, 26	論語張氏注　479, 490
諸佛要集經　264	論語古注擇從　563	論語琳公説　479, 490
諸脈條辨　217	論語古解　557	論語筆解　18, 19
諸家古法帖五　248	論語古義　361	論語集註　45
諸家易象別錄　433	論語包氏章句　479, 490	論語集註本義匯參　45
諸家藏書簿　387	論語旨序　479, 490	論語集註通證　6
諸葛子　484, 495	論語江氏集解　479, 490	論語集解校補　564
諸葛丞相集　284	論語李氏集注　479, 490	論語集解義疏　18, 19, 380
諸葛武侯文集　371	論語沈氏訓注　479, 490	論語集説　5
諸葛書二種　212	論語沈氏説　479, 490	論語集編　5
諸葛潁桂苑珠叢　498, 505	論語附記　514	論語補疏　12, 15
諸經緯遺　401	論語范氏注　479, 490	論語虞氏讚注　479, 490
諸蕃志　385, 397	論語述何　12, 16	論語稗疏　23
諸器圖　409	論語周氏章句　479, 490	論語褚氏義疏　479, 490
諸儒箋解古文真寶　292	論語周生氏義説　479, 490	論語彙解凡例　574
諸皋記　390, 400		論語摘衰聖　71, 405, 500, 506
諸皋廣志　364		論語摘衰聖承進識　481, 492

論語摘輔象　71, 405, 481,
　　492, 500, 506
論語蔡氏注　479, 490
論語説義　23, 25
論語鄭氏注　479, 490
論語鄭氏注子路篇殘卷　468
論語鄭義　23, 27, 563
論語熊氏説　479, 490
論語撰考　71
論語撰考讖　405, 481, 492,
　　500, 506
論語稽求篇　10, 13, 392, 541
論語篇目弟子　503, 509
論語衛氏集注　479, 490
論語魯讀攷　23, 25, 528
論語駢枝　446
論語燕傳説　496
論語隱義注　479, 490
論語繆氏説　479, 490
論語顏氏説　479, 490
論語譙氏注　479, 490
論語類考　399, 531
論語纂疏　5
論語釋疑　479, 490
論語顧氏注　479, 490
論語體略　479, 490
論語欒氏釋疑　479, 490
論語識　481, 492
論篆　255, 256, 425
論學　513
論學制備忘記　366
論學酬答　422, 538
論衡　194, 224, 375, 377
調氣煉外丹圖説　263
調變類編　410
諂卦　358
談天緒言　198
談助　373, 472

談虎　365
談往　373, 374
談書録　365
談徵　229
談論新編　588
談龍録　472
談藝録　347
談藪　349, 351, 469
廟制折衷　541
廟堂忠告　389
摩洛哥政要　153
摩訶般若波羅蜜多心經　265
瘞鶴銘考（汪士鋐）　415
瘞鶴銘考（顧元慶）　347
瘞鶴銘圖考　428
瘞鶴銘辯　360, 362
慶元僞學逆黨籍　437
慶元黨禁　381
廢醫論　563
羯鼓録　355, 408
剪勝野聞　94, 347
遵義平匪日記　453
導江三議　531
澎湖紀略　149
潮州海防記　149
潮嘉風月記　370, 463
潛夫論　193, 375, 377, 399
潛邱劄記　10, 13
潛采堂元人集目録　185
潛采堂宋人集目録　185
潛采堂書目四種　460
潛研堂文集　10, 14, 550
潛研堂金石文字目録　178,
　　549
潛研堂金石文跋尾　178, 549
潛研堂詩集　550
潛室劄記　514
潛菴先生擬明史稿　86

潛虛　381
潛虛校正　226, 529
潛虛發微論　381
潛孳堂説文答問疏證　446
潛園總集　565
潛確居類書　341
潛齋詞　307
潤玉傳　348, 350
潤南詞　312
澂景堂史測　426
澳大利亞可自強説　156
澳大利亞洲志譯本　157
澳門公牘録存　453
澳門形勢篇　149
澳門形勢論　149
澳門記　149
澳門記略　161, 369
澳門圖説　149
澳洲紀遊　151
澳蕃篇　149
潘太常集　285
潘公免災救難寶卷　320
潘黃門集　284
潘瀾筆記　423
澄清堂詩稿　281
澄清堂續稿　281
澄懷園語　431
澄懷録　417
憐香伴傳奇　315
寫均慶詞　313
寫情集　311
寫麋慶詞　312
審定風雅遺音　514
審齋詞　306, 312
窮怪録　391
窮愁志　469
窳櫎詩質　533
窰器説　367

履齋示兒編　383	聱隅子歔欷瑣微論　194, 381	薛文清公手稿　536
履齋示兒編辛未年重校補　383	謍饗品　463	薛文清公年譜　536
彈山吾家山遊記　138	駱賓王集　290	薛文清公全書　535
彈丸小記　152	駮春秋名字解詁　21, 28	薛文清公理學粹言　536
彈綠詞　313	駢字分箋　368	薛文清公從政名言　536
選刊花會新歌　316	駢雅訓纂　425	薛文清公策問　536
選石記　358, 469	駢隸　563	薛文清公讀書錄　371
選材錄　366	駢儷文　552	薛文清公讀書錄鈔　431
選佛譜　269	撼龍經　415	薛文清先生全集　277
選巷叢譚　571	撼龍經傳訂本注　575	薛司隸集　286
選詩補註　292	據鞍錄　440	薛刑部詩集　536
選擇當知　198	操敔齋遺書　432	薛君韓詩章句　18, 475, 486
豫軍紀略　103	操觚十六觀　356	薛昭傳　348, 351
練中丞金川集　288	操縵古樂譜　40	薛敬軒先生文集　371
練兵實紀　213, 407	熹朝忠節死臣列傳　95	薛虞易音注　497, 503
練兵籌餉　120	擇繙聊齋誌異　323	薛瑩後漢書　79, 501, 507
練閱火器陣記　363	磬折古義　11, 14	薇省詞鈔　572
緬甸考略　150	薑齋文集　540	薇雲室詩稿　528
緬甸志　150	薑齋詩賸稿　540	薄叔元問穀梁義　478, 489
緬甸瑣記　150	燕丹子　194, 393, 394	薄命曲　466
緬甸圖說　156	燕志　450	薄海番域錄　156
緬甸論　156	燕京雜記　146	翰苑分書鄉會要訣　248
緬事述略　150	燕都日記　97	翰苑群書　381
緬藩新紀　150	燕都識餘　367	翰苑遺事　381, 416
緝古算經　233, 241, 380, 384	燕書　450	翰苑題名　381
緝古算經細草　384	燕喜詞　307	翰林志　381, 416
編註醫學入門　222	燕閒錄　471	翰林重考字義韻律大板海篇心鏡　59
緯青詞　312	燕榻集　577	
緯略　408	燕寢考　12, 16	翰林院故事　381
畿東河渠通論　144	燕樂考原　413	翰林學士院舊規　381
畿南河渠通論　144	燕禧堂五種　550	翰林學士記　381
畿輔水利議　165	燕魏雜記　385	翰林學士集　455
畿輔通志　160	燕翼貽謀錄　396, 416	蕭山縣志刊誤　542
畿輔叢書　511	燕翼篇　357	蕭子雲晉書　451, 501, 507
	燕蘭小譜　454	蕭子顯晉史草　451
十六畫	蠶頤山記　142	蕭方等三十國春秋　452
	薛子道論　193	蕭茂挺集　516
賴業齋續鴛鴦湖櫂歌　528	薛氏族譜　536	蕭亭詩選　543

蕭閑老人明秀集注　289, 307
蕭景暘晉史草　501, 507
蕭湖遊覽記　155
蕭廣濟孝子傳　473, 502, 508
噩夢　540
頤志齋四譜　557
頤志齋叢書　556
頤菴居士集　382
樸巢文選　532
樸巢詩選　532
橋西雜記　420
橋李遺書　528
樵川二家詩　426
樵香小記　408, 514
樵風樂府　576
樵菴詞　307
樵歌拾遺　307
樵隱詞　305
橘潭詩稿　525
輯古筭經補注　234
輯錄雲峰文集易義　3
輶軒使者絕代語釋別國方言　18, 19, 548
輶軒使者絕代語釋別國方言箋疏　66, 67, 446, 457
輶軒絕代語　355, 378, 391, 470
輶軒語　209
賴古堂名賢尺牘新鈔　300
醖造品　258
醒世要言　203
醒華日報　584
醒園錄　387
歷下志遊　147
歷仕錄　544
歷代分野輿圖古今人物事跡　170
歷代甲子考　356, 537

歷代地理志韻編今釋　134, 159
歷代地理沿革圖　134, 170
歷代同姓名錄　107
歷代名人年譜　106
歷代名人書札　301
歷代名臣法帖第二　248, 249
歷代名臣法帖第三　248, 249
歷代名臣法帖第四　248, 249
歷代名臣奏議　132
歷代名臣傳　545
歷代名畫記　397
歷代名儒傳　545
歷代兵制　407
歷代君鑒　105
歷代沿革表　104
歷代建元考　117, 407
歷代姓系歌訣　545
歷代帝王世系圖　104
歷代帝王年表　104, 413
歷代帝王宅京記　163, 443, 539
歷代帝王法帖第一　248, 249
歷代帝王姓系統譜　343
歷代通鑑纂要　88
歷代循吏傳　545
歷代畫史彙傳　108
歷代載籍足徵錄　551
歷代蒙求　346
歷代諸家古法帖五　249
歷代儒學存真錄　108
歷代諱名考　514
歷代輿地沿革險要圖　171
歷代輿地圖　171
歷代疆域表　158
歷代鐘鼎彝器款識法帖　179
歷年城守記　95
歷科朝元卷　303

歷朝紀事本末七種　92
歷朝聖賢篆書百體千文　587
歷朝傳記　509
曆象本要　544
曆算全書　231
曆學會通　231
曆學駢枝　231
霏雪錄　349, 351
霍小玉傳　354, 391, 400
餐櫻詞　572
鷹齋考工記解　5
盧氏易注　497, 503
盧氏禮記解詁　458
盧仝集　511
盧仝詩集　290
盧武陽集　285
盧長公史陳　402
盧昇之集　511
盧忠肅公文集　288
盧植禮記解詁　497, 504
盧照鄰集　290
盧綝晉八王故事　502, 508
盧綝晉四王遺事　502, 508
曉春閣詩稿　298
曉菴遺書　434
曉庵新法　237, 407
曉讀書齋文集　551
曇華詞　313
閻氏小兒方論　217
閻潛丘先生年譜　414
戰國紀年　554
戰國策　99, 374, 511
戰國策釋地　451
戰國疆域圖　171
嘯亭雜錄　101
嘯雪菴詩餘　313
嘯堂集古錄校補　226, 529
嘯園叢書　431

還京日記 146	學文堂詩餘 517	儒林公議 353
還冤記 376, 378, 471	學古編 255, 256, 398, 526	儒林宗派 53
還硯齋大學題解參略 568	學古齋金石叢書 174	儒林傳稿 417
還硯齋中庸題解參略 568	學林 399	儒門事親 215
還硯齋全集 568	學易記 3	儒棋格 355
還硯齋易漢學擬旨 568	學易集 512	衡山記 510
還硯齋周易述 568	學治一得編 432	衡山圖經 510
還硯齋雜著 569	學治臆說 129, 549	衡曲麈譚 315
還經錄 536	學春秋隨筆 8, 10, 13	衡州圖經 510
嶰谷詞 413	學津討原 395	衡陽志 510
鬭容較義 407, 410	學校問 541	衡嶽遊記 138, 365
默記（王銍） 349, 351, 380	學射錄 513	衡齋算學 233, 456
默記（張儼） 484, 495	學海堂二集 303	衛濟寶書 216
黔中水道記 144	學海堂三集 303	舘課擬文 542
黔中紀聞 148	學海堂集 303	錢氏私志 349, 351
黔中雜記 148, 357	學海蠡測 365	錢氏家變錄 95
黔西古蹟考 148, 358, 468	學案小識 108	錢志新編 181
黔苗竹枝詞 369, 464	學規 538	錢牧齋文鈔 278
黔苗蠻記 148	學規類編 372	錢神志 181
黔記 148	學堂日記故事圖說 263	錢唐西湖百詠 518
黔書 415	學庸 47	錢唐湖山勝概詩文 518
黔婁子 483, 494	學庸稗疏 23	錢唐湖山勝槩記 519
黔遊記 148	學詁齋文集 447	錢塘百詠 524
黔語 455	學畫淺說 357	錢塘先賢傳贊 382, 518
黔囊 148	學統 531	錢塘韋先生文集 525
憩遊偶考 367	學蔀通辨 202	錢塘夢 314
積山雜記 364	學詩正詁 557	錢塘遺事 471, 521
積古齋鐘鼎彝器款識 12, 15, 179, 180, 424	學詩詳說 557	錢塘懷古詩 523
	學詩闕疑 431	錢錄 179, 181
積書巖詩集 515	學語雜篇 363	錢譜提綱 181
積學齋叢書 457	學曆說 359, 361	錫金考略 137
穆天子傳 195, 375, 377, 390, 393, 394	學齋佔畢 398	錦衣志 94
	學齋佔畢纂 353	錦帶連珠 356
穆天子傳釋 570	學齋詩集 279	錦帶書 399
篤論 483, 495	學禮 513	錦裙記 354
學士年表 381	學禮管釋 21, 27	錦錢詞 572
學文堂文集 517	學禮質疑 8, 10, 13	錦錢餘笑 383
學文堂詩集 517	儒行述 365	錦繡萬花谷 337

錦囊詩餘 313	辨脈法篇 217	龍興慈記 94
録異記 391	辨症 216	龍龕手鑒 385
録運期讖 72, 406	辨異同 231	糖霜譜 398
歙州硯譜 398	辨惑論 403	瞥記 12, 16
歙問 359, 361	辨惑編 407	燉煌實録 450
歙硯説 398	辨聖學非道學文 542	螢雪叢説 353
館律分韻初編 303	辨歙石説 398	營口雜記 148
膳夫録 470	辨釋名 54, 481, 493	營口雜誌 148
雕菰樓易學三書 553	龍川詞 306	營平二州地名記 443, 539
鮑參軍集 285, 286	龍川詞補 307	營造釣船成規治安八議 119
鮑照集校補 226, 529	龍女傳 354, 390, 400	營衛運行楊注補證 575
鮑臆園丈手札 421	龍井見聞録 521	燈下閒談 468
獨山平匪記 453	龍井遊記 145	燈花占 471
獨孤穆傳 348, 350	龍井顯應胡公墓録 519	燈社嬉春集 568
獨異志 352	龍文鞭影 207	燈迷 358
獨醒雜志（吳宏） 469	龍文鞭影二集 207	澠水燕談録 353, 383
獨醒雜志（曾敏行） 378	龍母洞記 143	潞水客談 412
獨斷 194, 375, 376	龍舟會雜劇 540	潞城考古録 514
鴛央湖櫂歌 528	龍沙紀略 135, 365	澧州圖經 510
鴛鴦牒 357, 462	龍城札記 10, 14, 444	澧州續圖經 510
諧史 349, 351, 469	龍城録 354, 469	澹生堂藏書目 529
諧聲補逸 433	龍威秘書 389	澹生堂藏書約 379, 440
諧鐸 323	龍泉寺記 145	澹如軒詩 572
諭兒書 301, 568	龍洲集 385	澹香廎詞 313
諭摺彙存 131	龍洲詞 306	澹音閣詞 312
諭對録 94	龍珠山房詩集 527	澹儜詞 313
諺説 363	龍眼遊記 146	澹餘筆記 441
憑山閣增輯留青新集 294	龍魚河圖 72, 401, 406, 499, 505	澹蕅軒詞 312
塵史 384	龍筋鳳髓判 399, 410	濂洛風雅 372
塵餘 363, 472	龍舒淨土文 268	濂洛關閩書 371
凝香室鴻雪因緣圖記 166	龍舒增廣淨土文 268	憲章録 91
親屬記 447	龍瑞觀禹穴陽明洞天圖經 467	寰宇訪碑録 174, 395
辨明國家主義與家族主義不容兩立説 584	龍經 360, 361	禪門日誦 269
辨忠臣不徒死文 542	龍輔女紅餘志 472	避戎夜話 346
辨帖箋 258	龍圖公案 328	避地三策 538
辨定祭禮通俗譜 541	龍興祥符戒壇寺志 522	避暑漫抄 349, 352
辨定嘉靖大禮議 541		避暑録話 353, 398, 535
		隱居通議 410

隱書　563
隱緑軒題識　423
縐雲石圖記　384

十七畫

環中黍尺　231
環書　363
環遊地球新録　169
戴九靈集　288
戴氏遺書　548
戴東原先生年譜　431
戴東原集　11, 14
戴叔倫集　290
戴重事録　97
戴聖石渠禮論　502, 508
擬大統春秋條例　573
擬王之臣與其友絶交書　465
擬太平策　513
擬合德諫飛燕書　464
擬更季漢書昭烈皇帝本紀　367
擬兩晉南北史樂府　550
擬明史樂府　105
擬連廂詞　542
蟄室詩録　533
聲律小記　11, 14
聲律通考　559
聲調譜　472
聲譜　55
聲韻攷　368, 389, 548
聲韻叢説　359, 362
聲類（李登）　54, 481, 493
聲類（錢大昕）　412, 549
聲類表　548
聰山集　512
聰山詩選　512
聰訓齋語　431

聯莊　356
聯騷　356
藏行紀程　136, 367
藏府標本藥式　217
藏春樂府　307
藏俗記　155
藏海詩話　383, 385
藏書紀事詩　185
藏書記要　367, 422, 440
藏密齋書牘　528
藏密齋集　288
藏經總目　270
藏寧路程　136
藏鑪述異記　136
藏鑪總記　136
舊五代史　74, 76, 77, 78, 79
舊金山紀　152
舊唐書　74, 76, 77, 78, 79
舊唐書經籍志　185
舊鄉行紀　146
舊鈔太素經校本敘　575
舊聞證誤　385, 417, 441
舊德集　440
舊學蓄疑　434
韓子粹言　276, 544
韓氏山水純全集　385
韓氏醫通　217
韓文類譜　413
韓非子　193, 194, 196, 197, 198, 214
韓非子校正　226, 529
韓非子集解　214
韓忠獻公遺事　527
韓南溪四種　453
韓柳二先生文集　286
韓柳年譜　413
韓侯釣臺記　145
韓翃詩　287

韓集補注　451
韓詩　461
韓詩内傳　475, 486
韓詩内傳徵　457
韓詩外傳　17, 19, 35, 375, 376, 396, 436, 511
韓詩故　18, 475, 486
韓詩説　475, 486
韓詩遺説攷　22, 27, 534
韓詩輯　564
韓詩翼要　475, 487
韓嬰詩内傳　497, 503
韓魏公集　371
隸古文尚書顧命殘本補考　467
隸古定尚書孔傳唐寫本殘卷校字記　468
隸古定經文　456
隸通　458
隸經文　20, 25, 414
隸經賸義　20, 28
隸篇　61
隸辨　61
隸韻　58
隸釋　182
隸續　182
檄文雜録　295
檀几叢書　356
檀弓訂誤　362, 424
檀弓叢訓　385
檀氏儀禮韻言塾課藏本　36
檀道鸞續晉陽秋　451, 501, 507
轅固齊詩傳　497, 503
臨川答問　457
臨平記　521
臨平記補遺　521
臨民要略　432

臨江鄉人集拾遺 298	魏武帝集 284	儲華谷祛疑說纂 353
臨江鄉人詩 298, 299	魏武帝註孫子 393, 394	儲嗣宗詩集 290
臨池心解 431	魏叔子日錄 299	龜台琬琰 463
臨安旬制紀 524	魏叔子文集外篇 299	龜峰詞 307
臨清寇略 367	魏叔子詩集 299	龜巢藁 517
臨漢隱居詩話 390, 470	魏季子文集 299	龜經 355
邇言 365	魏春秋 468	龜臺琬琰 356
邇語 369, 373	魏貞庵先生年譜 514	鍼灸甲乙經 443
霜紅龕家訓 364	魏昭士文集 299	鍾山札記 10, 14, 444
霞川花隱詞 572	魏皇覽 500, 507	鍾山書院規約 367
霞珍詞 314	魏莊渠先生集 371	鍾南淮北區域志 158
戲曲攷原 460	魏特進集 285	鴿經 358
戲瑕 470	魏書 74, 75, 77, 78	臆乘 391
戲擬青年上政府請弛禁早婚書 465	魏書校勘記 80, 448	鮮潔亭詩餘 312
嬰歌寶卷 320	魏書校補 226, 529	謝小娥傳 391, 400
曙海樓帖 250	魏陳思王年譜 557	謝光祿集 285
嶺外代答 382	魏敏果公年譜 514	謝沈後漢書 79, 501, 507
嶺表錄異 416	魏敬士文集 299	謝法曹集 285
嶺南逸史 332	魏鄭公文集 511	謝承後漢書 79, 507
嶺南集 577	魏鄭公詩集 511	謝宣城集 285, 286
嶺南雜記 149, 372, 374, 392	魏鄭公諫續錄 511	謝華啟秀 385
嶺海輿圖 407	魏稼孫先生全集 565	謝皋羽年譜 359, 361
獄餘集 540	魏劉公幹集 284	謝疊山先生文集 288, 371
點石齋畫報 253	魏興士文集 299	謝靈運晉書 451, 501, 507
黜朱梁紀年論 356	魏鍾司徒集 284	襄陽守城錄 413
勦山紀遊 139, 369	魏應休璉集 284	穈信春秋穀梁傳注 498, 504
魏三體石經遺字考 52, 393, 394	魏應德璉集 284	應劭漢官儀 502, 508
魏子 482, 494	篋貳約 358	應酬帖式彙選 303
魏王花木志 464	輿地今古圖考 570	應酬彙選新集 345
魏文侯書 482, 494	輿地全覽 134	應德璉集 284
魏文帝典論 500, 506	輿地形勢論 425	癍論萃英 215
魏文帝集 284	輿地略 135	甕牖餘談 229
魏文毅公奏議 514	輿地碑記目 182, 415	鴻雪因錄圖記 146
魏石經攷異 13, 16	輿地經緯度里表 135	鴻雪廎詞 312
魏阮元瑜集 284	輿圖要覽 159	鴻慶居士文集 516
魏伯子文集 299	輿覽 135	鴻慶居士集補遺 517
	舉業卮言 403	濬小清河議 144
	黛史 462	濬吳淞江議 144

書名筆畫索引 | 707

濮陽蒲汀李先生家藏目錄 467
濟上停雲集 281
濟生方 216
濟瀆考 143
禮斗威儀 71, 401, 405, 499, 506
禮含文嘉 71, 401, 405, 499, 506
禮記 2, 7, 37, 586
禮記王氏注 477, 488
禮記天算釋 23, 28, 428
禮記分編目錄 574
禮記古義 361
禮記外傳 477, 488
禮記沈氏義疏 477, 488
禮記附記 514
禮記范氏音 477, 488
禮記析疑 546
禮記注 37
禮記注疏 7
禮記注疏校補 226, 529
禮記皇氏義疏 477, 488
禮記音訓 17
禮記音義隱 477, 488
禮記馬氏注 476, 488
禮記徐氏音 477, 488
禮記訓義擇言 23, 24, 404
禮記旁訓 2
禮記陳氏集說補正 5
禮記孫氏注 477, 488
禮記異文箋 23, 27, 563
禮記略解 477, 488
禮記偶箋 8, 23, 24
禮記章句 540
禮記淺說 569
禮記集解 530
禮記集說 5

禮記集說大全 37
禮記集說補義 561
禮記補注 386
禮記補疏 12, 15
禮記解 535
禮記新義疏 477, 488
禮記義疏算法解 515
禮記義證 477, 488
禮記箋（王闓運） 571
禮記箋（郝懿行） 552
禮記鄭讀考 23, 27, 563
禮記鄭讀攷 23, 27, 534
禮記熊氏義疏 477, 488
禮記篇目 365
禮記劉氏音 477, 488
禮記盧氏注 477, 488
禮記隱義 477, 488
禮記識 574
禮記纂言 545
禮記釋注 431, 556
禮書五功義 272
禮書綱目 39
禮堂經說 20, 27, 534
禮統 477, 488
禮傳 477, 488
禮義答問 477, 488
禮經凡例 573
禮經校釋 36
禮經通論 21, 27
禮經會元 5
禮經箋 571
禮經學述 368
禮經釋例 11, 15
禮經釋例目錄 361
禮箋 11, 14
禮疑義 477, 488
禮說（黃以周） 566
禮說（凌曙） 13, 16

禮說（惠士奇） 10, 13
禮說（廖平） 574
禮說略 21, 28
禮稽命徵 71, 401, 405, 499, 506
禮論 477, 488
禮論條牒 477, 488
禮論答問 477, 488
禮論鈔略 477, 488
禮論難 484, 492
禮緯 499, 506
禮緯斗威儀 480, 491
禮緯含文嘉 480, 491
禮緯稽命徵 480, 491
禮學卮言 11, 15, 552
禮雜問 477, 488
甓齋遺稿 13, 16
彌羅閣望山記 145
牆東詩餘 307
牆東類稿 516
翼元 385
翼教叢編 201
翼梅 411
績溪山水記 139
績語堂碑錄 565
績語堂詩存 565
績語堂題跋 565

十八畫

瓊州記 149
瓊花志 363
瓊英小錄 523, 564
瓊琚珮語 514
瓊琚譜 458, 459
聶隱娘傳 348, 350
藕香零拾 440
職方外紀 134, 158, 167, 407

| 書名筆畫索引 | 709

藝文類聚　343
藝舟雙楫　555
藝芸書舍宋元本書目　420, 460
藝苑捃華　400
藝林粹言　227
藝風堂題跋　468
藝菊　258
藝檗　560
藝經　484, 496
藥言　428
藥性總義　216
藥師琉璃光如來本願功德經　264, 266
藥症忌宜　422
藤華亭十種　557
檳榔嶼遊記　151
轉注古音略　386
轉注古義考　435
轉徙餘生記（方濬頤）　453
轉徙餘生記（許奉恩）　523
轉漕日記　146
覆校穆天子傳　556
覆瓿集　558
覆瓿詞　307
醫方大成論　592
醫方考　220
醫方集解　216
醫宗必讀　223
醫故　576
醫津一筏　362
醫統正脈全書　215
醫經溯洄集　215
醫綱提要　223
醫學發明　215
醫學讀書記　443
醫壘元戎　215
霧島山記　151

豐順丁氏持靜齋書目　184
豐鎬考信別錄　513
豐鎬考信錄　513
題名錄　415
瞿忠宣公集　289
鼂氏新書　483, 495
闕子　483, 495
曠園雜志　373, 374
黟縣山水記　139
簋齋傳古別錄　421
簪華閣詩餘　312
簪雲樓雜說　373, 374, 472
簡平儀說　237, 407
簡莊文鈔　528
簡通錄　514
雙白詞　306
雙桂軒答問　28
雙梅景闇叢書　454
雙硯齋詩鈔　300
雙節堂庸訓　549
雙溪集　413
雙溪詩餘　307
雙溪醉隱集　445
雙鳳奇緣傳　333
雙頭牡丹燈記　465
邊防三事　147
邊省苗蠻事宜論　148
邊略　467
歸化行程記　147
歸方評點史記合筆　82
歸田詩話　379, 390, 472
歸田錄　353, 398
歸安縣志　566
歸魂集　577
歸愚詞　305
歸潛志　379
歸藏　474, 485
鎮州臨濟慧照禪師語錄　597

鎮南浦開埠記　156
翻譯名義集　270, 597
雞肋　391, 470
觸政五十則　357
癖談　444
癖顛小史　419
雜五行書　484, 496
雜字　481, 493
雜字指　481, 493
雜字解詁　54, 481, 493
雜言　367
雜事秘辛　375, 377, 390
雜祭法　477, 488
雜諍　517
雜錄　372, 373
雜禮議　477, 488
雜纂　349, 352
雜纂二續　437
雜纂續　437
離魂記　391
離騷　380
離騷注　274
離騷草木疏　380, 390, 400, 417, 436
離騷集傳　390, 400, 436, 459
離騷經正義　545
離騷經章句義疏　419
離騷經註　417, 544
離騷箋　436
離騷賦補注　57, 556
離騷釋韻　564
顏子所好何學論　544
顏氏家訓　194, 354, 375, 377, 380, 545
顏氏家藏尺牘　410
顏光祿集　285
顏真卿韻海鏡源　499, 505
顏習齋先生年譜　513

顏習齋先生言行錄　513
顏習齋先生闢異錄　513
顏習齋遺書　513
顏魯公文集　288
顏濬傳　348, 350
瀘月軒詩餘　313
額爾齊斯河源流考　144
璧經堂較正監韻分章分節四書
　正文　49
韞玉樓詞　313
隴首集　544
隴蜀餘聞　147, 360, 362, 372,
　373, 392, 400, 471, 543
繙譯六事箴言　128
繙譯合璧古文　295
繙譯孝經　44
織女　465
織錦回文圖　292
斷袖篇　466
斷腸詞　306

十九畫

擴古錄　177
擴古錄金文　180
難中記　523
難孫氏毛詩評　436, 476, 487
難解二十四篇　397
難經本義　215
難經集注　407
難經經釋補證　575
蘋洲漁笛譜　380
蘆川詞　305, 308, 310
蘆浦筆記　382
勸學篇（張之洞）　209
勸學篇（蔡邕）　54, 481, 493
蘇小小考　466
蘇子　483, 495

蘇氏易傳　395, 402
蘇氏演義　384, 417
蘇文忠公生日設祀詩　389
蘇四郎傳　465
蘇米志林　228
蘇米齋蘭亭考　414, 425
蘇沈内翰良方　382
蘇松浮糧考　538
蘇東坡詩集　346
蘇門集選　543
蘇拯詩集　290
蘇黃門龍川別志　353
蘇祿考　156
蘇祿記略　156
蘇詩查注補正　427, 451
蘇詩補註　412
蘇潁濱年表　441
蘇談　347, 470
蘇齋唐碑選　428
麓山記　510
麓山精舍叢書　509
麓堂詩話　379, 472
麓臺題畫稿　368
攀雲閣臨漢碑　251
麗情集　386, 464
麗慶叢書　454
願學記　538
鶉鷃譜　370
贈行詩　543
曝書亭刪餘詞　454
曝書亭集外詩　528
曝書亭詞手稿原目　454
曝書亭詞校勘記　454
曝書雜記　444
關中金石記　388, 389
關中金石記隋唐石刻原目　456
關氏易傳　375, 376, 396
關尹子　195

關尹子文始真經　192
關平銀兩兌換英金銅錢價目表
　581
關聖帝君聖蹟圖誌全集　110
關聖帝君覺世真經　260
疇人傳　12, 15, 235
疇人傳三編　432
疇齋二譜　526
蹶張心法　213
蟪齋詩話　365
蟻術詞選　307, 311
嚴安書　483, 495
嚴助書　485, 492
嚴彭祖春秋盟會圖　498, 504
嚴維詩集　290
獸經（黃省曾）　422
獸經（張綱孫）　357
羅山記　141
羅江縣志　387
羅含別傳　509
羅鄂州遺文　414
羅鄂州小集　414
羅鄴詩集　290
羅豫章先生文集　370
羅整庵先生存藁　371
羅整庵先生困知記　371
籀史　407
簷曝偶談　347
簷曝雜記　133, 228, 549
簫譜　298
牘外餘言　366, 547
鏡閣新聲　313
鏡鏡詅癡　411, 581
辭學指南　337
譚史紀餘　364
譚苑醍醐　386
譚輅　471
譚節婦祠堂記　465

譚誤　403
譙子法訓　482, 494
譙周五經然否論　498, 504
譙周古史考　394, 501, 507
譙周法訓　469, 500, 506
識小編　175
識小錄　540
識物　364
譜雙　455
證治要訣類方　216
證性編　536
證俗文　553
證俗音　54
譎觚十事　539
廬山二女　466
廬山紀遊　140, 369
廬山記　407
廬山記略　407
廬陵雜說　391
廬餘集　578
廬廬餘餘　578
韻石齋筆談　378, 431, 517
韻史　356
韻府拾遺　345
韻香廬詩鈔　300
韻書五種　63
韻問　360, 362
韻略　54, 481, 493
韻雅　563
韻集　54, 481, 493
韻補　411, 426
韻補正　411, 426, 539
韻語陽秋　517
韻學要指　392, 542
韻鏡　429
韻蘭序　465
甕天錄　368
類音　64

類編傷寒活人書括指掌圖論　218
類證活人書　215
瀟湘怨詞　540
瀟湘錄　349, 351
瀧溪紀遊　151
瀛舟筆談　224
瀛奎律髓刊誤　437
瀛海卮言　152
瀛海採問紀實　152
瀛海論　152
瀛涯勝覽　94
瀛環志略　168, 169
瀛環志略訂誤　157
瀛壖雜志　149
懷芳記　473
懷遠偶記　146
懷夢詞　440
懷舊集　421
懷舊雜記　558
懷麐雜俎　458, 459
韜光庵紀遊集　520
嬾真子　194, 353
嬾園觴政　359, 369
嬿蕟軒襑箠　566
繹史　93
繹志　531
繪事發微　364
繪圖四書速成新體讀本　51
繪圖真真活神仙　334
繪圖綴白裘　318
繪圖增像西遊記　326
繪圖鏡花緣　332
繡刻對相雜字　62
繡閒詞　313
繡像十美圖傳　319
繡像王抄娘新歌　316
繡像百鳥圖　319

繡像耶蒲緣　328
繡像東西兩漢演義像　326
繡像京本雲合奇踪玉茗英烈全傳　326
繡像荔枝記陳三歌　317
繡像姜女歌　317
繡像義妖傳　319
繡像綠牡丹全傳　332
繡詩樓詩　570
繡墨軒詞　313
繡餘吟稿　547, 548
繡餘詞　312

二十畫

蘭因集　520
蘭州風土記　147
蘭如詩鈔　54
蘭芷零香錄　568
蘭言　360, 361, 532
蘭亭考　380
蘭亭續考　380
蘭室祕藏　215
蘭紉詞　440
蘭雲菱寤樓筆記　571
蘭臺奏疏　512
蘭譜　258
獻帝春秋　468
懸笥瑣探　347
鶡冠子　193, 194, 211, 397, 417, 571
蠕範　531
籌表開諸乘方捷法　234
籌洋芻議　567
籌運篇　155
籌餉卮言　364
籌餉事例　118
籌邊議　154

纂文 54, 481, 493	釋疑論 477, 488	瘱影廎詞 312
纂要（蕭繹） 54, 452, 481, 493, 498, 505	釋滯 483, 494	饗禮補亡 367, 442
纂要（顏延之） 481, 493	釋穀 21, 27, 446	響屧譜 465
纂要解 452	釋穀梁廢疾 502, 509	
纂喜堂詩稿 420	釋橢 233, 553, 554	**二十一畫**
覺世名言 324	釋輪 233, 553, 554	
覺世經 262	釋廢疾 8	蘦華室詩選 465
覺世經果報圖證 262	釋廢疾疏證 569	攝山紀遊 138
覺世經註證 462	釋蟲小記 11, 14	攝生要錄 470
覺迷要錄 573	釋繒 11, 14, 550	驂鸞錄 383, 472
鎬項仲昭先生重訂四書同然解 49	臚傳紀事 356	權德輿集 290
鎬提章分節鄒魯正韻四書正文 49	護國寺元人諸天畫像讚 522	鄡軒孔氏所著書 552
	譯史紀餘 389, 393	蠟談 365
鐘律緯 477, 488	議郎 562	黯淡灘記 145
鐘鼎字源 61	灌畦暇語 470	籐陰客贅 566, 567
釋二辨文 542	灌園十二師 358, 468	鐵厓小樂府 437
釋人疏證 572	瀾堂夕話 366	鐵厓咏史 437
釋天 570	懺花盦叢書 436	鐵函齋書跋 368
釋毛詩音 20, 26	懺船娘張潤金疏 465	鐵琴銅劍樓藏宋元本書目 184
釋氏切韻 55	懺摩錄 423, 431	鐵琴銅劍樓藏書目錄 188
釋地三種 570	寶山記遊 146	鐵雲藏龜 184
釋名 18, 19, 375, 377	寶刻類編 415	鐵圍山叢談 349, 351, 380
釋名補證 433	寶訓 552	鐵橋金石跋 178, 456
釋名疏證 388, 446	寶圖山記 142	鐵橋漫稿 281, 427
釋冰書 367	寶藏論 384	辯誣筆錄 385
釋服 21, 25	寶應錄 348, 351	辯論 245
釋弧 233, 553, 554	寶甓齋文集 12, 16	爨行紀程 147
釋迦如來成道記 269	寶甓齋札記 12, 16	爛柯山記 155
釋迦如來應化事蹟 270	寶顏堂訂正丙丁龜鑑 418	灈山集 382
釋迦譜 597	寶櫝記 347, 470	灃湘二水記 144
釋草小記 11, 14	寶鐵齋金石文跋尾 421	懼內供狀 465
釋骨 366	寶鑑編補註 124	顧子新言 482, 494
釋宮小記 11, 14	竇氏聯珠集 287	顧子義訓 483, 494
釋笵 574	竇玉傳 348, 351	顧氏四十家小說 346
釋智匠古今樂錄 500, 507	竇質民中庸撮總 403	顧氏遺書 557
釋奠考 356, 418	竇質民純一圖 403	顧氏譜系考 539
	竇質民禮樂緒言 403	顧曲雜言 471
	瀟湘廎詞 312	

顧仲恭討錢岱檄 463	續同人集 547	續墨客揮犀 349, 351
顧亭林先生年譜（吳映奎） 539	續近思錄 372	續論語駢枝 23, 27, 563
顧亭林先生年譜（張穆） 414	續宋編年資治通鑑 396	續談助 415
顧亭林先生詩箋注 279	續幸存錄 96	續編宋史辨 347
顧彪尚書義疏 497, 503	續英烈傳 327	續翰林志 381, 416
顧端文公年譜 536	續東河櫂歌 524	續黔書 415
顧端文公遺書 536	續金石稱例 557	續蟹譜 363
鶴山筆錄 385	續孟子 193, 380, 385	續證人社約誡 356
鶴林玉露 353	續春秋左氏傳博議 540	續驂鸞錄 472
鶴壽堂叢書 461	續春秋左氏傳義略 478, 489	續黯體連珠 464
鶴徵後錄 368	續茶經 259	纏子 483, 495
鶴徵前錄 368	續幽怪錄 391	纏足談 463
鶴齡錄 356	續修雲林寺誌 521	
蠹山記 140	續泉匯 181, 558	**二十二畫**
蠹海集 352	續後漢書（郝經） 86, 404	
蠡測卮言 152	續後漢書（蕭常） 403	懿安事畧 95
續三十五舉 255, 256, 366, 410, 418, 428, 431	續後漢書辨疑 80, 448	聽雨紀談 347
續千文 439	續後漢儒林傳補逸 458	聽雨廬詞 313
續千字文 419	續晉陽秋 450, 468	聽雨樓詩 421
續天文略 548	續高士傳 438	聽秋聲館鈔書 417
續五九枝譚 563	續唐書 450	聽雪詞 312
續文選 293	續琉球國志略 569	鷗堂賸稿 533
續文獻通考 114	續博物志 195, 352, 355	鑒公精舍納涼圖題詠 523
續方言 368, 546	續詞選 305	鑒戒象讚 482, 493
續方言又補 458	續補侍兒小名錄 353, 463	鑒誡錄 398, 436
續方言疏證 433	續畫品錄 354, 355	霽山先生集 383
續世說 408, 415	續詩品 365	巖下放言 454, 535
續古文苑 395	續詩傳鳥名 20, 24, 541, 393	穰梨館過眼錄 566
續古文辭類纂 295	續資治通鑑 91	籥紀 355, 381
續古摘奇算法 384, 404	續資治通鑑綱目 88, 89, 90	鑄錯軒詩葺 533
續丙丁龜鑑 418	續資治通鑑綱目卷之末 89	鑑止水齋集 12, 16, 281
續印人傳 256	續新齊諧 547	鑑韻幼學詩帖 205, 206
續玄怪錄 391	續對數簡法 235, 243, 415	穌漱玉詞 312
續弘簡錄元史類編 86	續疑年錄 413, 423	讀山海經 563
續列女傳 436	續齊諧記 356, 376, 378	讀王氏稗疏 563
續夷堅志 289	續漢書人表考校補 456	讀王觀國學林 563
	續漢書志注補校正 226, 529	讀中論 562
	續增駮案新編 120	讀公孫龍子 563

讀文子　563
讀文中子　562
讀文雜記　561
讀左補義　41
讀左瑣言　368
讀史　538
讀史方輿紀要　159
讀史方輿紀要歷代州域形勢　159
讀史札記　456
讀史吟評　373, 374
讀史記　538
讀史記劄記　364
讀史管見　362
讀史舉正　80, 451
讀史膌言　531
讀史雜記　561
讀四元玉鑑記　452
讀四書大全說　540
讀代數術記　452
讀老札記　576
讀朱隨筆　371
讀吳越春秋　562
讀吳詩隨筆　300
讀宋鑑論　561
讀抱朴子　562
讀東坡志林　361
讀昌黎先生集　563
讀明史劄記　364
讀易別錄　383
讀易私言　3
讀易筆記（方宗誠）　560
讀易筆記（張履祥）　538
讀易漢學私記　20, 27, 456
讀易緒言　367
讀孟子劄記　544
讀孟質疑　443
讀厚語偶記　538

讀律一得歌　123
讀律心得　129, 234
讀律瑯琅　432
讀風偶識　514
讀莊子法　359, 361
讀書小記　458
讀書社約　521
讀書法　358, 469
讀書紀數略　437
讀書記　483, 494
讀書敏求記　409
讀書偶識　20, 27
讀書脞錄　11, 14, 226
讀書筆記　347
讀書說　531
讀書質疑　373
讀書餘錄　562
讀書錄　535
讀書燈　357
讀書叢錄　20, 25, 226, 449
讀書雜志　11, 15, 533
讀書雜志餘編　533
讀書雜識　425
讀通鑑綱目條記　91
讀通鑑論　540
讀許魯齋心法偶記　538
讀越絕書　562
讀畫錄（王槩）　410
讀畫錄（周亮工）　368
讀畫齋叢書　395
讀楚辭　563
讀碑小箋　183
讀詩拙言　396, 409
讀經貨記　576
讀經說　557
讀漢碑　563
讀儀禮　21, 25
讀儀禮錄　21, 27

讀諸子諸儒書雜記　561
讀諸文集偶記　538
讀論孟筆記　561
讀論語劄記　544
讀論衡　562
讀潛夫論　562
讀戰國策隨筆　364
讀學庸筆記　561
讀韓詩外傳　562
讀隸輯詞　563
讀禮志疑　371
讀禮私記　534
讀禮通考　38, 39
讀禮問　360, 361
讀醫隨筆　217
讀鶡冠子　562
讀鹽鐵論　562
鷓鴣天　256
龔安節先生畫訣　381
龔定盦說文段注札記　453
鬻子　192, 194, 408, 573

二十三畫

竈峯倡和詩　520
驛站路程　135, 154
曬書堂文集　553
曬書堂時文　553
曬書堂筆記　553
曬書堂筆錄　553
曬書堂詩鈔　553
曬書堂閨中文存　553
麟角集　380
麟臺故事　416
麟德術解　236
孋窟詞　306, 312

二十四畫

攬勝圖　358
攬勝圖譜　370
攬轡錄　383
觀水雜記　145
觀心約　512
觀古堂所箸書　572, 573
觀古堂書目叢刻　184
觀古堂彙刻書　453
觀石錄　357
觀光紀遊　146
觀自得齋叢書　438
觀宅四十吉祥相　359, 369, 437
觀我生室彙稿　234
觀妙齋藏金石文考略　176
觀林詩話　409
觀物篇　363
觀音經　267
觀象授時　10, 14
觀象廬叢書　569
觀無量壽佛經　264
觀復堂集　289
觀復堂稿略　532
觀感錄　365
觀劇絕句　454
蠹窗詩餘　312
鹽法議略　420
鹽鐵論　193, 200, 375, 377
鹽鐵論校補　226, 529
靈芬館雜著　431
靈星小舞譜　40

靈鬼志　391
靈素五解篇　575
靈峯草堂集　455
靈峯草堂叢書　455
靈棋經　422
靈樞隋楊氏太素注本目錄　575
靈憲　484, 496
靈隱書藏紀事　524
靈應傳　348, 350, 391, 465
靈寶天尊說洪恩靈濟真君妙經　260
靈寶無量度人上經大法　259
靈寶領教濟度金書　259
靈巖山人詩鈔　389
靈巖懷舊記　138
鹽衣　347
鹽尾集　543
鹽事要略　214
鹽書　380, 390, 400
鹽桑萃編　214
艷囮二則　463
艷體連珠　463
讕言　482, 494
讒書　426
贛州失事紀　537
懺母傳　466

二十五畫

鬭杯堂集　570
鬭杯堂詩集　570
顧頡經　216, 385
蠻司合誌　529, 542

二十六畫

灤京雜詠　383
灤陽消夏錄　323
灤陽續錄　323

二十八畫

豔體聯珠　357

二十九畫

驪山傳　564
鬱單越頌　356
鬱輪袍傳　466

三十畫

鸝吹詞　313

外文

Nos Ytouri, Voamtaohoa, Tchaotcham...ad omnes qui ex Europa appulerunt, scribimus　129
Postal map of China（1904）　581
Postal map of China（1907）　581

著者筆畫索引

二畫

丁大任　95
丁巨　242, 384
丁日昌　108, 120, 184
丁午　62, 519, 520
丁公著　479, 491
丁丙　189, 216, 298, 299, 518, 522, 523, 524, 525
丁申　524
丁立志　523
丁立誠　524
丁兆松　531
丁芮樸　426
丁辰　449
丁孚　393, 394, 425, 444, 502, 508
丁取忠　135, 236
丁杰　399
丁奇遇　521
丁宗洛　85
丁居晦　381
丁飛雄　463
丁晏　17, 19, 20, 22, 23, 26, 52, 274, 426, 430, 431, 432, 441, 445, 458, 556

丁特起　396
丁健　298
丁皋　252
丁國鈞　449
丁紹儀　417
丁敬　298, 299
丁雄飛　357, 440
丁腹松　139
丁壽辰　557
丁壽祺　137, 155
丁養浩　527
丁寬　474, 485
丁蕚亭　402
丁德用　434
丁韙良　152
丁寶臣　583
丁寶書　425
七十一　133, 136, 137, 167, 168, 403
卜式　483, 494
卜商　3, 29, 395, 473, 474, 485, 496, 503
卜應天　245
八洞仙祖　210
刁包　514
了緣子　465

三畫

三輪希賢　591
于武陵　290
于奕正　163, 176
于邑　432
于敏中　121, 164, 187, 280, 438
于義方　391, 464
于慎行　225
于鄴　354, 391
于慶元　296
于濆　290
于謙　288, 527
干寶　29, 195, 229, 352, 376, 378, 390, 398, 400, 450, 451, 470, 474, 476, 477, 478, 483, 486, 487, 488, 489, 494, 497, 501, 503, 507
大鄉穆　588
兀欽仄　397
小田景福　589
山井鼎　386
山田敬直　151
山崎嘉　589, 590
山謙之　439

山濤　572
尸佼　194, 196, 197, 198, 393, 394, 399

四畫

王一元　419
王十朋　400
王九思　407, 434
王乃棠　65
王又樸　130
王士性　530
王士祜　543
王士祿　312, 360, 362, 543
王士禛　135, 138, 141, 142, 143, 146, 147, 149, 166, 224, 304, 312, 322, 357, 360, 362, 366, 372, 373, 392, 400, 412, 418, 431, 432, 438, 471, 472, 473, 543, 544
王士濂　461, 462
王士禧　543
王大同　162
王大海　151, 168
王千秋　306, 312
王之春　150, 152, 155
王之垣　544
王子興　192
王天與　4
王夫之　22, 23, 24, 367, 368, 540
王元規　478, 489
王元啟　447
王太岳　136
王日休　268
王仁照　55
王氏　471
王文治　247, 387

王文清　144
王文祿　94, 194, 195
王文韶　129
王文錦　154
王心敬　364
王引之　11, 12, 15, 16, 60, 61, 406, 511, 533
王正德　409
王世貞　94, 110, 247, 275, 278, 340, 423, 451, 472
王世睿　136, 364
王申子　3
王仕雲　360, 363
王弘嘉　138
王弘撰　356, 423
王幼學　88, 89, 90
王芑孫　174, 175
王朴　408
王有宗　51
王光承　35
王光彥　146
王先慎　214
王先謙　19, 24, 33, 80, 82, 92, 166, 228, 295, 432, 448
王廷瑚　139, 144
王行　175
王兆符　416, 546
王冰　196, 197, 198, 215, 217, 218
王充　194, 224, 375, 377
王充耘　4, 415
王宇　193, 211
王守仁　277, 386, 587, 590
王守基　420
王守謙　272
王安中　306, 311
王安石　286, 414
王好古　215

王圻　114, 341
王孝通　233, 241, 380, 384
王志長　35
王志遠　470
王步青　45
王我師　136, 137
王秀楚　95, 96
王何功　268
王佐　227
王伯大　275, 286
王希廉　331, 598
王言　176, 359, 360, 361, 362
王灼（宋）　380, 398, 472
王灼（清）　139
王沂孫　307, 380
王良樞　419, 439
王初桐　370
王君玉　349, 352, 398, 437
王劭　483, 494
王若虛　289, 379, 390, 472, 512
王苹　145
王松溪　221
王杰　179
王叔和　215, 216, 407
王肯堂　215
王尚辰　427
王明清　391, 399, 466, 472
王秉恩　52
王岱　147
王岱輿　272
王侃　142
王采薇　281, 395
王念孫　11, 15, 24, 25, 54, 460, 511, 533
王周　290
王炎　307
王宗涑　21, 27, 446

王宗傳　3
王宗誠　367
王定安　102, 111, 523, 564
王定保　352, 374, 398, 431
王宜亨　139
王城　403
王拯　82
王相　146, 206, 208
王柏　4
王柏心　147, 531
王枺　396, 416
王勃　269, 290
王貞儀　313
王星誠　420
王思任　289
王思訓　147
王修玉　356
王保訓　434
王禹偁　437
王度（晉）　450, 452
王度（隋）　391, 466
王度（清）　95
王彥泓　316
王前席　48
王炳　201
王恪　138
王昶　52, 135, 142, 145, 146, 147, 148, 150, 176, 314, 367, 370, 454, 470, 471
王耕心　200
王逈　373, 374, 471
王原祁　144, 368, 418
王致遠　531
王倩　312
王逢（元）　384
王逢（明）　589
王浮　467
王家文　457

王家楨　289, 512
王家禎　97
王家鳳　531
王家儉　124
王朗　479, 490
王孫　482, 494
王通　192, 193, 196, 197, 198, 375, 377
王逸之　484, 492
王逵　352
王挨　6, 7, 43
王基（三國魏）　475, 482, 487, 494, 497, 503
王基（明）　587
王著　248
王乾昌　247
王梓材　108
王晞　362
王冕　426
王國楠　275
王國維　460, 468
王國器　383
王棜　13, 16
王崇炳　140
王崇慶　193, 512
王崇簡　142, 372, 373, 472
王符　193, 375, 377, 399
王得臣　384
王象　500, 507
王象之　182, 386, 415
王象晉　259, 544
王逸　274, 284, 482, 494, 531
王惟一　219
王寂　289, 440
王啟原　559
王隆　393, 394, 425, 444, 502, 508
王紹傳　524

王紹徽　454
王紹蘭　214, 367, 421
王琰　470
王堯臣　186, 414, 424
王堯衢　294
王項齡　32
王達　347, 515
王敬之　440
王萱齡　457, 514
王皙　4
王硯堂　462
王雱　62, 402
王鼎（清）　128
王鼎（遼）　463
王暈　145, 356, 358, 359, 361, 363, 369, 412, 463, 469
王景元　302
王景暉　450, 452
王貴學　466
王凱沖　475, 486
王復　18, 19, 416, 423
王復禮　518
王欽若　336
王鈞　161
王道焜　41, 289, 527, 587
王曾　398, 417, 472
王曾翼　136, 369
王湜　3
王惲（元）　309, 311, 408, 423
王惲（唐）　348, 351, 391
王榮　380
王弼　2, 7, 9, 195, 197, 210, 375, 376, 396, 416, 429, 479, 490
王頊齡　6
王聘珍　21, 25, 38, 446
王夢簡　49
王楙　353, 360, 361

王粲　284, 375, 377, 502, 508
王當　4
王煦　426
王暐　472
王照圓　110, 552, 553
王嗣宗　475, 486
王嗣槐　138, 356
王筠（南朝梁）　38, 56, 143, 362, 425, 439, 555
王筠（清）　285
王與之　5
王與胤　544
王頌蔚　420
王詡　212
王歆　473
王義　496
王煒　139, 363, 364
王溥　113
王源　514
王禕　288
王肅　29, 193, 199, 474, 475, 476, 477, 478, 479, 480, 482, 485, 486, 487, 488, 489, 490, 491, 494, 497, 501, 502, 503, 507, 508, 600
王槩　252, 253, 357, 594
王嘉　195, 352, 355, 376, 378, 468
王壽康　250
王聞遠　185
王鳴盛　10, 14, 402
王僧孺　285
王銍　349, 351, 353, 380, 399, 463
王鳳嫺　471
王廣謀　600
王廙　29, 474, 486, 497, 503
王韶之　470, 473, 501, 507, 510
王端履　529
王實甫　314
王肇紀　260
王禕　74, 76, 77, 78, 79, 85, 386
王維　346, 354, 355
王維戊　403
王維德　246
王綸　593
王鞏　379
王槩　368
王震元　523
王儼　285, 476, 477, 488
王德溥　519
王德福　441
王德寬　300
王德璘　523
王徵　258, 408
王餘佑　514
王褒（北周）　285
王褒（漢）　284
王慶雲　124
王慶勛　250
王慶麟　139
王澍　410, 425, 437
王澐　147, 149
王履　215
王履階　148
王暈　365, 381
王豫　367
王緯　522
王樹柟　29, 32, 38, 66, 212, 274, 511, 512
王融　285
王叡　470
王曇　415
王錫　541
王錫祺　134, 137, 138, 141, 142, 143, 146, 153, 155, 156, 157
王錫闡　237, 407, 434
王錦　464
王錟　366
王羲之　248, 249, 285, 470
王澤洴　462
王隱　388, 450, 451, 501, 507
王駿　496
王轂　362
王懋竑　10, 13, 413, 447
王嬰　482, 494
王穉登　278, 341, 422, 519
王謨　374, 376
王應熊　237
王應綬　182
王應麟　17, 18, 19, 29, 57, 205, 206, 207, 225, 337, 374, 384, 396, 397, 399, 402
王鴻春　262
王鴻緒　6, 7, 35, 86
王濟　347
王彌大　385
王鏊　466
王闓運　102, 274, 571
王翺　300
王韜　174, 179
王鵬運　306, 307
王瀚　161
王瀛　523
王韜　149, 150, 152, 229, 323, 417, 580
王蘭芳　439
王獻之　249, 285
王鷃　512
王譽昌　365
王繼香　432
王瓛　393, 394, 407

王闓之 353, 383
王鑒 402
王麟趾 368
王觀 258, 464, 533
王觀國 399
王灝 511
王讜 408
天公 334
天花藏舉 334
天竺普明禪師 320
元行沖 477, 479, 488, 490
元好問 289, 308, 309, 310, 311, 512
元明善 441
元革 355
元結 460, 543
元積 287, 354, 381, 391
元懷 349, 351
扎克丹 323
木村杏卿 144
五十川左武郎 590
太上隱者 390, 400
太史叔明 479, 490
太史箴 481
太宰純 151, 378, 416, 417
太醫院 221
尤珌 380, 515
尤侗 105, 138, 139, 316, 356, 358, 359, 361, 363, 369, 389, 393, 438, 463, 469, 587
尤怡 443
尤珍 105, 359, 361, 389, 393
尤乘 423
尤袤 409, 515, 516
尤維熊 143
尤澹仙 298
屯圖 68
戈載 307, 432

中州一了山人 263
中根淑 150
中國書店 309
內藤希振 576
水燿 287
牛弘 286
牛運震 145, 177
牛肅 348, 350
牛僧孺 230, 391
牛樹梅 117
毛士 42
毛邦翰 52
毛开 305
毛先舒 356, 359, 360, 361, 362, 363, 365
毛亨 2, 7, 9, 34
毛奇齡 10, 13, 20, 21, 23, 24, 50, 94, 144, 357, 360, 362, 363, 364, 392, 393, 401, 424, 464, 522, 529, 541
毛宗崗 315, 325
毛居正 6
毛昶熙 303
毛振 136
毛晉 228, 259, 287, 305, 396, 402
毛晃 416
毛祥麟 230
毛壇 41
毛埭 41
毛煥文 344
毛滂 305
毛際可 140, 358
毛際盛 456
毛鳳苞 544
毛謨 428
毛繼登 208
升泰 124

仇英 109
仇遠 383, 526
公孫尼 482, 494
公孫弘 193, 376, 377, 482, 494
公孫龍 192, 194, 408
六十七 149, 161, 168, 366
六承如 134, 160, 413
六嚴 134, 160, 170
文天祥 288, 371
文同 460
文廷式 453, 459
文安禮 276, 413
文林 94, 347, 469
文秉 95, 96
文嘉 94, 381
文震亨 96, 415, 469
文震孟 95, 427
文徵明 249, 347
文應熊 403
方士淦 136
方大湜 129
方千里 305
方勺 349, 351, 352, 431
方中通 243
方中履 363
方以智 255, 256, 365
方申 433
方式濟 135, 365
方成珪 64, 530
方成培 432
方回 349, 352, 471
方孝孺 288, 371
方亨咸 148, 357
方苞 140, 416, 447, 545, 546
方東樹 443
方昕 381
方岳 307, 309, 311
方宗誠 140, 141, 146, 560

方承之 145	孔平仲 349, 351, 408, 415	玉泉樵子 465, 466
方拱乾 135, 363, 373	孔伋 198, 199	甘公 355
方彥珍 313	孔安國 2, 7, 9, 378, 416, 417, 434, 466, 479, 490	甘京 359, 361, 369
方逢辰 346		甘紱 345
方朔 178	孔尚任 360, 362	甘暘 255, 256, 418
方培瀦 561	孔貞時 237	世碩 482, 494
方象瑛 138, 145, 147, 357, 358, 360, 362, 364, 372, 373, 392, 453, 469	孔貞運 49	艾約瑟 152, 155
	孔貞瑄 137, 372, 374, 392, 400, 472	艾儒略 134, 158, 167, 231, 407
方絢 465	孔衍 401, 476, 487, 501, 507	古吳求放心齋 160
方傳貴 546	孔衍栻 360, 362	古吳墨浪子 324
方愷 448	孔穿 482, 494	古城貞吉 156
方殿元 363	孔晁 85, 86, 355, 375, 376, 444, 480, 485, 491, 492, 501, 507	古潭山人天禄氏 341
方棨如 366		左丘明 40
方廣 222		左光斗 288
方熊 426	孔倫 476, 487	左宗棠 132, 301
方履籛 176, 439, 440, 514	孔稚珪 285	左輔 458, 459
方駿謨 146	孔廣林 396	左輝春 346
方薰 253, 382	孔廣牧 22, 23, 28, 428, 447	左錫嘉 313
方濬頤 226, 453	孔廣陶 336	左錫璇 313
方鵬 380	孔廣森 11, 15, 20, 25, 38, 511, 552	左懋第 289
方瀾 460		石天基 462
方觀旭 13, 16	孔齊 415	石介 371
方觀承 135, 136	孔融 284, 287	石申 355, 376, 378
戶部 118, 128	孔鮒 193, 375, 377, 390, 400	石成金 203, 204
尹□ 483, 494	孔穎達 2, 7, 9, 34	石孝友 305
尹文 192, 194, 399, 408	孔邇 470	石茂良 346
尹更始 477, 489	孔繼涑 250	石香村居士 101
尹佚 483, 495	孔繼涵 233, 402, 457	石崇階 358
尹知章 593	允祕 106	石渠 421
尹畊 512	允祹 115	石梁 61
尹洙 437	允祿 6, 7, 179, 231, 246, 279, 345	石嘉吉 421
尹耕雲 103, 155		石龐 363, 369
尹起莘 88, 89, 90	幻真先生 195, 399	平岩道知 588
尹喜 192, 195		平顯 526
尹彭壽 183	**五畫**	北洋洋務局 119
尹焞 370		申不害 483, 495
尹會一 513	玉花堂主人 332	申佳胤 288, 512

申居鄖　512, 513
申時行　114
申培　18, 375, 376, 475, 486, 497, 503
申涵光　363, 431, 512
申涵盼　512, 513
申涵煜　512, 513
申頲　513
田一儁　48
田中篤實　588
田同之　312
田仲　194, 417
田汝成　522, 523, 526
田況　353
田俅　483, 495
田俶　108
田雯　138, 141, 143, 145, 146, 147, 148, 364, 415
田普光　458
田渭　510
田嵩岳　149
田駢　483, 494
田融　450, 452
田澤　589
田藝蘅　94, 470
田蘭芳　86
由余　483, 495
史山清　278
史正志　465
史可法　278, 289, 419, 512
史册　368
史仲彬　288
史季溫　277
史承豫　139, 142, 143
史炤　87
史容　277
史虛白　379, 416
史嵩　218

史堪　217
史達祖　305, 307
史游　18, 19, 57, 337, 396, 421, 430
史榮　514
史震林　460, 471
史徵　17, 19
史繩祖　353, 398
史鑄　400
史鑑　520
冉覬祖　364
丘公明　430
丘處機　309, 311
丘密　307
丘遲　285
丘濬　39, 94, 199, 207, 371, 392
丘璿　258, 464
白行簡　391, 400, 454, 464
白居易　276, 287, 460, 598
白珽　380, 383, 526
白雪軒　318
白雲道人　330
白愚　95, 470
白樸　290, 307, 314
令狐楚　543
令狐德棻　74, 75, 77, 78, 83
印光任　161, 369
外方山人　229
包世臣　428, 555
包世榮　433, 555
包令　124
包汝楫　471
包拯　415
包咸　479, 490
包家吉　148
包慎言　21, 26, 555
主父偃　483, 495

市村謙　151
立溫斯敦　152
玄燁　32, 43, 90, 129, 130, 131, 214, 279, 591
氾勝之　369, 458, 483, 494
永亨　352
永珵　251, 422
永瑢　128, 187
司空圖　288, 304, 354, 355, 390, 399, 400, 554
司空曙　290
司星子韋　484, 496
司馬光　5, 87, 192, 193, 245, 276, 371, 381, 396, 398, 416, 417, 436, 451, 455, 536, 545
司馬承禎　192
司馬相如　54, 284, 481, 493, 498, 504
司馬貞　74, 77, 78, 80, 81, 447
司馬彪　74, 75, 77, 78, 79, 82, 468, 474, 500, 502, 507, 508, 509
司馬遷　74, 75, 77, 78, 80, 81, 484, 496
司馬穰苴　194, 212, 393, 394, 473, 591
司農司　214
弘晝　159, 302
弘曆　31, 68, 280, 294, 419
皮錫瑞　28, 29, 32, 53, 569

六畫

刑部　123
邢邵　285
邢昺　8, 9, 43, 44, 65
邢雲路　512
邢凱　408

邢慈静　471
邢澍　174, 395, 456
邢璹　2, 7, 375, 376, 396, 416
戎昱　290
吉天保　196, 197, 198
吉同鈞　121
托津　115
老迂天章氏　419
老萊子　483, 494
西方子　219
西田直養　421
西清　135, 154, 157, 160, 451
西湖安樂山樵　454
西湖鵬鶿居士　330
西溪山人　454
列禦寇　192, 193, 195, 197, 211, 346, 377, 399
成公綏　285
成玄英　429
成伯璵　4, 477, 488
成性　358, 469
成無已　215
成肇麐　305
成孺　20, 21, 22, 28, 79, 80, 433, 445, 447, 448, 461
曲直瀨正紹　592
同仁堂　118
呂才　484, 496
呂大圭　5
呂大忠　402
呂大鈞　536
呂大臨　173
呂子振　257
呂不韋　194, 196, 197, 198, 223, 388
呂世宜　421
呂世鏞　47
呂本中　397, 402

呂延濟　291
呂向　291
呂忱　402
呂君翰　170
呂坤　40, 402, 545
呂佺孫　421
呂愈　397
呂星垣　140, 141, 145
呂祖謙　3, 4, 30, 105, 201, 297, 372, 407, 429, 442, 444, 586, 598
呂飛鵬　456
呂培　550
呂得勝　207
呂彩芝　313
呂望　193, 393, 394, 500, 506, 591
呂岊　263, 268, 462
呂勝己　311
呂湛恩　322
呂溫　290, 414
呂靜　54, 481, 493, 499, 505
呂種玉　373
呂維祺　39, 106
呂璜　430, 518
呂調陽　151, 569
呂頤浩　385
呂熾　513
呂磻　212
呂濱老　306
年希堯　64, 90, 252
朱一新　154, 447
朱士端　428
朱大韶　20, 26
朱之蕃　162
朱之澄　17
朱子素　95, 96, 97
朱元昇　3

朱中楣　313
朱升　216, 346
朱公遷　6
朱文娟　465
朱文戀　523
朱文藻　519, 520, 523
朱方藹　384
朱孔彰　57
朱正元　173
朱世傑　235, 241, 593
朱右曾　22, 24, 27, 436
朱申　5
朱仕琇　141, 142
朱用純　423, 532
朱弁　384, 398, 468
朱百度　53, 446
朱延齡　124
朱仲　470
朱仰之　475, 486
朱兆鳳　281
朱祁鈺　105
朱克敬　152
朱吾弼　275
朱良玉　50
朱長文　397, 416
朱長春　193, 214
朱昆田　164
朱和羲　459
朱和羹　431
朱采治　17
朱肱　381
朱育　476, 481, 487, 493
朱河　455
朱宗淑　298
朱建　482, 494
朱承爵　347, 517
朱祖文　382
朱祖義　4

朱祖謀　458, 459
朱珪　514
朱彧　408, 469
朱倬　4
朱逢甲　136, 148, 149
朱記榮　92, 174, 175, 190, 438,
　　441, 442, 443, 539
朱書　145
朱彬　13, 16
朱國達　170
朱象賢　292, 366
朱翊鈞　292
朱淑真　306, 525
朱翌　379, 382, 466
朱琰　298, 391, 522
朱彭　518, 519, 524
朱揆　463
朱楠　421
朱雲錦　138, 143, 144, 147
朱集璜　289, 532
朱勝非　469
朱敦儒　307
朱善　4
朱善旂　180
朱焯　106
朱瑋　139
朱載堉　40
朱楓　363, 425
朱軾　40, 545
朱當㴻　94, 349, 352
朱睦㮮　184, 186, 453, 467
朱筠　140, 432, 514
朱雍　307
朱殿芬　155
朱際虞　144, 362
朱嘉徵　527
朱壽朋　92
朱輔　347, 350, 469

朱鳳　450, 451, 501, 507
朱緒曾　20, 27, 188
朱綬　138, 142
朱樟　520
朱震　3
朱震亨　215, 217, 592
朱德潤　174
朱慶餘　287, 290, 464
朱澄儉　106
朱履貞　383
朱熹　7, 30, 34, 36, 39, 45, 46,
　　47, 87, 88, 89, 90, 107, 200,
　　201, 202, 206, 274, 275, 277,
　　286, 370, 371, 372, 396, 402,
　　409, 416, 429, 434, 436, 447,
　　531, 532, 534, 535, 536, 586,
　　587, 589, 591
朱曉　357
朱學勤　185, 189, 453, 460,
　　522
朱衡　371
朱錫綬　421, 431, 472
朱澤澐　141
朱璵　313
朱駿聲　56, 57, 227, 430, 456,
　　556
朱點　520
朱鍾　141
朱禮　415
朱燾　438, 470
朱瞻基　203
朱簡　255, 256
朱鎮　572
朱彝尊　52, 141, 146, 164, 185,
　　276, 314, 316, 366, 418, 436,
　　454, 460, 528, 543
朱鶴齡　368
朱鑑　3, 4

朱顯祖　363
朱麟應　528
朱鷺　100
伍宇澄　517
伍安貧　510
伍崇曜　411
伍瑞隆　370
伍端龍　463
伏曼容　475, 486
伏琛　355
伏無忌　474, 483, 495, 502,
　　508
伏勝　17, 19, 31, 374, 402, 416,
　　435, 534
延清　303
仲長統　482, 494
仲學輅　524
任大椿　11, 14, 18, 21, 24, 54,
　　61, 550
任兆麟　54, 298, 443
任昉　195, 285, 352, 376, 378,
　　390, 426, 459, 470
任啟運　21, 24, 105, 456, 517
任彭年　120
任棟　155
任雲倬　458
任淵　277
任瑗　145
任預　477, 488
任暇　483, 495
任蕃　348, 350, 391, 465
仰蘅　519
伊世珍　398
伊地知貞馨　588
伊摯　483, 494
向子諲　305, 308, 310
向秀　29, 474, 485, 497, 503
后蒼　18, 475, 478, 486, 489

全士潮　120
全祖望　10, 14, 108, 383, 414, 539
合信　411
羊士諤　290
羊復禮　527
米友仁　383
米芾　249, 398
江之春　97
江之蘭　357, 358, 362, 469
江天一　289
江少虞　468
江日昇　329
江永　10, 13, 14, 21, 23, 24, 39, 45, 110, 201, 231, 239, 389, 404, 406, 407, 408, 411, 412
江式　481, 493
江在衮　418
江休復　353
江沅　24, 26, 54
江承之　433
江洵　468
江珠　298, 312
江晉雲　17
江淹　285
江瑛　312
江萬里　349, 351
江詒　464
江登雲　149
江暉　526
江熙　478, 479, 489, 490
江標　184, 290
江衡　433
江錫齡　142
江聲　10, 14, 18, 54, 369, 435
江臨泰　234
江遽　484, 495
江總　285

江贊　87
江藩　12, 16, 20, 25, 414, 420, 421, 441, 457, 458
江瀚　460
宇文士及　463
宇文紹奕　535
宇文懋昭　86, 347, 350
宇都宮由的　591
安文思　359, 361, 403
安致遠　141
安照　512
安積信　151
祁世長　248
祁承爜　379, 440, 529
祁彪佳　289
祁寯藻　18, 19
祁韻士　136, 157, 161, 415, 453
阮元　9, 11, 12, 13, 15, 22, 25, 34, 52, 66, 179, 180, 235, 303, 366, 367, 413, 414, 415, 417, 424, 431, 453
阮孝緒　54, 481, 493, 498, 505
阮亨　224, 524
阮武　483, 495
阮旻錫　97
阮宗瑗　139, 142, 145, 146
阮咸　356, 375, 376
阮晉　145
阮恩灤　313
阮逸　192, 193, 196, 197, 198, 375, 377, 396
阮葵生　136, 138, 143, 147, 364
阮瑀　284
阮福　13, 16, 104, 413
阮諶　477, 488, 497, 504
阮籍　284
阪谷素　586

如蓮居士　332
牟庭　456
牟融　194, 393, 394

七畫

志伊齋　580
志銳　458, 459
芙蓉外史　464
邯鄲淳　484, 495, 496
邯鄲綽　402
芮城　365
芮挺章　543
花村看行侍者　373, 374
杜子春　476, 487
杜文瀾　102, 301
杜本　412
杜夷　483, 495
杜光庭　259, 391
杜延業　450, 452
杜安世　306
杜甫　275, 346
杜佑　112, 113
杜林　481, 493
杜昌丁　136, 367
杜牧　354, 466
杜定基　51
杜春生　178
杜荀鶴　287, 354, 469
杜恕　482, 483, 494, 495
杜順　268
杜道堅　196, 197, 198
杜登春　364
杜蔭棠　423
杜預　2, 7, 9, 18, 19, 40, 41, 238, 284, 476, 487
杜臺卿　429
杜綱　332

杜綰　384, 398
杜寶　484, 495
村田□　157
李□　147
李上交　408, 512
李之芳　95
李之儀　306, 312, 512
李之藻　237, 407, 410
李天經　230
李元　531
李元春　401, 402, 403
李元度　106, 138, 139, 141
李元綱　353, 402
李尤　284
李日華　431, 528
李日景　357
李中正　434
李中立　219
李中梓　223
李化楠　387
李化龍　512
李介　412
李公佐　354, 391, 400
李公昂　306
李文田　100, 157, 445, 456, 467
李文耕　109, 538
李文桂　557
李文藻　421
李文耀　162
李斗　146
李冗　352
李心傳　3, 384, 385, 417, 441
李心衡　148
李世民　74, 75, 77, 78, 83, 467
李世熊　181
李世澤　402
李石　195, 352, 355

李仙根　150, 359, 361, 372, 373
李白　275
李幼武　107
李匡乂　470
李邦黻　432
李邦獻　385
李式玉　358, 469
李圭　153, 169, 523
李吉甫　439, 511
李耳　192, 195, 197, 210, 346, 429
李有　349, 351, 518
李有棠　93
李百藥　74, 75, 77, 78, 83
李光　307
李光地　6, 31, 133, 137, 201, 202, 276, 417, 544
李光廷　153, 157, 416, 417
李光旭　245
李光型　368
李光暎　176
李光墺　368
李光壁　368, 372, 373
李光縉　588
李因篤　402, 428
李廷芳　223
李廷相　467
李廷敬　250
李廷機　48
李廷簹　170
李延基　67
李延壽　74, 75, 76, 77, 78, 79, 84
李舟　499, 505
李兆洛　134, 139, 159, 160, 281, 413, 419
李充　479, 490

李江　397, 417, 500, 507
李汝珍　332
李如圭　404, 416
李好文　388
李好古　307
李巡　416, 480, 491, 498, 504
李孝光　307
李志常　157, 411, 416
李克　482, 494
李秀成　103
李佐賢　181, 247, 557, 558
李伯璵　293
李希聖　33
李孚青　461
李彤　54, 481, 493, 498, 504
李冶　241, 382, 410, 441, 512
李沖昭　445
李沂　359, 361
李良年　528
李玫　469
李若水　288, 512
李林甫　474, 502, 509, 590
李林松　22, 25, 162
李來南　401
李來章　148
李述來　91
李東陽　88, 379, 437, 472
李雨堂　333
李杲　215, 220
李果　142
李昌齡　352
李昉　230, 292, 336, 381
李季可　383
李侍堯　118
李岳瑞　103
李侗　371
李佩金　312
李受彤　149

李周望 116	李虛中 408	李復言 391
李周翰 291	李處全 307	李鈞 146
李卷 142	李國松 461	李善 291
李泌 391	李國祥 293	李善蘭 236, 242, 244
李宗元 208	李崇洸 282	李道平 531
李宗文 545	李符 528	李道清 313
李宗昉 138, 140, 148	李從周 384	李曾伯 308, 310
李宗源 223	李商隱 349, 352, 437, 469	李富孫 22, 23, 25, 174, 175, 368, 441, 443
李宗諤 467	李清 95, 356	
李建勳 290	李清植 545	李賀 287, 346
李春榮 332	李清照 306, 312, 412, 438, 455	李登（三國魏） 54, 481, 493, 498, 505
李茹春 169		
李軌 192, 193, 195, 197, 198, 200, 475, 476, 486, 487, 501, 508	李清馥 545	李登（明） 247
	李淦 357	李絳 511
	李淳 249	李塨 392, 513, 541
李咸用 290	李淳風 233, 236, 245, 246, 379, 380, 397, 435, 442, 475, 486	李遠 290
李奎 258, 527		李夢陽 194
李昱 566		李楣 281
李重華 368	李涪 397, 403, 417	李暉吉 207
李俊民 289	李惇 11, 15, 462	李嗣真 354, 355
李衎 383, 594	李陽冰 255, 256, 425	李鉉 423
李庭 441	李隆基 5, 8, 9, 43, 44, 429, 498, 505, 590	李詳 279
李祖陶 140		李翊 470, 516
李祖望 53	李紱 142, 277	李廉 5, 43
李祖堯 516	李琪 4, 42	李焘 398, 417
李祖惠 361	李提摩太 155, 156, 157	李靖 212, 591
李韋之 510	李葆恂 458, 459	李慈銘 529, 572
李泰 442, 452, 502, 508	李朝威 348, 351, 390, 400	李煜 460
李梴 222	李雲麟 153	李慎傳 147
李格非 397, 409	李貽德 23, 26	李慎溶 314
李時珍 216	李鼎 370, 463, 522	李禎 466
李益 473	李鼎元 150, 168	李榘 54, 499, 505
李流芳 519	李鼎祚 17, 19, 374, 395	李遜之 94, 515, 517
李恆 500, 506	李開先 314, 386	李嫩 298
李祥 325	李遇孫 33, 177, 368, 456	李嘉祐 287
李翀 385, 408	李景亮 348, 350, 351	李壽 518
李邕 288	李筌 407	李曄 526
李盛鐸 433	李集 368	李鳳苞 152

著者筆畫索引

李韶九　149
李端　290
李齊賢　415
李榮陛　140
李漁　315, 324, 466, 539
李實　94, 386
李肇　381, 397, 416
李綽　354, 511
李綱　194, 307, 385, 409, 426
李夔棠　176
李樗　4
李賢(明)　94, 159
李賢(唐)　74, 75, 77, 78, 82
李確　139, 140
李鄴嗣　366, 370
李嶠　434
李德　136
李德林　286
李德裕　322, 354, 468, 469, 511
李衛　166
李銳　20, 26, 233, 236, 370, 382, 456, 569
李調元　45, 146, 149, 164, 275, 384, 386, 387, 466
李廣芸　420
李澄中　141, 146
李審言　55
李璟　460
李樹人　252
李翱　18, 19, 354, 355
李衡　3, 30, 589
李錫蕃　236
李璧　440
李隱　349, 351
李聯琇　139, 142, 145, 457
李轅　526
李鍾倫　545

李謐　484, 492
李應昇　288, 517
李鴻章　133, 283
李濬　354, 469
李彌遜　307
李贄　341
李顒　279, 365
李簡　3
李黼平　13, 16
李瀚　399, 434, 511
李騖　348, 350, 390, 400
李獻民　392
李鶚翀　515
李籍　233, 237, 397, 442
李懿曾　145
李觀　414, 511
孛尤魯翀　441
車胤　511
車頻　450, 452
束晳　284, 480, 481, 482, 491, 493
吾丘衍　255, 256, 398, 418, 428, 431, 526
吾丘壽王　482, 494
酉陽　464
吳□　137, 142
吳人　370, 463
吳人驥　196, 197, 198
吳士鑑　178
吳下阿蒙　466
吳下逸民　95
吳大澂　135, 179
吳小姑　314
吳山秀　465
吳子仙　208
吳中行　517
吳仁傑　3, 82, 378, 380, 390, 400, 416, 417, 436

吳化龍　434
吳氏(宋)　469
吳氏(清)　251
吳文英　305
吳引孫　462
吳玉搢　428, 435
吳正子　346
吳本泰　519
吳可　383, 385
吳可讀　282
吳代　387
吳永和　403
吳式芬　177, 180, 181
吳有性　221
吳存楷　520
吳先聲　255, 256
吳廷華　10, 14
吳任臣　104, 158
吳自牧　384, 397, 521
吳兆珍　243
吳兆慶　105
吳兆騫　413
吳旭仲　462
吳汝綸　283, 301, 568
吳守一　362
吳聿　409
吳如愚　525
吳均　285, 356, 376, 378
吳志忠　18, 19
吳肖元　302
吳近仁　291
吳沆　3
吳宏　469
吳長元　164, 366
吳坰　382
吳夌雲　446
吳其禎　156
吳其濬　252, 259

吳林 363	445	吳兢 100, 399, 403, 417
吳枋 468, 515	吳處厚 352, 469	吳箕 385
吳卓信 21, 26, 365, 420	吳崑 219, 220, 592	吳銘道 139
吳尚采 268	吳敏樹 141	吳廣霈 156, 472
吳尚憙 313	吳進 139, 145	吳榮光 106, 178
吳昆田 146	吳偉業 94, 97, 287, 364, 396, 438	吳寬 94, 464
吳昌宗 51	吳從先 464, 469	吳肇廣 223
吳昌綬 307, 309	吳象乾 298	吳鼒 361, 368, 369
吳昇 472	吳訥 304	吳綺 372, 373, 392, 401
吳育 145, 146	吳翊寅 446, 450	吳維鍔 238
吳炎 421	吳商 477, 488	吳震方 149, 372, 373, 374, 392, 400
吳承恩 325, 326	吳淑 336, 343, 381, 385, 390, 400, 469	吳儀一 357, 363
吳城 524	吳淦 523	吳德旋 430, 518
吳省蘭 143, 368, 419	吳隆元 545	吳德煦 453
吳映奎 539	吳翌鳳 366, 443	吳澄 3, 4, 5, 195, 210, 307, 396, 413, 545
吳重熹 289, 311	吳敬所 324	吳樹聲 514
吳修 300, 413, 422, 423, 520	吳械 411, 426	吳融 287
吳勉學 202	吳雲 179	吳歷 366, 419, 423
吳亮 526	吳鼎 419	吳篤 450, 452
吳彥夔 216	吳傑 403	吳衡照 472
吳祖枚 524	吳普 216, 483, 494, 500, 506, 557	吳錫麒 138, 139, 146, 287
吳祕 192, 193	吳曾 408	吳錫麟 144, 146
吳振棫 455	吳曾英 151	吳穎 370
吳起 193, 393, 394, 591	吳曾祺 295, 301	吳穎芳 298, 299
吳茝 313	吳渭 412	吳縝 381, 382
吳莊 363	吳雷發 364, 463	吳懋政 302
吳峻 368	吳農祥 524	吳鍾史 134, 149, 150
吳乘權 90, 91	吳福生 524	吳應枚 148
吳師道 383	吳肅公 358, 359, 360, 361, 362, 469	吳應箕 94, 95, 289, 413
吳高增 140, 147, 365	吳綃 313	吳彌光 93
吳海 371	吳嘉善 236	吳璿 332
吳陳琰 358, 360, 361, 362, 370, 373, 374, 424	吳嘉猷 254	吳燾 147
吳理 365	吳嘉賓 21, 27	吳豐本 459
吳萊 349, 351, 469	吳壽暘 187, 444	吳鎮 431, 432
吳菘 362		吳鎬 424
吳彬 358		吳藻 313
吳振臣 135, 153, 157, 366,		

著者筆畫索引 | 731

吳懷珍　427
吳蘭修　303, 466
吳蘭庭　382
吳闡思　140, 372, 374, 392,
　　401, 472
吳寶儉　427
吳騫　139, 142, 256, 366, 426,
　　432, 521
吳懼宗　303
吳麟徵　105, 288
貝青喬　148, 464
貝瓊　466
岑象求　391
利瑪竇　242, 407, 410
利類思　359, 361, 403
邱曰缸　257
邱煒蔢　466
邱兢　145
何士信（宋）　307
何士信（明）　591
何士顒　547
何大庚　156
何天柱　132, 301
何元錫　444
何去非　194
何世璂　438, 472
何永紹　139, 146
何光遠　383, 398, 436
何休　2, 7, 9, 476, 478, 487,
　　489
何亦純　419
何如璋　150
何妥　475, 486, 497, 503
何君藩　238
何若瑤　82, 446
何法盛　450, 451, 468, 501,
　　507
何承天　54, 285, 422, 461, 477,
　　481, 488, 493, 498, 505
何是非　95
何秋濤　20, 22, 27, 86, 100,
　　133, 134, 135, 137, 142, 144,
　　157, 160, 161, 165, 445
何胤　476, 477, 487, 488
何炳　135
何炫　443
何絜　139
何耿繩　432
何晏　2, 8, 9, 18, 19, 44, 380,
　　429, 474, 485
何琇　408, 514
何異　440, 521
何異孫　6
何國禎　583
何啟　227
何紹基　281
何琪　518
何超　74, 75, 77, 78, 83
何貽霈　514
何焯　275, 276, 291, 302, 368,
　　423
何夢桂　307
何夢梅　333
何遜　285
何慧生　560
何震　255, 256
何慶涵　281
何薳　398
何翰章　67, 446
何應龍　525
但明倫　322
伶玄　375, 377, 390
佟世南　59
近衛家熙　590
余允文　406
余丙揆　401

余永麟　471
余芝　295
余知古　395, 502, 508
余治　102, 129
余孟麟　162
余思詒　153
余祐　200
余象斗　323, 326
余寅　136, 360, 362
余紹祉　431
余誠　295
余慶長　148
余慶遠　148, 366
余霖　221
余縉　137, 147
余懋棟　518
余應奎　220
余闕　288
余懷　356, 359, 361, 367, 369,
　　373, 374, 392, 401, 454, 461,
　　463, 464, 515
余繼登　512
谷神子　356, 378
谷儉　511
谷應泰　92, 93, 387, 514
孚佑上帝　210
狄子奇　414
狄億　358, 359, 362
冷士嵋　139
辛□　445, 473
辛文　474
辛文房　434
辛甲　483, 494
辛鈃　192, 409
辛棄疾　305, 306, 308, 310,
　　312
汪士漢　355
汪士鋐　415, 428

汪士鐘　420, 460	汪琬　135, 138, 145, 356, 367, 431	沈心　367
汪士鐸　84, 139, 173		沈可培　366, 368, 463
汪大淵　445	汪皣　198	沈仕　258, 470, 471
汪元量　383, 525	汪道昆　109	沈廷桂　466
汪元爵　403	汪巽東　420	沈行　526
汪曰楨　444	汪遠孫　24, 26, 76, 98, 99, 453	沈作喆　378, 471
汪中　11, 15, 226, 415, 434	汪詔　24, 26	沈彤　10, 14, 138, 139, 141, 143, 366
汪文泰　168	汪禔　438	
汪文臺　53, 79	汪銘謙　132	沈辛田　122
汪世泰　547, 548	汪榮寶　580	沈初　421
汪申　418	汪綺石　432	沈青崖　160
汪由敦　250	汪鋆　182	沈亞之　354, 390, 400, 454, 465
汪立名　61, 276	汪輝祖　107, 129, 381, 449, 529, 549	
汪有典　417		沈若愚　208
汪光復　95	汪嶔　580	沈叔眉　303
汪廷珍　117	汪機　216	沈岸登　528
汪廷楷　161	汪嘯尹　58, 206	沈岱瞻　539
汪份　402	汪憲　453	沈宗敬　345
汪全德　547, 548	汪縉　139	沈宗畸　460
汪汝謙　518, 527	汪應辰　535	沈宗傳　580
汪孝嬰　211	汪鎬京　357	沈宜修　313
汪志伊　522	汪鵬　150, 365	沈垚　157, 411, 457
汪克寬　5, 88, 89, 90	汪繼培　196, 197, 198, 399, 408, 450, 529	沈持玉　298
汪昂　216, 422		沈括　224, 353, 382, 398
汪宗沂　213	汪灝　135	沈荀蔚　365, 382
汪孟鋗　521	沙克什　407	沈星煒　466
汪度　547, 548	沙圖穆蘇　216	沈思倫　363
汪洪度　382	沈□（宋）　381	沈重　476, 477, 487, 488
汪砢玉　522	沈□（明）　369, 538, 539	沈奕琛　524
汪師韓　365, 366	沈□（清）　146	沈彥模　300
汪萊　233, 456	沈士桂　243	沈炳震　104
汪梧鳳　451	沈士瑛　358	沈炳塋　300
汪康年　452	沈士衡　208	沈炯　285
汪堃　229	沈元琨　358, 469	沈既濟　391
汪淑娟　313	沈元欽　369	沈約　74, 75, 77, 78, 83, 285, 355, 356, 375, 377, 394, 450, 451, 470, 484, 495, 501, 508
汪淮　139, 369	沈曰霖　147, 364, 370	
汪惟憲　364, 366	沈中楹　357	
汪啟淑　256	沈文阿　478, 489	沈起鳳　323

沈恩孚　157
沈峭　479, 490
沈俶　349, 351, 469
沈逢吉　465
沈家本　299
沈家霖　300
沈純　152
沈捷　359, 369, 437
沈敕　517
沈國治　300
沈旋　416, 480, 491, 498, 504
沈清瑞　366
沈淑　366, 424
沈揆　380
沈朝宣　522
沈雲翔　274
沈復粲　278
沈欽韓　23, 26, 82, 421, 427, 451
沈敦和　153
沈善寶　312
沈曾植　100, 445
沈楙德　360, 361, 362, 363, 364, 365, 366, 367, 368, 369
沈該　3
沈義父　305, 307
沈榛　312
沈銘彝　80, 82, 448
沈端節　306
沈粹芬　297
沈賢　122
沈皞日　528
沈德符　463, 471, 528
沈德潛　139, 142, 296, 403, 432, 439
沈豫　431
沈鍊　288
沈謙　282, 356, 365, 521

沈濤　23, 26, 97, 421, 443, 444, 456, 457, 528
沈翼機　160
沈謹學　420
沈鵠應　314
沈鏡原　300
沈懷遠　355
沈蘭先　367
沈齡　433
沈顥　367
沈驥士　475, 479, 486, 490
沈鑅彪　521
沈纕　298, 312
宋大樽　382, 414, 419
宋世良　498, 505
宋世犖　141, 430, 530
宋祁　74, 76, 77, 78, 79, 84, 397, 398, 417, 435
宋如林　162
宋均　480, 481, 491, 492
宋伯仁　383
宋長白　438
宋若昭　354, 391, 400
宋和　146
宋育仁　156
宋居白　472
宋咸　192, 193
宋咸熙　442, 444
宋思仁　280
宋保　433
宋庠　97, 98, 99
宋振譽　175
宋起鳳　358
宋剛中　510
宋躬　473
宋衷　29, 378, 442, 473, 474, 485, 497, 503, 514
宋曹　359, 361

宋敏求　388, 398, 417, 512
宋琬　312
宋葆淳　369, 458
宋景昌　241, 404, 457
宋景穌　419
宋鈃　484, 495
宋翔鳳　13, 16, 20, 22, 23, 24, 25, 439, 446
宋淵　510
宋登春　512
宋慈　121
宋犖　90, 145, 357, 360, 362, 372, 373, 472
宋實穎　356
宋綿初　21, 25, 457, 462
宋瑾　357, 358
宋澤元　93, 436, 437
宋濂　74, 76, 77, 78, 79, 85, 93, 94, 382
宋纁　39
宋顧樂　423
初尚齡　181
局中門外漢　439
阿桂　68, 92, 116, 164
邵太緯　156
邵廷采　426
邵廷烈　153
邵廷寀　530
邵志琳　462
邵伯溫　399
邵亨貞　307, 311
邵長蘅　138, 139, 140, 142, 144, 145, 517
邵思　429
邵晉涵　11, 14, 406, 418, 427, 457, 529, 530
邵瑛　433
邵博　399

邵遠平　86, 363
邵嗣宗　146
邵雍　245
邵經邦　86, 527
邵懿辰　21, 27, 190, 299, 420

八畫

玩花主人　318
武叔卿　403
武敏之　450, 452
武億　11, 15, 18, 19, 22, 25, 423
武塁　434
青烏子　397
長孫□□　478, 489
長孫無忌　74, 75, 77, 78, 79, 84, 121, 185, 589
長野確　369
抱瓮老人　324
招招舟子　465
耶律鑄　445
苗夔　24, 27, 56, 514
英和　135
英廉　187, 428
苻朗　483, 495
苟宗道　86, 404
茆泮林　425, 442, 461, 473
范公偁　352
范本禮　143, 144, 432
范成大　311, 347, 350, 355, 380, 382, 383, 407, 421, 464, 466, 471, 472
范仲淹　276, 372, 402
范志敏　520
范亨　450, 452
范汪　477, 488, 509
范長生　29, 474, 486, 497, 503

范坰　396, 523
范承堃　522
范承謨　373
范咸　161
范昭逵　136
范宣　477, 484, 488, 492
范祖述　146
范祖禹　5, 105
范泰　484, 495
范泰恒　367
范致明　423
范家相　404
范處義　4
范晞文　379, 525
范紹逵　367
范珣　513
范景文　288, 512
范鄗鼎　401
范翔　17
范壽金　456
范曄　74, 75, 77, 78, 82
范寧　2, 8, 9, 42, 429, 475, 477, 478, 479, 486, 488, 489, 490, 498, 504, 587
范戀柱　186
范戀敏　186
范攄　352, 390, 400
范鎮　408
范蠡　468, 483, 494
茅元儀　212, 469, 470
茅坤　223, 286
林之芬　155
林之奇　4, 31
林文英　64
林芝屏　584
林至　3
林光世　3
林兆豐　20, 28

林芳　392
林希元　407
林希逸　5, 209
林表民　530
林長孺　150
林季仲　531
林佶　142, 360, 362, 543
林侗　178, 415, 438
林春溥　419, 554, 555
林則徐　132, 133, 136, 148, 156, 157, 165, 300
林信勝　587
林禹　396, 523
林洪　423
林泰輔　103
林逋　402
林時益　299
林恕　587
林偕春　48
林偉夫　259
林堯叟　41
林雲銘　145, 211, 293, 359, 361
林景熙　383
林道春　587
林道原　136
林嗣環　357
林溥　148
林慎思　193, 380, 385
林寬　290
林億　196, 197, 198, 215, 217, 218
林樂知　134, 136, 151, 152
林頤山　20, 28
林霍　141
林衡　434
林儵　136
林謙　134
林謙光　149, 372, 373, 392

林翼池 143	迮朗 369	金德興 253
來集之 357	迮鶴壽 22, 26	金諾 356
來爾繩 17	和苞 450, 452	金澂 51
松崎復 598	和素 203	金履祥 4, 88, 90
松森 70	和寧 416	金學詩 370
松筠 133, 136, 137, 153, 155, 157, 161, 164	季麒光 149, 150, 372, 374, 392	金聲 289
		金應麟 524
杭世駿 10, 14, 52, 365, 368, 379, 415, 546	季蘭韻 313	金蟠 2
	侍中肇 355	金鏡 512
杭域 523	侍其瑋 439	金蘭堂 250
東方朔 194, 284, 354, 355, 376, 378, 389, 390, 400, 422, 470	岳岱 347	金鶚 21, 23, 26, 420
	岳珂 111, 353, 380, 381, 391, 399, 414, 428, 436	金鼇 146
		金纓 228, 462
東軒主人 373, 374, 469	岳飛 288	金鑨 512
東陽無疑 484, 495	兒寬 482, 494	采九德 94
東蔭商 138, 357	金人瑞 293, 314, 324, 325, 357, 370	朋九萬 385, 437
臥牛山人 128		服虔 8, 54, 478, 481, 489, 493, 497, 498, 504
郁永河 149, 365, 414	金之俊 138, 140	
郁松年 86, 403, 404	金曰追 22, 26	周□ 479, 490
郁逢慶 246	金幼孜 94, 347, 350	周二學 365
叔孫通 393, 394, 425, 444	金式玉 439	周人麒 45
卓明卿 527	金廷棟 163	周三燮 525
卓爾康 237	金安清 156	周士顯 47
尚鎔 457	金汶 591	周之琦 440
昇寅 299	金武祥 516	周之鍈 528
明安圖 235	金門詔 80, 185, 366, 449	周子愚 237
明僧紹 475, 486	金星橋 434	周天度 139, 365
易之瀚 235	金昭鑑 356	周元暐 421
易孔昭 102	金國璞 588	周日用 352, 355, 376, 378
易本烺 531	金敬淵 150	周文煒 324, 359, 369, 437
易祓 509	金楘志 257	周文德 47
易順鼎 466	金農 298, 299, 423	周孔教 407
旻寧 130	金鉉 288, 512, 517	周以存 531
岩垣松苗 589	金嘉采 438	周正 141, 143
岩垣彦明 589	金榜 11, 14, 146, 457	周去非 382
岡千仞 146, 151	金維賢 152	周世則 400
岡本監輔 137, 151, 152, 153	金德純 360, 362	周世樟 344
岡田挺之 416, 417	金德瑛 454	周生烈 473, 479, 482, 490,

494
周必大　305, 397, 460
周永年　389
周弘正　475, 486, 497, 503
周弘祖　184, 453, 455
周邦彥　305, 307, 308, 310, 527
周在浚　97, 185, 367
周存義　101
周成　54, 481, 493
周廷寀　17, 19, 35, 511
周行仁　369
周汝登　363
周羽翀　347, 350
周希令　237
周沐潤　533
周邵蓮　434
周青　439
周茂蘭　381
周昂　104, 314
周宗朹　17, 19, 35, 511
周宗建　288
周春　365, 366, 413, 419, 422
周拱辰　528
周星詒　533
周星譽　533
周昭　482, 494
周思得　526
周亮工　149, 256, 300, 372, 373, 392, 410, 412, 472
周亮登　219
周炳麟　462
周洪謨　94
周起元　288
周哲　586
周桂山　220
周師厚　466
周高起　357, 515, 516

周悅修　533
周家棟　63
周家祿　80, 448
周容　279
周紘　592
周捨　477, 488
周處　355
周象明　422
周清原　140, 372, 374, 392, 401, 472
周淙　415, 444, 518
周密　312, 353, 380, 382, 383, 398, 399, 412, 417, 437, 471, 518
周達用　208
周達觀　347, 350, 471
周斯盛　368, 372, 373
周紫芝　306, 470
周鼎樞　428
周景式　473
周凱　162
周順昌　288
周詒蘩　312
周敦頤　370, 544, 590
周弼　296
周榘　431
周煇　382
周準　140, 141
周嘉冑　359, 361, 422
周嘉猷　449
周壽昌　79, 80, 447, 448
周鳳翔　288
周廣業　23, 25, 395, 457, 472
周輝　347, 350, 353
周德　288
周魯封　256
周璟　523
周興嗣　57, 58, 205, 587

周學海　216, 217
周熾　17
周嬰　399
周濟　305, 420, 517
周禮　88, 89, 90
周翼栒　312
周鎬　139
周壐　288
周權　309, 311
周續之　476, 482, 484, 487, 492, 493
京房　29, 375, 376, 395, 401, 434, 474, 485, 497, 500, 503, 507
京相璠　478, 489, 498, 504
庚桑楚　192, 195
河上公　192, 210, 377
河世寧　384
況周儀　465, 571
宗婉　312
宗測　510
宗澤　288
宗懍　354, 376, 378, 510
宗繼增　123
宜垕　152
宜興　69
空谷老人　327
宓不齊　482, 493
郎廷極　414
郎廷槐　473
郎兆玉　527
房千里　471
房玄齡　193, 195, 197, 214
房景先　498, 504
房祺　412
屈大均　138, 164, 279, 372, 374, 465
屈秉筠　313

屈原　274, 287
屈復　274, 367, 402
屈曾發　243
屈蕙纕　313
承培元　446
承齡　440
孟元老　397
孟仲子　496
孟郊　287
孟宗寶　380, 381
孟保　128, 129, 203, 295
孟珙　347, 350
孟浩　245
孟彬　368, 463
孟喜　29, 474, 485, 497, 503
孟榮　390, 400

九畫

封演　374, 398, 511
政學社　123
郝玉麟　160
郝在田　59
郝浴　514
郝培元　553
郝敬　531
郝景春　289
郝經　86, 288, 404
郝懿行　12, 16, 65, 80, 86, 141, 143, 158, 448, 449, 552, 553
茮秋散人　329
荀況　192, 193, 195, 196, 198, 200, 429, 511, 546
荀柔之　475, 486
荀悅　193, 284, 375, 377
荀爽　29, 474, 477, 485, 488, 497, 503
荀勗　284

荀萬秋　477, 488
荀綽　502, 508
胡一中　4
胡一桂　3
胡三省　87
胡士行　4
胡天游　143, 444, 466
胡元玉　21, 28
胡元儀　20, 28
胡太初　397, 402
胡介　510
胡文煥　108
胡方平　3
胡玉縉　432
胡正言　252
胡世安　386
胡仔　410
胡永吉　155
胡匡衷　11, 15, 22, 24, 362
胡廷訓　222
胡安國　7, 42
胡克家　291
胡宏　193, 413
胡林翼　132, 282, 301
胡非子　483, 495
胡季堂　31
胡秉虔　20, 25, 420, 456
胡宗憲　425
胡居仁　371
胡承珙　22, 25, 436, 445, 451, 456
胡承諾　531
胡炳　359, 369
胡炳文　3, 6
胡時化　293
胡祥鑠　157
胡祥麟　20, 26, 419
胡理　469

胡培翬　12, 16, 21, 22, 26, 36, 362
胡寅　412
胡宿　516
胡紹煐　292, 457
胡紹勳　456
胡敬　246, 519, 524
胡渭　10, 13, 20, 24, 404, 412
胡瑗　396
胡夢昱　288
胡煦　31
胡傅　135, 143
胡爾榮　441
胡鳴玉　369, 399
胡銓　307, 378
胡鳳丹　148, 286
胡廣（明）　30, 34, 37, 47, 48, 202
胡廣（漢）　393, 394, 425, 444, 502, 508
胡璋　122
胡德琳　547
胡澍　420
胡錡　353
胡澹菴　323
胡應麟　447
胡禮垣　227
茹敦和　433, 528, 529
南卓　355, 408
南洋官報局　582
南軒　88, 89, 90
南園嘯客　95
南懷仁　152, 359, 361, 372, 373, 392, 401, 403
柯汝霖　521
柯汝鍔　368
柯崇樸　201
查人渶　145, 519

查拉吳麟 143, 365	段志熙 545	俞汝言 363
查郎阿 131	段克己 290, 309, 311	俞汝昌 296
查琪 356, 463	段長基 104, 158	俞汝溪 220
查為仁 369, 390	段昌武 380	俞安期 340
查慎行 140, 365, 368, 369	段國 473	俞長城 369
查禮 138, 369, 389	段朝端 279, 426	俞松 380
柳公權 354	段摺書 104, 158	俞活 419
柳永 305, 312	段頵 473	俞桂 525
柳宗元 192, 193, 276, 286, 353, 354, 469	段龜龍 450, 452, 473	俞皋 5
柳拱辰 510	修和 387	俞琰 3, 392
柳興恩 21, 27	修訂法律館 121	俞葆真 109
柳燦 484, 496	信天翁 96	俞森 407
耐得翁 518	信都芳 477, 488	俞蛟 146, 367, 370, 463
皆川愿 593	皇甫氏 470	俞慶曾 313
貞復居士 328	皇甫枚 349, 351, 391, 400, 439, 465	俞樾 20, 21, 23, 24, 27, 28, 146, 162, 427, 432, 519, 521, 523, 561, 564
冒丹書 110, 366, 410, 463, 532, 533	皇甫規 473	俞繡孫 313, 564
冒沅 533	皇甫崧 354, 355, 471	胤禎 44, 129, 130, 131, 269
冒春榮 532	皇甫謐 215, 356, 375, 377, 436, 443, 482, 493	計六奇 97, 100, 101
冒嘉穗 533	皇侃 18, 19, 380, 477, 479, 488, 490	計然 194
冒廣生 532, 533	鬼谷子 192, 194, 408, 593	計楠 367, 419
冒筐 533	侯仁朔 403, 437	施十洲 62
冒襃 110, 366, 410, 463, 533	侯廷銓 128	施士丐 476, 487
冒襄 94, 359, 360, 361, 370, 461, 463, 532	侯君素 391	施仁 343
昭槤 101	侯苞 475, 487	施世杰 158
秋芳堂主人 68	侯果 475, 486, 497, 503	施永圖 213
秋谷老人 454	侯峒曾 289	施耐庵 324
秋星 464	侯康 21, 23, 26, 80, 448, 449	施彥士 443
段公路 347, 350, 468	侯寘 306, 312	施乾 416, 480, 491, 498, 504
段玉裁 11, 14, 55, 56, 366, 367, 425, 428, 431, 453	侯瑾 473	施國祁 289, 368, 448
段成己 290, 309, 311	後藤世鈞 586	施清 358, 469
段成式 230, 353, 356, 390, 398, 400, 436, 463	俞大彰 518	施淦 251
段安節 349, 352, 355, 408, 464	俞文豹 347, 383, 470	施紹莘 464
	俞正燮 20, 26, 133, 134, 139, 144, 411	施閏章 139, 140, 141, 142, 364, 365, 467
	俞成 353	施璜 359, 361
		施謂 519, 524

施鴻 426	洪勛 156	姚永樸 461
施鴻保 149	洪興祖 274	姚光甫 145
施顯卿 94	洪鱗孫 80, 449	姚廷傑 357, 363
施豐 474, 485	宣穎 210	姚合 543
姜兆錫 36	宮夢仁 437	姚汝能 322, 440
姜南 471	軍機處 428	姚苧田 81
姜炳璋 41	祖台之 470	姚和都 450, 452
姜特立 307	祝允明 347, 471	姚思勤 522
姜宸英 10, 13, 143, 148, 368, 423	祝尚丘 55	姚思廉 74, 75, 77, 78, 83
姜紹書 108, 378, 422, 431, 458, 459, 517	祝淦 368	姚信 29, 474, 483, 484, 485, 495, 496, 497, 503
	祝時泰 519	
姜夔 305, 306, 419	祝純嘏 97	姚配中 22, 26, 430, 435, 456
洪天錫 221	祝淵 338	姚晏 428
洪玉圖 359, 361	祝肇 347	姚陶 139
洪良品 146, 147, 155	祝慶祺 120	姚規 475, 486
洪若皋 138, 141, 356, 364, 418	祝穆 338	姚培謙 35, 41, 342
	韋巨源 354, 355	姚陽元 428
洪适 182	韋坦 147	姚舜牧 428
洪亮吉 23, 25, 80, 136, 138, 139, 140, 141, 143, 145, 366, 412, 415, 419, 435, 437, 445, 449, 471, 472, 550	韋述 163, 413, 434, 452	姚虞 407
	韋居安 469	姚鉉 295, 296, 543
	韋昭 54, 97, 98, 99, 475, 478, 481, 487, 489, 493, 498, 504	姚寬 431
		姚福 347
洪咨夔 306	韋莊 543	姚際恒 383
洪芻 398	韋執誼 381	姚寬 353, 398
洪符孫 439	韋處厚 381	姚鼐 136, 137, 138, 143, 145, 280, 432, 550
洪皓 396	韋廉臣 150, 152	
洪鈞 158, 448	韋漢卿 397, 417	姚瑩 133, 136, 137, 142, 149, 152, 287, 368
洪焱祖 396	韋穀 543	
洪飴孫 80, 449, 551	韋續 255, 256	姚潤 121, 122
洪璞 306, 311	韋驤 525	姚衡 428
洪邁 225, 441, 543	姚士麟 17, 18, 29	姚憲之 102
洪震煊 13, 16	姚之麟 65	姚燮 331, 465, 598
洪遵 381, 397, 416, 455	姚文田 54, 413, 417, 428	姚應績 187
洪瑩 107	姚文安 478, 489	姚覲元 427, 428
洪頤煊 20, 25, 38, 80, 174, 183, 226, 382, 393, 394, 427, 434, 442, 448, 449, 457	姚文栩 148	紀坤 512
	姚文棟 135, 150, 151, 153	紀昀 105, 136, 186, 280, 304, 323, 437, 443, 449, 514
	姚文然 146	
	姚世錫 428	紀容舒 406, 514

紀鑑 363

十畫

秦九韶 241, 404
秦系 287
秦松齡 368, 517
秦祖永 252
秦恩復 58, 306, 414
秦菁 484, 495
秦越人 218, 434
秦朝釪 369
秦雲 464
秦道静 478, 489
秦嘉謨 133
秦蕙田 10, 14, 39
秦醇 391, 464
秦緗業 523
秦篤輝 531
秦麗昌 368
秦韜玉 290
秦觀 305, 380, 390, 400
班固 74, 75, 77, 78, 82, 185, 194, 224, 284, 349, 351, 355, 375, 376, 377, 390, 408, 430, 556
敖繼公 5
馬士 580
馬子嚴 510
馬元儀 217
馬元調 286, 520
馬曰琯 413
馬曰璐 413
馬中錫 512
馬文燦 358
馬世俊 138, 139
馬令 422
馬永卿 194, 353, 512

馬邦玉 183
馬朴 403
馬光 95
馬伯良 272
馬位 367
馬汝 384
馬其昶 461
馬宗素 215
馬宗璉 12, 16
馬建忠 154, 155, 156
馬昭 480, 491
馬思哈 136
馬俊良 389, 391, 392, 400
馬冠群 154
馬國翰 436, 474, 485, 496
馬從聘 512
馬隆 376, 377
馬揭 161
馬瑞辰 22, 25, 445
馬蒔 219
馬傳庚 132
馬煇 514
馬端臨 112, 113, 114
馬榮祖 366
馬維乾 112
馬徵麟 134, 143, 171
馬融 29, 193, 206, 284, 375, 377, 397, 474, 475, 476, 478, 479, 485, 486, 487, 488, 489, 490, 497, 503, 590
馬縞 356, 377
馬戴 290
馬禮遜 157
馬總 397, 417, 436
馬歡 94
馬驌 93, 386
袁三俊 255, 256, 425
袁山松 79

袁天罡 246
袁中道 464
袁仁 396
袁仁林 261
袁去華 307
袁句 221
袁廷檮 384
袁宏 482, 494
袁宏道 419, 518
袁枚 139, 140, 141, 142, 280, 287, 323, 365, 366, 387, 402, 463, 546, 547, 548
袁杼 547, 548
袁易 384
袁采 381, 402
袁郊 398
袁宮桂 213
袁祖志 152, 548
袁昶 186
袁起 547
袁通 547, 548
袁黃 90
袁楠 404
袁崧 355, 501, 507
袁裒 382
袁康 375, 377
袁淑 285, 288
袁堯年 8, 9
袁棠 547, 548
袁凱 438
袁喬 479, 490
袁鈞 8, 9
袁渭漁 186
袁準 476, 482, 487, 494
袁嘉 548
袁韶 382, 518
袁綏 313, 548
袁樞 92, 93

袁棨 353, 472	莊存與 10, 14, 20, 23, 24, 433	夏時 518
袁頤 353	莊廷尃 154	夏鼎武 534
袁樹 366, 547	莊仲方 106	夏震武 534
袁機 547, 548	莊述祖 18, 19, 22, 25, 421, 439, 442, 444, 551	夏樹芳 472
袁燮 416	莊周 192, 195, 197, 210, 346, 500, 507	夏燮 91, 119
都穆 175, 347, 379	莊炘 409	夏獻綸 153
耿極 514	莊逵吉 193, 196, 197, 198, 395	夏鸞翔 453
耿漳 290	莊蓮佩 465	柴杰 520
華世芳 148	莊盤珠 312	柴桑 146, 147
華本松 153	莊臻鳳 356	柴望 418
華廷獻 95, 97	桂超萬 139	柴紹炳 342
華佗 215, 217, 394	桂萬榮 589	時瀾 4
華希閔 289, 343	桂榮 422	畢以珣 196, 197, 198
華珍 119	桂馥 56, 226, 255, 256, 366, 410, 418, 419, 427, 428, 431, 444, 453, 460	畢沅 54, 91, 195, 196, 197, 198, 212, 223, 387, 388, 389, 427, 430, 444, 446, 448, 450
華梧棲 221	桓玄 475, 486	畢華珍 238, 304
華淑 419	桓階 511	畢熙暘 357
華復蠱 95, 96	桓寬 193, 200, 375, 377	晁元禮 308, 310
華孳亨 363	桓範 483, 495	晁公武 187
華湛恩 134, 143, 148, 367, 368, 369, 449	桓譚 469	晁貫之 398
華綱 65	索靖 481, 493	晁補之 306, 308, 310, 312, 518
華嶠 79, 501, 507	連文鳳 381	晏殊 305
華學烈 523	夏一駒 255, 256	晏斯盛 144
華蘅芳 244	夏大觀 144	晏幾道 305
華譚 482, 494	夏文彥 417	晏嬰 194, 196, 198, 199, 388, 436
華鬘生 323	夏允彝 94, 96	恩壽 131
華麟祥 343	夏言 288	恩錫 135
莫友芝 57, 186, 188, 282, 559	夏完淳 96, 289	剛毅 129
莫栻 524	夏炘 21, 27	倚翠樓主人 598
莫晉 162	夏侯建 475, 486	倭仁 136, 282
莫與儔 560	夏侯陽 233	倪元璐 257, 288, 415
莫釐山人 97	夏侯勝 475, 486, 496	倪文蔚 22, 28
荻岸散人 329	夏侯湛 284, 482, 494	倪守約 445
真德秀 5, 199, 201, 371	夏庭芝 349, 352, 454	倪尚誼 5
莊口 475, 486, 497, 503		倪岳 527
莊士敏 101		
莊元臣 194, 412		
莊世驥 446		

倪思　346	徐午　159	徐貞明　412
倪倬　368	徐氏　120	徐昭華　543
倪國璉　589	徐文昭　88, 89, 90	徐度　398, 417
倪偶　307	徐文弼　128	徐彥　2, 7
倪會鼎　414	徐文靖　196, 198	徐炯　363
倪榮桂　198	徐文駒　145	徐炫　391
倪璠　522	徐心魯　344	徐晉卿　5
倪謙　467, 527	徐以嘉　35	徐時勉　35
倪燦　80, 185, 449, 515, 529	徐世溥　95, 140	徐倬　140
倪璜　516	徐且　17	徐鈖　141, 363, 410, 426
射慈　476, 487, 497, 504	徐有壬　235, 243, 428	徐逢吉　365, 431, 519
烏斯道　465	徐光啟　35, 214, 230, 237, 242,	徐書受　517
師範　144, 147, 150	407, 410, 411	徐陵　285
師曠　376, 378, 470	徐延旭　150	徐紘　517
師覺授　473, 502, 508	徐行善　595	徐乾　478, 489
徐□（宋）　384	徐如珂　95, 288	徐乾學　38, 39, 142, 294, 467
徐□（戰國）　482, 494	徐芳　364	徐堅　255, 256, 336
徐一夔　527	徐芳烈　97	徐崑　472
徐乃昌　99, 312, 314, 457, 458,	徐孚吉　432	徐紹榮　445, 451
459, 460	徐孚遠　81	徐葆光　150, 156, 167
徐三省　345	徐汾　356	徐朝俊　168, 232
徐士怡　438	徐沁　358, 359, 361, 468	徐棟　120
徐士俊　356, 358, 359, 369,	徐表然　165	徐鄖　475, 486
462	徐松　144, 157, 411, 432, 440,	徐無黨　74, 76, 77, 78, 79, 84
徐士業　205, 208	444, 453, 460, 514	徐道　329
徐士愷　438	徐昆　432	徐渭　326, 410, 417
徐大椿　428, 432, 437	徐昂發　366, 368, 464	徐渭仁　178, 180, 415
徐子平　408	徐忠　464	徐祺　256
徐子光　399	徐秉義　360, 362	徐瑄　17
徐子苓　427, 461	徐岳（清）　373, 374	徐幹　193, 284, 375, 377
徐子陽　347	徐岳（漢）　241, 397, 442	徐楷　303
徐天祐　375, 377	徐夜　543	徐畹蘭　463, 465
徐天祐　99, 355, 459	徐波　421	徐與喬　363
徐元文　133, 137	徐宗亮　153, 438	徐鉉　18, 19, 55, 395, 398
徐元杰　288	徐宗幹　145, 149	徐銚　364
徐元美　357	徐官　255, 256	徐煟　397
徐元端　313	徐建寅　152, 242	徐禎卿　94, 347, 543
徐友蘭　528, 529	徐建勳　58	徐瑤　466

徐嘉　279	殷基　482, 494	高兆　357, 369, 370, 418, 438, 464
徐榦　426	殷敬順　193, 195, 197, 211, 399, 550	高伯揚　118
徐兢　167, 382	殷璠　543	高其昌　2
徐爾默　35	殷曙　359, 361	高叔嗣　543
徐廣　477, 488, 501, 507	奚岡　299	高昌古　347
徐養原　20, 22, 23, 25, 434, 445, 528	翁元圻　225	高明　315
徐增　359, 361, 521	翁方綱　52, 58, 289, 412, 414, 424, 425, 428, 514	高秉　368
徐震　356, 370, 462	翁正春　211	高佩華　313
徐樂　483, 495	翁同龢　252	高拱　94, 404, 467
徐德英　471	翁洲老民　426	高拱京　356
徐慶　373, 374	翁復　50, 51	高彦休　378, 390, 400, 436
徐樹穀　363	翁廣平　384	高晉　116, 135, 149
徐整　476, 482, 487, 493	翁端恩　312	高理文　157
徐鍇　18, 19, 384, 393	逢行珪　194, 408	高晦叟　385, 417
徐邈　475, 476, 477, 478, 486, 487, 488, 489, 497, 503	留用光　259	高得暘　526
徐燦　312	留雲居士　95, 96	高登　288, 307, 371
徐瀛　137	凌汝亨　214	高楚芳　275
徐懷祖　149, 363	凌迪知　343	高愈　206
徐蘭　136	凌雪　86	高静亭　64
徐獻忠　258	凌雲翰　526	高閌　450, 452
徐繼恩　357	凌稚隆　81, 409, 588	高誘　99, 193, 194, 196, 197, 198, 223, 374, 375, 377, 388, 479, 491, 511
徐繼畬　133, 134, 151, 168, 169	凌義渠　288	高適　511
徐瓚　207	凌霄　458	高崶　384
徐顯　346	凌錫祺　538	高輯　144
徐靈府　430	高士奇　43, 92, 93, 135, 138, 247, 362, 363, 366, 372, 373, 392, 400, 470, 472, 594	高積厚　255, 256
徐靈期　510	高文虎　349, 352	高興方　213
殷化行　136, 364, 373	高斗樞　97	高儒　184
殷文珪　290	高允　285, 511	高濂　258, 522
殷光世　246	高正臣　460	高戀功　147, 415
殷仲文　478, 489	高廷瑤　129	高攀龍　288, 522
殷仲堪　479, 490	高延第　147	高鶚　129, 330, 331, 598
殷自芳　155	高仲武　543	高觀國　305
殷芸　469	高似孫　189, 397, 408, 425, 426, 429	郭□　474, 484, 495, 573
殷秉璣　313		郭允蹈　406
殷岳　514		郭正域　36

郭世萊　162	507, 508, 552, 556	唐灝儒　539
郭存會　363	郭憲　195, 376, 378, 390	浙江書局　195, 196, 197
郭仲產　509, 510	郭鍾岳　140, 141	浦氏　157
郭沛霖　145	郭應寵　225	浦祊　519
郭若虛　397	郭翼　385	浦南金　340
郭茂倩　292	郭麐　146, 174, 175, 431, 442,	浦起龍　105
郭尚先　249, 422	444, 456	浦銑　528
郭畀　378, 519	席永恂　48	浩齋居士　128
郭忠恕　58, 446	席佩蘭　313	海角居士　598
郭知玄　55	席威　539	海瑞　437
郭秉詹　250	席淯　245	涂瑞　140
郭舍人　480, 491	席裕福　116	浮白齋主人　472
郭京　396	席蕙文　298	家鉉翁　5
郭宗昌　175, 367, 379, 403	庫樂納　32	陸九如　345
郭思節　395	唐玄度　18, 19, 402, 424	陸九淵　277
郭象　349, 351, 353, 391	唐仲冕　138, 369	陸友　381
郭起元　143	唐求　290	陸友仁　385, 471
郭訓　481, 493	唐英　258	陸文圭　307, 516
郭家驥　156	唐固　485, 492, 501, 507	陸心源　109, 188, 189, 528,
郭祥正　518	唐岱　364	565, 566
郭象　192, 193, 195, 197, 210,	唐受祺　537, 538	陸以湉　465, 523
384, 429, 479, 490	唐庚　385	陸世儀　202, 371, 422, 530,
郭嵐　282	唐垣九　518	537
郭欽華　364	唐彥謙　460	陸廷燦　259
郭湜　322, 391	唐昫　348, 350	陸延枝　472
郭嵩燾　152, 195	唐效堯　129	陸次雲　145, 148, 358, 363,
郭傅璞　142, 146, 427, 432	唐執玉　160	364, 372, 373, 374, 389, 392,
郭義恭　484, 495	唐彪　208, 360, 363	393, 401, 466, 469, 472, 520
郭稽中　385	唐寅　431	陸羽　259, 354, 398
郭慶藩　211	唐順之　436, 437, 516	陸圻　356, 373, 374, 463
郭澄之　484, 495	唐夢賚　312, 364	陸志淵　440
郭璞　2, 8, 9, 18, 19, 54, 65,	唐蒙　483, 495	陸求可　138, 141, 145
66, 67, 158, 193, 194, 195,	唐滂　483, 495	陸秀夫　288
196, 197, 198, 285, 287, 375,	唐慎微　219	陸佃　193, 194, 211, 397, 414,
377, 387, 390, 393, 394, 397,	唐積　398	417, 435
401, 416, 429, 436, 446, 453,	唐觀　470	陸伯周　465
476, 480, 481, 484, 487, 491,	唐韞貞　313	陸希聲　414, 478, 489, 497,
493, 496, 498, 500, 502, 504,	唐鑑　108	503

陸灼　471	陸輔之　305, 306	陳元祐　391
陸法言　54	陸鳳藻　346	陳元素　107
陸建　547, 548	陸廣微　397	陳元龍（宋）　308, 310
陸珊　313	陸澂　185	陳元龍（清）　294, 344, 345, 370, 463
陸柞蕃　147, 372, 373, 392	陸增祥　176	陳仁錫　49, 88, 89, 199, 293, 341, 520, 536
陸起鯤　205	陸德明　2, 6, 7, 8, 9, 34, 35, 37, 41, 42, 53, 192, 193, 195, 197, 210, 374, 415, 429, 430, 447	
陸恭祖　277		陳介祺　181, 421
陸莘行　97, 471, 472		陳氏尺蠖齋　327
陸桂森　370	陸璣　17, 19, 375, 376	陳文述　519, 520, 521, 522, 523
陸倕　285	陸樹芝　211	
陸烜　364, 367	陸樹聲　403	陳文蔚　371
陸宸微　423	陸機　285, 450, 451, 469, 484, 495, 501, 507	陳允平　306, 413
陸容　408		陳玉璂　357, 465, 517
陸釴　94, 347	陸龜蒙　352, 354, 355, 397	陳玉樹　433
陸淳　18, 19, 42, 396	陸應宿　547	陳世崇　353
陸深　94, 471	陸應陽　159	陳世隆　383
陸瑛　298	陸績　17, 18, 29, 375, 376, 395, 474, 485, 497, 503	陳世寶　63, 340
陸棻　141, 142		陳本立　141
陸森　523	陸贄　132, 275, 371	陳本禮　295, 456
陸雲　285, 483, 495	陸燿　147, 368	陳田夫　454
陸景　482, 494	陸隴其　48, 366, 371, 436, 528	陳目綱　467
陸舜　138	陸翙　355, 378, 416, 468	陳用光　403
陸善經　384, 479, 491, 498, 505	陸譜　419	陳立　23, 24, 27, 224, 446, 458
	陸耀　364	陳弘謀　204
陸曾禹　589	陸耀遹　176	陳邦彥　289
陸游　103, 166, 305, 308, 310, 349, 352, 353, 379, 383, 398, 422, 432, 436, 439, 466	陸麟書　403	陳邦瞻　92, 93
	陳□　150	陳廷敬　141, 296
	陳□□　303	陳廷焯　314
陸費墀　104	陳人傑　307	陳廷慶　141
陸蒨　313	陳三聘　311, 380	陳兆奎　571
陸蓉佩　313	陳士元　399, 404, 531	陳如升　92
陸楨　522	陳士珂　531	陳如松　525
陸楫　347, 350	陳士斌　325, 326, 330	陳均　370
陸楣　364	陳大章　531	陳芳生　357, 363
陸賈　193, 200, 375, 377, 425, 442, 473, 501, 507	陳大猷　4	陳克家　91
	陳子壯　289	陳克恕　431
陸粲　466, 472	陳子龍　81, 289	陳甫伸　249
陸壽柏　162	陳天祥　6	

陳虬　154, 155
陳作霖　158, 515
陳豸　49, 50
陳奐　20, 21, 22, 25, 26, 420,
　　442, 445
陳沂　162
陳忱　328
陳邵　484, 492
陳長方　408
陳其元　150
陳其榮　62, 438, 442
陳其鑣　453
陳若蓮　522
陳枚　294, 527
陳杰　243
陳東　288, 445
陳郁　349, 351
陳叔齊　355, 381
陳叔寶　285
陳尚古　373, 374, 472
陳昌運　453
陳明申　147
陳昉　408
陳忠銘　207
陳岳　478, 489
陳念祖　432
陳京　470
陳宗誼　173, 559
陳定國　366
陳建　202, 371
陳春　399, 410
陳珍瑤　313
陳垣　114
陳厚耀　21, 24, 426, 462
陳貞慧　96, 364, 365, 414, 515
陳則通　4
陳思　422, 466, 525
陳矩　455

陳亮　306, 307, 385
陳奕禧　147, 423, 437
陳炳泰　146
陳洪範　95
陳祖范　363
陳泰交　409
陳振孫　187, 276
陳起　525
陳耆卿　530
陳真晟　371
陳時　521, 522
陳倬　442
陳倫炯　148, 150, 151, 152,
　　167, 365
陳皋謨　358, 469
陳師文　397
陳師凱　4, 422
陳師道　306, 353
陳師濂　262
陳師灝　262
陳殷　589
陳逢衡　86
陳家麟　151
陳恕可　380
陳規　407
陳黃中　136
陳樫　88, 89, 90
陳勇　380, 385, 390, 400
陳堅　527
陳崇哲　295
陳第　186, 382, 396, 409
陳康祺　228
陳淏子　594
陳深　5, 43
陳悰　364
陳寅生　465
陳啟源　10, 13
陳階平　147

陳琳　284
陳彭年　18, 19, 58, 347, 350,
　　429
陳達叟　471
陳揆　420
陳萬青　250
陳朝儀　141
陳雯　342
陳鼎　139, 148, 360, 361, 362,
　　363, 370, 372, 373, 383, 392,
　　463, 517
陳遇乾　319
陳景元　399, 550
陳景雲　413
陳景鐘　365, 431, 519, 524
陳喬樅　20, 22, 23, 27, 534
陳傅良　4, 400, 407, 530
陳舜俞　407
陳普　434
陳湖逸士　94
陳運溶　509, 510
陳統　436, 476, 487
陳瑚　422
陳璨　451
陳夢雷　342
陳夢照　142
陳盟　445
陳與義　306, 403
陳煒　53
陳群　479, 490
陳際新　235
陳經　139, 177
陳搏　396
陳嘉　312
陳嘉謨　219
陳壽　74, 75, 77, 78, 83
陳壽祺　12, 16, 17, 18, 19, 22,
　　23, 25, 27, 54, 420, 427, 533,

534
陳壽熊　20, 27, 456
陳熙晉　446
陳蔚　139, 363
陳鳴盛　40
陳僖　363, 364
陳銓　476, 487
陳鳳藻　224
陳實功　221
陳維崧　110, 365, 410, 463, 533
陳瑑　367
陳榲　383
陳確　356, 463, 527
陳儀　160, 514
陳德裕　294
陳鋐　512
陳潛　300
陳澔　7, 37
陳澈　422
陳選　206
陳樹鏞　453
陳融　483, 495
陳學繩　522
陳錫民　270
陳錫路　431, 473
陳龍正　528
陳澧　22, 26, 173, 447, 559
陳澤泰　245
陳璨　522
陳懋仁　426
陳懋齡　13, 16, 53, 430
陳禦寇　570
陳鍊　255, 256, 367
陳鍾英　523
陳襄　385, 397, 425
陳鴻　348, 351, 390, 400, 598
陳濟　88, 89, 90

陳濟生　364, 366
陳贄　519
陳鵠　382
陳瀏　570
陳彝　106
陳鼇　521, 530
陳櫟　4, 346
陳鏦　206
陳鵬　415
陳蘭彬　153
陳蘭森　159
陳繼儒　227, 259, 341, 344, 410, 431, 471, 472, 527
陳鶴　91
陳鑑　356, 357
陳顯微　409
陳鱣　9, 424, 444, 450, 528
孫之騄　366, 520
孫元培　281
孫升　353, 398, 472
孫文川　158
孫允賢　592
孫丕顯　587
孫光祖　255, 256
孫光憲　352, 374, 439
孫同元　393, 394
孫廷銓　370
孫廷璋　420
孫兆　196, 197, 198, 215, 217, 218
孫兆溎　146
孫衣言　282, 530
孫汝聽　441
孫志祖　11, 14, 226, 444
孫甫　385, 397, 412
孫作　516
孫希旦　530
孫汧如　367

孫武　193, 196, 197, 198, 212, 377, 591
孫長熙　281
孫枝秀　587
孫奇逢　108, 365, 513
孫岳頒　247
孫周　438
孫炎　416, 477, 480, 488, 491, 498, 504
孫治　521
孫宗翰　457
孫承宗　289, 512
孫承澤　175, 247, 379
孫星衍　11, 15, 18, 19, 52, 54, 61, 79, 174, 175, 194, 196, 197, 198, 216, 280, 368, 388, 393, 394, 395, 409, 414, 420, 425, 433, 442, 444, 448, 503, 509, 511
孫思邈　395
孫奕　383
孫炳奎　524
孫洙　296
孫柔之　484, 496, 573
孫峻　524, 525
孫家鼐　33
孫家穀　152
孫盛　450, 451, 468, 475, 486, 501, 507
孫堂　17, 18, 29
孫偓　66
孫從添　367, 422, 440
孫萬青　217
孫雲鳳　313
孫雲鶴　313
孫復　4
孫詒讓　36, 62, 86, 180, 227
孫馮翼　216, 378, 442

孫道乾　465
孫悌　55, 499, 505
孫榮　349, 352, 464
孫強　58
孫蕖意　312
孫楚　284
孫傳庭　289
孫慎行　95, 517
孫福清　528
孫經世　427
孫嘉淦　146, 418
孫毅　70, 404
孫爾耆　122
孫爾準　145
孫毓　436, 476, 478, 482, 487, 489, 494, 497, 503
孫銓　251
孫誦洛　580
孫綽　285, 479, 483, 490, 495
孫奭　5, 8, 9, 121, 415
孫頠　348, 350, 355, 390, 391, 400
孫慶甲　34
孫瑩培　314
孫樹禮　522, 524, 525
孫檉　464
孫學勤　466
孫謙益　58, 206
孫應鰲　343
孫璧文　228
孫蘭　358
孫覿　516, 517
孫鑛　41
陰弘道　475, 486
陰鏗　473
陶方琦　20, 28, 61, 223, 530
陶弘景　192, 285, 354, 355, 376, 378, 390, 399, 454

陶岳　437, 510
陶治元　190
陶宗儀　175, 224, 383, 395, 417, 463
陶貞懷　319
陶保廉　166
陶華　216
陶師韓　155
陶淑　313
陶湘　301, 307, 308, 309, 311
陶粥　460, 511
陶樑　297
陶澍　141, 144, 147, 173, 419
陶潛　195, 230, 274, 285, 286, 355, 375, 376, 377, 378, 390, 391, 398, 400, 468, 470
姬翼　308, 310
通商海關造冊處　169
通瑞　129
桑下客　257
桑世昌　292, 380
桑欽　165, 355, 376, 378, 436, 548
桑調元　523
納新　407, 415
納蘭性德　3, 5, 365, 412, 547, 548

十一畫

堵胤錫　289
捫蝨談虎客　103
培端　154
黃人　66
黃士珣　519
黃千人　170
黃之雋　140, 142, 145, 365
黃子雲　368

黃王若　208
黃元治　148, 357
黃元御　220
黃中堅　367
黃公度　306, 311
黃公紹　63
黃以周　20, 21, 28, 196, 198, 199, 213, 566, 575
黃正元　261, 462
黃世仲　334
黃本驥　147, 174, 456
黃可垂　151, 168
黃可潤　162
黃丕烈　98, 99, 182, 185
黃石公　192, 194, 212, 376, 377, 591
黃永　466
黃永年　145
黃加焜　336
黃式三　21, 27, 445
黃百家　108, 358, 370, 469
黃廷鑑　142, 424
黃休復　385, 398, 441
黃仲炎　5
黃向堅　148, 379
黃汝成　225
黃安濤　143
黃伯思　224, 398, 402, 426
黃身先　165
黃沛翹　137, 157
黃坤五　17, 204
黃協塤　149, 472
黃叔琳　35, 304
黃叔璥　149, 176, 514
黃昇　305, 309, 311
黃易　177, 414
黃金臺　139, 140, 145
黃周星　138, 356, 358, 359,

361, 365, 369, 465, 469
黃卷　345
黃宗炎　368
黃宗羲　96, 97, 108, 140, 175, 356, 357, 363, 365, 366, 381, 409, 414, 423, 432, 436, 445, 473, 530, 536, 537
黃耐庵　332
黃省曾　258, 375, 377, 412, 422, 522
黃度　4
黃庭堅　276, 277, 305, 308, 310, 382, 472
黃彥　423
黃炳垕　244, 537
黃振　315
黃晟　173
黃衷　167, 397
黃家辰　566
黃家岱　566
黃書霖　115
黃培芳　142
黃堅　292
黃雪簑　464
黃晞　194, 381
黃崇蘭　117
黃庶　276
黃淮　132
黃淳耀　289, 445
黃婉璜　313
黃朝英　408
黃閔　510
黃景福　150
黃蛟起　369
黃鈞宰　153
黃尊素　288
黃道　387
黃道周　289, 402, 409

黃焜　147
黃淵耀　289
黃瑞節　409
黃勤業　147
黃楸材　151
黃虞稷　80, 185, 367, 449, 515
黃鉞　139, 141, 143, 146
黃煜　94, 95, 381
黃溥　94, 469
黃滔　408
黃榦　36, 371
黃模　24, 26, 458
黃端伯　289
黃肇敏　139
黃奭　403, 416, 496, 501, 502, 503, 507, 509
黃標　94, 347, 350
黃震　104, 382
黃徹　378
黃魯曾　436
黃慶澄　156
黃遵憲　150
黃機　305
黃錫齡　143
黃穎　474, 486, 497, 503
黃憲　376, 378
黃憲清　528
黃戀材　144
黃謙　64
黃應麒　436
黃櫨　4
黃鎮成　4, 426
黃鎔　574
黃鵬揚　373, 374
黃繼善　346, 418
黃鶴　430
黃體仁　278

黃灝　412
黃驥　50
菅原是善　55
梅□　483, 494
梅文鼎　189, 231, 242, 359, 361, 382, 402
梅文鼐　358
梅成棟　298
梅志暹　518
梅沖　402
梅庚　363
梅純　349, 352
梅鼎祚　293
梅曾亮　138, 142, 144
梅毅成　242
梅毓　457
梅慶生　304
梅膺祚　59
梅鷟　32, 184, 395, 453
麥孟華　108
曹士冕　402
曹之璜　358
曹元忠　212, 452, 467
曹元弼　36, 44
曹仁虎　366, 435
曹文埴　139
曹本榮　531
曹丕　284, 500, 506
曹申吉　441
曹廷杰　157
曹秀先　365, 463
曹伯啟　309, 311
曹宗璠　142, 363, 472
曹貞吉　312, 367
曹昭　227
曹冠　307
曹唐　287
曹堉　139

曹寅　296	常景　482, 493	崇厚　116
曹植　284	常璩　163, 355, 375, 377, 384, 450, 452	崇禮　153
曹景芝　313		過庭訓　106
曹勛　396	婁世瑞　301	笪重光　365, 366, 381
曹鈞　146, 155	婁堅　249	偉烈亞力　242
曹楙堅　419	婁機　58, 424	脫脫　74, 76, 77, 78, 79, 84, 85, 185
曹溶　184, 366, 379, 440, 445, 453	晚進王生　314	
	鄂敏　518	魚玄機　290, 454, 455, 460
曹嘉之　450, 451, 507	鄂爾泰　37, 51	魚豢　468
曹槇儀　312	國史館　92	魚翼　423
曹鄴　290, 322, 390, 400	國學扶輪社　468	許乃穀　523
曹操　284, 377, 393, 394	啖助　478, 485, 489, 492	許元仲　143
曹樹翹　136, 147	崐岡　115	許午　150
曹霑　330, 331, 598	崔子方　4	許正綬　426
曹學詩　370	崔公度　466	許令瑜　527
曹憲　18, 19, 54, 375, 377, 452, 481, 493, 498, 505, 511	崔令欽　349, 352, 464	許仲琳　326
	崔述　513	許旭　369
曹應鐘　420	崔致遠　410	許次紓　470
堅彌地　151	崔豹　194, 356, 376, 377, 511	許汝衡　155
戚光　422	崔國因　157	許克勤　155
戚袞　476, 487	崔象川　332	許孚遠　363
戚輔之　471	崔朝慶　452	許奉恩　523
戚繼光　64, 212, 213, 397, 407	崔凱　476, 488	許叔微　422
盛大士　142, 181	崔敦詩　434	許宗彥　12, 16, 281
盛弘之　355, 496, 509	崔敦禮　385	許宗衡　420
盛百二　11, 14, 33, 369, 528	崔塗　290	許承宣　360, 362
盛如梓　383	崔嘉彥　215	許承祖　521
盛宣懷　515	崔銑　403, 512	許思湄　301
盛時泰　440	崔實　483, 495	許洞　212, 412
盛朝勛　367	崔憬　475, 486, 497, 503	許桂林　21, 26, 414
盛慶紱　150, 570	崔顥　284	許容　255, 256
盛謨　143	崔學古　357	許商　496
盛繩祖　136, 161	崔應榴　13, 16	許淑　478, 489
雪樵主人　333	崔鴻　103, 375, 377, 450	許淑慧　313
常存敬畏齋主人　462	崔覲　475, 486	許琰　140, 165
常安　138, 139, 144	崔靈恩　476, 477, 487, 488, 497, 504	許堯佐　354, 391, 400
常沂　391		許敬宗　413, 429, 434
常爽　480, 491	崇文書局　193, 435	許棐　307, 308, 310

許棠 354	章世豐 519	梁思淇 220
許景澄 157	章孝標 290	梁恭辰 466
許景衡 530	章沖 4	梁益 515
許楚 139, 146	章宗源 394, 436	梁國正 466
許慎 18, 19, 55, 223, 395, 501, 507, 564, 573	章庭棫 519	梁國治 118, 250
	章炳文 391	梁章鉅 38, 80, 140, 304, 448, 555
許遜 246	章祖程 383	
許瑤光 523	章碣 290	梁寅 3
許槤 124	章樵 292, 409	梁啟超 108, 111, 590, 598
許爾忠 227	章學誠 97, 366, 412, 418, 456, 463	梁紹壬 458, 459, 465, 466
許誦珠 313		梁詩正 180, 181
許德士 95	章穎 510	梁溪晦齋氏 263
許德蘋 313	章燮 296	梁端 109
許論 425	章黼 524	梁德繩 312
許衡 3, 371	商務印書館編譯所 123, 189	梁履繩 23, 25
許謙 4	商景蘭 313	梁翰 282
許鴻磐 13	商輅 88, 89, 90	梁覬 479, 490
許顗 353	商鞅 194, 196, 197, 198	情苑還社友 328
許瀚 420	商濬 352	情隱先生 328, 598
許夔臣 466	凌立 526	情癡反正道人 328
許觀 391	凌廷堪 11, 15, 289, 361, 413, 415, 455	寇宗 435
許纘曾 148, 260, 372, 373, 392		密斯蓐 151
	凌祉媛 313	尉遲偓 459
麻三衡 368, 415	凌鳴喈 368	尉繚 194, 591
麻果 55	凌曙 13, 16, 21, 23, 24, 26, 428, 433, 434, 511	屠本畯 397
庾仲雍 509, 510		屠隆 258, 278, 392, 407, 437
庾肩吾 285, 376, 378	淺見安正 586	屠紳 230
庾信 285, 286	淳于鴻恩 53	屠蘇 421
庾蔚之 477, 488	梁□ 148	張九鉞 143, 146
庾翼 468, 479, 490	梁上國 250	張又新 354
庾儼默 481, 493	梁玉繩 12, 16, 79, 143, 174, 175, 442, 444, 448	張大亨 415
康有爲 41, 44, 169		張大昌 337, 521, 522, 523
康范生 95	梁正 484, 492	張大純 146
康與之 349, 351	梁丘賀 474, 485	張之洞 117, 187, 205, 209, 451, 572
康駢 398, 431	梁他山 432	
鹿善繼 288, 512	梁同書 368, 369	張之象 296, 375, 377
章大來 444	梁廷枏 174, 175, 443, 557	張天如 147
章世臣 31	梁延年 131	張元忭 371

張元素 217	張弘範 307	張作楠 234
張元幹 305, 308, 310	張幼倫 477, 488	張伯行 202, 370, 371, 372
張元賡 367	張幼學 340	張伯琮 107
張友書 313	張耒 4, 464	張位 402
張友銘 200	張邦伸 144	張孚敬 94
張仁美 145, 521	張邦基 353, 466	張奐 473
張仁熙 357	張邦幾 353, 463	張良 195, 376, 377
張文介 110	張存中 6	張君房 391, 464
張文虎 82, 558	張成孫 24, 26, 518	張其勤 270
張文蓺 143	張光烈 523	張英 135, 342, 360, 362, 364, 431
張方 509	張光啟 88	
張方平 412	張先 381	張東烈 452
張方湛 367	張廷玉 7, 75, 76, 77, 78, 79, 85, 90, 185, 345, 431	張雨 381, 526
張心泰 149		張協 285
張丑 247, 422	張廷珪 139	張尚瑗 364
張以寧 5	張廷濟 438	張尚賢 135
張允祥 357	張延世 370	張固 469
張允滋 298	張仲遠 385, 422	張知甫 385, 408
張玉成 64	張仲壽 526	張秉直 403
張玉珍 313	張自牧 152	張岱 412, 520
張玉書 59, 60, 61, 135, 138, 279, 345, 364, 367, 588	張自烈 59	張金吾 188, 384, 415, 424, 430, 435
	張行成 385, 397, 417	
張玉璇 132	張行孚 57, 214, 425	張采 589
張玉衡 132	張行簡 435	張受長 513
張正見 285	張旭初 315	張庚 362, 366, 443
張正茂 356, 463	張次仲 366	張炎 305, 306, 409, 413
張世友 144	張汝南 153	張泌 391
張世南 353, 380	張汝霖 149, 161, 369	張泓 147
張世賢 218	張宇初 259	張宗良 416, 580
張可久 316	張守 277, 516	張宗柟 431
張丙炎 415	張守節 74, 77, 78, 80, 81	張宗泰 446, 456, 457
張四維 209	張戒 304	張弧 193, 384
張丘建 233, 380	張孝祥 305, 308, 310	張羽 360, 362
張令儀 312	張志和 192, 195, 381	張春華 164
張玄之 439	張芹 94, 349, 352	張埏 510
張必剛 146	張芬 298	張軌 474, 486
張永銓 145	張芳 357, 462	張貞 139
張永錫 132	張岐然 41	張星徽 99

張禹　478, 489	張參　18, 19, 402, 424	張甄陶　149
張彥遠　397	張絪英　312	張照　250
張羙翊　453	張紹南　441	張榘　306
張炳　518	張琦　439, 451, 517	張詮　450, 452
張洎　408	張琰　221	張新之　331
張洽　5	張堯同　454	張煌言　289
張洵　420	張揖　18, 19, 54, 375, 377, 435, 481, 493, 498, 504	張煒　525
張洲　142, 143, 145	張萬鍾　358	張溥　92, 93, 132, 210, 284
張祖翼　156	張惠言　12, 16, 20, 21, 22, 25, 72, 294, 305, 399, 430, 433, 445	張潛　512
張陛　358	張雲璈　519	張際亮　138, 140, 426
張泰　415	張敞　355	張壽　380
張泰來　365, 380	張鼎　535	張壽　106
張華　194, 195, 284, 287, 352, 354, 355, 376, 378, 390, 470	張開福　362	張壽榮　430
張栻　5, 371, 396, 532	張景雲　526	張壽鏞　124
張烈　371	張悤　358	張榕端　418
張時泰　88, 89, 90	張爲　384, 417	張爾岐　366, 413
張師載　462	張舜民　352, 383	張爾嘉　523
張袞　517	張勝　509	張銑　291
張唐英　385, 406, 409, 413	張詠　148	張鳳翼　291, 471
張益　288	張敦仁　12, 15, 37, 241, 243, 384	張説　390, 400
張海　453	張敦實　381	張端亮　143
張海鵬　395, 436	張敦頤　286	張端義　398
張浚　3	張道　520, 524	張適　358, 469
張祥河　472	張道深　328	張齊賢　379
張能鱗　359, 361	張湛　193, 195, 197, 211, 377, 399	張養浩　389
張理　3	張愉曾　360, 361	張漸　360, 362
張盛藻　141	張裕釗　283	張寗居　473, 543
張崇德　155	張瑞珊　256, 257	張綱孫　357
張崇懿　181	張載（宋）　3, 370, 534, 545	張維屏　303
張敏　388, 389	張載（晉）　285	張璜　117
張從正　215	張蓋　514	張駒賢　511
張象津　419	張蔭榘　523	張標　441
張翃　464	張楚叔　315	張德容　178
張商英　194, 376, 377	張楷　110	張德輝　157
張溟　349, 351, 410		張德彝　137, 152, 169
張淳　37		張慶長　149, 365
張習孔　356		張澍　148, 415, 445, 473
		張潮　356, 358, 359, 360, 361,

362, 369, 370, 431, 462, 469, 472
張澐 356
張潤貞 368
張履祥 368, 369, 538, 539
張璠 29, 79, 474, 486, 497, 501, 503, 507
張燕昌 177, 183, 369, 370
張機 215, 217
張機南 144
張融（南朝齊） 285, 483, 495
張融（晉） 480, 491
張穆 133, 142, 154, 157, 160, 161, 289, 411, 414, 514, 581
張篤慶 472, 473
張學禮 150, 372, 373, 392
張儁 408
張衡 284, 484, 496
張錫捷 65
張錫瑜 79, 447
張諤 450, 452
張澽 479, 490
張燼 80, 451
張憲 412
張隱 469
張聲道 510
張聰咸 456
張蓋 357, 358, 469, 472
張點 147
張鎡 380, 466
張謙德 470
張夑 167
張應文 422
張鴻桷 431
張禮 440
張紹英 312
張燾 148
張鎰 479, 485, 491, 492

張鏡心 415, 512
張鵬 144
張鵬翮 133, 137, 144, 372, 373
張議 475, 486
張瀚 520, 526
張懷涯 387
張蘭秋 271
張蠙 290
張籍 287, 290
張寶楚 65
張寶德 515
張霸 496, 501, 507
張儼 484, 495
張鑑 92, 422, 427
張讀 353
張鷟 349, 351, 354, 399, 410, 511
張顯 484, 495
張鷫生 402
隋巢子 483, 495
陽山主人武榮氏 341
陽成子長 477, 488
陽至和 327
陽休之 54, 481, 493, 499, 505
陽瑪諾 237
習鑿齒 450, 451, 501, 507
欽乃軒主人 171
終軍 482, 494
巢元方 217

十二畫

項名達 244, 411, 570
項安世 3
項斯 290
項竣 481, 493
項煜 49

項樟 146
項篤壽 105
揚雄 18, 19, 66, 67, 192, 193, 194, 195, 197, 198, 200, 245, 284, 355, 375, 377, 378, 446, 470, 477, 481, 488, 493, 498, 504
博愛山人 228
揭傒斯 410, 412
彭士望 140
彭大翼 340
彭元瑞 52, 159, 187, 410, 444, 467
彭而述 143, 145, 147
彭兆蓀 145, 281, 423, 431
彭希涑 262, 409
彭汪 478, 489
彭叔夏 382
彭時 94, 347
彭乘 349, 351, 353
彭孫貽 418, 452, 467
彭孫遹 528
彭紹升 365
彭堯諭 367
彭端淑 142
彭績 138
彭蘊璨 108
葉大慶 410, 431
葉小鸞 278, 313, 357, 463
葉方 58
葉方恒 143
葉玉屏 462
葉永盛 522
葉廷珪 464, 598
葉廷琯 139, 421, 535
葉名澧 420
葉羌鏞 156
葉抱崧 365

葉昌熾 183, 185	367	董斯張 343
葉金壽 432	萬斯同 53, 314, 362, 365, 436	董鼎 4, 5
葉奕苞 174, 363, 369, 443	萬樹 364	董遇 29, 474, 478, 485, 489, 497, 503
葉紈紈 313	葛元煦 149, 174, 431, 432	董勛 477, 488, 502, 509
葉桂 217	葛可久 418	董無心 482, 494
葉時 5	葛立方 305, 516, 517	董詔 145
葉盛 94, 186, 414	葛秀英 313	董楷 3
葉堂 321	葛其仁 428	董嗣杲 519
葉隆禮 347, 350	葛宜 312	董煟 407
葉紹袁 95, 97	葛洪（宋） 378	董誥 297
葉紹翁 379	葛洪（晉） 54, 192, 195, 352, 355, 375, 376, 377, 390, 395, 396, 400, 476, 481, 487, 493	董說 370, 407
葉森 384		董增齡 98
葉棠 435		董衡 74, 77, 78, 79, 84
葉祺昌 303	葛剛正 515	董毅 305
葉夢得 4, 305, 349, 351, 353, 398, 454, 472, 535	葛郯 516	董豐垣 175
	葛萬里 278	葆光子 466
葉夢龍 250	葛勝仲 306, 516	敬虛子 470
葉寊 408	葛藟 2	敬徵 238
葉鳳毛 467	葛澧 520	敬齋 67
葉適 530	葛麟 289	辜鴻銘 103
葉維庚 117	董士錫 439	葵園主人蘭岩氏 323
葉蕙心 54	董文驥 360, 362, 517	森立之 188
葉樞 467	董以寧 365, 517	惠士奇 10, 13
葉德輝 184, 185, 223, 228, 321, 322, 453, 454, 535, 572, 573	董史 382	惠周惕 10, 13, 366
	董仲舒 18, 19, 41, 195, 196, 198, 284, 375, 376, 436, 477, 488, 500, 506, 511	惠施 483, 495
		惠棟 10, 14, 17, 18, 20, 21, 24, 29, 54, 361, 367, 374, 388, 389, 404, 409, 413, 419, 442, 448, 456
葉樾 398		
葉樹藩 291	董汲 217	
葉機 144	董佑誠 141	
葉鍾進 156	董含 374	雅蘭布 137
葉燮 360, 361, 365, 366	董其昌 249	閔萃祥 443
葉瀚 155	董佳明鐸 68	閔敘 147, 372, 373, 392
萬光泰 175, 364, 366	董洵 418	閔鉞 462
萬青銓 61	董恂 135, 147	閔齊伋 33
萬承紀 182	董祐誠 170, 235	閔麟嗣 359, 361, 363, 462
萬後賢 473	董真卿 3	喇沙里 50
萬泰 358	董逌 174, 443	景□ 482, 493
萬斯大 8, 10, 13, 23, 24, 364,	董偉業 316	

景星 6	程宗猷 213	傅以禮 471
景星杓 367	程珌 305	傅世垚 55
貴榮 245	程埈 305	傅玄 193, 284, 377, 573
單鍔 407, 515	程庭 146	傅春官 515
喻時 536	程庭鷺 438	傅咸 285
喻昆 290	程洵 384	傅亮 285
喻歸 450, 452, 473	程祖慶 420	傅恒 6, 35, 68, 91, 161, 167
無求子 215	程哲 367	傅崧卿 5
無悶居士 323	程恩澤 414	傅寅 4, 404
無緣居士 330	程俱 416	傅雲龍 62, 150, 151, 154, 155, 156
智信 69	程崟 416, 546	
嵇含 354, 376, 378, 390, 400	程敏政 383	傅暘 502, 508
嵇康 284, 287, 478, 482, 489, 493	程雄 357	傅察 288
	程鉅夫 277, 309, 311	傅維麟 514
嵇曾筠 160	程敦 184	傅霖 441
嵇璜 113	程曾 479, 490	傅巖 522
程大中 409, 412, 531	程登吉 208	傅顯 150
程大本 277	程遠 255, 256	傅麟昭 356
程大位 242	程嗣章 438	焦廷琥 445, 457, 458, 553, 554
程大昌 4, 347, 350, 384, 398	程際盛 368, 457	
程之驥 433	程瑤田 11, 14	焦秉貞 214, 591
程文囿 217	程毓奇 329	焦竑 185, 210, 211, 412, 415
程文榮 457	程端學 5	焦勗 409
程正揆 95	程端禮 371	焦循 12, 15, 21, 22, 25, 38, 233, 417, 433, 434, 458, 459, 553
程世京 277	程德賁 430	
程本 192, 194	程頤 30, 370, 429, 531, 532	
程本立 288, 528	程鍾 155	焦贛 194, 375, 376, 397
程石鄰 370	程鴻詔 440	舒天民 435
程永培 418	程顥 370, 531, 532, 544	舒位 368, 369, 454, 464, 514
程弘毅 358	稅與權 3	舒恭 435
程芝庭 251	喬可傳 85	舒紹言 520
程先甲 515	喬吉 316	舒援 476, 487
程廷祚 20, 24, 145, 456, 515	喬光烈 138, 141, 145	舒詔 422
程充 215	喬萊 141, 143, 144	舒夢蘭 427
程羽文 357, 358, 370, 462, 463, 469	喬崇烈 279	舒蘭 143
	傅□ 475, 486	鈍根老人 387
程若庸 346	傅山 364, 370, 411	欽天監 238, 239
程炎 128	傅王露 166	欽善 140, 142

鈕永建 452	456	曾燠 65, 297
鈕琇 358, 366, 367, 373, 374, 471	馮培 163	曾鴻麟 140
	馮從吾 445	曾覿 306
鈕銹 469	馮翊 470	勞大輿 149, 372, 374, 392, 401
鈕樹玉 420, 421	馮焌光 135, 144	
鄒□ 483, 495	馮琦 92, 93, 341	勞史 365
鄒一桂 364, 415, 431	馮甦 530	勞孝輿 144
鄒王賓 252	馮雲濠 108	勞格 425, 426, 448, 458
鄒方鍔 147	馮雲鵬 177	勞經 458
鄒世詒 170	馮雲鷞 177	湛約翰 171
鄒可庭 227	馮景 10, 13, 365	湖北官書處 186
鄒代鈞 152	馮智舒 88, 89, 90	湯大奎 517
鄒在寅 524	馮舒 382, 421	湯文潞 65
鄒弢 154, 156, 157	馮登府 13, 16, 22, 26, 52, 174, 175, 442, 443	湯若望 231, 366, 368, 403, 409
鄒柏森 456		
鄒衍 484, 496	馮夢龍 97, 326, 327	湯金釗 139
鄒炳泰 367, 517	馮銓 249	湯春生 466
鄒陽 483, 495	馮澂 154	湯球 450, 451, 452
鄒森 512	馮應京 133	湯紹祖 293
鄒智 288	馮贊 390, 431, 459	湯貽汾 422
鄒道元 340	馮繼先 4	湯斌 86, 362, 366, 371, 419, 513
鄒湛 474, 486	斌椿 152, 555	
鄒聖脈 208	童宗説 286	湯運泰 103
鄒漢勛 20, 27	童嘉誠 418	湯傳楹 138, 359, 369, 463
鄒漪 368	曾布 441	湯瑤卿 517
鄒樞 370, 463	曾先之 589	湯漱玉 422, 466
鄒鍾 283	曾宏父 380, 389	湯賓尹 106, 278
馮玉荇 257	曾恒德 250, 364	湯慶蓀 303
馮可賓 367	曾紀澤 152, 156	湯璹 407
馮延巳 307, 354	曾釗 23, 26, 415	湯顯祖 314, 315
馮志沂 138, 282	曾國荃 282, 564	温大雅 396, 440
馮辰 513	曾國藩 21, 27, 111, 132, 140, 145, 301, 447, 531, 559	温子昇 285
馮京第 357		温承志 369
馮承輝 256	曾敏行 378	温庭筠 287, 391, 470
馮春暉 419	曾參 198	温璜 289
馮衍 284	曾極 454	温儀鳳 300, 301
馮班 367	曾愷 306, 349, 351, 408, 414	温豫 353, 463
馮桂芬 118, 235, 236, 370,	曾鞏 175, 286	温颺 416

滑惟善　470
滑壽　215, 216, 217, 219, 592
游戲主人　230
惲日初　356
惲格　365, 381, 419, 432
惲敬　140, 142, 146, 281, 428
富大用　338
富俊　67, 69, 207
甯本立　259
甯越　482, 494
裕謙　419
強至　527
強望泰　441
費廷璜　452
費直　29, 474, 485
費信　348, 350
費袞　379, 515
費著　464
費錫璜　367
賀長齡　118
賀述　477, 488
賀逢聖　288
賀宿　95
賀循　476, 487
賀瑒　477, 488
賀裳　366
賀應旌　144
賀雙卿　313
賀鑄　307, 308, 310

十三畫

靳治荊　363
觔通　483, 495
觔德模　432
蒲松齡　279, 322, 323, 419
蓉鷗漫叟　419
楊乂　474, 486

楊人駒　346
楊士奇　94, 186
楊士美　366
楊士勛　2, 8, 9
楊大埙　22, 26, 36
楊上善　217, 575
楊之森　194
楊无咎　306, 465
楊巨源　287, 348, 350, 354, 390, 400
楊中訥　366
楊文杰　525
楊文儷　526
楊方　480, 491
楊允孚　383
楊玉清　570
楊甲　52
楊立先　47
楊式傳　373, 374
楊臣諍　207
楊同桂　457
楊廷筠　167
楊廷樞　95
楊仲良　93
楊名宁　517
楊名時　148, 364
楊守敬　33, 171, 172, 189, 190, 429
楊芸　312
楊作枚　231
楊伯嵒　391, 396, 414, 424
楊希閔　111
楊夑　471
楊尚文　411, 581
楊昌光　282
楊知新　472, 521
楊季鸞　276
楊侃　415

楊炎正　305
楊承慶　54, 481, 493, 498, 505
楊貞一　386
楊泉　394, 482, 494, 500, 506
楊炳南　152, 168, 411
楊炯　290
楊時　277, 370, 371, 532
楊時喬　30
楊恩壽　568
楊倞　192, 193, 195, 196, 198, 200, 429, 511
楊逢辰　284, 568
楊逢春　303
楊浚　370
楊通佺　312
楊捷　135
楊基　460
楊晨　115
楊國楨　16
楊偉　484, 495
楊衒之　162, 376, 378, 397, 467
楊象濟　524
楊淮　364, 463
楊紹和　184, 188
楊堯弼　440
楊萬里　385
楊葆光　140
楊朝英　460
楊雄　391
楊復　5, 36
楊復吉　76, 360, 363, 364, 365, 366, 367, 369, 448
楊循吉　347, 470, 471
楊鉅　381
楊榮　460
楊登訓　419
楊瑀　381, 526

楊瑄　349, 352, 396	甄偉　326	494, 496
楊夢袞　278	甄鸞　233, 236, 241, 380, 397, 435, 442	虞集　309, 311, 385
楊傳第　428, 440		虞載　337
楊亶驊　514	賈山　482, 494	虞溥　485, 492
楊漣　288	賈公彥　7, 9, 35	虞預　450, 451, 468, 501, 507
楊慎　39, 175, 194, 195, 225, 297, 304, 347, 350, 385, 386, 438	賈步緯　240, 244, 570	虞搏　592
	賈昌朝　414, 512	虞盤佑　474
	賈思同　478, 489	虞潭　484, 496
楊靜亭　164	賈思勰　194, 354, 397, 570	虞聳　484, 496
楊嘉祚　269	賈島　287, 511	虞翻　29, 485, 492, 497, 501, 503, 507
楊毓輝　155	賈逵　476, 477, 478, 485, 487, 489, 492, 497, 501, 504, 507, 564	
楊鳳苞　140, 472, 521, 528		路振　406, 409, 413
楊廣　285		路德　431
楊榮　47, 94, 347, 350	賈敦臨　142, 369	嗤嗤道人　330
楊賓　135, 368	賈嵩　454	嵩洛峰　69
楊維楨　402, 437, 520	賈鳧西　454	鈴木恭　151
楊輝　241, 384, 404	賈誼　193, 195, 197, 198, 200, 284, 375, 377	詹玉　307
楊億　414, 426		詹玠　391
楊儀　463, 471	雷于霖　403	詹陵　593
楊德澤　467	雷次宗　476, 480, 488, 491, 497, 498, 504	詹道傳　6
楊慶之　155		詹詹外史　324
楊慶生　282	雷思齊　3	解縉　93, 338, 339, 340, 470
楊潛　438	雷浚　560	廉布　349, 351, 464
楊履泰　456	雷琳　227	雍陶　390, 400
楊樹樁　570	雷愷　185	溥良　452
楊衡　287	雷學淇　456, 514	源之熙　151
楊懌曾　148	雷鐏　514	慎到　194, 408
楊應琚　440	粲然居士　230	褚人穫　329, 363
楊蟠　472	虞山遺民　95	褚少孫　284
楊謙　438	虞世南　336	褚邦慶　302
楊繩武　365, 367	虞邦譽　301	褚仲都　475, 479, 486, 490, 497, 503
楊繼盛　203, 288, 371, 445, 512	虞兆湰　373, 374, 472	
	虞守愚　592	褚孝錫　510
楊繼端　312	虞荔　355, 376, 378, 390	褚亮　525
楊鐸　458	虞卿　482, 494	褚華　366
楊蘷生　431, 547, 548	虞淳熙　521	褚峻　177
楊鶴　536	虞悰　469	褚寅亮　22, 24, 415
甄烈　510	虞喜　469, 479, 483, 484, 490,	褚遂良　525

褚澄　354
褚藏言　287
福克　147
福臨　44, 203
蕭府　248

十四畫

瑪吉士　134, 156, 411
趙□　349, 351
趙一清　448, 523
趙士麟　520
趙大浣　45
趙之俊　364
趙之謙　174, 443
趙元一　412, 439
趙友蘭　312
趙文炳　219
趙以夫　309, 310
趙古農　466
趙令時　353, 383
趙必瑑　307
趙匡　478, 489
趙吉士　141
趙汝适　385, 397
趙汝楳　3
趙均　414, 460
趙芬　313
趙杏樓　463
趙岐　2, 8, 9, 445, 469, 473, 474, 479, 490, 502, 508
趙我佩　312
趙佑　140, 141, 455
趙希弁　187
趙希璜　361
趙希鵠　410
趙汸　5, 396, 416
趙長卿　305

趙坦　12, 16, 142, 145, 147
趙叔向　385
趙尚輔　531
趙昇　381, 417
趙明誠　174, 374
趙昂　414
趙秉文　289, 512
趙秉忠　48
趙宜中　435
趙孟頫　309, 311
趙昱　520
趙彥肅　3
趙彥端　306
趙彥衛　353
趙時庚　466
趙師使　305
趙宧光　255, 256
趙執信　312, 370, 461, 463, 472
趙菜　525
趙爽　233, 236, 397, 442
趙彪詔　365, 370
趙崇祚　307, 308, 310, 314, 426
趙崇絢　391, 470
趙岍　175, 182, 379, 403
趙進美　143
趙訥　277
趙惟楝　477, 488
趙紹祖　80, 448, 456
趙琦美　467
趙萬年　413
趙惠　4, 406, 442
趙葵　349, 352
趙鼎　288, 307, 385
趙順孫　5
趙善湘　384, 416

趙善譽　404
趙湛　514
趙與旹　348, 351
趙鈸　426
趙新　568
趙雍　383
趙滑　349, 352
趙嘉肇　138, 141
趙椵　287
趙曄　99, 355, 375, 377, 459
趙聞禮　306, 414
趙毓真　327
趙蕤　395, 396
趙璘　352
趙學敏　370
趙龍文　387
趙磻老　307, 312
趙魏　185, 453
趙翼　101, 133, 148, 149, 228, 287, 387, 449, 548, 549
趙鵬飛　4
趙懷玉　35, 139, 140, 511
趙曦明　97
嘉禾餐花主人　330
綦毋邃　479, 491
慕容彥逢　516
慕維廉　151, 157
蔡士順　95
蔡上翔　111
蔡卞　4
蔡方炳　50, 134, 148, 159
蔡世遠　545
蔡名衡　521
蔡羽　348, 350
蔡伸　306
蔡沈　7, 31, 32
蔡松年　289, 307
蔡昇　326, 327

蔡洪　482, 494
蔡祖庚　359, 369
蔡癸　483, 494
蔡逢年　122
蔡邕　18, 54, 194, 284, 375,
　　376, 393, 394, 395, 426, 433,
　　458, 477, 481, 488, 493, 497,
　　498, 500, 504, 507, 572
蔡啟盛　564
蔡雲　433, 444, 448, 456
蔡鼎　95
蔡景君　474, 485
蔡條　349, 351, 380, 471
蔡鈞　152
蔡焯　516
蔡淵　416
蔡戩　516
蔡夢弼　430
蔡嵩年　122
蔡節　5
蔡模　5, 201, 434
蔡爾康　253
蔡質　393, 394, 425, 444, 502,
　　508
蔡錫齡　139, 144
蔡龍孫　516
蔡懋德　289
蔡謨　476, 479, 487, 490
蔡襄　470
蔡鑾　512
熙時子　45, 384, 555
蔣一彪　399
蔣一葵　517
蔣士銓　294
蔣之奇　516
蔣之翰　516
蔣之翹　276, 366, 464
蔣子正　349, 351, 353, 382,

　　441
蔣曰豫　564
蔣仁榮　23, 27
蔣式瑆　496
蔣光煦　439
蔣廷錫　10, 13, 342, 363
蔣伊　128
蔣守誠　58
蔣防　354, 391, 400
蔣彤　517, 518
蔣宏任　147, 367
蔣良騏　91, 92
蔣坦　519
蔣叔輿　259
蔣斧　466, 467
蔣春霖　440
蔣紉蘭　312
蔣悌生　6
蔣埴　358, 469
蔣捷　305, 309, 310
蔣堂　516
蔣偕　511
蔣清翊　426
蔣琬　510
蔣湘　147
蔣義彬　303
蔣鳳藻　427
蔣魴　55
蔣薰　140, 141, 142
蔣濟　483, 495
輔元堂　118
厲秀芳　146
厲鶚　76, 299, 316, 364, 365,
　　370, 412, 422, 438, 448, 464,
　　472, 520, 521, 524
臧庸　12, 16, 382, 399, 433,
　　443, 458
臧琳　10, 13, 458

臧壽恭　23, 26, 420
臧榮緒　450, 451, 501, 507
裴文禩　568
裴玄　484, 495
裴孝源　354
裴松之　74, 75, 77, 78, 83, 450,
　　451, 476, 488, 501, 507
裴庭裕　352, 415, 423, 440
裴務齊　55
裴敞　469, 484, 495
裴景仁　450, 452
裴瑜　480, 491
裴駰　74, 75, 77, 78, 80, 81
墅西逸叟　97, 465
閩中碧溪鶴和堂　159
圖理琛　134, 137, 365
舞格　67
管同　140, 145, 146
管仲　193, 194, 195, 197, 213,
　　214, 482, 494, 546
管紹寧　289
管斯駿　135, 155, 301
管禮耕　432
管鶴　453
管鑑　307
鳳林書院　306, 308, 310, 413
鳳應韶　415
廣雅書局　92, 445, 451
廖文英　59, 163
廖平　573, 574, 575, 576
廖用賢　107
廖廷相　451
廖瑩中　349, 352
廖燕　143, 365
廖翱　416
端木賜　375, 376
端方　179, 183, 580
齊召南　10, 14, 104, 136, 143,

144, 148, 150, 166, 413	鄭長者　483, 495	鄭興　476, 487
齊德之　215	鄭茂　94	鄭錫瀛　303
齊履謙　5	鄭虎文　419	鄭禧　464
齊學裘　229	鄭昊　461	鄭燮　279, 316
鄭小同　9, 18, 19, 413, 423, 502, 509	鄭昌棪　153, 154	鄭應元　303
鄭之僑　52	鄭昉　510	鄭蘭孫　313
鄭元佐　525	鄭知同　21, 26, 435, 446	鄭獻甫　142, 143, 145, 431
鄭元祐　349, 351, 353	鄭珍　20, 21, 22, 26, 58, 428, 435, 445, 446, 447	鄭觀應　154, 155, 228
鄭元慶　413	鄭思肖　383	榮□　500, 506
鄭元勳　289	鄭起　383	榮柱　428
鄭太和　402	鄭恭　141	漆雕□　482, 493
鄭友賢　196, 197, 198	鄭晉德　359, 369	禪理哲　157
鄭日奎　140, 142, 144, 145	鄭處誨　408	翟云升　556
鄭文焯　576	鄭望之　470	翟玄　29, 474, 485, 497, 503
鄭文寶（宋）　380, 385, 390	鄭烺　458, 459, 518	翟思忠　511
鄭文寶（唐）　348, 350	鄭巢　525	翟耆年　407
鄭方坤　390, 400, 412	鄭雲峰　297	翟雲升　61
鄭玉　288	鄭景望　352	翟灝　10, 14, 23, 24, 145, 387, 428, 433, 435, 523
鄭功偉　419	鄭衆　476, 477, 485, 487, 489, 492, 501, 507	熊三拔　214, 237, 407
鄭玄　2, 7, 8, 9, 17, 18, 19, 20, 28, 29, 31, 34, 35, 37, 43, 193, 199, 337, 374, 382, 384, 396, 397, 399, 402, 416, 417, 423, 424, 428, 435, 455, 458, 468, 476, 477, 479, 480, 487, 488, 490, 491, 499, 502, 505, 509, 534, 590	鄭復光　411, 581	熊大木　326
	鄭爲　428	熊禾　371
	鄭敦謹　282	熊廷弼　288
	鄭善長　305	熊安生　477, 488
	鄭棨　470	熊谷立閑　590
	鄭鄖　517	熊良輔　3
	鄭嗣　478, 489	熊忠　63
鄭玄篆　7, 9	鄭端　514	熊朋來　6, 413
鄭廷桂　258	鄭縈　398	熊宗立　218
鄭廷誨　440	鄭賨　391	熊埋　479, 490
鄭仲夔　470	鄭德懋　190, 423	熊會貞　171, 172
鄭旭旦　359, 369	鄭緝之　474	熊璉　313
鄭汝諧　3	鄭樵　6, 112, 113, 175, 385, 396, 402	熊賜履　369, 373, 531
鄭克　124, 391, 407	鄭曉　94, 100	熊鏡心　208
鄭伸　510	鄭還古　348, 350, 354, 390, 400, 466	鄧玉函　230, 231, 258, 408
鄭伯熊　384, 416		鄧在珩　275
鄭伯謙　5, 396		鄧廷楨　300, 424
		鄧名世　408

鄧汝寧　314
鄧林　51
鄧析　194
鄧牧　380, 381, 525
鄧敏修　162
鄧凱　96
鄧瑜　313
鄧椿　397
鄧粲　450, 451, 501, 507, 509
鄧肅　307
鄧顯鶴　58

十五畫

慧珠　334
摯虞　284, 445, 473, 474, 502, 508
樓昉　292
樓璹　380, 390, 400
樓鑰　383
樊光　416, 480, 491, 498, 504
樊廷枚　51
樊恭　54, 481, 493, 498, 504
樊深　480, 491
樊景升　440
樊增祥　464, 572, 577
樊騰鳳　64
歐□　154
歐伯苓　154
歐良　307
歐陽生　475, 486, 497, 503
歐陽玄　472
歐陽修　4, 74, 76, 77, 78, 79, 84, 174, 185, 286, 305, 308, 309, 353, 391, 398, 403, 439, 451, 466
歐陽棐　174, 182, 439
歐陽詢　248, 343, 354, 355

歐陽澈　288
墨莊氏　435
墨翟　194, 195, 197, 212, 388
黎士弘　365
黎永椿　57
黎庶昌　151, 156, 283, 429, 453, 455, 559
黎㮣　167
黎遂球　289, 357, 359, 369, 462, 521
黎靖德　201
黎應南　234
樂天居士　96
樂史　159, 322, 390, 400, 430, 510
樂資　498, 504
樂韶鳳　63
德沛　203
德勒克　69
衛元嵩　397, 417, 500, 507
衛宏　54, 393, 394, 416, 425, 444, 452, 481, 493, 502, 508
衛杰　214
衛泳　463
衛恒　481, 493
衛湜　5
衛瓘　479, 490
盤嶠野人　402
滕珙　200
魯一同　146
魯仲連　482, 494
魯訔　430
魯琪光　146
魯曾煜　160
魯應龍　352
穎容　478, 489
劉一清　471, 521
劉人熙　116

劉大勤　473
劉大櫆　142, 145, 146
劉山英　262
劉叉　290
劉友益　88, 89, 90
劉仁本　288
劉文淇　23, 26, 79, 436, 442, 449
劉文蔚　64
劉文翰　403
劉心源　155
劉孔當　59
劉巴　511
劉允鵬　399, 410
劉玉麐　13, 16, 421, 446
劉世珩　44, 103, 199, 275, 455
劉世教　407
劉可毅　115
劉台拱　11, 15, 20, 24, 25, 446, 447
劉光斗　224
劉光暘　250
劉因　307, 309, 311, 512
劉廷世　353
劉廷楨　575
劉延世　398, 472
劉仲甫　525
劉向　109, 110, 193, 199, 284, 355, 356, 375, 377, 436, 470, 473, 477, 480, 482, 488, 489, 491, 493, 498, 500, 502, 504, 506, 508, 534, 552
劉兆　478, 489
劉名芳　139
劉安　193, 194, 196, 197, 198, 223, 375, 377, 432, 474, 485, 500, 507, 573
劉安上　530

劉安世　512
劉安節　530
劉祁　379
劉孝威　285
劉孝孫　233, 380
劉孝綽　285
劉孝標　228, 346, 385, 436
劉芬　118
劉芳　476, 477, 487, 488
劉芳喆　357
劉克莊　305, 309, 310, 380, 440, 460
劉辰翁　346
劉沅　203
劉完素　215, 217, 218, 592
劉良　291
劉君錫　318
劉邵　375, 377, 408, 435, 500, 507, 511
劉青芝　431
劉青藜　175
劉表　29, 474, 476, 485, 487, 497, 503
劉長華　107
劉長卿　511
劉坤一　117
劉若愚　100, 397, 409, 417
劉杳　484, 495
劉郁　167, 347, 350, 396, 416, 512
劉昌　347
劉昌宗　476, 477, 487, 488
劉昌詩　382
劉知幾　105
劉牧　3
劉秉忠　307
劉侗　163
劉金第　304

劉攽　455
劉於義　160
劉宗周　278, 289, 436
劉定之　94, 347
劉城　463
劉苟　512
劉昞　375, 377, 408, 435, 450, 452, 484, 492, 511
劉向　74, 76, 77, 78, 79, 84, 185
劉昭　74, 75, 77, 78, 82
劉禹錫　276, 511
劉炫　475, 476, 478, 479, 486, 487, 489, 490, 498, 504
劉洪　500, 506
劉恂　416
劉恭冕　23, 27, 28, 282, 447, 458
劉彧　509
劉時舉　396
劉峻　285
劉師峻　360, 363
劉逢禄　12, 16, 20, 22, 25, 456, 569
劉逢源　515
劉兼　290
劉晝年　20, 27, 421
劉恕　87
劉球（宋）　288
劉球（清）　58
劉理順　288
劉培元　145
劉基　194, 311, 397, 417, 422
劉彬　147, 148
劉堅　432
劉晚榮　422
劉跂　512
劉崇遠　194, 384, 417, 471

劉過　306, 385
劉敏中　406
劉惟謙　590
劉啟彤　153
劉晝　192, 194, 375, 377, 511
劉紹攽　141, 142, 147
劉琨　285
劉琬懷　313
劉喜海　177, 434
劉葆楨　22, 25
劉敬　482, 494
劉敬叔　398, 470
劉軻　440
劉敞　4, 6, 378, 416, 417
劉開　146
劉智（晉）　476, 487
劉智（清）　272
劉鈞　464
劉道薈　501, 507
劉焯　475, 486
劉湘客　96
劉溫舒　196, 197, 198, 215, 218
劉蒙　465
劉楨　284, 475, 487
劉嗣綰　145, 430, 547, 548
劉傳瑩　447, 531
劉靖　148
劉歆　284, 375, 377, 389, 390, 400, 416, 477, 480, 489, 491, 498, 500, 504, 507
劉義慶　228, 346, 436
劉滄　290
劉肅　352
劉塙　250
劉壽曾　21, 28, 457
劉熙　18, 19, 375, 377, 479, 491, 498, 504, 572, 573

劉熙載　560	劉應時　382	潘昂霄　175, 459
劉毓崧　22, 27, 541	劉績　193, 195, 197, 214, 349, 351	潘岳　284
劉鳳誥　403		潘衍桐　524
劉廙　483, 495	劉獻廷　421, 514	潘奕雋　456
劉肇隅　453	劉鶚　153, 184, 256, 288	潘祖蔭　419, 420, 421
劉維翰　403	劉寶楠　21, 23, 27, 174, 175, 411, 442, 446, 447	潘眉　80, 368, 369
劉綸　243		潘飛聲　156
劉摯　512	劉巖　570	潘時竦　422
劉遲　519	劉體仁　139, 366, 378	潘容卿　463
劉質　391	劉體恕　263	潘梁鼎　52
劉德　477, 482, 488, 494	劉鑑（元）　63	潘鼎珪　150, 372, 374, 392, 472
劉德新　356	劉鑑（清）　462	
劉歆　484, 495	劉瓛　29, 475, 476, 478, 486, 487, 490, 497, 503	潘遠　470
劉廣　424		潘維城　23, 26, 65
劉遵陸　439	劉變　370, 466	潘閬　307, 381
劉潛　285	諸九鼎　357	潘緯　286
劉澄之　509	諸仁安　148	潘頤福　92
劉履　292	諸可寶　432, 444, 532	潘錫恩　287
劉履恂　13, 16	諸匡鼎　148	潘檉章　421
劉駕　290	諸葛亮　194, 212, 284, 371, 376, 377	潘鍾瑞　421
劉勰　304, 376, 378, 436		潘鐸　135
劉璟　288	諸葛恪　484, 495	練子寧　288
劉翰藻　22, 25	諸葛潁　481, 493, 498, 505	
劉學誠　422	諸錦　363, 367, 425, 442	**十六畫**
劉學箕　311	談印梅　313	
劉學寵　401, 402	談泰　515	駱賓王　290
劉衡　129, 234	談起行　162	駱騰鳳　243
劉錫信　514	談遷　228	薛己　593
劉錫鴻　152	□毅　157	薛用弱　356
劉錦文　415	潮聲　464	薛延年　435
劉錦藻　116	澓江全善　188	薛收　375, 377
劉羲仲　397	潘世恩　403	薛尚功　179
劉禧延　421, 560	潘仕成　409	薛昌胤　535
劉壎　410	潘永季　364	薛季宣　4, 456, 530
劉黻　288, 530	潘尼　285	薛居正　74, 76, 77, 78, 79
劉徽　233	潘耒　64, 138, 140, 141, 142, 143	薛培榕　149
劉謙之　450, 451, 501, 507		薛雪　369
劉應中　148	潘任　28	薛崗　470

薛寀　517	蕭洵　380, 390	盧炳　306
薛琳　536	蕭恒貞　313	盧宣旬　9, 34
薛道衡　286	蕭常　403	盧祖皋　306
薛瑄　193, 277, 371, 431, 535	蕭參　417	盧象昇　288
薛虞　474, 485, 497, 503	蕭統　274, 285, 291, 399, 516	盧植　458, 477, 488, 497, 504
薛虞畿　406	蕭該　433	盧湛　110
薛傳均　427, 428, 435, 446	蕭廣濟　473, 502, 508	盧照鄰　290, 511
薛福成　154, 155, 156, 157, 567, 568	蕭榮爵　564	盧綝　502, 508
薛壽　447	蕭綺　195, 355, 376, 378	盧諶　477, 488
薛熙　363	蕭綱　285, 476, 487	盧藏用　501, 507
薛鳳祚　231, 408	蕭震　367	盧襄　346
薛漢　18, 475, 486	蕭曇　368	盧懷　470
薛蕙　210	蕭穎士　516	盧辯　37, 374, 375, 376, 545
薛調　354, 390, 400, 465	蕭繹　54, 194, 285, 354, 380, 384, 391, 452, 481, 493, 498, 505	鴨砢　151
薛瑩（三國吳）　79, 501, 507		閻孝忠　217
薛瑩（唐）　348, 350, 354, 390, 400	薩英額　154, 157	閻秀卿　347
薛甚　536	樵川樵叟　381	閻若璩　10, 13, 22, 24, 33, 51, 138, 357, 360, 361, 364, 366, 419
薛據　193, 199	樵雲山人　330	
薛應旂　91, 106, 517	樵濱七十二峰主人　333	閻純璽　221
薛濤（唐）　455	橘中逸叟　319	閻復　441
薛濤（清）　75	橘南溪　151	閻循觀　141
薛瓊　312	橘道人　319	閻詠　33
薛韞　149	盧□（宋）　352, 355, 376, 378	閻選　391
薛鎧　592	盧□（□）　475, 486, 497, 503	黔婁子　483, 494
蕭子良　285	盧士元　402, 403	穆尼閣　231, 408
蕭子雲　450, 451, 501, 507	盧之頤　216	穆汝奎　271
蕭子顯　74, 75, 77, 78, 450, 451, 501, 507	盧文弨　10, 14, 18, 19, 31, 53, 80, 185, 193, 195, 196, 197, 198, 200, 225, 374, 402, 416, 430, 435, 444, 447, 449, 456, 511, 515, 529	穆克登額　116
蕭方　450, 452		穆脩　276
蕭世誠　509		穆翰　432
蕭令裕　155, 156		衛泳　370
蕭吉　383, 434, 477, 488, 516, 593	盧仝　290, 432, 511	錢□　150
	盧存心　365	錢一本　517
蕭良有　207	盧見曾　31, 37, 175, 374, 470	錢乙　217
蕭衍　285, 475, 477, 478, 479, 486, 488, 490	盧承恩　212	錢士昌　418
	盧思道　285	錢大昕　10, 14, 54, 76, 80, 178, 185, 226, 280, 368, 381, 412, 413, 423, 428, 441, 444, 448,
	盧重玄　211	

449, 549
錢大昭　79, 80, 83, 368, 413, 425, 427, 447, 448, 449, 457
錢中諧　368
錢文子　379
錢文瀚　521
錢正振　163
錢世楨　438
錢邦芑　95, 97
錢佃　441
錢希言　470
錢良擇　137, 367
錢坫　21, 23, 25, 180, 409, 433, 467
錢坤　441
錢林　412
錢東垣　186, 414, 423, 424
錢杲之　380, 390, 400, 436, 459
錢易　398, 412, 470
錢侗　80, 412, 414, 424, 448, 549
錢受徵　523
錢念生　312
錢泳　180, 251
錢孟鈿　313
錢保塘　98, 444
錢恂　153, 514
錢泰吉　444
錢師康　549
錢菜　367
錢彩　329
錢惟善　526
錢朝鼎　357, 418
錢椒　565
錢斐仲　312
錢鈛　94
錢曾　278, 409, 413, 467

錢湘　313
錢愃　349, 351
錢載　361
錢塘　11, 15, 433, 436, 444
錢肅樂　289
錢熙祚　404, 407, 408, 409, 512, 514
錢鳳綸　313
錢綺　227
錢儀吉　80, 281, 449
錢德洪　111, 277, 587
錢德培　152
錢德蒼　318, 323
錢慶曾　458
錢澄之　95
錢學綸　473
錢謙益　184, 275, 278, 413, 453
錢濤　370, 463
錢濬　153
錢儒鮐　95
錢霈　148, 358, 468
錢繹　66, 67, 446, 457
鮑之芬　313
鮑廷博　378
鮑廷爵　423
鮑志祖　378
鮑振方　424, 425
鮑倚雲　456
鮑彪　99
鮑康　181, 421
鮑照　285, 286
鄺其照　134, 149
鄺露　379, 390, 431
龍文彬　115
龍正　397
龍光甸　61
龍啟瑞　23, 27, 61, 560

龍輔　472
龍鳳鑣　444
龍繼棟　342
澤元愷　151
憲政編查館　583

十七畫

環濟　482, 493
戴元禮　215, 216, 217
戴延年　146, 364, 369
戴名世　156
戴宏　478, 489
戴良　288
戴君孚　391
戴表元　404
戴叔倫　290
戴朋　345
戴祖啟　141
戴祚　391
戴起宗　216
戴家麟　427
戴埴　398
戴逵　480, 491
戴進賢　132
戴翊清　462
戴望　432
戴啟達　345
戴凱之　355, 376, 378, 390
戴復古　306, 308, 310, 530
戴鈞元　251
戴聖　477, 488, 502, 508
戴煦　235, 243, 415
戴熙　432, 472
戴毅　67
戴震　11, 14, 165, 233, 365, 368, 389, 412, 431, 435, 451, 456, 458, 548

戴樂爾　155, 580	韓嬰　17, 18, 19, 35, 375, 376, 396, 436, 474, 475, 485, 486, 497, 503, 511	469
戴德　37, 374, 375, 376, 476, 487, 545		魏標　519
	檀萃　36, 144, 148, 149, 365	魏徵　74, 75, 77, 78, 79, 84, 248, 411, 417, 511, 593
戴德江　151, 157	檀道鸞　450, 451, 468, 501, 507	
戴羲　105		魏學誠　514
戴燮元　149	轅固　497, 503	魏錫曾　440, 565
戴鴻慈　580	戲月山房香迷子　316	魏禧　299, 359, 360, 361, 362, 364, 407
鞠履厚　366	閻修子　418	
藍浦　258	魏了翁　308, 310, 385	魏濬　470
藍鼎元　95, 148, 149, 151, 367, 390, 419, 546	魏于雲　364	魏禮　299
	魏大中　288, 528	儲大文　136, 139, 147
韓□　217	魏之琇　298, 299	儲方慶　144
韓元吉　349, 351	魏公子牟　483, 494	儲在文　146
韓玉　306, 311	魏文侯　482	儲欣　47
韓用泗　170	魏世傑　299	儲泳　353, 398, 403
韓邦靖　423	魏世俲　299	儲嗣宗　290
韓拙　385	魏世儼　299	儲慧　313
韓范　41	魏仲舉　413	鍾于序　363
韓非　193, 194, 196, 197, 198, 214	魏收　74, 75, 77, 78, 285	鍾化民　407
	魏伯陽　261, 376, 377	鍾文烝　23, 27, 42
韓明烺　109	魏良輔　315	鍾英　536
韓則愈　137, 140, 356, 358, 469	魏茂林　425	鍾淵映　117, 407
	魏荔彤　514	鍾惺　41, 81, 531, 593
韓保徵　452	魏祝亭　155	鍾瑄　536
韓泰華　421	魏泰　352, 390, 470	鍾輅　398
韓翃　287	魏真己　479, 490	鍾筠　313
韓荂　95	魏校　371	鍾會　284
韓鄂　399	魏峴　407	鍾德明　67
韓崇　421	魏朗　482, 494	鍾錂　513
韓偓　349, 351, 354	魏崧　346	鍾嶸　376, 378, 390, 399, 441
韓康伯　2, 7, 9	魏象樞　366, 373, 514	鍾謙鈞　17, 18
韓琦　371	魏道明　290, 307	鍾韞　312
韓超　453	魏裔介　514	鮮于樞　384, 471, 512
韓道昭　63	魏源　20, 27, 101, 133, 135, 136, 137, 142, 144, 148, 149, 150, 154, 155, 156, 169, 264	謝□　477, 488
韓夢周　155		謝友可　324
韓愈　18, 19, 209, 275, 276, 286, 391, 409, 544		謝世南　567
		謝伋　399
韓霖　409	魏際瑞　299, 358, 360, 362,	謝汝韶　192

謝秀嵐　65
謝希深　192, 408
謝沈　79, 501, 507
謝良　348, 350
謝良佐　371
謝枋得　288, 349, 351, 371, 380, 470
謝承　79, 507
謝振定　138, 139
謝莊　285
謝朓　285, 286
謝梅林　227
謝國珍　432
謝逸　305
謝章鋌　566, 567
謝堃　247
謝啟昆　189, 450
謝階樹　140, 148
謝萬　478, 490
謝朝徵　427
謝惠連　285
謝開寵　356
謝詔　326
謝墉　193, 195, 196, 198, 200, 511
謝榛　410
謝肇淛　465
謝綽　469
謝維新　337
謝嶠　416, 480, 491, 498, 504
謝履忠　116
謝翺　383, 464
謝徽　476, 487
謝鍾英　433
謝應芳　403, 407, 517
謝濟世　157, 392
謝蘭生　247
謝靈運　285, 450, 451, 501, 507
糜信　478, 489, 498, 504
應廷吉　96
應劭　194, 356, 375, 377, 393, 394, 425, 444, 468, 473, 502, 508, 593
應昪　140
應祖錫　107
應瑒　284
應璩　284
應寶時　162
濮文綺　313
賽尚阿　69, 70
蹇駒　385
繆之鎔　516
繆希雍　216, 397
繆彤　138, 356
繆良　466
繆協　479, 490
繆昌期　288, 516
繆荃孫　182, 190, 322, 432, 439, 440, 441, 459, 468
繆祐孫　82, 137, 142, 144
繆珠蓀　314
繆楷　452
繆播　479, 490
繆德棻　523
繆鑑　439
繆襲　355, 376, 378

十八畫

聶□　476, 487
聶士成　154
聶大年　527
聶心湯　522
聶尚恒　592
聶崇義　5
聶鈫　138
聶銑敏　281
聶繼模　419
藤原佐世　429
豐坊　441
豐後廣建　151
瞿元錫　95
瞿中溶　176, 441
瞿世瑛　586
瞿式耜　289
瞿式穀　231
瞿共美　96
瞿汝稷　269
瞿佑　379, 390, 472, 526
瞿昌文　382
瞿曇悉達　245
瞿鏞　184, 188
黿錯　483, 495
闞□　483, 495
曠望生　464
蟲天子　462
鵝湖逸士　463
簡桑　295
邊大綬　101, 366, 379, 391
邊貢　543
邊習　543
歸莊　423, 454
歸懋儀　312
鎖綠山人　95
顏之推　54, 194, 354, 375, 376, 377, 378, 380, 468, 471, 545
顏元　513
顏元孫　18, 19, 62, 402, 424
顏文瑞　462
顏正　462
顏幼明　422
顏光敏　410
顏延之　285, 452, 479, 481,

484, 485, 490, 492, 493
顏安樂　477, 489
顏希源　300
顏茂猷　33, 49, 50
顏真卿　248, 288, 499, 505
顏師古　18, 19, 57, 74, 75, 77, 78, 82, 185, 337, 374, 396, 430, 436, 461, 463, 556
顏斯綜　156
顏憨楚　62, 402

十九畫

蘇士琨　370, 462
蘇天爵　512
蘇易簡　381, 416
蘇拯　290
蘇彥　483, 495
蘇洵　45, 286, 297
蘇秦　483, 495
蘇耆　381
蘇特　469
蘇過　384
蘇惇元　539
蘇舜欽　349, 351
蘇軾　194, 286, 297, 305, 306, 346, 349, 352, 353, 382, 385, 391, 395, 396, 398, 402, 437
蘇頌　237, 407
蘇源明　397, 417, 500, 507
蘇爾德　161
蘇廣　354, 470
蘇寬　478, 489
蘇穆　312
蘇輿　41, 199, 201
蘇濬　48
蘇轍　286, 297, 353, 417

蘇籀　413
蘇鶚　348, 351, 352, 384, 398, 417, 469
闞駰　445, 473
關朗　375, 376, 396, 483, 495
關漢卿　314
關鍈　312
嚴元照　23, 25, 446, 528
嚴可均　24, 25, 43, 52, 54, 178, 281, 295, 427, 428, 433, 434, 453, 454, 456, 466
嚴用和　216
嚴安　483, 495
嚴如熤　144, 147, 148
嚴羽　426
嚴助　485, 492
嚴武順　521
嚴長明　515
嚴杰　13, 16
嚴彭祖　477, 489, 498, 504
嚴萬里　196, 197, 198
嚴植之　478, 490
嚴遂成　423
嚴粲　419
嚴虞惇　115, 463
嚴維　290
嚴遵　399
嚴觀　411
羅士琳　21, 26, 234, 235, 241, 411, 457
羅大經　353
羅以智　520
羅本　324, 325
羅有高　140, 465
羅廷藻　164
羅辰　142, 143
羅虬　354, 355, 464
羅含　355, 509

羅苹　85
羅泌　85, 237
羅振玉　174, 183, 184, 283, 395, 443, 460, 466, 467, 468
羅振鋆　183
羅從彥　370
羅雅谷　230, 231
羅欽順　371
羅聘　458, 459
羅椠　524
羅頌　414
羅誘　471
羅鄴　290, 348, 350, 354, 390, 400
羅澤南　138, 141, 143
羅隱　426
羅懋登　327
羅願　396, 414
譚元春　210
譚吉璁　528
譚峭　417
譚獻　426, 427, 473
譙周　394, 469, 479, 480, 482, 490, 491, 494, 498, 500, 501, 504, 506, 507
龐大堃　433
龐元英　349, 351, 374, 398, 469
瀛若氏　463
懷應聘　138, 139, 145

二十畫

蘭陵笑笑生　328
鶡冠子　193, 211
釋一行　475, 486, 596, 597
釋一如　267
釋了童　267

釋大典 151	釋竺法護 264	釋道誠 269
釋大善 521	釋法盛 264	釋道潛 527
釋山止 520	釋法雲 270, 597	釋道融 141
釋元敬 519	釋法顯 355, 376, 378, 397, 595	釋道謙 271
釋元復 519		釋道濟 379
釋元曉 596	釋宗密 268	釋湛然 420
釋元濟 365	釋迦葉摩騰 267	釋曇良耶舍 264, 594, 595
釋支婁迦讖 595	釋契嵩 520	釋圓至 296, 527
釋支遁 426	釋重顯 270	釋圓覺 269
釋支謙 264, 595	釋净賢 269	釋與楷 521
釋不空 266, 596	釋神珙 481, 493	釋會空 271
釋文瑩 379, 399, 408	釋振西 271	釋鳩摩羅什 249, 264, 265, 266, 267, 268, 594, 595, 600
釋玄本 467	釋真空 63	
釋玄朴 588	釋般若 264, 265	
釋玄奘 166, 264, 265, 266, 268, 407, 595	釋袾宏 519	釋義玄 597
	釋菩提流志 265, 595	釋義净 597
釋玄應 270, 409	釋皎然 290	釋際祥 521
釋必昇 595	釋康僧鎧 594, 595	釋僧祐 597
釋永珊 270	釋清恒 281	釋僧肇 384
釋永頤 525	釋袾宏 263, 267, 520	釋廣賓 524
釋成鷲 363	釋貫休 290	釋適之 59, 402
釋同揆 148, 365	釋紹岷 151	釋齊己 290, 399, 470
釋行均 385	釋超乾 520	釋實叉難陀 265
釋守遂 267	釋惠洪 353, 398, 471, 527	釋實月 518
釋如疾 141	釋惠能 596	釋實懿 522
釋如惺 597	釋雲峰 268	釋慧苑 409, 413
釋戒顯 373, 374	釋無可 290	釋慧皎 409
釋克勤 270	釋無羅叉 264	釋慧琳 479, 490
釋求那跋陀羅 265	釋智匠 477, 488, 500, 507	釋慧超 467
釋住想 217	釋智旭 268, 269, 270, 597	釋慧然 597
釋英 525	釋智昇 270	釋慧遠 407
釋直空 63	釋智廣 597	釋篆玉 519
釋尚顔 290	釋智嚴 264	釋德清 268, 269
釋明倫 522	釋智儼 268	釋曇無蜜多 596
釋明開 518	釋普濟 269	釋曇無讖 596
釋明智 165	釋道肯 249	釋曇摩伽陀耶舍 596
釋竺叔蘭 264	釋道忞 360, 369	釋曇瑩 408
釋竺法蘭 267	釋道厓 384	釋闍那崛多 264, 595

釋凝然　269
釋禮言　597
釋懷素　594
釋耀冶　271
釋寶雲　264
釋寶誌　598
釋辯機　166, 407
釋靈一　290
饒敦秩　171
竇廷　283, 534
竇珣　299
竇琳　299
竇文炳　403
竇牟　287
竇庠　287
竇桂芳　592
竇常　287
竇息　417
竇絹　142
竇蒙　417
竇群　287
竇鞏　287
繼昌　395

二十一畫

權德輿　290
權衡　396, 409
酈道元　165, 166, 436, 548
顧□　418
顧山貞　97
顧之逵　400
顧天挺　202
顧元慶　346, 347
顧允成　516, 536
顧且庵　17
顧有孝　358
顧成志　365

顧夷　483, 494
顧岍　347
顧沅　117, 287
顧若璞　527
顧非熊　390, 400, 466
顧炎武　9, 10, 13, 20, 24, 35,
　　52, 95, 96, 138, 141, 159,
　　163, 174, 175, 177, 225, 279,
　　369, 372, 373, 392, 400,
　　402, 410, 411, 426, 443,
　　472, 539
顧況　290
顧宗泰　138, 139, 145, 369
顧承　423
顧春　192
顧厚焜　153, 156
顧貞立　312
顧貞觀　536
顧修　189, 395
顧祖禹　159, 418
顧彪　475, 486, 497, 503
顧野王　18, 19, 58, 416, 429,
　　480, 491, 498, 504
顧彩　147, 369
顧翎　312
顧棟高　21, 24, 43, 364, 367
顧雲鵬　418
顧景星　364
顧道稜　368
顧湘　255, 256, 422
顧祿　146, 431
顧嗣立　276, 368
顧興沐　536
顧微　355
顧愷之　481, 493
顧廣圻　196, 197, 198, 383,
　　414, 457, 560
顧廣譽　443, 557

顧樞　536
顧震福　54
顧复　348, 350, 391
顧璘　347
顧翰　547, 548
顧憲成　422, 536
顧禧　412
顧應祥　88
顧鎮　423, 514
顧藹吉　61
顧譚　482, 494
顧櫰三　80, 449, 515
顧歡　479, 483, 490, 495
顧鶴慶　155
顧觀光　144, 244, 442, 557
纏子　483, 495

二十二畫

蘿摩庵老人　473
霽園主人闌齋氏　323
龔熊　192, 194, 408, 573

二十三畫

聾道人　95, 367
龔大器　63
龔之鑰　153
龔元玠　368
龔立本　423
龔廷賢　222
龔自珍　20, 21, 26, 136, 144,
　　153, 419, 424, 453
龔明之　384, 412, 443
龔信　222
龔原　435
龔柴　134, 135, 136, 137, 144,
　　148, 149, 150, 151, 152

龔鼎臣　385
龔景瀚　436
龔璁　419

龔賢　287, 367, 381
龔頤正　398
龔橙　426

龔戀源　106
欒肇　479, 490
麟慶　146, 166, 173